D1753402

Pictorial Thesaurus and Dictionary
Bildfachwörterbuch
Vademecum és képesszótár
Vademecum i Słownik ilustrowany
Иллюстрированный словарь
Vademecum a obrázkový slovník

Editor - Herausgeber - Főszerkesztő - Wydawca - Издатель - Vydavateľ :

Eduard Führ

Authors - Autoren - Szerzők - Autorzy - Авторы - Autori:

English: Subhash Anand, Joseph A. Burton, Frances F. Chamberlain, Renate Kretzschmar, Dagmar Lünser, Andreas Neumann, Ute Riebow, Dagmar Scale, Alexandra Staub, Annemarie Wiener
Deutsch:_ Alexander Beljatzky, Hans Friesen, Eduard Führ, Kaija Lehmann, Anette Sommer
Magyar: Kamila Bobčáková, Andrea Molnár
Polski: Ernest Niemczyk, Andrzej Poniewierka
Русский язык: Николай Болотских, Олег Болотских, Александр Буряк, Валентин Горожанкин, Ирина Морозова, Renate Wierick
Slovenčina: Mária Fritsche, Ľubica Holičková, Stanislav Kmeť

Brandenburgische Technische Universität Cottbus (BR Deutschland),
Politechnika Wrocławska (Rzeczpospolita Polska),
Technická univerzita v Košiciach (Slovenská Republika),
Харьковский государственный технический университет строительства и архитектуры (Украина),
Clemson University (USA)

Technical staff - Technischer Mitarbeiter - Technikai munkatávs
Współpraca techniczna - Технический сотрудник - Technický spolupracovník
Uwe Kersten

Student aides - Wiss. Hilfskräfte - Tudományos segédmunkatársak
Współpraca naukowa - студенты ассистенты - Vedecké pomocné sily
Heiko Cyriaks, Thomas Ciesielski, Christian Dorsch, Juditha Dudziak, Gerald Göhler, Karina Hemmo, Jan-Hendrik Hesse, Michael Käßner, Levente Katula, Maik Lienke, Надежда Тертышная

ARCHITEKTUR
HOCHBAU - STADTPLANUNG UND STÄDTEBAU
Bildfachwörterbuch

Englisch - **Deutsch** - Ungarisch - Polnisch - Russisch - Slowakisch

ARCHITECTURE
BUILDING CONSTRUCTION - URBAN PLANNING AND DESIGN
Pictorial Thesaurus and Dictionary

English - German - Hungarian - Polish - Russian - Slovakian

ÉPÍTÉSZET
MAGASÉPÍTÉS - VÁROSTERVEZÉS
Vademecum és képesszótár

angol - német - **magyar** - lengyel - orosz - szlovák

ARCHITEKTURA
BUDOWNICTWO - URBANISTYKA
Vademecum i Słownik ilustrowany

Angielski - Niemiecki - Węgierski - **Polski** - Rosyjski - Słowacki

АРХИТЕКТУРА
ДОМОСТРОЕНИЕ - ГРАДОСТРОИТЕЛЬСТВО
Иллюстрированный словарь

английско - немецко - венгерско - польско - **русско** - словацкий

ARCHITEKTÚRA
POZEMNÉ STAVITEĽSTVO - URBANIZMUS
Vademecum a obrázkový slovník

anglicko - nemecko - maďarsko - poľsko - rusko - **slovenský**

Werner-Verlag · Düsseldorf

1. Auflage 1996

Die Deutsche Bibliothek – CIP-Einheitsaufnahme

Führ, Eduard:
Bildfachwörterbuch : Architektur ; Hochbau, Stadtplanung und Städtebau ; englisch-deutsch-ungarisch-polnisch-russisch-slowakisch = Pictorial thesaurus and dictionary : architecture / [Eduard Führ]. – Düsseldorf : Werner, 1996
ISBN 3-8041-1588-8
NE: HST

Gesamtherstellung: ICS Communikations-Service GmbH, Bergisch Gladbach
Archiv-Nr.: 990 - 6.96
Bestell-Nr.: 3-8041-1588-8

The cover illustration is taken from an engraving by Pieter van der Borcht (1545 - 1608)
(Bibliothèque Royale, Brussels)
Die Zeichnung des Titelblattes ist von Pieter van der Borcht (1545 - 1608)
und befindet sich in der Bibliothèque Royale in Brüssel
A címlapon látható rajz Pieter van der Borchttól (1545 - 1608) származik,
és Brüsszelben a Royal Könyvtárban található.
Autorem rysunku na stronie tytułowej jest Pieter van der Borcht (1545 - 1608).
Oryginał znajduje się w Bibliotece Royal w Brukseli.
Рисунок титульного листа является работой Питер ван дер Борхт (1545 - 1608)
и является собственностью рояльской библиотеки Брюсселя.
Kresba na titulnej strane je od Pietera van der Borchta (1545 - 1608)
a nachádza sa v Kráľovskej knižnici v Bruseli.

This dictionary was in part made possible through a generous grant by the **Wüstenrot - Stiftung (Ludwigsburg)**.
Eine großzügige Unterstützung erfuhren wir durch die **Wüstenrot - Stiftung (Ludwigsburg)**.
Köszönetet mondunk a **Wüstenrot - Stiftungnak (Ludwigsburg)** a nagyvonalú támogatásért.
Wspaniałomyślnym gestem było wsparcie finansowe **Wüstenrot - Stiftung (Ludwigsburg).**
Большая поддержкабыля нам оказана состороны **Wüstenrot - Stiftung (Ludwigsburg).**
Veľkorysú podporu sme získali od **Wüstenrot - Stiftung (Ludwigsburg).**

The **German Academic Exchange Service (DAAD)** sponsored the visits and exchanges of the participating researchers.
Der **Deutsche Akademische Austauschdienst (DAAD)** hat die Arbeitsaufenthalte der beteiligten Wissenschaftler gefördert.
A részvevő tudósok kapcsolatteremtő utait és szállásköltségeit a **Német Akadémiai Csereszolgálat fedeszte (DAAD)**.
Deutsche Akademische Austauschdienst (DAAD) dofinansowało koszty podróży i pobytu naukowców biorących udział w pracach nad słownikiem.
Deutsche Akademische Austauschdienst (DAAD) финансировал поездки и пребывание участвующих в работе над словарём авторов.
Nemecká akademická výmenná služba (DAAD) podporovala kontaktné cesty a pracovné pobyty zúčastnených vedcov.

Contents
Inhalt
Tartalom
Treść
Содержание
Obsah

Preface 19

A. **Dictionary** 33

I. **Theoretical Fundamentals** 35

I.01. aesthetics 36
I.02. psychology 42
I.02.01. development 42
I.02.02. general psychology 42
I.02.03. social psychology, environmental psychology 42
I.02.04. methods 44
I.03. sociology 46
I.04. legal foundations 50
I.04.01. general terms 50
I.04.02. administrative law 50
I.04.03. contract law 52
I.04.04. labor law, labor legislation 52
I.04.05. building law 52
I.05. economic fundamentals 54
I.05.01. general terms 54
I.05.02. ownership 54
I.05.03. forms of business organization 56
I.05.04. calculation 56
I.05.05. financing 58

II. **Architectural History** 61

II.01. theoretical terms 62
II.01.01. general terms 62
II.01.02. methods 62
II.02. wall construction 64
II.02.01. traditional building materials 64
II.02.02. traditional dwellings 64
II.02.03. traditional masonry construction 64
II.02.04. traditional wood construction 66
II.02.05. classical order 70
II.02.06. gothic style 72
II.03. historic ceilings 74
II.03.01. flat ceilings 74
II.03.02. vaults 74
II.03.03. dome, cupola 74
II.04. historic building types, historic building elements 76
II.04.01. sacred buildings 76
II.04.02. cloister 78
II.04.03. fortified buildings 78
II.04.04. castles 80
II.04.05. dwelling, residential building 80
II.04.06. other types 80
II.05. historical communal patterns 82
II.05.01. settlements 82
II.05.02. historical city types 82
II.06. historic preservation 84
II.06.01. general terms 84
II.06.02. legal terms 86
II.06.03. construction 88
II.06.04. design considerations 88

III. **Taking Stock** 91

III.01. survey of a structure 92
III.01.01. various concepts 92
III.01.02. general terms 92
III.01.03. equipment, instruments 92
III.01.04. documentation 96
III.01.05. measuring techniques 96
III.01.06. site measurement 98
III.01.07. building description 98
III.02. analysis 100
III.02.01. building research 100
III.02.02. use (occupancy) and social structure 100
III.03. ecological loading 104
III.03.01. terms 104
III.03.02. deposit of noxious materials 104
III.03.03. disposal 104
III.03.04. restoration, refurbishment 106
III.03.05. recycling 106

IV. **Presentation** 109

IV.01. geometry 110
IV.01.01. planimetry 110
IV.01.02. stereometry 110
IV.02. descriptive geometry 112
IV.02.01. orthogonal projection, plane projection 112
IV.02.02. axonometric drawing, parallel drawing 112
IV.02.03. perspective 114
IV.02.04. light 114
IV.03. presentation techniques 116
IV.03.01. sign 116
IV.03.02. text 116
IV.03.03. graphic 116
IV.04. office supplies 118
IV.04.01. materials 118
IV.04.02. drawing utensiles 118
IV.04.03. office equipment 118

V. **Design** 121

V.01. methods 122
V.01.01. general design principles 122
V.01.02. activities 122
V.01.03. results 122
V.02. abstract composition 124
V.02.01. primary elements 124
V.02.02. form 124
V.02.03. series, linear structure 124
V.02.04. structure 124
V.02.05. proportions 126
V.02.06. ordering principles 126
V.02.07. elements of circulation 126
V.03. space 128
V.03.01. types and characteristics of space 128
V.03.02. spatial organisation 128
V.03.03. spatial groups 128
V.04. light and color 130
V.04.01. light 130
V.04.02. color 130

VI. **Materials** 133

VI.01. natural materials 134
VI.01.01. minerals 134
VI.01.02. rocks 134
VI.02. ceramic and mineral bound building materials 136
VI.02.01. adobe construction 136
VI.02.02. masonry brick, clinker 136
VI.02.03. roof clay tile 136
VI.02.04 cinder blocks 136
VI.03 glass 138
VI.03.01. technical terms 138
VI.03.02. materials 138
VI.04. cementious materials, binding materials 140
VI.04.01. gypsum 140
VI.04.02. lime 140
VI.04.03. cement 140
VI.04.04. aggregates 140
VI.05. concrete 142
VI.05.01. technical terms 142
VI.05.02. consistency 144
VI.05.03. additives 144
VI.05.04. corrosion 144
VI.06. mortar, screeds 146
VI.06.01. technical terms 146
VI.06.02. lathing, back 146
VI.06.03. ready mix mortar 146
VI.06.04. masonry mortar 146
VI.06.05. plaster mortar 146
VI.06.06. screeds 148
VI.07. metals 150
VI.07.01. iron and steel 150
VI.07.02. non-ferrous metals 150
VI.08. other materials 152
VI.08.01. materials 152
VI.08.02. paintings, coatings 152
VI.08.03. insulating materials 154
VI.08.04. plastics 154
VI.08.05. lightweight materials 154
VI.09. construction material properties 156

VII. **Statics, Stability, Dynamics, Strength** 159

VII.01. basic terms 160
VII.02. structural systems 162
VII.02.01. members 162
VII.02.02. beams, girders 162
VII.02.03. arches 162
VII.02.04. cable supported structures 164
VII.02.05. trusses 164
VII.02.06. frames 166
VII.02.07. plates 166
VII.02.08. shells 166
VII.02.09. cable networks 168
VII.02.10. membrane structures 168
VII.02.11. reinforcements, stiffeners 168
VII.02.12. other 168
VII.03. forces, internal forces 170
VII.04. elasticity, plasticity 174
VII.05. stability 178
VII.06. calculation methods 180
VII.07. dynamics 182

VIII. **Building Construction** 185

VIII.01. ground 186
VIII.01.01. foundation engineering 186
VIII.01.02. footings, foundations 186
VIII.01.03. soil exploration 188
VIII.01.04. excavation pit 188
VIII.01.05. soil improvement 190
VIII.01.06. shallow foundations 190
VIII.01.07. deep foundations 192
VIII.01.08. static stability 192
VIII.01.09. retaining walls 192
VIII.02. construction methods 194
VIII.02.01. modern wood construction 194
VIII.02.02. steel construction 196
VIII.02.03. modern masonry construction 198

VIII.02.04. reinforced concrete, prestressed concrete 200
VIII.02.05. glass construction 202
VIII.02.06. composite construction 204
VIII.02.07. industrial construction methods 206
VIII.03. openings 208
VIII.03.01. doors and gates 208
VIII.03.02. windows 208
VIII.04. ceilings, roofs 210
VIII.05. roofs 212
VIII.05.01. roof structures 212
VIII.05.02. roof shapes 214
VIII.05.03. roof members 214
VIII.05.04. roof superstructures 214
VIII.06. vertical circulation elements 216
VIII.06.01. staircases 216
VIII.06.02. other systems 216

IX. Physics 219

IX.01. acoustics 220
IX.01.01. sound protection 220
IX.01.02. room acoustics 222
IX.02. economics of energy 224
IX.02.01. heat 224
IX.02.02. insulation 226
IX.03. humidity 228

X. Building Process 233

X.01. project planning 234
X.01.01. contract letting 234
X.01.02. financing of building projects 234
X.01.03. construction process 236
X.01.04. organization of work 238
X.01.05. timetables 240
X.01.06. control 242
X.02. construction equipment 244
X.02.01. tools 244
X.02.02. construction machinery 246
X.02.03. transport means 252
X.03. preparation for construction 254
X.03.01. construction site 254
X.03.02. formwork and scaffolding 256
X.04. fabrication, prefabrication 258
X.05. structural changes 260

XI. Urban Planning and Urban Design 263

XI.01. topography 264
XI.01.01. landscapes 264
XI.01.02. artificial landscapes 266
XI.01.03. agricultural landscapes 266
XI.02. rural areas 268
XI.02.01. land use 268
XI.02.02. villages, small towns 268
XI.02.03. types of villages 268
XI.02.04. rural planning 268
XI.03. regions and settlements 270
XI.03.01. regions 270
XI.03.02. settlements 270
XI.03.03. urban areas 270
XI.04. town, city 272
XI.04.01. types of towns 272
XI.04.02. urban design 272
XI.04.03. urban planning, town planning 276
XI.04.04. community development 278
XI.04.05. urban development 278
XI.05. infrastructure 280
XI.05.01. street traffic 280
XI.05.02. railbound traffic 284
XI.05.03. navigation, shipping 286
XI.05.04. air traffic 286
XI.06. planning terms 288

XII. Building Typology 293

XII.01. fundamental terms 294
XII.01.01. activities 294
XII.01.02. program 294
XII.02. industry, agriculture 296
XII.02.01. workshops 296
XII.02.02. agriculture 298
XII.02.03. industries 300
XII.02.04. store rooms, stock rooms 300
XII.03. commerce 302
XII.03.01. types 302
XII.03.02. functional areas 302
XII.04. administration 304
XII.05. state and city 306
XII.06. traffic 308
XII.06.01. road traffic 308
XII.06.02. rail transport 310
XII.06.03. water traffic 310
XII.06.04. air traffic 312
XII.07. circulation 314
XII.07.01. external circulation 314
XII.07.02. internal circulation 314
XII.08. housing 316
XII.08.01. general terms 316
XII.08.02. real estate terms 316
XII.08.03. types 316
XII.08.04. accommodation units 318
XII.08.05. functional areas 320
XII.09. educational facilities 322
XII.09.01. for young children 322
XII.09.02. for school-age children 322
XII.10. education, research, science 324
XII.10.01. institutions of higher education 324
XII.10.02. research centers 324
XII.11. cultural facilities 326
XII.11.01. sacred buildings 326
XII.11.02. libraries 326
XII.11.03. museums 328
XII.11.04. buildings for the performing arts 330
XII.11.05. buildings for audio-visual media 330
XII.12. hospitals, clinics 332
XII.12.01. types 332
XII.12.02. functional areas 332
XII.13. facilities for sport and leisure time 334
XII.13.01. track and field 334
XII.13.02. winter sports 334
XII.13.03. water sports 336
XII.13.04. riding facilities 336
XII.13.05. other sports 336
XII.14. tourism 338
XII.14.01. restaurants 338
XII.14.02. accommodations 338
XII.14.03. other facilities 338

B Index 341

1. English 342
2. German 366
3. Hungarian 389
4. Polish 419
5. Russian 445
6. Slovakian 472

Credits 500

Index of sources of illustrations 502

Vorwort 19

A. Systematische Ordnung 33

I. Theoretische Grundlagen 35

I.01. Ästhetik 36
I.02. Psychologie 42
I.02.01. Entwicklung 42
I.02.02. Allgemeine Psychologie 42
I.02.03. Sozialpsychologie, Umweltpsychologie 42
I.02.04. Methoden 44
I.03. Soziologie 46
I.04. Rechtliche Grundlagen 50
I.04.01. Allgemeine Begriffe 50
I.04.02. Verwaltungsrecht 50
I.04.03. Vertragsrecht 52
I.04.04. Arbeitsrecht 52
I.04.05. Baurecht 52
I.05. Wirtschaftliche Grundlagen 54
I.05.01. Allgemeine Begriffe 54
I.05.02. Eigentumsfragen 54
I.05.03. Unternehmensformen 56
I.05.04. Kalkulation 56
I.05.05. Finanzierung 58

II. Architekturgeschichte 61

II.01. Theoretische Begriffe 62
II.01.01. Allgemeine Begriffe 62
II.01.02. Methoden 62
II.02. Aufbau der Wand 64
II.02.01. Traditionelle Baumaterialien 64
II.02.02. Traditionelle Bautypen 64
II.02.03. Traditioneller Mauerwerksbau 64
II.02.04. Traditioneller Holzbau 66
II.02.05. Klassische Architektursprache 70
II.02.06. Gotische Ordnung 72
II.03. Historische Decken 74
II.03.01. Flachdecken 74
II.03.02. Gewölbe 74
II.03.03. Kuppeln 74
II.04. Historische Gebäudetypen, Historische Gebäudeteile 76
II.04.01. Sakralbauten 76
II.04.02. Kloster 78
II.04.03. Festungsbauten 78
II.04.04. Schlösser, Paläste 80
II.04.05. Wohnhäuser 80
II.04.06. Sonstige Typen 80
II.05. Historische Siedlungsformen 82
II.05.01. Historische Dorfformen 82
II.05.02. Historische Stadttypen 82
II.06. Denkmalpflege 84
II.06.01. Allgemeine Begriffe 84
II.06.02. Juristische Begriffe 86
II.06.03. Baubezogene Begriffe 88
II.06.04. Ästhetische Begriffe 88

III. Bestandsaufnahme 91

III.01. Bauaufnahme 92
III.01.01. Verschiedene Begriffe 92
III.01.02. Grundbegriffe 92
III.01.03. Geräte, Instrumente 92
III.01.04. Dokumentation 96
III.01.05. Meßverfahren 96
III.01.06. Aufmaß 98
III.01.07. Baubeschreibung 98
III.02. Analyse 100
III.02.01. Bauforschung 100
III.02.02. Nutzung und Sozialstruktur 100
III.03. Ökologische Belastungen 104
III.03.01. Begriffe 104
III.03.02. Schadstoffablagerung 104
III.03.03. Entsorgung 104
III.03.04. Sanierung 106
III.03.05. Recycling 106

IV. Darstellung 109

IV.01. Geometrie 110
IV.01.01. Planimetrie 110
IV.01.02. Stereometrie 110
IV.02. Darstellende Geometrie 112
IV.02.01. Orthogonale Projektion, Tafelprojektion 112
IV.02.02. Axonometrie, Parallelprojektion 112
IV.02.03. Perspektive 114
IV.02.04. Licht 114
IV.03. Darstellungstechniken 116
IV.03.01. Zeichen 116
IV.03.02. Text 116
IV.03.03. Graphik 116
IV.04. Büroausrüstung 118
IV.04.01. Materialien 118
IV.04.02. Zeichengeräte 118
IV.04.03. Büromaschinen 118

V. Entwurf 121

V.01. Methoden 122
V.01.01. Allgemeine Entwurfsprinzipien 122
V.01.02. Tätigkeiten 122
V.01.03. Ergebnisse 122
V.02. Abstrakte Komposition 124
V.02.01. Grundelemente 124
V.02.02. Form 124
V.02.03. Reihen 124
V.02.04. Strukturen 124
V.02.05. Proportionen 126
V.02.06. Ordnungsprinzipien 126
V.02.07. Elemente der Wegführung 126
V.03. Raum 128
V.03.01. Raumarten und Raumaspekte 128
V.03.02. Organisation von Raumeinheiten 128
V.03.03. Raumgruppen 128
V.04. Licht und Farbe 130
V.04.01. Licht 130
V.04.02. Farbe 130

VI. Materialwissenschaft 133

VI.01. Naturmaterialien 134
VI.01.01. Mineralien 134
VI.01.02. Gesteine 134
VI.02. Keramische und mineralisch gebundene Baustoffe 136
VI.02.01. Lehmbauweise 136
VI.02.02. Mauerziegel, Klinker 136
VI.02.03. Dachziegel 136
VI.02.04 Hüttensteine 136
VI.03 Glas 138
VI.03.01. Technische Begriffe 138
VI.03.02. Materialien 138
VI.04. Bindemittel 140
VI.04.01. Gips 140
VI.04.02. Kalk 140
VI.04.03. Zement 140
VI.04.04. Zuschläge 140
VI.05. Beton 142
VI.05.01. Technische Begriffe 142
VI.05.02. Konsistenz 144
VI.05.03. Zusatzmittel 144
VI.05.04. Korrosion 144
VI.06. Mörtel, Estriche 146
VI.06.01. Technische Begriffe 146
VI.06.02. Putzträger 146
VI.06.03. Werkmörtel, Fertigmörtel 146
VI.06.04. Mauermörtel 146
VI.06.05. Putzmörtel 146
VI.06.06. Estriche 148
VI.07. Metalle 150
VI.07.01. Eisen und Stahl 150
VI.07.02. Nichteisenmetalle 150
VI.08. Sonstige Stoffe 152
VI.08.01. Materialien 152
VI.08.02. Anstriche, Beschichtungen 152
VI.08.03. Dämmstoffe, Isolierstoffe 154
VI.08.04.. Kunststoffe 154
VI.08.05. Leichtbaustoffe 154
VI.09. Baustoffeigenschaften 156

VII. Statik, Stabilität, Dynamik, Festigkeit 159

VII.01. Grundbegriffe 160
VII.02. Tragsysteme 162
VII.02.01. Stäbe 162
VII.02.02. Balken, Träger 162
VII.02.03. Bögen 162
VII.02.04. Seiltragwerke 164
VII.02.05. Fachwerke 164
VII.02.06. Rahmen 166
VII.02.07. Platten 166
VII.02.08. Schalen 166
VII.02.09. Netztragwerke 168
VII.02.10. Membrantragwerke 168
VII.02.11. Aussteifungen 168
VII.02.12. Sonstiges 168
VII.03. Kräfte, Schnittkräfte 170
VII.04. Elastizität, Plastizität 174
VII.05. Stabilität 178
VII.06. Berechnungsverfahren 180
VII.07. Dynamik 182

VIII. Konstruktionen 185

VIII.01. Boden 186
VIII.01.01. Grundbau 186
VIII.01.02. Gründungen 186
VIII.01.03. Bodenuntersuchungen 188
VIII.01.04. Baugrube 188
VIII.01.05. Bodenverbesserung 190
VIII.01.06. Flachgründungen 190

VIII.01.07. Tiefgründungen 192
VIII.01.08. Standsicherheit 192
VIII.01.09. Stützwände 192
VIII.02. Bauweisen 194
VIII.02.01. neuzeitlicher Holzbau 194
VIII.02.02. Stahlbau 196
VIII.02.03. neuzeitlicher Mauerwerksbau 198
VIII.02.04. Stahlbeton, Spannbeton 200
VIII.02.05. Glasbau 202
VIII.02.06. Verbundbau 204
VIII.02.07. industrielle Bauweisen 206
VIII.03. Öffnungen 208
VIII.03.01. Türen und Tore 208
VIII.03.02. Fenster 208
VIII.04. Decken 210
VIII.05. Dächer 212
VIII.05.01. Dachkonstruktionen 212
VIII.05.02. Dachformen 214
VIII.05.03. Dachteile 214
VIII.05.04. Dachaufbauten 214
VIII.06. Erschließungselemente 216
VIII.06.01. Treppen 216
VIII.06.02. andere Systeme 216

IX. Bauphysik 219

IX.01. Akustik 220
IX.01.01. Schallschutz 220
IX.01.02. Raumakustik 222
IX.02. Energiehaushalt 224
IX.02.01. Wärme 224
IX.02.02. Dämmung 226
IX.03. Feuchte 228

X. Baubetrieb 233

X.01. Betriebsplanung 234
X.01.01. Vergabe 234
X.01.02. Baufinanzierung 234
X.01.03. Bauablauf 236
X.01.04. Betriebsorganisation 238
X.01.05. Zeitablauf 240
X.01.06. Kontrolle 242
X.02. Baugeräte 244
X.02.01. Werkzeuge 244
X.02.02. Baumaschinen 246
X.02.03. Transportmittel 252
X.03. Bauvorbereitung 254
X.03.01. Baustelle, Bauplatz 254
X.03.02. Schalung und Rüstung 256
X.04. Fertigung, Vorfertigung 258
X.05. bauliche Veränderungen 260

XI. Stadtplanung und Städtebau 263

XI.01. Topographie 264
XI.01.01. Naturlandschaften 264
XI.01.02. Kulturlandschaften 266
XI.01.03. landwirtschaftliche Nutzungen 266
XI.02. ländlicher Raum 268
XI.02.01. Landnutzung 268
XI.02.02. Dorf 268
XI.02.03. Dorfarten 268
XI.02.04. Dorfplanung 268
XI.03. Gebiete und Siedlungen 270
XI.03.01. Gebiete 270
XI.03.02. Siedlungen 270
XI.03.03. Stadtgebiete 270
XI.04. Stadt 272
XI.04.01. Stadttypen 272
XI.04.02. Städtebau 272
XI.04.03. Stadtplanung 276
XI.04.04. Stadterneuerung 278
XI.04.05. Stadtentwicklung 278
XI.05. Infrastruktur 280
XI.05.01. Straßenverkehr 280
XI.05.02. schienengebundener Verkehr 284
XI.05.03. Schiffahrt 286
XI.05.04. Flugverkehr 286
XI.06. Planungsbegriffe 288

XII. Gebäudekunde 293

XII.01. Grundbegriffe 294
XII.01.01. Tätigkeiten 294
XII.01.02. Programm 294
XII.02. Industrie, Landwirtschaft 296
XII.02.01. Werkstätten 296
XII.02.02. Landwirtschaft 298
XII.02.03. Industrie 300
XII.02.04. Lager 300
XII.03. Handel 302
XII.03.01. Typen 302
XII.03.02. Funktionsbereiche 302
XII.04. Verwaltung 304
XII.05. Staat und Kommune 306
XII.06. Verkehr 308
XII.06.01. Straßenverkehr 308
XII.06.02. Schienenverkehr 310
XII.06.03. Wasserverkehr 310
XII.06.04. Luftverkehr 312
XII.07. Erschließung 314
XII.07.01. Äußere Erschließung 314
XII.07.02. Innere Erschließung 314
XII.08. Wohnungsbau 316
XII.08.01. Allgemeine Begriffe 316
XII.08.02. Eigentumsarten 316
XII.08.03. Typen 316
XII.08.04. Wohneinheiten 318
XII.08.05. Funktionsbereiche 320
XII.09. Erziehungseinrichtungen 322
XII.09.01. für Kinder 322
XII.09.02. für Jugendliche 322
XII.10. Ausbildung, Forschung, Wissenschaft 324
XII.10.01. Hochschulen 324
XII.10.02. Forschungszentren 324
XII.11. Kulturbauten 326
XII.11.01. Sakrale Bauten 326
XII.11.02. Bibliotheken 326
XII.11.03. Museen 328
XII.11.04. Gebäude für darstellende Künste 330
XII.11.05. Gebäude für audiovisuelle Medien 330
XII.12. Krankenhausbau 332
XII.12.01. Typen 332
XII.12.02. Funktionsbereiche 332
XII.13. Bauten für Sport und Freizeit 334
XII.13.01. Leichathletik 334
XII.13.02. Wintersport 334
XII.13.03. Wassersport 336
XII.13.04. Reitsportanlage 336
XII.13.05. Sonstige Sportarten 336
XII.14. Fremdenverkehr 338
XII.14.01. Gaststätten 338
XII.14.02. Unterkünfte 338
XII.14.03. Sonstige Einrichtungen 338

B. Index 341

1. Englisch 342
2. Deutsch 366
3. Ungarisch 389
4. Polnisch 419
5. Russisch 445
6. Slowakisch 472

Literaturverzeichnis 500

Abbildungsverzeichnis 502

előszó 19

A. **Szisztematikus elrendezés** 33

I. **általános alapismeretek** 35

I.01. esztétika 36
I.02. pszichológia 42
I.02.01. fejlődés 42
I.02.02. általános pszichológia 42
I.02.03. szociálpszichológia környezeti pszichológia 42
I.02.04. metódusok, módszerek 44
I.03. társadalomtudomány, szociológia 46
I.04. jogi alapfogalmak 50
I.04.01. általános fogalmak 50
I.04.02. közigazgatási jog 50
I.04.03. szerződési jog 52
I.04.04. munkajog 52
I.04.05. építésügyi jogszabályok 52
I.05. közgazdasági alapfogalmak 54
I.05.01. általános fogalmak 54
I.05.02. tulajdonjogi kérdések 54
I.05.03. vállalkozási formák 56
I.05.04. kalkuláció 56
I.05.05. finanszírozás 58

II. **az építőművészet története** 61

II.01. elméleti fogalmak 62
II.01.01. általános fogalmak 62
II.01.02. módszerek 62
II.02. a fal szerkezete 64
II.02.01. hagyományos építőanyagok 64
II.02.02. hagyományos építménytípusok 64
II.02.03. hagyományos falazat 64
II.02.04. hagyományos faépítés 66
II.02.05. klasszikus építészeti terminológia 70
II.02.06. gótikus stílus 72
II.03. történelmi mennyezetek 74
II.03.01. lapos mennyezetek 74
II.03.02. boltozatok 74
II.03.03. kupolák 74
II.04. történelmi épülettípusok, történelmi épületrészek 76
II.04.01. egyházi építészet 76
II.04.02. kolostor 78
II.04.03. erődítmények 78
II.04.04. kastélyok, palotáka 80
II.04.05. lakóházak 80
II.04.06. egyéb típusok 80
II.05. a települések történelmi formái 82
II.05.01. a falu történelmi formái 82
II.05.02. történelmi várostípusok 82
II.06. műemlékvédelem 84
II.06.01. általános fogalmak 84
II.06.02. jogi fogalmak 86
II.06.03. építészeti fogalmak 88
II.06.04. esztétikai fogalmak 88

III. **leltárfelvétel** 91

III.01. az épület felmérése 92
III.01.01. különböző fogalmak 92
III.01.02. alapfogalmak 92
III.01.03. készülékek, felszerelések 92
III.01.04. dokumentáció 96
III.01.05. mérőmódszerek 96
III.01.06. felmérés 98
III.01.07. műleíás (épületről) 98
III.02. analízis 100
III.02.01. tervezést megelőző kutatótevékenység 100
III.02.02. dokumentum-gyűjtemény és szociális szerkezet 100
III.03. ökologikus(meg) terhelés 104
III.03.01. fogalmak 104
III.03.02. káros anyagok tárolása 104
III.03.03. szemételtávolítás 104
III.03.04. szanálás 106
III.03.05. újrahasznosítás 106

IV. **az ábrázolás technikája** 109

IV.01. geometria, mértan 110
IV.01.01. síkmértan, planimetria 110
IV.01.02. sztereometria 110
IV.02. ábrázoló geometria 112
IV.02.01. merőleges vetítés, merőleges vetület 112
IV.02.02. axonometria 112
IV.02.03. perspektíva 114
IV.02.04. fény 114
IV.03. ábrázolástechnika 116
IV.03.01. jel, jelölés, jelzés 116
IV.03.02. szöveg 116
IV.03.03. grafika 116
IV.04. hivatali felszerelés 118
IV.04.01. anyagok 118
IV.04.02. rajzeszközök 118
IV.04.03. irodagépek 118

V. **formatervezés, design** 121

V.01. metódusok, módszerek 122
V.01.01. általános formatervezési elvek 122
V.01.02. tevékenységek 122
V.01.03. eredmény 122
V.02. absztrakt kompozíció 124
V.02.01. alapelemek 124
V.02.02. alak, forma 124
V.02.03. sorok, sorozatok 124
V.02.04. struktúrák, szerkezetek 124
V.02.05. arányok, proporciók 126
V.02.06. elrendezési elvek 126
V.02.07. vonalvezetési elemek 126
V.03. tér, térség 128
V.03.01. a tér jellegzetességei és típusai 128
V.03.02. térbeli egységek elrendezése 128
V.03.03. tércsoportok 128
V.04. fény és szín 130
V.04.01. fény 130
V.04.02. szín 130

VI. **anyagtan** 133

VI.01. természetes anyagok 134
VI.01.01. ásványok 134
VI.01.02. kőzet 134
VI.02. kerámiai és ásványi kötésű építőanyagok 136
VI.02.01. vályogépítkezések 136
VI.02.02. falitéglák, klinkertéglák 136
VI.02.03. cserép, tetőcserép 136
VI.02.04 kohósalak falazóelemek 136
VI.03 üveg 138
VI.03.01. műszaki fogalmak 138
VI.03.02. anyagok 138
VI.04. kötőanyagok 140
VI.04.01. gipsz 140
VI.04.02. mész 140
VI.04.03. cement 140
VI.04.04. adalék(anyag) 140
VI.05. beton 142
VI.05.01. műszaki fogalmak 142
VI.05.02. konzisztencia 144
VI.05.03. adalékszer 144
VI.05.04. korrózió 144
VI.06. habarcsok, esztrichek 146
VI.06.01. műszaki fogalmak 146
VI.06.02. vakolattartók 146
VI.06.03. transzporthabarcs 146
VI.06.04. falazóhabarcs 146
VI.06.05. vakolóhabarcs 146
VI.06.06. esztrich 148
VI.07. fémek 150
VI.07.01. vas és acél 150
VI.07.02. színesfémek, nemvasfémek 150
VI.08. egyéb anyagok 152
VI.08.01. anyagok 152
VI.08.02. festések, kenések, bevonatok 152
VI.08.03. szigetelőanyagok 154
VI.08.04.. műanyagok 154
VI.08.05. könnyű építőanyagok 154
VI.09. az építőanyagok tulajdonságai 156

VII. **statika, stabilitás, dinamika, szilárdság** **159**

VII.01. alapfogalmak 160
VII.02. tartórendszerek 162
VII.02.01. rudak 162
VII.02.02. gerendák, tartók 162
VII.02.03. ívek 162
VII.02.04. kötéltartók 164
VII.02.05. rácsostartók 164
VII.02.06. keretek 166
VII.02.07. lemezek 166
VII.02.08. héjak 166
VII.02.09. kötélhálók 168
VII.02.10. membrán-szerkezetek 168
VII.02.11. merevítések 168
VII.02.12. egyebek 168
VII.03. erők, metszeterők 170
VII.04. rugalmasság, képlékenység 174
VII.05. stabilitás 178
VII.06. számítási módszerek 180
VII.07. dinamika 182

VIII. szerkezetek 185

VIII.01. alépítmény, föld, talaj 186
VIII.01.01. alap, alapozás 186
VIII.01.02. alapozás, alapozási munkálatok 186
VIII.01.03. talajvizsgálatok 188
VIII.01.04. alapárok, munkagödör 188
VIII.01.05. talajjavítás 190
VIII.01.06. sík alapok, sík alapozás 190
VIII.01.07. mélyalapozás, mélyalap 192
VIII.01.08. stabilitás, állékonyság 192
VIII.01.09. támasztófalak, támfalak 192
VIII.02. építési módok, építésmódok 194
VIII.02.01. modern faépítkezés, modern faépület 194
VIII.02.02. acélépítmény, acélszerkezet 196
VIII.02.03. modern falazat, modern falimű 198
VIII.02.04. acélbeton, vasbeton, feszített(betétű) beton 200
VIII.02.05. üveg az építésben 202
VIII.02.06. öszvérszerkezetek 204
VIII.02.07. ipari építési módok 206
VIII.03. nyílások 208
VIII.03.01. ajtók és kapuk 208
VIII.03.02. ablakok 208
VIII.04. födémek 210
VIII.05. tetők, fedélszerkezetek 212
VIII.05.01. tetőszerkezetek, fedélszerkezetek 212
VIII.05.02. tetőformák 214
VIII.05.03. magastetők szerkezeti elemei 214
VIII.05.04. tetőszerelvények 214
VIII.06. hozzáférhetőségi elemek 216
VIII.06.01. lépcső 216
VIII.06.02. egyéb rendszerek 216

IX. építészeti fizika 219

IX.01. akusztika 220
IX.01.01. zaj elleni védelem, zajvédelem 220
IX.01.02. teremakusztika, épületakusztika 222
IX.02. energiagazdaság 224
IX.02.01. hő, meleg, melegség 224
IX.02.02. szigetelés 226
IX.03. nedvesség, nyirkosság 228

X. építőipari kivitelezés 233

X.01. munkaterv, üzemterv 234
X.01.01. a munka megadása, a munka kiosztása 234
X.01.02. az építkezés finanszírozása 234
X.01.03. építési folyamat 236
X.01.04. üzemszervezés 238
X.01.05. időterv, ütemezés 240
X.01.06. ellenőrzés, felügyelet 242
X.02. építőszerszámok, építési felszerelések 244
X.02.01. szerszámok 244
X.02.02. építőgépek 246
X.02.03. szállítóeszközök 252
X.03. az építkezés előkészítése 254
X.03.01. az építkezés helye 254
X.03.02. zsaluzás és állványozás 256
X.04. ellőállítás, elkészítés, előregyártás 258
X.05. szerkezeti változások, építési változások 260

XI. város- és regionális tervezés 263

XI.01. topográfia 264
XI.01.01. természeti tájtípusok 264
XI.01.02. kultúrtáj 266
XI.01.03. mezőgazdasági területek 266
XI.02. vidék 268
XI.02.01. földhasználat 268
XI.02.02. falu 268
XI.02.03. falutípusok 268
XI.02.04. falutervezés 268
XI.03. területek és települések 270
XI.03.01. területek 270
XI.03.02. települések 270
XI.03.03. városrészek 270
XI.04. város 272
XI.04.01. várostípusok 272
XI.04.02. városrendezés 272
XI.04.03. városrendezés, várostervezés 276
XI.04.04. városfelújítás 278
XI.04.05. városfejlesztés 278
XI.05. infrastruktúra 280
XI.05.01. közúti forgalom 280
XI.05.02. sínpályás közlekedés 284
XI.05.03. hajózás 286
XI.05.04. légiforgalom 286
XI.06. tervezési fogalmak 288

XII. épülettan 293

XII.01. alapfogalmak 294
XII.01.01. tevékenységek 294
XII.01.02. program 294
XII.02. ipar, mezőgazdaság 296
XII.02.01. műhelyek 296
XII.02.02. mezőgazdaság 298
XII.02.03. ipar 300
XII.02.04. raktárak 300
XII.03. üzlet 302
XII.03.01. típusok 302
XII.03.02. működési területek 302
XII.04. adminisztráció 304
XII.05. állam és város 306
XII.06. közlekedés 308
XII.06.01. utcai forgalom, közúti forgalom 308
XII.06.02. sínpályás közlekedés, vasúti szállítás 310
XII.06.03. vízi közlekedés, vízi forgalom 310
XII.06.04. légiforgalom 312
XII.07. megközelíthetőség 314
XII.07.01. külső hozzáférhetőség 314
XII.07.02. belső hozzáférhetőség 314
XII.08. lakásépítés 316
XII.08.01. általános fogalmak 316
XII.08.02. birtoklási típusok 316
XII.08.03. típusok 316
XII.08.04. lakóegységek 318
XII.08.05. működési terület 320
XII.09. nevelőintézetek, nevelési intézmények 322
XII.09.01. gyerekeknek 322
XII.09.02. fiatalkorúaknak 322
XII.10. műveltség, kutatás, tudomány 324
XII.10.01. főiskolák 324
XII.10.02. kutatóközpontok 324
XII.11. művelődési épületek 326
XII.11.01. kultikus és egyházi épületek 326
XII.11.02. könyvtárak 326
XII.11.03. múzeum 328
XII.11.04. előadóművészeti épületek 330
XII.11.05. audiovizuális médiák épülete 330
XII.12. kórházi és egészségügyi intézmények épületei 332
XII.12.01. típusok 332
XII.12.02. funkcionális területek 332
XII.13. szabadidő és sportlétesítmények 334
XII.13.01. könnyűatlétika 334
XII.13.02. télisportok 334
XII.13.03. vízisportok 336
XII.13.04. lóversenypálya, lóversenytér 336
XII.13.05. egyéb sportok 336
XII.14. idegenforgalom 338
XII.14.01. vendéglátóüzemek 338
XII.14.02. szállások 338
XII.14.03. egyéb intézmények 338

B. Index 341

1. **angol** 342
2. **német** 366
3. **magyar** 389
4. **lengyel** 419
5. **orosz** 445
6. **szlovák** 472

irodalomjegyzék 500

a képek jegyzéke 502

przedmowa 19

A. **Systematika** 33

I. **podstawy teoretyczne** 35

I.01. estetyka 36
I.02. psychologia 42
I.02.01. rozwój 42
I.02.02. psychologia ogólna 42
I.02.03. psychologia społeczna, psychologia środowiskowa 42
I.02.04. metody 44
I.03. socjologia 46
I.04. podstawy prawne 50
I.04.01. pojęcie ogólne 50
I.04.02. prawo administracyjne 50
I.04.03. prawo umów 52
I.04.04. prawo pracy 52
I.04.05. prawo budowlane 52
I.05. podstawy naukowo-ekonomiczne 54
I.05.01. pojęcie ogólne 54
I.05.02. formy własności 54
I.05.03. formy podnajmu 56
I.05.04. kalkulacja 56
I.05.05. finansowanie 58

II. **historia architektury** 61

II.01. pojęcia teoretyczne 62
II.01.01. pojęcia ogólne 62
II.01.02. metody 62
II.02. budowa ściany 64
II.02.01. tradycyjne materiały budowlane 64
II.02.02. tradycyjne typy budowli 64
II.02.03. tradycyjne konstrukcje murowe 64
II.02.04. tradycyjne budownictwo drewniane 66
II.02.05. klasyczne formy architektoniczne 70
II.02.06. gotyk, styl gotycki 72
II.03. stropy historyczne 74
II.03.01. stropy płaskie 74
II.03.02. sklepienia 74
II.03.03. kopuły 74
II.04. historyczne typy budowli, historyczne elementy budowli 76
II.04.01. budowle sakralne 76
II.04.02. klasztor 78
II.04.03. fortyfikacje 78
II.04.04. zamki, pałace 80
II.04.05. domy mieszkalne 80
II.04.06. inne typy 80
II.05. historyczne formy osiedleńcze 82
II.05.01. historyczne formy wsi 82
II.05.02. historyczne typy miast 82
II.06. ochrona zabytków 84
II.06.01. pojęcia ogólne 84
II.06.02. pojęcia prawne 86
II.06.03. pojęcia budowlane 88
II.06.04. pojęcia estetyczne 88

III. **inwentaryzacja** 91

III.01. pomiary budowlane 92
III.01.01. różne pojęcia 92
III.01.02. pojęcia podstawowe 92
III.01.03. przyrządy, instrumenty 92
III.01.04. dokumentacja 96
III.01.05. sposoby pomiaru 96
III.01.06. obmiar robót 98
III.01.07. opis budowli 98
III.02. analiza 100
III.02.01. badanie budowli 100
III.02.02. użytkowanie i struktura społeczna 100
III.03. odpady obciążające środowisko 104
III.03.01. pojecia, terminy 104
III.03.02. składowiska materiałów szkodliwych 104
III.03.03. unieszkodliwienie 104
III.03.04. sanacja, uzdrowienie 106
III.03.05. recycling, powtórne wykorzystanie 106

IV. **odwzorowania** 109

IV.01. pojęcia podstawowe geometrii 110
IV.01.01. planimetria 110
IV.01.02. stereometria 110
IV.02. geometria wykreślna 112
IV.02.01. rzuty prostokątne, rzuty ortogonalne 112
IV.02.02. aksonometria, projekcja równoległa 112
IV.02.03. perspektywa 114
IV.02.04. światło 114
IV.03. techniki odwzorowania 116
IV.03.01. znaki 116
IV.03.02. tekst 116
IV.03.03. grafika 116
IV.04. wyposażenie biurowe 118
IV.04.01. materiały 118
IV.04.02. przybory kreślarskie 118
IV.04.03. maszyny biurowe 118

V. **projektowanie** 121

V.01. metody 122
V.01.01. ogólne zasady projektowania 122
V.01.02. czynności, działania 122
V.01.03. wyniki, rezultaty 122
V.02. kompozycja abstrakcyjna 124
V.02.01. elementy podstawowe 124
V.02.02. forma 124
V.02.03. ciągi, szeregi, rzędy 124
V.02.04. systemy 124
V.02.05. proporcje 126
V.02.06. zasady uporządkowania 126
V.02.07. elementy kształtowania komunikacji 126
V.03. przestrzeń 128
V.03.01. typy przestrzeni 128
V.03.02. organizacja przestrzenna 128
V.03.03. grupy przestrzeni 128
V.04. swiatło i kolor 130
V.04.01. swiatło 130
V.04.02. kolor, barwa 130

VI. **nauka o materiałach, materiałoznawstwo** 133

VI.01. materiały budowlane naturalne 134
VI.01.01. minerały 134
VI.01.02. skały 134
VI.02. materiały budowlane ceramiczne i pochodzenia mineralnego 136
VI.02.01. budownictwo gliniane 136
VI.02.02. cegly murowei, klinkier 136
VI.02.03. dachówka 136
VI.02.04 kamienie hutnicze 136
VI.03 szkło 138
VI.03.01. pojęcia techniczne 138
VI.03.02. materiały 138
VI.04. środki wiążące 140
VI.04.01. gips 140
VI.04.02. wapno 140
VI.04.03. cement 140
VI.04.04. dodatki 140
VI.05. beton 142
VI.05.01. pojęcia techniczne 142
VI.05.02. konsystencja 144
VI.05.03. domieszki, dodatki 144
VI.05.04. korozja 144
VI.06. zaprawa 146
VI.06.01. pojęcia techniczne 146
VI.06.02. podkład pod tynk 146
VI.06.03. zaprawy, zaprawy gotowe 146
VI.06.04. zaprawy murarskie 146
VI.06.05. zaprawy tynkarskie 146
VI.06.06. posadzki 148
VI.07. metale 150
VI.07.01. żelazo i stal 150
VI.07.02. metale nieżelazne 150
VI.08. materiały pozostałe 152
VI.08.01. materiały 152
VI.08.02. powłoki malarskie 152
VI.08.03. materiały tłumiące 154
VI.08.04.. tworzywa sztuczne 154
VI.08.05. lekkie materiały budowlane 154
VI.09. właściwości materiałów budowlanych 156

VII. **statyka, stateczność, dynamika, wytrzy małość** 159

VII.01. pojęcia podstawowe 160
VII.02. układy nośne 162
VII.02.01. pręty 162
VII.02.02. belki, dźwigary 162
VII.02.03. łuki 162
VII.02.04. konstrukcje linowe 164
VII.02.05. kratownice 164
VII.02.06. ramy 166
VII.02.07. płyty 166
VII.02.08. powłoki 166
VII.02.09. konstrukcje siatkowe 168
VII.02.10. konstrukcje membranowe 168
VII.02.11. stężenia 168
VII.02.12. inne 168
VII.03. siły, siły tnące 170
VII.04. sprężystość, plastyczność 174
VII.05. stabilność, stateczność 178
VII.06. metody obliczeń 180
VII.07. dynamika 182

VIII. **konstrukcje budowlane** 185

VIII.01. grunt , podłoże 186
VIII.01.01. posadowienie obiektów 186
VIII.01.02. posadowanie 186
VIII.01.03. badania podłoża, badania gruntu 188

VIII.01.04. wykop fundamentowy 188
VIII.01.05. ulepszenie gruntu 190
VIII.01.06. fundament płytki, fundamentowanie płytkie 190
VIII.01.07. fundamentowanie głębokie 192
VIII.01.08. stateczność, stałość równowagi 192
VIII.01.09. ściany oporowe 192
VIII.02. rodzaje budownictwa 194
VIII.02.01. nowoczesne budownictwo drewniane 194
VIII.02.02. budownictwo stalowe 196
VIII.02.03. współczesne techniki murowania 198
VIII.02.04. żelazobeton, beton sprężony 200
VIII.02.05. szkło w budownictwie 202
VIII.02.06. konstrukcje zespolone 204
VIII.02.07. budownictwo uprzemysłowione 206
VIII.03. otwory 208
VIII.03.01. drzwi i bramy 208
VIII.03.02. okna 208
VIII.04. stropy 210
VIII.05. dachy 212
VIII.05.01. konstrukcje dachowe 212
VIII.05.02. formy dachów 214
VIII.05.03. elementy dachu 214
VIII.05.04. nadbudówki dachowe 214
VIII.06. rodzaje udostępnienia 216
VIII.06.01. schody 216
VIII.06.02. inne systemy 216

IX. fizyka budowli 219

IX.01. akustyka 220
IX.01.01. ochrona przed hałasem 220
IX.01.02. akustyka pomieszczeń 222
IX.02. gospodarka energetyczna 224
IX.02.01. ciepło 224
IX.02.02. izolacje 226
IX.03. wilgotność 228

X. proces budowlany 233

X.01. planowanie budowy 234
X.01.01. zlecenie zadań 234
X.01.02. finansowanie budowy 234
X.01.03. przebieg budowy 236
X.01.04. organizacja zakładu 238
X.01.05. przebieg budowy w czasie 240
X.01.06. kontrola, sprawdzian 242
X.02. sprzęt budowlany 244
X.02.01. narzędzia 244
X.02.02. maszyny budowlane 246
X.02.03. środki transportu 252
X.03. przygotowanie budowy 254
X.03.01. miejsce budowy, plac budowy 254
X.03.02. szalowanie i rusztowanie 256
X.04. wykonanie, prefabrykacja 258
X.05. przemiany budowlane 260

XI. urbanistyka 263

XI.01. topografia 264
XI.01.01. krajobraz naturalny 264
XI.01.02. krajobrazy kulturowe 266
XI.01.03. użytki rolne 266
XI.02. przestrzeń wiejska 268
XI.02.01. użytkowanie terenu 268
XI.02.02. wieś 268
XI.02.03. typy wsi 268
XI.02.04. ruralistyka 268
XI.03. obszary i osiedla 270
XI.03.01. obszary 270
XI.03.02. osiedla 270
XI.03.03. obszary miejskie 270
XI.04. miasto 272
XI.04.01. typy miast 272
XI.04.02. urbanistyka 272
XI.04.03. planowanie miast 276
XI.04.04. odnowa miasta 278
XI.04.05. rozwój miasta 278
XI.05. infrastruktura 280
XI.05.01. ruch drogowy 280
XI.05.02. komunikacja szynowa 284
XI.05.03. żegluga wodna 286
XI.05.04. komunikacja lotnicza 286
XI.06. terminologia w planowaniu 288

XII. typologia 293

XII.01. pojęcia podstawowe 294
XII.01.01. czynności 294
XII.01.02. program 294
XII.02. przemysł, rolnictwo 296
XII.02.01. warsztaty 296
XII.02.02. gospodarka rolna 298
XII.02.03. przemysł 300
XII.02.04. magazyny 300
XII.03. handel 302
XII.03.01. typy 302
XII.03.02. strefy funkcjonalne 302
XII.04. administracja 304
XII.05. państwo i miasto 306
XII.06. komunikacja 308
XII.06.01. komunikacja drogowa 308
XII.06.02. komunikacja szynowa 310
XII.06.03. komunikcja wodna 310
XII.06.04. komunikacja lotnicza 312
XII.07. udostępnienie 314
XII.07.01. powiązania zewnętrzne 314
XII.07.02. powiązania wewnętrzne 314
XII.08. budownictwo mieszkalne 316
XII.08.01. pojęcia ogólne 316
XII.08.02. rodzaje własności 316
XII.08.03. typy 316
XII.08.04. jednostka mieszkalna 318
XII.08.05. strefy funkcjonalne 320
XII.09. urządzenia wychowawcze 322
XII.09.01. dla dzieci 322
XII.09.02. dla młodzieży 322
XII.10. kształcenie, badanie nauka 324
XII.10.01. szkoła wyższa 324
XII.10.02. centra badawcze 324
XII.11. budownictwo użyteczności publicznej 326
XII.11.01. budowle sakralne 326
XII.11.02. biblioteki 326
XII.11.03. muzea 328
XII.11.04. budowle widowiskowe 330
XII.11.05. budowle mediów audiowizualnych 330
XII.12. budowle służby zdrowia 332
XII.12.01. typy 332
XII.12.02. strefy funkcjonalne 332
XII.13. budowlę sportowe rekreacyjne 334
XII.13.01. lekkoatletyka 334
XII.13.02. sporty zimowe 334
XII.13.03. sporty wodne 336
XII.13.04. urządzenia sportów hippicznych 336
XII.13.05. pozostałe założenia sportowe 336
XII.14. turystyka 338
XII.14.01. restauracje 338
XII.14.02. zakwaterowania 338
XII.14.03. pozostałe urządzena 338

B. Indeks 341

1. Angielski 342
2. Niemiecki 366
3. Węgierski 389
4. Polski 419
5. Rosyjski 445
6. Słowacki 472

Literatura 500

Spis ilustracji 502

предисловие 19

A. Систематический порядок 33

I. теоретические основы 35
I.01. эстетика 37
I.02. психология 43
I.02.01. развитие 43
I.02.02. общая психология 43
I.02.03. социальная психология 43
I.02.04. методы 45
I.03. социология 47
I.04. юридические основы 51
I.04.01. общие понятия 51
I.04.02. административное право 51
I.04.03. договорное, контрактное право 53
I.04.04. трудовое право 53
I.04.05. строительное право 53
I.05. экономические основы 55
I.05.01. общие понятия 55
I.05.02. собственность 55
I.05.03. формы предприятий 57
I.05.04. калькуляция 57
I.05.05. финансирование 59

II. история архитектуры 61
II.01. теоретические понятия 63
II.01.01. общие понятия 63
II.01.02. методы 63
II.02. конструкция стены 65
II.02.01. традиционные строительные материалы 65
II.02.02. архаические формы жилища 65
II.02.03. традиционная кладка 65
II.02.04. традиционное строительство из дерева 67
II.02.05. классический архитектурный язык 71
II.02.06. готический стиль 73
II.03. исторические формы покрытий 75
II.03.01. плоскостные покрытия 75
II.03.02. своды 75
II.03.03. купола 75
II.04. исторические типы зданий 77
II.04.01. сакральные постройки 77
II.04.02. монастырь 79
II.04.03. фортификация 79
II.04.04. замки, дворцы 81
II.04.05. жилые дома 81
II.04.06. прочие типы 81
II.05. исторические формы поселений 83
II.05.01. исторические формы селений 83
II.05.02. исторические типы городов 83
II.06. охрана памятников 85
II.06.01. общие понятия 85
II.06.02. юридические понятия 87
II.06.03. строительные понятия 89
II.06.04. эстетические понятия 89

III. инвентаризация 91
III.01. строительная съёмка 93
III.01.01. съёмка подробностей 93
III.01.02. основные понятия 93
III.01.03. приборы 93
III.01.04. документация 97
III.01.05. методы измерения 97
III.01.06. обмеры 99
III.01.07. описание строительного объекта 98
III.02. анализ 101
III.02.01. исследование строительного объекта 101
III.02.02. использование и социальная структура 101
III.03. экологические нагрузки 105
III.03.01. понятия 105
III.03.02. хранение вредных веществ 105
III.03.03. утилизация отходов 105
III.03.04. оздоровление местности 107
III.03.05. повторное применение 107

IV. техника изображения 109
IV.01. геометрия 111
IV.01.01. планиметрия 111
IV.01.02. стереометрия 111
IV.02. начертательная геометрия 113
IV.02.01. ортогональная проекция 113
IV.02.02. аксонометрия, параллельное проецирование 113
IV.02.03. перспектива 115
IV.02.04. свет 115
IV.03. техники изображения 117
IV.03.01. знаки 117
IV.03.02. текст 117
IV.03.03. графика 117
IV.04. оборудование бюро 119
IV.04.01. материалы 119
IV.04.02. инструменты для черчения 119
IV.04.03. техническое оборудование бюро 119

V. проектирование 121
V.01. метод 123
V.01.01. общие принципы проектирования 123
V.01.02. деятельность 123
V.01.03. результаты 123
V.02. абстрактная композция 125
V.02.01. основные элементы 125
V.02.02. форма 125
V.02.03. ряды 125
V.02.04. структуры 125
V.02.05. пропорции 127
V.02.06. принципы упорядочения 127
V.02.07. средства организации движения 127
V.03. пространство 129
V.03.01. типы и характеристики пространств 129
V.03.02. организация пространственных единиц 129
V.03.03. группы пространств 129
V.04. свет и цвет 131
V.04.01. свет 131
V.04.02. цвет 131

VI. материаловедение 133
VI.01. природные материалы 135
VI.01.01. минералы 135
VI.01.02. горные породы 135
VI.02. строительные материалы на базе керамики и минералов 137
VI.02.01. строителство из глины 137
VI.02.02. кирпичи для кладки и клинкеры 137
VI.02.03. черепица 137
VI.02.04 шлакоблоки 137
VI.03 стекло 139
VI.03.01. технические понятия 139
VI.03.02. материалы 139
VI.04. вяжущие 141
VI.04.01. гипс 141
VI.04.02. известь 141
VI.04.03. цемент 141
VI.04.04. заполнители 141
VI.05. бетон 143
VI.05.01. технические понятия 143
VI.05.02. консистенция 145
VI.05.03. активирующие добавки 145
VI.05.04. коррозия 145
VI.06. растворы, стяжки 147
VI.06.01. технические понятия 147
VI.06.02. основание под штукатурку 147
VI.06.03. готовый раствор 147
VI.06.04. раствор для кладки 147
VI.06.05. штукатурный раствор 147
VI.06.06. бесшовные полы 149
VI.07. металлы 151
VI.07.01. железо и сталь 151
VI.07.02. цветные металлы 151
VI.08. прочие материалы 153
VI.08.01. материалы 153
VI.08.02. краски, покрытия 153
VI.08.03. изоляционные материалы 155
VI.08.04. синтетические материалы 155
VI.08.05. лёгкие строительные материалы 155
VI.09. свойства строительных материалов 157

VII. статика, устойчивость, динамика, сопротивление материалов 159
VII.01. основные понятия 161
VII.02. несущие системы 163
VII.02.01. стержни 163
VII.02.02. балки, фермы 163
VII.02.03. арки, своды 163
VII.02.04. вантовые, висячие фермы 165
VII.02.05. фахверк 165
VII.02.06. рамы 167
VII.02.07. плиты, панели 167
VII.02.08. оболочки 167

VII.02.09. гибкие несущие конструкции 169
VII.02.10. мембранные несущие конструкции 169
VII.02.11. крепления 169
VII.02.12. прочее 169
VII.03. силы, поперечные силы 171
VII.04. упругость, гибкость 175
VII.05. устойчивость 179
VII.06. методы расчёта 181
VII.07. динамика 183

VIII. конструкции 185
VIII.01. грунты 187
VIII.01.01. сооружение оснований и фундаментов 187
VIII.01.02. основания 187
VIII.01.03. исследование грунтов 189
VIII.01.04. строительный котлован 189
VIII.01.05. улучшение свойств грунта 191
VIII.01.06. фундаменты не глубокого заложения 191
VIII.01.07. фундаменты глубокого заложения 193
VIII.01.08. устойчивость 193
VIII.01.09. подпорные стены 193
VIII.02. способы строительства 195
VIII.02.01. современные деревянные конструкции 195
VIII.02.02. стальная конструкция 197
VIII.02.03. современные методы кладки 199
VIII.02.04. железобетон, напряжённый бетон 201
VIII.02.05. стекло в стоительстве 203
VIII.02.06. комбинированные конструкции 205
VIII.02.07. индустриальные методы строительства 207
VIII.03. проёмы, отверстия 209
VIII.03.01. двери и ворота 209
VIII.03.02. окна 209
VIII.04. перекрытия 211
VIII.05. крышы 213
VIII.05.01. конструкции крыши 213
VIII.05.02. формы крыш 215
VIII.05.03. элементы крыши 215
VIII.05.04. кровельное оборудование 215
VIII.06. оборудование входа 217
VIII.06.01. лестницы 217
VIII.06.02. другие системы 217

IX. физика 219
IX.01. акустика 221
IX.01.01. звукоизоляция 221
IX.01.02. акустика помещений 223
IX.02. охранение 225
IX.02.01. тепло 225
IX.02.02. изоляция 227
IX.03. влага 229

X. строительное производство 233
X.01. планирование предприятия 235
X.01.01. выдача задания 235
X.01.02. финансирование строительства 235
X.01.03. проведение строительных работ 237
X.01.04. организация предрприятия 239
X.01.05. время строительства 241
X.01.06. контроль 243
X.02. строительные инструменты 245
X.02.01. инструменты 245
X.02.02. строительные машины 247
X.02.03. транспортные средства 253
X.03. подготовка стрительства 255
X.03.01. строительная площадка 255
X.03.02. вспомогательные средства 257
X.04. изготовление, предварительное изготовление 259
X.05. изменения в строительстве 261

XI. городская и региональная планировка 263
XI.01. топография 265
XI.01.01. природные ландшафты 265
XI.01.02. культурные ландшафты 267
XI.01.03. сельскохозяйственное использование 267
XI.02. сельскохозяйственные территории 269
XI.02.01. землепользование 269
XI.02.02. село 269
XI.02.03. виды сёл 269
XI.02.04. планировка села 269
XI.03. области и поселения 271
XI.03.01. области 271
XI.03.02. поселения 271
XI.03.03. территории города 271
XI.04. город 273
XI.04.01. типы городов 273
XI.04.02. градостроительство 273
XI.04.03. городская планировка 277
XI.04.04. обновление города 279
XI.04.05. городское развитие 279
XI.05. инфраструктура 281
XI.05.01. уличное движение 281
XI.05.02. рельсовый транспорт 285
XI.05.03. судоходство 287
XI.05.04. воздушный транспорт 287
XI.06. терминология планировки 289

XII. Типология 293
XII.01. основные понятия 295
XII.01.01. действия 295
XII.01.02. программа 295
XII.02. промышленность 297
XII.02.01. производства 297
XII.02.02. сельское хозяйство 299
XII.02.03. промышленность 301
XII.02.04. склады 301
XII.03. торговля 303
XII.03.01. типы 303
XII.03.02. функциональные зоны 303
XII.04. администрация 305
XII.05. государство и община 307
XII.06. транспорт 309
XII.06.01. уличное движение 309
XII.06.02. железнодорожный транспорт 311
XII.06.03. водный транспорт 311
XII.06.04. воздушный транспорт 313
XII.07. движение 315
XII.07.01. подъезды и подходы 315
XII.07.02. связи в здании 315
XII.08. жилищное строительство 317
XII.08.01. общие понятия 317
XII.08.02. виды жилой собственности 317
XII.08.03. типы 317
XII.08.04. жильё 319
XII.08.05. функциональные зоны 321
XII.09. воспитательные учреждения 323
XII.09.01. для детей 323
XII.09.02. для молодёжи 323
XII.10. образование, наука, исследование 325
XII.10.01. высшее учебное заведение 325
XII.10.02. научные центры 325
XII.11. объекты культуры 327
XII.11.01. сакральные помещения 327
XII.11.02. библиотека 327
XII.11.03. музеи 329
XII.11.04. театральные здания 331
XII.11.05. аудио-визуальные средства информации 331
XII.12. больницы и медицинские учреждения 333
XII.12.01. типы 333
XII.12.02. функциональные зоны 333
XII.13. сооружения для спорта и досуга 335
XII.13.01. лёгкая атлетика 335
XII.13.02. зимние виды спорта 335
XII.13.03. водные виды спорта 337
XII.13.04. ипподром 337
XII.13.05. прочие виды спорта 337
XII.14. туризм 339
XII.14.01. рестораны 339
XII.14.02. гостиницы 339
XII.14.03. прочие сооружения 339

Б. Индекс 341

1. английский язык 342
2. немецкий язык 366
3. венгерский язык 389
4. польский язык 419
5. русский язык 445
6. словацкий язык 472

список литературы 500
список рисунков 502

Predslov 19

A. **Systematické usporiadanie** 33

I. **Teoretické základy** 35

I.01. estetika 37
I.02. psychológia 43
I.02.01. vývoj 43
I.02.02. všeobecná psychológia 43
I.02.03. sociálna psychológia 43
I.02.04. metódy 45
I.03. sociológia 47
I.04. právne podklady 51
I.04.01. všeobecné pojmy 51
I.04.02. administratívne právo 51
I.04.03. zmluvné právo 53
I.04.04. pracovné právo 53
I.04.05. stavebné právo 53
I.05. základné ekonomické pojmy 55
I.05.01. všeobecné pojmy 55
I.05.02. formy vlastníctva 55
I.05.03. formy podnikania 57
I.05.04. kalkulácia 57
I.05.05. financovanie 59

II. **Dejiny architektúry** 61

II.01. teoretické pojmy 63
II.01.01. všeobecné pojmy 63
II.01.02. metódy 63
II.02. štruktúra steny 65
II.02.01. tradičné stavebné materiály 65
II.02.02. tradičné typy stavieb 65
II.02.03. tradičná murovaná stavba 65
II.02.04. tradičná drevená stavba 67
II.02.05. architektonická terminológia klasiky 71
II.02.06. gotický štýl 73
II.03. historické stropy 75
II.03.01. ploché stropy 75
II.03.02. klenby 75
II.03.03. kupoly 75
II.04. historické typy budov 77
II.04.01. sakrálne budovy 77
II.04.02. kláštor 79
II.04.03. opevnené stavby 79
II.04.04. zámky, paláce 81
II.04.05. obytné domy 81
II.04.06. iné typy 81
II.05. historické formy osídlení 83
II.05.01. historické formy dediny 83
II.05.02. historické typy miest 83
II.06. pamiatková starostlivosť 85
II.06.01. všeobecné pojmy 85
II.06.02. právnické pojmy 87
II.06.03. stavebné pojmy 89
II.06.04. estetické pojmy 89

III. **Inventarizácia** 91

III.01. vymeriavanie stavby 93
III.01.01. rôzne pojmy 93
III.01.02. základné pojmy 93
III.01.03. prístroje 93
III.01.04. dokumentácia 97
III.01.05. metódy merania 97
III.01.06. zameranie 99
III.01.07. opis budovy 99
III.02. analýza 101
III.02.01. výskum budovy 101
III.02.02. využitie a sociálna štruktúra 101
III.03. ekologické zaťaženia 105
III.03.01. pojmy 105
III.03.02. uskladnenie škodlivých látok 105
III.03.03. odstránenie odpadu, zneškodnenie odpadu 105
III.03.04. sanácia 107
III.03.05. recyklácia 107

IV. **Zobrazovanie** 109

IV.01. geometria 111
IV.01.01. planimetria 111
IV.01.02. stereometria 111
IV.02. deskriptívna geometria 113
IV.02.01. pravouhlé premietanie 113
IV.02.02. axonometria 113
IV.02.03. perspektíva 115
IV.02.04. svetlo 115
IV.03. techniky zobrazovania 117
IV.03.01. značky 117
IV.03.02. text 117
IV.03.03. grafika 117
IV.04. vybavenie kancelárie 119
IV.04.01. materiály 119
IV.04.02. rysovacie náradia 119
IV.04.03. kancelárske stroje 119

V. **Navrhovanie** 121

V.01. metódy 123
V.01.01. všeobecné princípy navrhovania 123
V.01.02. činnosti 123
V.01.03. výsledky 123
V.02. abstraktná kompozícia 125
V.02.01. základné prvky 125
V.02.02. forma 125
V.02.03. rady 125
V.02.04. štruktúry 125
V.02.05. proporcie 127
V.02.06. princípy usporiadania 127
V.02.07. prvky ko munikácie 127
V.03. priestor 129
V.03.01. druhy a charakteristiky priestoru 129
V.03.02. organizácia priestorových jednotiek 129
V.03.03. skupiny priestorov 129
V.04. svetlo a farba 131
V.04.01. svetlo 131
V.04.02. farba 131

VI. **Náuka o materiáloch** 133

VI.01. prírodné materiály 135
VI.01.01. minerály 135
VI.01.02. horniny 135
VI.02. keramické a minerálne viazané stavebné látky 137
VI.02.01. hlinené stavby 137
VI.02.02. tehla, zvonivka 137
VI.02.03. škridla 137
VI.02.04 tvarovky z vysokopecnej trosky 137
VI.03 sklo 139
VI.03.01. technické pojmy 139
VI.03.02. materiály 139
VI.04. spojivá 141
VI.04.01. sadra 141
VI.04.02. vápno 141
VI.04.03. cement 141
VI.04.04. prísady 141
VI.05. betón 143
VI.05.01. technické pojmy 143
VI.05.02. konzistencia 145
VI.05.03. prísady 145
VI.05.04. korózia 145
VI.06. malty, mazaniny 147
VI.06.01. technické pojmy 147
VI.06.02. nosné podklady omietky 147
VI.06.03. prefabrikovaná malta 147
VI.06.04. murovacia malta 147
VI.06.05. štuková malta 147
VI.06.06. mazaniny, potery 149
VI.07. kovy 151
VI.07.01. železo a oceľ 151
VI.07.02. neželezné kovy 151
VI.08. iné materiály 153
VI.08.01. materiály 153
VI.08.02. nátery, nánosy 153
VI.08.03. izolačné materiály 155
VI.08.04.. plasty 155
VI.08.05. ľahké stavebné materiály 155
VI.09. vlastnosti stavebných látok 157

VII. **Statika, stabilita, dynamika, pevnosť** 159

VII.01. základné pojmy 161
VII.02. nosné sústavy 163
VII.02.01. prúty 163
VII.02.02. trámy, nosníky 163
VII.02.03. oblúky 163
VII.02.04. lanové nosné konštrukcie 165
VII.02.05. priehradové nosníky 165
VII.02.06. rámy 167
VII.02.07. dosky 167
VII.02.08. škrupiny 167
VII.02.09. lanové siete 169
VII.02.10. membránové nosné konštrukcie 169
VII.02.11. výstuhy, vystuženia 169
VII.02.12. iné 169
VII.03. sily, sily v priereze 171
VII.04. pružnosť, plasticita 175
VII.05. stabilita 179
VII.06. výpočtové metódy 181
VII.07. dynamika 183

VIII. **Konštrukcie** 185

VIII.01. zem, zemina 187
VIII.01.01. zakladanie stavby 187
VIII.01.02. zakladania 187
VIII.01.03. pôdny prieskum 189
VIII.01.04. stavebná jama 189
VIII.01.05. zlepšovanie základovej pôdy 191
VIII.01.06. plošné zakladania 191

VIII.01.07. hlbinné zakladania 193
VIII.01.08. stabilita 193
VIII.01.09. oporné steny 193
VIII.02. spôsoby stavania 195
VIII.02.01. novodobá drevená stavba 195
VIII.02.02. oceľová konštrukcia 197
VIII.02.03. novodobá murovaná stavba 199
VIII.02.04. oceľobetón 201
VIII.02.05. sklená stavba 203
VIII.02.06. spriahnutá konštrukcia 205
VIII.02.07. priemyslové spôsoby stavania 207
VIII.03. otvory 209
VIII.03.01. dvere a brány 209
VIII.03.02. okná 209
VIII.04. stropy 211
VIII.05. strechy 213
VIII.05.01. strešné konštrukcie 213
VIII.05.02. tvary striech 215
VIII.05.03. prvky strechy 215
VIII.05.04. strešné nadstavby 215
VIII.06. prvky sprístupnenia 217
VIII.06.01. schody 217
VIII.06.02. iné systémy 217

IX. Stavebná fyzika 219

IX.01. akustika 221
IX.01.01. zvuková izolácia 221
IX.01.02. priestorová akustika 223
IX.02. energetické hospodárstvo 225
IX.02.01. teplo 225
IX.02.02. izolácia 227
IX.03. vlhkosť, vlaha 229

X. Stavebná prevádzka 233

X.01. podnikové plánovanie 235
X.01.01. zadanie 235
X.01.02. financovanie stavby 235
X.01.03. priebeh výstavby 237
X.01.04. podniková organizácia 239
X.01.05. časové plánovanie 241
X.01.06. kontrola 243
X.02. stavebné vybavenie 245
X.02.01. náradia 245
X.02.02. stavebné stroje 247
X.02.03. dopravné prostriedky 253
X.03. príprava stavby 255
X.03.01. stavenisko 255
X.03.02. debnenie a lešenie 257
X.04. výroba, prefabrikácia 259
X.05. stavebné zmeny 261

XI. Urbanizmus 263

XI.01. topografia 265
XI.01.01. prírodný ráz krajiny 265
XI.01.02. kultúrny ráz krajiny 267
XI.01.03. poľnohospodárske využitie 267
XI.02. vidiek 269
XI.02.01. využitie pôdy 269
XI.02.02. dedina, obec 269
XI.02.03. typy obcí 269
XI.02.04. územné plánovanie obcí 269
XI.03. oblasti a sídla 271
XI.03.01. oblasti 271
XI.03.02. sídla 271
XI.03.03. mestské územia 271
XI.04. mesto 273
XI.04.01. typy miest 273
XI.04.02. urbanizmus 273
XI.04.03. plánovanie mesta 277
XI.04.04. obnova mesta 279
XI.04.05. rozvoj mesta 279
XI.05. infraštruktúra 281
XI.05.01. cestná doprava 281
XI.05.02. koľajová doprava 285
XI.05.03. lodná doprava 287
XI.05.04. letecká doprava 287
XI.06. terminológia plánovania 289

XII. Typológia 293

XII.01. základné pojmy 295
XII.01.01. činnosti 295
XII.01.02. program 295
XII.02. priemysel 297
XII.02.01. dielne 297
XII.02.02. poľnohospodárstvo 299
XII.02.03. priemysel 301
XII.02.04. sklady 301
XII.03. obchod 303
XII.03.01. typy 303
XII.03.02. funkčné oblasti 303
XII.04. administratíva 305
XII.05. štát a mesto 307
XII.06. doprava 309
XII.06.01. cestná doprava 309
XII.06.02. koľajová doprava 311
XII.06.03. vodná doprava 311
XII.06.04. letecká doprava 313
XII.07. sprístupnenie 315
XII.07.01. vonkajšie sprístupnenie 315
XII.07.02. vnútorné sprístupnenie 315
XII.08. bytová výstavba 317
XII.08.01. všeobecné pojmy 317
XII.08.02. druhy vlastníctva 317
XII.08.03. typy 317
XII.08.04. obytné jednotky 319
XII.08.05. funkčné oblasti 321
XII.09. výchovné zariadenia 323
XII.09.01. pre deti 323
XII.09.02. pre mládež 323
XII.10. vzdelanie 325
XII.10.01. vysoké školy 325
XII.10.02. výskumné strediská 325
XII.11. stavby pre kultúru 327
XII.11.01. sakrálne stavby 327
XII.11.02. knižnice 327
XII.11.03. múzeá 329
XII.11.04. budovy pre predstavované umenia 331
XII.11.05. objekty pre audiovizuálne médiá 331
XII.12. nemocnice a stavby pre zdravotníctvo 333
XII.12.01. typy 333
XII.12.02. funkčné oblasti 333
XII.13. stavby pre šport a voľný čas 335
XII.13.01. ľahká atletika 335
XII.13.02. zimné športy 335
XII.13.03. vodné športy 337
XII.13.04. jazdecké športové zariadenia 337
XII.13.05. ostatné druhy športu 337
XII.14. cestovný ruch 339
XII.14.01. reštaurácie 339
XII.14.02. ubytovania 339
XII.14.03. ostatné zariadenia 339

B. Zoznam 341

1. **anglicky** 342
2. **nemecky** 366
3. **maďarsky** 389
4. **poľsky** 419
5. **rusky** 445
6 **slovensky** 472

Zoznam literatúry 500

Zoznam obrázkov 502

Preface
Vorwort
Előszó
Przedmowa
Предисловие
Predslov

Lukas Vochs; Allgemeines Baulexikon oder Erklärung der deutschen und französischen Kunstwörter in der bürgerlichen, Kriegs- und Schiffbaukunst, wie auch der Hydrotechnik und Hydraulik; Augsburg Leipzig 1781

"Since today when studying sciences and arts one makes a great effort to choose a method which is free of pedantic and schoolmasterish lectures and tries to make the latter as clear and easily comprehensible as possible, one also strives to impart the sciences and arts to the learners in as short a time as possible.
In order to achieve this and to get an idea of the subject matter quickly and to understand the language of those who teach the free arts and sciences, it is most helpful to explain the words which occur in the various fields of art and science and which the students should learn as quickly as possible. This can be done by reading the explanations from time to time or by looking them up diligently or by lessons given by the authors.
For the same purpose this general dictionary of construction should be used, in which those who are interested in the art and science of making buildings will find explanations of almost all and also the most common terms which are necessary to understand the language of the engineers, the architects, the bricklayers, the stonemasons and paviors, the metalworkers, the carpenters, the joiners and other artisans and thus to be able to communicate with them in their language.
It is true Mr Sturm and Mr Penther have created wonderful pieces of work in which they made a great effort to explain the technical terms of the art and science of making buildings. ... But these gentlemen only tried to explain the technical terms of civil architecture; I, however, have followed the example of Mr Belidor and have also added the terms of the art of warfare and hydraulic engineering, and the necessaries of the art of shipbuilding and the terms of the art of well construction; also, this book is printed in a handy format so one can easily carry it on journeys ...
Such a dictionary, in which the terms of a science are explained, is not only useful and necessary for people who are devoted to these arts and sciences and earn their living from them, but it can also serve well court counsellors, jurists and crown servants, who often deal with the building trade, to learn to understand the language of the building workers. It will be particularly useful to jurists in cases of disputes on the building site because they can see from it what this or that is called and what it is all about and they need not believe the often false statements of the building workers, but they are able to be on their guard against them.
But should not this dictionary of construction also serve all citizens who have wit and often deal with the building trade? Without doubt, because with it and from it they learn the language of building and with insights into the business they understand better how work is done; they as clients need not follow the building workers blindly because they will find themselves in the position not only to criticize but to show themselves how it should be done. They can also be of advantage to their fellow citizens because they can teach them on many occasions and preserve them from harm.
...
Meanwhile I convey my respects to the gentle readers

the author"

Vochs's views, stated during the Enlightenment, concur for the most part with our own. We too assume that our dictionary will mainly be used on site and in the office as an aid in the discourse among specialists: architects, urban planners and developers, civil engineers, historical preservationalists, and the users of a building.

Conventional and technical dictionaries may be used as aids for understanding and translating a text. For specialists dealing with architecture it is often necessary to communicate about an object while in the field. An architectural dictionary has to take this into account. We have chosen to classify the terms based on their subject context. Thus, this dictionary may also be used as a thesaurus of architectural terms. The organization of the subject areas follows a model program of studies as taught at German universities.
In our selection of terms we have assumed that the user has a fundamental knowledge of the language in question. For this reason, elementary terms such as "house" or "room" have not been included.

Some fields of knowledge are currently in the process of being redefined. In compiling this dictionary we have considered the most recent concepts within a field, using older versions as a basis whenever a later concept has not yet been generally accepted.
We have chosen to offer drawings as a translation aid because they illustrate the object precisely and allow brief and clear explainations. An illustrated definition also comes close to the visual thinking of most architects.
When producing a dictionary special linguistic problems are encountered:
In everyday life the terms included in a dictionary are used within a context. The objects they denote are semantically connected to one another, giving them their specific contextual meaning. When removed from this context they often become ambiguous and, as a consequence, their definition is unclear. We have tried to avoid this by using illustrations. The users of this dictionary should nevertheless be aware that they cannot expect the precise definition of a word which it can only obtain within a certain context.
Some terms may be found in several contexts and for this reason they also appear in several places in this dictionary. Terms occuring in the field of urban development have often been taken from laws and decrees. As they are system-specific and cannot be translated we have tried to briefly explain them in the other languages.

Only those terms which are commonly used in the areas covered by the dictionary and which denote objects relating to those fields have been included.
Theoretical architectural terms which are of Latin, Italian or French origin (e.g. *decorum*, *piano nobile*, *je ne sais quoi*) have not been included.
Particularly in the field of architecture many archaic terms exist. We have only included those terms which are still understood and which are so common that specialists do not have to revert to looking them up in a historical dictionary.
There are differences in the educational and professional systems in the countries involved which result in a difference in the scope of the vocabulary in the areas covered. In compiling the sections of this dictionary, we have tried to include an average amount of terms which are used equally in all languages involved. It should be noted that in the English section, American English has been used throughout.
Some terms, such as *genius loci*, represent a certain design "philosophy" while others, such as unplanned/evolved town, represent an aesthetic ideology. Whereas we have included such terms when they are commonly used, their inclusion does not mean that the authors identify with them.
Like Lukas Vochs, we also consulted many existing lexicons, dictionaries, and histories of form and style (see bibliography). Some of these books are problematic as they have been republished but not revised and thus portray an understanding of architecture which is outdated .

Without the exceptional support of many professional colleagues who helped to compile and translate the terms of the individual sections, this dictionary would not have gotten beyond the first stages. **Robert Ast, Marián Mikuláš** and **Lech Zimowski** were involved in the early stages.
In particular, we received help from:
Edwin P. Arnold, Robert W. Bainbridge, Dušan Blaško, Hilde Brauns, Klaus Dierks, Francis M. Eubanks, John Terrence Farris, Thomas Fiets, Birgit Hampel, Jaroslav Holý, David W. Houston, Jörg Kühn, Edda Kurz, Rüdiger Lutz, Charles Matthewson, Peter Möller, John M. Mumford, Dieter Nickol, Matthias Pfeifer, Bernhard Ritter, Eberhard Roeder, Suzanne M. Sinke, Fritz Talle, Hans-Georg Vollmar.
To them our special thanks.

This dictionary was in part made possible through a generous grant by the Wüstenrot - Stiftung.

Lukas Vochs; Allgemeines Baulexikon oder Erklärung der deutschen und französischen Kunstwörter in der bürgerlichen, Kriegs- und Schiffbaukunst, wie auch der Hydrotechnik und Hydraulik; Augsburg Leipzig 1781

"Da man heut zu Tage bey Erlernung der Wissenschaften und Künsten sich dergestalt zu befleißigen trachtet, eine solche Lehrart zu erwählen, welche von allem pedantischen und schulfüchsischen Vortrage gereinigt, und man denselben so deutlich und so leicht zu machen suchet, als es nur immer möglich ist; so hat man sich auch angelegen seyn lassen, den Lernenden in möglichst kurzer Zeit, die zu erlernenden Wissenschaften und Künsten begreiflich zu machen.

Dieses zu erlangen, und von dem zu Erlernenden einen geschwinden Begriff zu bekommen, und die Sprache derer zu verstehen, welche dieselbe als Lehrer der freyen Künsten und Wissenschaften vortragen; so ist, und kann nichts nützlicheres erdacht worden seyn; als die Erklärung der Wörter, welcher in dieser, oder jener Kunst und Wissenschaft vorkommen, die sich die Schüler aufs bäldeste ins Gedächtnis bringen können. Dieses kann geschehen, wenn sie die Erklärung öfters lesen; oder durch fleissiges Nachschlagen, bey Lesung der Authoren.

Zu diesem dienet auch gegenwärtiges allgemeines Baulexikon, worinnen diejenige, die sich den Baukünsten widmen, fast alle nur mögliche, und am meisten vorkommende Wörter erkläret finden werden, um die Sprache der Ingenieurs, der Baumeister, der Maurer, der Steinmetzen, und Steinbauer, der Schlosser, der Zimmerleute, der Tischler, und anderer Handarbeitern zu verstehen, um also auch in ihrer Sprache mit ihnen zu reden.

Es haben zwar die Herren Sturm, und Penther schöne Werke mitgetheilet, worin sie sich beflissen, die Kunstwörter der Baukunst zu erklären. ... Es haben aber diese Herren eigentlich nur die Kunstwörter der bürgerlichen Baukunst zu erklären gesuchet; ich bin hingegen dem Beyspiele des Herrn Belidors gefolget, und habe auch die Kunstwörter der Kriegs= Wasser= und das Nöthigste der Schiffsbaukunst, und die Kunstwörter der Brunnenkünsten beygefügt; auch ist dieses Werk in einem bequemern Format gedrucket, damit man selbiges auf Reisen ohne Beschwerden bey sich führen kann ...

Aber nicht allein denen, die sich diesen Künsten und Wissenschaften widmen, und ihren Unterhalte damit suchen, ist ein solches Wörterbuch, worinnen die Kunstwörter einer Wissenschaft erkläret werden, nützlich und nöthig; sondern auch den Herren Hofkammerräthen, Juristen und Beamten kann es gute Dienste leisten, weil sie bey verschiedenen Gelegenheiten mit dem Bauwesen beschäfftiget sind, um daraus die Sprache der Bauleute verstehen zu lernen. Insonderheit wird es den Herren Juristen bey Baustrittigkeiten sehr nützlich seyn, weil sie daraus ersehen können, wie dieses oder jenes benamet wird, und was es damit für eine Beschaffenheit habe, und den Bauleuten ihren oft falschen Auslegungen nicht blindlings folgen, sondern sich vor ihnen hüten können.

Sollte aber nicht auch dieses Baulexikon allen Bürgern, welche Witz haben, und sich öfters mit dem Bauwesen beschäfftigen, dienlich seyn? Es ist kein Zweifel; denn dadurch, und daraus erlernen sie die Bausprache; und erlangen dadurch Einsicht, alles besser einzusehen, wie man zu Werke gehet; därfen dahero als Bauherren den Bauleuten nicht mehr so blindlings folgen; denn sie werden sich in den Stand gesetzt sehen, ihnen nicht allein etwas zu tadeln, sondern wohl selbst zu zeigen, wie zu Werke gegangen werden soll. Auch verschaffen sie ihren Mitbürgern einen Nutzen, weil sie selbigen in vielen Fällen einen Unterricht ertheilen, und vor Schaden warnen können......

Indessen empfiehlet sich den geneigten Lesern

der Verfasser"

Diesen Zielen von Vochs aus der Zeit der Aufklärung können wir uns weitgehend anschließen. Auch wir gehen davon aus, daß das vorliegende Wörterbuch vorrangig in praktischen Zusammenhängen und im Diskurs zwischen Spezialisten (Architekten, Städteplanern, Städtebauern, Bauingenieuren, Denkmalpflegern, Nutzern usw.) benutzt wird. Es wird dabei unterstellt, daß die Grundlagen der jeweiligen Sprache beherrscht werden, elementare Begriffe wie 'Haus' oder 'Raum' sind also nicht aufgenommen.

Das übliche Wörter- oder Fachwörterbuch ist ein Hilfsmittel zum Verstehen und Übersetzen eines Textes. Das hier vorliegende Wörterbuch soll dies natürlich auch sein.
Für mit Architektur beschäftigte Fachleute ergibt sich jedoch oft genug die Notwendigkeit, sich vor dem Gegenstand, an Ort und Stelle, über ihn verständigen zu müssen. Ein Fachwörterbuch Architektur hat dies zu berücksichtigen. Deshalb auch wurden die Begriffe nach thematischen Zusammenhängen klassifiziert. Die Ordnung orientiert sich dabei an der Musterstudienordnung für das Studium der Architektur in Deutschland. Somit ist das Wörterbuch auch ein Thesaurus der Architekturbegriffe geworden.
Manche Wissensgebiete sind im Moment im Prozeß einer Neudefinition. Wir haben uns daran orientiert, aber dann doch eher die ältere Version zugrundegelegt, wenn die neue sich noch nicht überall durchgesetzt hat.

Wir bieten zudem als Übersetzungshilfe Abbildungen an, da sie einen Gegenstand präzis fassen und somit Kürze und Eindeutigkeit erlauben. Hinzu kommt, daß eine Definition durch Abbildungen dem visuellen Denken von Architekten näher kommt.

Bei der Herstellung eines Wörterbuches gibt es besondere sprachwissenschaftliche Probleme:
Die in ein Wörterbuch aufzunehmenden Termini werden im Alltag in zusammenhängenden Sätzen und Texten formuliert, die mit ihnen bezeichneten Gegenstände stehen in einem praktischen Handlungszusammenhang. Dies gibt ihnen ihre jeweilige spezifische Bedeutung. Aus dem sprachlichen und praktischen Zusammenhang herausgelöst, werden sie oft mehrdeutig und damit mißverständlich; sie verlieren auch teilweise ihren spezifischen Sinn. Wir versuchen, dies durch Abbildungen zu verhindern. Dennoch muß dieser Vorgang den Benutzern des Wörterbuches bewußt bleiben, sie können nicht im heraussezierten Wort die erst durch die Kontextualität verliehene Eindeutigkeit erwarten.
Daraus resultiert dann auch, daß einige Begriffe in mehreren Sinnzusammenhängen auftreten, sie werden deshalb auch an mehreren Stellen in diesem Wörterbuch stehen. Viele Begriffe - vor allem des Städtebaus - resultieren aus Gesetzen und Verordnungen. Sie sind nicht übersetzbar; wir haben deshalb versucht, sie in den anderen Sprachen kurz zu erläutern.

In das Wörterbuch wurden nur Termini aufgenommen, die im in das Wörterbuch aufgenommenen Sprachraum gebräuchlich sind und Gegenstände bezeichnen, die in ihm vorkommen.
Im allgemeinen nur Lateinisch, Italienisch oder Französisch benutzte architekturtheoretische Begriffe (wie etwa 'decorum', piano nobile', 'je ne sais quoi' usw) wurden nicht aufgenommen.
Gerade im Bauwesen gibt es ein starkes Aufkommen traditioneller Begriffe. Wir haben jedoch nur die Begriffe aufgenommen, die im Alltag noch verstanden werden und die selbst spezialisierte Fachleute nicht immer wieder nachschlagen müssen.
Es gibt in den beteiligten Ländern Differenzen im Ausbildungssystem, was zu unterschiedlichen Sprachschätzen führt. Wir haben uns bemüht, in gewisser Weise eine Durchschnittsmenge von Begriffen zu erfassen, die in allen beteiligten Sprachen gleichermaßen benutzt wird.
Manche Begriffe repräsentieren eine bestimmte Entwurfshaltung (genius loci) oder eine ästhetische Ideologie ('gewachsene Stadt'). Wir haben die entsprechenden Begriffe aufgenommen, wenn ihre Benutzung verbreitet ist. Die Aufnahme dieser Begriffe bedeutet jedoch nicht, daß sich die Autoren mit ihnen identifizieren.

Wie schon Lukas Vochs, so haben auch wir viele schon bestehende Lexika, Wörterbücher und Form- und Stilgeschichten zu Rate gezogen (siehe Bibliographie). Einige dieser Bücher sind jedoch problematisch, da sie durch mehrfache, nicht überarbeitete Wiederauflagen das Verständnis von Architektur aus der Erstveröffentlichungszeit konservieren, das der heutigen Praxis nicht mehr entspricht. Deshalb haben wir auch hier auf die Aufnahme dieser Begriffe verzichtet.

Ohne die außerordentliche Unterstützung von vielen Fachkollegen, die bei der Zusammenstellung der Termini einzelner Abschnitte und bei der Übersetzung geholfen haben, wäre das Wörterbuch nicht über die ersten Stufen hinausgekommen.

Insbesonders haben uns unterstützt:
Edwin P. Arnold, Robert W. Bainbridge, Dušan Blaško, Hilde Brauns, Klaus Dierks, Francis M. Eubanks, John Terrence Farris, Thomas Fiets, Birgit Hampel, Jaroslav Holý, David W. Houston, Jörg Kühn, Edda Kurz, Rüdiger Lutz, Charles Matthewson, Peter Möller, John M. Mumford, Dieter Nickol, Matthias Pfeifer, Bernhard Ritter, Eberhard Roeder, Suzanne M. Sinke, Fritz Talle, Hans-Georg Vollmar.

Die ersten Schritte **sind Robert Ast**, **Marián Mikuláš** und **Lech Zimowski** mitgegangen.

Eine großzügige Unterstützung erfuhren wir durch die Wüstenrot - Stiftung.

Lukas Vochs; Allgemeines Baulexikon oder Erklärung der deutschen und französischen Kunstwörter in der bürgerlichen, Kriegs- und Schiffbaukunst, wie auch der Hydrotechnik und Hydraulik; Augsburg Leipzig 1781

"Manapság a tudomány és a művészetek tanulmányzosása közben igyekszünk olyan tanítási módszert alkalmazni, amely mentes az aprólékos magyarázatoktól, és megpróbáljuk megtalálni a helyes utat a tananyag könnyebb és érthetőbb átadására. Ezért arra törekszünk, hogy a tanulók a lehető legrövidebb időn belül megértsék a tanított tudományt illetve művészetet.

A tananyag gyors felfogása, illetőleg a tanárok nyelvének megértése érdekében - akik mint a tudományok illetve művészetek tanárai adnak elő - nem volt és nem is lehetett hasznosabbat kitalálni, mint azon szavak megmagyarázását, amelyek a különféle tudományokban illetve művészetekben előfordulnak, s melyeket a tanulók könnyen megjegyezhetnek. Ezt a magyarázatok ismételt elolvasásával, vagy - a szerzők műveinek olvasása közben - kézikönyvekben való szorgalmas kereséssel érhetjük el.

Ilyen segítségül szolgálna a jelenlegi építészeti lexikon, melyben az építőművészetet művelők megtalálják a szinte minden létező és leggyakrabban előforduló szavaknak a magyarázatát, hogy megértsék a mérnökök, építőmesterek, kőművesek, kőfaragók, lakatosok, ácsok, asztalosok illetve más kézművesek nyelvét és, hogy szót tudjanak velük érteni az ő nyelvükön is.

Igaz, hogy Sturm úr és Penther úr jelentős művet hagytak ránk, melyben igyekeztek az építőművészet művészi szavait megmagyarázni ... Ezek az urak azonban csak a polgári építészet művészi szavait próbálták megmagyarázni. Ezzel ellentétben az én esetemben Beindos úr példáját követtem, és csatoltam a katonai illetve vízi építészet szakszavait, a hajóépítés alapvető szavait, valamint a kútépítés szakszavait is. A mű kényelmesen hozzáférhető formában van kinyomtatva, hogy mindig kéznél lehessen.

De nemcsak azok számára hasznos és szükséges ez az etimológiai szótár, mely egy adott tudományág sajátos szavait magyarázza meg, akik hivatásuknál fogva foglalkoznak a művészetekkel illetve tudományokkal, hanem jó segítséget nyújthat a jogászoknak és a hivatalnokoknak isy , mivel az építészet legkülönfélébb területeivel kerülnek kapcsolatba, s ilymódon megtanulják érteni az építészek nyelvét. A szótár különösen hasznos lesz a jogászok számára az építési vitáknál, mert kiválaszthatják belőle az egyes tények megnevezését, megállapíthatják jellegüket, és ahelyett, hogy vakon követnék az oly gyakori hibás értelmezésüket, inkább ügyelnek azokra.

Nem válik-e ezáltal ez az építészeti lexikon általánosan használatossá minden intelligens polgár számára, aki építészettel foglalkozik? Kétségtelenül, mivel ilymódon elsajátíthatják az építészet szavait, és megismerhetik a műhoz vezető utat. Mint építészeti szakemberek, ezután már nem fogják vakon követni az építészeket, mivel képesek lesznek nemcsak valamit kifogásolni, hanem a munkához való helyes hozzáállás módját is megmutatni. Ezenkívül segítenek polgártársaikon is azáltal, hogy sok esetben tanácsokat adnak, és megakadályozzák őket tévedéseikben...

... szeretettel ajánlom az olvasók figyelmébe.

a szerző

A Vochs által a felvilágosodás korában megfogalmazott célokkal messzemenően egyetértünk. Mi is abból indulunk ki, hogy ez a szótár alapja lehet a különböző területeket ismerő szakemberek párbeszédének (építész, várostervező, városépítő, építőmérnök, műemlékvédelemmel foglalkozó stb.). Azzal a feltételezéssel éltünk, hogy a felhasználók a nyelvi alapismeretekkel rendelkeznek, ezért hasonló alapfogalmak, mint ház illetve tér, nem szerepelnek a szótárban.

A hagyományos szótárak és szakszótárak a megértésnek és szövegfordításnak a segédeszközei. Természetesen az általunk készített szótár is szolgálja ezen célokat.
Építészettel foglalkozó szakembereknek gyakran szükségük van arra, hogy magukat a helyszínen megértessék. Egy építészeti szakszótár figyelembe is veszi ezt az igényt, ezért a fogalmak tematikus összefüggésben vannak fölsorolva. A szótár fölépítése követi a németországi építészhallgatói tanterv felépítését. Következésképp a szótár egy építészeti lexikon is.

Bizonyos tudományterületek jelenleg megreformálás alatt állnak. Ezt tekintetbe is vettük, ám amennyiben az új változat még nem mindenhol elismert, ott inkább a régit vettük fel a szótárba.

A fordítás megkönnyítése érdekében a szótárat képekkel illusztráltuk, miáltal a téma megértése gyorsabb és egyértelműbb. Az illusztrálás azért is előnyös, mert a képekkel megfogalmazott definíciók közel állnak az építészek vizuális gondolkodásához.

Egy szótár készítésénél különleges nyelvi problémák állnak elő: a szótárban szereplő kifejezések a mindennapi használatban szövegkörnyezetükben szerepelnek, ahol jelentésüket a szövegkohézió is magyarázza.
Ez adja meg a szavaknak a mindenkori jelentését. A nyelvi és praktikus összefüggéseiktől megfosztva gyakran többértelművé, félreérthetővé válnak és részben elveszítik speciális értelmüket is. Ezt megpróbáljuk illusztrációk segítségével elkerülni. A felhasználóknak azonban tisztában kell lenniük ezzel a jelenséggel és nem várhatják el, hogy az adott szó visszaadja a szövegkörnyezetében meghatározott értelmét.
Ebből következik, hogy bizonyos fogalmak több összefüggésben is szerepelnek és ezért a szótárban több különböző helyen is megtalálhatóak. Sok fogalom -leginkább a városépítés témakörében- a törvényekből és rendelkezésekből származik. Ezek természetesen nem lefordíthatóak, ezért jelentésüket megpróbáltuk röviden megvilágítani.
A szótárban csak olyan kifejezések szerepelnek, melyek a szótárba felvett nyelvterületeken használatosak.
Az általában csak latinul, olaszul és franciául használatos szakkifejezések (pl. decorum, piano nobile, je ne sais quoi stb.) nem kerültek a szótárba.

Manapság az építés témakörében egyre gyakrabban tapasztalható a régi, tradicionális szakszavak, szakkifejezések használata. Azonban a szótárba csak azokat vettük föl, amik a mindennapi életben még érthetőek, így a szakembereknek nem kell mindíg utánanézniük.
Az érintett országok képzési rendszerében mutatkozó eltérések különböző szakszókincsekhez vezettek. Ezért arra törekedtünk, hogy egy bizonyos módon, olyan általános mennyiségű kifejezést gyűjtsünk össze, amely a résztvevő országok mindegyikében használatos.
Néhány fogalom a tervezéshez való viszonyulásunkat (genius loci), esztétikai idelológiát (növekvő város) fejez ki. A megfelelő fogalmakat felvettük, ha a használatuk elterjedt. Ezen fogalmak fölvétele azonban nem jelenti azt, hogy a szerzők azok tartalmával azonosulnak is.

Mi is, mint Lukas Vochs, már létező lexikonokból, szótárakból és szakkönyvekből vettük a mintát (lásd irodalomjegyzék). Ezen könyvek némelyike azonban problematikus, mert többszöri változatlan kiadásuk az építészetről való felfogásunkat konzerválta, amely a jelenlegi állapotak már nem felel meg. Ezért ezen forrásokat figyelmen kívül hagytuk.

A sok szakkolléga nagymértékű támogatása nélkül -akik a szakterületek összeállításában és a fordításban segítettek- a szótár nem jutott volna túl a kezdeti nehézségeken.

Különösen nagy segítséget nyújtottak:

Edwin P. Arnold, Robert W. Bainbridge, Dušan Blaško, Hilde Brauns, Klaus Dierks, Francis M. Eubanks, John Terrence Farris, Thomas Fiets, Birgit Hampel, Jaroslav Holý, David W. Houston, Jörg Kühn, Edda Kurz, Rüdiger Lutz, Charles Matthewson, Peter Möller, John M. Mumford, Dieter Nickol, Matthias Pfeifer, Bernhard Ritter, Eberhard Roeder, Suzanne M. Sinke, Fritz Talle, Hans-Georg Vollmar.

Kezdettől fogva segítsèget nyújtottak **Robert Ast**, **Marián Mikuláš** ès **Lech Zimowski.**

Köszönetet mondunk a Wüstenrot - Stiftungnak a nagyvonalú támogatásért.

Lukas Vochs; Allgemeines Baulexikon oder Erklärung der deutschen und französischen Kunstwörter in der bürgerlichen, Kriegs- und Schiffbaukunst, wie auch der Hydrotechnik und Hydraulik; Augsburg Leipzig 1781

"Ponieważ obecnie dąży się do zwiększenia pilności w nauczaniu wiedzy i sztuki, więc należałoby wybrać taką metodę nauczania, która - będąc oczyszczoną jak tylko możliwe z wszelkich pedantycznych i szkolarskich przedstawień, byłaby tak założoną, aby uczącym się w możliwie krótkim czasie, uczyniła przystępną nauczaną wiedzę i sztukę.

Aby to osiągnąć, uzyskując szybkie pojęcie o tym co nauczane, i aby zrozumieć język tych, którzy wykładają jako nauczyciele sztuki wyzwolone i wiedzę, nie może być wymyślone nic bardziej użytecznego niż objaśnienie słów, które występują w tej lub innej sztuce bądź wiedzy, a którą najszybciej mogliby utrwalić uczniowie w swojej pamięci. Może to mieć miejsce, jeżeli oni częściej czytają objaśnienia, albo przez pilne studiowanie podręcznika oraz cytowań autorów.

Służy temu także obecny, powszechny leksykon budownictwa, w którym wszyscy ci, ktorzy poświęcają się sztukom budowlanym, będą mogli znaleźć wyjaśnienie prawie wszystkich możliwych i najczęściej występujących słów. Tak, aby rozumieć język inżynierów, budowniczych, murarzy, kamieniarzy, ślusarzy, cieśli, stolarzy i innych rzemieślników i aby także rozmawiać z nimi w ich języku.

Wprawdzie panowie Sturm i Penther napisali piękne dzieła, w których starali się wyjaśnić fachowe pojęcia architektury... Jednak obaj panowie w istocie jedynie starali się wyjaśnić fachowe pojęcia architektury cywilnej. Ja natomiast podążyłem za przykładem pana Belidorsa, dołączając także fachowe pojęcia budownictwa wojennego, wodnego i najbardziej koniecznych elementów budowy okrętów a także wyrażenia fachowe z budownictwa wodociągów. Dzieło to jest wydrukowane w wygodnym formacie, aby można je było bez trudności zabierać ze sobą w podróże.

Jednak taki słownik, w którym wyjaśnione będą fachowe pojęcia jakiejś dziedziny wiedzy, nie jest tylko użyteczny i konieczny dla tych, którzy poświęcają się tym sztukom i wiedzy, poszukując w nim zabawy, ale także może - ucząc rozumienia języka budowniczych - dobrze służyć panom radcom dworu, prawnikom i urzędnikom, którzy w rozmaitych okolicznościach zajmują się budownictwem, aby nauczyli się rozumieć terminologię języka budowniczych. Szczególnie będzie on bardzo użyteczny dla panów prawników przy sporach budowlanych, ponieważ będą oni mogli zobaczyć, jak ten i ów się zachowuje i jaka z tego wynika właściwość i aby nie podążać ślepo za często fałszywymi wyjaśnieniami budowniczych ale aby móc strzec się przed nimi.
Czy jednak ten leksykon budowlany nie powinien być także użyteczny dla wszystkich obywateli, którzy mają chęć częściej zajmować się budownictwem? Nie ma tu wątpliwości, bowiem przez niego i z niego nauczą się terminologii budowlanej i uzyskają przez to zrozumienie, aby łatwiej pojąć, jak podejść do dzieła. Dlatego jako inwestorzy nie powinni więcej na ślepo podążać za budowniczym. Bowiem poczują się oni na siłach nie tylko ich samych za coś zganić, lecz zapewne samemu pokazać, jak powinno się podejść do dzieła. W wielu przypadkach także sami mogą z pożytkiem dla swoich współobywateli udzielić mu wyjaśnień i mogą go także ostrzec przed stratą...

...tymczasem poleca się łaskawym czytelnikom

Autor"

W dużej mierze nawiązujemy do celów stawianych przez Vochsa w okresie Oświecenia. Również i my wychodzimy z tego założenia, że przedłożony słownik będzie używany głównie w praktycznych okolicznościach i w dyskusji między specjalistami (architekci, planiści miast, urbaniści, inżynierowie budowlani, konserwatorzy zabytków, użytkownicy itd). Ponadto przyjęto, że opanowanie podstaw każdego z języków pozwala na pominięcie tak elementarnych pojęć jak "dom" czy "przestrzeń".

Tradycyjne słowniki ogólne i fachowe są środkami pomocniczymi w rozumieniu i tłumaczeniu tekstu. Takim powinien być także przedstawiony tu słownik.
Jednak dla fachowców, zajmujących się architekturą, pozostaje nader często konieczność porozumienia się na temat przedmiotu "tu i teraz". Uwzględnić to winien słownik terminów fachowych architektury. Dlatego pojęcia zostały także sklasyfikowane zgodnie z ich tematycznymi konfiguracjami, a uporządkowanie jest wzorowane na modelowym programie nauczania architektury w Niemczech. W ten sposób słownik stał się także zbiorem pojęć architektonicznych. Wiele dziedzin nauki znajduje się obecnie w trakcie procesu tworzenia nowych definicji. Mimo to staraliśmy się tak zorientować słownik, aby oprzeć się na starych wersjach, bowiem to nowe ujęcie nie przyjęło się jeszcze ani powszechnie ani całkowicie. Ponadto oferujemy ilustracje jako pomoc w procesie tłumaczenia. Ujmują one precyzyjniej dany przedmiot, umożliwiając tym samym zwięzłość i jednoznaczność przekładu. Dodatkowo, dzięki ilustracjom definicja staje się bliższa wizualnej wyobraźni architektów.

Przy tworzeniu słownika powstają szczególne problemy językowe. Przyjęte w słowniku terminy, formułowane są w języku potocznym, w połączonych zdaniach i tekstach, które pozostają w stosunku do określonych przezeń przedmiotów w praktycznych relacjach funkcjonalnych. Nadaje im to każdorazowo specyficzne znaczenie. Wyłączone ze swych relacji językowych i praktycznych, stają się często wieloznaczne i stąd błędnie rozumiane. Tracą one także częściowo swój specyficzny sens. Próbowaliśmy przeciwdziałać temu przy pomocy ilustracji. Mimo to, proces ten powinien być świadomy dla użytkowników tego słownika: nie powinni oni oczekiwać w wyłączonym z cytowania słowie tej jednoznaczności, której użycza mu dopiero kontekst. Z tego wynika również, że niektóre pojęcia występują w wielu relacjach znaczeniowych, dlatego też będą one występowały w różnych miejscach tego słownika.

Wiele pojęć - przede wszystkim urbanistycznych - wynika z praw i zarządzeń. Nie są one możliwe do przetłumaczenia. Dlatego próbowaliśmy je krótko wyjaśnić w formie opisowej. Do słownika włączono tylko te terminy, które mieszczą się w przyjętym w słowniku zakresie pojęciowym, a także, zjawiska opisywane tym terminem. W sensie ogólnym nie włączono do słownika pojęć teoretyczno-architektonicznych używanych jedynie w łacinie, języku włoskim oraz francuskim (jak np.:"decorum", "piano nobile", "je ne sais guoi"). Szczególnie w budownictwie obficie występują tradycyjne pojęcia. Uwzględniliśmy jednak tylko te pojęcia, które będą jeszcze zrozumiałe w języku potocznym i których nie muszą stale sprawdzać fachowcy.

W krajach uczestniczących w tym.przedsięwzięciu istnieją rozmaite systemy kształcenia, co prowadzi do zróżnicowanego słownictwa. Czyniliśmy starania, aby uwzględnić w określony sposób przeciętną ilość pojęć, które w różnym stopniu są używane we wszystkich uczestniczących obszarach językowych. Wiele pojęć reprezentuje określoną postawę projektową (genius loci) lub ideologię estetyczną (narosłe miasta). Przyjęliśmy odpowiednie pojęcia, jeżeli rozpowszechnione jest ich użycie. Rejestracja tych pojęć nie oznacza jednak, że autorzy identyfikują się z nimi.
Podobnie jak Lukas Vochs, także i my posłużyliśmy się licznymi już istniejącymi leksykonami, słownikami i opracowaniami z zakresu historii form i stylów (patrz bibliografia). Niektóre z tych książek są jednak problematyczne. Utrwalają bowiem poprzez wielokrotne, nie uzupełnione powtórzenia, rozumienie architektury z okresu ich pierwszych wydań, tzn. utrwalają takie rozumienie, jakie nie odpowiada już współczesnej praktyce. Dlatego także tutaj zrezygnowaliśmy z ich zastosowania.

Bez nadzwyczajnego wsparcia przez wielu zaprzyjaźnionych specjalistów, którzy pomogli przy zestawieniu terminów w poszczególnych rozdziałach, a także przy ich tłumaczeniu, nasz słownik nie wyszedłby poza etap początkowy.

Szczególnie wsparli nas:

Edwin P. Arnold, Robert W. Bainbridge, Dušan Blaško, Hilde Brauns, Klaus Dierks, Francis M. Eubanks, John Terrence Farris, Thomas Fiets, Birgit Hampel, Jaroslav Holý, David W. Houston, Jörg Kühn, Edda Kurz, Rüdiger Lutz, Charles Matthewson, Peter Möller, John M. Mumford, Dieter Nickol, Matthias Pfeifer, Bernhard Ritter, Eberhard Roeder, Suzanne M. Sinke, Fritz Talle, Hans-Georg Vollmar.

W początkach towarzyszyli nam **Robert Ast, Marián Mikuláš** i **Lech Zimowski.**

Wspaniałomyślnym gestem było wsparcie finansowe Wüstenrot - Stiftung.

Lukas Vochs; Allgemeines Baulexikon oder Erklärung der deutschen und französischen Kunstwörter in der bürgerlichen, Kriegs- und Schiffbaukunst, wie auch der Hydrotechnik und Hydraulik; Augsburg Leipzig 1781

"Так как сегодня при изучении наук и искусств все помыслы и стремления направляются на то, чтобы подобрать такой метод преподавания, который был бы лишён всего педандичного и менторского и давал бы возможность излагать мысли так легко и просто, настолько это возможно; необходимо стараться в кратчайший срок сделать изучаемые науки и искусства более доступными для учащихся.
Для достижения этой цели и быстрого понимания изучаемого материала и профессионального языка тех учителей, которые излагают вольные искусства и науки, нельзя выдумать ничего более полезного, чем объяснение тех слов, которые встречаются в том искусстве или в той науке, которые учащиеся должны быстро осваивать и запоминать. Это может быть результатом частого чтения объяснения или старательной работы со справочниками во время чтения литературы по специальности. Этой цели служит также настоящая всеобщая энциклопедия о строительном деле, где для всех тех, кто занимается зодчеством, объяснены понятия и чаще всего встречающиеся слова для того, чтобы понимать речь инженера, мастера, каменщика, каменотёса, каменолома, слесаря, плотника, столяра и других ремесленников, а также, чтобы разговаривать с ними на одном языке.
Господа Штурм и Пентер, представили, правда, прекрасные произведения, в которых они постарались объяснить специальные понятия зодчества. ... Но, собственно говоря, эти господа пытались объяснить специальные понятия гражданского строительства; я же следовал примеру господина Белидора и добавил и специальные выражения военного и водного строительства и самое важное из судостроения, а также специальные понятия, связанные с сооружением колодцев; кроме того, настоящая книга напечатана в более удобном формате для того, чтобы без каких-либо затруднений возможно было брать её с собой в путешествие ...
Но такой словарь, в котором объяснены специальные понятия одной из наук, необходим и полезен не только тем, кто занимается этими искусствами и науками и получает от этого свои средства на жизнь, но и придворным советам, юристам и служащим; он может быть полезен и для того, чтобы понимать речь строителей, так как в различных случаях им также приходится сталкиваться со строительным делом. В особенности он будет полезен господам юристам при решении спорных вопросов в области строительства, так как при помощи словаря они смогут разобраться в понятиях и сущности дела для того, чтобы у них была возможность уберечься от слепого следования зачастую ложным показаниям строителей.
Но разве такая строительная энциклопедия не будет также полезна и всем смекалистым гражданам, часто занимающимся строительным делом? Несомненно, что, зная профессиональный язык строителей, застройщик лучше может разобраться на своей стройке и не будет отдан строителям на произвол; таким образом, застройщик будет в состоянии делать строителям не только замечания, но и показать им, как то или иное надо делать. Это принесёт пользу и также согражданам, потому что такое поведение во многих случаях послужит уроком и сможет предостеречь от убытков...

...Этим засвидетельствую своим благосклонным читателям своё почтение

автор"

Эти мысли Воха из эпохи просвещения в настоящее время не менее актуальны, чем в те времена. Мы также исходим из того, что настоящий словарь прежде всего будет использоваться в совместной практической работе и при обсуждении спорных вопросов между различными специалистами (архитекторами, планировщиками городов, градостроителями, инженерами-строителями, специалистами по охране исторических памятников, застройщиками т.д.) При этом предполагается, что пользующиеся словарём владеют основами соответствующего языка, и поэтому такие элементарные понятия, как "дом" или "помещение", в этот словарь не включены.

Используя обычный или специализированный словарь, можно понять и перевести текст. В том же состоит назначение и этого словаря. Но у специалистов, занимающихся архитектурой, часто возникает необходимость понять друг друга непосредственно на месте. Именно это и должен учитывать словарь по архитектуре. Поэтому понятия классифицированы по тематическим связям. При этом порядок и последовательность составления словаря сориентированы по подобию организации учебного процесса при подготовке архитекторов в Германии. Таким образом, словарь стал объединением архитектурных понятий.
Некоторые области знаний сейчас находятся в процессе переопределения. Мы это также учитывали. Но, если новый вариант ещё не везде нашёл применение, то мы предпочитали использовать предыдущий.
Кроме того, в качестве помощи при переводе нами предложены иллюстрации, так как они точно и, тем самым, кратко и однозначно отображают предмет. К тому же определения, имеющие иллюстрации, более близки к зрительному восприятию архитекторов.
При состалении словаря возникают особые языковедческие проблемы: Входящие в словарь понятия используют-ся в повседневной жизни во взаимосвязанных предложе-ниях и текстах. Определяемые ими предметы находятся в практической взаимосвязи. Это придаёт им соответствующее специфическое значение. Взятые из речевого контекста или практической взаимосвязи понятия часто становятся многозначными, что ведёт к их неправильному пониманию и отчасти также к потере их специфичного содержания. Мы попытались избежать этого при помощи иллюстраций. Тем не менее пользующиеся словарём должны обратить внимание на этот факт. Нельзя ожидать от отдельного слова такой же однозначности, которая придаётся этому слову только контекстом. Из этого следует также, что некоторые понятия появляются в различных значениях, поэтому их можно встретить в разных разделах словаря. Многие понятия, прежде всего из градо-строительства, происходят из законов и постановлений. Они являются непереводимыми. Поэтомы мы пытались разъяснить их вкратце на других языках.

В словарь включены также понятия, употребляющиеся во входящей в состав словаря языковой области, означающие предметы, которые в ней встречаются. Использующиеся в общем-то только в латинском, итальянском или в французском языках архитектурно-теоретические понятия (как например, 'decorum', piano nobile', 'je ne sais quoi' и т.д.) не вошли в словарь. Именно в строительстве расширяется использование традиционных понятий. Однако, мы включили в состав словаря только те понятия, которые встречаются в повседневной жизни и известны специалистам, т.е. которые специалист не должен каждый раз разыскивать в словаре. В участвующих в составлении словаря странах есть различия в системах образования, что приводит к различным объёмам речевого запаса. Мы старались включить в словарь в какой-то мере среднее количество понятий, используемое в равной степени во всех участвующих языках. Некоторые понятия представляют собой определённое отношение к проектированию (гениус лоци) или эстетическую идеологию (разросшийся город). Мы включили только те понятия, употребление которых распространено. Но включение этих понятий вовсе не означает, что авторы отождествляют себя с ними.
Мы также, как и Лукас Вох, пользовались многими уже существующими энциклопедиями, словарями и материалами по истории форм и стилей (смотри библиографию). Использование некоторых из этих книг было, однако, проблематично, так как их многократные неизменённые издания сохраняют понимание архитектуры со времён первого издания, что уже не соответствует сегодняшней практике. Поэтому мы и в этом случае отказались от включения этих понятий в словарь.
Без огромной поддержки многочисленных коллег-специалистов, оказавших помощь в составлении и переводе терминов отдельных разделов, мы не одолели бы и первых ступеней при составлении словаря.
Особенно нас поддерживали: **Edwin P. Arnold, Robert W. Bainbridge, Dušan Blaško, Hilde Brauns, Klaus Dierks, Francis M. Eubanks, John Terrence Farris, Thomas Fiets, Birgit Hampel, Jaroslav Holý, David W. Houston, Jörg Kühn, Edda Kurz, Rüdiger Lutz, Charles Matthewson, Peter Möller, John M. Mumford, Dieter Nickol, Matthias Pfeifer, Bernhard Ritter, Eberhard Roeder, Suzanne M. Sinke, Fritz Talle, Hans-Georg Vollmar.** С самого начала активными помощниками являлись **Robert Ast, Marian Mikuláš** и **Lech Zimowski**.
Большая поддержкабыля нам оказана состороны Wüstenrot - Stiftung.

Lukas Vochs; Allgemeines Baulexikon oder Erklärung der deutschen und französischen Kunstwörter in der bürgerlichen, Kriegs- und Schiffbaukunst, wie auch der Hydrotechnik und Hydraulik; Augsburg Leipzig 1781

"Keďže sa v súčasnosti usilujeme používať pri štúdiu vied a umenia taký spôsob učenia, ktorý by bol zbavený akéhokoľvek punktičkárstva a školáckeho bifľovania a hľadáme cesty, ako štúdium všeobecne čo najviacej sprístupniť a uľahčiť, potom nám má záležať aj na tom, aby študenti podľa možnosti v čo najkratšom čase pochopili obsah prednášanej vedy a umenia.

V snahe rýchleho pochopenia vyučovacieho predmetu a porozumenia jazyku učiteľa slobodnej vedy a umenia sa najužitočnejšou stáva myšlienka vysvetlenia slov, vyskytujúcich sa v rôznych vedách a v umení, ktoré si študujúci môžu čo najskôr uložiť do pamäti. Aby pochopili význam slov a získali trvalé vedomosti, musia listovať v knihách, opakovane čítať vysvetlenia a usilovne hľadať ich význam

v príručkách. Tomuto účelu by mal slúžiť aj súčasný stavebný lexikón, v ktorom nájdu tí, ktorí sa venujú stavebnému umeniu, takmer všetky možné a najčastejšie sa vyskytujúce výrazy z jazyka inžinierov, staviteľov, murárov, kamenárov, zámočníkov, tesárov, stolárov a iných remeselníkov, aby sa s nimi vedeli dohovoriť a rozumieť si.

Páni Sturm a Penther síce už vytvorili pekné dielo, v ktorom sa usilovali vysvetliť odborné pojmy zo stavebného umenia...Zaoberali sa ale vlastne len slovníkom meštianskej výstavby. Ja som oproti tomu sledoval príklad pána Belidorsa a uvádzam aj odborné výrazy z vojenstva, z umenia vodných stavieb, najpotrebnejšie výrazy z konštrukcie lodí a odborné slová zo studniarstva; toto dielo je pritom vytlačené v po-hodlnej forme, aby sa mohlo bez ťažkostí nosiť so sebou aj na cesty...

Takýto slovník, ktorý vysvetľuje odborné výrazy určitej vedy, však nie je užitočný len osobám, ktoré sa venujú umeniam a vedám a ktoré hľadajú takým spôsobom obživu, ale môže robiť dobré služby aj pánom dvorným radcom, právnikom a úradníkom, ktorí sa pri rôznych príležitostiach stretávajú so stavebníctvom a preto potrebujú poznať reč stavbárov. Osobitne môže byť užitočný juristom pri stavebných sporoch, dozvedia sa ako je čo pomenované, zistia povahu vecí, nebudú musieť slepo sledovať nesprávne a falošné tvrdenia stavbárov, ale lexikón ich bude pred nimi chrániť.

Nemal by ale tento stavebný lexikón slúžiť všetkým dôvtipným ľuďom, ktorí sa častejšie zapodievajú stavebníctvom? Niet pochýb o tom, že si takto osvoja reč stavbárov, nazrú hlbšie do stavebníctva a spoznajú spôsob prístupu k práci. Nebudú sa nekriticky riadiť mienkou stavbárov, budú im môcť vytknúť chyby a samotní im ukázať, ako sa veci majú robiť. Urobia aj dobrú službu svojim spoluobčanom, v mnohých prípadoch ich budú vedieť poučiť a ochrániť pred škodami...

Odporúčam sa takto do priazne vážených čitateľov

autor".

Pripájame sa k týmto Vochsovým myšlienkam z čias osvietenstva, ktoré sú nám aj dnes veľmi blízke. Aj my vychádzame z toho, že predkladaný slovník sa bude používať predovšetkým v praktických súvislostiach a v diskusiách medzi odborníkmi (architektami,územnými plánovačmi, urbanistami, stavebnými inžiniermi, ochranármi pamiatok, používateľmi, atď...) Pritom predpokladáme ovládanie základov príslušného jazyka, preto sme do obsahu nezahrnuli základné pojmy ako "dom" alebo "miestnosť".

Bežný všeobecný, alebo odborný slovník slúži ako pomôcka k porozumeniu a prekladu textu. Predkladaný slovník má pochopiteľne tiež splniť tento účel.
Pre odborníkov, zaoberajúcich sa architektúrou , sa však často stáva nevyhnutnosťou dorozumieť sa o predmete na mieste činu.
S ohľadom na túto skutočnosť podlieha klasifikácia pojmov v slovníku architektúry tematickým súvislostiam. Pri usporiadaní sa riadime modelom štúdia architektúry v Nemecku. Slovník sa tak stáva zároveň súborným dielom pojmov z oblasti architektúry.
Niektoré vedné odbory sa v súčasnosti nachádzajú v procese nového definovania.Tento stav sme vzali do úvahy , pričom sme vychádzali zo staršej verzie v prípadoch, kde sa nová ešte všade nepresadila.

Okrem toho ponúkame zobrazenia ako pomôcku pri preklade, pretože presne zachytávajú skúmaný predmet a touto cestou umožňujú stručnosť a jednoznačnosť. Definície prostredníctvom vyobrazení sú zjavne bližšie vizuálnemu chápaniu architektov.

Pri zostavovaní slovníka sa vyskytujú osobitné jazykovedné problémy:
Termíny, ktoré sú zahrnuté v slovníku, sú v každodennom živote formulované v súvislých vetách a textoch a nimi pomenúvané predmety vystupujú v praktickej dejovej súvislosti, čím je zdôraznené ich významové špecifikum. Pri vytrhnutí z jazykového a praktického kontextu dochádza často k viacvýznamovosti a nesprávnemu výkladu a do istej miery k strate ich expresivity. Zobrazeniami sa pokúšame vyhnúť tomuto nedostatku. Používatelia slovníka si však musia byť tohto procesu vedomí a nemôžu očakávať od vyčleneného slova jednoznačnosť, vyplývajúcu až z kontextu.

Následkom toho vystupujú niektoré pojmy vo viacerých sémantických súvislostiach, preto ich v slovníku možno nájsť na viacerých miestach. Mnohé pojmy, predovšetkým z oblasti výstavby miest, vyplývajú zo zákonov a predpisov. Keďže sú nepreložiteľné, pokúsili sme sa o ich krátke vysvetlenie v príslušných jazykoch.

Do slovníka sme zahrnuli len termíny používané v jazykovom prostredí pojatom do slovníka a označujúce predmety, ktoré sa v ňom vyskytujú.
Vo všeobecnosti sme neprijali len latinsky, taliansky a francúzsky používané teoretické pojmy z oblasti architektúry (ako napr. "decorum", "piano nobile", "je ne sais quoi" atď.).
Práve v stavebníctve badať silný prílev tradičných významov.
Z nich sme však prijali len tie pojmy, ktoré sú ešte zrozumiteľné v každodennom živote a ktoré sami odborníci nemusia zakaždým hľadať.
V zúčastnených krajinách sú rozdiely v systéme výuky, čo vedie k rozličnému jazykovému fondu. Snažili sme sa zachytiť do istej miery priemerné množstvo pojmov, ktoré sa rovnako používajú vo všetkých zúčastnených jazykoch.
Niektoré pojmy reprezentujú určitý postoj v navrhovaní (genius loci), alebo estetickú ideológiu (rastlé mesto). Pojali sme primerané pojmy v tých prípadoch, kde je ich používanie rozšírené. Ich prijatie však neznamená, že sa s nimi autori stotožňujú.

Podobne ako Lukas Vochs sme aj my použili dostupné príručky - lexikóny, slovníky, dejiny foriem a štýlov (viď bibliografiu). Niektoré z nich sú však problematické, pretože viacerými neprepracovanými znovuvydaniami konzervujú zmysel architektúry z čias prvého vydania, čo nezodpovedá dnešnej praxi. Preto sme sa aj v tom prípade zriekli zaradenia týchto pojmov.

Bez mimoriadnej podpory mnohých kolegov - odborníkov, ktorí nám pomáhali pri zostavovaní termínov jednotlivých kapitol a pri preklade , by slovník nebol prekročil začiatočnú fázu.

Osobitnú podporu nám poskytli:

Edwin P. Arnold, Robert W. Bainbridge, Dušan Blaško, Hilde Brauns, Klaus Dierks, Francis M. Eubanks, John Terence Farris, Thomas Fiets, Birgit Hampel, Jaroslav Holý, David W. Houston, Jörg Kühn, Edda Kurz, Rüdiger Lutz, Charles Matthewson, Peter Möller, John M. Mumford, Dieter Nickol, Matthias Pfeifer, Bernhard Ritter, Eberhard Roeder, Suzanne M. Sinke, Fritz Talle, Hans - Georg Vollmar.

V začiatkoch práce nám pomohli **Robert Ast**, **Marián Mikuláš** a **Lech Zimowski**.

Veľkorysú podporu sme získali od Wüstenrot - Stiftung.

A. Dictionary

A. Systematische Ordnung

A. Szisztematikus besorolás

A. Systematika

A. Систематический порядок

A. Systematické usporiadnie

I. Theoretical Fundamentals
I. Theoretische Grundlagen
I. Általános alapismeretek
I. Podstawy teoretyczne
I. Теоретические основы
I. Teoretické základy

I.01.	aesthetics	Ästhetik (f)	esztétika	estetyka
001	appearance	Schein (m)	látszat	pozór, ułuda
002	appropriation, adaptation	Aneignung (f)	elsajátítás, eltulajdonítás	przywłaszczenie
003	art	Kunst (f)	művészet	sztuka
004	art history	Kunstgeschichte (f)	művészettörténet	historia sztuki
005	artifact	Artefakt (n)	artefakt, műtermék	artefakt, obiekt kulturowy
006	artist	Künstler (m)	művész	artysta
007	arts and crafts	Kunstgewerbe (n)	iparművészet	rzemiosło artystyczne
008	atmosphere, mood	Stimmung (f)	hangulat, kedélyállapot	zgodność
009	attitude, sensibility	Einstellung (f) (ästhetische)	álláspont, beállítottság (esztétikai)	nastawienie
010	beauty	Schönheit (f)	szépség	piękno
011	caricature	Karikatur (f)	karikatúra	karykatura
012	category	Kategorie (f)	kategória, osztály	kategoria
013	celebration	Fest (n), Feier (f)	ünnep, ünnepély	święto
014	censorship	Zensur (f)	cenzúra	cenzura
015	character	Charakter (m)	jelleg, jellem	charakter
016	classification	Klassifikation (f)	klasszifikáció, osztályozás	klasyfikacja
017	comic	komisch (Adj)	komikus, furcsa	komiczny, śmieszny
018	composition	Komposition (f)	kompozíció	kompozycja
019	consumption	Konsum (m)	konzum	konsumpcja
020	contemplation	Kontemplation (f)	elmélyedés , kontempláció	kontemplacja
021	content	Inhalt (m)	tartalom	treść
022	content, essence	Gehalt (m)	tartalom	treść
023	convention	Konvention (f)	egyesség, konvenció, egyezmény	konwencja
024	cosmetic	Kosmetik (f)	kozmetika	kosmetyka
025	creation	Schöpfung (f)	alkotás, mű	twórczość
026	creativity	Kreativität (f)	alkotóképesség	kreatywność
027	criticism	Kritik (f)	kritika, bírálat	krytyka
028	cult	Kult (m)	kultusz, istenítés	kult
029	culture	Kultur (f)	kultúra, műveltség	kultura
030	decadence	Dekadenz (f)	dekadencia, hanyatlás, romlás	dekadencja
031	deconstruction	Dekonstruktion (f)	dekonstrukció	dekonstrukcja
032	decoration	Dekoration (f)	dekoráció, díszlet	dekoracja
033	decoration, ornament	Schmuck (m)	dísz, ékesség, ékszer	ozdoba, biżuteria
034	charm	Anmut (f)	báj, varázs, kellem	wdzięk
035	pleasure	Genuß (m)	élvezet	przyjemość
036	depiction	Abbild (n)	ábrázolás, képmás, másolat	obraz
037	design	Design (n)	formatervezés, design	projekt, wzór
038	desire	Lust (f) (ästhetische)	öröm, kedv, vágy (esztétikai)	ochota
039	dignity	Würde (f)	méltóság	godność
040	detachment (aesthetical)	Distanz (f) (ästhetische)	távolság (esztétikai)	dystans
041	effect	Wirkung (f)	hatás, foganat, eredmény	skutek
042	emotion	Gefühl (n)	érzés, érzelem	uczucie
043	empathy	Einfühlung (f)	átérzés, beleérzés, átélés	wczucie
044	epoch	Epoche (f)	korszak	epoka
045	ethics	Moral (f)	erkölcs	moralność

эстетика	estetika	I.01.
видимость	zdanie, dojem	001
освоение	osvojenie	002
искусство	umenie	003
история искусства	dejiny umenia	004
артефакт	artefakt	005
художник	umelec	006
художественное ремесло	umelecké remeslo	007
настроение	nálada	008
настрой (эстетический)	postoj (estetický)	009
красота	krása	010
карикатура	karikatúra	011
категория	kategória	012
праздник	sviatok, slávnosť	013
цензура	cenzúra	014
характер	charakter	015
классификация	klasifikácia	016
комическое	komické	017
композиция	kompozícia	018
потребление	konzum, spotreba	019
созерцательность	kontemplácia	020
содержание	obsah	021
суть	obsah, hodnota	022
конвенция, соглашение	konvencia	023
косметика	kozmetika	024
творение	tvorenie	025
творчество	kreativita, tvorivosť	026
критика	kritika	027
культ	kult	028
культура	kultúra	029
декаданс	dekadencia	030
деконструкция	dekonštrukcia	031
декорация	dekorácia	032
украшение	ozdoba, skvost	033
обаяние	pôvab	034
наслаждение	pôžitok	035
отображение	obraz, zobrazenie	036
проектирование, дизайн	dizajn, návrh	037
влечение	potešenie (estetické)	038
достоинство	dôstojnosť	039
дистанция	odstup (estetický)	040
эффект	účinok, pôsobenie	041
чувство, эмоция	pocit, cit, emócia	042
чувствование	precítenie	043
эпоха	epocha	044
мораль	morálka, mravnosť	045

046	everyday life, ordinary life	Alltag (m)	eseménytelen nap, szürke hétköznap	codzienność
047	exhibition	Ausstellung (f)	kiállítás	wystawa
048	expression	Ausdruck (m)	megnyilvánulás, kifejezési mód	wyrażenie
049	fascination	Faszination (f)	elragadtatás, faszcináció	fascynacja
050	fashion, custom	Mode (f)	divat	moda
051	fiction	Fiktion (f)	fikció, feltevés	fikcja
052	popular art, folk art	Volkskunst (f)	népművészet	sztuka ludowa
053	form	Form (f), Gestalt (f)	forma, alak	forma, postać
054	fragment	Fragment (n)	töredék, fragment	fragment
055	function	Funktion (f)	funkció	funkcja
056	genius	Genie (n)	lángész, zseni	geniusz
057	golden section	Goldener Schnitt (m)	aranymetszés	złoty podział
058	harmony	Harmonie (f)	harmónia, összhang	harmonia
059	multivalence	Mehrdeutigkeit (f)	többértelmű, többjelentésű	wieloznaczność
060	history	Geschichte (f)	történelem	historia, dzieje
061	ideal	Ideal (n)	ideál, eszménykép	ideał
062	illusion	Illusion (f)	illúzió, áltatás, ábránd	iluzja
063	imagination	Imagination (f)	képzelet, képzelőtehetség	imaginacja, wzobrażenie
064	fantasy, imagination	Phantasie (f)	képzelet, fantázia	fantazja
065	imitation	Nachahmung (f)	utánzat, másolat	naśladowanie
066	importance	Bedeutung (f), Wichtigkeit (f)	jelentőség, fontosság	znaczenie, ważność
067	impression	Eindruck (m)	benyomás	wrażenie
068	information	Information (f)	információ, felvilágosítás	informacja
069	innovation	Innovation (f)	innováció, felújítás	innowacja
070	inspiration	Inspiration (f)	inspiráció, ihlet, sugallat	inspiracja
071	*fusion of the arts*	Gesamtkunstwerk (n)	összefoglaló alkotás, összes művei, összegyűjtött művei	dzieło jako synteza rozma-itych dyscyplin artystycznych
072	interest	Interesse (n)	érdek, érdekeltség	zainteresowanie
073	factual interpretation	Deutung (f)	magyarázat, értelmezés	znaczenie
074	interpretation	Interpretation (f)	interpretáció, tolmácsolás	interpretacja
075	intuition	Intuition (f)	intuíció, ösztönös megérzés	intuicja
076	irony	Ironie (f)	irónia, rejtett finom gúny	ironia
077	judgement, opinion	Urteil (n)	vélemény, ítélet	wyrok, sad
078	kitsch	Kitsch (m)	giccs, ízléstelenség	kicz, miernota
079	manner, style	Manier (f)	mód, stílus, modor	maniera
080	material	Material (n)	anyag	wateriał
081	significance	Bedeutung (f) (sinnhafte)	értelem, jelentés	sens, znaczenie
082	connotation	Aussage (f)	kijelentés, közlés, állítás	wypowiedź, wymowa
083	medium	Medium (n)	környezet, közeg, médium	medium
084	method	Methode (f)	módszer, metódus	metoda
085	modern movement, the	Moderne (f)	modern (irány)	modernizm
086	modification	Modifikation (f)	módosítás, változtatás	modyfikacja
087	moment	Augenblick (m)	pillanat, perc	moment
088	museum	Museum (n)	múzeum	muzeum
089	nature	Natur (f)	természet	natura
090	openmindedness	Offenheit (f)	nyíltság, őszinteség	otwartość, szczerość
091	order	Ordnung (f)	rend, rendszer	porządek
092	organic	organisch (Adj)	organikus, szerves	organiczny
093	origin	Ursprung (m)	származás, eredet, kezdet	geneza

повседневность	jednotvárnosť, všedný deň	046
выставка	výstava	047
выражение	výraz, vyjadrenie	048
очарование	fascinácia, očarenie	049
мода	móda	050
фикция	fikcia	051
народное искусство	ľudové umenie	052
форма	forma, tvar	053
фрагмент	fragment	054
функция	funkcia	055
гений	geniálnosť, génius	056
золотое сечение	zlatý rez	057
гармония	harmónia	058
многозначность	mnohoznačnosť	059
история	dejiny	060
идеал	ideál	061
иллюзия	ilúzia	062
воображение	imaginácia, zdanie	063
фантазия	fantázia	064
подражание	napodobenina	065
значение, важность	význam, dôležitosť	066
впечатление	dojem	067
информация	informácia	068
нововведение, инновация	inovácia	069
вдохновение	inšpirácia	070
синтез искусств	súhrnné umelecké dielo	071
интерес	záujem	072
толкование	výklad	073
интерпретация	interpretácia	074
интуиция	intuícia	075
ирония	irónia	076
суждение	posudok, mienka	077
кич	gýč	078
манера	maniera	079
материал	materiál	080
смысл	význam (zmyslový)	081
высказывание	výraz, výpoveď (umelecká)	082
медиум	médium	083
метод	metóda	084
модернизм	moderna	085
модификация	modifikácia	086
момент, мгновение	moment, okamih	087
музей	múzeum	088
натура, природа	príroda	089
открытость	otvorenosť	090
порядок	poriadok, usporiadanie	091
органический	organický	092
происхождение	pôvod	093

094	originality	Originalität (f)	eredetiség, sajátosság	oryginalność
095	ornament	Ornament (n)	díszítés, ornamens, dísz	ornament
096	painting	Malerei (f)	festészet	malarstwo
097	pathos	Pathos (n)	pátosz, hév	patos
098	peculiarity	Besonderheit (f), Eigenart (f)	különösség, sajátosság	osobliwość, szczególność
099	perfection	Vollkommenheit (f)	tökéletesség, tökély	doskonałość
100	phenomenon	Phänomen (n)	fenomén, jelenség, tünemény	fenomen
101	Picturesque, the	Malerische (n)	festői	malowniczy
102	popular art, democratic art	Alltagskunst (f)	hétköznapi művészet, mindennapi művészet,	sztuka popularna
103	primitive	primitiv (Adj)	primitív, ősi	prymityw, prymitywny
104	progress	Fortschritt (m)	előmenetel, haladás, fejlődés	postęp
105	provocative	Provokation (f)	provokáció, kihívás, ingerlés	prowokacja
106	public, audience	Publikum (n)	publikum, közönség	publiczność
107	reception	Rezeption (f)	recepció, befogadás	recepcja
108	recognition	Anschauung (f)	nézet, szempont	pogląd, wyobrażenie
109	recontextualisation	Verfremdung (f)	elidegenedés	wyobcowanie
110	reflection	Widerspiegelung (f)	visszatükröződés	odzwierciedlenie
111	folk art	traditionelle Kunst (f)	népi művészet	sztuka tradycyjna, sztuka rodzima
112	representation	Darstellung (f)	ábrázolás, előadás, ismertetés	zobrazowanie
113	proportion	Maß (n)	mérték, méret	wymiar, miara
114	sculpture	Plastik (f), Skulptur (f)	plasztika, szobrászat	plastyka, rzezba
115	sensation	Empfindung (f)	érzés, érzelem	uczucie, czucie
116	sensuousness	Sinnlichkeit (f)	érzékiség, érzékelhetőség	zmysłowość
117	sentimental	sentimental (Adj)	szentimentális	sentymentalny
118	shape	Form (f), Umriß (m)	forma, kontúr	zarys, kontur
119	significance	Bedeutsamkeit (f)	jelentőség, fontosság	istotność, ważność
120	society	Gesellschaft (f)	társadalom	społeczeństwo, towarzystwo
121	space	Raum (m)	tér, térség, terület	przestrzeń
122	standard	Norm (f)	szabály, irányelv, norma	norma
123	subculture	Subkultur (f)	szubkultúra	subkultura
124	Sublime, the	Erhabene (n)	fenségesség, magasztosság	wyniosły, dostojny
125	symbol	Symbol (n)	jelkép, szimbólum	symbol
126	system	System (n)	rendszer, szisztéma	system
127	talent	Talent (n)	tehetség	talent
128	taste	Geschmack (m)	ízlés	smak, gust
129	truth	Wahrheit (f)	igazság, valóság	prawda
130	type	Typ (m)	típus	typ
131	genre	Gattung (f)	fajta, típus	gatunek, rodzaj
132	typology	Typologie (f)	tipológia	typologia
133	ugly, the	Häßliche (n)	csúnyaság, rútság	brzydkie, szpetne
134	uniqueness	Einmaligkeit (f)	egyszeriség, egyediség	unikatowość
135	singularity	Einzigartigkeit (f)	egyedüli, páratlan	szczególność, osobliwość
136	unity	Einheit (f)	egység	jedność
137	whole	Ganzheit (f)	összesség, teljesség	całość
138	will to art	Kunstwollen (n)	művészi igyekvés	wola twórcza
139	work of art	Kunstwerk (n)	műalkotás, remekmű	dzieło sztuki

оригинальность	originalita	094
орнамент	ornament	095
живопись	maliarstvo	096
пафос	pátos	097
особенность, самобытность	osobitosť, zvláštnosť	098
совершенство	dokonalosť	099
феномен, явление	fenomén	100
живописное	malebný	101
повседневное искусство	populárne umenie, každodenné umenie	102
примитивный	primitívny	103
прогресс	pokrok	104
провокация	provokácia	105
публика	publikum	106
восприятие	recepcia, prijatie	107
созерцание	názor	108
отстранение	odcudzenie	109
отражение	odzrkadlenie, odraz	110
народное искусство	tradičné umenie, ľudové umenie	111
изображение	zobrazenie	112
мера	miera	113
пластика	plastika, socha	114
ощущение	pocit	115
чувственность	zmyselnosť	116
сентиментальный	sentimentálny	117
абрис, форма, контур	forma, obrys	118
значительность	významnosť	119
общество	spoločnosť	120
пространство	priestor	121
норма	norma	122
субкультура	subkultúra	123
возвышенное	vznešenosť	124
символ	symbol	125
система	systém	126
талант	talent	127
вкус	vkus	128
правда	pravda, pravdivosť	129
тип	typ	130
вид, жанр	druh	131
типология	typológia	132
безобразное, некрасивое	škaredosť	133
уникальность	unikátnosť	134
неповторимость	jedinečnosť, zvláštnosť	135
единство	jednota	136
целостность	celosť,celistvosť	137
художественная воля	umelecké snaženie	138
произведение искусства	umelecké dielo	139

I.02.	psychology	Psychologie (f)	pszichológia	psychologia
I.02.01.	**development**	**Entwicklung (f)**	**fejlődés**	**rozwój**
001	birth	Geburt (f)	születés	urodzenie
002	childhood	Kindheit (f)	gyermekkor	dzieciństwo
003	youth	Jugend (f)	ifjúkor, ifjúság	młodość
004	adulthood	Erwachsensein (n)	felnőtt kor	dojrzałość, dorosłość
005	old age	Alter (n)	öregség	wiek
006	life	Leben (n)	élet	życie
007	death	Tod (m)	halál	śmierć
008	upbringing	Erziehung (f)	nevelés	wychowanie
009	love	Liebe (f)	szerelem	miłość
010	hate	Haß (m)	gyűlölet	nienawiść
I.02.02.	**general psychology**	**allgemeine Psychologie (f)**	**általános pszichológia**	**psychologia ogólna**
001	behavior	Verhalten (n)	viselkedés, magatartás	zachowanie
002	experience	Erleben (n)	élmény, tapasztalat	przeżycie
003	action	Handlung (f)	tett, cselekedet	działanie
004	motivation	Motivation (f)	ösztönzés, motiváció	motywacja
005	need	Bedürfnis (n)	szükséglet, igény	potrzeba
006	cognition	Kognition (f)	megismerés	kognicja, poznawanie
007	memory	Gedächtnis (n)	emlékezet	pamięć
008	experience	Erfahrung (f)	tapasztalat	doświadczenie
009	learning	Lernen (n)	tanulás	uczenie się, nauka
010	thinking	Denken (n)	gondolkodás	myślenie
011	remembering	Erinnern (n)	emlékezés, emlékezet	wspominanie
012	emotion	Emotion (f)	emóció	emocja
013	affect	Affekt (m)	indulat, szenvedély	uczucie
014	attention	Aufmerksamkeit (f)	figyelem	uwaga
015	stimulus	Reiz (m)	inger	wdzięk
016	sensation	Sinneswahrnehmung (f)	észlelés, érzékelés	postrzeganie zmysłowe
017	perception	Wahrnehmung (f)	észrevétel	percepcja
018	illusion	Wahrnehmungstäuschung (f)	csalódás	złudzenie percepcji
019	information processing	Informationsverarbeitung (f)	információfeldolgozás	przetworzenie informacji
I.02.03.	**social psychology, environmental psychology**	**Sozialpsychologie (f), Umweltpsychologie (f)**	**szociálpszichológia, környezeti pszichológia**	**psychologia społeczna, psychologia środowiskowa**
001	attitude	Einstellung (f)	magatartás	nastawienie
002	commitment, engagement	Engagement (n)	alkalmazás, szerződtetés	zaangażowanie
003	aloofness	Distanziertheit (f)	elkülönülés	zdystansowanie
004	expectation	Erwartung (f)	elvárás	oczekiwanie
005	habit	Gewohnheit (f)	szokás	nawyk
006	context	Kontext (m)	összefüggés, kontextus	kontekst
007	communication	Kommunikation (f)	kommunikáció	komunikacja, wymiana informacji
008	social interaction	soziale Interaktion (f)	szociális kölcsönhatás	społeczne oddziaływanie-interakcja
009	transaction	Transaktion (f)	tranzakció, ügylet	transakcja, zmienność w czasie
010	attribution	Attribution (f) (soziale Urteilsbildung)	attribútum (társadalmi ítélőképesség)	atrybuowanie, tworzenie społecznych ocen
011	social comparison	sozialer Vergleich (m)	szociális összehasonlítás	relatywizm społeczny

психология	psychológia	I.02.
развитие	**vývoj**	**I.02.01.**
рождение	narodenie	001
детство	detstvo	002
молодость	mladosť	003
зрелость	dospelosť	004
старость	staroba	005
жизнь	život	006
смерть	smrť	007
воспитание	výchova	008
любовь	láska	009
ненависть	nenávisť	010
общая психология	**všeobecná psychológia**	**I.02.02.**
поведение	správanie sa, chovanie	001
переживание	zážitok	002
действие	čin	003
мотивация	motivácia	004
потребность	potreba	005
познание	poznávanie	006
память	pamäť	007
опыт	skúsenosť	008
учение	učenie	009
мышление	myslenie	010
воспоминание	pripomenutie, spomienka	011
эмоция	emócia	012
аффект	afekt	013
внимание	pozornosť	014
раздражение, возбуждение	dráždivosť	015
чувственное восприятие	zmyslové vnímanie	016
восприятие	vnímanie	017
иллюзорное восприятие	vnemový klam	018
переработка информации	spracovanie informácií	019
социальная психология, психология среды	**sociálna psychológia, psychológia životného prostredia**	**I.02.03.**
установка, отношение	postoj, stanovisko	001
ангажированность	zaangažovanosť	002
дистанцированность	dištancovanie	003
ожидание	očakávanie	004
привычка	zvyk	005
контекст	kontext	006
коммуникация	komunikácia, kontakt	007
социальное взаимодействие	sociálna interakcia	008
трансакция	transakcia, prevod	009
атрибуция (социальное суждение)	atribút, charakteristický znak	010
социальное сравнение	sociálne porovnanie	011

012	cognitive dissonance	kognitive Dissonanz (f)	kognitív disszonancia	dysonans poznawczy
013	cognitive control	kognitive Kontrolle (f)	kognitív ellenőrzés	kontrola rozumowa
014.	self esteem	Selbstwert (m)	önértékelés	wartość własna
015	subject	Subjekt (n)	szubjektum	podmiot, indywiduum
016	person	Person (f)	személy	osoba
017	personality	Persönlichkeit (f)	személyiség, egyéniség	osobowość
018	identity	Identität (f)	azonosság	identyfikacja, utożsamienie
019	local identity	Ortsidentität (f)	helyi identitás	identyfikacja z miejscem
020	territoriality	Territorialität (f)	territorialitás, területiség	terytorialność
021	isolation	Isolation (f)	izoláció, elszigetelés, szigetelés	izolacja
022	dwelling	Wohnhandeln (n)	a lakás használati módja	czynności w mieszkaniu
023	dwelling experience	Wohnerleben (n)	*a lakás élménye, a tartózkodás élménye*	przeżycia w mieszkaniu
024	personal space	*interpersonale Distanz (f), personaler Raum (m)*	*interperszonális távolság, személyes tér*	*interpersonalny dystans, przestrzeń osobowa*
025	crowding	*soziale Dichte* (f), *räumliche Enge* (f)	*szociális zsúfoltság*	*gęstość socjalna, ciasność przestrzenna*
026	intimacy	Intimität (f)	intimitás	intymność
027	information overload	Informationsüberflutung (f)	információs túlterhelés	przeciążenie informacyjne
028	sensory deprivation	Reizdeprivation (f)	az ingerültség deprivációja	monotonia podniet, monotonia informacyjna
029	adaptation level	Adaptationsniveau (n)	alkalmazkodási szint	poziom adaptacji
030	environmental stress	Umweltstreß (m)	környezeti stressz, a környezetből fakadó sztressz	stres środowiskowy
031	aggression	Aggression (f)	agresszió	agresja
032	anxiety	Angst (f)	félelem, szorongás	strach
033	helping behavior	prosoziales Verhalten (n)	proszociális viselkedés	zachowania prospołeczne
034	achievement	Leistung (f)	teljesítmény	osiągnięcie, wydajność
035	psychological disorder	psychische Störung (f)	lelki zavarok	zakłócenie psychiczne
036	conscious	bewußt (Adj)	tudatos	świadomie
037	unconscious	unbewußt (Adj)	tudattalan, öntudatlan	nieświadomie
I.02.04.	**methods**	**Methoden (f)(pl)**	**metódusok, módszerek**	**metody**
001	study	Untersuchung (f), Studie (f)	vizsgálás, kutatás, tanulmány	badanie, studia
002	experiment	Experiment (n)	kisérlet, experimentum	eksperyment, doświdczenie
003	field study	Felduntersuchung (f)	bizonyos tudományterület vizsgálata	badania terenowe
004	laboratory study	Laboruntersuchung (f)	laboratóriumi viszgálat	badania laboratoryjne
005	questionnaire	Fragebogen (m)	kérdőív	ankieta
006	interview	Interview (n)	interjú	wywiad
007	observation	Beobachtung (f)	megfigyelés	obserwacja
008	simulation	Simulation (f)	szimuláció, szimulálás	symulacja

когнитивный диссонанс	kognitívna disonancia	012
когнитивный контроль	kognitívna kontrola	013
самооценка	sebaohodnotenie	014
субъект	subjekt	015
лицо	osoba	016
личность	osobnosť	017
идентичность	identita	018
локальная идентичность	miestna identita	019
территориальность	teritorialita	020
изоляция	izolácia	021
бытовые процессы	bývanie	022
ощущение быта	*pojímanie bývania, "zážitky" v byte*	023
персональное пространство	*medziosobná dištancia, osobný priestor*	024
социальная плотность, пространственная теснота	*sociálna hustota, priestorová tesnosť*	025
интимность	intimita	026
(пере)избыток информации	záplava informácií	027
недостаток раздражителей	deprivácia podráždenia	028
уровень адаптации	adaptačná úroveň	029
стресс от окружающей среды	stres z prostredia	030
агрессия	agresia	031
страх	strach	032
просоциальное поведение	sociálne správanie	033
результативность	výkon, výkonnosť	034
психические нарушения	psychická porucha	035
сознательно	vedomé	036
неосознанно	nevedomé	037
методы	**metódy**	**I.02.04.**
исследование, изучение	skúmanie, štúdia	001
эксперимент	experiment	002
полевое исследование	poľný výskum, výskum in situ	003
лабораторное исследование	laboratórny výskum	004
опросный лист, анкета	dotazník	005
интервью	interview, rozhovor	006
наблюдение	pozorovanie	007
симуляция	simulácia	008

I.03.	sociology	Soziologie (f)	társadalomtudomány, szociológia	socjologia
001	society	Gesellschaft (f)	társaság, társadalom	społeczność
002	community	Gemeinschaft (f)	közösség	wspólnota
003	civilization	Zivilisation (f)	civilizáció	cywilizacja
004	socialization	Sozialisation (f)	szocializáció	socjalizacja, uspołecznienie
005	configuration	Konfiguration (f)	konfiguráció, alakzat	konfiguracja
006	system	System (n)	rendszer, szisztéma	system
007	structure	Struktur (f)	struktúra, alkat	struktura
008	institution	Institution (f)	intézmény	instytucja
009	ideology	Ideologie (f)	ideológia	ideologia
010	interaction	Interaktion (f)	kölcsönhatás	interakcja
011	participation	Partizipation (f)	részesedés, részesülés	partycypacja, udział
012	emancipation	Emanzipation (f)	emancipáció, egyenjogúsítás	emancypacja
013	freedom, liberty	Freiheit (f)	szabadság, függetlenség	wolność
014	power	Macht (f)	hatalom	moc, siła, władza
015	authority	Herrschaft (f)	uralom, hatalom, uralkodás	panowanie
016	public	Öffentlichkeit (f)	nyilvánosság	publiczność, jawność
017	private, privacy	privat (Adj), Privatheit (f)	privát, magán	prywatność
018	practice	Praxis (f)	gyakorlat, praxis	praktyka
019	majority	Mehrheit (f)	többség, majoritás	większość
020	masses	Masse (f)	tömeg, massza	masa
021	minority	Minderheit (f)	kisebbség	mniejszość
022	inequality	Ungleichheit (f)	egyenlőtlenség	nierówność
023	class	Klasse (f)	osztály	klasa
024	status	Stand (m), Status (m)	állás, státus, állapot	stan, status
025	strata (pl.)	Schicht (f)	réteg	warstwa
026	habitat	Lebensraum (m)	élettér	przestrzeń życiowa
027	way of life	Lebensweise (f)	életút, életmód	sposób życia
028	milieu	Milieu (n)	környezet, milió	środowisko
029	everyday life	Alltag (m)	munkanap, eseménytelen nap, szürke hétköznap	dzień powszedni
030	home town	Heimat (f)	haza, szülőföld	ojczyzna
031	agglomeration	Agglomeration (f)	agglomeráció	aglomeracja
032	role	Rolle (f)	megbízatás, feladat, szerep	rola
033	segregation	Segregation (f)	szegregáció, kiválasztás, különválasztás	segregacja
034	selection	Selektion (f)	szelekció, válogatás	wybór
035	social mobility	soziale Mobilität (f)	szociális mobilitás	ruchliwość społeczna
036	culture	Kultur (f)	kultúra	kultura
037	custom	Brauch (m)	szokás	zwyczaj
038	custom, tradition	Sitte (f)	szokás, illendőség	moralność
039	convention	Konvention (f)	konvenció	konwencja, zasada
040	tradition	Tradition (f)	hagyomány, tradíció	tradycja
041	transformation	Wandel (m)	változás, átalakulás	zmiana
042	development	Entwicklung (f)	fejlődés	rozwój
043	evolution	Evolution (f)	evolúció	ewolucja
044	modernization	Modernisierung (f)	modernizálás, megújítás, korszerűsítés	modernizacja
045	conflict	Konflikt (m)	konfliktus	konflikt

социология	sociológia	I.03.
общество	spoločnosť	001
сообщество	spoločenstvo	002
цивилизация	civilizácia	003
социализация	socializácia	004
конфигурация	konfigurácia	005
система	systém	006
структура	štruktúra	007
институт	inštitúcia	008
идеология	ideológia	009
взаимодействие	interakcia	010
партисипация, участие	participácia, účasť	011
эмансипация	emancipácia	012
свобода	sloboda	013
власть	moc, sila	014
господство	vláda	015
публичность	verejnosť	016
частный, собственность	privát, privátnosť	017
практика	prax	018
большинство	väčšina	019
масса	masa	020
меньшинство	menšina	021
неравенство	nerovnosť	022
класс	trieda	023
статус, положение	postavenie, status	024
слой	vrstva	025
жизненное пространство	životný priestor	026
образ жизни	spôsob života	027
среда	milieu, prostredie	028
будни	každodennosť, všednosť	029
родина	domovina, vlasť	030
агломерация	aglomerácia	031
роль	úloha, rola	032
сегрегация	segregácia	033
селекция, отбор	selekcia, výber	034
социальная мобильность	sociálna mobilita	035
культура	kultúra	036
обычай	zvyk, obyčaj	037
нравы	mrav	038
конвенция	konvencia	039
традиция	tradícia	040
изменение	zmena	041
развитие	vývoj, rozvoj	042
эволюция	evolúcia	043
модернизация	modernizácia	044
конфликт	konflikt	045

046	alienation	Entfremdung (f)	elidegenülés, elidegenítés	wyobcowanie, alienacja
047	difference	Unterschied (m)	különbség	różnica
048	discrimination	Diskriminierung (f)	diszkrimináció	dyskryminacja
049	distance	Distanz (f)	távolság, távköz	dystans
050	individual	Individuum (n)	egyén(iség), individuum	indywiduum
051	identity	Identität (f)	azonosság	identyczność
052	identification	Identifikation (f)	azonosítás	utożsamienie, identyfikacja
053	hierarchy	Hierarchie (f)	hierarchia, rangsor	hierarchia
054	worker	Arbeiter (m)	dolgozó, munkás	pracownik
055	citizen	Bürger (m)	polgár	obywatel
056	employee	Angestellter (m)	alkalmazott	urzędnik
057	patrician	Patrizier (m)	patrícius, nemes	patrycjusz
058	landed gentry	Grundbesitzer (m)	földtulajdonos, földbirtokos	obywatel ziemski, posiadacz gruntu
059	elite	Elite (f)	elit	elita
060	population	Bevölkerung (f)	lakosság, népesség	ludność
061	population, number of inhabitants	Einwohnerzahl (f)	lélekszám, lakosok száma	liczba mieszkańców
062	density of population, population density	Bevölkerungsdichte (f)	népsűrűség	gęstość społeczna
063	population age structure	Altersaufbau (m)	a népesség kor szerinti tagozódása	struktura wieku
064	social structure	Sozialstruktur (f)	társadalmi felépítés	struktura socjalna
065	people	Volk (n)	nép	naród
066	group	Gruppe (f)	csoport	grupa
067	family	Familie (f)	család	rodzina
068	household	Haushalt (m)	háztartás	gospodarstwo domowe
069	generation	Generation (f)	generáció, nemzedék	pokolenie
070	neighbor	Nachbar (m)	szomszéd	sąsiad
071	cost of living	Lebenshaltung (f)	életszínvonal	stopa życiowa, poziom życia
072	wealth	Reichtum (m)	bőség, gazdagság	bogactwo
073	poverty	Armut (f)	szegénység	bieda
074	subsistence level	Existenzminimum (n)	létminimum, megélhetési minimum	minimum egzystencji
075	leisure time	Freizeit (f)	szabad idő, pihenőidő	czas wolny

отчуждение	odcudzenie	046
различие	rozdiel	047
дискриминация	diskriminácia	048
дистанция, расстояние	vzdialenosť, odstup	049
индивидуум	indivíduum	050
идентичность	identita	051
отождествление, идентификация	identifikácia	052
иерархия	hierarchia	053
рабочий	robotník	054
гражданин	občan	055
служащий	zamestnanec	056
патриций	patricij	057
землевладелец	majiteľ pozemku	058
элита	elita	059
население	obyvateľstvo	060
число жителей	počet obyvateľstva	061
плотность населения	hustota obyvateľstva	062
возрастной состав	veková štruktúra	063
социальная структура	sociálna štruktúra	064
народ	ľud, národ	065
группа	skupina	066
семья	rodina	067
домашнее хозяйство	domácnosť	068
поколение	generácia	069
сосед	sused	070
жизненный уровень	životná úroveň, životný štandard	071
богатство	bohatstvo	072
бедность, нищета	chudoba	073
прожиточный минимум	existenčné minimum	074
свободное время	voľný čas	075

I.04.	legal foundations	rechtliche Grundlagen (f)(pl)	jogi alapfogalmak	podstawy prawne
I.04.01.	**general terms**	**allgemeine Begriffe (m)(pl)**	**általános fogalmak**	**pojęcie ogólne**
001	law	Recht (n)	jog, törvény	prawo
002	public law, criminal law	öffentliches Recht (n)	közjog	prowo publiczne, karne
003	private law, civil law	privates Recht (n)	magánjog	prawo cywilne
004	law	Gesetz (n)	törvény	ustawa
005	notary (public)	Notar (m)	közjegyző, jegyző	notariusz
006	judge	Richter (m)	bíró	sędzia
007	lawyer, attorney	Rechtsanwalt (m)	ügyvéd, ügyész	adwokat
008	district attorney	Staatsanwalt (m)	államügyész	prokurator, oskarżyciel publiczny
009	authority, authorization	Vollmacht (f)	felhatalmazás, feljogosítás	pełnomocnictwo
010	court	Gericht (n)	bíróság, törvényszék	sąd
011	venue (of court)	Gerichtsstand (m)	bírói illetékesség, tárgyi illetékessé	sąd właściwy
012	lawsuit	Klage (f)	panasz, vád	skarga
013	trial	Prozeß (m)	per, folyamat, processzus	proces
014	proof	Beweis (m)	bizonyíték, igazolás	dowód
015	decision	Entscheidung (f)	határozat, döntés	orzeczenie
016	verdict	Urteil (n)	ítélet	wyrok
017	conviction	Verurteilung (f)	elítélés	skazać, zasądzić
018	penalty, punishment, sentence	Strafe (f)	büntetés, fenyítés	kara
019	fine	Bußgeld (n)	pénzbírság, bírság	grzywna
020	probation	Berufung (f)	fellebbezés	odwołanie
021	deadline	Frist (f)	határnap, határidő	termin
022	statute of limitation	Verjährung (f)	elévülés, lejárat	przedawnienie
023	deception	Täuschung (f)	félrevezetés, megtévesztés	zwodzenie
024	intended deceive	arglistige Täuschung (f)	álnok félrevezetés, tisztességtelen félrevezetés	podstępne wprowadzenie w błąd (zwodzenie)
025	due process, legal protection	Rechtsschutz (m)	jogvédelem	ochrona prawna
I.04.02.	**administrative law**	**Verwaltungsrecht (n)**	**közigazgatási jog**	**prawo administracyjne**
001	guidelines	Richtlinien (f)(pl)	irányvonal, utasítás	wytyczna, dyrektywa
002	order	Verfügung (f)	rendelkezés, intézkedés	zarządzenie, dyspozycja
003	policy	Anordnung (f)	rendelkezés, rendelet, intézkedés	zarządzenie, postanowienie
004	ordinance	Verordnung (f)	rendelet, rendelkezés, előírás	nakaz, rozporządzenie
005	permission, permit	Erlaubnis (f)	engedély, egyetértés	pozwolenie
006	permission	Genehmigung (f)	jóváhagyás, engedély	zezwolenie
007	exemption	Dispens (m)	felmentés, diszpenz	dyspensa, odpuszczenie
008	development freeze	Veränderungssperre (f)	a (meg)változtatás zárlata	zakaz zmian
009	doubt, qualm	Bedenken (n)(pl)	kétely, kétség	wątpliwość
010	rejection, refusal	Versagung (f)	kudarc	odmowa
011	restriction	Verbot (n)	tilalom	zakaz
012	*duty to give public notice, mandate to give*	Anzeigepflicht (f)	bejelentési kötelezettség, feljelentési kötelezettség	obowiązek zgłoszenia

юридические основы	právne podklady	I.04.
общие понятия	**všeobecné pojmy**	**I.04.01.**
право	právo	001
общественное право	verejné právo	002
частное право	privátne právo	003
закон	zákon	004
нотариус	notár	005
судья	sudca	006
адвокат	právny zástupca, advokát	007
прокурор	štátny zástupca, prokurátor	008
полномочие	plná moc, splnomocnenie	009
суд	súd, súdne konanie	010
подсудность	súdna príslušnosť	011
иск, жалоба	sťažnosť, žaloba	012
процесс	proces	013
доказательство	dôkaz	014
решение	rozhodnutie	015
приговор, судебное решение	rozsudok	016
вынесение приговора	odsúdenie	017
наказание	trest, pokuta	018
пеня, штраф	peňažná pokuta	019
обжалование, апелляция	odvolanie	020
срок	lehota, termín	021
срок давности	premlčanie	022
обман	podvod, klamanie	023
мошенничество	zavádzanie, ľstivé klamanie	024
правовая защита	právna ochrana	025
административное право	**administratívne právo**	**I.04.02.**
директивы	smernice, zásady	001
распоряжение, постановление	nariadenie, predpis	002
распоряжение	príkaz, nariadenie, predpis	003
предписание	predpis, nariadenie, ustanovenie	004
разрешение	povolenie, súhlas	005
разрешение	schválenie	006
диспенз (освобождение от к.-л. выплат)	dišpenz	007
запрет на внесение изменений	stavebný uzáver	008
сомнения	pochybnosť, úvaha	009
отказ	nespôsobilosť, zlyhanie	010
запрет	zákaz	011
обязанность заявления	ohlasovacia povinnosť	012

I.04.03.	contract law	Vertragsrecht (n)	szerződési jog	prawo umów
001	contract	Vertrag (m)	szerződés	umowa
002	offer	Angebot (n)	ajánlat, kínálat	oferta
003	acceptance	Annahme (f)	elfogadás, átvétel	przyjęcie, akceptacja
004	contractor	Auftragnehmer (m)	munkavállaló	zleceniobiorca
005	guarantee, warranty	Garantie (f)	garancia	gwarancja
006	liability	Haftung (f)	kezesség, kezeskedés	odpowiedzialność
007	customer service policy	Vertrauensschutz (m)	bizalomvédelem	gwarancja zaufania
008	cancellation, termination	Kündigung (f)	felmondás	wypowiedzenie
009	*go into service*	Verdingung (f)	elszegődés, szerződés	najem
010	client *(for whom something is being built)*	Bauherr (m)	megbízó, építtető	inwestor
I.04.04.	**labor law, labor legislation**	**Arbeitsrecht (n)**	**munkajog**	**prawo pracy**
001	fee	Honorar (n)	honorárium, tiszteletdíj	honorarium
002	lump-sum fee, set fee	Pauschalhonorar (n)	átalánydíj, átalányilleték	wystąpienie inwestora o warunki realizacji inwestycji
003	wage, salary	Lohn (m), Gehalt (n)	munkabér, bér, díjazás, fizettség	płaca
004	cash advance	Vorschuß (m)	előleg	zaliczka
005	union	Gewerkschaft (f)	szakszervezet	związek zawodowy
006	strike	Streik (m)	sztrájk	strajk
007	illegal work	Schwarzarbeit (f)	feketemunka, zugmunka	praca nielegalna, nielegalne zatrudnienie
I.04.05.	**building law**	**Baurecht (n)**	**építésügyi jogszabályok**	**prawo budowlane**
001	unrestricted land	Baufreiheit (f)	épít(kez)ési szabadság	brak ograniczeń budowlanych
002	advance announcement	Bauvoranfrage (f)	az építkezést megelőző kérdés, hivatallal történő egyeztetés	wystąpienie o warunki zabudowy
003	application for a construction permit	Bauantrag (m)	építési engedély kérelmezése	wniosek budowlany
004	building permit	Baugenehmigung (f)	építési jóváhagyás	pozwolenie na budowę
005	building code	Bauordnungsrecht (n)	építési törvény, építésügyi szabályzat	prawo budowlane
006	building inspector	Baupolizei (f)	építésrendészet, építésügyi rendőrség	policja budowlana
007	acceptance of the works	Bauabnahme (f)	az épület átvétele	przyjęcie budowy,odbiór
008	building files	Bauakten (f)	építési (ügy)iratok	dokumenty budowlane
009	deed register	Grundbuch (n)	telekkönyv	księga wieczysta
010	inspection	Bauaufsicht (f)	építési felügyelet	nadzór budowlany

договорное, контрактное право	**zmluvné právo**	**I.04.03.**
договор	zmluva, dohoda	001
предложение	ponuka, návrh	002
приём, наём	prijatie, prevzatie	003
подрядчик	príjemca zákazky	004
гарантия	garancia	005
ответственность	ručenie	006
защита доверия	ochrana dôvery	007
уведомление о расторжении	výpoveď	008
наём	prijatie do práce, zamestnanie sa	009
застройщик, заказчик	stavebník, investor	010
трудовое право	**pracovné právo**	**I.04.04.**
гонорар	honorár	001
паушальный гонорар	paušálny honorár	002
зарплата	zárobok, plat, mzda	003
аванс, задаток	preddavok, záloha	004
профсоюз	odborová organizácia	005
забастовка	štrajk	006
нелегальная работа	nelegálna práca, práca načierno	007
строительное право	**stavebné právo**	**I.04.05.**
отсутствие ограничений на строительство	voľnosť spôsobu zástavby	001
опросный лист	predbežná otázka stavebníka	002
заявка на строительство	žiadosť o stavebné povolenie	003
разрешение на строительство	stavebné povolenie	004
строительные нормы и правила	stavebný zákon, stavebnoprávny poriadok	005
строительная полиция	stavebná polícia	006
приёмка строительных работ	prevzatie stavby	007
строительные акты	stavebné dokumenty	008
поземельный катастер	pozemková kniha	009
архитектурно-строительный надзор	stavebný dozor	010

I.05.	economic fundamentals	wirtschaftliche Grundlagen (f)(pl)	közgazdasági alapfogalmak	podstawy naukowo-ekonomiczne
I.05.01.	**general terms**	**allgemeine Begriffe (m)(pl)**	**általános fogalmak**	**pojęcie ogólne**
001	market	Markt (m)	piac, vásár	rynek
002	goods	Ware (f)	áru	towar
003	value	Wert (m)	érték	wartość
004	budget	Haushalt (m)	háztartás, költségvetés	budżet domowy
005	bookkeeping	Buchführung (f)	könyvelés, könyvvitel	buchalteria, księgowość
006	control	Kontrolle (f)	ellenőrzés, kontroll	kontrola
007	bill, invoice	Rechnung (f)	számla	rachunek
008	settling (of accounts)	Abrechnung (f)	elszámolás	rozrachunek
009	refund credit	Vergütung (f)	megtérítés, visszafizetés	zwrot kosztów, refundacja
010	fee	Gebühr (f)	illeték, járandóság	należność
011	tax	Steuer (f)	adó	podatek
012	property tax	Grundsteuer (f)	földadó	podatek gruntowy
013	sales tax	Mehrwertsteuer (MWST) (f)	értéktöbblet adó	podatek wartości dodatkowej
014	civic responsibility, civic duty	Sozialbindung (f)	társadalmi viszony, szociális viszony	społeczna odpowiedzialność
015	construction industry	Bauwirtschaft (f)	építőipar	gospodarka budowlana
016	competition	Wettbewerb (m)	pályázat, verseny	współzawodnictwo, konkurs
017	sending out for quote, sending out for bids	Ausschreibung (f)	kiírás, meghirdetés	rozpisanie
018	damage	Schaden (m)	kár, veszteség	szkoda
I.05.02.	**ownership**	**Eigentumsfragen (f)(pl)**	**tulajdonjogi kérdések**	**formy własności**
001	mortgage	Hypothek (f)	jelzálog	hipoteka
002	possessor	Besitzer (m)	tulajdonos, birtokos	posiadacz
003	land owner, land holder	Grundbesitzer (m)	földtulajdonos	obywatel ziemski, pasiadacz gruntu
004	owner	Eigentümer (m)	tulajdonos	właściciel
005	purchase	Kauf (m)	vétel, vásár	zakup
006	lease	Pacht (f)	bér, haszonbér	dzierżawa
007	rent	Miete (f)	bérlet, bérleti díj	najem, komorne, czynsz
008	tenant	Mieter (m)	bérlő, albérlő	najemca
009	landlord, landlady	Vermieter (m)	bérbeadó	wynajmujący
010	trust, trustees	Treuhand (f)	megbízott	powiernik, powiernictwo
011	property regulation	Bodenordnung (f)	földtörvény	ustawa o ziemi
012	leasing	Leasing (n)	lízing	leasing
013	compensation	Entschädigung (f)	kártérítés, kárpótlás	odszkodowanie
014	expropriation, condem a piece of property	Enteignung (f)	kisajátítás	wywłaszczenie
015	lease hold	Erbbaurecht (n)	felülépítményi jog, örökbérleti jog	spadkowe prawo budowlane

экономические основы	základné ekonomické pojmy	I.05.
общие понятия	**všeobecné pojmy**	**I.05.01.**
рынок	trh	001
товар	tovar	002
ценность, стоимость	hodnota, cena	003
бюджет	rozpočet	004
бухгалтерия	účtovníctvo	005
контроль	kontrola	006
счёт, расчёт	účet, výpočet	007
расчёт	odpočet, vyúčtovanie	008
оплата, вознаграждение	náhrada, úhrada	009
плата	poplatok	010
налоги	daň	011
налог на землю	pozemková daň	012
налог на добавленную стоимость	daň z pridanej hodnoty (DPH)	013
социальная ответственность	spoločenská zodpovednosť, sociálna zodpovednosť	014
экономика строительства	stavebné hospodárstvo	015
конкурс	súťaž, konkurz	016
объявление конкурса, торги	vypísanie	017
ущерб, убыток	škoda, ujma	018
собственность	**formy vlastníctva**	**I.05.02.**
ипотека	hypotéka, dlh	001
владелец	majiteľ	002
землевладелец	majiteľ pozemku	003
собственник, владелец	vlastník	004
покупка, купля	kúpa	005
аренда	nájom	006
арендная плата, аренда	nájomné	007
арендатор, съёмщик	nájomník	008
сдающий в наём, в аренду	prenajímateľ	009
доверитель, доверенность	správcovstvo, dôverníctvo, poručníctvo	010
землеустройство	usporiadanie pozemkového vlastníctva	011
лизинг	leasing	012
возмещение, компенсация	odškodnenie	013
отчуждение	vyvlastnenie	014
наследное право на застройку	dedičné právo užívania pozemku	015

I.05.03.	forms of business organization	Unternehmensformen (f)(pl)	vállalkozási formák	formy podnajmu
001	self-employed person, freelancer	Selbständiger (m)	önálló v. független iparos, maszek	samodzielny
002	cooperative	Genossenschaft (eGmbH) (f)	szövetkezet, szövetség	spółdzielnia
003	private company company with limited liability	Gesellschaft mit beschränkter Haftung (GmbH) (f)	korlátolt felelősségú társaság (k.f.t.)	spółka z ograniczoną odpowiedzialnością
004	corporation	Gesellschaft bürgerlichen Rechts (GbR) (f)	magánjogi társaság, polgári társaság	spółka kodeksu cywilnego
005	limited partnership, limited company	Kommanditgesellschaft (KG) (f)	betéti társaság	spółka komandytowa
006	corporation	Aktiengesellschaft (AG) (f)	részvénytársaság	spółka akcyjna
007	institute of architects	Architektenkammer (f)	építészmérnöki kamara	izba architektów
008	management	Geschäftsführung (f)	ügyvitel, ügyvezetés	kierownictwo przedsiębiorstwa
009	service	Dienstleistung (f)	szolgáltatás, szolgálattétel	usługa
010	site architect, agent	Bauleiter (m)	építésvezető	kierownik budowy
011	entrepreneur	Unternehmer (m)	vállalkozó	przedsiębiorca
012	bankruptcy	Konkurs (m)	csőd	upadłość, bankructwo

I.05.04.	calculation	Kalkulation (f)	kalkuláció	kalkulacja
001	price	Preis (m)	ár	cena
002	unit price	Einheitspreis (m)	egységár	cena jednostkowa
003	fixed price	Festpreis (m)	rögzített ár, szabott ár	cena stała
004	abate, reduction	Minderung (f)	csökkentés, kisebbítés	redukcja
005	advance payment	Abschlag (m)	részletfizetés, résztörksztés	wypłata á konto, zaliczka
006	discount	Skonto (n)	árengedmény, skontó	zniżka, skonto
007	offer	Angebot (n)	árajánlat, ajánlat, kínálat	oferta
008	depreciation	Abschreibung (f)	törlés, leírás, leszámítás	odpis
009	cost(s)	Kosten (f)	költség	koszty
010	production costs	Herstellungskosten (f)	gyártási költségek	koszty produkcji, wytworzenia
011	incidental cost(s), indirect costs	Nebenkosten (f)	mellékköltségek	koszty dodatkowe
012	cost(s) determination	Kostenanschlag (m)	költségvetés	kosztorys
013	cost(s) estimate	Kostenschätzung (f)	előkalkuláció, felbecsülés	kosztorys szacunkowy
014	return on investment, profit	Ertrag (m)	jövedelem, bevétel	dochód
015	disbursement	Auslagen (f)(pl)	kiadások, költségek	wydatki
016	maximum rates	Höchstsätze (m)(pl)	legmagasabb ár, maximális ár	taryfy maksymalne
017	minimum rate	Mindestsatz (m)	minimális díjszabás	taryfa minimalna
018	payment	Zahlung (f)	kifizetés, fizetés	zapłata
019	payment schedule	Zahlungsplan (m)	fizetési terv	plan wypłat
020	cash flow	Cash-Flow (m), Zahlungsfluß (m)	fizetési folyamat, készpénzáramlás	płynność spłat

формы предприятий	formy podnikania	I.05.03.
работающий не по найму	samostatne pracujúci	001
кооператив, артель	družstvo	002
товарищество (общество) с ограниченной ответственностью	spoločnosť s ručením obmedzeným (s.r.o.)	003
простое товарищество	spoločnosť podľa občianskeho práva	004
командное товарищество	komanditná spoločnosť	005
акционерное общество	akciová spoločnosť	006
союз архитекторов	komora architektov	007
управление, менеджмент	vedenie podniku	008
обслуживание	služba	009
руководитель строительства	stavbyvedúci	010
предприниматель	podnikateľ	011
банкротство	konkurz,úpadok	012

калькуляция	kalkulácia	I.05.04.
цена	cena	001
расценка, единая цена	jednotná cena	002
твёрдая цена	pevná cena	003
снижение цены	zníženie, redukcia	004
аванс	splátka	005
сконто, скидка	skonto, zrážka	006
предложение	ponuka	007
списание	odpis	008
расходы	náklady	009
производственные издержки	výrobné náklady	010
дополнительные, побочные издержки	vedľajšie náklady	011
смета	rozpočet nákladov	012
оценка стоимости	odhad nákladov	013
доход, прибыль	zisk, výnos	014
издержки, расходы	výdavky, útraty (mn.č.)	015
максимальные тарифы ставки	najvyššie tarify, najvyššie sadzby	016
минимальные тарифы ставки	minimálna sadzba	017
платёж	platenie, platba, výplata	018
план платежей	plán platby	019
распределение финансирования	tok platby	020

I.05.05.	financing	Finanzierung (f)	finanszírozás	finansowanie
001	bank	Bank (f)	bank	bank
002	savings bank	Sparkasse (f)	takarékpénztár	kasa oszczędności
003	mortgage lender, building society	Hypothekenbank (f)	hitelbank	bank hipoteczny
004	building society (British)	Bausparkasse (f)	építési takarékpénztár	budowlana kasa oszczędności
005	save	sparen (V)	megtakarít	oszczędzać
006	*savings contract with a building society, mortgage term*	Bausparvertrag (m)	építési takarékossági szerződés	*rachunek oszczędnościowy na cele indywidualnego budownictwa mieszkaniowego (dofinansowany z kredytów państwowych)*
007	savings amount	Bausparsumme (f)	célösszeg	suma docelowa
008	savings amount saved	Bausparguthaben (n)	megtakarított összeg	suma udziałów własnych
009	conditions	Tarif (m)	díjszabás, tarifa	taryfa, opłaty
010	administration charge, arrangement fee	Abschlußgebühr (f)	szerződési illeték	należność końcowa za umową
011	benefits, premium	Prämie (f)	prémium, jutalom	premia, pożyczka premiowa
012	savings incentive	Staatliche Prämie (f)	állami prémium	premia państwowa odliczana od podatku
013	interest	Zinsen (m)(pl), Zinssatz (m)	kamat	procenty, stopa procentowa
014	interest	Verzinsung (f)	kamatozás	oprocentowanie
015	interim financing, bridge loan	Zwischenfinanzierung (f)	közbenső hitel, átmeneti hitel	międzyfinansowanie
016	allotment, assignment	Zuteilung (f)	kiutalás, kiosztás	przyznanie, przydzielenie
017	waiting time	Wartezeit (f)	várakozási idő	czas oczekiwania
018	set date	Stichtag (m)	határnap	dzień likwidacyjny, ostateczny termin płatności
019	payment application number	Bewertungszahl (f)	értékszám	kwota rozrachunkowa
020	loan	Darlehen (n)	kölcsön	pożyczka
021	paying out, payout	Auszahlung (f)	kifizetés	wypłata
022	repayment	Rückzahlung (f)	visszafizetés, lefizetés	spłata
023	penalty clause, late payment clause	Verzugszinsen (m)(pl)	késedelmi kamatok	odsetki za zwłokę
024	guaranty	Bürgschaft (f)	kezesség, jótállás	poręka
025	safety	Sicherheit (f)	biztonság, biztosíték	gwarancja, zabezpieczenie, pewność, bezpieczeństwo

финансирование	financovanie	I.05.05.
банк	banka	001
сберкасса	sporiteľňa	002
ипотечный банк	hypotečná banka	003
сберкасса для накопления средств на индивидуальное жилищное строительство	stavebná sporiteľňa	004
копить, сберегать	sporiť	005
договор на накопление средств на индивидуальное жилищное строительство	zmluva o stavebnom sporení	006
сумма, которую оговорено накопить на строительство	cieľová suma	007
сумма на счёте	nasporená suma	008
тариф	tarifa	009
затраты на заключение договора	poplatok za uzavretie zmluvy	010
премия	prémia	011
государственная премия	štátna prémia	012
процентная ставка	úroky	013
начисление процентов	zúročenie	014
промежуточное финансирование	medziúver	015
разделение, распределение	pridelenie	016
время ожидания	doba čakania	017
день выплаты, расчёта	rozhodujúci deň	018
расчетная квота	hodnotiace číslo	019
заём, ссуда	pôžička	020
выплата	vyplatenie	021
возврат денег	splatenie, zaplatenie	022
проценты за просрочку	úroky z omeškania	023
поручительство	záruka, garancia	024
безопасность	bezpečnosť, záruka	025

II. Architectural History
II. Architekturgeschichte
II. Az építőművészet története
II. Historia architektury
II. История архитектуры
II. Dejiny architektúry

II.01.	theoretical terms	theoretische Begriffe (m)(pl)	elméleti fogalmak	pojęcia teoretyczne
II.01.01.	**general terms**	**allgemeine Begriffe (m)(pl)**	**általános fogalmak**	**pojęcia ogólne**
001	historicity	Geschichtlichkeit (f)	történeti valóság, történelmi valóság	historyczność
002	event	Ereignis (n)	esemény	wydarzenie
003	duration	Dauer (f)	időtartam, tartam	trwanie
004	phase	Phase (f)	fázis, szakasz	faza
005	period	Periode (f)	időszak, periódus	okres
006	epoch	Epoche (f)	korszak	epoka
007	development	Entwicklung (f)	fejlődés, kifejlődés	rozwój
008	decay	Verfall (m)	megszűnés, elmúlás	upadek
009	causality	Kausalität (f)	okság, kauzalitás	przyczynowość
010	teleology	Teleologie (f)	teleológia	teleologia
011	continuity	Kontinuität (f)	folytonosság, folyamatosság	kontynuacja, ciągłość
012	context	Zusammenhang (m)	összefüggés, kapcsolat	związek
013	tradition	Tradition (f)	hagyomány, szokás	tradycja
014	reference	Bezug (m)	vonatkoz(tat)ás	stosunek, związek
015	influence	Wirkung (f)	hatás	działanie, skutek
II.01.02.	**methods**	**Methoden (f)(pl)**	**módszerek**	**metody**
001	chronology	Chronologie (f)	időrend, kronológia	chronologia
002	cultural history	Kulturgeschichte (f)	művelődéstörténet	historia kultury
003	history of styles	Stilgeschichte (f)	stílustörténet	styloznawstwo
004	social history	Sozialgeschichte (f)	társadalomtörténet	historia społeczna
005	history of everyday life	Alltagsgeschichte (f)	a mindennapi élet története	historia życia codziennego
006	biography	Biographie (f)	életrajz	biografia
007	history of interpretations	Rezeptionsgeschichte (f)	észleléstörténet	historia recepcji
008	oral history	Mündliche Überlieferung (f)	szájhagyomány	przekaz ustny
009	semiotic	Semiotik (f)	szemiotika	semiotyka
010	research	Forschung (f)	kutatás	badanie
011	history of building technology	Bauforschung (f)	építészeti kutatás	badanie budowlane
012	archaeology	Archäologie (f)	régészet, archeológia	archeologia
013	analysis	Analyse (f)	elemzés, analízis, vizsgálat	analiza
014	formal analysis	Formanalyse (f)	formai elemzés, formai analízis	analiza form
015	structural analysis	Strukturanalyse (f)	szerkezeti analízis	analiza strukturalna
016	iconography	Ikonographie (f)	ikonográfia, képleírás	ikonografia
017	iconology	Ikonologie (f)	ikonológia	ikonologia
018	primary source	Quelle (f)	forrás	źródło
019	historical verification	Quellenkritik (f)	forráskritika	krytyka źródeł
020	critic	Kritik (f)	bírálat, kritika	krytyka
021	interpretation	Interpretation (f)	tolmácsolás, értelmezés	interpretacja
022	knowledge	Erkenntnis (f)	tudás, megismerés	poznanie
023	understanding	Verstehen (n)	megértés, felfogás	rozumienie
024	explanation	Erklärung (f)	magyarázat	wyjaśnienie
025	empathy	Einfühlung (f)	beleérzés, átérzés	wczucie
026	observation	Beobachtung (f)	megfigyelés, észrevétel	obserwacja
027	description	Beschreibung (f)	leírás	opis
028	exegis	Deutung (f), Auslegung (f)	magyarázat, értelmezés	znaczenie, komentarz

теоретические понятия	teoretické pojmy	II.01.
общие понятия	**všeobecné pojmy**	**II.01.01.**
историчность	historickosť	001
событие	udalosť	002
длительность	trvanie	003
фаза	fáza	004
период	perióda	005
эпоха	epocha	006
развитие	vývoj, rozvoj	007
упадок	rozpad, zánik	008
причинность	príčinnosť, kauzalita	009
телеология	teleológia	010
непрерывность	plynulosť, kontinuita	011
взаимосвязь	súvislosť	012
традиция	tradícia	013
взаимоотношение	vzťah, zreteľ	014
воздействие	vplyv	015
методы	**metódy**	**II.01.02.**
хронология	chronológia	001
история культуры	dejiny kultúry	002
история стилей	dejiny štýlov	003
социальная история	dejiny sociálnych štruktúr	004
повседневная история	dejiny každodenného života	005
биография	životopis, biografia	006
история восприятия	dejiny vnímania	007
устное предание	dejiny ústneho podania	008
семиотика	semiológia	009
исследование	výskum	010
строительные изыскания	stavebný výskum	011
археология	archeológia	012
анализ	analýza	013
формальный анализ	tvarová analýza	014
структурный анализ	štruktúrna analýza	015
иконография	ikonografia	016
иконология	ikonológia	017
источник	zdroj	018
критика источника	overenie originality	019
критика	kritika	020
интерпретация, трактовка	interpretácia	021
познание	poznanie	022
понимание	porozumenie	023
объяснение	vysvetlenie	024
чувствование	vcítenie	025
наблюдение	pozorovanie	026
описание	popis, opis	027
толкование, трактовка	výklad, interpretácia	028

II.02.	wall construction	Aufbau der Wand (f)	a fal szerkezete	budowa ściany
II.02.01.	**traditional building materials**	**traditionelle Baumaterialien (n)(pl)**	**hagyományos építőanyagok**	**tradycyjne materiały budowlane**
001	stone	Stein (m)	kő	kamień
002	field stone	Naturstein (m)	terméskő	kamień naturalny
003	boulder	Findling (m)	jövevénykő, görgetegkő, hömpölykő	kamień narzutowy
004	quarry stone	Bruchstein (m)	fejtett kő, robbantott terméskő	kamień łamany
005	ashlar	Haustein (m)	fűrészelt kő, faragott kő	kamień ciosowy
006	brick	Ziegel (m)	tégla	cegła
007	timber	Holz (n)	fa	drewno
008	adobe	Lehm (m)	agyag	glina
009	fabric	Stoff (m)	anyag	materiał
II.02.02.	**traditional dwellings**	**traditionelle Bautypen (m)(pl)**	**hagyományos építménytípusok**	**tradycyjne typy budowli**
001	cave	Höhle (f)	barlang	jaskinia, pieczara, grota
002	hut	Hütte (f)	kunyhó, kalyiba, viskó,	schronisko, szałas
003	house	Haus (n)	ház	dom
004	tent	Zelt (n)	sátor	namiot
II.02.03.	**traditional masonry construction**	**traditioneller Mauerwerksbau (m)**	**hagyományos falazat**	**tradycyjne konstrukcje murowe**
001	stretcher	Läufer (m)	futókő, futótégla	warstwa wozówkowa
002	header	Binder (m)	kötőtégla	warstwa główkowa
003	plaster	Putz (m)	vakolat	tynk, wyprawa
004	joint	Fuge (f)	hézag, rés, fúga	spoina
005	wall	Mauer (f)	fal	mur
006	dry rubble wall	Trockenmauerwerk (n)	szárazfalazat	mur bez użycia zaprawy
007	infill masonry	Füllmauerwerk (n)	kitöltő falazat, kitöltött falazat, töltelékes falazat	
008	cyclopean rustication	Zyklopenmauerwerk (n)	ciklopfalazat	mur cyklopowy
009	rubble stone masonry	Bruchsteinmauerwerk (n)	terméskő falazat	mur z kamienia łamanego
010	random ashlar	Quadermauerwerk (n)	faragottkőfal	mur z regularnych ciosów
011	coursed masonry	Schichtmauerwerk (n)	soros kőfalazat, sorkötéses kőfalazat	mur warstwowy
012	coursed ashlar	Werksteinmauerwerk (n)	faragottkőfal	mur z kamieni ociosanych

конструкция стены	štruktúra steny	II.02.
традиционные строительные материалы	**tradičné stavebné materiály**	**II.02.01.**
камень	kameň	001
природный камень	prírodný kameň	002
валун	zbieraný kameň, valún	003
бутовый камень	lomový kameň	004
тёсанный камень	kopák, tesaný kameň	005
кирпич	tehla	006
дерево	drevo	007
глина	hlina	008
материал, вещество	látka, hmota	009
архаические формы жилища	**tradičné typy stavieb**	**II.02.02.**
пещера	jaskyňa	001
хижина	búda	002
дом, здание	dom	003
палатка	stan	004
традиционная кладка	**tradičná murovaná stavba**	**II.02.03.**
ложок	behúň	001
тычок	väzák	002
штукатурка	omietka	003
шов	škára, medzera, štrbina	004
стена	múr	005
кладка насухо	múr murovaný na sucho	006
полубутовая кладка	výplňové murivo	007
циклопическая кладка	kyklopské murivo	008
бутовая кладка	murivo z lomového kameňa	009
квадровая кладка	kvádrové murivo	010
прямоугольная кладка	riadkové murivo	011
нормальная кладка	murivo z tesaného kameňa	012

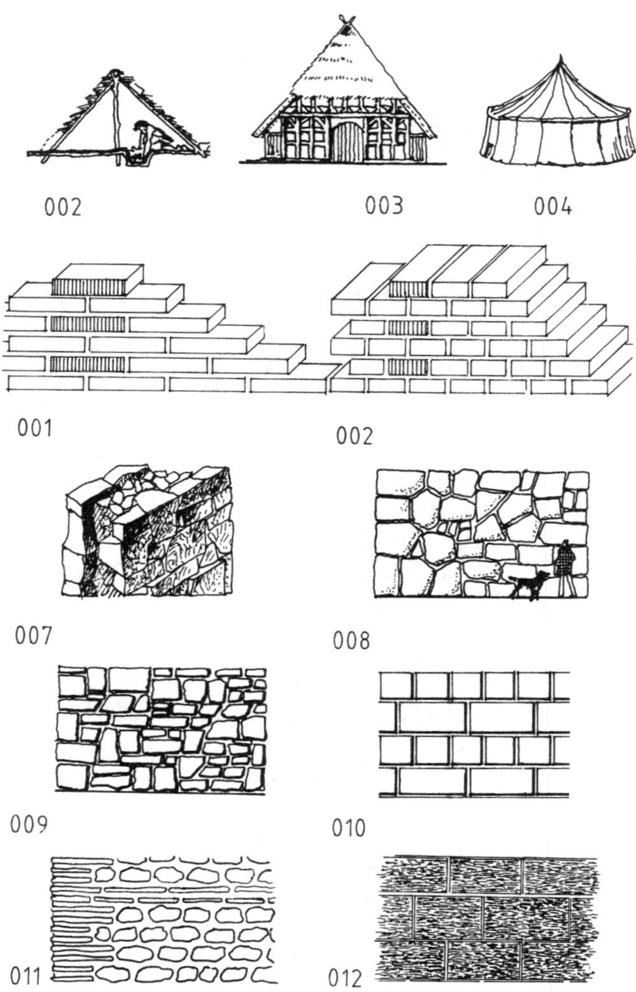

013	stretcher bond	Läuferverband (m)	futósoros kötés	wiązanie wozówkowe
014	header bond	Binderverband (m), Kopfverband (m)	kötőtéglás kötés, kötőtéglás falazat	wiązanie główkowe
015	rowlock course	Rollschicht (f)	éltéglasor	warstwa rębem leżącym
016	herringbone course	Sägeverband (m)	diagonális kötés	wiązanie, wątek
017	English bond	Blockverband (m)	egysoros téglakötés, egyszeres átkötés, falazati lánckötés	wiązanie pospolite, wiązanie blokowe
018	cross bond	Kreuzverband (m)	keresztkötés	wiązanie krzyżowe, wiązanie wendyjskie
019	Dutch bond, Flemish bond	Holländischer Verband (m)	falazati lánckötés, egysoros téglakötés	wiązanie flamandzkie
020	Gothic bond	Gotischer Verband (m)	gót kötés, lengyel (tégla)kötés	wiązanie polskie, wiązanie gotyckie
II.02.04.	**traditional wood construction**	**traditioneller Holzbau (m)**	**hagyományos faépítés**	**tradycyjne budownictwo drewniane**
001	board	Brett (n)	deszka	deska
002	plank	Bohle (f) [> 4 cm Dicke]	palló	gruba deska, dyl
003	beam	Balken (m)	tartó, gerenda, gerendatartó	belka
004	beam end	Balkenkopf (m)	a gerenda homlokkiképzése, tartó homlokkiképzése, gerendafej	czoło belki
005	*part of rafters*	Gebinde (n)	kötés, szaruzat	więzar
006	**means of connecting**	**Verbindungsmittel** (n)(pl)	**összekötő elemek, kötőelemek**	**łączniki**
007	dowel	Dübel (m)	csap, rögzítő	kołek drewniany, dybel
008	nail	Holznagel (m)	faszeg	kołek drewniany
009	groove	Nut (f)	horony, vájat, bemetszés	wpust, żłobek, rowek
010	tongue	Feder (f)	rugó	wypust, pióro
011	mortise and tenon joint	Verzapfung (f)	csapolás	czop
012	bird's mouth joint	Verklauung (f)	csatlakozás	sklamrowanie
013	lap joint	Verblattung (f)	egyszerű lapolás	wcios
014	miter	Gehrung (f)	sarkalat, sarokillesztés	zacios
015	dovetail	Schwalbenschwanz (m)	fecskefarok	jaskółczy ogon
016	**log cabin**	**Blockhaus** (n)	**gerendaház**	**dom zrębowy**
017	**stave construction**	**Stabbau** (m) , **Bohlenbau** (m)	**rúdépület, favázas építés**	**budowla słupowa**

ложковая перевязка	behúňová väzba	013
тычковая перевязка	väzáková väzba	014
ряд кирпичей на ребро	rad väzákov na stojato	015
перевязка	väzba	016
цепная перевязка	reťazová väzba, polokrížová väzba	017
крестовая перевязка	krížová väzba	018
голландская перевязка	holandská väzba, flámska väzba	019
готическая перевязка	gotická väzba, poľská väzba	020
традиционное строительство из дерева	**tradičná drevená stavba**	**II.02.04.**
тёс, доска	doska	001
пластина	fošňa	002
брус, балка	trám	003
торец бревна, конец балки	zhlavie trámu, zhlavie nosníka	004
накат, накатник	väzba	005
элементы соединения	**spojovacie prostriedky**	006
дюбель	kolík	007
нагель	drevený kolík, drevený klinec	008
паз, врезка	drážka	009
гребень, шпунт	pero	010
соединение на шипах	čapový spoj	011
врезка вилкой	osedlanie	012
врезка прямой накладкой	plátovanie, preplátovanie	013
соединение в ус	skosenie, zošikmenie	014
соединение "ласточкин хвост"	rybinový čap, rybina	015
сруб	**zrub**	016
брусчатый остов	**tyčová stavba**	017

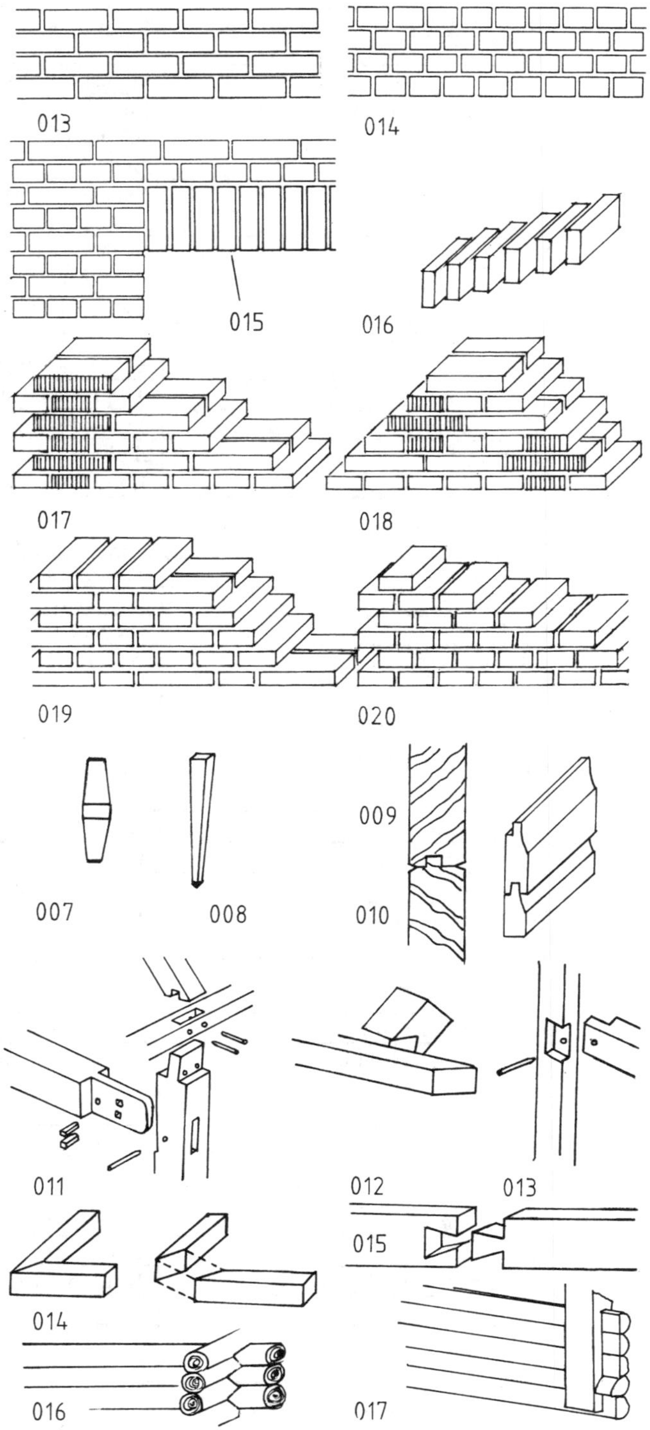

013 014 015 016 017 018 019 020 007 008 009 010 011 012 013 014 015 016 017

018	**framing**	**Fachwerk** (n)	**rácsostartó, rácsos szerkezet**	**konstrukcja ryglowo-szachulcowa, mur pruski**
019	framing	Gerüst (n)	állvány(zat), váz	rusztowanie
020	vertical member	Stütze (f)	támasz(ték), dúc	podpora
021	stake	Pfosten (m) [meist in den Boden gesteckt]	gyámfa, támasz	słup
022	stud	Ständer (m) [setzt auf Schwelle auf]	oszlop, állvany	stojak, pręt pionowy
023	pillar	Säule (f) [freistehend]	oszlop [szabadonálló]	słup
024	stile, mutin	Stiel (m) [senkrechtes Zwischenstück]	támasztódúc, szárfa	pionowy słup pośredni
025	corner post	Eckständer (m), Eckpfosten (m)	sarokoszlop, sarokállvány	słup narożny, stojak narożny
026	jamb	Türpfosten (m)	ajtófélfa	słup drzwiowy
027	wall post	Wandpfosten (m)	falpillér, falba épített palló	słup ścienny
028	stud	Stuhlsäule (f), Bundpfosten (m)	kötőoszlop, székoszlop	słup stolcowy
029	brace	Strebe (f)	ferde támasz, nyomott rácsrúd	zastrzał
030	counter brace	Gegenstrebe (f)	feszítőgerenda	odpora, krzyżulec,
031	sill	Schwelle (f)	küszöb, mellfa	podwalina
032	top plate	Rähm (n)	fogófa	oczep
033	rail	Riegel (m)	derékfa, keresztfa	rygiel
034	tie beam	Ankerbalken (m)	horgonyzógerenda, merevítőgerenda, kapcsológerenda	belka kotwiąca
035	tie	Band (n), Zugstab (m)	szalag, heveder, pánt, kötőpánt	ściąg
036	cleat	Knagge (f)	fakonzol, konzolgyám, heveder, hevederfa	knaga, siodełko
037	bracket	Konsole (f), Widerlager (n)	konzol, tám(aszték), gyám	wsporniki, łożyska podpór
038	window mullion (vertical)	Fensterpfosten (m)	ablakosztás, ablakoszlop	słupek okienny
039	top rail	Fensterkämpfer (m)	ablakkeresztfa	ślemię okienne
040	astragal, glazing bar	Fenstersprosse (f)	ablakborda, üvegosztóléc	podział okienny
041	compartment	Gefache (n), Fach (n)	választó(fal), választó(lap), rekeszfal	wypełnienie pól szachulca
042	diagonal struts	Andreaskreuz (n)	andráskereszt, gerendakereszt	krzyż ukośny (św. Andrzeja)
043	balloon framing	Geschoßbau (m)	többemeletes építés [épület pázhuzamos oszlopszerkezetbe helyezett elemekkel]	budowla wielopiętrowa
044	platform framing	Stockwerksbau (m)	többemeletes építés [különálló emeletszintekből megszerkesztett épület]	*budowla o odrębnej konstrukcji każdego piętra*
045	floor	Geschoß (n)	emelet	piętro, kondygnacja
046	story	Stock (m)	emelet, szint	piętro, kondygnacja
047	parapet wall	Kniestock (m), Drempel (m)	térdfal	*piętro ze ścianami kolankowymi*

фахверк	hrazdená konštrukcia	018
решётка	skelet	019
опора	podpera, opora	020
столб	stĺpik, vzpera	021
стойка	stojka	022
колонна	stĺp	023
промежуточная стойка	medzistĺpik	024
угловой столб, внешняя стойка	rohový stĺp	025
дверной косяк	dverná stojka	026
стеновая стойка	stenová stojka	027
связевая стойка	stĺpik stolice	028
раскос	vzpera, rozpera	029
обратный раскос	vzperka	030
лежень, обклад, шпала	prah	031
обвязка, верхняк	klieština	032
ригель	priečny trám, priečľa	033
связевые балки, обвязка	kotevný trám	034
пояс, связь	ťahaný prút	035
колодки, коротыши, кобылки	zarážka	036
консоль, выпуск	opora, podpera	037
оконный косяк	okenná stojka, okenný stĺpik	038
импост	okenný priečnik	039
горбылёк оконного переплёта	okenná priečľa, členenie okna	040
панель, отсек	výplň	041
крестовина	Ondrejov kríž	042
строительство с последующим устройством этажей	*budova s priebežnými nosnými stĺpmi a vloženými podlažiami*	043
поэтажное строительство	*budova so samostatnými nosnými sústavami podlaží*	044
этаж	podlažie	045
этаж-уровень	poschodie	046
чердачный полуэтаж	znížené podkrovie, pôjd	047

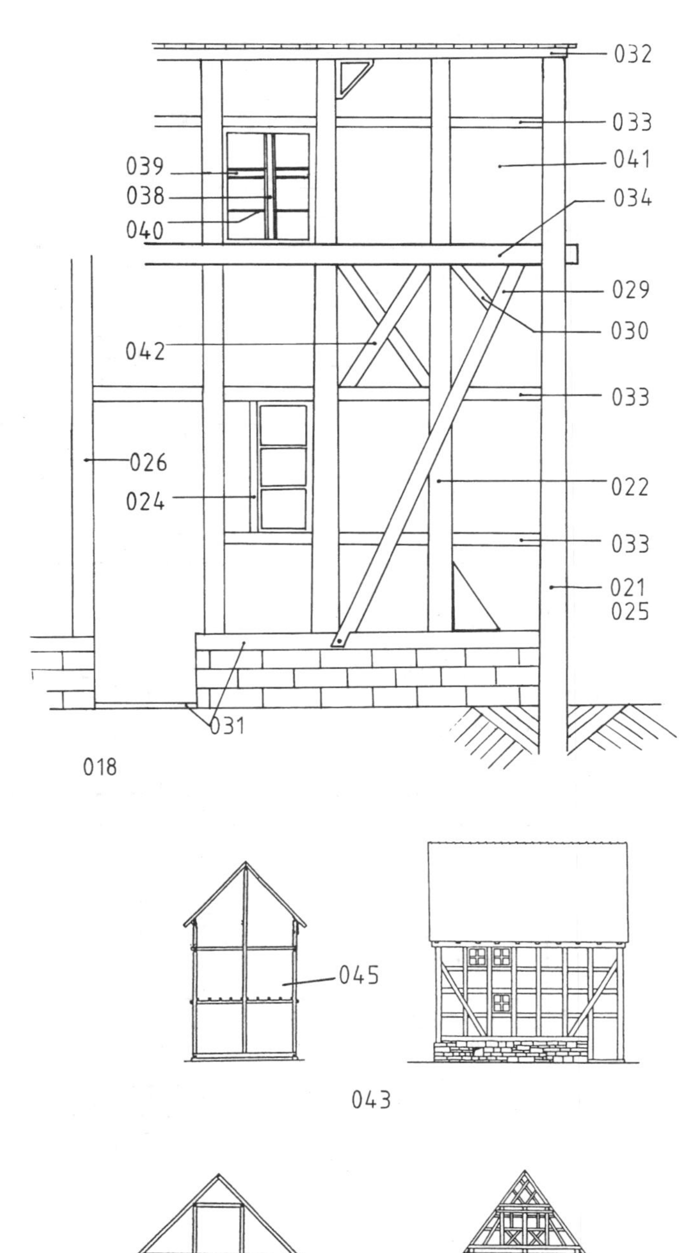

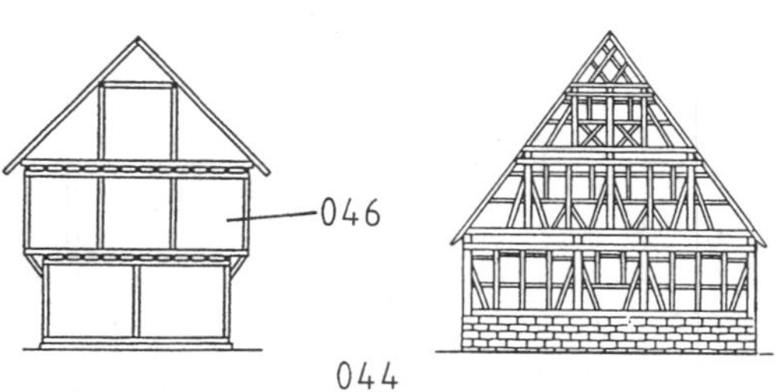

II.02.05.	classical order	klassische Architektursprache (f)	klasszikus építészeti terminológia	klasyczne formy architektoniczne
001	**supports, pillars**	**Stützen** (f)(pl)	**támasztékok, támaszok**	**podpory**
002	column	Säule (f)	oszlop	kolumna
003	pillar	Pfeiler (m)	pillér	filar
004	pilaster	Pilaster (m)	pilaszter, féloszlop	pilaster
005	lesene	Lisene (f)	lizéna, kiugró falisáv	lizena
006	base	Basis (f)	alapzat, talp, lábazat	baza
007	base, plinth, pedestal	Sockel (m)	talpazat, lábazat	cokół
008	shaft	Schaft (m)	derék, törzs (oszlopnál)	trzon
009	flute	Kannelur (f)	kannelúra	kanelura
010	capital	Kapitell (n)	oszlopfő, kapitél	kapitel, głowica
011	volute	Volute (f)	voluta, csigavonal	woluta
012	transom	Kämpfer (m)	vállpárkány, kempfer, váll(kő)	wspornik
013	entablature	Gebälk (n)	attikakiképzés, koronapárkanyzat	belkowanie
014	architrave	Architrav (m)	architráv, kőgerenda	architraw, belkowanie
015	frieze	Fries (m)	fríz, képszék, díszítőléc	fryz
016	dentil course, denticulation	Zahnschnitt (m)	fogazat, fogrovat, éltéglás fogas fríz	ząbnik
017	cornice, ledge, molding	Gesims (n)	párkány, párkányzat	gzyms
018	inter - column space	Interkolumnium (n)	oszlopköz	interkolumnium
019	colonnade	Kolonnade (f)	oszlopfolyosó, oszlopsor	kolumnada
020	arch, vault, bow	Bogen (m)	boltív, boltozat	łuk
021	arcade	Arkade (f)	arkád, íves folyosó	arkada
022	bay, bow window, oriel	Erker (m)	zárt erkély	wykusz
024	balcony	Balkon (m)	balkon, erkély	balkon
025	veranda, porch	Veranda (f)	veranda, tornác	weranda
026	recessed balcony, loggia	Loggia (f)	loggia	loggia
027	gallery, rood - loft	Empore (f)	empóra, karzat, templomkarzat	empora
028	balustrade, parapet	Balustrade (f)	balusztrád	balustrada
029	niche, recess	Nische (f)	falmélyedés, fülke	nisza
030	aedicule	Ädikula (f)	edikula	edicula
031	facade, elevation	Fassade (f)	homlokzat	fasada, elewacja
032	gable	Giebel (m)	orom	szczyt
033	pediment	Fenstergiebel (m)	szemöldökpárkány	szczyt okienny
034	segmental pediment	Segmentgiebel (m)	szegmentes oromzat	szczyt odcinkowy
035	broken pediment, split pediment	Sprenggiebel (m)	áttört oromzat	szczyt rozerwany
036	frontispiece	Frontispiz (n)	tümpanon	zwieńczenie
037	attached arch	Stirnbogen (m), Archivolte (f)	homlokzati boltív	archiwolta
038	doric	dorisch (Adj)	dór	dorycki
039	ionic	ionisch (Adj)	jón	joński
040	corinthian	korinthisch (Adj)	korinthoszi	koryncki

классический архитектурный язык	architektonická terminológia klasiky	II.02.05.
опоры	**podpery**	001
колонна	stĺp	002
пилон	pilier	003
пилястра	pilaster	004
лопатка	lizéna	005
база	báza, pätka	006
цоколь	sokel	007
ствол	driek	008
каннелюра	kanelúra	009
капитель	hlavica	010
волюта	voluta	011
импост	pätka (klenby)	012
антаблемент	kladie, trámovie	013
архитрав	architráv, epistyl	014
фриз	vlys, rímsový výstupok, obruba	015
пояс зубчиков, дентикул	zuborez	016
карниз	rímsa	017
интерколумний	medzistĺpový interval (priestor)	018
колоннада	kolonáda	019
арка	oblúk	020
аркада	arkáda	021
эркер	arkier	022
балкон	balkón	024
веранда	veranda	025
лоджия	lodžia	026
эмпора	empora, galéria	027
балюстрада	balustráda, zábradlie so stĺpikmi	028
ниша	nika, výklenok	029
эдикула	edikula	030
фасад	fasáda	031
фронтон	štít	032
сандрик	nadokenný štít, trojuholníkový štít	033
лучковыи фронтон	segmentový štít	034
разорванныи фронтон	prelomený segmentový štít	035
щипец	tympanón, frontón	036
архивольт	čelný oblúk, archivolta	037
дорический	dórsky	038
ионический	jónsky	039
коринфский	korintský	040

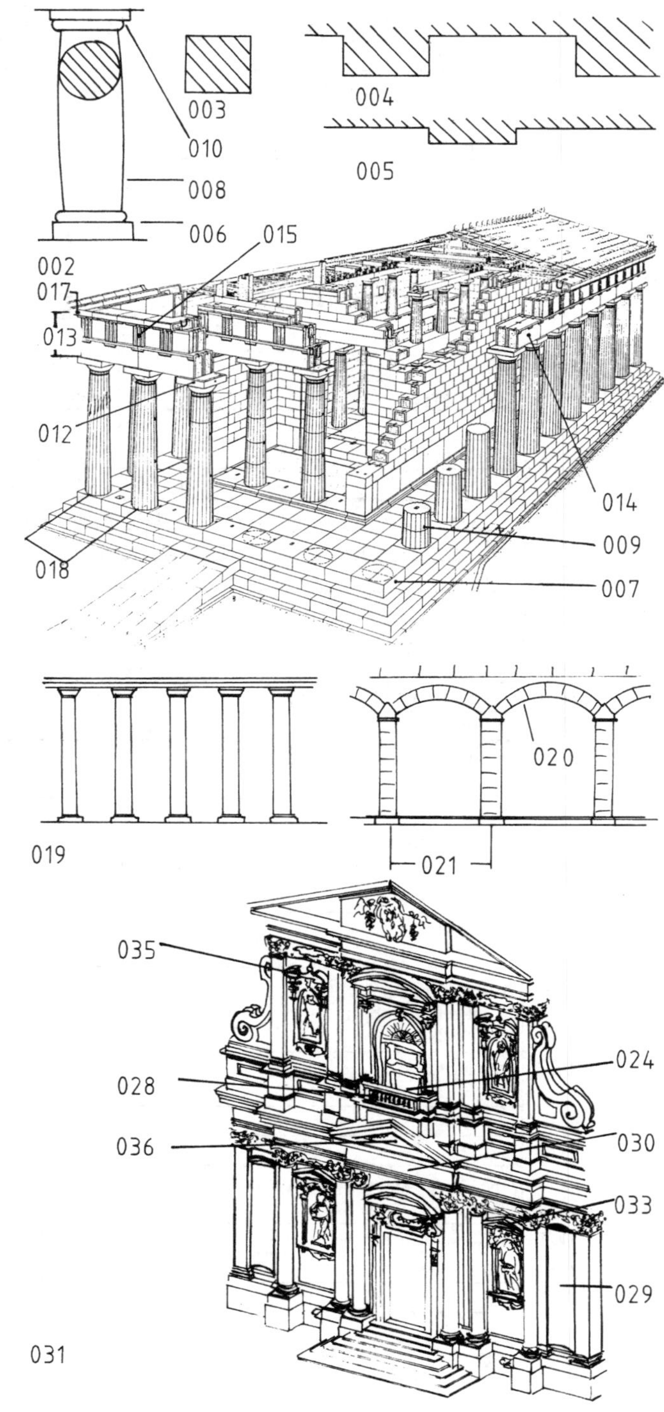

II.02.06.	gothic style	gotische Ordnung (f)	gótikus stílus	gotyk, styl gotycki
001	**interior**	**innen**	**bent, belül**	**wnętrze**
002	respond, engaged pillar	Dienst (m)	féloszlop [gótikában]	służka
003	mullions	Stabwerk (n)	favázas fal, rúdszerkezet	laskowanie
004	tracery	Maßwerk (n)	gót stílusú kőfaragás	maswerk
005	three-lobe tracery	Dreipaß (m)	háromleveles ablakosztás, lóhere	trójdział
006	gallery	Galerie (f)	galéria, karzat	galeria
007	triforium	Triforium (n)	trifórium, háromnyílású árkádsor	tryforium
008	clerestory	Obergaden (m)	felsőemelet, karzat (templomban)	ściany nawy głównej
009	cornice	Gesims (n)	párkány, párkányzat	gzyms
010	transverse arch	Gurtbogen (m)	boltheveder, boltöv, falív	łuk jarzmowy, gurt
011	cross vault	Kreuzgrat (m)	keresztboltozat éle	krawędź sklepienia krzyżowego
012	groin vault	Kreuzrippe (f)	keresztborda	żebro sklepienia krzyżowego
013	keystone	Schlußstein (m)	zárókő, zárkő (boltívben)	zwornik
014	severy	Travée (n), Gewölbefeld (n)	boltozatmező	pole sklepienne
015	pile trestle, yoke bay	Joch (n) (Romanik)	boltszakasz, boltmező	przęsło
016	roodscreen, jubé	Lettner (m)	lektórium	lektorium
017	**exterior**	**außen**	**kívül**	**zewnętrze**
018	portal	Portal (n)	portál, kapu(zat)	portal
019	stepped portal	Stufenportal (n)	lépcsős portál	portal schodkowy
020	jamb(s), ingoing	Gewände (n)	ablakfél, ajtófél	obramienie
021	abutment system, struts	Strebewerk (n)	támasztómű	konstrukcja przyporowa
022	buttress, buttressing pier	Strebepfeiler (m)	támpillér, támasztó pillér, gyámoszlop	filar oporowy
023	flying buttress, arch(ed) buttress	Strebebogen (m)	gyámív, támasztóív	łuk przyporowy, łęk odporny
024	pinnacle tower	Fialturm (m)	támpillér tornyocskája, fióktorony, melléktorony	wieżyczka, sterczyna
025	pinnacle	Fiale (f)	fióktorony, fiálé	sterczyna, pinakiel, fiala
026	openwork gablet	Wimperg (m)	gótikus díszoromzat, áttört oromdísz	sterczyna, wimperga
027	pyramid	Pyramide (f)	sátortető, gúla torony, piramis	piramida
028	finial	Kreuzblume (f)	oromvirág, rózsavirág	kwiaton
029	lantern	Laterne (f)	ablak(os tornyocska) (kupolán)	latarnia
030	hood-mold(ing), dripstone, lable	Kaffgesims (n)	kiugró párkány, kiszögellő párkány	gzyms z kapinosem
031	rose window	Fensterrose (f)	rózsaablak, ablakrózsa	rozeta
032	blind window	Blendfenster (n)	vakablak	ślepe okno, blenda

готический стиль	gotický štýl	II.02.06.
интерьер	**vnútri**	001
тонкая колонна	polostĺp *(v gotike)*	002
импосты	okenné prúty (mn.č.)	003
массверк	kružba	004
розетка трилистник	trojlístok	005
галерея	galéria	006
трифорий	trifórium	007
зона окон главного нефа	stena s oknami nad bočnou loďou baziliky	008
карниз	rímsa	009
нервюрная арка, ожива	oblúkový pás	010
крестовый свод	hrany (klenby) v tvare kríža	011
ребро свода	krížové rebro	012
замковый камень	klenák	013
травея	travé, klenbové pole	014
пролётное строение	*sústava klenbových polí*	015
лекторий	letner	016
экстерьер	**zvonka**	017
портал	portál	018
перспективный портал	stupňovitý portál	019
обрамление входа	ostenie	020
система аркбутанов и контрфорсов	oporný systém	021
контрфорс	oporný pilier	022
аркбутан	oporný oblúk	023
фиал	veža s fiálou	024
пинакль	fiála	025
вимперг	vimperk	026
шпиль	pyramída *(strecha v tvare ihlanu)*	027
крестоцвет	krížový kvet	028
латерна	laterna, svetlík na kupole	029
карниз с водосливом	rekordovaná rímsa	030
окно-роза	rozetové okno	031
слепое окно	slepé okno	032

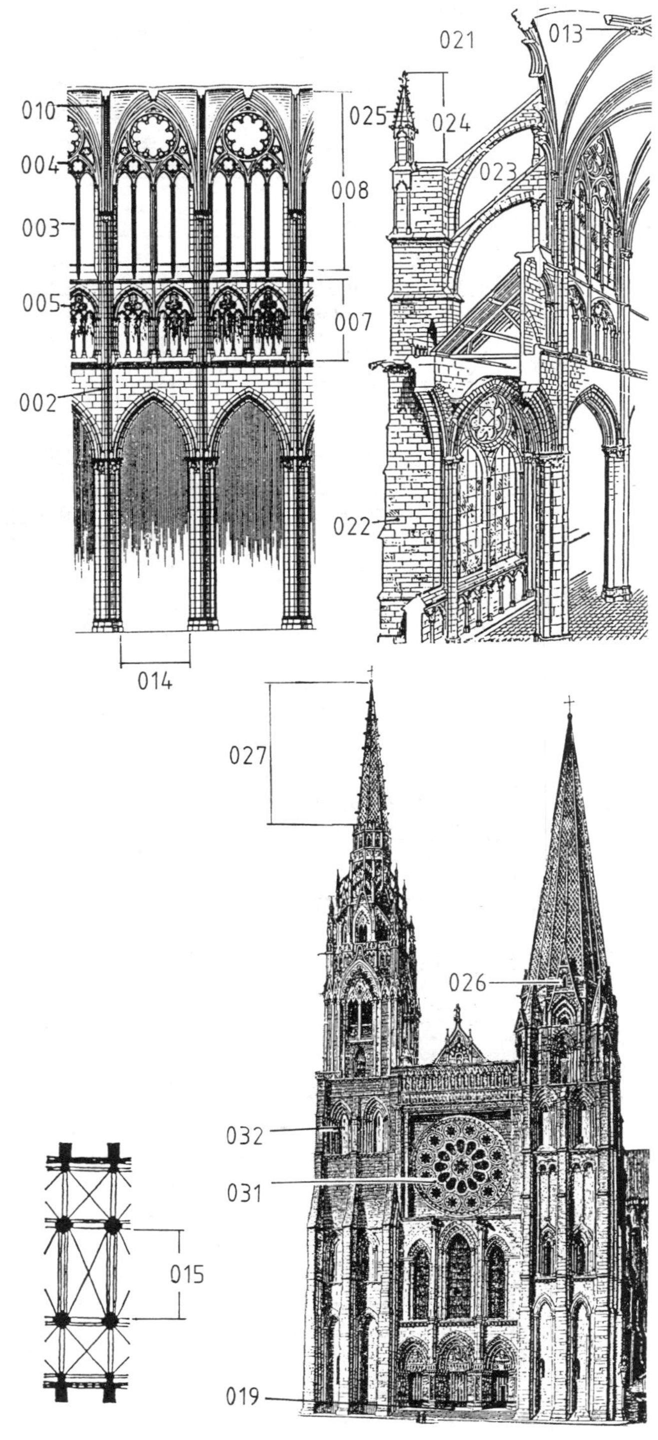

II.03.	historic ceilings	historische Decken (f)(pl)	történelmi mennyezetek	stropy historyczne
II.03.01.	**flat ceilings**	**Flachdecken (f)(pl)**	**lapos mennyezetek**	**stropy płaskie**
001	joist ceiling	Balkendecke (f)	tartógerendás fedélszék	strop belkowy
002	cap	Kappe (f)	süvegboltozat	sklepienie
003	cap ceiling	Kappendecke (f)	süveges mennyezet	strop odcinkowy
II.03.02.	**vaults**	**Gewölbe (n) (pl)**	**boltozatok**	**sklepienia**
001	false vault	Kragsteingewölbe (n)	gyámköves boltozat	sklepienie wspornikowe
002	barrel vault, tunnel vault	Tonnengewölbe (n)	dongaboltozat	sklepienie kolebowe, walcowe
003	vault with dentated or springing lines	Gurtgewölbe (n)	bordás boltozat	sklepienie na łukach jarzmowych
004	intersecting vault, cross vault	Kreuzgewölbe (n)	keresztboltozat	sklepienie krzyżowe
005	groin vault	Kreuzgratgewölbe (n)	boltívborda, boltívgerinc	sklepienie krzyżowe z zaakcentowanymi krawędziami
006	cross- rib(bed) vault	Kreuzrippengewölbe (n)	bordázott keresztboltozat	sklepienie krzyżowo-żebrowe
007	stellar vault	Sterngewölbe (n)	csillagboltozat	sklepienie gwiaździste
008	net vault, diamond vault	Netzgewölbe (n)	hálóboltozat	sklepienie siatkowe
009	umbrella vault, parachute vault	Schirmgewölbe (n)	esernyő alakú boltozat	sklepienie żaglowe na wieloboku
010	cloister vault	Klostergewölbe (n)	kolostorboltozat	sklepienie klasztorne
011	trough vault	Muldengewölbe (n)	teknőboltozat	sklepienie nieckowe
012	cavetto vault	Spiegelgewölbe (n)	tükörboltozat	sklepienie zwierciadlane
013	cone vault, conical vault, expending vault, pointed dome, pointed vault, gothic vault	Kegelgewölbe (n), Spitzkuppel (f)	kúpboltozat, kupolaboltozat	sklepienie stożkowe, kopuła zaostrzona
II.03.03.	**dome, cupola**	**Kuppeln (f) (pl)**	**kupolák**	**kopuły**
001	spherical dome	Hängekuppel (f)	függő kupola	sklepienie żaglaste
002	segmental dome	Stutzkuppel (f)	gömbboltozat	kuliste sklepienie odcinkowe
003	squinch (arch)	Trompe (f)	előugró csegelyszerű boltozat	trompa
004	pendentive	Pendentif (n)	csegely, kupolaboltfészek [boltozatnál]	pendentyw, żagielek
005	sancer dome	Flachkuppel (f)	laposkupola, nyomott kupola boltozat	kopuła płaska
006	ribbed dome, cupola	Rippenkuppel (f)	bordás kupola, gerezdes kupola	kopuła żebrowana
007	drum	Tambour (m)	tambur	bęben
008	lantern	Laterne (f)	ablak(os tornyocska) kupolán	latarnia

исторические формы покрытий	historické stropy	II.03.
плоскостные покрытия	**ploché stropy**	**II.03.01.**
балочное покрытие	trámový strop	001
колпак	klenutie do rebier	002
шатровое покрытие	strop klenutý do rebier	003
своды	**klenby**	**II.03.02.**
ложный свод	falošná klenba	001
цилиндрический свод	valená klenba	002
ребристый свод	klenba s pásmi	003
крестовый свод	krížová klenba	004
(крестово-) стрельчатый свод	krížová klenba so zvýraznenými hranami	005
крестово-ребристый свод	krížová rebrová klenba	006
звёздчатый свод	hviezdicová klenba	007
сетчатый свод	sieťová klenba	008
зонтичный свод	melónová klenba	009
монастырский свод	kláštorná klenba	010
сомкнутый свод	korýtková klenba	011
зеркальный свод	zrkadlová klenba	012
конический свод, шпиц	kužeľová klenba	013
купола	**kupoly**	**II.03.03.**
висячий купол	kupola na cípoch	001
опорный купол	česká klenba	002
тромп	kužeľové klenutie	003
парус	pendentív	004
плоский купол	plochá kupola	005
ребристый купол	rebrová kupola	006
барабан, шея	tambur	007
латерна	laterna, svetlík na kupole	008

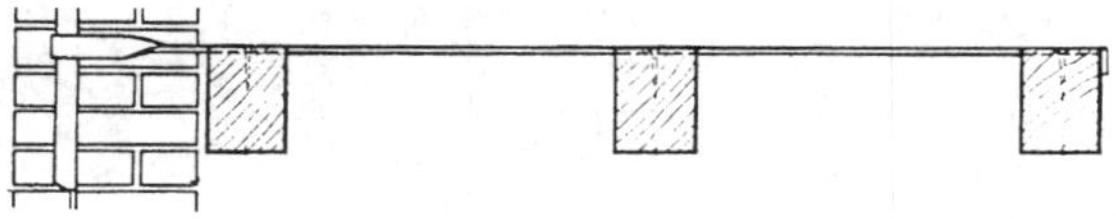
001

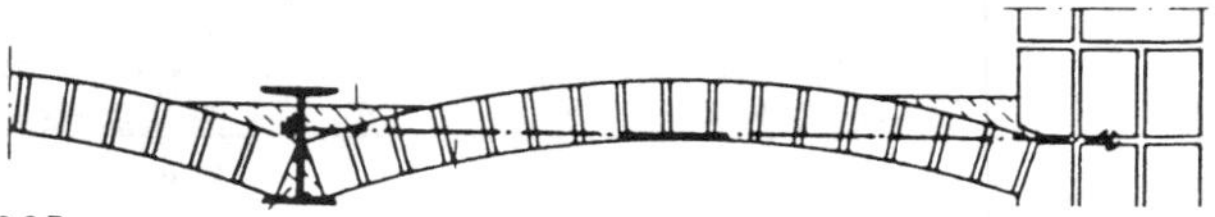
003

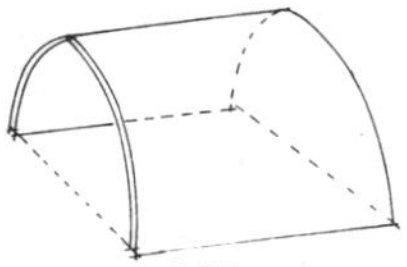
002

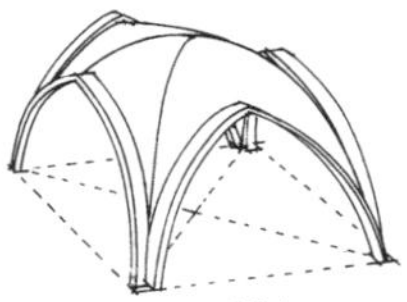
004

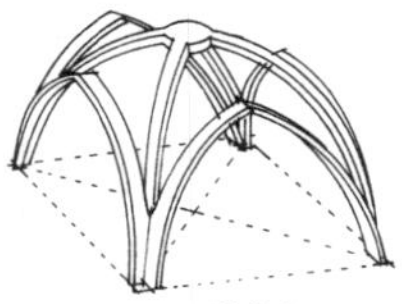
006

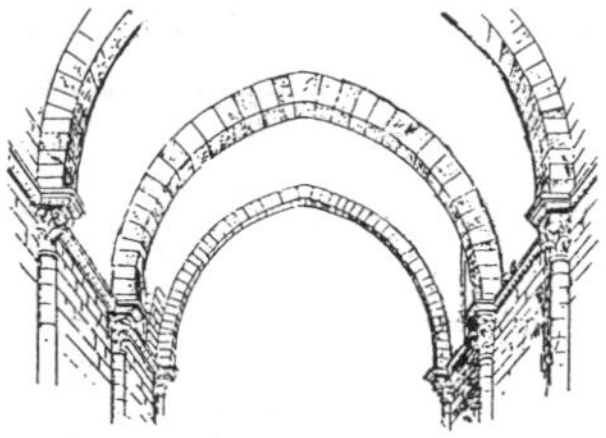
003

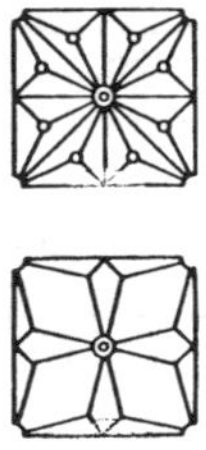
007

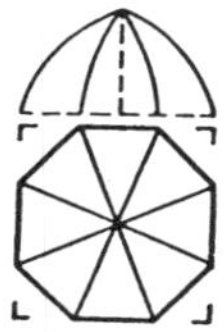
009

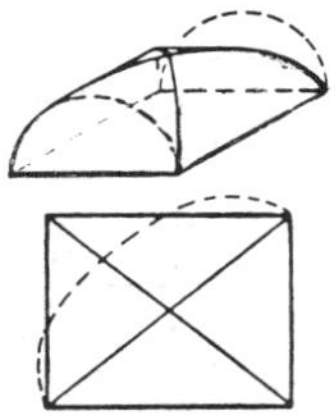
010

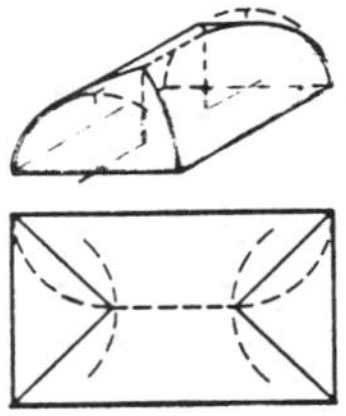
011

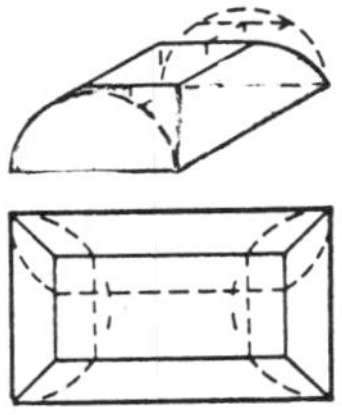
012

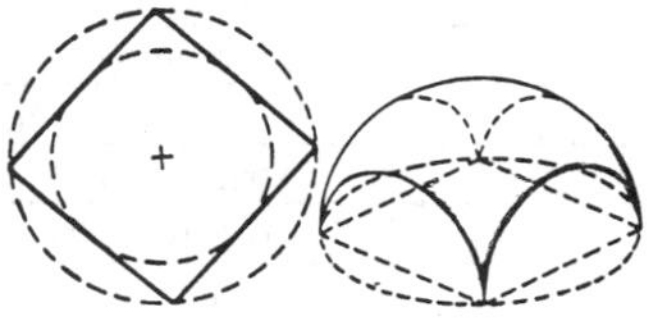
001

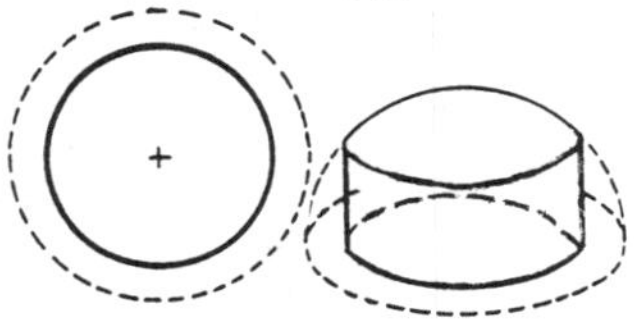
005

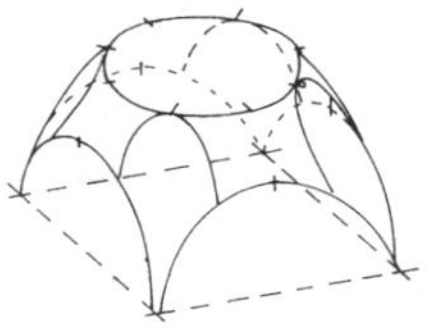
003

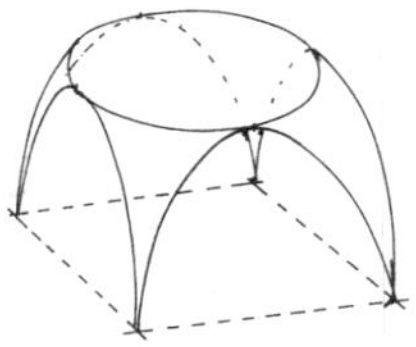
004

II.04.	historic building types, historic building elements	historische Gebäudetypen (m)(pl), historische Gebäudeteile (n)(pl)	történelmi épülettípusok, történelmi épületrészek	historyczne typy budowli, historyczne elementy budowli
II.04.01.	**sacred buildings**	**Sakralbauten (m)(pl)**	**egyházi építészet**	**budowle Sakralne**
001	**temple**	**Tempel** (m)	**templom**	**świątynia**
002	**synagogue**	**Synagoge** (f)	**zsinagóga**	**synagoga**
003	main space	Hauptraum (m)	főtér	pomieszczenie główne
004	women's synagogue	Frauensynagoge (f)	női zsinagóga	synagoga kobiet
005	tora shrine	Tora-Schrein (m) [Aron]	tóratartó	skrzynia Tory
006	bema	Bima (f), Almenor (m) [erhöhter Bereich für die Tora-Lesung]	*a tóra olvasásához való állvány*	*podwyższenie do czytania Tory*
007	mikvah, ritual bath	jüd. Bad (n), Mikwe (f)	rituális fürdő, szertartásos fürdő, mikva	łaźnia rytualna
008	**mosque**	**Moschee** (f)	**mecset**	**meczet, moszeje**
009	minaret	Minarett (n)	minaret	minaret
010	**orthodox church**	**orthodoxe Kirche** (f)	**ortodox templom**	**kościół ortodoksyjny**
011	**christian church**	**christliche Kirche** (f)	**keresztény templom**	**kościół chrześcijański**
012	basilica	Basilika (f)	bazilika	bazylika
013	hall	Saal (m)	terem, csarnok	sala
014	aisled church	Halle (f), Hallenbasilika (f)	oldalhajóval rendelkező bazilika, oldalhajós bazilika	kościół halowy
015	central planned building	Zentralbau (m)	központi épület	budowla centralna
016	nave	Mittelschiff (n)	középső hajó, középhajó	nawa główna, środkowa
017	aisle, nave	Seitenschiff (n)	mellékhajó, oldalhajó	nawa boczna
018	main building	Langhaus (n)	hosszhajó, hosszanti hajó	korpus
019	cross aisle, transept	Querhaus (n)	kereszthajó	transept
020	crossing	Vierung (f)	hajókereszteződés	skrzyżowanie korpusu z transeptem
021	choir	Chor (m)	kórus, karzat	chór
022	ambulatory	Chorumgang (m)	fedett körfolyosó, kerengő	obejście chóru
023	apse	Apsis (f), Apside (f)	oltárfülke, apszis(z)	apsyda
024	crypt	Krypta (f)	kripta	krypta, sarkofag
025	chapel	Kapelle (f)	kápolna	kaplica
026	sacristy	Sakristei (f)	sekrestye	zakrystia
027	narthex	Vorhalle (f) [Narthex (m)]	narthex, bazilika főhajója	narteks, kruchta
028	atrium	Atrium (n)	előudvar, átrium	atrium
029	vestibule	Vorkirche (f)	előtér (templomi)	westybul
030	westwork	Westwerk (n)	a templom nyugati része	westwerk, część zachodnia
031	bell tower, belfry	Glockenturm (m)	harangtorony	wieża dzwonów, dzwonnica
032	tower	Turm (m)	torony	wieża
033	campanile	Campanile (f) [freistehend]	harangtorony, harangláb	dzwonnica wolnostojąca
034	baptistery	Baptisterium (m)	keresztelőkápolna	baptysterium
035	western tower	Westturm (m)	nyugati torony	wieża zachodnia
036	double tower	Doppelturm (m)	kettős torony	wieża podwójna
037	crossing tower	Vierungsturm (m)	négyezeti torony	wieża transeptu

исторические типы зданий	historické typy budov, historické časti budov	II.04.
сакральные постройки	**sakrálne budovy**	**II.04.01.**
храм	**chrám**	001
синагога	**synagóga**	002
основное пространство	hlavný priestor	003
женская синагога	ženská synagóga	004
арон	schránka tory	005
возвышение для чтения торы	*podstavec na čítanie tory*	006
ритуальная купальная	rituálny kúpeľ	007
мечеть	**mešita**	008
минарет	minaret	009
православная церковь	**ortodoxný kostol**	010
христианская церквь	**kresťanský kostol**	011
базилика	bazilika	012
зал	sála, sieň	013
неф, зальная базилика	hala, halová bazilika	014
центрическое здание	centrálna budova	015
средний неф	stredná loď	016
боковой неф	bočná loď	017
продольный неф	pozdĺžne súlodie, pozdĺžny dom	018
поперечный неф, трансепт	priečne súlodie, priečne krídlo	019
средокрестие	križovanie	020
хор	chór	021
амбулаторий	chórová chodba	022
апсида	apsida	023
крипта	krypta	024
часовня, капелла	kaplnka	025
сакристия, ризница	sakristia	026
нартекс	narthex, chrámová predsieň	027
атрий	átrium	028
экзонартекс	predsieň, predsálie	029
вестверк	*západná časť kostola s dvoma vežami*	030
колокольня, звонница	zvonica	031
башня	veža	032
кампанила	*samostatne stojacia kostolná veža*	033
баптистерий	baptistérium	034
западная башня	západná veža	035
парная башня	dvojvežie	036
башня над средокрестием	veža nad krížením	037

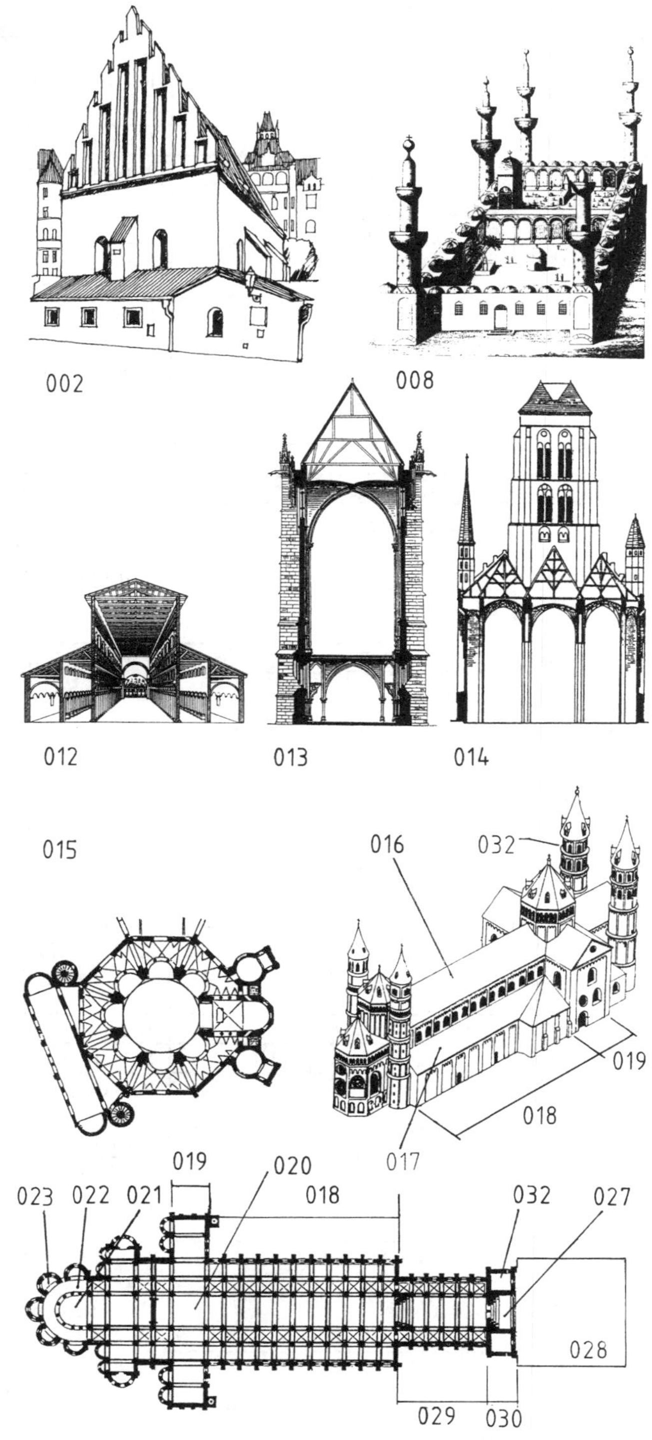

II.04.02.	cloister	Kloster (n)	kolostor	klasztor
001	gatehouse	Pforte (f)	kapu	furta , portal
002	cloister	Kreuzgang (m)	keresztfolyosó	krużganek
003	abbot's house	Abtwohnung (f)	plébánia	mieszkanie opata
004	pilgrim's house	Pilgerhaus (n)	zarándokház	dom pielgrzymów
005	novice's house	Novizenwohnung (f)	szerzetesjelöltek intézete	mieszkanie nowicjantów
006	guest house	Gästehaus (n)	vendégház	dom gościnny
007	refectory (dining hall)	Speisesaal (m)	ebédlő (kolostorban)	refektarz
008	dormitory	Schlafraum (m), Dormitorium (n)	hálóterem, dormitorium	sypialnia
009	chapter house	Kapitelsaal (m)	gyűlésterem, tanácskozószoba	sala kapituły, kapitularz
010	heated room	Wärmestube (f), Calefactorium (n)	melegedőszoba	sala ogrzewana
011	closet	Kleiderkammer (f), Vestiarium (n)	ruhakamra (ruhatár)	szatnia
012	cell	Zelle (f)	cella, szobácska	cela
II.04.03.	**fortified buildings**	**Festungsbauten (m)(pl)**	**erődítmények**	**fortyfikacje**
001	**keep, dungeon**	**Wohnturm** (m), **Geschlechterturm** (m) **Donjon** (m)	**lakótorony, vártorony, donzson**	**wieża mieszkalna, donżon, stolp**
002	**palatine**	**Pfalz** (f)	**várkastély, palota**	**siedziba książęca z kaplicą pałacową, palatium**
003	**outer ward, list**	**Zwinger** (m)	**várkörjáratok, körjáratok**	**międzymurze**
004	**castles**	**Burgen** (f)	**középkori várak, középkori palota**	**grody, zamki średniowieczne**
005	castle on a hill	Höhenburg (f)	lovagvár	zamek wysoczyznowy
006	castle with moat	Wasserburg (f)	vízivár	zamek nawodny
007	fortification	Befestigung (f)	erőd, erődítmény	umocnienie, fortyfikacja
008	palisade	Palisade (f)	cölöpsor, cölöpzet, paliszád	palisada, częstokół
009	moat	Graben (m)	árok	fosa
010	parapet walk	Ringmauer (f)	körfal	mur obronny
011	protected walk, walk along the battlements	Wehrgang (m)	várfolyosó	ganek obronny
012	parapet	Brustwehr (f)	mellvéd	przedpiersie
013	embrasure, slit, wophole	Schießscharte (f)	lőrés	strzelnica
014	battlement	Zinnen (f)	oromfog, oromcsipke, csorbázat, várorom	krenelaż
015	castle gate	Burgtor (n)	várkapu	brama zamku
016	drawbridge	Zugbrücke (f)	felvonóhíd	most zwodzony
017	portcullis	Fallgatter (n)	ejtőrács, csapórács	opuszczana krata
018	fortified tower	Wehrturm (m)	vártorony, várbástya	wieża obronna
019	state rooms	Palas (n) [enthält repräsentative Wohnräume]	palota	palatium, dom mieszkalny
020	boudoir, sitting room	Kemenate (f), Kemnade (f) [enthält heizbare Wohnräume]	női szoba, női lakosztály	wieża mieszkalna, komnata

монастырь	**kláštor**	**II.04.02.**
привратницкая	brána	001
крытая галерея	krížová chodba	002
дом настоятеля	opátsky byt	003
дом для паломников	pútnický dom	004
дом для послушников	byt novicov, obydlie novicov	005
монастырская гостиница	hosťovský dom	006
трапезная	jedáleň v kláštoroch, refektár	007
дормиторий	nocľaháreň, dormitórium	008
зал капитула	sála kapituly	009
калефакторий	vyhrievaná miestnosť	010
уборная	šatník, komora na šaty	011
келья	cela	012
фортификация	**opevnené stavby**	**II.04.03.**
жилая башня, родовая башня, донджон	**obytná veža, donžon**	001
пфальц	**hradný palác**	002
крепостная башня, тюрьма	**medzihradie**	003
замки, крепости	**hrady**	004
вышгород	výšinný hrad	005
замок, окружённый рвом с водой	vodný hrad	006
фортификация, укрепление, барбакан	**opevnenie**	007
частокол, тын	palisáda	008
ров с водой	**priekopa**	009
окружная стена	hradba, okružný múr	010
боевой ход, трасса	**bojová ochodza**	011
бруствер	parapet, poprsník	012
бойница, амбразура	**strielňa**	013
зубцы	cimburie	014
ворота замка	hradná brána	015
подъёмный мост	zdvižný most	016
опускающаяся решётка ворот	**padacie mreže**	017
бойцовая башня, оборонная башня	**obranná veža**	018
дворец, палас .	palác	019
помещения в жилой башне	obytná časť hradu, ženská komnata, spálňa hradu	020

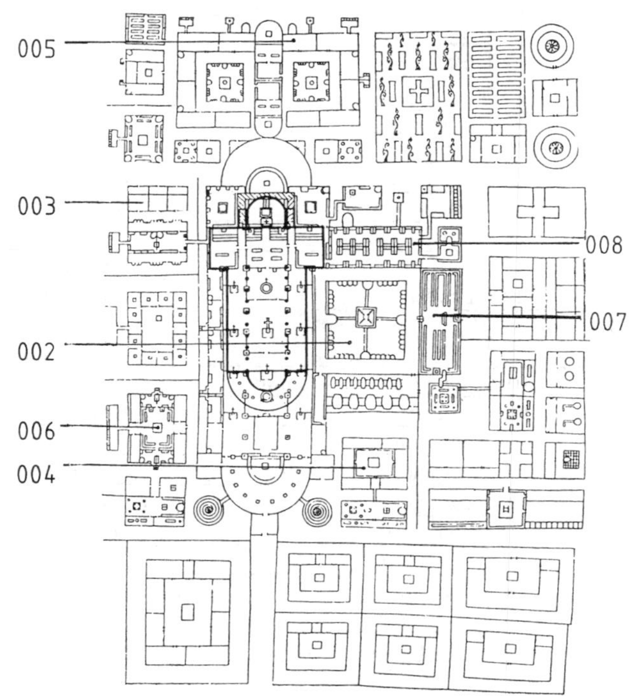

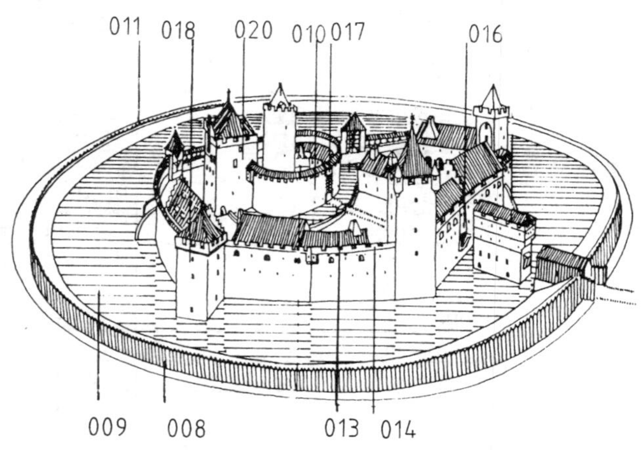

021	**fortress**	**Festung** (f)	**erődítmény, erőd**	**twierdza**
022	esplanade	Vorfeld (n), Glacis (n), Esplanade (f)	vártér, eszplanád	przedpole
023	rampart	Wall (m)	földhányás, földbástya, gát	wał
024	bank	Bankett (n)	lőállás	krawędź wału
025	casemate	Kasematte (f)	bástya boltozat, erődbolt	kazamaty
026	trench, entrenchment	Schanze (f)	sánc	szańce
027	bulwark	Bollwerk (n)	védőbástya, bástya	bastion
028	fort	Fort (n)	erőd	fort
029	citadel	Zitadelle (f)	citadella, fellegvár	cytadela
II.04.04.	**castles**	**Schlösser (n)(pl), Paläste (m)(pl)**	**kastélyok, palotáka**	**zamki, pałace**
001	main (principal) building	Hauptbau (m)	főépület	budowla główna
002	risalite	Risalit (m)	rizalit, falkiugrás, kiszögellés	ryzalit
003	pavilion	Pavillon (m)	pavilon	pawilon
004	entrance hall, porch	Eingangshalle (f)	előcsarnok	westybul
005	garden room	Gartensaal (m)	kerti csarnok	sala ogrodowa
006	court (yard)	Hof (m)	udvar, királyi udvar	dziedziniec
007	tower	Turm (m)	torony	wieża
008	corner tower	Eckturm (m)	saroktorony	wieża narożna
009	staircase tower	Treppenturm (m)	torony lépcső	wieża schodowa
010	greenhouse, hothouse	Gewächshaus (n)	üvegház, melegház	oranżeria
011	terrace, patio	Terrasse (f)	terasz	taras
012	belvedere, lookout tower	Aussichtspunkt (m)	szép kilátású épület, belveder	punkt widokowy
II.04.05.	**dwelling, residential building**	**Wohnhäuser (n)(pl)**	**lakóházak**	**domy mieszkalne**
001	**city house, town house**	**Bürgerhaus** (n)	**polgári ház**	**dom mieszczański**
002	***town residence (for farmers)***	**Ackerbürgerhaus** (n)	***földművesek házai (városban)***	***dom ziemianina***
003	**farmhouse, ranch-house**	**Bauernhaus** (n)	**parasztház**	**dom chłopa**
004	*barn portion*	Deele (f)	terem, előszoba	sień
005	*heated room*	Stube (f)	szoba	izba, pokój ogrzewany
006	chamber	Kammer (f)	kamra	komora, pokój, izba
007	alcove, recess	Alkoven (m), Butze (f)	alkóv, hálófülke (szobában)	alkowy
008	threshing floor	Tenne (f)	szérű(skert)	przestrzeń robocza sieni
009	stable	Stall (m)	istálló	stajnia
010	barn	Scheune (f)	csűr, pajta	stodołka
011	**hut, cabin, cottage**	**Hütte** (f)	**kunyhó, viskó**	**chata**
012	**shanty, shack, hut**	**Kotten** (m), **Kate** (f)	**zsellérház, kunyhó**	**chałupka**
II.04.06.	**other types**	**sonstige Typen (m)(pl)**	**egyéb típusok**	**inne typy**
001	**town hall, city hall**	**Rathaus** (n)	**városháza**	**ratusz**
002	**storehouse**	**Speicher** (m)	**hombár**	**spichlerz**
003	elevator	Kornspeicher (m)	magtár	spichlerz zboża
004	**mill**	**Mühle** (f)	**malom**	**młyn**
005	windmill	Windmühle (f)	szélmalom	wiatrak
006	water mill	Wassermühle (f)	vízimalom	młyn wodny
007	adjustable windmill	Bockwindmühle (f)	bakmalom, forgó szélmalom	młyn kozłowy

крепость	**pevnosť**	021
эспланада	predpolie, esplanáda	022
вал	val	023
берма	banket, krajnica	024
каземат	kazematy	025
шанец, флешь	hradba, násyp, val	026
бастион, оплот, вал	bašta	027
форт, острог	fort	028
цитадель	citadela	029
замки, дворцы	**zámky, paláce**	**II.04.04.**
основной корпус	hlavná budova	001
ризалит	rizalit	002
павильон	pavilón	003
вестибюль	vstupná hala, vestibul	004
крытый сад	záhradná sála	005
двор, дворик	dvor, nádvorie	006
башня	veža	007
угловая башня	rohová veža	008
лестничная башня	schodisková veža	009
оранжерея	skleník, oranžéria	010
терраса	terasa	011
обзорная галерея	vyhliadka, výhľad	012
жилые дома	**obytné domy**	**II.04.05.**
мещанский дом	**meštiansky dom**	001
городской дом помещика	***poľnohospodársky dom***	002
крестьянский дом	**gazdovský dom**	003
сени	sieň, predsieň	004
горница	izba	005
коморка, чулан	komora	006
альков, ниша	alkovňa, spací kút	007
амбар, ток	mlat, holohumnica	008
хлев	maštaľ	009
сарай	stodola	010
хижина, лачуга	**chata, búda**	011
хата, хижина, хибара	**chalúpka, chatrč**	012
прочие типы	**iné typy**	**II.04.06.**
ратуша	**radnica**	001
склад, хранилище, амбар	**sýpka**	002
хлебный амбар, житница, элеватор	obilná sýpka	003
мельница	**mlyn**	004
ветряная мельница	veterný mlyn	005
водяная мельница	vodný mlyn	006
козловая, мельница "на кострах"	otáčavý veterný mlyn	007

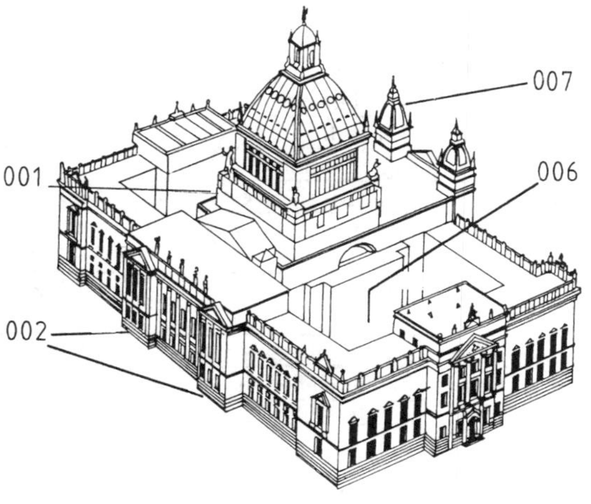

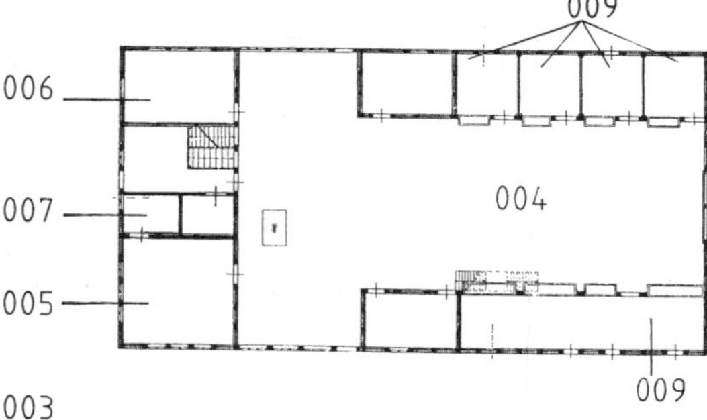

II.05.	historical communal patterns	historische Siedlungsformen (f)(pl)	a települések történelmi formái	historyczne formy osiedleńcze
II.05.01.	**settlements**	**historische Dorfformen (f)(pl)**	**a falu történelmi formái**	**historyczne formy wsi**
001	rural dispersal	Streusiedlung (f)	szétszórt falu, szétszórt település	wieś rozproszona
002	cluster village	Haufendorf (n)	kötött falubeépítés, zárt falubeépítés	wieś wielodrożnicowa
003	hamlet	Weiler (m)	kis falu, tanya	wioska, przysiołek
004	*round village with central green*	Rundling (m)	körfalu	wieś okolnicowa, okolnica
005	linear hamlet	Straßendorf (n)	hosszúfalu	wieś ulicowa, ulicówka
006	irregular village around a central green	Angerdorf (n)	körgyűrűs beépítésű falu, gyűrűs falusi beépítés	wrzecionówka, wieś pastwiskowa
007	string village	Reihendorf (n)	útmenti település	zabudowa rzędowa
008	single farm house	alleinstehender Bauernhof (m)	egyedülálló tanya	zagroda wolnostojąca
II.05.02.	**historical city types**	**historische Stadttypen (m)(pl)**	**történelmi várostípusok**	**historyczne typy miast**
001	unplanned town, evolved town	'Gewachsene' Stadt (f)	növekedő város (középkori város)	"narosłe" miasto, "średniowieczne" miasto
002	planned town	Planstadt (f), Gründungsstadt (f)	tervezett város	miasto planowe, miasto regularne
003	**functional types**	**Funktionale Typen** (m)(pl)	**funkcionális típusok**	**typy funkcjonalne**
004	commercial town	Handelsstadt (f)	kereskedőváros	miasto handlowe
005	market town	Marktstadt (f)	vásárváros	miasto rynkowe
006	port, harbor town	Hafenstadt (f)	kikötőváros	miasto portowe
007	frontier town	Grenzstadt (f)	határváros	miasto graniczne
008	fortress town, fortified town	Festungsstadt (f)	megerősített város	miasto - twierdza
009	princely capital	Residenzstadt (f)	székhely, székváros	miasto rezydencjalne
010	episcopal town	Bischofsstadt (f)	püspöki város, püspöki székhely	miasto biskupie
011	industrial town	Industriestadt (f)	ipari város	miasto przemysłowe
012	administrative town	Verwaltungsstadt (f)	államigazgatási város, közigazgatási város	miasto władzy zwierzchniej
013	**morphological types**	**Morphologische Typen** (m)(pl)	**morfológiai típusok**	**typy morfologiczne**
014	grid	Raster (n), Gitternetz (n)	raszter, négyzethálós	siatka
015	town with concentric plan	Zentralanlage (f)	centrális elrendezésű város	założenie centralne
016	circular city	Ringstadt (f)	köralakú város, gyűrűs város	miasto pierścieniowe
017	radial, circular system	radial-zentrale Anlage (f)	sugárirányú-centrális elrendezés	miasto centralno- promieniste
018	uniaxial arrangement	Einstraßenanlage (f) (rippenförmig)	város egy közlekedési tengellyel	miasto o jednej osi komunikacyjnej
019	plan based on two parallel streets	Zweistraßenanlage (f) (leiterförmig)	város két parallel utcával	miasto o dwóch, równoległych osiach komunikacyjnych
020	linear town	Bandstadt (f)	szalagváros	miasto pasmowe

исторические формы поселений	historické formy osídlení	II.05.
исторические формы селений	**historické formy dediny**	**II.05.01.**
разбросанное селение, выселки	rozptýlená dedina	001
скученное село	hromadná dedina	002
хутор	malá osada, samota	003
окольное село	dedina okrúhleho tvaru	004
село с одной улицей	uličná dedina, "ulicovka"	005
капище, погост	dedina vretenovitého tvaru so zeleňou v strede	006
протяжённое село	dedina s radovou zástavbou	007
починок, хутор	osamotený gazdovský dvor	008
исторические типы городов	**historické typy miest**	**II.05.02.**
разросшийся город	"rastlé" mesto, stredoveké mesto	001
регулярный город	plánované mesto	002
функциональные типы	**funkčné typy**	003
торговый город	obchodné mesto	004
ярмарочный центр, купеческий город	trhové mesto	005
портовый город	prístavné mesto	006
пограничный город	pohraničné mesto	007
городище, город - крепость	opevnené mesto, mesto-pevnosť	008
престольный, княжеский град, резиденция	sídelné mesto	009
город-резиденция епископа	biskupské mesto	010
индустриальный город	priemyselné mesto	011
административный центр	správne mesto	012
морфологические типы	**morfologické typy**	013
планировка	raster, súradnicová sieť	014
центричная структура	centrálna dispozícia	015
кольцевой город	okružné mesto, kruhové mesto	016
радиально-кольцевая структура	radiálne-centrálna dispozícia	017
линейная структура (секционная форма)	mesto s jednou komunikačnou osou	018
поясная структура (направленная форма)	mesto s dvoma rovnobežnými komunikačnými osami	019
линейный город	pásové mesto	020

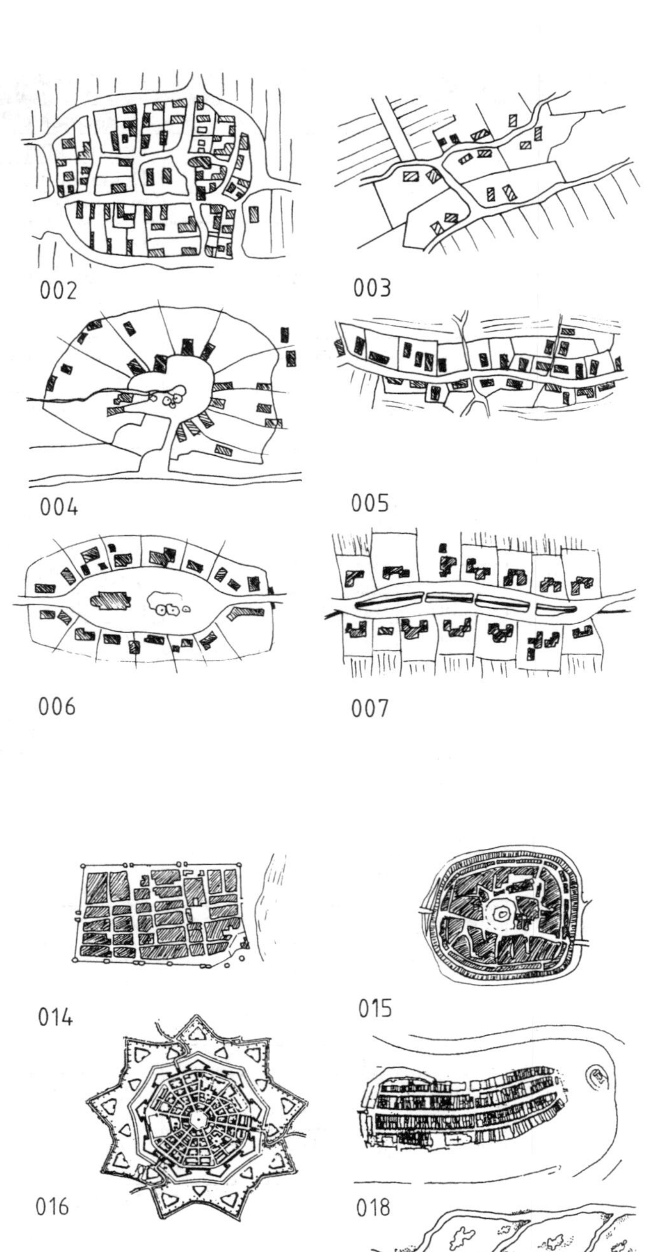

II.06.	historic preservation	Denkmalpflege (f)	műemlékvédelem	ochrona zabytków
II.06.01.	general terms	allgemeine Begriffe (m)(pl)	általános fogalmak	pojęcia ogólne
001	memorial	Denkmal (n) (pl: Denkmäler)	emlékmű	pomnik
002	monument	Denkmal (n) (pl: Denkmale)	műemlék	zabytek
003	preservation, conservation	Erhaltung (f)	fenntartás, megőrzés, megóvás	utrzymanie
004	historic preservation	Denkmalpflege (f)	műemlékgondozás	ochrona zabytków
005	protection of historic buildings	Denkmalschutz (m)	műemlékvédelem	kustosz
006	curator	Denkmalpfleger (m)	műemlékvédő	konserwator
007	conservation architect	Denkmalschützer (m)	műemlékvédő	konserwator
008	office of historic preservation (administrators)	Denkmalbehörde (f)	műemlékvédelmi hivatal	urząd ochrony zabytków
009	office of historic preservation (historians)	Denkmalfachbehörde (f)	műemlékvédelmi szakhivatal	urząd konserwatora zabytków
010	historic monument	Baudenkmal (n)	építészeti műemlék	zabytek architektoniczny
011	archeological site	Bodendenkmal (n)	archeológiai műemlék	zabytek archeologiczny
012	historic objects	bewegliche Sache (f)	ingóság	ruchomości
013	historic building complex	Ensemble (n)	együttes	ensemble, zespół
014	historic district	Denkmalbereich (m)	műemléki terület	obszar zabytkowy
015	historic value	Denkmalqualität (f)	a műemlék minősége, a műemlék értéke	wartość zabytku
016	aesthetic significance	künstlerische Bedeutung (f)	művészi jelentés	znaczenie artystyczne
017	aesthetic quality	künstlerischer Wert (m)	művészi érték	wartość artystyczna
018	historical significance	geschichtliche Gründe (m)(pl)	történeti okok	przyczyny historyczne
019	local significance	ortsgeschichtliche Gründe (m)(pl)	helytörténeti okok	sylweta krajobrazu lokalnego
020	town planning significance	städtebauliche Gründe (m)(pl)	várostervezési okok	uwarunkowania urbanistyczne
021	integrity	Dokumentarwert (m)	dokumentációs érték	wartość dokumentalna
022	character	Bedeutungsmerkmale (f)	jellegzetességek	cechy charakterystyczne
023	antiquity	Alterswert (m)	kortörténeti érték	wartość starożytnicza
024	characteristic	Eigenart (f)	jellegzetesség, sajátosság	odrębność
025	scarcity	Seltenheitswert (m)	ritkasági érték, becses érték, nemes érték	niepowtarzalna wartość
026	uniqueness, singularity	Einzigartigkeit (f)	páratlan, szingularitás, egyedülálló	osobliwość, jedyność
027	cultural value	Assoziationswert (m)	kulturális érték, asszociációs érték	wartość skojarzeniowa
028	aesthetic value	Anschauungswert (m)	szemléleti érték	wartość wizualna
029	classification system	Classement (n)	osztályozási rendszer	system klasyfikacyjny
030	documentation	Dokumentation (f)	dokumentáció	dokumentacja
031	inventory	Inventar (n)	leltár	inwentaryzacja
032	historic register	Denkmalliste (f)	a műemlékek jegyzéke, a műemlékek listája	spis zabytków
033	architectural guide	Kunsttopographie (f)	művészeti topográfia	topografia dzieł sztuki

охрана памятников	**pamiatková starostlivosť**	**II.06.**
общие понятия	**všeobecné pojmy**	**II.06.01.**
памятник-мемориал	pomník	001
памятник-монумент	pamiatka	002
сохранение	zachovanie, údržba	003
уход за памятниками	pamiatková starostlivosť	004
охрана памятников	ochrana pamiatok	005
специалист по уходу и реставрации памятников	pamiatkár	006
специалист по охране памятников	architekt pre ochranu pamiatok	007
управление охраны памятников	pamiatkový úrad	008
институт охраны памятников	odborný pamiatkový úrad	009
памятник архитектуры	stavebná pamiatka	010
археологический памятник	archeologická pamiatka	011
движимость	hnuteľnosť	012
ансамбль	súbor, ensemble	013
зона памятника	pamiatková oblasť	014
качество памятника	kvalita pamiatky	015
художественное значение	umelecký význam	016
художественная ценность	umelecká hodnota	017
исторические основания	historické dôvody	018
местно-исторические основания	miestno - historické dôvody	019
основания городской застройки	urbanistické dôvody	020
документированная ценность	dokumentárna hodnota	021
значащие признаки, характерные черты	označenie významu, významové znaky	022
историческая ценность	veková hodnota	023
своеобразие	zvláštnosť, osobitosť	024
редкость	vzácna hodnota	025
уникальность	singularita, jedinečnosť	026
ассоциативная ценность	asociačná hodnota	027
очевидная ценность	vizuálna hodnota	028
система классификации	klasifikačný systém	029
документация	dokumentácia	030
инвентарь	inventár	031
перечень памятников	zoznam pamiatok	032
расположение памятников	umelecká topografia	033

II.06.02.	legal terms	juristische Begriffe (m)(pl)	jogi fogalmak	pojęcia prawne
001	preservation act	Denkmalschutzgesetz (n)	műemlékvédelmi törvény	prawo o ochronie zabytków
002	design review ordinance	Gestaltungssatzung (f)	alakító szabályzat	zasady kształtowania
003	public concern (sing.)	öffentliche Belange (m)(pl)	társadalmi érdekeltség	wartości społeczne
004	public interest	öffentliches Interesse (n)	közérdek	interes publiczny
005	public interest in preservation	öffentliches Erhaltungsinteresse (n)	közérdekű fenntartás	ogólnospołeczna potrzeba zachowania
006	unrestricted, no zoning	Baufreiheit (f)	építkezési szabadság	swoboda form zabudowy
007	specific monument requirements (plural)	denkmalspezifische Belange (m)(pl)	műemlékvédelmi érdek, műemlékvédelmi követelmény	specyficzna wartość zabytku
008	urban issues (plural)	städtebauliche Belange (m)(pl)	városrendezési érdekek	wartości urbanistyczne
009	legal protection	Unterschutzstellung (f)	törvényes védelem	objęcie ochroną
010	district design requirement	Umgebungsschutz (m)	környezetvédelem	ochrona otoczenia, fizyczna
011	limitation on additions	Anbaubeschränkung (f)	a hozzáépítés korlátozása	ograniczenia dobudowy
012	ban on alterations (plural)	Veränderungsverbot (n)	változtatási tilalom	zakaz zmian
013	affirmative maintainance	Erhaltungsgebot (n)	fenntartási követelmények, karbantartási követelmények	nakaz zachowania
014	protection of the surroundings	Milieuschutz (m)	környékvédelem, környezetvédelem	ochrona środowiska kulturowego
015	proximity of monuments	Nähe (f) von Baudenkmalen	műemléki környezet	bliskość zabytków architektonicznych
016	inappropriate use	Zweckentfremdung (f)	visszaélés, rossz célra felhasználás	niezgodność z przeznaczeniem
017	personal hardship	Eigenbedarf (m)	személyes felhasználás	potrzeby własne
018	take ownership	Übernahme (f)	átvétel	przejęcie
019	right to take ownership	Übernahmeanspruch (m)	átvételi igény, átvételi jog	prawo do przejęcia
020	discretion	Ermessen (n)	mérlegelés, megfontolás, becslés	uznanie
021	consideration	Abwägung (f)	felmérés, mérlegelés	rozważenie, rozpatrzenie
022	exemption	Befreiung (f)	felmentés, felszabadítás	uwolnienie
023	reasonable stipulation	zumutbare Auflage (f)	ésszerű követelés	wymagane nakłady
024	diminution in value	Wertminderung (f)	értéktelenítés	obniżenie wartości
025	subsidy	Fördermittel (n)(pl), Zuschuß (m)	anyagi támogatás, anyagi hozzájárulás	dotacje

юридические понятия	právnické pojmy	II.06.02.
закон о защите памятников	zákon o ochrane pamiatok	001
указания о сохранении	predpis o usporiadaní	002
общественная значимость	verejný význam	003
общественный интерес (ед.)	verejný záujem	004
общественная заинтересо-ванность в сохранении	verejný záujem zachovania	005
свобода в принятии решения при строительстве	voľný spôsob výstavby	006
специфическая значимость памятника	špecifický pamiatkový význam	007
градостроительная значимость	urbanistický význam	008
взять под защиту	zaradenie pod ochranu	009
защита окружения	ochrana okolia	010
ограничение пристроек	obmedzenie prístavby	011
запрет на изменения	zákaz zmien	012
необходомость сохранения	príkaz na údržbu	013
защита среды	ochrana prostredia	014
соседство архитектурных памятников	blízkosť stavebných pamiatok	015
использование не по назначению	zneužitie účelu	016
нужды владельца	vlastná potreba	017
приёмка	preberanie, prevzatie	018
претензия на приёмку	nárok na prebratie	019
рассмотрение, оценка	uváženie	020
оценка, обследование	zváženie	021
освобождение	oslobodenie	022
приемлемые условия	predpokladané reálne náklady *(neprehnaná požiadavka)*	023
снижение ценности	zníženie hodnoty	024
средства на поддержание	finančný príspevok	025

II.06.03.	construction (sg.)	baubezogene Begriffe (m)(pl)	építészeti fogalmak	pojęcia budowlane
001	dilapidation	Verfall (m)	hanyatlás, pusztulás, romlás	rozpad
002	neglect	Verwahrlosung (f)	elhanyagolt, enhanyagolás	zaniedbanie
003	ruin	Ruine (f)	rom	ruina
004	in need of renovation	renovierungsbedürftig (Adj)	a renoválás szükségessége	konieczność renowacji
005	demolition, wrecking	Abbruch (m), Abriß (m)	bontás, lebontás, lerombolás	rozbiórka, wyburzenie
006	demolition permit	Abbruchgenehmigung (f)	bontási engedély, lebontáshoz való engedély	zezwolenie na rozbiórkę
007	demolition order	Abrißanordnung (f)	bontási rendelet , lebontási rendelet	zarządzenie (nakaz) wyburzenia
008	elimination, removal	Beseitigung (f)	eltávolítás, eliminálás	usunięcie
009	stabilization	Sicherung (f)	stabilizáció, megerősítés	zabezpieczenie
010	restoration	Restaurierung (f)	restaurálás, megújítás	restauracja
011	rehabilitation	Renovierung (f)	felújítás, renoválás	renowacja, odnowa
012	reconstruction	Rekonstruktion (f)	rekonstrució, helyreállítás	rekonstrukcja
013	rebuilding	Wiederaufbau (m)	újjáépítés	odbudowa
014	vertical addition	Aufbau (m)	hozzáépítés, felülépítés, ráépítés	nadbudowa
015	annex, addition	Anbau (m)	hozzáépítés	dobudowa, przybudowa
016	relocation	Translozierung (f)	áthelyezés, átköltöztetés	przeniesienie na inne miejsce
017	complete dismantling for reconstruction	Anastylose (f)	anasztilózis	anastyloza

II.06.04.	design considerations	ästhetische Begriffe (m)(pl)	esztétikai fogalmak	pojęcia estetyczne
001	organic unity	Gestaltungszusammenhang (m)	rendezési összefüggések, alakítási összefüggések	współzależności kształtowania (pl)
002	contextualism	Situationsgebundenheit (f)	helyi kötődés	powiązanie z miejscem, integracja
003	general impression	Gesamteindruck (m)	összbenyomás, általános benyomás	ogólne wrażenie
004	compatibility (with adjacent buildings)	Anpassung (f)	hozzáidomítás, hozzáigazodás	dopasowanie, adaptacja
005	alteration, change	Änderung (f)	változ(tat)ás, módosítás	zmiana
006	local compatibility	örtliche Anpassung (f)	helyi hozzáigazodás, beiktatás	dopasowanie do warunków miejscowych
007	infilling	Einfügen (n)	beillesztés, behelyezés, iktatás	włączenie
008	antithetical building	Kontrastbau (m)	ellentétben lévő épület(ek), ellentétes építkezés, ellentétes építés	budowla kontrastująca
009	detrimental impact	Beeinträchtigung (f)	károsítás, sérelem	ujemne oddziaływanie
010	turn (...) into a mausoleum	Musealisierung (f)	mauzóleummá való átalakítás	mumifikacja, dzieło"przekonserwowane"
011	disfigurement	Verunstaltung (f)	elcsúfítás, eltorzítás	zniekształcenie

строительные понятия	stavebné pojmy	II.06.03.
разрушение, упадок	rozpadávanie	001
запущенность, неухоженность	spustnutie, zanedbanie	002
руина, развалина	ruina	003
необходимость реновации	potreba renovácie	004
снос	demolácia, zbúranie	005
разрешение на снос	povolenie k demolácii	006
распоряжение о сносе	nariadenie na zbúranie	007
устранение	odstránenie	008
предохранение	bezpečnostné opatrenie	009
реставрация	reštaurácia	010
реновация	renovácia	011
реконструкция	rekonštrukcia	012
восстановление	znovuvýstavba	013
надстройка	nadstavba	014
пристройка	prístavba	015
перенос	premiestnenie, translokácia	016
анастилоз	anastylóza	017

эстетические понятия	estetické pojmy	II.06.04.
целостность формы	súvislosť stvárnenia, súvislosť foriem	001
связь с ситуацией	situačná viazanosť	002
общее впечатление	celkový dojem	003
приспособление	prispôsobenie	004
смена, изменение	zmena	005
привязка к местности	miestne prispôsobenie	006
включать	vsunutie	007
строительство по принципу контраста	kontrastná budova	008
нанесение ущерба	obmedzovať, zhoršovať	009
музеефикация	muzealizácia	010
искажение, нанесение ущерба	znetvorenie, zhyzdenie	011

III. Taking Stock
III. Bestandsaufnahme
III. Leltárfelvétel
III. Inwentaryzacja
III. Инвентаризация
III. Inventarizácia

III.01.	survey of a structure	Bauaufnahme (f)	az épület (fel)mérése	pomiary budowlane
III.01.01.	**various concepts**	**verschiedene Begriffe(f)**	**különböző fogalmak**	**różne pojęcia**
001	structure as built	Baubestand (m)	építkezési állomány	stan istniejący
002	structural state	Baubefund (m)	az épület (technikai) állapota	stan techniczny
003	site appointment	Ortstermin (m)	terepszemle terminus	termin spotkania w określonym miejcu
004	inspection	Begehung (f), Besichtigung (f)	bejárás (felmérésnél), körséta, felülvizsgálás, megszemlélés	inspekcja
005	property survey	Stückvermessung (f)	a telekrész bemérése, részletbemérés	pomiar dziaxki budowlanej
006	pre site survey	Erkundung (f)	szemrevételezés	wywiad, rozpoznanie
III.01.02.	**general terms**	**Grundbegriffe** (m)(pl)	**alapfogalmak**	**pojęcia podstawowe**
001	**points**	**Punkte** (m)(pl)	**pontok**	**punkty**
002	traverse point	Polygonpunkt (m)	poligon pont, poligoncsúcs	punkt poligonowy
003	boundary point	Grenzpunkt (m)	határpont	punkt graniczny
004	level point	Höhenpunkt (m)	tetőpont, kulminációs pont	punkt wysokościowy
005	trignometrical points	Trigonometrischer Punkt (m)	trigonometrikus pont	punkt trygonometryczny
006	**lines**	**Linien** (f)(pl)	**vonalak**	**linie**
007	reference line	Bezugslinie (f)	vonatkoztatási vonal	linia odniesienia
008	reference length	Basisstrecke (f)	alop vonal, bázis út	odcinek bazy
009	reference line	Basislinie (f)	alapvonal, bázisvonal	linia bazowa
010	topographic contour line	Isohypse (f), Höhenlinie (f) [Linie gleicher Höhe]	szintvonal, rétegvonal [pontok egyforma magasságban]	warstwica, poziomica
011	traverse	Polygonzug (m)	poligonmenet, sokszögmenet	ciąg poligonowy
012	circular curve	Kreisbogen (m)	körív	łuk pełny, okrąg
013	transition curve	Übergangsbogen (m)	átmeneti ív	łuk przejściowy
014	transition spiral curve	Klothoide (f)	klotoid, Cornu-spirális	klotoida, spirala Cornu
015	cord	Schnur (f)	zsinór	sznur
016	pegging of batter boards	Schnurgerüst (n)	zsinórállvány, rajzolóállvány	rusztowanie sznurkowe, ława drutowa
017	**reference systems**	**Bezugssysteme** (n)	**vonatkoztató rendszer**	**systemy odniesienia**
018	reference grid	Bezugsraster (n)	vonatkoztó raszter	raster odniesienia
019	measurement net, reference grid	Meßnetz (n), Meßraster (n)	mérőháló, mérőraszter	siatka pomiarowa, raster pomiarowy
020	cartesian coordinate system	kartesisches Koordinatensystem (n)	tengelyrendszer, koordinátarendszer	układ osi współrzędnych, skrzyżowanie osi
III.01.03.	**equipment, instruments**	**Geräte** (n)(pl), **Instrumente** (n)(pl)	**készülékek, felszerelések**	**przyrządy, instrumenty**
001	**simple length measurement, area measuring**	**einfache Längenmessung** (f), **Lagemessung** (f)	**hossz(úság)mérés**	**pomiar długości**
002	folding rule, folding scale	Zollstock (m)	mérővessző (összehajtható)	miarka składana
003	scale	Maßstab (m)	lépték, vonalzó, mérőléc, mérőrúd	skalówka
004	survey ruler	Geometer - Zollstock (m)	földmérő - összehajtható mérővessző, földmérő - összehajtható mérőeszköz	miarka geodezyjna
005	telescopic ruler	Teleskopmaßstab (m)	teleszkopikus mérőléc	miarka teleskopowa

строительная съёмка	**vymeriavanie stavby**	**III.01.**
съёмка подробностей	**rôzne pojmy**	**III.01.01.**
состояние постройки	stavebný fond	001
заключение о состоянии строительного объекта	technický stav budovy, stav budovy	002
встреча на месте, на строиельном объекте	termín miestnej obhliadky	003
обход, осмотр	obchôdzka, prehliadka	004
детальные обмеры участка	zameriavanie parciel, dielčie kusové vymeriavanie vzťahov	005
обследование объекта	prieskum, rekognoskácia	006
основные понятия	**základné pojmy**	**III.01.02.**
точки	**body**	001
точка теодолитного хода	polygónový bod	002
граничный пункт	hraničný bod	003
высотная точка	výškový bod	004
тригонометрический пункт	trigonometrický bod	005
линии	**čiary, línie**	006
исходная линия	vzťažná čiara	007
базисное расстояние	základná cesta	008
базисная линия	základná čiara (línia)	009
изогипса, горизонталь	izočiara, vrstevnica [čiara v rovnakej výške]	010
полигональная линия	polygónový ťah	011
дуга окружности	kruhový oblúk, kružnicový oblúk	012
переходная кривая	prechodnica	013
клотоид	klotoida	014
шнур	šnúra	015
обноска	lavička (na vytýčenie základov), vytyčovacia lavička	016
системы координат	**vzťažné sústavy**	017
базисный растр	vzťažný raster	018
измерительная сеть	meracia sieť, merací raster	019
декартовая система координат	kartézska súradnicová sústava	*020*
приборы, инструменты	**prístroje**	**III.01.03.**
простое линейное измерение, измерение положения	**meranie dĺžky, dĺžkové meranie**	001
складной масштаб	skladacie meradlo, skladací drevený meter	002
масштаб	mierka	003
геометрический масштаб	geodetické meradlo	004
телескопический масштаб	teleskopické meradlo	005

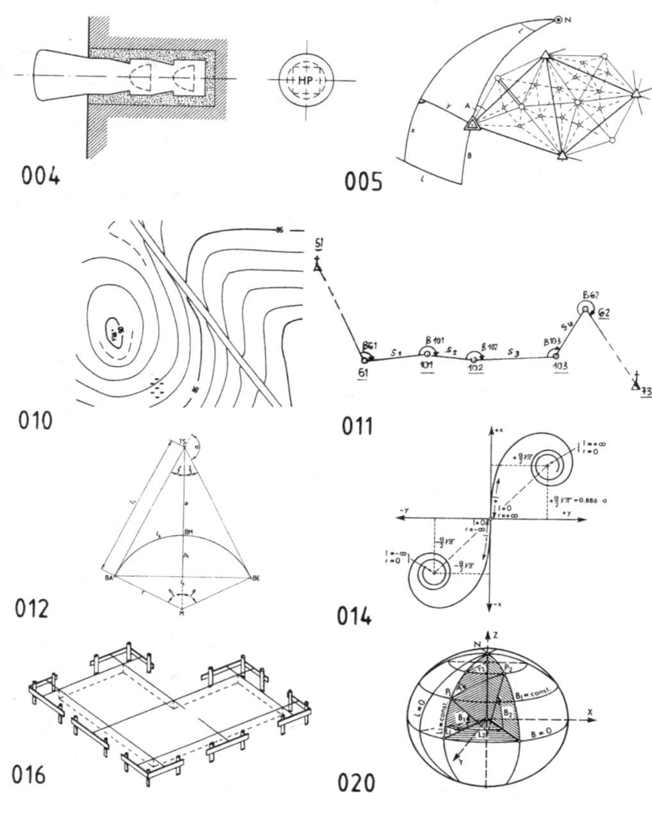

006	steel tape measure	Stahl- Meßband (n)	mérőszalag, szalagmérték	taśma miernicza
007	ultrasound gauge	Ultraschall- Distanzmesser (m)	ultrahangos tárolságmérő	przyrząd do pomiaru ultradźwiękami
008	survey pole	Fluchtstange (f)	beállító rúd, beállító mérőléc	łata miernicza
009	optical square	Winkelspiegel (m)	szögtükör, szögkitűző tükör	węgielnica zwierciadlana
010	double pentagon	Doppelpentagon (n)	kettős prizma	podwójny pentagon
011	mirror(optical) square	Winkelprisma (n)	szög(tűző)hasáb, szögprizma	pryzmat kątowy
012	plumb	Lot (n)	függővonal, függőón, mérőón	pion
013	**height measurement**	**Höhenmessung** (f)	**magasságmérés, hipszometria**	**pomiar wysokości**
014	level	Nivellier (m)	szintező műszer	niwelator
015	spirit level	Libellennivellier (m)	libellás szintező műszer	niwelator z libellarurowa
016	self aligning level	Kompensatornivellier (m)	kompenzációs szintező műszer, megfordítható szintező műszer	niwelator kompensacyiny (samoregulujacy)
017	digital level	Digitalnivellier (m)	digitális szintező műszer	niwelator cyfrowy
018	laser level, rotating laser	Lasernivellier (m), Rotationslaser (m)	lézeres szintező műszer, rotációs lézer	niwelator laserowy, rotacyjny niwelator laserowy
019	detector, receiver	Detektor (m), Empfänger (m)	detektor, verökészülék	detektor, odbiornik
020	leveling rod	Nivellierlatte (f)	szintező léc	łata niwelacyjna
021	invar rod, precision rod	Invarlatte (f), Präzisionslatte (f)	invarbetétes léc, precíziós léc	łata precyzyjna
022	line coded rod	Wendelatte (f), Strichcodelatte (f)	kettősosztású léc, reverziós léc	łata dwustronna
023	sod base plate	Unterlagsplatte (f) (Frosch)	szintezősaru	żabka niwelacyjna, podstawka do łat
024	tripod	Stativ (n)	stativa, műszerállvány, állvány, háromlábú állvány	statyw
025	spirit level	Libelle (f)	libella	libela, poziomnica
026	box level	Dosenlibelle (f)	tokos szintező, szelencés libella	libella puszkowa
027	tube level	Röhrenlibelle (f)	hengeres libella	libella rurkowa
028	level axis	Libellenachse (f)	libellatengely	os libelli
029	line of sight	Ziellinie (f)	irányzóvonal, célvonal	linia celowa
030	telescope	Fernrohr (n)	távcső	luneta
031	cross hairs	Fadenkreuz (n), Strichkreuz (n)	hajszálkereszt, fonalkereszt	krzyż nitek w okularze
032	tripod	Dreifuß (m)	háromláb	trójnóg
033	spirit level, water level	Wasserwaage (f)	vízmérték, libella, vízszintmérő	poziomnica
034	hose levelling instrument	Schlauchwaage (f)	csöves szintező, tömlős szintező	niwelator hydrostatyczny, poziomnica wężowa
035	inclinometer, clinometer	Neigungsmesser (m)	dőlésmérő, szalaghajlásmérő	pochyłościomierz, pochylnik
036	**measurement of angles, angular measurement**	**Winkelmessung** (f)	**szögmérés**	**pomiar kąta**
037	theodolite	Theodolit (m)	teodolit, szögmérő	teodolit
038	graduated circle	Teilkreis (m)	osztókörsugár, osztottkör, limbusz	koło stopniowe, limbus
039	horizontal circle	Horizontalkreis (m)	vízszintes kör, limbusz	koło poziome
040	vertical circle	Vertikalkreis (m)	függőleges-szögosztásos kör	koło pomiaru kąta pionowego
041	vertical axis	Stehachse (f)	állótengely, függőleges tengely	pionowa oś
042	target axis	Zielachse (f)	irányvonal, kollimációtengely	oś celowa

стальная рулетка	oceľové meracie pásmo	006
ультразвуковой дистанционный прибор	ultrazvukový merací prístroj	007
веха	výtyčka	008
угловое зеркало	vytyčovacie zrkadlo	009
пятиугольная призма	dvojitý pentagón	010
призматический эккер	vytyčovací hranol	011
отвес, лот	olovnica	012
измерение высоты	**výškové meranie**	013
нивелир	nivelačný prístroj	014
нивелир с уровнем	libelový nivelačný prístroj	015
нивелир с компенсатором	kompenzátorový nivelačný prístroj	016
цифровой нивелир	digitálny nivelačný prístroj	017
лазерный нивелир, нивелир с вращающимся лазером	rotolaser, laserový nivelačný prístroj, rotačný laserový prístroj	018
детектор, приёмник	detektor, prijímač	019
нивелирная рейка	nivelačná lata	020
прецизионная рейка, инварная рейка	invarová lata, presná lata	021
винтовая рейка, штрих-рейка	kódovaná lata	022
опорная плита, подкладка	nivelačná podložka (žabka)	023
штатив	statív	024
уровень	libela	025
коробчатый уровень	krabicová libela	026
трубчатый уровень	rúrová libela, rúrková libela	027
ось уровня	os libely	028
визирная линия	zámera, zámerná os, zámerná priamka	029
подзорная труба	ďalekohľad	030
пересечение штрихов	nitkový kríž, ryskový kríž	031
тренога	trojnožka	032
ватерпас	vodováha	033
шланговый уровень	hadicová vodováha	034
уклонометр	sklonomer	035
измерение углов	**meranie uhlov, uhlové meranie**	036
теодолит	teodolit	037
лимб	delený kruh	038
горизонтальный круг	vodorovný kruh	039
вертикальный круг	zvislý kruh	040
вертикальная ось	os alhidády	041
визирная ось	zámerná priamka, kolimačná os	042

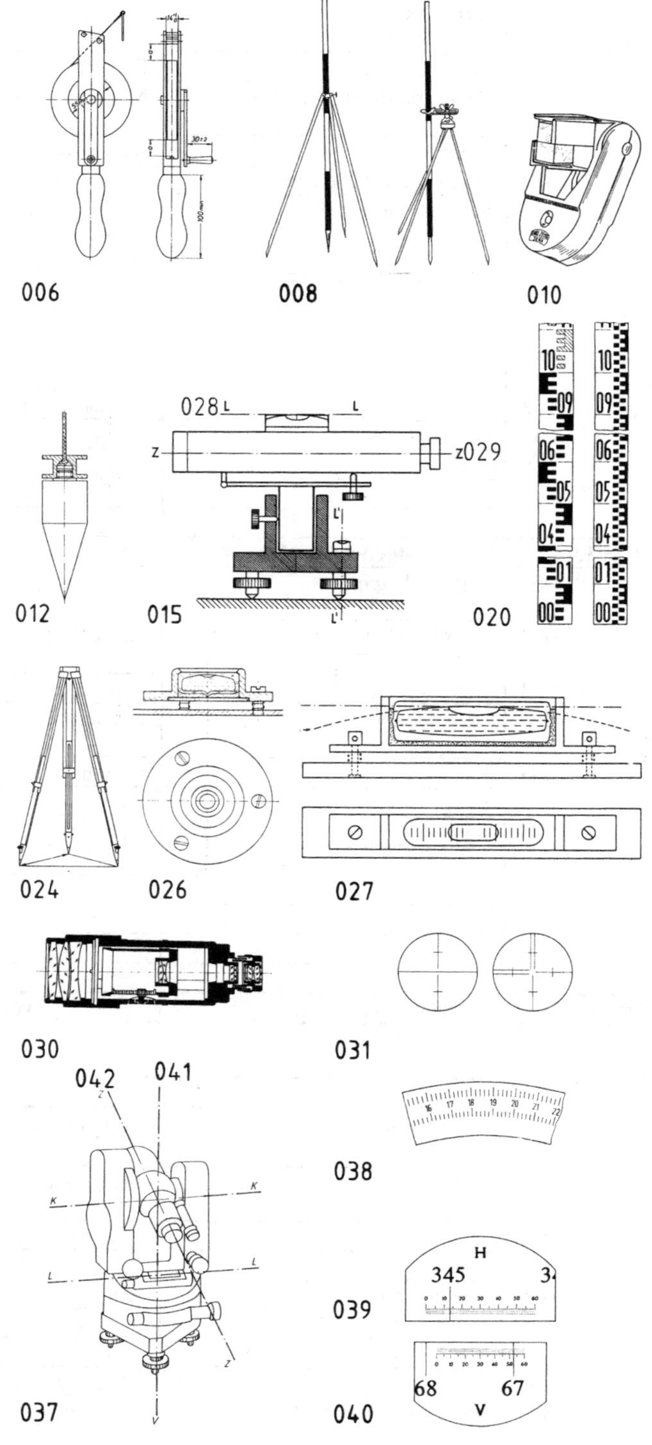

043	tilting axis	Kippachse (f)	fekvő forgástengely, vízszintes tengely	oś pochylenia
044	phototheodolite	Phototheodolit (m)	fototeodolit	fototeodolit
045	photogrammetric chamber	Meßkammer (f)	mérőkamra	kamera fotogrametryczna
046	reductions tachometer	Reduktionstachymeter (n)	redukáló tahiméter	tachymetr redukcyjny
047	tachometer theodolite	Tachymetertheodolit (m)	gyorsmérő-teodolit	teodolit tachymetryczny
048	electrooptical tachometer	elektrooptisches Tachymeter (n)	elektrooptikai tahiméter	tachymetr elektrooptyczny
049	electronic tachometer	elektronisches Tachymeter (n)	elektronikus tahiméter	tachymetr elektroniczny
050	reflectorless tachometer	reflektorloses Tachymeter (n)	reflektor nélküli tahiméter	tachymeter bez reflektora
051	optical plumb	optisches Lot (n)	optikai vetitő	pion optyczny
052	reflector	Reflektor (m)	reflektor	reflektor
053	compass	Bussole (f)	kompasz, tájoló, busszola	kompas, busola

III.01.04.	**documentation**	**Dokumentation** (f)	**dokumentáció**	**dokumentacja**
001	survey sketch	Einmessungsskizze (f)	bemérési vázlat(rajz), lemérési vázlat(rajz)	szkic pomiarowy
002	marking sketch	Absteckskizze (f)	kitűzési vázlatrajz	szkic wytyczenia
003	field drawing	Feldriß (m)	terepvázlat	rysunek polowy
004	scaled mapping	Kartierung (f)	térképezés, kartogramösszeállítás	skartowanie (rysunek w skali)
005	form	Formular (n)	nyomtatvány, űrlap	formularz
006	plan	Plan (m)	terv, tervrajz	plan
007	map	Karte (f)	térkép	mapa

III.01.05.	**measuring techniques**	**Meßverfahren** (n)	**mérőmódszerek**	**sposoby pomiaru**
001	plan measurement	Lagemessung (f)	helyszínrajz	pomiary poziome dwuwymiarowe
002	indentation method	Einbindeverfahren (n)	bekötési módszer	metoda powiązań
003	tacheometry	Tachymetrie (f)	gyorsfelvétel, gyorsfelmérés, tahimetria	tachymetria
004	level tacheometry	Nivelliertachymetrie (f)	szintező tahimetria	tachymetria niwelacyjna
005	height measurement	Höhenmessung (f)	magasságmérés, hipszometria	pomiary pionowe
006	leveling	Nivellement (n)	szintezés, nivellálás	niwelacja
007	angle measurement	Winkelmessung (f)	szögmérés	pomiar kątów
008	polygonal method	Polygonierung (f)	sokszögelés	metoda poligonowa

ось вращения трубы	otočná os, točná os (ďalekohľadu)	043
фототеодолит	fototeodolit	044
фотограмметрическая камера	meračská komora	045
редукционный тахеометр	redukčný tachymeter	046
теодолит-тахеометр	tachymeter	047
электрооптический тахеометр	elektrooptický tachymeter	048
электронный тахеометр	elektronický tachymeter	049
тахеометр без отражателя	tachymeter so základnicou v prístroji	050
оптический лот	optický dostreďovač, optická olovnica, optický center	051
отражатель	reflektor	052
буссоль, компас	buzola	053

052

053

документация	**dokumentácia**	**III.01.04.**
эскиз с размерами	meračský (poľný) náčrt	001
схема разбивки	vytyčovací náčrt, vytyčovací plán	002
план местности	terénny náčrt	003
картографирование	mapovanie	004
формуляр, бланк	formulár	005
план	plán, schéma	006
карта	mapa	007

001

003

методы измерения	**metódy merania**	**III.01.05.**
измерение на плане	polohopis, polohopisné meranie	001
способ привязки	viazacia spojovacia metóda	002
тахиометрия	tachymetria	003
нивелирная тахиометрия	plošná nivelácia	004
измерение высоты	výškopis, výškopisné meranie	005
нивелирование	nivelácia	006
измерение углов	meranie uhlov, uhlové meranie	007
полигонометрия	polygonizácia	008

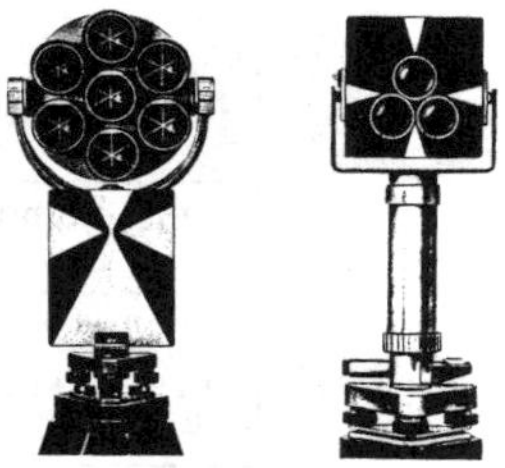

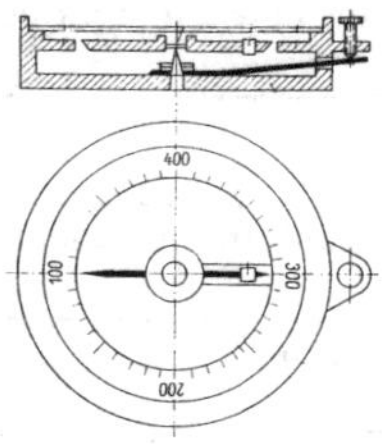

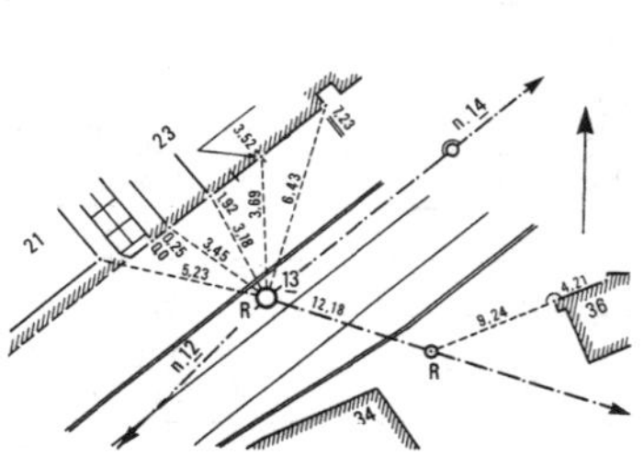

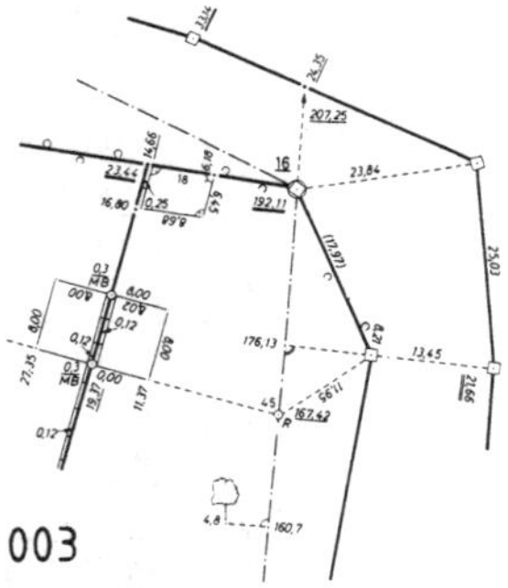

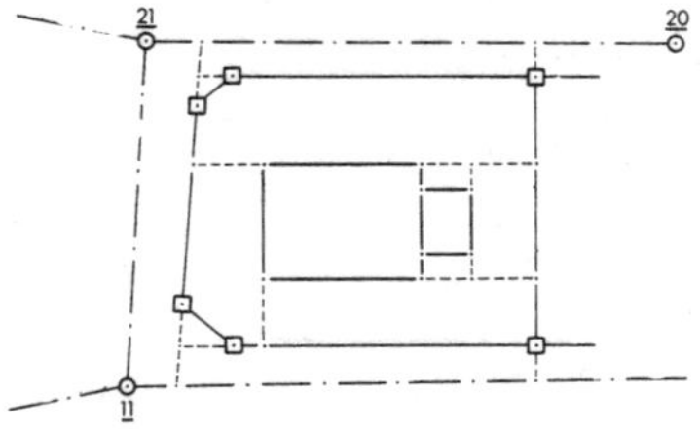

002

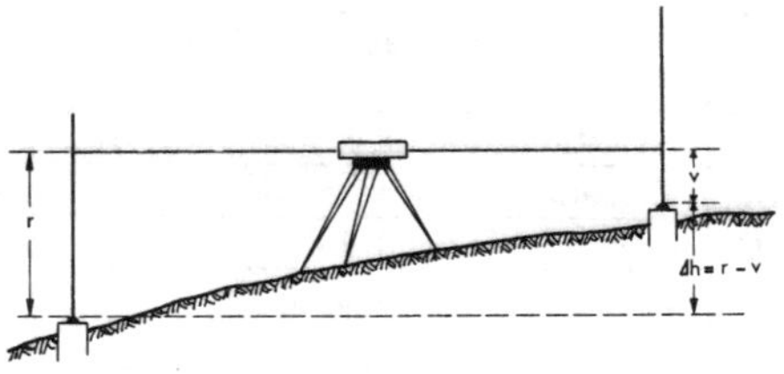

006

009	right-angle method, orthogonal method	Rechtwinkelverfahren (n), Orthogonalverfahren (n)	merőleges módszer, derékszögű koordinátamérés	pomiar prostopadły do linii pomocniczej, metoda ortogonalna
010	polar method	Polarverfahren (n)	poláris koordináta mérése	metody biegunowe
011	arc intersection method	Bogenschnitt (m)	ívmetszéses koordináta	wcięcie łukowe
012	forward section method	Vorwärtsschnitt (m) Vorwärtseinschnitt (m)	előmetszés	wcięcie w przód
013	profile measurement	Profilaufnahme (f)	profil felvélel	mierzenie profilu
014	measuring with steps	Abschreiten (n)	megmérés lépésekkel	pomiar krokowy
015	photogrammetric technique	Photogrammetrisches Verfahren (n)	fotogrammetria, fényképmérés	fotogrametria
016	equalization	Entzerrung (f)	átvetítés, (át)transzformálás (elferditett)	przetwarzanie, prostowanie
017	scaled enlargement, reduction	maßstäbliche Vergrößerung (f), Verkleinerung (f)	mértékarányos nagyitás, mértékarányos kisebbítés	powiększenie w skali, pomniejszenie w skali
018	facade measurement	Fassadenaufnahme (f)	a homlokzat felmévése	pomiary elewacji
019	building measurement	Gebäudeaufnahme (f)	épület felmévés	pomiary budowli
III.01.06.	**site measurement**	**Aufmaß** (n)	**felmérés**	**obmiar robót**
001	control measurement	Kontrollmessung (f)	ellenőrző mérés	pomiar kontrolny
002	control measure	Kontrollmaß (n)	ellenőrző méret	wymiar kontrolny, sprawdzenie wymiaru
003	diagonal measure	Diagonalmaß (n)	diagonális méret, átlós méret	wymiar przekątniowy
004	dimensional tolerance	Maßtoleranz (f)	mérettűrés, mérettolerancia	tolerancja wymiarowa
005	deformation	Verformung (f)	alakváltozás, deformáció	deformacja, odkształcenie
006	accuracy	Genauigkeit (f)	szabatosság, pontosság	dokładność
007	inaccuracy	Ungenauigkeit (f)	pontatlanság	niedokładność
008	reliability	Zuverlässigkeit (f)	megbízhatóság	dopuszczalność
009	projection plane	Projektionsebene (f)	vetületsík, vetítősík	płaszczyzna odwzorowania
010	connecting line	Verbindungslinie (f)	összekötő vonal	linia łącząca
011	documentation	Dokumentation (f)	dokumentáció	dokumentacja
012	photodocumentation	Photodokumentation (f)	fotodokumentáció	dokumentacja fotograficzna
013	site measurement page	Aufmaßblatt (n)	munkafelmérési terv	karta obmiaru
014	detailed measurement	steingerechtes Aufmaß (n)	részletbemérés, részletfelmérés	pomiar detalu
015	archeological site drawing	Fundstückzeichnung (f)	leletminta rajz, leletminta vázlat	pomiar stanu istniejącego, wykopaliska
016	thermography	Thermographie (f)	termográfia	termografia
017	thermogram	Thermogramm (n)	termogram	termogram
018	endoscopy	Endoskopie (f)	endoszkópia	endoskopia
III.01.07.	**building description**	**Baubeschreibung** (f)	**műleiás (épületről)**	**opis budowli**
001	condition, state of	Zustand (m)	állapot, helyzet	stan istniejący
002	appearance	Aussehen (n)	külalak, külső megjelenés	wygląd
003	preservation condition	Erhaltungszustand (m)	az épület karbantartási állapota	stan zachowania
004	condition (e.g. of paint)	Beschaffenheit (f) (etwa des Putzes)	minőség, állapot (például a vakolat álapota))	stan, wygląd, właściwość (np tynku)

прямоугольный метод, ортогональный метод	pravouhlá metóda, ortogonálna metóda, kolmičkovanie, metóda pravouhlých súradníc	009
полярный метод	polárna metóda, metóda polárnych súradníc	010
метод засечек	dĺžkové pretínanie	011
метод опережающего пересечения	pretínanie napred	012
съёмка профиля местности	meranie profilu	013
измерение шагами	odkrokovanie, obhliadka	014
фотограмметрия	fotogrametria	015
коррекция, устранение искажений	prekreslenie	016
масштабное увеличение, масштабное уменьшение	zväčšenie v mierke, zmenšenie v mierke	017
съёмка фасада	zameranie fasády, zameranie priečelia	018
съёмка здания	zameranie budovy	019
обмеры	**zameranie**	**III.01.06.**
контрольный обмер	kontrolné meranie	001
контрольный размер	kontrolná miera	002
размер по диагонали	uhlopriečna miera	003
допуск на размер	rozmerová tolerancia	004
деформация	pretvorenie, deformácia	005
точность	presnosť	006
неточность	nepresnosť	007
надёжность	spoľahlivosť	008
проекционная плоскость	priemetňa	009
соединительная линия	spojovacia čiara, spojnica	010
документация	dokumentácia	011
фотодокументация	fotodokumentácia	012
карта обмера	výmer	013
детальные обмеры	výmera podľa hraničných kameňov, detailné zameranie	014
зарисовка находки	výkres nálezu	015
термография	termografia	016
термограмма	termogram	017
эндоскопия	endoskopia	018
описание строительного объекта	**opis budovy**	**III.01.07.**
состояние	stav	001
внешний вид	vzhľad	002
сохранность	stav údržby	003
свойство (напр. штукатурки)	stav, akosť (napr. omietky)	004

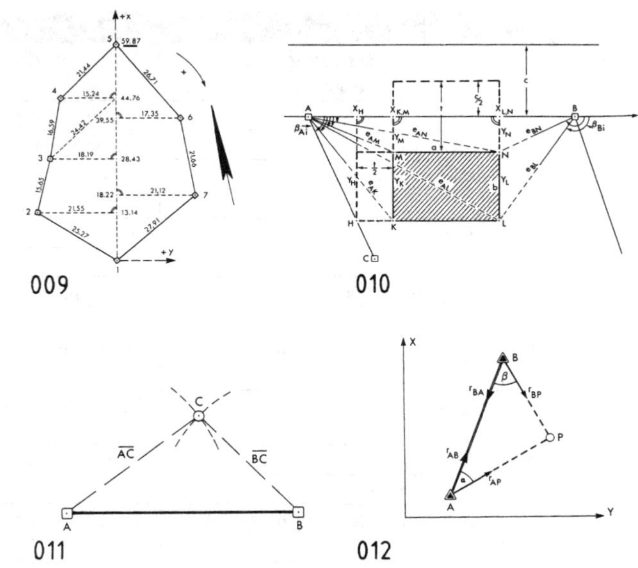

III.02.	analysis	Analyse (f)	analízis	analiza
III.02.01.	**building research**	**Bauforschung (f)**	**tervezést megelőző kutatótevékenység**	**badanie budowli**
001	dating	Datierung (f)	datálás, keltezés	datowanie
002	chronology	Chronologie (f)	kronológia, időrend	chronologia
003	dendrochronology	Dendrochronologie (f)	dendrokronológia	dendrochronologia
004	excavation	Ausgrabung (f)	ásatás, földkiemelés	wykopaliska
005	study of sources	Quellenforschung (f)	forráskutatás	badanie źródłowe
006	representation, description	Darstellung (f)	leírás, ábrázolás, előadás	przedstawienie
007	description on a plot	Bestandsdarstellung (f)	a jelenlegi állapot ábrázolás	przedstawienie stanu, istniejącego
008	mapping	Kartierung (f)	térképezés, térképrajzolás	sporządzenie mapy, matowanie
009	card index, card-index file	Kartei (f)	kartoték, nyilvántartólap	kartoteka, katalog
010	index cards describing age of buildings	Gebäudealterskartei (f)	épület korbizonylati katalógusa	kartoteka wieku budowli, zbiór map
011	density map	Dichtekarte (f)	sűrűségi térkép	mapa, plan gęstości
012	photo documentation	Fotodokumentation (f)	fotodokumentáció	dokumentacja fotograficzna
III.02.02.	**use (occupancy) and social structure**	**Nutzung (f) und Sozialstruktur (f)**	**dokumentumgyűjtemény és szociális szerkezet**	**użytkowanie i struktura społeczna**
001	statistical office	Statistisches Amt (n)	statisztikai hivatal	urząd statystyczny
002	index describing social structure	Sozialkartei (f)	szociális kartoték	kartoteka danych społecznych
003	data on resident registration	Einwohnermeldedaten (f)(pl)	bejelentkezési adatok, jelentkezési adatok	dane meldunkowe mieszkańców
004	population structure	Bevölkerungsstruktur (f)	a lakosság összetétele	struktura ludności
005	housing structure	Wohnungsstruktur (f)	lakásstruktúra	struktura mieszkaniowa
006	social structure	Sozialstruktur (f)	szociális szerkezet (struktúra)	struktura społeczna
007	statistical fundamentals	Statistische Grundlagen (f)(pl)	statisztikai alapok	podstawy statystyczne
008	collection (e.g. of social data)	Erhebung (f) (z. B. von Sozialdaten)	felmérés (például szociális adatokból)	zbiór danych (np. danych społecznych)
009	inspection (by car)	Befahrung (f)	bejárás, körbejárás	objazd
010	survey	Umfrage (f)	körkérdés	badanie opini
011	questionaire	Fragebogen (m)	kérdőív	ankieta
012	open interview	offenes Interview (n)	nyílt interjú	wywiad publiczny
013	poll	Bevölkerungsbefragung (f)	közvéleménykutatás	badanie opinii ludności
014	interview of tenants	Mieterbefragung (f)	a bérlőkkel való ankét, a bérlőkkel való tudakozódás	badanie opini podnajemców

анализ	analýza	III.02.
исследование строительного объекта	**výskum budovy**	**III.02.01.**
датирование	datovanie	001
хронология	chronológia	002
дендрохронология	dendrochronológia	003
раскопки	vykopávka	004
изучение источников	výskum zdrojov	005
изображение, представление	znázornenie, zobrazenie	006
инвентарная опись, фонд документов	znázornenie jestvujúceho stavu	007
картирование	mapovanie	008
архив карт	kartotéka	009
картирование зданий по возрасту	kartotéka veku budov	010
карта плотности	mapa hustoty	011
фотодокументация	fotodokumentácia	012
использование и социальная структура	**využitie a sociálna štruktúra**	**III.02.02.**
статистическое управление	štatistický úrad	001
социальная картотека	sociálna kartotéka	002
данные учёта населения	prihlasovacie údaje obyvateľstva	003
структура населения	štruktúra obyvateľstva	004
жилищная структура	štruktúra bývania	005
социальная структура	sociálna štruktúra	006
статистические основы	štatistické podklady	007
сбор данных (напр. социальных данных)	súbor (napr. sociálnych dát)	008
обследование, объезд для сбора данных	obchádzka	009
опрос	anketa, otázka	010
анкета	dotazník	011
публичное интервью	otvorené interview	012
опрос населения	otázka pre obyvateľov, anketa pre obyvateľov	013
опрос квартиросъёмщиков	otázka pre nájomníkov, anketa pre nájomníkov	014

015	expert opinion	Expertenbefragung (f)	tanácskozás a szakértővel	badanie opini ekspertów
016	representative	repräsentativ (Adj)	reprezentatív	reprezentatywny
017	requirement plan	Bedarfsplan (m)	közszükségleti terv	plan potrzeb
018	category of needs	Bedarfskategorie (f)	szükségletkategória	kategorie potrzeb
019	social plan	Sozialplan (m)	szociális terv, társadalmi terv	plan społeczny
020	interests	Interessen (n)(pl)	érdekeltségek	interesy
021	demand	Nachfrage (f)	tudakozódás	popyt
022	user group	Benutzergruppe (f)	használó csoport, haszonélvező csoport	grupa użytkowników
023	supply structure	Versorgungsstruktur (f)	ellátási rendszer	struktura zaopatrzenia
024	structure of needs	Bedürfnisstruktur (f)	szükségletstruktúra, igénystruktúra	strutura potrzeb
025	letter to the citizens	Bürgerbrief (m)	a polgárhoz írt levél	petycja obywatelska
026	target group	Zielgruppe (f)	célcsoport	grupa celowa
027	public relations work	Öffentlichkeitsarbeit (f)	köznyilvános munkálatok	prace publiczne
028	study area, investigation area	Untersuchungsgebiet (n)	vizsgálati terület	obszar badań
029	gathering field	Einzugsbereich (m)	vonzáskörzet, hatásörezet	strefa obsługi
030	site, location	Standort (m)	helyszín, lokalitás	miejasce, lokalizacja
031	location quality	Standortqualität (f)	a helyszín minősége, helyminőség	jakość miejsca, jakość lokalizacji

опрос экспертов	otázka pre expertov, anketa pre expertov	015
репрезентативный	reprezentatívny	016
программа потребностей	plán potrieb	017
категория потребностей	kategória potrieb	018
социальный план	sociálny plán	019
интересы	záujmy	020
справка, спрос	otázka	021
группа пользователей	skupina používateľov	022
структура снабжения	štruktúra zásobovania	023
структура потребностей	štruktúra potrieb	024
письмо граждан	list občana	025
целевая группа	cieľová skupina	026
общественная работа	verejná práca	027
область исследования	oblasť skúmania	028
район обслуживания	spádová oblasť	029
местонахождение	stanovisko, miesto	030
удобство местоположения	kvalita miesta, kvalita lokality	031

III.03.	ecological loading	ökologische Belastungen (f)(pl)	ökologikus (meg)terhelés	odpady obciążające środowisko
III.03.01.	**terms**	**Begriffe** (m)(pl)	**fogalmak**	**pojecia, terminy**
001	immision	Immission (f)	imisszió	imisja, steżenie
002	emission	Emission (f)	emisszió	emisja, wysyłanie
003	waste	Abfall (m)	hulladék	odpad
004	refuse, rubbish, waste	Müll (m)	szemét, törmelék	śmieci
005	failure, breakdown	Störfall (m)	műszaki hiba	zakłócenia, awaria
006	spreading, propagation	Ausbreitung (f)	kiterjesztés	rozprzestrzenianie się
007	polluter-pays principle	Verursacherprinzip (n)	az előidéző elve	zasada sprawcy
008	foreign matter	Fremdstoff (m)	idegen anyag, szennyeződés	materiał, ciało obce
009	carcinogenic	krebserregend (Adj)	rákokozó	rakotwórczy
010	environment	Umwelt (f)	környező világ, környezet	środowisko
011	ecology	Ökologie (f)	ökológia	ekologia
012	damage	Schaden (m)	veszteség, károsodás	szkody
013	contamination, pollution	Verunreinigung (f)	szennyeződés,szennyező anyag	zanieczyszczenie
III.03.02.	**deposit of noxious materials**	**Schadstoffablagerung** (f)	**káros anyagok tárolása**	**składowiska materiałów szkodliwych**
001	hazardous-waste-contaminated site	Altstandorte (m)(pl)	kontaminált anyagok eredeti telephelye	stare wysypisko
002	hazardous waste	Altlasten (f)(pl)	eredeti kontaminált anyag, régi hulladék	stare, dawne, obciażenia, odpady
003	abandoned site	Brachen (f)(pl)	ugar, parlag	ugory, odłogi
004	rubble	Bauschutt (m)	építéstörmelék, épülettörmelék	gruz, rumowisko
005	production wastes	Produktionsrückstände (m)(pl)	termelési hulladék, gyártási hulladék	odpady produkcyjne
006	old abandoned industrial plant	Altanlage (f)	elhasznált berendezés	niepracujący obiekt przemysłowy
007	sewage	Abwasser (n)	szennyvíz	odwodnienie
008	waste oil	Altöl (n)	fáradtolaj	zużyty olej
009	sewage sludge	Klärschlamm (m)	nyersiszap	muł osadnikowy
III.03.03.	**disposal**	**Entsorgung** (f)	**szemételtávolítás**	**unieszkodliwienie**
001	catch basin, containment cell	Auffangbecken (n), Auffangraum (m)	szeméttartály, gyűjtőhely	urządzenia przechwytujące
002	residual waste	Reststoffe (m)(pl)	maradékanyag, hulladékanyag	materiały odpadowe
003	hazardous waste	Sonderabfall (m)	különleges hulladék, speciális hulladék	odpady szczególne
004	waste incineration	Müllverbrennung (f)	szemétégetés, hulladékégetés	spalanie śmieci
005	waste composting	Müllkompostierung (f)	komposztkészítés hulladékból	kompostowanie śmieci
006	landfill	Deponie (f)	használtanyag telep	składowisko
007	sewage treatment plant	Kläranlage (f)	csatornázási tisztítóállomás	oczyszczalnia
008	interim storage	Zwischenlager (n)	ideiglenes tárolási hely	składowisko pośrednie
009	long-term storage	Langzeitlager (n)	raktár hosszú időszakú tároláshoz	składowisko długotrwałe

экологические нагрузки	ekologické zaťaženia	III.03.
понятия	**pojmy**	**III.03.01.**
иммиссия	imisia	001
эммиссия	emisia	002
отходы	odpad, spád	003
мусор	odpad, smeti	004
авария	náhla porucha, havária	005
распространение	rozšírenie, roznášanie	006
принцип установления источника или причин	princíp zapríčiniteľa	007
инородный материал	prímes, cudzia látka	008
канцерогенный	rakovinotvorný	009
окружающая среда	okolie, prostredie, životné prostredie	010
экология	ekológia	011
вред, ущерб	škody	012
загрязнение	znečistenie	013
хранение вредных веществ	**uskladnenie škodlivých látok**	**VI.03.02.**
местонахождение отходов, свалка	miesto pôvodného výskytu škodlivín	001
отходы	stará ekologická záťaž, starý odpad, pôvodný odpad	002
паровое поле, неиспользуемая территория	úhor	003
строительные отходы	stavebný odpad	004
отходы производства	výrobný odpad	005
старый промышленный объект	staré zariadenie	006
сточные воды	odpadová voda	007
отработанное масло	odpadový olej	008
шлам, осадок, ил	kal	009
утилизация отходов	**odstránenie odpadu, zneškodnenie odpadu**	**III.03.03.**
улавливатель отходов	záchytná nádrž, záchytný priestor	001
остаточные материалы	zvyškové látky	002
особые отходы	zvláštny odpad, špeciálny odpad	003
сжигание мусора	spaľovanie odpadkov	004
компостирование мусора	kompostovanie odpadkov	005
свалка	skládka	006
очистные сооружения	čistiace zariadenie, čistička	007
промежуточное место хранения	pohotovostný sklad, medzisklad	008
место долговременного складирования	dlhodobý sklad	009

010	final disposal	Endlager (n)	véyleges tárolási hely	składowisko końcowe
011	sorting out, sorting	Aussortierung (f)	osztályozás, beosztás, szétosztás	rozdzielnia, sortownia
012	decontamination	Entseuchung (f)	fertőtlenítés, dezaktiválás	dezynfekcja
013	illegal waste dump	Wilde Müllkippe (f)	illegális hulladéktelep	dzikie wysypisko
III.03.04.	**restoration, refurbishment**	**Sanierung** (f)	**szanálás**	**sanacja, uzdrowienie**
001	restoration plan	Sanierungsplan (m)	szanálási terv	plan sanacji, uzdrowienia
002	restoration techniques	Sanierungstechniken (f)(pl)	szanálástechnika	techniki sanacji
003	noise protection barrier	Lärmschutzwall (m)	zajvédelmi töltés, zajvédelmi fal	ziemna przegroda akustyczna
004	substructure	Unterbau (m)	alépítmény alapozás, altalaj	fundament
005	earth cover, fill, cap	Überschüttung (f)	útfeltöltés, feltöltés	przysypanie ziemią
006	superstructure	Überbau (m)	ráépítés, felépítmény	nadbudowa
007	underground improvement, subgrade improvment	Untergrundverbesserung (f)	talajjavítás	wzmocnienie podłoża
008	soil compaction	Bodenverfestigung (f)	talajszilárdítás	stabilizacja gruntu
III.03.05.	**recycling**	**Recycling** (n)	**újrahasznositás**	**recycling, powtórne wykorzystanie**
001	supervision	Überwachung (f)	felügyelet	kontrola, nadzór
002	control	Kontrolle (f)	ellenőrzés	kontrola
003	reuse	Wiederverwertung (f)	ismételt felhasználás	powtórne wykorzystanie
004	further utilization, recycling (e.g. scrap metal)	Weiterverwertung (f) (z. B. Schrott zu Stahl)	ismételt felhasználás (acélhulladékot acélra)	powtórne wykorzystanie (złom na stal)
005	reuse (waste paper to insulating boards)	Weiterverwendung (f) (Altpapier zu Dämmpl.)	ismételt felhasználás (régi papírt szigetelőlemezekre)	powtórne wykorzystanie (makulatura na płyty izolacyjne)
006	ecological balance	Ökobilanz (f)	ökomérleg	bilans ekologiczny
007	open system	offenes System (n)	nyitott rendszer	system otwarty
008	utilization hierarchy	Verwertungskaskade (f)	folyamatos felhasználás	kaskada przetwarzania
009	closed system	geschlossenes System (n)	zárt rendszer	system zamknięty
010	reduction	Verminderung (f)	szabályozás, csökkentés	zmniejszenie
011	avoidance, prevention	Vermeidung (f)	elkerülés	unikanie
012	waste management	Abfallwirtschaft (f)	hulladékgazdálkodás	gospodarka odpadami

место захоронения	konečný sklad	010
сортировка	vytriedenie	011
обеззараживание	odmorenie	012
запрещённая свалка, нелегальная свалка	nedovolená skládka, divá skládka	013
оздоровление местности	**sanácia**	**III.03.04.**
план санирования	sanačný plán	001
способы санирования	sanačná technika	002
шумозащитная дамба, вал	protihluková stena	003
основание	spodná stavba, podložie	004
насыпь	nadnásyp	005
надстройка	vrchná stavba, nadstavba	006
укрепление основания	zlepšovanie podložia	007
уплотнение основания	spevňovanie zeminy, zhutňovanie zeminy	008
повторное применение	**recyklácia**	**III.03.05.**
надзор	sledovanie	001
контроль	kontrola	002
повторное использование	opätovné využitie, opätovné zhodnotenie	003
переработка (напр. металлолома в сталь)	ďalšie využitie, ďalšie zhodnotenie (šrot na oceľ)	004
переработка (напр. макулатуры в изоляционный материал)	ďalšie použitie, opätovné použitie (starý papier na izolačné dosky)	005
экологический баланс	ekologická bilancia	006
незамкнутая система	otvorený systém	007
циклы повторного использования	kaskáda využitia	008
замкнутая система	uzavretý systém	009
снижение, уменьшение	zníženie, zmiernenie	010
избегание	zábrana	011
хозяйство, занимающееся утилизацией отходов	odpadové hospodárstvo	012

IV. Presentation
IV. Darstellung
IV. Az ábrázolás technikája
IV. Odwzorowania
IV. Техника изображения
IV. Zobrazovanie

IV.01.	geometry	Geometrie (f)	geometria, mértan	pojęcia podstawowe geometrii
IV.01.01.	**planimetry**	**Planimetrie (f)**	**síkmértan, planimetria**	**planimetria**
001	point	Punkt (m)	pont	punkt
002	point of intersection	Schnittpunkt (m)	metszéspont	punkt skrzyżowania
003	point of tangency, tangentional point	Berührungspunkt (m)	érintési pont, érintkezési pont	punkt styczny
004	ray	Strahl (m), Halbgerade (f)	félegyenes	promień, półprosta
005	segment, line segment	Strecke (f)	szakasz	odcinek
006	straight line	Gerade (f)	egyenes (vonal)	prosta
007	parallel lines	Parallelen (f)(pl)	párhuzamos egyenesek	równoległe
008	curve	Kurve (f)	görbe (vonal)	krzywa
009	arc	Bogen (m)	ív	łuk
010	axis, center line	Achse (f)	tengely, középvonal	oś
011	axis of reference	Hauptachse (f)	főtengely	oś główna
012	angle	Winkel (m)	szög, szöglet	kąt
013	right angle	rechter Winkel (m)	derékszög	kąt prosty
014	acute angle	spitzer Winkel (m)	hegyesszög	kąt ostry
015	obtuse angle	stumpfer Winkel (m)	tompaszög	kąt rozwarty
016	plane	Fläche (f)	felület	powierzchnia
017	circle	Kreis (m)	kör	koło
018	oval	Oval (n)	ovális	owal
019	ellipse	Ellipse (f)	ellipszis	elipsa
020	radius	Radius (m)	körsugár, sugár, rádiusz	promień
021	diameter	Durchmesser (m)	átmérő	średnica
022	chord	Sehne (f)	húr	cięciwa
023	tangent	Tangente (f)	érintő, tangens	styczna
024	segment	Segment (n)	szegmens	segment
025	triangle	Dreieck (n)	háromszög	trójkąt
026	rectangle	Rechteck (n)	téglalap	prostokąt
027	square	Quadrat (n)	négyzet	kwadrat
028	polygon	Vieleck (n)	sokszög	wielokąt
029	diagonal	diagonal (Adj)	átlós, diagonális	przekątna
IV.01.02.	**stereometry**	**Stereometrie (f)**	**sztereometria**	**stereometria**
001	body	Körper (m)	test	bryła
002	tetrahedron	Tetraeder (m)	tetraéder	czworościan
003	cube	Kubus (m) (Hexaeder)	kocka, hexaéder	sześcian
004	octahedron	Oktaeder (m)	nyolclap, oktaéder	ośmiościan foremny
005	sphere	Kugel (f)	gömb, golyó	kula
006	ellipsoid	Ellipsoid (m)	ellipszoid	elipsoida
007	cylinder	Zylinder (m)	henger	powierzchnia cylindryczna, walec, cylinder
008	cone	Kegel (m)	kúp, kónusz	stożek

геометрия	geometria	IV.01.
планиметрия	**planimetria**	**IV.01.01.**
точка	bod	001
точка пересечения	priesečník	002
точка касания	bod dotyku	003
луч	polpriamka	004
отрезок	úsečka	005
прямая	priamka	006
параллельные прямые	rovnobežky	007
кривая	krivka	008
дуга	oblúk	009
ось	os	010
основная ось	hlavná os	011
угол	uhol	012
прямой угол	pravý uhol	013
острый угол	ostrý uhol	014
тупой угол	tupý uhol	015
плоскость	plocha	016
круг	kruh	017
овал	ovál	018
эллипс	elipsa	019
радиус	polomer	020
диаметр	priemer	021
хорда	tetiva	022
касательная	tangenta, dotyčnica	023
сегмент	segment	024
треугольник	trojuholník	025
прямоугольник	pravouholník, obdĺžnik	026
квадрат	štvorec	027
многоугольник	mnohouholník	028
диагональ	diagonálny, priečny	029
стереометрия	**stereometria**	**IV.01.02.**
тело	teleso	001
тетраэдр	štvorsten	002
куб (гексаэдр)	kocka	003
октаэдр	osemsten	004
шар	guľa	005
эллипсоид	elipsoid	006
цилиндр	valec	007
конус	kužeľ	008

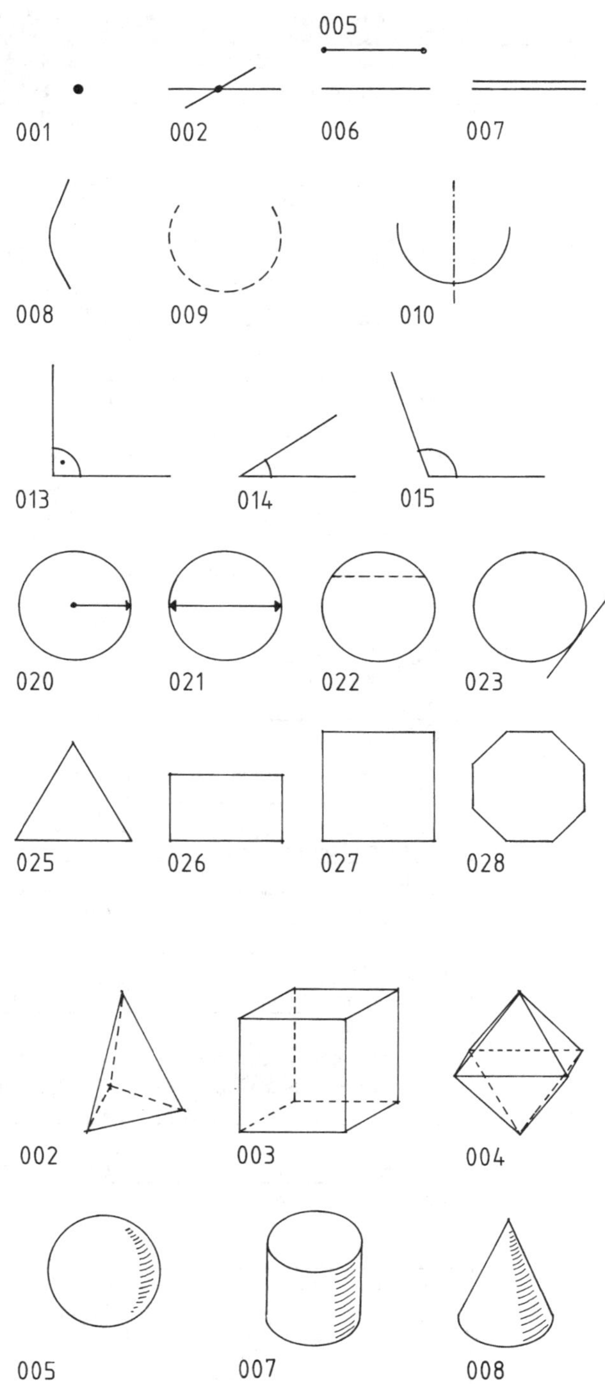

IV.02.	descriptive geometry	darstellende Geometrie (f)	ábrázoló geometria	geometria wykreślna
IV.02.01.	**orthogonal projection, plane projection**	**orthogonale Projektion (f), Tafelprojektion (f)**	**merőleges vetítés, merőleges vetület**	**rzuty prostokątne, rzuty ortogonalne**
001	one - plane projection	Eintafelprojektion (f)	egysíkú vetítés	projekcja jednorzutniowa, rzut poziomy
002	two - plane projection	Zweitafelprojektion (f)	kétképsík-vetítés, kétképsíkú vetítés	projekcja dwurzutniowa, rzut pionowy
003	multi - plane projection	Mehrtafelprojektion (f)	többsíkú vetítés	projekcja wielorzutniowa
004	subsidiary projection	Hilfsprojektion (f)	segítővetítés, segitővetület	rzut pomocniczy
005	distortion	Verzerrung (f)	torzulás, alakváltozás, deformáció	deformacja, odkształcenie
006	horizontal section	Horizontalschnitt (m)	vízszintes metszés, vízszintes metszet	plan, rzut poziomy
007	front view	Aufriß (m)	vázlat, függőleges vetület	rzut pionowy
008	view	Ansicht (f)	elölnézet, nézet	widok
009	front elevation	Vorderfront (f)	mellső homlok, főhomlok, utcai homlokzat	fasada przednia
010	side view	Seitenansicht (f)	oldalnézet	widok z boku,rzut boczny
011	section	Schnitt (m)	metszet	przekrój
012	longitudinal section	Längsschnitt (m)	hosszmetszet, hossz-szelvény	przekrój podłużny
013	cross section, transversal section	Querschnitt (m)	keresztmetszet	przekrój poprzeczny
014	location plan	Lageplan (m)	helyszínrajz, általános rendezési terv	plan sytuacyjny
015	floor plan	Geschoßplan (m)	emelet, szint	plan kondygnacji
016	roof plan	Dachplan (m)	fedélszék, fedélszerkezet	plan dachu
017	aerial view, bird's eye view	Draufsicht (f)	felünézet	widok z góry
018	facade	Fassade (f)	homlokzat	fasada
019	rear elevation	Hinterfront (f)	hátulnézet	fasada tylna
020	section, profile	Profil (n)	profil, metszet, szelvény	profil,przekrój
021	perspective section	Perspektivschnitt (m)	perspektivikus metszet	przekrój perspektywiczny
022	axonometric section	axonometrischer Schnitt (m)	axonometrikus metszet	przekrój aksonometryczny
IV.02.02.	**axonometric drawing, parallel drawing**	**Axonometrie (f), Parallelprojektion (f)**	**axonometria**	**aksonometria, projekcja równoległa**
001	isometric	Isometrie (f)	izometria	izometria
002	dimetric projection	Dimetrie (f)	dimetria, kétméretűség	dimetria
003	frontal dimetric projection, cavalier drawing, oblique projection	Frontaldimetrie (f), Kavaliersperspektive (f)	frontális dimetrikus ábrázolás, Kavalier-perspektíva	perspektywa kawalerska
004	ground dimetric projection	Grundrißdimetrie (f), Militärprojektion (f)	izometrikus ábrázolás	aksonometria wojskowa

начертательная геометрия	deskriptívna geometria	IV.02.
ортогональная проекция, плоскость проекции	**pravouhlé premietanie**	**IV.02.01.**
отдельная проекция	premietanie na jednu priemetňu, kótované premietanie	001
комплекс двух проекций	premietanie na dve priemetne, Mongeova projekcia	002
многопроекционный комплекс	premietanie na viac priemetní	003
вспомогательная проекция	pomocná projekcia	004
искажение	distorzia, skreslenie, deformácia	005
горизонтальное сечение, план	vodorovný rez	006
вертикальная проекция, фасад	nárys	007
вид	pohľad	008
главный фасад, вид спереди	predný pohľad, čelný pohľad	009
вид сбоку	bočný pohľad	010
сечение, разрез	rez	011
продольный разрез	pozdĺžny rez	012
поперечный разрез	priečny rez	013
план расположения	situačný plán, polohový plán	014
поэтажный план	plán poschodia	015
план кровли	plán strechy	016
вид сверху	pohľad zhora	017
фасад	fasáda, priečelie	018
задний фасад	zadné priečelie, zadný pohľad	019
профиль	profil	020
перспективный разрез	perspektívny rez	021
аксонометрический разрез	axonometrický rez	022
аксонометрия, параллельное проецирование	**axonometria**	**IV.02.02.**
изометрия	izometria	001
димметрия	dimetria	002
кавальерная перспектива	frontálna dimetria, kavalierna perspektíva	003
горизонтальная димметрия военная проекция военная перспектива	pôdorysná dimetria, vojenská projekcia	004

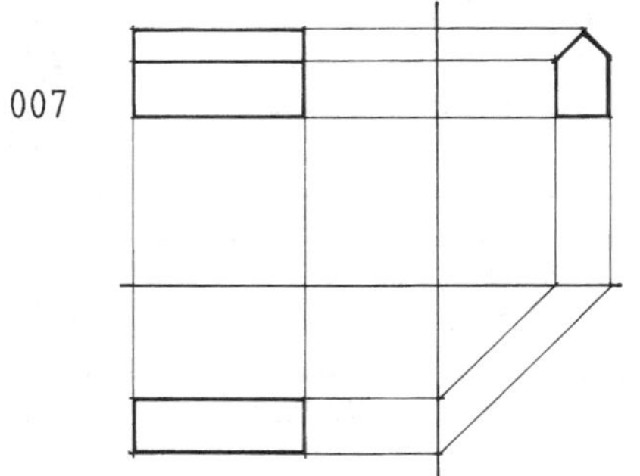

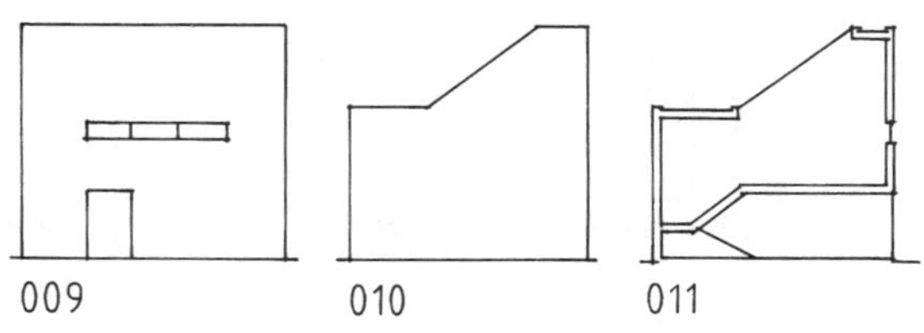

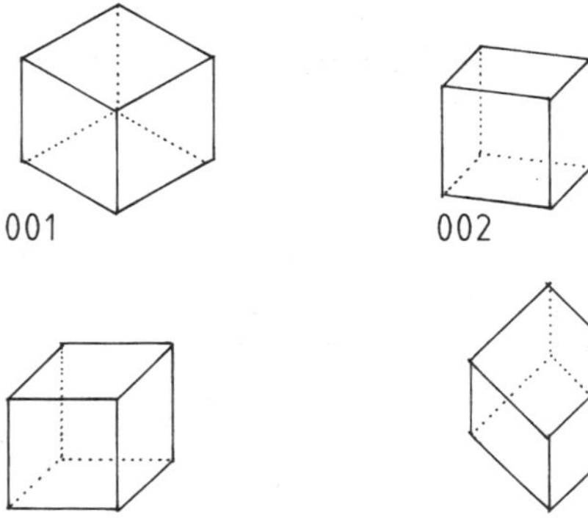

IV.02.03.	perspective	Perspektive (f)	perspektíva	perspektywa
001	**general terms**	**allgemeine Begriffe** (m)(pl)	**általános fogalmak**	**pojęcia ogólne**
002	station point	Standpunkt (m)	nézőpont, szempont, álláspont	punkt widzenia
003	vanishing point	Fluchtpunkt (m)	iránypont	punkt zbiegu
004	drawing plane	Bildebene (f)	képsík, (vetületi sík), képfelület	płaszczyzna rysunku, tło
005	ground plane	Grundfläche (f)	képfelület, képsík, alapsík	płaszczyzna podstawy
006	base ground line	Basis (f), Grundlinie (f)	bázis, alap(vonal)	linia podstawy
007	horizon	Horizont (m)	horizont, látóhatár	horyzont
008	**perspective projection**	**gebundene Perspektive** (f)	**kötött perspektíva**	**perspektywa odwracalna**
009	front perspective	Zentralperspektive (f)	frontális perspektíva	perspektywa środkowa, perspektywa czołowa, perspektywa frontalna
010	two point perspective	Übereckperspektive (f)	szögletperspektíva	perspektywa narożnikowa
011	bird's eye view	Vogelperspektive (f)	madárperspektíva, madártávlat	perspektywa z lotu ptaka
012	worm's eye view	Froschperspektive (f)	békaperspektíva	żabia perspektywa
013	**freehand perspective**	**ungebundene Perspektive** (f)	**kötetlen perspektíva**	**perspektywa nieodwracalna**
014	fisheye perspective	Netzhautperspektive (f)	panoráma távlati kép	perspektywa panoramiczna (siatkówki oka)

IV.02.04.	light	Licht (n)	fény	światło
001	color	Farbe (f) (Farbe des Lichts)	szín	kolor (barwa światła)
002	light temperature	Lichttemperatur (f)	fényhőmérséklet	temperatura światła
003	color, hue	Farbton (m)	színárnyalat, színezet	odcień koloru
004	saturation, value	Sättigung (f)	telítettség, telített	nasycenie
005	spectrum	Spektrum (n)	spektrum, színkép	spektrum, tęcza barw
006	brightness, luminoscity	Helligkeit (f)	világosság, fényesség	jasność
007	darkness	Dunkelheit (f)	sötétség, homály	ciemność
008	direction of light	Lichtrichtung (f)	sugárirány	kierunek światła
009	reflection	Reflektion (f)	visszaverődés, visszatükrözés	odblask,odbicie
010	diffuse light	diffuses Licht (n)	diffúz fény, szórt fény	światło dyfuzyjne, rozproszone
011	shadow	Schatten (m)	árnyék	cień
012	shade	Eigenschatten (m)	árnyék, homály	cień własny
013	shadow, cast shadow	Schlagschatten (m)	vetettárnyék, hamisárnyék	cień rzucony
014	half shadow	Halbschatten (m)	félárnyék	półcień
015	complete shadow, core shadow	Kernschatten (m)	teljesárnyék	cień nałożony

перспектива	perspektíva	IV.02.03.
общие понятия	**všeobecné pojmy**	001
точка стояния	stanovisko	002
точка схода	úbežník	003
картинная плоскость (картина)	obrazová rovina, priemetňa	004
предметная плоскость	podstava, základná plocha	005
основание	základňa, základná línia	006
горизонт	horizont	007
системная перспектива	**viazaná perspektíva**	008
центральная перспектива	centrálna perspektíva	009
угловая перспектива	uhlová perspektíva	010
перспектива высокого горизонта (с птичьего полёта)	vtáčia perspektíva	011
перспектива низкого горизонта	žabia perspektíva	012
произвольная перспектива	**voľná perspektíva**	013
широкоугольная перспектива	sietnicová perspektíva, panoramatická perspektíva	014

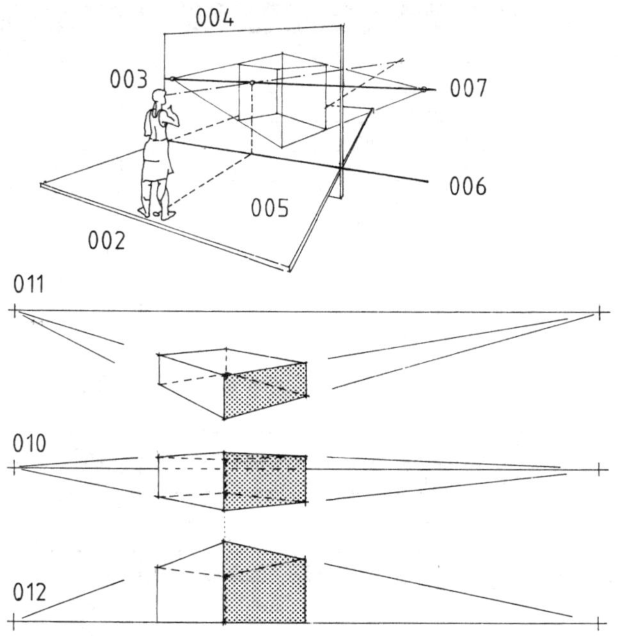

свет	svetlo	IV.02.04.
цвет	farba	001
температура света [цвета]	teplota svetla	002
цветовой тон	farebný tón, farebný odtieň	003
насыщенность	nasýtenosť, nasýtenie	004
спектр	spektrum	005
яркость освещения	jasnosť, svetlosť	006
темнота	tma, tmavosť	007
направление световых лучей	smer svetla	008
рефлекс	odraz, reflexia	009
рассеянный свет	difúzne svetlo, rozptýlené svetlo	010
тени	tieň	011
собственные тени	vlastný tieň	012
падающие тени	falošný tieň	013
полутени	polotieň	014
глубокая тень	plný tieň	015

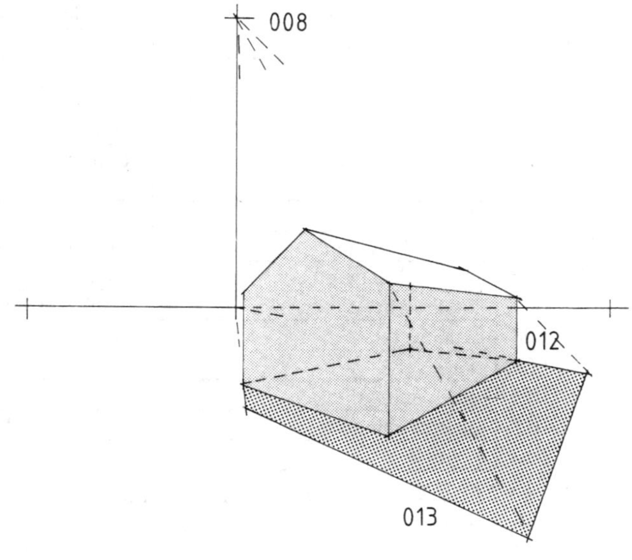

IV.03.	presentation techniques	Darstellungstechniken (f)(pl)	ábrázolástechnika	techniki odwzorowania
IV.03.01.	**sign**	**Zeichen (n)**	**jel, jelölés, jelzés**	**znaki**
001	line	Linie (f)	vonás, vonal	linia
002	dotted line	punktierte Linie (f)	pontozott vonal	linia kropkowana
003	dashed line	gestrichelte Linie (f)	szaggatott vonal	linia kreskowana
004	break line	Bruchlinie (f)	törtvonal	linia przerywana
005	center line	Achslinie (f)	tengelyvonal	linia osiowa
006	dimension line	Maßlinie (f), Maßkette (f)	méretvonal	linia miarowa, ciąg pomiarowy
007	section line	Schnittlinie (f)	metszésvonal, metszővonal, szelő(vonal)	linie przekroju, cięcia
008	level line	Höhenlinie (f)	szintvonal, rétegvonal, magassági vonal	linia wysokościowa
009	reference line	Bezugslinie (f)	koordinációs vonal, alapvonal, vonatkoztató vonal	linia odnoszenia
010	scale	Maßstab (m)	mérték, lépték	skala
011	hatches	Schraffur (f)	sraff(ír)ozás	szrafura, kreskowanie
012	shading	Schattierung (f)	árnyékolás, satírozás	cień
013	coloring, polychromy	Farbgebung (f)	színes, színösszeállítás	zabarwienie, barwienie
IV.03.02.	**text**	**Text (m)**	**szöveg**	**tekst**
001	legend, key	Legende (f)	jelmagyarázat, rajzfelirat	legenda, objaśnienie
002	labeling, text	Beschriftung (f)	felirat	opis
003	table, chart, schedule	Tabelle (f)	táblázat	tabela
004	note	Erläuterung (f)	magyarázat	wyjaśnienie,objaśnienie
005	listing	Auflistung (f)	jegyzék, lista, feljegyzés	wyszczególnienie
006	catalog, register	Verzeichnis (n)	jegyzék, lista, bejegyzés	spis,wykaz,lista
IV.03.03.	**graphic**	**Graphik (f)**	**grafika**	**grafika**
001	sketch	Skizze (f)	skicc, vázlat	szkic
002	study plan	vorläufiger Plan (m), Arbeitszeichnung (f)	előzetes munkaterv, előzetes műszaki rajz	projekt roboczy
003	developed plan	Reinzeichnung (f)	műszaki rajz kihúzása [tisztázat]	rysunek na czysto
004	drawing	Zeichnung (f)	rajz	rysunek
005	pencil drawing	Bleistiftzeichnung (f)	ceruzarajz	rysunek ołówkiem
006	charcoal drawing	Kohlezeichnung (f)	szénrajz	rysunek węglem
007	ink drawing	Tuschezeichnung (f)	tusrajz	rysunek tuszem
008	graphic	Graphik (f)	grafika	grafika
009	wash off	lavieren (V)	mosás, lemosás	lawowanie
010	black and white	schwarz-weiß (Adj)	fekete-fehér	czarno-biała
011	monochromatic	einfarbig (Adj)	egyszínű, monokromatikus	jednobarwność
012	colored	farbig (Adj)	színes	barwnie,kolorowo
013	photographic montage	Fotomontage (f)	fotomontázs	fotomontaż
014	model	Modell (n)	minta, modell	model
015	study model	Arbeitsmodell (n)	munkamodell	model roboczy
016	presentation model	Präsentationsmodell (n)	kiállítási modell	model pokazowy, wystawowy

техники изображения	techniky zobrazovania	IV.03.
знаки	**značky**	**IV.03.01.**
линия	čiara, línia	001
пунктирная линия	bodkovaná čiara	002
прерывистая линия	čiarkovaná čiara	003
линия разрыва	čiara lomu	004
осевая линия	osová priamka	005
цепочка размеров [размерная линия]	kótovacia čiara, kótovací reťazec	006
линия разреза	priesečnica, čiara rezu	007
линия уровня	výšková čiara, výšková kóta	008
линия створа	vzťažná čiara	009
масштаб	mierka	010
штриховка	šrafovanie	011
тонирование, тушёвка	tieňovanie	012
покраска	farebnosť	013
текст	**text**	**IV.03.02.**
перечень условных обозначений	legenda	001
надписывание	popis	002
таблицы	tabuľka	003
экспликация	vysvetlivka	004
ведомость, перечень	výpis *(prvkov)*	005
ссылка, примечание	zoznam	006
графика	**grafika**	**IV.03.03.**
эскиз, набросок	skica	001
эскизный, промежуточный чертёж	predbežný plán, pracovný výkres	002
чертёж (чистовой)	čistopis výkresu	003
рисунок	výkres, kresba	004
рисунок карандашом	kresba ceruzou	005
рисунок углём	kresba uhlíkom	006
рисунок пером и тушью	kresba tušom	007
графика	grafika	008
отмывка	omývanie	009
чёрно - белый	čierno-biely	010
монохромный	jednofarebný	011
цветной	farebný	012
фотомонтаж	fotomontáž	013
модель	model	014
рабочий макет	pracovný model	015
макет	výstavný model, prezentačný model	016

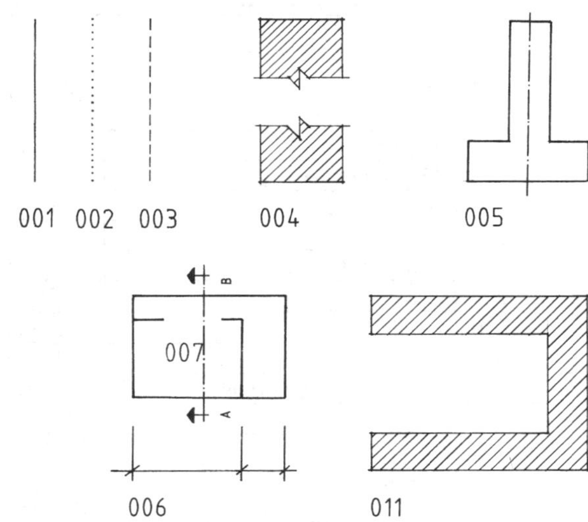

IV.04.	office supplies	Büroausrüstung (f)	hivatali felszerelés	wyposażenie biurowe
IV.04.01.	**materials**	**Materialien (n)(pl)**	**anyagok**	**materiały**
001	vellum	Transparentpapier (n)	áttetsző papír, pauszpapír	kalka
002	paper	Papier (n)	papír	papier
003	drawing paper	Zeichenpapier (n)	rajzpapír	papier rysunkowy
004	watercolor paper	Aquarellpapier (n)	akvarellpapír	papier akwarelowy
005	blueprint paper	Lichtpauspapier (n)	fénymásoló papír	papier światłoczuły
006	writing paper	Schreibpapier (n)	írópapír	papier do pisania
007	tracing paper	Skizzenpapier (n)	skiccpausz, pauszpapír	szkicówka
008	cardboard	Pappe (f)	kartonpapír, papírlemez	karton,tektura
009	corrugated cardboard	Wellpappe (f)	hullámkarton	tektura falista
010	plexiglass	Plexiglas (n)	plexiüveg	plexiglas
011	acetate	Folie (f)	fólia	folia
IV.04.02.	**drawing utensiles**	**Zeichengeräte (n)(pl)**	**rajzeszközök**	**przybory kreślarskie**
001	ruler	Lineal (n)	vonalzó	linijka
002	scale	Maßstab (m)	mérővonalzó, lépték	skalówka
003	T-square	T - Schiene(f)	fejesvonalzó	przykładnica
004	parallel straightedge	Zeichenschiene (f)	párhuzamvonalzó	przykładnica
005	triangle	Zeichendreieck (n)	háromszögvonalzó	trójkąt rysunkowy,ekierka
006	protractor	Winkelmesser (m)	szögmérő	kątomierz
007	stencil	Schablone (f)	sablon, másolóléc	szablon
008	french curve	Kurvenlineal (n)	görbevonalzó	krzywik
009	pencil	Bleistift (m)	ceruza	ołówek
010	soft	weich (Adj)	puha	miękki
011	hard	hart (Adj)	kemény	twardy
012	color pencil	Buntstift (m), Farbstift (m)	színes ceruza	ołówek kolorowy,pastel
013	eraser	Radiergummi (m)	radír(gumi)	guma do mazania(wycierania)
014	pen	Feder (f)	toll	pióro
015	brush	Pinsel (m)	ecset	pędzel
016	compass	Zirkel (m)	körző	cyrkiel
017	rapidograph	Rapidograph (m)	rapidograf	rapidograf
018	airbrush	Air-brush (m)	szórófej, szórópisztoly	aerograf
IV.04.03.	**office equipment**	**Büromaschinen (f)(pl)**	**irodagépek**	**maszyny biurowe**
001	drawing machine	Zeichenmaschine (f)	rajzgép, kombinált rajzasztal	kulman-przyrząd do kreślenia,rysowania
002	drawing board, drafting table	Zeichenbrett (n)	rajztábla, rajzasztal	deska rysunkowa (kreślarska)
003	adjustable drawing head	verstellbarer Zeichenkopf (m)	a rajzolóberendezés szabályozható feje	nastawna głowica rysunkowa
004	parallel bor	schnurgeführte Zeichenschiene (f)	párhuzamvonalzó	przykładnica sznurkowa
005	blueprinter	Lichtpausmaschine (f)	fénymásoló (gép)	światłokopiarka
006	copier	Kopierer (m)	másológép (xerox)	kopiarka, xero
007	typewriter	Schreibmaschine (f)	írógép	maszyna do pisania
008	personal computer	Personalcomputer (m) (PC)	személyi számítógép	komputer osobisty (PC)
009	printer	Drucker (m)	nyomtató	drukarka
010	screen	Bildschirm (m)	képernyő	ekran

оборудование бюро	vybavenie kancelárie	IV.04.
материалы	**materiály**	**IV.04.01.**
калька	priesvitný papier, pauzovací papier	001
бумага	papier	002
чертёжная бумага, "ватман"	kresliaci papier	003
бумага для акварели	akvarelový papier	004
калька	planografický papier	005
писчая бумага	písací papier	006
бумага для эскизов	náčrtkový papier	007
картон	lepenka	008
гофрированный картон	vlnitá lepenka	009
оргстекло	plexisklo	010
фольга, плёнка	fólia	011
инструменты для черчения	**rysovacie náradia**	**IV.04.02.**
линейка	pravítko, lineár	001
масштабная линейка	lineár s mierkou	002
рейсшина	príložník	003
рейсшина	príložník	004
треугольник	rysovací trojuholník	005
транспортир, угломер	uhlomer	006
шаблон	šablóna	007
лекало	krividlo	008
простой карандаш	ceruzka	009
мягкий	mäkký	010
твёрдый	tvrdý	011
цветной карандаш	farebná ceruzka	012
резинка	guma na vymazávanie	013
перо	pero	014
кисть	štetec	015
циркуль	kružidlo	016
рапидограф	rapidograf	017
аэрограф	aerograf, striekacia pištoľ	018
техническое оборудование бюро	**kancelárske stroje**	**IV.04.03.**
комбайн (машина для черчения)	kombinované kresliace zariadenie	001
чертёжная доска	rysovacia doska	002
поворотная головка чертёжного прибора	regulovateľná hlava kresliaceho zariadenia	003
рейсшина	šnúrový príložník	004
копировальная машинна	planografický stroj	005
электрокопировальная машина (ксерокс)	kopírovací stroj	006
пишущая машина	písací stroj	007
пресональный компьютер	osobný počítač (PC)	008
принтер	tlačiareň	009
дисплей	obrazovka	010

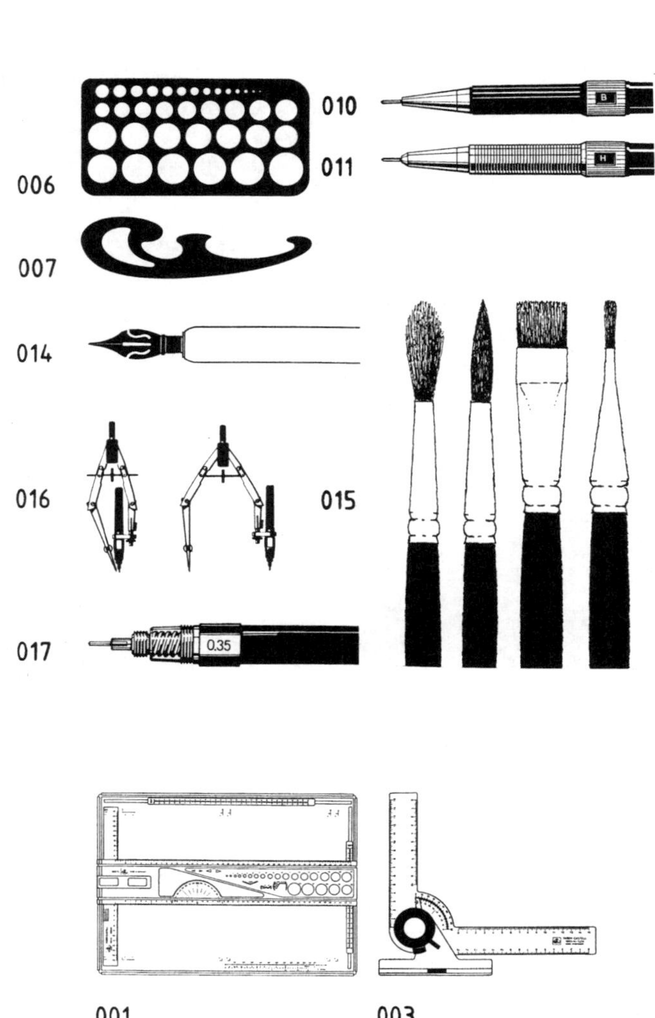

V. Design
V. Entwurf
V. Formatervezés, Design
V. Projektowanie
V. Проектирование
V. Navrhovanie

V.01.	methods	Methoden (f)(pl)	metódusok, módszerek	metody
V.01.01.	**general design principles**	**allgemeine Entwurfsprinzipien (n)(pl)**	**általános formatervezési elvek**	**ogólne zasady projektowania**
001	spatial relationships	Raumgefüge (n)	térelrendezés	powiązania przestrzenne
002	zoning	Zonierung (f)	zónálás	strefowanie
003	overlay	Schichtung (f)	rétegezés	warstwowanie
004	visual connection	Blickbeziehungen (f)(pl)	vizuális kapcsolatok, vizuális vonatkozások	relacje widokowe
005	visual axis	Sichtachse (f)	látástengely	oś widokowa
006	axis of movement	Handlungsachse (f)	mozgástengely	oś funkcjonalna
007	modeling	Modellierung (f)	modellezés, mintázás	przestrzeń kształtowana
V.01.02.	**activities**	**Tätigkeiten (f)(pl)**	**tevékenységek**	**czynności, działania**
001	design	entwerfen (V), projektieren (V)	tervez, tervet készít	projektować
002	invent	erfinden (V)	feltalál	wynajdywać
003	develop	entwickeln (V)	kifejleszt, fejleszt	rozwijać
004	compose	komponieren (V)	alkot, megformál	komponować, zestawiać
005	combine	kombinieren (V)	kombinál	zestawiać, kombinować
006	organize	organisieren (V)	megszervez, szervez, rendez	organizować
007	collage	collagieren (V)	kollázst alkotni	robić collage
008	change	verändern (V)	megváltoztat, változtat	zmieniać
009	search, look for	suchen (V)	megkeres, keres, kutat	szukać
010	find	finden (V)	megtalál, talál	znajdywać, znaleść
011	play	spielen (V)	játszik	grać
012	imitate	imitieren (V)	imitál, utánoz	imitować, udawać
013	simulate	vortäuschen (V), simulieren (V)	színlel, tettet, megtéveszt	łudzić, symulować
014	copy	kopieren (V)	másol, kopíroz	kopiować
015	code	kodieren (V)	kódol	kodować
016	double coding	Doppelkodierung (f)	kettős kódolás	kodowanie podwójne
017	creativity	Kreativität (f)	alkotóképesség, kreativitás	kreatywność
018	inspiration	Inspiration (f)	ihlet, inspiráció	inspiracja
019	fantasy	Phantasie (f)	képzelet, fantázia	fantazja
020	dilettantism	Dilettantismus (m)	dilettántizmus	dyletantyzm
021	unimaginativeness	Einfallslosigkeit (f)	ötlettelenség	nielogiczność
022	curry favor	anbiedern (V)	bizalmaskodik, hízeleg	spoufalanie
023	bungled job	Stümperei (f)	kontármunka	fuszerka
V.01.03.	**results**	**Ergebnisse (n)(pl)**	**eredmény**	**wyniki, rezultaty**
001	decoration	Dekoration (f)	dekoráció, díszítés	dekoracja
002	allusion	Allusion (f), Andeutung (f)	utalás, célzás	aluzja, wskazówka
003	metaphor	Metapher (f)	szókép, metafóra	metafora
004	symbol	Symbol (n)	jelkép, szimbólum	symbol
005	quotation	Zitat (n)	idézet	cytat
006	staging	Inszenierung (f)	megrendezés, rendezés	inscenizacja
007	type	Typ (m)	típus	typ
008	archetype	Archetyp (m)	eredeti alak, minta	archetyp
009	pattern	Muster (n)	minta	wzór

метод	metódy	V.01.
общие принципы проектирования	**všeobecné princípy navrhovania**	**V.01.01.**
пространственная структура	priestorové usporiadanie	001
зонирование	zónovanie	002
наслоение	vrstvenie	003
визуальная связь	vizuálne vzťahy	004
визуальная ось	os pohľadu	005
ось движения	os pohybu	006
пространственное моделирование	modelovanie	007
деятельность	**činnosti**	**V.01.02.**
проектировать	navrhnúť, projektovať	001
изобретать	objaviť	002
развивать	rozvinúť, vyvinúť	003
компоновать	komponovať, vytvárať	004
комбинировать, сочетать	kombinovať	005
организовывать	organizovať	006
делать коллаж	robiť koláž	007
(из)менять	meniť, premieňať	008
искать	hľadať	009
находить	nájsť	010
играть	hrať	011
имитировать	imitovať	012
симулировать	predstierať, simulovať	013
копировать	kopírovať	014
кодировать	kódovať	015
двойное кодирование	dvojité kódovanie	016
творчество	kreativita	017
вдохновение	inšpirácia	018
фантазия	fantázia	019
дилетантизм	diletantizmus	020
неоригинальность	nedôvtipnosť	021
фамильярность	vtierať sa do priazne niekoho	022
халтура	nekvalitná práca, "fušérstvo"	023
результаты	**výsledky**	**V.01.03.**
декорация	dekorácia	001
алюзия, намек	alúzia, náznak	002
метафора	metafora	003
символ	symbol	004
цитата	citát	005
инсценирование	inscenácia	006
тип	typ	007
архетип	archetyp	008
образец	predloha, vzor	009

V.02.	abstract composition	Abstrakte Komposition (f)	absztrakt kompozíció	kompozycja abstrakcyjna
V.02.01.	**primary elements**	**Grundelemente (n)(pl)**	**alapelemek**	**elementy podstawowe**
001	point	Punkt (m)	pont	punkt
002	line	Linie (f)	vonal	linia
003	plane	Fläche (f)	felület, terület	powierzchnia
004	volume	Volumen (n)	térfogat, terjedelem	objętość
V.02.02.	**form**	**Form (f)**	**alak, forma**	**forma**
001	contour	Umriß (m)	körvonal, kontúr	zarys, obrys
002	figure	Figur (f)	alak(zat), idom	kształt, figura
003	ground, background	Hintergrund (m)	hátter, alap	podstawa, tło
004	shape	Gestalt (f) (ganzheitlich)	testalak, alak, forma	forma całościowa, kształt
005	regular form	gleichmäßige Form (f)	szabályos alak	forma rownomierna, forma regularna
006	irregular form	ungleichmäßige Form (f)	szabálytalan alak	forma nierównomierna, forma nieregularna
007	additive form	additive Form (f)	additív alak, additív forma	forma addytywna
008	subtractive form	subtraktive Form (f)	kivonandó alak	forma substrakcyjna
009	edge	Kante (f)	szél, szegély	krawędź
010	corner	Ecke (f)	sarok, szöglet	narożе
011	surface	Oberfläche (f)	felszín, felület	powierzchnia zewnętrzna
012	transparency	Transparenz (f)	áttetszőség, átlátszóság	przejrzystość
V.02.03.	**series, linear structure**	**Reihen (f)(pl)**	**sorok, sorozatok**	**ciągi, szeregi, rzędy**
001	iteration	Iteration (f)	iteráció, metrikus sor(ozat)	ciąg metryczny
002	module of iteration	Moduliteration (f), Modulreihe (f)	modulsor(ozat)	ciąg modularny
003	periodic series	periodische Reihe (f)	periodikus sor	ciąg cykliczny, ciąg okresowy
004	composed series	zusammengesetzte Reihe (f)	összetett sor	ciąg składany
005	rhythmic series	rhythmische Reihe (f)	ritmikus sor	ciąg rytmiczny
006	simple series	einfache Reihe (f)	egyszerű sor	ciąg prosty
007	complicated series	komplizierte Reihe (f)	komplikált sor	ciąg skomplikowany
008	opposed series	Gegenreihe (f)	ellensor	ciąg przeciwny, ciąg wsteczny
009	grouping	Gruppierung (f)	csoportosítás	zgrupowanie
V.02.04.	**structure**	**Strukturen (f)(pl)**	**struktúrák, szerkezetek**	**systemy**
001	arrangement	Anordnung (f)	elrendezés	uporządkowanie
002	location, position	Lage (f)	fekvés, helyzet	położenie
003	junction, connections	Knoten (m)	csomópont	węzły
004	link, connector	Verbindung (f)	összeköttetés	połączenie
005	net	Netz (n)	háló, hálózat	sieć, siatka
006	layer	Schicht (f)	réteg, héj	warstwa
007	grid	Raster (n)	háló, raszter	sieć, raster, siatka
008	lattice	Gitter (n)	rács(ozat), váz	krata
009	chaos	Chaos (n)	káosz, zűrzavar	chaos

абстрактная композиция	abstraktná kompozícia	V.02.
основные элементы	**základné prvky**	**V.02.01.**
точка	bod	001
линия	čiara	002
плоскость	plocha	003
объём	objem	004
форма	**forma**	**V.02.02.**
очертание	obrys	001
фигура	obrazec, figúra	002
фон	základ, podklad	003
(целостная) форма, гештальт	priestorová forma, tvar	004
регулярная форма	rovnomerný tvar, pravidelný tvar	005
нерегулярная форма	nepravidelný tvar	006
аддитивная форма	súčtový tvar	007
субтрактивная форма	odčítací tvar	008
ребро	hrana	009
угол	roh	010
поверхность	povrchová plocha, povrch	011
прозрачность	transparentnosť, priesvitnosť	012
ряды	**rady**	**V.02.03.**
метрический ряд	metrický rad	001
модульный ряд	modulový rad	002
периодический ряд	periodický rad	003
составной ряд	zložený rad	004
ритмический ряд	rytmický rad	005
простой ряд	jednoduchý rad	006
сложный ряд	zložitý rad	007
встречный ряд	opačný rad	008
группировка	zoskupovanie	009
структуры	**štruktúry**	**V.02.04.**
расположение	usporiadanie	001
положение, позиция	poloha, orientácia	002
узел	uzol	003
связь	väzba, spojenie	004
сеть	sieť	005
слой	vrstva	006
растр, сетка	raster	007
решётка	mriežka	008
хаос	chaos	009

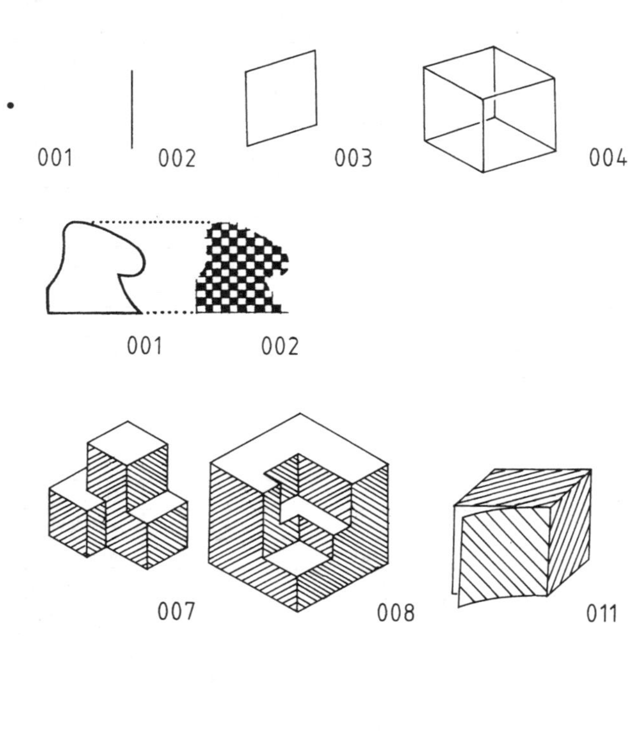

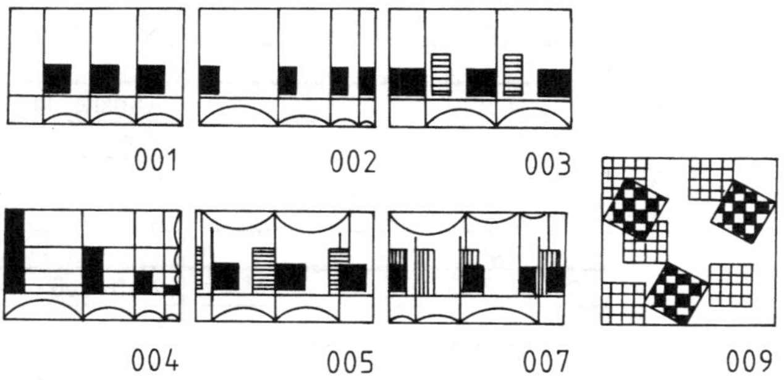

V.02.05.	**proportions**	**Proportionen (f)(pl)**	**arányok, proporciók**	**proporcje**
001	arithmetic proportion	arithmetische Proportion (f)	számtani arányosság	proporcja liczbowa
002	geometric proportion	geometrische Proportion (f)	mértani arányosság	proporcja geometryczna
003	harmonic proportion	harmonische Proportion (f)	harmonikus arány	proporcja harmoniczna
004	anthropomorphic proportion	anthropomorphe Proportion (f)	antropomorf arány, emberszabású arány	proporcja antropomorficzna
005	golden mean, golden section	Goldener Schnitt (m)	aranymetszés	złote cięcie
006	regulating lines	Ordnungslinien (f)(pl)	rendezővonalak, segédvonalak	linia porządkująca, regulacyjna
007	module	Modul (n)	modul(us)	moduł
008	human scale	menschlicher Maßstab (m)	emberi lépték, emberi mérték	ludzka skala

V.02.06.	**ordering principles**	**Ordnungsprinzipien (n)pl)**	**elrendezési elvek**	**zasady uporządkowania**
001	axis	Achse (f)	tengely	oś
002	symmetry	Symmetrie (f)	szimmetria	symetria
003	hierarchy	Hierarchie (f)	hierarchia	hierarchia
004	unit of measure	Bezugsgröße (f)	alapnagyság, alapmérték, alapegység	relacja wielkości
005	rhythm	Rhythmus (m)	ritmus, ütem	rytm
006	repetition	Wiederholung (f)	ismétlés	powtórzenie
007	transformation	Wandlung (f)	változás, átalakulás	zmiana
008	enlargement	Vergrößerung (f)	nagyobbítás, növelés	powiększenie
009	reduction	Verkleinerung (f)	kisebbítés, kicsinyítés	zmniejszenie

V.02.07.	**elements of circulation**	**Elemente (n)(pl) der Wegführung(f)**	**vonalvezetési elemek**	**elementy kształtowania komunikacji**
001	path	Weg (m)	út	droga
002	path configuration	Wegführung (f)	útvonal (útvonal elrendezés)	prowadzenie drogi
003	direction	Richtung (f)	irány	kierunek
004	approach	Annäherung (f)	közeledés	przybliżenie
005	threshold	Schwelle (f)	határérték, küszöb	próg
006	entrance	Eingang (m)	bejárat	wejście
007	arrival	Ankunft (f)	érkezés, megérkezés	przybycie
008	departure	Aufbruch (m)	indulás, elindulás	odjazd
009	node	Knoten (m)	csomó, csomópont	węzeł
010	intersection	Kreuzung (f)	kereszteződés	skrzyżowanie
011	district	Bereich (m)	terület	obszar
012	edge	Grenze (f)	határ	granica
013	landmark	Orientierungspunkt (m)	tájékozódási pont	punkt orientacyjny
014	landmark	Dominante (f), Stadtkrone (f)	domináns	dominanta

пропорции	proporcie	V.02.05.
арифметическая пропорция	aritmetická úmera	001
геометрическая пропорция	geometrická úmera	002
гармоническая пропорция	harmonická úmera	003
антропоморфическая пропорция	antropomorfná úmera	004
золотое сечение	zlatý rez	005
пропорциональная сетка	pomocné čiary	006
модуль	modul	007
человеческий масштаб	ľudské merítko	008

принципы упорядочения	princípy usporiadania	V.02.06.
ось	os	001
симметрия	symetria, súmernosť	002
иерархия	hierarchia	003
основание пропорции	vzťažná veličina	004
ритм	rytmus	005
повторение	opakovanie	006
преобразование	zmena, premena	007
увеличение	zväčšenie	008
уменьшение	zmenšenie	009

средства организации движения	prvky komunikácie	V.02.07.
путь	cesta	001
организация движения	trasa cesty	002
направление	smer	003
подход	priblíženie	004
порог	prah	005
вход	vstup, vchod	006
прибытие, приход	príchod	007
отбытие, уход	odchod	008
узел	uzol	009
перекрёсток	križovatka	010
район	oblasť	011
граница	hranica	012
ориентир	orientačný bod	013
доминанта	dominanta	014

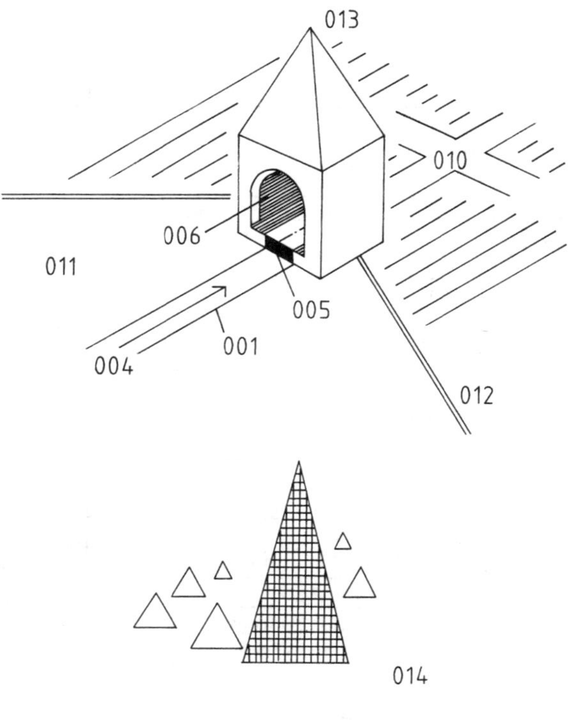

V.03.	space	Raum (m)	tér, térség	przestrzeń
V.03.01.	**types and characteristics of space**	**Raumarten (f)(pl) und Raumaspekte (m)(pl)**	**a tér jellegzetességei és típusai**	**typy przestrzeni**
001	euclidean space, objective space	euklidischer Raum (m)	euklideszi tér	przestrzeń euklidesowa
002	phenomenological space, subjective space	erlebter Raum (m), phänomenologischer Raum (m)	fenomenologikus tér	przestrzeń przeżywana, fenomenologiczna
003	environment	Umwelt (f)	környezet	środowisko, otoczenie
004	social environment	Mitwelt (f), soziale Umwelt (f)	szociális környezet	współcześni, środowisko społeczne
005	personal space	persönlicher Raum (m)	személyes tér	przestrzeń osobista
006	privacy	Privatheit (f)	privát	prywatność
007	intimacy	Intimität (f)	intimitás	intymność
008	operative space	Handlungsraum (m)	cselekvési terület	przestrzeń działań, aktywności
009	behavioral space	Verhaltensraum (m)	működési terület, viselkedési terület	przestrzeń zachowań
010	territory	Revier (n), Territorium (n)	terület, körzet, körlet	obszar, rewir
011	aloofness	Distanz (f)	tartózkodó magatartás, közöny	dystans
012	closeness	Nähe (f)	közelség, közellét	bliskość
013	social space	Sozialraum (m)	szociális térség	przestrzeń społeczna
014	public space	öffentlicher Raum (m)	nyilvános térség	przestrzeń publiczna
015	semipublic space	halböffentlicher Raum (m)	félig nyilvános térség	przestrzeń częściowo publiczna
016	semiprivate space	semi-privater Raum (m)	félig nyilvános térség	przestrzeń półprywatna
017	private space	privater Raum (m)	privát térség	
018	outdoor space	Aussenraum (m)	külső tér	przestrzeń zewnętrzna
019	indoor space	Innenraum (m)	belső tér	przestrzeń wewnętrzna
V.03.02.	**spatial organisation**	**Organisation von Raumeinheiten (f)(pl)**	**térbeli egységek elrendezése**	**organizacja przestrzenna**
001	static	ruhend (Adj)	statikus	spokojna
002	centralized	zentriert (Adj)	központosított	scentralizowana
003	directional	gerichtet (Adj)	rendezett	ukierunkowana
004	linear	linear (Adj)	lineáris	linearna
005	dynamic	dynamisch (Adj)	dinamikus	dynamiczna
006	isolated	isoliert (Adj)	elszigetelt, izolált	izolowana
007	clustered	gruppiert (Adj)	csoportosított	zgrupowana
008	open	offen (Adj)	nyitott	przestrzeń wolna, otwarta
009	illusionistic, scenographic	illusionistisch (Adj)	megtévesztő, illuzórikus	przestrzeń iluzyjna
010	gap, space	Zwischenraum (m)	térköz	przestrzeń pośrednia
V.03.03.	**spatial groups**	**Raumgruppen (f)(pl)**	**tércsoportok**	**grupy przestrzeni**
001	adjacent spaces	benachbarte Räume (m)(pl)	szomszédos térségek	pomieszczenia sąsiadujące
002	interlocking spaces, overlapping spaces	sich überschneidende Räume (m)(pl)	kereszteződő térségek, egymást metsző terek	pomieszczenia się przenikające
003	linking space	Verbindungsraum (m)	összekötö tér	połączenie trzecim, wspólnym pomieszczeniem
004	space within a space	Raum im Raum (m)	tér a térben	przestrzeń w przestrzeni

пространство	priestor	V.03.
типы и характеристики пространств	**druhy a charakteristiky priestoru**	**V.03.01.**
эвклидово пространство	euklidovský priestor	001
обжитое, феноменологи-ческое пространство	životný priestor, fenomenologický priestor	002
окружающая среда	životné prostredie	003
социальная среда	súčasníci, sociálne prostredie	004
персональное (личное) пространство	osobný priestor	005
частная собственность	súkromie	006
интимность	intimita	007
пространство действия	jednací priestor	008
пространство поведения	priestor s typom správania sa	009
участок, ревир	revír	010
дистанция	odstup	011
близость	blízkosť	012
социальное пространство	sociálny priestor	013
общественное (публичное) пространство	verejný priestor	014
полупубличное пространство	poloverejný priestor	015
получастное пространство	polosúkromný priestor	016
частное пространство	súkromný (privátny) priestor	017
внешнее пространство	vonkajší priestor	018
внутреннее пространство	vnútorný priestor	019
организация пространственных единиц	**organizácia priestorových jednotiek**	**V.03.02.**
статичное	statický, kľudný	001
центрическое	centrovaný	002
направленное	usmernený	003
линейное	lineárny	004
динамичное	dynamický	005
изолированное	izolovaný	006
сгруппированное	zoskupený	007
открытое	otvorený	008
иллюзорное	iluzionistický	009
промежуточное	medzipriestor	010
группы пространств	**skupiny priestorov**	**V.03.03.**
смежные пространства	susedné priestory	001
пересекающиеся пространства	čiastočne prekrývajúce sa priestory	002
соединительное пространство	spojovací priestor	003
пространство в пространстве	priestor v priestore	004

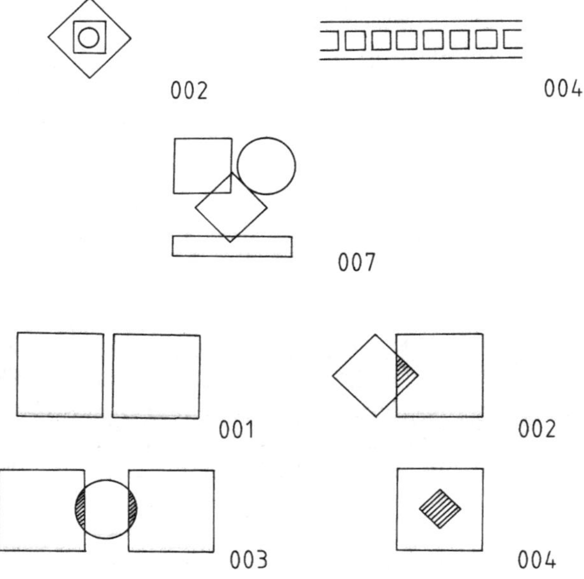

V.04.	light and color	Licht (n) und Farbe (f)	fény és szín	swiatło i kolor
V.04.01.	**light**	**Licht (n)**	**fény**	**swiatło**
001	light source	Lichtquelle (f)	fényforrás	źródło światła
002	daylight	Tageslicht (n)	napfény, nappali fény	światło dzienne
003	electric light	Kunstlicht (n)	mesterséges fény, műfény	światło sztuczne
004	direct light	direkte Beleuchtung (f)	közvetlen világítás, direkt világítás	oświetlenie bezpośrednie
005	indirect light	indirekte Beleuchtung (f)	közvetett világítás	oświetlenie pośrednie
006	illumination	Ausleuchtung (f)	kivilágítás, megvilágítás	rozjaśnienie
007	shade	Verschattung (f)	beárnyékolás, árnyékolás	zacienienie
008	reflective surface	Reflexionsfläche (f)	visszaver(őd)ési felület	powierzchnia odbicia
009	absorption	Absorption (f)	abszorpció, elnyelés	absorpcja, pochłanianie
010	refraction	Lichtbrechung (f)	fénytörés	refrakcja, załamanie światła
011	incidence of light	Lichteinfall (m)	a fény beesése, a sugár beesése	padanie światła
012	directed light	Lichtführung (f)	a fény irányítása	kierowanie światłem
013	special lighting effects	Lichtinszenierung (f)	speciális fényhatások	inscenizacja świetlna
V.04.02.	**color**	**Farbe (f)**	**szín**	**kolor, barwa**
001	primary color	Primärfarbe (f)	alapszín	kolor podstawowy
002	secondary color	Sekundärfarbe (f)	másodlagos szín	kolor wtórny
003	complementary color	Komplementärfarben (f)(pl)	kiegészítő szín	kolory komplementarne
004	chromatic color	Spektralfarbe (f)	spektrum, színkép	kolor widma
005	color wheel, color circle	Farbkreis (m)	színkorong	koło barw
006	achromatic color	achromatische Farbe (f)	akromatikus szín, szürke szín	kolor achromatyczny
007	monochrome, monochromatic	einfarbig (Adj)	egyszínű	jednobarwny
008	polychrome	polychrom (Adj)	többszínű	wielobarwny
009	colorful	bunt (Adj)	tarka, színes	kolorowy, pstry
010	iridescent	schillernd (Adj)	színjátszó, irizáló	połyskując, mieniąc się
011	mixture, color mixture	Mischung (f), Farbmischung (f)	színkeverés	mieszanina
012	additive color mixture	additive Farbmischung (f)	addíciós színkeverés	mieszanie przez dodawanie
013	subtractive color mixture	subtraktive Farbmischung (f)	szubtraktív színkeverés	mieszanie przez ujmowanie
014	interaction of color	Farbinteraktion (f)	a színek kölcsönhatása	interakcja, spółoddziaływanie kolorystyczne
015	object color	Lokalfarbe (f), Körperfarbe (f), Gegenstandsfarbe (f), Eigenfarbe (f)	a tárgy színe	kolor lokalny, kolor przedmiotowy, barwa własna
016	surface color	Oberflächenfarbe (f)	felületi szín	kolor powierzchniowy
017	appearance of color	Erscheinungsfarbe (f)	megjelenési szín	barwa wrażeniowa
018	color psychology	psychologische Farbwirkung (f)	a színek pszichológiai hatása	oddziaływanie psychologiczne koloru
019	afterimage	Nachbild (n)	utókép	powidok
020	simultaneous contrast	Kontrasteffekt (m)	kontraszt hatás	efekt kontrastu
021	warm color	warme Farbe (f)	meleg szín	barwa ciepła
022	cool color	kalte Farbe (f)	hideg szín	barwa zimna
023	symbolism of color	Farbsymbolik (f)	színszimbolika	symbolika barw
025	saturation	Sättigung (f)	színtelítettség	nasycenie
026	hue	Farbton (m)	szín(árnyalat), színfokozat	odcień farby
027	value	Farbwert (m)	színértékszám	składowa trójchromatyczna

свет и цвет	svetlo a farba	V.04.
свет	**svetlo**	**V.04.01.**
источник света	svetelný zdroj	001
дневной свет	denné svetlo	002
искусственный свет	umelé svetlo	003
прямое освещение	priame osvetlenie	004
не прямое освещение	nepriame osvetlenie	005
освещение, высвечивание	vysvietenie	006
затенение	zatienenie	007
отражающая поверхность	reflexná plocha	008
абсорбция, поглощение	absorbcia, pohlcovanie	009
светопреломление	lom svetla	010
падение света	svetelný dopad, dopad svetla	011
направленный свет	orientovanie (vedenie) svetla	012
сценирование освещения	svetelný efekt	013
цвет	**farba**	**V.04.02.**
основной цвет	základná farba	001
дополнительные цвета	podvojná farba	002
составные цвета	doplnkové farby	003
спектральный цвет	spektrálna farba	004
цветовой круг	farebný kruh	005
ахроматический цвет	achromatická farba	006
монохроматический	jednofarebný	007
полихромия	mnohofarebný	008
пёстрый	pestrý	009
переливчатый	menlivý	010
смешение	zmes, miešanie farieb	011
аддитивное цветосмешение	aditívne miešanie farieb	012
субтрактивное цветосмешение	subtraktívne miešanie farieb	013
взаимодействие цветов	farebná interakcia	014
цвет объекта	farba objektu	015
цвет поверхности	farba povrchu	016
видимый цвет	vzhľad (výzor) farby	017
психофизиологическое воздействие цвета	psychologický vplyv farieb	018
остаточное изображение	kópia, napodobenina	019
цветовой контраст	farebný kontrast	020
теплый цвет	teplá farba	021
холодный цвет	studená farba	022
символика цвета	symbolika farieb	023
интенсивность	sýtosť	025
длина волны	farebný odtieň (tón)	026
интенсивность цвета	trichromatická hodnota	027

VI. Materials
VI. Materialwissenschaft
VI. Anyagtan
VI. Nauka o materiałach, materiałoznawstwo
VI. Материаловедение
VI. Náuka o materiáloch

VI.01.	natural materials	Naturmaterialien (n)(pl)	természetes anyagok	materiały budowlane naturalne
VI.01.01.	**minerals**	**Mineralien (n)(pl)**	**ásványok**	**minerały**
001	augit, hornblende	Augit (m), Hornblende (f)	augit, amfibol	augit-rogowiec
002	calcspar, calcite	Kalkspat (m), Calcit (CaCo3) (n)	mészpát, kalcit	kalcyt, szpat kalcytowy
003	feldspar	Feldspat (m)	földpát	szpat polny
004	gypsum spar	Gipsspat (m)	leveles gipsz, szelelit	szpat gipsowy
005	mica	Glimmer (m)	csillám	łuszczyk, mika
006	pyrite, yellow pyrite	Schwefelkies (m),. Pyrit (FeS2) (m)	kénkovand, pirit	siarczan żelaza-piryt
007	quartz	Quarz (SiO2) (m)	kvarc, sziliciumoxid	kwarc
VI.01.02.	**rocks**	**Gesteine (n)(pl)**	**kőzet**	**skały**
001	amphibolite	Amphibolit (m)	amfibol	amfibolit
002	andesite	Andesit (m)	andezit	andezyt
003	asbestos	Asbest (n)	azbeszt	azbest
004	basalt	Basalt (m)	bazalt	bazalt
005	clay	Ton (m)	agyag	glina
006	conglomerate	Konglomerat (m)	konglomerátum, kavicskő	konglomerat, zlepieniec
007	diorite	Diorit (m)	diorit	dioryt
008	dolomite	Dolomit (m)	dolomit, keserűpát	dolomit
009	gabbro	Gabbro (m)	gabbró	gabro
010	gneiss	Gneis (m)	gnejsz	gnejs
011	granite	Granit (m)	gránit	granit
012	gravel sand	Kiessand (m)	sóder, kavicsos homok	piasek, żwir
013	gypsum	Gipsstein (CaSO4 - 2 H20) (m)	gipszkő	kamien gipsowy
014	lignite	Lignit (m)	lignit, barnaszén	lignit
015	limestone	Kalkstein (CaCO3) (m)	mészkő	wapień
016	loam	Lehm (m)	vályog, sovány agyag, homokos agyag	glina
017	marble	Marmor (m)	márvány	marmur
018	porphyry	Porphyr (m)	porfír	porfir
019	pumice	Traclyt (m), Bims (m)	habkő, horzsakő	pumeks
020	quartz	Quarz (m)	kvarc	kwarc
021	rhyolite	Rhyolit (m), Liparit (m)	riolit	ryolit, liparyt
022	rubble stone	Feldstein (m)	jövevénykő, vándorkő	kamień polny
023	sand	Sand (m)	homok	piasek
024	sandstone	Sandstein (m)	homokkő	piaskowiec
025	serpentine	Serpentinit (m)	szerpentinit	serpentynit
026	slate	Schiefer (m)	pala	łupek
027	syenite	Syenit (m)	szienit	sjenit
028	travertine	Travertin (m)	laza mészkő, travertin(ó)	trawertyn

природные материалы	prírodné materiály	VI.01.
минералы	**minerály**	**VI.01.01.**
авгит, роговая обманка	augit, amfibol	001
известковый шпат, кальцит	vápenec, kalcit	002
полевой шпат	živec	003
гипсовый шпат	sadrovec	004
слюда	sľuda	005
серный колчедан, пирит	sírna železná ruda, pyrit	006
кварц	kremeň	007
горные породы	**horniny**	**VI.01.02.**
амфибол	amfibol	001
андезит	andezit	002
асбест	azbest	003
базальт	čadič, bazalt	004
глина	íl	005
конгломерат	zlepenec	006
диорит	diorit	007
доломит	dolomit	008
габбро	gabro	009
гнейс	rula	010
гранит	žula, granit	011
гравелистый песок	štrkopiesok	012
гипсовый камень	sadrovec	013
лигнит	lignit	014
известняк	vápenec	015
суглинок	hlina	016
мрамор	mramor	017
порфир	porfýr	018
пемза	pemza	019
кварц	kremeň	020
риолит, липарит	ryolit	021
булыжник	zbieraný kameň, valún	022
песок	piesok	023
песчаник	pieskovec	024
серпентинит	serpentín, hadec	025
сланец	bridlica	026
сиенит	syenit	027
травертин	travertín	028

VI.02.	ceramic and mineral bound building materials	keramische und mineralisch gebundene Baustoffe (m)(pl)	kerámiai és ásványi kötésű építőanyagok	materiały budowlane ceramiczne i pochodzenia mineralnego
VI.02.01.	**adobe construction**	**Lehmbauweise (f)**	**vályogépítkezések**	**budownictwo gliniane**
001	all-loam	Massivlehm (m)	tömör agyag, homokos agyag	glina pełna, masywna
002	straw loam	Strohlehm (m)	vályog	glina ze słomą
003	light(weight) loam	Leichtlehm (m)	könnyűagyag	glina lekka
VI.02.02.	**masonry brick, clinker**	**Mauerziegel (m), Klinker (m)**	**falitéglák, klinkertéglák**	**cegły murowei, klinkier**
001	crushed stone	Bruchstein (m)	fejtettkő	kamień ciosowy
002	solid clay brick	Vollziegel (m)	tömör égetett tégla, tele téglu	cegła pełna
003	light brick	Leichtziegel (m)	sejttégla, lyukacsos tégla	cegła lekka
004	sound absorbing brick	Akustik - Ziegel (m)	hangszigetelő tégla	cegła akustyczna
005	floor (clay) brick	Deckenziegel (m)	födémtégla, burkolótégla	cegła stropowa
006	hollow brick	Hohlziegel (m)	üreges tégla	pustak stropowy
007	hollow clay block floor	Tonhohlplatte (f)	kerámia(burkoló)lap	ołytowy pustak stropowy
008	honeycomb tile	Bienenwabenstein (m)	soklyukú tégla	płytka sześcioboczna
009	tile	Kachel (f)	csempe, kályhacserép	kafel
010	tile	Fliese (f)	burkolólap	płytka ceramiczna
011	veneer brick	Verblender (m)	falburkoló tégla	lico, okładzina
012	brick slip	Riemchen (n), Sparverblender (m)	fejelőtégla	licówka, cegła okładzinowa
013	engineering brick for floors	Bodenklinker (f)	padlóburkoló lap	klinkier posadzkowy
VI.02.03.	**roof clay tile**	**Dachziegel (m)**	**cserép, tetőcserép**	**dachówka**
001	pantile	Hohlpfanne (f)	hornyolt cserép	dachówka holenderka, esówka
002	convex-tile and concave-tile	Mönch (m) und Nonne (f)	kúpcserép és homorú cserép	mnich i mniszka
003	plane tile	Biberschwanz (m)	hódfarkú cserép	dachówka płaska, karpiówka
004	broken-joint tile, interlocking tile	Falzpfanne (f)	hornyos cserép	dachówka esówka, żłobkowana
005	extruded interlocking clay roof(ing) tile	Falzziegel (m)	hornyolt tetőcserép, idomcserép	dachówka przylgowa, zakładkowa
006	flat roof pantile	Flachdachpfanne (f)	hódfarkú cserép	dachówka karpiówka
007	Roman tile	Römer Pfanne (f)	római hullámcserép	dachówka rzymska
008	corrugated clay tile	Wellziegel (m)	hullámcserép	dachówka falista
009	square brick, square tile	Ziegelplatte (f)	téglalap	płyta ceglana
VI.02.04	**cinder blocks**	**Hüttensteine (m)(pl)**	**kohósalak falazóelemek**	**kamienie hutnicze**
001	hollow-core block	Hohlblockstein (m)	üreges falazóelem	pustaki
002	concrete block	Betonstein (m)	műkő, betonkő	bloczek betonowy
003	gas concrete block	Gasbeton - Blockstein (m)	gázbeton, lyukacsos könnyűbeton falazóblokk	bloczki gazobetonowe
004	gas concrete plane stone	Gasbeton - Planstein (m)	gázbeton falazóelem	kształtki gazobetonowe
005	gas concrete slab	Gasbeton - Bauplatte (f)	gázbeton-építőlap	płyty gazobetonowe
006	lime sandstone	Kalksandstein (KS) (m)	mészhomoktégla	cegła piaskowo wapienna

строительные материалы на базе керамики и минералов	keramické a minerálne viazané stavebné látky	VI.02.
строителство из глины	**hlinené stavby**	**VI.02.01.**
плотная масивная глина	pevná hlina, masívna hlina	001
саман	hlinou spevnená slama	002
лёгкая глина	ľahká hlina	003
кирпичи для кладки и клинкеры	**tehla, zvonivka**	**VI.02.02.**
бутовый камень	lomový kameň	001
полнотелый кирпич	plná tehla	002
облегчённый кирпич	ľahčená tehla	003
акустический блок	zvukovoizolačná tehla	004
кирпич для покрытий	stropná tvarovka	005
пустотелый кирпич	dutá tehla	006
пустотелая керамическая плита	stropná dutinová keramická tvarovka	007
шестиугольный кирпич	voštinová tehla	008
кафель	kachľovka	009
плитка керамическая	obkladačka	010
облицовочный кирпич	lícová tehla, lícovka	011
декоративный кирпич	obkladová páska, lícovka	012
клинкер для полов	dlaždica	013
черепица	**škridla**	**VI.02.03.**
голландская черепица	esovka	001
желобчатая черепица	kôrková krytina	002
плоская черепица	bobrovka	003
фальцевая черепица	drážková škridla	004
ленточная фальцевая черепица	drážková škridla	005
черепица плоская кровельная	obyčajná škridla	006
римская черепица	rímska škridla	007
волнистая черепица	vlnovka	008
черепичный лист	škridlová doska	009
шлакоблоки	**tvarovky z vysokopecnej trosky**	**VI.02.04.**
пустотелый блок	dutinová tvarovka	001
бетонный блок	betónová tvarovka	002
газобетонный блок с зубцами	plynobetónový blok	003
газобетонный плоский блок	plynobetónová tvarovka	004
газобетонная плита	plynobetónová doska	005
силикатный кирпич	vápennopiesková tehla	006

VI.03	glass	Glas (n)	üveg	szkło
VI.03.01.	**technical terms**	**technische Begriffe (m)(pl)**	**műszaki fogalmak**	**pojęcia techniczne**
001	nominal thickness	Nenndicke (f)	névleges vastagság	grubość nominalna
002	gross density	Rohdichte (f)	térfogatsúly	gęstość objętościowa
003	hardness	Härte (f)	keménység	twardość
004	micro-indentation hardness	Mikroeindruckhärte (f)	benyomódási keménység	mikrotwardość wciskowa
005	scratch hardness	Ritzhärte (f)	karckeménység	twardość ryskowa
006	longterm strength	Langzeitfestigkeit (f)	tartós szilárdság	wytrzymałość długotrwała
007	highest strength	Akrofestigkeit (f), Höchstfestigkeit (f)	akroszilárdság	nadwytrzymałość
008	prestress	Vorspannung (f)	előfeszítés, előfeszítettség	sprężenie
009	stress concentration	Kerbspannung (f)	bemetszési feszültség	naprężenia w karbie
010	tearing strength	Zerreißfestigkeit (f)	szakítószilárdság	wytrzymałość na rozerwanie
011	impact strength	Schlagfestigkeit (f)	ütőszilárdság	wytrzymałość na uderzenia
012	punching strength	Durchschlagfestigkeit (f)	átütési szilárdság	wytrzymałość na przebicie
013	quenching strength	Abschreckfestigkeit (f)	hűtőszilárdság	wytrzymałość na gwałtowny spadek temperatury
014	break	Brechen (n)	törés	kruszenie, niszczenie
015	breaking index	Brechzahl (f)	törésmutató	współczynnik załamania
016	breaking behavior	Bruchverhalten (n)	törési viselkedés	przebieg zniszczenia
017	fbreaking strength, fracture strength	Bruchfestigkeit (f)	törőszilárdság, szakítószilárdság	naprężenia niszczące
018	crack	Riß (m)	repedés, hasadás	rysa, pęknięcie
VI.03.02.	**materials**	**Materialien (n)(pl)**	**anyagok**	**materiały**
001	glass pane	Glasscheibe (f)	üvegtábla	szkło okienne, tafla szklana
002	rolled glass, cast glass	Gußglas (n)	öntött üveg	szkło lane
003	sheet glass	Flachglas (n)	síküveg, táblaüveg	szkło płaskie
004	polished plate glass	Spiegelglas (n)	tükörüveg	szkło zwierciadlane
005	milk glass, translucent glass	Milchglas (n)	tejüveg	szkło mleczne
006	pattern(ed) glass (US), ornamental glass	Ornamentglas (n)	mintás üveg, ornamentüveg	szkło ornamentowane
007	glass fiber	Glasfaser (f)	üvegszál	włókno szklane
008	glass fiber laminate	Glasfasergewebe (n)	üvegszövet, üvegfonal, vágottszálú üvegszövet	tkanina ze szklanych włókien
009	glass fiber mat	Glasfasermatte (f)	üvegszál paplan	mata z włókna szklanego
010	wire glass	Drahtglas (n)	huzalbetétes üveg, huzalhálós üveg	szkło zbrojone
011	prestressed glass	vorgespanntes Glas (n)	előfeszített üveg	szkło sprężone
012	laminated glass	Verbundglas (n)	ragasztott üveg, biztonsági üveg	szkło klejone
013	fireproof glass	Brandschutzglas (n)	tűzálló üveg	szkło ognioodporne
014	profile construction glass	Profilbauglas (n)	profilüveg, idomüveg	profilowane szkło budowlane
015	glass blocks, glass bricks	Glassteine (m)(pl)	üvegtégla	luksfery, cegły szklane

стекло	sklo	VI.03.
технические понятия	**technické pojmy**	**VI.03.01.**
номинальная толщина	menovitá hrúbka	001
объёмная масса, обьёмная плотность	objemová hmotnosť	002
твёрдость	tvrdosť	003
прочность при малом вдавливании	mikrotvrdosť pri vtláčaní	004
твёрдость, определяемая методом царапания	vrypová tvrdosť	005
длительная прочность	dlhodobá pevnosť	006
сверхпрочность	akropevnosť	007
предварительное напряжение	predpätie	008
напряжение высокой концентрации	napätie vo vrube, vrubové napätie	009
прочность на разрыв	pevnosť v ťahu, medza pevnosti	010
ударная прочность	rázová pevnosť, húževnatosť	011
прочность на пробой	prierazná pevnosť	012
термическая стойкость	pevnosť pri prudkom ochladzovaní	013
дробление	prelomenie, lámanie, drvenie	014
показатель преломления	index lomu	015
поведение при разрушении	odozva pri lome	016
прочность на излом	medza pevnosti	017
трещина	trhlina, puklina, prasklina	018
материалы	**materiály**	**VI.03.02.**
листовое стекло	sklená tabuľa	001
литое стекло	liate sklo	002
оконное стекло	ploché sklo	003
зеркальное стекло	zrkadlové sklo	004
матовое стекло	mliečne sklo	005
узорчатое стекло	vzorované sklo, ornamentálne sklo, dekoračné sklo	006
стекловолокно	sklené vlákno	007
стеклоткань	tkanina zo sklených vláken	008
стекловолокнистые маты	rohož zo sklených vláken	009
армированное стекло	sklo s drôtenou vložkou	010
предварительно напряжённое стекло	predpäté sklo	011
многослойное безопасное стекло	vrstvené sklo	012
огнеупорное стекло	protipožiarne sklo	013
профилированное строительное стекло	profilované stavebné sklo	014
стеклянные блоки, стеклоблоки	sklené tvarovky	015

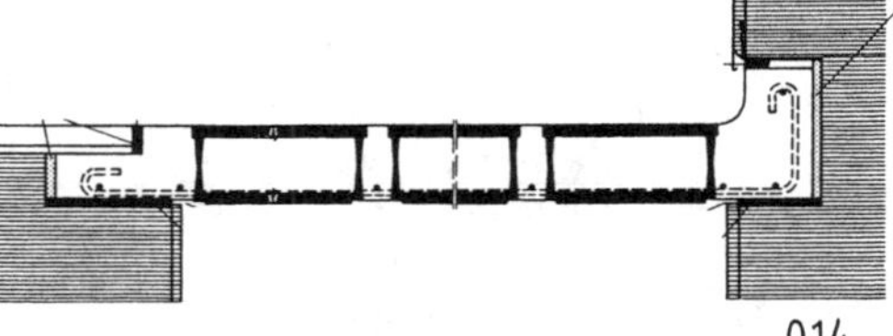
014

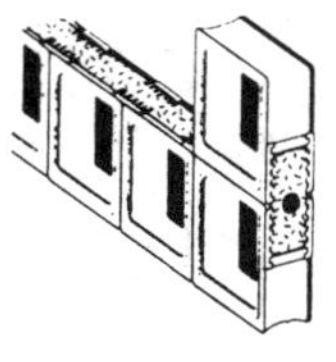
015

VI.04.	cementious materials, binding materials	Bindemittel (n)(pl)	kötőanyagok	środki wiążące
VI.04.01.	**gypsum**	**Gips (m)**	**gipsz**	**gips**
001	anhydrous (gypsum-) plaster, class C plaster	Putzgips (m) (über 190° C gebrannt)	vakológipsz (kiégetett 190° C fok fölött)	tynk gipsowy
002	bond gypsum plaster	Haftputzgips (m)	gipszvakolat	przyczepny tynk gipsowy
003	filler gypsum	Spachtelgips (m)	simítógipsz	gips szpachlowy
004	insulation plaster	Isoliergips (m)	szigetelőgipsz	gips izolacyjny
005	joint gypsum	Fugengips (m)	hézagtakarógipsz	gips spoinowy
006	molding plaster	Modellgips (m)	mintázógipsz, formázógipsz	gips modelarski
007	plaster of Paris, gypsum plaster, class A plaster	Stuckgips (m) (120° - 190° C gebrannt)	stukatúrgipsz (kiégetett 120° - 190° C fokon	stiuk-gips
VI.04.02.	**lime**	**Kalk (m)**	**mész**	**wapno**
001	building lime, construction lime	Baukalk (m)	építőmész, építési mész(kő)	wapno budowlane
002	carbide lime, hydrated lime	Carbidkalk (m)	karbidmész	wapno pokarbidowe
VI.04.03.	**cement**	**Zement (m)**	**cement**	**cement**
001	dolomite lime	Dolomitkalk (m)	dolomitmész	wapno dolomitowe
002	hydraulic base cement	Hydraul. Tragschichtbinder (m)	hidraulikus teherviselő, teherhordó kötőanyag	nośna zaprawa hydrauliczna
003	hydraulic binder	Mischbinder (MB) (m)	kötőanyag-keverék	zaprawy mieszane
004	hydraulic lime	Wasserkalk (m), hydraulischer Kalk (m)	hidraulikus mész	wapno uwodnione, hydrauliczne
005	masonry cement, mortar cement	Putz- und Mauerbinder (PM - Binder) (m)	vakoló- és falkötő anyag	zaprawa murowa i tynkarska
006	non-hydraulic lime, air-slaked lime	Luftkalk (m)	levegőn kötő mész	wapno twardniejące na powietrzu
007	Portland blast furnace cement	Eisenportlandzement (EPZ) (m)	vasportlandcement	cement portlandzki żelazowy
008	Portland blast furnace slag cement	Hochofenzement (HOZ) (m)	kohócement	cement wielkopiecowy
009	Portland cement	Portlandzement (PZ) (m)	portland cement	cement portlandzki
010	Portland trass cement	Traßzement (TrZ) (m)	traszcement	cement trasowy
011	trass-lime powder mix(ture)	Traßkalk (m)	mészpuccolán	wapno trasowe
012	white lime, rich lime, pure lime, chalk lime	Weißkalk (m)	fehér mész, kövérmész	wapno białe
VI.04.04.	**aggregates**	**Zuschläge (m)(pl)**	**adalék(anyag)**	**dodatki**
001	blast - furnace slag	Hochofenschlacke (f)	kohósalak	żużel wielkopiecowy
002	blast furnace sand, slag sand	Hüttensand (m)	szemcsézett kohósalak, kohóhomok	piasek hutniczy
003	chippings	Splitt (m)	zúzottkő, zúzalék	grys, żwirek
004	expanded clay	Blähton (m)	duzzadóagyag	keramzyt, glina szlamowa
005	fly ash	Flugasche (f)	pernye, szállóhamu, porszénhamu	popiół powietrzny
006	foamed blast-furnace slag	Hüttenbims (m)	kohóhabkő	pumeks hutniczy
007	gravel	Kies (m)	kavics, murva	żwir
008	pozzolana	Puzzolan (m)	puzzolán, puccolán	ziemia puzzoli
009	pumice	Bims (m)	habkő, horzsakő	pumeks
010	sand	Sand (m)	homok	piasek
011	trass	Traß (m)	trassz, habköves tufa	tras, tuf trasowy
012	tuff	Tuff (m)	tufa, darázskő	tuf

вяжущие	spojivá	VI.04.
гипс	**sadra**	**VI.04.01.**
штукатурный гипс	omietková (vyhladzovacia) sadra	001
гипс для склеивания	sadrová omietka	002
шпаклёвочный гипс	stierková sadra	003
изоляционный гипс	izolačná sadra	004
гипс для заделки швов	škárovacia sadra	005
формовочный гипс	modelárska sadra	006
строительный гипс	štukatérska sadra	007
известь	**vápno**	**VI.04.02.**
строительная известь	stavebné vápno	001
карбидная известь	karbidové vápno	002
цемент	**cement**	**VI.04.03.**
доломитовая известь	dolomitické vápno	001
гидравлический цемент	hydraulické nosné spojivo	002
смешанное вяжущее	zmesové spojivo	003
гидравлическая известь	hydraulické vápno	004
вяжущее для штукатурки и кладки	omietkové a murárske spojivo	005
воздушная известь	vzdušné vápno	006
железистый шлакопортландцемент	troskoportlandský cement	007
шлакопортландцемент	vysokopecný cement	008
портландцемент	portlandský cement	009
трассовый цемент	trasový cement	010
трассовая известь	trasové vápno	011
жирная белая известь	biele vápno	012
заполнители	**prísady**	**VI.04.04.**
доменный шлак	vysokopecná troska	001
гранулированный доменный шлак	granulovaná vysokopecná troska, troskový piesok	002
гравий, мелкий щебень	kamenná drvina, štrk	003
керамзит, вспученная глина	keramzit	004
зола уноса, зольная пыль	popolček	005
термозит	spenená troska, troskopemza	006
гравий	štrkopiesok, drobný štrk	007
пуццолан	puzolán	008
пемза	pemza	009
песок	piesok	010
трасс	tras	011
туф	tuf	012

VI.05.	concrete	Beton (m)	beton	beton
VI.05.01.	technical terms	technische Begriffe (m)(pl)	műszaki fogalmak	pojęcia techniczne
001	abrasion resistance, resistance to abrasion	Abriebfestigkeit (f)	koptatószilárdság, dörzs(ölés)állóság	wytrzymałość na ścieranie
002	age of concrete	Betonalter (n)	a beton kora	wiek betonu
003	compressive strength	Druckfestigkeit (f)	nyomószilárdság	wytrzymałość na ściskanie
004	concrete strength	Betonfestigkeit (f)	betonszilárdság	wytrzymałość betonu
005	consistency	Konsistenz (f)	konzisztencia	konsystencja
006	creep	Kriechen (n)	kúszás, lassú alakváltozás [betonnál]	pełzanie
007	creep coefficient	Kriechzahl (f)	kúszási együttható	współczynnik pełzania
008	initial strength	Anfangsfestigkeit (f)	kezdőszilárdság	wytrzymałość początkowa
009	set	Abbinden (n)	lekötés, egybekötés	wiązanie
010	setting time	Abbindezeit (f)	kötési idő	czas wiązania
011	shrinkage	Schwinden (n)	zsugorodás	skurcz
012	shrinkage magnitude	Schwindmaß (n)	zsugorodási mérték, zsugormérték	skurcz jednostkowy
013	tensile strength	Zugfestigkeit (f)	húzószilárdság	wytrzymałość na rozciąganie
014	to cast concrete	betonieren (V)	betonoz	betonowanie
015	cement paste	Zementleim (m)	cementenyv	glino-cement
016	mixing water	Zugabewasser (n), Anmachwasser (n)	készítési víz	woda dodatkowa
017	water-cement ratio	Wasser-Zement-Wert (m)	vízcement-tényező	współczynnik cementowo-wodny
018	colcrete, prepacked aggregate concrete	Ausgußbeton (m), Prepaktbeton (m), Colcretebeton (m)	prepaktbeton	beton wylewany (beton agregatowy)
019	concrete after initial setting	junger Beton (m) [kurz nach dem Erstarren]	frissbeton	młody beton (krótko po stwardnieniu)
020	dense concrete	Schwerbeton (m)	nehézbeton	beton ciężki
021	exposed concrete	Sichtbeton (m)	látszóbeton, felületkezelt beton, burkolati beton	beton widoczny
022	fiber concrete	Faserbeton (m)	rostos beton, szálkás beton	beton włóknisty
023	fluid concrete	Fließbeton (m)	öntött betonkeverék	beton płynny (dobrze płynący)
024	fresh concrete	Frischbeton (m)	frissbeton	swieży beton
025	glass fiber concrete	Glasfaserbeton (m)	üvegszálasbeton	beton z włóknami szklanymi
026	gunned concrete	Spritzbeton (m)	torkrétbeton, lövelt beton, fecskendezett beton	beton natryskiwany
027	hardened concrete	Festbeton (m)	megszilárdult beton	beton zakrzepły
028	in-situ concrete	Ortbeton (m) [wird am Ort, in der endgültigen Lage, in die Schalung eingebracht]	helyszínen előállított beton	beton miejscowy (dostarczony do ostatecznej formy w osza - lowaniu)
029	lightweight concrete	Leichtbeton (m)	könnyűbeton	beton lekki
030	mass concrete	Massenbeton (m) [dicker als 1 m]	tömbbeton, nagy tömegben készített beton	beton w dużej masie ' [grubszy niż 1 m]
031	normal concrete, concrete	Normalbeton, Beton (m)	beton	beton zwykły
032	polystyrene foam concrete	Styroporbeton (m)	polisztirol beton	styrobeton
033	pre-hardened concrete, pre-set concrete	grüner Beton (m) [kurz vor dem Erstarren]	frissen bedolgozott beton	"zielony" beton (krótko przed stężeniem)

бетон	betón	VI.05.
технические понятия	**technické pojmy**	**VI.05.01.**
износостойкость, прочность на истирание	obrusnosť, odolnosť proti obrúseniu	001
возраст бетона	vek betónu	002
прочность на сжатие	pevnosť v tlaku	003
прочность бетона	pevnosť betónu	004
консистенция	konzistencia	005
ползучесть	dotvarovanie	006
коэффициент ползучести	súčiniteľ dotvarovania	007
начальная прочность	začiatočná pevnosť	008
схватывание, твердение	tuhnutie	009
время схватывания	čas tuhnutia	010
усадка	zmrašťovanie, zmraštenie	011
величина усадки	miera zmraštenia, pomerné zmraštenie	012
прочность на растяжение	ťahová pevnosť, pevnosť v ťahu	013
укладывать (уложить) бетон, бетонировать	betónovať	014
цементное вяжущее	cementový tmel	015
вода затворения	prídavná voda, zámesová voda	016
водоцементное отношение	vodný súčiniteľ	017
бетон для раздельной укладки, литой бетон	prelievaný betón (prepaktbetón)	018
молодой бетон (вскоре после затвердевания)	zatuhnutý betón	019
тяжёлый бетон	ťažký betón	020
декоративный бетон	pohľadový betón, fasádny betón	021
дисперсно-армированный бетон, фибробетон	vláknobetón	022
текучий, жидкий бетон	liaty betón	023
свежеприготовленная бетонная смесь	čerstvý betón, betónová zmes	024
стеклофибробетон	betón so sklenými vláknami	025
торкрет-бетон	striekaný betón, torkrétovaný betón	026
затвердевший бетон	zatvrdnutý betón	027
монолитный бетон	betón vyrobený na mieste	028
лёгкий бетон	ľahký betón, ľahčený betón	029
массовый бетон	masívny betón	030
обыкновенный бетон	obyčajný betón	031
стиропорбетон	polystyrénbetón	032
свежеуложенный бетон (перед затвердеванием)	zavädnutý betón	033

034	prefabricated concrete unit	Betonfertigteil (f)	elő(re)gyártott betonelem	elementy gotowe (prefabrykaty)
035	prestressed concrete	Spannbeton (m)	előfeszített beton	beton sprężony
036	pumped concrete	Pumpbeton (m)	szivattyúzott beton	beton pompowany
037	ready mixed concrete	Transportbeton (m)	transzportbeton	beton transportowany
038	remove reinforced steel concrete	Trockenbeton (m)	száraz betonkeverék	beton suchy
039	shielding concrete, biological shielding concrete	Strahlenschutzbeton (m)	sugárzásvédő beton	beton przeciwpromiennej
040	site concrete, field concrete	Baustellenbeton (m)	helyszíni beton	beton wykonany na miejscu
041	steel fiber concrete	Stahlfaserbeton (m)	acelszálasbeton	beton zbrojony wkładkami stalowymi
042	steel reinforced concrete	Stahlbeton (m)	vasbeton	żelazobeton
043	underwater concrete	Unterwasserbeton (m)	vízalatti beton	beton podwodny
044	vacuum concrete	Vakuumbeton (m)	vákuumbeton	beton próżniowy
VI.05.02.	**consistency**	**Konsistenz (f)**	**konzisztencia**	**konsystencja**
001	fluid	fließfähig (KF) (Adj)	folyós	płynna
002	high-slump	weich (KR) (Adj)	képlékeny	miękka
003	plastic	plastisch (KP) (Adj)	plasztikus	plastyczna
004	rigid, stiff	steif (KS) (Adj)	merev, kemény	sztywna, gęsta
VI.05.03.	**additives**	**Zusatzmittel (n)(pl)**	**adalékszer**	**domieszki, dodatki**
001	accelerating additive for setting	Beschleuniger (BE) (m)	gyorsító(szer)	przyśpieszacz
002	air-entraining agent	Luftporenbildner (LP) (m)	légbuborékképző	środek spieniający
003	concrete plasticizer	Betonverflüssiger (BV) (m)	betonplasztifikáló szer	upłynniacz betonu
004	intrusion grout aid	Einpreßhilfe (EH) (f)	injektálhatóságot elősegítő adalék	układ ułatwiający wtłaczanie
005	plasticizer	Fließmittel (FM) (n)	folyékony adalék	środek upłynniający
006	retarding agent	Verzögerer (VZ) (m)	lassító(szer), késleltető(szer)	przedłużacz
007	softener	Weichmacher (m)	lágyító	zmiękczacz
008	stabilizer	Stabilisierer (ST) (m)	stabilizátor, csillapító	stabilizator
009	waterproofing agent	Dichtungsmittel (DM) (n)	tömítő anyag	środek uszczelniający
VI.05.04.	**corrosion**	**Korrosion (f)**	**korrózió**	**korozja**
001	carbonation	Karbonatisierung (f)	karbonizálás	nawęglanie
002	rusting (of reinforcement)	Abrostung (f) (der Bewehrung)	rozsdásodás, korrodálás	rdzewienie (zbrojenia)

сборный элемент из бетона	betónový prefabrikovaný dielec	034
предварительно напряжённый железобетон	predpätý betón	035
бетонная смесь, подаваемая насосом	čerpaný betón	036
товарный бетон	transportbetón	037
сухая бетонная смесь	suchý betón, suchá betónová zmes	038
экранирующий бетон	betón chrániaci pred žiarením	039
бетонная смесь, приготавливаемая на строительной площадке	betón vyrobený na stavenisku	040
сталефибробетон	betón s oceľovými vláknami	041
железобетон	železobetón	042
бетон для подводнго бетонирования	podvodný betón	043
вакуумированный бетон	vákuovaný betón	044
консистенция	**konzistencia**	**VI.05.02.**
текучий	tekutý	001
мягкий	mäkký	002
пластичный	plastický	003
жёсткий	tuhý	004
активирующие добавки	**prísady**	**VI.05.03.**
ускоритель	urýchľovač	001
порообразующая добавка	prevzdušňovacia prísada	002
пластификатор бетона	plastifikátor, plastifikačná prísada do betónu	003
коллоидные растворы	injektačná prísada	004
пластифицирующая добавка	tekutá prísada	005
замедлитель	spomaľovač, retardér	006
пластификатор	zmäkčovadlo	007
стабилизатор	stabilizátor	008
уплотняющее средство	tesniaca prísada	009
коррозия	**korózia**	**VI.05.04.**
карбонатизация	karbonatizácia	001
коррозия (арматуры)	hrdzavenie (výstuže)	002

VI.06.	mortar, screeds	**Mörtel** (m)(pl), **Estriche** (m)(pl)	habarcsok, esztrichek	zaprawa
VI.06.01.	**technical terms**	**technische Begriffe (m)(pl)**	**műszaki fogalmak**	**pojęcia techniczne**
001	lean mortar [small proportion of binder]	magerer Mörtel (m) [bindemittelarm]	sovány habarcs	chuda zaprawa (średnio-słabo wiążąca)
002	rich mortar [high proportion of binder]	fetter Mörtel (m) [bindemittelreich]	kövér habarcs	tłusta zaprawa (wiążąca średnio bogato)
003	thickness of plaster	Putzdicke (f)	a vakolóréteg vastagsága	grubość tynku
004	plaster base	Putzgrund (m)	alapvakolás, durvavakolás	podłoże tynku
005	damaged plaster	Putzschäden (m)(pl)	repedések a vakolatban	uszkodzenia tynku, wady
006	efflorescence	Ausblühung (f)	kivirágzás	wykwity na tynku
VI.06.02.	**lathing, back**	**Putzträger (m)(pl)**	**vakolattartók**	**podkład pod tynk**
001	expanded metal	Streckmetall (n)	terpeszrács, terpeszháló, húzott fém	blacha rozprężająca
002	plaster reinforcement	Putzbewehrung (f)	vakolatháló	zbrojenie tynku
003	reed lathing	Rohrgewebe (n)	nádszövet, nádfonat	mata trzcinowa
004	ribbed perforated metal	Rippenlochmetall (n)	bordás-lyukacsos lemez	blacha żebrowo-otworowa
005	spot welded round bar mesh, stauss clay latting	Staußziegelgewebe (n)	Stauss-háló [betétes vakoláshoz]	tkanina ceramiczna (Staussa)
006	wire cloth	Drahtgewebe (n), Rabitz (m)	huzalszövet, huzalfonat, rabitz fonal	siatka druciana (Rabitza)
VI.06.03.	**ready mix mortar**	**Werkmörtel (m), Fertigmörtel (m)**	**transzporthabarcs**	**zaprawy, zaprawy gotowe**
001	dry mortar	Trockenmörtel (m)	szárazhabarcs	sucha zaprawa
002	freshly mixed mortar	Frischmörtel (m)	meg nem kötött habarcs	swieża zaprawa
VI.06.04.	**masonry mortar**	**Mauermörtel (m)**	**falazóhabarcs**	**zaprawy murarskie**
001	normal mortar	Normalmörtel (m)	habarcs	zaprawa zwykła
002	lightweight mortar	Leichtmörtel (m)	könnyűhabarcs	zaprawa lekka
003	thin bed mortar	Dünnbettmörtel (m)	vékonyrétegű habarcs	cieńkie łoże z zaprawy
VI.06.05.	**plaster mortar**	**Putzmörtel (m)**	**vakolóhabarcs**	**zaprawy tynkarskie**
001	single-layer plaster	einlagiger Putz (m)	egyrétegű vakolat	tynk jednowarstwowy
002	two-layer plaster	zweilagiger Putz (m)	kétrétegű vakolat	tynk dwuwarstwowy
003	mortar undercoat	Unterputz (m)	alapvakolat	obrzutka
004	finishing coat	Oberputz (m)	fedővakolat	wierzchnia warstwa tynku
005	cement mortar	Zementmörtel (m)	cementhabarcs	zaprawa cementowa
006	cement-lime mortar	Kalkzementmörtel (m)	javított mészhabarcs	zaprawa wapienno-cementowa
007	gypsum mortar	Gipsmörtel (m)	gipszhabarcs, gipszes habarcs	zaprawa gipsowa
008	hydraulic lime mortar	hydraulischer Kalkmörtel (m)	hidraulikus mészhabarcs	zaprawa wapienno-hydrauliczna
009	lime mortar	Kalkmörtel (m)	mészhabarcs	zaprawa wapienna

растворы, тстяжки	**malty, mazaniny**	**VI.06.**
ехнические понятия	**technické pojmy**	**VI.06.01.**
тощий раствор	chudá malta, "pôstna malta"	001
жирный раствор	mastná malta	002
толщина штукатурки	hrúbka omietky	003
грунтовка	podklad pod omietku	004
повреждения штукатурки	trhliny v omietke, porušenie omietky	005
выцветание	výkvet	006
основание под штукатурку	**nosné podklady omietky**	**VI.06.02.**
просечной металл	napínací kov, ťahokov	001
арматура под штукатурку	omietková výstuž	002
трубчатая сетка	rákosové pletivo, trstinové pletivo	003
ребристый, дырчатый металл	rebierkový dierovaný plech	004
кирпичные элементы (выступы)	Staussove pletivo	005
проволочная сетка (сетка Рабица)	drôtené pletivo, rabicové pletivo	006
готовый раствор	**prefabrikovaná malta (hotová malta)**	**VI.06.03.**
сухой раствор	suchá malta	001
свежий раствор	čerstvá malta	002
раствор для кладки	**murovacia malta**	**VI.06.04.**
обычный раствор	obyčajná malta	001
лёгкий раствор	ľahčená malta	002
раствор, накладываемый тонким слоем	stierková malta, stierka	003
штукатурный раствор	**štuková malta**	**VI.06.05.**
однослойная штукатурка	jednovrstvová omietka	001
двухслойная щтукатурка	dvojvrstvová omietka	002
нижний слой штукатурки,	jadrová omietka	003
верхний слой штукатурки, накрывка	štuka, vrchná omietka	004
цементный раствор	cementová malta	005
известково-цементный раствор	vápnocementová malta	006
гипсовый раствор	sadrová malta	007
гидравлический известковый раствор	hydraulická vápenná malta	008
известковый раствор	vápenná malta	009

010	lime-gypsum mortar	Kalkgipsmörtel (m)	mész-gipsz habarcs	zaprawa wapienno-gipsowa
011	non-hydraulic mortar	Luftkalkmörtel (m)	levegőn kötő mészhabarcs	zaprawa powietrzno-wapienna
012	felted plaster	gefilzter Putz (m)	filccel simított vakolat	tynk przetarty filcem, filcowany
013	rough plaster	Rapputz (m)	durvavakolat	tynk rapowany
014	rough plaster	Rauhputz (m)	nyers vakolat, érdes vakolat, alapvakolás	tynk surowy
015	scraped rendering plaster	Kratzsputz (m)	kapart díszvakolat	tynk drapany
016	smooth finish plaster	geglätteter Putz (m)	simított vakolat	tynk wygładzony
017	sprayed plaster	Spritzputz (m)	fröcskölt vakolat	tynk natryskiwany
018	trowel plaster	Kellenputz (m)	kanálhátvakolat	tynk nakładany kielnią
019	washed plaster	gewaschener Putz (m)	átmosott vakolat	tynk wymywany
020	wall plaster	Wandputz (m)	falvakolat	ścienny
021	ceiling plaster	Deckenputz (m)	födémvakolat, mennyezetvakolat	tynk sufitowy
VI.06.06.	**screeds**	**Estriche (m)(pl)**	**esztrich**	**posadzki**
001	anhydrated screed	Anhydritestrich (AE) (m)	anhidritesztrich	posadzka anhydrytowa
002	asphaltic screed	Gußasphaltestrich (GE) (m)	öntött aszfaltbol való esztrich	posadzka wylewana z asfaltu
003	cement screed	Zementestrich (ZE) (m)	cementesztrich	posadzka cementowa
004	composite screed	Verbundestrich (m)	mázolt padló, mázolt aljzat	posadzka kompozytowa
005	concrete-screed floating floor	Schwimmender Estrich (m)	rugalmas terítőréteg melegpadlók alá	posadzki pływające
006	granolithic concrete screed	Hartstoffestrich (m)	kemény esztrichanyag	posadzka z materiałów twardych
007	magneside oxide screed	Magnesiaestrich (ME) (m)	magnéziaesztrich	posadzka magnezytowa
008	plastic resin screed	Kunststoffestrich (m)	műanyag-esztrich	posadzka z tworzywa sztucznego
009	screeds on separating layer	Estrich (m) auf Trennschicht (m)	szigetelő esztrichréteg, elkülönítő esztrichréteg	posadzka na warstwie dzielącej

известково-гипсовый раствор	vápnosadrová malta	010
воздушно-известковый раствор	malta zo vzdušného vápna	011
штукатурка, снятая войлочной тёркой	omietka leštená plsteným hladidlom	012
штукатурный намет с мелким гравием	sadrová omietka stiahnutá lyžicou	013
первый штукатурный намёт	hrubá omietka	014
штукатурка с начёсом	škrabaná omietka	015
затёртая штукатурка	hladená omietka	016
торкретная штукатурка, штукатурка набрызгом	striekaná omietka	017
штукатурка крупным намётом	omietka hladená lyžicou	018
смытая штукатурка	vymývaná omietka	019
штукатурка стены	omietka steny	020
штукатурка потолка	omietka stropu	021
бесшовные полы	**mazaniny, potery**	**VI.06.06.**
ангидритовый пол	anhydritový poter	001
бесшовный асфальтовый пол	mazanina z liateho asfaltu	002
цементный бесшовный пол	cementový poter, cementová mazanina	003
пол с заделанными швами	mazaninová podlaha, mazanina	004
плавающий бесшовный пол	mazanina na pružnom podklade, plávajúca mazanina	005
высокопрочный бесшовный пол	poter z tvrdých látok, mazanina z tvrdých látok	006
магнезиальный бесшовный пол	magnezitový poter, magnezitová mazanina	007
бесшовный пластмассовый пол	mazanina z plastu, mazanina z plastbetónu	008
бесшовный пол на изолированном основании	mazanina oddelená od podkladu	009

VI.07.	metals	Metalle (n)(pl)	fémek	metale
VI.07.01.	**iron and steel**	**Eisen (n) und Stahl (m)**	**vas és acél**	**żelazo i stal**
001	cast iron	Gußeisen (n)	öntvény, öntöttvas	żelazo lane, żeliwo
002	high-grade steel, stainless steel	Edelstahl (m)	nemesacél, ötvözött acél	stal szlachetna
003	rolled steel	Formstahl (m)	idomacél, szelvényacél	stal kształtowana
004	bar steel	Stabstahl (m)	rúdacél	stal prętowa
005	strip steel	Bandstahl (m)	szalagacél, abroncsacél	stal wstęgowa
006	wide flat steel	Breitflachstahl (m)	szélesacél	blacha uniwersalna stalowa
007	crude steel	Rohstahl (m)	nyersacél	stal surowa
008	base steel	Grundstahl (m)	alapacél	stal podstawowa
009	high-grade steel	Qualitätsstahl (m)	jóminőségű acél	stal uszlachetniona
010	non - alloy steel	unlegierter Stahl (m)	ötvözötlen acél	stal niestopowa
011	alloy steel	legierter Stahl (m)	ötvözött acél	stale stopowe
012	low - alloy steel	niedrig legierter Stahl (m)	alacsonyan ötvözött acél	niskostopowe stale
013	stainless steel	nichtrostender Stahl (m)	rozsdamentes acél	stale nierdzewne
014	sheet steel	Stahlblech (n)	pléh	blacha
015	panel steel	Tafelstahl (m)	acéllap	płyta
016	heavy metal plate	Grobblech (n)	durvalemez	blacha gruba
017	thin sheet metal	Feinblech (n)	vékony acéllemez	blacha cieńka
VI.07.02.	**non-ferrous metals**	**Nichteisenmetalle (n)(pl)**	**színesfémek, nemvasfémek**	**metale nieżelazne**
001	aluminum	Aluminium (Al) (n)	alumínium	aluminium
002	copper	Kupfer (Cu) (n)	vörösréz	miedź
003	lead	Blei (Pb) (n)	ólom	ołów
004	magnesium	Magnesium (Mg) (n)	magnézium	magnez
005	nickel	Nickel (Ni) (n)	nikkel	nikiel
006	tin	Zinn (Sn) (n)	ón, cinn	cyna
007	zinc	Zink (Zn) (n)	cink	cynk

металлы	**kovy**	**VI.07.**
железо и сталь	**železo a oceľ**	**VI.07.01.**
чугун	liatina	001
высококачественная сталь	ušľachtilá oceľ	002
сортовой профиль	tvarová oceľ	003
сортовая сталь	tyčová oceľ	004
ленточная сталь	pásová oceľ	005
широкополосная универсальная сталь	široká oceľ	006
сырая сталь	surová oceľ	007
основная сталь	základná oceľ	008
качественная сталь	akostná oceľ, ušľachtilá oceľ	009
нелегированная сталь	nelegovaná oceľ	010
легированная сталь	legovaná oceľ	011
низколегированная сталь	nízkolegovaná oceľ	012
нержавеющая сталь	antikorózna oceľ, nehrdzavejúca oceľ	013
листовая сталь	plech	014
лист стали	oceľová tabuľa	015
толстолистовая сталь	hrubý plech	016
тонколистовой металл	tenký plech	017
цветные металлы	**neželezné kovy**	**VI.07.02.**
алюминий	hliník	001
медь	meď	002
свинец	olovo	003
магний	horčík	004
никель	nikel	005
олово	cín	006
цинк	zinok	007

VI.08.	other materials	sonstige Stoffe (m)(pl)	egyéb anyagok	materiały pozostałe
VI.08.01.	**materials**	**Materialien (n)(pl)**	**anyagok**	**materiały**
001	bitumen	Bitumen (m)	bitumen	bitumy
002	asphalt	Asphalt (m)	aszfalt	asfalt
003	tar	Teer (m)	kátrány	smoła
004	pitch	Pech (m)	szurok, kátrány, gyanta	lepik
005	rubber	Kautschuk (m)	kaucsuk	kauczuk
006	rubber	Gummi (m)	gumi, mézga	guma
VI.08.02.	**paintings, coatings**	**Anstriche (m)(pl), Beschichtungen (f)(pl)**	**festések, kenések, bevonatok**	**powłoki malarskie**
001	asphalt coat	Asphaltanstrich (m)	aszfaltkenés, aszfaltbevonat	powłoka asfaltowa
002	bonding agent, glue, adhesive, cement	Kleber (m), Leim (m)	ragasztó	klej
003	carbamide glue	Carbamidkleber (m)	karbamidragasztó	klej karbamidowy
004	casein glue	Kaseinleim (m)	kazeinenyv	klej kazeinowy
005	cellulose coat	Zelluloseanstrich (m)	cellulózfesték	powłoka celulozowa
006	cement pigment, cement color	Zementfarbe (f)	cementfesték	farba cementowa
007	corrosion - protective coat	Korrosionsschutzanstrich (m)	korróziógátló bevonóanyag	powłoki antykorozyjne
008	epoxy putty	Epoxidkitt (m)	epoxidgyanta	kit epoksydowy
009	glue - bound distemper	Leimfarbe (f)	enyvfesték, enyves festék	farba klejowa
010	latex adhesive	Latexleim (m)	latex (alapú) ragasztó	klej lateksowy
011	latex coat	Latexanstrich (m)	latex alapú bevonóanyag	powłoka lateksowa
012	latex paint	Dispersionsfarbe (f)	diszperzió-festék	farba dyspersyjna, emulsyjna
013	lime	Kalk (m)	mész	wapno
014	multi - component coat	Mehrkomponentenanstrich (m)	többkomponensű bevonóanyag	powłoki wieloskładnikowe
015	nitrocellulose putty	Nitrozellulosekitt (m)	cellulóz - nitrát alapú tapasz	kit nitrocelulozowy
016	oil (based) paint	Ölfarbe (f)	olajfesték	farba olejna
017	oil putty	Ölkitt (m)	olajos tapasz, olajkitt	kit olejny
018	paint	Farbe (f)	festék	farba
019	paint, coating (material)	Anstrichstoff (m)	festőanyag, mázolóanyag	materiał powłok malarskich
020	pigment coating	Pigmentanstrich (m)	színes film	powłoka pigmentowa
021	polish	Politur (f)	fényezés, politura	politura
022	resin adhesive, resin glue	Harzkleber (m)	gyanta alapanyagú ragasztó	klej żywiczny
023	rubber adhesive	Kautschukkleber (m)	kaucsukragasztó	klej kauczukowy
024	solvent	Lösemittel (n)	oldószer	rozpuszczalnik
025	spirit coat	Spiritusanstrich (m)	alkoholos alapmáz	powłoka spiritusowa
026	stain	Beize (f)	pác(anyag)	bejca
027	synthetic coat	synthetischer Anstrich (m)	szintetikus festék	powłoka syntetyczna
028	synthetic putty	Synthesekitt (m)	szintetikus tapasz	kit syntetyczny
029	synthetic resin-based adhesive	Kunstharzleim (m)	műgyanta alapú ragasztó, szintetikus ragasztó	klej z żywicy syntetycznej
030	thinner	Verdünnungsmittel (n)	hígító(szer), festék hígító	rozcieńczalnik
031	two-component coat	Zweikomponentenanstrich (m)	kétkomponensű bevonóanyag	powłoki dwuskładnikowe
032	varnish	Firnis (n)	firnisz	werniks
033	varnish, lacquer	Lack (m)	lakk	lak, lakier

прочие материалы	iné materiály	VI.08.
материалы	**materiály**	**VI.08.01.**
битум	bitumén	001
асфальт	asfalt	002
смола, дёготь	decht	003
смола, дёготь	smola, živica	004
каучук	kaučuk	005
резина	guma	006
краски, покрытия	**nátery, nánosy, povlaky**	**VI.08.02.**
асфальтовый лак	asfaltový náter	001
клей	lepidlo, glej	002
карбамидный клей	karbamidové lepidlo	003
казеиновый клей	kazeínové lepidlo	004
целлюлозный лак	celulózový náter	005
цементная краска	cementová farba	006
антикоррозионный краситель	protikorózny náter, antikorózny náter	007
эпоксидная шпаклевка	epoxidový tmel	008
клеевая краска	glejová farba	009
латексный клей	latexové lepidlo	010
латексовый краситель	latexový náter	011
дисперсный краситель	disperzná farba	012
известь	vápno	013
многокомпонентный краситель	viaczložkový náter	014
нитроцеллюлозная шпаклевка	nitrocelulózový tmel	015
масляная краска	olejová farba	016
замазка на масляной основе	olejový tmel, sklenársky tmel	017
краска, цвет	farba	018
лакокрасочный материал	náterová hmota, náterová látka	019
пигментная окраска	pigmentový náter	020
политура	politúra	021
канифольный клей	živičnaté lepidlo	022
каучуковый клей	kaučukové lepidlo	023
пигмент	rozpúšťadlo	024
спиртовый краситель	liehový náter	025
средство для протравливания	moridlo	026
синтетический краситель	syntetický náter	027
синтетическая шпаклевка	syntetický tmel	028
клей на основе синтетической смолы	syntetické lepidlo	029
разбавитель, расжижитель	riedidlo	030
двухкомпонентный краситель	dvojzložkový náter	031
фирнис, олифа	fermež	032
лак	lak	033

034	water emulsion	Wasseremulsion (f)	vizes emulzió	emulsja wodna
035	water glass	Wasserglas (n)	vízüveg	szkło wodne
VI.08.03.	**insulating materials**	**Dämmstoffe (m)(pl), Isolierstoffe (m)(pl)**	**szigetelőanyagok**	**materiały tłumiące**
001	acoustic board	schallschluckende Platte (f)	hangelnyelő lemez	płyta dzwiękochłonna
002	acoustic tile, acoustic plate	Akustikplatte (f)	akusztikai burkolat, hangszigetelő burkolat	płyta akustyczna
003	basalt wool	Basaltwolle (f)	bazaltgyapot	wełna bazaltowa
004	cork	Kork (m)	parafa	korek
005	expanded perlite	expandierter Perlit (m)	omlós-duzzasztott perlit	roszerzający się perlit
006	extruded particle board	Spanplatte (f)	faforgácslemez	płyta wiórowa
007	glass wool	Glaswolle (f)	üveggyapot, üvegvatta	wełna szklana
008	insulation material	Faserdämmstoff (m)	szálas szigetelőanyag	włóknisty materiał tłumiący
009	lightweight building board	Leichtbauplatte (f)	könnyű építőlemez	lekka płyta budowlana
010	mineral foam	Mineralischer Schaumstoff (m)	ásványi habosított anyag, habanyag	spienione tworzywo mineralne
011	mineral wool	Mineralwolle (f)	kőgyapot	wełna mineralna
012	plastic foam	Schaumkunststoff (m)	műanyaghab, habosított műanyag	spienione tworzywo sztuczne
VI.08.04.	**plastics**	**Kunststoffe (m)(pl)**	**műanyagok**	**tworzywa sztuczne**
001	monomer	Monomer (n)	monomer	monomer
002	polymer	Polymer (n)	polimer	polimer
003	elastomer	Elastomer (n)	elasztomer	elastomer
004	plastomer	Plastomer (n)	plasztomer	plastomer
VI.08.05.	**lightweight materials**	**Leichtbaustoffe (m)(pl)**	**könnyű építőanyagok**	**lekkie materiały budowlane**
001	gypsum-plaster board, gypsum-plaster sheet	Gipskartonplatte (f)	gipszkarton lap, gipszkarton tábla	płyty gipsowo-kartonowe
002	gypsum fiberboard	Gipsfaserplatte (f)	szálerősítésű gipszlap, szálerősítésű gipszlemez	płyty gipsowo-włókniste
003	Wallboard	Wandbauplatte (f)	falépítőlemez	płyty ścienne
004	gypsum plank board, board lath	Gipsdiele (f)	gipszpalló, gipszmennyezet	dyle gipsowe
005	gypsum (building) block, gypsum building tile	Gipsbaustein (m)	gipszkő	bloczki gipsowe
006	(pre)cast gypsum product, prefab(ricated) gypsum product	Gipsformstück (n)	gipszforma, gipszsablon	prefabrykaty, formy gipsowe
007	gypsum (building) unit	Gipsfertigteil (n)	elő(re)gyártott gipszelem	prefabrykaty gipsowe
008	construction panel	Bautafel (f), (Bauplatte (f), Paneel (n)	panel	płyty budowlane, panele

водная эмульсия	vodná emulzia	034
жидкое стекло	vodné sklo	035
изоляционные материалы	**izolačné materiály**	**VI.08.03.**
звукопоглощающая панель	zvukovoizolačná doska	001
акустическая плита	akustická doska	002
базальтовое волокно	čadičová vata	003
пробка	korok	004
перлит	expandovaný perlit	005
древесностружечная плита	upínacia doska	006
стекловата	sklená vata	007
волокнистый материал	vláknitý izolačný materiál	008
облегчённая плита	ľahká stavebná doska	009
пенопласт на минеральной основе	minerálna penová hmota	010
минеральное волокно	minerálna vlna	011
пенопласт	penoplast	012
синтетические материалы	**plasty**	**VI.08.04.**
мономер	monomér	001
полимер	polymér	002
эластомер	elastomér	003
пластомер, термопласт	plastomér	004
лёгкие строительные материалы	**ľahké stavebné materiály**	**VI.08.05.**
гипсовая картонная плита	sadrokartónová doska	001
гипсовая волокнистая плита	sadrovláknitá doska	002
стеновые панели	stenový panel	003
гипсовая плита	sadrová doska	004
гипсовый блок	sadrový blok	005
гипсовые фасонные детали	sadrová tvarovka	006
гипсовые формы	sadrový prefabrikát	007
строительная панель	panel	008

VI.09.	construction material properties	Baustoffeigenschaften (f)(pl)	az épitőanyagok tulajdonságai	właściwości materiałów budowlanych
001	breaking strength	Abreißfestigkeit (f)	szakadási szilardság	wytrzymałość na rozerwanie
002	coherence	Zusammenhaltevermögen (n)	kohézió, összetartóerő	ścisliwość
003	compaction	Verdichtung (f)	összenyomódás	uszczelnienie
004	creep	Kriechen (n)	kúszás, tartósfolyás.	pełzanie
005	elasticity	Elastizität (f)	rugalmasság	elastyczność
006	fluidity	Fließvermögen (n)	folyásképesség	podatność na odkształcenia plastyczne
007	hardening	Erhärtung (f)	megszilárdulás	stwardnienie
008	moisture expansion, swelling	Quellen (n)	duzzadás, dagadás	pęcznienie
009	relaxation	Relaxation (f)	relaxáció, ernyedés,	relaksacja
010	setting	Erstarrung (f)	megmerevedés, megdermedés	zastygnięcie
011	shrinkage	Schwinden (n), Schrumpfen (n)	zsugorodás, aszalódás	skurcz
012	stability under load	Standfestigkeit (f)	állékonyság	trwałość
013	strain	Dehnung (f)	nyúlás, megnyúlás	wydłużenie względne
014	strength	Festigkeit (f)	szilárdság	wytrzymałość
015	workability	Verarbeitbarkeit (f)	feldolgozhatóság	możliwości obróbki
016	deviation	Abweichung (f)	eltérés	odchylenie
017	manufacturing tolerance	Fertigungstoleranz (f)	gyártási tűrés	tolerancja wykonawcza
018	permissible tolerance	zulässige Toleranz (f)	megengedett eltérés, megengedett tolerancia	dopuszczalna tolerancja
019	weight	Gewicht (n)	tömeg, súly	ciężar
020	density	Volumengewicht (n)	térfogatsúly	ciężar objętościowy
021	specific gravity	spezifisches Gewicht (n)	fajsúly	ciężar specyficzny
022	porosity	Porosität (f)	porozitás, hézagosság	porowatość
023	impermeability	Dichtigkeit (f)	tömörség	szczelność
024	granularity	Körnigkeit (f)	szemcsézet	uziarnienie
025	grain (particle) size	Korngröße (f)	szemnagyság	wielkość ziarna
026	grain - size distribution	Kornverteilung (f)	szemösszetétel, szemeloszlás	rozkład uziarnienia
027	void ratio	Hohlraumgehalt (m)	hézagtérfogat, hézagtartalom	porowatość
028	elastic deformation	elastische Verformung (f)	rugalmas deformáció	deformacja sprężysta
029	elastic limit	Elastizitätsgrenze (f)	rugalmassági határ	granica sprężystości
030	plastic deformation	plastische Verformung (f)	plasztikus alakváltozás, plasztikus deformáció	deformacja plastyczna
031	dampness, humidity	Feuchtigkeit (f)	nedvesség	wilgotność
032	natural humidity	natürliche Feuchtigkeit (f)	természetes nedvesség	wilgotność naturalna
033	maximum humidity	Maximalfeuchtigkeit (f)	maximális nedvesség	wilgotność maksymalna
034	water-absorbing capacity	Wasseraufnahmefähigkeit (f)	felszívóképesség	właściwość wchłaniania wody
035	hygroscopic capacity	Hygroskopizität (f)	nedvszívóképesség	higroskopijność
036	combustible, flammable	brennbar (Adj)	éghető, gyúlékony	palność
037	incombustible	unbrennbar (Adj)	éghetetlen , nem éghető	niepalność
038	slowly combustible	schwer brennbar (Adj)	nehezen gyúlékony	trudnopalność
039	highly flammable	leicht brennbar (Adj)	könnyen gyúlékony	łatwopalność
040	fireproof	feuerfest (Adj)	tűzálló, hőálló	odporność ogniowa
041	fire-resistant	feuerbeständig (Adj)	tűzálló, hőálló	wytrzymałość ogniowa

свойства строительных материалов	vlastnosti stavebných látok	VI.09.
прочность на отрыв	pevnosť na odtrhnutie	001
способность сохранять приданную форму	súdržnosť, kohézia	002
уплотнение	zhutňovanie, zhutnenie	003
ползучесть	tečenie, dotvarovanie	004
упругость, эластичность	elasticita, pružnosť	005
текучесть	tekutosť	006
твердение, затвердевание	tvrdnutie	007
вспучивание	rozpínanie, expandovanie	008
релаксация	relaxácia	009
схватывание, застывание	tuhnutie	010
усадка, сжатие	zmrašťovanie, zmraštenie	011
устойчивость	stabilita, stálosť, trvanlivosť	012
продольная деформация	pomerné predĺženie, ťažnosť	013
прочность	pevnosť	014
способность к обработке	spracovateľnosť	015
отклонение	odchýlka	016
производственный допуск	výrobná tolerancia	017
допуск, допустимое отклонение	dovolená tolerancia, prípustná tolerancia	018
вес	hmotnosť, tiaž	019
объёмный вес	objemová hmotnosť	020
удельный вес	merná hmotnosť, špecifická hmotnosť	021
пористость	pórovitosť	022
плотность	nepriepustnosť, tesnosť	023
зернистость	zrnitosť	024
размер зёрен	veľkosť zrna	025
гранулометрия	granulometrické zloženie	026
пористость	medzerovitosť	027
упругая деформация	pružná deformácia	028
предел упругости	medza pružnosti	029
пластическая деформация	plastická deformácia	030
влажность, влага	vlhkosť	031
естественная влажность	prirodzená vlhkosť	032
максимальная влажность	maximálna vlhkosť	033
влагоёмкость	nasiakavosť	034
гигроскопичность	hygroskopicita	035
горючий, сгораемый	horľavý	036
негорючий, несгораемый	nehorľavý	037
медленно сгорающий	ťažko horľavý	038
легко сгорающий	ľahko horľavý	039
огнестойкий, огнеупорный	žiaruvzdorný	040
жаростойкий	ohňovzdorný, žiaruvzdorný	041

VII. Statics, Stability, Dynamics, Strength

VII. Statik, Stabilität, Dynamik, Festigkeit

VII. Statika, Stabilitás, Dinamika, Szilárdság

VII. Statyka, Stateczność, Dynamika, Wytrzy małość

VII. Сатика, Устойчивость, Динамика, Сопротивление материалов

VII. Statika, stabilita, dynamika, pevnosť

VII.01.	basic terms	Grundbegriffe (m)(pl)	alapfogalmak	pojęcia podstawowe
001	boundary conditions	Randbedingungen (f)(pl)	kerületi feltételek	warunki brzegowe
002	Cartesian coordinates	kartesische Koordinaten (f)(pl)	derékszögő koordináták	współrzędne kartezjańskie
003	centroid of cross-section	Querschnitts-Schwerpunkt (m)	a keresztmetszet súlypontja	środek ciężkości przekroju poprzecznego
004	circular cross section	Kreisquerschnitt (m)	körkeresztmetszet	okrągły przekrój poprzeczny
005	cross section	Querschnitt (m)	keresztmetszet	przekrój poprzeczny
006	elastic bedding, elastic foundation	elastische Bettung (f)	rugalmas ágyazat	podpora sprężysta
007	elastic connection, junction, joint	elastische Verbindung (f)	rugalmas kapcsolat	sprężyste połączenie lub węzeł
008	elastic halfspace	elastischer Halbraum (m)	rugalmas féltér	półprzestrzeń sprężysta
009	elastic length	elastische Länge (f)	rugalmas hossz	długość sprężysta
010	equilibrium	Gleichgewicht (n)	egyensúly	równowaga
011	equilibrium condition	Gleichgewichtsbedingung (f)	egyensúlyi feltétel	warunki równowagi
012	hinge	Gelenk (n)	csukló	przegub
013	hinged connection	gelenkiger Anschluß (m)	csuklós kapcsolat	połączenie przegubowe
014	hinged support	gelenkiges Lager (n)	csuklós megtámasztás	podpora przegubowa
015	horizontal axis	Horizontalachse (f)	vízszintes tengely	oś pozioma
016	load capacity, bearing capacity	Tragfähigkeit (f)	teherbíró képesség, teherbírás	nośność konstrukcji
017	longitudinal axis of the system	Längsachse(f) des Systems (n)	a rendszer hossztengelye	osie podłużne układu
018	main system	Hauptsystem (n)	globális rendszer	ustrój, układ, system główny
019	moment hinge	Momentengelenk (n)	csukló	przegub momentów
020	movable mechanism	beweglicher Mechanismus (m)	mozgó mechanizmus, mozgó szerkezet	mechanizm ruchomy
021	moveable support	verschiebliches Lager (n)	görgős megtámasztás	podpora przesuwna
022	normal force hinge	Normalkraftgelenk (n)	teleszkópos kapcsolat, csúszkás kapcsolat	siła osiowa przegubu
023	plane of cross-section	Querschnittsebene (f)	a keresztmetszet síkja	płaszczyzna przekroju poprzecznego
024	rectangular cross section	Rechteckquerschnitt (m)	derékszögű keresztmetszet, téglalap keresztmetszet	prostokątny przekrój poprzeczny
025	rectangular element	rechteckiges Element (n)	derékszögű elem	element prostokątny
026	restraint, fixity	Einspannung (f)	befogás	zamocowanie
027	rigid connection	starre Verbindung (f)	merev kapcsolat	połączenie sztywne
028	safety concept	Sicherheitskonzept (n)	biztonsági koncepció	sposób oceny
029	safety factor	Sicherheitsfaktor (m)	biztonsági tényező	warunki bezpieczeństwa
030	span, span length	Spannweite (f)	fesztáv, fesztávolság	rozpiętość
031	spring	Feder (f)	rugó	sprężyna
032	spring stiffness	Federsteifigkeit (f)	rugómerevség	sztywność sprężysta
033	square cross section	quadratischer Querschnitt (m)	négyzetes keresztmetszet	kwadratowy przekrój poprzeczny
034	statically determinate	statisch bestimmt (Adj)	statikailag határozott	statycznie wyznaczalne
035	statically indeterminate	statisch unbestimmt (Adj)	statikailag határozatlan	statycznie niewyznaczalne
036	torsion spring	Drehfeder (f)	torziós rugó	utwierdzenie sprężyste przy skręcaniu
037	transverse axis of the system	Querachse des Systems (n)	haránttengely	oś poprzeczna układu
038	transverse force hinge	Querkraftgelenk (n)	nyíróerőt át nem adó kapcsolat	siła poprzeczna w przegubie
039	vertical axis	Vertikalachse (f)	függőleges tengely	oś pionowa

основные понятия	základné pojmy	VII.01.
граничные условия	okrajové podmienky	001
картезианские координаты	kartézske súradnice	002
центр сечения	ťažisko prierezu	003
поперечное сечение круга	kruhový prierez	004
поперечное сечение	prierez	005
упругое основание	pružné uloženie	006
упругая связь	pružný spoj	007
упругая полусфера	pružný polpriestor	008
упругая длина	pružná dĺžka, dĺžka v pružnej oblasti	009
равновесие	rovnováha, rovnovážny stav	010
условие равновесия	rovnovážna podmienka	011
шарнир, сочленение	kĺb	012
шарнирное соединение	kĺbové spojenie	013
опора на шарнирах	kĺbové uloženie	014
горизонтальная ось	horizontálna os	015
грузоподъёмность	nosnosť, únosnosť	016
продольная ось системы	pozdĺžna os sústavy	017
основная система	základná sústava	018
сочленение моментов	momentový kĺb	019
подвижной механизм	pohyblivý mechanizmus	020
подвижная опора	posuvné kĺbové uloženie	021
сочленение нормальных сил	kĺb prenášajúci normálovú silu	022
плоскость поперечного сечения	rovina prierezu	023
прямоугольное сечение	pravouhlý prierez	024
прямоугольный элемент	pravouhlý element	025
натяжка	votknutie	026
жёсткое соединение	tuhý spoj, tuhé spojenie	027
концепция надёжности	bezpečnostná koncepcia	028
фактор надёжности	stupeň bezpečnosti, súčiniteľ bezpečnosti	029
пролёт	rozpätie	030
пружина	pero, pružina	031
жёсткость пружины	pružinová tuhosť	032
квадратное поперечное сечение, квадратное сечение	štvorcový prierez	033
статически определимое	staticky určitý	034
статически неопределимое	staticky neurčitý	035
торсионная пружина	torzná pružina	036
поперечная ось системы	priečna os sústavy	037
сочленение поперечных сил	kĺb prenášajúci priečnu silu	038
вертикальная ось	vertikálna os	039

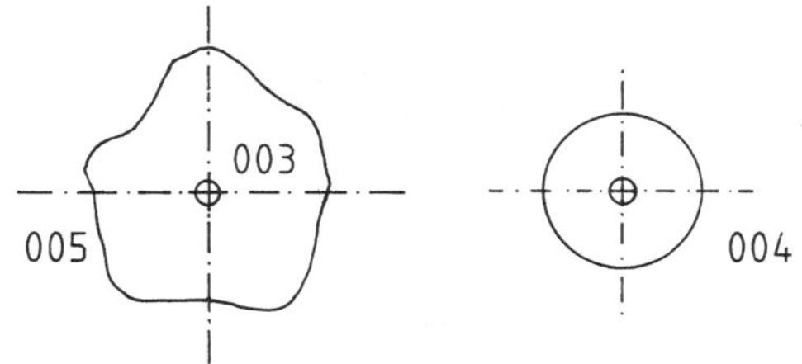

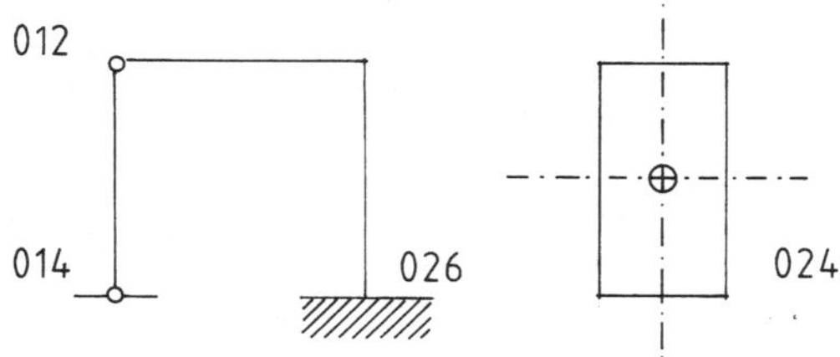

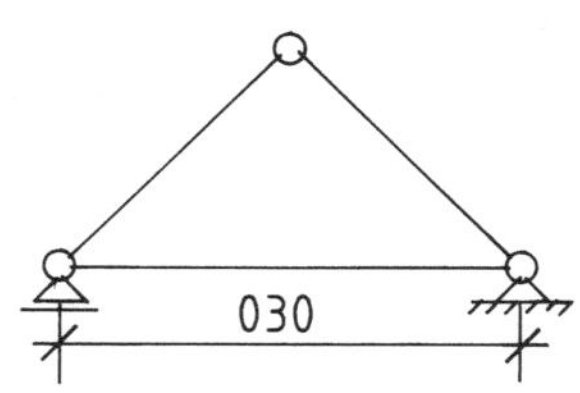

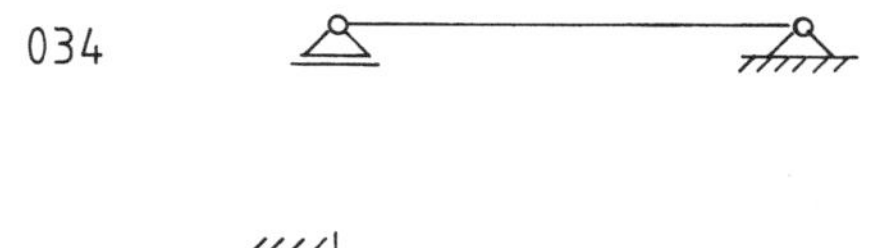

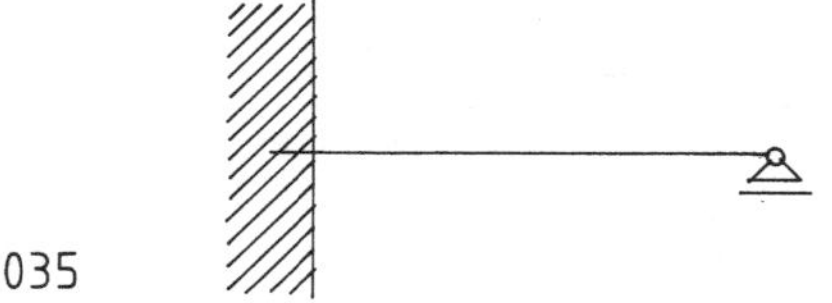

VII.02.	**structural systems**	**Tragsysteme (n)(pl)**	**tartórendszerek**	**układy nośne**
VII.02.01.	**members**	**Stäbe (m) (pl)**	**rudak**	**pręty**
001	compression member	Druckstab (m)	nyomott rúd	pręt ściskany
002	fixed column, support	eingespannte Stütze (f)	befogott támasz	podpora sztywna, utwierdzona
003	flexural member	Biegestab (m)	hajlított rúd	pręt zginany
004	pier	Pfeiler (m)	pillér	filar,słup,podpora
005	post	Ständer (m), Stiel (m)	tám, támasz	słup, filar
006	rocker (hinged) column	Pendelstütze (f)	ingaoszlop	słup
007	rocker member	Pendelstab (m)	mindkét végén csuklós rúd	wahacz
008	suspension rod	Hängestange (f)	függesztőrúd	wieszak
009	tension member, tie	Zugstab (m)	húzott rúd	pręt rozciągany
010	tie rod	Zugstange (f)	horgonyrúd	ściąg
VII.02.02.	**beams, girders**	**Balken (m)(pl), Träger (m) (pl)**	**gerendák, tartók**	**belki, dźwigary**
001	arch(ed girder), curved girder	Bogenträger (m), gekrümmter Träger (m)	ívtartó, ívgerenda	dźwigar łukowy, dźwigar zakrzywiony
002	bracket, corbel	Konsole (f)	konzol	wspornik, konsola
003	cantilever girder	Kragträger (m)	konzol	dźwigar wspornikowy
004	castellated girder	Wabenträger (m)	áttört tartó	dźwigar ażurowy
005	continuous girder	Durchlaufträger (m)	többtámaszú tartó	dźwigar ciągły
006	double trussed girder	zweifach unterspannter Träger (m)	kétszeres feszítőműves tartó	dźwigar podwójnie stężony dołem
007	exterior span	Randfeld (n)	szélső mező, szélső nyílás	przęsło skrajne
008	fixed girder	eingespannter Träger (m)	befogott tartó	dźwigar pojedyńczo stężony dołem
009	girder with a bend	geknickter Träger (m)	törttengelyű tartó	dźwigar załamany
010	haunched girder	Voutenträger (m)	kiékelt tartó	dźwigar skośny
011	hinged girder	Gerberträger (m)	Gerber-tartó	belka ciągła przegubowa, dźwigar Gerbera
012	interior span	Innenfeld (n)	belső mező	przęsło wewnętrzne
013	overhang beam	Kragbalken (m)	konzol, konzoltartó	belka wspornikowa
014	rigid girder	biegesteifer Träger (m)	hajlításra merev tartó, gerendatartó	dżwigar przenoszący zginanie (odporny na zginanie)
015	simple trussed girder	einfach unterspannter Träger (m)	egyszeres feszítőműves tartó	dźwigar ze wzmocnionym pasem dolnym
016	single-span girder	Einfeldträger (m)	kéttámaszú tartó, egynyílású tartó	dźwigar jednoprzęsłowy
017	solid-web girder	Vollwandträger (m)	gerinclemezes tartó	dźwigar tarczownicowy, pełnościenny
018	three-span girder	Dreifeldträger (m)	négytámaszú tartó, háromnyílású tartó	dźwigar trójprzęsłowy
019	trussed girder	Fachwerkträger (m)	rácsostartó	dźwigar kratowy
020	variable cross-sectional height	veränderliche Querschnittshöhe (f)	változó magasságú keresztmetszet	zmienna wysokość przekroju poprzecznego
021	vierendeel girder	Vierendeelträger (m)	Vierendeel-tartó	dźwigar Vierendela
VII.02.03.	**arches**	**Bögen (m)(pl)**	**ívek**	**łuki**
001	abutment	Widerlager (n)	gyám, váll, boltváll	podpora, opora
002	arch with tie rod	Bogen (m) mit Zugband (n)	vonóvasas ív, vonórudas boltozat	łuk ze ściągiem

несущие системы	nosné sústavy	VII.02.
стержни	**prúty**	**VII.02.01.**
сжатый стержень	tlačený prút	001
зажатая опора	votknutá podpera	002
изогнутый стержень	ohýbaný prút	003
контрфорс	pilier	004
стойка	stojka	005
качающаяся опора	kývna podpera	006
качающийся стержень	kývny prút	007
подвесная штанга	záves	008
растянутый стержень	ťahaný prút	009
растянутый элемент	ťahadlo	010
балки, фермы, опоры	**trámy, nosníky**	**VII.02.02.**
арочная балка	oblúkový nosník, zakrivený nosník	001
консоль	konzola	002
консоль, ферма консольная	konzolový nosník	003
сотовая балка, ферма	prelamovaný nosník	004
сплошная балка	spojitý nosník	005
балка с двойным нижним защемлением	dvojité vzperadlo, lichobežníkové vzperadlo	006
граница поля	krajné pole	007
бесшарнирная балка	votknutý nosník	008
балка продольного изгиба	zalomený nosník	009
балка с вутами	nosník s nábehom	010
неразрезная балка, балка Гербера	spojitý kĺbový nosník, Gerberov nosník	011
внутреннее поле	vnútorné pole	012
консольная балка	konzolový trám	013
балка с жёстким изгибом	tuhý nosník	014
балка с одинарным нижним защемлением	jednoduché vzperadlo	015
ферма равного сопротивления	prostý nosník, nosník o jednom poli	016
балка со сплошной стенкой	plnostenný nosník	017
балка на трёх опорах	trojpoľový nosník	018
решётчатая ферма	priehradový nosník	019
высота переменного сечения	premenlivá výška prierezu	020
балка с четырьмя опорами	Vierendeelov nosník	021
арки, своды	**oblúky**	**VII.02.03.**
нижний пояс, пята арки	opora, pätka klenby	001
арка со стяжкой	oblúk s ťahadlom	002

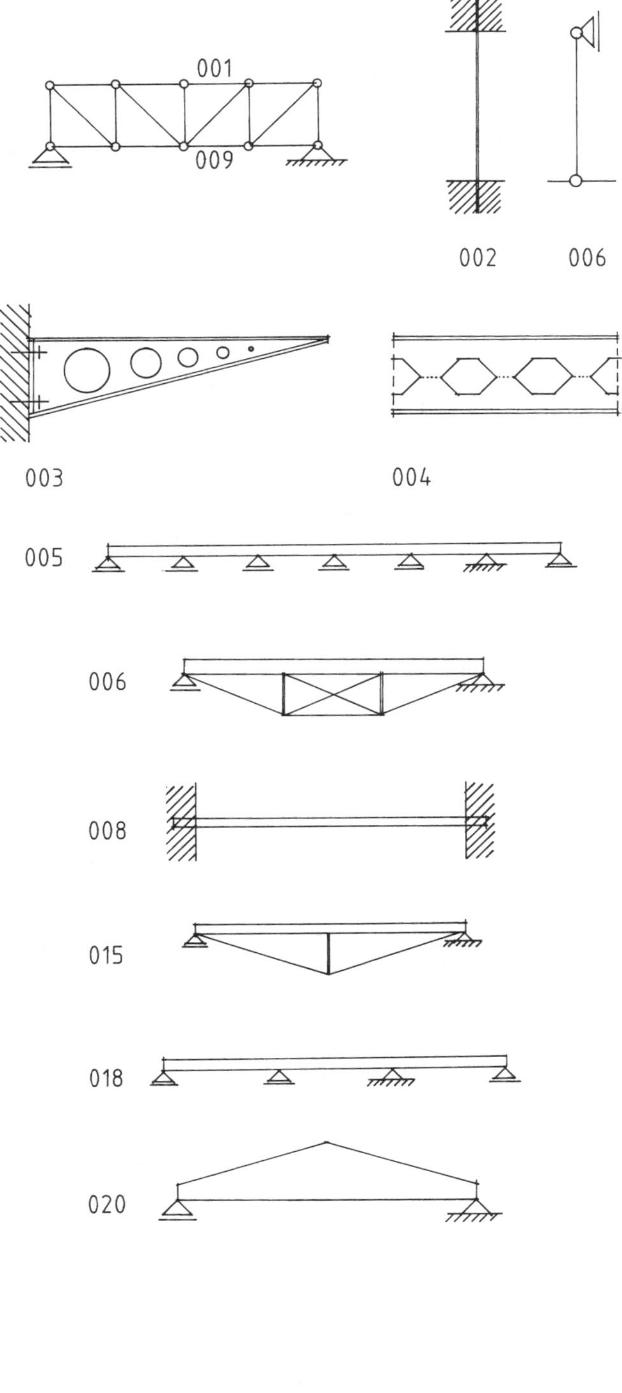

003	arched girder	Bogenträger (m)	ívtartó	dźwigar łukowy
004	basket arch, three-centered arch	Korbbogen (m)	kosárív, kosárgörbe	łuk koszowy
005	bowstring girder	Bogenbinder (m)	ívtartó	więzar łukowy
006	circular arch	Kreisbogen (m)	körív	łuk kołowy, pełny
007	fixed arch	eingespannter Bogen (m)	befogott ív, bekötött ív	łuk sztywno-zamocowany
008	impost	Kämpfer (m)	támasz (ablakok között)	węzgłowie, imposta
009	parabolic arch	Parabelbogen (m)	parabolaív	łuk paraboliczny
010	rise	Pfeilhöhe (f), Stich (m)	ívmagasság	wysokość strzałki, strzałka łuku
011	shell arch	Schalenbogen (m)	héjív	łuk powłokowy
012	three-hinge arch	Dreigelenkbogen (m)	háromcsuklós ívtartó	łuk trójprzegubowy
013	three-hinge arch with tie rod	Dreigelenkbogen (m) mit Zugband (n)	háromcsuklós ívtartó vonórúddal	łuk trójprzegubowy ze ściągiem
014	trussed arch	Fachwerkbogen (m)	rácsosív	kratownica łukowa
015	two-hinge arch	Zweigelenkbogen (m)	kétcsuklós ív, kétcsuklós ívtartó	łuk dwuprzegubowy
016	vertex, apex, crown	Scheitel (m)	csúcs, csúcspont	wierzchołek łuku
VII.02.04.	**cable supported structures**	**Seiltragwerke (n)(pl)**	**kötéltartók**	**konstrukcje linowe**
001	catenary	Kettenlinie (f)	láncgörbe	linia łańcuchowa
002	fitting	Fitting (m)	szerelvények	osprzęt
003	flat-tensioned cable	flachgespanntes Seil (n)	feszített kötél	lina płasko napięta
004	funicular line, string line	Seillinie (f)	kötélgörbe, kötélvonal	trasa kabla
005	funicular polygon equation, string polygon equation	Seilgleichung (f)	kötélegyenlet	równanie naciągu lin
006	guy	Abspannung (f)	kikötés	odciąg
007	guyed tower, anchor mast	Abspannmast (m)	kikötött oszlop	maszt napinający
008	inclined cable	Schrägseil (n)	ferde kötél	lina skośna, wanta
009	prestressed cable	Spannseil (n)	feszítőkötél, kihorgonyzás	kabel sprężający
010	pylon	Pylon (n)	pilon	pylon, filar
011	rope, cable	Seil (n)	kötél	lina, kabel
012	suspension cable	Tragseil (n)	teherhordó kötél	lina nośna
013	turnbuckle	Spannschloß (n)	feszítőszerkezet	zamek napinający
VII.02.05.	**trusses**	**Fachwerke (n)(pl)**	**rácsostartók**	**kratownice**
001	bottom chord	Untergurt (m)	alsó öv	pas dolny
002	brace	Verband (m)	merevítés, kötés, illesztés	stężenie
003	chord	Gurt (m)	öv, tartóöv	pas
004	compression chord	Druckgurt (m)	nyomott öv	pas ściskany
005	Cremona's polygon of forces	Cremona-Plan (m)	Cremona-erőterv	metoda Cremony
006	diagonal member	Diagonalstab (m)	átlós rúd	pręt przekątniowy
007	fishbelly truss	fischbauchförmiges Fachwerk (n)	halhas alakú rácsostartó	kratownika rybiego brzucha
008	force polygon	Kräfte-Plan (m)	erőterv, erőábra	plan sił, wielobok sił
009	graphical method	graphische Methode (f)	grafikus módszer, szerkesztő módszer	metoda graficzna
010	method of joints	Knoten-Schnittverfahren (n), Knotenpunktmethode (f)	csomóponti átmetszés, csomóponti módszer	metoda równoważenia węzłow
011	method of sections	Rittersches Schnittverfahren (n)	Ritter-féle átmetszés	przekrój Rittera

арочная ферма	oblúkový nosník	003
коробчарая арка	zložený oblúk, oválny oblúk	004
арочная, сегментная арка	oblúkový väzník	005
круговая арка	kruhový oblúk	006
защемлённая арка	votknutý oblúk	007
импост, подвижная опора	opora, pätka	008
параболическая арка	parabolický oblúk	009
высота арки	vzopätie	010
стойка фахверка	škrupinový oblúk	011
трёхшарнирная арка	trojkĺbový oblúk	012
трёхшарнирная арка с затяжкой	trojkĺbový oblúk s ťahadlom	013
фахверковая арка	priehradový oblúk	014
вертикальная стяжка	dvojkĺbový oblúk	015
распорка, подкос	vrchol	016
вантовые, висячие фермы	**lanové nosné konštrukcie**	**VII.02.04.**
цепная линия	reťazovka	001
соединение элементов, фитинг	fiting, spojovacia tvarovka	002
провисающий канат	lano s plochou previsovou krivkou	003
тросовая линия	lanová čiara	004
выравнивание троса	rovnica lana	005
оттяжка ванта	zavesenie, vystuženie	006
стойка	kotvený stožiar	007
балочный вант	šikmé lano	008
напряжённый трос	predpínacie lano	009
пилон	pylón	010
ванта, трос	lano	011
несущий трос	nosné lano	012
напряжённая стяжка	napínacia zámka	013
фахверк	**priehradové nosníky**	**VII.02.05.**
нижний пояс	spodný pás	001
связь	stužidlo, stuženie	002
пояс	pás	003
сжатый пояс	tlačený pás	004
диаграмма Кремона	Cremonov obrazec	005
диагональная стяжка	diagonálny prút	006
фахверк с нижней параболой	poloparabolický priehradový nosník (s dolným pásom parabolickým)	007
диаграмма сил	silový obrazec, zložkový obrazec	008
графический метод	grafická metóda	009
метод разрезания узлов	uzlovo-priesečná metóda, uzlová metóda	010
метод сечения, метод Риттера	Ritterova priesečná metóda	011

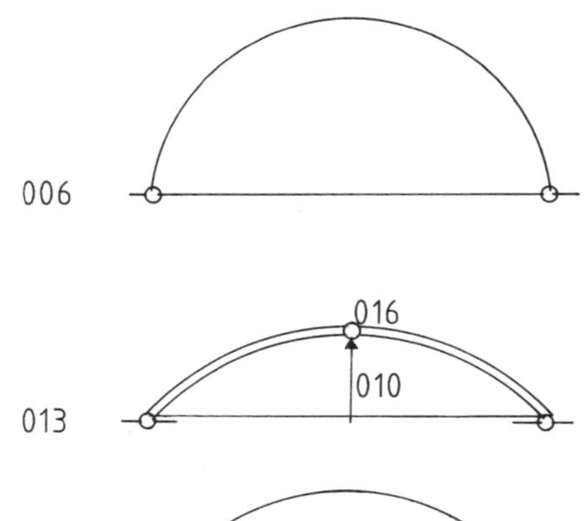

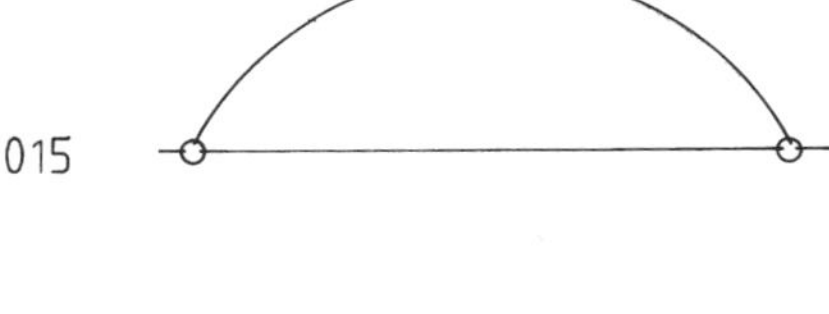

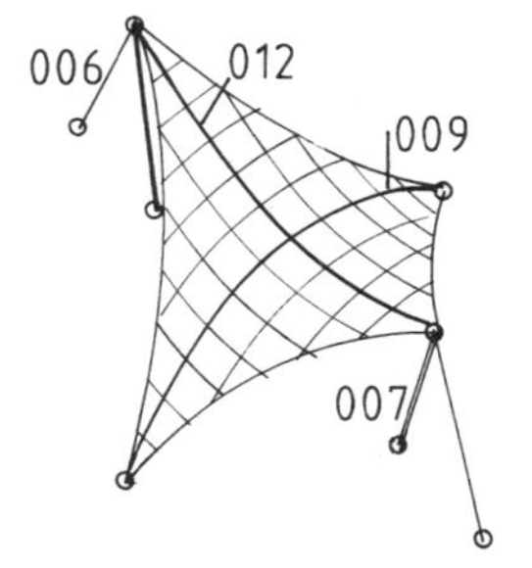

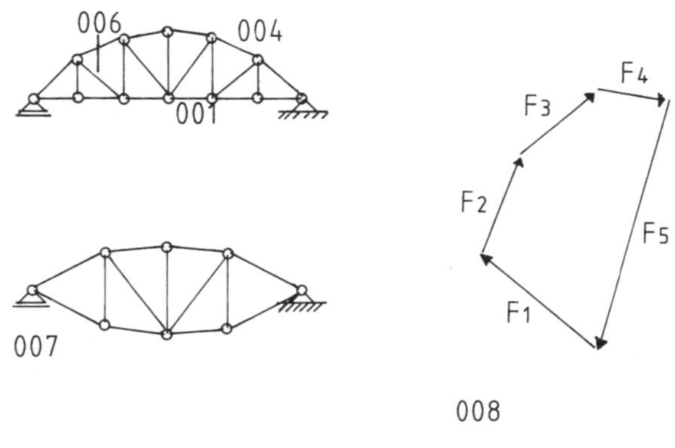

012	parabolic truss	parabelförmiges Fachwerk (n)	parabola alakú rácsostartó	kratownica paraboliczna
013	plane truss	ebenes Fachwerk (n)	sík rácsostartó	kratownika płaska
014	polygonal truss	polygonförmiges Fachwerk (n)	poligonálisövű rácsostartó	kratownica poligonalna
015	post	Pfosten (m)	rácsostartó összekötő rúdja	słupki
016	rectangular truss	rechtwinkliges Fachwerk (n)	derékszögű rácsostartó	kratownica prostokątna
017	stiffening truss, bracing truss	aussteifendes Fachwerk (n)	merevítő rácsostartó	kratowica stężająca
018	strut, stay	Strebe (f)	ferde rácsrúd	zastrzał, podpora, krzyżulec
019	tension chord	Zuggurt (m)	húzott öv	pas rozciągany
020	top chord	Obergurt (m)	felső öv	pas górny
021	trapezoidal truss	trapetzförmiges Fachwerk (n)	trapéz alakú rácsostartó	kratownica trapezowa
022	triangular truss	dreieckförmiges Fachwerk (n)	háromszög alakú rácsostartó	kratownica trójkątna
023	truss with parallel chords	parallelgurtiges Fachwerk (n)	párhuzamosövű rácsostartó	kratownica o pasach równoległych
024	vertical member	Vertikale (f)	függőleges	linia pionowa
VII.02.06.	**frames**	**Rahmen (m)(pl)**	**keretek**	**ramy**
001	fixed corner	biegesteife Ecke (f)	hajlításra merev sarok	naroże sztywne
002	frame girder	Rahmenriegel (m)	keretgerenda	rygiel ramy
003	frame stanchion, portal leg	Rahmenstiel (m)	keretoszlop, keretláb	słup ramy
004	knee (of frame)	Rahmenecke (f)	keretsarok	naroże ramy
005	multistory frame	Stockwerkrahmen (m)	emeletes keret	rama piętrowa
006	single - story frame	Einstöckiger Rahmen (m)	egyszintes keret	rama jednokondygnacyjna
007	single-span frame	Einfachrahmen (m)	egyszerű keret	rama prosta
008	space frame	räumliches Rahmentragwerk (n)	térbeli keretszerkezet	przestrzenny dźwigar ramowy
009	three-hinged frame	Dreigelenkrahmen (m)	háromcsuklós keret	rama trójprzegubowa
010	two hinged frame	Zweigelenkrahmen (m)	kétcsuklós keret	rama dwuprzegubowa
011	two-story frame	Zweistöckiger Rahmen (m)	kétszintes keret	rama dwukondygnacyjna
VII.02.07.	**plates**	**Platten (f)(pl)**	**lemezek**	**płyty**
001	one-way slab	einachsig gespannte Platte (f)	egy irányban teherviselő lemez	płyta utwierdzona jednostronnie
002	plate theory	Plattentheorie (f)	lemezelmélet	teoria płyt
003	pointwise supported plate	punktgestützte Platte (f)	pontokban alátámasztott lemez, gombafödém	płyta podparta punktowo
004	two-way slab	zweiachsig gespannte Platte (f)	két irányban teherviselő lemez	płyta utwierdzona dwuosiowo
005	waffle slab	Kassettenplatte (f)	kazettás lemez, keresztbordás lemez	płyta kasetonowa
VII.02.08.	**shells**	**Schalen (f)(pl)**	**héjak**	**powłoki**
001	barrel shell	Tonnenschale (f)	henger alakú héj	łupina walcowa
002	conoid	Konoid (m)	konoid	konoida
003	geodetic dome	geodätische Kuppel (f)	geodéziai kupola	kopuła geodezyjna
004	hyperbolic paraboloid	hyperbolischer Paraboloid (m)	hiperbolikus paraboloid	hyperboliczna paraboloida

фахверк с верхней параболой	parabolický priehradový nosník	012
плоский фахверк	rovinný priehradový nosník	013
фахверк полигональной формы	polygónový priehradový nosník	014
приставная колонна, стойка фахверка	zvislica, stojka	015
прямоугольный фахверк	pravouhlý priehradový nosník	016
фахверк повышенной жёсткости	výstužná priehradovina	017
подпора, распорка	vzpera, rozpera	018
пояс растяжения	ťahaný pás	019
верхний пояс	horný pás	020
фахверк трапециевидной формы	lichobežníkový priehradový nosník	021
фахверк трёхугольной формы	trojuholníkový priehradový nosník	022
фахверк с параллельными поясами	priamopásový priehradový nosník	023
вертикаль	vertikála, zvislica	024
рамы	**rámy**	**VII.02.06.**
жёсткий на изгиб угол	ohybovo tuhý roh	001
ригель рамы	rámová priečľa	002
стойка рамы	rámová stojka, rámový stĺp	003
угол рамы	rámový roh	004
многоэтажная рама	poschodový rám, viacpodlažný rám	005
одноэтажная рама	jednoposchodový rám	006
простая рама	jednoduchý rám	007
пространственная несущая рамная конструкция	priestorová rámová konštrukcia	008
трёхшарнирная рама	trojkĺbový rám	009
двухшарнирная рама	dvojkĺbový rám	010
двухэтажная рама	dvojposchodový rám	011
плиты, панели	**dosky**	**VII.02.07.**
одноосно напряжённая плита	doska upnutá v jednom smere	001
теория плит	teória dosiek	002
подпёртая плита	bodovo podopretá doska	003
двухосно напряжённая плита	doska upnutá v dvoch smeroch	004
касетная плита	kazetová doska	005
оболочки	**škrupiny**	**VII.02.08.**
цилиндрическая оболочка	valcová škrupina	001
коноид	konoid	002
геодезический купол	geodetická kupola	003
гиперболический параболоид	hyperbolický paraboloid	004

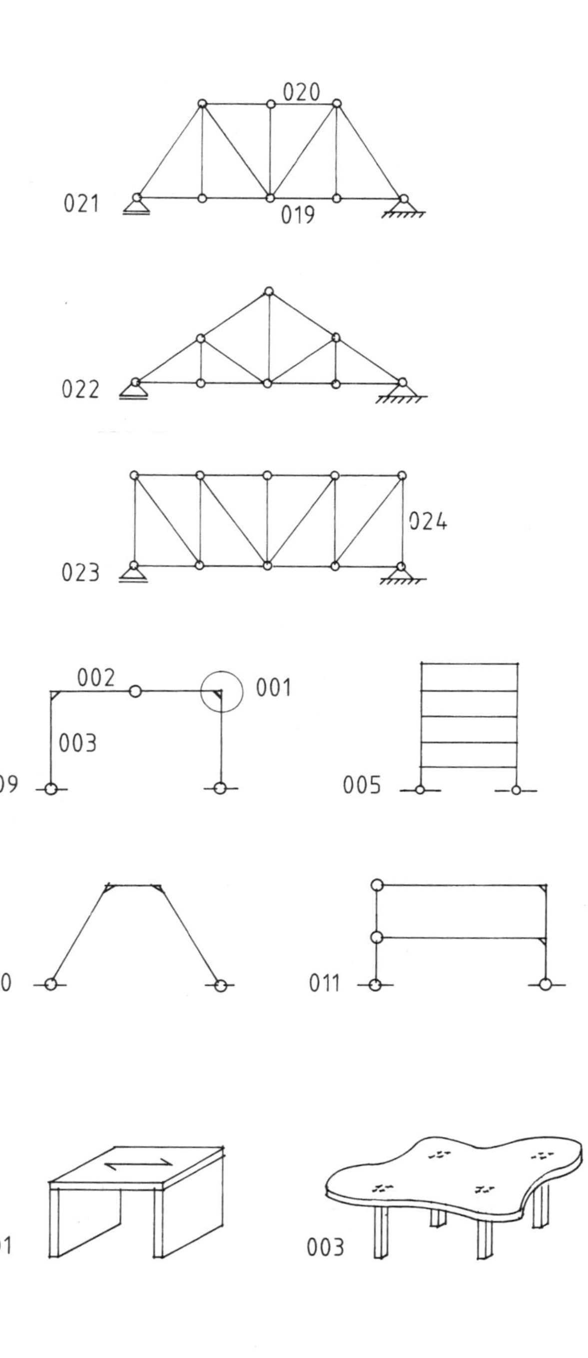

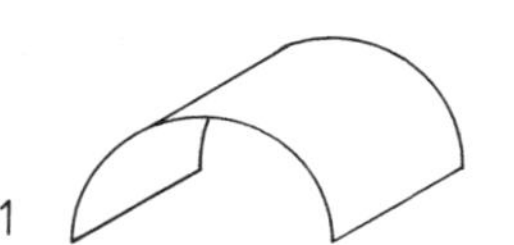

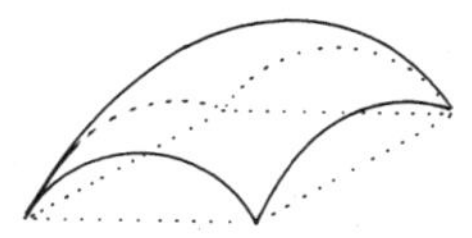

005	membrane state of stress	Membranspannungszustand (m)	membránállapot, nyomatékmentes feszültségállapot	stan naprężeń błonowych
006	saddle shell	Sattelschale (f)	nyereg alakú héj	łupina siodłowa
007	spherical dome	Hängekuppel (f), böhmisches Gewölbe (n)	függő kupola, csehboltozat	sklepienie żaglaste, sferyczne, czeskie sklepienie
008	surface of translation	Translationsfläche (f)	transzlációs felület	powierzchnia przekształcona
VII.02.09.	**cable networks**	**Netztragwerke (n)(pl)**	**kötélhálók**	**konstrukcje siatkowe**
001	cable	Seil (n)	kötél	lina promienista
002	cable clip, cable grip	Seilklemme (f)	kötélszorító	zacisk liny
003	node	Knoten (m)	csomó, csomópont	węzeł
VII.02.10.	**membrane structures**	**Membrantragwerke (n)(pl)**	**membránszerkezetek**	**konstrukcje membranowe**
001	band rope, cable (rope)	Bandseil (n)	szalag, lapos kötél	lina płaska
002	coating	Beschichtung (f)	bevonat	nakładanie powłok, nanoszenie powłok
003	compensation	Kompensation (f)	kiegyenlítés, kompenzáció	wyrównanie
004	curvature	Krümmung (f)	görbület, hajlás	krzywizna
005	double curvature	Doppelkrümmung (f)	kettős görbületű rendszer	podwójna krzywizna
006	fabric	Gewebe (n)	szövet	tkanina
007	garland shape	Girlandform (f)	füzér forma	forma girlandowa
008	pocket	Tasche (f)	zseb	kieszeń
009	seam	Naht (f)	varrat	szew
010	seam strength	Nahtfestigkeit (f)	varratszilárdság	wytrzymałość szwu
VII.02.11.	**reinforcements, stiffeners**	**Aussteifungen (f)(pl)**	**merevítések**	**stężenia**
001	coefficient of instability	Labilitätszahl (f)	instabilitási tényező	współczynnik nietrwałości, chwiejność
002	core	Kern (m)	mag	trzon
003	hollow box	Hohlkasten (m)	szekrénytartó	pusta skrzynia
004	knee bracing	Bremsportal (n)	keretszerkezetű féktartó	stężenie portalowe
005	multi-cell hollow box	mehrzelliger Hohlkasten (m)	cellás szekrénytartók	wielokomorowa skrzynia
006	plate, strip	Scheibe (f)	tárcsa	tarcza
007	stiffening wall	Wand zur Aussteifung	merevítőfal	ściana usztywniająca
008	tube construction	tube - Konstruktion (f)	csőszerkezet	zewnętrzna konstrukcja nośna, konstrukcja powłoki zewnętrznej, konstrukcja tubowa
009	wind bracing	Windverband (m)	szélrács	wiatrownica
VII.02.12.	**other**	**Sonstiges**	**egyebek**	**inne**
001	air-supported construction	Pneukonstruktion (f)	pneumatikus szerkezet	konstrukcja pneumatyczna
002	folded plate	Faltwerk (n)	lemezmű	dźwigar fałdowy
003	grid construction	Rostkonstruktion (f)	tartórács	konstrukcja rusztowa
004	grillage, girder grid	Trägerrost (m)	tartórács	ruszt dźwigarowy
005	strutted frame	Sprengwerk (n)	feszítőmű	ustrój zastrzałowo - rozporowy
006	truss grid	Fachwerkrost (n)	rácsostartókból kialakított tartórács	ruszt kratownicowy

состояние мембранного напряжения	membránový stav napätosti	005
седлообразная оболочка	sedlová škrupina	006
подвесной свод, парусный свод	česká klenba	007
трансляционная поверхность	translačná plocha	008
гибкие несущие конструкции	**lanové siete**	**VII.02.09.**
канат	lano	001
узел соединения канатов	lanová svorka	002
узел	uzol, styčník	003
мембранные несущие конструкции	**membránové nosné konštrukcie**	**VII.02.10.**
стальной канат	ploché lano	001
защитный слой	nanášanie, povliekanie, ochranná vrstva	002
компенсация	kompenzácia, vyrovnávanie	003
кривизна, изгиб	zakrivenie, krivosť	004
двойная кривизна	dvojitá krivosť	005
ткань	tkanina, plošná fólia	006
форма в виде гирлянды	girlandový tvar	007
карман	strmeň, taška	008
шов	zvar, šev	009
прочность шва	pevnosť zvaru	010
крепления	**výstuhy, vystuženia**	**VII.02.11.**
коэффициент неустойчивости	koeficient instability (pri preklopení)	001
ядро, сердечник	jadro	002
полая коробка	dutá komora, dutá skriňa	003
косынка, стержень для устойчивости портала	brzdný portál	004
ячеистая полая коробка	viacbunková dutá komora	005
пластина	doska	006
диафрагма	stužujúca stena	007
туб-конструкция	tubová konštrukcia	008
ветровая стяжка	zavetrovanie, vetrové stužidlo	009
прочее	**iné**	**VII.02.12.**
пневматическая конструкция	pneumatická konštrukcia	001
складчатая конструкция	lomenicová konštrukcia, lomenica	002
конструкция ростверка	roštová konštrukcia	003
балочный ростверк	nosníkový rošt	004
шпренгельная балка	vzperadlová sústava, vzperadlo	005
решётчатый ростверк	priehradový rošt	006

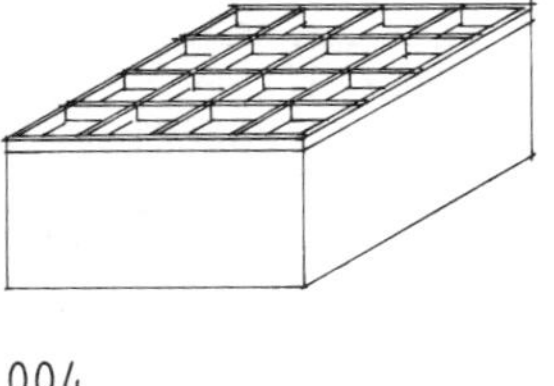
004

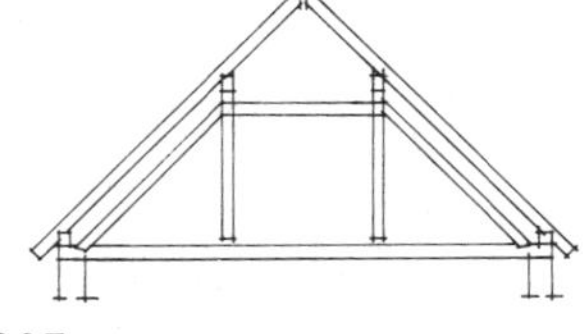
005

VII.03.	forces, internal forces	Kräfte (f)(pl), Schnittkräfte (f)(pl)	erők, metszeterők	siły, siły tnące
001	additional load	Zusatzlast (f)	járulékos teher, járulékos terhelés	obciążenie dodatkowe
002	alternating load	Wechsellast (f)	változó előjelű terhelés	obciążenie przemienne
003	axial force	Achsenkraft (f)	tengelyerő, tengelyirányú erő	siła osiowa
004	bending moment	Biegemoment (n)	hajlítónyomaték	moment zginający
005	combination of load(ing) cases	Lastfallkombination (f)	teherkombináció	kombinacja rozkładu obciążeń
006	compression force	Druckkraft (f)	nyomóerő	siła ściskająca
007	concentrated load	Einzellast (f)	koncentrált terhelés	obciążenie skupione
008	dead load	Eigenlast (f)	önsúly	ciężar własny
009	diagram of normal force	Normalkraftlinie (f)	normálerő ábra	wykres sił normalnych
010	distributed area load	Flächenlast (f)	felületen megoszló terhelés, felületen megoszló erő	obciążenie powierzchniowe
011	distributed load	Streckenlast (f)	megoszló teher	obciążenie odcinkowe
012	equilibrium condition	Gleichgewichtsbedingung (f)	egyensúlyi feltétel	warunek równowagi
013	fixed-end moment	Einspannmoment (n)	befogási nyomaték	moment utwierdzenia
014	force	Kraft (f)	erő	siła
015	force redistribution	Kraftumlagerung (f)	az erők átrendezése	redystrybucja siły
016	horizontal reaction	Horizontale Auflagerreaktion (f)	vízszintes támaszreakció	horyzontalna reakcja podporowa
017	horizontal force (load)	Horizantalkraft (f), Horizontallast (f)	vízszintes erő, vízszintes teher, vízszintes teherlés	siła pozioma, obciążenie poziome
018	influence line	Einflußlinie (f)	hatásábra	linia wpływu
019	internal force	Schnittkraft (f)	belső erők, metszeterők	siły tnące
020	internal force diagram	Schnittkraftlinie (f)	a belső erők ábrája	wykres sił tnących
021	internal moment	Schnittmoment (n)	metszeti nyomaték	moment tnący
022	joint load	Knotenlast (f)	csomóponti teher	obciążenie węzłowe
023	line load	Linienlast (f)	vonalmenti terhelés	obciążenie liniowe
024	live load	Nutzlast (f)	hasznos teher, hasznos terhelés	ciężar użytkowy
025	live load	Verkehrslast (f)	járműteher	obciążenie zmienne
026	load	Last (f)	teher, teherlés	obciążenie
027	load direction	Lastrichtung (f)	a teher iránya	kierunek obciążenia
028	load(ing) case	Lastfall (m)	terhelési eset	zestawienie obciążeń
029	member-end moment	Stabendmoment (n)	rúdvégi nyomaték	moment końca pręta
030	moment	Moment (n)	nyomaték	moment
031	moment diagram	Momentenlinie (f)	nyomatéki ábra	wykres momentów
032	moment loading	Momentenbelastung (f)	nyomatéki terhelés	obciążenie momentami
033	moving load	Wanderlast (f)	mozgó teher	obciążenie ruchome
034	normal force	Normalkraft (f)	merőleges erő	siła normalna
035	permanent load, dead load	ständige Last (f)	állandó terhelés	obciążenie stałe
036	point of load application	Lastangriffspunkt (m)	a teher támadáspontja	punkt przyłożenia siły
037	point of zero moment	Momenten-Nullpunkt (m)	nyomatéki zéruspont	punkt zerowy momentów
038	position of load	Laststellung (f)	teherállás, teherhelyzet	pozycja obciążenia
039	principal load, main load	Hauptlast (f)	fő teher	obciążenie główne

силы поперечные силы	sily, sily v priereze	VII.03.
дополнительная нагрузка	prídavné zaťaženie	001
переменная нагрузка	premenlivé zaťaženie	002
осевая сила	osová sila	003
изгибающий момент	ohybový moment	004
комбинация распределения нагрузки	kombinácia zaťažovacích stavov	005
сила сжатия	tlaková sila, tlak	006
сосредоточенная нагрузка	osamelé zaťaženie, osamelé bremeno	007
собственный вес	vlastná tiaž	008
эпюра нормальной силы	priebeh (čiara) normálovej sily	009
поверхностная нагрузка	plošné zaťaženie	010
распределённая нагрузка	spojité zaťaženie	011
условия равновесия	rovnovážna podmienka	012
момент защемления	moment votknutia	013
сила	sila	014
перераспределение сил	redistribúcia (prerozdelenie) síl	015
горизонтальное сопротивление	horizontálna podperová reakcia	016
горизонтальная нагрузка	horizontálna sila, horizontálne zaťaženie	017
эпюра поперечных сил	vplyvová čiara	018
сила резания	vnútorná sila	019
эпюра режущих сил	priebeh vnútornej sily v priereze	020
момент среза	prierezový moment	021
узловая нагрузка	styčníkové bremeno	022
линейная нагрузка	priamkové zaťaženie, rovnomerné zaťaženie	023
полезная нагрузка	užitočné zaťaženie	024
постоянная нагрузка	úžitkové zaťaženie, náhodilé zaťaženie	025
нагрузка	zaťaženie, bremeno	026
направление нагрузки	smer zaťaženia	027
расчётный случай нагрузки	zaťažovací stav	028
момент на конце стержня	koncový moment	029
момент	moment	030
эпюра моментов	momentová čiara	031
нагрузка моментов	momentové zaťaženie	032
перемещающаяся нагрузка	pohyblivé bremeno, pohyblivé zaťaženie	033
нормальная сила	osová sila, normálová sila	034
постоянная нагрузка	stále zaťaženie	035
точка приложения нагрузки	pôsobisko sily	036
место нулевого момента	bod nulového momentu	037
позиция нагрузки	poloha bremena	038
основная нагрузка	hlavné zaťaženie	039

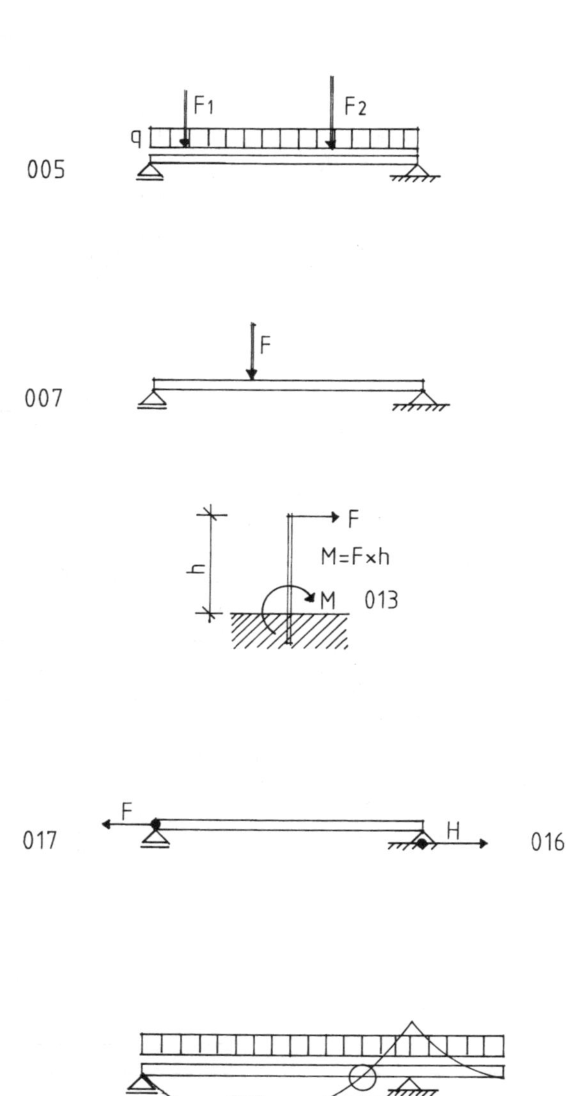

040	reaction, supporting force	Auflagerkraft (f)	támaszerő, reakcióerő	siła na podporze
041	shape of moment diagram	Momentenverlauf (m)	nyomatékábra lefutása, a nyomaték eloszlása	przebieg momentów
042	shape of normalforce distribution	Normalkraftverlauf (m)	normálerő ábra lefutása	przebieg sił osiowych
043	shear force diagram	Querkraftlinie (f)	nyíróerőábra	wykres sił poprzecznych
044	shear force distribution	Querkraftverlauf (m)	nyíróerőábra lefutása	przebieg sił poprzecznych
045	snow load	Schneelast (f)	hóteher, hóterhelés	obciążenie śniegiem
046	span moment	Feldmoment (n)	mezőnyomaték	moment przęsłowy
047	special load	Sonderlast (f)	különleges terhelés	specjalne obciążenie
048	superposition of load cases	Lastfallüberlagerung (f)	a terhelési esetek szuperpoziciója	nakładanie się obciążeń
049	support moment	Stützmoment (n)	tármaszponti nyomaték	moment podporowy
050	support rotation	Stützenverdrehung (f)	támaszelfordulás	skręcanie podpór
051	support settlement	Stützensenkung (f)	támaszsüllyedés	osiadanie podpór
052	tangential force	Tangentialkraft (f)	tangenciális erő, érintőirányú erő	siła styczna
053	temperature change	Temperaturänderung (f)	hőmérsékletváltozás	zmiany tempratury
054	temperature influence	Temperatureinfluß (m)	a hőmérséklet hatása	wpływ temperatury
055	tensile force	Zugkraft (f)	húzóerő, vonóerő	siła rozciągająca
056	torsion(al) moment	Torsionsmoment (n)	csavarónyomaték	moment skręcający
057	transverse force, shear force	Querkraft (f), Scherkraft (f)	nyíróerő	siła poprzeczna, ścinająca
058	trapezoidal load	Trapezlast (f)	trapéz alakú terhelés	obciążenie trapezowe
059	triangular load	Dreieckslast (f)	háromszög alakú terhelés	trójkąt obciążeń
060	uniformly distributed load	Gleichlast (f)	egyenletesen megoszló terhelés	obciążenie równomierne
061	vertical force	Vertikalkraft (f)	föggőleges erő	siła pionowa
062	vertical load	Vertikallast (f)	függőleges teher	obciążenie pionowe
063	vertical reaction	vertikale Auflagereaktion (f)	függőleges támaszreakció	reakcja pionowa na podporze
064	warping moment	Wölbmoment (n)	torzulási nyomaték	moment wybrzuszenia
065	wind load	Windlast (f)	szélteher	obciążenie wiatrem
066	wind pressure	Winddruck (m)	szélnyomás	parcie wiatru
067	wind suction	Windsog (m)	szélszívás	ssanie wiatru

сила подпирания	podperová sila, reakcia	040
течение (распределение) моментов	priebeh momentov	041
течение нормальной силы	priebeh normálovej sily	042
эпюра поперечной силы	priebeh (čiara) priečnej sily	043
ход поперечной силы	priebeh priečnej sily	044
снеговая нагрузка	zaťaženie snehom	045
межпролётный момент	medzipodperový moment	046
особая нагрузка	mimoriadne zaťaženie	047
передача нагрузки	superpozícia zaťaženia	048
момент на опоре	podperový moment	049
кручение опор	pootočenie podpery	050
снижение опор	pokles podpery	051
касательная сила	tangenciálna sila	052
изменение температуры	zmena teploty	053
влияние температуры	vplyv teploty	054
сила растяжения	ťahová sila	055
крутящий момент	krútiaci moment	056
поперечная сила	priečna sila, šmyková sila	057
трапециальная нагрузка	lichobežníkové zaťaženie	058
нагрузка в треугольнике	trojuholníkové zaťaženie	059
равномерно распределённая нагрузка	rovnomerné zaťaženie	060
вертикальная сила	vertikálna sila, zvislá sila	061
вертикальная нагрузка	vertikálne zaťaženie, zvislé zaťaženie	062
вертикальная реакция	vertikálna podperová reakcia	063
скручивающий момент	krútiaci moment	064
ветровая нагрузка	zaťaženie vetrom	065
давление ветра	tlak vetra	066
всасывание	sanie vetra	067

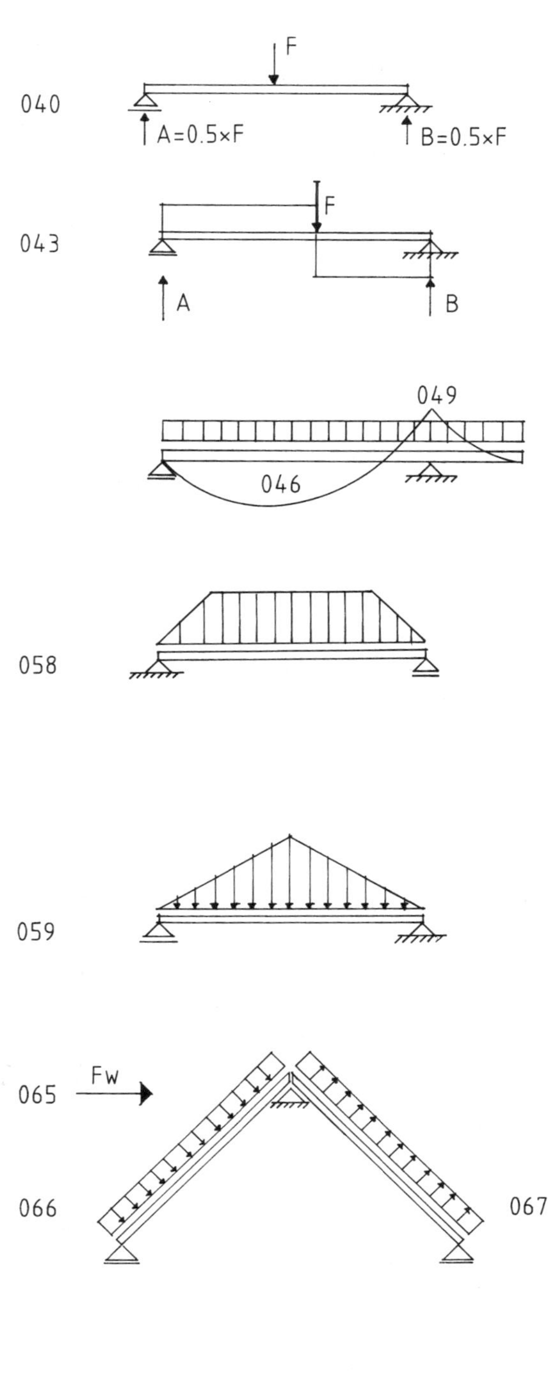

VII.04.	elasticity, plasticity	Elastizität (f), Plastizität (f)	rugalmasság, képlékenység	sprężystość, plastyczność
001	axial stiffness	Dehnsteifigkeit (f)	húzómerevség	sztywność osiowa, sztywność wydłużenia
002	bending	Biegung (f)	hajlat, görbület	zginanie
003	bending	Verbiegung (f)	meggörbítés, meghajlítás	przegięcie
004	bending strength	Biegefestigkeit (f)	hajlítómerevség	wytrzymałość na zginanie
005	bending stress	Biegespannung (f)	hajlítófeszültség	napięcie zginające
006	centroidal axis	Schwerlinie (f), Schwerachse (f)	súlyvonal	oś środkowa, oś ciężkości
007	coefficient of expansion	Ausdehnungskoeffizient (m)	hőtágulási együttható, dilatációs tényező	współczynnik odkształceń
008	compressive strain	Stauchung (f)	összenyomás, összenyomódás	skrócenie względne
009	compressive stress	Druckspannung (f)	nyomófeszültség	naprężenia ściskające
010	corner pressure, corner compression	Eckpressung (f)	saroknyomás	zgniatanie narożnikowe
011	crippling	Verwölbung (f)	öblösödés	wybrzuszenie, wyboczenie
012	cross-sectional area	Querschnittsfläche (f)	keresztmetszeti terület	powierzchnia przekroju poprzecznego
013	deflection	Durchbiegung (f)	lehajlás	przegięcie
014	deformation	Deformation (f), Verformung (f)	deformáció, alakváltozás	deformacja, odkształcenie
015	deformation	Formänderung (f)	alakváltozás, deformáció	odkształcenie
016	deformation	Verformung (f)	alakváltozás, deformáció	deformacja
017	deformation parameter	Deformationsparameter (m)	alakváltozási paraméter	współczynik odkształcenia, deformacji
018	eccentricity	Exzentrizität (f)	külpontosság, excentricitás	mimośrodowość
019	edge pressure	Kantenpressung (f)	élnyomás, élfeszültség	zgniatanie krawędziowe
020	elastic range of deformation	elastischer Verformungsbereich (m)	rugalmas alakváltozási taromány	obszar odkształceń sprężystych
021	extension	Verlängerung (f)	megnyúlás	wydłużenie
022	first moment of area	Flächenmoment 1. Grades (n)	statikai nyomaték	moment powierzchniowy 1. stopnia
023	hindered torsion	Wölbkrafttorsion (f)	gátolt csavarás	skręcenie ograniczone
024	kern area	Kernfläche (f)	belső mag	powierzchnia rdzenia
025	kern width	Kernweite (f)	magtávolság	długość rdzenia
026	lateral strain	Querdehnung (f)	keresztirányú nyúlás	wydłużenie poprzeczne
027	maximum stress	Maximalspannung (f)	maximális feszültség	naprężenia maksymalne
028	minimum stress	Minimalspannung (f)	minimális feszültség	naprężenia minimalne
029	modulus of elasticity	Elastizitätsmodul (n)	rugalmassági modulusz	współczynnik sprężystości
030	moment of inertia	Flächenmoment 2. Grades (n)	inercianyomaték	moment powierzchniowy 2. stopnia
031	moment of inertia	Trägheitsmoment (n)	inercianyomaték	moment bezwładności
032	neutral axis, neutral fiber	neutrale Achse (f), neutrale Faser (f)	semleges tengely, semleges szál	oś neutralna, włókno
033	notch stress	Kerbspannung (f)	feszültségkoncentráció	naprężenia we wcięciu
034	plane state of stress	ebener Spannungszustand (m)	síkbeli feszültségi állapot	stan napięcia powierzchniowego
035	plastic deformation zone	plastischer Verformungsbereich (m)	plasztikus alakváltozási tartomány	obszar odkształceń plastycznych, sprężystych

упругость, гибкость	pružnosť, plasticita	VII.04.
продольная прочность	ťahová tuhosť, osová tuhosť	001
изгиб	ohyb	002
изгибание	vybočenie	003
прочность на изгиб	ohybová pevnosť	004
напряжение на изгиб	ohybové napätie	005
центральная ось	ťažisková os	006
коэффициент растяжения	súčiniteľ rozťažnosti	007
степень сжатия	pomerné stlačenie	008
напряжение сжатия	tlakové napätie	009
угловое сжатие	rohový tlak	010
коробление	deformovanie, krivenie	011
площадь поперечного сечения	prierezová plocha	012
прогиб	priehyb	013
деформация	deformácia, pretvorenie	014
изменение формы	zmena tvaru	015
деформация	pretvorenie, deformácia	016
параметр деформации	deformačný parameter	017
эксцентриситет	excentricita	018
нагрузка на рёбра	hranové stlačenie	019
зона упругой деформации	oblasť pružnej deformácie	020
удлинение	predĺženie	021
статический момент первой степени	statický moment plochy	022
сила кручения при искривлении	viazané krútenie	023
ядро сечения	jadrová plocha, jadro prierezu	024
ширина ядра сечения	jadrová úsečka	025
поперечное расширение	priečna deformácia, priečna rozťažnosť	026
максимальное напряжение	maximálne napätie	027
минимальное напряжение	minimálne napätie	028
модуль упругости	modul pružnosti	029
статический момент второй степени	moment zotrvačnosti	030
момент инерции	moment zotrvačnosti	031
нейтральная ось / волокно	neutrálna os	032
концентратор напряжения	vrubové napätie	033
напряжённое состояние	rovinná napätosť	034
область текучей деформации	oblasť plastickej deformácie	035

002
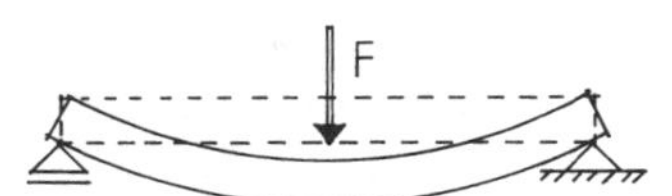

003
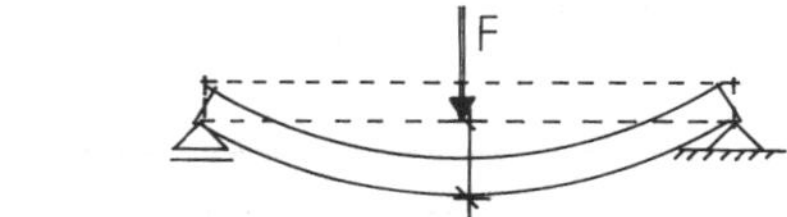

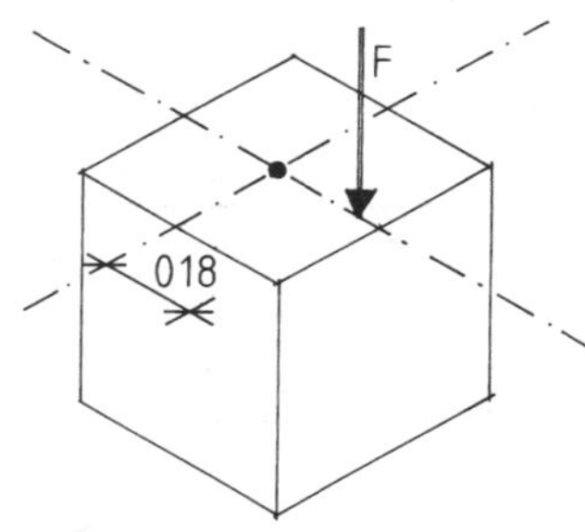

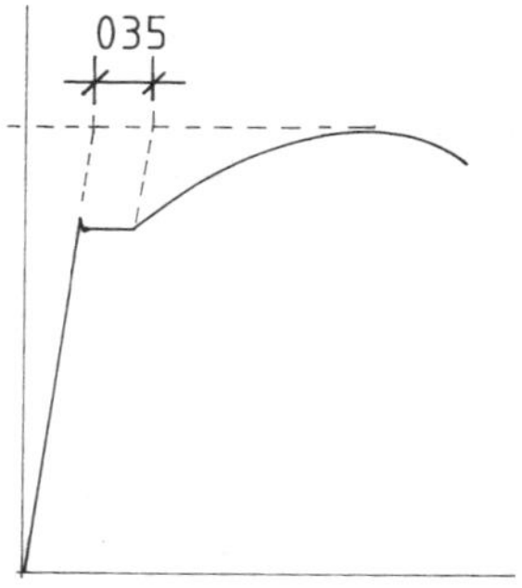

036	polar moment of area	Polares Flächenmoment (n)	poláris inercianyomaték	moment biegunowo-powierzchniowy
037	principal direction of curvature	Hauptkrümmungsrichtung (f)	görbületi főirány	kierunek głównej krzywizny
038	principal stress	Hauptspannung (f)	főfeszültség	naprężenia główne
039	radius of gyration	Trägheitsradius (m)	inerciasugár	promień bezwładności
040	region of strain hardening	Verfestigungsbereich (m)	felkeményedési tartomány	obszar wzmocnienia
041	residual stress	Eigenspannung (f)	sajátfeszültség	naprężenia własne
042	rotational stiffnes, torsional stiffness	Drehsteifigkeit (f)	csavarómerevség	sztywność obrotowa
043	rupture stress, failure stress, ultimate stress	Bruchspannung (f)	törőfeszültség, szakítófeszültség	napięcie niszczące
044	rupture, failure	Bruch (m)	törés, szakadás	złamanie, zniszczenie
045	second order moment	Moment 2. Ordnung (n)	centrifugális nyomaték, deviációs nyomaték	moment drugiego
046	section modulus	Widerstandsmoment (n)	keresztmetszeti modulus	wskaźnik wytrzymałości na zginanie
047	shear	Schub (m)	nyírás	ścinanie
048	shear center	Schubmittelpunkt (m)	nyírási középpont	środek ścinania
049	shear flow	Schubfluß (m)	nyírófolyam	płaszczyzna ścinania
050	shear modulus	Schubmodul (n)	nyírási rugalmassági modulus	współczynnik sprężystości poprzecznej
051	shear stress	Schubspannung (f)	nyírófeszültség	naprężenie ścinające
052	shortening	Verkürzung (f)	rövidülés	skrócenie
053	skew bending	schiefe Biegung (f)	ferde hajlítás	zginanie ukośne
054	static moment	statisches Moment (n)	statikai nyomaték	moment statyczny
055	strain	Dehnung (f)	megnyúlás	wydłużenie względne
056	stress	Spannung (f)	feszültség	napięcie
057	stress- strain diagram	Arbeitsdiagramm (n), Arbeitslinie (f)	munkagörbe, munkadiagram	diagram pracy, odształceń
058	tensile stress	Zugspannung (f)	húzófeszültség	naprężenia rozciągające
059	theory of elasticity	Elastizitätstheorie (f)	rugalmasságtan	teoria sprężystości
060	theory of plasticity	Plastizitätstheorie (f)	képlékenységtan	teoria sprężystości
061	three-dimensional state of stress	räumlicher Spannungszustand (m)	térbeli feszültségi állapot	przestrzenny stan naprężeń
062	torsion	Torsion (f)	csavarás	skręcanie
063	torsional moment of inertia	Torsionsträgheitsmoment (n)	csavarási nyomaték	skrętny moment bezwładności
064	torsional section modulus	Torsionswiderstands-moment (n)	csavarási kersztmetszeti tényező	moment oporu przy skręcaniu
065	torsional shear stress	Torsionsschubspannung (f)	csavarási nyírófeszültség	naprężenie ścinające przy skręcaniu
066	translation	Verschiebung (f)	eltolódás, elmozdulás	przesunięcie
067	transverse contraction	Querkontraktion (f)	harántkontrakció	ściskanie poprzeczne
068	twisting	Verdrehung (f)	elcsavarodás	obrót, skręcanie podłużne
069	twisting moment	Deviationsmoment (n)	centrifugális nyomaték , deviációs nyomaték	moment wyboczenia
070	yield point, yield limit	Fließgrenze (f)	folyáshatár, folyási határ	granica płynności

полярный момент площади сечения	polárny moment zotrvačnosti	036
главное направление кривизны	smer hlavnej krivosti	037
главное напряжение	hlavné napätie	038
радиус инерции	polomer zotrvačnosti	039
область упрочнения	oblasť spevnenia	040
внутреннее напряжение	vlastné pnutie, reziduálne napätie	041
прочность на кручение	torzná tuhosť	042
напряжение на излом	napätie na medzi pevnosti	043
излом	lom	044
момент второй степени	moment 2.rádu	045
момент сопротивления	prierezový modul, moment odporu	046
сдвиг	šmyk	047
центр сдвига	stred šmyku	048
течение сдвига	šmykový tok	049
модуль сдвига	modul pružnosti v šmyku	050
напряжение на сгиб	šmykové napätie	051
сокращение	skrátenie	052
косой изгиб	šikmý ohyb	053
статический момент	statický moment	054
продольная деформация	ťažnosť	055
напряжение	napätie	056
рабочая диаграмма	pracovný diagram	057
напряжение растяжения	ťahové napätie	058
теория упругости	teória pružnosti	059
теория упругости	teória plasticity	060
пространственное напряжённое состояние	priestorová napätosť	061
кручение	krútenie, torzia	062
момент инерции при кручении	moment zotrvačnosti v krútení	063
момент сопротивления при кручении	prierezový modul v krútení	064
напряжение кручения и сдвига	šmykové napätie v krútení	065
смещение	posun	066
поперечное сжатие	priečna kontrakcia	067
кручение	pootočenie, krútenie	068
центробежный момент инерции сечения	deviačný moment	069
предел текучести	medza klzu, medza prieťažnosti	070

VII.05.	stability	Stabilität (f)	stabilitás	stabilność, stateczność
001	ω- numbers	ω Zahlen (f)(pl)	ω-számok	ω
002	bending-buckling curvature	Knickbiegelinie (f)	kihajlási vonal	linia wygięcia przy wyboczeniu
003	bifurcation point	Verzweigungspunkt (m)	elágazási pont	punkt rozwidlenia
004	buckling	Beulen (f)	horpadás	wyboczenie
005	buckling	Knicken (n)	kihajlás	wyboczenie
006	buckling configuration	Knickfigur (f)	kihajlási alak	forma wyboczenia
007	buckling load	Knicklast (f)	kritikus kihajlási teher	obciążenia krytyczne przy wyboczeniu
008	critical load	kritische Last (f)	kritikus teher, kritikus terhelés	obciążenie krytyczne
009	Euler buckling load	Euler'sche Knicklast (f)	Euler-féle kritikus erő	obciążenie powodujące wyboczenie wg. Eulera
010	Euler case	Euler-Fall (m)	Euler-féle eset (mindkét végén csuklós rúd)	przypadek Eulera
011	Euler hyperbola	Euler-Hyperbel (f)	Euler-féle hiperbola	hiperbola Eulera
012	geometric imperfection	geometrische Imperfektion (f)	geometriai imperfekció	imperfekcja geometryczna
013	imperfection	Imperfektion (f)	imperfekció	imperfekcja
014	initial imperfection	Anfangsimperfektion (f)	kezdeti imperfekció	imperfekcja początkowa
015	inplane buckling	ebenes Knicken (n)	síkbeli kihajlás	wyboczenie płaskie
016	lateral torsional buckling	Biegedrillknicken (n)	kifordulás	wyboczenie giętno-skrętne
017	overturning	Kippen (n)	kifordulás	utrata stateczności
018	second-order theory	Theorie II. Ordnung (f)	II.-odrendű elmélet	teoria II rzędu
019	slenderness	Schlankheit (f)	karcsúság	smukłość
020	stability	Stabilität (f)	stabilitás	stateczność
021	stability problem	Stabilitätsproblem (n)	stabilitási probléma	problem stateczności
022	stress problem	Spannungsproblem (n)	szilárdsági probléma	problem naprężeń
023	unintentional eccentricity	ungewollte Ausmitte (f)	akaratlan külpontosság	niepożądany mimośród

устойчивость	stabilita	VII.05.
ω - числа	čísla ω	001
эпюра изгиба	čiara vybočenia pri vzpere	002
бифуркационная точка	bifurkačný bod, bod vetvenia	003
вмятина	vydúvanie	004
изгиб	vzper	005
конфигурация потери устойчивости	tvar vybočenia	006
нагрузка на изгиб	vzperné zaťaženie	007
критическая нагрузка	kritické bremeno	008
нагрузка при продольном изгибе Эйлера	Eulerove vzperné (kritické) zaťaženie	009
принцип Эйлера	Eulerov prípad	010
гипербола Эйлера	Eulerova hyperbola	011
геометрическая имперфекция	geometrická imperfekcia	012
имперфекция	imperfekcia	013
начальное состояние	počiatočná imperfekcia	014
прямой изгиб	rovinný vzper	015
изгиб при кручении	priestorový vzper	016
изгибно-крутильная потеря устойчивости	klopenie	017
теория второго порядка	teória II. rádu	018
гибкость	štíhlosť	019
устойчивость	stabilita	020
проблема устойчивости	stabilitný problém	021
проблема напряжения	pevnostný problém	022
нежелательная эксцентричность	nežiadúca excentricita	023

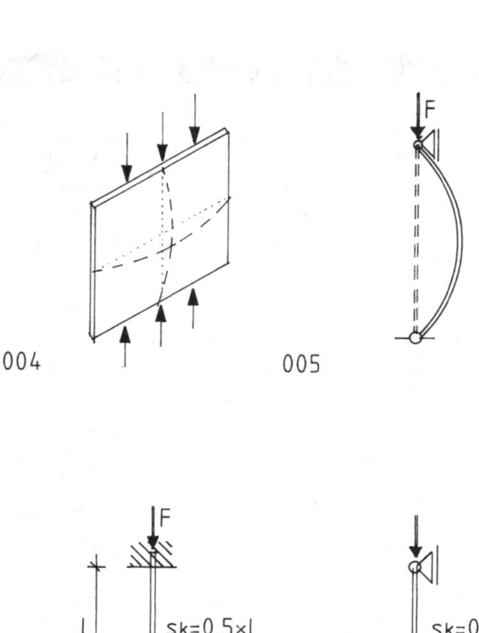

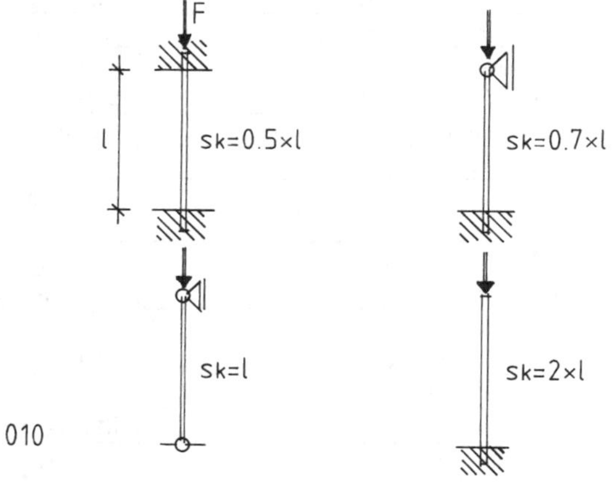

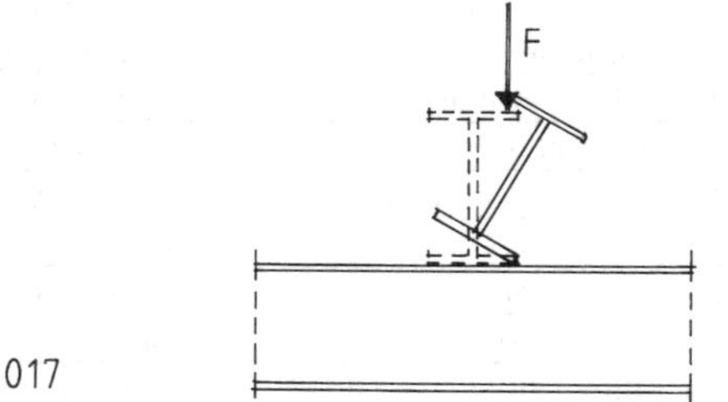

VII.06.	calculation methods	Berechnungsverfahren (n)(pl)	számítási módszerek	metody obliczeń
001	approximate value	Approximationswert (m)	közelítő érték	wartość przybliżona
002	approximation	Approximation (f)	approximáció, közelítés	przybliżenie
003	band width of matrix	Bandbreite der Matrix (f)	a mátrix sávszélessége	szerokość pasa matrycy
004	degree of freedom	Freiheitsgrad (m)	szabadoságfok	stopień swobody
005	difference method, finite difference method	Differenzenverfahren (n), Differenzmethode (f)	differencia módszer	metoda różnic skończonych
006	differential element	differentielles Element (n)	differenciális elem	element różnicujący
007	division of continuum	Kontinuumeinteilung (f)	folytonos közeg osztása, kontinuum osztása	metoda podziału kontinuum
008	elasticity equation	Elastizitätsgleichung (f)	rugalmassági egyenlet	równowaga sprężysta
009	element analysis	Elementanalyse (f)	elemi analízis	analiza elementarna
010	element matrix	Elementmatrix (f)	elemi mátrix	macierz elementów
011	equivalent beam method	Ersatzstabverfahren (n)	helyettesítő módszer	metoda prętów zastępczych
012	finite element method	Finite Elementmethode (f)	véges elemek módszere	metoda elementów skończonych
013	flexibility method	Kraftgrößenverfahren (n)	erődmodszer	metoda wielkości sił
014	global stiffness matrix	globale Steifigkeitsmatrix (f)	globális merevségi mátrix	całościowa macierz sztywności
015	graphical method	graphische Methode (f)	grafikus módszer	metoda graficzna
016	idealized joint	idealisierter Knoten (m)	idealizált szerkezeti csomópont	węzeł idealny
017	iteration method	Iterationsverfahren (n)	iterációs módszer, fokozatos közelítések módszere	metoda iteracji, kolejnych przybliżeń
018	linear system of equation	lineares Gleichungssystem (n)	lineáris egyenletrendszer	system równań linearnych
019	load vector	Belastungsvektor (m)	terhelési vektor	wektor obciążen
020	local stiffness matrix	lokale Steifigkeitsmatrix (f)	elemi merevségi mátrix	macierz lokalnej sztywności
021	mathematical model	Berechnungsmodell (n)	számítási modell	model obliczeniowy
022	matrix	Matrix (f)	mátrix	macierz
023	matrix element	Matrixelement (n)	mátrixelem	element macierzy
024	matrix transformation	Matrizentransformation (f)	mátrixtranszformálás	przekształcenie macierzy
025	non-linear method	nichtlineare Methode (f)	nemlineáris módszer	metoda nielinearna
026	principle of virtual displacement	Prinzip der virtuellen Verrückung (f)	virtuális elmozdulás tétele	zasada pozornego przesunięcia
027	principle of virtual forces	Prinzip der virtuellen Kräfte (f)	virtuális erők elve	zasada sił pozornych
028	reduction theorem	Reduktionssatz (m)	redukciós tétel	zasada redukcji
029	slope deflection method	Drehwinkelverfahren (n)	forgásszög módszer	metoda rotacyjna
030	solution vector	Lösungsvektor (m)	megoldásvektor	wektor wypadkowy
031	stiffness (displacement) method	Deformationsmethode (f)	mozgásmódszer	metoda odkształceń
032	stiffness matrix	Steifigkeitsmatrix (f)	merevségi mátrix	macierz sztywności
033	three-dimensional element	dreidimensionales Element (n)	háromdimenziós elem	element trójwymiarowy
034	three-moment equation	Dreimomentengleichung (n)	Clapeyron-egyenlet, háromnyomaték-egyenlet	równanie trzech momenów
035	transfer method	Übertragungsverfahren (n)	átviteli módszer	metoda przeniesienia
036	triangular finite element	dreieckiges finites Element (n)	háromszög alakú véges elem	trójkątny element skończony
037	vector	Vektor (m)	vektor	wektor, siła ukierunkowana
038	work equation	Arbeitsgleichung (f)	munkaegyenlet	równanie pracy

методы расчёта	výpočtové metódy	VII.06.
величина аппроксимации	aproximovaná hodnota	001
аппроксимация	aproximácia, priblíženie	002
ширина ленты матрицы	šírka pásu matice	003
степень свободы	stupeň voľnosti	004
дифференциальный метод	diferenčná metóda	005
дифференциальный элемент	diferenciálny prvok	006
деление континиума	rozdelenie kontinua	007
уравнение упругости	pretvárna rovnica	008
анализ элементов	analýza prvku	009
матричный элемент	matica prvku	010
метод эквивалентных балок	metóda náhradných prútov	011
метод конечных элементов	metóda konečných prvkov	012
метод величин силы	silová metóda	013
глобальная матрица жёсткости	globálna pásová matica	014
графический метод	grafická metóda	015
идеальный узел	idealizovaný uzol	016
итерационный метод	iteračná metóda	017
линейная система уравнений	sústava lineárnych rovníc	018
вектор нагрузки	zaťažovací vektor	019
локальная матрица жёсткости	lokálna matica tuhosti	020
расчётная модель	výpočtový model	021
матрица	matica	022
элемент матрицы	prvok matice	023
матричная трансформация	maticová transformácia	024
нелинейный метод	nelineárna metóda	025
принцип виртуального смещения	princíp virtuálnych posunov	026
принцип виртуальных сил	princíp virtuálnych síl	027
теорема восстановления	redukčná veta	028
метод угла поворота	postup pootočenia uhlov	029
вектор решения	vektor riešenia, výsledný vektor	030
метод деформации	deformačná metóda	031
матрица жёсткости	matica tuhosti	032
трёхразмерные элементы	trojdimenzionálny prvok	033
уравнение трёх моментов	trojmomentová rovnica, trojmomentová veta	034
метод передачи	metóda prenosu	035
треугольный конечный элемент	trojuholníkový konečný prvok	036
вектор	vektor	037
рабочее уравнение	pracovná rovnica	038

VII.07.	dynamics	Dynamik (f)	dinamika	dynamika
001	acceleration	Beschleunigung (f)	gyorsulás, gyorsítás	przyśpieszenie
002	aerodynamic excitation	aerodynamische Erregung (f)	aerodinamikai gerjesztés	wzbudzenie aerodynamiczne
003	amplitude	Amplitude (f)	amplitudó, a legnagyobb kilengés, csúcsérték	amplituda
004	angular frequency	Kreisfrequenz (f)	körfrekvencia	prędkość kątowa
005	damped oscillation (vibration)	gedämpfte Schwingung (f)	csillapított rezgés	drganie tłumione
006	damping	Dämpfung (f)	csillapítás	tłumienie
007	damping decrement	Dämpfungsdekrement (n)	csillapítási dekrementum	dekrement tłumienia
008	direct integration	direkte Integration (f)	közvetlen integráció	bezpośrednia integracja
009	eigen form	Eigenform (f)	sajátalak	forma własna
010	eigen value	Eigenwert (m)	sajátérték	wartość własna
011	flutter	Flattern (n)	oldallengés	łopotanie, wibracja
012	forced vibration, forced oscillation	erzwungene Schwingung (f)	kényszerrezgés, gerjesztett regés	drgania wymuszone
013	free vibration, free oscillation	freie Schwingung (f)	szabad lengés	drgania swobodne
014	frequency	Frequenz (f)	frekvencia, rezgésszám	częstotliwość
015	frequency analysis	Frequenzganganalyse (f)	frekvenciagörbe analízis	analiza przebiegu drgań własnych
016	frequency of vibration	Schwinggeschwindigkeit (f)	hullámsebesség	szybkość drgań
017	fundamental oscillation	Eigenschwingung (f)	sajátlengés, önlengés, önrezgés	drgania własne
018	harmonic load	harmonische Belastung (f)	harmonikus terhelés	obciążenie harmoniczne
019	impulse	Impuls (m)	impulzus	impuls
020	inertia force	Trägheitskraft (f)	tehentetlenségi erő, inerciaerő	siła bezwładności
021	inertia of translation	Translationsträgheit (f)	haladó tehetetlenség, transzlációs tehetetlenség	bezwładność przesunięcia
022	mass	Masse (f)	tömeg	masa
023	modal analysis	Modale Analyse (f)	modális analízis	analiza modalna
024	multi degree of freedom system	Mehrmassenschwinger (m)	többtömegű rezgőrendszer	układ o wielu stopniach swobody
025	natural frequency, eigen frequency	Eigenfrequenz (f)	sajátfrekvencia, önrezgésszám	częstotliwość własna
026	oscillation form	Schwingungsform (f)	rezgési alak, lengési alak	forma drgań
027	period of vibration	Schwingungsdauer (f)	rezgésidő, rezgéstartam, lengésidő, lengéstartam	okres drgań
028	periodic vibration	periodische Schwingung (f)	periodikus rezgés	drgania okresowe
029	resonance	Resonanz (f)	rezonancia	rezonans
030	response spectrum	Antwortspektrum (n)	válaszjel spektrum	spektrum drgań wzbudzonych
031	rotary inertia	Rotationsträgheit (f)	rotációs tehetetlenség	bezwładność obrotowa
032	single degree of freedom system	Einmassenschwinger (m)	egytömegű rezgőrendszer	oscylacja masy jednostkowej
033	transverse oscillation	Querschwingung (f)	transzverzális rezgés, keresztirányú rezgés	drgania poprzeczne
034	vibration caused by gusts	böenerregte Schwingung (f)	szélroham keltette rezgés	drgania wywołane porywami wiatru
035	vibration absorber, attenuator	Schwingungstilger (m)	dinamikus lengéscsökkentő	pochłaniacz drgań
036	vibration damper	Schwingungsdämpfer (m)	rezgéscsillapító, lengéscsillapító	tłumik drgań
037	vibration, oscillation	Schwingung (f)	rezgés, lengés	drganie

динамика	dynamika	VII.07.
ускорение	zrýchlenie	001
аэродинамическое возмущение	aerodynamické budenie	002
амплитуда	amplitúda	003
круговая частота	kruhová frekvencia (kmitočet)	004
затухающее колебание	tlmené kmitanie	005
затухание колебания	útlm, tlmenie	006
декремент затухания	dekrement útlmu	007
прямая интеграция	priama integrácia	008
собственная форма	vlastný tvar	009
собственное значение	vlastná hodnota	010
флаттер	netlmené kmitanie	011
вынужденное колебание	vynútené kmitanie	012
свободное колебание	voľné kmitanie	013
частота	frekvencia	014
анализ частоты	frekvenčná analýza, kmitočtová analýza	015
скорость колебания	rýchlosť kmitania	016
собственное колебание	vlastné kmitanie	017
гармоническая нагрузка	harmonické zaťaženie	018
импульс	impulz	019
сила инерции	zotrvačná sila	020
трансляционная инерция	translačná zotrvačnosť	021
масса	hmota	022
модальный анализ	modálna analýza	023
многомассовая система	oscilátor sústavy hmôt, viachmotový oscilátor	024
собственная частота	vlastná frekvencia, vlastný kmitočet	025
форма колебания	tvar kmitov	026
продолжительность колебаний	doba kmitania	027
периодическое колебание	periodické kmitanie	028
резонанс	rezonancia	029
спектр ответов	spektrum odozvy	030
ротационная инерция	rotačná zotrvačnosť	031
одномассовая система	oscilátor jednej hmoty, jednohmotový oscilátor	032
поперечное колебание	priečne kmitanie	033
возмущающее колебание	kmitanie vyvolané poryvom vetra	034
гаситель колебания	prístroj na vynulovanie kmitania, pohlcovač kmitania	035
гаситель колебаний	tlmič kmitania	036
колебание	kmitanie	037

VIII. Building Construction
VIII. Konstruktionen
VIII. Szerkezetek
VIII. Konstrukcje budowlane
VIII. Конструкции
VIII. Konštrukcie

VIII.01.	ground	Boden (m)	alépítményföld, talaj	grunt, podłoże
VIII.01.01.	**foundation engineering**	**Grundbau** (m)	**alap, alapozás**	**posadowienie obiektów**
001	anchor	Anker (m)	horgony	ściąg, kotwa
002	anchor force	Ankerkraft (f)	kihorgonyzóerő	siła kotwiąca
003	allowable soil pressure	Bettungszahl (f)	ágyazási tényező	współczynnik podatności podłoża, moduł podłoża
004	stiffness coefficient	Steifemodul (n)	konzisztencia modul	moduł sztywności
005	settlement	Setzung (f)	süllyedés, csökkenés, esés	osadzanie
006	sliding	Gleiten (n)	csúszás	poślizg
007	safety against sliding	Gleitsicherheit (f)	rézsütörés v. csúszás	bezpieczeństwo od poślizgu
008	limit load, failure load, ultimate load	Grenzlast (f)	határteher, határtehelés, határerő	obciążenie graniczne
009	ultimate - bearing capacity	Grenztragfähigkeit (f)	legnagyobb teherbírás, határteherbírás	wytrzymałość graniczna
010	bottom (base) pressure distribution	Sohldruckverteilung (f)	talpfeszültség-eloszlás	rozkład nacisku podstawy
011	base area	Sohlfläche (f)	alapfelület, talpazati felület	powierzchnia podstawy
012	safety against failure	Standsicherheit (f)	stabilitás, állékonyság	stateczność, stałość równowagi
013	rigidity	Steifigkeit (f)	merevség, keménység	sztywność
014	bearing capacity	Tragkraft (f)	teherbírás	nośność, udźwig
015	allowable load	Traglast (f)	határteher, megengedett teher	obciążenie graniczne
VIII.01.02.	**footings, foundations**	**Gründungen** (f)(pl)	**alapozás, alapozási munkálatok**	**posadowanie**
001	**soil types**	**Bodenarten** (f)(pl)	**talajfajta, talajtípus**	**grunty budowlane**
002	top soil	Mutterboden (m)	humusz	ziemia rodzima
003	natural ground, virgin ground	gewachsener Boden (m)	altalaj, ágyazati talaj	grunt nienaruszony
004	natural deposit	gewachsene Ablagerung (f)	alluviális lerakódás	narosłe nawarstwienia
005	artificial fill	künstliche Schüttung (f)	mesterséges töltés	sztuczny nasyp
006	loam	Lehm (m)	agyag	glina
007	sandy loam	sandiger Lehm (m)	homokos agyag	glina piaszczysta
008	clayey loam	toniger Lehm (m)	kövér agyag	glina iłowata
009	loess	Löß (m)	lösz	less
010	loess clay	Lößlehm (m)	löszös agyag	glina lessowa
011	marl	Mergel (m)	márga	margiel
012	flinz	Flinz (m)	pátvaskő	mieszanina piaskowo-ilasta
013	mud, silt	Schlick (m)	iszap	namuł ilasty, szlam, ił
014	clay containig sea silt	Klei (m)	hordalékiszap, iszapülepedés	tłusty grunt ilasty
015	sieve particle	Siebkorn (n)	szemnagyság szerint osztályozott szemcse	piasek przesiany
016	coarse silt	Schlämmkorn (n)	iszapolható szemcse	piasek szlamowany
017	gravel	Kies (m)	sóder, kavicsos homok	żwir
018	sand	Sand (m)	homok	piasek
019	silt, watery clay	Schluff (m)	porlot (porszerű) talaj	pył piaskowy
020	ultra - fine material (particles)	Feinstkorn (n)	aprószemcse, finomszemcse	drobny piasek

грунты	zem, zemina	VIII.01.
сооружение оснований и фундаментов	**zakladanie stavby**	**VIII.01.01.**
анкер	kotvenie	001
усилие в анкере	kotevná sila	002
коэффицент постели	súčiniteľ podložia, súčiniteľ spolupôsobenia	003
мера консистенции	modul konzistencie	004
осадка, усадка	pokles, sadanie	005
скольжение	sklz, šmyk	006
устойчивость при скольжении	bezpečnosť proti posunutiu	007
предельная нагрузка	medzné zaťaženie	008
предельная несущая способность	medzná únosnosť	009
распределение давления по основанию	rozdelenie napätia (tlaku) v základovej škáre	010
опорная поверхность	plocha základovej škáry	011
устойчивость	stabilita, bezpečnosť proti preklopeniu	012
жёсткость	tuhosť, nepoddajnosť	013
несущая способность	únosnosť	014
предельная нагрузка	medzné bremeno, medza únosnosti	015
основания	**zakladania**	**VIII.01.02.**
виды грунтов	**druhy zemín**	001
плодородный слой грунта	humus	002
почва с растительностью	rastlá zemina	003
органические отложения	rastlá usadenina	004
насыпной слой	umelý násyp	005
глина, суглинок	hlina	006
тощая глина	piesčitá hlina	007
жирная глина	ílovitá hlina	008
лёсс	spraš	009
лёссовая глина	sprašová hlina	010
мергель	slieň	011
наносной грунт	ocieľok, siderit	012
илистая глина	tuhé bahno, naplavený íl	013
ил	ílovitá zemina, íl	014
зерно после просеивания	triedené zrno	015
промытое зерно	plavené zrno	016
гравий	štrkopiesok	017
песок	piesok	018
минеральная пыль	prachová zemina	019
мелкозернистый песок	veľmi jemné zrno	020

021	cohesive soil	bindiger Boden (m)	kötött talaj	grunt spoisty
022	cohesionless soil	nichtbindiger Boden (m)	laza talaj	grunt sypki
023	rock	Fels (m)	szikla, kő	skała
024	primitive rock	Urgestein (n)	őskőzet	skała rodzima
025	sedimentary rock	Sedimentgestein (n)	üledékes (szediment) kőzet	skała osadowa
026	mixed soil	gemischter Boden (m)	vegyes talaj	grunt mieszany
027	granular material	rolliges Material (n)	görgeteges anyag	materiał sypki
028	granular soil	rolliger Boden (m)	szemcsés talaj	grunt sypki
029	crushed stone layer	Schotterlage (f)	kavicsréteg	warstwa tłucznia
030	crumbed layer	Krümelschicht (f)	termőtalaj	ziemia orna
031	**bedding density**	**Lagerungsdichte** (f)	**tömörség**	**gęstość budowy gruntu**
032	loose, soft	locker (Adj)	laza, porhanyós	sypka
033	medium dense	mitteldicht (Adj)	középtömör	średnio gęsta
034	dense	dicht (Adj)	tömör, nehéz	gęsta
035	**state**	**Zustandsform** (f)	**konzisztencia formák**	**formy konsystencji**
036	fluid	flüssig (Adj)	folyékony	płynna
037	semisolid	halbfest (Adj)	félkemény	półstała
038	plastic	bildsam (Adj), plastisch (Adj)	alakítható	podatna, plastyczna
039	firm	fest (Adj)	szilárd, kemény	stała
040	thixotropic	thixotrop (Adj)	tixotróp	glina zmieszana z wodą
041	**cohesion**	**Kohäsion** (f)	**kohézió**	**kohezja, spójność**
042	internal friction	innere Reibung (f)	belső súrolódás	tarcie wewnętrzne
043	proctor density	Proctordichte (f)	Proctor-térfogatsúly	gęstość wg. Proktora
044	permeability	Durchlässigkeit (f)	átbocsátóképesség, áteresztőképesség	przepuszczalność
045	capillarity	Kapillarität (f)	kapillaritás, hajszálcsövesség	kapilarność, włosowatość
046	susceptibility to frost action	Frostempfindlichkeit (f)	fagyérzékenység	wrażliwość na przemarzanie
VIII.01.03.	**soil exploration**	**Bodenuntersuchungen** (f)(pl)	**talajvizsgálatok**	**badania podłoża, badania gruntu**
001	bore hole	Schürfung (f)	árkolás, feltárás kutatóaknával	odkrywka
002	boring, bore	Bohrung (f)	fúrás, furat	wiercenie
003	sounding	Sondierung (f)	szondázás	sondowanie
VIII.01.04.	**excavation (building) pit**	**Baugrube** (f)	**alapárok, munkagödör**	**wykop fundamentowy**
001	earth's surface	Erdoberfläche (f)	talaj, földfelület, földfelszín	powierzchnia ziemi
002	site, building ground	Baugrund (m)	építési telek	podstawa budowy
003	bottom, sole	Sohle (f)	alja, bevágás alja, árok alja	podwalina
004	excavation	Ausschachtung (f)	árok, gödör, munkagödör	wykonanie wykopu
005	dug out earth, cut	Aushub (m)	árok, gödör, kiemelt föld	grunt wydobyty
006	shoring	Verbau (m)	dúcolás, megerősítés	rozparcie i odeskowanie wykopu
007	unshored pit	nichtverbaute Baugrube (f)	dúcolás nélküli munkagödör	nieobudowany wykop fundamentowy
008	shored pit	verbaute Baugrube (f)	dúcolt munkagödör	obudowany wykop fundamentowy
009	embankment	Böschung (f)	lejtő, hegyoldal	skarpa, stok, zbocze
010	ground water	Grundwasser (n)	talajvíz	woda gruntowa

связный грунт	súdržná zemina	021
несвязный грунт	nesúdržná zemina	022
скальная порода	skala, hornina	023
коренная порода	prahornina	024
осадочная порода	usadená hornina	025
смешанный грунт	zmiešaná zemina	026
сыпучий материал	sypký materiál	027
сыпучий грунт	sypká zemina	028
гравелистый слой	štrková vrstva	029
комковатый слой	hrudkovitá vrstva, ornica	030
плотность залегания	**uľahnutosť**	031
рыхлый (грунт)	kyprý	032
средней плотности	stredne hutný	033
плотный	hutný	034
формы состояния	**forma konzistencie**	035
текучий	tekutý	036
полутвёрдый	polotuhý	037
пластичный	tvárny	038
твёрдый	tuhý	039
тиксотропный	tixotropný	040
когезия	**súdržnosť**	041
внутреннее трение	vnútorné trenie	042
плотность Проктора	Proctorova objemová hmotnosť	043
проницаемость	priepustnosť	044
капиллярность	kapilarita	045
морозостойкость	citlivosť na mráz, mrazuvzdornosť	046
Исследование грунтов	**pôdny prieskum**	**VIII.01.03.**
шурфование	vyhľadávanie, robenie prieskumu	001
бурение	vŕtanie	002
зондирование	sondovanie	003
строительный котлован	**stavebná jama**	**VIII.01.04.**
поверхность земли	zemský povrch	001
грунтовое основание	stavebný pozemok	002
днище, ложе, подошва	základová škára	003
рытьё (котлована)	výkop, hĺbenie (jamy)	004
выемка	vykopaná zemina, výkop	005
разработка грунта	paženie	006
не застроенный котлован	nepažená stavebná jama	007
застроенный котлован	pažená stavebná jama	008
откос	svah	009
грунтовые воды	podzemná voda, spodná voda	010
	-	

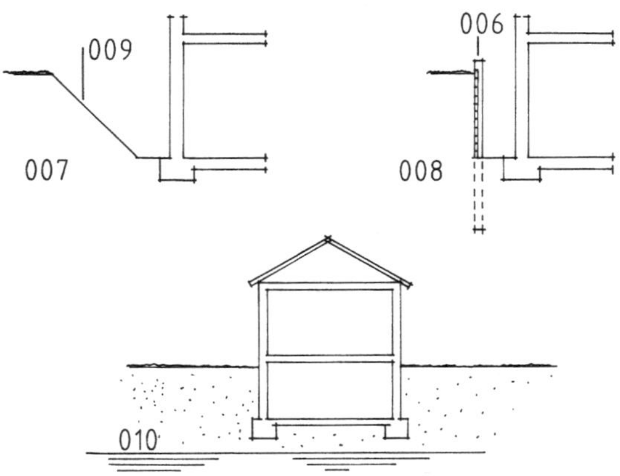

011	soil moisture	Bodenfeuchtigkeit (f)	talajnedvesség	wilgotność gruntu, wilgotność podłoża
012	splash water	Spritzwasser (n)	fröccsvíz, befröcskölő víz	woda rozpryskowa
013	drainage, dewatering operation, ground-water lowering	Wasserhaltung (f)	vízemelés, szivattyúzás, vízmerítés, víznyerés	odwodnienie
014	sump drainage	offene Wasserhaltung (f)	nyitott vízelvezetés, nyíltvízkiemelés	otwarte odwodnienie
015	dewatering	Trockenlegung (f)	kiszárítás, szárítás, vízmentesítés, víztelenítés	osuszenie
016	waterproofing, sealing	Abdichtung (f)	tömítőbetét, tömítés, szigetelés	uszczelnianie
017	ground-water lowering	Grundwassersenkung (f)	talajvízapasztás, talajvízsüllyesztés	obniżenie poziomu wody gruntowej
018	drainage	Entwässerung (f)	vízelvezetés, víztelenítés, lecsapolás	odwadnianie, odwodnienie
019	drainage pipeline	Entwässerungsleitung (f)	alagcsővezeték, drénvezeték	rurociąg odwadniający
020	drainage	Drainage (f)	talajcsövezés, drenázs	drenaż
021	drain mat, filter mat	Dränmatte (f), Filtermatte (f)	drén- és filter ágyazat	mata drenarska i mata filtracyjna
022	drainpipe	Dränrohr (n)	alagcső, vízelvezető	sączek, dren
023	vertical sealing	Vertikaldichtung (f)	függőleges szigetelés	uszczelnienie pionowe
024	horizontal sealing	Horizontaldichtung (f)	vízszintes szigetelés	uszczelnienie poziome
VIII.01.05.	**soil improvement**	**Bodenverbesserung** (f)	**talajjavítás**	**ulepszenie gruntu**
001	**soil exchange**	**Bodenaustausch** (m)	**talajcsere**	**wymiana podłoża**
002	**soil stabilization**	**Bodenvermörtelung** (f)	**ellenőrző injektálás**	**zmieszanie podłoża z zaprawą**
003	**compaction**	**Verdichtung** (f)	**összenyomódás**	**zagęszenie**
004	soil compaction	Bodenverdichtung (f)	a talaj tömörítése	zagęszczenie gruntu
005	surface vibrator	Oberflächenrüttler (m)	felületi vibrátor, talpvibrátor	wibrator powierzchniowy
006	deep vibrator	Tiefenrüttler (m)	merülővibrátor	wibrator zanurzany
007	tamping compaction	Stampfverdichtung (f)	döngöléses tömörítés, csömöszölés	uszczelnienie przez ubijanie
VIII.01.06.	**shallow foundations**	**Flachgründungen** (f)(pl)	**sík alapok, sík alapozás**	**fundament płytki, fundamentowanie płytkie**
001	soil pressure	Bodenpressung (f)	talajnyomás, talajfeszültség, talpfeszültség (alaptest alatt)	naturalne ciśnienie gruntu
002	foundation, footing	Fundament (n)	alap, alaptest	fundament
003	strip foundation, strip footing	Streifenfundament (n)	sávalap, szalagalap	fundament ciągły, fundament pasowy
004	single footing	Einzelfundament (n)	különálló alap, oszlopláb	fundament punktowy
005	sleeve foundation	Köcherfundament (n)	kehelyalap	fundament kielichowy
006	foundation slab	Fundamentplatte (f)	alaplemez, talplemez	płyta fundamentowa
007	raft footing	Plattenstreifengründung (f)	alapfalszélesítési alapzat, fallábazat	fundament płytowo-pasowy
008	base plate	Bodenplatte (f)	fenéklemez, alaplemez	płyta fundamentowa
009	unreinforced concrete foundation	Stampfbetonfundament (n)	csömöszölt betonalap	fundament z betonu ubitego
010	trough	Wanne (f)	kád	wanna

влажность грунта	pôdna vlhkosť	011
разбрызгиваемая вода	striekajúca voda	012
водоотлив	odvodňovanie	013
открытый водоотлив	povrchové odvodňovanie	014
осушение	vysušovanie	015
уплотнение, изоляция	utesnenie, izolácia	016
водопонижение	klesanie podzemnej vody	017
водоотведение	odvodňovanie, odkanalizovanie	018
водоотводящая система	odvodňovacie potrubie	019
дренаж	drenáž	020
дренажный фильтрующий слой	drenážna rohož, filtračná rohož	021
дренажная труба	drenážna rúra	022
вертикальное уплотнение	vertikálne tesnenie	023
горизонтальное уплотнение	horizontálne tesnenie	024
улучшение свойств грунта	**zlepšovanie základovej pôdy**	**VIII.01.05.**
замена грунта	**výmena pôdy**	001
закачивание раствора в грунт	**kontaktná injektáž zeminy**	002
уплотнение	**zhutňovanie**	003
уплотнение грунта	zhutňovanie zeminy	004
поверхностный вибратор	povrchový vibrátor	005
глубинный вибратор	hlbinný vibrátor	006
трамбование	zhutňovanie podbíjaním	007
фундаменты не глубокого заложения	**plošné zakladania, plošné základy**	**VIII.01.06.**
давление на грунт	namáhanie pôdy, stlačenie pôdy	001
фундамент	základ	002
ленточный фундамент	základový pás	003
отдельный фундамент	základová pätka	004
фундамент стаканного типа	kalichový základ	005
фундаментная плита	základová doska	006
сборный ленточный фундамент	doskopásový základ	007
фундаментная плита	podkladová doska	008
фундамент из трамбованного бетона	zhutnený betónový základ	009
сооружённый фундамент, "ванна" фундамента	vaňa	010

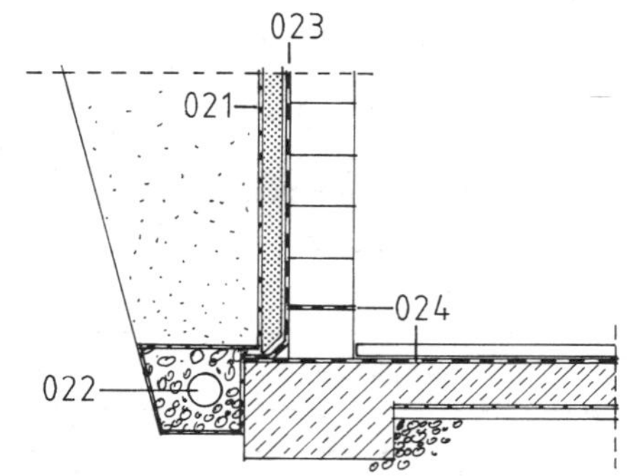

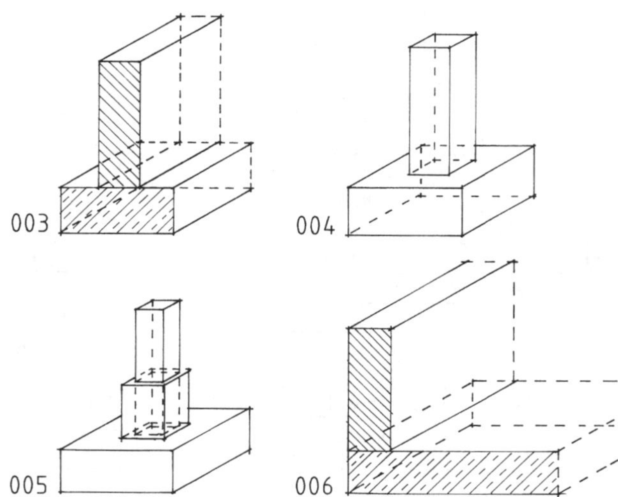

011	trough with no external waterproofing	'weiße Wanne' (f)	szigetelés vízzáró betonnal	"biała wanna"
012	externally waterproofed trough	'schwarze Wanne' (f)	fekete szigetelés, bitumenes szigetelés	"czarna wanna"
013	mat foundation	Flächengründung (f)	folytonos alap, laposalap, tömör alap	fundowanie powierzchniowe
VIII.01.07.	**deep foundations**	**Tiefgründungen** (f)(pl)	**mélyalapozás, mélyalap**	**fundamentowanie głębokie**
001	skin friction	Mantelreibung (f)	köpenysúrlódás, falsúrlódás	tarcie powierzchniowe
002	pile point pressure	Spitzendruck (m)	csúcsnyomás	ciśnienie maksymalne
003	pile foundation	Pfahlgründung (f)	cölöpalapozás, cölöpös alapozás	fundament na palach, fundament palowy
004	ram pile	Rammpfahl (m)	vert cölöp	pal wbijany
005	pipe pile	Rohrpfahl (m)	csőcölöp	pal rurowy
006	screw pile	Schraubenpfahl (m)	csavaros cölöp	pal śrubowy
007	bored pile	Bohrpfahl (m)	fúrt cölöp	pal wiercony
008	anchor pile	Ankerpfahl (m)	bekötőcölöp, (ki)horgony(zó)cölöp	pal kotwiący
009	pile cluster	Pfahlgruppe (f)	cölöpcsoport	grupa pali
010	pile grid	Pfahlrost (n)	cölöprács, cölöprostély	ruszt palowy
011	well foundation	Brunnengründung (f)	kútalapozás	fundamentowanie na studniach
012	caisson foundation	Senkkastengründung (f), Caissongründung (f)	süllyesztőszekrényes alapozás, keszonalapozás	fundamentowanie z pogrążoną skrzynią
013	injection	Injektion (f)	injektálás, befecskendezés	wstrzykiwanie
014	grouted anchor	Injektionsanker (m)	injektált lehorgonyzás	kotwa wstrzykiwana
015	grouted pile	Injektionspfahl (m)	réscölöp, fúrt cölöpfal	pal wstrzykiwany
016	grouted wall	Injektionswand (f)	résfal	ściana wstrzykiwana
VIII.01.08.	**static stability**	**Standsicherheit** (f)	**stabilitás, állékonyság**	**stateczność, stałość równowagi**
001	uplift, heave	Auftrieb (m)	felhajtóerő, emelőerő	wypór, siła wyporu
002	soil pressure	Erddruck (m)	földnyomás	parcie ziemi
003	soil pressure distribution	Erddruckverteilung (f)	földnyomáseloszlás	rozkład parcia ziemi
004	soil pressure at rest, active pressure	Erdruhedruck (m)	geosztatikus nyomás	ciśnienie geostatyczne
005	passive resistance	Erdwiderstand (m)	passzív földnyomás, fajlagos talajellenállás	odpór ziemi, odpór gruntu
006	soil failure	Grundbruch (m)	alaptörés, talajtörés	obsunięcie fundamentów
007	cave-in, slope failure	Böschungsbruch (m)	rézsütörés	obsunięcie stoku
008	ground failure	Geländebruch (m)	talajtörés, altalajtörés	obsunięcie terenu
VIII.01.09.	**retaining walls**	**Stützwände** (f)(pl)	**támasztófalak, támfalak**	**ściany oporowe**
001	retaining wall	Stützwand (f)	támasztófal, támfal	ściana oporowo-szczelna
002	sheet piling	Spundwand (f)	szádfal, védőfal	ściana szczelna
003	girder and plank wall	Trägerbohlwand (f)	ellenfal, pallófal	nośna ściana z pali wierconych
004	bored pile wall	Bohrpfahlwand (f)	fúrt cölöpfal	ściana z pali wierconych
005	slurry wall	Schlitzwand (f)	résfal	ścianka osłonowa

сооружённый фундамент без гидроизоляции	biela vaňa	011
сооружённый фундамент с гидроизоляцией	čierna vaňa	012
фунтамент не глубокого заложения	plošný základ	013
фундаменты глубокого заложения	**hlbinné zakladania, hlbinné základy**	**VIII.01.07.**
поверхностное трение	plášťové trenie	001
максимальное давление	tlak na hrote (pilóty)	002
свайный фундамент	zakladanie na pilótach	003
забивная свая	baranená pilóta	004
трубчатая свая	rúrová pilóta	005
винтовая свая	skrutková pilóta	006
буронабивная свая	vŕtaná pilóta	007
анкерная свая	kotevná pilóta	008
куст свай	skupina pilót	009
свайный ростверк	pilótový rošt	010
фундамент в виде опускных колодцев	zakladanie na studniach	011
опускной колодец, кессонный фундамент	zakladanie na kesónoch	012
инъекция	injektovanie, injektáž	013
инъекционный анкер	injektovaná kotva	014
инъекционная свая	injektovaná pilóta	015
стена из инъекционных свай	injektovaná stena	016
устойчивость	**stabilita**	**VIII.01.08.**
выпучивание, вздутие	vztlak	001
давление грунта	zemný tlak	002
распределение давления грунта	rozdelenie zemného tlaku	003
давление грунта в состоянии покоя	geostatický tlak, pokojový zemný tlak	004
сопротивление грунта	zemný odpor	005
обрушение грунта	prelomenie základu	006
осыпание откоса	zosuv svahu	007
поверхностная трещина	zlom terénu	008
подпорные стены	**oporné steny**	**VIII.01.09.**
подпорная стена	oporná stena	001
шпунтовая стена	štetovnicová stena	002
несущая деревянная стена	záporová stena, záporové paženie	003
стена буронабивных свай	stena z vŕtaných pilót	004
стена бетонируемая в траншее, “стена в грунте“	podzemná stena	005

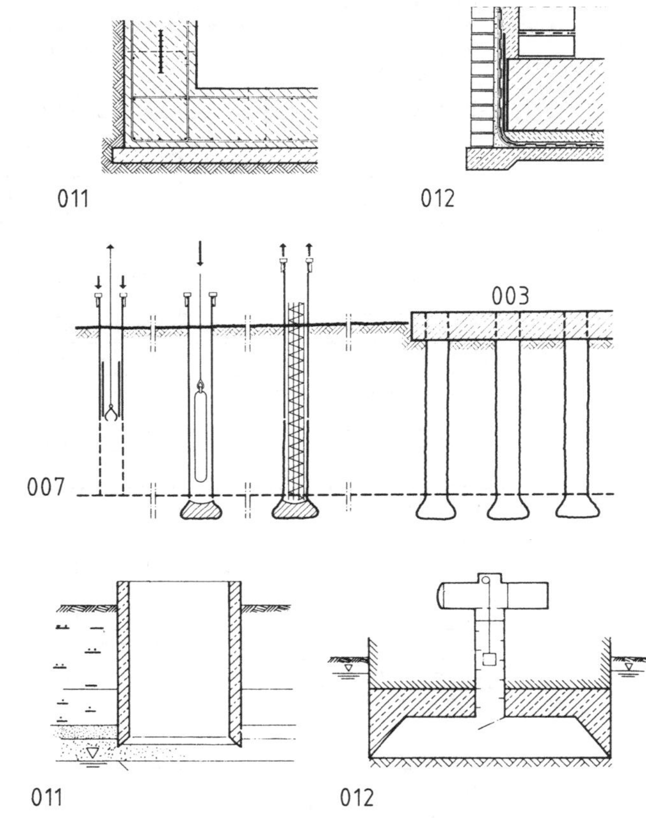

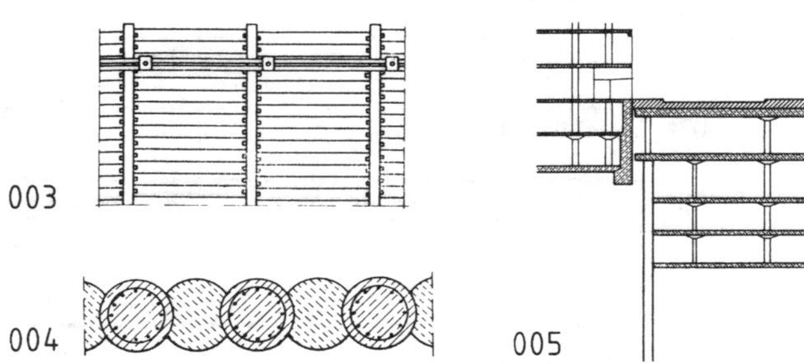

VIII.02.	construction methods	Bauweisen (f)(pl)	építési módok, építésmódok	rodzaje budownictwa
VIII.02.01.	**modern wood construction**	**neuzeitlicher Holzbau** (m)	**modern faépítkezés, modern faépület**	**nowoczesne budownictwo drewniane**
001	**members**	**Elemente** (n)(pl)	**elemek**	**elementy**
002	lath, batten	Latte (f)	léc	łata, listwa, listewka
003	board	Brett (n)	deszka, tábla	deska
004	plank	Bohle (f)	palló(deszka)	bal, dyl, gruba deska
005	solid wood	Vollholz (n)	egész gerenda	drewno lite
006	dressed lumber	Kantholz (n)	fűrészelt áru, kantfa, szegletes faáru, élfa	krawędziak, kantówka
007	beam	Balken (m)	gerenda	belka
008	round log	Rundholz (n)	rönk, gömbfa	okrąglak
009	round construction timber	Baurundholz (n)	építési gömbfaárú	okrąglak budowlany
010	sawn timber, construction lumber	Bauschnittholz (n)	építési fűrészelt faanyag	tarcica budowlana
011	filler block	Futterholz (n)	alátét, bélésfa, kitöltőfa	podkładka pod legar podłogowy
012	veneer	Furnier (n)	furnér, furnir, falemez	fornir
013	laminated timber	Brettschichtholz (n)	enyvezett fa, ragasztott fa	belka z desek
014	extruded particle board	Spanplatte (f)	faforgácslemez, faforgácslap	płyta wiórowa
015	plywood	Sperrholz (n)	furnér, rétegelt falemez	sklejka
016	wooden fiberboard	Holzfaserplatte (f)	farostlemez	płyta pilśniowa
017	multiplex board	Multiplex-Platte (f)	többréteges lemezből készült tartó, rétegelt lemezből készült tartó	płyta multiplex
018	laminated glued truss, laminated glued girder	Leimbinder (m)	enyvezettlemez tartó	więzar klejony
019	wooden girder	Bohlenbinder (m)	pallófőszaruzat, pallókötőgerenda	więzar deskowy
020	**timber fasteners**	**Holzverbindungsmittel** (n)(pl)	**fakötési eszközök**	**środki łączące konstrukcje drewniane**
021	offset	Versatz (m)	beeresztés, csapozás, fakötés	wrąb, zacios
022	lap joint, rebating	Verblattung (f)	rálapolás, egymásba illesztés	złącze na zakładkę
023	mortise	Zapfen (m)	folyadékcsap, csap, tengelycsap	czop
024	dowel	Dübel (m)	csap, faék, horonyék	kołek, dybel
025	lay-in (timber) connector	Einlaßdübel (m)	beeresztett csap	kołek wpuszczany
026	bolted (timber) connector	Einpreßdübel (m)	besajtolt csap	kołek wtłaczany
027	bolt	Bolzen (m)	szeg, csapszeg	rozpora
028	nail	Nagel (m)	szeg	gwóźdź
029	nailed roof framing	Nagelbinder (m)	szegkötés, szeges kötés, szegelt kötés	więzar zbijany
030	metal connector with nails	Nagelplatte (f)	szeglemez, szegalátét	płyta zbijana
031	screw	Schraube (f)	csavar	śruba
032	threaded nail	Schraubnagel (m)	csavarszeg, csavarfejű szeg	gwóźdź nacięty samogwintujący
033	clamp, staple	Klammer (f)	ácskapocs	klamra, skowa
034	glue	Leim (m)	enyv	klej
035	glued connection	Leimverbindung (f)	enyvezett kötés	połączenie klejone

способы строительства	spôsoby stavania	VIII.02.
современные деревянные конструкции	**novodobá drevená stavba**	**VIII.02.01.**
элементы	**prvky**	001
рейка	lata	002
доска	doska	003
толстая доска	fošňa	004
деревянный элемент сплошного сечения	plné (masívne) drevo	005
обрезной пиломатериал	hranol, hranené rezivo	006
балки	hrada, trám	007
круглый лесоматериал	guľatina	008
круглый необработанный лесоматериал	stavebná guľatina	009
строительный пиломатериал	stavebné rezivo	010
облицовочная древесина	výplňové drevo, podkladové drevo	011
шпон	dyha	012
короткомерная древесина	vrstvené (lamelované) drevo	013
древесностружечная плита	drevotriesková doska	014
фанера	preglejka	015
древесноволокнистая плита	drevovláknitá doska	016
многослойные плиты	multiplexová doska	017
клееная балка	lepený (laminovaný) nosník	018
дощатая стропильная ферма	väzník z fošien	019
средства соединения деревянных элементов	**spojovacie prostriedky drevených konštrukcií**	020
врубка зубом	zapustenie, osadenie	021
врубка вполдерева	plátovanie, preplátovanie	022
шип	čap	023
дюбель, шпонка	spona, kolík, klátik, hmoždinka	024
вставная шпонка	zapustený kolík (hmoždinka)	025
спрессованная шпонка	vtlačiteľný kolík (hmoždinka)	026
болт	svorník, čap	027
гвоздь	klinec	028
соединение с использованием гвоздей	klincovaný väzník	029
плита, сооружённая с использованием гвоздей	styčníková doska s tŕňmi (pre spájanie dreva)	030
винт	skrutka	031
гвоздь с нарезкой	klinec so závitom	032
зажим, струбцина	skoba, hák	033
клей	glej, lepidlo	034
клееное соединение	lepený spoj	035

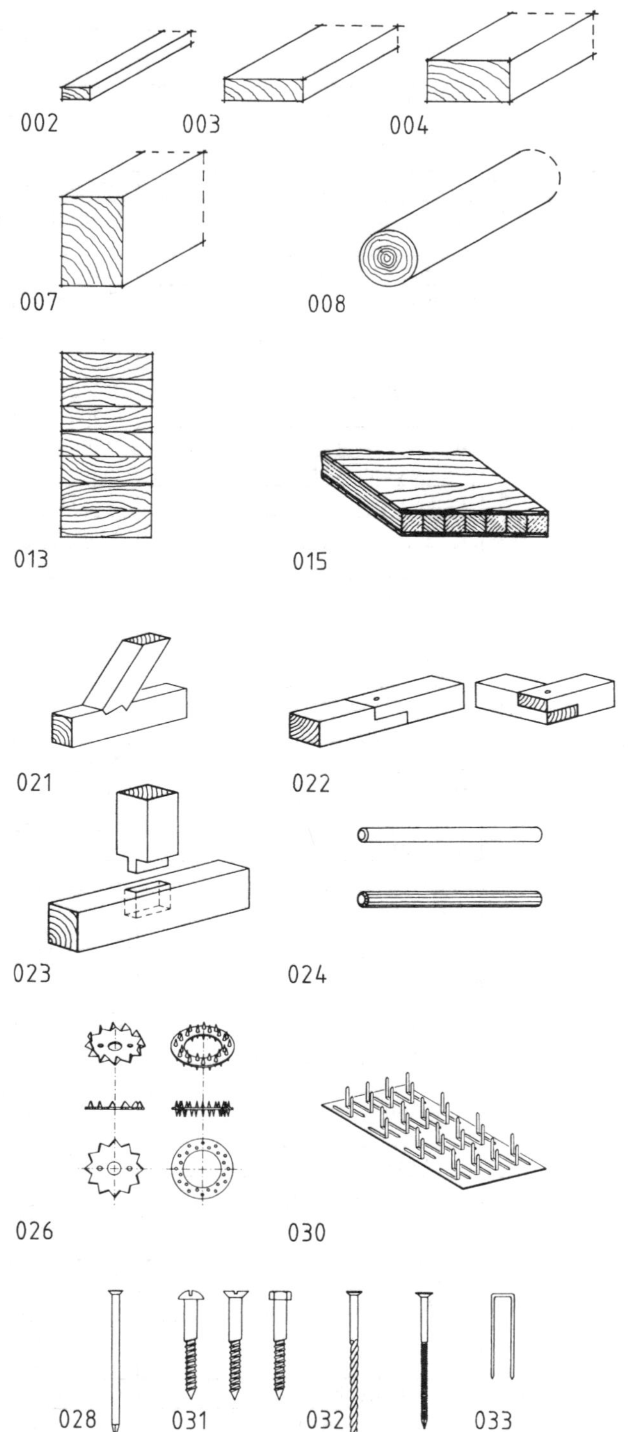

036	cold gluing	Kaltleimung (f)	hidegenyv	klejenie na zimno
037	nailed and compressed gluing	Nagelpreßleimung (f)	szegelt és ragasztott kapcsolat, szegelt és ragasztott kötés	klejenie ze zbijaniem
038	fish plate	Lasche (f)	kötőlemez, fedőlemez, rátét	nakładka, łącznik, łubek
039	binding piece, tie piece	Zange (f)	fogógerendapár, cimborakötő, kapocsfa	kleszcze stężające
VIII.02.02.	**steel construction**	**Stahlbau** (m)	**acélépítmény, acélszerkezet**	**budownictwo stalowe**
001	construction steel	Baustahl (m)	szerkezeti acél	stal budowlana
002	T-section	T-Stahl (m)	T-szelvény	profil teowy
003	I-beam	Doppel-T-Träger (m)	I szelvény	dźwigar podwójnie teowy
004	channel section	U-Stahl (m)	U-acél	profil ceowy
005	angle section	Winkelstahl (m)	szögacél, szögvas	kątownik stalowy
006	steel plates	Flachstahl (m)	laposacél	stal płaska
007	hollow section	Hohlprofil (n)	zárt szelvény	profil pusty
008	lightweight section	Leichtprofil (n)	könnyített szelvény	profil lekki
009	butt strap	Lasche (f)	heveder, fedőlemez	nakładka, łącznik, łubek
010	tube	Rohr (n)	cső	rura
011	wire rope	Drahtseil (n)	drótkötél	lina stalowa, lina druciana
012	gusset plate	Bindeblech (n)	kapcsolólemez	blacha węzłowa
013	connecting plate	Anschlußblech (n)	csatlakozólemez	blacha łącząca
014	cross bracing	Querverband (m)	keresztkötés, átlóskötés	przewiązka, pas poprzeczny
015	**columns**	**Stützen** (f)(pl)	**oszlopok, támasztékok**	**podpora, słup**
016	one-piece column	einteilige Stütze (f)	tömör szelvényű rúd	podpora jednorodna
017	multi-piece column	mehrteilige Stütze (f)	osztott szelvényű rúd	podpora wieloelementowa
018	composite column	Verbundstütze (f)	öszvér oszlop	podpora składana
019	pylon	Pylon (m)	pülon, pylon	pylon
020	guy mast	Ankermast (m), Abspannmast (m)	kikötött tovony, feszítő oszlop	maszt odciągowy, maszt napinający
021	column base	Stützenfuß (m)	oszloptalp, oszlopláb, oszlopalap	stopa podpory
022	column head	Stützenkopf (m)	oszlopfej	głownica podpory
023	column splice	Stützenstoß (m)	oszlopíllesztés	styk podpory
024	end plate	Stirnplatte (f)	homloklap, homloklemez	płyta czołowa
025	butt joint	Vollstoß (m)	teljes illesztés	styk pełną powierzchnią
026	base plate	Fußplatte (f)	talplemez, alaplemez, aljlemez	płyta fundamentowa podpory
027	column anchorage	Stützenverankerung (f)	az oszlop lehorgonyzása	zakotwienie podpory
028	tension anchor bolt	Zuganker (m)	kötővas	kotwa ściągająca
029	**beams, girders**	**Träger** (m)(pl)	**tartó, gerenda**	**dźwigar**
030	girder with openings	Träger mit Öffnungen (f)(pl)	tartó nyílásokkal	dźwigar z otworami
031	girder grid, truss grid	Trägerrost (m), Fachwerkrost (m)	rács, rácsos tartókból képzett tartórács	ruszty dźwigarowo-kratownicowe
032	hinged girder	Gelenkträger (m)	csuklós tartó	dźwigar przegubowy
033	continuous girder	Durchlaufträger (m)	többtámaszú tartó	dźwigar ciągły

соединение клеем холодного твердения	lepený spoj za studena	036
соединение гвоздями и клеем	klincami stláčané lepenie	037
накладка, пластина	príložka, lamela	038
цанговая конструкция	klieština	039
стальная конструкция	**oceľová konštrukcia**	**VIII.02.02.**
сталь используемая в строительстве	stavebná oceľ	001
тавровая сталь	T-profil, oceľový profil tvaru T	002
двутавровая балка	nosník s prierezom v tvare dvojitého T	003
швеллер	U-profil, oceľový profil tvaru U	004
уголковая сталь	uholníková oceľ	005
листовая сталь	plochá oceľ	006
полый профиль	dutý profil	007
тонкостенный профиль	tenkostenný (ľahčený) profil	008
накладка	príložka	009
труба	rúra, rúrka	010
стальной канат	drôtené lano	011
листовая сталь используемая при соединении	spojovací plech	012
выступы листовой стали для соединения	lemovací plech, spojovací (styčníkový) plech	013
поперечная связь	priečne stuženie, priečne stužidlo	014
опоры, колонны	**podpery, stĺpy**	015
неразъёмная, цельная опора	jednodielny (celistvý) stĺp	016
разъёмная, сборная опора	viacdielny (členený) stĺp	017
составная опора	spriahnutý stĺp	018
пилон	pylón	019
анкерная опора	kotevný (kotvený) stožiar, výstužný stožiar	020
основание опоры	pätka stĺpa	021
головка опоры	hlavica stĺpa	022
соединение, стык опор	podperový styk (spoj)	023
торцевая плита	čelná doska	024
неразъёмный, сплошной стык	úplný styk	025
опорная плита	úložná doska	026
анкерное крепление опоры	ukotvenie stĺpa	027
стяжка, соединительный анкер	ťahová kotva, ťahadlo	028
балки, фермы	**nosníky**	029
балка с отверстиями	nosník s otvormi	030
несущая конструкция из перекрёстных балок и ферм	nosníkový rošt, priehradový rošt	031
шарнирная ферма	kĺbový nosník	032
неразрезная балка	spojitý nosník	033

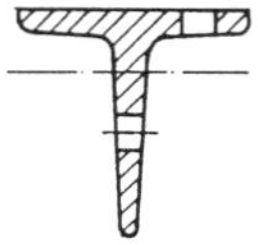

002 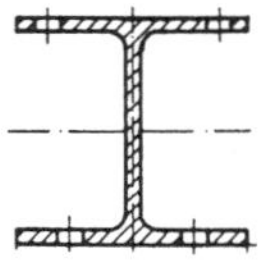 003  004

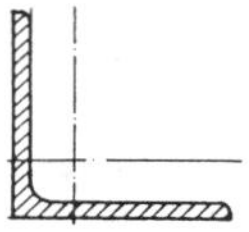

005  006 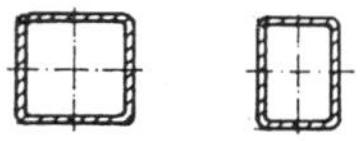 007

010  011

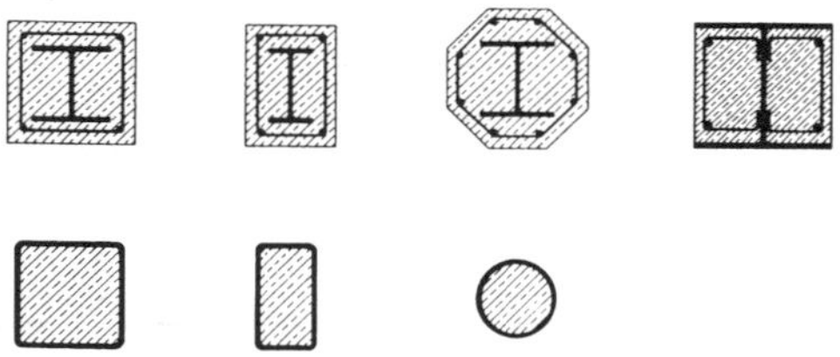

018

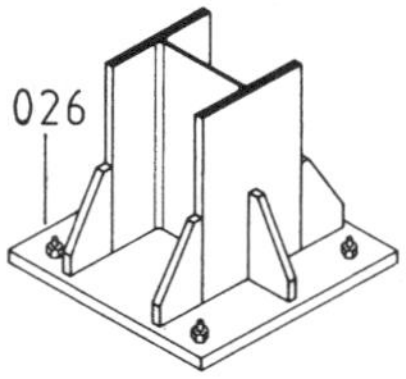

026

021 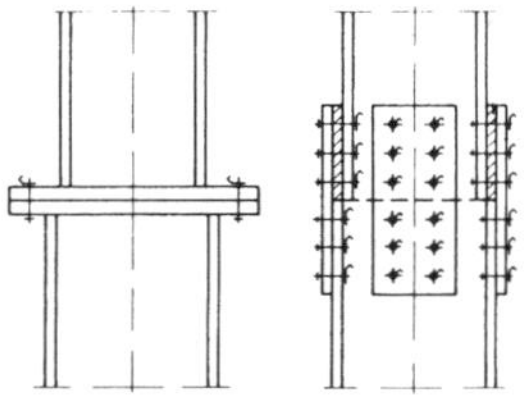 023

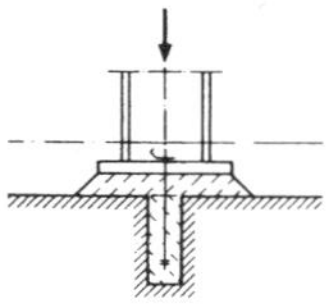

027 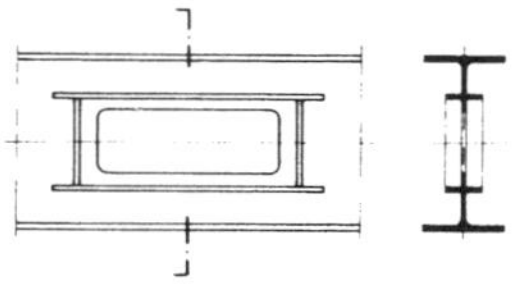 030

034	girder	Biegeträger (m)	hajlított tartó	dźwigar zginany
035	plate girder, solid web girder	Vollwandträger (m)	tömör gerincű tartó. tömör tartó, gerinclemezes tartó	dźwigar pełnościenny
036	castellated girder	Wabenträger (m)	áttört tartó, sejttartó	dźwigar ażurowy
037	trussed girder	Fachwerkträger (m)	rácsostartó, rácsos gerenda	dźwigar kratownicowy
038	girder connection	Trägeranschluß (m)	tartóillesztés	połączenie dźwigarów
039	**bearings**	**Lager** (n)(pl)	**megtámasztások**	**podpory**
040	ball bearing	Punktkipplagerung (f)	gömbcsuklós saru	podpora przegubowo-nieprzesuwna
041	roller bearing	Linienkipplagerung (f)	görgős saru	podpora przegubowo-przesuwna
042	pot bearing	Topflager (n)	dobozos saru	łożysko tarczowe
043	spherical bearing	Kalottenlager (n)	golyóscsapágy	łożysko kuliste
044	girder bearing	Trägerlagerung (f)	megtámasztási vonal	podpora dźwigara
045	flat bearing	Flächenlagerung (f)	felületi alátámasztás, felületi ágyazás	podpora płaska
046	concentric bearing	zentrische Lagerung (f)	centrikus megtámasztás	podpora centralna
047	girder anchoring	Trägerverankerung (f)	lehorgonyzás	skotwienie dźwigara
048	cleat bearing, clip bearing	Knaggenauflagerung (f)	fedőlemezes elhelyezés, hevederes elhelyezés	knaga, podpórka kątowa
049	**joints, fastenings**	**Verbindungen** (f)(pl)	**kapcsolatok, kötések**	**połączenia**
050	rivet, to rivet	Niete (m), nieten (V)	szegecs, szegecselés	nity
051	to weld	schweißen (V)	hegeszt(és)	spawanie
052	to glue	kleben (V)	ragaszt, tapaszt	klejenie
053	screwed connection	Schraubenverbindung (f)	csavarkötés, csavaros kötés	połączenie na śruby
054	bolted connection	Bolzenverbindung (f)	csapos kötés, csapos kapcsolat	połączenie na kołki
055	welded connection	Schweißverbindung (f)	hegesztett kötés	połączenie spawane
056	seam	Naht (f)	varrat	spaw
057	weld length	Nahtlänge (f)	varrat hossza	długość spawu
058	weld throat thickness	Nahtdicke (f)	a varrat gyökmérete	grubość spawu
059	weld area	Nahtfläche (f)	a varrat felülete	powierzchnia spawu
060	bolted hinge	Bolzengelenk (n)	csapos csukló	przegub sworzniowy
061	purlin hinge	Pfettengelenk (n)	szelemencsukló	przegub płatwiowy
062	wedge connection	Keilverbindung (f)	ékkötés	połączenie na kliny
063	turnbuckle	Spannschloß (n)	feszítőcsavar, lehúzó csavar	zamek napinający
064	anchor bolt	Ankerschraube (f), Ankerbolzen (m)	horgonycsavar	trzpień kotwiący, kotwa śrubowa
VIII.02.03.	**modern masonry construction**	**neuzeitlicher Mauerwerksbau (m)**	**modern falazat, modern falimű**	**współczesne techniki murowania**
001	(natural) brick strength	Steinfestigkeit (f)	kőszilárdság	wytrzymałość kamienia, cegły
002	safety against cracking	Rißsicherheit (f)	repedésbiztonság	odporność na zarysowanie
003	safety against rupture	Bruchsicherheit (f)	törési elleni biztonság, törés elleni biztonság	odporność na rozerwanie
004	class of mortar	Mörtelgruppe (f)	habarcscsoportok	rodzaj zaprawy
005	normal mortar	Normalmörtel (m)	normálhabarcs	zaprawa zwykła
006	prescribed mortar	Rezeptmörtel (m)	különleges habarcs	zaprawa recepturowa

балка, работающая на изгиб	nosník namáhaný ohybom	034
балка со сплошной стенкой	plnostenný nosník	035
балка ячеистой структуры	prelamovaný nosník	036
решётчатая ферма	priehradový nosník	037
соединение несущих элементов	pripojenie nosníka, nosníkový spoj	038
опорный узел	**uloženia**	039
шарнирная опора	bodové ložiskové uloženie	040
линейный тип крепления	priamkové vahadlové uloženie	041
опора в стакане	hrncové ložisko	042
сферическая опора	guľové ložisko	043
несущая опора	ukotvenie nosníka	044
модульная опора, центрическая опора	plošné uloženie	045
центрическая опора	centrické uloženie	046
крепление несущего контура	votknutie nosníka	047
опорный вкладыш	uloženie s príložkou	048
соединения	**spoje, spojenia**	049
заклёпка, клепать	nit, nitovať	050
сваривать	zvárať	051
клеить	lepiť	052
соединение на болтах	skrutkový spoj	053
болтовое соединение	svorníkový spoj	054
сварное соединение	zvarový spoj	055
шов	zvar, šev	056
длина шва	dĺžka zvaru	057
толщина шва	hrúbka zvaru	058
площадь шва	plocha zvaru	059
болтовое соединение	čapový kĺb, čap	060
соединение	kĺb väznice	061
соединение клиньями	klinový spoj	062
стяжная муфта	napínacia zámka	063
фундаментный болт	kotevná skrutka, kotevný čap	064
современные методы кладки	**novodobá murovaná stavba**	**VIII.02.03.**
прочность камня	pevnosť kameňa	001
трещиностойкость	odolnosť proti vzniku trhlín	002
запас прочности	bezpečnosť proti lomu	003
класс раствора	trieda malty	004
нормальный раствор	obyčajná malta	005
раствор, изготовлениный по рецепту	receptúra na prípravu malty	006

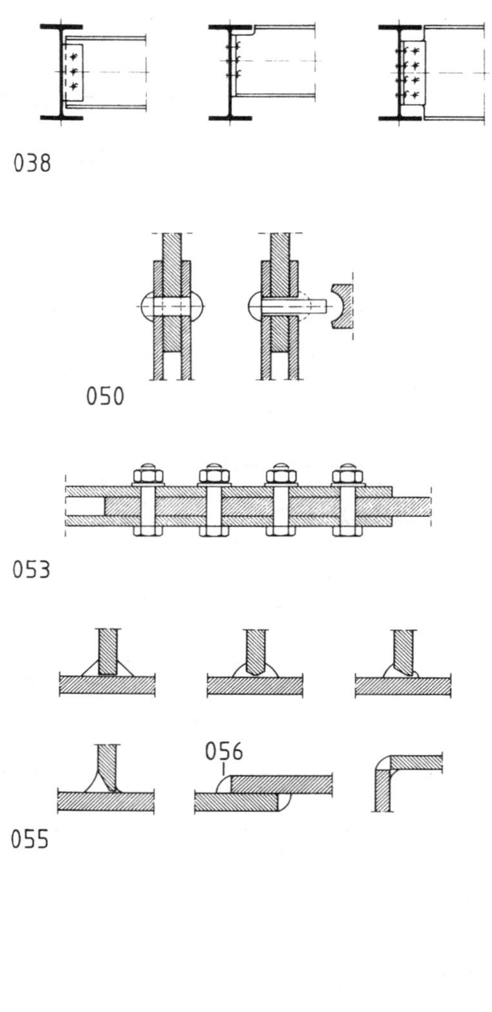

007	joint	Fuge (f)	hézag	spoina
008	horizontal joint, bed joint, course joint	Lagerfuge (f)	felfekvési hézag	spoina pozioma, wsporna
009	expansion joint	Dehnungsfuge (f)	tágulási hézag, dilatációs hézag	połączenie dylatacyjne
010	completely mortared joint	vollfugig (Adj)	telthézagúság, kitöltött hézagúság	spoina podcinana, podcięta
011	insulating plaster	Dämmputz (m)	szigetelővakolat	tynk izolacyjny
012	wall	Wand (f)	fal	ściana
013	exterior wall	Außenwand (f)	külső fal, külső határolófal	ściana zewnętrzna
014	interior wall	Innenwand (f)	belső fal	ściana wewnętrzna
015	load - bearing wall	tragende Wand (f)	teherhordó fal	ściana nośna
016	non load - bearing wall	nichttragende Wand (f)	nem teherhordó fal	ściana nienośna
017	visible masonry	Sichtmauerwerk (n)	soroskőfalazat, sorkötéses kőfalazat	ściana o licu odkrytym, ściana licowa
018	veneer masonry	Verblendmauerwerk (n)	burkolt téglafalazat	mur licowy, mur okładzinowy
019	one-leaf wall, single wythe wall	einschaliges Mauerwerk (n)	homogén fal, egyrétegű fal	ściana jednowarstwowa
020	two-leaf wall, double wythe wall	zweischaliges Mauerwerk (n)	kétrétegű fal	ściana dwuwarstwowa
021	veneer	Vorsatzschale (f)	előtéthéj, béléshéj	osłonowa warstwa muru
022	exterior wythe	Außenschale (f)	külső héj	powłoka zewnętrzna
023	infill	Ausfachung (f)	rácsozat	wypełnienie szkieletu ściany
024	mixed masonry	Mischmauerwerk (n)	vegyes falazat	mur mieszany
025	prescribed masonry	Rezeptmauerwerk (n)	falimű felépítésének módja	mur recepturowy
026	reinforced masonry	bewehrtes Mauerwerk (n)	vasalt (falkötővasakkal ellátott) falazat	mur zbrojony
027	cavity	Luftschicht (f)	légréteg, levegőréteg	warstwa powietrzna
028	core insulation	Kerndämmung (f)	hőszigetelő réteg, háromrétegű fal	izolacja w rdzeniu muru
VIII.02.04.	**reinforced concrete, prestressed concrete**	**Stahlbeton (m), Spannbeton (m)**	**acélbeton, vasbeton, feszített(betétű) beton**	**żelazobeton, beton sprężony**
001	reinforcement	Bewehrung (f)	vasalás, betonvasalás, vasbetét	zbrojenie
002	wire mat	Matte (f), Betonstahlmatte (f)	vasbetétháló	siatka zbrojeniowa
003	wire	Draht (m), Bewehrungsdraht (m)	huzal	drut, drut zbrojeniowy
004	prestressing steel	Spannstahl (m)	feszített vasbetét	stal sprężona
005	reinforcing bar	Bewehrungseisen (n)	betonvas	stal zbrojeniowa
006	reinforcement layout	Bewehrungsführung (f)	vasbetét vezetése	prowadzenie zbrojenia
007	reinforcement details	Bewehrungsplan (m)	vasalási terv	plan, układ zbrojenia
008	bending reinforcement	Biegebewehrung (f)	lágyvas betét	zbrojenie na zginanie

шов	škára	007
опорный шов	ložná škára	008
температурный шов	dilatačná škára	009
непрерывный, полноценный	priebežná škárovitosť	010
изоляционная штукатурка	izolačná omietka	011
стена	stena	012
внешная стена	vonkajšia (obvodová) stena, obvodový plášť	013
внутренная стена	vnútorná stena	014
несущая стена	nosná stena	015
ненесущая стена	nenosná stena	016
лицевая кладка	pohľadové murivo	017
облицовочная кладка	obkladová výmurovka, lícové murivo	018
кладка с односторонней расшивкой	jednovrstvové murivo	019
кладка с двусторонней расшивкой	dvojvrstvové murivo	020
ограждающая стена	predsadená stena	021
наружная оболочка	vonkajšia vrstva, vonkajšia konštrukcia (plášť)	022
заполнение каркаса	výplň, výmurovka hrazdenej steny	023
смешанная кладка	zmiešané murivo	024
виды кладок	receptúra muriva	025
армированная кладка	vystužené murivo	026
воздушный слой	vzduchová medzera, vzduchová vrstva	027
внутренняя изоляция	jadrová izolácia	028
железобетон, напряжённый бетон	**oceľobetón, predpätý betón**	**VIII.02.04.**
арматура	výstuž	001
сетка (сетка в бетоне)	rohož, sieť z betonárskej ocele	002
проволока (арматурная проволока)	drôt, výstužný drôt	003
напрягаемая арматурная сталь	predpínacia výstuž, predpínacia oceľ	004
арматурная сталь	výstužná oceľ	005
расположениие арматуры	vedenie výstuže	006
план, схема расположения арматуры	schéma usporiadania výstuže, výkres výstuže	007
арматура, работающая на изгиб	ohybová výstuž	008

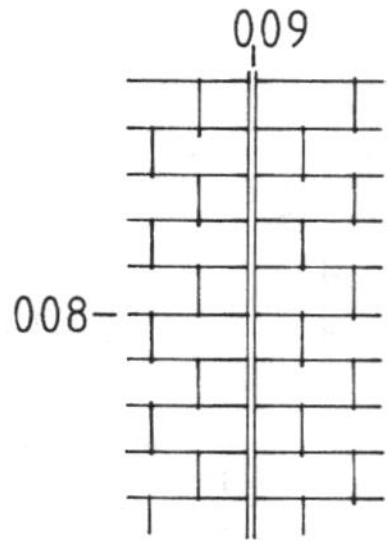

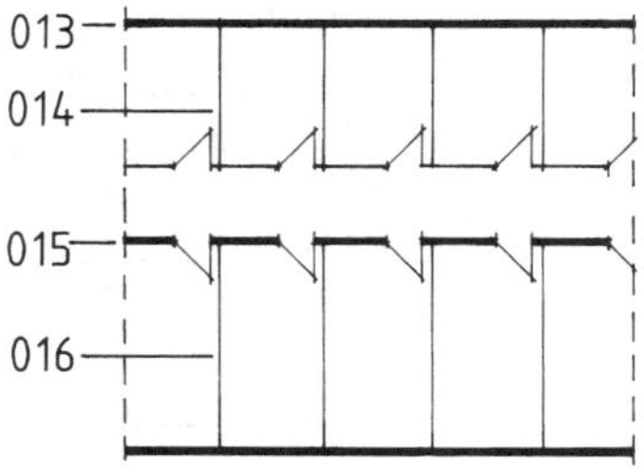

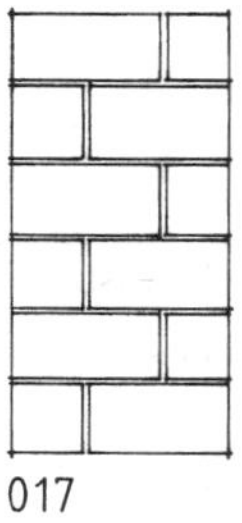

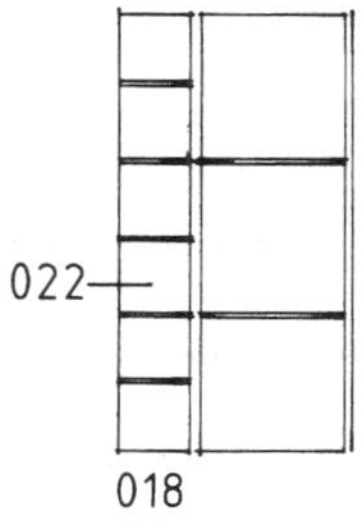

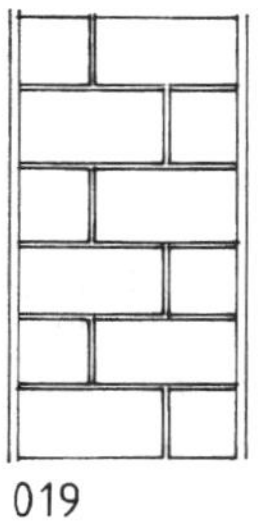

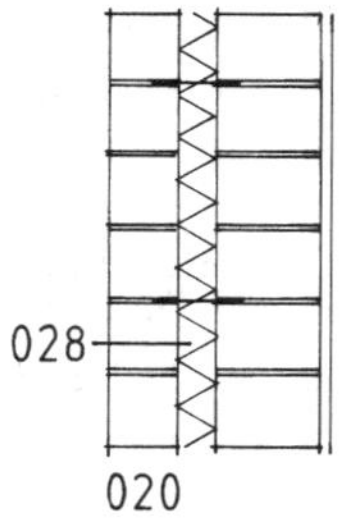

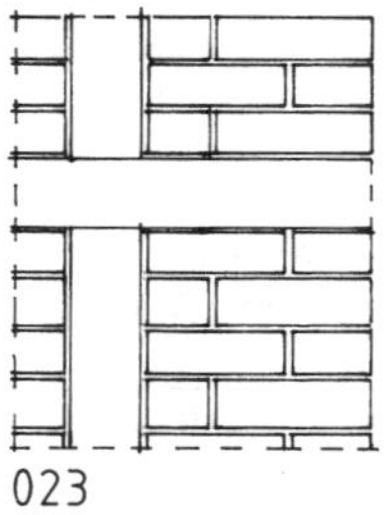

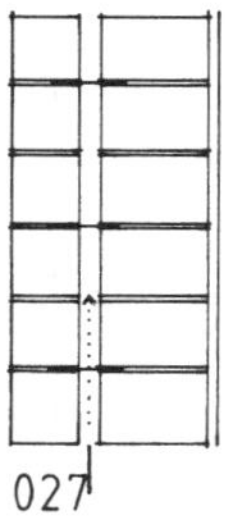

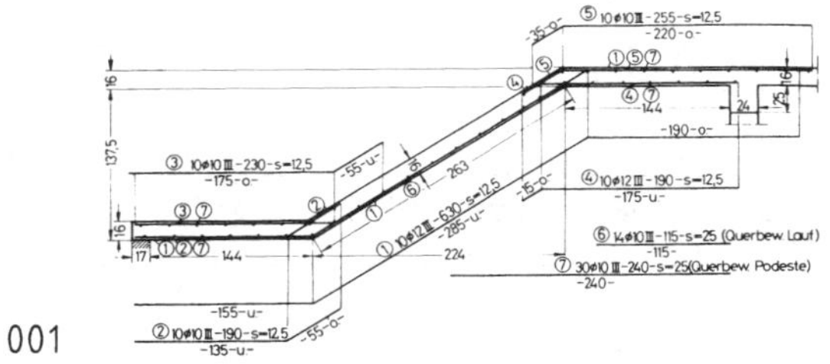

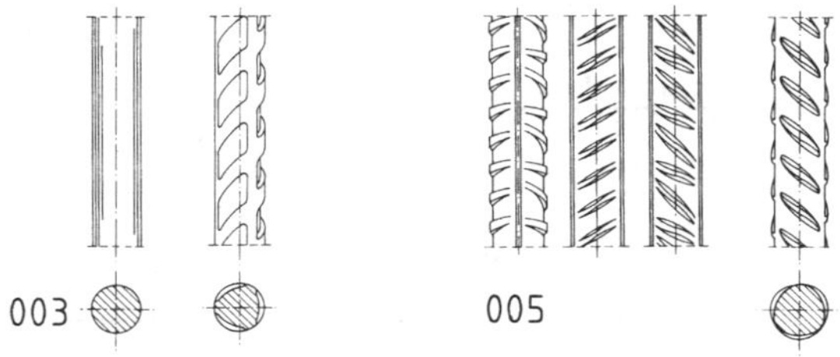

009	binders, links, lateral reinforcement, transverse reinforcement	Bügelbewehrung (f)	kengyelbetét (vasbetonnál)	zbrojenie strzemionami
010	single-layered	einlagig (Adj)	egyrétegű	jednowarstwowe
011	multi-layered	mehrlagig (Adj)	többrétegű, sokrétegű	dwuwarstwowe
012	reinforcement splice	Bewehrungsstoß (m)	vasbetéttoldás	styk zbrojenia
013	connection reinforcement, dowel bar	Anschlußbewehrung (f)	összekötő vasbetét	zbrojenie łączące
014	bar, rod	Stab (m)	rúd, rácsrúd	pręt
015	bundled bars	Stabbündel (n)	vasrúdköteg, rúdköteg	wiązka prętów
016	bar diameter	Stabdurchmesser (m)	rúdátmérő	średnica pręta
017	longitudinal steel	Längseisen (n)	hosszirányú vasalás	zbrojenie podłużne
018	wire fabric, wire mat	Bewehrungsmatte (f)	vasbetétháló	siatka zbrojeniowa
019	web reinforcement, shear reinforcement	Schubbewehrung (f)	nyírási vasalás	zbrojenie na ścinanie
020	spacer	Abstandhalter (m)	hézagbiztosító lemez, hézagbiztosító betét	przekładka, rozpórka
021	sheare zone	Schubbereich (m)	csúszási tartomány, csúszási zóna	obszar ścinania
022	bond length	Verbundlänge (f)	összekötés hossza	długość przyczepności
023	additional bond	"zusätzlicher" Verbund (m)	utólagos (össze)kötés	przyczepność dodatkowa
024	initial bond	sofortiger Verbund (m)	azonnali (össze)kötés	przyczepność początkowa
025	prestress	Vorspannung (f)	előfeszültség	sprężenie wstępne
026	completely presstressed (adj.), complete prestress	volle Vorspannung (f)	teljes előfeszítés	pełne sprężenie wstępne
027	partly presstressed (adj.), partial prestress	teilweise Vorspannung (f)	részleges előfeszítés	częściowe sprężenie wstępne
028	prestressing cable	Vorspannseile (n)(pl)	előfeszítő huzal, előfeszítő kötél	lina sprężająca
029	prestress member bond	Spanngliedverbund (m)	feszített betét kötése	przyczepność elementu sprężającego
030	prestressing bed	Spannbett (n)	feszítőpad	tor naciągowy
031	steel tensile stress	Stahlzugspannung (f)	acél húzófeszültség	cięgno, pręt sprężający
032	prestress path	Spannweg (m)	befogási út, befogott rész	droga naciągu
VIII.02.05.	**glass construction**	**Glasbau** (m)	**üveg az építésben**	**szkło w budownictwie**
001	glass pane	Glasscheibe (f)	üvegtábla	szyba, płyta szklana
002	float glass	Floatglas (n)	úsztatott ("float" eljárással gyártott) síküveg	szkło wylewane, polerowane
003	prestressed glass	vorgespanntes Glas (n)	előfeszített üveg	szkło wstępnie sprężone
004	heat-strengthened glass, tempered glass	Einscheibensicherheitsglas (n) (vorgespannt)	biztonsági üveg	szkło bezpieczne jednowarstwowe
005	laminated glass	Mehrscheibenisolierglas (n)	többrétegű szigetelőüveg	wielowarstwowe szkło izolujące
006	glass beam	Glasträger (m)	üvegtartó	dźwigar szklany
007	concrete-glass wall	Betonglaswand (f)	üvegbeton fal	ściana betonowo-szklana

спиральная арматура	strmienková výstuž	009
однорядный слой арматуры	jednovrstvový	010
многорядный	viacvrstvový	011
присоединение арматуры	styk výstuže	012
монтажная арматура	pripojovacia výstuž	013
стержень	prút, tyč	014
пучок стержней	zväzok prútov	015
диаметр стержня	priemer prúta	016
продольная арматыра	pozdĺžna výstuž	017
арматурная сетка	výstužné pletivo, výstužná sieť (rohož)	018
арматура, работающая на сдвиг	šmyková výstuž	019
закладные элементы	dištančná vložka, rozpierka	020
зона сдвига	šmyková oblasť	021
длина сцепления	dĺžka spojenia	022
дополнительное сцепление	dodatočné spojenie	023
мгновенное сцепление	okamžité spojenie	024
предварительное напряжение	predpätie	025
полное предварительное напряжение	plné predpätie	026
остаточное предварительное напряжение	čiastočné predpätie	027
дополнительные троссы	predpínacie laná	028
напряжённое соединение	spojenie predpínacím prvkom	029
стенд для натяжения арматуры	napínacia (predpínacia) dráha	030
напряжение стали на растяжение	ťahové napätie v oceli	031
направление напряжения	predpínacia trasa	032
стекло в стоительстве	**sklená stavba**	**VIII.02.05.**
оконное стекло	sklená tabuľa	001
померованное листовое стекло, флатовое стекло	plavené sklo	002
предварительно напряжённое стекло	predpäté sklo	003
однослойное безопасное стекло	jednovrstvové bezpečnostné sklo	004
многослойное иоляционное стекло	viacvrstvové izolačné sklo	005
стеклянная балка	sklený nosník	006
бетонная стена с остеклением	sklobetónová stena	007

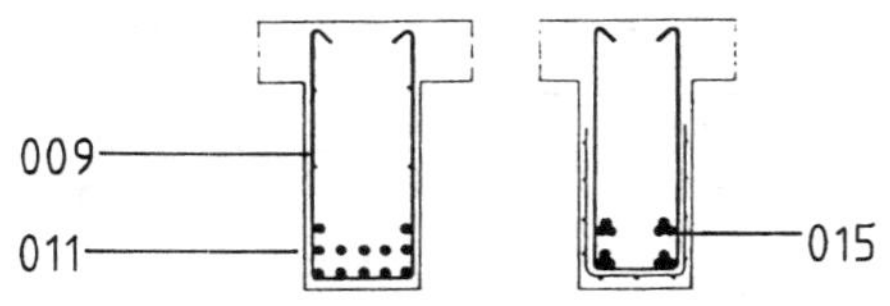

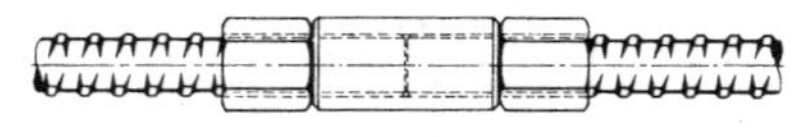

012

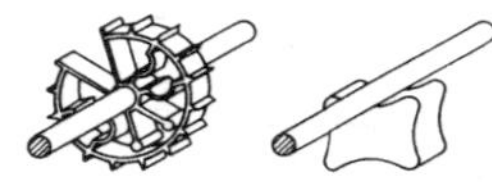

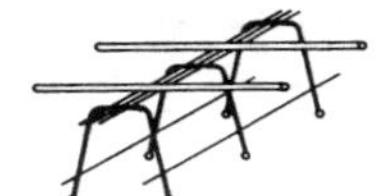

020

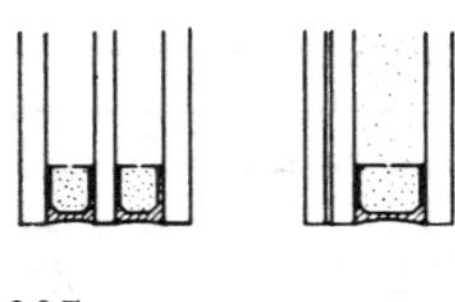

005

VIII.02.06.	composite construction	Verbundbau (m)	öszvérszerkezetek	konstrukcje zespolone
001	**units, elements**	**Elemente** (n)(pl)	**elemek**	**elementy**
002	rigid bond	starrer Verbund (m)	merev kötés	połączenie sztywne
003	yielding bond	nachgiebiger Verbund (m)	rugalmas kötés	połączenie podatne
004	elastic bond	elastischer Verbund (m)	elasztikus kötés	połączenie elastyczne, połączenie sprężyste
005	adhesive bond	Haftverbund (m)	tapadó szilárdság, kohézió	połączenie przez przyczepność
006	glued bond	Klebeverbund (m)	ragasztolt illesztés kötés, illesztes kötés	połączenie klejone
007	friction bond	Reibungsverbund (m)	súrlódási tapadás	przyczepność połączenia wywołana przez tarcie
008	partial bond	Teilverbund (m)	részleges (össze)kötés	połączenie częściowe
009	intermittent bond	unterbrochener Verbund (m)	szakaszos (össze)kötés	przerwane połączenie
010	incomplete bond	unvollständiger Verbund (m)	hiányos (össze)kötés	połączenie niepełne
011	composite construction	Verbundkonstruktion (f)	vasbeton szerkezet	konstrukcja połączenia
012	composite girder	Verbundträger (m)	vegyes tartó, öszvértartó	dźwigar łączący
013	composite column	Verbundstütze (f)	vasbeton pillér, öszvéroszlop	podpora łącząca
014	composite floor	Verbunddecke (f)	öszvérfödém	strop łączący
015	composite material	Verbundmittel (n)	előfeszítő eszközök, öszekötőelem	element łączący
016	dowel	Dübel (m)	csap, bak	kołek, dybel
017	dowel spacing	Dübelabstand (m)	csaptávolság	rozstaw kołków
018	dowel distribution	Dübelverteilung (f)	csapkiosztás	rozkład, układ kołków
019	dowel surface area	Dübelumrißfläche (f)	csapfelület	powierzchnia obrysu kołka
020	dowel slip	Dübelschlupf (m)	elmozdulás, elcsúszás (csapos kötésnél)	poślizg kołka
021	dowel capacity	Dübeltragfähigkeit (f)	csapteherbírás	nośność, wytrzymałość kołka
022	dowel stiffness	Dübelsteifigkeit (f)	a csap merevsége	sztywność kołka
023	degree of dowel action	Verdübelungsgrad (m)	csaposkötés csatolása, köldökcsapozás csatolása	stopień zakołkowania
024	composite anchor	Verbundanker (m)	kapcsolóhorgony, összekötő horgony	ściąg, kotwa łącząca
025	transverse reinforcement	Querbewehrung (f)	keresztirányú vasalás, kengyelezés, elosztó vasalás	zbrojenie poprzeczne
026	rib	Rippe (f)	bordázat, léc	żebro
027	rib slenderness	Rippenschlankheit (f)	a borda karcsúsága	smukłość żebra
028	rib depth	Rippenhöhe (f)	a borda magassága	wysokość żebra
029	redistribution (statical analysis)	Umlagerung (f)	áthelyeződés, áthelyezés	przemieszczenie
030	transverse bending	Querbiegung (f)	keresztirányú hajlítás	zginanie poprzeczne
031	structural concrete topping, finishing surface	Aufbeton (m)	felbeton	warstwa wyrównawcza betonu

комбинированные конструкции	**spriahnutá konštrukcia**	**VIII.02.06.**
элементы	**prvky**	001
жёсткое соединение	tuhé spriahnutie	002
гибкое соединение	poddajné spriahnutie	003
упругое соединение	pružné spojenie, pružné spriahnutie	004
поверхностное сцепление (бетона с арматурой)	spojenie priľnavosťou	005
соединение на клею	spojenie (súdržnosť) lepením	006
фрикционное соединение	súdržnosť trením	007
соединение зацеплением	čiastočné spriahnutie	008
прерванное соединение	prerušované spriahnutie	009
несовершенная связь	neúplné spriahnutie	010
составная конструкция	spriahnutá konštrukcia	011
составная балка	spriahnutý nosník	012
составная опора	spriahnutý stĺp	013
покрытие с жёстким основанием	spriahnutá doska	014
средства соединения	spriahovací prostriedok	015
дюбель, заклепка	kozlík, tŕň	016
расстояние между заклёпками (дюбелями)	vzdialenosť kozlíkov, vzdialenosť tŕňov	017
распределение заклёпок	rozmiestnenie kozlíkov, rozmiestnenie tŕňov	018
расположение заклёпок (дюбелей) по площади	obrysová plocha kozlíka	019
сдвиг заклёпки (дюбеля)	preklz kozlíka, preklz tŕňa	020
несущая способность заклёпки (дюбеля)	únosnosť kozlíka, únosnosť tŕňa	021
прочность заклёпки (дюбеля)	tuhosť kozlíka, tuhosť tŕňa	022
количество заклёпок (дюбелей) на поверхности	stupeň spriahnutia tŕňmi	023
анкерное соединение	spojovacie kotvenie, spojovacia kotva	024
поперечная арматура	priečna výstuž	025
ребро	rebro	026
гибкость ребра	štíhlosť rebra	027
высота ребра	výška rebra	028
перемещение	premiestnenie	029
поперечный изгиб	priečny ohyb	030
верхний слой бетона	nadbetón, betónové krytie	031

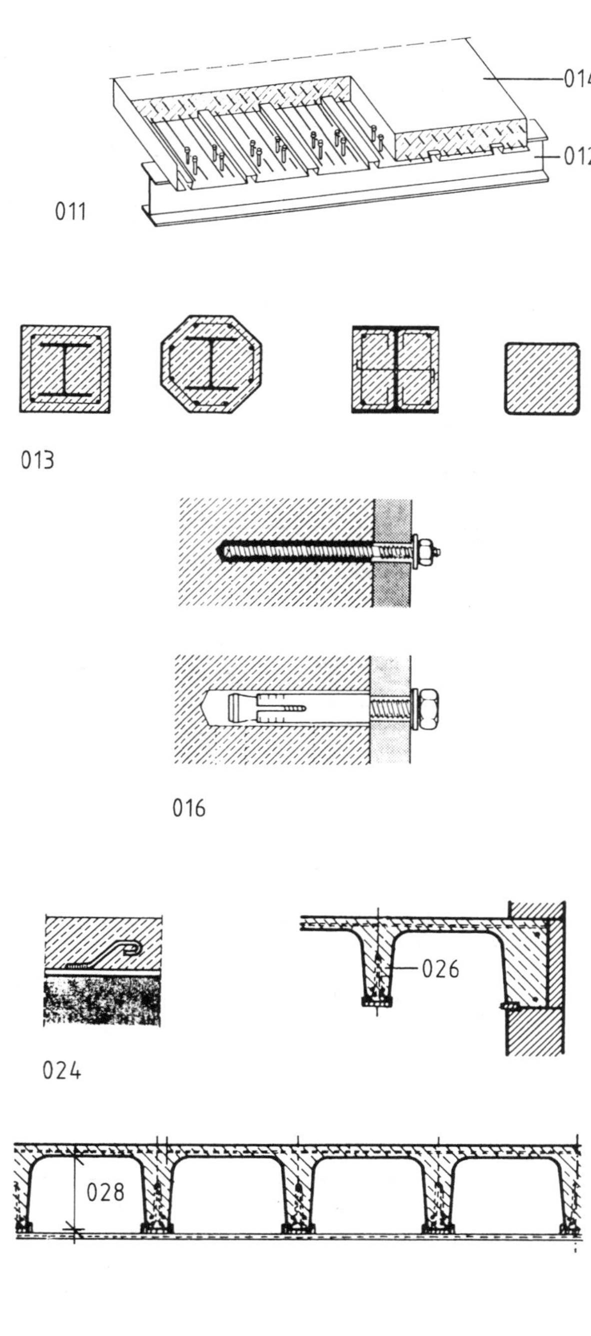

VIII.02.07.	industrial construction methods	industrielle Bauweisen (f)(pl)	ipari építési módok	budownictwo uprzemysłowione
001	**skeleton construction**	**Skelettbau** (m)	**vázszerkezet**	**konstrukcja szkieletowa**
002	column, support	Stütze (f)	támasz, támaszték	podpora
003	simple columns	Pendelstütze (f)	lengőtámasz, ingaoszlop	podpora wahadłowa
004	fixed column	eingespannte Stütze (f)	befogott oszlop, befogott támasz	podpora utwierdzona, podpora zamocowana
005	girder	Träger (m)	tartó, gerenda	dźwigar
006	joist	Unterzug (m)	kiváltó, borda	podciąg
007	frame	Rahmen (m)	keret, váz	rama
008	panel filler	Ausfachung (f)	rácsozat	wypełnienie szkieletu ściany, wypełnenie pól kratownicy
009	bracing	Aussteifung (f)	merevítés	usztywnienie
010	bond	Verbund (m)	kötés, kapcsolás	przyczepność, połączenie
011	wood skeleton	Holzskelett (n)	favázas szerkezetek	szkielet drewniany
012	steel skeleton	Stahlskelett (n)	acélszerkezet	szkielet stalowy
013	reinforced concrete skeleton	Stahlbetonskelett (n)	vasbeton vázszerkezet	szkielet żelbetowy
014	**cellular construction**	**Schottenbau** (m)	**rekeszszerkezet, válaszfalas szerkezet , közfalas szerkezet**	**konstrukcja przeponowa**
015	**box construction**	**Raumzellenbauweise** (f)	térelemes házépítés, térblokkos házépítés	**budownictwo z elementów przestrzennych**
016	**monolithic construction**	**monolithische Bauweise** (f)	**monolitikus építésmód**	**budownictwo monolityczne**
017	**prefabricated construction**	**Fertigteilbauweise** (f)	építési mód előregyártott (épület)elemekkel, építési mód készregyártott (épület)elemekkel	**budownictwo z prefabrykatów**
018	construction with logs	Blockbauweise (f)	blokkos szerkezetek, blokképít(kez)és	budownictwo blokowe
019	panel construction	Tafelbauweise (f)	táblásépítés, táblás építési mód (előregyártott falelemekkel)	budownictwo płytowe
020	small panel construction	Kleintafelbauweise (f)	kistáblás építés(mód), kistáblás építési mód	budownictwo z płyt małomiarowych
021	large panel construction	Großtafelbauweise (f)	paneles építés mód, nagytáblás építési mód	budownictwo wielkopłytowe

индустриальные методы строительства	priemyslové spôsoby stavania	VIII.02.07.
каркасное строительство	**skeletová konštrukcia**	001
колонна, опора	stĺp, opora, podpera	002
шарнирная опора	kývna stojka, kývna podpera	003
одношарнирная опора	votknutá podpera	004
несущая балка, ферма	nosník	005
прогон, балка	prievlak	006
рама	rám	007
заполнение каркаса	výplň	008
усиление, элемент жёсткости	stuženie, vystuženie	009
связь	spojenie, spriahnutie	010
деревянный каркас	drevený skelet	011
стальной каркас	oceľový skelet	012
железобетонный каркас	oceľobetónový skelet	013
панельная , бескаркасная конструкция	**konštrukcia z nosných priečok**	014
здания из объёмных блоков	**konštrukcia z priestorových buniek (jednotiek)**	015
монолитное строительство	**monolitická konštrukcia**	016
сборное строительство	**prefabrikovaná výstavba**	017
блочное строительство	bloková stavba	018
панельное строительство	panelová výstavba	019
строительство из мелкоразмерных панелей	malopanelová výstavba	020
крупнопанельное строительство	veľkopanelová výstavba	021

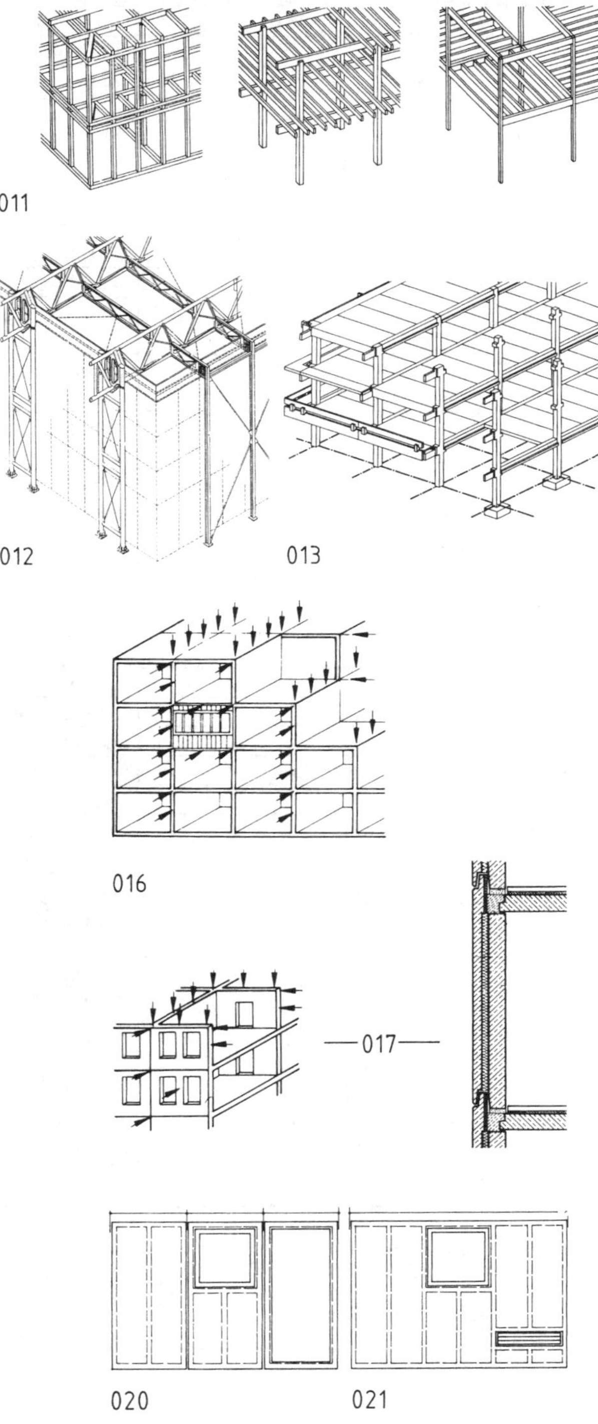

VIII.03.	openings	Öffnungen (f)(pl)	nyílások	otwory
VIII.03.01.	**doors and gates**	**Türen (f)(pl) und Tore (n)(pl)**	**ajtók és kapuk**	**drzwi i bramy**
001	door leaf	Türblatt (n)	ajtószárny, ajtólap	skrzydło drzwiowe
002	casing	Zarge (f)	keret, ráma, szegély	opaska ościeżnicy drzwiowej, framuga
003	lintel	Sturz (m)	áthidalás, fejkő, szemöldök	nadproże drzwiowe
004	threshold, sill	Schwelle (f)	küszöb, mellfa	próg
005	door fitting	Türbeschlag (m)	ajtóvasalat, ajtóvaslás	okucie drzwiowe
006	handle	Türklinke (f)	ajtókilincs	klamka drzwiowa
007	lock	Türschloß (n)	ajtózár	zamek drzwiowy
008	doorbell	Türklingel (f)	csengő	dzwonek przy drzwiach
009	doorviewer, viewer	Türspion (m)	nézőke, kémlelőlyuk (ajtón)	judasz
010	letter slot, mail slot	Briefklappe (f)	csapólemez, billenőlemez	klapa z otworem do wrzucania listów, skrzynka listowa
011	*small hallway used to prevent drafts*	Windfang (m)	szélfogó	przedsionek, przysionek, wiatrołap, windfang
012	trap door	Klapptür (f)	csapóajtó	drzwi zatrzaskowe
013	sliding door	Schiebetür (f)	tolóajtó	drzwi przesuwane
014	folding door	Falttür (f)	harmonikaajtó, spalettaajtó	drzwi składane
015	swing door	Pendeltür (f)	lengőajtó	drzwi wahadłowe
016	revolving door	Drehtür (f)	forgóajtó	drzwi obrotowe
017	garage gate	Garagentor (n)	garázskapu	brama garażu
018	up and over gate	Schwingtor (n)	lengőkapu	brama uchylna poziomo
019	gate on rollers	Rolltor (n)	tólókapu, görgős kapu	brama żaluzjowa
VIII.03.02.	**windows**	**Fenster (n)(pl)**	**ablakok**	**okna**
001	lintel	Sturz (m)	áthidaló, ablakfej, fejkő	nadproże okienne
002	external frame	Außenleibung (f)	belső ablaktok	ościeże zewnętrzne
003	internal frame	Innenleibung (f)	külső ablaktok	ościeże wewnętrzne
004	parapet, spandrel	Brüstung (f)	mellvéd, ablakmellvéd	podokiennik
005	window sill	Sohlbank (f), Fensterbank (f)	ablaktalp, ablakdeszka, ablakkönyöklő, könyöklő	parapet
006	water drip	Wassernase (f)	párkánycsurgó	kapinos
007	waterproofing strip	Wetterschutzleiste (f)	szélvédő(lista), szélvédőléc	listwa zabezpieczająca przed wpływami atmosferycznymi
008	window frame	Blendrahmen (m)	ablakbélés, ablaktok, külső ablakkeret	krosno, rama okienna
009	casement frame	Flügelrahmen (m)	ablakkeret, ablakszárnykeret	skrzydło okienne
010	rebate, rabbet	Anschlag (m)	ütközőtag ablakszárnyon, ütközőrész ablakszárnyon	węgarek
011	protective capping, cover molding	Deckleiste (f)	borítóléc, hézagtakaró léc, fedőléc	listwa kryjąca
012	rabbet ledge, rebate ledge	Schlagleiste (f)	hézagfegő léc, ütőléc, ütközőléc, takaróléc	listwa przymykowa
013	mullion, munnion	Pfosten (m)	függőleges (tok)osztó, oszlop	słupek okienny
014	transom	Kämpfer (m)	vízszintes tokosztó (ablakon), vállpárkány, kempfer	ślemię

проёмы, отверстия	otvory	VIII.03.
двери и ворота	**dvere a brány**	**VIII.03.01.**
дверное полотно	dverné krídlo	001
дверная коробка	zárubňa	002
перемычка	preklad	003
порог	prah	004
облицовка двери	dverové kovanie	005
дверная защёлка	kľučka na dverách	006
дверной замок	dverová zámka	007
звонок	zvonček (na dverách)	008
глазок	kukátko, dverové pozorovacie okienko	009
отверстие в двери для писем	listová klapka (na dverách)	010
воздушный шлюз	závetrie, zádverie	011
подъёмно поворотная дверь	sklápacie dvere	012
раздвижная дверь	posuvné dvere	013
складывающаяся дверь, трансформируемая перегородка	skladacie dvere	014
раздвигающаяся дверь	kývavé dvere	015
вращающаяся дверь	otáčavé dvere	016
ворота гаража	garážová brána	017
поворотные ворота	kývna brána	018
выдвижные ворота	rolovacia brána	019
окна	**okná**	**VIII.03.02.**
перемычка	preklad	001
наружный откос	vonkajšie ostenie	002
внутренний откос	vnútorné ostenie	003
парапет	parapet	004
парапетная доска	parapetná doska	005
слезник	odkvapový nos na rímse	006
планка, защищающая окно от атмосферных воздействий	ochranná lišta pred vplyvom počasia	007
раздельная рама	okenný rám	008
створный оконный переплёт	krídlový rám	009
уплотняющая прокладка	ostenie, nadpražie	010
нащельник	krycia lišta	011
притвор	nárazová lišta (klapačka)	012
стойка	stĺpik (okenný)	013
импост, притворный брус	priečnik, priečľa (okna)	014

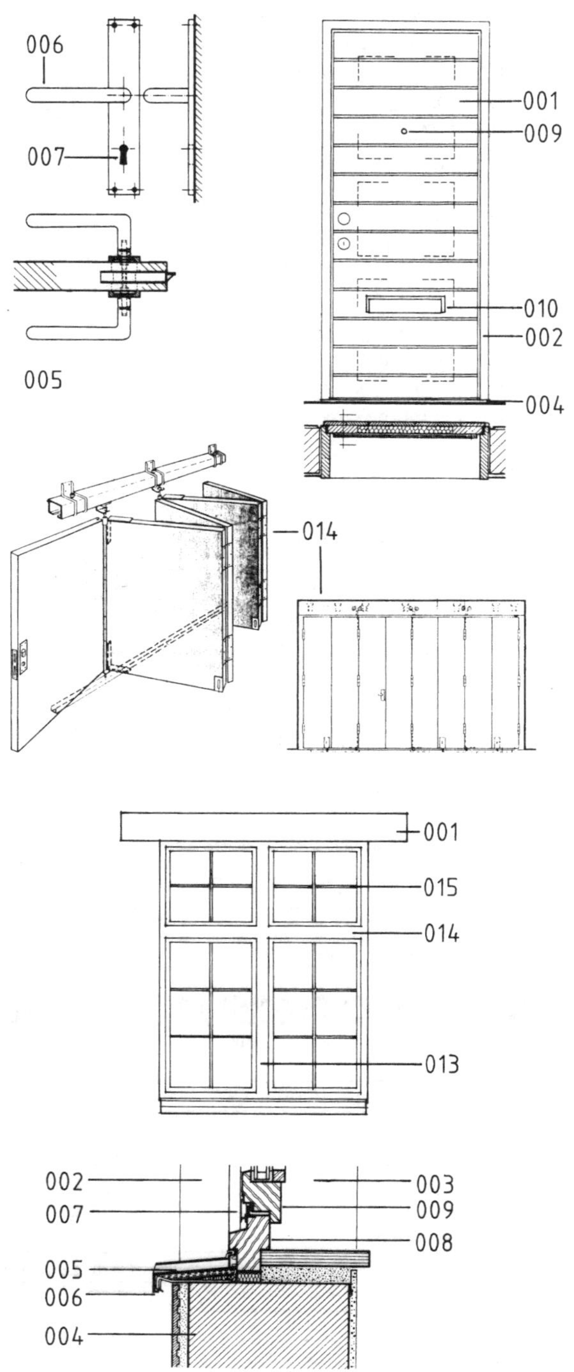

015	sash bar, glazing bar, astragal, muntin	Sprosse (f)	üvegszorító léc, szorító léc, ablakosztó léc	szczeblina
016	bottom sash, lower sash	Unterflügel (m)	alsó (ablak)szárny	dolne skrzydło
017	side-hung casement (member)	Seitenflügel (m)	oldalszárny	skrzydło boczne
018	fanlight	Oberlicht (n)	felsővilágítás	świetlik
019	single glazing	Einfachverglasung (f)	egyrétegű üvegezés	oszklenie pojedyńcze
020	double glazing	Doppelverglasung (f)	kettős üvegezés, kétrétegű üvegezés	oszklenie podwójne
021	louvered glazing	Lamellenverglasung (f)	köldökcsapos üvegezés	oszklenie warstwowe
022	winter window, box type window	Kastenfenster (n), Doppelfenster (n)	kötött ablak, kapcsolt ablak, gerébtokos ablak, pallótokos ablak	okno skrzynkowe, podwójne
023	horizontal window	liegendes Fenster (n)	fekvő ablak	okno leżące
024	vertical window	stehendes Fenster (n)	álló ablak	okno stojące
025	strip windows	Fensterband (n)	ablakpánt	zawiasa okienna
026	window cupola	Fensterkuppeln (f)	ablakkupola	kopuła okienna, okno kopułowe
027	oriel window	Erkerfenster (n)	erkélyablak	okno w wykuszu
028	dormer	Gaupe (f), Gaube (f)	tetőablak, tetős padlás-ablak	dymnik, okno dachowe, lukarna
029	north light	Shedfenster (n)	shed-ablak	okno szedowe
030	revolving leaf	Drehflügel (m)	forgószárny, oldaltnyíló szárny	skrzydło okienne obrotowe
031	vertically pivoted sash	Wendeflügel (m)	bukószárny, billenőszárny	skrzydło okienne o pionowej osi obrotu
032	center-hung sash	Schwingflügel (m)	billenőszárny, billenő ablakszárny	skrzydło okienne o środkowej, horyzontalnej osi obrotu
033	bottom-hinged sash	Kippflügel (m)	bukószárny, bukó ablakszárny	skrzydło okienne uchylne
034	top-hinged sash	Klappflügel (m)	felhajtható csapószárny, emelkedőszárny	skrzydło okienne odchylne
035	window vent, ventilator	Lüftungsflügel (m)	szellőzőszárny, szellőztető ablakszárny	wietrznik, lufcik
036	sliding sash	Schiebeflügel (m)	tolós ablakszárny, tolóablak	skrzydło okienne przesuwne
037	shutter, window shutter	Fensterladen (m)	ablaktábla, ablakfedő, spaletta	okiennica
038	roller blind	Rolladen (m)	redőny, gör(dülő)redőny	żaluzja
039	window grate	Fenstergitter (n)	ablakrács	krata okienna
VIII.04.	**ceilings, roofs**	**Decken (f)(pl)**	**födémek**	**stropy**
001	joist floor, beam floor	Balkendecke (f)	födémpalló, gerendás födém, bordás födém	strop belkowy
002	slab floor, tile floor	Plattendecke (f)	lapburkolat, lemezfödém	strop płytowy
003	mushroom floor	Pilzdecke (f)	gombafödém	strop grzybkowy
004	flat ceiling (floor)	Flachdecke (f)	lapos mennyezet	strop płaski
005	area-covering structural element	Flächentragwerk (n)	felületszerkezet, héjszerkezet	dźwigar powierzchniowy
006	suspended ceiling	abgehängte Decke (f)	függesztett mennyezet	stropy podwieszone
007	floor girder	Deckenträger (m)	födémgerenda, födémtartó	dźwigar stropowy
008	joist	Unterzug (m)	mestergerenda	podciąg
009	suspender beam	Überzug (m)	felső mestergerenda	belka nośna podwieszenia

горбылёк,поперечина	okenná priečľa	015
нижняя створка	spodné krídlo	016
боковая створка	bočné krídlo	017
фонарь	svetlík, nadsvetlík	018
одинарное остекление	jednoduché zasklenie	019
двойное остекление	dvojité zasklenie	020
многослойное остекление	vrstvené sklo	021
двойное окно	špaletové okno, dvojité okno,zdvojené okno	022
горизонтальное окно	ležaté okno, horizontálne okno	023
вертикальное окно	stojaté okno, vertikálne okno	024
оконные навесные петли	okenný pás	025
зенитный фонарь	okenná kupola	026
окно эркера	arkierové okno	027
слуховое окно	vikier	028
шедовое окно	shedové okno	029
створка (вращающаяся)	otváravé krídlo	030
поворотная створка	otočné krídlo	031
среднеповоротная створка	kývne krídlo	032
нижнеподвесная створка	sklopné okno	033
верхнеподвесная створка	vyklápacie krídlo	034
форточка	vetracie krídlo	035
раздвижные створки	posuvné krídlo	036
ставни	okenica	037
скручивающиеся жалюзи	roleta, žalúzia	038
оконная решётка	okenná mreža	039
перекрытия	**stropy**	**VIII.04.**
балочное перекрытие	trámový strop	001
перекрытие из плит	doskový strop	002
перекрытие в форме гриба	hríbový strop	003
плоское перекрытие	ploché zastropenie, rovný strop	004
плоская несущая конструкция	plošná nosná konštrukcia	005
подвесное перекрытие	zavesený strop	006
балка перекрытия	stropnica, stropný nosník	007
нижняя несущая балка	prievlak	008
верхняя несущая балка	nosník závesu (pri zavesených stropoch)	009

018 019 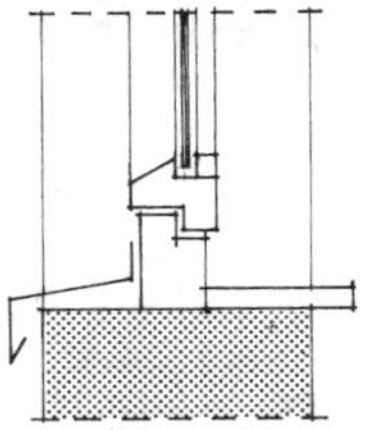 020 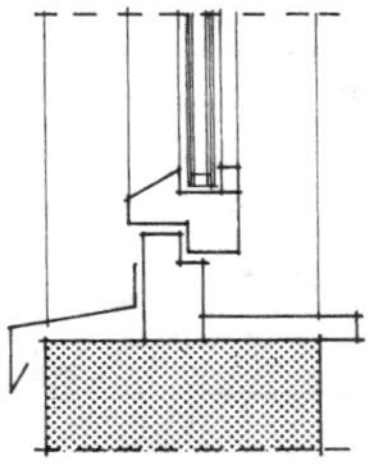 022 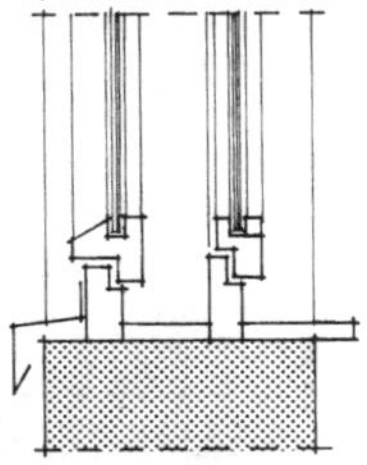 023  024 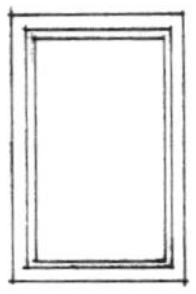 030 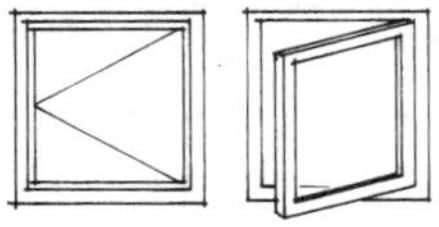 033  037 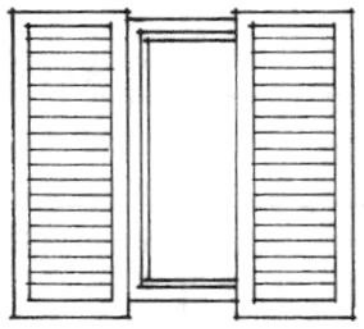 038 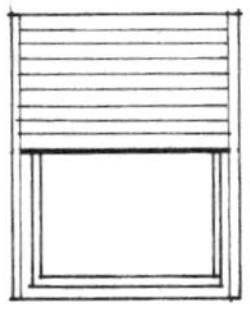 001  002 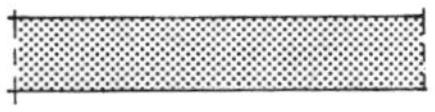 003 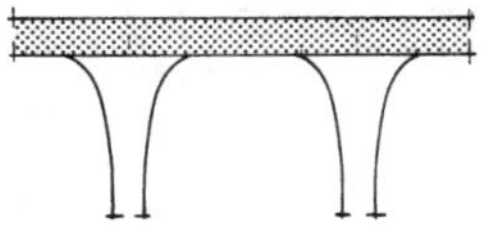 006 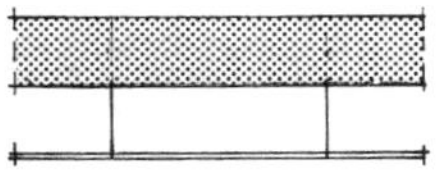 008 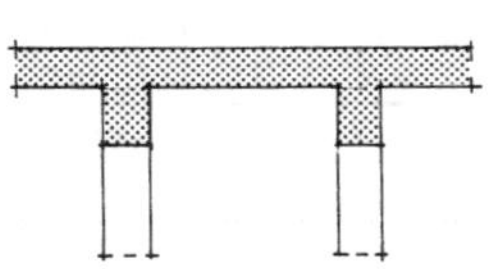 009

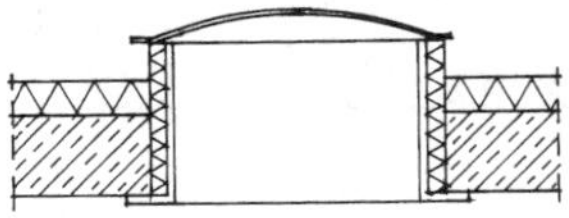

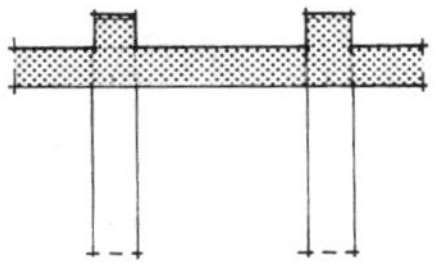

VIII.05.	roofs	Dächer (n)(pl)	tetők, fedélszerkezetek	dachy
VIII.05.01.	**roof structures**	**Dachkonstruktionen** (f)(pl)	**tetőszerkezetek, fedélszerkezetek**	**konstrukcje dachowe**
001	rafter roof	Sparrendach (n)	szaruállásos tetőszék, fedélszékes tető	dach o ustroju krokwiowym
002	purlin roof	Pfettendach (n)	szelemenes fedélszék, szelemenes tető	dach płatwiowy
003	collar-beam roof	Kehlbalkendach (n)	torokgerendás fedélszerkezet, torokgerendás fedélszék	dach jętkowy
004	vertical roof structure system	stehender Stuhl (m)	állószék	stolec stojący
005	horizontal roof structure system	liegender Stuhl (m)	dőltszék, fekvőszék	stolec leżący
006	jamb wall	Drempel (m)	térdfal	ścianka kolankowa
007	gable	Giebel (m)	orom(zat)	szczyt, ściana szczytowa
008	eave	Traufe (f)	eresz(vonal), csepegő	okap
009	purlin	Pfette (f)	szelemen, hosszmerevítő	płatew
010	ridge purlin	Firstpfette (f)	taréjszelemen, gerincszelem	płatew kalenicowa
011	eaves purlin	Fußpfette (f)	talpszelemen	murłata
012	rafter	Sparren (m)	szaru, szarufa	krokiew
013	collar beam, stop beam	Kehlbalken (m), Hahnenbalken (m)	torokgerenda	jętka
014	roof bearer, floor beam	Deckenbalken (m)	mennyezetgerenda, mestergerenda, födémgerenda	belka stropowa
015	strut, brace, anglebrace	Kopfband (m)	könyökfa, ferde támasz fejpánt	miecz
016	strut	Strebe (f)	gyámfa, támasz, dúc	zastrzał, krzyżulec (podpora ukośna)
017	post, strut	Stiel (m)	támasztódúc, szárfa	słup
018	inclined post	Schrägstiel (m)	ferde merevítés	słup ukośny
019	built-up truss, nailed roof truss	Brettbinder (m)	deszkaív kötőgerenda	wiązar deskowy
020	longitudinal bracing	Längsverband (m)	hosszanti merevítés	stężenie podłużne
021	trimmer	Streichbalken (m)	hárító v. ütköző, sárgerenda	belka stropowa przyścienna
022	dragon beam, tie beam	Stichbalken (m)	fiókgerenda	podstopka, sztychbelka
023	wall beam	Wandbalken (m)	szegélygerenda, oldalgerenda	belka nadścienna
024	trimmer joist	Wechsel (m)	váltó(gerenda), váltás	wymian
025	beam tie	Kopfanker (m)	gerendahorgony	kotwa czołowa
026	gable tie	Giebelanker (m)	orom(horgonyzó)vas, lehorgonyzóvas	kotew w ścianie szczytowej
027	top beam	Ortbalken (m)	szélső kötőgerenda	przyścienna belka stropowa
028	gable joist, top beam	Giebelbalken (m)	szélső kötőgerenda	belka stropowa przy ścianie szczytowej
029	tie plank	Spannbohle (f)	feszítőléc	dyl ściągający

крыши	strechy	VIII.05.
конструкции крыши	**strešné konštrukcie**	**VIII.05.01.**
двухскатная крыша с наклонными стропилами	krokvová strecha	001
прогон крыши	väznicová strecha	002
стропильная ферма со стяжкой	hambálková strecha	003
вертикальная система крыши, бабка	stojatá stolica	004
горизонтальная система крыши	ležatá stolica	005
чердак (полуэтаж), лежень	nadmurovka	006
фронтон	štít, frontón	007
свес крыши	odkvap	008
прогон, обрешетина	väznica	009
коньковый прогон	vrcholová väznica, hrebeňová väznica	010
нижний прогон	pomúrnica, odkvapová väznica	011
стропильная нога, стропило	krokva	012
верхняя стяжка	hambálok	013
затяжка	stropnica, stropný trám	014
угловой раскос	pásik	015
распорка, оттяжка	vzpera, rozpera	016
стойка, опора	stĺpik, stojka	017
наклонная стойка	šikmá výstuha, šikmá stojka	018
деревянная стропильная ферма	doskový väzník, väzník z dosák	019
продольная связка	pozdĺžne stužidlo	020
пристенная балка	krajná stropnica, odkvapová stropnica	021
полубалка	skrátená stropnica, skrátený trám	022
стеновая балка	stropnica uložená na vnútornej stenovej priečke	023
перевод	výmena	024
главный анкер	kotvenie čela trámu	025
анкер фронтона	štítové kotvenie	026
балка, прилегающая к щипцовой стене	krajný trám, krajná stropnica	027
балка, прилегающая к щипцовой стене	štítový trám	028
натяжная балка	napínacia (upínacia) fošňa	029

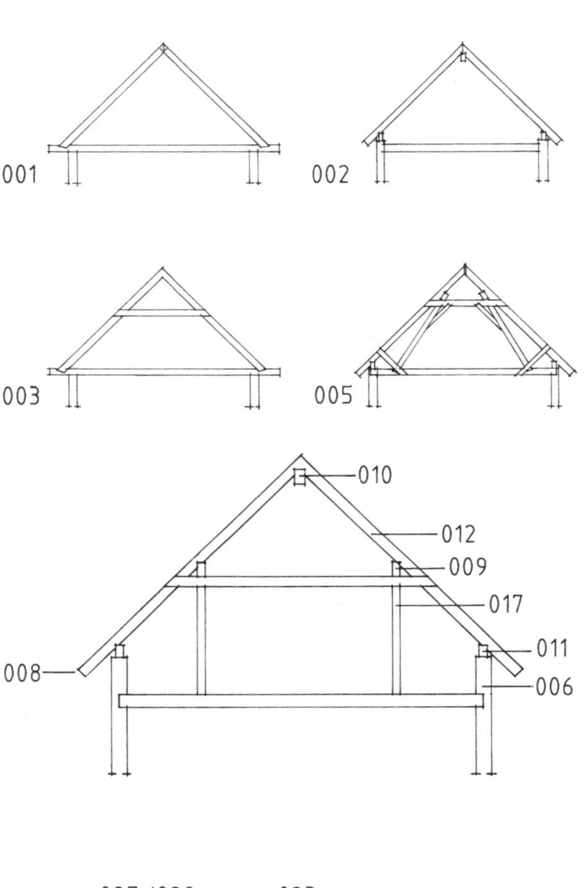

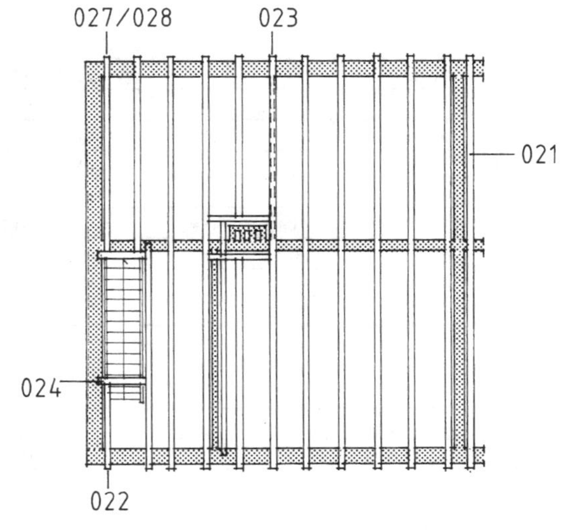

030	packing piece	Füllholz (n)	toldásfa	deskowanie międzybelkowe
031	non-ventilated roof	Warmdach (n)	hőszigetelt tető, hőszigetelt lefedés	dach ocieplony
032	ventilated roof, roof with air circulation	Kaltdach (n)	hőszigetelés nélküli hidegtető lefedés	dach ocieplony z warstwą wentylowaną
033	roof(ing) skin, roof covering	Dachdeckung (f), Dachhaut (f)	tetőfedés, héjazás, fedélhéj(azat)	pokrycie dachu
034	lathing and counterlathing	Lattung (f) und Konterlattung (f)	lécborítás és ellenlécezés	łacenie i kontrłacenie
035	insulating foil under the tiles	Unterspannbahn (f)	alsó feszítőöv	warstna izolacyjna
036	thermal insulating layer	Wärmedämmschicht (f)	hőszigetelő réteg	warstwa izolacji termicznej
037	moisture barrier, vapor barrier	Dampfsperre (f)	páraszigetelés, gőzszigetelés	paroizolacja
038	internal skin, internal shell	innere Schale (f)	belső réteg, belső kéreg, belső héj, belső szerkezet	okładzina wewnętrzna
039	ventilation	Durchlüftung (f)	szellőzés, ventilláció	przewietrzanie
040	eavesgutter, gutter	Regenrinne (f)	ereszcsatorna, eső(víz)csatorna	rynna
041	tile	Dachziegel (m)	tetőcserép	dachówka
042	downpipe	Fallrohr (n)9	esőcsatorna, lefolyócső	rura spustowa
VIII.05.02.	**roof shapes**	**Dachformen** (f)(pl)	**tetőformák**	**formy dachów**
001	flat roof, platform roof	Flachdach (n)	lapostető	dach płaski, stropodach
002	steep pitched roof, high peaked roof	Steildach (n)	nagy hajlásszögű tető, meredek (hajlású) tető	dach stromy
003	gabled roof, saddleback roof	Satteldach (n)	nyeregtető, nyeregfedél	dach siodłowy, dach dwuspadkowy
004	single-pitch roof, pen roof	Pultdach (n)	félnyeregtető	dach pulpitowy
005	sawtooth roof	Sheddach (n)	shedtető, fűrésztető	dach pilasty, szedowy
006	hip roof	Walmdach (n)	kontyolt tető, kontytető	dach brogowy
007	mansard roof	Mansarddach (n)	manzárdtető, franciatető	dach mansardowy
VIII.05.03.	**roof members**	**Dachteile** (n)(pl)	**magastetők szerkezeti elemei**	**elementy dachu**
001	ridge	First (m)	gerinc, taréj, orom	kalenica
002	hip area, hipped end	Walmfläche (f)	kontytető sík	połać (boczna trójkątna)
003	hip rafter	Grat (m)	él, gerinc, borda	naroże, krawędź
004	valley	Kehle (f)	vápa, tető hajlat, csatorna	krawędź koszowa, kosz
005	eaves	Traufe (f)	tetőeresz, eresz(vonal)	okap
006	gable	Giebel (m)	orom	ściana szczytowa (szczyt)
007	verge	Ortgang (m)	oromszegélyezés	wystająca cześć dachu przed ścianę szczytową
VIII.05.04.	**roof superstructures**	**Dachaufbauten (f)(pl)**	**tetőszerelvények**	**nadbudówki dachowe**
001	eyebrow dormer	Fledermausgaube (f)	fecskefarkú padlásablak	lukarna łukowka
002	dustpan dormer	Schleppgaube (f)	tetőablak (félnyeregtetős)	lukarna z daszkiem jednospadowym
003	transverse house	Zwerchhaus (n)	keresztalaprajzú épület	lukarna w przedłużeniu ściany budynku o dwuspadowym daszku
004	chimney	Schornstein (m)	kémény	komin
005	antenna	Antenne (f)	antenna	antena
006	sattelite dish	Satelittenschüssel (f)	szatellit	miska satelitarna
007	lightning rod	Blitzableiter (m)	villámhárító	odgromnik, piorunochron

прокладка	drevená vložka, *výplň z drevených hranolov medzi čelami stropných trámov*	030
утеплённая кровля	"teplá strecha" *jednoplášťová nevetraná*	031
холодная кровля	"studená strecha" *dvojplášťová*	032
кровля	strešná krytina, strešný plášť	033
опалубка и обрешётка	laťovanie a kontralaťovanie	034
пароизоляционный слой	spodný izolačný pás	035
теплоизоляционный слой	tepelnoizolačná vrstva	036
паронепроницаемый слой	parotesná zábrana	037
подшивка	vnútorná povrchová vrstva	038
проветривание	prevetranie	039
водосточный жёлоб	strešný žľab,dažďový žľab	040
черепица	škridla	041
водосточная труба	dažďový zvod, odpadová rúra	042
формы крыш	**tvary striech**	**VIII.05.02.**
плоская крыша	plochá strecha	001
крутая крыша	strmá (vysoká) strecha, šikmá strecha	002
двухскатная крыша	sedlová strecha	003
односкатная крыша	pultová strecha	004
шедовая крыша	shedová strecha, pílová strecha	005
вальмовая крыша	valbová strecha	006
мансардная крыша	manzardová strecha	007
элементы крыши	**prvky strechy**	**VIII.05.03.**
конёк	hrebeň (strechy)	001
вальмовый скат	valbová plocha	002
ребро	nárožie, hrana	003
разжелобок, ендова	úžľabie	004
свес крыши	odkvap	005
фронтон, щипец	štít	006
лобовая доска	čelo štítu	007
кровельное оборудование	**strešné nadstavby**	**VIII.05.04.**
пологое слуховое окно	vikier ("volské oko")	001
односкатное слуховое окно	vikier so strieškou v smere strešného spádu	002
мезонин	vikier, priečne orientovaný dom so štítmi na pozdĺžnej strane sedlovej strechy	003
дымовая труба	komín	004
антенна	anténa	005
спутниковая антенна	satelit, satelitový tanier	006
громоотвод	bleskozvod	007

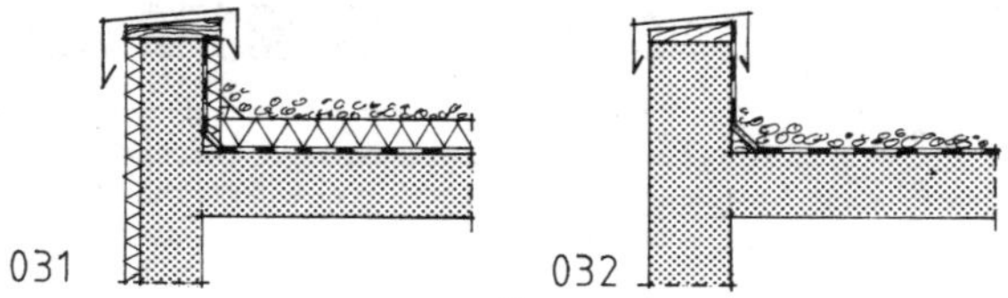

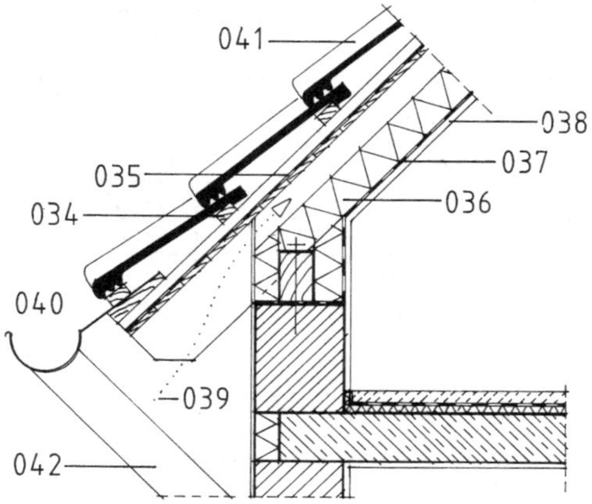

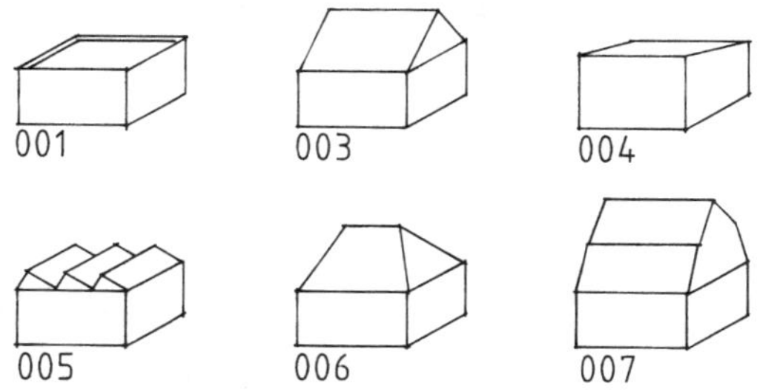

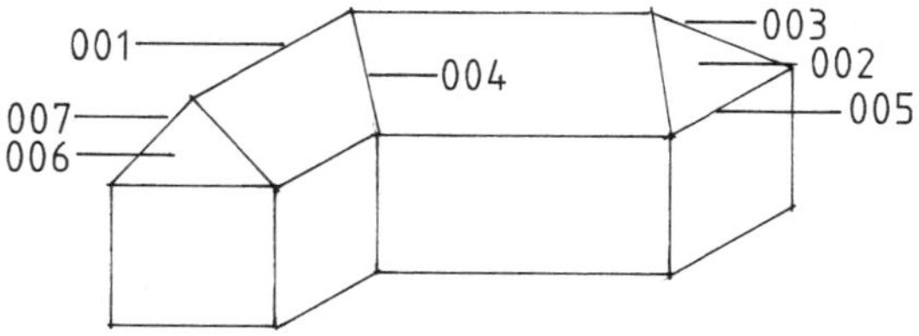

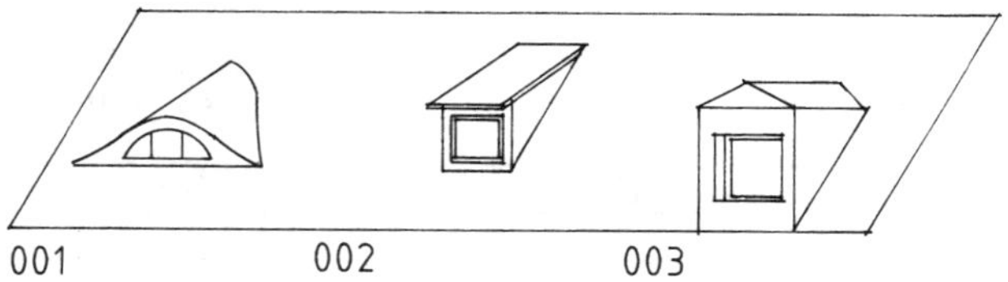

VIII.06.	vertical circulation elements	Erschließungselemente (n)(pl)	hozzáférhetőségi elemek	rodzaje udostępnienia
VIII.06.01.	staircases	Treppen (f)(pl)	lépcső	schody
001	step, stair	Stufe (f)	lépcsőfok, fok	stopień
002	(staircase) landing	Podest (n)	pihenő	podest, spocznik
003	loadbearing beam	Tragbalken (m)	tartó, tartógerenda, gyámgerenda	belka nośna
004	(stair)tread	Trittstufe (f)	járólap, fellépő (a lépcsőfok vízszintes felülete), lépcsőfok	stopnica
005	riser	Setzstufe (f)	homloklap, fellépő (a lépcsőfok függőleges felülete), fokbélés	podstopnica
006	stringer, riser	Wange (f)	lépcsőpofa	policzek, belka policzkowa
007	handrail	Handlauf (m)	korlát, karfa	poręcz, pochwyt
008	railing	Geländer (n)	korlát, karfa	balustrada
009	single flight stair(case)	einläufige Treppe (f)	egykarú lépcső	schody jednobiegowe
010	double flight stair(case)	zweiläufige Treppe (f)	kétkarú lépcső	schody dwubiegowe
011	straight flight stair(case)	gerade Treppe (f)	egyeneskarú lépcső	schody proste
012	angle (-type) staircase	gewinkelte Treppe (f)	kétkarú lépcső *(L-alakú)*	schody narożne, schody kątowe
013	U-shaped staircase	U-Treppe (f), dreiläufige Treppe (f)	háromkarú lépcső *(U-alakú)*	schody trójbiegowe
014	arch(ed) stair(case)	Bogentreppe (f)	íves lépcsőkar	schody łukowe
015	spiral stair(case)	Wendeltreppe (f)	csigalépcső	schody kręcone, schody obrotowe
016	newel	Spindel (f)	lépcsőorsó	słup schodów kręconych
017	exterior stair(case)	Außentreppe (f)	külső lépcső	schody zewnętrzne
018	interior stair(case)	Innentreppe (f)	belső lépcső	schody wewnętrzne
019	stairwell	Treppenhaus (n)	lépcsőház	klatka schodowa
020	ladder	Leiter (f)	létra	drabina
VIII.06.02.	other systems	andere Systeme (n)(pl)	egyéb rendszerek	inne systemy
001	ramp	Rampe (f)	emelvény, rámpa	rampa
002	skew ramp	Schrägrampe (f)	lejtős, rámpa	rampa skośna
003	loading and unloading ramp	Laderampe (f)	rakodó (nyílt), rakodórámpa, rakodóhíd	rampa dostawcza
004	escalator	Rolltreppe (f)	mozgólépcső	ruchome schody
005	moving sidewalk, people mover	'Fahrsteig' (m)	mozgójárda	ruchomy chodnik
006	elevator	Aufzug (m)	felvonó	winda
007	passenger elevator	Personenaufzug (m)	személyfelvonó	dźwig, winda osobowa
008	freight elevator	Lastenaufzug (m)	teherfelvonó, teherlift	dźwig towarowy
009	elevator for handicapped persons	Behindertenaufzug (m)	felvonó mozgásérültek részére	winda dla niepełnosprawnych
010	*unenclosed elevator*	Pater Noster (m)	páternoszter, körforgó felvonó	paternoster

оборудование входа	prvky sprístupnenia	VIII.06.
лестницы	**schody**	**VIII.06.01.**
(наборная) ступень	stupeň, schod	001
лестничная площадка	podesta, odpočívadlo	002
косоур, площадочные балки	nosný trám, nosník	003
проступь	schodiskový stupeň, nástupnica	004
подступёнек	podstupnica	005
тетива, щека	schodnica, schodiskový nosník	006
поручень	madlo	007
ограждение, перила	zábradlie	008
одномаршевая лестница	jednoramenné schodisko	009
двухмаршевая (прямая) лестница	dvojramenné schodisko	010
прямая лестница	priamočiare schodisko	011
угловая лестница	dvojramenné schodisko *(v tvare L)*	012
двухмаршевая поворотная лестница	trojramenné schodisko *(v tvare U)*	013
криволинейная лестница	oblúkovité schodisko, zaoblené schodisko	014
винтовая лестница	točité schodisko	015
стойка винтовой лестницы	vretenový schodiskový stĺp, vreteno	016
наружная лестница	vonkajšie schodisko	017
внутренняя лестница	vnútorné schodisko	018
лестничная клетка	schodište, schodisko	019
приставная лестница, стремянка	rebrík	020
другие системы	**iné systémy**	**VIII.06.02.**
рампа	rampa	001
пандус	šikmá rampa	002
погрузочная платформа	nakladacia a vykladacia rampa, nakladacia plošina	003
эскалатор	pohyblivé schody	004
бегущая дорожка	pohyblivý chodník	005
подъёмник	výťah	006
пассажирский лифт	osobný výťah	007
грузовой лифт, подъёмник	nákladný výťah	008
больничный лифт	výťah pre telesne postihnutých	009
патерностер	paternoster	010

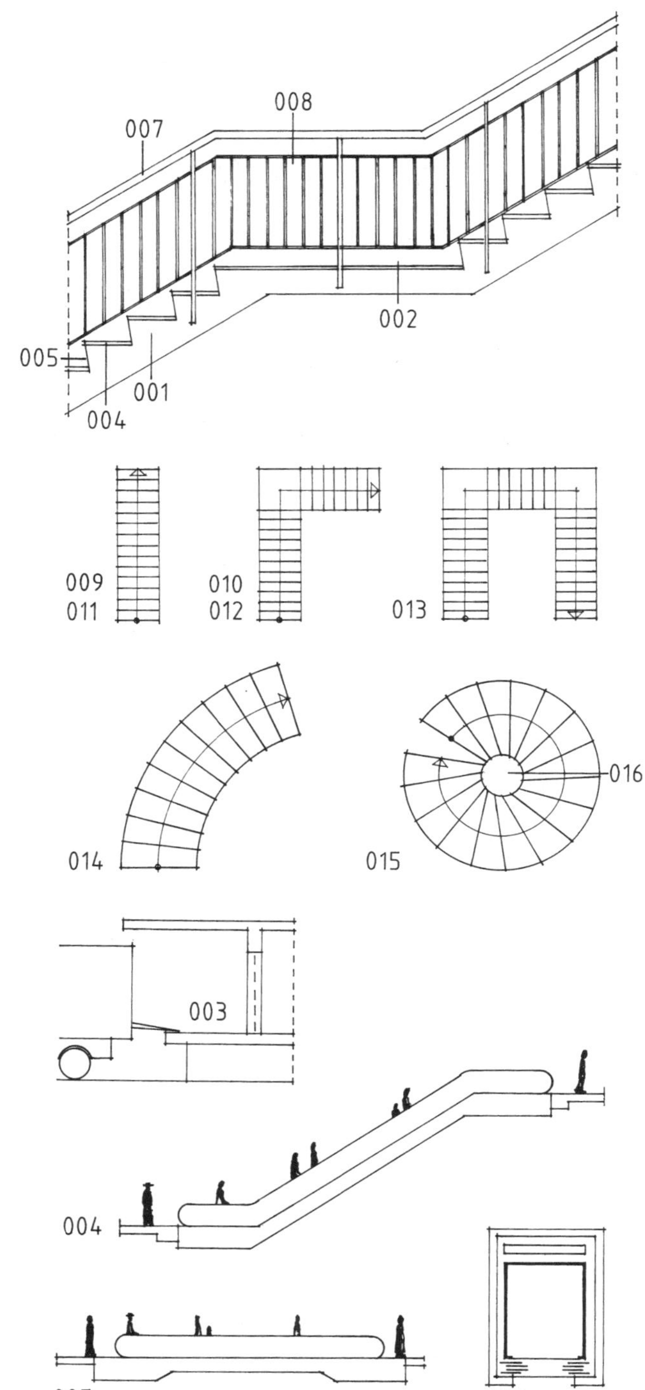

IX.Physics
IX. Bauphysik
IX. Építészeti fizika
IX. Fizyka budowli
IX. Строительная физика
IX. Stavebná fyzika

IX.01.	acoustics	Akustik (f)	akusztika	akustyka
IX.01.01.	sound protection	Schallschutz (m)	zaj elleni védelem, zajvédelem	ochrona przed hałasem
001	**sound**	**Schall** (m)	**hang, zaj, hangzás**	**dźwięk**
002	sound effect	Schallwirkung (f)	hanghatás	oddziaływanie akustyczne
003	sound perception	Schallempfindung (f)	hangérzékelés, hangérzet	wrażenie słuchowe
004	sound propagation	Schallausbreitung (f)	hangterjedés	rozchodzenie się dźwięku
005	acoustic insulation	Schalldämmung (f)	hangszigetelés, hangtompítás	tłumienie dźwięku
006	sound absorption	Schallabsorption (f)	hangelnyelés	pochłanianie dźwięku
007	oscillation, vibration	Schwingung (f)	rezgés, ingás	oscylacja, drganie
008	vibration insulation, oscillation insulation	Schwingungsisolierung (f)	lengésszigetelés	izolacja drgań
009	sound pressure	Schalldruck (m)	akusztikai hangnyomás	ciśnienie akustyczne
010	sound wave	Schallwelle (f)	hanghullám	fala dźwiękowa
011	acoustic event	Schallereignis (n)	hanghatás	fenomen dźwięku
012	frequency	Frequenz (f)	rezgésszám, frekvencia	częstotliwość
013	frequency limit	Grenzfrequenz (f)	határfrekvencia	częstotliwość graniczna
014	reflection	Reflexion (f)	reflexió, visszaverődés	odbicie
015	airborne sound	Luftschall (m)	léghang	dźwięk powietrzny
016	reduction of airborne sound	Luftschalldämmung (f)	hanggátlás	izolacja akustyczna fali powietrznej
017	impact noise, impact sound, footstep sound	Trittschall (m)	lépészaj	odgłos kroków
018	level of impact noise	Trittschallpegel (m)	a lépészaj szintje	poziom głośności kroku
019	structure-borne sound	Körperschall (m)	testhang	dzwięk materiałowy,akustyka materiału
020	structure-borne sound insulation	Körperschallisolierung (f)	testhangszigetelés, hangszigetelés	izolacja akustyczna materiału
021	reduction of structure-borne sound	Körperschalldämmung (f)	testhangszigetelés, hangszigetelés	dźwiękochłonność materiału
022	structure-borne sound damping	Körperschalldämpfung (f)	hangtompítás	tłumienie fal akustycznych w materiałach
023	insulator, isolator, insultating material	Isolator (m)	szigetelő, izolátor	izolator
024	active insulation	Aktivisolierung (f)	aktív szigetelő, hatásos szigetelő	izolacja aktywna, czynna
025	passive insulation	Passivisolierung (f)	passzív szigetelő	izolacja pasywna, bierna
026	clearness, distinctness	Deutlichkeit (f)	tisztaság, érthetőség	wyrazistość
027	**noise prevention, noise insulation**	**Lärmschutz** (m)	**zajvédelem, hangvédelem**	**ochrona przeciwdźwiękowa**
028	noise	Lärm (m)	zaj, lárma, zörej	hałas
029	noise level	Lärmstufe (f)	zajszint	poziom hałasu
031	explosion	Knall (m)	csattanás, dörej, durranás	huk,trzask
032	explosion	Explosion (f)	robbanás, explózió	wybuch, eksplozja
033	external noise insulation	Außen-Lärmschutz (m)	külső zajvédelem	zewnętrzna ochrona przeciwdźwiękowa
034	phon	Phon (n)	fon	fon
035	decibel	Dezibel (n)	decibel	decybel
036	volume	Lautstärke (f)	hangerő(sség)	natężenie dźwięku
037	loudness	Lautheit (f)	hangosság, hangérzet	głośność

акустика	akustika	IX.01.
звукоизоляция	**zvuková izolácia**	**IX.01.01.**
звук	**zvuk**	001
звуковое воздействие	pôsobenie zvuku	002
восприятие звука	zvukový vnem	003
распространение звука	šírenie zvuku	004
звукоизоляция	zvuková izolácia	005
звукопоглащение	zvuková pohltivosť	006
вибрация	kmitanie, chvenie	007
виброизоляция	izolácia proti kmitaniu (chveniu)	008
звуковое давление	akustický tlak	009
звуковая волна	zvuková vlna	010
звуковой поток	zvukový jav	011
частота	frekvencia, kmitočet	012
предельная частота	medzná frekvencia	013
отражение	reflexia, odraz	014
шум ветра	zvuk šíriaci sa vzduchom	015
изоляция от шума ветра	zvuková izolácia, tlmenie zvuku	016
ударный шум	kročajový hluk	017
уровень ударного шума	hladina kročajového hluku	018
шум конструкций	zvuk šíriaci sa tuhým materiálom	019
изоляция шума конструкции	izolácia proti zvuku šíriacom sa v materiáli	020
экранирование шума конструкции	izolácia proti zvuku v tuhom materiáli	021
гашение шума конструкции	tlmenie zvuku v tuhom materiáli	022
изолятор	izolátor	023
активная изоляция	aktívna izolácia	024
пассивная изоляция	pasívna izolácia	025
четкость звучания	čistota, zreteľnosť	026
шумозащита	**ochrana pred hlukom, protihluková ochrana**	027
шум	hluk	028
уровень шума	hladina hluku	029
треск, хлопок	tresk, buchot	031
взрыв	výbuch, explózia	032
внешняя шумозащита	vonkajšia protihluková ochrana	033
фон	fón	034
децибел	decibel	035
сила звука	hlasitosť, hladina hlasitosti	036
громкость	hlučnosť, hlasitosť	037

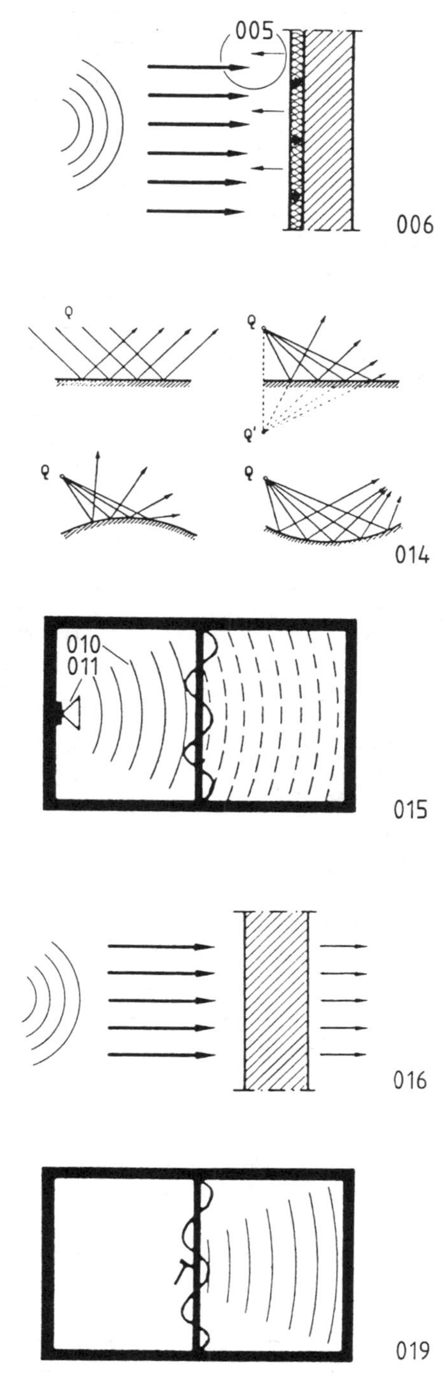

IX.01.02.	room acoustics	Raumakustik (f)	teremakusztika, épületakusztika	akustyka pomieszczeń
001	**reverberation**	**Nachhall** (m)	**utózengés, térhangzás**	**pogłos**
002	reverberation time	Nachhallzeit (f)	utózengési idő	czas pogłosu
003	interference	Interferenz (f)	interferencia	interferencja
004	absorption	Absorption (f)	abszorpció, elnyelés	absorbcja
005	sound absorbent coefficient	Schallschluckgrad (m)	hangelnyelési fok	stopień pochłaniania dźwięku
006	efficiency	Wirkungsgrad (m)	hatásfok	sprawność
007	reflection coefficient	Reflektionsgrad (m)	visszaver(őd)és szintje	stopień odbicia
008	echo	Echo (n)	visszhang	echo
009	reverberatory radius	Hallradius (m)	utózengési sugár, utózengési rádiusz	promień pogłosu
010	reverberation time	Anhallzeit (f)	berezgési idő	czas narastania dźwięku, pogłos
011	**space effect**	**Raumwirkung** (f)	**térbeli hatás, térhatás**	**efekt oddziaływania przestrzeni**
012	room size	Raumgröße (f)	a terem nagysága	wielkość przestrzeni
013	room/ space volume	Raumvolumen (n)	térfogat	objętość przestrzeni
014	occupancy	Besetzung (f)	elfoglalás, betöltés	wypełnienie widzami
015	reflector	Reflektor (m)	reflektor, fényszóró	reflektor
016	acoustic tile, acoustic board	Akustikplatte (f)	hangszigetelő lemez, hangszigetelő burkolat	płyty akustyczne (dźwiękochłonne)
017	proportion	Proportion (f)	arány, proporcionalitás	proporcja
018	audibility	Hörsamkeit (f)	hangelőadásra való alkalmasság (helyiségé), hallhatóság	słyszalność
019	poorly soundproofed (adj.)	Hellhörigkeit (f)	hangáteresztés	przenikalność dźwięku
020	spatial effect	Raumeffekt (m)	térhatás	efekt przestrzenny
021	**hearing (human)**	**Hören** (n) **(menschliches)**	**hallás (emberi)**	**słuch (człowieka)**
022	hearing range	Hörbereich (m)	hallhatósági tartomány, hangfrekvencia tartomány	strefa słyszalności
023	hearing loss	Hörverlust (m)	hallásvesztés, hallásromlás	utrata słuchu
024	hard of hearing	Schwerhörigkeit (f)	nagyothallás	niedosłyszalność
025	ear protectors, ear muffs	Gehörschutz (m)	hallásvédelem	ochrona słuchu
026	field of audibility	Hörfeld (n), Hörfläche (f))	hallástartomány, hallásterület	pole słyszalności

акустика помещений	**priestorová akustika**	**IX.01.02.**
реверберация	**dozvuk, doznievanie**	001
время реверберации	doba dozvuku	002
интерференция	interferencia	003
поглощение	absorbcia	004
коэффициент звукопоглощения	stupeň zvukovej pohltivosti	005
порог воздействия	stupeň účinnosti, účinnosť	006
коэффициент отражения	stupeň odrazu	007
эхо	ozvena, echo	008
звукоотражение	polomer dozvuku	009
время реверберации	doba názvuku	010
эффект объёмного звучания	**priestorový účinok, priestorové pôsobenie**	011
размер помещения	priestorová veľkosť	012
объём помещения	objem priestoru	013
наполняемость	obsadenosť	014
отражающий экран	reflektor	015
звукопоглощающая плита	akustická doska, zvukovoizolačná doska	016
пропорции	proporcia	017
слышимость	počuteľnosť	018
звукопроницаемость	priezvučnosť	019
объёмный эффект	priestorový efekt	020
слух (человеческий)	**počuteľnosť, sluch**	021
зона слышимости	oblasť počuteľnosti	022
потеря слуха	strata sluchu	023
глухота	nedoslýchavosť	024
защита слуха	ochrana sluchu	025
поле слышимости, звуковое поле	sluchové pole, zvukové pole	026

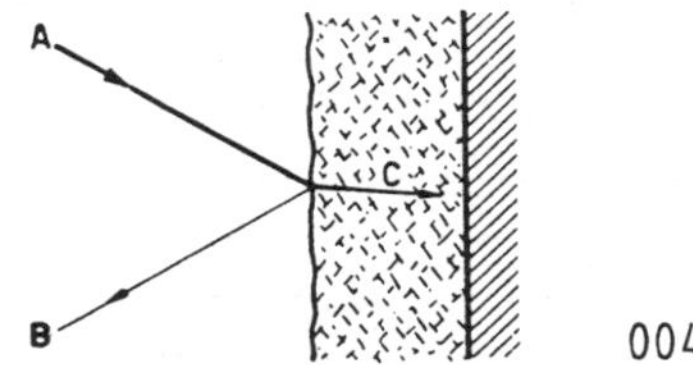

004

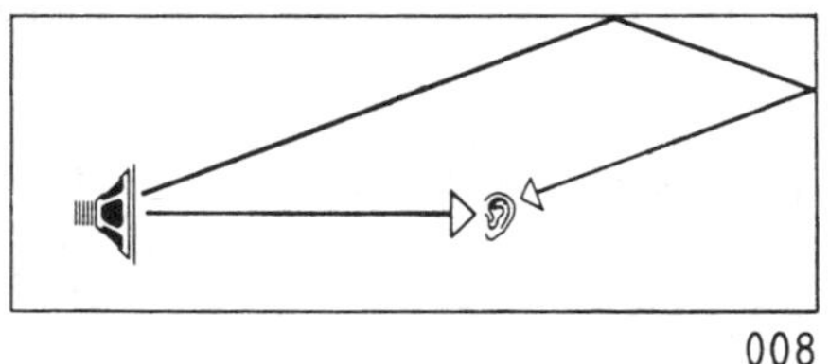
008

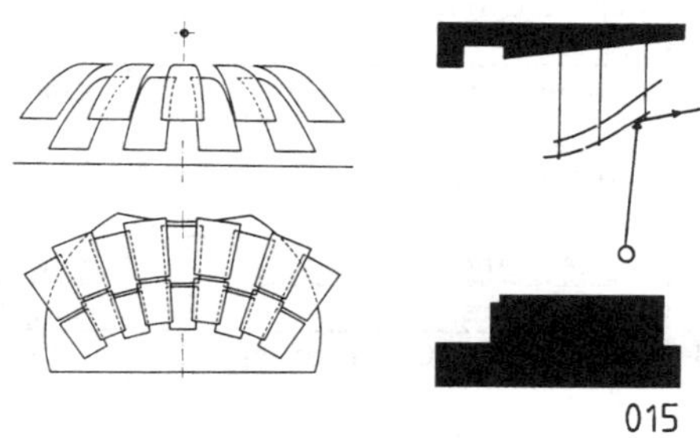
015

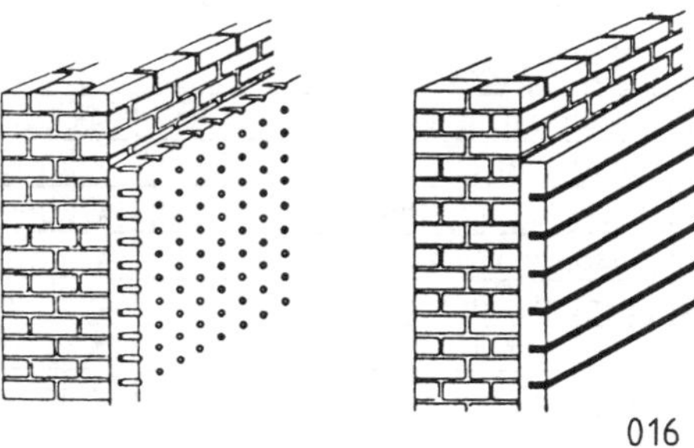
016

IX.02.	economics of energy	Energiehaushalt (m)	energiagazdaság	gospodarka energetyczna
IX.02.01.	heat	Wärme (f)	hő, meleg, melegség	ciepło
001	**basic concepts**	**Grundbegriffe** (m)(pl)	**alapfogalmak**	**pojęcia podstawowe**
002	extension, expansion	Ausdehnung (f)	tágulás, nyúlás, kinyúlás	wydłużenie się
003	expansion	Dehnung (f)	nyújthatóság, megnyúlás	rozszerzanie, ekspansja
004	shrinkage	Schrumpfen (n)	zsugorodás, összehúzódás	kurczenie się
005	cooling	Abkühlen (n)	hűtés, lehűlés, kihűtés	ostudzenie,ochłodzenie
006	volume decrease	Volumenabnahme (f)	térfogati zsugorodás	zmniejszenie objętości
007	**thermal transport**	**Wärmetransport** (m)	**hőszállítás, melegszállítás**	**transport ciepła**
008	thermal radiation	Wärmestrahlung (f)	hősugárzás	promieniowanie cieplne
009	thermal conduction	Wärmeleitung (f)	hővezetés	przewodzenie ciepła
010	heat flow	Wärmeströmung (f)	konvekciós áramlás, kiegyenlítő áramlás, hőáramlás	przenoszenie ciepła, konwekcja
011	heat irradiation	Wärmeeinstrahlung (f)	hőbesugárzás	napromieniowanie cieplne
012	**thermal insulation (winter)**	**winterlicher Wärmeschutz** (m)	**téli hővédelem, téli hőszigetelés**	**zimowa izolacja cieplna**
013	room climate	Raumklima (n)	helyiség mikroklímája	klimat wnętrza
014	coziness, comfort	Behaglichkeit (f)	hőkényelem, kellemes közérzet	komfort cieplny
015	heat sensitivity	Wärmeempfindung (f)	hőérzékelés	odczuwalność cieplna
016	surface temperature	Oberflächentemperatur (f)	felületi hőmérséklet, talajmenti hőmérséklet	temperatura powierzchniowa
017	**thermal insulation (summer)**	**sommerlicher Wärmeschutz** (m)	**nyári hővédelem, nyári hőszigetelés**	**letnia izolacja cieplna**
018	radiation	Strahlung (f)	sugárzás	promieniowanie
019	exposure to radiation	Strahlungsbelastung (f)	sugárzási terhelés, besugárzási terhelés	obciążenie promieniowaniem
020	radiation impermeability	Strahlungsundurchlässigkeit (f)	sugárzáselnyelő képesség	nieprzepuszczalność promieniowania
021	radiation permeability	Strahlungsdurchlässigkeit (f)	sugárzásáteresztő képesség	przepuszczalność promieniowania
022	**measurement**	**Bemessung** (f)	**mérés**	**pomiary**
023	temperature	Temperatur (f)	hő, hőmérséklet	temperatura
024	thermal insulation coefficient	Wärmedämmzahl (f)	hőszigetelési tényező, hőszigetelési koefficiens	współczynnik termoizolacji
025	thermal insulation area	Wärmedämmgebiet (n)	hőszigetelés területe	strefa izolacji termicznej
026	air temperature	Raumlufttemperatur (f)	a belső levegő hőmérséklete, a teremlevegő hőmérséklete	temperatura wewnętrzna
027	ambient (outdoor) air temperature	Außenlufttemperatur (f)	külső levegő hőmérséklete	temperatura zewnętrzna
028	**economics of heat, heat balance**	**Wärmehaushalt** (m)	**hőháztartás, hőmérleg**	**bilans cieplny**
029	specific heat	spezifische Wärme (f)	specifikus hő	ciepło, szczególne
030	thermal effect	Wärmewirkung (f)	hőhatás	działanie ciepła
031	heat consumption	Wärmeverbrauch (m)	hőfogyasztás	zużycie ciepła
032	quantity of heat	Wärmemenge (f)	hőmennyiség	ilość ciepła
033	thermal sources	Wärmequellen (f)(pl)	hőforrás	źródła ciepła
034	wasted heat	Abwärme (f)	hulladékhő, hulladékmeleg	strata ciepła
035	thermal capacity	Wärmekapazität (f)	hőtároló képesség, hőkapacitás	pojemność cieplna

сохранение энергии	energetické hospodárstvo	IX.02.
тепло	**teplo**	**IX.02.01.**
основные понятия	**základné pojmy**	001
расширение	rozpínanie, expanzia	002
удлинение	predĺženie, rozťažnosť	003
усадка	zmrašťovanie	004
охлаждение	ochladzovanie, ochladenie	005
уплотнение (объёма)	zmenšenie objemu	006
теплообмен	**prenos tepla**	007
тепловое излучение	tepelné žiarenie (sálanie)	008
теплопроводность	vedenie tepla	009
теплопередача	prúdenie tepla	010
теплоотдача	vyžarovanie tepla	011
зимняя теплозащита	**tepelná izolácia v zime**	012
микроклимат помещения	klíma v priestore	013
комфорт	pohoda (tepelná)	014
тепловосприятие	vnímanie tepla	015
температура поверхности	povrchová teplota	016
летняя теплозащита	**tepelná izolácia v lete**	017
радиация	žiarenie, sálanie	018
перегрев	dávka žiarenia, zaťaženie žiarením	019
светонепроницаемость	nepriepustnosť žiarenia	020
светопроницаемость	priepustnosť žiarenia	021
расчёт	**meranie**	022
температура	teplota	023
коэффициент теплоизоляции, термическое сопротивление	tepelný odpor, koeficient tepelného odporu	024
слой теплоизоляции	oblasť tepelnej izolácie	025
температура воздуха в помещении	teplota vzduchu v miestnosti	026
температура наружного воздуха	vonkajšia teplota vzduchu	027
тепловой баланс	**tepelná bilancia**	028
удельная теплоёмкость	špecifické teplo, merné teplo	029
тепловое воздействие	tepelný účinok, pôsobenie tepla	030
расход тепла	spotreba tepla	031
количество тепла	množstvo tepla	032
источники тепла	zdroje tepla	033
отводимое тепло	odpadové teplo	034
теплоёмкость	tepelná kapacita	035

IX.02.02.	insulation	Dämmung (f)	szigetelés	izolacje
001	**heat insulation**	**Wärmeschutz** (m)	**hővédelem, hőszigetelés**	**ochrona cieplna**
002	thermal insulation	Wärmedämmung (f)	hőszigetelés	izolacja cieplna
003	thermal bridge	Wärmebrücke (f)	hőhíd	mostek cieplny
004	thermal exchange	Wärmeübertragung (m)	hőátadás	przenoszenie ciepła
005	permanent condition	Dauerzustand (m)	állandósult állapot, stacionárius állapot	stan trwały, stały
006	heat transmission	Wärmedurchgang (m)	hőátbocsátás, hőátment	przenikanie ciepła
007	heat convection	Wärmemitführung (f)	konvekció	konwekcja termiczna
008	heat dissipation	Fußwärmeableitung (f)	a padló hőelnyelési képessége	odprowadzenie ciepła podłogowego
009	**thermal calculations**	**wärmetechnische Berechnungen** (f)(pl)	**hőtechnikai számítás**	**obliczenia termotechniczne**
010	coefficient of thermal conductivity	Wärmeleitzahl (f)	hővezetési együttható, hővezetési tényező	współczynnik przewodzenia ciepła
011	heat transfer resistance	Wärmeübergangswiderstand (m)	hőátadási ellenállás	opór przejmowania ciepła
012	heat transfer coefficient	Wärmeübergangszahl (f)	hőátadási tényező, hőátadási együttható	współczynnik przejmowania ciepła
013	resistance to thermal transmissibility	Wärmedurchlaßwiderstand (m)	hőátmeneti ellenálás, hőátbocsátási ellenállás	opór przewodności cieplnej
014	thermal transmissibility coefficient	Wärmedurchlaßzahl (f)	hőátbocsátási tényező	współczynnik przewodności cieplnej
015	passage of heat	Wärmedurchgang (m)	hőátbocsátás, hőátmenet	przenikanie ciepła
016	coefficient of heat transfer	Wärmedurchgangszahl (f)	hőátbocsátási tényező	współczynnik przenikania ciepła
017	resistance to heat penetration	Wärmeeindringwiderstand (m)	hőátadási ellenállás	oporność przenikalności cieplnej
018	heat transfer coefficient	Wärmeeindringzahl (f)	hőbehatási koefficiens	współczynnik przenikalności cieplnej
019	thermal insulation magnitude	Wärmedämmwert (m)	hőszigetelési tényező, hőszigetelési érték	wartość izolacji cieplnej
020	energy transfer magnitude	Energiedurchlaßwert (m)	az energiaáteresztés értéke	wartość przewodności energetycznej
021	heat flow density	Wärmestromdichte (f)	hőáramsűrűség, fajlagos hőáramlás	jednostkowy przepływ ciepła
022	heat storage magnitude	Wärmespeicherwert (m)	hőtárolási érték	wartość pojemności cieplnej
023	cooling time	Auskühlzeit (f)	kihűtési időtartam	czas ochładzania
024	heat protection class	Wärmeschutzklasse (f)	a hőszigetelő minősége	klasa izolacji cieplnej
025	**protection against cold**	**Kälteschutz** (m)	**hőszigetelés**	**ochrona zimna**
026	insulation against cold	Kälte-Isolierungen (f)	hőszigetelő anyag	izolacje chłodnicze
027	cold (thermal) bridge	Kältebrücke (f)	hőhíd	mostki cieplne
028	**characteristics of materials**	**Stoffeigenschaften** (f)(pl)	**anyagjellemzők**	**właściwości materiałów**
029	thermal inertia	Wärmebeharrungsvermögen (n)	hőinercia, hőtehetetlenség	inercja cieplna
030	thermal conductivity	Wärmeleitvermögen (n)	hővezetés, termodinamika	przewodność cieplna
031	temperature conductivity	Temperaturleitfähigkeit (f)	hőmérsékletvezetési képesség	właściwość przewodności termicznej
032	thermal storage capacity	Wärmespeicherfähigkeit (f)	hőtároló képesség	zdolność magazynowania ciepła

изоляция	izolácia	IX.02.02.
теплозащита	**tepelná ochrana**	001
теплоизоляция	tepelná izolácia	002
тепловой мост	tepelný most	003
теплопередача	prenos tepla	004
стационарный режим	trvalý stav	005
теплопередача, теплопроводность	prestup tepla, prechod tepla	006
конвекция	prúdenie tepla, konvekcia tepla	007
отвод тепла через пол	tepelná prijímavosť podlahy	008
теплотехнические расчёты	**teplotechnické výpočty**	009
коэффициент теплопроводности	súčiniteľ tepelnej vodivosti	010
сопротивление теплоотдачи	odpor pri prestupe tepla, prechodový tepelný odpor	011
коэффициент теплопередачи	súčiniteľ prestupu tepla	012
коэффициент термического сопротивления	tepelný odpor	013
коэффициент теплопроводности	tepelná priepustnosť konštrukcie	014
теплопередача	prestup tepla, prechod tepla	015
коэффициент теплопередачи	špecifická tepelná priechod-nosť, koeficient prechodu tepla	016
сопротивление теплопрониканию	odpor proti vnikaniu tepla	017
коэффициент теплопроникания	tepelná prijímavosť	018
коэффициент теплоизоляции	tepelnoizolačná hodnota	019
коэффициент энергопроводности	hodnota energetickej priepustnosti	020
плотность теплопотока	hustota tepelného toku	021
коэффициент теплоусвоения	hodnota akumulácie tepla, merná tepelná kapacita	022
время охлаждения	doba ochladenia	023
класс теплозащиты	trieda tepelnej izolácie	024
защита от холода	**ochrana chladu**	025
изоляция холода	izolácia chladu	026
мост холода	chladové premostenie, tepelný most	027
свойства материалов	**vlastnosti materiálov**	028
тепловая инерция	tepelná zotrvačnosť	029
теплопроводность	tepelná vodivosť	030
температурная проводимость	súčiniteľ teplotnej vodivosti	031
теплоёмкость	tepelná akumulácia	032

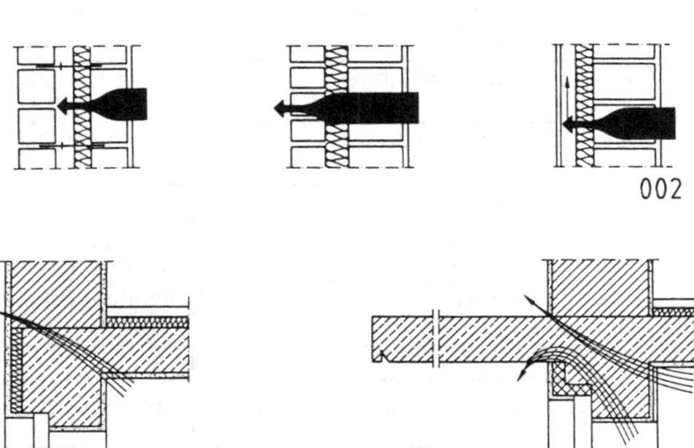

IX.03.	humidity	Feuchte (f)	nedvesség, nyirkosság	wilgotność
001	humidity, dampness	Feuchtigkeit (f)	nyirkosság, nedvesség	wilgoć
002	moisture distribution	Feuchteverteilung (f)	nedvességelosztás	rozkład wilgotności
003	permanent moisture	Dauerfeuchtigkeit (f)	tartós nedvesség, állandó nedvesség	wilgotność trwała
004	moisture content	Feuchtigkeitsgehalt (m)	nedvességtartalom, páratartalom	zawartość wilgoci
005	moisture gradient	Feuchtigkeitsgefälle (n)	nedvességesés, nedvességcsökkenés	gradient wilgotności
006	hygroscopic humidity	hygroskopische Feuchte (f)	higroszkopikus nedvesség	wilgotność higroskopijna
007	hyperhygroscopic humidity	überhygroskopische Feuchte (f)	hiperhigroszkopikus nedvesség	wilgotność hyperhigroskopijna
008	drying out	Austrocknung (f)	kiszárítás, kiszáradás	wysuszanie, wysychanie
009	protection against moisture	Feuchteschutz (m)	nedvesség elleni védelem	ochrona przed wilgocią
010	**air humidity**	**Luftfeuchte** (f)	**légnedvesség, páratartalom**	**wilgotność powietrza**
011	absolute humidity	absolute Luftfeuchte (f)	abszolút légnedvességtartalom	absolutna wilgotność powietrza
012	relative humidity	relative Luftfeuchte (f)	relatív légnedvességtartalom	względna wilgotność powietrza
013	water vapor pressure	Wasserdampfdruck (m)	páranyomás, vízgőznyomás	ciśnienie pary wodnej
014	saturation temperature	Sättigungstemperatur (f)	telítési hőmérséklet	temperatura nasycenia (para nasycona)
015	**condensation**	**Kondensation** (f)	**kondenzáció, kondenzálás**	**skraplanie**
016	core condensate	Kernkondensat (n)	magkondenzátum	punkt rosy
017	condensed water	Kondenswasser (n)	kondenzált víz, csapadékvíz, kondenzvíz	woda kondensacyjna
018	dew water	Tauwasser (n)	párlat, olvadásból származó lefolyás	woda topnienia
019	**vaporous humidity**	**dampfförmige Feuchte** (f)	**gőznedvesség, páranedvesség**	**wilgoć w formie pary**
020	steam, vapor	Dampf (m)	pára, gőz, vízgőz	para
021	steam, vapor	Wasserdampf (m)	vízpára, gőz	para wodna
022	vapor barrier	Dampfbremse (f)	gőzfék	paroizolacja
023	vapor barrier	Dampfsperre (f)	páraszigetelés, gőzszigetelés	warstwa paroizolacji
024	diffusion	Diffusion (f)	diffúzió, diffundálás	dyfuzja
025	diffusion process	Diffusionsprozeß (m)	diffúziós folyamat	proces dyfuzji
026	diffusion direction	Diffusionsrichtung (f)	diffúzióirány	kierunek dyfuzji
027	hydrostatic pressure	hydrostatischer Druck (m)	hidrosztatikai nyomás	ciśnienie hydrostatyczne
028	hygroscopic moisture	hygroskopische Feuchte (f)	higroszkopikus nedvesség	wilgoć higroskopijna
029	**humidity balance**	**Feuchtebilanz** (f)	**nedvességbilanció**	**bilans wilgotnościowy**
030	vapor diffusion	Wasserdampfdiffusion (f)	vízpára diffúzió	dyfuzja pary wodnej
031	capillary	Kapillare (f)	kapilláris, hajszálcső	kapilara, naczynie włoskowate
032	capillary water transport	kapillarer Wassertransport (m)	kapilláris vízszállítás	kapilarny transport wody
033	heat flow	Wärmestrom (m)	hőáramlás	strumień cieplny

влага	vlhkosť, vlaha	IX.03.
влажность	vlhkosť	001
распределение влаги	rozloženie vlhkosti	002
длительная влажность	trvalá vlhkosť	003
степень влажности	obsah vlhkosti	004
градиент влажности	vlhkostný spád	005
гигроскопическая влага	hygroskopická vlhkosť	006
сверхгигроскопическая влага	hyperhygroskopická vlhkosť	007
высыхание	vysušenie, vysušovanie	008
защита от влажности	ochrana proti vlhkosti	009
влажность воздуха	**vlhkosť vzduchu**	010
абсолютная влажность	absolútna vlhkosť vzduchu	011
относительная влажность	relatívna vlhkosť vzduchu	012
давление водяного пара	tlak vodnej pary	013
температура насыщения	teplota nasýtenej pary, teplota sýtenia	014
конденсация	**kondenzácia**	015
ядро конденсата	jadrový kondenzát	016
конденсирующаяся вода	kondenzát, skondenzovaná voda	017
талая вода	voda z roztápania	018
свойства пара	**vlhkosť vo forme pary**	019
пар	para	020
водяной пар	vodná para	021
парозащита	zbrzdenie prestupu vodnej pary	022
паронепроницаемый слой	parotesná zábrana	023
диффузия	difúzia	024
диффузионный процесс	difúzny proces	025
направление диффузии	smer difúzie	026
гидростатическое давление	hydrostatický tlak	027
гигроскопическая влажность	hygroskopická vlhkosť	028
баланс влажности	**vlhkostná bilancia**	029
диффузия водяного пара	difúzia vodnej pary	030
капилляр	kapilára	031
передача капиллярной воды	kapilárna doprava vody	032
тепловой поток	tepelný prúd	033

	loads	**Beanspruchungen** (f)(pl)	**terhelések**	**wymagania**
035	ground water	Grundwasser (n)	talajvíz	woda gruntowa
036	aquifer water	Schichtenwasser (n)	rétegvíz	woda z warstw geologicznych
037	hillside water	Hangwasser (n)	lejtővíz	woda spływająca
038	backwater	Stauwasser (n)	torlasztott víz, duzzasztott víz, meggyülemlett állóvíz	woda spiętrzona
039	trickled water, seeping water	Sickerwasser (n)	szivárgó víz, beszivárgott víz , kapilláris víz	sącząca się woda
040	soil moisture	Erdfeuchte (f)	talajnedvesség, földnedvesség	wilgotność gleby
041	surface moisture	Oberflächenwasser (n)	felszíni víz	wody powierzchniowe
042	lateral soil moisture	seitliche Bodenfeuchtigkeit (f)	oldalsó talajnedvesség	boczna wilgoć gruntowa
043	rising soil moisture	aufsteigende Bodenfeuchtigkeit (f)	emelkedő talajnedvesség	wznosząca się wilgoć gruntowa
044	atmospheric rainfalls	atmosphärische Niederschläge (m)(pl)	atmoszférikus csapadék	opady atmosferyczne
045	rain	Regen (n)	eső	deszcz
046	driving rain	Schlagregen (n)	zápores ő	ulewa
047	splash water	Spritzwasser (n)	fröccsvíz, befröcskölő víz	woda odpryskowa
048	permeable soil	wasserdurchlässiger Boden (m)	vízáteresztő réteg	warstwa przepuszczająca wodę
049	aquifer	wasserführende Schicht (f)	vízhordó réteg, vízvezető réteg	warstwa wodonośna
050	stress due to water and moisture	Beanspruchung (f) durch Wasser (n) und Feuchtigkeit (f)	a víz és nedvesség hatása [káros]	wymóg ze względu na wodę i wilgoć
051	stress due to rainfall and unopressive water	Beanspruchung (f) durch Niederschläge (f) und nichtdrückendes Wasser (n)	csapadékvíz és nyomás nélküli víz hatása (káros)	wymóg ze względu na opady i bezciśnieniową wodę
052	load by oppressive water	Beanspruchung (f) durch drückendes Wasser (n)	terhelés nyomás alatti vízzel	wymóg ze względu na napór wody
053	air zone	Luftzone (f)	légi övezet	strefa nadziemna
054	earth zone (permanently moist)	Erdzone (f) (dauerfeucht)	talajréteg (stabil nedvességtartalom)	strefa podziemna (stale wilgotna)
055	splash-water zone	Spritzwasserzone (f)	fölfröcssenő v. föcssenő víz zónája	strefa wody odpryskowej
056	dry zone	trockene Zone (f)	száraz zóna	strefa sucha
057	structural plinth line	konstruktive Sockellinie (f)	lábazat, szintelőlábazat	konstrukcyjna linia cokołu
058	horizontal waterproofing layer	waagerechte Sperrschicht (f)	vízszintes tömítőréteg, vízszintes záróréteg	pozioma warstwa izolacyjna
059	vertical waterproofing layer	lotrechte Sperrschicht (f)	függőleges tömítőréteg, függőleges zároreteg	pionowa warstwa izolacyjna

нагрузки	zaťaženia	034
грунтовая вода	spodná voda, podzemná voda	035
межпластовая вода	voda z geologických vrstiev, vrstvová voda	036
стекающая с откосов вода	spádová voda	037
застаивающаяся вода	vzdutá voda	038
просачивающаяся вода	presakujúca voda	039
грунтовая влага	zemná vlhkosť	040
поверхностная вода	povrchová voda	041
влажность грунта по бокам	bočná zemná vlhkosť	042
подтапливание грунта	vzostupná zemná vlhkosť	043
атмосферные осадки	atmosferické zrážky	044
дождь	dážď	045
ливень	hnaný dážď	046
дисперсная вода	odrazená voda, tlaková voda	047
водопроницаемый грунт	vodopriepustná zemina	048
водоносный слой	vodonosná vrstva	049
воздействия вызванные водой и влагой	zaťaženie vodou a vlhkosťou	050
воздействия вызванные осадками и безнапорной водой	zaťaženie vodnými zrážkami a beztlakovou vodou	051
давление напорной воды, напор воды	zaťaženie tlakovou vodou	052
воздушная зона	vzduchová zóna	053
зона влажного грунта	podzemná zóna (stála vlhkosť)	054
увлажняемая зона	zóna tlakovej vody	055
сухая зона	suchá zóna	057
конструктивная линия цоколя	konštrukčná soklová línia	056
слой горизонтальной изоляции	vodorovná izolačná vrstva	058
слой вертикальной изоляции	zvislá izolačná vrstva	059

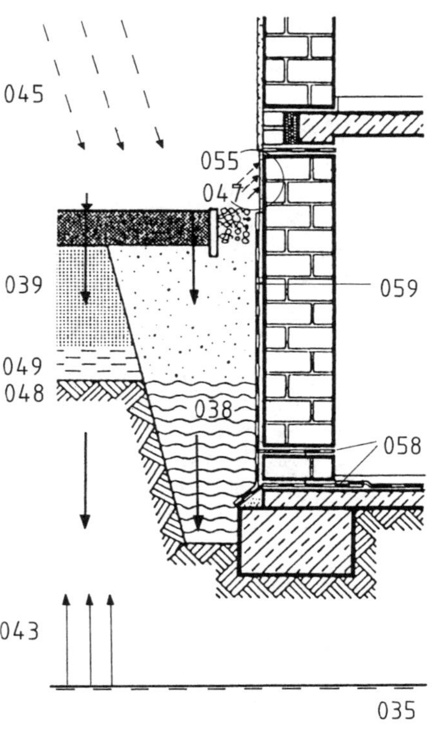

X. Building Process
X. Baubetrieb
X. Építőipari kivitelezés
X. Proces budowlany
X. Строительное производство
X. Stavebná prevádzka

X.01.	project planning	Betriebsplanung (f)	munkaterv, üzemterv	planowanie budowy
X.01.01.	**contract letting**	**Vergabe** (f)	**a munka megadása, a munka kiosztása**	**zlecenie zadań**
001	list of work to be performed	Leistungsverzeichnis (n)	munkakimutatás	wykaz robót, spis zadań
002	documents for invitation to bid	Verdingungsunterlagen (f)(pl)	szakmánymunkához szükséges adatok	podstawy umowy, podstawy wynajmu
003	*contract bid*	Verdingungsordnung (f)	szakmánymunkához szükséges rendeletek	warunki umowy
004	negotiated contract	freihändige Vergabe (f)	szabad választású feladat	swobodne zlecenie, bez przetargu
005	tender	Ausschreibung (f)	meghirdetés, kiírás, kitűzés	rozpisanie, ogłoszenie przetargu
006	restricted tender	beschränkte Ausschreibung (f)	korlátozott kiírás	przetarg ograniczony
007	open tender	öffentliche Ausschreibung (f)	közhirdetés	przetarg otwarty
008	competition	Wettbewerb (m)	verseny, pályázat	konkurs
009	open competition	offener Wettbewerb (m)	nyilvános pályázat, nyilvános verseny	konkurs otwarty
010	invited competition	eingeladener Wettbewerb (m)	meghívásos versenypályázat	konkurs za zaproszeniem
011	offer	Angebot (n)	ajánlat, kínálat	oferta
012	delivery	Abgabe (f)	leadás, beadás	oddanie
013	bidder	Bieter (m)	vevő, ajánlattevő, ráígérő	licytant, (ofiarujący)
014	preliminary examination	Vorprüfung (f)	elővizsgálat, előzetes vizsgálat	badanie wstępne
015	examination	Prüfung (f)	vizsgálat, próba, vizsga	badanie główne
016	award of the contract	Zuschlag (m)	odaítélés	wybór, nagrodzenie najkorzystniejszej oferty
017	(1st; 2nd; 3rd) round	(1.; 2.; 3.) Durchgang (m)	(1.; 2.; 3.) forduló	(1.; 2.; 3.) przejście
018	purchase	Ankauf (m)	vétel, megvétel, vásárlás	zakup
019	(1st; 2nd; 3rd) price	(1.; 2.; 3.) Preis (m)	(1.; 2.; 3.) díj, (1.; 2.; 3.) jutalom	(1.; 2.; 3.) nagroda
020	award judge	Preisrichter (m)	zsűritag	sędzia, juror
021	expert	Gutachter (m)	szakértő	opiniodawca
022	expert opinion	Gutachten (n)	szakvélemény	ekspertyza
023	client	Bauherr (m)	építtető, építkező	inwestor
024	planner	Planer (m)	tervező, tervfelelős	planista
025	contractor	Unternehmer (m)	vállalkozó	wykonawca
026	supplier	Lieferant (m)	szállító, szállítófél	dostawca
X.01.02.	**financing of building projects**	**Baufinanzierung** (f)	**az építkezés finanszírozása**	**finansowanie budowy**
001	financing through one's own capital	Eigenfinanzierung (f)	önfinanszírozás	finansowanie własne
002	external financing	Fremdfinanzierung (f)	külső finanszírozás, *kívülről jövő finanszírozás*	finansowanie obce
003	financing plan	Finanzierungsplan (m)	finanszírozási terv	plan finansowania
004	profitability	Wirtschaftlichkeit (f)	gazdaságosság, takarékosság	gospodarność, ekonomiczność
005	calculation of economic feasibility	Wirtschaftlichkeits-berechnung (f)	gazdaságossági számítás	analiza opłacalności

планирование предприятия	**podnikové plánovanie**	**X.01.**
выдача задания	**zadanie**	**X.01.01.**
список проводимых работ	výkaz prác	001
документы контракта	podklady pre zadanie	002
договорные обязательства	zadávací poriadok	003
свободный заказ	voľné zadanie	004
объявление конкурса	vypísanie	005
ограниченное объявление конкурса	obmedzené vypísanie	006
публичное объявление конкурса	verejné vypísanie	007
конкурс	súťaž	008
открытый конкурс	verejná súťaž	009
конкурс по приглашению	užšia súťaž	010
предложение	ponuka	011
сдача	dodávka	012
заказчик	prihadzovač (na dražbe)	013
предварительная проверка	predbežná skúška	014
контроль, экзамен	skúška	015
присуждение премий	príklop kladivkom (na dražbe), prirážka	016
(1; 2; 3) тур проведения конкурса	(1.; 2.; 3.) kolo	017
покупка, закупка	nákup, kúpa	018
(1; 2; 3.) приз, (1; 2; 3.) премия	(1.; 2.; 3.) cena	019
жюри	člen poroty	020
эксперт	znalec	021
экспертиза, отзыв, рецензия	znalecký posudok	022
застройщик, заказчик	stavebník	023
плановик	plánovač	024
предприниматель	podnikateľ	025
поставщик	dodávateľ	026
финансирование строительства	**financovanie stavby**	**X.01.02.**
самофинансирование	vlastné financovanie	001
финансирование за счёт привлечённых средств	cudzie (nevlastné) financovanie	002
план финансирования	plán financovania	003
рентабельность, экономичность	hospodárnosť, úspornosť	004
расчёт эффективности	výpočet hospodárnosti	005

006	evaluation	Wertermittlung (f)	felbecsülés, felértékelés, becslés	określenie wartości, ocena wartości
007	real value	Sachwert (m)	anyagi érték	realna wartość
008	profit	Ertragswert (m)	jövedelmi érték, bevételi érték	zysk, wartość uzyskana
009	current market value	Verkehrswert (m)	napi ár, piaci ár	aktualna wartość sprzedażna
010	fixed price	Einheitswert (m)	egységár	cena ujednolicona
011	costs	Kosten (f)	költség(ek)	koszty
012	capital costs	Kapitalkosten (f)	tőkeköltségek	koszty kapitałowe
013	manufacturing costs	Herstellungskosten (f)	gyártási költségek	koszty wytworzenia
014	total building costs	Baukosten (f)	építési költségek	koszty budowlane
015	auxiliary costs	Baunebenkosten (f)	építési mellékköltségek	dodatkowe koszty budowlane
016	starting costs	Anlaufkosten (f)	kezdeti költségek	początkowe koszty budowy
017	operating costs	Betriebskosten (f)	üzemeltetési költségek	koszty eksploatacji
018	maintenance costs	Instandhaltungskosten (f)	kezelési költségek, fenntartási költségek	koszty utrzymania
019	subsequent costs	Folgekosten (f)	rákövetkező költségek, késöbbi költségek, kiegészítő költségek	koszty następstw
020	cost accounting	Kostenrechnung (f)	költségszámla	rachunek kosztów
021	cost/benefit analysis	Kosten-Nutzen-Rechnung (f)	költség-nyereség-analízis	rachunek kosztów i korzyści (i zysków) analiza opłacalności inwestycji
022	sale value	Verkaufswert (m)	eladási ár, piaci ár	wartość sprzedażna
023	rent	Miete (f)	bérlet, bérösszeg	czynsz
024	lease	Pacht (f)	haszonbérleti díj, bérlet, földbérlet	dzierżawa
X.01.03.	**construction process**	**Bauablauf (m)**	**építési folyamat**	**przebieg budowy**
001	process	Prozeß (m)	folyamat, lefolyás	proces, przebieg
002	prediction	Prognose (f)	prognózis, előrejelzés	prognoza
003	capacity	Kapazität (f)	kapacitás	zdolność produkcyna
004	planning	Planung (f)	tervezés	planowanie
005	plan	Plan (m)	terv, tervrajz	plan
006	overall plan	Grobplan (m)	általános terv, teljes terv, átfogó terv	plan przybliżony
007	detailed plan	Feinplan (m)	részletes terv	plan szczegółowy
008	network	Netzplan (m)	hálózati terv	plan sieciowy
009	flow diagram	Flußdiagramm (n)	folyamati diagram	diagram przebiegu, diagram przepływów
010	structural plan	Strukturplan (m)	szerkezeti terv	plan strukturalny
011	network of events	Ereignisknotennetzplan (m)	időléptékes hálóterv	plan węzłowy wydarzeń węzłowa sieć okazji
012	bar graph	Balkendiagramm (n)	oszlopdiagramm	diagram belkowy
013	volume/time graph	Volumen-Zeitdiagramm (n)	térfogat és ütemterv	diagram czasowo-objętościowy
014	organization of work	Arbeitsgestaltung (f)	munkaterv	kształtowanie pracy
015	workflow layout	Arbeitsablaufsgestaltung (f)	munka-és irányításszervezés, munkagrafikon	kształtowanie przebiegu pracy

определение цены, оценка	zistenie hodnoty, ocenenie, odhad	006
реальная стоимость	vecná hodnota	007
чистая прибыль, чистый доход	hodnota výnosu	008
рыночная цена объекта	aktuálna trhová hodnota	009
розничная цена	jednotná cena	010
стоимость, расходы, затраты	výdavky, náklady	011
капитальные затраты	kapitálové náklady	012
стоимость изготовления	výrobné náklady	013
затраты на строительство	stavebné náklady	014
дополнительные строительные затраты	vedľajšie stavebné náklady	015
текущие расходы	náklady na uvedenie do prevádzky, počiatočné náklady	016
эксплуатационные расходы	prevádzkové náklady	017
расходы на техническое обслуживание и ремонт	náklady na údržbu	018
последующие затраты	následné výdavky	019
смета расходов, калькуляция	účtovanie nákladov	020
анализ затрат и результатов	kalkulácia nákladov a výnosov	021
продажная стоимость	predajná hodnota	022
арендная плата	nájomné, nájom	023
аренда	nájom, árenda	024
проведение строительных работ	**priebeh výstavby**	**X.01.03.**
процесс	proces, postup	001
прогноз	prognóza	002
производственная мощность	kapacita	003
планирование	plánovanie	004
план	plán	005
приблизительный план	hrubý plán	006
подробный план	presný plán	007
сетевое планирование	sieťový plán, sieťový graf	008
график текущих работ	vývojový diagram	009
структурный план	štrukturálny plán	010
поэтапный сетевой график	sieťový graf činností, sieťový plán činností	011
диаграмма	riadkový harmonogram	012
сводный календарный график	objemovo-časový plán	013
организация работ	organizácia práce	014
организация текущих работ	organizácia priebehu prác	015

016	workplace organization	Arbeitsplatzgestaltung (f)	munkahely-berendezés tervezése	kształtowanie miejsca pracy
017	division of work	Arbeitsteilung (f)	munkamegosztás	podział pracy
018	preparation of work	Arbeitsvorbereitung (f)	munkaelőkészítés, gyártáselőkészítés	przygotowanie pracy
019	rationalization	Rationalisierung (f)	ésszerűsítés	racjonalizacja
020	plan for work flow	Bauablaufplanung (f)	a felépítés ütemterve	planowanie przebiegu budowy
021	plan for construction phases	Bauphasenplanung (f)	építési ütemterv, építési sorrend terve	planowanie faz budowy
X.01.04.	**organization of work**	**Betriebsorganisation** (f)	**üzemszervezés**	**organizacja zakładu**
001	**firm, business, enterprise**	**Unternehmen** (n)	**vállalat**	**przedsięwzięcie, przedsię-biorstwo, firma**
002	single contractor	Alleinunternehmer (m)	magánvállalkozó	samodzielny przedsiębiorca
003	general contractor	Generalunternehmer (m)	fővállalkozó	generalny przedsiębiorca
004	principal contractor	Hauptunternehmer (m)	fővállalkozó	główny przedsiębiorca
005	secondary contractor	Nebenunternehmer (m)	mellékvállalkozó	wykonawca dodatkowy
006	subcontractor	Subunternehmer (m)	alvállalkozó	podwykonawca
007	office, firm	Büro (n)	hivatal, iroda	biuro
008	architectural firm, architectural office	Architekturbüro (n)	tervezőiroda	biuro architektoniczne
009	firm, company	Firma (f)	cég	firma, zakład
010	branch office	Niederlassung (f)	leányvállalat, filiálé	agencja, filia
011	administration, management	Verwaltung (f)	igazgatóság vállalati, adminisztráció	zarząd, administracja
012	factory	Fabrik (f)	gyár	fabryka
013	delivery	Auslieferung (f)	kézbesítés, elszállítás, kiadás	wydawanie
014	general building contractor	Bauträger (m)	megbízó	wykonawca budowlany
015	joint venture	Arbeitsgemeinschaft (f) <ARGE>	munkaközösség	spółka pracownicza
016	holding company, stock company	Beteiligungsgesellschaft (f)	holding, részvénytársaság	spółka udziałowa
017	group, concern	Konzern (m)	konszern	koncern
018	consortium	Konsortium (n)	konzorcium, társas vállalat, szindikátus	konsorcjum
019	trust	Trust (m)	tröszt	trust
020	cartel	Kartell (n)	kartell	kartel
021	**in-house organization**	**innerbetriebliche Organisation** (f)	**az üzemen, vállalaton belüli szervezet**	**organizacja wewnętrzna zakładu**
022	business, firm, company	Betrieb (m)	üzem, vállalat	zakład, przedsiębiorstwo
023	staff, employees	Belegschaft (f)	személyzet, kollektíva, alkalmazottak	personel, obsada, załoga, kadry
024	management	Betriebsleitung (f)	vállalatvezetés, üzemvezetés, üzemvezetőség	kierownictwo zakładu
025	works manager, factory manager, plant manager	Betriebsleiter (m)	vállalatvezető, vállalati igazgató, üzemvezető	kierownik zakładu
026	board of worker representatives	Betriebsrat (m)	üzemi bizottság, tanács	rada zakładowa

организация рабочего места	usporiadanie (organizácia) pracoviska	016
разделение труда	deľba práce	017
подготовка к проведению работ	príprava práce	018
рационализация	racionalizácia	019
планирование производства работ	plánovanie priebehu stavby	020
планирование этапов строительства	plánovanie stavebných etáp	021
организация предрприятия	**podniková organizácia**	**X.01.04.**
предприятие, фирма	**podnik, podnikanie**	001
предприниматель-подрядчик	jediný podnikateľ, jediný výkonávateľ	002
генеральный подрядчик	generálny podnikateľ, generálny vykonávateľ	003
главный подрядчик	hlavný podnikateľ, hlavný vykonávateľ	004
подрядчик	vedľajší podnikateľ, vedľajší vykonávateľ	005
субподрядчик	subpodnikateľ, subvykonávateľ	006
бюро	kancelária	007
архитектурное бюро	architektonický ateliér	008
фирма	firma	009
филиал	filiálka, pobočka	010
администрация, управление	správa, administratíva	011
фабрика, завод	továreň, fabrika	012
поставка	dodanie, výdaj, expedícia	013
заказчик	predstaviteľ stavby, investor	014
совместное предприятие	pracovné spoločenstvo	015
холдинговая компания	holdingová spoločnosť	016
концерн	koncern	017
консорциум	konzorcium	018
траст	trust	019
картель	kartel	020
организация внутри предприятия	**vnútropodniková organizácia**	021
предприятие, производство	závod, podnik	022
персонал, коллектив рабочих и служащих	osadenstvo, zamestnanci podniku	023
руководство предприятия	vedenie podniku, vedenie prevádzky	024
руководитель предприятия	vedúci prevádzky	025
совет предприятия	podniková rada	026

027	professional association, trade association	Berufsgenossenschaft (f)	szakmai közösség	resortowe związki zawodowe, stowarzyszenia zawodowe
028	managerial style, leadership style, management style	Führungsstil (m)	vezetési mód, igazgatási mód	styl kierowania
029	authoritarian management style	autoritärer Führungsstil (m)	autoriter igazgatási mód	autorytarny styl kierowania
030	cooperative management style	kooperativer Führungsstil (m)	együttműködő igazgatási mód	kooperacyjny styl kierowania
031	delegation of individual tasks	Delegierung (f) von einzelnen Aufgabenfeldern (f)(pl)	az egyes munkafeladatok kiosztása, megbízatások	zlecanie poszczególnych zadań
032	indipendent task management	eigenverantwortliche Aufgabenbearbeitung (f)	saját felelősségű munkavégzés	wykonanie zadania na własną odpowiedzialność
033	motivation	Motivierung (f)	motiváció	motywacja
034	objective task management	sachbezogene Aufgabenbearbeitung (f)	a feladat objektív feldolgozása	rzeczowe opracowanie zadania
035	participation	Partizipation (f)	részvétel, participáció	partycypacja
036	system led task management	systemgesteuerte Aufgabenbearbeitung (f)	a feladatfeldolgozás szisztematikus irányítása	systemowe sterowanie opracowaniem zadania
037	**occupations in the construction field**	**Bauberufe** (m)(pl)	**az építés területébe tartozó foglalkozások**	**zawody budowlane**
038	site manager	Bauleiter (m)	építésvezető, pallér	kierownik budowy
039	foreman, foreperson	Meister (m)	mester	mistrz, majster
040	journeyperson	Geselle (m)	(iparos)segéd, céhlegény	czeladnik, uczeń
041	foreman, foreperson	Polier (m)	munkavezető, pallér	brygadzista, mistrz
042	skilled construction worker	Baufacharbeiter (m)	építőipari szakmunkás	wykwalifikowany pracownik budowlany
043	unskilled construction worker	Bauhilfsarbeiter (m)	építőipari segédmunkás	pomocniczy pracownik budowlany
044	carpenter	Zimmermann (m)	ács	cieśla
045	carpenter	Schreiner (m)	asztalos	stolarz
046	bricklayer	Maurer (m)	kőműves	murarz
047	roofer	Dachdecker (m)	tetőfedő	dekarz
048	plumber	Installateur (m)	szerelő	instalator
049	electrician	Elektriker (m)	villanyszerelő	elektryk
X.01.05.	**timetables**	**Zeitablauf** (m)	**időterv, ütemezés**	**przebieg budowy w czasie**
001	fixed date, appointment	Termin (m)	határidő, terminus	termin
002	sequence (of operations)	Ablauf (m)	lefolyás, menet	przebieg
003	cycle	Zyklus (m)	ciklus	cykl
004	rhythm	Rhythmus (m)	ritmus	rytm
005	duration	Dauer (f)	időtartam, tartam	trwanie
006	process	Prozeß (m), Vorgang (m)	folyamat, processzus	proces
007	event	Ereignis (n)	eset, esemény	wydarzenie
008	state of operations	Stand der Arbeiten	a munkafolyamat időszerű állapota, a munkafolyamat időszerű aktuális helyzete	stan prac, stan robót
009	begin(ning)	Start (m), Beginn (m), Anfang (m)	kezdet, kezdés	początek, start
010	date of beginning	Starttermin (m)	indulási időpont	termin startu, termin początku
011	laying of the foundation stone	Grundsteinlegung (f)	alapkőletétel	położenie kamienia węgielnego

профессиональное объединение	spoločnosť pracujúcich (v podniku)	027
стиль руководства	štýl vedenia	028
авторитарный стиль руководства	autoritatívny štýl vedenia	029
коллективный стиль руководства	kooperačný štýl vedenia	030
делегирование отдельных заданий	delegovanie jednotlivých pracovných oblastí (úloh)	031
единоличная ответственность за выполнение задания	spracovanie úlohy na vlastnú zodpovednosť	032
мотивация	motivácia	033
обработка задания по видам работ	vecné spracovanie úloh	034
партисипация	participácia, účasť	035
системная обработка задач	systémovo riadené spracovanie úloh	036
строительные профессии	**stavebné povolania**	037
прораб, руководитель строительства	vedúci stavby, stavbyvedúci	038
мастер	majster	039
подмастерье	tovariš	040
бригадир	predák, palier	041
рабочий строительной специальности	odborný stavebný robotník	042
вспомогательный строительный рабочий	pomocný stavebný robotník	043
плотник	tesár	044
столяр	stolár	045
каменщик, штукатур	murár	046
кровельщик	pokrývač	047
слесарь-сантехник	inštalatér	048
электрик	elektrikár	049
время строительства	**časové plánovanie**	**X.01.05.**
срок	termín, lehota	001
ход, протекание	priebeh, chod	002
цикл	cyklus	003
ритм	rytmus	004
длительность	doba trvania	005
процесс	proces	006
событие	udalosť	007
состояние работ	stav prác	008
начало	štart, začiatok, počiatok	009
срок начала работ	termín štartu, termín začatia	010
закладка фундамента	položenie základného kameňa	011

012	last stage	Endstufe (f)	váróütem	faza końcowa, etap końcowy
013	completion	Ende (n)	befejezés	koniec
014	completion date	Endtermin (m)	végső határidő, befejezési határidő	termin końca
015	handing-over date	Übergabetermin (m)	átadási határidő	termin przekazania
016	moving-in date	Einzugstermin (m)	beköltözési határidő	termin wprowadzenia
017	topping-out ceremony	Richtfest (n)	bokrétaünnep	święto wiechy, wiecha
018	working time	Arbeitszeit (f)	munkaidő	czas pracy
019	required construction time (for a specific task)	Arbeitszeitbedarf (m)	munkaidőigény	potrzebny czas pracy
020	construction period	Bauzeit (f)	kivitelezési határidő, építési határidő	czas budowy, okres budowy
021	planning for needed construction time	Bauablaufplanung (f)	organizációs technológiai terv	planowanie przebiegu budowy
022	allowed time	Vorgabezeit (f)	rendelkezésre álló idő	założony czas pracy
023	guide time	Richtzeit (f)	minimálisan szükséges idő	normatywny czas pracy
024	time per worker	Mannzeit (f)	egy személyre eső idő, személyenkénti idő	roboczogodzina
025	time at site	Platzzeit (f)	munkaidő	czas pracy na stanowisku
026	full time	Vollzeit (f)	teljes időben való fogalalkoztatás	częściowy czas pracy
027	part time	Teilzeit (f)	részidő	pełny czas pracy
028	dead time	Leer-Zeit (f)	holtidő	martwy czas
029	delay	Verzug (m)	haladék, halasztás, késedelem	zwłoka, opóźnienie
030	critical path	kritischer Weg (m)	kritikus út	droga krytyczna
031	buffer time	Pufferzeit (f)	időtartalék	rezerwa czasowa
X.01.06.	**control**	**Kontrolle** (f)	**ellenőrzés, felügyelet**	**kontrola, sprawdzian**
001	building supervision	Bauüberwachung (f)	építési felügyelet	nadzór budowlany
002	construction management	Baucontrolling (n)	építési ellenőrzés	nadzór finansowy
003	final approval	Bauabnahme (f)	épületátvétel, építkezési átvétel	przyjęcie budowy, odbiór budowlany
004	building log	Bautagebuch (n)	építési napló, építésszerelési munkanapló	dziennik budowy
005	checklist	Prüfliste (f)	ellenőrzőlista	lista pozycji do sprawdzenia
006	mistake	Fehler (f)	hiba	błąd
007	flaw	Mangel (m)	hiány, hiányosság	brak
008	complaint	Mängelrüge (f)	büntetés, szankció, megtorlás (hibáért való)	naganny brak, wskazanie błędu
009	botched work	Pfusch (m)	szakszerűtlen munka, fuser munka, kontármunka	fuszerka, partacka robota
010	damage	Schaden (m)	kár, veszteség	szkody
011	damage compensation	Schadensersatz (m)	kártérítés, kárpótlás	wyrównanie szkód
012	liability	Haftung (f)	kezesség, kezeskedés	rękojmia, odpowiedzialność, poręka
013	delays (in construction)	Störungen (f)(pl) (im Bauablauf)	építési ütemzavar	zakłócenia (w przebiegu budowy)

заключительная стадия	stupeň ukončenia, konečný stupeň	012
конец	koniec	013
время окончания работ	termín ukončenia	014
время сдачи объекта	termín odovzdania	015
срок введения в эксплуатацию	termín nasťahovania	016
праздник по случаю завершения основных строительных работ	slávnosť pri dosiahnutí vrcholu stavby, "glajcha"	017
рабочее время	pracovný čas	018
время, необходимое для выполнения работ	potreba pracovného času	019
время строительства	doba výstavby	020
планирование производства работ	plánovanie priebehu výstavby	021
запланированное время	normovaný čas, normočas, pracnosť	022
ориентировочное время	smerný čas, normovaný čas	023
время работы одного человека	človekohodina (mužohodina)	024
время планирования на одно рабочее место	čas na pracovné miesto	025
полное время	plný úväzok	026
частичное время	čiastočný úväzok	027
простой	mŕtvy čas, prestoj	028
задержка	prieťah, odklad	029
критический путь	kritická cesta	030
резерв времени	nárazníkový čas	031
контроль	**kontrola**	**X.01.06.**
строительный надзор	stavebný dozor	001
строительный контроль	stavebná kontrola	002
приёмка строительных работ	prevzatie stavby	003
журнал строительных работ	denník stavebno-montážnych prác	004
карточка контроля	revízny záznam	005
ошибка	chyba, vada, závada	006
недостаток	nedostatok	007
рекламация по качеству	postih za nedostatky	008
недобросовестная работа	neodborná práca, fušerská práca	009
ущерб	škoda	010
возмещение убытков	odškodné, náhrada škody	011
ответственность	ručenie	012
неполадки (в ходе строительства)	poruchy (pri priebehu stavby)	013

X.02.	construction equipment	Baugeräte (n)(pl)	építőszerszámok, építési felszerelések	sprzęt budowlany
X.02.01.	tools	Werkzeuge (n)(pl)	szerszámok	narzędzia
001	metalworker's hammer	Schlosserhammer (m)	lakatoskalapács	młotek ślusarski
002	carpenter's hammer	Zimmermannshammer (m)	ácskalapács	młotek ciesielski
003	bricklayer's hammer	Maurerhammer (m)	kőműveskalapács, falazókalapács	młotek murarski
004	mallet	Fäustel (m)	kézikalapács	młotek dwuobuchowy
005	sledgehammer	Vorschlaghammer (m)	ráverőkalapács	młotek dwuręczny
006	hatchet	Handbeil (n)	kézi balta, kézi fejsze	siekiera jednoręczna
007	axe	Axt (f)	fejsze, balta	topór
008	pincers, nipper	Kneifzange (f)	harapófogó, csípőfogó	obcęgi do gwoździ
009	steelfixer's nippers	Flechterzange (f)	fonatoló-harapófogó	obcęgi zbrojeniowe
010	combination pliers	Kombi - Zange (f)	kombinált-harapófogó	obcęgi wieloczynnościowe
011	slip-joint pliers	Wasserpumpenzange (f)	csőfogó	obcęgi hydrauliczne
012	vise-grip, mole wrench	Grip-Zange (f)	harapófogó	szczypce nastawne
013	monkey wrench	Engländer (m), Franzose (m)	franciakulcs, állítható csavarkulcs	klucz nastawny
014	pipe wrench	Rohrzange (f)	csőfogó	klucz nastawny do rur
015	lever end cutting nippers	Hebelschneider (m)	lemezvágó gép	szczypce czołowe przegubowe do cięcia drutu
016	plate shears	Blechschere (f)	lemez(vágó)olló	nożyce ręczne do blach
017	bolt cutter	Bolzenschneider (m)	dvótvágó olló	nożyce ręczne do stali zbrojeniowej (przenośne)
018	open (jaw) spanner, open end wrench	Gabelschlüssel (m), Maulschlüssel (m)	villás csavarkulcs, villáskulcs	klucz płaski
019	ring spanner	Ringschlüssel (m)	csillagkulcs	klucz oczkowy
020	box spanner	Steckschlüssel (m)	dugókulcs, tűzőkulcs	klucz nasadowy
021	ratchet with socket	Knarre (f) mit Nuß (m)	furdancs, kilincsmű, "racsni"	pokrętło zapadkowe (grzechotka) z orzechem
022	spider	Kreuzschlüssel (m)	keresztkulcs, csillagkulcs	klucz krzyżowy
023	screwdriver	Schraubenzieher (m), Schraubendreher (m)	csavarhúzó	śrubokręt
024	flat file	Flachfeile (f)	laposreszelő	pilnik płaski
025	three-edged file	Dreikantfeile (f)	háromélű reszelő	pilnik trójkątny
026	round file	Rundfeile (f)	kerek reszelő, kerek ráspoly	pilnik okrągły
027	chisel	Meißel (m)	véső	przecinak
028	center punch	Körner (m)	lyukjelző, szemező	punktak
029	toolbox	Werkzeugkasten (m)	szerszámláda, szerszámszerkrény	skrzynka narzędziowa
030	wheelbarrow	Schubkarre (f)	taliga, targonca, talicska	taczki ręczne
031	watering can	Gießkanne (f)	öntőüst	polewaczka, konewka
032	concrete skip	Betonkübel (m), Bombe (f)	betonadagoló teknő, betonadagoló tölcsér	pojemnik na beton, zasobnik
033	cross-cut saw	Schrotsäge (f)	hasító fűrész, daraboló fűrész	piła dwuchwytowa poprzeczna
034	bow saw	Bügelsäge (f)	kengyeles fűrész, ívfűrész	piła ręczna kabłąkowa
035	hand saw	Fuchsschwanz (m)	rókafarkufűrész	piła rozpłatnica
036	keyhole saw	Stichsäge (f)	kézifűrész, hidegfűrész, lyukfűrész	piła otwornica, lisica

строительные инструменты	stavebné vybavenie	X.02.
инструменты	**náradia**	**X.02.01.**
слесарный молоток	zámočnícke kladivo	001
плотничный молоток	tesárske kladivo	002
молоток кирочка	murárske kladivo	003
балда	kladivko	004
кувалда	príklepové kladivo	005
топорик	tesárska sekera	006
топор	sekera	007
кусачки	štípacie kliešte	008
арматурные клещи	pletacie kliešte	009
пассатижи	kombinované kliešte	010
трубные клещи	rúrové kliešte	011
цанговый ключ	zvieracie kliešte	012
английский универсальный ключ	univerzálny francúzsky kľúč	013
трубный ключ	hasák	014
пружинные кусачки	pákový rezač	015
листовые ножницы	nožnice na plech	016
ножницы	štípacie kliešte (betonárskej ocele)	017
рожковой (гаечный) ключ	vidlicový kľúč, otvorený kľúč	018
накладной (гаечный) ключ	prstencový kľúč	019
торцевой (гаечный) ключ	nástrčkový kľúč	020
храповый механизм	západkový kľúč	021
крестообразный ключ	krížový kľúč	022
отвёртка	skrutkovač	023
плоский напильник	plochý pilník	024
трёхгранный напильник	trojhranný pilník	025
круглый напильник	okrúhly pilník	026
долото	sekáč	027
кернер	jamkovač	028
инструментальный ящик	skrinka na náradie	029
тачка	fúrik	030
поливалка	krhla	031
бадья для подачи бетонной смеси	nádoba na betón	032
поперечная пила	dvojručná píla	033
ножовка	oblúková píla	034
столярная ножовка	listová píla	035
узкая ножовка	prerezávacia píla, dierovacia píla	036

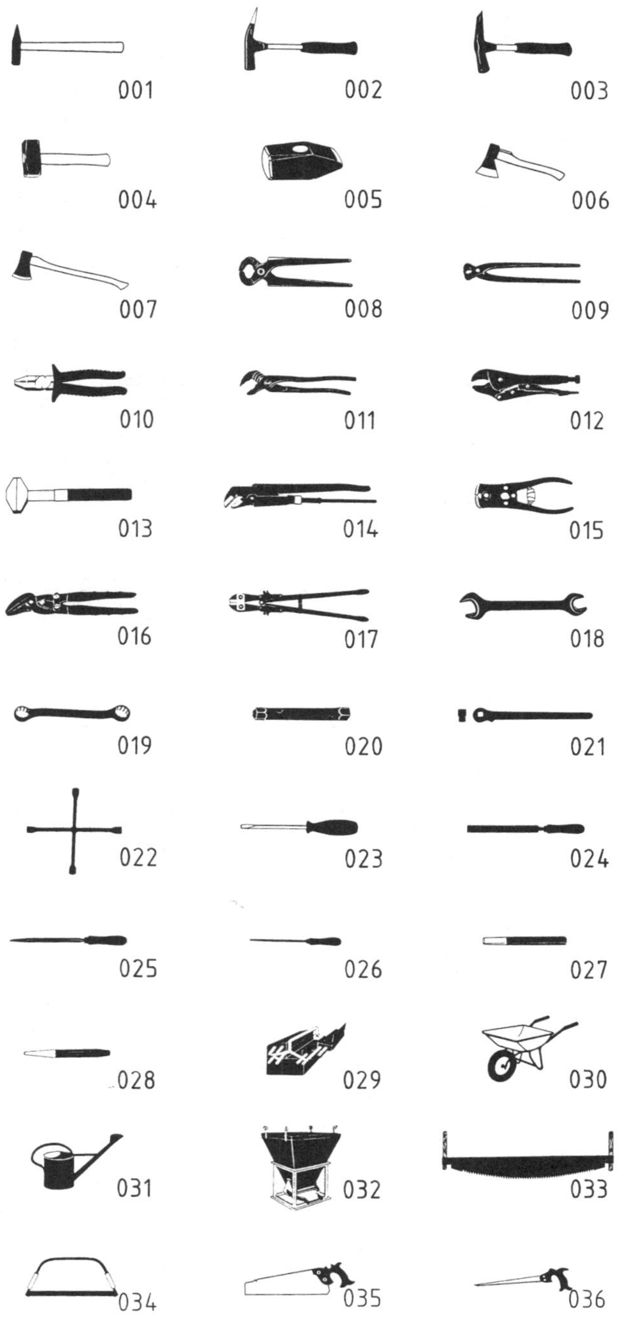

001 002 003
004 005 006
007 008 009
010 011 012
013 014 015
016 017 018
019 020 021
022 023 024
025 026 027
028 029 030
031 032 033
034 035 036

037	hacksaw	Metallsäge (f)	fémfűrész	piłka ręczna do metalu
038	pocket saw	Puk - Säge (f)	zsebfűrész	piłka ręczna kabłąkowa mała
039	spade	Spaten (m)	ásó	łopata sztychówka
040	shovel	Schaufel (f)	lapát	szufla, łopata
041	pickaxe	Spitzhacke (f), Kreuzhacke (f)	hegyes kapa, csákánykapa	kilof dziobowy
042	crowbar	Brechstange (f)	feszítőrúd, emelőrúd, bontórúd	łom
043	claw bar	Nageleisen (n)	szegfejező	łapa do gwoździ
044	trowel	Maurerkelle (f)	kőműveskanál, vakolókanál	kielnia murarska
045	spatula	Spachtel (m)	lapátka, spatulya, spachtli	szpachla
046	patter, float	Aufzieher (m), Reibebrett (n)	simítólap, simítódeszka	packa drewniana
047	whitewash brush	Deckenbürste (f)	meszelő, meszelő ecset	pędzel ławkowiec
048	paintbrush	Pinsel (m)	ecset	pędzel pierścieniowy
049	wire brush	Drahtbürste (f)	drótkefe	szczotka druciana
050	putty knife	Kittmesser (n)	kittelőkés, tömítőkés	nóż do kitu
051	glass cutter	Glasschneider (m)	üvegmetsző, üvegvágó	przyrząd do cięcia szkła, krajak
052	vice	Schraubstock (m)	satu, csavarbak	imadło
053	vice for pipes	Rohrschraubstock (m)	csősatu	imadło do rur
054	screw clamp	Schraubzwinge (f)	csavaros szorító, csavarszorító	ścisk stolarski śrubowy
055	plane	Hobel (m)	gyalu	strug, hebel
056	electric drill	Bohrmaschine (f)	fúrógép	wiertarka elektryczna ręczna
057	chuck key	Bohrfutter - Schlüssel (m)	fúrófej fúrótokmánykulcs	wiertarka, uchwyt wiertarski
058	twist drill	Spiralbohrer (m)	csigafúró	wiertło kręte do metalu
059	mason drill	Steinbohrer (m)	bányászfúró, kő(zet)fúró	wiertło do betonu
060	twist bit for wood	Holzbohrer (m)	fafúró	wiertło do drewna
061	bar bender	Biegeplatte (f)	hajlítógép	giętarka ręczna do stali zbrojeniowej
062	bar cutter	Betonstahl-Schere (f)	betonacél-olló	nożyce ręczne do stali zbrojeniowej (stałe)
063	earth auger	Erdbohrer (m)	földfúró, talajfúró, kutatóvas	świder do wierceń w gruncie
064	abrasive cutter	Trennschleifer (m)	vágókorong	szlifierka przecinarka mechaniczna ręczna
065	wheeled abrasive cutter, wheeled skill saw	fahrbarer Trennschleifer (m)	hordozható vágókorong	szlifierka przecinarka mechaniczna ręczna przewoźna
066	power-driven saw, chain saw	Motorsäge (f), Kettensäge (f)	motoros fűrész	piła mechaniczna, piła łańcuchowa
067	oxygen bottle	Sauerstoff-Flasche (f)	oxigénpalack	butla z tlenem
068	cutting torch	Schneidbrenner (m)	lángvágó	palnik do cięcia
069	welding torch	Schweißbrenner (m)	hegesztőpisztoly	palnik spawalniczy
070	goggles	Schutzbrille (f)	védőszemüveg	okulary ochronne
071	welding transformer	Schweißtrafo (m)	hegesztőtranszformátor	transformator spawalniczy
072	welding generator	Schweißgenerator (m)	hegesztőgenerátor	prądnica spawalnicza
073	electrode holder	Elektrodenhalter (m)	elektródtartó, elektródfogó	uchwyt elektrody

металлическая пила	píla na kov	037
лобзик	vrecková pílka	038
лопата	rýľ	039
совковая лопата	lopata, murárska lopatka	040
кирка, кайла	končistá motyka, čakan	041
лом	sochor	042
гвоздодёр	vyťahovač klincov	043
кельма	murárska lyžica	044
шпатель	špachtľa, stierka	045
тёрка	stieradlo, škrabka	046
кисть-макловица	maliarska kefa (široký štetec)	047
кисть	štetec	048
проволочная щетка	drôtená kefa	049
специальный нож	nôž na tmel	050
стеклорез	rezač skla	051
тиски	zverák	052
трубные тиски	zverák na rúrky	053
захватка, струбцина	skrutkové zvieradlo	054
рубанок	hoblík	055
электродрель	vŕtačka	056
ключ сверлильного патрона	kľúč na uťahovanie upínadla	057
спиральное сверло	špirálový vrták	058
сверло по камню	vrták do kameňa	059
сверло по дереву	vrták do dreva	060
гибочное устройство	ohýbacia platňa, ohýbačka	061
ножницы для резки арматурной стали	nožnice na betonársku oceľ	062
ямобур	zemný vrták	063
шлифовальный круг	rozbrusovačka	064
передвижной абразивно-отрезной станок	pojazdná rozbrusovačka	065
цепная пила	motorová píla, reťazová píla	066
кислородный баллон	kyslíková fľaša	067
горелка для автогенной резки	rezací horák, horák na rezanie	068
сварочная горелка	zvárací horák	069
защитные очки	ochranné okuliare	070
сварочный трансформатор	zvárací transformátor	071
сварочный генератор	zvárací generátor	072
электрододержатель	zváracie kliešte, držiak elektródy	073

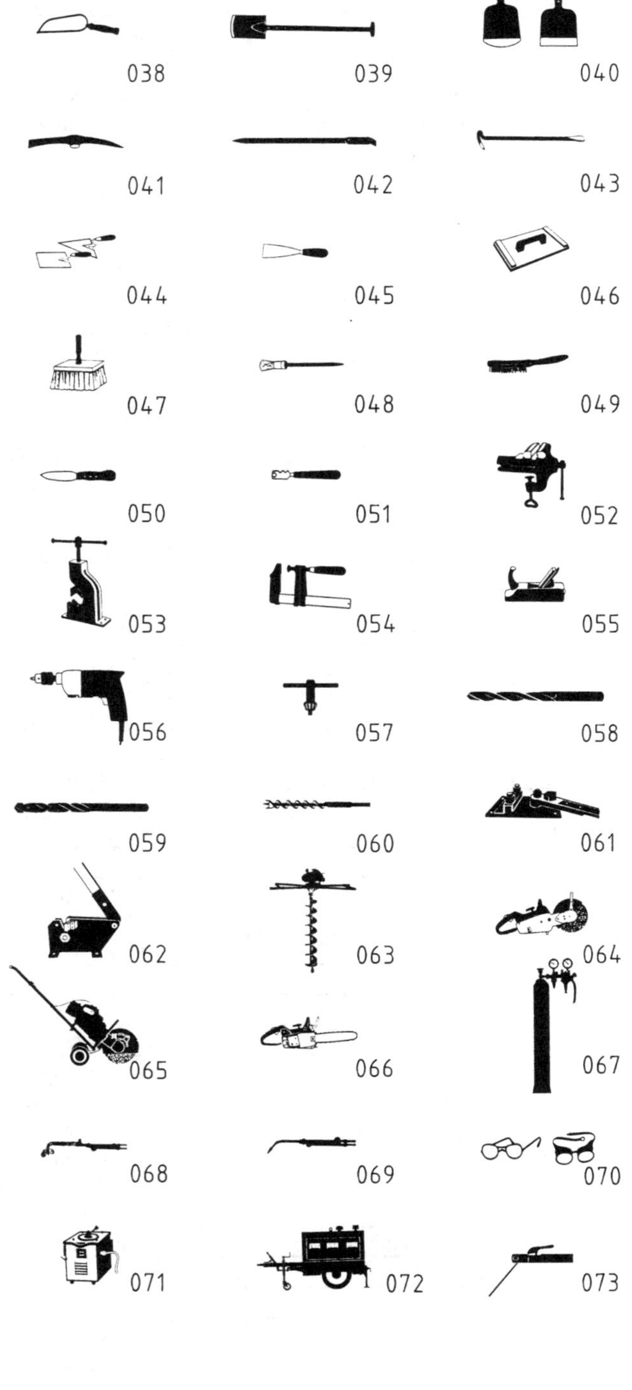

074	welder's gauntlets	Schutzhandschuhe (m)(pl) für Schweißer	védőkesztyű hegesztőmunkás részére	rękawice ochronne spawacza
075	hand shield	Schutzschild (n)	védőpajzs, védőernyő	tarcza ochronna
076	pipelaying hook	Rohrlegehaken (m)	csőtartó horog	hak do układania rur
077	adjustable metal strut	Spindelspreize (f)	orsó	rozpora śrubowa
078	rack-and-pinion jack	Zahnstangenwinde (f)	fogasléces emelő, fogasrúdemelő	dźwignik zębatkowy
079	pulley	Flaschenzug (m)	közönséges csigasor	wielokrążek
080	electric cable winch	Elektro-Seilwinde (f)	elektromos kötélmotolla, elektromos kötélcsörlő	wciągnik elektryczny
081	tripod with cable winch	Dreibock (m) mit Seilwinde	háromlábas kötélmotolla, háromlábas kötélcsörlő	trójnóg z wciągarką
082	oil can	Ölkanne (f)	olaj(os)kanna, olajozókanna	oliwiarka, ręczna
083	screw	Schraube (f)	csavar	śruba
084	wood screw with plug	Holzschraube (f) mit Dübel (n)	facsavar faékkel, facsavar facsappal	wkręt do drewna z dyblem
085	maschine bolt with hexagonal nut	Maschinenschraube (f) mit Sechskantmutter	fémcsavar hatlapú anyacsavarral	śruba maszynowa z nakrętką sześciokątną
086	spirit level	Wasserwaage (f)	libellás szintező, vízmérték	poziomnica
087	vernier calipers	Schieblehre (f)	tolómérce, tolómérő	suwmiarka
088	plumb bob	Senklot (n)	függőón, ólomnehezék, mélységmérő	pion
089	micrometer nut	Mikrometer - Schraube (f)	mikrométer-csavar	śruba mikrometryczna
090	measuring tape	Bandmaß (n)	mérőszalag, szalagmérték	taśma miernicza
091	ruler, measuring chain	Zollstock (m), Gliedermaßstab (m)	mérővessző (összehajtható), mérőpálca	miarka składana
X.02.02.	**construction machinery**	**Baumaschinen** (f)(pl)	**építőgépek**	**maszyny budowlane**
001	generator	Generator (m)	generátor, áramfejlesztő	generator, prądnica
002	transformer	Transformator (m)	transzformátor	transformator
003	electric motor	Elektromotor (m)	elektromotor, villanymotor	motor, silnik elektryczny
004	wiring (electrical), pipe (gas, water)	Leitung (f)	vezeték (vonal)	przewód
005	battery	Batterie (f)	elem	bateria, ogniwo
006	steam	Dampf (m)	gőz, pára	para
007	boiler	Dampfkessel (m)	gőzkazán, gőzkatlan	kocioł parowy
008	steam generator	Dampferzeuger (m)	gőzgenerátor	wytwarzacz pary
009	steampipe	Dampfleitung (f)	gőzvezeték	przewód parowy
010	steam pile driver	Dampframme (f)	gőzkalapács	kafar parowy
011	steam chamber (to accelerate the setting of concrete units)	Dampfkammer (f) (zur Beschleunigung der Abbindung von Betonteilen)	gőzkamra (a beton szilárdulását gyorsító kamra)	komora parowa do przyśpieszania wiązania elementów betonowych
012	steam cleaner	Dampfstrahlreiniger (m)	gőzszűrő, gőztisztító	oczyszczacz strugą pary
013	compressed air	Druckluft (f)	sűrített levegő	sprężone powietrze
014	compressor	Kompressor (m)	kompresszor	kompresor
015	pneumatic hammer	Drucklufthammer (m)	légkalapács	młot pneumatyczny
016	drill hammer, jackhammer	Bohrhammer (m)	ütvefúró, fúrókalapács	wiertarka pneumatyczna

защитные руковицы для сварщика	ochranné zváracie rukavice	074
щиток	ochranný štít	075
трубоукладывающий крюк	hák na ukladanie potrubia	076
шпиндельная распорка	skrutková rozpera	077
домкрат	zdvihák	078
полиспаст	kladkostroj	079
электроталь	elektrická kladka (navijak)	080
ручная таль	trojnožka s navijakom	081
маслёнка	olejnica	082
крепёж	skrutka	083
шуруп с дюбелем	skrutka do dreva s hmoždinkou	084
винт с шестигранной гайкой	strojová skrutka so šesťhrannou maticou	085
ватерпас	vodováha	086
штангенциркуль	posuvné meradlo	087
отвес	olovnica	088
микрометр	mikrometrická skrutka	089
рулетка	meračské pásmo	090
складной метр	skladací meter	091
строительные машины	**stavebné stroje**	**X.02.02.**
генератор	generátor	001
трансформатор	transformátor	002
электромотор	elektromotor	003
трубопровод, канал, проводка, линия	vedenie	004
батарея	batéria, akumulátor	005
пар	para	006
паровой котёл	parný kotol	007
парогенератор	parný generátor	008
паропровод	parné vedenie	009
паровой копёр	parné baranidlo	010
камера пропаривания (для ускорения схватывания бетонных элементов)	preparovacia komora	011
пароструйный очиститель	čistič prúdom pary	012
сжатый воздух	stlačený vzduch	013
компрессор	kompresor	014
пневматический молот	pneumatické kladivo	015
бурильный молот, станок	vŕtacie kladivo	016

079 080 081
082 083 084
085 086 087
088 089 090

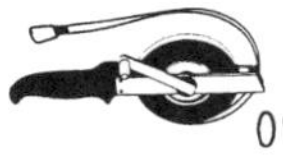

001
010 
014

017	pump	Pumpe (f)	szivattyú	pompa
018	crusher	Brecher (m)	törő(gép), zúzó(gép)	kruszarka
019	mill	Mühle (f)	daráló, malom, őrlőmalom,	młyn
020	picking plant	Sortieranlage (f)	osztályozóberendezés	urządzenie sortujące
021	silo	Silo (n)	siló	silos
022	mixing tower	Mischturm (m)	keverőtartály, keverőtank	mieszalnik wieżowy
023	scraper	Schrapper (m)	szkréper, földgyalu	skrobaczka, drapaczka
024	screw conveyor	Förderschnecke (f)	szállítócsiga	przenośnik ślimakowy
025	balance, scale	Waage (f)	mérleg	waga
026	concrete mixer	Betonmischer (m)	betonkeverő	mieszalnik betonu
027	concrete gun	Betonspritzmaschine (f)	betonlövellőgép	torkretnica
028	concrete pump	Betonpumpe (f)	betonszivattyú	pompa do betonu
029	injecton apparatus	Verpreßgerät (n)	présgép, injektáló berendezés	urządzenie wtłaczające
030	plastering machine	Verputzgerät (n)	vakoló berendezés, simító berendezés	tynkownica mechaniczna
031	cutter	Schneidemaschine (f)	vágógép	przecinarka mechaniczna
032	rod bender	Biegemaschine (f)	hajlítógép	maszyna do gięcia, giętarka
033	external vibrator	Außenrüttler (m)	lapvibrátor, külső vibrátor	wibrator przyczepny
034	poker vibrator, internal vibrator	Innenrüttler (m)	merülővibrátor	wibrator zanurzany
035	surface vibrator	Oberflächenrüttler (m)	felületi vibrátor	wibrator powierzchniowy
036	shaker, vibrating table	Rütteltisch (m)	rázóasztal (betonelőgyártásnál)	stół wibracyjny
037	form-work vibrator	Schalungsrüttler (m)	zsaluvibrátor	wibrator szalunkowy
038	poker vibrator	Rüttelflasche (f)	rázótok, rázófej, rázóhüvely	buława wibratora
039	vibrating tamper	Vibrations-Stampfer (m)	vibrációs döngölő, vibrációs tömörítő	ubijacz wibracyjny
040	tamper	Stampfer (m)	sulyok, döngölő(szerszám)	ubijacz
041	ram	Ramme (f)	cölöpverő gép	kafar, baba
042	vibratory compactor	Rüttelverdichter (m)	vibrációs tömörítőgép	zagęszczacz wibracyjny
043	roller	Walze (f)	henger	walec
044	drill	Bohrer (m)	fúró(gép)	wiertło
045	gripper, claw	Brunnengreifer (m)	kútkotró, kútmarkoló (gép)	chwytacz głębinowy
046	pile extractor	Pfahlzieher (m)	cölöpkihúzó berendezés	wyciągacz pali

насосы	čerpadlo	017
дробилка	drvič	018
мельница	mlyn	019
сортировочная установка	triediace zariadenie	020
бункер, силосное сооружение	silo, zásobník	021
смесительная башня	vežová betonárka	022
скрепер	škrabák, skraper	023
шнековый (винтовой) подъёмник	závitkový dopravník	024
весы	váha	025
бетоносмеситель, бетономешалка	miešačka na betónovú zmes	026
установка для шприцбетона	torkrétovacie zariadenie, betónové delo	027
бетононасос	čerpadlo na betónovú zmes	028
формовочная установка	lisovací stroj	029
штукатурная станция	strojná omietačka	030
отрезной станок	rezačka, strihačka	031
гибочный станок	ohýbací stroj, ohýbačka	032
наружный вибратор	príložný vibrátor	033
внутренний вибратор	ponorný vibrátor	034
поверхностный вибратор	povrchový vibrátor	035
вибростол	vibračný stôl	036
опалубочный вибратор	príložný vibrátor k debneniu	037
глубинный вибратор	hlavica ponorného vibrátora	038
вибротрамбовка	vibračné ubíjadlo	039
трамбовка	ubíjadlo	040
баба	baranidlo	041
виброуплотнитель	vibračný zhutňovač	042
каток	valec	043
сверло, бур	vrták	044
шахтный грейфер	studňový drapák, drapáková lyžica	045
сваевыдёргиватель	vyťahovač pilót	046

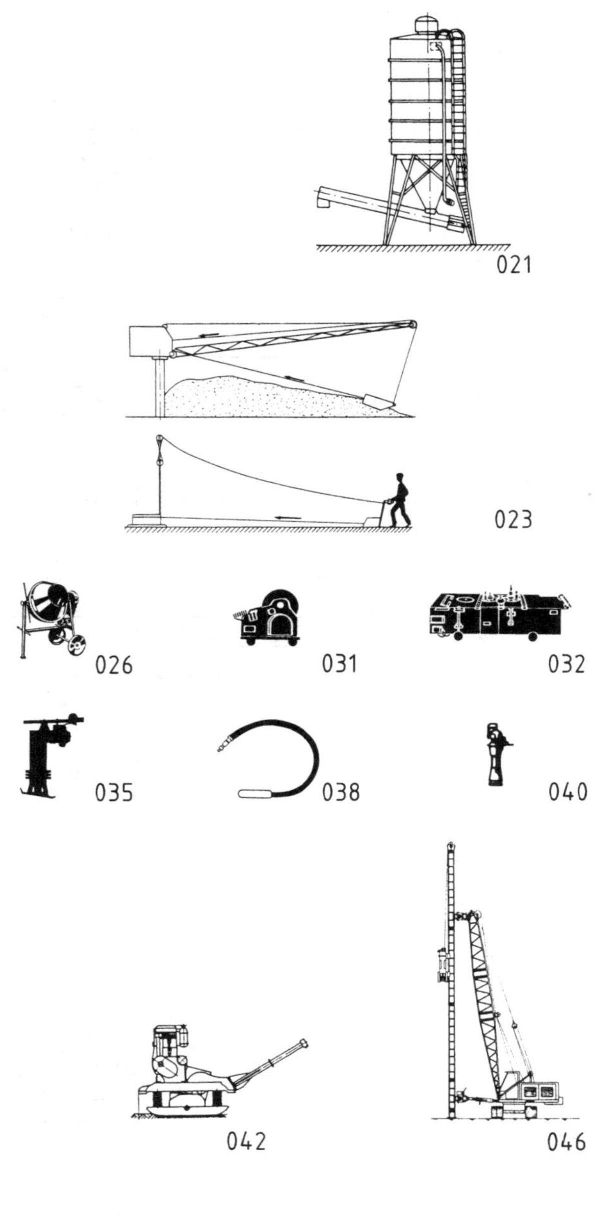

X.02.03.	transport means	Transportmittel (n)	szállítóeszközök	środki transportu
001	hoist	Winde (f)	csörlő, motolla, tekercselő	podnośnik, dźwignik
002	crab	Laufkatze (f)	futómacska, darukocsi	wózek suwnicowy
003	elevator cage	Fahrstuhl (m)	felvonó	winda osobowa
004	elevator	Aufzug (m)	felvonó, lift, emelő	winda towarowa
005	conveyor belt	Förderband (n)	szállító pálya, szállítószalag, transzportőr	taśma przenośnikowa
006	scrapper conveyor belt	Kratzband (n)	kaparószalag, kaparólánc	przenośnik zgrzebłowy
007	bucket conveyor	Becherwerk (n)	serleges elevátor, serleges kotrómű	przenośnik kubełkowy
008	crane	Kran (m)	daru	dźwig
009	**track vehicles**	**Gleisfahrzeuge** (n)(pl)	**sínhez kötött járművek**	**pojazdy szynowe**
010	track	Gleis (n)	vágány	tor
011	train	Zug (m)	vonat	pociąg
012	locomotive	Lokomotive (f)	mozdony	lokomotywa, parowóz
013	car, wagon	Wagen (m)	kocsi, vagon	wagon
014	wagon, tipper, truck	Lore (f)	csille, japáner	lora, platforma
015	**road vehicles**	**Straßenfahrzeuge** (n)(pl)	**közúti járművek**	**pojazdy drogowe**
016	car	Personenkraftwagen (m) (PKW)	személygépkocsi	pojazd osobowy
017	truck	Lastkraftwagen (m)(LKW)	tehergépkocsi	pojazd ciężarowy
018	concrete mixer truck [to transport concrete]	Mischfahrzeug (n), Rühr-fahrzeug (n), Fahrmischer (m) [fürTransportbeton]	habarcskeverő gépkocsi betonkeverő gépkocsi	betoniarka samochodowa
019	tow truck	Zugmaschine (f)	vontató	ciągnik
020	dump truck	Kipper (m)	billentő, billenőkocsi, önürítős targonca	wywrotka
021	excavator, shovel	Bagger (m)	kotró(gép), bagger	pogłębiarka, bagrownica
022	hydraulic shovel	Hydraulikbagger (m)	hidraulikus kotró(gép)	koparka hydrauliczna
023	power shovel	Löffelbagger (m)	kanalas kotró	koparka łyżkowa
024	bucket-ladder dredge	Eimerketten-Bagger (m)	serleges kotró	koparka wielonaczyniowa
025	bucket-wheel excavator	Schaufelradbagger (m)	forgótárcsás kotró, rotoros kotró	koparka kołowa
026	flat dredge	Flachbagger (m)	talajegyengető gép	maszyna do niwelacji gruntu
027	bulldozer	Planierraupe (f)	tológép, bulldózer, dózer	spychacz, spycharka
028	grader	Grader (m)	talajgyalu, gréder	równiarka
029	loader	Lader (m)	rakodógép	ładowarka
030	caterpillar, crawler	Raupe (f)	lánctalp, hernyótalp	ciągnik gąsienicowy
031	scraper	Schürfwagen (m)	kerekes földnyeső, vájókocsi	spychacz, zgarniarka ciągnikowa

транспортные средства	dopravné prostriedky	X.02.03.
лебёдка	navijak, zdvihák	001
крановая тележка	mačka (žeriava)	002
лифт	výťah	003
подъёмник	výťah, lanovka	004
ленточный транспортёр	dopravný pás	005
скребковый транспортёр	zhrňovací pás	006
ковшовый элеватор	korčekový elevátor	007
кран	žeriav	008
рельсовые транспортные средства	**koľajové vozidlá**	009
рельсы	koľaj	010
поезд	vlak	011
локомотив	rušeň, lokomotíva	012
вагон	vozeň, vagón	013
открытый вагон, вагонетка, платформа	nízkostenný vozeň, plošinový vozeň	014
дорожно-транспортное средство	**cestné vozidlá**	015
легковой автомобиль	osobný automobil	016
грузовой автомобиль	nákladný automobil	017
автобетоносмеситель	automiešač	018
тягач	ťahač	019
самосвал	výklopník	020
экскаватор	rýpadlo, bager	021
гидравлический экскаватор	hydraulické rýpadlo	022
одноковшовый экскаватор	lopatové rýpadlo	023
многоковшовый экскаватор	korčekové rýpadlo	024
роторный экскаватор	kolesové rýpadlo	025
грейдер	stroj na zemné práce s plytkým záberom (grader)	026
бульдозер	buldozér	027
грейфер	grader, zarovnávač	028
погрузчик	nakladač	029
гусеница	vozidlo na pásovom podvozku	030
самоходный скрепер	ťahaný skraper	031

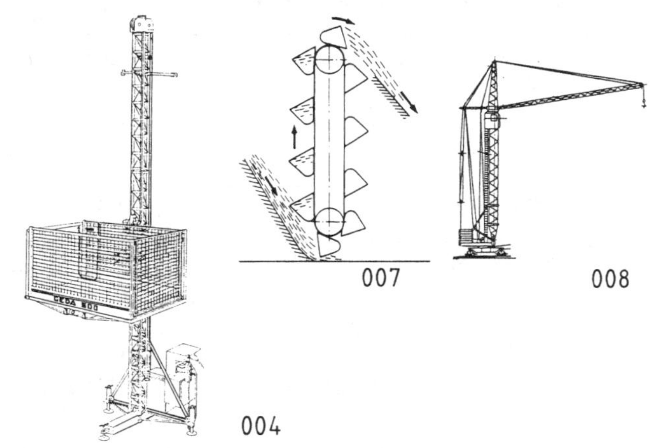

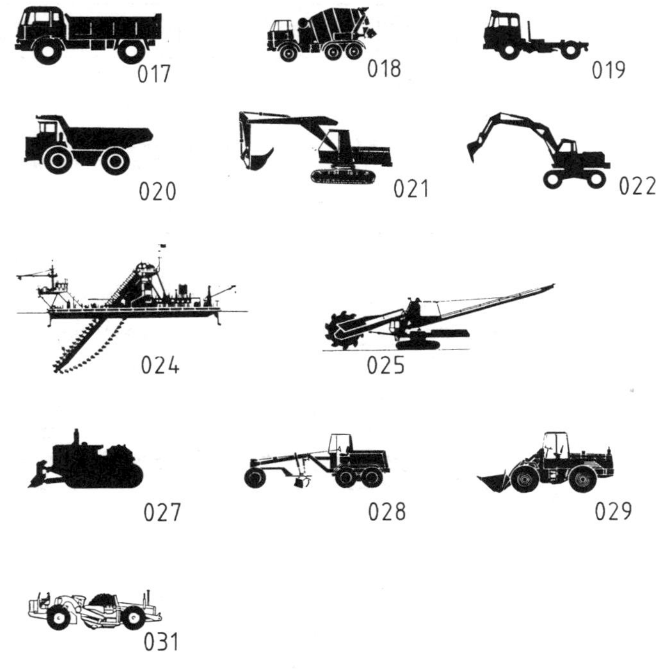

X.03.	preparation for construction	Bauvorbereitung (f)	az építkezés előkészítése	przygotowanie budowy
X.03.01.	**construction site**	**Baustelle (f), Bauplatz (m)**	**az építkezés helye**	**miejsce budowy, plac budowy**
001	construction fence	Bauzaun (m)	körülkerítés, védőkorlát	ogrodzenie, płot budowlany
002	siding (track)	Gleisanschluß (m)	vágánycsatlakozás	bocznica kolejowa
003	railroad tracks	Gleisanlage (f)	vágányzat	torowisko szynowe
004	approach, driveway	Zufahrt (f)	összekötő (út), bekötő (út)	dojazd
005	parking lot	Parkplatz (m)	parkoló(hely)	parking
006	parking place	Stellplatz (m)	megállóhely	plac postojowy
007	ramp	Rampe (f)	rakodó, rámpa, lejtő	rampa, pochylnia
008	coach for site transportation	Bauwagen (m)	építőkocsi	wóz budowlany
009	barrack	Baracke (f)	barakk, bódé, deszkaház	barak
010	construction container	Baucontainer (m)		kontener budowlany
011	site office	Baustellenbüro (n)	iroda az építkezés helyszínén	biuro placu budowy
012	residential camp	Wohnlager (n)	lakótábor	obozowisko mieszkalne, miejsce kwater
013	accommodation	Unterkunft (f)	elszállásolás	kwatera
014	lounge	Aufenthaltsraum (m)	társalgó	pomieszczenie socjalne
015	canteen	Kantine (f)	kantin, étkezde	kantyna, stołówka
016	sanitary facilities	Sanitärraum (m)	egészség(ügy)i helyiség	pomieszczenie sanitarne (toalety i umywalnie)
017	work room	Arbeitsraum (m)	munkahely, munkahelyiség	pracownia
018	workshop	Werkstatt (f)	műhely	warsztat
019				
020	timber yard	Zimmererplatz (m)	ácsműhely	plac ciesielski, warsztat ciesielski
021	reinforcing steel bending yard	Betonstahl-Biegeplatz (m)	az acélbetét hajlítására való hely	miejsce gięcia zbrojenia do żelbetu, miejsce przygotowania zbrojenia
022	cement silo	Zementsilo (n)	cementsiló	silos cementu
023	gravel preparation	Kiesaufbereitung (f)	az aprószemcsés kavics előkészítése	przygotowanie żwiru
024	concrete (batch) mixer	Betonmischer (m)	betonkeverő(gép)	betoniarka
025	depot	Lager (n)	raktár, telep	magazyn, skład
026	warehouse, store(house)	Magazin (n)	raktár	magazyn
027	waste disposal site	Deponie (f)	telep, depónia	składowisko
028	dump	Kippe (f)	hányó, szeméttelep	miejsce na odpadki

подготовка стрительства	príprava stavby	X.03.
строительная площадка	**stavenisko**	**X.03.01.**
ограда, забор	oplotenie stavby	001
примыкание пути, ветка	koľajové napojenie	002
подъездной путь	koľajisko, koľajový pás	003
место подъезда	príjazd	004
стоянка	parkovisko	005
место остановки	miesto pre státie, odstavné miesto	006
эстакада, наклонный въезд	rampa, nájazd	007
строительный вагончик	stavebný vozík	008
барак	barak, búda	009
строительный контейнер	stavebný kontejner	010
бюро управления строительством	kancelária staveniska	011
жилая зона	ubytovací tábor	012
общежитие, ночлег	ubytovanie, nocľah	013
бытовка	spoločenská miestnosť	014
рабочая столовая	kantína, bufet	015
комната гигиены	zdravotnícky priestor, hygienický priestor	016
рабочая комната	pracovný priestor	017
мастерская	dielňa	018
		019
столярная мастерская	tesárska dielňa	020
площадка для подготовки арматуры	miesto pre ohýbanie betonárskej ocele	021
склад для хранения цемента	silo na cement	022
обогащение гравием	úprava štrku	023
бетоносмеситель	miešačka na betónovú zmes	024
склад	sklad	025
хранилище	zásobáreň, skladisko	026
свалка	depónia, dočasná skládka	027
отвал	skládka, výsypka, odval	028

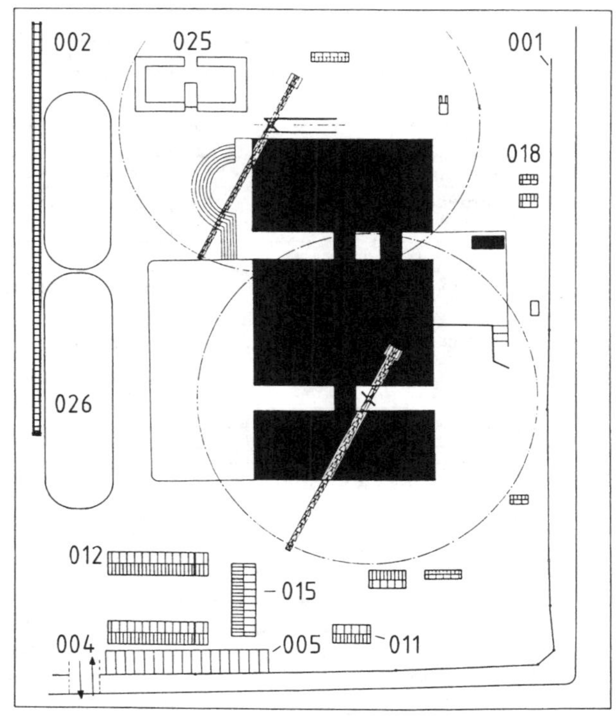

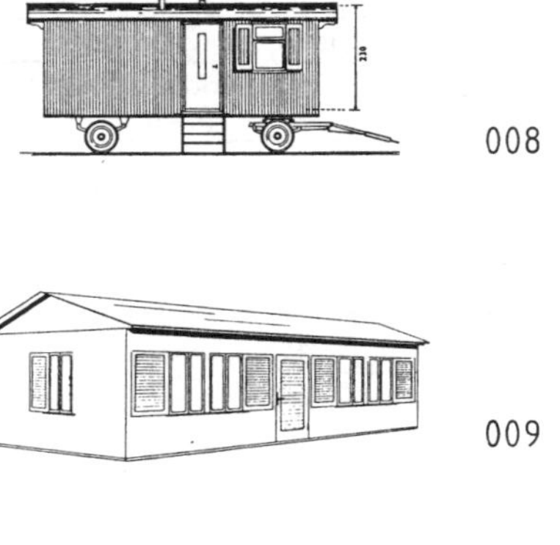

X.03.02.	formwork and scaffolding	Schalung (f) und Rüstung (f)	zsaluzás és állványozás	szalowanie i rusztowanie
001	suspended scaffolding	Hängegerüst (n)	függőállvány	rusztowanie wiszące
002	erecting platform	Arbeitsbühne (f)	munkaállvány	platforma robocza, pomost roboczy
003	plank	Bohle (f)	(állvány)palló	bal, dyl, gruba deska
004	protective fence	Schutzgeländer (n)	(védő)korlát	bariera ochronna
005	ladder	Leiter (f)	létra	drabina
006	shoring	Abstützung (f)	aládúcolás, alátámasztás	podparcie
007	formwork skin	Schalhaut (f)	zsalufelület	powłoka oszalowana, powłoka deskowana
008	formwork support	Schalhautunterstützung (f)	a zsaluzat alátámasztása	podpory powłoki oszalowania
009	formwork anchor	Schalungsanker (m)	a héjalás vízszintes horgonya, a zsaluzás vízszintes horgonya	skotwienie oszalowania, skotwienie deskowania
010	ledger beam, cross bar	Riegel (m)	gerenda, keret vízszintes tagja, keret összekötő rúdja	rygiel
011	formwork girder	Schalungsträger (m)	zsaluzattartó	dźwigar oszalowania
012	two - sided formwork	doppelhäutige Schalung (f)	kétoldali zsaluzat	podwójne oszalowanie, deskowanie dwupowłokowe
013	single - sided formwork	einhäutige Schalung (f)	egyoldali zsaluzat	oszalowanie pojedyńcze, deskowanie jednopowłokowe
014	frame formwork	Rahmenschalung (f)	keretzsaluzás	oszalowanie ramowe, deskowanie ramowe
015	girder formwork	Trägerschalung (f)	tartózsaluzás	oszalowanie dźwigarowe
016	round formwork	Rundschalung (f)	körzsaluzás	oszalowanie okrężne
017	formwork for climbing	Kletterschalung (f)	kúszózsaluzás	oszalowanie kroczące, deskowanie ślizgowe
018	slipform	Gleitschalung (f)	csúszó zsaluzat, mozgó zsaluzat	oszalowanie ślizgowe, deskowanie ślizgowe
019	column formwork	Säulenschalung (f)	oszlopzsaluzás	oszalowanie kolumnowe
020	panel formwork	Paneelschalung (f)	táblás zsaluzat	oszalowanie panelowe, deskowanie korytkowe
021	flexible formwork	Flexschalung (f)	flexibilis zsaluzat	oszalowanie zmienne
022	frame table	Rahmentisch (m)	keretasztal	stół ramowy
023	portal table	Portaltisch (m)	portálasztal	stół portalowy
024	permanent formwork	verlorene Schalung (f)	bennmaradó zsaluzat	szalunek tracony, deskowanie tracone

вспомогательные средства	debnenie a lešenie	X.03.02.
подвесные подмости	zavesené lešenie, visuté lešenie	001
рабочий помост,настил, рабочая эстакада	pracovná plošina, pracovné lešenie	002
брус	fošňa	003
ограждение, перила	ochranné zábradlie	004
приставная лестница, стремянка	rebrík	005
подпёртый настил	podopretie	006
обшивка опалубки	štít debnenia	007
каркас опалубки	podpera debnenia	008
анкер опалубки	kotvenie debnenia	009
ригель	rozpera	010
опора опалубки	nosník debnenia	011
опалубка с двойной обшивкой	dvojité debnenie	012
опалубка с одинарной обшивкой	jednoduché debnenie	013
рамная опалубка	rámové debnenie	014
несущая опалубка	nosníkové debnenie	015
круглая опалубка	kruhové debnenie	016
подъёмно-переставная опалубка	posuvné debnenie, ťahané debnenie	017
скользящая опалубка	pojazdné debnenie	018
опалубка колонн	stĺpové debnenie	019
опалубка из древесных плит	panelové debnenie	020
гибкая опалубка	pružné debnenie	021
рамный стол	rámový stôl	022
портальный стол	portálový stôl	023
конструктивная опалубка	stratené debnenie	024

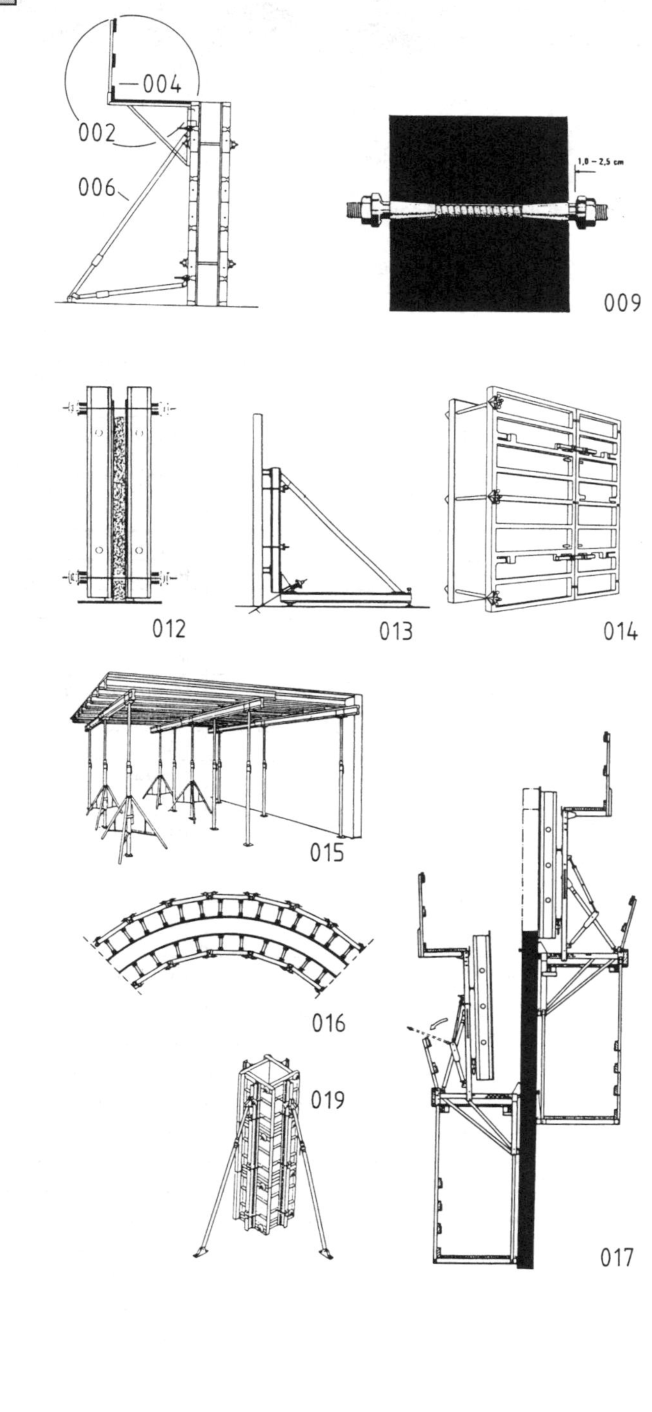

X.04.	fabrication, prefabrication	Fertigung (f), Vorfertigung (f)	ellőállítás, elkészítés, előregyártás	wykonanie, prefabrykacja
001	factory fabrication	Werksfertigung (f)	gyáripar, nagyüzemi termelés	prefabrykacja
002	unit construction	Blockbauweise (f)	blokkos szerkezetek	konstrukcja blokowa, budownictwo blokowe
003	panel construction (method)	Tafelbauweise (f)	táblás építés, táblás építési mód	konstrukcja płytowa, budownictwo płytowe
004	large panel construction (method)	Großtafelbauweise (f)	nagypaneles építés	konstrukcja wielkopłytowa, budownictwo wielkopłytowe
005	modular construction method	Raumzellenbauweise (f)	térelemes építési mód	metoda przestrzennych elementów prefabrykowanych
006	field erection	Montage (f)	összeszerelés, montírozás	montaż
007	site fabrication	Standortfertigung (f)	helyszíni gyártás, helyszíni előállítás	prefabrykacja na miejscu budowy
008	production-line fabrication method	Fließfertigung (f)	folyamatos gyártás	prefabrykacja metodą taśmową
009	continuous production	Durchlauffertigung (f)	folyamrendszerű gyártás	prefabrykacja ciągła
010	form	Form (f)	forma	forma
011	formwork floor	Formenboden (m)	forma alapja	podstawa formy
012	frame formwork	Rahmenform (f)	keretforma	forma ramowa
013	frame formwork with removable sides	Rahmenform (f) mit zerlegbarer Randschalung	keretforma áthelyezhető táblás zsaluzattal	forma ramowa z rozbieranym obrzeżem
014	frame formwork with hinged side forms	Rahmenform (f) mit abklappbarer Randschalung	keretforma lehajtható táblás zsaluzattal	forma ramowa z obrzeżem uchylnym
015	tiltable formwork	Kippform (f)	átbillenő forma	forma przewracana
016	battery formwork	Batterieform (f)	csoportzsalu	forma zwielokrotniona, bateryjna
017	boxed formwork	Kastenform (f)	szekrényes forma	forma skrzyniowa
018	formwork truck	Formenwage (m)	*a formák áthelyezéséhez szükséges alátét*	pojazd do transportu form bądź prefabrykatów
019	finished part	Fertigteil (n)	előregyártott épületelem, készregyártott épületrész	element gotowy
020	concrete element	Betonelement (n)	betonelem	element betonowy

изготовление, предварительное изготовление	výroba, prefabrikácia	X.04.
заводское изготовление	dielenská výroba	001
блочное строительство	bloková výstavba	002
панельное строительство	panelová výstavba	003
крупнопанельное строительство	veľkopanelová výstavba	004
строительство из блок-комнат	spôsob výstavby z prefabrikovaných priestorových buniek	005
сборка, монтаж	montáž	006
изготовление на месте производства работ	stavenisková výroba	007
поточное изготовление	pásová výroba	008
непрерывное, постоянное изготовление	priebežná (kontinuálna) výroba	009
форма	formy	010
дно формы	pôdorysné formy	011
рама формы	rámová forma	012
форма с разъёмной опалубкой	rámová forma s demonto-vateľným debnením okrajov	013
форма с откидывающейся опалубкой	rámová forma so sklopným debnením okrajov	014
опрокидывающаяся форма	sklápacia forma	015
кассетная установка	skupinová forma, batériová forma	016
коробчатая форма	skriňová forma	017
форма-вагонетка	vozík na formy, pojazdná podložka formy	018
готовый элемент, сборный элемент	prefabrikát, prefabrikovaný stavebný dielec	019
бетонный элемент	betónový dielec	020

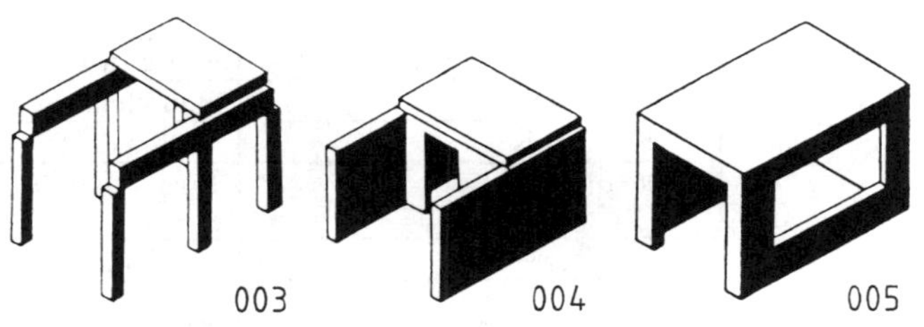

X.05.	structural changes	Bauliche Veränderungen (f)(pl)	szerkezeti változások, építési változások	przemiany budowlane
001	finish, completion	Ausbau (m)	kiépítés,kiépülés, építkezés	rozbudowa
002	building modification	Umbau (m)	átépítés	przebudowa
003	openning, hole	Durchbruch (m)	áttörés	przebicie
004	demolition, clearance, wrecking	Abriß (m), Abbruch (m)	bontás, lebontás, lerombolás	zburzenie
005	building rubble	Bauschutt (m)	törmelék, omladék	gruz budowlany
006	rubble, debris	Trümmer (f)	roncs, törmelék, töredék	ruiny, gruz, zwalisko
007	waste disposal	Entsorgung (f)	a szemét megsemmisítése	unieszkodliwienie, usuwanie odpadów
008	leveling, grading	Planierung (f)	egyengetés, planírozás	wyrównanie
009	demolition pick	Abbruchhammer (m)	törő kalapács, zúzó kalapács, bontókalapács	młot wyburzeniowy
010	wrecking ball	Abrißbirne (f)	bontórúd, bontókörte	gruszka, kula wyburzeniowa
011	concrete cutter	Betonschneider (m)	betonvágó gép	rozcinacz betonu, urządzenie do cięcia betonu
012	blasting	Sprengung (f)	robbantás	wysadzenie
013	cracking	Spaltung (f)	hasadás, osztódás	rozłupanie, rozcięcie
014	destruction	Zertrümmerung (f)	lerombolás, összerombolás, szétroncsolás	destrukcja
015	excavation cutting	Abtragung (f)	lebontás, kiásás	zburzenie, usunięcie, rozbiórka

изменения в строительстве	stavebné zmeny	X.05.
расширение	výstavba, rozšírenie stavby	001
перестройка	prestavba	002
устройство проёма	prerazenie (otvoru), prelomenie	003
снос, демонтаж	zbúranie	004
строительный мусор	stavebný odpad, suť	005
развалины, обломки	trosky, zrúcaniny	006
уборка отходов	likvidácia odpadu	007
выравнивание поверхности	planírovanie, vyrovnávanie	008
отбойный молоток	búracie kladivo	009
шар-молот	demolačná hruška, demolačná hlavica	010
бетонорезка	rezačka na betón, píla na betón	011
взрывание	odstrel	012
расщепление, раскалывание	štiepanie, rozštiepenie	013
раздробление	rozborenie, roztlčenie	014
удаление	odkopávanie, búranie	015

XI. Urban Planning and Urban Design
XI. Stadtplanung und Städtebau
XI. Város- és regionális tervezés
XI. Urbanistyka
XI. Городская и региональная планировка
XI. Urbanizmus

XI.01.	topography	Topographie (f)	topográfia	topografia
XI.01.01.	**landscapes**	**Naturlandschaften** (f)(pl)	**természeti tájtípusok**	**krajobraz naturalny**
001	land	Land (n)	föld	ląd
002	earth	Erde (f)	föld, világ	ziemia
003	continent	Kontinent (m)	kontinens	kontynent
004	mainland	Festland (n)	szárazföld	ląd stały
005	peninsula	Halbinsel (f)	félsziget	półwysep
006	island	Insel (f)	sziget	wyspa
007	soil, earth	Erde (f), Boden (m)	föld, talaj	ziemia, grunt
008	steppe	Steppe (f)	sztyepp	step
009	desert	Wüste (f)	sivatag	pustynia
010	moor, fen	Moor (n)	láp, mocsár	bagno
011	plain	Ebene (f)	sík, síkság, róna, alföld	rowina
012	mountain range	Gebirgskette (f)	hegylánc, hegyláncolat	łańcuch górski
013	high mountain range	Hochgebirge (n)	magashegység	góry wysokie
014	low mountain range	Mittelgebirge (n)	középhegység	góry średniej wielkości
015	mountains	Gebirge (n)	hegység	góry
016	mountain	Berg (m)	hegy	góra
017	summit	Gipfel (m)	hegytető, hegycsúcs	szczyt
018	hill	Hügel (m)	domb, halom	wzgórze
019	elevation, rise	Erhebung (f)	magaslat, halom	wzniescenie
020	knoll	Anhöhe (f)	magaslat, domb, dombocska, bucka, halom	wyniescenie
021	rock	Felsen (m)	szikla, kőszikla, szirt	skała
022	valley	Tal (n)	völgy	dolina
023	gorge, ravine	Schlucht (f)	szakadék, hasadék	wąwóz
024	hollow	Senke (f), Mulde (f)	mélyedés, teknő, völgyteknő	obnizenie
025	hollow; depression	Mulde (f)	teknő, völgyteknő	zagkebienie
026	water	Wasser (n), Gewässer (n)	víz, vizek	woda, wody
027	ocean	Ozean (m)	óceán	ocean
028	sea	Meer (n), See (f)	tenger	morze
029	gulf	Golf (m)	öböl	zatoka
030	riverscape	Flußlandschaft (f)	folyóvidék, folyamvidék	krajobraz rzeczny
031	lowland plain with many lakes	Seenplatte (f)	tóvidék, síkság sok tóval	krajobraz morski
032	bay, inlet	Bucht (f)	öböl	zalen, zatoka
033	fiord, fjord	Fjord (m)	fjord	fiord
034	channel, strait	Meerenge (f)	tengerszoros, csatorna	cieśnina
035	shore, beach	Ufer (n)	part	brzeg
036	coast	Küste (f)	tengerpart	wybrzeże
037	lake	See (m)	tó	jezioro
038	pond	Teich (m)	kis tó	staw

топография	topografia	XI.01.
природные ландшафты	**prírodný ráz krajiny**	**XI.01.01.**
земля	súš	001
земля	zem	002
континент	kontinent	003
суша	pevnina	004
полуостров	polostrov	005
остров	ostrov	006
грунт, почва	zem, pôda	007
степь	step	008
пустыня	púšť	009
болото	rašelinisko, močiar	010
равнина	rovina	011
горные хребты	horské pásmo	012
высокие горы	veľhory	013
средние горы	stredohorie	014
горы	pohorie, horstvo	015
гора	hora	016
вершина	vrchol, štít	017
холм	nízky kopec, vŕšok	018
возвышение	vyvýšenina	019
возвышенность	návršie, výšina, pahorok	020
скала	skala, bralo	021
долина	údolie, dolina	022
ущелье	roklina, priepasť	023
низменность	dolina, kotlina	024
лощина	kotlina, mulda, priehlbeň	025
вода	voda, vodstvo	026
океан	oceán	027
море	more	028
залив	záliv, zátoka	029
речной ландшафт	riečny ráz krajiny	030
приморский край	jazernatý kraj	031
бухта	záliv, zátoka	032
фиорд	fjord	033
пролив	morská úžina, prieliv	034
берег	breh	035
побережье	pobrežie	036
озеро	jazero	037
пруд	rybník, jazierko	038

015 016 017

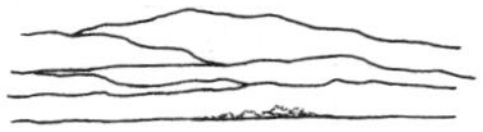

018 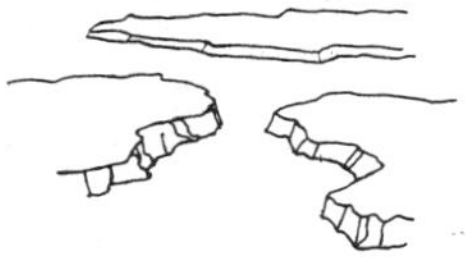 020

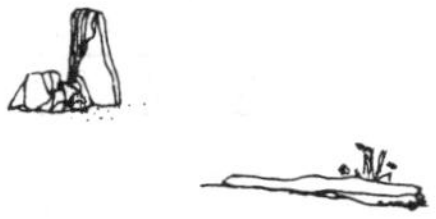

021 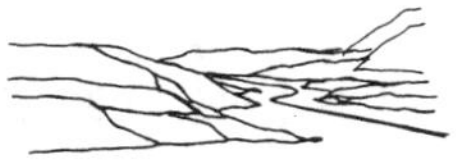 022

023

028 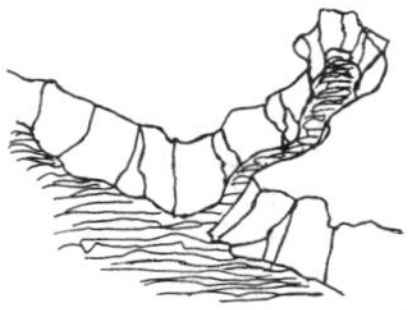 033

036  037

039	spring; source	Quelle (f)	forrás	źródło
040	stream, brook, creek	Bach (m)	patak, csermely	potok, strumyk
041	river	Fluß (m)	folyó	rzeka
042	river	Strom (m)	folyam, folyó	rzeka
043	canal	Kanal (m)	csatorna	kanał
044	ecosystems	Ökosysteme (n)	ökoszisztéma, ökorendszer	ekosystemy
045	ecological	ökologisch (Adj)	ökológiai	ekologiczny
046	nature preserve	Landschaftsschutzgebiet (n)	természetvédelmi terület	obszar ochrony krajobrazowej
047	reforest area, reforestation area	Aufforstungsgebiet (n)	erdősített terület	obszar młodnika
048	characteristics	Eigenschaften (f)	jellemző tulajdonságok	cechy charakterystyczne
049	flat; level	flach (Adj)	lapos, lapályos, sík	płaski
050	spacious	weiträumig (Adj)	széles, tág, tágas	rozległy
051	open	offen (Adj)	nyílt, nyitott, szabad	otwarty
052	rolling	bewegt (Adj)	dombos, változatos	urozmaicony
053	hilly	hügelig (Adj)	halmos, dimbes-dombos	pagórkowaty
XI.01.02.	**artificial landscapes**	**Kulturlandschaften** (f)(pl)	**kultúrtáj**	**krajobrazy kulturowe**
001	parkscape	Parklandschaft (f)	parkosított terület, parkosított vidék	krajobraz parkowy
002	gardenscape	Gartenlandschaft (f)	kertes övezet	krajobraz ogrodowy
003	cityscape	Stadtlandschaft (f)	városiasodott táj, urbanizált táj	krajobraz miejski
004	industrial landscape	Industrielandschaft (f)	ipari táj, ipari vidék	krajobraz przemysłowy
XI.01.03.	**agricultural landscapes**	**landwirtschaftliche Nutzungen** (f)(pl)	**mezőgazdasági területek**	**użytki rolne**
001	forest	Wald (m)	erdő	las
002	meadow	Wiese (f)	rét, mező	łąka
003	field	Acker (m)	szántóföld	grunt uprawny
004	pasture, meadow	Weide (f)	legelő	pastwisko
005	field	Feld (n)	mező, szántóföld	pole
006	heath(land), moor(land)	Heide (f)	pusztaság, róna	wrzosowisko

источник, родник	prameň	039
ручей	potok	040
река	rieka	041
река	veľrieka, veľtok	042
канал	kanál	043
экосистемы	ekosystémy	044
экологический	ekologický	045
ландшафтный заповедник	chránená krajinná oblasť	046
лесной питомник	zalesňovaná oblasť	047
характерные черты	charakteristické črty	048
плоский	plochý, rovný	049
широкий	široký, rozsiahly	050
открытый	otvorený	051
неспокойный	rozmanitý	052
холмистый	kopcovitý	053
культурные ландшафты	**kultúrny ráz krajiny**	**XI.01.02.**
парковый ландшафт	parkový ráz krajiny	001
садовый ландшафт	záhradný ráz krajiny	002
городской ландшафт	mestský ráz krajiny	003
индустриальный ландшафт	priemyselný ráz krajiny	004
сельскохозяйственное использование	**poľnohospodárske využitie**	**XI.01.03.**
лес	les	001
луг	lúka	002
пашня	roľa	003
пастбище	pastvina	004
поле	pole	005
выпас	planina, step	006

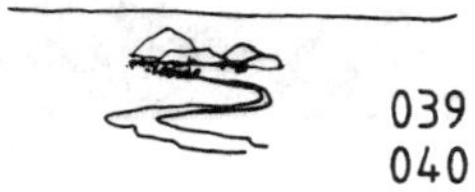

039
040

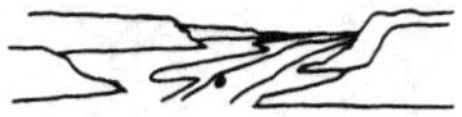

041

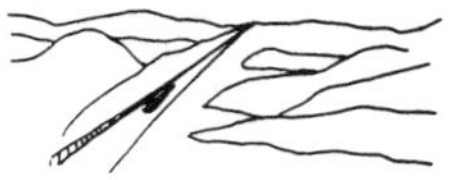

043

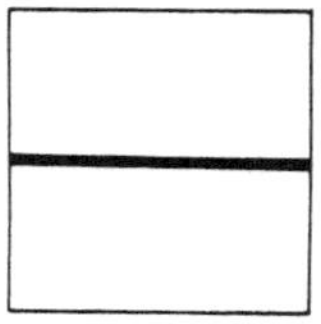

049

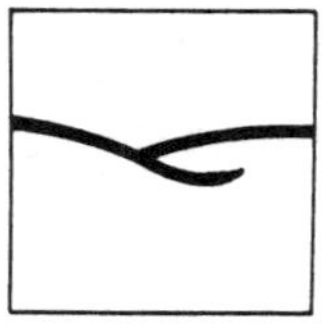

052

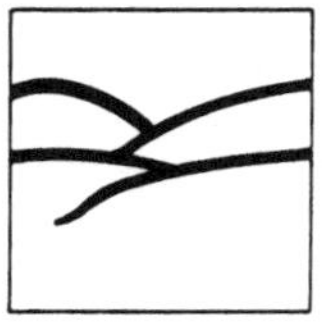

053

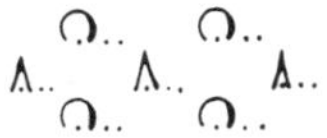

001

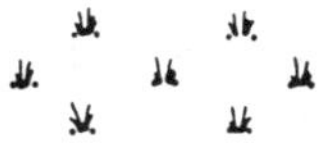

006

XI.02.	rural areas	ländlicher Raum (m)	vidék	przestrzeń wiejska
XI.02.01.	**land use**	**Landnutzung** (f)	**földhasználat**	**użytkowanie terenu**
001	agricultural area	Agrargebiet (n), Agrarfläche (f)	mezőgazdasági terület, mezőgazdasági övezet	obszar rolniczy
002	vegetable growing area	Gemüseanbaugebiet (n)	zöldségtermesztési terület, zöldségtermesztési övezet	obszar uprawy warzyw
003	fruit growing area	Obstanbaugebiet (n)	gyümölcstermesztési terület	obszar uprawy owoców
004	wine producing area	Weinanbaugebiet (n)	bortermő vidék, szőlőművelési terület	obszar uprawy winorośli
005	agriculture management, forest management	Landwirtschaft (f), Forstwirtschaft (f)	mezőgazdaság, erdőgazdaság	gospodarka rolna, gospodarka leśna
006	traditional agriculture	bäuerliche Landwirtschaft (f)	parasztgazdaság	gospodarka chłopska
007	agricultural production	Agrarproduktion (f)	mezőgazdasági termelés	produkcja rolna
008	agricultural policy	Agrarpolitik (f)	agrárpolitika	polityka rolna
009	building land	Bauland (n)	építési hely, házhely, üres telek	obszar pod zabudowę
010	developed area	bebautes Gebiet (n)	beépített terület	obszar zabudowany
011	plot	Grundstück (n)	telek	działka
012	lot, parcel of land	Parzelle (f)	telekrész, parcella	parcela
013	parcel out, subdivision	Parzellierung (f)	telekdarabolás, parcellázás	parcelacja
XI.02.02.	**villages, small towns**	**Dorf (n)**	**falu**	**wieś**
001	original town site	Altort (m)	ófalu	stare centrum wsi
002	expanded settlement	gewachsener Ortskern (m)	fejlődő helységközpont	narosłe centrum wsi
003	village structure	Dorfstruktur (f)	a falu struktúrája	struktura wsi
004	village environment	DorfumgebungV	a falu környéke	otoczenie wsi
XI.02.03.	**types of villages**	**Dorfarten** (f)(pl)	**falutípusok**	**typy wsi**
001	farming village	Bauerndorf (n)	parasztfalu	wieś chłopska
002	mountain village	Bergdorf (n)	hegy(vidék)i falu	wieś górska
003	fishing village	Fischerdorf (n)	halászfalu	wieś rybacka
004	cloister settlement	Klosterdorf (n)	kolostor mellett kialakult falu	wieś klasztorna
005	bedroom community	Pendlerdorf (n)	alvófalu	wieś dojeżdżających stale do pracy w mieście
006	resort	Ferienort (m), Feriensiedlung (f)	üdülőhely, nyaralóhely	osiedle domów wakacyjnych
007	rural community	ländliche Siedlung	falusi település	osiedle wiejskie
XI.02.04.	**rural planning**	**Dorfplanung** (f)	**falutervezés**	**ruralistyka**
001	rural redevelopment	Dorfsanierung (f)	faluszanálás	sanacja wsi
002	rural development	Dorfentwicklung (f)	falufejlesztés	rozwój wsi
003	village renewal	Dorferneuerung (f)	falumegújítás, faluátépítés	renowacja wsi
004	rural development planning	Dorfentwicklungsplanung (f)	falufejlesztési terv	planowanie rozwoju wsi
005	rural development program	Dorfentwicklungsprogramm (n)	falufejlesztési program	program rozwoju wsi
006	rural development subsidization	Dorfentwicklungsförderung (f)	a falufejlesztési program támogatása	wsparcie rozwoju wsi
007	reparcelling	Flurbereinigung (f)	földrendezés, földbirtokrendezés	scalanie gruntów

сельскохозяйственные территории	vidiek	XI.02.
землепользование	**využitie pôdy**	**XI.02.01.**
аграрная область	poľnohospodárska oblasť, poľnohospodárska plocha	001
зона овощеводства	oblasť pestovania zeleniny, zeleninárska oblasť	002
зона садоводства	oblasť pestovania ovocia, ovocinárska oblasť	003
зона виноградарства	vinohradnícka oblasť	004
полеводство, лесоводство	poľnohospodárstvo, lesné hospodárstvo	005
традиционная агрокультура	roľnícke gazdovstvo	006
сельскохозяйственное производство	poľnohospodárska výroba	007
аграрная политика	agrárna politika	008
территория застройки	zastavané územie	009
застроенная территория	zastavaná oblasť (územie)	010
земельный участок	pozemok	011
парцелла	parcela	012
парцеллирование	parcelovanie	013
село	**dedina, obec**	**XI.02.02.**
старый центр	stará časť obce, pôvodná časť obce	001
расширение центра	rozrastené jadro obce	002
структура села	štruktúra obce	003
сельская среда	okolie obce	004
виды сёл	**typy obcí**	**XI.02.03.**
крестьянское село	roľnícka obec	001
горное село	horská obec	002
рыбацкая деревня	rybárska obec	003
монастырское село	kláštorná obec	004
пригородное поселение	*obec osôb pravidelne dochádzajúcich za prácou, "nocľaháreň"*	005
дачный поселок	prázdninové sídlo	006
сельское поселение	vidiecke sídlo	007
планировка села	**územné plánovanie obcí**	**XI.02.04.**
оздоровление села	sanácia obce	001
развитие села	rozvoj obce	002
обновление села	obnova obce	003
планирование развития села	plán rozvoja obce	004
программа развития села	program rozvoja obce	005
поддержка развития села	podpora rozvoja obce	006
землеустройство	úprava pozemkov	007

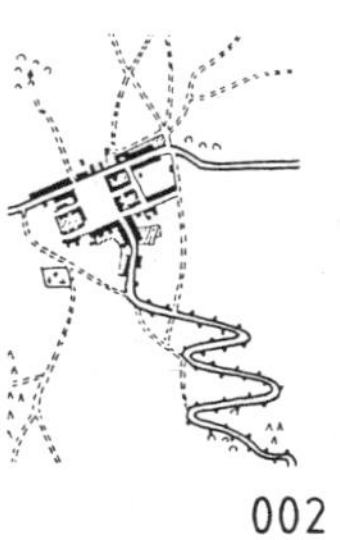
002

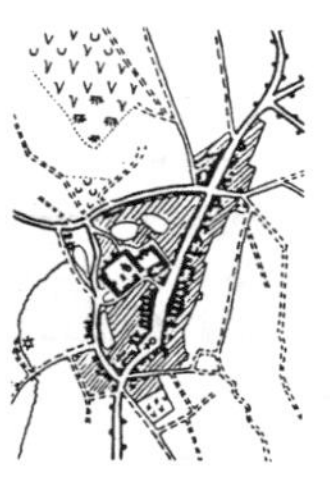
004

006

XI.03.	regions and settlements	Gebiete (n)(pl) und Siedlungen (f)(pl)	területek és települések	obszary i osiedla
XI.03.01.	**regions**	**Gebiete** (n)(pl)	**területek**	**obszary**
001	border area	Grenzgebiet (n)	határvidék, határterület	obszar graniczny
002	region	Region (f)	régió, vidék, körzet	region
003	administrative zone	Verwaltungsbezirk (m)	igazgatási terület, államigazgatási terület	obszar administracyjny
004	county	Gemeindebezirk (m)	községi terület	obszar gminny
005	military zone	Militärgebiet (n)	katonai terület, katonai övezet	obszar wojskowy
006	prohibited area	Sperrgebiet (n)	lezárt terület, tiltott terület	obszar zamknięty
007	disaster area	Notstandsgebiet (n)	katasztrófaterület, veszélyzóna	obszar klęski żywiołowej
008	tourist area	Fremdenverkehrsgebiet (n)	idegenforgalmi terület	obszar turystyczny
009	zone	Zone (f)	övezet, zóna	strefa
010	industrial zone	Industriezone (f), Industriegebiet (n)	iparvidék	strefa przemysłowa
011	green belt	Grünzone (f)	zöldövezet, zöldterület	strefa zieleni
012	protected area	Schutzzone (f)	védett terület, védett zóna	strefa ochronna
013	part, division	Teilgebiet (n)	terület rész	cześć obszaru
XI.03.02.	**settlements**	**Siedlungen** (f)(pl)	**települések**	**osiedla**
001	urban settlement	städtische Siedlung (f)	városi település	osiedle miejskie
002	blue-collar housing estate	Arbeitersiedlung (f)	munkástelep, munkástelepülés	osiedle robotnicze
003	white-collar housing estate	Angestelltensiedlung (f)	alkalmazottak települése	osiedle pracownicze
004	civil servant housing estate	Beamtensiedlung (f)	köztisztviselők települése	osiedle urzędnicze
005	exclusive residential area	Villensiedlung (f)	villanegyed	osiedle willowe
006	garden city	Gartensiedlung (f), Gartenstadt (f)	kertes település, kertváros	miasto ogród
007	satellite community	Trabantenstadt (f), Satellitenstadt (f)	bolygóváros, peremváros	miasto-satelita
008	dormitory community, bedroom community	Schlafstadt (f)	alvóváros	miasto-sypialnia
009	housing estate scheme	Wohnsiedlung (f)	lakótelep	osiedle mieszkaniowe
010	slum	Slum (m)	szegénynegyed, nyomornegyed	slumsy
011	ghetto	Getto (n), Ghetto (n)	gettó	getto
012	new town	Neustadt (f)	újváros	nowe miasto
XI.03.03.	**urban areas**	**Stadtgebiete** (n)(pl)	**városrészek**	**obszary miejskie**
001	suburb	Vorort (m), Vorstadt (f)	előváros, külváros, peremváros	przedmieście
002	periphery	Peripherie (f)	külváros, periféria	peryferia
003	town limit, city limit	Stadtrand (m)	a város széle, a város pereme	kraniec miasta, obrzeże miasta
004	district	Stadtteil (n)	városrész	rejon miasta,
005	quarter	Viertel (n)	negyed	kwartał, rejon
006	residential area	Wohnviertel (n), Wohnquartier(n)	lakónegyed, kerület	kwartał mieszkalny
007	poor district	Armenviertel (n), Elendsviertel (n)	szegénynegyed, nyomornegyed	dzielnica nędzy
008	center, downtown	Innenstadt (f)	belváros	centrum miasta
009	center	Zentrum (n)	centrum, városközpont	centrum
010	historical town center, historical city center	Altstadt (f)	óváros	stare miasto

области и поселения	oblasti a sídla	XI.03.
области	**oblasti**	**XI.03.01.**
пограничная зона	pohraničie, pohraničná oblasť	001
территориальная структура	región, územný celok	002
административный район	administratívna oblasť	003
коммунальная территория	intravilán, územie obce	004
военный район	vojenská oblasť	005
запретная зона	uzavretá oblasť	006
район бедствия	ohrozená oblasť, oblasť katastrofy	007
туристическая область	oblasť cestovného ruchu	008
зона	zóna, pásmo	009
промышленный зона, промышленный район	priemyselná zóna, priemyselná oblasť	010
зелёная зона	zelená zóna	011
охранная зона	ochranná zóna	012
подрайон	časť územia	013
поселения	**sídla**	**XI.03.02.**
городское поселение	mestské sídlo	001
рабочий посёлок	sídlo pre robotníkov	002
посёлок для служащих	sídlo pre zamestnancov	003
посёлок для госслужащих	sídlo pre úradníkov	004
район вилл	vilová štvrť	005
город-сад	záhradné sídlo, záhradné mesto	006
город-спутник	obytný trabant, satelitné mesto	007
город для сна	mesto-nocľaháreň	008
жилой район	obytné sídlisko	009
трущобы	slum	010
гетто	geto	011
новый город	nové mesto	012
территории города	**mestské územia**	**XI.03.03.**
пригород, предместье	predmestie	001
периферия	periféria	002
окраина города	okraj mesta	003
район города	časť mesta, mestská štvrť	004
квартал	štvrť	005
жилой квартал	obytná štvrť, obytný útvar	006
квартал бедноты	štvrť úbohých, štvrť chudobných	007
центр города	centrum mesta	008
центр	centrum	009
старый город	staré mesto	010

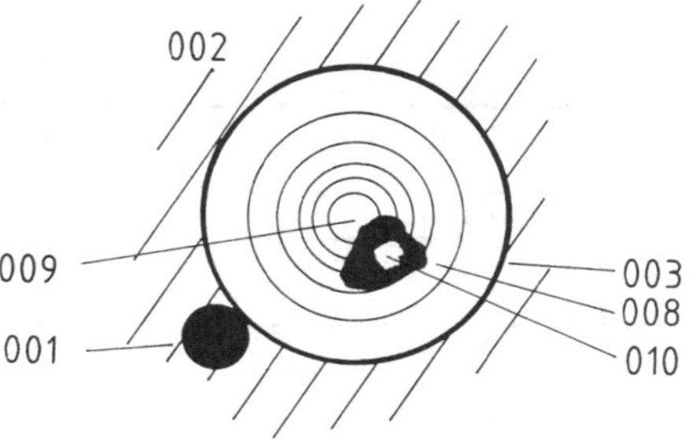

XI.04.	town, city	Stadt (f)	város	miasto
XI.04.01.	types of towns	Stadttypen (m)(pl)	várostípusok	typy miast
001	capital	Hauptstadt (f)	főváros	stolica
002	metropolis	Metropole (f)	világváros, metropolisz	metropolia
003	regional capital	Bezirksstadt (f)	megyei székhely	miasto wojewódzkie
004	district town	Kreisstadt (f)	járási székhely	miasto powiatowe
005	small town	Kleinstadt (f)	kisváros	małe miasto
006	trading center	Handelszentrum (n)	kereskedelmi központ	centrum handlowe
007	*exposition city*	Messestadt (f)	vásárváros	miasto wystawowe
008	industrial town	Industriestadt (f)	ipari város, iparváros	miasto przemysłowe
009	port	Hafenstadt (f)	kikötőváros	miasto portowe
010	administrative town	Verwaltungsstadt (f)	közigazgatási város	miasto administracyjne
011	border town	Grenzstadt (f)	határváros	miasto graniczne
012	military town	Garnissionsstadt (f)	helyőrségi város	miasto garnizonowe
013	temple town	Tempelstadt (f)	templomváros	miasto świątyń
014	pilgrimage town	Pilgerstadt (f)	zarándokváros	miasto pielgrzymkowe
015	colonial town	Kolonialstadt (f)	gyarmatváros	miasto kolonialne
016	university town	Universitätstadt (f)	egyetemi város	miasto uniwersyteckie
017	ski resort	Wintersportort (m)	téli sportok városa	miasto sportów zimowych
018	seaside resort	Seebad (n)	tengeri fürdőhely	kąpielisko morskie
019	health resort	Kurort (m)	gyógyhely	kurort
XI.04.02.	urban design	Städtebau (m)(pl)	városrendezés	urbanistyka
001	**urban space**	**Stadtraum** (m)	**városi térség**	**przestrzeń miejska**
002	enclosure of space	Raumgrenze (f)	térhatár	granica przestrzeni
003	center of space	Raumzentrum (n)	tércentrum, a tér centruma	centrum przestrzeni
004	subspace	Raumbereich (m)	térövezet	obszary przestrzenne
005	level of space	Raumebene (f)	sík terület	poziomy przestrzenne
006	open area, open space	Freiraum (m)	szabad térség, szabad terület	wolna przestrzeń
007	interval	Zwischenraum (m)	térköz	międzyprzestrzeń
008	defined open space	offener Raum (m)	nyitott tér	otwarta przestrzeń
009	closed space	geschlossener Raum (m)	zárt tér, zárt terület	zamknięta przestrzeń
010	extensive space	weiter Raum (m)	nagy kiterjedésű terület	rozległa przestrzeń, nieograniczona
011	compact space	enger Raum (m)	szűk terület	wąska przestrzeń
012	elongated space, directed space	gerichteter Raum (m)	betájolt tér, betájolt térség	przestrzeń ukierunkowana
013	non-directional space	ungerichteter Raum (m)	tájolatlan tér, tájolatlan térség	przestrzeń nieukierunkowana
014	continuity of space	Raumkontinuität (f)	térfolytonosság	kontynuacja przestrzeni
015	transitional space	Raumübergang (m)	átjárótér	przejście przestrzeni
016	sequence of spaces	Raumfolge (f)	térbeli sorrend	uszeregowanie przestrzeni
017	**square, place**	**Platz** (m)	**hely, tér**	**plac**
018	closed	geschlossen (Adj)	zárt	zamknięty
019	open	offen (Adj)	nyitott	otwarty
020	regular	regelmäßig (Adj)	szabályos	regularny
021	irregular	unregelmäßig (Adj)	szabálytalan	nieregularny

город	**mesto**	**XI.04.**
типы городов	**typy miest**	**XI.04.01.**
столица	hlavné mesto	001
метрополия	metropola	002
областной центр	krajské mesto	003
районный центр	okresné mesto	004
малый город	malé mesto	005
торговый центр	obchodné centrum	006
ярмарочный город	veľtržné mesto	007
промышленный город	priemyslové mesto	008
портовый город	prístavné mesto	009
административный центр (город)	administratívne mesto, správne mesto	010
порграничный город	pohraničné mesto	011
гарнизонный город	posádkové mesto	012
храмовый центр	mesto chrámov	013
место паломничества	pútnické mesto	014
колониальный город	koloniálne mesto	015
город имеющий университет	univerzitné mesto	016
центр зимних видов спорта	miesto zimných športov	017
приморский курорт	morské kúpele	018
курорт	kúpele	019
градостроительство	**urbanizmus**	**XI.04.02.**
городское пространство	**mestský priestor**	001
граница пространства	hranica priestoru	002
пространственный центр	priestorové centrum, centrum priestoru	003
подпространство	priestorová oblasť, časť priestoru	004
пространственные уровни	priestorová rovina	005
свободное пространство	voľný priestor	006
промежуточное пространство	medzipriestor	007
открытое пространство	otvorený priestor	008
замкнутое пространство	uzavretý priestor	009
широкое пространство	rozsiahly priestor	010
узкое пространство	úzky priestor	011
регулярное пространство	smerovaný priestor, orientovaný priestor	012
нерегулярное пространство	neorientovaný priestor	013
пространственная непрерывность	kontinuita priestoru, priestorová spojitosť	014
пространственный переход	prechod priestorov	015
пространственная последовательность	sled priestorov, usporiadenie priestorov	016
площадь	**námestie**	017
замкнутая	uzavretý	018
открытая	otvorený	019
регулярная	pravidelný	020
нерегулярная	nepravidelný	021

002  008  009

010  011 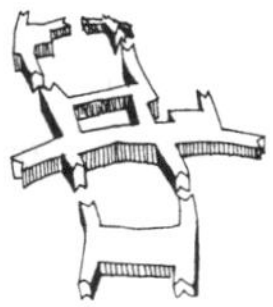 016

018  019 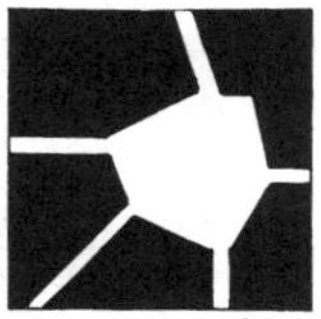 021

No.	English	Deutsch	Magyar	Polski
022	orthogonal	orthogonal (Adj)	merőleges	ortogonalny
023	round	rund (Adj)	kerek	okręgły
024	overlapping square	überlagert (Adj)	rátelepült, rárétegződött, átfedő	obszar nakładania się placów
025	combined	kombiniert (Adj)	kombinált	kombinowany
026	**streetspace**	**Straßenraum** (m)	**utcai tér, utcai terület**	**przestrzeń ulicy**
027	street alignment	Straßenverlauf (m)	útirány, útvonal	ciąg uliczny
028	net, network	Netz (n)	háló, hálózat	siatka
029	regular grid	Raster (n)	raszter	raster
030	straight road	gerade Straße (f)	egyenes út	ulica prosta
031	curved road	krumme Straße (f)	görbe út, kanyargós út	ulica zakrzywiona
032	projecting element	Vorsprung (m)	kiszögellés, kinyúlás	występ zabudowy
033	receding element	Rücksprung (m)	visszaugrás	cofnięcie zabudowy
034	cross section of street	Straßenrelief (n)	az út keresztszelvénye	przekrój, relief ulicy
035	**place, site**	**Ort** (m)	**hely, színhely**	**miejsce**
036	context	Situation (f)	helyzet, szituáció	sytuacja
037	identity	Identität (f)	azonosság	identyfikacja
038	node, intersection	Knoten (m)	csomó	węzły
039	junction, interface	Nahtstelle (f)	érintkezés, kapcsolat	miejsce styku
040	joint	Gelenk (n)	csukló	przegub
041	interruption of flow	Ruhepunkt (m)	nyugvópont	punkt spoczynku
042	terminus	Abschluß (m)	bezárás, lezárás, befejezés	zamknięcie
043	orientations to cardinal directions	Orientierung (f) zu den Himmelsrichtungen (f)(pl)	földrajzi tájolás	orientacja w stosunku do stron świata
044	**'genius loci'**	**'genius loci'** (m)	**'genius loci', a hely szelleme**	**'genius loci'**
045	connection to the place	Ortsbezogenheit (f)	a hellyel való kapcsolat	powiązanie z miejscem
046	city image	Bild der Stadt (n)	városkép	obraz miejsca
047	place	Stätte (f), Ort (m)	színhely, hely	miejsce
048	character	Charakter (m)	jellem, karakter	charakter
049	motif	Motiv (n)	indíték, motívum	motyw
050	enclosure	Einfriedung (f)	körülhatárolás, bekerítés	ograniczenie, zamknięcie
051	meaning	Sinn (m)	értelem, jelentés	sens
052	structure	Struktur (f)	struktúra	struktura
053	hometown	Heimat (f)	haza, szülőföld	miejsce rodzinne
054	**priciples of urban design**	**städtebauliche Gestaltungsprinzipien** (n)(pl)	**a várostervezés konstrukciós alapelvei**	**zasady kształtowania urbanistycznego**
055	pattern, order	Gliederung (f)	tagolás, elrendezés, beosztás	podział, rozczłonkowanie
056	linkage, connection	Verknüpfung (f)	összekapcsolás	powiązanie
057	complexity	Vielfalt (f), Komplexität (f)	sokféleség	wielorakość, kompleksowość
058	change of orientation	Richtungswechsel (m)	irányváltozás, irányváltoztatás	zmiana kierunku
059	angular turn	Verschwenkung (f)	kitérés	odchylenie
060	intermezzo	Intermezzo (n)	mellékcselekmény, intermezzo	intermezzo
061	interruption	Brechung (f)	törés	przełamanie
062	constriction	Verengung (f)	szűkület	przewężenie
063	transverse position	Querstellung (f)	keresztállás	położenie poprzeczne
064	change	Veränderung (f)	változtatás	zmiana
065	transformation	Wandlung (f)	változtatás, átváltoztatás	przetworzenie

прямоугольная	pravouhlý, ortogonálny	022
круглая	kruhový	023
наложенная	navrstvovaný, prekrývaný	024
комбинированная	kombinovaný	025
пространство улицы	**uličný priestor**	026
расположение улицы	priebeh ulíc	027
сеть	sieť	028
растр	raster	029
прямая улица	priama ulica	030
кривая улица	zakrivená ulica	031
выступ	výstupok	032
заглубление	ústupok, odstup od uličnej čiary	033
рельеф улицы	uličný reliéf	034
место	**miesto**	035
ситуация	situácia	036
идентичность	identita, totožnosť	037
узел	uzol	038
стык	miesto styku	039
шарнир	kĺb	040
неподвижная точка	kľudový bod	041
завершение, закрытие	záver, dokončenie	042
ориентация по сторонам света	orientácia na svetové strany	043
"гений места"	**"genius loci"**	044
связь с местом	vztiahnutosť k miestu	045
образ города	obraz mesta	046
место	miesto	047
характер	charakter	048
мотив	motív	049
ограждённость	ohraničenie	050
смысл	zmysel	051
структура	štruktúra	052
Родина	domov, domovina	053
градостроительные принципы оформления	**princípy urbanistického stvárnenia**	054
членение	členenie, rozčlenenie	055
сочленение, сопряжение	spojenie	056
многообразие	mnohotvárnosť, komplexnosť	057
излом	zmena smeru	058
отклонение, скос	smerové odklonenie	059
интермеццо	intermezzo	060
ломка	zlom	061
сужение	zúženie	062
поперечное положение	priečne postavenie	063
изменение	zmena	064
превращение	premena	065

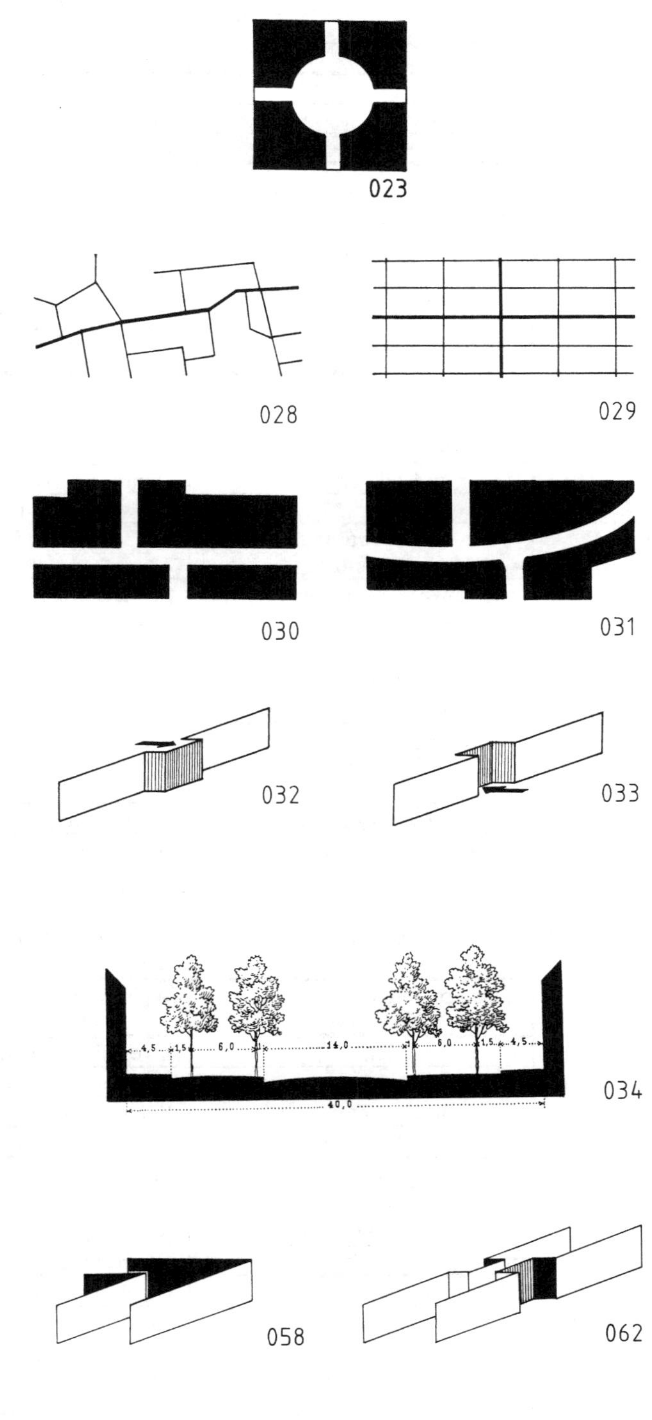

066	transition	Übergang (m)	átmenet, átjárás	przejście
067	rhythm	Rhythmus (m)	ritmus	rytm
068	intensification	Steigerung (f)	emelés, felemelés, fokozás	podwyższenie, stopniowanie
069	difference	Verschiedenartigkeit (f)	különbözőség, különbség	różnorodność
070	multifaceted	Mannigfaltigkeit (f)	sokféleség, változatosság	rozmaitość
071	contrast	Kontrast (m)	kontraszt, ellentét	kontrast
072	monotony	Monotonie (f)	egyhangúság, monotonitás	monotonia
073	uniformity; homogeneity	Einheitlichkeit (f)	egység, egyöntetűség	jednolitość
074	shapelessness	Gestaltlosigkeit (f)	alaktalanság	bezkształtność
075	linear progression	Reihung (f)	sorolás, felfűzés	uszeregowanie
076	symmetry	Symmetrie (f)	szimmetria	symetria
077	asymmetry	Asymmetrie (f)	aszimmetria	asymetria
078	axis	Achse (f)	tengely	oś
079	townscape, cityscape	Stadtbild (n)	városkép	obraz miasta
080	silhoutte	Silhouette (f)	sziluett	sylwetka
081	panorama	Panorama (n)	látvány, tájkép, panoráma	panorama
082	dominant landmark	Dominante (f)	domináns	dominanta
083	town center	Schwerpunkt (m)	súlypont	punkt ciężkości
XI.04.03.	**urban planning, town planning**	**Stadtplanung** (f)	**városrendezés, várostervezés**	**planowanie miast**
001	city (town) development law, planning enabling act	Städtebauförderungsgesetz (n)	a városfejlődést támogató törvény	prawo wspierające rozwőj miast
002	statute (state or federal), ordinance (local)	Satzung (f)	rendelkezés, előírás	statut
003	design review ordinance	Gestaltungssatzung (f)	rendezési terv	zasada kształtowania
004	advocacy planning	Anwaltsplanung (f)	ügyvédi tervezés, *a lakók részvétele a lakástervezésben egy képviselő által*	*współudział mieszkańców w planowaniu poprzez przedstawiciela*
005	citizen's (action) group	Bürgerinitiative (f)	polgári kezdeményezés	inicjatywa obywatelska
006	participation, involvement	Beteiligung (f)	érdekeltség, részesedés	współudział
007	participation	Partizipation (f)	közreműködés, részvétel	partycypacja
008	democratic decision making	Demokratisierung (f)	demokratizálódás	demokratyzacja
009	public representative	Träger (m) öffentlicher Belange (m)	a közérdek megszemélyesítője	przedstawiciel życzeń publicznych
010	tenant preference	Wohnwünsche (f)	a lakással kapcsolatos követelmények	preferencje mieszkaniowe
011	investment plan	Investitionsplan (m)	beruházási terv	plan inwestycyjny
012	financing plan	Finanzierungsplan (m)	finanszírozási terv	plan finansowania
013	condemnation, expropriation	Enteignung (f)	kisajátítás	wywłaszczenie
014	indemnification, compensation	Entschädigung (f)	kártalanítás, kártérítés	odszkodowanie
015	modernization	Modernisierung (f)	korszerűsítés, megújítás	modernizacja
016	renovation; renewal	Erneuerung (f)	felújítás, megújítás	odnowienie
017	real estate development	Ausbau (m)	kiépítés, kiépülés	rozbudowa
018	renovation, remodelling	Neugestaltung (f)	újjáalakítás, újjáépítés	nowe kształtowanie
019	physical planning	Objektplanung (f)	objektumtervezés	planowanie przedmiotowe
020	background research	Grundlagenermittlung (f)	helyzetvizsgálat	ustalenie podstawowych założeń
021	preliminary planning	Vorplanung (f)	előterv	projektowanie wstępne
022	planning strategy	Entwurfsplanung (f)	tervkoncepció	plan projektu

переход	priechod, prechod	066
ритм	rytmus	067
увеличение, усиление	zvyšovanie, stupňovanie	068
разнородность	rôznorodosť	069
разнообразие	rozmanitosť, mnohotvárnosť	070
контраст	kontrast	071
монотонность	monotónia, jednotvárnosť	072
единство	jednotnosť	073
бесформенность	beztvárnosť	074
выстраивание в ряд	radenie	075
симметрия	symetria	076
асимметрия	asymetria	077
ось	os	078
образ города	obraz mesta	079
силуэт	silueta	080
панорама	panoráma	081
доминанта	dominanta	082
центр тяжести	ťažisko	083
городская планировка	**plánovanie mesta**	**XI.04.03.**
градостроительное законодательство	zákon na podporu rozvoja miest	001
устав	predpis, štatút	002
принцип формирования	zásady usporiadania	003
защитное планирование	advokátske plánovanie *(spoluúčasť obyvateľa na projektovaní cez predstaviteľa)*	004
гражданская инициатива	občianska iniciatíva	005
участие, соучастие	účasť, zainteresovanosť	006
партисипация	participovanie	007
демократизация	demokratizácia	008
представитель общественных интересов	predstaviteľ verejných záujmov	009
потребность в жилье	požiadavky na bývanie	010
план инвестиций	investičný plán	011
план финансирования	plán financovania	012
экспроприация	vyvlastnenie	013
компенсация	odškodnenie	014
модернизация	modernizácia	015
обновление	obnova, renovácia	016
расширение	výstavba, rozšírenie stavby	017
преобразование	prestavba	018
объектная планировка	objektové plánovanie	019
изыскания	zistenie podkladov	020
форплан, предварительное планирование	úvodný projekt, projektová štúdia	021
план проекта	plán projektu	022

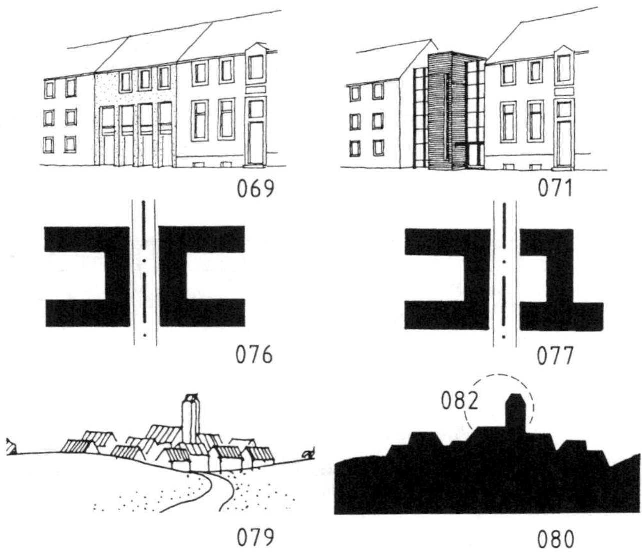

023	plan for permit approval	Genehmigungsplanung (f)	engedélyezési terv	plan uzyskania pozwoleń
024	construction documents	Ausführungsplanung (f)	kiviteli terv, műhelyterv	plan realizacyjny
025	land transfer	Umlegung (f)	áthelyezés, átirányítás	przełożenie działek
026	boundary adjustment	Grenzregelung (f)	határrendezés	regulacja granic
027	reversion	Rückgabe (f)	visszaadás, helyreállítás	zwrot
028	land swap, land exchange	Austauschverfahren (n)	kisajátítás ellentételezéssel	sposób wymiany
029	order to build	Baugebot (n)	építési rendelet, beépítési rendelet	nakaz budowy
XI.04.04.	**community development**	**Stadterneuerung** (f)	**városfelújítás**	**odnowa miasta**
001	maintenance, conservation	Instandhaltung (f)	karbantartás	utrzymanie stanu zachowania
002	rehabilitation	Erneuerung (f)	megújítás, felújítás	odnowienie
003	repair	Instandsetzung (f)	helyreállítás, javítás, felújítás	naprawa
004	rebuilding, reconstruction	Wiederaufbau (m)	újraépítés, újjáépítés	ponowne odbudowanie
005	revitalization	Wiederbelebung (f), Revitalisierung (f)	felélesztés, újjáélesztés, életrekeltés	reaktywowanie, rewitalizacja
006	addition, expansion	Anbau (m)	toldaléképület építése, hozzáépítés, toldás	dobudowa
007	demolition	Abriß (m)	bontás, lebontás	zburzenie
008	rehabilitation	Sanierung (f)	szanálás	sanacja
009	rehabilitation of regions	Flächensanierung (f)	területek szanálása	odnowienie i modernizacja terenów
010	rehabilitation of objects	Objektsanierung (f)	épületszanálás	odnowienie i modernizacja objektów
011	redevelopment authority, redevelopment agency	Sanierungsträger (m)	szanálási megbízott, szanálási képviselő	inwestor modernizacji
012	blighted area	Sanierungsgebiet (n)	szanálási terület	rejon modernizowany
013	relocation program	Sozialplan (m)	szociális terv	plan socjalny
XI.04.05.	**urban development**	**Stadtentwicklung** (f)	**városfejlesztés**	**rozwój miasta**
001	concentration	Konzentration (f)	központosítás, koncentráció	koncentracja
002	gentrification	Gentrifikation (f)	gentrifikáció	*podniesienie standardu dzielnicy poprez zmiany socjalnej struktury mieszkańców*
003	suburbanization	Suburbanisation (f), Stadtflucht (f)	szuburbanizáció	ucieczka z miasta
004	decentralization	Dezentralisierung (f)	decentralizáció	decentralizacja
005	shift to service sector	Tertiärisierung (f)	tercier ágazat, szolgáltatási szféra	wzmocnienie strefy usług
006	improvement	Verbesserung (f)	javítás, újítás	ulepszenie
007	restructuring	Umstrukturierung (f)	átszervezés	zmiana struktury, restrukturalizacja
008	urbanization	Verstädterung (f)	urbanizáció	urbanizacja, umiastowienie
009	overpopulation	Überbevölkerung (f)	túlnépesedés	przeludnienie
010	relocation from an area	Abwanderung (f)	elköltözködés, elhurcolkodás	emigracja, odpływ
011	relocation to an area	Zuwanderung (f)	bevándorlás, beköltözködés	napływ, imigracja
012	development	Ansiedlung (f)	település, betelepülés	osiedlenie

план согласования	plán schvaľovania	023
план производства работ	plán realizácie	024
отвод (выбор) участка	premiestnenie, preloženie	025
регулирование границ	regulácia hraníc	026
возраст	vrátenie	027
способ обмена	spôsob výmeny	028
строительное предписание	príkaz k výstavbe	029
обновление города	**obnova mesta**	**XI.04.04.**
сохранение, поддержание	udržiavanie, údržba	001
обновление	obnova	002
ремонт	oprava objektu, uvedenie do pôvodného stavu	003
восстановление	znovuvýstavba	004
ревитализация	znovuoživenie, revitalizácia	005
пристройка	prístavba	006
снос	zbúranie	007
ремонт	sanácia	008
благоустройство	sanácia plôch	009
ремонт объекта	sanácia objektov	010
инвестор модернизации, ремонта	investor sanácie	011
район обновления	sanačné územie	012
социальный план	sociálny plán	013
городское развитие	**rozvoj mesta**	**XI.04.05.**
концентрация	koncentrácia	001
гетрификация	gentrifikácia, *zvýšenie štandardu mestskej štvrte s cieľom zmeny sociálnej štruktúry obyvateľov*	002
субурбанизация	suburbanizácia, útek z mesta	003
децентрализация	decentralizácia	004
развитие сферы услуг	rozvoj terciálnej sféry	005
улучшение	zlepšenie, zdokonalenie	006
реструктуризация	zmena štruktúry, reštrukturalizácia	007
урбанизация	urbanizácia	008
перенаселение	preľudnenie	009
отток	odsťahovanie, presídlenie	010
приток	prisťahovanie	011
оседлость	osídľovanie	012

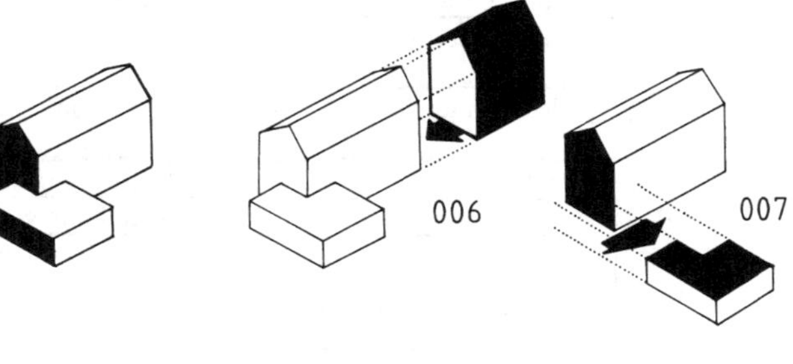

XI.05.	infrastructure	Infrastruktur (f)	infrastruktúra	infrastruktura
XI.05.01.	street traffic	Straßenverkehr (m)	közúti forgalom	ruch drogowy
001	**pedestrian**	**Fußgänger** (m)	**gyalogos**	**pieszy**
002	path	Weg (m)	út	droga
003	sidewalk	Bürgersteig (m)	járda, gyalogjáró	chodnik
004	arcade	Passage (f)	átjáró	pasaż
005	street with no through traffic	verkehrsberuhigte Straße (f)	csökkentett forgalomú utca, korlátozott forgalomú utca	ulice z ograniczonym ruchem kołowym
006	square, plaza	Platz (m)	tér	plac
007	footbridge	Steg (m)	kikötőhíd, stég	ścieżka
008	bridge	Brücke (f)	híd	most
009	tunnel	Tunnel (m)	alagút	tunel
010	pedestrian zone	Fußgängerzone (f)	sétálóutca, gyalogosforgalmi övezet	strefa ruchu pieszego
011	shopping mall	Einkaufsstraße (f)	bevásárlóutca	ulica handlowa
012	pedestrian crossing	Fußgängerüberweg (m)	gyalogos-átkelőhely, kijejölt gyalogátkelőhely	przejście dla pieszych
013	pedestrian tunnel	Fußgängertunnel (m)	gyalogos aluljaró	tunel dla pieszych
014	cart, handcart	Karren (m), Handwagen (m)	kordé, taliga, targonca	wózek ręczny
015	shopping cart	Einkaufswagen (m)	bevásárlókocsi	wózek na zakupy
016	baby carriage, baby buggy	Kinderwagen (m)	gyermekkocsi	wózek dziecięcy
017	wheelchair	Rollstuhl (m)	tólószék	wózek inwalidzki
018	**traditional (means of) transportation**	**traditionelle Verkehrsmittel** (n)	**hagyományos közlekedési eszközök**	**tradycyjne środki komunikacji**
019	vehicle, wagon	Wagen (m)	jármű, kocsi	wóz
020	cart, carriage	Karren (m)	kordé, taliga, targonca	taczka
021	coach, buggy	Kutsche (f)	hintó, kocsi	powóz
022	riding horse	Reitpferd (n)	hátasló	wierzchowiec
023	**bicycle, bike**	**Fahrrad** (n)	**kerékpár, bicikli**	**rower**
024	bike path	Fahrradweg (m)	kerékpárút	droga dla rowerów
025	tandem	Tandem (n)	kétüléses kerékpár, tandem	tandem
026	ricksha(w)	Rikscha (f)	riksa, kétkerekű gyaloghintó	ryksza
027	**motorized transportation**	**Motorisierter Verkehr** (m)	**gépesített forgalom**	**ruch zmotoryzowany**
028	motorcycles	Zweiräder (n)(pl)	kétkerekű járművek	pojazdy dwukołowe
029	moped	Mofa (n)	segédmotoros kerékpár	rower z motorkiem
030	motorbike	Moped (n)	moped, robogó	motorower
031	(motor) scooter	Motorroller (m)	robogó	skuter
032	motorcycle	Motorrad (n)	motorkerékpár	motocykl
034	cars	Autos (n)(pl)	autók	auta
035	car, auto(mobile)	Personenkraftwagen (m) (PKW)	személygépkocsi	samochód osobowy
036	station wagon	Kombi (m)	kombi (gépkocsi)	kombi
037	trailer, mobile home	Wohnwagen (m)	lakókocsi	przyczepa mieszkalna
038	truck	Lastkraftwagen (m) (LKW)	tehergépkocsi	samochód ciężarowy

инфраструктура	infraštruktúra	XI.05.
уличное движение	**cestná doprava**	**XI.05.01.**
пешеход	**chodci**	001
путь, дорога	cesta	002
тротуар	chodník	003
пассаж	pasáž	004
улица с организованным движением транспорта	ulica s obmedzeným dopravným ruchom	005
площадь, место	námestie	006
тропинка	cestička, lávka	007
мост, мостик	most	008
туннель	tunel	009
пешеходная зона	pešia zóna	010
торговая улица	nákupná ulica, obchodná ulica	011
пешеходная дорожка	priechod pre chodcov	012
пешеходный туннель	tunel pre chodcov, podchod pre chodcov	013
тачка, тележка	vozík, ručný vozík	014
тележка для покупок	nákupný vozík	015
детская коляска	detský kočík	016
кресло-коляска	invalidný vozík	017
традиционные транспортные средства	**tradičné dopravné prostriedky**	018
автомобиль	vozidlo, automobil	019
тележка, двуколка	kára, vozík	020
карета, коляска	kočiar, koč	021
верховая лошадь	jazdecký kôň	022
велосипед	**bicykel**	023
велосипедная дорожка	cesta pre cyklistov	024
тандем	tandem	025
рикша	rikša	026
моторизированный транспорт	**motorizovaná doprava**	027
двухколёсный транспорт	dvojkolesové vozidlá	028
веломотоцикл	motorový bicykel	029
мопед	moped	030
мотороллер	skúter	031
мотоцикл	motocykel	032
автомобили	autá	034
легковой автомобиль	osobný automobil, osobné auto	035
комби	kombi	036
жилой автомобиль	obývací príves, obytný automobil	037
грузовой автомобиль	nákladný automobil, nákladné auto	038

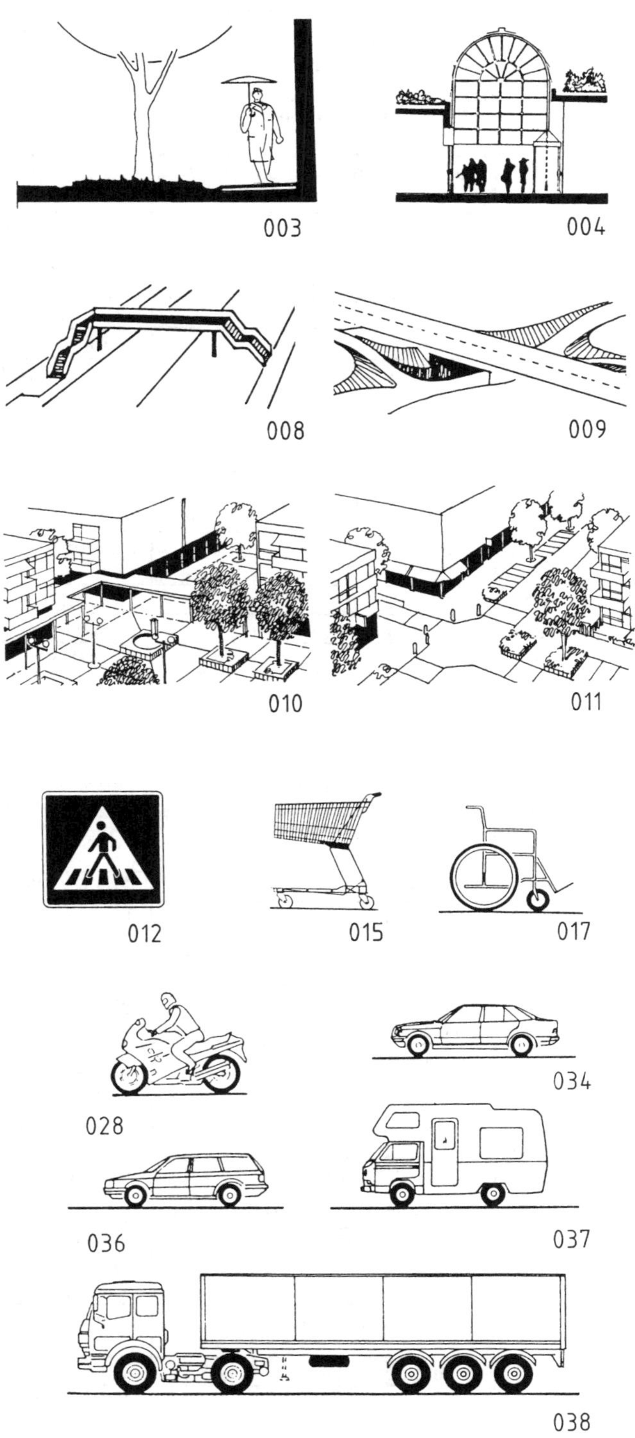

039	bus	Autobus (m), Bus (m), Omnibus (m)	autóbusz	autobus, omnibus
040	trolleybus	O - Bus (m) (Oberleitungsbus)	trolibusz	trolejbus
041	taxi, cab	Taxi (n)	taxi	taxi
042	public transportation bus	Linienbus (m)	városi tömegközlekedési autóbusz	autobus liniowy
043	traffic & transportation, master plan	Generalverkehrsplan (m)	általános közlekedési terv	generalny plan komunikacji
044	public transportation map	Verkehrslinienplan (m)	tömegközlekedési eszközök útvonalterve	rozkład jazdy
045	space requirement	Raumbedarf (m)	térszükséglet, helyszükséglet	zapotrzebowanie przestrzeni
046	traffic space	Verkehrsraum (m)	közlekedési terület	przestrzeń komunikacyjna
047	mobility	Mobilität (f)	mobilitás, mozgékonyság	mobilność
048	individual transportation	Individualverkehr (m)	egyéni közlekedés	komunikacja indywidualna
049	public transportation	öffentlicher Personennah-verkehr (m) (ÖPNV)	városi tömegközlekedés	mobilność
050	slow-moving traffic	zähfließender Verkehr (m)	lassan mozgó forgalom	spowolniony strumień ruchu
051	rush hour	Rush-hour (f)	csúcsforgalom	pory nasilonego ruchu
052	traffic jam	Stau (m)	forgalmi dugó	zator
053	speed	Geschwindigkeit (f)	sebesség	prędkość
054	speed limit	Geschwindigkeitsbegrenzung(f)	sebességkorlátozás	ograniczenie prędkości
055	traffic volume	Verkehrsaufkommen (n)	a forgalom nagysága	całość komunikacji
056	traffic reduction	Verkehrsberuhigung (f)	forgalomcsökkenés	zmniejszenie intensywności ruchu
057	noise protection	Lärmschutz (m)	zajvédelem	ochrona przed hałasem
058	road, street	Straße (f)	út, utca, közút	ulica
059	country road	Landstraßen (f)(pl)	országút, műút	droga lokalna
060	arterial	Hauptverkehrsstraßen (f)(pl)	főútvonal, fő közlekedési útvonal	droga główna
061	elevated street	Hochstraße (f)	magasút	droga na estakadzie
062	depressed street	Tiefstraße (f)	mélyút, föld alatti gépkocsi-közlekedési útvonal	droga w głębokim wykopie
063	main street	Hauptstraße (f)	főút	ulica główna
064	side street	Nebenstraße (f)	mellékút	ulica boczna
065	service road, alley	Versorgungsstraße (f)	szervizút	ulica dostawcza
066	bypass	Umgehungsstraße (f)	kerülőút, terelőút, kitérőút	droga objazdowa
067	interstate	Bundesstraße (f)	főútvonal, fő közlekedési útvonal	droga krajowa
068	freeway, highway	Autobahn (f)	autópálya	autostrada
069	expressway, freeway	Stadtautobahn (f)	városi gyorsforgalmi út	miejska droga ekspresowa
070	access road, feeder road	Zubringer (m)	bekötőút	droga dojazdowa do autostrady
071	access ramp, on ramp	Auffahrt (f)	bekötőút, felvezető út	wjazd
072	exit, off ramp	Ausfahrt (f)	kijárat, kijáró, kivezető út	wyjazd
073	main collecting street	Hauptsammelstraße (f) (HSS)	fő gyűjtőútvonal	główna ulica zbiorcza
074	collecting street	Sammelstraße (f) (SS)	gyűjtőútvonal	ulica zbiorcza
075	residential road	Anliegerstraße (f) (AS)	kizárólag célforgalom számára megnyitott utca	ulica dojazdowa

автобус, омнибус	autobus	039
троллейбус	trolejbus	040
такси	taxík	041
маршрутный автобус	linkový autobus	042
генеральный план транспорта	generálny plán dopravy	043
план транспортных линий	plán dopravných liniek	044
потребность в пространстве	potreba priestoru	045
транспортное пространство	dopravný priestor	046
мобильность	mobilita, pohyblivosť	047
движение индивидуального транспорта	individuálna doprava	048
общественный транспорт	mestská hromadná doprava	049
интенсивное движение	hustá premávka	050
час пик	dopravná špička	051
пробка (в движении) транспорта	dopravná zápcha, zastavenie dopravy	052
скорость	rýchlosť	053
ограничение скорости	obmedzenie rýchlosti	054
наплыв транспорта	intenzita prevádzky	055
спад транспортной интенсивности	znížená intenzita dopravy	056
шумозащита	protihluková ochrana	057
улица	ulica	058
дороги местного значения	hradská, okresná cesta	059
главные дороги	hlavná dopravná komunikácia	060
эстакадная дорога	výšková komunikácia, estakáda	061
заглублённая дорога	komunikácia pod úrovňou terénu	062
главная дорога	hlavná ulica	063
соседняя улица	bočná ulica	064
улица местного значения	ulica pre zásobovanie	065
объездная дорога	objazdová komunikácia	066
федеральная магистральная дорога	štátna cesta, spolková cesta	067
автобан, автострада	autostráda, diaľnica	068
городская автомагистраль	mestská rýchlostná komunikácia	069
подъезд	diaľničný privádzač	070
въезд, подъем	príjazd	071
выезд	výjazd	072
главная магистральная улица	hlavná zberná komunikácia	073
магистральная улица	zberná komunikácia	074
внутренний проезд, примыкающая дорога	obslužná miestna komunikácia	075

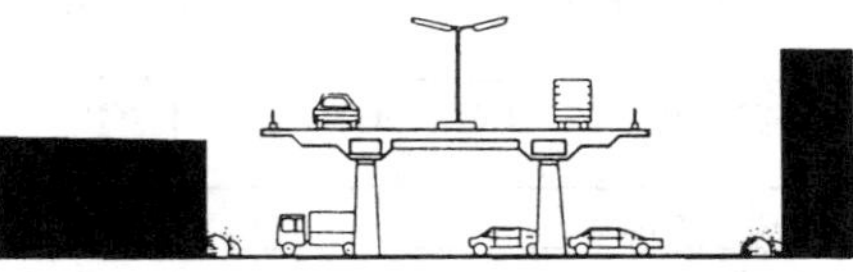
061

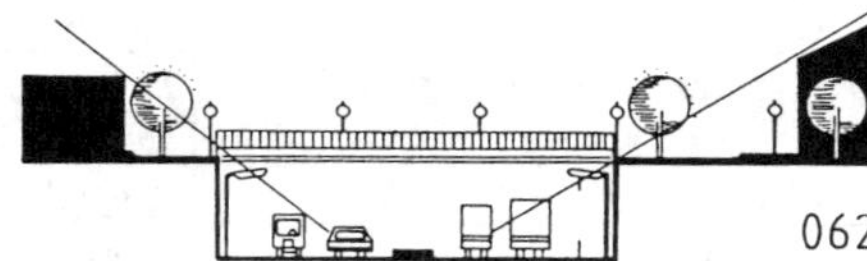
062

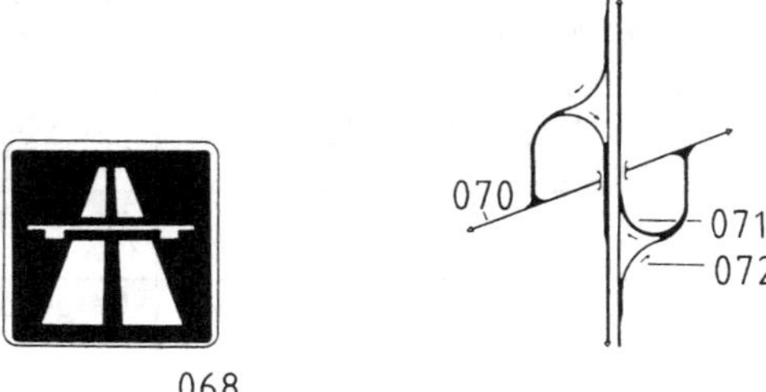

068

076	access path	Anliegerweg (m) (AW)	kizárólag célforgalom számára megnyitott utca	droga dojazdowa
077	one-way street	Einbahnstraße (f)	egyirányú utca	droga jednokierunkowa
078	dead-end street, cul-de-sac	Sackgasse (f)	zsákutca	ślepa uliczka
079	fork	Gabelung (f)	elágazás, szétágazás	rozwidlenie
080	drive (way)	Einfahrt (f)	bejárat	wjazd
081	highway junction	Anschlußstelle (f)	csatlakozási hely	węzeł autostradowy, miejsce włączenia
082	turnoff	Abzweig (m)	elágazásos kereszteztés	odgałęzienie
083	junction	Einmündung (f)	torkolat, csatlakozási hely	ujście, wyłączenie
084	crossroads, intersection, crossing	Kreuzung (f)	útkereszteződés	skrzyżowanie
085	circle traffic, roundabout	Kreisverkehr (m)	körforgalmú csomópont	ruch okrężny
086	underpass	Straßenunterführung (f)	aluljáró	przejazd dołem
087	parking space; car park, parking lot	Parkplatz (m)	parkolóhely	parking
088	**road construction, street construction**	**Straßenbau (m)**	**útépítés**	**konstrukcja drogi**
089	road, lane	Fahrbahn (f)	útpálya, úttest	jezdnia
090	lane	Spur (f)	sáv, kocsinyom, kerékvágás	pas ruchu
091	lane markings	Fahrbahnmarkierung (f)	útburkolati jelek	znakowanie poziome na jezdni
092	edge of the road	Fahrbahnbegrenzung (f)	útpálya szélső határa	granica pasa ruchu
093	central strip, median strip	Mittelstreifen (m)	középső elválasztó sáv	środkowa linia
094	marginal strip, shoulder	Seitenstreifen (m)	az útburkolat szélét jelölő útburkolati jel	pas boczny, postojowy
095	road surface	Straßenbelag (m)	útburkolat	nawierzchnia drogi
096	crushed stone	Schotter (m)	kavics, murva	tłuczeń
097	crash barrier, guard rail	Leitplanke (f)	védőkorlát	bariera drogowa
098	gutter	Rinnstein (m)	szegélyárok, utcai vízlevezető csatorna	rynsztok, rowek odwadniający
099	curb	Bordstein (m)	járdaszegély, szegélykő	krawężnik
100	drain	Gully (m)	vízlevezető csatorna	studzienka odwadniająca
XI.05.02.	**railbound traffic**	**schienengebundener Verkehr (m)**	**sínpályás közlekedés**	**komunikacja szynowa**
001	railway, railroad	Eisenbahn (f)	vasút	kolej żelazna
002	streetcar	Straßenbahn (f)	villamos	tramwaj
003	suburban train, rapid transit	S-Bahn (f), Stadtschnellbahn (f)	városi gyorsvasút	szybka kolej
004	subway	U - Bahn (f)	metro, földalatti vasút	kolej podziemna
005	elevated railway, elevated railroad	Hochbahn (f)	magasvasút	kolej na estakadzie
006	suspension (cable) railway	Schwebebahn (f)	függővasút	kolej linowa
007	magnetic railway	Magnetbahn (f)	mágnesesvasút	kolej magnetyczna
008	cable railway	Kabinenbahn (f)	kötélpálya, drótkötélpálya, drótkötélvasút	kolej gondolowa
009	mountain railway, cable railway	Bergbahn (f)	hegyi vasút, hegyi pálya	kolej górska
010	rack railway, cog railway	Zahnradbahn (f)	fogaskerekű vasút	kolej zębata

внутренняя дорога, подъездной путь	obslužná miestna cesta	076
улица с односторонним движением	jednosmerná ulica, jednosmerná komunikácia	077
тупик	slepá ulica	078
развилка дороги	rozdvojenie, rozvetvenie	079
въезд	vjazd	080
стык дорог, место примыкания	miesto pripojenia, diaľničná (mimoúrovňová) prípojka	081
ответвление	odbočka	082
примыкание	ústie, styková križovatka	083
перекресток	križovatka	084
кольцевое движение	kruhová doprava, kruhový objazd	085
развязка в двух уровнях	cestný podjazd, podcestie	086
автостоянка	parkovisko	087
дорожное строительство	**cestné staviteľstvo**	088
проезжая часть дороги	jazdný pás, vozovka	089
след, колея	stopa, jazdný pruh	090
указатель проезжей части дороги	vodorovná dopravná značka	091
ограничение на проезжей части	ohraničenie jazdného pásu	092
разделительная полоса автострады	stredný deliaci pás	093
маркировка обочины	krajnica, odstavný pás	094
дорожное покрытие	kryt vozovky	095
щебень, гравий, галька	štrk, drvený štrk	096
направляющая планка	zábradlové zvodidlo	097
водосточный жёлоб (канава)	odvodňovací žľab	098
бордюрный камень	obrubník	099
водосток	dažďový vpust	100
рельсовый транспорт	**koľajová doprava**	**XI.05.02.**
железная дорога	železnica	001
трамвай	električka	002
городская железная дорога	mestská rýchlodráha	003
метро	metro	004
надземная железная дорога	výšková dráha	005
подвесная железная дорога	visutá lanová dráha	006
магнитная железная дорога	magnetická dráha	007
фуникулер	kabínová dráha	008
горная дорога	horská dráha, horská železnica	009
зубчатая железная дорога	ozubená železnica, zubačka	010

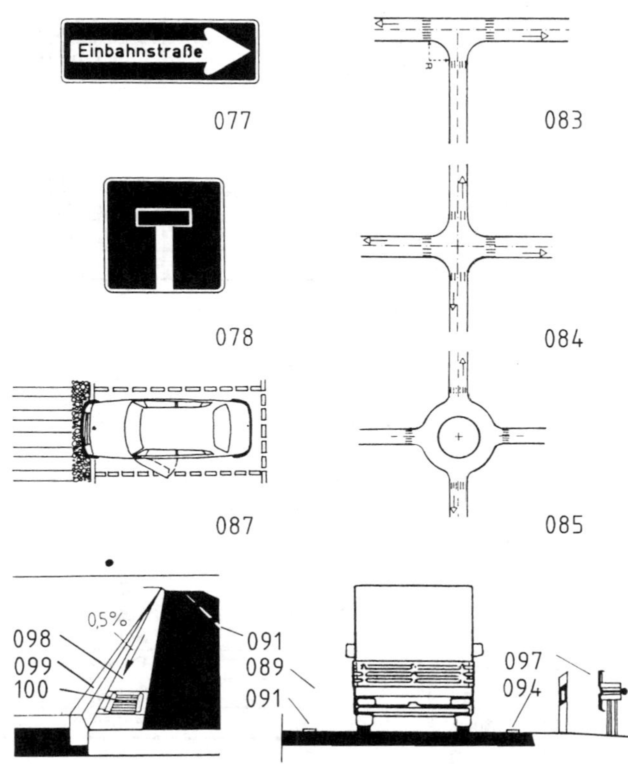

011	cable railway	Seilbahn (f)	sodronykötélpálya, függővasút	kolejka linowa
012	train	Zug (m)	vonat	pociąg
013	passenger train	Personenzug (m)	személyvonat	pociąg osobowy
014	goods train, freight train	Güterzug (m)	tehervonat	pociąg towarowy
015	mail train	Postzug (m)	postavonat	pociąg pocztowy
016	engine	Lok (f)	mozdony	parowóz
017	railcar	Triebwagen (m)	vasúti motorkocsi, sínautó	wagon silnikowy
018	carriage	Wagen (m)	kocsi, targonca	wagon,wóz
019	railroad car	Waggon (m)	vagon, vasúti kocsi	wagon
020	baggage car	Gepäckwagen (m)	poggyászkocsi	wagon bagażowy
021	freight car	Güterwagen (m)	teherkocsi, tehervagon	wagon towarowy
022	container car	Containerwagen (m)	konténerkocsi	wagon kontenerowy
023	railway facilities	Bahnanlagen (f)(pl)	vasúti létesímények, pályalétesítmények	urządzenia kolejowe
024	railway embankment	Bahndamm (m)	vasúti töltés, pályatöltés	nasyp kolejowy
025	location route	Trasse (f)	irányvonal, nyomvonal	trasa
026	track	Gleis (n)	vágány	tory kolejowe
027	points, switch	Weiche (f)	váltó, kitérő	rozjazd
028	level crossing	Übergang (m)	vasúti (pályaszinti) átjáró	przejście
029	gate	Schranke (f)	sorompó, korlát	rogatka
XI.05.03.	**navigation, shipping**	**Schiffahrt (f)**	**hajózás**	**żegluga wodna**
001	ship	Schiff (n)	hajó	statek, okręt
002	steamer, steamship	Dampfer (m)	gőzös, gőzhajó	parostatek,parowiec
003	tugboat	Schlepper (m)	vontatóhajó	holownik
004	ferry	Fähre (f)	komp	prom
005	river	Fluß (m)	folyó, folyam	rzeka
006	canal	Kanal (m)	csatorna	kanał
007	shipping route, shipping lane	Schiffahrtsstaße (f)	hajózási útvonal	tor wodny
008	sea route	Seeweg (m)	tengeri útvonal	droga morska
009	inland waterway traffic	Binnenseeverkehr (m)	belvízi közlekedés	śródlądowa komunikacja wodna
XI.05.04.	**air traffic**	**Flugverkehr (m)**	**légiforgalom**	**komunikacja lotnicza**
001	airplane	Flugzeug (n)	repülő, repülőgép	samolot
002	propeller plane (aircraft)	Propellerflugzeug (n)	légcsavaros repülőgép	samolot tłokowy
003	jet (plane)	Düsenflugzeug (n)	sugárhajtású repülőgép	samolot odrzutowy
004	turboprop (aircraft)	Turboprop - Flugzeug (n)	turbolégcsavaros repülőgép	samolot turbo-śmigłowy
005	light aircraft	Leichtflugzeug (n)	könnyű repülőgép	samolot lekki
006	microlight plane	Ultraleichtflugzeug (n)	ultrakönnyű repülőgép	samolot ultralekki
007	seaplane	Wasserflugzeug (n)	hidroplán	wodnosamolot
008	vertical takeoff plane	Senkrechtstarter (m)	függőlegesen felszállni képes repülőgép	samolot pionowego startu i lądowania
009	helicopter	Hubschrauber (n)	helikopter	helikopter
010	runway	Landebahn (f)	leszállópálya	pas do lądowania
011	runway	Startbahn (f)	felszállópálya	pas startowy
012	runway, taxiway	Rollfeld (n)	gurulópálya, kifutópálya	strefa kołowania

канатная дорога	lanová dráha, lanovka	011
поезд	vlak	012
пассажирский поезд	osobný vlak	013
грузовой поезд	nákladný vlak	014
почтовый поезд	poštový vlak	015
локомотив	lokomotíva	016
моторный вагон	motorový vagón	017
вагон	vozeň	018
вагон	vagón	019
багажный вагон	batožinový vozeň	020
грузовой вагон	nákladný vozeň	021
контейнеровоз	kontejnerový vozeň	022
дорожные сооружения, железнодоржные устройства	železničné zariadenia	023
железнодорожная насыпь	železničný násyp	024
трасса	trasa	025
железнодоржный путь, колея	koľaj	026
стрелка	výhybka, výmena	027
переход	prechod, priechod, železničné priecestie	028
шлагбаум, перила	závora	029
судоходство	**lodná doprava**	**XI.05.03.**
корабль, судно	loď	001
пароход	parník	002
баржа	ťahač, remorkér	003
паром	kompa, prievoz	004
река	rieka	005
канал	kanál	006
водный маршрут	splavná vodná cesta, riečna vodná cesta	007
морской путь	námorná cesta	008
внутренний водный транспорт	vnútrozemská vodná doprava, riečna a jazerná doprava	009
воздушный транспорт	**letecká doprava**	**XI.05.04.**
самолёт	lietadlo	001
винтовой самолёт	vrtuľové lietadlo	002
реактивный самолёт	prúdové lietadlo	003
турбовинтовой самолёт	turbovrtuľové lietadlo	004
лёгкий самолёт	ľahké lietadlo	005
ультралёгкий самолёт	ultraľahké lietadlo	006
гидросамолёт	vodné lietadlo, hydroplán	007
самолёт с вертикальным взлётом	lietadlo s kolmým vzletom a pristátím	008
вертолёт	vrtuľník, helikoptéra	009
посадочная полоса	pristávacia dráha	010
взглётная полоса	štartovacia dráha, vzletová dráha	011
рулёжное поле	rolovacia plocha	012

XI.06.	planning terms	Planungsbegriffe (m)(pl)	tervezési fogalmak	terminologia w planowaniu
001	building law	Baugesetz (n)	építésügyi jogszabályok	prawo budowlane, przepisy
002	comprehensive planning	Bauleitplanung (f)	regionális tervezés	kierowanie procesami planowania
003	*land use plan, longterm development plan*	Flächennutzungsplan (m) (FNP)	területrendezési terv	plan użytkowania terenu, plan zągospodarowania przestrzennego
004	zoning ordinance	Bebauungsplan (m) (BBP)	általános rendezési terv	plan zabudowy
005	development code	Bebauungsvorschriften (f)(pl)	beépítési előírások	wytyczne zabudowy
006	local planning	Stadtplanung (f)	várostervezés	planowanie miejscowe
007	state planning	Landesplanung (f)	az ország által készített terv, ahol az ország a tervező és kivitelező	planowanie krajowe
008	regional planning	Raumordnung (f)	területszervezés	planowanie regionalne
009	building line	Baulinie (f)	beépítési vonal	linia zabudowy
010	alignment	Fluchtlinie (f)	homlokvonal, beépítési vonal	linia regulacyjna
011	lot coverage requirement	Baugrenze (f)	beépítési határ	granica zabudowy
012	built up area	bebautes Gebiet (n)	beépített övezet, beépített terület	obszar zabudowany
013	site area	Baugrundstücksfläche (f)	háztelek, házhely, építkezési hely	dopuszczalna powierzchnia zabudowy
014	building location	überbaubare Grundstücksfläche (f)	beépítésre alkalmas terület	dopuszczalne zwiększenie powierzchni zabudowy (wyższej kondygnacji)
015	building coverage	Grundfläche (f)	alapterület	powierzchnia zabudowy
016	side yard requirement	Abstandsfläche (f)	szabadon tartandó felület, oldaltávolság	odstęp między budynkami
017	net acreage, net floor area	Nutzfläche (f)	hasznos alapterület	powierzchnia użytkowa
018	central business district (CBD)	*Gebiet, in dem die komerziellen Aktivitäten konzentriert sind*	belvárosi üzleti negyed, kereskedelmi negyed	obszar koncentracji aktywności komercyjnych
019	retail area	Gewerbegebiet (n)	ipari övezet, ipari terület	obszar produkcji nieuciążliwej, handlu i administracji
020	industrial area	Industriegebiet (n)	ipari körzet	obszar przemysłowy
021	residential use only	reines Wohngebiet (n)	tisztán lakóövezet	obszar wyłącznie mieszkaniowy
022	area with small housing units	Kleinsiedlungsgebiet (n)	kis lakónegyed, kis lakótelep	obszar osiedli domów jednorodzinnych
023	detached housing	offene Bauweise (f)	nyílt építési formák	zabudowa luźna
024	closed (block) system, closed development	geschlossene Bauweise (f)	zárt építési formák	budynki szeregowe o froncie dłuższym od 50 m
025	lot coverage	Grundflächenzahl (f) (GRZ)	beépítettségi mutató	stosunek powierzchni zabu-dowy do powierzchni działki
026	floor area ratio (F.A.R.)	Geschoßflächenzahl (f) (GFZ)	emeleti területarány	*stosunek powierzchni całko-witej do powierzchni działki*

терминология планировки	terminológia plánovania	XI.06.
нормы и правила строительства	stavebný zákon	001
планировка, план	územné plánovanie sídel	002
план использования территорий	smerný územný plán	003
план застройки	plán zástavby	004
правила застройки	predpisy zástavby	005
городская планировка	plánovanie mesta	006
региональное планирование	územné plánovanie, regionálne plánovanie	007
территориальное планирование	územné usporiadanie, hospodárskotechnická úprava pozemkov	008
линия застройки	stavebná čiara	009
красная линия	hraničná uličná čiara	010
границы застройки	hranica stavby, hranica staveniska	011
застроенная территория	zastavané územie	012
участок застройки	plocha stavebného pozemku	013
площадь застройки /здания/	zastavaná plocha pozemku	014
пятно застройки	pôdorysná plocha, pôdorys	015
территория между строениями	odstup medzi budovami	016
полезная площадь	úžitková plocha	017
территория концентрирования коммерческой активности	*oblasť koncentrácie komerčných aktivít*	018
территория производственных и коммунальных предприятий	územie obchodu a služieb	019
промышленная территория	priemyselná oblasť	020
(чистый) жилой район	čisto obytné územie	021
территория малых посёлков	územie pre osídlenie domkármi	022
открытый способ строительства	otvorený charakter zástavby	023
замкнутая застройка, закрытый способ строительства	uzavretý charakter zástavby	024
показатель плотности застройки	ukazovateľ hustoty zastavania, ukazovateľ využitia pozemku	025
количество этажей, этажность	hustota podlažnej plochy	026

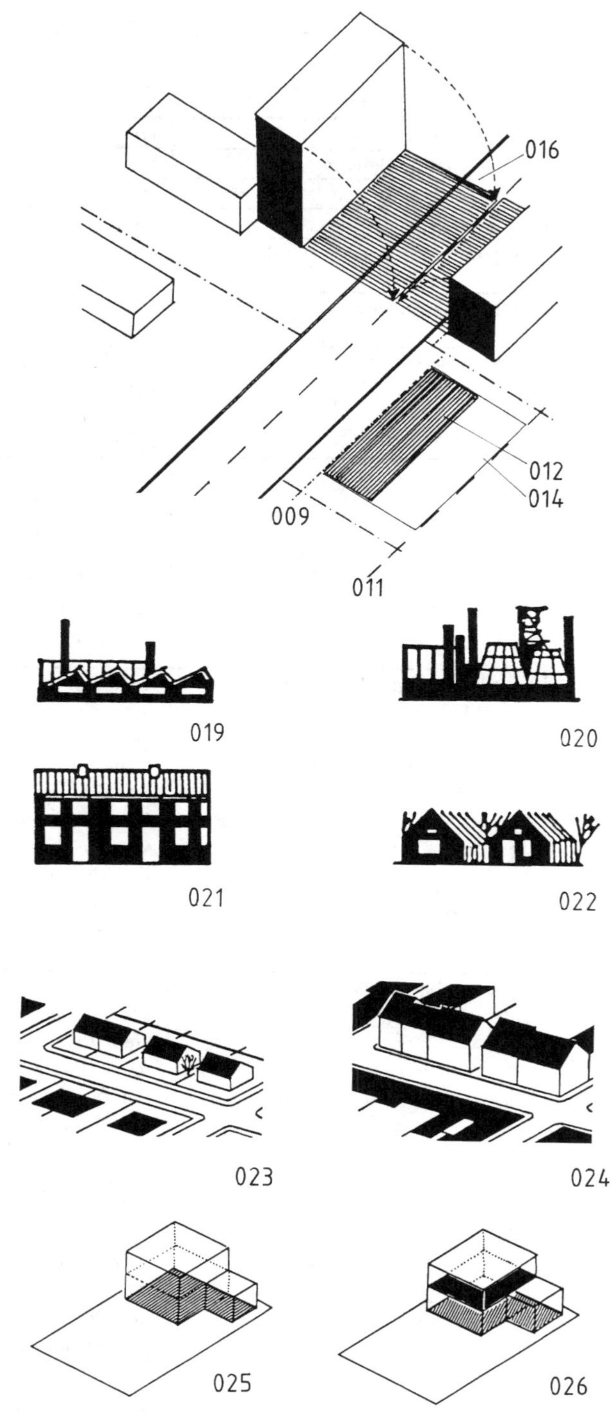

027	dwelling unit (DU)	Wohneinheit (f) (WE)	lakóegység	*mieszkanie, jednostka mieszkaniowa*
028	gross floor space	Geschoßfläche (f)	szint alapterülete	powierzchnia ogólna, kondygnacji
029	net floor space	Wohnfläche (f)	lakóterület (lakásban)	powierzchnia mieszkalna
030	**density**	**Dichte** (f)	**sűrűség**	**gęstość**
031	population density	Besiedlungsdichte (f)	népsűrűség	gestość zaludnienia
032	gross density	Bruttodichte (f)	bruttó lakósűrűség	gęstość brutto
033	net density	Nettowohndichte (f)	nettó lakósűrűség	gęstość mieszkań netto
034	population per household	Belegungsziffer (f)	egy lakásra tervezett lakószám	liczba lokatorów na mieszkanie
035	occupancy rate	Vermietungsrate (f)	*az elfoglalt v. kiadott helyiségek aránya*	procent wynajętych lokali w obiekcie
036	zoning envelope	*durch Abstandsflächen und Bauhöhe definierter, maximaler Raum, in dem gebaut werden darf*	*maximálisan beépíthető terület, mely az oldaltávolság és az építési magasság által szabályozott*	maksymalna przestrzeń do zabudowy
037	incentive zoning	*belohnende Aufhebung von Baubeschränkungen für einen Bauherr, der bei seinem Bauvorhaben auf seine Kosten Anlagen für die Öffentlichkeit mitausführt (z. B. öffentliche Plaza gegen Bauhöhe)*	*előnyös lehetőség az építtető számára a beépíthető terület megnövelésére, ha az építtető a saját pénzén a közösség számára valamilyen létesítményt épít (pl. az építési magasság túllépése nyilvános tér építése ellenében)*	opłacalne zniesienie ograniczeń budowlanych w zamian za wykonanie przez inwestora dodatkowych przedsięwzięć na cele publiczne na jego koszt (zgoda na podwyższenie budynku za wykonanie placu ogólnodostępnego)
038	planned unit development (P.U.D.)	*komplexer Entwicklungsplan für ein neu erschlossenes Terrain*	*az új terület fejlesztésének komplex terve*	kompleksowy plan rozwoju określonego terenu
039	capital improvement program (CIP)	*Plan um die Kosten und den Zeitablauf von öffentlichen Bauten wie Wasserversorgung, Straßen oder Schulen zu kalkulieren*	*költségvetési és időterv az infrastruktúrák (pl. vízvezeték-hálózatok, utcák, iskolák) kiépítésére*	kalkulacyjny plan czasu i nakładów ponoszonych przez miasto dla obsłużenia nowoplanowanej inwestycji (wodociągi, ulice, szkoły)
040	cluster zoning	*Vorgabe bestimmter Bebauungsmuster*	*a beépítés pontos szerkezetének megadása v. előírása*	wytyczne określające układ i rodzaj zabudowy, warunki zabudowy
041	cumulative (pyramidal) zoning	*Flächennutzungsplan, in dem unterschiedliche Gebrauchsarten in eine Rangfolge gebracht wurden und bei dem mit der Gestattung einer bestimmten Nutzungsart gleichzeitig alle höherrangigen Nutzungen gestattet sind*	*kumulatív területelosztás, piramis alakú kumulatív területrendezés*	plan użytkowania terenów w którym zamieszczowe są w formie piramidy różne sposoby użytkowania i w których przy dopuszczeniu określonego poziomu funkcji dopuszczalne sa jednocześnie wszystkie funkcje leżące powyżej
042	downzoning	*Verringerung der Rangfolge*	*az értéksorrendben való visszalépés*	obniżenie określonego poziomu funkcji
043	upzoning	*Erhöhung der Rangfolge*	*az értéksorrendben való előrelépés*	podwyższenie określonego poziomu funkcji
044	air rights	*das Recht, den Luftraum über dem Grund zu nutzen*	*a tulajdonosnak a telek fölötti légtérhez való joga*	prawo wykorzystania przestrzeni ponad działką

квартира	byt	027
площадь этажа	plocha podlažia	028
жилая площадь	obytná plocha	029
плотность	**hustota**	030
плотность расселения	hustota osídlenia	031
брутто-плотность	hrubá hustota	032
нетто-плотность населения	základná hustota obyvateľstva	033
плотность использования площади	zaľudnenie bytu	034
степень сдачи в наём помещений	*ukazovateľ obsadenia objektu nájomníkmi*	035
максимальный пространственный габарит для строения /на участке/	*ohraničenie zónovania, maximálny zastavateľný priestor*	036
получение льгот при застройке в обмен на дополнительные строительные мероприятия	*možnosť rozšírenia zastavateľného priestoru pre stavebníka, ktorý na vlastné náklady vybuduje súčasne priestory pre verejné účely*	037
план комплексного развития новой территории	*komplexný plán rozvoja nového územia*	038
план, калькулирующий расходы средств и времени на развитие социальной инфраструктуры	*kalkulačný plán nákladov a časovej potreby pre stavby občianskej vybavenosti (vodovodná sieť, ulice a školy)*	039
предписание определённых типов застройки	*predpis presného tvaru zástavby*	040
требования к застройке, сформулированные по принципу иерархии /"пирамиды"/	*kumulatívne zónovanie v tvare pyramídy*	041
зонирование "сверху вниз"	*zníženie stupňa v pyramíde*	042
зонирование "снизу вверх"	*zvýšenie stupňa v pyramíde*	043
права на использование воздушного пространства в пределах участкя	*práva vlastníka na vzdušný priestor nad pozemkom*	044

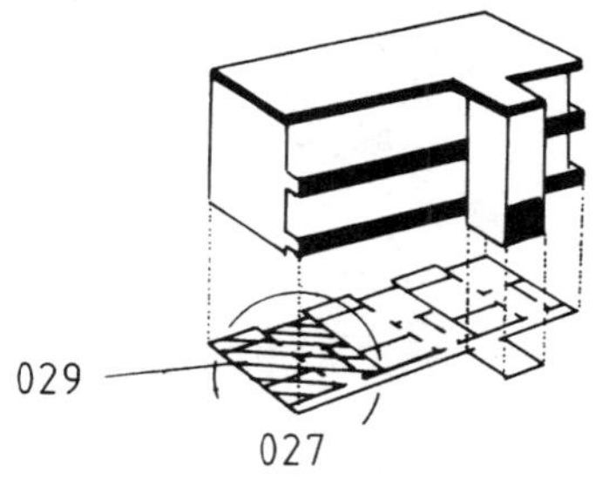

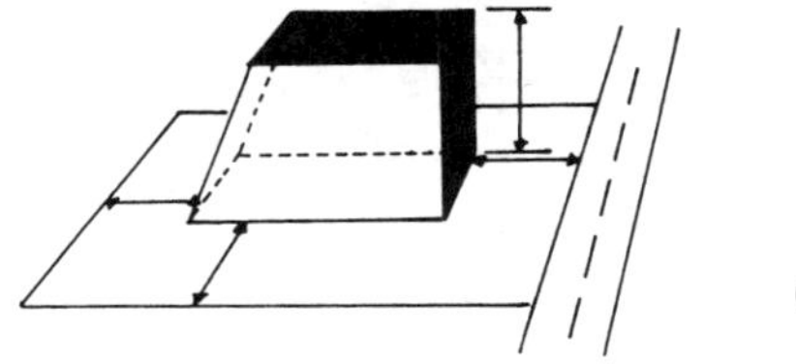

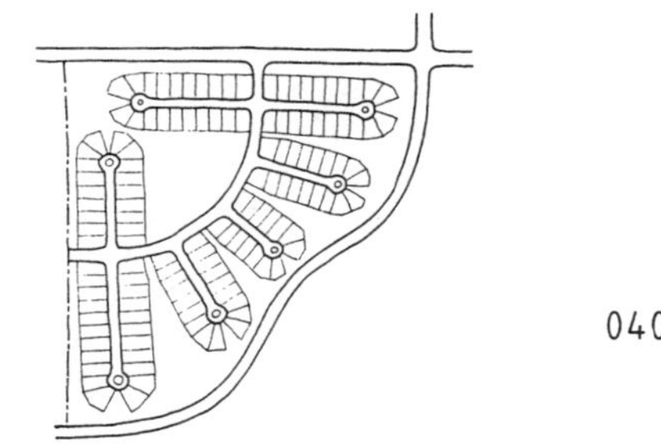

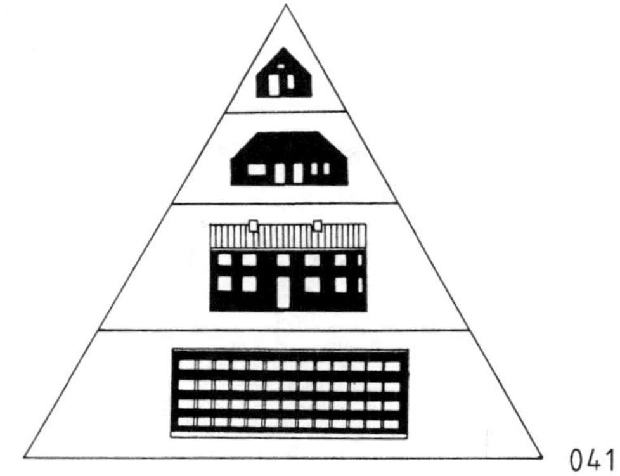

XII. Building Typology
XII. Gebäudekunde
XII. Épülettan
XII. Typologia
XII. Типология
XII. Typológia

XII.01.	fundamental terms	Grundbegriffe (m)(pl)	alapfogalmak	pojęcia podstawowe
XII.01.01.	**activities**	**Tätigkeiten (f)(pl)**	**tevékenységek**	**czynności**
001	act	handeln (v)	cselekszik, eljár	działać
002	behave	verhalten (v)	viselkedik	zachować
003	acquire	aneignen (v)	elsajátít, magáévá tesz meghonosít	przyswajać
004	use	gebrauchen (v)	hasznosít, felhasznál, kilhasznál	wykorzystać
005	enjoy	genießen (v)	élvez	rozkoszować
006	apply	anwenden(v)	felhasznál, alkalmaz	stosować
007	occupy	einnehmen (v)	elfoglal, birtokba resz	zajmować
008	obstruct	behindern (v)	akadályoz, gátol, korlátoz	przeszkadzać, utrudniać
XII.01.02.	**program**	**Programm (n)**	**program**	**program**
001	grouping	Bereichszuordnung (f)	területrendezés, területcsoportosítás	uporządkowanie przestrzenne
002	functional grouping	funktionsbetonte Zuordnung (f)	funkcionális csoportosítás	uporządkowanie funkcjonalne
003	nonfunctional grouping	funktionsneutrale Zuordnung (f)	nemfunkcionális csorportosítás	uporządkowanie pozafunkcjonalne
004	plan organization	Grundrißorganisation (f)	alaprajzi szerveződés, területrendezési szervezés	organizacja rzutu poziomego
005	private area	Individualbereich (m)	magánterület	obszar prywatny
006	public area	Gemeinschaftsbereich (m)	közhasználatú terület	obszar publiczny

основные понятия	základné pojmy	XII.01.
действия	**činnosti**	**XII.01.01.**
действовать	robiť	001
вести себя	správať sa	002
присваивать	privlastňovať, prisvojovať	003
использовать	použiť, používať	004
наслаждаться	požívať, vychutnávať	005
применять	používať, aplikovať	006
занимать	zaberať	007
препятствовать, затруднять	obmedzovať, prekážať, brániť	008
программа	**program**	**XII.01.02.**
группировка пространств	zoskupovanie priestorov	001
функциональное упорядочение	funkčné usporiadanie	002
упорядочение, независимое от функции	funkčne nezávislé usporiadanie	003
организация плана	organizácia pôdorysu	004
частная территория	individuálna oblasť	005
общественная территория	spoločná oblasť, spoločná zóna	006

XII.02.	industry, agriculture	Industrie (f), Landwirtschaft (f)	ipar, mezőgazdaság	przemysł, rolnictwo
XII.02.01.	workshops	Werkstätten (f)(pl)	műhelyek	Warsztaty
001	**types**	**Typen** (m)(pl)	**típusok**	**typy**
002	baker, bakery	Bäcker (m), Bäckerei (f)	pék, pékség	piekarz, piekarnia
003	butcher, butcher's	Metzger (m), Metzgerei (f), Fleischer (m), Fleischerei (f)	hentes, mészáros, mészárszék, hentes(üzlet)	rzeźnik, rzeźnia, masarz, masarnia
004	shoemaker, shoemaker's	Schuster (m), Schusterwerkstatt (f); Schuhmacher (m), Schumacherwerkstatt (f)	cipész, cipészet	szewc, warsztat szewski
005	tailor, tailor's, dressmaker, dressmaker's	Schneider (m), Schneiderei (f)	szabó, szabóság	krawiec, warsztat krawiecki
006	hairdresser, hairdresser's	Friseur (m), Friseursalon (m)	fodrász, fodrászat	fryzjer, salon fryzjerski
007	carpenter, carpenter's, joiner, joiner's	Schreiner (m), Tischler (m), Schreinerei (f), Tischlerei (f)	asztalos, asztalosműhely	stolarz, stolarnia
008	blacksmith, blacksmith's	Schmied (m), Schmiede (f)	kovács, kovácsműhely	kowal, warsztat kowalski
009	plumber, plumber's	Installateur (m), Installateurbetrieb (m)	szerelő, szerelőműhely	instalator, warsztat instalatorski
010	electrician, electrician's	Elektriker (m), Elektrikerbetrieb (m)	villanyszerelő, villanyszerelő műhely	elektryk, warsztat elektryczny
011	repair shop	Reparaturwerkstatt (f)	javítóműhely	warsztat naprawczy
012	**functional areas**	**Funktionsbereiche** (m)(pl)	**funkcionális területek**	**strefy funkcjonalne**
013	recreation room	Sozialraum (m)	társalgó	pomieszczenie socjalne
014	cafeteria, cantine	Kantine (f)	kantin, étterem	stołówka
015	changing room	Umkleideraum (m)	öltöző	przebieralnia
016	staff restroom	Personal -WC (n)	személyzeti WC	ubikacja personelu
017	washroom, lavatory	Waschraum (m)	mosdó	umywalnia
018	day room, recreation room	Aufenthaltsraum (m)	pihenőhelyiség, társalgó	pomieszczenie rekreacyjne
019	management, administration	Verwaltung (f)	vezetőség, igazgatóság, ügyintézés	administracja
020	reception	Annahme (f)	átvétel	przyjęcie
021	pick-up counter	Ausgabe (f)	kiadás (árukiadás)	wydawanie
022	boardroom	Besprechungsraum (m)	tárgyalóterem	pokój konferencyjny
023	training room	Ausbildungsraum (m)	tanterem	pomieszczenie szkoleniowe
024	computer work station	Computerarbeitsplatz (m)	számítástechnikai munkahely	komputerowe miejsce pracy
025	exhibition area	Ausstellungsraum (m)	kiállítóterem	pomieszczenie wystawowe
026	workplace, workstation	Arbeitsplatz (m)	munkahely	stanowisko pracy
027	foreman's room, forepersons room	Meisterraum (m)	munkairányító helyiség	pomieszczenie majstra
028	delivery zone	Anlieferungszone (f)	elszállítási zóna, kézbesítési zóna, ellátási zóna	strefa dostaw

промышленность, сельское хозяйство	priemysel, poľnohospodárstvo	XII.02.
производства	**dielne**	**XII.02.01.**
типы	**typy**	001
пекарь, пекарня, булочная	pekár, pekáreň	002
мясник, мясная лавка	mäsiar, mäsiarstvo	003
сапожник, сапожная мастерская	obuvník, obuvnícka dielňa	004
портной, швейная мастерская (ателье)	krajčír, krajčírska dielňa	005
парикмахер, парикмахерская	holič, kaderník, kadernícky salón	006
столяр, столярная	stolár, stolárstvo, stolárska dielňa	007
кузнец, кузница	kováč, kováčska dielňa	008
монтажник, мастерская	inštalatér, inštalatérska dielňa	009
электрик, электротехническая мастерская	elektrikár, elektrikárska dielňa	010
ремонтник, ремонтная мастерская	opravárenská dielňa	011
функциональные зоны	**funkčné oblasti**	012
общественное помещение	sociálny priestor	013
рабочая столовая	kantína, bufet	014
раздевалка	prezliekáreň	015
туалет	zamestnanecké WC, WC pre personál	016
умывальня, душевые	umyváreň	017
комната отдыха, рекреация	spoločenská miestnosť	018
администрация	administratíva	019
приём	príjem	020
выдача	výdaj	021
помещение для совещаний	hovorňa, konferenčný priestor, zasadacia miestnosť	022
аудитория, учебное помещение	učebňa	023
рабочее место с компьютером	pracovisko vybavené počítačom	024
выставочное помещение	výstavný priestor	025
рабочее место	pracovisko	026
помещение мастера	miestnosť majstra	027
зона доставки	zóna dodávky, zásobovacia zóna	028

029	production department	Fertigung (f)	gyártás, termelés	wykańczalnia
030	assembly pit	Montagegrube (f)	szerelőgödör	kanał montażowy
031	engine room	Maschinenraum (m)	gépterem, géptér	maszynownia
032	cold storage	Kühlraum (m)	hűtőtér, hűtőhelyiség	chłodnia
033	boiler room, furnace room	Heizraum (m)	kazánház	kotłownia
034	assembly area	Montageraum (m)	szerelőműhely	montownia
035	welding shop	Schweißerei (m)	hegesztőhelyiség	spawalnia
036	test stand	Prüfstand (m)	próbaterem, ellenőrzőhelyiség	stanowisko kontrolne
037	garbage room	Abfallraum (m)	hulladékhelyiség	pomieszczenie na odpadki
XII.02.02.	**agriculture**	**Landwirtschaft** (f)	**mezőgazdaság**	**gospodarka rolna**
001	**types**	**Typen (m)(pl)**	**típusok**	**typy**
002	farm	Bauernhof (m)	gazdasági udvar, major, tanya, kisbirtok, farm	zagroda chłopska
003	ranch	Bauernhof (Viehwirtschaft (f))	tanya, farm, telep (külterjes állattenyésztésre)	chłopska zagroda hodowlana
004	agribusiness	landwirtschaftlicher Betrieb (m)	mezőgazdasági üzem	zakład rolny
005	farm buildings	Gehöft (n)	tanya, parasztház, major	zagroda, ferma
006	vineyard	Weingut (n)	szőlőskert	winnica
007	nursery	Gärtnerei (f)	kertészet	ogrodnictwo
008	tree farm	Baumschule (f)	faiskola, erdőgazdaság	szkółka leśna
009	fishery	Fischerei (f)	halászat	rybołówstwo
010	functional areas	Funktionsbereiche (m)(pl)	működési területek	**strefy funkcjonalne**
011	threshing floor	Tenne (f)	szérű	klepisko
012	barn	Scheune (f)	csűr, pajta	stodoła
013	shed	Schuppen (n)	szín, pajta, fészer	szopa
014	hayloft	Heulager (n), Strohlager (n)	szénatároló, szalmatároló	magazyn siana, słomy
015	feed storage	Futterkammer (f)	takarmánytároló	paszarnia
016	farmyard	Hof (m)	udvar	podwórzec, dziedziniec
017	greenhouse	Gewächshaus (n)	melegház, üvegház	szklarnia
018	paddock, enclosure	Koppel (f)	háztáji bekerített legelő	wybieg
019	silo	Silo (n)	siló	silos
020	stall	Box (f)	boksz	boks, stanowisko
021	pigpen	Schweinestall (m)	disznóól	chlewnia, świniarnia
022	stable	Pferdestall (m)	lóistálló	stajnia dla koni
023	cow stall	Kuhstall (m)	tehénistálló	obora
024	chicken coop	Hühnerstall (m)	tyúkketrec	kurnik

изготовление	výroba	029
монтажная яма	montážna jama	030
машинное отделение	strojovňa	031
холодильная камера	chladiareň, chladiaci priestor	032
котельная	kotolňa	033
участок сборки	montážny priestor	034
сварочная	zvarovňa	035
испытательный стенд	skúšobňa	036
помещение для отходов	miestnosť na odpadky	037
сельское хозяйство	**poľnohospodárstvo**	**XII.02.02.**
типы	**typy**	001
крестьянский двор	sedliacky dvor, sedliacka usadlosť	002
крестьянское (животноводческое) хозяйство	sedliacka usadlosť s chovom dobytka	003
сельскохозяйственное предприятие	poľnohospodársky závod	004
усадьба	majer, usadlosť	005
виноградник	vinohrad, vinohradnícky podnik	006
садоводство	záhradníctvo	007
лесной питомник	lesná škôlka	008
рыбоводство	lov rýb	009
функциональные зоны	funkčné oblasti	010
ток, гумно	mlat	011
амбар	stodola	012
сарай	šopa	013
сеновал	sklad slamy, senník	014
кормоцех	prípravovňa krmív	015
двор	dvor	016
теплица	skleník	017
огороженный выгон	oplotený výbeh, ohradené pastvisko	018
силосная башня	silo, silážne zariadenie	019
стойло	box	020
хлев	ošipáreň, prasačník	021
конюшня	koniareň	022
коровник	maštaľ	023
курятник	kurín	024

XII.02.03.	industries	Industrie (f)	ipar	przemysł
001	**types**	**Typen (m)(pl)**	**típusok**	**typy**
002	factory	Fabrik (f)	gyár, üzem	fabryka
003	mine	Bergwerk (n)	bánya(mű)	kopalnia
004	waterworks	Wasserwerk (n)	vízmű	zakład wodociągowy
005	gasworks	Gaswerk(n)	gázmű	gazownia
006	refinery	Raffinerie (f)	finomító üzem	rafineria
007	chemical plant	Chemiebetrieb (m)	vegyi üzem	zakład chemiczny
008	brewery	Brauerei (f)	sörgyár, sörfőzde	browar
009	garbage collection service	Entsorgungsbetrieb (m)	szemételtávolításért felelős üzem	zakład likwidacji odpadów
010	recycling center	Recycling (n)	újrafelhasználás, újrafeldolgozás	zakład wtórnego wykorzystania
011	incineration plant	Müllverbrennungsanlage (f)	szemétégető berendezés	spalarnia śmieci
012	production center	Produktionsstätte (f)	gyártóbázis, gyártótelep	miejsce produkcji
013	place of work	Arbeitsstätte (f)	munkahely	miejsce pracy
014	cold storage	Kühlhaus (n)	hűtőház	chłodnia
015	exhibition space, exhibition area	Ausstellungsbereich (m)	kiállítási terület	strefa wystawowa
016	power station	Kraftwerk (n)	erőmű	elektrownia
017	water tower	Wasserturm (m)	víztorony	wieża wodna
018	cooling tower	Kühlturm (m)	hűtőtorony	chłodnia wieżowa, kominowa
019	pumping station	Pumpwerk (n)	szivattyú, szivattyúberendezés	pompownia
020	office	Büro (n)	iroda, hivatal	biuro
021	research center	Forschung (f)	kutatóközpont	centrum badawcze
022	laboratory	Labor (n)	laboratórium	laboratorium
XII.02.04.	**store rooms, stock rooms**	**Lager (n)(pl)**	**raktárak**	**magazyny**
001	stockroom, storeroom	Lager (n)	raktár	skład, magazyn
002	shelf	Regal (n)	állvány, polc	regał, półka
003	high-bay racking	Hochregallager (n)	magas raktár	magazyn o spiętrzonych regałach
001	shelving system	Regalsystem (n)	állványrendszer, polcrendszer	system regałowy
002	spare parts storage	Ersatzteillager (n)	pótalkatrészraktár	magazyn części zapasowych
003	cold storage	Kühllager (n)	hűtőház	magazyn-chłodnia
004	dry storage	Trockenlager (n)	szárazon való tárolás	magazyn produktów suchych
005	silo	Silo (n)	siló	silos

промышленность	priemysel	XII.02.03.
типы	**typy**	001
фабрика	továreň, fabrika	002
рудник, шахта	banský závod, baňa	003
предприятие водоснабжения	vodáreň	004
предприятие газоснабжения	plynáreň	005
нефтеперерабатывающий завод	rafinéria	006
химическое предприятие	chemický závod	007
пивоваренный завод, пивоварня	pivovar	008
предприятие по удалению отходов	podnik pre likvidáciu odpadu	009
вторичное использование	podnik pre recykláciu	010
мусоросжигательная установка	spaľovňa odpadkov	011
производственный участок	výrobná základňa, výrobné miesto	012
рабочее место	pracovisko, pracovné miesto	013
место замораживания	chladiareň	014
выставочная зона	výstavný priestor, výstavná plocha	015
электростанция	elektráreň	016
водонапорная башня	vežový vodojem, vodárenská veža	017
градирня	chladiaca veža	018
насосная станция	čerpacie zariadenie, veľké čerpadlo	019
бюро, контора	kancelária	020
исследовательский центр	výskumné stredisko	021
лаборатория	laboratórium	022
склады	**sklady**	**XII.02.04.**
склад	sklad	001
полка, стеллаж	regál, polica	002
склад с многоярусными стеллажами	výškový regálový sklad	003
система стеллажей	policový systém	001
склад запасных частей	sklad náhradných dielcov	002
склад-холодильник	chladiarenský sklad	003
сухой склад	suchý sklad	004
силос	silo	005

XII.03.	commerce	Handel (m)	üzlet	handel
XII.03.01.	types	Typen (m)(pl)	típusok	typy
001	market	Markt (m)	piac, vásár	targ, targowisko
002	covered market	Markthalle (f)	csarnok, vásárcsarnok	hala targowa
003	market stall	Marktbude (f)	piaci elárusítóbódé	kram targowy
004	stock exchange	Börse (f)	tőzsde, börze	giełda
005	chamber of commerce	Handelskammer (f)	kereskedelmi kamara	izba handlowa
006	stand	Verkaufsstand (m)	elárusítóbódé, árusítóstand	stanowisko sprzedażne
007	store, shop	Laden (m), Geschäft (n)	üzlet, bolt	sklep
008	boutique	Boutique (f)	butik	butik
009	arcade	Passage (f)	passzázs, átjáró	pasaż
010	department store	Kaufhaus (n), Warenhaus (n)	áruház	dom handlowy, dom towarowy
011	grocery store	Lebensmittelgeschäft (n)	élelmiszerüzlet	sklep spożywczy
012	self-service shop, self-service store	Selbstbedienungsladen (m)	önkiszolgáló bolt	sklep samoobsługowy
013	supermarket	Supermarkt (m)	szupermarket	supermarket
014	kiosk	Kiosk (m)	kioszk, bódé	kiosk
XII.03.02.	functional areas	Funktionsbereiche (m)(pl)	működési területek	strefy funkcjonalne
001	loading dock	Anlieferung (f)	szállítás	dostawa
002	storeroom, stockroom	Lagerraum (m)	raktár, tárolóhely	pomieszczenie magazynowe
003	deep-freeze room	Tiefkühlraum (m)	mélyhűtő helyiség, fagyasztó(ház)	zamrażarnia
004	garbage room	Müllraum (m)	szemétgyűjtő (kamra)	pomieszczenie na śmieci (odpadki)
005	sales area	Verkaufsbereich (m)	eladási terület	obszar sprzedaży
006	counter	Theke (f)	pult	lada
007	sausages counter	Wursttheke (f)	füstöltárupult	stoisko z wędlinami
008	meat counter	Fleischtheke (f)	húsospult	stoisko z mięsem
009	fish counter	Fischtheke (f)	halaspult	stoisko z rybami
010	meat processing	Fleischbearbeitung (f)	húsfeldolgozás	obróbka mięsa
011	packing table	Packtisch (m)	csomagolóasztal	stół do pakowania
012	cheese counter	Käsetheke (f)	sajtospult	stoisko z serem
013	cooler	Kühlregal (n)	hűtőpult, hűtőregál	regał chłodniczy
014	fresh-food market	Frischemarkt (m)	friss élelmiszerek eladása, frissességek	sprzedaż produktów świeżych
015	fitting room	Anprobe (n)	próbafülke	przymiarka
016	check-out area	Kassenzone (f)	pénztári zóna	strefa kas
017	beverage store	Getränkemarkt (m)	italeladás	sprzedaż napojów
018	newsstand	Zeitschriftenverkauf (m)	újságárusítás	sprzedaż czasopism

торговля	obchod	XII.03.
типы	**typy**	**XII.03.01.**
рынок	trh, trhovisko	001
крытый рынок	tržnica	002
киоск	trhový stánok	003
биржа	burza	004
торговая палата	obchodná komora	005
стойка, торговое место	predajný stánok	006
магазин	obchod, predajňa	007
бутик	butik	008
пассаж	pasáž	009
универмаг	obchodný dom	010
продуктовый магазин	predajňa potravín, potraviny	011
магазин самообслуживания	samoobslužná predajňa	012
супермаркет	supermarket	013
киоск	kiosk, stánok	014
функциональные зоны	**funkčné oblasti**	**XII.03.02.**
поставка, доставка	dodávka	001
складское помещение	skladový priestor	002
морозильная камера	mraziareň	003
помещение для мусора	priestor na odpadky	004
торговая зона	priestor predaja	005
прилавок, стойка	pult	006
колбасный отдел	pult s údeninami	007
мясной отдел	pult s mäsom	008
рыбный отдел	pult s rybami	009
переработка мяса	opracovanie mäsa	010
стол для упаковки	stôl na balenie	011
сырный отдел	pult so syrmi	012
полка с охлаждением	chladiaci regál	013
продажа свежих продуктов	predaj čerstvých potravín	014
примерочная	skúšobná kabína	015
кассовая зона	pokladničná zóna	016
продажа напитков	predaj nápojov	017
продажа газет и журналов	predaj časopisov	018

XII.04.	administration	Verwaltung (f)	adminisztráció	administracja
001	**types**	**Typen (m)(pl)**	**típusok**	**typy**
002	administration building	Verwaltungsgebäude (n)	adminisztrácios épület	budynek administracyjny
003	headquarters, home office	Firmensitz (m)	kereskedőház, a cég székhelye	siedziba firmy
004	post office	Post (f)	posta	poczta
005	bank	Bank (f)	bank	bank
006	**functional areas**	**Funktionsbereiche (m)(pl)**	**funkcionális területek**	**strefy funkcjonalne**
007	doorman	Pförtner (m)	portás	portier
008	information	Information (f)	információ	informacja
009	waiting area	Wartezone (f)	várakozási zóna	strefa oczekiwania
010	counter	Schalter (m)	pénztárablak, tolóablak, kiadóablak	okienko
011	consulting room	Sprechzimmer (n)	fogadószoba	izba przyjęć
012	small conference room	Besprechungsraum (m)	tárgyalószoba, ülésterem	pokój konferencyjny
013	conference room	Konferenzraum (m)	tanácsterem, ülésterem	sala konferencyjna
014	vault	Tresor (m)	páncélszekrény	skarbiec
015	hall	Schalterraum (m)	rekeszes helyiség	pomieszczenie operacyjne
016	cashier	Kasse (f)	pénztár	hala kasowa
017	safety deposit box	Kundentresor (m)	páncélszekrény az ügyfelek részére	skarbiec dla klientów
018	office	Büro (n)	iroda	biuro
019	office work space	Büroarbeitsplatz (m)	irodai munkahely	miejsce pracy biurowej
020	private office	Zellenbüro (n)	egyszemélyes iroda	biuro jednoosobowe
021	group office, team office	Gruppenbüro (n)	többszemélyes irodahelyiség, csoportos irodahelyiség	biuro wieloosobowe grupowe
022	open-plan office	Großraumbüro (n)	nagyteres iroda	buiro wielkoprzestrzenne
023	word processing	Schreibzimmer (n)	gépíróiroda, leíróiroda	hala maszyn
024	secretary	Sekretariat (n)	titkárság	sekretariat
025	manager's office	Direktion (f)	igazgatóság	dyrekcja
026	accounting	Buchhaltung (f)	könyvelőség	księgowość
027	personnel	Lohnbuchhaltung (f)	bérkönyvelőség	księgowość płac
028	mail room	Poststelle (f)	postázó	dział pocztowy
029	records room, file room	Registratur (f)	iktató	registratura
030	archives (pl.)	Archiv (n)	levéltár, okmánytár, archívum	archiwum
031	training room	Schulungsraum (m)	oktatási helyiség	dział szkolenia
032	computer center	Rechenzentrum (n)	számítóközpont	centrum obliczeniowe

администрация	administratíva	XII.04.
типы	**typy**	001
административное здание	administratívna budova	002
штаб-квартира	sídlo firmy	003
почтамт, почта	pošta	004
банк	banka	005
функциональные зоны	**funkčné oblasti**	006
швейцар	vrátnik	007
информация	informácie	008
зона ожидания	čakacia zóna	009
окошко	priehradka, posuvné okienko	010
приёмная	hovorňa, prijímacia izba	011
помещение для переговоров	zasadacia miestnosť	012
конференц-зал	konferenčná miestnosť	013
хранилище ценностей	trezor, trezorová miestnosť	014
операционный зал	miestnosť s priehradkami	015
кассовый зал	pokladničná hala	016
сейф	trezor pre klientov	017
бюро, офис	kancelária	018
рабочее место в бюро	kancelárske pracovisko	019
ячейковое бюро	*kancelária s jedným pracovníkom*	020
бюро группы	*kancelária pre skupinu pracovníkov*	021
ландшафтное бюро	veľkopriestorová kancelária	022
машбюро	pisáreň	023
секретариат	sekretariát	024
дирекция	riaditeľstvo	025
бухгалтерия	účtáreň	026
расчётный отдел	mzdová účtáreň	027
канцелярия	podateľňa	028
регистратура	registratúra	029
архив	archív	030
помещение для занятий	miestnosť pre školenia	031
вычислительный центр	výpočtové stredisko	032

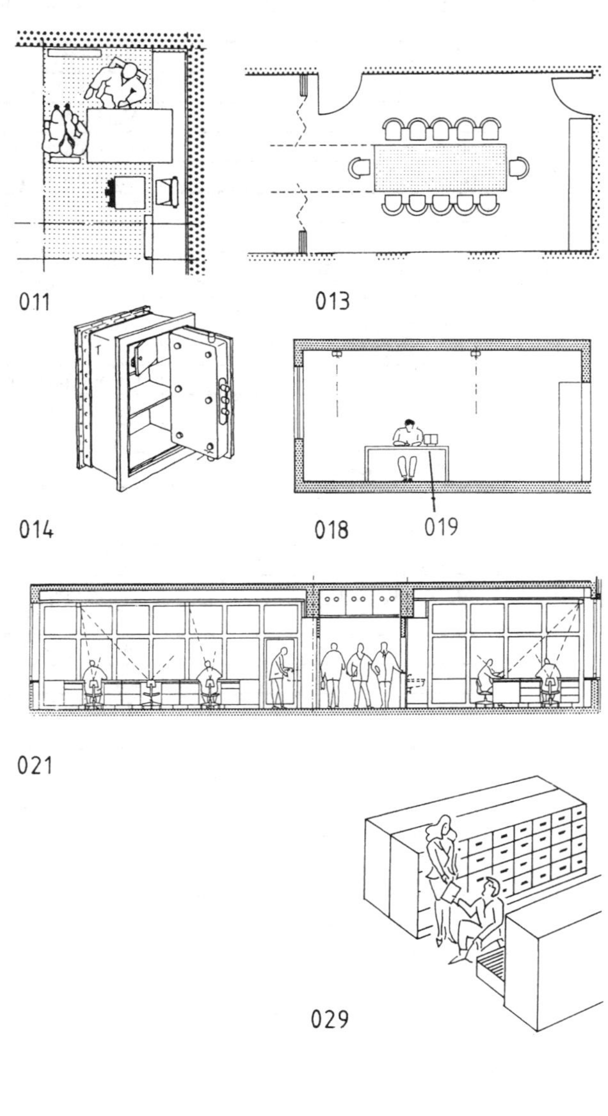

XII.05.	state and city	Staat (m) und Kommune (f)	állam és város	państwo i miasto
001	capitol	Parlament (n)	parlament	parlament, sejm
002	government building	Regierungsgebäude (n)	kormányépület	budynki rządowe
003	administrative building, state building	Ministerium (n)	minisztérium	ministerstwo
004	embassy	Botschaft (f)	nagykövetség	ambasada
005	police	Polizei (f), Polizeigebäude (n)	rendőrség, rendőrhatóság	policja
006	police station	Wache (f)	őrhely, őrszoba	posterunek
007	courthouse	Gerichtsgebäude (n)	törvényszék, bíróság	gmach sądu
008	prison, jail	Gefängnis (n)	fogház, börtön	więzienie
009	customs	Zoll (m), Zollgebäude (n)	vám, vámhivatal	komora celna, cło
010	military administration	Militärverwaltung (f)	katonai közigazgatás	administracja wojskowa
011	barracks	Kaserne (f)	laktanya, kaszárnya	koszary
012	parade ground	Exerzierplatz (m)	gyakorlótér	plac parad, defilad
013	exercise field, training area	Truppenübungsgelände (n)	gyakorlótér (katonai)	poligon
014	bunker	Bunker (m)	óvóhely, bunker	arsenał, zbrojownia
015	arsenal	Depot (n)	raktár, telep	magazyn
016	military cemetery	Soldatenfriedhof (m)	katonai temető	cmentarz wojskowy
017	city hall, town hall	Rathaus (n)	városháza, tanácsháza	ratusz
018	civic center	Stadthalle (f)	kultúrház	miejska hala widowiskowa
019	community hall	Gemeindehaus (n)	községháza	centrum gminne
020	fire station	Feuerwehr (f)	tűzoltók	straż pożarna
021	garbage disposal	Müllabfuhr (f)	szemételtávolítás	wywóz śmieci

государство и община	štát a mesto	XII.05.
парламент	parlament	001
правительственное здание	vládna budova	002
министерсво	ministerstvo	003
полицейский участок	veľvyslanectvo	004
полиция	polícia, policajná budova	005
пост, вахта	policajná stanica	006
здание суда	súdna budova	007
тюрьма	väzenie	008
здание таможни	colnica, budova colnice	009
военное управление	vojenská správa	010
казарма	kasáreň	011
плац	cvičisko, miesto pre slávnostný nástup vojakov	012
полигон	vojenské cvičisko	013
бункер	bunker	014
арсенал	zbrojný sklad	015
воинское кладбище	vojenský cintorín	016
ратуша	radnica	017
городской зал	mestská hala	018
общественный центр	obecný dom	019
пожарная команда, часть	požiarny zbor	020
вывоз мусора	odvoz smetí	021

XII.06.	traffic	Verkehr (m)	közlekedés	komunikacja
XII.06.01.	**road traffic**	**Straßenverkehr (m)**	**utcai forgalom, közúti forgalom**	**komunikacja drogowa**
001	**types**	**Typen (m)(pl)**	**típusok**	**typy**
002	sidewalk	Gehweg (m)	járda, sétány, gyalogút	droga piesza
003	hiking trail	Wanderweg (m)	turistaút	szlak turystyczny
004	bridle path	Reitweg (m)	lovaglópálya, lovaglóút	ścieżka do jazdy konnej
005	bike path	Fahrradweg (m)	kerékpárút	ścieżka rowerowa
006	street, road	Autostraße (f)	autóút, közút	droga kołowa
007	**buildings**	**Gebäude (n)**	**épület, építmény**	**budynki**
008	roadside restaurant	Raststätte (f)	vendéglő, pihenőhely	przydrożna restauracja
009	motel	Motel (n), Rasthof (m)	motel	motel, schronisko przydrożne
010	gas station	Tankstelle (f)	benzinkút, töltőállomás	stacja benzynowa
011	terminal, bus station	Busbahnhof (m)	autóbuszállomás	dworzec autobusowy
012	tollbooth, toll station	Mautstation (f)	vámház	myto, rogatka
013	transport shipping company, freight shipping company	Spedition (f)	szállítás, fuvarozás, spedíció	wysyłka, spedycja
014	**equipment**	**Ausstattungen (f)(pl)**	**felszerelések**	**wyposażenie**
015	emergency telephone	Notrufsäule (f)	segélyhívó telefon	telefon pomocy ratunkowej
016	pedestrian zone	Fußgängerzone (f)	gyalogosforgalmi övezet	strefa ruchu pieszego
017	noise barrier wall	Schallschutzwand (f)	zaj elleni védőfal	ściana ochrony akustycznej
018	pedestrian bridge	Fußgängerbrücke (f)	gyaloghíd	kładka ruchu pieszego, most dla pieszych
019	bicycle stand	Fahrradständer (m)	kerékpártároló, kerékpárállvány	stojak na rowery
020	**parking**	**Parken** (n), **ruhender Verkehr** (m)	**parkolás**	**postój, parkowanie**
021	parking space	Stellplatz (m)	parkolóhely (*egy autó részére*)	stanowisko parkingowe (dla jednego pojazdu)
022	parking lot	Parkplatz (m)	parkoló(hely)	parking
023	garage	Garage (f)	garázs	garaż
024	parking garage	Parkhaus (n)	parkolóház, többszintes garázs	garaż wielopiętrowy
025	underground parking garage	Tiefgarage (f)	föld alatti garázs	garaż podziemny
026	street furniture	Straßenmöbel (f)	útcai berendezés, útcai felszerelés	elementy wyposażenia ulicy
027	traffic sign	Verkehrsschild (n)	közlekedésitábla, közúti jelzés, útjelzés	znak drogowy
028	street sign	Straßenschild (n)	utcanévtábla	tablica z nazwą ulicy
029	street lighting	Straßenbeleuchtung (f)	közvilágítás, utcai világítás	oświetlenie ulic
030	streetlamp, streetlight	Laterne (f)	utcai lámpa	latarnia
031	advertising	Reklame (f)	reklám	reklama
032	stop	Haltestelle (f)	megálló(hely)	przystanek
033	ticket booth	Fahrkartenschalter (m)	jegypénztár	kasa biletowa
034	ticket machine	Fahrkartenautomat (m)	jegyautomata	automat biletowy
035	shelter	Unterstand (m)	fedett váróhely, fedett megállóhely	schron, wiata
036	waiting room	Wartehalle (f)	váróhelyiség, váróterem	poczekalnia

транспорт	doprava	XII.06.
уличное движение	cestná doprava	XII.06.01.
типы	**typy**	001
тротуар	chodník, cesta pre chodcov	002
туристический маршрут	turistická cesta, vychádzková cesta	003
конный маршрут	cesta pre jazdcov	004
велосипедная дорожка	cesta pre cyklistov	005
автострада	autostráda	006
здания	**budovy**	007
дорожный ресторан	motorest	008
мотель	motel	009
заправочная станция	čerpacia stanica	010
автовокзал	autobusová stanica	011
дорожная станция	mýtna stanica, mýto	012
транспортное агентство	dopravné oddelenie, zasielateľstvo, špedícia	013
оборудование	**vybavenia**	014
телефон экстренной связи	telefón núdzového volania	015
пешеходная зона	pešia zóna	016
шумозащитная стена	protihluková stena	017
пешеходный мостик	lávka pre peších, most pre chodcov	018
стойка для велосипедов	stojan na bicykle	019
парковка	**parkovanie**	020
место на стоянке	parkovacie miesto *(pre jedno auto)*	021
паркинг	parkovisko	022
гараж-стоянка	garáž	023
многоэтажный гараж-стоянка	viacpodlažná garáž	024
подземный гараж	podzemná garáž	025
оборудование улицы	zariadenie ulice, "uličný nábytok"	026
дорожный знак	tabuľa dopravnej značky	027
таблица с названием улицы	tabuľa s názvom ulice	028
уличное освещение	pouličné osvetlenie	029
уличный фонарь	pouličná lampa	030
реклама	reklama	031
остановка	zastávka	032
билетная касса	výdajňa cestovných lístkov, osobná pokladnica	033
автоматическая билетная касса	automat cestovných lístkov	034
навес	úkryt, krytá zastávka, čakáreň na zastávke	035
зал ожидания	čakáreň, čakacia hala	036

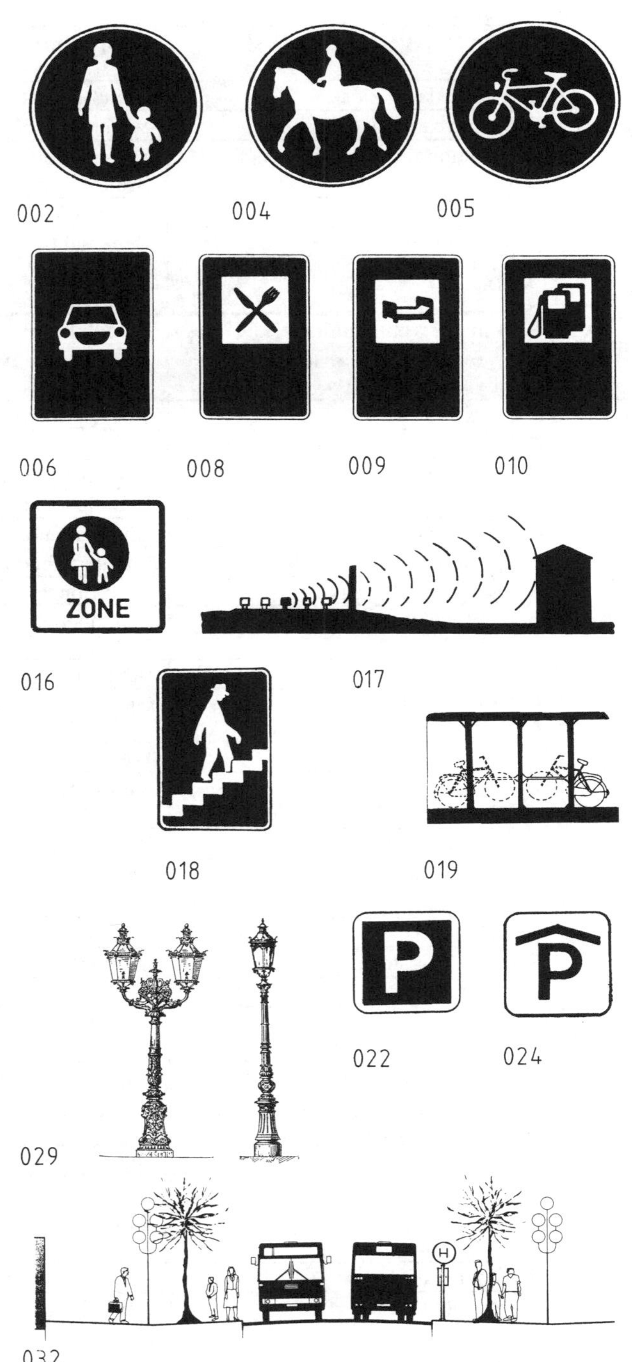

037	playground equipment	Kinderspielgerät (n)	gyermekjátszótér-felszerelések, gyermekjáték	urządzenie zabawowe
038	playground	Kinderspielplatz (m)	gyermekjátszótér	plac zabaw dla dzieci
039	bench	Bank (f)	pad, ülőhely	ławka, siedzisko
040	bollard	Pömpel (m), Poller (m)	jelzőoszlop, terelőoszlop, jelzőkorlát	słupek, pachołek
041	advertising kiosk	Litfaßsäule (f)	hirdetőoszlop	słup ogłoszeniowy
042	showcase, display case	Vitrine (f)	vitrin	witryna
043	fountain	Springbrunnen (m), Brunnen (m)	kút, szökőkút	fontanna
044	sculpture	Plastik (f)	plasztika, szobor	rzeźba
045	monument	Denkmal (n)	emlékmű	pomnik
046	art in the public realm	Kunst (f) im öffentlichen Raum (m)	szabadtéri művészet	sztuka na wolnym powietrzu, sztuka pod gołym niebem
047	mural, wall-painting	Wandbild (n)	fali kép	obraz ścienny, mural
XII.06.02.	**rail transport**	**Schienenverkehr** (m)	**sínpályás közlekedés, vasúti szállítás**	**komunikacja szynowa**
001	**types**	**Typen (m)(pl)**	**típusok**	**typy**
002	railway station, railroad station	Bahnhof (m)	pályaudvar, vasútállomás	dworzec
003	main station, central station	Hauptbahnhof (m)	főpályaudvar	dworzec główny
004	subway station	U-Bahnhof (m)	metró, földalatti vasút	dworzec metra
005	freight station	Güterbahnhof (m)	teherpályaudvar	dworzec towarowy
006	shunting yard, switchyard	Rangierbahnhof (m)	rendezőpályaudvar	stacja rozrządowa
007	**functional areas**	**Funktionsbereiche (m)(pl)**	**funkcionális területek**	**strefy funkcjonalne**
008	railroad crossing	Bahnübergang (m)	vasúti átjáró	przejazd kolejowo-drogowy
009	railroad crossing barrier	Bahnschranke (f)	sorompó	szlaban kolejowy
010	rails, tracks	Gleise (n)(pl)	vágány	tory kolejowe
011	switch	Weiche (f)	váltó	rozjazd
012	signal box, switch tower	Stellwerk (n)	váltóállítótorony, váltóirányítóház	nastawnia
013	*gatekeeper's house*	Bahnwärterhaus (n)	vasúti őrház, pályaőrház	stróżówka, budka dróżnika
014	main hall	Bahnhofshalle (f)	pályaudvarcsarnok	hala dworcowa
015	concourse	Verbindungskorridor (m)	összekötőfolyosó	korytarz łączący
016	platform	Bahnsteig (m)	peron	peron
017	station restaurant	Bahnhofsrestaurant (n)	vasúti vendéglő	restauracja dworcowa
018	locker, luggage locker	Schließfach (n)	poggyászmegőrző rekesz, poggyászmegőrző automata	schowek bagażowy
019	luggage office, checkroom	Gepäckaufbewahrung (f)	poggyászmegőrző, csomagmegőrző	przechowalnia bagażu, bagażownia
XII.06.03.	**water traffic**	**Wasserverkehr** (m)	**vízi közlekedés, vízi forgalom**	**komunikacja wodna**
001	**harbors**	**Häfen (m)(pl)**	**kikötők**	**porty**
002	deep-sea port	Hochseehafen (m)	nyílt tengeri kikötő	port morski
003	inland port	Binnenhafen (m)	folyami kikötő	port śródlądowy
004	industrial port	Industriehafen (m)	ipari kikötő, teherkikötő	port przemysłowy
005	container port	Containerhafen (m)	konténerkikötő	port kontenerowy
006	quay(side), wharf	Kai (m)	rak(odó)part, kőpart	nabrzeże
007	pier	Pier (m), Mole (f)	kikötőgát, móló, kőgát	molo
008	dike	Deich (m)	gát, töltés	tama

игровое оборудование	zariadenie detského ihriska, vybavenie detského ihriska	037
детская игровая площадка	detské ihrisko	038
скамья, сидение	lavička *(na sedenie)*	039
уличная тумба	stĺpik	040
афишная тумба	stĺp na naliepanie plagátov	041
витрина	vitrína	042
фонтан	fontána	043
скульптура	plastika, socha	044
памятник	pamätník, pomník	045
искусство под открытым небом	umenie na voľnom (verejnom) priestranstve	046
настенная роспись	nástenný obraz	047
железнодорожный транспорт	**koľajová doprava**	**XII.06.02.**
типы	**typy**	001
вокзал	železničná stanica	002
главный вокзал	hlavná stanica	003
станция метро	stanica metra	004
грузовая станция	nákladná stanica	005
сортировочная станция	zoraďovacie nádražie	006
функциональные зоны	**funkčné oblasti**	007
железнодорожный переезд, железнодорожный переход	železničné priecestie	008
шлагбаум, перила	železničná závora	009
железнодоржный путь, колея, путь	koľaje	010
стрелка, разъезд	výhybka	011
диспетчерская	stavadlo	012
сторожка	strážny dom	013
помещение вокзала	staničná hala	014
конкорс	spájací koridor	015
перрон, платформа	nástupište, perón	016
вокзальный ресторан	staničná reštaurácia	017
автоматическая камера хранения	skrinky na batožinu	018
камера хранения	úschovňa batožín	019
водный транспорт	**vodná doprava**	**XII.06.03.**
порт	**prístavy**	001
морской порт	námorný prístav	002
речной порт	vnútrozemský prístav	003
грузовой порт	priemyselný prístav	004
контейнерный порт	kontejnerový prístav	005
набережная	nábrežie	006
мол	mólo, prístavná hrádza	007
дамба, плотина	hrádza	008

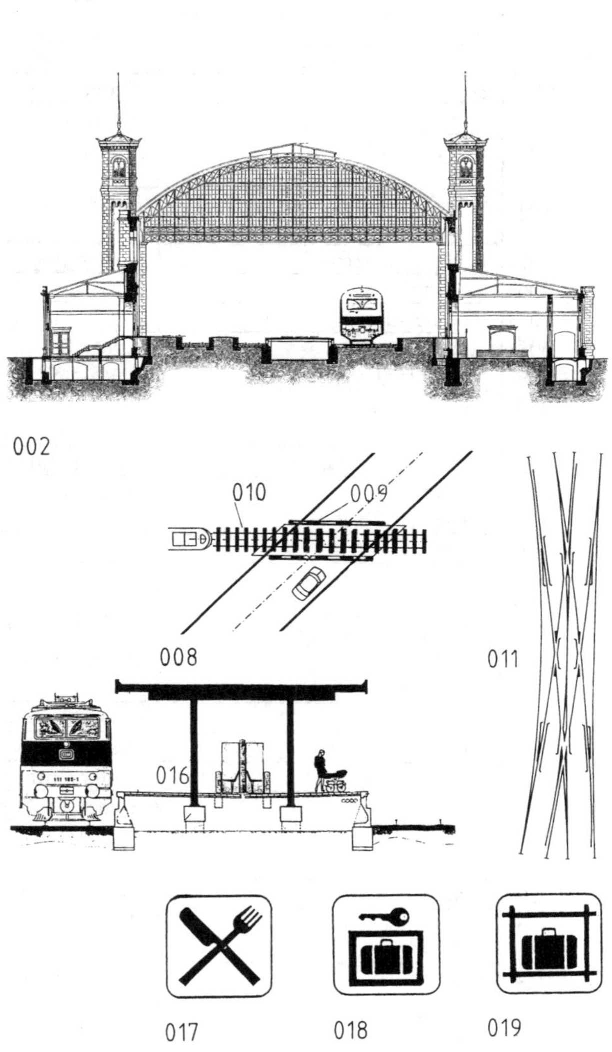

009	narrow pier	Steg (m)	kikötőhíd, stég, palló, gyaloghíd	trap
010	dock	Dock (n)	dokk	dok
011	dry dock	Trockendock (n)	szárazdokk	suchy dok
012	shipyard, shipbuilding yard, dockyard	Werft (f)	hajógyár	stocznia
013	storehouse, warehouse	Speicherhaus (n)	kikötői közraktár	magazyn
014	lock	Schleuse (f)	zsilip	śluza
015	lift lock	Schiffshebewerk (n)	hajóemelő	podnośnia statków
XII.06.04.	**air traffic**	**Luftverkehr** (m)	**légi forgalom**	**komunikacja lotnicza**
001	**types**	**Typen (m)(pl)**	**típusok**	**typy**
002	airport	Flughafen (m)	repülőtér	lotnisko
003	gliding field	Segelflugplatz (m)	repülőtér vitorlázórepülőgépek részére	lotnisko szybowcowe
004	rocket launching site	Raketenstartgelände (n)	rakétakilövő hely	wyrzutnia rakietowa, poligon rakietowy
005	**functional areas**	**Funktionsbereiche (m)(pl)**	**funkcionális területek**	**strefy funkcjonalne**
006	airport field	Flugplatz (m)	a repülőtér területe	lotnisko
007	landing strip	Landebahn (f)	gurulópálya	pas startowy
008	control tower	Kontrollturm (m)	(repülőtéri) irányítótorony	wieża kontrolna
009	hangar (vgl. 028)	Flugzeughalle (f)	hangár, repülő(gép)csarnok	hangar
010	passenger terminal	Empfangshalle (f), Empfangsgebäude (n)	fogadóépület	hala ogólna (operacyjna), dworzec lotniczy
011	departures, departure terminal	Abflugterminal (n)	indulás, indulási zóna	terminal odlotów, hala odlotów
012	arrivals, arrival terminal	Ankunftsterminal (n)	érkezés, érkezési zóna	terminal przylotów, hala przylotów
013	gangway	Gangway (f)	átjáró	schodki pasażerskie
014	baggage check-in	Gepäckannahme (f)	csomagátvétel	przyjęcie, nadanie bagażu
015	baggage claim area	Gepäckausgabe (f)	csomagkiadó	wydawanie bagażu
016	check-in, ticketing	Abfertigungsschalter (m)	jegykezelés és poggyászkezelés (helye reptéren)	okienko odpraw
017	baggage conveyor	Gepäckband (n)	mozgó csomagszállító szalag	taśma bagażowa
018	passport control	Passkontrolle (f)	útlevélvizsgálat	kontrola paszportowa
019	customs control	Zollkontrolle (f)	vámellenőrzés, vámvizsgálat	kontrola celna
020	security check	Sicherheitskontrolle (f)	biztonsági ellenőrzés	kontrola bezpieczeństwa
021	moving sidewalk, moving walkway	Rollband (n)	mozgójárda	chodnik ruchomy
022	airport terminal	Flughafengebäude (n)	repülőtéri épület	budynek lotniska
023	check-in terminal	Abfertigungshalle (f)	repülőtéri váróterem, felvételi épület (repülőtéren)	hala odpraw
024	dispatch	Frachtabfertigung (f)	árueligazítás, áruelküldés	ekspedycja towarowa
025	departure lounge, boarding lounge	Wartehalle (f)	váróhelyiség	poczekalnia
026	takeoff, departure	Abflug (m)	felszállás	odlot
027	landing, arrival	Ankunft (f)	érkezés, megérkezés	przylot
028	observation deck	Aussichtsplattform (f)	kilátóterasz (repülőtéren)	platforma widokowa

трап	lávka, mostík	009
док	dok	010
сухой док	suchý dok	011
верфь	lodenica	012
склады	prístavný verejný sklad	013
шлюз	vzdúvadlo	014
судоподъёмник	lodné zdvíhadlo	015
воздушный транспорт	**letecká doprava**	**XII.06.04.**
типы	**typy**	001
аэропорт, аэродром	letisko	002
аэродром для планеров	letisko pre vetrone	003
ракетная стартовая площадка	štartovacia plocha pre rakety	004
функциональные зоны	**funkčné oblasti**	005
лётное поле	plocha letiska	006
взлётно-посадочная полоса	pristávacia dráha	007
башня управления	kontrolná veža	008
ангар	hangár	009
зал аэровокзала	prijímacia budova	010
терминал вылета	odletový terminál	011
терминал прилёта	príchodový terminál	012
трап	prevozné schody	013
приём багажа	príjem batožiny, podanie batožiny	014
выдача багажа	výdaj batožiny	015
регистрация	odbavovacia priehradka	016
транспортный контроль	batožinový dopravný pás	017
паспортный контроль	pasová kontrola	018
таможенный контроль	colná kontrola	019
спецконтроль безопасности	bezpečnostná kontrola	020
эскалатор	pohyblivý chodník	021
здание аэровокзала	letisková budova	022
зал вылета	odbavovacia hala	023
отправка грузов	odbavenie tovaru, expedícia tovaru	024
зал ожидания	čakáreň	025
вылет	odlet	026
прибытие	príchod	027
видовая обзорная площадка	vyhliadková plošina	028

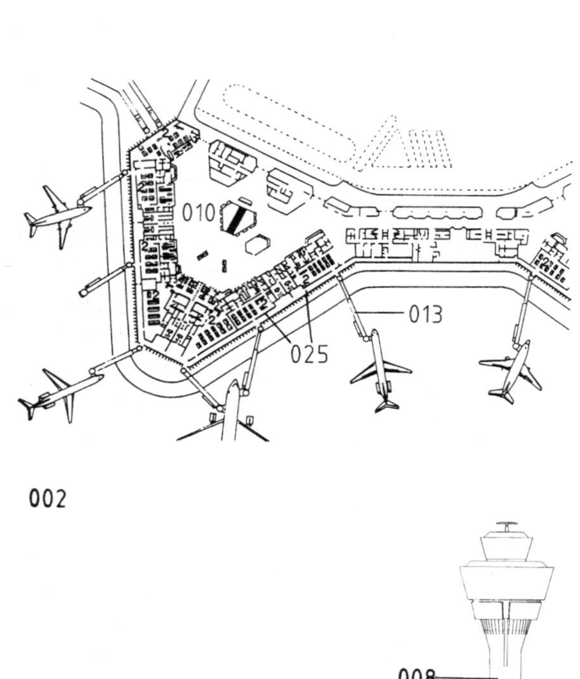

002

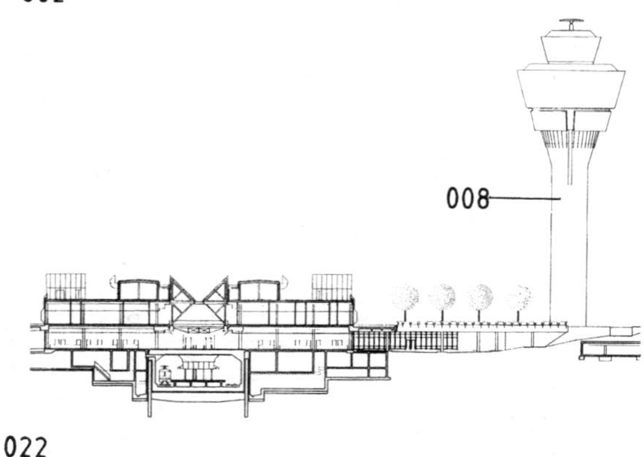

022

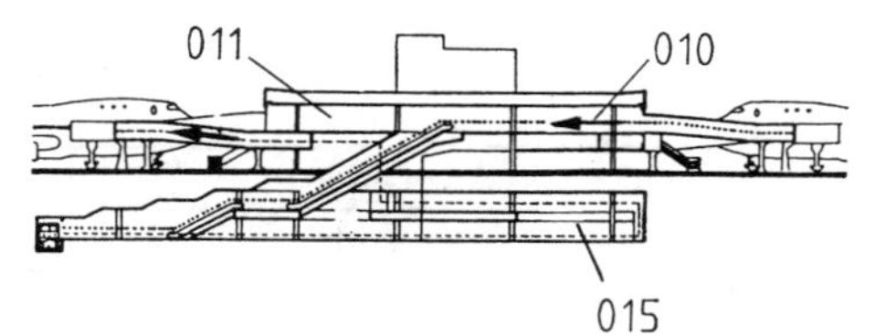

XII.07.	circulation	Erschließung (f)	megközelíthetőség	udostępnienie (komunikacja)
XII.07.01.	external circulation	äußere Erschließung (f)	külső hozzáférhetőség	powiązania zewnętrzne
001	steps, staircase	Freitreppe (f)	előlépcső, külső lépcső	schody zewnętrzne
002	court of honor, entry court	Ehrenhof (m)	díszudvar	dziedziniec reprezentacyjny, honorowy
003	gate	Tor (n)	kapu	brama
004	gateway	Toreinfahrt (f)	kapualj, kapubejárat	wjazd bramny
005	driveway	Auffahrt (f)	feljáró, kocsi feljáró, felvezető út	wjazd
006	driveway	Vorfahrt (f)	feljáró, kocsi feljáró, felvezető út (félköríves)	podjazd
007	elements of circulation	Elemente (n)(pl) der Erschließung (f)	megközelíthetőségi elemek	elementy komunikacji
008	stairs, staircase	Treppe (f)	lépcső	schody
009	stairwell	Treppenhaus (n)	lépcsőház	klatka schodowa
010	spiral stairs	Wendeltreppe (f), Spindeltreppe (f)	csigalépcső, körlépcső	schody zabiegowe, schody spiralne
011	double stairs	Doppeltreppe (f)	kétkarú lépcső	schody podwójne
012	cellar stairs	Kellertreppe (f)	pincelépcső	schody piwniczne
013	main staircase, main stairs	Haupttreppe (f)	főlépcső	schody główne
014	auxiliary stairs	Nebentreppe (f)	melléklépcső	schody boczne
015	escalator	Rolltreppe (f)	mozgólépcső	schody ruchome
016	elevator	Fahrstuhl (m), Aufzug (m)	felvonó, lift(kabin)	winda, dźwig
017	emergency stairs	Nottreppe (f)	vészlépcső	schody ratunkowe
018	fire escape	Fluchttreppe (f)	menekülőlépcső	schody ewakuacyjne
XII.07.02.	internal circulation	innere Erschließung (f)	belső hozzáférhetőség	powiązania wewnętrzne
001	vertical circulation	Vertikalerschließung (f)	függőleges megközelíthetőség	powiązanie pionowe
002	horizontal circulation	Horizontalerschließung (f)	vízszintes megközelíthetőség	powiązanie poziome
003	linear circulation	Linearerschließung (f)	lineáris megközelíthetőség	powiązanie linearne
004	radial circulation	Radialerschließung (f)	radiális megközelíthetőség	powiązanie promieniste
005	central corridor	Zentralerschließung (f)	központi megközelíthetőség	powiązanie centralne
006	circular corridor	Ringerschließung (f)	kör alakú folyosó	powiązanie pierścieniowe
007	building with exterior circulation	Laubenganghaus (n)	függőfolyosóház	galeriowiec
008	spatial sequence	Raumfolge (f)	helyiségek sorrendje	kolejność przestrzenna
009	linear series	Raumkette (f)	helyiségek láncolata	przestrzenie przenikające się (łańcuch przestrzeni)
010	single-loaded corridor	Einbund (m) (einbündig)	egytraktus, egytraktusos	jednotrakt (układ galeriowy)
011	double-loaded corridor	Zweibund (m) (zweibündig)	kéttraktus, kéttraktusos	dwutrakt (układ korytarzowy)
012	two parallel double-loaded corridors	Dreibund (m) (dreibündig)	többtraktus, többtraktusos	trójtrakt (układ dwukorytarzowy)

движение	sprístupnenie (komunikácie)	XII.07.
подъезды и подходы	**vonkajšie sprístupnenie**	**XII.07.01.**
ступени, крыльцо	predložené schody, vonkajšie schodisko	001
курдонёр	čestný dvor	002
ворота	brána	003
проезд	bránový vjazd	004
въезд	výjazd	005
подъезд	príjazd	006
элементы сообщения	prvky sprístupnenia	007
лестница	schody, schodisko	008
лестничная клетка	schodisko, schodište	009
винтовая лестница	vretenové schodisko, točité schodisko	010
двухмаршевая лестница	dvojité (dvojramenné) schodisko	011
лестница в подвал	pivničné schodisko	012
главная лестница	hlavné schodisko	013
боковая лестница	vedľajšie schodisko, bočné schodisko	014
эскалатор	pohyblivé schody	015
лифт	výťah	016
эвакуационная лестница	núdzové schodisko	017
незадымляемая лестница	únikové schodisko	018
связи в здании	**vnútorné sprístupnenie**	**XII.07.02.**
вертикальная связь	vertikálne sprístupnenie	001
горизонтальная связь	horizontálne sprístupnenie	002
линейная связь	lineárne sprístupnenie	003
радиальная связь	radiálne sprístupnenie	004
центральная связь	centrálne sprístupnenie	005
кольцевая связь	okružné sprístupnenie	006
галерейный дом	pavlačový dom	007
последовательные пространства	sled (usporiadanie) miestností	008
цепь пространств	reťaz priestorov	009
галерейная структура	dvojtrakt (dvojtraktový)	010
коридорная структура	trojtrakt (trojtraktový)	011
структура со сдвоенным коридором	päťtrakt (päťtraktový)	012

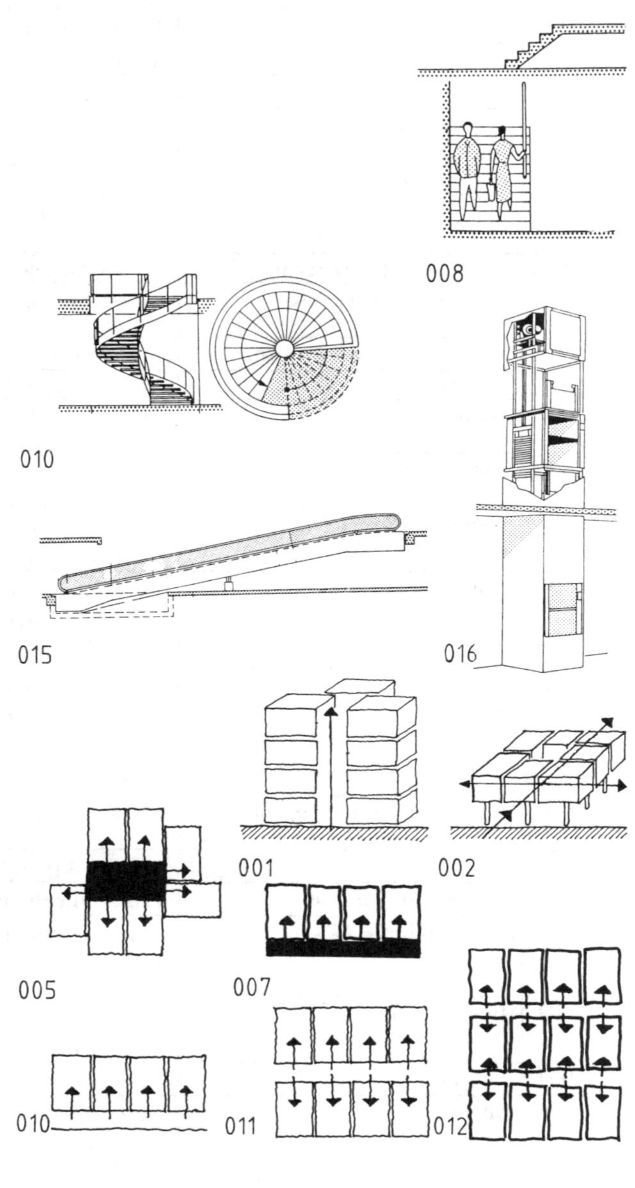

XII.08.	housing	Wohnungsbau (m)	lakásépítés	budownictwo mieszkalne
XII.08.01.	**general terms**	**Allgemeine Begriffe** (m)(pl)	**általános fogalmak**	**pojęcia ogólne**
001	residential building	Wohnhaus (n)	lakóház	dom mieszkalny
002	living space	Wohnraum (m)	lakótér	przestrzeń mieszkalna
003	living area	Wohnfläche (f)	lakóterület, lakófelület	powierzchnia mieszkalna
004	home	Wohnung (f)	lakás	mieszkanie
005	cross ventilation	Querlüftung (f)	keresztszellőzés	przewietrzenie na przestrzał
006	room orientation	Raumorientierung (f)	térbeli elrendezés	orientacja przestrzenna
007	domestic behavior	Wohnverhalten (n)	viselkedés a lakásban	zachowania mieszkaniowe
008	domestic needs	Wohnbedürfnisse (f)	lakásigények, lakásszükségletek	potrzeby mieszkaniowe
009	dwelling pattern, lifestyle	Wohnform (f)	lakás v. tartózkodás formái (minősége)	forma zamieszkania
010	domestic activities	Wohntätigkeiten (f)(pl)	otthoni tevékenységek	aktywności mieszkaniowe
011	domestic functions	Wohnfunktionen (f)(pl)	a lakás funkciója, a lakás rendeltetése	funkcje mieszkaniowe
XII.08.02.	**real estate terms**	**Eigentumsarten** (f)(pl)	**birtoklási típusok**	**rodzaje własności**
001	privately owned house	Eigenheim (n)	saját tulajdonban lévő ház, családiház	dom własny
002	privately owned apartment	Eigentumswohnung (f)	öröklakás	mieszkanie własnościowe
003	rental unit	Mietwohnung (f)	bérelt lakás	mieszkanie czynszowe
004	public housing	Massenwohnungsbau (m)	tömeges lakásépítés	mieszkalne budownictwo masowe
005	subsidized housing	sozialer Wohnungsbau (m)	szociális lakásépítés	mieszkalne budownictwo socjalne
006	co-op (cooperative ownership)	Genossenschafts-wohnungsbau (m)	szövetkezeti lakásépítés	mieszkalne budownictwo spółdzielcze
007	condominium	Kondominium (n) *(Apartmenthaus mit Eigentumswohnungen)*	kondomínium *(ház öröklakásokkal)*	kondominium *(dom apartamentowy z mieszkaniami własnościowymi)*
008	co-op	Eigentumswohnung (f) *(genossenschaftliche Organisation des gesamten Gebäudes)*	öröklakás *(a ház a lakók tulajdonában van)*	mieszkanie własnościowe (bez księgi wieczystej), własność spółdzielcza
009	lease co-op, lease cooperative	Genossenschaftswohnung (f)	szövetkezeti lakás	mieszkanie spółdzielcze
XII.08.03.	**types**	**Typen** (m)(pl)	**típusok**	**typy**
001	**single family house**	**Einfamilienhaus (n)**	**családi ház**	**dom jednorodzinny**
002	detached house	Einzelhaus (n), (freistehendes Einfamilienhaus)	különálló ház (egyedül álló épület)	dom wolnostojący, wolnostojący dom jednorodzinny
003	freeplan house	Haus (n) mit freiem Grundriss (m)	nyílt beépítésű ház, szabad beépítésű ház	dom o wolnym rzucie
004	bungalow	Bungalow (m)	bungaló, nyaralószerű ház	bungalow
005	duplex	Doppelhaus (n)	ikerház, kettős ház	dom bliźniak
006	row house	Reihenhaus (n)	sorház	dom szeregowy
007	courtyard house	Atriumhaus (n)	átriumház	dom atrialny
008	cottage	*kleines Haus (n)*	kunyhó, házikó	mały dom

жилищное строительство	**bytová výstavba**	**XII.08.**
общие понятия	**všeobecné pojmy**	**XII.08.01.**
жилой дом	obytný dom	001
жилое помещение	obytný priestor	002
жилая площадь	obytná plocha	003
квартира, жилище	byt	004
сквозное проветривание	priečne vetranie	005
ориентация помещений	orientácia priestorov	006
сценарий пребывания	správanie sa v byte	007
бытовые потребности	bytové potreby	008
тип жилища	forma bývania	009
деятельность в жилище	bytové činnosti	010
функции жилища	funkcie bytu	011
виды жилой собственности	**druhy vlastníctva**	**XII.08.02.**
частный односемейный дом	vlastný dom	001
частная квартира	vlastný byt	002
арендуемая квартира	nájomný byt	003
массовое жилищное строительство	hromadná bytová výstavba	004
социальное жилищное строительство	sociálna bytová výstavba	005
кооперативное жилищное строительство	družstevná bytová výstavba	006
кондоминиум (дом с частными квартирами)	kondomínium *(apartmánový dom s vlastnými bytmi)*	007
собственная квартира в кооперативном доме	byt v osobnom vlastníctve *(dom vo vlastníctve bývajúcich)*	008
квартира, снимаемая в кооператвном доме	družstevný byt	009
типы	**typy**	**XII.08.03.**
дом для одной семьи	**rodinný dom**	001
отдельно стоящий одноквартирный дом	voľne stojací dom	002
дом со свободной планировкой	dom s voľným pôdorysom	003
бунгало, дача	bungalov	004
блокированный двухквартирный дом	dvojdom	005
дом рядовой застройки	radový dom	006
атриумный дом	átriový dom	007
коттедж	malý dom	008

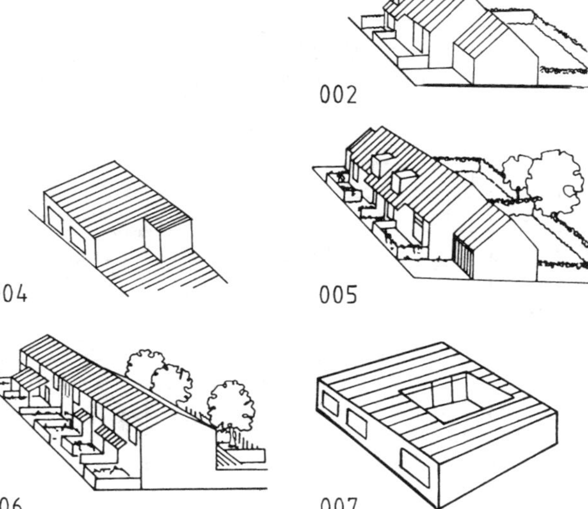

009	townhouse	Stadthaus (n)	városi ház	dom miejski
010	country house	Landhaus (n)	vidéki ház	dom wiejski
011	villa	Villa (f)	villa	willa
012	**multiple dwelling**	**Geschoßwohnungsbau (m), Mehrfamilienhaus (n)**	**többemeletes lakóépület**	**mieszkalne budynki piętrowe, dom wielorodzinny**
013	linear development	Zeilenbebauung (f)	sávos beépítés	zabudowa rzędowa
014	block development	Blockbebauung (f)	tömbház, lakótömb	zabudowa blokowa
015	slab block	Wohnscheibe (f)	pengeépület, pengeház	parawanowiec
016	terrace housing	Terrassenhaus (n)	teraszház	dom tarasowy
017	alternatives to family living	Nicht-familiäres Wohnen (n)	Másfajta lakástípusok *(nem családi típusok)*	nierodzinne typy zamieszkania
018	commune	Kommune (f)	közösség, kommuna	wspólnota (komuna)
019	roommate community	Wohngemeinschaft (f) WG	lakóközösség, lakótársak	wspólnota mieszkaniowa
020	sublet, sublease	Untervermietung (f)	albérlet	podwynajęcie
021	live on the street	'Platte'(f) machen (V)	otthontalanok fekhelye	legowisko bezdomnego
022	**hostels**	**Heime (n)(pl)**	**otthonok**	**domy**
023	dormitory	Wohnheim (n)	diákszálló, kollégium	dom mieszkalny
024	orphanage	Waisenhaus (n)	árvaház	sierociniec
025	children's home	Kinderheim (n)	gyermekotthon	dom dziecka
026	young people's home	Jugendheim (n)	ifjúsági otthon	dom młodzieżowy
027	student dormitory	Studentenwohnheim (n)	diákszálló, kollégium, diákotthon	akademik , dom studencki - internat
028	senior citizens' home, old folks' home	Seniorenheim (n), Altersheim (n)	nyugdíjasok háza, öregek otthona	dom starców
029	nursing home	Pflegeheim (n)	menhely, (ápoló)otthon, gondozóintézet	dom opieki zdrowotnej
030	workers' home	Arbeiterwohnheim (n)	munkásszálló	dom robotniczy
031	homeless shelter	Obdachlosenheim (n)	hajléktalanok otthona	dom dla bezdomnych
032	poorhouse	Armenheim(n), Armenhaus(n)	szegényház	dom ubogich
033	**temporary dwelling, provisional dwelling**	**temporäres Wohnen (n), provisorisches Wohnen (n)**	**ideiglenes lakások, provizórikus lakások**	**mieszkanie okresowe, prowizoryczne**
034	portakabin	Wohncontainer (m)	lakókonténer	kontener mieszkalny
035	trailer, mobile house	Wohnwagen (m)	lakókocsi	wóz mieszkalny
036	tent	Zelt (n)	sátor	namiot
037	houseboat	Hausboot (n)	lakócsónak	łodź mieszkalna
XII.08.04.	**accommodation units**	**Wohneinheiten** (f)(pl)	**lakóegységek**	**jednostka mieszkalna**
001	duplex	Maisonette (f)	maisonette típusú lakás	mieszkanie, maisonett
002	attic apartment	Dachwohnung (f), Mansarde (f)	padláslakás, manzárd	mieszkanie na poddaszu,
003	loft	Loft (n)	galéria (lakóhelyiségben)	pięterko (mezzanino), antresola
004	studio (apartment)	Ein-Zimmer-Wohnung (f)	egyszobás lakás, garzon	mieszkanie jednopokojowe
005	*small apartment within a single family residence*	Einliegerwohnung (f)	kisméretű lakás	mieszkanie sublokatorskie

ратуша, городской дом	dom v meste	009
загородный дом	vidiecky dom, dedinský dom	010
вилла	vila	011
многоэтажный дом	**viacpodlažný obytný dom, dom pre viac rodín**	012
строчная застройка	riadková zástavba	013
квартальная застройка	bloková zástavba	014
пластина (дом)	doskový dom	015
террасное здание	terasový dom	016
общественное жильё	iné formy bývania (nie rodinného typu)	017
коммуна	komúna, spoločenstvo ľudí	018
коммунальная квартира	spoločenstvo bývajúcich	019
поднаём	podnájom	020
место ночлега бездомного	ležovisko bezdomovcov	021
дом	**domovy**	022
общежитие	slobodáreň, domov	023
дом ребёнка	sirotinec	024
детский дом	detský domov	025
молодёжное общежитие	domov mládeže	026
студенческое общежитие	študentský domov, internát	027
дом престарелых	domov pre prestarlých, starobinec	028
дом с медицинской опёкой	domov s opatrovateľskou službou	029
рабочее общежитие	robotnícky domov	030
ночлежный дом, ночлежка	domov pre bezprístrešných	031
приют длэ бедных	chudobinec	032
временное жилище, мобильное жилище	**dočasné bývanie, provizórne bývanie**	033
жилая ячейка-контейнер	obytný kontejner	034
трейлер	obytný príves	035
палатка	stan	036
лодка личного пользования	obývací čln, obývacia loď	037
жильё	**obytné jednotky**	**XII.08.04.**
мезонет	mezonetový byt	001
мансарда	podkrovný byt, manzarda	002
квартира без перегородок	galéria v obytnom priestore	003
однокомнатная квартира, студия	jednoizbový byt	004
квартира для постояльца, гостевая комната	druhý byt v rodinnom dome, menší byt v rodinnom dome	005

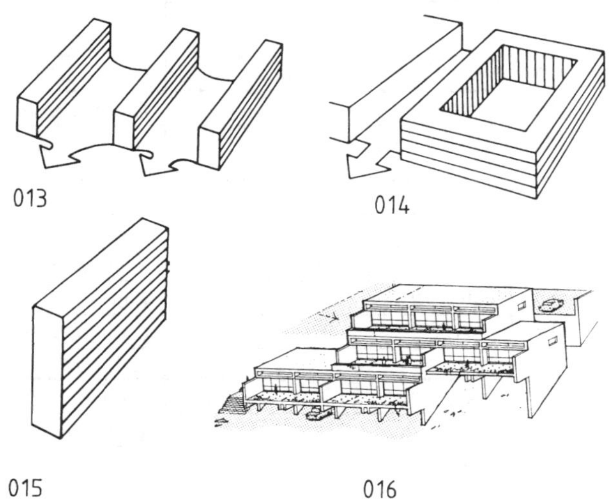

XII.08.05.	functional areas	Funktionsbereiche (m)(pl)	működési terület	strefy funkcjonalne
001	**general terms**	**allgemeine Begriffe (m)(pl)**	**általános fogalmak**	**pojęcia ogólne**
002	open plan	offener Grundriß (m)	nyitott alaprajz	plan wolny
003	flexible plan	flexibler Grundriß (m)	flexibilis alapajz, hajlékony alapajz	rzut elastyczny
004	variable plan	variabler Grundriß (m)	variábilis alapajz, változtatható	rzut zmienny
005	interconnecting room	Durchgangszimmer (n)	átjárószoba	pokój przejściowy
006	dead-end room	'Gefangenes Zimmer' (n)	különbejáratú szoba	pokój z wejściem pośrednim
007	entry area	Eingangsbereich (m)	bejárat	strefa wejścia
008	entrance to the apartment	Wohnungseingang (m)	lakásbejárat	wejście do mieszkania
009	*small hallway to prevent drafts*	Windfang (m)	szélfogó, előtér	przedsionek, łapacz wiatru
010	hall, corridor	Flur (m), Gang (m)	folyosó	korytarz, ganek
011	closet	Garderobe (f)	gardrób, ruhatár	garderoba, szatnia
012	entry	Halle (f), Diele (f)	hall	hall, świetlica
013	*living areas*	Wohnbereiche (m)(pl)	lakóterületek	strefy mieszkaniowe
014	living room	Wohnzimmer (n)	lakószoba, nappali szoba	pokój mieszkalny
015	study	Arbeitszimmer (n)	dolgozószoba	pracownia, pokój pracy
016	music room	Musikzimmer (n)	zeneszoba	pokój muzyczny
017	library	Bibliothek (f)	könyvtár	biblioteka
018	terrace	Terrasse (f)	terasz	taras
019	balcony	Balkon (m)	balkon	balkon
020	veranda	Veranda (f)	veranda	weranda
021	loggia	Loggia (f)	loggia	loggia
022	winter garden	Wintergarten (m)	télikert	ogród zimowy
023	bedroom	Schlafzimmer (n)	hálószoba	sypialnia
024	children's room	Kinderzimmer (n)	gyermekszoba	pokój dziecinny
025	master bedroom	Elternzimmer (n)	a szülők szobája	pokój rodziców
026	guest room	Gästezimmer (n)	vendégszoba	pokój gościnny
027	dressing room	Ankleideraum (m)	öltözőszoba	garderoba
028	bathroom	Badezimmer (n)	fürdőszoba	łazienka
029	toilet, washroom	Toilette (f), WC (n)	WC, illemhely	toaleta, WC, klozet
030	shower	Dusche (f)	zuhany(zó)	natrysk
031	kitchen	Küche (f)	konyha	kuchnia
032	galley kitchen	Arbeitsküche (f)	főzőkonyha	kuchnia laboratorium
033	family kitchen, eat-in kitchen	Wohnküche (f)	lakókonyha	kuchnia mieszkalna
034	kitchenette	Kochnische (f)	teakonyha, főzőfülke	kuchnia wnękowa, szafkowa
035	pantry	Speisekammer (f)	kamra, élelmiszerraktár	śpiżarnia
036	dining room	Speisezimmer (n), Eßzimmer (n)	ebédlő	jadalnia
037	dining area	Eßbereich (m)	étkezősarok	kącik jadalny
038	cellar	Keller (m)	pince	piwnica
039	attic	Boden (m), Speicher (m), Bühne (f)	padlás	strych

функциональные зоны	funkčné oblasti	XII.08.05.
общие понятия	**všeobecné pojmy**	001
открытый план	otvorený pôdorys	002
гибкий план	flexibilný pôdorys	003
вариабельный план	variabilný pôdorys	004
проходная комната	priechodná izba	005
комната без отдельного входа	izba bez samostatného vstupu	006
входная зона	vstupný priestor	007
вход в квартиру	vstup, vchod	008
тамбур	závetrie, zádverie	009
коридор	chodba, predsieň	010
гардероб	šatňa	011
прихожая, холл	hala	012
жилые зоны	obývacie priestory	013
жилая комната	obývacia izba	014
рабочий кабинет	pracovňa	015
комната для занятий мызыкой	hudobná izba	016
библиотека	knižnica	017
терраса	terasa	018
балкон	balkón	019
веранда	veranda	020
лоджия	loggia	021
зимний сад	zimná záhrada	022
спальня	spálňa	023
детская	detská izba	024
спальня родителей	izba rodičov	025
комната для гостей	hosťovská izba	026
раздевалка, гардеробная	obliekáreň	027
ванная	kúpeľňa	028
туалет	WC, záchod	029
душ	sprcha	030
кухня	kuchyňa	031
рабочая кухня	pracovná kuchyňa	032
кухня-столовая	obytná kuchyňa	033
кухня-ниша	kuchynský kútik	034
кладовая продуктов	špajza, komora	035
столовая	jedáleň	036
обеденное место	jedálenský kút	037
подвал	pivnica	038
чердак	pôjd	039

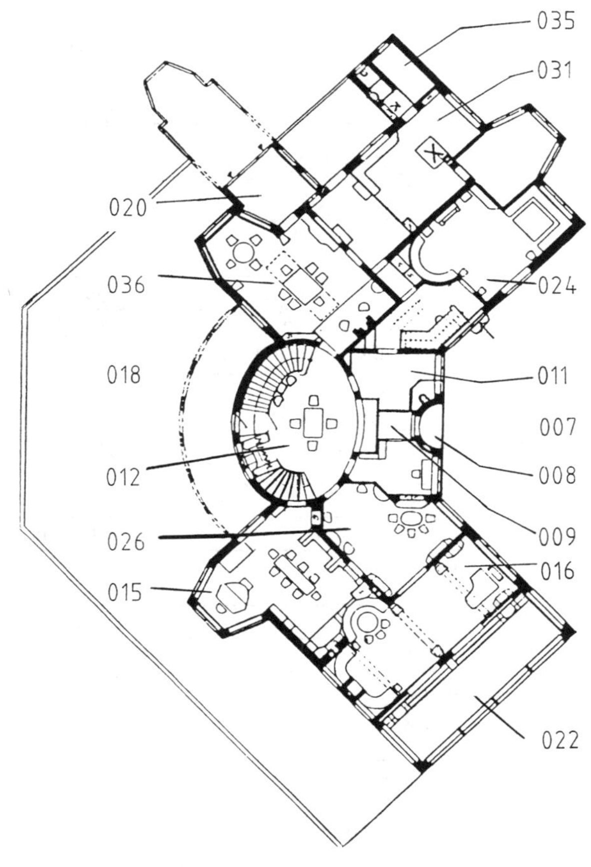

XII.09.	educational facilities	Erziehungseinrichtungen (f)(pl)	nevelőintézetek, nevelési intézmények	urządzenia wychowawcze
XII.09.01.	**for young children**	**für Kinder** (n)(pl)	**gyerekeknek**	**dla dzieci**
001	infant daycare	Krippe (f)	bölcsőde	żłobek
002	romper room	Krabbelraum (m), Spielzimmer (n)	*helyiség kúszó-mászó gyerekek részére, csecsemők helyisége*	pokój zabaw
003	daycare	Kindertagesstätte (f), Hort (m)	napközi otthon	swietlica, miejsce pobytu dziennego dla dzieci
004	kindergarten	Kindergarten (m)	óvoda	przedszkole
005	nap room	Ruheraum (m)	pihenőhely, alvóhelyiség	leżakownia, pokój wypoczynku
006	changing room	Wickelraum (m)	póiyázó helyiség	pomieszczenie do przewijania niemowląt
007	staff room	Personalraum (m)	személyzeti helyiség	pokój personelu
008	playground	Spielplatz (m)	játszótér	plac zabaw
XII.09.02.	**for school-age children**	**für Jugendliche**	**fiatalkorúaknak**	**dla młodzieży**
001	elementary school	Grundschule (f)	általános iskola	szkoła podstawowa
002	middle school, junior high school	Hauptschule (f)	főiskola	szkoła zawodowa
003	high school	Gymnasium (n)	gimnázium	gimnazjum
004	high school education with some vocational training	Oberstufenzentrum (n)	felsőoktatási központ	pomaturalne studium zawodowe
005	special education (for the learning impaired)	Sonderschule (f)	speciális iskola	szkoła specjalna
006	vocational school	Berufsschule (f)	szakközépiskola, szakmunkásképző	szkoła zawodowa
007	classroom	Klassenzimmer (n)	osztály terem, tanterem	klasa
008	workshop, studio	Werkraum (m)	műhely, szerelőcsarnok	műhely, szerelőcsarnokt
009	music room	Musikraum (m)	zeneterem	sala muzyczna
010	art room	Zeichensaal (m)	rajzterem	sala rysunkowa
011	laboratory	Labor (n)	labor, laboratórium	laboratorium
012	reading room	Leseraum (m)	olvasóterem	czytelnia
013	teachers' lounge	Lehrerzimmer (n)	tanári szoba	pokój nauczycielski
014	conference room	Konferenzzimmer (n)	ülésterem, tanácsterem	sala konferencyjna
015	consultation room	Elternsprechzimmer (n)	szülői társalgó	pokój rozmów z rodzicami
016	principal's office	Rektorat (n)	rektorátus	rektorat
017	schoolyard	Pausenhof (m), Schulhof (m)	pihenőudvar, iskolaudvar	dziedziniec szkolny
018	cafeteria	Cafeteria (f)	kávézó, kávéház	kawiarnia
019	lunchroom	Speisesaal (m)	ebédlőterem	jadalnia , stołówka
020	hall, auditorium	Aula (f)	aula, díszterem	aula
021	gymnasium	Turnhalle (f)	tornaterem	sala gimnastyczna

воспитательные учреждения	výchovné zariadenia	XII.09.
для детей	**pre deti**	**XII.09.01.**
детские ясли	detské jasle	001
игровая, игровая комната	priestor pre batoľatá, herňa	002
группа продлённого дня	školská družina	003
детский сад	materská škola	004
комната отдыха	odpočinkový priestor	005
комната для ухода за грудными детьми	prebaľovací priestor	006
комната персонала	miestnosť pre zamestnancov	007
игровая площадка	detské ihrisko	008
для молодёжи	**pre mládež**	**XII.09.02.**
начальная школа	základná škola	001
средняя школа	druhý stupeň základnej školy	002
гимназия	gymnázium	003
центр образования	stredisko pre vyšší stupeň	004
специальная школа	osobitná škola	005
профессиональное училище	učňovská škola, odborná škola	006
класс, кабинет	trieda, učebňa	007
студия	dielňa	008
музыкальная комната	hudobná miestnosť, hudobná sieň	009
чертёжный класс	kresliareň, rysovňa	010
лаборатория	laboratórium	011
читальный зал	čitáreň	012
учительская, преподавательская	zborovňa	013
конференцзал	konferenčná miestnosť, zasadacia miestnosť	014
комната для приёма родителей	hovorňa pre rodičov	015
ректорат	rektorát	016
школьный двор	prestávkový dvor, školský dvor	017
кафе, бар	kaviareň	018
столовая	jedáleň	019
актовый зал	aula	020
гимнастический зал	telocvičňa	021

XII.10.	education, research, science	Ausbildung (f), Forschung (f), Wissenschaft (f)	műveltség, kutatás, tudomány	kształcenie, badanie nauka
XII.10.01.	**institutions of higher education**	**Hochschulen** (f)(pl)	**főiskolák**	**szkoła wyższa**
001	university	Universität (f)	egyetem	uniwersytet
002	*practice oriented institution of higher education*	Fachhochschule (f)	főiskola	szkoła wyższa o profilu zawodowym
003	college	*Hochschule* (f)	főiskola	wyższa szkoła
004	academy	Akademie (f)	akadémia	akademia
005	institute	Institut (n)	intézet	instytut
006	conference center	Konferenzzentrum (n)	értekezleti központ	centrum konferencyjne
007	adult-education center	Volkshochschule (f)	közművelődési egyetem, esti egyetem dolgozók részére	szkoła doskonalenia dla pracujących
008	campus	Campus (m)	egyetem területe, egyetem, főiskola	miasteczko uniwersyteckie
009	president's office	Rektorat (n)	rektorátus, rektori hivatal	rektor
010	school, college, department	Fakultät (f)	kar, fakultás	wydział
011	dean's office	Dekanat (n)	dekanátus, dékáni hivatal	dziekanat
012	chair	Lehrstuhl (m)	tanszék	katedra
013	administration	Verwaltung (f)	adminisztráció	administracja
014	office	Dienstzimmer (n)	szolgálati helyiség, irodahelyiség	pokój służbowy
015	conference hall	Sitzungssaal (m)	ülésterem	sala posiedzeń
016	lecture hall, auditorium	Hörsaal (m)	előadóterem	sala wykładowa
017	assembly hall	Aula Maxima (f)	aula maxima, nagyterem, disztevem	audytorium maximum
018	seminar room	Seminarraum (m)	tanterem	sala seminaryjna
019	studio	Atelier (n), Studio (n)	műterem	atelier, studio
020	room for sketching	Zeichensaal (m)	rajzterem	sala rysunkowa
021	ceremonial hall	Festsaal (m)	díszterem	aula
022	university library	Universitätsbibliothek (f), UB	egyetemi könyvtár	biblioteka uniwersytecka
023	multi-media room	Mediathek (f)	multimediális eszközökkel ellátott tanulószoba	pomieszczenie multimedialne
024	student dining hall	Mensa (f)	menza, diákmenza	stołówka
XII.10.02.	**research centers**	**Forschungszentren** (n)(pl)	**kutatóközpontok**	**centra badawcze**
001	laboratory	Laboratorium (n)	laboratórium	laboratorium
002	research laboratory	Forschungslabor (n)	kutatólaboratórium	laboratorium badawcze
003	computer laboratory	Computerlabor (n)	számítástechnikai laboratórium	laboratorium komputerowe
004	special laboratory	Sonderlabor (n)	speciális laboratórium	laboratorium specjalistyczne
005	physics laboratory	Physiklabor (n)	fizikai laboratórium	laboratorium fizyki
007	workshop	Werkstatt (f)	műhely	warsztat
008	testing room	Versuchsraum (m)	kísérleti helyiség	laboratorium eksperymentalne

образование, исследование, наука	vzdelanie, výskum, veda	XII.10.
высшее учбное заведение	**vysoké školy**	**XII.10.01.**
университет	univerzita	001
колледж, институт	odborná vysoká škola	002
высшее учебное заведение	vysoká škola	003
академия	akadémia	004
институт	inštitút	005
центр для проведения конференций	konferenčné centrum	006
курсы по обучению различным специальностям	večerná univerzita pre pracujúcich, ľudová univerzita	007
университетский городок	campus, univerzitné mestečko	008
ректорат	rektorát	009
факультет	fakulta	010
деканат	dekanát	011
кафедра	katedra	012
администрация, управление	správa, administratíva	013
рабочая комната	služobná miestnosť, pracovňa	014
зал заседаний	zasadacia sála	015
аудитория	poslucháreň	016
большая аудитория	aula maxima	017
аудитория для практических занятий	seminárna miestnosť	018
студия	ateliér, štúdio	019
чертёжный зал	kresliareň, rysovňa	020
актовый зал	slávnostná sála, aula	021
университетская библиотека	univerzitná knižnica	022
медиатека	študovňa s multimediálnym vybavením	023
студенческая столовая	menza	024
научные центры	**výskumné strediská**	**XII.10.02.**
лаборатория	laboratórium	001
исследовательские лаборатории	výskumné laboratórium	002
компьютерный зал	počítačové laboratórium	003
специальная лаборатория	špeciálne laboratórium	004
лаборатория по физике	fyzikálne laboratórium	005
мастерская	dielňa	007
экспериментальная лаборатория	skúšobné laboratórium, pokusné laboratórium	008

XII.11.	cultural facilities	Kulturbauten (m)(pl)	művelődési épületek	budownictwo użyteczności publicznej
XII.11.01.	**sacred buildings**	**sakrale Bauten** (m)(pl)	**kultikus és egyházi épületek**	**budowle sakralne**
001	temple	Tempel (m)	templom (nem keresztény)	swiątynia
002	mosque	Moschee (f)	mecset	meczet
003	synagogue	Synagoge (f)	zsinagóga	synagoga
004	church	Kirche (f)	templom, szentély	kościół
005	prayer hall	Betsaal (m)	imaterem	sala modłów
006	chapel	Kapelle (f)	kápolna	kaplica
007	pilgrimage chapel	Wallfahrtskapelle (f)	búcsújáró kápolna	kaplica pielgrzymek
008	graveyard chapel	Grabkapelle (f)	sírkápolna	kaplica pogrzebowa
009	chapel for prayer	Gebetskapelle (f)	imaterem, imakápolna	kaplica modlitewna
010	cloister	Kloster (n)	kolostor	klasztor
011	vicarage (angl), presbytery (cath.)	Pfarrhaus (n)	parókia	plebania
012	parish center	Gemeindezentrum (n)	községháza a hívők részére	centrum parafialne
013	parish hall	Gemeindesaal (m)	községterem a hívők részére	sala w centrum parafialnym
014	cemetery	Friedhof (m)	temető	cmentarz
015	cemetery chapel	Friedhofskapelle (f)	temetői kápolna	kaplica cmentarna
016	*hall for the last blessing*	Aussegnungshalle (f)	ravatalozó	dom pogrzebowy
017	mausoleum	Mausoleum (n)	mauzóleum	mauzoleum
018	tomb, vault	Gruft (f)	sírbolt, kripta	grobowiec
019	crematorium	Krematorium (n)	hamvasztó, krematórium	krematorium
020	tombstone	Grabmal (n)	síremlék	nagrobek
021	mortuary, funeral parlor	Leichenhalle (f)	hullaház	sala zwłok
XII.11.02.	**libraries**	**Bibliotheken** (f)(pl)	**könyvtárak**	**biblioteki**
001	**types**	**Typen (m)(pl)**	**típusok**	**typy**
002	public library	Stadtbibliothek (f)	városi könyvtár	biblioteka miejska
003	reference library	Präsenzbibliothek (f)	olvasó könyvtár, tanulmányi könyvtár	biblioteka bez możliwości wypożyczania
004	music library	Musikbiliothek (f)	zenei könyvtár	biblioteka muzyczna
005	slide (lending) library	Diathek (f)	diapozitívokból álló művészeti gyűjtemény	biblioteka dia-obrazów
006	**functional areas**	**Funktionsbereiche (m)(pl)**	**funkcionális területek**	**strefy funkcjonalne**
007	reference area	Präsenzbereich/-bestand (m)	olvasóterem könyvtárban	obszar ekspozycji
008	reading area	Lesebereich (m)	olvasóterem	strefa czytelni
009	open area	Freihandbereich (m)	szabad hozzáférésű állomány	czytelnia wolnego dostępu do półek
010	reading room	Lesesaal (m)	olvasóterem	czytelnia

объекты культуры	stavby pre kultúru	XII.11.
сакральные помещения	**sakrálne stavby**	**XII.11.01.**
храм	chrám, svätyňa	001
мечеть	mešita	002
синагога	synagóga	003
церковь	kostol	004
молебный зал	modlitebňa	005
часовня	kaplnka	006
место паломничества	pútnická kaplnka	007
часовая на могиле	náhrobná kaplnka, pohrebná kaplnka	008
молельня	modlitebná kaplnka	009
монастырь	kláštor	010
дом пастора	fara, farnosť	011
приходской центр	obecné kultúrne a spoločenské centrum veriacich	012
приходской зал	obecná sieň	013
кладбище	cintorín	014
часовня на кладбище	kaplnka na cintoríne	015
зал для прощания с покойным в крематории	obradná sieň krematória	016
мавзолей	mauzóleum	017
могила	hrobka	018
крематорий	krematórium	019
надгробный памятник	hrobka, náhrobok	020
морг	márnica	021
библиотека	**knižnice**	**XII.11.02.**
типы	**typy**	001
городская библиотека	mestská knižnica	002
читальный зал библиотеки	študijná knižnica	003
музыкальная библиотека	knižnica muzikálnych diel, fonotéka	004
артотека	zbierka diapozitívov s umeleckými dielami	005
отделы библиотеки	**funkčné plochy**	006
выставочный зал	študovňa	007
помещение читального зала	čitateľský priestor	008
зона свободного доступа к книгам	voľný výber, voľne prístupný fond	009
читальный зал	čitáreň	010

011	current perodicals area	Zeitschriftenauslegestelle (f)	folyóirat állvány	stanowisko z podręcznikami
012	textbook collection	Lehrbuchsammlung (f)	tankönyv szakasz, tankönyv részleg	zbiory podręczników
013	interlibrary loan desk	Fernleihstelle (f)	könyvtárközi kölcsönzés	wypożyczalnia międzybiblioteczna
014	circulation desk	Ausleihe (f)	kölcsönző, könyvkölcsönző	wypożyczalnia
015	remote storage	Magazin (n)	raktár, könyvraktár	magazyn, skład
016	binding room	Einbandstelle (f)	könyvkötészet	introligatornia
017	aquisitions	Erwerbungsstelle (f)	a válogatás helye, az kikeresés helye	akwizycja
018	labeling area	Signierstelle (f)	a szignálás helye, az aláirás helye	dział opisania zbiorów
019	cataloging	Katalogisierung (f)	katalogizálás	katalogowanie
020	catalog room	Katalogsaal (m)	katalógusterem	sala z katalogami
021	carrel	Arbeitsplatz (m)	munkahely	miejsce pracy
XII.11.03.	**museums**	**Museen** (n)(pl)	**múzeum**	**muzea**
001	**types**	**Typen (m)(pl)**	**típusok**	**typy**
002	museum	Museum (n)	múzeum	muzeum
003	gallery	Galerie (f)	galéria	galeria
004	exhibition building	Ausstellungsgebäude (n)	(kép)kiállítási csarnok	budynek wystawienniczy
005	arts center	Kunsthalle (f)	műcsarnok	galeria sztuki
006	**functional areas**	**Funktionsbereiche (m)(pl)**	**funkcionális területek**	**strefy funkcionalne**
007	exhibition room	Ausstellungsraum (m)	kiállítóterem	przestrzeń wystawiennicza
008	gallery	Kabinett (n)	kabinet	mała sala wystawowa
009	sculpture garden	Skulpturengarten (m), Skulpturenhof (m)	kerti szoborkiállítás, udvari szoborkiállítás	ogród dziedziniec rzeźby
010	storage room	Lager (n)	raktár	magazyn
011	safe	Tresor (m)	páncélszekrény, kincstár	skarbiec
012	storage room	Depot (n)	értékmegőrző	magazyn obrazów
013	workshop	Werkstatt (f)	műhely	warsztat
014	studio	Atelier (n)	műterem	atelier; pracownia
015	tour	Rundgang (m)	körséta (a látnivalók megtekintésére vezetéssel)	kierunek zwiedzania
016	translucent ceiling	Lichtdecke (f)	mennyezeti megvilágítás, boltozati megvilágítás, világítóakna, világítóudvar	świetlik
017	skylight	Oberlicht (n)	felső világítás	oświetlenie górne
018	indirect light	Seitenlicht (n)	oldalvilágítás, oldalsó világítás	oświetlenie boczne
019	north light	Nordlicht (n)	északi fény	światło północne
020	temporary exhibition	Wechselausstellung (f)	időszaki kiállítás	wystawa zmienna
021	permanent exhibition	Dauerausstellung (f)	állandó kiállítas, állandó tárlat, állandó expozício	wystawa stała
022	collection	Sammlung (f)	gyűjtemény	zbiór

зал периодики	časopisecká študovňa, miesto pre vystavenie časopisov	011
учебный отдел	zbierka učebníc, oddelenie učebníc	012
межбиблиотечный обмен литературой	medziknižničná služba	013
абонемент	požičovňa	014
склад, хранилище	sklad	015
переплётная	kníhviazačstvo	016
бибколлектор	príjem (výdaj) kníh, prijímací priestor	017
отдел обработки новой литературы	priestor pre signovanie	018
помещение для составления каталогов	katalogizácia	019
зал каталогов	katalógy (priestor v knižnici)	020
рабочее место	pracovisko	021
музеи	**múzeá**	**XII.11.03.**
типы	**typy**	001
музей	múzeum	002
галерея	galéria	003
здание для проведения выставок	výstavná budova	004
художественный зал	dom umenia, umelecké stredisko	005
функциональные отделы	**funkčné oblasti**	006
выставочное помещение	výstavný priestor	007
кабинет	kabinet	008
скульптуры в парке, во дворе	dvor sochárskych diel, záhrada sochárskych diel	009
склад	sklad	010
сейф	trezor	011
запасник картин	depozitár, archív	012
мастерская	dielňa	013
ателье, мастерская	ateliér	014
экскурсия	prehliadka, exkurzia	015
зенитное освещение	svetlík	016
верхний свет	horné osvetlenie	017
боковое освещение	bočné svetlo, osvetlenie z boku	018
свет с северной стороны	severné svetlo	019
меняющаяся экспозиция	výmenná výstava	020
постоянная выставка	stála výstava	021
коллекция, собрание	zbierka	022

XII.11.04.	buildings for the performing arts	Gebäude (n)(pl) für darstellende Künste (f)(pl)	előadóművészeti épületek	budowle widowiskowe
001	**types**	**Typen (m)(pl)**	**típusok**	**typy**
002	opera	Oper (f)	opera	opera
003	theater, playhouse	Theater (n), Schauspielhaus (n)	színház	teatr
004	concert hall	Konzerthaus (n), Konzerthalle (f)	hangversenyterem, hangversenyépület	filharmonia, sala koncertowa
005	civic center	Stadthalle (f)	kultúrház, művelődésiház	miejska hala zgromadzeń i widowisk
006	cultural center, arts center	Kulturzentrum (n)	kulturális központ	centrum kultury
007	multiuse hall	Mehrzweckhalle (f)	többcélú terem, vegyes rendeltetésű terem	hala wielofunkcyjna
008	neighborhood center, community center	Stadtteilzentrum (n)	városcentrum	centrum dzielnicowe
009	circus tent	Zirkuszelt (n)	cirkuszsátor	namiot cyrkowy
010	**functional areas**	**Funktionsbereiche (m)(pl)**	**funkcionális területek**	**strefy funkcjonalne**
011	stage	Bühne (f)	színpad	scena
012	rehearsing stage	Probebühne (f)	próbaszínpad	scena dla prób
013	backstage	Hinterbühne (f)	hátsószínpad	zascenie
014	hydraulic stage	Hebebühne (f)	emelhető színpad	scena podnoszona
015	revolving stage	Drehbühne (f)	forgószínpad	scena obrotowa
016	lighting bridge	Beleuchtungsbrücke (f)	világítóhíd	pomost oświetleniowy
017	stage cords	Schnürboden (m)	zsinórpadlás	sznurownia
018	stage house	Bühnenhaus (n)	színpadtér	nadscenie
019	orchestra pit	Orchestergraben (m)	zenekari árok	fosa orkiestrowa
020	make-up room	Maskenbildnerei (f)	sminkhelyiség, színházi öltöző	charakteryzatornia
021	dressing room	Künstlergarderobe (f)	színészöltöző	garderoba artystów
022	rehearsal room	Proberaum (m)	próbaterem	sala prób
023	costume room	Fundus (m)	kosztümhelyiség	kostiumownia
024	auditorium	Zuschauerraum (m)	nézőtér	widownia
025	orchestra	Parkett (n)	földszint (színház)	parkiet
026	circle	Rang (m)	emelet (színház)	balkon
027	box	Loge (f)	páholy	loża
028	balcony	Empore (f)	empóra, erkély	empora
029	foyer, lobby	Foyer (n)	foyer, előcsarnok	foyer

XII.11.05.	buildings for audio-visual media	Gebäude (n) für audio-visuelle Medien (n)(pl)	audiovizuális médiák épülete	budowle mediów audiowizualnych
001	movie theater, cinema	Kino (n)	mozi	kino
002	projection room	Vorführraum (m)	bemutatóterem	kabina projekcyjna
003	radio station	Rundfunksender (m)	rádióadó	rozgłośnia radiowa
004	television station	Fernsehsender (m)	TV-adóállomás	telewizyjna stacja nadawcza
005	recording studio, sound studio	Aufnahmestudio (n)	felvevőstúdió	studio nagrań
006	director's room	Regieraum (m)	a rendező helyisége	reżyserka

театральные здания	budovy pre predstavované umenia	XII.11.04.
типы	**typy**	001
оперный театр	opera	002
театр	divadlo	003
концертный зал	koncertná budova, koncertná hala	004
ратуша, городской зал	mestská hala	005
культурный центр	kultúrne stredisko, kultúrne centrum	006
зал многоцелевого назначения	viacúčelová hala	007
культурный центр жилого района	stredisko mestskej časti, obvodné centrum	008
передвижной цирк	cirkusový stan	009
функциональные сферы	**funkčné oblasti**	010
сцена	javisko, scéna	011
репетиционная сцена	skúšobné javisko	012
кулисы	zadné javisko	013
плунжерная сцена	zdvíhacia plošina	014
вращающаяся сцена	otáčavé javisko	015
осветительный мостик	osvetľovací mostík	016
колосниковые тросы	povrazisko	017
колосниковая коробка	nadscénie	018
оркестровая яма	orchestrisko	019
гримёрная	maskérňa	020
гардероб для артистов	šatňa pre účinkujúcich	021
репетиционный зал	skúšobňa	022
костюмерная	kostymérňa, fundus	023
зрительный зал	hľadisko	024
партер	prízemie v divadle, parter	025
ярус	balkón	026
ложа	lóža	027
галёрка	empora, galéria	028
фойе	foyer, predsálie	029

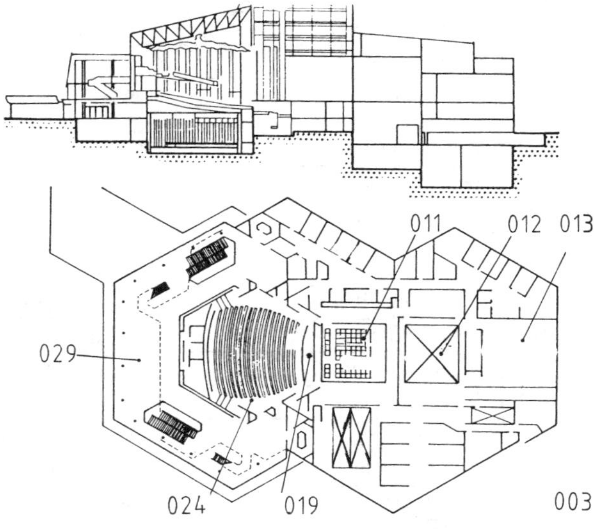

аудио-визуальные средства-информации	objekty pre audiovizuálne médiá	XII.11.05.
кино	kino	001
демонстрационный зал	premietacia kabína	002
радиостанция	rozhlasový vysielač	003
телевидение	televízny vysielač	004
студия записи	záznamové štúdio	005
режиссёрская	miestnosť réžie	006

XII.12.	hospitals, clinics	Krankenhausbau (m)	kórházi és egészségügyi intézmények épületei	budowle służby zdrowia
XII.12.01.	**types**	**Typen** (m)(pl)	**típusok**	**typy**
001	hospital, clinic	Krankenhaus (n), Klinik (f)	kórház, klinika	szpital, klinika
002	trauma center	Unfallkrankenhaus (n)	mentőkórház	pogotowie ratunkowe
003	psychiatric hospital	Nervenheilanstalt (f)	elmegyógyintézet	szpital psychiatryczny
004	rehabilitation center	Rehabilitationszentrum (n)	rehabilitácios központ	centrum rehabilicyjne, rehabilitacyjne
005	sanatorium	Sanatorium (n)	szanatórium, gyógyintézet	sanatorium
006	health spa	Kurhaus (n)	üdülő, gyógyszálló	dom zdrojowy
007	convalescent home	Erholungsheim (n)	nyaralótelep, üdülőtelep	dom wypoczynkowy
XII.12.02.	**functional areas**	**Funktionsbereiche** (m)(pl)	**funkcionális területek**	**strefy funkcjonalne**
001	admission	Aufnahmestation (f)	betegfelvevő helyiség	izba przyjęć
002	emergency room	Notaufnahme (f)	elsősegély	pogotowie ratunkowe
003	patient room	Krankenzimmer (n)	betegszoba, kórterem	pokój chorego
004	physicians' room	Ärztezimmer (n)	kórházi (ügyeletes) orvos szobája	dyżurka lekarska
005	nurses' lounge	Schwesternzimmer (n)	nővérek szobája	dyżurka pielęgniarek
006	treatment room	Behandlungsraum (m)	kezelőszoba	gabinet zabiegowy
007	examination room	Sprechzimmer (n)	rendelő (orvosi)	gabinet
008	intensive-care unit	Intensivstation (f)	intenzív osztály	oddział intensywnej terapii
009	nuclear medicine	Nuklearmedizin (f)	radiológia	medycyna nuklearna
010	physical therapy	Physiotherapie (f)	fizioterápia	fizykoterapia
011	operating room	Operationssaal (m) (OP)	műtő(helyiség)	sala operacyjna
012	delivery room	Kreißsaal (m)	szülőterem, szülőszoba	sala porodowa
013	birthing center	Wöchnerinnenstation (f)	gyermekágyas osztály	pokój położniczy
014	birthing center	Entbindungsstation (f)	szülészet, szülészeti klinika	oddział położniczy
015	orthopedics	Orthopädie (f)	ortopédia	ortopedia
016	anesthesia	Anästhäsie (f)	anesztézia, altató helyiség	anesteziologia
017	pathology	Pathologie (f)	patológia, boncterem	patologia
018	laboratory	Labor (n)	labor(atórium)	laboratorium
019	outpatient care	Ambulanz (n)	járóbeteg-rendelő, ambulancia	ambulatorium
020	isolation room	Quarantänestation (f)	elkülönítő ellenőrző osztály	izolatka
021	laundry	Wäscherei (f)	mosoda	pralnia
022	doctor's office	Arztpraxis (f)	orvosi rendelő	praktyka lekarska
023	group practice	Gemeinschaftspraxis (f)	rendelőintézet (orvosi)	spółdzielnia lekarska
024	medical office building	Ärztehaus (n)	rendelőintézet	dom prywatnej praktyki lekarskiej
025	waiting room	Wartezimmer (n)	várószoba	poczekalnia
026	pharmacy	Apotheke (f)	gyógyszertár, patika	apteka

больницы и медицинские учреждения	nemocnice a stavby pre zdravotníctvo	XII.12.
типы	**typy**	**XII.12.01.**
больница	nemocnica, klinika	001
больница неотложной помощи	úrazová nemocnica	002
психиатрическая больница	liečebný ústav pre nervove chorých, psychiatrický ústav	003
реабилитационный центр	rehabilitačné stredisko	004
санаторий	sanatórium, ozdravovňa	005
лечебница	liečebný dom	006
дом отдыха	zotavovňa	007
функциональные зоны	**funkčné oblasti**	**XII.12.02.**
центральное приёмное отделение	prijímacie oddelenie	001
приёмная	núdzový príjem, prvá pomoc	002
больничная палата	nemocničná izba	003
кабинеты врачей	izba lekárov	004
сестринская	izba zdravotných sestier	005
лечебный кабинет	liečebná miestnosť	006
приёмная врача	ordinácia, hovorňa	007
отделение интенсивной терапии	jednotka intenzívnej starostlivosti	008
радиология	nukleárna medicína	009
физиотерапия	fyzioterapia	010
операционный зал	operačná sála	011
родильный зал	pôrodná sála	012
палата рожениц	oddelenie šestonedieľok	013
родильное отделение	oddelenie pôrodnice, pôrodnica	014
ортопедия	ortopédia	015
анестезия	anestézia	016
патология	patológia	017
лаборатория	laboratórium	018
амбулатория	ambulancia	019
инфекционное отделение	izolačné oddelenie, karanténne oddelenie	020
прачечная	práčovňa bielizne	021
врачебная практика	lekárska prax	022
частная поликлиника	združené lekárske praxe	023
поликлиника	lekársky dom	024
комната ожидания	čakáreň	025
аптека	lekáreň	026

XII.13.	facilities for sport and leisure time	Bauten (m)(pl) für Sport und Freizeit	szabadidő és sportlétesítmények	budowlę sportowe rekreacyjne
XII.13.01.	**track and field**	**Leichathletik (f)**	**könnyűatlétika**	**lekkoatletyka**
001	sports field	Sportplatz (m)	sportpálya	boisko sportowe
002	stadium	Stadion (n)	versenypálya, stadion	stadion
003	stadium for track and field	Leichtathletikstadion (n)	könnyűatlétikai stadion	stadion lekkoatletyczny
004	football stadium	Fußballstadion (n)	labdarúgó-stadion	stadion piłkarski
005	gymnasium	Sporthalle (f)	sportcsarnok	hala sportowa
006	roller skating rink	Rollschuhbahn (f)	görkorcsolyapálya	tor do jazdy na wrotkach
007	squash center	Squashzentrum (n)	squash-centrum	squashcentrum
008	squash court	Squashcourt (m)	squash-pálya	kort do squash´a
009	gymnastic facilities	Turnhalle (f)	tornacsarnok	sala gimnastyczna
010	tennis center	Tennisanlage (f)	teniszpálya	centrum tenisowe
011	golf course	Golfplatz (m)	golfpálya	plac golfowy
012	field, pitch, court	Spielfeld (n)	játéktér	plac do gry
013	stand	Tribüne (f)	tribün, lelátó	trybuna
014	track	Laufbahn (f)	futópálya	bieżnia
015	seat	Sitzplatz (m)	ülőhely	miejsce siedzące
016	standing room	Stehplatz (m)	állóhely	miejsce stojące
017	sports equipment room	Sportgeräteraum (m)	tornaszertár	magazyn sprzętu sportowego
018	gymnastics room	Gymnastikraum (m)	tornaterem	sala gimnastyczna
019	fitness room	Fitnessraum (m)	fitness-centrum	fitnes
020	weight room	Kraftraum (m)	edzőterem, kondicioálóterem	siłownia
021	referee's room	Schiedsrichterraum (m)	a döntőbíró helyisége	pomieszczenie sędziowskie
022	locker room	Umkleideraum (m)	öltöző	przebieralnia
023	changing cubicle	Umkleidekabine (f)	öltözőfülke, öltözőkabin	kabina do przebierania
024	passage only for individuals wearing sneakers	Turnschuhgang (m)	folyosó a versenyzők részére	przejście tylko w obuwiu sportowym
025	passage for individuals wearing street shoes	Straßenschuhgang (m)	folyosó a nézők részére	przejście w obuwiu zwykłym
XII.13.02.	**winter sports**	**Wintersport (m)**	**télisportok**	**sporty zimowe**
001	winter sports facilities	Wintersportanlage (f)	berendezések télisportok részére	tereny i urządzenia sportów zimowych
002	ice rink	Eissporthalle (f)	sportcsarnok télisportok részére	hala lodowiska
003	ice rink	Kunsteisbahn (f)	műjégpálya	tor sztucznego lodowiska
004	bob run	Bobbahn (f)	bobpálya	tor bobslejowy
005	toboggan run	Rodelbahn (f)	szánkópálya, ródlipálya	tor saneczkowy
006	ski jump	Skisprungschanze (f)	ugrósánc, síugrósánc	skocznia narciarska

сооружения для спорта и досуга	stavby pre šport a voľný čas	XII.13.
лёгкая атлетика	**ľahká atletika**	**XII.13.01.**
спортивная площадка	športové ihrisko	001
стадион	štadión	002
стадион для занятий лёгкой атлетикой	ľahkoatletický štadión	003
футбольное поле	futbalový štadión	004
спортивный зал	športová hala	005
дорожка для езды на роликах	dráha pre jazdu na kolieskových korčuliach	006
скоч-центр	stredisko pre squash	007
скоч-корт	kurt pre squash	008
гимнастический зал	telocvičňa	009
теннисный корт	tenisové zariadenie, kurt	010
площадка для игры в гольф	golfové ihrisko	011
игровое поле	hracie pole	012
трибуна	tribúna	013
беговая дорожка	bežecká dráha	014
сидячее место	miesto na sedenie	015
стоячее место	miesto na státie	016
помещение для спортивного инвентаря	náraďovňa, miestnosť pre športové náradie	017
гимнастический зал	gymnastický priestor	018
тренажёрный зал, фитнесс	fitness-priestor	019
зал для занятий штангой	posilovňa	020
судейская	miestnosť (priestor) rozhodcov	021
раздевалка	prezliekáreň, šatňa	022
кабина для переодевания	kabína na prezliekanie	023
проход в спортивной обуви	chodba pre vstup v športovej obuvi (biela chodba)	024
проход в обычной обуви	chodba pre vstup vo vychádzkovej obuvi (čierna chodba)	025
зимние виды спорта	**zimné športy**	**XII.13.02.**
сооружение для зимних видов спорта	zariadenie pre zimné športy	001
зал для зимних видов спорта	zimná športová hala	002
искусственный каток	umelé klzisko	003
бобслейная дорожка	bobová dráha	004
сооружение для санного спорта	sánkárska dráha	005
трамплин	lyžiarsky mostík, skokanský mostík	006

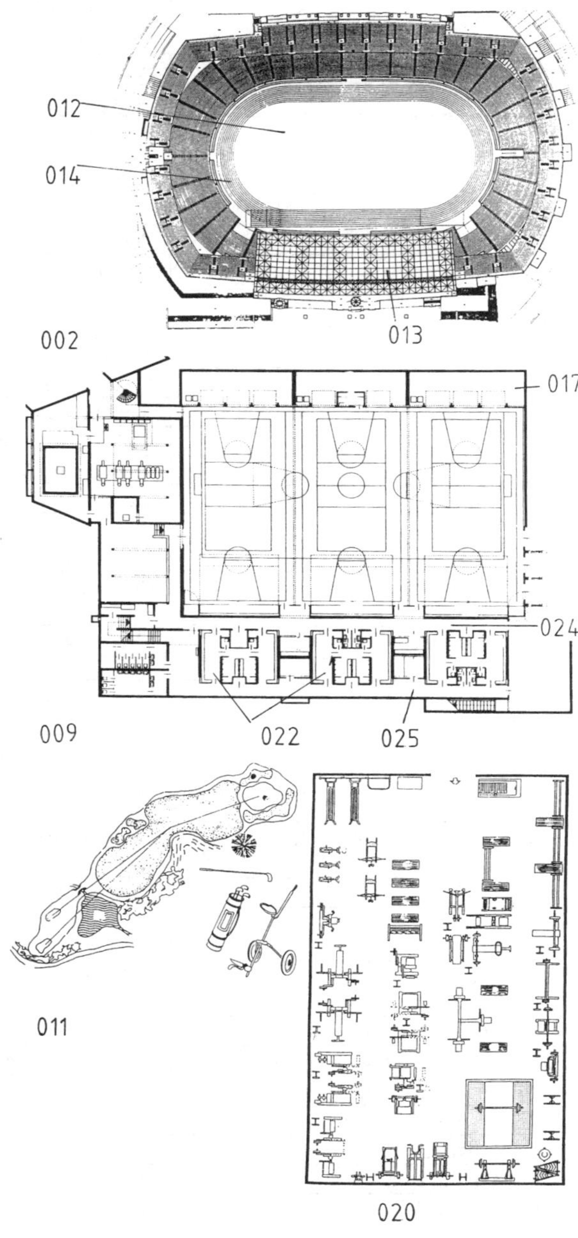

XII.13.03.	**water sports**	**Wassersport** (m)	**vízisportok**	**sporty wodne**
001	water sports facility	Wassersportanlage (f)	vízisporttelep	urządzenia dla sportów wodnych
002	indoor swimming pool	Schwimmhalle (f), Hallenbad (n)	fedett uszoda	kryta pływalnia
003	outdoor swimming pool	Freibad (n)	nyitott uszoda, nyitott strand	pływalnia otwarta
004	sauna	Sauna (f)	szauna	sauna
005	pool	Schwimmbecken (n)	úszómedence	basen pływacki
006	shallow pool	Nichtschwimmerbecken (n)	medence a nem úszók részére	niecka dla niepływajacych
007	paddling pool	Planschbecken (n)	gyermekmedence	brodziki
008	baby pool	Babybecken (n)	medence kisgyerekek részére	brodziki dla dzieci
009	wave pool	Wellenbad/-becken (n)	hullámfürdő	basen ze sztucznymi falami
010	diving platform	Sprungturm (m)	műugrótorony	wieża do skoków
011	diving pool	Sprungbecken (n)	műugrómedence	basen do skoków
012	first-aid room	Sanitätsraum (m)	segélyhely, mentőállomás	pokój pierwszej pomocy
013	life guards' room	Bademeisterraum (m)	*helyiség az uszómester részére*	pokój ratownika
014	barefoot passage	Barfußgang (m)	folyósó mezítlábasok részére	przejście gołą stopą
015	marina	Jachthafen (m)	jachtkikötő	port jachtowy
016	boat anchor place	Bootsliegeplatz (m)	csónakkikötő	przystań jachtowa
017	landing pier	Bootssteg (m)	kikötőtutaj	trap
018	boathouse	Bootshaus (n)	csónakház	stanica wodna
019	boat ramp	Slipanlage (f)	hajófelvonó	urządzenie do slipowania łodzi
020	regatta course	Regattabahn (f)	evezős-versenypálya, regatta pálya	tor regatowy
021	whitewater course, whitewater run	Wildwasserstrecke (f)	vadvíz pálya	tor regatowy kajaków górskich
022	water skiing	Wasserski (n)	vízisízés	narty wodne
XII.13.04.	**riding facilities**	**Reitsportanlage (f)**	**lóversenypálya, lóversenytér**	**urządzenia sportów hippicznych**
001	track	Rennbahn (f)	lóversenypálya, versenpálya	konny tor wyścigowy
002	riding hall	Reithalle (f)	fedett lovaglópálya	hala ujeżdżalni
003	riding field	Reitplatz (m)	lovarda	maneż, plac ujeżdżania
004	show - jumping course	Parcours (m)	parkúr	parkur, tor z przeszkodami
XII.13.05.	**other sports**	**sonstige Sportarten** (f)(pl)	**egyéb sportok**	**pozostałe założenia sportowe**
001	shooting range, firing range	Schießplatz (m)	lőtér	strzelnica
002	bowling alley, bowling lane	Kegelbahn (f)	tekepálya, kuglipálya	kręgielnia
003	bowling	Bowling (n)	bowling	bowling
004	boxing ring	Boxring (m)	szorító, ring	ring bokserski
005	racetrack	Rennbahn (f)	versenypálya	tor wyścigowy
006	velodrome	Radrennbahn (f)	kerékpárverseny-pálya	kolarski tor wyścigowy
007	motorcycle track	Motorradrennbahn (f)	motorkerékpár-versenypálya	motocyklowy tor wyścigowy
008	auto racing track	Autorennbahn (f)	autóversenypálya	samochodowy tor wyścigowy

водные виды спорта	**vodné** športy	**XII.13.03.**
сооружение для водных видов спорта	zariadenie pre vodné športy	001
крытый плавательный бассейн	plaváreň, krytá plaváreň	002
открытый бассейн	prírodné kúpalisko	003
сауна	sauna	004
бассейн с плавательными дорожками	plavecký bazén, bazén pre plavcov	005
бассейн для очень маленьких детей	bazén pre neplavcov	006
детский бассейн	detský bazén	007
бассейн для детей	bazén pre malé deti	008
бассейн с искусственными волнами	bazén s vlnami	009
вышка для прыжков	skokanská veža	010
бассейн для прыжков	skokanský bazén	011
комната врача	zdravotnícky priestor	012
комната для инструктора	priestor (miestnosť) plavčíka	013
проход без обуви	chodba pre chôdzu naboso	014
гавань для яхт	jachtársky prístav	015
причал для лодок	miesto pre kotvenie člnov	016
дорожка для лодок	lávka pre pristátie člnov	017
помещение для хранения лодок	lodenica	018
приспособление для спуска яхты на воду	skĺzadlo, zariadenie na spúšťanie lodí	019
регатта	regatová trať	020
трасса горной реки	trať pre športy na divokej vode	021
водные лыжи	vodné lyžovanie	022
ипподром	**jazdecké športové zariadenia**	**XII.13.04.**
конная беговая дорожка	pretekárska dráha	001
закрытый манеж для верховой езды	jazdecká hala	002
открытый манеж для верховой езды	jazdiareň, jazdecký priestor	003
паркур	parkúr	004
прочие виды спорта	**ostatné druhy športu**	**XII.13.05.**
тир	strelnica	001
кегельбан	kolková dráha	002
боулинг	bowling	003
боксринг	pästiarsky ring	004
трек	pretekárska dráha	005
велотрек	cyklistická dráha, velodróm	006
мотодром	motocyklová pretekárska dráha	007
автодром	automobilová pretekárska dráha	008

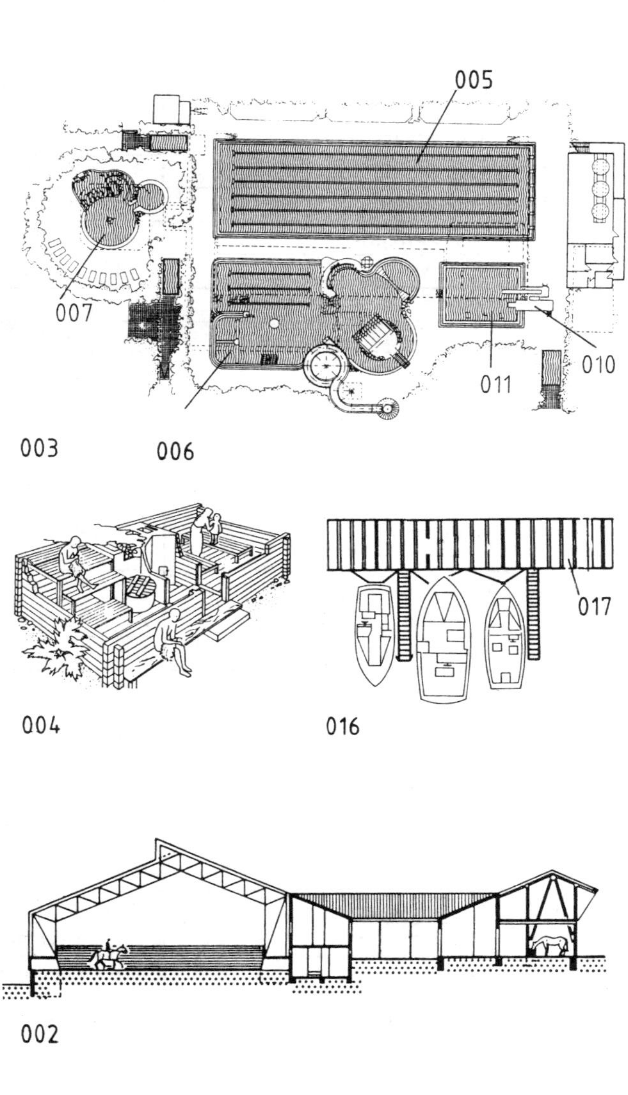

XII.14.	tourism	Fremdenverkehr (m)	idegenforgalom	turystyka
XII.14.01.	**restaurants**	**Gaststätten** (f)(pl)	**vendéglátóüzemek**	**restauracje**
001	**types**	**Typen (m)(pl)**	**típusok**	**typy**
002	café, coffee shop	Cafe (n)	kávéház	kawiarnia
003	bar, pub	Kneipe (f)	kocsma, csapszék	knajpa
004	bar	Bar (f)	bár, mulató	bar
005	wine cellar	Weinkeller (m)	bor(os)pince	winiarnia
006	beer garden	Biergarten (m)	söröző	ogródek piwny
007	restaurant	Restaurant (n)	étterem, vendéglő	restauracja
008	grillroom, grill	Grill (m)	grill	gril
009	snack bar	Imbiß (m), Imbißstube (f)	falatozó	snackbar, bar przekąskowy
010	bistro	Bistro (n)	bisztró	bistro
XII.14.02.	**accommodations**	**Unterkünfte** (f)(pl)	**szállások**	**zakwaterowania**
001	**types**	**Typen (m)(pl)**	**típusok**	**typy**
002	hotel	Hotel (n)	szálloda, hotel	hotel
003	guest house, bed and breakfast	Pension (f)	panzió	tani hotel ze śniadaniem
004	inn	Rasthof (m)	vendéglő	gospoda przy drodze
005	motel	Motel (n)	motel	motel
006	youth hostel	Jugendherberge (f)	ifjúsági szálláshely	schronisko młodzieżowe
007	**functional areas**	**Funktionsbereiche** (m)(pl)	**funkcionális területek**	**strefy funkcjonalne**
008	reception	Rezeption (f)	recepció	recepcja
009	manager's office	Direktion (f)	igazgatóság	dyrekcja
010	hotel room	Hotelzimmer (n)	szállodai szoba	pokój hotelowy
011	single room	Einzelzimmer (n)	egyágyas (szállodai) szoba	pojedyńczy pokój
012	double room	Doppelzimmer (n)	kétágyas (szállodai) szoba	podwójny pokój
013	suite	Suite (f)	apartman, *különbejáratú szomszédos szobák sor(ozat)a*	suite
014	dormitory room, dorm room	Schlafsaal (m)	munkásszállóbeli szoba, diákszállóbeli szoba	dormitorium, sypialnia wielołóżkowa
015	dining hall	Speisesaal (m)	étterem	jadalnia
016	conference room	Tagungsraum (m)	nappali szoba	sala konferencyjna
017	breakfast room	Frühstücksraum (m)	reggeliző	sala śniadaniowa
018	kitchen area	Küchenbereich (m)	a konyhák övezete	strefa kuchenna
XII.14.03.	**other facilities**	**sonstige Einrichtungen** (f)(pl)	**egyéb intézmények**	**pozostałe urządzena**
001	casino	Spielcasino (n)	játékkaszinó	kasyno
002	arcade (with slot machines)	Spielhalle (f)	játékterem	sala gier
003	convention center	Kongreßsaal (m)	kongresszusi-terem	sala kongresowa
004	ballroom	Tanzsaal (m)	táncterem	sala taneczna
005	discotheque, disco	Discothek (f), Disco (f)	diszkó	dyskoteka, disko
006	youth center	Jugendzentrum (n)	ifjúsági centrum, ifjúsági központ	centrum młodzieżowe

туризм	cestovný ruch	XII.14.
рестораны	**reštaurácie**	**XII.14.01.**
типы	**typy**	001
кафе	kaviareň	002
пивная	krčma	003
бар	bar	004
винный ресторан	vináreň, vínna pivnica	005
пивная на открытом воздухе	piváreň	006
ресторан	reštaurácia	007
гриль-бар	gril	008
буфет	bufet, občerstvenie	009
бистро	bistro	010
гостиницы	**ubytovania**	**XII.14.02.**
типы	**typy**	001
гостиница, отель	hotel	002
пансион	penzión	003
кемпинг	hostinec	004
мотель	motel	005
молодёжная туристическая база	mládežnícka ubytovňa	006
функциональные области	**funkčné oblasti**	007
администрация	recepcia	008
дирекция	riaditeľstvo	009
гостиничный номер	hotelová izba	010
одноместный номер	jednoposteľová izba	011
двухместный номер	dvojposteľová izba	012
гостиничный номер в мотеле	rad izieb (v hoteli), apartmán	013
спальный зал	veľká spoločná spálňa (v nocľahárňach)	014
столовая	jedáleň	015
конференц-зал	denná miestnosť	016
комната для завтраков в мотеле	raňajková miestnosť	017
кухня	kuchynská zóna	018
прочие сооружения	**ostatné zariadenia**	**XII.14.03.**
казино	hracie kasíno	001
игровой зал	telocvičňa	002
конгресс-зал	kongresová hala	003
танцевальный зал	tanečná sála	004
дискотека	diskotéka	005
молодёжный центр	mládežnícke centrum	006

B. Index

B. Index

B. Index

B. Indeks

B. Индекс

B. Zoznam

English
Englisch
angol
Angielski
английский язык
anglicky

ω- numbers VII.05.001

A

abandoned site III.03.02.003
abate I.05.04.004
abbot's house II.04.02.003
abrasion resistance VI.05.01.001
abrasive cutter X.02.01.064
absolute humidity IX.03.011
absorption V.04.01.009
absorption IX.01.02.004
abstract composition V.02.
abutment VII.02.03.001
abutment system II.02.06.021
academy XII.10.01.004
accelerating additive for setting VI.05.03.001
acceleration VII.07.001
acceptance I.04.03.003
acceptance of the works I.04.05.007
access path XI.05.01.075
access ramp XI.05.01.070
access road XI.05.01.069
accommodation X.03.01.013
accommodation units XII.08.04.
accommodations XII.14.02.
accounting XII.04.026
accuracy III.01.06.006
acetate IV.04.01.011
achievement I.02.03.034
achromatic color V.04.02.006
acoustic board VI.08.03.001
acoustic board IX.01.02.016
acoustic event IX.01.01.011
acoustic insulation IX.01.01.005
acoustic plate VI.08.03.002
acoustic tile VI.08.03.002
acoustic tile IX.01.02.016
acoustics IX.01.
acquire XII.01.01.003
act XII.01.01.001
action I.02.02.003
active insulation IX.01.01.024
active pressure VIII.01.08.004
activities V.01.02.
activities XII.01.01.
acute angle IV.01.01.014
adaptation I.01.002
adaptation level I.02.03.029
addition II.06.03.015
addition XI.04.04.006
additional bond VIII.02.04.023
additional load VII.03.001
additive color mixture V.04.02.012
additive form V.02.02.007
additives VI.05.03.
adhesive VI.08.02.002
adhesive bond VIII.02.06.005
adjacent spaces V.03.03.001
adjustable drawing head IV.04.03.003
adjustable metal strut X.02.01.077
adjustable windmill II.04.06.007
administration X.01.04.011
administration XII.02.01.019
administration XII.04.
administration XII.10.01.013
administration building XII.04.002
administration charge I.05.05.010
administrative building XII.05.003
administrative law I.04.02.
administrative town II.05.02.012
administrative town XI.04.01.010
administrative zone XI.03.01.003
admission XII.12.02.001
adobe II.02.01.008
adobe construction VI.02.01.
adult-education center XII.10.01.007
adulthood I.02.01.004
advance announcement I.04.05.002
advance payment I.05.04.005
advertising XII.06.01.031
advertising kiosk XII.06.01.041
advocacy planning XI.04.03.004
aedicule II.02.05.030
aerial view IV.02.01.017
aerodynamic excitation VII.07.002
aesthetic quality II.06.01.017
aesthetic significance II.06.01.016
aesthetic value II.06.01.028
aesthetics I.01.
affect I.02.02.013
affirmative maintainance II.06.02.013
afterimage V.04.02.019
age of concrete VI.05.01.002
agent I.05.03.010
agglomeration I.03.031
aggregates VI.04.04.
aggression I.02.03.031
agribusiness XII.02.02.004
agricultural area XI.02.01.001
agricultural landscapes XI.01.03.
agricultural policy XI.02.01.008
agricultural production XI.02.01.007
agriculture XII.02.
agriculture XII.02.02.
agriculture management XI.02.01.005
air humidity IX.03.010
air rights XI.06.044
air temperature IX.02.01.026
air traffic XI.05.04.
air traffic XII.06.04.
air zone IX.03.053
airborne sound IX.01.01.015
airbrush IV.04.02.018
air-entraining agent VI.05.03.002
airplane XI.05.04.001
airport XII.06.04.002
airport field XII.06.04.006
airport terminal XII.06.04.022
air-slaked lime VI.04.03.006
air-supported construction VII.02.12.001
aisle II.04.01.017
aisled church II.04.01.014
alcove II.04.05.007
alienation I.03.046
alignment XI.06.010
alley XI.05.01.064
all-loam VI.02.01.001
allotment I.05.05.016
allowable load VIII.01.01.015
allowable soil pressure VIII.01.01.003
allowed time X.01.05.022
alloy steel VI.07.01.011
allusion V.01.03.002
aloofness I.02.03.003
aloofness V.03.01.011
alteration II.06.04.005
alternating load VII.03.002
alternatives to family living XII.08.03.017
aluminum VI.07.02.001
ambient (outdoor) air temperature IX.02.01.027
ambulatory II.04.01.022
amphibolite VI.01.02.001
amplitude VII.07.003
analysis II.01.02.013
analysis III.02.
anchor VIII.01.01.001
anchor bolt VIII.02.02.064
anchor force VIII.01.01.002
anchor mast VII.02.04.007
anchor pile VIII.01.07.008
andesite VI.01.02.002
anesthesia XII.12.02.016
angle IV.01.01.012
angle (-type) staircase VIII.06.01.012
angle measurement III.01.05.007
angle section VIII.02.02.005
anglebrace VIII.05.01.015
angular frequency VII.07.004
angular measurement III.01.03.036
angular turn XI.04.02.059
anhydrated screed VI.06.06.001
anhydrous (gypsum-) plaster VI.04.01.001
annex II.06.03.015
antenna VIII.05.04.005
anthropomorphic proportion V.02.05.004
antiquity II.06.01.023
antithetical building II.06.04.008
anxiety I.02.03.032
apex VII.02.03.016
appearance I.01.001
appearance III.01.07.002
appearance of color V.04.02.017
application for a

construction permit I.04.05.003
apply XII.01.01.006
appointment X.01.05.001
approach V.02.07.004
approach X.03.01.004
appropriation I.01.002
approximate value VII.06.001
approximation VII.06.002
apse II.04.01.023
aquifer IX.03.049
aquifer water IX.03.036
aquisitions XII.11.02.017
arc IV.01.01.009
arc intersection method III.01.05.011
arcade II.02.05.021
arcade XI.05.01.004
arcade XII.03.01.009
arcade XII.14.03.002
arch II.02.05.020
arch with tie rod VII.02.03.002
arch(ed girder) VII.02.02.001
arch(ed) buttress II.02.06.023
arch(ed) stair(case) VIII.06.01.014
archaeology II.01.02.012
arched girder VII.02.03.003
archeological site II.06.01.011
archeological site drawing III.01.06.015
arches VII.02.03.
archetype V.01.03.008
architectural firm X.01.04.008
architectural guide II.06.01.033
architectural office X.01.04.008
architrave II.02.05.014
archives (pl.) XII.04.030
area measuring III.01.03.001
area with small housing units XI.06.022
area-covering structural element VIII.04.005
arithmetic proportion V.02.05.001
arrangement V.02.04.001
arrangement fee I.05.05.010
arrival V.02.07.007
arrival XII.06.04.027
arrival terminal XII.06.04.012
arrivals XII.06.04.012
arsenal XII.05.015
art I.01.003
art history I.01.004
art in the public realm XII.06.01.046
art room XII.09.02.010
arterial XI.05.01.059
artifact I.01.005
artificial fill VIII.01.02.005
artificial landscapes XI.01.02.
artist I.01.006
arts and crafts I.01.007
arts center XII.11.03.005
arts center XII.11.04.006
asbestos VI.01.02.003
ashlar II.02.01.005
asphalt VI.08.01.002
asphalt coat VI.08.02.001
asphaltic screed VI.06.06.002
assembly area XII.02.01.034
assembly hall XII.10.01.017
assembly pit XII.02.01.030
assignment I.05.05.016
astragal II.02.04.040
astragal VIII.03.02.015
asymmetry XI.04.02.077
atmosphere I.01.008
atmospheric rainfalls IX.03.044
atrium II.04.01.028
attached arch II.02.05.037
attention I.02.02.014
attenuator VII.07.035
attic XII.08.05.039
attic apartment XII.08.04.002
attitude I.01.009
attitude I.02.03.001
attorney I.04.01.007
attribution I.02.03.010
audibility IX.01.02.018
audience I.01.106
auditorium XII.09.02.020
auditorium XII.10.01.016
auditorium XII.11.04.024
augit VI.01.01.001
authoritarian management style X.01.04.029
authority I.03.015
authority I.04.01.009
authorization I.04.01.009
auto racing track XII.13.05.008
auto(mobile) XI.05.01.034
auxiliary costs X.01.02.015
auxiliary stairs XII.07.01.014
avoidance III.03.05.011
award judge X.01.01.020
award of the contract X.01.01.016
axe X.02.01.007
axial force VII.03.003
axial stiffness VII.04.001
axis IV.01.01.010
axis V.02.06.001
axis XI.04.02.078
axis of movement V.01.01.006
axis of reference IV.01.01.011
axonometric drawing IV.02.02.
axonometric section IV.02.01.022

B

baby buggy XI.05.01.016
baby carriage XI.05.01.016
baby pool XII.13.03.008
back VI.06.02.
background V.02.02.003
background research XI.04.03.020
backstage XII.11.04.013
backwater IX.03.038
baggage car XI.05.02.020
baggage check-in XII.06.04.014
baggage claim area XII.06.04.015
baggage conveyor XII.06.04.017
baker XII.02.01.002
bakery XII.02.01.002
balance X.02.02.025
balcony II.02.05.024
balcony XII.08.05.019
balcony XII.11.04.028
ball bearing VIII.02.02.040
balloon framing II.02.04.043
ballroom XII.14.03.004
balustrade II.02.05.028
ban on alterations II.06.02.012
band rope VII.02.10.001
band width of matrix VII.06.003
bank I.05.05.001
bank II.04.03.024
bank XII.04.005
bankruptcy I.05.03.012
baptistery II.04.01.034
bar VIII.02.04.014
bar XII.14.01.003
bar XII.14.01.004
bar bender X.02.01.061
bar cutter X.02.01.062
bar diameter VIII.02.04.016
bar graph X.01.03.012
bar steel VI.07.01.004
barefoot passage XII.13.03.014
barn II.04.05.010
barn XII.02.02.012
barn portion II.04.05.004
barrack X.03.01.009
barracks XII.05.011
barrel shell VII.02.08.001
barrel vault II.03.02.002
basalt VI.01.02.004
basalt wool VI.08.03.003
base II.02.05.006
base II.02.05.007
base area VIII.01.01.011
base ground line IV.02.03.006
base plate VIII.01.06.008
base plate VIII.02.02.026
base steel VI.07.01.008
basic concepts IX.02.01.001
basic terms VII.01.
basilica II.04.01.012
basket arch VII.02.03.004
bathroom XII.08.05.028
batten VIII.02.01.002
battery X.02.02.005
battery formwork X.04.016
battlement II.04.03.014
bay II.02.05.022
bay XI.01.01.032
beach XI.01.01.035
beam II.02.04.003
beam VIII.02.01.007
beam end II.02.04.004
beam floor VIII.04.001
beam tie VIII.05.01.025
beams VII.02.02.
beams VIII.02.02.029
bearing capacity VII.01.016
bearing capacity VIII.01.01.014
bearings VIII.02.02.039
beauty I.01.010
'bed and breakfast' XII.14.02.003
bed joint VIII.02.03.008
bedding density VIII.01.02.031
bedroom XII.08.05.023
bedroom community XI.02.03.005
bedroom community XI.03.02.008
beer garden XII.14.01.006
begin(ning) X.01.05.009
behave XII.01.01.002
behavior I.02.02.001
behavioral space V.03.01.009
belfry II.04.01.031
bell tower II.04.01.031
belvedere II.04.04.012
bema II.04.01.006
bench XII.06.01.039
bending VII.04.002
bending VII.04.003
bending moment VII.03.004
bending reinforcement VIII.02.04.008
bending strength VII.04.004
bending stress VII.04.005
bending-buckling curvature VII.05.002
benefits I.05.05.011
beverage store XII.03.02.017
bicycle XI.05.01.023
bicycle stand XII.06.01.019
bidder X.01.01.013
bifurcation point VII.05.003
bike XI.05.01.023
bike path XI.05.01.024
bike path XII.06.01.005
bill I.05.01.007
binders VIII.02.04.009
binding materials VI.04.
binding piece VIII.02.01.039
binding room XII.11.02.016
biography II.01.02.006
biological shielding concrete VI.05.01.039
bird's eye view IV.02.01.017
bird's mouth joint II.02.04.012
bird's eye view IV.02.03.011
birth I.02.01.001
birthing center XII.12.02.013
birthing center XII.12.02.014
bistro XII.14.01.010
bitumen VI.08.01.001

black and white IV.03.03. 010
blacksmith XII.02.01.008
blacksmith’s XII.02.01.008
blast - furnace slag VI.04.04.001
blast furnace sand VI.04.04.002
blasting X.05.012
blighted area XI.04.04.012
blind window II.02.06.032
block development XII.08.03.014
blue-collar housing estate XI.03.02.002
blueprint paper IV.04.01.005
blueprinter IV.04.03.005
board II.02.04.001
board VIII.02.01.003
board lath VI.08.05..004
board of worker representatives X.01.04.026
boarding lounge XII.06.04.025
boardroom XII.02.01.022
boat anchor place XII.13.03.016
boat ramp XII.13.03.019
boathouse XII.13.03.018
bob run XII.13.02.004
body IV.01.02.001
boiler X.02.02.007
boiler room XII.02.01.033
bollard XII.06.01.040
bolt VIII.02.01.027
bolt cutter X.02.01.017
bolted (timber) connector VIII.02.01.026
bolted connection VIII.02.02.054
bolted hinge VIII.02.02.060
bond VIII.02.07.010
bond gypsum plaster VI.04.01.002
bond length VIII.02.04.022
bonding agent VI.08.02.002
bookkeeping I.05.01.005
border area XI.03.01.001
border town XI.04.01.011
bore VIII.01.03.002
bore hole VIII.01.03.001
bored pile VIII.01.07.007
bored pile wall VIII.01.09.004
boring VIII.01.03.002
botched work X.01.06.009
bottom VIII.01.04.003
bottom (base) pressure distribution VIII.01.01.010
bottom chord VII.02.05.001
bottom sash VIII.03.02.016
bottom-hinged sash VIII.03.02.033
boudoir II.04.03.020
boulder II.02.01.003
boundary adjustment XI.04.03.026
boundary conditions VII.01.001
boundary point III.01.02.003
boutique XII.03.01.008
bow II.02.05.020
bow saw X.02.01.034
bow window II.02.05.022
bowling XII.13.05.003
bowling alley XII.13.05.002
bowling lane XII.13.05.002
bowstring girder VII.02.03.005
box XII.11.04.027
box construction VIII.02.07.015
box level III.01.03.026
box spanner X.02.01.020
box type window VIII.03.02.022
boxed formwork X.04.017
boxing ring XII.13.05.004
brace II.02.04.029
brace VII.02.05.002
brace VIII.05.01.015
bracing VIII.02.07.009
bracing truss VII.02.05.017
bracket II.02.04.037
bracket VII.02.02.002
branch office X.01.04.010
break VI.03.01.014
break line IV.03.01.004
breakdown III.03.01.005
breakfast room XII.14.02.017
breaking behavior VI.03.01.016
breaking index VI.03.01.015
breaking strength VI.09.001
brewery XII.02.03.008
brick II.02.01.006
brick slip VI.02.02.012
bricklayer X.01.04.046
bricklayer's hammer X.02.01.003
bridge XI.05.01.008
bridge loan I.05.05.015
bridle path XII.06.01.004
brightness IV.02.04.006
broken pediment II.02.05.035
broken-joint tile VI.02.03.004
brook XI.01.01.040
brush IV.04.02.015
bucket conveyor X.02.03.007
bucket-ladder dredge X.02.03.024
bucket-wheel excavator X.02.03.025
buckling VII.05.004
buckling VII.05.005
buckling configuration VII.05.006
buckling load VII.05.007
budget I.05.01.004
buffer time X.01.05.031
buggy XI.05.01.021
building code I.04.05.005
building coverage XI.06.015
building description III.01.07.
building files I.04.05.008
building ground VIII.01.04.002
building inspector I.04.05.006
building land XI.02.01.009
building law I.04.05.
building law XI.06.001
building lime VI.04.02.001
building line XI.06.009
building location XI.06.014
building log X.01.06.004
building measurement III.01.05.019
building modification X.05.002
building permit I.04.05.004
building research III.02.01.
building rubble X.05.005
building society I.05.05.003
building society (British) I.05.05.004
building supervision X.01.06.001
building with exterior circulation XII.07.02.007
buildings XII.06.01.007
buildings for audio-visual media XII.11.05.
buildings for the performing arts XII.11.04.
built up area XI.06.012
built-up truss VIII.05.01.019
bulldozer X.02.03.027
bulwark II.04.03.027
bundled bars VIII.02.04.015
bungalow XII.08.03.004
bungled job V.01.02.023
bunker XII.05.014
bus XI.05.01.038
bus station XII.06.01.011
business X.01.04.001
business X.01.04.022
butcher XII.02.01.003
butcher’s XII.02.01.003
butt joint VIII.02.02.025
butt strap VIII.02.02.009
buttress II.02.06.022
buttressing pier II.02.06.022
bypass XI.05.01.065

C

cab XI.05.01.040
cabin II.04.05.011
cable VII.02.04.011
cable VII.02.09.001
cable (rope) VII.02.10.001
cable clip VII.02.09.002
cable grip VII.02.09.002
cable networks VII.02.09.
cable railway XI.05.02.008
cable railway XI.05.02.009
cable railway XI.05.02.011
cable supported structures VII.02.04.
café XII.14.01.002
cafeteria XII.02.01.014
cafeteria XII.09.02.018
caisson foundation VIII.01.07.012
calcite VI.01.01.002
calcspar VI.01.01.002
calculation I.05.04.
calculation methods VII.06.
calculation of economic feasibility X.01.02.005
campanile II.04.01.033
campus XII.10.01.008
canal XI.01.01.043
canal XI.05.03.006
cancellation I.04.03.008
canteen X.03.01.015
cantilever girder VII.02.02.003
cantine XII.02.01.014
cap II.03.01.002
cap III.03.04.005
cap ceiling II.03.01.003
capacity X.01.03.003
capillarity VIII.01.02.045
capillary IX.03.031
capillary water transport IX.03.032
capital II.02.05.010
capital XI.04.01.001
capital costs X.01.02.012
capital improvement program XI.06.039
capitol XII.05.001
car X.02.03.013
car X.02.03.016
car XI.05.01.034
carbamide glue VI.08.02.003
carbide lime VI.04.02.002
carbonation VI.05.04.001
carcinogenic III.03.01.009
card index III.02.01.009
cardboard IV.04.01.008
card-index file III.02.01.009
caricature I.01.011
carpenter X.01.04.044
carpenter X.01.04.045
carpenter XII.02.01.007
carpenter’s XII.02.01.007
carpenter's hammer X.02.01.002
carrel XII.11.02.021
carriage XI.05.01.020
carriage XI.05.02.018
cars XI.05.01.033
cart XI.05.01.014
cart XI.05.01.020
cartel X.01.04.020
cartesian coordinate system III.01.02.020
Cartesian coordinates VII.01.002
casein glue VI.08.02.004
casemate II.04.03.025
casement frame VIII.03.02.009
cash advance I.04.04.004
cash flow I.05.04.020
cashier XII.04.016
casing VIII.03.01.002
casino XII.14.03.001
cast glass VI.03.02.002
cast iron VI.07.01.001
cast shadow IV.02.04.013
castellated girder VII.02.02.004

castellated girder VIII.02.02.036
castle gate II.04.03.015
castle on a hill II.04.03.005
castle with moat II.04.03.006
castles II.04.03.004
castles II.04.04.
catalog IV.03.02.006
catalog room XII.11.02.020
cataloging XII.11.02.019
catch basin III.03.03.001
category I.01.012
category of needs III.02.02.018
catenary VII.02.04.001
caterpillar X.02.03.030
causality II.01.01.009
cavalier drawing IV.02.02.003
cave II.02.02.001
cave-in VIII.01.08.007
cavetto vault II.03.02.012
cavity VIII.02.03.027
ceiling plaster VI.06.05.021
ceilings VIII.04.
celebration I.01.013
cell II.04.02.012
cellar XII.08.05.038
cellar stairs XII.07.01.012
cellular construction VIII.02.07.014
cellulose coat VI.08.02.005
cement VI.04.03.
cement VI.08.02.002
cement color VI.08.02.006
cement mortar VI.06.05.005
cement paste VI.05.01.015
cement pigment VI.08.02.006
cement screed VI.06.06.003
cement silo X.03.01.022
cementious materials VI.04.
cement-lime mortar VI.06.05.006
cemetery XII.11.01.014
cemetery chapel XII.11.01.015
censorship I.01.014
center XI.03.03.008
center XI.03.03.009
center line IV.01.01.010
center line IV.03.01.005
center of space XI.04.02.003
center punch X.02.01.028
center-hung sash VIII.03.02.032
central business district XI.06.018
central corridor XII.07.02.005
central planned building II.04.01.015
central station XII.06.02.003
central strip XI.05.01.092
centralized V.03.02.002
centroid of cross-section VII.01.003
centroidal axis VII.04.006
ceramic and mineral bound building materials VI.02.
ceremonial hall XII.10.01.021
chain saw X.02.01.066
chair XII.10.01.012
chalk lime VI.04.03.012
chamber II.04.05.006
chamber of commerce XII.03.01.005
change II.06.04.005
change V.01.02.008
change XI.04.02.064
change of orientation XI.04.02.058
changing cubicle XII.13.01.023
changing room XII.02.01.015
changing room XII.09.01.006
channel XI.01.01.034
channel section VIII.02.02.004
chaos V.02.04.009
chapel II.04.01.025
chapel XII.11.01.006
chapel for prayer XII.11.01.009
chapter house II.04.02.009
character I.01.015
character II.06.01.022
character XI.04.02.048
characteristic II.06.01.024
characteristics XI.01.01.048
characteristics of materials IX.02.02.028
charcoal drawing IV.03.03. 006
charm I.01.034
chart IV.03.02.003
check-in XII.06.04.016
check-in terminal XII.06.04.023
checklist X.01.06.005
check-out area XII.03.02.016
checkroom XII.06.02.019
cheese counter XII.03.02.012
chemical plant XII.02.03.007
chicken coop XII.02.02.024
childhood I.02.01.002
children’s home XII.08.03.025
children’s room XII.08.05.024
chimney VIII.05.04.004
chippings VI.04.04.003
chisel X.02.01.027
choir II.04.01.021
chord IV.01.01.022
chord VII.02.05.003
christian church II.04.01.011
chromatic color V.04.02.004
chronology II.01.02.001
chronology III.02.01.002
chuck key X.02.01.057
church XII.11.01.004
cinder blocks VI.02.04
cinema XII.11.05.001
circle IV.01.01.017
circle XII.11.04.026
circle traffic XI.05.01.084
circular arch VII.02.03.006
circular city II.05.02.016
circular corridor XII.07.02.006
circular cross section VII.01.004
circular curve III.01.02.012
circular system II.05.02.017
circulation XII.07.
circulation desk XII.11.02.014
circus tent XII.11.04.009
citadel II.04.03.029
citizen I.03.055
citizen's (action) group XI.04.03.005
city XI.04.
city (town) development law XI.04.03.001
city hall II.04.06.001
city hall XII.05.017
city house II.04.05.001
city image XI.04.02.046
city limit XI.03.03.003
cityscape XI.01.02.003
cityscape XI.04.02.079
civic center XII.05.018
civic center XII.11.04.005
civic duty I.05.01.014
civic responsibility I.05.01.014
civil law I.04.01.003
civil servant housing estate XI.03.02.004
civilization I.03.003
clamp VIII.02.01.033
class I.03.023
class A plaster VI.04.01.007
class C plaster VI.04.01.001
class of mortar VIII.02.03.004
classical order II.02.05.
classification I.01.016
classification system II.06.01.029
classroom XII.09.02.007
claw X.02.02.045
claw bar X.02.01.043
clay VI.01.02.005
clay containig sea silt VIII.01.02.014
clayey loam VIII.01.02.008
clearance X.05.004
clearness IX.01.01.026
cleat II.02.04.036
cleat bearing VIII.02.02.048
clerestory II.02.06.008
client X.01.01.023
client I.04.03.010
clinic XII.12.01.001
clinics XII.12.
clinker VI.02.02.
clinometer III.01.03.035
clip bearing VIII.02.02.048
cloister II.04.02.
cloister II.04.02.002
cloister XII.11.01.010
cloister settlement XI.02.03.004
cloister vault II.03.02.010
closed XI.04.02.018
closed (block) system XI.06.024
closed development XI.06.024
closed space XI.04.02.009
closed system III.03.05.009
closeness V.03.01.012
closet II.04.02.011
closet XII.08.05.011
cluster village II.05.01.002
cluster zoning XI.06.040
clustered V.03.02.007
coach XI.05.01.021
coach for site transportation X.03.01.008
coarse silt VIII.01.02.016
coast XI.01.01.036
coating VII.02.10.002
coating (material) VI.08.02.019
coatings VI.08.02.
code V.01.02.015
coefficient of expansion VII.04.007
coefficient of heat transfer IX.02.02.016
coefficient of instability VII.02.11.001
coefficient of thermal conductivity IX.02.02.010
coffee shop XII.14.01.002
cog railway XI.05.02.010
cognition I.02.02.006
cognitive control I.02.03.013
cognitive dissonance I.02.03.012
coherence VI.09.002
cohesion VIII.01.02.041
cohesionless soil VIII.01.02.022
cohesive soil VIII.01.02.021
colcrete VI.05.01.018
cold (thermal) bridge IX.02.02.027
cold gluing VIII.02.01.036
cold storage XII.02.01.032
cold storage XII.02.03.014
cold storage XII.02.04.003
collage V.01.02.007
collar beam VIII.05.01.013
collar-beam roof VIII.05.01.003
collecting street XI.05.01.073
collection XII.11.03.022
collection III.02.02.008
college XII.10.01.003
college XII.10.01.010
colonial town XI.04.01.015
colonnade II.02.05.019
color IV.02.04.001
color IV.02.04.003
color V.04.02.
color circle V.04.02.005
color mixture V.04.02.011
color pencil IV.04.02.012
color psychology V.04.02.018
color wheel V.04.02.005
colored IV.03.03. 012
colorful V.04.02.009
coloring IV.03.01.013
column II.02.05.002
column VIII.02.07.002
column anchorage VIII.02.02.027
column base VIII.02.02.021
column formwork X.03.02.019

column head VIII.02.02.022
column splice VIII.02.02.023
columns VIII.02.02.015
combination of load(ing) cases VII.03.005
combination pliers X.02.01.010
combine V.01.02.005
combined XI.04.02.025
combustible VI.09.036
comfort IX.02.01.014
comic I.01.017
commerce XII.03.
commercial town II.05.02.004
commitment I.02.03.002
commune XII.08.03.018
communication I.02.03.007
community I.03.002
community center XII.11.04.008
community development XI.04.04.
community hall XII.05.019
compact space XI.04.02.011
compaction VI.09.003
compaction VIII.01.05.003
company X.01.04.009
company X.01.04.022
compartment II.02.04.041
compass III.01.03.053
compass IV.04.02.016
compatibility II.06.04.004
compensation I.05.02.013
compensation VII.02.10.003
compensation XI.04.03.014
competition I.05.01.016
competition X.01.01.008
complaint X.01.06.008
complementary color V.04.02.003
complete dismantling for reconstruction II.06.03.017
complete shadow IV.02.04.015
completely mortared joint VIII.02.03.010
completely presstressed VIII.02.04.026
completion X.01.05.013
completion X.05.001
completion date X.01.05.014
complexity XI.04.02.057
complicated series V.02.03.007
compose V.01.02.004
composed series V.02.03.004
composite anchor VIII.02.06.024
composite column VIII.02.02.018
composite column VIII.02.06.013
composite construction VIII.02.06.
composite construction VIII.02.06.011
composite floor VIII.02.06.014
composite girder VIII.02.06.012
composite material VIII.02.06.015
composite screed VI.06.06.004
composition I.01.018
comprehensive planning XI.06.002
compressed air X.02.02.013
compression chord VII.02.05.004
compression force VII.03.006
compression member VII.02.01.001
compressive strain VII.04.008
compressive strength VI.05.01.003
compressive stress VII.04.009
compressor X.02.02.014
computer center XII.04.032
computer laboratory XII.10.02.003
computer work station XII.02.01.024
concentrated load VII.03.007
concentration XI.04.05.001
concentric bearing VIII.02.02.046
concern X.01.04.017
concert hall XII.11.04.004
concourse XII.06.02.015
concrete VI.05.
concrete VI.05.01.031
concrete (batch) mixer X.03.01.024
concrete after initial setting VI.05.01.019
concrete block VI.02.04002
concrete cutter X.05.011
concrete element X.04.020
concrete gun X.02.02.027
concrete mixer X.02.02.026
concrete mixer truck X.02.03.018
concrete plasticizer VI.05.03.003
concrete pump X.02.02.028
concrete skip X.02.01.032
concrete strength VI.05.01.004
concrete-glass wall VIII.02.05.007
concrete-screed floating floor VI.06.06.005
condem a piece of property I.05.02.014
condemnation XI.04.03.013
condensation IX.03.015
condensed water IX.03.017
condition III.01.07.001
condition (e.g. of paint) III.01.07.004
conditions I.05.05.009
condominium XII.08.02.007
cone IV.01.02.008
cone vault II.03.02.013
conference center XII.10.01.006
conference hall XII.10.01.015
conference room XII.04.013
conference room XII.09.02.014
conference room XII.14.02.016
configuration I.03.005
conflict I.03.045
conglomerate VI.01.02.006
conical vault II.03.02.013
connecting line III.01.06.010
connecting plate VIII.02.02.013
connection XI.04.02.056
connection reinforcement VIII.02.04.013
connection to the place XI.04.02.045
connections V.02.04.003
connector V.02.04.004
connotation I.01.082
conoid VII.02.08.002
conscious I.02.03.036
conservation II.06.01.003
conservation XI.04.04.001
conservation architect II.06.01.007
consideration II.06.02.021
consistency VI.05.01.005
consistency VI.05.02.
consortium X.01.04.018
constriction XI.04.02.062
construction (sg.) II.06.03.
construction container X.03.01.010
construction documents XI.04.03.024
construction equipment X.02.
construction fence X.03.01.001
construction industry I.05.01.015
construction lime VI.04.02.001
construction lumber VIII.02.01.010
construction machinery X.02.02.
construction management X.01.06.002
construction material properties VI.09.
construction methods VIII.02.
construction panel VI.08.05..008
construction period X.01.05.020
construction process X.01.03.
construction site X.03.01.
construction steel VIII.02.02.001
construction with logs VIII.02.07.018
consultation room XII.09.02.015
consulting room XII.04.011
consumption I.01.019
container car XI.05.02.022
container port XII.06.03.005
containment cell III.03.03.001
contamination III.03.01.013
contemplation I.01.020
content I.01.021
content I.01.022
context I.02.03.006
context II.01.01.012
context XI.04.02.036
contextualism II.06.04.002
continent XI.01.01.003
continuity II.01.01.011
continuity of space XI.04.02.014
continuous girder VII.02.02.005
continuous girder VIII.02.02.033
continuous production X.04.009
contour V.02.02.001
contract I.04.03.001
contract bid X.01.01.003
contract law I.04.03.
contract letting X.01.01.
contractor I.04.03.004
contractor X.01.01.025
contrast XI.04.02.071
control I.05.01.006
control III.03.05.002
control X.01.06.
control measure III.01.06.002
control measurement III.01.06.001
control tower XII.06.04.008
convalescent home XII.12.01.007
convention I.01.023
convention I.03.039
convention center XII.14.03.003
convex-tile and concave-tile VI.02.03.002
conveyor belt X.02.03.005
conviction I.04.01.017
cool color V.04.02.022
cooler XII.03.02.013
cooling IX.02.01.005
cooling time IX.02.02.023
cooling tower XII.02.03.018
co-op XII.08.02.008
co-op XII.08.02.006
cooperative I.05.03.002
cooperative management style X.01.04.030
copier IV.04.03.006
copper VI.07.02.002
copy V.01.02.014
corbel VII.02.02.002
cord III.01.02.015
core VII.02.11.002
core condensate IX.03.016
core insulation VIII.02.03.028
core shadow IV.02.04.015
corinthian II.02.05.040
cork VI.08.03.004
corner V.02.02.010
corner compression VII.04.010
corner post II.02.04.025
corner pressure VII.04.010
corner tower II.04.04.008
cornice II.02.05.017
cornice II.02.06.009
corporation I.05.03.004
corporation I.05.03.006
corridor XII.08.05.010
corrosion VI.05.04.
corrosion - protective coat VI.08.02.007
corrugated cardboard IV.04.01.009
corrugated clay tile VI.02.03.008
cosmetic I.01.024
cost accounting X.01.02.020
cost of living I.03.071
cost(s) I.05.04.009
cost(s) determination I.05.04.012
cost(s) estimate I.05.04.013
cost/benefit analysis X.01.02.021
costs X.01.02.011
costume room XII.11.04.023
cottage II.04.05.011
cottage XII.08.03.008
counter XII.03.02.006
counter XII.04.010
counter brace II.02.04.030

country house XII.08.03.010
country road XI.05.01.058
county XI.03.01.004
course joint VIII.02.03.008
coursed ashlar II.02.03.012
coursed masonry II.02.03.011
court I.04.01.010
court XII.13.01.012
court (yard) II.04.04.006
court of honor XII.07.01.002
courthouse XII.05.007
courtyard house XII.08.03.007
cover molding VIII.03.02.011
covered market XII.03.01.002
cow stall XII.02.02.023
coziness IX.02.01.014
crab X.02.03.002
crack VI.03.01.018
cracking X.05.013
crane X.02.03.008
crash barrier XI.05.01.096
crawler X.02.03.030
creation I.01.025
creativity I.01.026
creativity V.01.02.017
creek XI.01.01.040
creep VI.05.01.006
creep VI.09.004
creep coefficient VI.05.01.007
crematorium XII.11.01.019
Cremona's
polygon of forces VII.02.05.005
criminal law I.04.01.002
crippling VII.04.011
critic II.01.02.020
critical load VII.05.008
critical path X.01.05.030
criticism I.01.027
cross aisle II.04.01.019
cross bar X.03.02.010
cross bond II.02.03.018
cross bracing VIII.02.02.014
cross hairs III.01.03.031
cross- rib(bed) vault II.03.02.006
cross section IV.02.01.013
cross section VII.01.005
cross section of street XI.04.02.034
cross vault II.02.06.011
cross vault II.03.02.004
cross ventilation XII.08.01.005
cross-cut saw X.02.01.033
crossing II.04.01.020
crossing XI.05.01.083
crossing tower II.04.01.037
crossroads XI.05.01.083
cross-sectional area VII.04.012
crowbar X.02.01.042
crowding I.02.03.025
crown VII.02.03.016
crude steel VI.07.01.007
crumbed layer VIII.01.02.030
crushed stone VI.02.02.001
crushed stone XI.05.01.095
crushed stone layer VIII.01.02.029
crusher X.02.02.018
crypt II.04.01.024
cube IV.01.02.003
cul-de-sac XI.05.01.077
cult I.01.028
cultural center XII.11.04.006
cultural facilities XII.11.
cultural history II.01.02.002
cultural value II.06.01.027
culture I.01.029
culture I.03.036
cumulative
(pyramidal) zoning XI.06.041
cupola II.03.03.
cupola II.03.03.006
curator II.06.01.006
curb XI.05.01.098
current market value X.01.02.009
current perodicals area XII.11.02.011
curry favor V.01.02.022
curvature VII.02.10.004
curve IV.01.01.008
curved girder VII.02.02.001
curved road XI.04.02.031
custom I.01.050
custom I.03.037
custom I.03.038
customer service policy I.04.03.007
customs XII.05.009
customs control XII.06.04.019
cut VIII.01.04.005
cutter X.02.02.031
cutting torch X.02.01.068
cycle X.01.05.003
cyclopean rustication II.02.03.008
cylinder IV.01.02.007

D

damage I.05.01.018
damage III.03.01.012
damage X.01.06.010
damage compensation X.01.06.011
damaged plaster VI.06.01.005
damped oscillation VII.07.005
damping VII.07.006
damping decrement VII.07.007
dampness VI.09.031
dampness IX.03.001
darkness IV.02.04.007
dashed line IV.03.01.003
data on resident
registration III.02.02.003
date of beginning X.01.05.010
dating III.02.01.001
day room XII.02.01.018
daycare XII.09.01.003
daylight V.04.01.002
dead load VII.03.008
dead load VII.03.035
dead time X.01.05.028
dead-end room XII.08.05.006
dead-end street XI.05.01.077
deadline I.04.01.021
dean's office XII.10.01.011
death I.02.01.007
debris X.05.006
decadence I.01.030
decay II.01.01.008
decentralization XI.04.05.004
deception I.04.01.023
decibel IX.01.01.035
decision I.04.01.015
deconstruction I.01.031
decontamination III.03.03.012
decoration I.01.032
decoration I.01.033
decoration V.01.03.001
deed register I.04.05.009
deep foundations VIII.01.07.
deep vibrator VIII.01.05.006
deep-freeze room XII.03.02.003
deep-sea port XII.06.03.002
defined open space XI.04.02.008
deflection VII.04.013
deformation III.01.06.005
deformation VII.04.014
deformation VII.04.015
deformation VII.04.016
deformation parameter VII.04.017
degree of dowel action VIII.02.06.023
degree of freedom VII.06.004
delay X.01.05.029
delays X.01.06.013
delegation of
individual tasks X.01.04.031
delivery X.01.01.012
delivery X.01.04.013
delivery room XII.12.02.012
delivery zone XII.02.01.028
demand III.02.02.021
democratic art I.01.102
democratic
decision making XI.04.03.008
demolition II.06.03.005
demolition X.05.004
demolition XI.04.04.007
demolition order II.06.03.007
demolition permit II.06.03.006
demolition pick X.05.009
dendrochronology III.02.01.003
dense VIII.01.02.034
dense concrete VI.05.01.020
density VI.09.020
density XI.06.030
density map III.02.01.011
density of population I.03.062
denticulation II.02.05.016
dentil course II.02.05.016
department XII.10.01.010
department store XII.03.01.010
departure V.02.07.008
departure XII.06.04.026
departure lounge XII.06.04.025
departure terminal XII.06.04.011
departures XII.06.04.011
depiction I.01.036
deposit
of noxious materials III.03.02.
depot X.03.01.025
depreciation I.05.04.008
depressed street XI.05.01.061
description II.01.02.027
description III.02.01.006
description on a plot III.02.01.007
descriptive geometry IV.02.
desert XI.01.01.009
design I.01.037
design V.01.02.001
design considerations II.06.04.
design review ordinance II.06.02.002
design review ordinance XI.04.03.003
desire I.01.038
destruction X.05.014
detached house XII.08.03.002
detached housing XI.06.023
detachment I.01.040
detailed measurement III.01.06.014
detailed plan X.01.03.007
detector III.01.03.019
detrimental impact II.06.04.009
develop V.01.02.003
developed area XI.02.01.010
developed plan IV.03.03. 003
development I.02.01.
development I.03.042
development II.01.01.007
development XI.04.05.012
development code XI.06.005
development freeze I.04.02.008
deviation VI.09.016
dew water IX.03.018
dewatering VIII.01.04.015
dewatering operation VIII.01.04.013
diagonal IV.01.01.029
diagonal measure III.01.06.003
diagonal member VII.02.05.006
diagonal struts II.02.04.042
diagram of normal force VII.03.009
diameter IV.01.01.021
diamond vault II.03.02.008
difference I.03.047
difference XI.04.02.069
difference method VII.06.005
differential element VII.06.006
diffuse light IV.02.04.010
diffusion IX.03.024
diffusion direction IX.03.026

diffusion process IX.03.025
digital level III.01.03.017
dignity I.01.039
dike XII.06.03.008
dilapidation II.06.03.001
dilettantism V.01.02.020
dimension line IV.03.01.006
dimensional tolerance III.01.06.004
dimetric projection IV.02.02.002
diminution in value II.06.02.024
dining area XII.08.05.037
dining hall XII.14.02.015
dining room XII.08.05.036
diorite VI.01.02.007
direct integration VII.07.008
direct light V.04.01.004
directed light V.04.01.012
directed space XI.04.02.012
direction V.02.07.003
direction of light IV.02.04.008
directional V.03.02.003
director's room XII.11.05.006
disaster area XI.03.01.007
disbursement I.05.04.015
disco XII.14.03.005
discotheque XII.14.03.005
discount I.05.04.006
discretion II.06.02.020
discrimination I.03.048
disfigurement II.06.04.011
dispatch XII.06.04.024
display case XII.06.01.042
disposal III.03.03.
distance I.03.049
distinctness IX.01.01.026
distortion IV.02.01.005
distributed area load VII.03.010
distributed load VII.03.011
district V.02.07.011
district XI.03.03.004
district attorney I.04.01.008
district design
requirement II.06.02.010
district town XI.04.01.004
diving platform XII.13.03.010
diving pool XII.13.03.011
division XI.03.01.013
division of continuum VII.06.007
division of work X.01.03.017
dock XII.06.03.010
dockyard XII.06.03.012
doctor's office XII.12.02.022
documentation II.06.01.030
documentation III.01.04.
documentation III.01.06.011
documents
for invitation to bid X.01.01.002
dolomite VI.01.02.008
dolomite lime VI.04.03.001
dome II.03.03.
domestic activities XII.08.01.010
domestic behavior XII.08.01.007
domestic functions XII.08.01.011
domestic needs XII.08.01.008
dominant landmark XI.04.02.082
door fitting VIII.03.01.005
door leaf VIII.03.01.001
doorbell VIII.03.01.008
doorman XII.04.007
doors and gates VIII.03.01.
doorviewer VIII.03.01.009
doric II.02.05.038
dorm room XII.14.02.014
dormer VIII.03.02.028
dormitory II.04.02.008
dormitory XII.08.03.023
dormitory community XI.03.02.008
dormitory room XII.14.02.014
dotted line IV.03.01.002
double coding V.01.02.016
double curvature VII.02.10.005
double flight stair(case) VIII.06.01.010
double glazing VIII.03.02.020
double pentagon III.01.03.010
double room XII.14.02.012
double stairs XII.07.01.011
double tower II.04.01.036
double trussed girder VII.02.02.006
double wythe wall VIII.02.03.020
double-loaded corridor XII.07.02.011
doubt I.04.02.009
dovetail II.02.04.015
dowel II.02.04.007
dowel VIII.02.01.024
dowel VIII.02.06.016
dowel bar VIII.02.04.013
dowel capacity VIII.02.06.021
dowel distribution VIII.02.06.018
dowel slip VIII.02.06.020
dowel spacing VIII.02.06.017
dowel stiffness VIII.02.06.022
dowel surface area VIII.02.06.019
downpipe VIII.05.01.042
downtown XI.03.03.008
downzoning XI.06.042
drafting table IV.04.03.002
dragon beam VIII.05.01.022
drain XI.05.01.099
drain mat VIII.01.04.021
drainage VIII.01.04.013
drainage VIII.01.04.018
drainage VIII.01.04.020
drainage pipeline VIII.01.04.019
drainpipe VIII.01.04.022
drawbridge II.04.03.016
drawing IV.03.03. 004
drawing board IV.04.03.002
drawing machine IV.04.03.001
drawing paper IV.04.01.003
drawing plane IV.02.03.004
drawing utensiles IV.04.02.
dressed lumber VIII.02.01.006
dressing room XII.08.05.027
dressing room XII.11.04.021
dressmaker XII.02.01.005
dressmaker's XII.02.01.005
drill X.02.02.044
drill hammer X.02.02.016
dripstone II.02.06.030
drive (way) XI.05.01.079
driveway X.03.01.004
driveway XII.07.01.005
driveway XII.07.01.006
driving rain IX.03.046
drum II.03.03.007
dry dock XII.06.03.011
dry mortar VI.06.03.001
dry rubble wall II.02.03.006
dry storage XII.02.04.004
dry zone IX.03.056
drying out IX.03.008
due process I.04.01.025
dug out earth VIII.01.04.005
dump X.03.01.028
dump truck X.02.03.020
dungeon II.04.03.001
duplex XII.08.03.005
duplex XII.08.04.001
duration II.01.01.003
duration X.01.05.005
dustpan dormer VIII.05.04.002
Dutch bond II.02.03.019
duty to give public notice I.04.02.012
dwelling I.02.03.022
dwelling II.04.05.
dwelling experience I.02.03.023
dwelling pattern XII.08.01.009
dwelling unit XI.06.027
dynamic V.03.02.005
dynamics VII.07.

E

ear muffs IX.01.02.025
ear protectors IX.01.02.025
earth XI.01.01.002
earth XI.01.01.007
earth auger X.02.01.063
earth cover III.03.04.005
earth zone IX.03.054
earth's surface VIII.01.04.001
eat-in kitchen XII.08.05.033
eave VIII.05.01.008
eaves VIII.05.03.005
eaves purlin VIII.05.01.011
eavesgutter VIII.05.01.040
eccentricity VII.04.018
echo IX.01.02.008
ecological XI.01.01.045
ecological balance III.03.05.006
ecological loading III.03.
ecology III.03.01.011
economic fundamentals I.05.
economics of energy IX.02.
economics of heat IX.02.01.028
ecosystems XI.01.01.044
edge V.02.02.009
edge V.02.07.012
edge of the road XI.05.01.091
edge pressure VII.04.019
education XII.10.
educational facilities XII.09.
effect I.01.041
efficiency IX.01.02.006
efflorescence VI.06.01.006
eigen form VII.07.009
eigen frequency VII.07.025
eigen value VII.07.010
elastic bedding VII.01.006
elastic bond VIII.02.06.004
elastic connection VII.01.007
elastic deformation VI.09.028
elastic foundation VII.01.006
elastic halfspace VII.01.008
elastic length VII.01.009
elastic limit VI.09.029
elastic range
of deformation VII.04.020
elasticity VI.09.005
elasticity VII.04.
elasticity equation VII.06.008
elastomer VI.08.04..003
electric cable winch X.02.01.080
electric drill X.02.01.056
electric light V.04.01.003
electric motor X.02.02.003
electrician X.01.04.049
electrician XII.02.01.010
electrician's XII.02.01.010
electrode holder X.02.01.073
electronic tachometer III.01.03.049
electrooptical tachometer III.01.03.048
element analysis VII.06.009
element matrix VII.06.010
elementary school XII.09.02.001
elements VIII.02.06.001
elements of circulation V.02.07.
elements of circulation XII.07.01.007
elevated railroad XI.05.02.005
elevated railway XI.05.02.005
elevated street XI.05.01.060
elevation II.02.05.031
elevation XI.01.01.019
elevator II.04.06.003
elevator VIII.06.02.006
elevator X.02.03.004
elevator XII.07.01.016
elevator cage X.02.03.003
elevator for
handicapped persons VIII.06.02.009
elimination II.06.03.008
elite I.03.059

ellipse IV.01.01.019
ellipsoid IV.01.02.006
elongated space XI.04.02.012
emancipation I.03.012
embankment VIII.01.04.009
embassy XII.05.004
embrasure II.04.03.013
emergency room XII.12.02.002
emergency stairs XII.07.01.017
emergency telephone XII.06.01.015
emission III.03.01.002
emotion I.01.042
emotion I.02.02.012
empathy I.01.043
empathy II.01.02.025
employee I.03.056
employees X.01.04.023
enclosure XI.04.02.050
enclosure XII.02.02.018
enclosure of space XI.04.02.002
end plate VIII.02.02.024
endoscopy III.01.06.018
energy transfer magnitude IX.02.02.020
engaged pillar II.02.06.002
engagement I.02.03.002
engine XI.05.02.016
engine room XII.02.01.031
engineering brick for floors VI.02.02.013
English bond II.02.03.017
enjoy XII.01.01.005
enlargement V.02.06.008
entablature II.02.05.013
enterprise X.01.04.001
entrance V.02.07.006
entrance hall II.04.04.004
entrance to the apartment XII.08.05.008
entrenchment II.04.03.026
entrepreneur I.05.03.011
entry XII.08.05.012
entry area XII.08.05.007
entry court XII.07.01.002
environment III.03.01.010
environment V.03.01.003
environmental psychology I.02.03.
environmental stress I.02.03.030
episcopal town II.05.02.010
epoch I.01.044
epoch II.01.01.006
epoxy putty VI.08.02.008
equalization III.01.05.016
equilibrium VII.01.010
equilibrium condition VII.01.011
equilibrium condition VII.03.012
equipment III.01.03.
equipment XII.06.01.014
equivalent beam method VII.06.011
eraser IV.04.02.013
erecting platform X.03.02.002
escalator VIII.06.02.004
escalator XII.07.01.015
esplanade II.04.03.022
essence I.01.022
ethics I.01.045
euclidean space V.03.01.001
Euler buckling load VII.05.009
Euler case VII.05.010
Euler hyperbola VII.05.011
evaluation X.01.02.006
event II.01.01.002
event X.01.05.007
everyday life I.01.046
everyday life I.03.029
evolution I.03.043
evolved town II.05.02.001
examination X.01.01.015
examination room XII.12.02.007
excavation III.02.01.004
excavation VIII.01.04.004
excavation (building) pit VIII.01.04.
excavation cutting X.05.015
excavator X.02.03.021
exclusive residential area XI.03.02.005
exegis II.01.02.028
exemption I.04.02.007
exemption II.06.02.022
exercise field XII.05.013
exhibition I.01.047
exhibition area XII.02.01.025
exhibition area XII.02.03.015
exhibition building XII.11.03.004
exhibition room XII.11.03.007
exhibition space XII.02.03.015
exit XI.05.01.071
expanded clay VI.04.04.004
expanded metal VI.06.02.001
expanded perlite VI.08.03.005
expanded settlement XI.02.02.002
expansion IX.02.01.002
expansion IX.02.01.003
expansion XI.04.04.006
expansion joint VIII.02.03.009
expectation I.02.03.004
expending vault II.03.02.013
experience I.02.02.002
experience I.02.02.008
experiment I.02.04.002
expert X.01.01.021
expert opinion III.02.02.015
expert opinion X.01.01.022
explanation II.01.02.024
explosion IX.01.01.031
explosion IX.01.01.032
exposed concrete VI.05.01.021
exposition city XI.04.01.007
exposure to radiation IX.02.01.019
expression I.01.048
expressway XI.05.01.068
expropriation I.05.02.014
expropriation XI.04.03.013
extension VII.04.021
extension IX.02.01.002
extensive space XI.04.02.010
exterior II.02.06.017
exterior span VII.02.02.007
exterior stair(case) VIII.06.01.017
exterior wall VIII.02.03.013
exterior wythe VIII.02.03.022
external circulation XII.07.01.
external financing X.01.02.002
external frame VIII.03.02.002
external noise insulation IX.01.01.033
external vibrator X.02.02.033
externally waterproofed trough VIII.01.06.012
extruded interlocking clay roof(ing) tile VI.02.03.005
extruded particle board VI.08.03.006
extruded particle board VIII.02.01.014
eyebrow dormer VIII.05.04.001

F

fabric II.02.01.009
fabric VII.02.10.006
fabrication X.04.
facade II.02.05.031
facade IV.02.01.018
facade measurement III.01.05.018
facilities for sport and leisure time XII.13.
factory X.01.04.012
factory XII.02.03.002
factory fabrication X.04.001
factory manager X.01.04.025
factual interpretation I.01.073
failure III.03.01.005
failure VII.04.044
failure load VIII.01.01.008
failure stress VII.04.043
false vault II.03.02.001
family I.03.067
family kitchen XII.08.05.033
fanlight VIII.03.02.018
fantasy I.01.064
fantasy V.01.02.019
farm XII.02.02.002
farm buildings XII.02.02.005
farmhouse II.04.05.003
farming village XI.02.03.001
farmyard XII.02.02.016
fascination I.01.049
fashion I.01.050
fastenings VIII.02.02.049
fbreaking strength VI.03.01.017
fee I.04.04.001
fee I.05.01.010
feed storage XII.02.02.015
feeder road XI.05.01.069
feldspar VI.01.01.003
felted plaster VI.06.05.012
fen XI.01.01.010
ferry XI.05.03.004
fiber concrete VI.05.01.022
fiction I.01.051
field XI.01.03.003
field XI.01.03.005
field XII.13.01.012
field concrete VI.05.01.040
field drawing III.01.04.003
field erection X.04.006
field of audibility IX.01.02.026
field stone II.02.01.002
field study I.02.04.003
figure V.02.02.002
file room XII.04.029
fill III.03.04.005
filler block VIII.02.01.011
filler gypsum VI.04.01.003
filter mat VIII.01.04.021
final approval X.01.06.003
final disposal III.03.03.010
financing I.05.05.
financing of building projects X.01.02.
financing plan X.01.02.003
financing plan XI.04.03.012
financing through one's own capital X.01.02.001
find V.01.02.010
fine I.04.01.019
finial II.02.06.028
finish X.05.001
finished part X.04.019
finishing coat VI.06.05.004
finishing surface VIII.02.06.031
finite difference method VII.06.005
finite element method VII.06.012
fiord XI.01.01.033
fire escape XII.07.01.018
fire station XII.05.020
fireproof VI.09.040
fireproof glass VI.03.02.013
fire-resistant VI.09.041
firing range XII.13.05.001
firm VIII.01.02.039
firm X.01.04.001
firm X.01.04.007
firm X.01.04.009
firm X.01.04.022
first moment of area VII.04.022
first-aid room XII.13.03.012
fish counter XII.03.02.009
fish plate VIII.02.01.038
fishbelly truss VII.02.05.007
fishery XII.02.02.009
fisheye perspective IV.02.03.014
fishing village XI.02.03.003
fitness room XII.13.01.019
fitting VII.02.04.002

fitting room XII.03.02.015
fixed arch VII.02.03.007
fixed column VII.02.01.002
fixed column VIII.02.07.004
fixed corner VII.02.06.001
fixed date X.01.05.001
fixed girder VII.02.02.008
fixed price I.05.04.003
fixed price X.01.02.010
fixed-end moment VII.03.013
fixity VII.01.026
fjord XI.01.01.033
flammable VI.09.036
flat bearing VIII.02.02.045
flat ceiling (floor) VIII.04.004
flat ceilings II.03.01.
flat dredge X.02.03.026
flat file X.02.01.024
flat roof VIII.05.02.001
flat roof pantile VI.02.03.006
flat; level XI.01.01.049
flat-tensioned cable VII.02.04.003
flaw X.01.06.007
Flemish bond II.02.03.019
flexibility method VII.06.013
flexible formwork X.03.02.021
flexible plan XII.08.05.003
flexural member VII.02.01.003
flinz VIII.01.02.012
float X.02.01.046
float glass VIII.02.05.002
floor II.02.04.045
floor (clay) brick VI.02.02.005
floor area ratio (F.A.R.) XI.06.026
floor beam VIII.05.01.014
floor girder VIII.04.007
floor plan IV.02.01.015
flow diagram X.01.03.009
fluid VI.05.02.001
fluid VIII.01.02.036
fluid concrete VI.05.01.023
fluidity VI.09.006
flute II.02.05.009
flutter VII.07.011
fly ash VI.04.04.005
flying buttress II.02.06.023
foamed blast-furnace slag VI.04.04.006
folded plate VII.02.12.002
folding door VIII.03.01.014
folding rule III.01.03.002
folding scale III.01.03.002
folk art I.01.052
folk art I.01.111
football stadium XII.13.01.004
footbridge XI.05.01.007
footing VIII.01.06.002
footings VIII.01.02.
footstep sound IX.01.01.017
for school-age children XII.09.02.
for young children XII.09.01.
force VII.03.014
force polygon VII.02.05.008
force redistribution VII.03.015
forced oscillation VII.07.012
forced vibration VII.07.012
forces VII.03.
foreign matter III.03.01.008
foreman X.01.04.039
foreman X.01.04.041
foreman's room XII.02.01.027
foreperson X.01.04.039
foreperson X.01.04.041
forepersons room XII.02.01.027
forest XI.01.03.001
forest management XI.02.01.005
fork XI.05.01.078
form I.01.053
form III.01.04.005
form V.02.02.
form X.04.010
formal analysis II.01.02.014
forms of business organization I.05.03.
formwork anchor X.03.02.009
formwork and scaffolding X.03.02.
formwork floor X.04.011
formwork for climbing X.03.02.017
formwork girder X.03.02.011
formwork skin X.03.02.007
formwork support X.03.02.008
formwork truck X.04.018
form-work vibrator X.02.02.037
fort II.04.03.028
fortification II.04.03.007
fortified buildings II.04.03.
fortified tower II.04.03.018
fortified town II.05.02.008
fortress II.04.03.021
fortress town II.05.02.008
forward section method III.01.05.012
foundation VIII.01.06.002
foundation engineering VIII.01.01.
foundation slab VIII.01.06.006
foundations VIII.01.02.
fountain XII.06.01.043
foyer XII.11.04.029
fracture strength VI.03.01.017
fragment I.01.054
frame VIII.02.07.007
frame formwork X.03.02.014
frame formwork X.04.012
frame formwork with hinged side forms X.04.014
frame formwork with removable sides X.04.013
frame girder VII.02.06.002
frame stanchion VII.02.06.003
frame table X.03.02.022
frames VII.02.06.
framing II.02.04.018
framing II.02.04.019
free oscillation VII.07.013
free vibration VII.07.013
freedom I.03.013
freehand perspective IV.02.03.013
freelancer I.05.03.001
freeplan house XII.08.03.003
freeway XI.05.01.067
freeway XI.05.01.068
freight car XI.05.02.021
freight elevator VIII.06.02.008
freight shipping company XII.06.01.013
freight station XII.06.02.005
freight train XI.05.02.014
french curve IV.04.02.008
frequency VII.07.014
frequency IX.01.01.012
frequency analysis VII.07.015
frequency limit IX.01.01.013
frequency of vibration VII.07.016
fresh concrete VI.05.01.024
fresh-food market XII.03.02.014
freshly mixed mortar VI.06.03.002
friction bond VIII.02.06.007
frieze II.02.05.015
front elevation IV.02.01.009
front perspective IV.02.03.009
front view IV.02.01.007
frontal dimetric projection IV.02.02.003
frontier town II.05.02.007
frontispiece II.02.05.036
fruit growing area XI.02.01.003
full time X.01.05.026
function I.01.055
functional grouping XII.01.02.002
functional types II.05.02.003
fundamental oscillation VII.07.017
fundamental terms XII.01.
funeral parlor XII.11.01.021
funicular line VII.02.04.004
funicular polygon equation VII.02.04.005
furnace room XII.02.01.033
fusion of the arts I.01.071

G

gabbro VI.01.02.009
gable II.02.05.032
gable VIII.05.01.007
gable VIII.05.03.006
gable joist VIII.05.01.028
gable tie VIII.05.01.026
gabled roof VIII.05.02.003
gallery II.02.05.027
gallery II.02.06.006
gallery XII.11.03.003
gallery XII.11.03.008
galley kitchen XII.08.05.032
gangway XII.06.04.013
gap V.03.02.010
garage XII.06.01.023
garage gate VIII.03.01.017
garbage collection service XII.02.03.009
garbage disposal XII.05.021
garbage room XII.02.01.037
garbage room XII.03.02.004
garden city XI.03.02.006
garden room II.04.04.005
gardenscape XI.01.02.002
garland shape VII.02.10.007
gas concrete block VI.02.04003
gas concrete plane stone VI.02.04004
gas concrete slab VI.02.04005
gas station XII.06.01.010
gasworks XII.02.03.005
gate XI.05.02.029
gate XII.07.01.003
gate on rollers VIII.03.01.019
gatehouse II.04.02.001
gatekeeper's house XII.06.02.013
gateway XII.07.01.004
gathering field III.02.02.029
general building contractor X.01.04.014
general contractor X.01.04.003
general design principles V.01.01.
general impression II.06.04.003
general psychology I.02.02.
generation I.03.069
generator X.02.02.001
genius I.01.056
'genius loci' XI.04.02.044
genre I.01.131
gentrification XI.04.05.002
geodetic dome VII.02.08.003
geometric imperfection VII.05.012
geometric proportion V.02.05.002
geometry IV.01.
ghetto XI.03.02.011
girder VIII.02.02.034
girder VIII.02.07.005
girder anchoring VIII.02.02.047
girder and plank wall VIII.01.09.003
girder bearing VIII.02.02.044
girder connection VIII.02.02.038
girder formwork X.03.02.015
girder grid VII.02.12.004
girder grid VIII.02.02.031
girder with a bend VII.02.02.009
girder with openings VIII.02.02.030
girders VII.02.02.
girders VIII.02.02.029
glass VI.03
glass beam VIII.02.05.006
glass blocks VI.03.02.015
glass bricks VI.03.02.015
glass construction VIII.02.05.
glass cutter X.02.01.051
glass fiber VI.03.02.007

glass fiber concrete VI.05.01.025
glass fiber laminate VI.03.02.008
glass fiber mat VI.03.02.009
glass pane VI.03.02.001
glass pane VIII.02.05.001
glass wool VI.08.03.007
glazing bar II.02.04.040
glazing bar VIII.03.02.015
gliding field XII.06.04.003
global stiffness matrix VII.06.014
glue VI.08.02.002
glue VIII.02.01.034
glue - bound distemper VI.08.02.009
glued bond VIII.02.06.006
glued connection VIII.02.01.035
gneiss VI.01.02.010
go into service I.04.03.009
goggles X.02.01.070
golden mean V.02.05.005
golden section I.01.057
golden section V.02.05.005
golf course XII.13.01.011
goods I.05.01.002
goods train XI.05.02.014
gorge XI.01.01.023
Gothic bond II.02.03.020
gothic style II.02.06.
gothic vault II.03.02.013
government building XII.05.002
grader X.02.03.028
grading X.05.008
graduated circle III.01.03.038
grain - size distribution VI.09.026
grain (particle) size VI.09.025
granite VI.01.02.011
granolithic concrete screed VI.06.06.006
granular material VIII.01.02.027
granular soil VIII.01.02.028
granularity VI.09.024
graphic IV.03.03.
graphic IV.03.03. 008
graphical method VII.02.05.009
graphical method VII.06.015
gravel VI.04.04.007
gravel VIII.01.02.017
gravel preparation X.03.01.023
gravel sand VI.01.02.012
graveyard chapel XII.11.01.008
green belt XI.03.01.011
greenhouse II.04.04.010
greenhouse XII.02.02.017
grid II.05.02.014
grid V.02.04.007
grid construction VII.02.12.003
grill XII.14.01.008
grillage VII.02.12.004
grillroom XII.14.01.008
gripper X.02.02.045
grocery store XII.03.01.011
groin vault II.02.06.012
groin vault II.03.02.005
groove II.02.04.009
gross density VI.03.01.002
gross density XI.06.032
gross floor space XI.06.028
ground V.02.02.003
ground VIII.01.
ground dimetric projection IV.02.02.004
ground failure VIII.01.08.008
ground plane IV.02.03.005
ground water VIII.01.04.010
ground water IX.03.035
ground-water lowering VIII.01.04.013
ground-water lowering VIII.01.04.017
group I.03.066
group X.01.04.017
group office XII.04.021
group practice XII.12.02.023
grouping V.02.03.009
grouping XII.01.02.001
grouted anchor VIII.01.07.014
grouted pile VIII.01.07.015
grouted wall VIII.01.07.016
guarantee I.04.03.005
guaranty I.05.05.024
guard rail XI.05.01.096
guest house II.04.02.006
guest house XII.14.02.003
guest room XII.08.05.026
guide time X.01.05.023
guidelines I.04.02.001
gulf XI.01.01.029
gunned concrete VI.05.01.026
gusset plate VIII.02.02.012
gutter VIII.05.01.040
gutter XI.05.01.097
guy VII.02.04.006
guy mast VIII.02.02.020
guyed tower VII.02.04.007
gymnasium XII.09.02.021
gymnasium XII.13.01.005
gymnastic facilities XII.13.01.009
gymnastics room XII.13.01.018
gypsum VI.01.02.013
gypsum VI.04.01.
gypsum (building) block VI.08.05..005
gypsum (building) unit VI.08.05..007
gypsum building tile VI.08.05..005
gypsum fiberboard VI.08.05..002
gypsum mortar VI.06.05.007
gypsum plank board VI.08.05..004
gypsum plaster VI.04.01.007
gypsum spar VI.01.01.004
gypsum-plaster board VI.08.05..001
gypsum-plaster sheet VI.08.05..001

H

habit I.02.03.005
habitat I.03.026
hacksaw X.02.01.037
hairdresser XII.02.01.006
hairdresser's XII.02.01.006
half shadow IV.02.04.014
hall II.04.01.013
hall XII.04.015
hall XII.08.05.010
hall XII.09.02.020
hall for the last blessing XII.11.01.016
hamlet II.05.01.003
hand saw X.02.01.035
hand shield X.02.01.075
handcart XI.05.01.014
handing-over date X.01.05.015
handle VIII.03.01.006
handrail VIII.06.01.007
hangar (vgl. 028) XII.06.04.009
harbor town II.05.02.006
harbors XII.06.03.001
hard IV.04.02.011
hard of hearing IX.01.02.024
hardened concrete VI.05.01.027
hardening VI.09.007
hardness VI.03.01.003
harmonic load VII.07.018
harmonic proportion V.02.05.003
harmony I.01.058
hatches IV.03.01.011
hatchet X.02.01.006
hate I.02.01.010
haunched girder VII.02.02.010
hayloft XII.02.02.014
hazardous waste III.03.02.002
hazardous waste III.03.03.003
hazardous-waste-contaminated site III.03.02.001
header II.02.03.002
header bond II.02.03.014
headquarters XII.04.003
health resort XI.04.01.019
health spa XII.12.01.006
hearing (human) IX.01.02.021
hearing loss IX.01.02.023
hearing range IX.01.02.022
heat IX.02.01.
heat balance IX.02.01.028
heat consumption IX.02.01.031
heat convection IX.02.02.007
heat dissipation IX.02.02.008
heat flow IX.02.01.010
heat flow IX.03.033
heat flow density IX.02.02.021
heat insulation IX.02.02.001
heat irradiation IX.02.01.011
heat protection class IX.02.02.024
heat sensitivity IX.02.01.015
heat storage magnitude IX.02.02.022
heat transfer coefficient IX.02.02.012
heat transfer coefficient IX.02.02.018
heat transfer resistance IX.02.02.011
heat transmission IX.02.02.006
heated room II.04.02.010
heated room II.04.05.005
heath(land) XI.01.03.006
heat-strengthened glass VIII.02.05.004
heave VIII.01.08.001
heavy metal plate VI.07.01.016
height measurement III.01.03.013
height measurement III.01.05.005
helicopter XI.05.04.009
helping behavior I.02.03.033
herringbone course II.02.03.016
hierarchy I.03.053
hierarchy V.02.06.003
high mountain range XI.01.01.013
high peaked roof VIII.05.02.002
high school XII.09.02.003
high school education with some vocational training XII.09.02.004
high-bay racking XII.02.04.003
highest strength VI.03.01.007
high-grade steel VI.07.01.002
high-grade steel VI.07.01.009
highly flammable VI.09.039
high-slump VI.05.02.002
highway XI.05.01.067
highway junction XI.05.01.080
hiking trail XII.06.01.003
hill XI.01.01.018
hillside water IX.03.037
hilly XI.01.01.053
hindered torsion VII.04.023
hinge VII.01.012
hinged connection VII.01.013
hinged girder VII.02.02.011
hinged girder VIII.02.02.032
hinged support VII.01.014
hip area VIII.05.03.002
hip rafter VIII.05.03.003
hip roof VIII.05.02.006
hipped end VIII.05.03.002
historic building complex II.06.01.013
historic building elements II.04.
historic building types II.04.
historic ceilings II.03.
historic district II.06.01.014
historic monument II.06.01.010
historic objects II.06.01.012
historic preservation II.06.
historic preservation II.06.01.004
historic register II.06.01.032
historic value II.06.01.015
historical city center XI.03.03.010
historical city types II.05.02.
historical communal patterns II.05.

historical significance II.06.01.018
historical town center XI.03.03.010
historical verification II.01.02.019
historicity II.01.01.001
history I.01.060
history of building technology II.01.02.011
history of everyday life II.01.02.005
history of interpretations II.01.02.007
history of styles II.01.02.003
hoist X.02.03.001
holding company X.01.04.016
hole X.05.003
hollow XI.01.01.024
hollow box VII.02.11.003
hollow brick VI.02.02.006
hollow clay block floor VI.02.02.007
hollow section VIII.02.02.007
hollow; depression XI.01.01.025
hollow-core block VI.02.04001
home XII.08.01.004
home office XII.04.003
home town I.03.030
homeless shelter XII.08.03.031
hometown XI.04.02.053
honeycomb tile VI.02.02.008
hood-mold(ing) II.02.06.030
horizon IV.02.03.007
horizontal axis VII.01.015
horizontal circle III.01.03.039
horizontal circulation XII.07.02.002
horizontal force (load) VII.03.017
horizontal joint VIII.02.03.008
horizontal reaction VII.03.016
horizontal roof structure system VIII.05.01.005
horizontal sealing VIII.01.04.024
horizontal section IV.02.01.006
horizontal waterproofing layer IX.03.058
horizontal window VIII.03.02.023
hornblende VI.01.01.001
hose levelling instrument III.01.03.034
hospital XII.12.01.001
hospitals XII.12.
hostels XII.08.03.022
hotel XII.14.02.002
hotel room XII.14.02.010
hothouse II.04.04.010
house II.02.02.003
houseboat XII.08.03.037
household I.03.068
housing XII.08.
housing estate scheme XI.03.02.009
housing structure III.02.02.005
hue IV.02.04.003
hue V.04.02.026
human scale V.02.05.008
humidity VI.09.031
humidity IX.03.
humidity IX.03.001
humidity balance IX.03.029
hut II.02.02.002
hut II.04.05.011
hut II.04.05.012
hydrated lime VI.04.02.002
hydraulic base cement VI.04.03.002
hydraulic binder VI.04.03.003
hydraulic lime VI.04.03.004
hydraulic lime mortar VI.06.05.008
hydraulic shovel X.02.03.022
hydraulic stage XII.11.04.014
hydrostatic pressure IX.03.027
hygroscopic capacity VI.09.035
hygroscopic humidity IX.03.006
hygroscopic moisture IX.03.028
hyperbolic paraboloid VII.02.08.004
hyperhygroscopic humidity IX.03.007

I

I-beam VIII.02.02.003
ice rink XII.13.02.002
ice rink XII.13.02.003
iconography II.01.02.016
iconology II.01.02.017
ideal I.01.061
idealized joint VII.06.016
identification I.03.052
identity I.02.03.018
identity I.03.051
identity XI.04.02.037
ideology I.03.009
illegal waste dump III.03.03.013
illegal work I.04.04.007
illumination V.04.01.006
illusion I.01.062
illusion I.02.02.018
illusionistic V.03.02.009
imagination I.01.063
imagination I.01.064
imitate V.01.02.012
imitation I.01.065
immision III.03.01.001
impact noise IX.01.01.017
impact sound IX.01.01.017
impact strength VI.03.01.011
imperfection VII.05.013
impermeability VI.09.023
importance I.01.066
impost VII.02.03.008
impression I.01.067
improvement XI.04.05.006
impulse VII.07.019
in need of renovation II.06.03.004
inaccuracy III.01.06.007
inappropriate use II.06.02.016
incentive zoning XI.06.037
incidence of light V.04.01.011
incidental cost(s) I.05.04.011
incineration plant XII.02.03.011
inclined cable VII.02.04.008
inclined post VIII.05.01.018
inclinometer III.01.03.035
incombustible VI.09.037
incomplete bond VIII.02.06.010
indemnification XI.04.03.014
indentation method III.01.05.002
index cards describing age of buildings III.02.01.010
index describing social structure III.02.02.002
indipendent task management X.01.04.032
indirect costs I.05.04.011
indirect light V.04.01.005
indirect light XII.11.03.018
individual I.03.050
individual transportation XI.05.01.047
indoor space V.03.01.019
indoor swimming pool XII.13.03.002
industrial area XI.06.020
industrial construction methods VIII.02.07.
industrial landscape XI.01.02.004
industrial port XII.06.03.004
industrial town II.05.02.011
industrial town XI.04.01.008
industrial zone XI.03.01.010
industries XII.02.03.
industry XII.02.
inequality I.03.022
inertia force VII.07.020
inertia of translation VII.07.021
infant daycare XII.09.01.001
infill VIII.02.03.023
infill masonry II.02.03.007
infilling II.06.04.007
influence II.01.01.015
influence line VII.03.018
information I.01.068
information XII.04.008
information overload I.02.03.027
information processing I.02.02.019
infrastructure XI.05.
ingoing II.02.06.020
in-house organization X.01.04.021
initial bond VIII.02.04.024
initial imperfection VII.05.014
initial strength VI.05.01.008
injection VIII.01.07.013
injecton apparatus X.02.02.029
ink drawing IV.03.03. 007
inland port XII.06.03.003
inland waterway traffic XI.05.03.009
inlet XI.01.01.032
inn XII.14.02.004
innovation I.01.069
inplane buckling VII.05.015
in-situ concrete VI.05.01.028
inspection I.04.05.010
inspection III.01.01.004
inspection (by car) III.02.02.009
inspiration I.01.070
inspiration V.01.02.018
institute XII.10.01.005
institute of architects I.05.03.007
institution I.03.008
institutions of higher education XII.10.01.
instruments III.01.03.
insulating foil under the tiles VIII.05.01.035
insulating materials VI.08.03.
insulating plaster VIII.02.03.011
insulation IX.02.02.
insulation against cold IX.02.02.026
insulation material VI.08.03.008
insulation plaster VI.04.01.004
insulator IX.01.01.023
insultating material IX.01.01.023
integrity II.06.01.021
intended deceive I.04.01.024
intensification XI.04.02.068
intensive-care unit XII.12.02.008
inter - column space II.02.05.018
interaction I.03.010
interaction of color V.04.02.014
interconnecting room XII.08.05.005
interest I.01.072
interest I.05.05.013
interest I.05.05.014
interests III.02.02.020
interface XI.04.02.039
interference IX.01.02.003
interim financing I.05.05.015
interim storage III.03.03.008
interior II.02.06.001
interior span VII.02.02.012
interior stair(case) VIII.06.01.018
interior wall VIII.02.03.014
interlibrary loan desk XII.11.02.013
interlocking spaces V.03.03.002
interlocking tile VI.02.03.004
intermezzo XI.04.02.060
intermittent bond VIII.02.06.009
internal circulation XII.07.02.
internal force VII.03.019
internal force diagram VII.03.020
internal forces VII.03.
internal frame VIII.03.02.003
internal friction VIII.01.02.042
internal moment VII.03.021
internal shell VIII.05.01.038
internal skin VIII.05.01.038
internal vibrator X.02.02.034
interpretation I.01.074
interpretation II.01.02.021
interruption XI.04.02.061
interruption of flow XI.04.02.041
intersecting vault II.03.02.004

intersection V.02.07.010
intersection XI.04.02.038
intersection XI.05.01.083
interstate XI.05.01.066
interval XI.04.02.007
interview I.02.04.006
interview of tenants III.02.02.014
intimacy I.02.03.026
intimacy V.03.01.007
intrusion grout aid VI.05.03.004
intuition I.01.075
invar rod III.01.03.021
invent V.01.02.002
inventory II.06.01.031
investigation area III.02.02.028
investment plan XI.04.03.011
invited competition X.01.01.010
invoice I.05.01.007
involvement XI.04.03.006
ionic II.02.05.039
iridescent V.04.02.010
iron and steel VI.07.01.
irony I.01.076
irregular XI.04.02.021
irregular form V.02.02.006
irregular village around a central green II.05.01.006
island XI.01.01.006
isolated V.03.02.006
isolation I.02.03.021
isolation room XII.12.02.020
isolator IX.01.01.023
isometric IV.02.02.001
iteration V.02.03.001
iteration method VII.06.017

J

jackhammer X.02.02.016
jail XII.05.008
jamb II.02.04.026
jamb wall VIII.05.01.006
jamb(s) II.02.06.020
jet (plane) XI.05.04.003
joiner XII.02.01.007
joiner's XII.02.01.007
joint II.02.03.004
joint VII.01.007
joint VIII.02.03.007
joint XI.04.02.040
joint gypsum VI.04.01.005
joint load VII.03.022
joint venture X.01.04.015
joints VIII.02.02.049
joist VIII.02.07.006
joist VIII.04.008
joist ceiling II.03.01.001
joist floor VIII.04.001
journeyperson X.01.04.040
jubé II.02.06.016
judge I.04.01.006
judgement I.01.077
junction V.02.04.003
junction VII.01.007
junction XI.04.02.039
junction XI.05.01.082
junior high school XII.09.02.002

K

keep II.04.03.001
kern area VII.04.024
kern width VII.04.025
key IV.03.02.001
keyhole saw X.02.01.036
keystone II.02.06.013
kindergarten XII.09.01.004
kiosk XII.03.01.014
kitchen XII.08.05.031
kitchen area XII.14.02.018
kitchenette XII.08.05.034
kitsch I.01.078
knee (of frame) VII.02.06.004
knee bracing VII.02.11.004
knoll XI.01.01.020
knowledge II.01.02.022

L

labeling IV.03.02.002
labeling area XII.11.02.018
lable II.02.06.030
labor law I.04.04.
labor legislation I.04.04.
laboratory XII.02.03.022
laboratory XII.09.02.011
laboratory XII.10.02.001
laboratory XII.12.02.018
laboratory study I.02.04.004
lacquer VI.08.02.033
ladder VIII.06.01.020
ladder X.03.02.005
lake XI.01.01.037
laminated glass VI.03.02.012
laminated glass VIII.02.05.005
laminated glued girder VIII.02.01.018
laminated glued truss VIII.02.01.018
laminated timber VIII.02.01.013
land XI.01.01.001
land exchange XI.04.03.028
land holder I.05.02.003
land owner I.05.02.003
land swap XI.04.03.028
land transfer XI.04.03.025
land use XI.02.01.
land use plan XI.06.003
landed gentry I.03.058
landfill III.03.03.006
landing XII.06.04.027
landing pier XII.13.03.017
landing strip XII.06.04.007
landlady I.05.02.009
landlord I.05.02.009
landmark V.02.07.013
landmark V.02.07.014
landscapes XI.01.01.
lane XI.05.01.088
lane XI.05.01.089
lane markings XI.05.01.090
lantern II.02.06.029
lantern II.03.03.008
lap joint II.02.04.013
lap joint VIII.02.01.022
large panel construction VIII.02.07.021
large panel construction X.04.004
laser level III.01.03.018
last stage X.01.05.012
late payment clause I.05.05.023
lateral reinforcement VIII.02.04.009
lateral soil moisture IX.03.042
lateral strain VII.04.026
lateral torsional buckling VII.05.016
latex adhesive VI.08.02.010
latex coat VI.08.02.011
latex paint VI.08.02.012
lath VIII.02.01.002
lathing VI.06.02.
lathing and counterlathing VIII.05.01.034
lattice V.02.04.008
laundry XII.12.02.021
lavatory XII.02.01.017
law I.04.01.001
law I.04.01.004
lawsuit I.04.01.012
lawyer I.04.01.007
layer V.02.04.006
lay-in (timber) connector VIII.02.01.025
laying of the foundation stone X.01.05.011
lead VI.07.02.003
leadership style X.01.04.028
lean mortar VI.06.01.001
learning I.02.02.009
lease I.05.02.006
lease X.01.02.024
lease co-op XII.08.02.009
lease cooperative XII.08.02.009
lease hold I.05.02.015
leasing I.05.02.012
lecture hall XII.10.01.016
ledge II.02.05.017
ledger beam X.03.02.010
legal foundations I.04.
legal protection I.04.01.025
legal protection II.06.02.009
legal terms II.06.02.
legend IV.03.02.001
leisure time I.03.075
lesene II.02.05.005
letter slot VIII.03.01.010
letter to the citizens III.02.02.025
level III.01.03.014
level axis III.01.03.028
level crossing XI.05.02.028
level line IV.03.01.008
level of impact noise IX.01.01.018
level of space XI.04.02.005
level point III.01.02.004
level tacheometry III.01.05.004
leveling III.01.05.006
leveling X.05.008
leveling rod III.01.03.020
lever end cutting nippers X.02.01.015
liability I.04.03.006
liability X.01.06.012
liberty I.03.013
libraries XII.11.02.
library XII.08.05.017
life I.02.01.006
life guards' room XII.13.03.013
lifestyle XII.08.01.009
lift lock XII.06.03.015
light IV.02.04.
light V.04.01.
light aircraft XI.05.04.005
light and color V.04.
light brick VI.02.02.003
light source V.04.01.001
light temperature IV.02.04.002
light(weight) loam VI.02.01.003
lighting bridge XII.11.04.016
lightning rod VIII.05.04.007
lightweight building board VI.08.03.009
lightweight concrete VI.05.01.029
lightweight materials VI.08.05..
lightweight mortar VI.06.04.002
lightweight section VIII.02.02.008
lignite VI.01.02.014
lime VI.04.02.
lime VI.08.02.013
lime mortar VI.06.05.009
lime sandstone VI.02.04006
lime-gypsum mortar VI.06.05.010
limestone VI.01.02.015
limit load VIII.01.01.008
limitation on additions II.06.02.011
limited company I.05.03.005
limited partnership I.05.03.005
line IV.03.01.001
line V.02.01.002
line coded rod III.01.03.022
line load VII.03.023
line of sight III.01.03.029
line segment IV.01.01.005
linear V.03.02.004

linear circulation XII.07.02.003
linear development XII.08.03.013
linear hamlet II.05.01.005
linear progression XI.04.02.075
linear series XII.07.02.009
linear structure V.02.03.
linear system of equation VII.06.018
linear town II.05.02.020
lines III.01.02.006
link V.02.04.004
linkage XI.04.02.056
linking space V.03.03.003
links VIII.02.04.009
lintel VIII.03.01.003
lintel VIII.03.02.001
list II.04.03.003
list of work to be performed X.01.01.001
listing IV.03.02.005
live load VII.03.024
live load VII.03.025
live on the street XII.08.03.021
living area XII.08.01.003
living areas XII.08.05.013
living room XII.08.05.014
living space XII.08.01.002
load VII.03.026
load - bearing wall VIII.02.03.015
load by oppressive water IX.03.052
load capacity VII.01.016
load direction VII.03.027
load vector VII.06.019
load(ing) case VII.03.028
loadbearing beam VIII.06.01.003
loader X.02.03.029
loading and unloading ramp VIII.06.02.003
loading dock XII.03.02.001
loads IX.03.034
loam VI.01.02.016
loam VIII.01.02.006
loan I.05.05.020
lobby XII.11.04.029
local compatibility II.06.04.006
local identity I.02.03.019
local planning XI.06.006
local significance II.06.01.019
local stiffness matrix VII.06.020
location III.02.02.030
location V.02.04.002
location plan IV.02.01.014
location quality III.02.02.031
location route XI.05.02.025
lock VIII.03.01.007
lock XII.06.03.014
locker XII.06.02.018
locker room XII.13.01.022
locomotive X.02.03.012
loess VIII.01.02.009
loess clay VIII.01.02.010
loft XII.08.04.003
log cabin II.02.04.016
loggia II.02.05.026
loggia XII.08.05.021
longitudinal axis of the system VII.01.017
longitudinal bracing VIII.05.01.020
longitudinal section IV.02.01.012
longitudinal steel VIII.02.04.017
longterm development plan XI.06.003
long-term storage III.03.03.009
longterm strength VI.03.01.006
look for V.01.02.009
lookout tower II.04.04.012
loose VIII.01.02.032
lot XI.02.01.012
lot coverage XI.06.025
lot coverage requirement XI.06.011
loudness IX.01.01.037
lounge X.03.01.014
louvered glazing VIII.03.02.021
love I.02.01.009
low - alloy steel VI.07.01.012
low mountain range XI.01.01.014
lower sash VIII.03.02.016
lowland plain with many lakes XI.01.01.031
luggage locker XII.06.02.018
luggage office XII.06.02.019
luminoscity IV.02.04.006
lump-sum fee I.04.04.002
lunchroom XII.09.02.019

M

magneside oxide screed VI.06.06.007
magnesium VI.07.02.004
magnetic railway XI.05.02.007
mail room XII.04.028
mail slot VIII.03.01.010
mail train XI.05.02.015
main (principal) building II.04.04.001
main building II.04.01.018
main collecting street XI.05.01.072
main hall XII.06.02.014
main load VII.03.039
main space II.04.01.003
main staircase XII.07.01.013
main stairs XII.07.01.013
main station XII.06.02.003
main street XI.05.01.062
main system VII.01.018
mainland XI.01.01.004
maintenance XI.04.04.001
maintenance costs X.01.02.018
majority I.03.019
make-up room XII.11.04.020
mallet X.02.01.004
management I.05.03.008
management X.01.04.011
management X.01.04.024
management XII.02.01.019
management style X.01.04.028
manager's office XII.04.025
manager's office XII.14.02.009
managerial style X.01.04.028
mandate to give I.04.02.012
manner I.01.079
mansard roof VIII.05.02.007
manufacturing costs X.01.02.013
manufacturing tolerance VI.09.017
map III.01.04.007
mapping III.02.01.008
marble VI.01.02.017
marginal strip XI.05.01.093
marina XII.13.03.015
market I.05.01.001
market XII.03.01.001
market stall XII.03.01.003
market town II.05.02.005
marking sketch III.01.04.002
marl VIII.01.02.011
maschine bolt with hexagonal nut X.02.01.085
mason drill X.02.01.059
masonry brick VI.02.02.
masonry cement VI.04.03.005
masonry mortar VI.06.04.
mass VII.07.022
mass concrete VI.05.01.030
masses I.03.020
master bedroom XII.08.05.025
master plan XI.05.01.042
mat foundation VIII.01.06.013
material I.01.080
materials IV.04.01.
materials VI.03.02.
materials VI.08.01.
mathematical model VII.06.021
matrix VII.06.022
matrix element VII.06.023
matrix transformation VII.06.024
mausoleum XII.11.01.017
maximum humidity VI.09.033
maximum rates I.05.04.016
maximum stress VII.04.027
meadow XI.01.03.002
meadow XI.01.03.004
meaning XI.04.02.051
means of connecting II.02.04.006
measurement IX.02.01.022
measurement net III.01.02.019
measurement of angles III.01.03.036
measuring chain X.02.01.091
measuring tape X.02.01.090
measuring techniques III.01.05.
measuring with steps III.01.05.014
meat counter XII.03.02.008
meat processing XII.03.02.010
median strip XI.05.01.092
medical office building XII.12.02.024
medium I.01.083
medium dense VIII.01.02.033
member-end moment VII.03.029
members VII.02.01.
members VIII.02.01.001
membrane state of stress VII.02.08.005
membrane structures VII.02.10.
memorial II.06.01.001
memory I.02.02.007
metal connector with nails VIII.02.01.030
metals VI.07.
metalworker's hammer X.02.01.001
metaphor V.01.03.003
method I.01.084
method of joints VII.02.05.010
method of sections VII.02.05.011
methods I.02.04.
methods II.01.02.
methods V.01.
metropolis XI.04.01.002
mica VI.01.01.005
micro-indentation hardness VI.03.01.004
microlight plane XI.05.04.006
micrometer nut X.02.01.089
middle school XII.09.02.002
mikvah II.04.01.007
milieu I.03.028
military administration XII.05.010
military cemetery XII.05.016
military town XI.04.01.012
military zone XI.03.01.005
milk glass VI.03.02.005
mill II.04.06.004
mill X.02.02.019
minaret II.04.01.009
mine XII.02.03.003
mineral foam VI.08.03.010
mineral wool VI.08.03.011
minerals VI.01.01.
minimum rate I.05.04.017
minimum stress VII.04.028
minority I.03.021
mirror(optical) square III.01.03.011
mistake X.01.06.006
miter II.02.04.014
mixed masonry VIII.02.03.024
mixed soil VIII.01.02.026
mixing tower X.02.02.022
mixing water VI.05.01.016
mixture V.04.02.011
moat II.04.03.009
mobile home XI.05.01.036
mobile house XII.08.03.035
mobility XI.05.01.046
modal analysis VII.07.023
model IV.03.03. 014
modeling V.01.01.007
modern masonry construction VIII.02.03.

modern movement I.01.085
modern wood construction VIII.02.01.
modernization I.03.044
modernization XI.04.03.015
modification I.01.086
modular construction method X.04.005
module V.02.05.007
module of iteration V.02.03.002
modulus of elasticity VII.04.029
moisture barrier VIII.05.01.037
moisture content IX.03.004
moisture distribution IX.03.002
moisture expansion VI.09.008
moisture gradient IX.03.005
molding II.02.05.017
molding plaster VI.04.01.006
mole wrench X.02.01.012
moment I.01.087
moment VII.03.030
moment diagram VII.03.031
moment hinge VII.01.019
moment loading VII.03.032
moment of inertia VII.04.030
moment of inertia VII.04.031
monkey wrench X.02.01.013
monochromatic IV.03.03. 011
monochromatic V.04.02.007
monochrome V.04.02.007
monolithic construction VIII.02.07.016
monomer VI.08.04..001
monotony XI.04.02.072
monument II.06.01.002
monument XII.06.01.045
mood I.01.008
moor XI.01.01.010
moor(land) XI.01.03.006
moped XI.05.01.029
morphological types II.05.02.013
mortar VI.06.
mortar cement VI.04.03.005
mortar undercoat VI.06.05.003
mortgage I.05.02.001
mortgage lender I.05.05.003
mortgage term I.05.05.006
mortise VIII.02.01.023
mortise and tenon joint II.02.04.011
mortuary XII.11.01.021
mosque II.04.01.008
mosque XII.11.01.002
motel XII.06.01.009
motel XII.14.02.005
motif XI.04.02.049
motivation I.02.02.004
motivation X.01.04.033
motorbike XI.05.01.030
motorcycle XI.05.01.032
motorcycle track XII.13.05.007
motorcycles XI.05.01.028
motorized transportation XI.05.01.027
(motor) scooter XI.05.01.031
mountain XI.01.01.016
mountain railway XI.05.02.009
mountain range XI.01.01.012
mountain village XI.02.03.002
mountains XI.01.01.015
movable mechanism VII.01.020
moveable support VII.01.021
movie theater XII.11.05.001
moving load VII.03.033
moving sidewalk VIII.06.02.005
moving sidewalk XII.06.04.021
moving walkway XII.06.04.021
moving-in date X.01.05.016
mud VIII.01.02.013
mullion VIII.03.02.013
mullions II.02.06.003
multi - component coat VI.08.02.014
multi - plane projection IV.02.01.003
multi degree of freedom system VII.07.024
multi-cell hollow box VII.02.11.005
multifaceted XI.04.02.070
multi-layered VIII.02.04.011
multi-media room XII.10.01.023
multi-piece column VIII.02.02.017
multiple dwelling XII.08.03.012
multiplex board VIII.02.01.017
multistory frame VII.02.06.005
multiuse hall XII.11.04.007
multivalence I.01.059
munnion VIII.03.02.013
muntin VIII.03.02.015
mural XII.06.01.047
museum I.01.088
museum XII.11.03.002
museums XII.11.03.
mushroom floor VIII.04.003
music library XII.11.02.004
music room XII.08.05.016
music room XII.09.02.009
mutin II.02.04.024

N

nail II.02.04.008
nail VIII.02.01.028
nailed and compressed gluing VIII.02.01.037
nailed roof framing VIII.02.01.029
nailed roof truss VIII.05.01.019
nap room XII.09.01.005
narrow pier XII.06.03.009
narthex II.04.01.027
(natural) brick strength VIII.02.03.001
natural deposit VIII.01.02.004
natural frequency VII.07.025
natural ground VIII.01.02.003
natural humidity VI.09.032
natural materials VI.01.
nature I.01.089
nature preserve XI.01.01.046
nave II.04.01.016
nave II.04.01.017
navigation XI.05.03.
need I.02.02.005
neglect II.06.03.002
negotiated contract X.01.01.004
neighbor I.03.070
neighborhood center XII.11.04.008
net V.02.04.005
net XI.04.02.028
net acreage XI.06.017
net density XI.06.033
net floor area XI.06.017
net floor space XI.06.029
net vault II.03.02.008
network X.01.03.008
network XI.04.02.028
network of events X.01.03.011
neutral axis VII.04.032
neutral fiber VII.04.032
new town XI.03.02.012
newel VIII.06.01.016
newsstand XII.03.02.018
niche II.02.05.029
nickel VI.07.02.005
nipper X.02.01.008
nitrocellulose putty VI.08.02.015
no zoning II.06.02.006
node V.02.07.009
node VII.02.09.003
node XI.04.02.038
noise IX.01.01.028
noise barrier wall XII.06.01.017
noise insulation IX.01.01.027
noise level IX.01.01.029
noise prevention IX.01.01.027
noise protection XI.05.01.056
noise protection barrier III.03.04.003
nominal thickness VI.03.01.001
non - alloy steel VI.07.01.010
non load - bearing wall VIII.02.03.016
non-directional space XI.04.02.013
non-ferrous metals VI.07.02.
nonfunctional grouping XII.01.02.003
non-hydraulic lime VI.04.03.006
non-hydraulic mortar VI.06.05.011
non-linear method VII.06.025
non-ventilated roof VIII.05.01.031
normal concrete VI.05.01.031
normal force VII.03.034
normal force hinge VII.01.022
normal mortar VI.06.04.001
normal mortar VIII.02.03.005
north light VIII.03.02.029
north light XII.11.03.019
notary (public) I.04.01.005
notch stress VII.04.033
note IV.03.02.004
novice's house II.04.02.005
nuclear medicine XII.12.02.009
number of inhabitants I.03.061
nursery XII.02.02.007
nurses' lounge XII.12.02.005
nursing home XII.08.03.029

O

object color V.04.02.015
objective space V.03.01.001
objective task management X.01.04.034
oblique projection IV.02.02.003
observation I.02.04.007
observation II.01.02.026
observation deck XII.06.04.028
obstruct XII.01.01.008
obtuse angle IV.01.01.015
occupancy IX.01.02.014
occupancy rate XI.06.035
occupations in the construction field X.01.04.037
occupy XII.01.01.007
ocean XI.01.01.027
octahedron IV.01.02.004
off ramp XI.05.01.071
offer I.04.03.002
offer I.05.04.007
offer X.01.01.011
office X.01.04.007
office XII.02.03.020
office XII.04.018
office XII.10.01.014
office equipment IV.04.03.
office of historic preservation (administrators) II.06.01.008
office of historic preservation (historians) II.06.01.009
office supplies IV.04.
office work space XII.04.019
offset VIII.02.01.021
oil (based) paint VI.08.02.016
oil can X.02.01.082
oil putty VI.08.02.017
old abandoned industrial plant III.03.02.006
old age I.02.01.005
old folks' home XII.08.03.028
on ramp XI.05.01.070
one - plane projection IV.02.01.001
one-leaf wall VIII.02.03.019
one-piece column VIII.02.02.016
one-way slab VII.02.07.001
one-way street XI.05.01.076
open V.03.02.008
open XI.01.01.051
open XI.04.02.019

open (jaw) spanner X.02.01.018
open area XI.04.02.006
open area XII.11.02.009
open competition X.01.01.009
open end wrench X.02.01.018
open interview III.02.02.012
open plan XII.08.05.002
open space XI.04.02.006
open system III.03.05.007
open tender X.01.01.007
openings VIII.03.
openmindedness I.01.090
openning X.05.003
open-plan office XII.04.022
openwork gablet II.02.06.026
opera XII.11.04.002
operating costs X.01.02.017
operating room XII.12.02.011
operative space V.03.01.008
opinion I.01.077
opposed series V.02.03.008
optical plumb III.01.03.051
optical square III.01.03.009
oral history II.01.02.008
orchestra XII.11.04.025
orchestra pit XII.11.04.019
order I.01.091
order I.04.02.002
order XI.04.02.055
order to build XI.04.03.029
ordering principles V.02.06.
ordinance I.04.02.004
ordinance (local) XI.04.03.002
ordinary life I.01.046
organic I.01.092
organic unity II.06.04.001
organization of work X.01.03.014
organization of work X.01.04.
organize V.01.02.006
oriel II.02.05.022
oriel window VIII.03.02.027
orientations to cardinal directions XI.04.02.043
origin I.01.093
original town site XI.02.02.001
originality I.01.094
ornament I.01.033
ornament I.01.095
ornamental glass VI.03.02.006
orphanage XII.08.03.024
orthodox church II.04.01.010
orthogonal XI.04.02.022
orthogonal method III.01.05.009
orthogonal projection IV.02.01.
orthopedics XII.12.02.015
oscillation VII.07.037
oscillation IX.01.01.007
oscillation form VII.07.026
oscillation insulation IX.01.01.008
other VII.02.12.
other facilities XII.14.03.
other materials VI.08.
other sports XII.13.05.
other systems VIII.06.02.
other types II.04.06.
outdoor space V.03.01.018
outdoor swimming pool XII.13.03.003
outer ward II.04.03.003
outpatient care XII.12.02.019
oval IV.01.01.018
overall plan X.01.03.006
overhang beam VII.02.02.013
overlapping spaces V.03.03.002
overlapping square XI.04.02.024
overlay V.01.01.003
overpopulation XI.04.05.009
overturning VII.05.017
owner I.05.02.004
ownership I.05.02.
oxygen bottle X.02.01.067

P

packing piece VIII.05.01.030
packing table XII.03.02.011
paddling pool XII.13.03.007
paddock XII.02.02.018
paint VI.08.02.018
paint VI.08.02.019
paintbrush X.02.01.048
painting I.01.096
paintings VI.08.02.
palatine II.04.03.002
palisade II.04.03.008
panel construction VIII.02.07.019
panel construction X.04.003
panel filler VIII.02.07.008
panel formwork X.03.02.020
panel steel VI.07.01.015
panorama XI.04.02.081
pantile VI.02.03.001
pantry XII.08.05.035
paper IV.04.01.002
parabolic arch VII.02.03.009
parabolic truss VII.02.05.012
parachute vault II.03.02.009
parade ground XII.05.012
parallel bor IV.04.03.004
parallel drawing IV.02.02.
parallel lines IV.01.01.007
parallel straightedge IV.04.02.004
parapet II.02.05.028
parapet II.04.03.012
parapet VIII.03.02.004
parapet walk II.04.03.010
parapet wall II.02.04.047
parcel of land XI.02.01.012
parcel out XI.02.01.013
parish center XII.11.01.012
parish hall XII.11.01.013
parking XII.06.01.020
parking garage XII.06.01.024
parking lot X.03.01.005
parking lot XI.05.01.086
parking lot XII.06.01.022
parking place X.03.01.006
parking space XII.06.01.021
parking space XI.05.01.086
parkscape XI.01.02.001
part XI.03.01.013
part of rafters II.02.04.005
part time X.01.05.027
partial bond VIII.02.06.008
participation I.03.011
participation X.01.04.035
participation XI.04.03.006
participation XI.04.03.007
partly presstressed (adj.)
partial prestress VIII.02.04.027
passage for individuals wearing street shoes XII.13.01.025
passage of heat IX.02.02.015
passage only for individuals wearing sneakers XII.13.01.024
passenger elevator VIII.06.02.007
passenger terminal XII.06.04.010
passenger train XI.05.02.013
passive insulation IX.01.01.025
passive resistance VIII.01.08.005
passport control XII.06.04.018
pasture XI.01.03.004
path V.02.07.001
path XI.05.01.002
path configuration V.02.07.002
pathology XII.12.02.017
pathos I.01.097
patient room XII.12.02.003
patio II.04.04.011
patrician I.03.057
patter X.02.01.046
pattern V.01.03.009
pattern XI.04.02.055
pattern(ed) glass VI.03.02.006
pavilion II.04.04.003
paying out I.05.05.021
payment I.05.04.018
payment application number I.05.05.019
payment schedule I.05.04.019
payout I.05.05.021
peculiarity I.01.098
pedestal II.02.05.007
pedestrian XI.05.01.001
pedestrian bridge XII.06.01.018
pedestrian crossing XI.05.01.012
pedestrian tunnel XI.05.01.013
pedestrian zone XI.05.01.010
pedestrian zone XII.06.01.016
pediment II.02.05.033
pegging of batter boards III.01.02.016
pen IV.04.02.014
pen roof VIII.05.02.004
penalty I.04.01.018
penalty clause I.05.05.023
pencil IV.04.02.009
pencil drawing IV.03.03. 005
pendentive II.03.03.004
peninsula XI.01.01.005
people I.03.065
people mover VIII.06.02.005
perception I.02.02.017
perfection I.01.099
period II.01.01.005
period of vibration VII.07.027
periodic series V.02.03.003
periodic vibration VII.07.028
periphery XI.03.03.002
permanent condition IX.02.02.005
permanent exhibition XII.11.03.021
permanent formwork X.03.02.024
permanent load VII.03.035
permanent moisture IX.03.003
permeability VIII.01.02.044
permeable soil IX.03.048
permissible tolerance VI.09.018
permission I.04.02.005
permission I.04.02.006
permit I.04.02.005
person I.02.03.016
personal computer IV.04.03.008
personal hardship II.06.02.017
personal space I.02.03.024
personal space V.03.01.005
personality I.02.03.017
personnel XII.04.027
perspective IV.02.03.
perspective projection IV.02.03.008
perspective section IV.02.01.021
pharmacy XII.12.02.026
phase II.01.01.004
phenomenological space V.03.01.002
phenomenon I.01.100
phon IX.01.01.034
photo documentation III.02.01.012
photodocumentation III.01.06.012
photogrammetric chamber III.01.03.045
photogrammetric technique III.01.05.015
photographic montage IV.03.03. 013
phototheodolite III.01.03.044
physical planning XI.04.03.019
physical therapy XII.12.02.010
physicians' room XII.12.02.004
physics laboratory XII.10.02.005
pickaxe X.02.01.041
picking plant X.02.02.020
pick-up counter XII.02.01.021
Picturesque I.01.101
pier VII.02.01.004
pier XII.06.03.007

pigment coating VI.08.02.020
pigpen XII.02.02.021
pilaster II.02.05.004
pile cluster VIII.01.07.009
pile extractor X.02.02.046
pile foundation VIII.01.07.003
pile grid VIII.01.07.010
pile point pressure VIII.01.07.002
pile trestle II.02.06.015
pilgrimage chapel XII.11.01.007
pilgrimage town XI.04.01.014
pilgrim's house II.04.02.004
pillar II.02.04.023
pillar II.02.05.003
pillars II.02.05.001
pincers X.02.01.008
pinnacle II.02.06.025
pinnacle tower II.02.06.024
pipe (gas X.02.02.004
pipe pile VIII.01.07.005
pipe wrench X.02.01.014
pipelaying hook X.02.01.076
pitch VI.08.01.004
pitch XII.13.01.012
place XI.04.02.017
place XI.04.02.035
place XI.04.02.047
place of work XII.02.03.013
plain XI.01.01.011
plan III.01.04.006
plan X.01.03.005
plan based on two parallel streets II.05.02.019
plan for construction phases X.01.03.021
plan for permit approval XI.04.03.023
plan for work flow X.01.03.020
plan measurement III.01.05.001
plan organization XII.01.02.004
plane IV.01.01.016
plane V.02.01.003
plane X.02.01.055
plane of cross-section VII.01.023
plane projection IV.02.01.
plane state of stress VII.04.034
plane tile VI.02.03.003
plane truss VII.02.05.013
planimetry IV.01.01.
plank II.02.04.002
plank VIII.02.01.004
plank X.03.02.003
planned town II.05.02.002
planned unit development XI.06.038
planner X.01.01.024
planning X.01.03.004
planning enabling act XI.04.03.001
planning for needed construction time X.01.05.021
planning strategy XI.04.03.022
planning terms XI.06.
plant manager X.01.04.025
plaster II.02.03.003
plaster base VI.06.01.004
plaster mortar VI.06.05.
plaster of Paris VI.04.01.007
plaster reinforcement VI.06.02.002
plastering machine X.02.02.030
plastic VI.05.02.003
plastic VIII.01.02.038
plastic deformation VI.09.030
plastic deformation zone VII.04.035
plastic foam VI.08.03.012
plastic resin screed VI.06.06.008
plasticity VII.04.
plasticizer VI.05.03.005
plastics VI.08.04..
plastomer VI.08.04..004
plate VII.02.11.006
plate girder VIII.02.02.035
plate shears X.02.01.016
plate theory VII.02.07.002
plates VII.02.07.
platform XII.06.02.016
platform framing II.02.04.044
platform roof VIII.05.02.001
play V.01.02.011
playground XII.06.01.038
playground XII.09.01.008
playground equipment XII.06.01.037
playhouse XII.11.04.003
plaza XI.05.01.006
pleasure I.01.035
plexiglass IV.04.01.010
plinth II.02.05.007
plot XI.02.01.011
plumb III.01.03.012
plumb bob X.02.01.088
plumber X.01.04.048
plumber XII.02.01.009
plumber's XII.02.01.009
plywood VIII.02.01.015
pneumatic hammer X.02.02.015
pocket VII.02.10.008
pocket saw X.02.01.038
point IV.01.01.001
point V.02.01.001
point of intersection IV.01.01.002
point of load application VII.03.036
point of tangency IV.01.01.003
point of zero moment VII.03.037
pointed dome II.03.02.013
pointed vault II.03.02.013
points III.01.02.001
points XI.05.02.027
pointwise supported plate VII.02.07.003
poker vibrator X.02.02.034
poker vibrator X.02.02.038
polar method III.01.05.010
polar moment of area VII.04.036
police XII.05.005
police station XII.05.006
policy I.04.02.003
polish VI.08.02.021
polished plate glass VI.03.02.004
poll III.02.02.013
polluter-pays principle III.03.01.007
pollution III.03.01.013
polychrome V.04.02.008
polychromy IV.03.01.013
polygon IV.01.01.028
polygonal method III.01.05.008
polygonal truss VII.02.05.014
polymer VI.08.04..002
polystyrene foam concrete VI.05.01.032
pond XI.01.01.038
pool XII.13.03.005
poor district XI.03.03.007
poorhouse XII.08.03.032
poorly soundproofed IX.01.02.019
popular art I.01.052
popular art I.01.102
population I.03.060
population I.03.061
population age structure I.03.063
population density I.03.062
population density XI.06.031
population per household XI.06.034
population structure III.02.02.004
porch II.02.05.025
porch II.04.04.004
porosity VI.09.022
porphyry VI.01.02.018
port II.05.02.006
port XI.04.01.009
portakabin XII.08.03.034
portal II.02.06.018
portal leg VII.02.06.003
portal table X.03.02.023
portcullis II.04.03.017
Portland blast furnace cement VI.04.03.007
Portland blast furnace slag cement VI.04.03.008
Portland cement VI.04.03.009
Portland trass cement VI.04.03.010
position V.02.04.002
position of load VII.03.038
possessor I.05.02.002
post VII.02.01.005
post VII.02.05.015
post VIII.05.01.017
post office XII.04.004
pot bearing VIII.02.02.042
poverty I.03.073
power I.03.014
power shovel X.02.03.023
power station XII.02.03.016
power-driven saw X.02.01.066
pozzolana VI.04.04.008
practice I.03.018
practice oriented institution of higher education XII.10.01.002
prayer hall XII.11.01.005
(pre)cast gypsum product VI.08.05..006
pre site survey III.01.01.006
precision rod III.01.03.021
prediction X.01.03.002
prefab(ricated) gypsum product VI.08.05..006
prefabricated concrete unit VI.05.01.034
prefabricated construction VIII.02.07.017
prefabrication X.04.
pre-hardened concrete VI.05.01.033
preliminary examination X.01.01.014
preliminary planning XI.04.03.021
premium I.05.05.011
prepacked aggregate concrete VI.05.01.018
preparation for construction X.03.
preparation of work X.01.03.018
presbytery XII.11.01.011
prescribed masonry VIII.02.03.025
prescribed mortar VIII.02.03.006
presentation model IV.03.03. 016
presentation techniques IV.03.
preservation II.06.01.003
preservation act II.06.02.001
preservation condition III.01.07.003
pre-set concrete VI.05.01.033
president's office XII.10.01.009
prestress VI.03.01.008
prestress VIII.02.04.025
prestress member bond VIII.02.04.029
prestress path VIII.02.04.032
prestressed cable VII.02.04.009
prestressed concrete VI.05.01.035
prestressed concrete VIII.02.04.
prestressed glass VI.03.02.011
prestressed glass VIII.02.05.003
prestressing bed VIII.02.04.030
prestressing cable VIII.02.04.028
prestressing steel VIII.02.04.004
prevention III.03.05.011
price I.05.04.001
(1st; 2nd; 3rd) price X.01.01.019
priciples of urban design XI.04.02.054
primary color V.04.02.001
primary elements V.02.01.
primary source II.01.02.018
primitive I.01.103
primitive rock VIII.01.02.024
princely capital II.05.02.009
principal contractor X.01.04.004
principal direction of curvature VII.04.037
principal load VII.03.039
principal stress VII.04.038

principal's office XII.09.02.016
principle of virtual displacement VII.06.026
principle of virtual forces VII.06.027
printer IV.04.03.009
prison XII.05.008
privacy I.03.017
privacy V.03.01.006
private I.03.017
private area XII.01.02.005
private law I.04.01.003
private office XII.04.020
private space V.03.01.017
privately owned apartment XII.08.02.002
privately owned house XII.08.02.001
probation I.04.01.020
process X.01.03.001
process X.01.05.006
proctor density VIII.01.02.043
production center XII.02.03.012
production costs I.05.04.010
production department XII.02.01.029
production wastes III.03.02.005
production-line fabrication method X.04.008
professional association X.01.04.027
profile IV.02.01.020
profile construction glass VI.03.02.014
profile measurement III.01.05.013
profit I.05.04.014
profit X.01.02.008
profitability X.01.02.004
program XII.01.02.
progress I.01.104
prohibited area XI.03.01.006
project planning X.01.
projecting element XI.04.02.032
projection plane III.01.06.009
projection room XII.11.05.002
proof I.04.01.014
propagation III.03.01.006
propeller plane XI.05.04.002
property regulation I.05.02.011
property survey III.01.01.005
property tax I.05.01.012
proportion I.01.113
proportion IX.01.02.017
proportions V.02.05.
protected area XI.03.01.012
protected walk II.04.03.011
protection against cold IX.02.02.025
protection against moisture IX.03.009
protection of historic buildings II.06.01.005
protection of the surroundings II.06.02.014
protective capping VIII.03.02.011
protective fence X.03.02.004
protractor IV.04.02.006
provisional dwelling XII.08.03.033
provocative I.01.105
proximity of monuments II.06.02.015
psychiatric hospital XII.12.01.003
psychological disorder I.02.03.035
psychology I.02.
pub XII.14.01.003
public I.01.106
public I.03.016
public area XII.01.02.006
public concern (sing.) II.06.02.003
public housing XII.08.02.004
public interest II.06.02.004
public interest in preservation II.06.02.005
public law I.04.01.002
public library XII.11.02.002
public relations work III.02.02.027
public representative XI.04.03.009
public space V.03.01.014
public transportation XI.05.01.048
public transportation bus XI.05.01.041
public transportation map XI.05.01.043
pulley X.02.01.079
pumice VI.01.02.019
pumice VI.04.04.009
pump X.02.02.017
pumped concrete VI.05.01.036
pumping station XII.02.03.019
punching strength VI.03.01.012
punishment I.04.01.018
purchase I.05.02.005
purchase X.01.01.018
pure lime VI.04.03.012
purlin VIII.05.01.009
purlin hinge VIII.02.02.061
purlin roof VIII.05.01.002
putty knife X.02.01.050
pylon VII.02.04.010
pylon VIII.02.02.019
pyramid II.02.06.027
pyrite VI.01.01.006

Q

qualm I.04.02.009
quantity of heat IX.02.01.032
quarry stone II.02.01.004
quarter XI.03.03.005
quartz VI.01.01.007
quartz VI.01.02.020
quay(side) XII.06.03.006
quenching strength VI.03.01.013
questionaire III.02.02.011
questionnaire I.02.04.005
quotation V.01.03.005

R

rabbet VIII.03.02.010
rabbet ledge VIII.03.02.012
racetrack XII.13.05.005
rack railway XI.05.02.010
rack-and-pinion jack X.02.01.078
radial II.05.02.017
radial circulation XII.07.02.004
radiation IX.02.01.018
radiation impermeability IX.02.01.020
radiation permeability IX.02.01.021
radio station XII.11.05.003
radius IV.01.01.020
radius of gyration VII.04.039
raft footing VIII.01.06.007
rafter VIII.05.01.012
rafter roof VIII.05.01.001
rail II.02.04.033
rail transport XII.06.02.
railbound traffic XI.05.02.
railcar XI.05.02.017
railing VIII.06.01.008
railroad XI.05.02.001
railroad car XI.05.02.019
railroad crossing XII.06.02.008
railroad crossing barrier XII.06.02.009
railroad station XII.06.02.002
railroad tracks X.03.01.003
rails XII.06.02.010
railway XI.05.02.001
railway embankment XI.05.02.024
railway facilities XI.05.02.023
railway station XII.06.02.002
rain IX.03.045
ram X.02.02.041
ram pile VIII.01.07.004
ramp VIII.06.02.001
ramp X.03.01.007
rampart II.04.03.023
ranch XII.02.02.003
ranch-house II.04.05.003
random ashlar II.02.03.010
rapid transit XI.05.02.003
rapidograph IV.04.02.017
ratchet with socket X.02.01.021
rationalization X.01.03.019
ravine XI.01.01.023
ray IV.01.01.004
reaction VII.03.040
reading area XII.11.02.008
reading room XII.09.02.012
reading room XII.11.02.010
ready mix mortar VI.06.03.
ready mixed concrete VI.05.01.037
real estate development XI.04.03.017
real estate terms XII.08.02.
real value X.01.02.007
rear elevation IV.02.01.019
reasonable stipulation II.06.02.023
rebate VIII.03.02.010
rebate ledge VIII.03.02.012
rebating VIII.02.01.022
rebuilding II.06.03.013
rebuilding XI.04.04.004
receding element XI.04.02.033
receiver III.01.03.019
reception I.01.107
reception XII.02.01.020
reception XII.14.02.008
recess II.02.05.029
recess II.04.05.007
recessed balcony II.02.05.026
recognition I.01.108
reconstruction II.06.03.012
reconstruction XI.04.04.004
recontextualisation I.01.109
recording studio XII.11.05.005
records room XII.04.029
recreation room XII.02.01.013
recreation room XII.02.01.018
rectangle IV.01.01.026
rectangular cross section VII.01.024
rectangular element VII.01.025
rectangular truss VII.02.05.016
recycling III.03.05.
recycling (e.g. III.03.05.004
recycling center XII.02.03.010
redevelopment agency XI.04.04.011
redevelopment authority XI.04.04.011
redistribution VIII.02.06.029
reduction I.05.04.004
reduction III.01.05.017
reduction III.03.05.010
reduction V.02.06.009
reduction of airborne sound IX.01.01.016
reduction of structure-borne sound IX.01.01.021
reduction theorem VII.06.028
reductions tachometer III.01.03.046
reed lathing VI.06.02.003
refectory (dining hall) II.04.02.007
referee's room XII.13.01.021
reference II.01.01.014
reference area XII.11.02.007
reference grid III.01.02.018
reference grid III.01.02.019
reference length III.01.02.008
reference library XII.11.02.003
reference line III.01.02.007
reference line III.01.02.009
reference line IV.03.01.009
reference systems III.01.02.017
refinery XII.02.03.006
reflection I.01.110
reflection IV.02.04.009
reflection IX.01.01.014
reflection coefficient IX.01.02.007
reflective surface V.04.01.008
reflector III.01.03.052

reflector IX.01.02.015
reflectorless tachometer III.01.03.050
reforest area XI.01.01.047
reforestation area XI.01.01.047
refraction V.04.01.010
refund credit I.05.01.009
refurbishment III.03.04.
refusal I.04.02.010
refuse III.03.01.004
regatta course XII.13.03.020
region XI.03.01.002
region of strain hardening VII.04.040
regional capital XI.04.01.003
regional planning XI.06.008
regions XI.03.01.
regions and settlements XI.03.
register IV.03.02.006
regular XI.04.02.020
regular form V.02.02.005
regular grid XI.04.02.029
regulating lines V.02.05.006
rehabilitation II.06.03.011
rehabilitation XI.04.04.002
rehabilitation XI.04.04.008
rehabilitation center XII.12.01.004
rehabilitation of objects XI.04.04.010
rehabilitation of regions XI.04.04.009
rehearsal room XII.11.04.022
rehearsing stage XII.11.04.012
reinforced concrete VIII.02.04.
reinforced concrete skeleton VIII.02.07.013
reinforced masonry VIII.02.03.026
reinforcement VIII.02.04.001
reinforcement details VIII.02.04.007
reinforcement layout VIII.02.04.006
reinforcement splice VIII.02.04.012
reinforcements VII.02.11.
reinforcing bar VIII.02.04.005
reinforcing steel bending yard X.03.01.021
rejection I.04.02.010
relative humidity IX.03.012
relaxation VI.09.009
reliability III.01.06.008
relocation II.06.03.016
relocation from an area XI.04.05.010
relocation program XI.04.04.013
relocation to an area XI.04.05.011
remembering I.02.02.011
remodelling XI.04.03.018
remote storage XII.11.02.015
removal II.06.03.008
remove reinforced steel concrete VI.05.01.038
renovation XI.04.03.018
renovation; renewal XI.04.03.016
rent I.05.02.007
rent X.01.02.023
rental unit XII.08.02.003
repair XI.04.04.003
repair shop XII.02.01.011
reparcelling XI.02.04.007
repayment I.05.05.022
repetition V.02.06.006
representation I.01.112
representation III.02.01.006
representative III.02.02.016
required construction time X.01.05.019
requirement plan III.02.02.017
research II.01.02.010
research XII.10.
research center XII.02.03.021
research centers XII.10.02.
research laboratory XII.10.02.002
residential area XI.03.03.006
residential building II.04.05.
residential building XII.08.01.001
residential camp X.03.01.012
residential road XI.05.01.074
residential use only XI.06.021
residual stress VII.04.041
residual waste III.03.03.002
resin adhesive VI.08.02.022
resin glue VI.08.02.022
resistance to abrasion VI.05.01.001
resistance to heat penetration IX.02.02.017
resistance to thermal transmissibility IX.02.02.013
resonance VII.07.029
resort XI.02.03.006
respond II.02.06.002
response spectrum VII.07.030
restaurant XII.14.01.007
restaurants XII.14.01.
restoration II.06.03.010
restoration III.03.04.
restoration plan III.03.04.001
restoration techniques III.03.04.002
restraint VII.01.026
restricted tender X.01.01.006
restriction I.04.02.011
restructuring XI.04.05.007
results V.01.03.
retail area XI.06.019
retaining wall VIII.01.09.001
retaining walls VIII.01.09.
retarding agent VI.05.03.006
return on investment I.05.04.014
reuse III.03.05.003
reuse III.03.05.005
reverberation IX.01.02.001
reverberation time IX.01.02.002
reverberation time IX.01.02.010
reverberatory radius IX.01.02.009
reversion XI.04.03.027
revitalization XI.04.04.005
revolving door VIII.03.01.016
revolving leaf VIII.03.02.030
revolving stage XII.11.04.015
rhyolite VI.01.02.021
rhythm V.02.06.005
rhythm X.01.05.004
rhythm XI.04.02.067
rhythmic series V.02.03.005
rib VIII.02.06.026
rib depth VIII.02.06.028
rib slenderness VIII.02.06.027
ribbed dome II.03.03.006
ribbed perforated metal VI.06.02.004
rich lime VI.04.03.012
rich mortar VI.06.01.002
ricksha(w) XI.05.01.026
ridge VIII.05.03.001
ridge purlin VIII.05.01.010
riding facilities XII.13.04.
riding field XII.13.04.003
riding hall XII.13.04.002
riding horse XI.05.01.022
right angle IV.01.01.013
right to take ownership II.06.02.019
right-angle method III.01.05.009
rigid VI.05.02.004
rigid bond VIII.02.06.002
rigid connection VII.01.027
rigid girder VII.02.02.014
rigidity VIII.01.01.013
ring spanner X.02.01.019
risalite II.04.04.002
rise VII.02.03.010
rise XI.01.01.019
riser VIII.06.01.005
riser VIII.06.01.006
rising soil moisture IX.03.043
ritual bath II.04.01.007
river XI.01.01.041
river XI.01.01.042
river XI.05.03.005
riverscape XI.01.01.030
rivet VIII.02.02.050
road XI.05.01.057
road XI.05.01.088
road XII.06.01.006
road construction XI.05.01.087
road surface XI.05.01.094
road traffic XII.06.01.
road vehicles X.02.03.015
roadside restaurant XII.06.01.008
rock VIII.01.02.023
rock XI.01.01.021
rocker (hinged) column VII.02.01.006
rocker member VII.02.01.007
rocket launching site XII.06.04.004
rocks VI.01.02.
rod VIII.02.04.014
rod bender X.02.02.032
role I.03.032
rolled glass VI.03.02.002
rolled steel VI.07.01.003
roller X.02.02.043
roller bearing VIII.02.02.041
roller blind VIII.03.02.038
roller skating rink XII.13.01.006
rolling XI.01.01.052
Roman tile VI.02.03.007
romper room XII.09.01.002
rood - loft II.02.05.027
roodscreen II.02.06.016
roof bearer VIII.05.01.014
roof clay tile VI.02.03.
roof covering VIII.05.01.033
roof members VIII.05.03.
roof plan IV.02.01.016
roof shapes VIII.05.02.
roof structures VIII.05.01.
roof superstructures VIII.05.04.
roof with air circulation VIII.05.01.032
roof(ing) skin VIII.05.01.033
roofer X.01.04.047
roofs VIII.04.
roofs VIII.05.
room acoustics IX.01.02.
room climate IX.02.01.013
room for sketching XII.10.01.020
room orientation XII.08.01.006
room size IX.01.02.012
room/ space volume IX.01.02.013
roommate community XII.08.03.019
rope VII.02.04.011
rose window II.02.06.031
rotary inertia VII.07.031
rotating laser III.01.03.018
rotational stiffnes VII.04.042
rough plaster VI.06.05.013
rough plaster VI.06.05.014
round XI.04.02.023
(1st; 2nd; 3rd) round X.01.01.017
round construction timber VIII.02.01.009
round file X.02.01.026
round formwork X.03.02.016
round log VIII.02.01.008
roundabout XI.05.01.084
row house XII.08.03.006
rowlock course II.02.03.015
rubber VI.08.01.005
rubber VI.08.01.006
rubber adhesive VI.08.02.023
rubbish III.03.01.004
rubble III.03.02.004
rubble X.05.006
rubble stone VI.01.02.022
rubble stone masonry II.02.03.009
ruin II.06.03.003
ruler IV.04.02.001
ruler X.02.01.091
runway XI.05.04.010
runway XI.05.04.011
runway XI.05.04.012
rupture VII.04.044
rupture stress VII.04.043
rural areas XI.02.
rural community XI.02.03.007

rural development XI.02.04.002
rural development planning XI.02.04.004
rural development program XI.02.04.005
rural development subsidization XI.02.04.006
rural dispersal II.05.01.001
rural planning XI.02.04.
rural redevelopment XI.02.04.001
rush hour XI.05.01.050
rusting VI.05.04.002

S

sacred buildings II.04.01.
sacred buildings XII.11.01.
sacristy II.04.01.026
saddle shell VII.02.08.006
saddleback roof VIII.05.02.003
safe XII.11.03.011
safety I.05.05.025
safety against cracking VIII.02.03.002
safety against failure VIII.01.01.012
safety against rupture VIII.02.03.003
safety against sliding VIII.01.01.007
safety concept VII.01.028
safety deposit box XII.04.017
safety factor VII.01.029
salary I.04.04.003
sale value X.01.02.022
sales area XII.03.02.005
sales tax I.05.01.013
sanatorium XII.12.01.005
sancer dome II.03.03.005
sand VI.01.02.023
sand VI.04.04.010
sand VIII.01.02.018
sandstone VI.01.02.024
sandy loam VIII.01.02.007
sanitary facilities X.03.01.016
sash bar VIII.03.02.015
satellite community XI.03.02.007
sattelite dish VIII.05.04.006
saturation IV.02.04.004
saturation V.04.02.025
saturation temperature IX.03.014
sauna XII.13.03.004
sausages counter XII.03.02.007
save I.05.05.005
savings amount I.05.05.007
savings amount saved I.05.05.008
savings bank I.05.05.002
savings contract with a building society I.05.05.006
savings incentive I.05.05.012
sawn timber VIII.02.01.010
sawtooth roof VIII.05.02.005
scale III.01.03.003
scale IV.03.01.010
scale IV.04.02.002
scale X.02.02.025
scaled enlargement III.01.05.017
scaled mapping III.01.04.004
scarcity II.06.01.025
scenographic V.03.02.009
schedule IV.03.02.003
school XII.10.01.010
schoolyard XII.09.02.017
science XII.10.
scraped rendering plaster VI.06.05.015
scraper X.02.02.023
scraper X.02.03.031
scrapper conveyor belt X.02.03.006
scratch hardness VI.03.01.005
screeds VI.06.
screeds VI.06.06.
screeds on separating layer VI.06.06.009
screen IV.04.03.010
screw VIII.02.01.031
screw X.02.01.083
screw clamp X.02.01.054
screw conveyor X.02.02.024
screw pile VIII.01.07.006
screwdriver X.02.01.023
screwed connection VIII.02.02.053
sculpture I.01.114
sculpture XII.06.01.044
sculpture garden XII.11.03.009
sea XI.01.01.028
sea route XI.05.03.008
sealing VIII.01.04.016
seam VII.02.10.009
seam VIII.02.02.056
seam strength VII.02.10.010
seaplane XI.05.04.007
search V.01.02.009
seaside resort XI.04.01.018
seat XII.13.01.015
second order moment VII.04.045
secondary color V.04.02.002
secondary contractor X.01.04.005
second-order theory VII.05.018
secretary XII.04.024
section IV.02.01.011
section IV.02.01.020
section line IV.03.01.007
section modulus VII.04.046
security check XII.06.04.020
sedimentary rock VIII.01.02.025
seeping water IX.03.039
segment IV.01.01.005
segment IV.01.01.024
segmental dome II.03.03.002
segmental pediment II.02.05.034
segregation I.03.033
selection I.03.034
self aligning level III.01.03.016
self esteem I.02.03.014
self-employed person I.05.03.001
self-service shop XII.03.01.012
self-service store XII.03.01.012
seminar room XII.10.01.018
semiotic II.01.02.009
semiprivate space V.03.01.016
semipublic space V.03.01.015
semisolid VIII.01.02.037
sending out for bids I.05.01.017
sending out for quote I.05.01.017
senior citizens' home XII.08.03.028
sensation I.01.115
sensation I.02.02.016
sensibility I.01.009
sensory deprivation I.02.03.028
sensuousness I.01.116
sentence I.04.01.018
sentimental I.01.117
sequence X.01.05.002
sequence of spaces XI.04.02.016
series V.02.03.
serpentine VI.01.02.025
service I.05.03.009
service road XI.05.01.064
set VI.05.01.009
set date I.05.05.018
set fee I.04.04.002
setting VI.09.010
setting time VI.05.01.010
settlement VIII.01.01.005
settlements II.05.01.
settlements XI.03.02.
settling I.05.01.008
severy II.02.06.014
sewage III.03.02.007
sewage sludge III.03.02.009
sewage treatment plant III.03.03.007
shack II.04.05.012
shade IV.02.04.012
shade V.04.01.007
shading IV.03.01.012
shadow IV.02.04.011
shadow IV.02.04.013
shaft II.02.05.008
shaker X.02.02.036
shallow foundations VIII.01.06.
shallow pool XII.13.03.006
shanty II.04.05.012
shape I.01.118
shape V.02.02.004
shape of moment diagram VII.03.041
shape of normalforce distribution VII.03.042
shapelessness XI.04.02.074
shear VII.04.047
shear center VII.04.048
shear flow VII.04.049
shear force VII.03.057
shear force diagram VII.03.043
shear force distribution VII.03.044
shear modulus VII.04.050
shear reinforcement VIII.02.04.019
shear stress VII.04.051
sheare zone VIII.02.04.021
shed XII.02.02.013
sheet glass VI.03.02.003
sheet piling VIII.01.09.002
sheet steel VI.07.01.014
shelf XII.02.04.002
shell arch VII.02.03.011
shells VII.02.08.
shelter XII.06.01.035
shelving system XII.02.04.001
shielding concrete VI.05.01.039
shift to service sector XI.04.05.005
ship XI.05.03.001
shipbuilding yard XII.06.03.012
shipping XI.05.03.
shipping lane XI.05.03.007
shipping route XI.05.03.007
shipyard XII.06.03.012
shoemaker XII.02.01.004
shoemaker's XII.02.01.004
shooting range XII.13.05.001
shop XII.03.01.007
shopping cart XI.05.01.015
shopping mall XI.05.01.011
shore XI.01.01.035
shored pit VIII.01.04.008
shoring VIII.01.04.006
shoring X.03.02.006
shortening VII.04.052
shoulder XI.05.01.093
shovel X.02.01.040
shovel X.02.03.021
show - jumping course XII.13.04.004
showcase XII.06.01.042
shower XII.08.05.030
shrinkage VI.05.01.011
shrinkage VI.09.011
shrinkage IX.02.01.004
shrinkage magnitude VI.05.01.012
shunting yard XII.06.02.006
shutter VIII.03.02.037
side street XI.05.01.063
side view IV.02.01.010
side yard requirement XI.06.016
side-hung casement VIII.03.02.017
sidewalk XI.05.01.003
sidewalk XII.06.01.002
siding (track) X.03.01.002
sieve particle VIII.01.02.015
sign IV.03.01.
signal box XII.06.02.012
significance I.01.081
significance I.01.119
silhoutte XI.04.02.080
sill II.02.04.031
sill VIII.03.01.004
silo X.02.02.021
silo XII.02.02.019

silo XII.02.04.005
silt VIII.01.02.013
silt VIII.01.02.019
simple columns VIII.02.07.003
simple length measurement III.01.03.001
simple series V.02.03.006
simple trussed girder VII.02.02.015
simulate V.01.02.013
simulation I.02.04.008
simultaneous contrast V.04.02.020
single - sided formwork X.03.02.013
single - story frame VII.02.06.006
single contractor X.01.04.002
single degree of freedom system VII.07.032
single family house XII.08.03.001
single farm house II.05.01.008
single flight stair(case) VIII.06.01.009
single footing VIII.01.06.004
single glazing VIII.03.02.019
single room XII.14.02.011
single wythe wall VIII.02.03.019
single-layer plaster VI.06.05.001
single-layered VIII.02.04.010
single-loaded corridor XII.07.02.010
single-pitch roof VIII.05.02.004
single-span frame VII.02.06.007
single-span girder VII.02.02.016
singularity I.01.135
singularity II.06.01.026
site III.02.02.030
site VIII.01.04.002
site XI.04.02.035
site appointment III.01.01.003
site architect I.05.03.010
site area XI.06.013
site concrete VI.05.01.040
site fabrication X.04.007
site manager X.01.04.038
site measurement III.01.06.
site measurement page III.01.06.013
site office X.03.01.011
sitting room II.04.03.020
skeleton construction VIII.02.07.001
sketch IV.03.03. 001
skew bending VII.04.053
skew ramp VIII.06.02.002
ski jump XII.13.02.006
ski resort XI.04.01.017
skilled construction worker X.01.04.042
skin friction VIII.01.07.001
skylight XII.11.03.017
slab block XII.08.03.015
slab floor VIII.04.002
slag sand VI.04.04.002
slate VI.01.02.026
sledgehammer X.02.01.005
sleeve foundation VIII.01.06.005
slenderness VII.05.019
slide (lending) library XII.11.02.005
sliding VIII.01.01.006
sliding door VIII.03.01.013
sliding sash VIII.03.02.036
slipform X.03.02.018
slip-joint pliers X.02.01.011
slit II.04.03.013
slope deflection method VII.06.029
slope failure VIII.01.08.007
slowly combustible VI.09.038
slow-moving traffic XI.05.01.049
slum XI.03.02.010
slurry wall VIII.01.09.005
small apartment within a single family residence XII.08.04.005
small conference room XII.04.012
small hallway to prevent drafts XII.08.05.009
small hallway used to prevent drafts VIII.03.01.011
small panel construction VIII.02.07.020
small town XI.04.01.005
small towns XI.02.02.
smooth finish plaster VI.06.05.016
snack bar XII.14.01.009
snow load VII.03.045
social comparison I.02.03.011
social environment V.03.01.004
social history II.01.02.004
social interaction I.02.03.008
social mobility I.03.035
social plan III.02.02.019
social psychology I.02.03.
social space V.03.01.013
social structure I.03.064
social structure III.02.02.006
socialization I.03.004
society I.01.120
society I.03.001
sociology I.03.
sod base plate III.01.03.023
soft IV.04.02.010
soft VIII.01.02.032
softener VI.05.03.007
soil XI.01.01.007
soil compaction III.03.04.008
soil compaction VIII.01.05.004
soil exchange VIII.01.05.001
soil exploration VIII.01.03.
soil failure VIII.01.08.006
soil improvement VIII.01.05.
soil moisture VIII.01.04.011
soil moisture IX.03.040
soil pressure VIII.01.06.001
soil pressure VIII.01.08.002
soil pressure at rest VIII.01.08.004
soil pressure distribution VIII.01.08.003
soil stabilization VIII.01.05.002
soil types VIII.01.02.001
sole VIII.01.04.003
solid clay brick VI.02.02.002
solid web girder VIII.02.02.035
solid wood VIII.02.01.005
solid-web girder VII.02.02.017
solution vector VII.06.030
solvent VI.08.02.024
sorting III.03.03.011
sorting out III.03.03.011
sound IX.01.01.001
sound absorbent coefficient IX.01.02.005
sound absorbing brick VI.02.02.004
sound absorption IX.01.01.006
sound effect IX.01.01.002
sound perception IX.01.01.003
sound pressure IX.01.01.009
sound propagation IX.01.01.004
sound protection IX.01.01.
sound studio XII.11.05.005
sound wave IX.01.01.010
sounding VIII.01.03.003
space I.01.121
space V.03.
space V.03.02.010
space effect IX.01.02.011
space frame VII.02.06.008
space requirement XI.05.01.044
space within a space V.03.03.004
spacer VIII.02.04.020
spacious XI.01.01.050
spade X.02.01.039
span VII.01.030
span length VII.01.030
span moment VII.03.046
spandrel VIII.03.02.004
spare parts storage XII.02.04.002
spatial effect IX.01.02.020
spatial groups V.03.03.
spatial organisation V.03.02.
spatial relationships V.01.01.001
spatial sequence XII.07.02.008
spatula X.02.01.045
special education XII.09.02.005
special laboratory XII.10.02.004
special lighting effects V.04.01.013
special load VII.03.047
specific gravity VI.09.021
specific heat IX.02.01.029
specific monument requirements II.06.02.007
spectrum IV.02.04.005
speed XI.05.01.052
speed limit XI.05.01.053
sphere IV.01.02.005
spherical bearing VIII.02.02.043
spherical dome II.03.03.001
spherical dome VII.02.08.007
spider X.02.01.022
spiral stair(case) VIII.06.01.015
spiral stairs XII.07.01.010
spirit coat VI.08.02.025
spirit level III.01.03.015
spirit level III.01.03.025
spirit level III.01.03.033
spirit level X.02.01.086
splash water VIII.01.04.012
splash water IX.03.047
splash-water zone IX.03.055
split pediment II.02.05.035
sports equipment room XII.13.01.017
sports field XII.13.01.001
spot welded round bar mesh VI.06.02.005
sprayed plaster VI.06.05.017
spreading III.03.01.006
spring VII.01.031
spring stiffness VII.01.032
spring; source XI.01.01.039
square IV.01.01.027
square XI.04.02.017
square XI.05.01.006
square brick VI.02.03.009
square cross section VII.01.033
square tile VI.02.03.009
squash center XII.13.01.007
squash court XII.13.01.008
squinch (arch) II.03.03.003
stability VII.05.
stability VII.05.020
stability problem VII.05.021
stability under load VI.09.012
stabilization II.06.03.009
stabilizer VI.05.03.008
stable II.04.05.009
stable XII.02.02.022
stadium XII.13.01.002
stadium for track and field XII.13.01.003
staff X.01.04.023
staff restroom XII.02.01.016
staff room XII.09.01.007
stage XII.11.04.011
stage cords XII.11.04.017
stage house XII.11.04.018
staging V.01.03.006
stain VI.08.02.026
stainless steel VI.07.01.002
stainless steel VI.07.01.013
stair VIII.06.01.001
staircase XII.07.01.001
staircase XII.07.01.008
(staircase) landing VIII.06.01.002
staircase tower II.04.04.009
staircases VIII.06.01.
stairs XII.07.01.008
(stair)tread VIII.06.01.004
stairwell VIII.06.01.019
stairwell XII.07.01.009
stake II.02.04.021
stall XII.02.02.020
stand XII.03.01.006
stand XII.13.01.013
standard I.01.122

standing room XII.13.01.016
staple VIII.02.01.033
starting costs X.01.02.016
state VIII.01.02.035
state and city XII.05.
state building XII.05.003
state of III.01.07.001
state of operations X.01.05.008
state planning XI.06.007
state rooms II.04.03.019
static V.03.02.001
static moment VII.04.054
static stability VIII.01.08.
statically determinate VII.01.034
statically indeterminate VII.01.035
station point IV.02.03.002
station restaurant XII.06.02.017
station wagon XI.05.01.035
statistical fundamentals III.02.02.007
statistical office III.02.02.001
status I.03.024
statute (state or federal) XI.04.03.002
statute of limitation I.04.01.022
stauss clay latting VI.06.02.005
stave construction II.02.04.017
stay VII.02.05.018
steam IX.03.020
steam IX.03.021
steam X.02.02.006
steam chamber X.02.02.011
steam cleaner X.02.02.012
steam generator X.02.02.008
steam pile driver X.02.02.010
steamer XI.05.03.002
steampipe X.02.02.009
steamship XI.05.03.002
steel construction VIII.02.02.
steel fiber concrete VI.05.01.041
steel plates VIII.02.02.006
steel reinforced concrete VI.05.01.042
steel skeleton VIII.02.07.012
steel tape measure III.01.03.006
steel tensile stress VIII.02.04.031
steelfixer's nippers X.02.01.009
steep pitched roof VIII.05.02.002
stellar vault II.03.02.007
stencil IV.04.02.007
step VIII.06.01.001
steppe XI.01.01.008
stepped portal II.02.06.019
steps XII.07.01.001
stereometry IV.01.02.
stiff VI.05.02.004
stiffeners VII.02.11.
stiffening truss VII.02.05.017
stiffening wall VII.02.11.007
stiffness (displacement) method VII.06.031
stiffness coefficient VIII.01.01.004
stiffness matrix VII.06.032
stile II.02.04.024
stimulus I.02.02.015
stock company X.01.04.016
stock exchange XII.03.01.004
stock rooms XII.02.04.
stockroom XII.02.04.001
stockroom XII.03.02.002
stone II.02.01.001
stop XII.06.01.032
stop beam VIII.05.01.013
storage room XII.11.03.010
storage room XII.11.03.012
store XII.03.01.007
store rooms XII.02.04.
store(house) X.03.01.026
storehouse II.04.06.002
storehouse XII.06.03.013
storeroom XII.02.04.001
storeroom XII.03.02.002
story II.02.04.046
straight flight stair(case) VIII.06.01.011
straight line IV.01.01.006
straight road XI.04.02.030
strain VI.09.013
strain VII.04.055
strait XI.01.01.034
strata (pl.) I.03.025
straw loam VI.02.01.002
stream XI.01.01.040
street XI.05.01.057
street XII.06.01.006
street alignment XI.04.02.027
street construction XI.05.01.087
street furniture XII.06.01.026
street lighting XII.06.01.029
street sign XII.06.01.028
street traffic XI.05.01.
street with no through traffic XI.05.01.005
streetcar XI.05.02.002
streetlamp XII.06.01.030
streetlight XII.06.01.030
streetspace XI.04.02.026
strength VI.09.014
stress VII.04.056
stress concentration VI.03.01.009
stress due to rainfall and unopressive water IX.03.051
stress due to water and moisture IX.03.050
stress problem VII.05.022
stress- strain diagram VII.04.057
stretcher II.02.03.001
stretcher bond II.02.03.013
strike I.04.04.006
string line VII.02.04.004
string polygon equation VII.02.04.005
string village II.05.01.007
stringer VIII.06.01.006
strip VII.02.11.006
strip footing VIII.01.06.003
strip foundation VIII.01.06.003
strip steel VI.07.01.005
strip windows VIII.03.02.025
structural analysis II.01.02.015
structural changes X.05.
structural concrete topping VIII.02.06.031
structural plan X.01.03.010
structural plinth line IX.03.057
structural state III.01.01.002
structural systems VII.02.
structure I.03.007
structure V.02.04.
structure XI.04.02.052
structure as built III.01.01.001
structure of needs III.02.02.024
structure-borne sound IX.01.01.019
structure-borne sound damping IX.01.01.022
structure-borne sound insulation IX.01.01.020
strut VII.02.05.018
strut VIII.05.01.015
strut VIII.05.01.016
strut VIII.05.01.017
struts II.02.06.021
strutted frame VII.02.12.005
stud II.02.04.022
stud II.02.04.028
student dining hall XII.10.01.024
student dormitory XII.08.03.027
studio XII.09.02.008
studio XII.10.01.019
studio XII.11.03.014
studio (apartment) XII.08.04.004
study I.02.04.001
study XII.08.05.015
study area III.02.02.028
study model IV.03.03. 015
study of sources III.02.01.005
study plan IV.03.03. 002
style I.01.079
subcontractor X.01.04.006
subculture I.01.123
subdivision XI.02.01.013
subgrade improvment III.03.04.007
subject I.02.03.015
subjective space V.03.01.002
sublease XII.08.03.020
sublet XII.08.03.020
Sublime I.01.124
subsequent costs X.01.02.019
subsidiary projection IV.02.01.004
subsidized housing XII.08.02.005
subsidy II.06.02.025
subsistence level I.03.074
subspace XI.04.02.004
substructure III.03.04.004
subtractive color mixture V.04.02.013
subtractive form V.02.02.008
suburb XI.03.03.001
suburban train XI.05.02.003
suburbanization XI.04.05.003
subway XI.05.02.004
subway station XII.06.02.004
suite XII.14.02.013
summit XI.01.01.017
sump drainage VIII.01.04.014
supermarket XII.03.01.013
superposition of load cases VII.03.048
superstructure III.03.04.006
supervision III.03.05.001
supplier X.01.01.026
supply structure III.02.02.023
support VII.02.01.002
support VIII.02.07.002
support moment VII.03.049
support rotation VII.03.050
support settlement VII.03.051
supporting force VII.03.040
supports II.02.05.001
surface V.02.02.011
surface color V.04.02.016
surface moisture IX.03.041
surface of translation VII.02.08.008
surface temperature IX.02.01.016
surface vibrator VIII.01.05.005
surface vibrator X.02.02.035
survey III.02.02.010
survey of a structure III.01.
survey pole III.01.03.008
survey ruler III.01.03.004
survey sketch III.01.04.001
susceptibility to frost action VIII.01.02.046
suspended ceiling VIII.04.006
suspended scaffolding X.03.02.001
suspender beam VIII.04.009
suspension (cable) railway XI.05.02.006
suspension cable VII.02.04.012
suspension rod VII.02.01.008
swelling VI.09.008
swing door VIII.03.01.015
switch XI.05.02.027
switch XII.06.02.011
switch tower XII.06.02.012
switchyard XII.06.02.006
syenite VI.01.02.027
symbol I.01.125
symbol V.01.03.004
symbolism of color V.04.02.023
symmetry V.02.06.002
symmetry XI.04.02.076
synagogue II.04.01.002
synagogue XII.11.01.003
synthetic coat VI.08.02.027
synthetic putty VI.08.02.028
synthetic resin-based adhesive VI.08.02.029
system I.01.126
system I.03.006

system led
task management X.01.04.036

T

table IV.03.02.003
tacheometry III.01.05.003
tachometer theodolite III.01.03.047
tailor XII.02.01.005
tailor’s XII.02.01.005
take ownership II.06.02.018
takeoff XII.06.04.026
talent I.01.127
tamper X.02.02.040
tamping compaction VIII.01.05.007
tandem XI.05.01.025
tangent IV.01.01.023
tangential force VII.03.052
tangentional point IV.01.01.003
tar VI.08.01.003
target axis III.01.03.042
target group III.02.02.026
taste I.01.128
tax I.05.01.011
taxi XI.05.01.040
taxiway XI.05.04.012
teachers' lounge XII.09.02.013
team office XII.04.021
tearing strength VI.03.01.010
technical terms VI.03.01.
technical terms VI.05.01.
technical terms VI.06.01.
teleology II.01.01.010
telescope III.01.03.030
telescopic ruler III.01.03.005
television station XII.11.05.004
temperature IX.02.01.023
temperature change VII.03.053
temperature conductivity IX.02.02.031
temperature influence VII.03.054
tempered glass VIII.02.05.004
temple II.04.01.001
temple XII.11.01.001
temple town XI.04.01.013
temporary dwelling XII.08.03.033
temporary exhibition XII.11.03.020
tenant I.05.02.008
tenant preference XI.04.03.010
tender X.01.01.005
tennis center XII.13.01.010
tensile force VII.03.055
tensile strength VI.05.01.013
tensile stress VII.04.058
tension anchor bolt VIII.02.02.028
tension chord VII.02.05.019
tension member VII.02.01.009
tent II.02.02.004
tent XII.08.03.036
terminal XII.06.01.011
termination I.04.03.008
terminus XI.04.02.042
terms III.03.01.
terrace II.04.04.011
terrace XII.08.05.018
terrace housing XII.08.03.016
territoriality I.02.03.020
territory V.03.01.010
test stand XII.02.01.036
testing room XII.10.02.008
tetrahedron IV.01.02.002
text IV.03.02.
text IV.03.02.002
textbook collection XII.11.02.012
theater XII.11.04.003
theodolite III.01.03.037
theoretical terms II.01.
theory of elasticity VII.04.059
theory of plasticity VII.04.060
thermal bridge IX.02.02.003
thermal calculations IX.02.02.009
thermal capacity IX.02.01.035
thermal conduction IX.02.01.009
thermal conductivity IX.02.02.030
thermal effect IX.02.01.030
thermal exchange IX.02.02.004
thermal inertia IX.02.02.029
thermal insulating layer VIII.05.01.036
thermal insulation IX.02.02.002
thermal insulation IX.02.01.017
thermal insulation IX.02.01.012
thermal insulation area IX.02.01.025
thermal insulation coefficient IX.02.01.024
thermal insulation magnitude IX.02.02.019
thermal radiation IX.02.01.008
thermal sources IX.02.01.033
thermal storage capacity IX.02.02.032
thermal transmissibility coefficient IX.02.02.014
thermal transport IX.02.01.007
thermogram III.01.06.017
thermography III.01.06.016
thickness of plaster VI.06.01.003
thin bed mortar VI.06.04.003
thin sheet metal VI.07.01.017
thinking I.02.02.010
thinner VI.08.02.030
thixotropic VIII.01.02.040
threaded nail VIII.02.01.032
three-centered arch VII.02.03.004
three-dimensional element VII.06.033
three-dimensional state of stress VII.04.061
three-edged file X.02.01.025
three-hinge arch VII.02.03.012
three-hinge arch with tie rod VII.02.03.013
three-hinged frame VII.02.06.009
three-lobe tracery II.02.06.005
three-moment equation VII.06.034
three-span girder VII.02.02.018
threshing floor II.04.05.008
threshing floor XII.02.02.011
threshold V.02.07.005
threshold VIII.03.01.004
ticket booth XII.06.01.033
ticket machine XII.06.01.034
ticketing XII.06.04.016
tie II.02.04.035
tie VII.02.01.009
tie beam II.02.04.034
tie beam VIII.05.01.022
tie piece VIII.02.01.039
tie plank VIII.05.01.029
tie rod VII.02.01.010
tile VI.02.02.009
tile VI.02.02.010
tile VIII.05.01.041
tile floor VIII.04.002
tiltable formwork X.04.015
tilting axis III.01.03.043
timber II.02.01.007
timber fasteners VIII.02.01.020
timber yard X.03.01.020
time at site X.01.05.025
time per worker X.01.05.024
timetables X.01.05.
tin VI.07.02.006
tipper X.02.03.014
to cast concrete VI.05.01.014
to glue VIII.02.02.052
to rivet VIII.02.02.050
to weld VIII.02.02.051
toboggan run XII.13.02.005
toilet XII.08.05.029
toll station XII.06.01.012
tollbooth XII.06.01.012
tomb XII.11.01.018
tombstone XII.11.01.020
tongue II.02.04.010
toolbox X.02.01.029
tools X.02.01.
top beam VIII.05.01.027
top beam VIII.05.01.028
top chord VII.02.05.020
top plate II.02.04.032
top rail II.02.04.039
top soil VIII.01.02.002
top-hinged sash VIII.03.02.034
topographic contour line III.01.02.010
topography XI.01.
topping-out ceremony X.01.05.017
tora shrine II.04.01.005
torsion VII.04.062
torsion spring VII.01.036
torsion(al) moment VII.03.056
torsional moment of inertia VII.04.063
torsional section modulus VII.04.064
torsional shear stress VII.04.065
torsional stiffness VII.04.042
total building costs X.01.02.014
tour XII.11.03.015
tourism XII.14.
tourist area XI.03.01.008
tow truck X.02.03.019
tower II.04.01.032
tower II.04.04.007
town XI.04.
town center XI.04.02.083
town hall II.04.06.001
town hall XII.05.017
town house II.04.05.001
town limit XI.03.03.003
town planning XI.04.03.
town planning significance II.06.01.020
town residence (for farmers) II.04.05.002
town with concentric plan II.05.02.015
townhouse XII.08.03.009
townscape XI.04.02.079
tracery II.02.06.004
tracing paper IV.04.01.007
track X.02.03.010
track XI.05.02.026
track XII.13.01.014
track XII.13.04.001
track and field XII.13.01.
track vehicles X.02.03.009
tracks XII.06.02.010
trade association X.01.04.027
trading center XI.04.01.006
tradition I.03.038
tradition I.03.040
tradition II.01.01.013
traditional (means of) transportation XI.05.01.018
traditional agriculture XI.02.01.006
traditional building materials II.02.01.
traditional dwellings II.02.02.
traditional masonry construction II.02.03.
traditional wood construction II.02.04.
traffic XII.06.
traffic & transportation XI.05.01.042
traffic jam XI.05.01.051
traffic reduction XI.05.01.055
traffic sign XII.06.01.027
traffic space XI.05.01.045
traffic volume XI.05.01.054
trailer XI.05.01.036
trailer XII.08.03.035
train X.02.03.011
train XI.05.02.012
training area XII.05.013

training room XII.02.01.023
training room XII.04.031
transaction I.02.03.009
transept II.04.01.019
transfer method VII.06.035
transformation I.03.041
transformation V.02.06.007
transformation XI.04.02.065
transformer X.02.02.002
transition XI.04.02.066
transition curve III.01.02.013
transition spiral curve III.01.02.014
transitional space XI.04.02.015
translation VII.04.066
translucent ceiling XII.11.03.016
translucent glass VI.03.02.005
transom II.02.05.012
transom VIII.03.02.014
transparency V.02.02.012
transport means X.02.03.
transport shipping company XII.06.01.013
transversal section IV.02.01.013
transverse arch II.02.06.010
transverse axis of the system VII.01.037
transverse bending VIII.02.06.030
transverse contraction VII.04.067
transverse force VII.03.057
transverse force hinge VII.01.038
transverse house VIII.05.04.003
transverse oscillation VII.07.033
transverse position XI.04.02.063
transverse reinforcement VIII.02.04.009
transverse reinforcement VIII.02.06.025
trap door VIII.03.01.012
trapezoidal load VII.03.058
trapezoidal truss VII.02.05.021
trass VI.04.04.011
trass-lime powder mix(ture) VI.04.03.011
trauma center XII.12.01.002
traverse III.01.02.011
traverse point III.01.02.002
travertine VI.01.02.028
treatment room XII.12.02.006
tree farm XII.02.02.008
trench II.04.03.026
trial I.04.01.013
triangle IV.01.01.025
triangle IV.04.02.005
triangular finite element VII.06.036
triangular load VII.03.059
triangular truss VII.02.05.022
trickled water IX.03.039
triforium II.02.06.007
trignometrical points III.01.02.005
trimmer VIII.05.01.021
trimmer joist VIII.05.01.024
tripod III.01.03.024
tripod III.01.03.032
tripod with cable winch X.02.01.081
trolleybus XI.05.01.039
trough VIII.01.06.010
trough vault II.03.02.011
trough with no external waterproofing VIII.01.06.011
trowel X.02.01.044
trowel plaster VI.06.05.018
truck X.02.03.014
truck X.02.03.017
truck XI.05.01.037
truss grid VII.02.12.006
truss grid VIII.02.02.031
truss with parallel chords VII.02.05.023
trussed arch VII.02.03.014
trussed girder VII.02.02.019
trussed girder VIII.02.02.037
trusses VII.02.05.
trust I.05.02.010
trust X.01.04.019
trustees I.05.02.010
truth I.01.129
T-section VIII.02.02.002
T-square IV.04.02.003
tube VIII.02.02.010
tube construction VII.02.11.008
tube level III.01.03.027
tuff VI.04.04.012
tugboat XI.05.03.003
tunnel XI.05.01.009
tunnel vault II.03.02.002
turboprop (aircraft) XI.05.04.004
turn (...) into a mausoleum II.06.04.010
turnbuckle VII.02.04.013
turnbuckle VIII.02.02.063
turnoff XI.05.01.081
twist bit for wood X.02.01.060
twist drill X.02.01.058
twisting VII.04.068
twisting moment VII.04.069
two - plane projection IV.02.01.002
two - sided formwork X.03.02.012
two hinged frame VII.02.06.010
two parallel double-loaded corridors XII.07.02.012
two point perspective IV.02.03.010
two-component coat VI.08.02.031
two-hinge arch VII.02.03.015
two-layer plaster VI.06.05.002
two-leaf wall VIII.02.03.020
two-story frame VII.02.06.011
two-way slab VII.02.07.004
type I.01.130
type V.01.03.007
types and characteristics of space V.03.01.
types of towns XI.04.01.
types of villages XI.02.03.
typewriter IV.04.03.007
typology I.01.132

U

ugly I.01.133
ultimate - bearing capacity VIII.01.01.009
ultimate load VIII.01.01.008
ultimate stress VII.04.043
ultra - fine material VIII.01.02.020
ultrasound gauge III.01.03.007
umbrella vault II.03.02.009
unconscious I.02.03.037
underground improvement III.03.04.007
underground parking garage XII.06.01.025
underpass XI.05.01.085
understanding II.01.02.023
underwater concrete VI.05.01.043
unenclosed elevator VIII.06.02.010
uniaxial arrangement II.05.02.018
uniformity; homogeneity XI.04.02.073
uniformly distributed load VII.03.060
unimaginativeness V.01.02.021
unintentional eccentricity VII.05.023
union I.04.04.005
uniqueness I.01.134
uniqueness II.06.01.026
unit construction X.04.002
unit of measure V.02.06.004
unit price I.05.04.002
units VIII.02.06.001
unity I.01.136
university XII.10.01.001
university library XII.10.01.022
university town XI.04.01.016
unplanned town II.05.02.001
unreinforced concrete foundation VIII.01.06.009
unrestricted II.06.02.006
unrestricted land I.04.05.001
unshored pit VIII.01.04.007
unskilled construction worker X.01.04.043
up and over gate VIII.03.01.018
upbringing I.02.01.008
uplift VIII.01.08.001
upzoning XI.06.043
urban areas XI.03.03.
urban design XI.04.02.
urban development XI.04.05.
urban issues (plural) II.06.02.008
urban planning XI.04.03.
urban settlement XI.03.02.001
urban space XI.04.02.001
urbanization XI.04.05.008
use XII.01.01.004
use (occupancy) and social structure III.02.02.
user group III.02.02.022
U-shaped staircase VIII.06.01.013
utilization hierarchy III.03.05.008

V

vacuum concrete VI.05.01.044
valley VIII.05.03.004
valley XI.01.01.022
value I.05.01.003
value IV.02.04.004
value V.04.02.027
vanishing point IV.02.03.003
vapor IX.03.020
vapor IX.03.021
vapor barrier VIII.05.01.037
vapor barrier IX.03.022
vapor barrier IX.03.023
vapor diffusion IX.03.030
vaporous humidity IX.03.019
variable cross-sectional height VII.02.02.020
variable plan XII.08.05.004
various concepts III.01.01.
varnish VI.08.02.032
varnish VI.08.02.033
vault II.02.05.020
vault XII.04.014
vault XII.11.01.018
vault with dentated or springing lines II.03.02.003
vaults II.03.02.
vector VII.06.037
vegetable growing area XI.02.01.002
vehicle XI.05.01.019
vellum IV.04.01.001
velodrome XII.13.05.006
veneer VIII.02.01.012
veneer VIII.02.03.021
veneer brick VI.02.02.011
veneer masonry VIII.02.03.018
ventilated roof VIII.05.01.032
ventilation VIII.05.01.039
ventilator VIII.03.02.035
venue (of court) I.04.01.011
veranda II.02.05.025
veranda XII.08.05.020
verdict I.04.01.016
verge VIII.05.03.007
vernier calipers X.02.01.087
vertex VII.02.03.016
vertical addition II.06.03.014
vertical axis III.01.03.041
vertical axis VII.01.039
vertical circle III.01.03.040
vertical circulation XII.07.02.001
vertical circulation elements VIII.06.
vertical force VII.03.061
vertical load VII.03.062

vertical member II.02.04.020
vertical member VII.02.05.024
vertical reaction VII.03.063
vertical roof structure system VIII.05.01.004
vertical sealing VIII.01.04.023
vertical takeoff plane XI.05.04.008
vertical waterproofing layer IX.03.059
vertical window VIII.03.02.024
vertically pivoted sash VIII.03.02.031
vestibule II.04.01.029
vibrating table X.02.02.036
vibrating tamper X.02.02.039
vibration VII.07.037
vibration IX.01.01.007
vibration absorber VII.07.035
vibration caused by gusts VII.07.034
vibration damper VII.07.036
vibration insulation IX.01.01.008
vibratory compactor X.02.02.042
vicarage (angl) XII.11.01.011
vice X.02.01.052
vice for pipes X.02.01.053
vierendeel girder VII.02.02.021
view IV.02.01.008
viewer VIII.03.01.009
villa XII.08.03.011
village environment XI.02.02.004
village renewal XI.02.04.003
village structure XI.02.02.003
villages XI.02.02.
vineyard XII.02.02.006
virgin ground VIII.01.02.003
vise-grip X.02.01.012
visible masonry VIII.02.03.017
visual axis V.01.01.005
visual connection V.01.01.004
vocational school XII.09.02.006
void ratio VI.09.027
volume V.02.01.004
volume IX.01.01.036
volume decrease IX.02.01.006
volume/time graph X.01.03.013
volute II.02.05.011

W

waffle slab VII.02.07.005
wage I.04.04.003
wagon X.02.03.013
wagon X.02.03.014
wagon XI.05.01.019
waiting area XII.04.009
waiting room XII.06.01.036
waiting room XII.12.02.025
waiting time I.05.05.017
walk along the battlements II.04.03.011
wall II.02.03.005
wall VIII.02.03.012
wall beam VIII.05.01.023
wall construction II.02.
wall plaster VI.06.05.020
wall post II.02.04.027
Wallboard VI.08.05..003
wall-painting XII.06.01.047
warehouse X.03.01.026
warehouse XII.06.03.013
warm color V.04.02.021
warping moment VII.03.064
warranty I.04.03.005
wash off IV.03.03. 009
washed plaster VI.06.05.019
washroom XII.02.01.017
washroom XII.08.05.029
waste III.03.01.003
waste III.03.01.004
waste composting III.03.03.005
waste disposal X.05.007
waste disposal site X.03.01.027
waste incineration III.03.03.004
waste management III.03.05.012
waste oil III.03.02.008
wasted heat IX.02.01.034
water XI.01.01.026
water drip VIII.03.02.006
water emulsion VI.08.02.034
water glass VI.08.02.035
water level III.01.03.033
water mill II.04.06.006
water skiing XII.13.03.022
water sports XII.13.03.
water sports facility XII.13.03.001
water tower XII.02.03.017
water traffic XII.06.03.
water vapor pressure IX.03.013
water-absorbing capacity VI.09.034
water-cement ratio VI.05.01.017
watercolor paper IV.04.01.004
watering can X.02.01.031
waterproofing VIII.01.04.016
waterproofing agent VI.05.03.009
waterproofing strip VIII.03.02.007
waterworks XII.02.03.004
watery clay VIII.01.02.019
wave pool XII.13.03.009
way of life I.03.027
wealth I.03.072
web reinforcement VIII.02.04.019
wedge connection VIII.02.02.062
weight VI.09.019
weight room XII.13.01.020
weld area VIII.02.02.059
weld length VIII.02.02.057
weld throat thickness VIII.02.02.058
welded connection VIII.02.02.055
welder's gauntlets X.02.01.074
welding generator X.02.01.072
welding shop XII.02.01.035
welding torch X.02.01.069
welding transformer X.02.01.071
well foundation VIII.01.07.011
western tower II.04.01.035
westwork II.04.01.030
wharf XII.06.03.006
wheelbarrow X.02.01.030
wheelchair XI.05.01.017
wheeled abrasive cutter X.02.01.065
wheeled skill saw X.02.01.065
white lime VI.04.03.012
white-collar housing estate XI.03.02.003
whitewash brush X.02.01.047
whitewater course XII.13.03.021
whitewater run XII.13.03.021
whole I.01.137
wide flat steel VI.07.01.006
will to art I.01.138
wind bracing VII.02.11.009
wind load VII.03.065
wind pressure VII.03.066
wind suction VII.03.067
windmill II.04.06.005
window cupola VIII.03.02.026
window frame VIII.03.02.008
window grate VIII.03.02.039
window mullion II.02.04.038
window shutter VIII.03.02.037
window sill VIII.03.02.005
window vent VIII.03.02.035
windows VIII.03.02.
wine cellar XII.14.01.005
wine producing area XI.02.01.004
winter garden XII.08.05.022
winter sports XII.13.02.
winter sports facilities XII.13.02.001
winter window VIII.03.02.022
wire VIII.02.04.003
wire brush X.02.01.049
wire cloth VI.06.02.006
wire fabric VIII.02.04.018
wire glass VI.03.02.010
wire mat VIII.02.04.002
wire mat VIII.02.04.018
wire rope VIII.02.02.011
wiring (electrical) X.02.02.004
women's synagogue II.04.01.004
wood screw with plug X.02.01.084
wood skeleton VIII.02.07.011
wooden fiberboard VIII.02.01.016
wooden girder VIII.02.01.019
wophole II.04.03.013
word processing XII.04.023
work equation VII.06.038
work of art I.01.139
work room X.03.01.017
workability VI.09.015
worker I.03.054
workers' home XII.08.03.030
workflow layout X.01.03.015
working time X.01.05.018
workplace XII.02.01.026
workplace organization X.01.03.016
works manager X.01.04.025
workshop X.03.01.018
workshop XII.09.02.008
workshop XII.10.02.007
workshop XII.11.03.013
workshops XII.02.01.
workstation XII.02.01.026
worm's eye view IV.02.03.012
wrecking II.06.03.005
wrecking X.05.004
wrecking ball X.05.010
writing paper IV.04.01.006

Y

yellow pyrite VI.01.01.006
yield limit VII.04.070
yield point VII.04.070
yielding bond VIII.02.06.003
yoke bay II.02.06.015
young people's home XII.08.03.026
youth I.02.01.003
youth center XII.14.03.006
youth hostel XII.14.02.006

Z

zinc VI.07.02.007
zone XI.03.01.009
zoning V.01.01.002
zoning envelope XI.06.036
zoning ordinance XI.06.004

German
Deutsch
német
Niemiecki
немецкий язык
nemecky

ω Zahlen (f)(pl) VII.05.001

A

Abbild (n) I.01.036
Abbinden (n) VI.05.01.009
Abbindezeit (f) VI.05.01.010
Abbruch (m) II.06.03.005
Abbruch (m) X.05.004
Abbruchgenehmigung (f) II.06.03.006
Abbruchhammer (m) X.05.009
Abdichtung (f) VIII.01.04.016
Abfall (m) III.03.01.003
Abfallraum (m) XII.02.01.037
Abfallwirtschaft (f) III.03.05.012
Abfertigungshalle (f) XII.06.04.023
Abfertigungsschalter (m) XII.06.04.016
Abflug (m) XII.06.04.026
Abflugterminal (n) XII.06.04.011
Abgabe (f) X.01.01.012
abgehängte Decke (f) VIII.04.006
Abkühlen (n) IX.02.01.005
Ablauf (m) X.01.05.002
Abrechnung (f) I.05.01.008
Abreißfestigkeit (f) VI.09.001
Abriebfestigkeit (f) VI.05.01.001
Abriß (m) II.06.03.005
Abriß (m) X.05.004
Abriß (m) XI.04.04.007
Abrißanordnung (f) II.06.03.007
Abrißbirne (f) X.05.010
Abrostung (f) (der Bewehrung) VI.05.04.002
Abschlag (m) I.05.04.005
Abschluß (m) XI.04.02.042
Abschlußgebühr (f) I.05.05.010
Abschreckfestigkeit (f) VI.03.01.013
Abschreibung (f) I.05.04.008
Abschreiten (n) III.01.05.014
absolute Luftfeuchte (f) IX.03.011
Absorption (f) V.04.01.009
Absorption (f) IX.01.02.004
Abspannmast (m) VII.02.04.007
Abspannmast (m) VIII.02.02.020
Abspannung (f) VII.02.04.006
Abstandhalter (m) VIII.02.04.020
Abstandsfläche (f) XI.06.016
Absteckskizze (f) III.01.04.002
Abstrakte Komposition (f) V.02.
Abstützung (f) X.03.02.006
Abtragung (f) X.05.015
Abtwohnung (f) II.04.02.003
Abwägung (f) II.06.02.021
Abwanderung (f) XI.04.05.010
Abwärme (f) IX.02.01.034
Abwasser (n) III.03.02.007
Abweichung (f) VI.09.016
Abzweig (m) XI.05.01.081
achromatische Farbe (f) V.04.02.006
Achse (f) IV.01.01.010
Achse (f) V.02.06.001
Achse (f) XI.04.02.078
Achsenkraft (f) VII.03.003
Achslinie (f) IV.03.01.005
Acker (m) XI.01.03.003
Ackerbürgerhaus (n) II.04.05.002
Adaptationsniveau (n) I.02.03.029
additive Farbmischung (f) V.04.02.012
additive Form (f) V.02.07.007
Ädikula (f) II.02.05.030
aerodynamische Erregung (f) VII.07.002
Affekt (m) I.02.02.013
Agglomeration (f) I.03.031
Aggression (f) I.02.03.031
Agrarfläche (f) XI.02.01.001
Agrargebiet (n) XI.02.01.001
Agrarpolitik (f) XI.02.01.008
Agrarproduktion (f) XI.02.01.007
Air-brush (m) IV.04.02.018
Akademie (f) XII.10.01.004
Akrofestigkeit (f) VI.03.01.007
Aktiengesellschaft (AG) (f) I.05.03.006
Aktivisolierung (f) IX.01.01.024
Akustik - Ziegel (m) VI.02.02.004
Akustik (f) IX.01.
Akustikplatte (f) VI.08.03.002
Akustikplatte (f) IX.01.02.016
Alkoven (m) II.04.05.007
alleinstehender Bauernhof (m) II.05.01.008
Alleinunternehmer (m) X.01.04.002
allgemeine Entwurfsprinzipien (n)(pl) V.01.01.
allgemeine Psychologie (f) I.02.02.
Alltag (m) I.01.046
Alltag (m) I.03.029
Alltagsgeschichte (f) II.01.02.005
Alltagskunst (f) I.01.102
Allusion (f) V.01.03.002
Almenor (m)] II.04.01.006
Altanlage (f) III.03.02.006
Alter (n) I.02.01.005
Altersaufbau (m) I.03.063
Altersheim (n) XII.08.03.028
Alterswert (m) II.06.01.023
Altlasten (f)(pl) III.03.02.002
Altöl (n) III.03.02.008
Altort (m) XI.02.02.001
Altstadt (f) XI.03.03.010
Altstandorte (m)(pl) III.03.02.001
Aluminium (Al) (n) VI.07.02.001
Ambulanz (n) XII.12.02.019
Amphibolit (m) VI.01.02.001
Amplitude (f) VII.07.003
Analyse (f) II.01.02.013
Analyse (f) III.02.
Anästhäsie (f) XII.12.02.016
Anastylose (f) II.06.03.017
Anbau (m) II.06.03.015
Anbau (m) XI.04.04.006
Anbaubeschränkung (f) II.06.02.011
anbiedern (V) V.01.02.022
andere Systeme (n)(pl) VIII.06.02.
Änderung (f) II.06.04.005
Andesit (m) VI.01.02.002
Andeutung (f) V.01.03.002
Andreaskreuz (n) II.02.04.042
aneignen (v) XII.01.01.003
Aneignung (f) I.01.002
Anfang (m) X.01.05.009
Anfangsfestigkeit (f) VI.05.01.008
Anfangsimperfektion (f) VII.05.014
Angebot (n) I.04.03.002
Angebot (n) I.05.04.007
Angebot (n) X.01.01.011
Angerdorf (n) II.05.01.006
Angestelltensiedlung (f) XI.03.02.003
Angestellter (m) I.03.056
Angst (f) I.02.03.032
Anhallzeit (f) IX.01.02.010
Anhöhe (f) XI.01.01.020
Anhydritestrich (AE) (m) VI.06.06.001
Ankauf (m) X.01.01.018
Anker (m) VIII.01.01.001
Ankerbalken (m) II.02.04.034
Ankerbolzen (m) VIII.02.02.064
Ankerkraft (f) VIII.01.01.002
Ankermast (m) VIII.02.02.020
Ankerpfahl (m) VIII.01.07.008
Ankerschraube (f) VIII.02.02.064
Ankleideraum (m) XII.08.05.027
Ankunft (f) V.02.07.007
Ankunft (f) XII.06.04.027
Ankunftsterminal (n) XII.06.04.012
Anlaufkosten (f) X.01.02.016
Anlieferung (f) XII.03.02.001
Anlieferungszone (f) XII.02.01.028
Anliegerstraße (f) (AS) XI.05.01.074
Anliegerweg (m) (AW) XI.05.01.075
Anmachwasser (n) VI.05.01.016
Anmut (f) I.01.034
Annäherung (f) V.02.07.004
Annahme (f) I.04.03.003
Annahme (f) XII.02.01.020
Anordnung (f) I.04.02.003
Anordnung (f) V.02.04.001
Anpassung (f) II.06.04.004
Anprobe (n) XII.03.02.015
Anschauung (f) I.01.108
Anschauungswert (m) II.06.01.028
Anschlag (m) VIII.03.02.010
Anschlußbewehrung (f) VIII.02.04.013
Anschlußblech (n) VIII.02.02.013
Anschlußstelle (f) XI.05.01.080
Ansicht (f) IV.02.01.008
Ansiedlung (f) XI.04.05.012

Anstriche (m)(pl)	VI.08.02.
Anstrichstoff (m)	VI.08.02.019
Antenne (f)	VIII.05.04.005
anthropomorphe Proportion (f)	V.02.05.004
Antwortspektrum (n)	VII.07.030
Anwaltsplanung (f)	XI.04.03.004
anwenden(v)	XII.01.01.006
Anzeigepflicht (f)	I.04.02.012
Apotheke (f)	XII.12.02.026
Approximation (f)	VII.06.002
Approximations-wert (m)	VII.06.001
Apside (f)	II.04.01.023
Apsis (f)	II.04.01.023
Aquarellpapier (n)	IV.04.01.004
Arbeiter (m)	I.03.054
Arbeitersiedlung (f)	XI.03.02.002
Arbeiterwohnheim (n)	XII.08.03.030
Arbeitsablaufs-gestaltung (f)	X.01.03.015
Arbeitsbühne (f)	X.03.02.002
Arbeitsdiagramm (n)	VII.04.057
Arbeitsgemein-schaft (f) <ARGE>	X.01.04.015
Arbeitsgestaltung (f)	X.01.03.014
Arbeitsgleichung (f)	VII.06.038
Arbeitsküche (f)	XII.08.05.032
Arbeitslinie (f)	VII.04.057
Arbeitsmodell (n)	IV.03.03. 015
Arbeitsplatz (m)	XII.02.01.026
Arbeitsplatz (m)	XII.11.02.021
Arbeitsplatz-gestaltung (f)	X.01.03.016
Arbeitsraum (m)	X.03.01.017
Arbeitsrecht (n)	I.04.04.
Arbeitsstätte (f)	XII.02.03.013
Arbeitsteilung (f)	X.01.03.017
Arbeitsvorbereitung (f)	X.01.03.018
Arbeitszeichnung (f)	IV.03.03. 002
Arbeitszeit (f)	X.01.05.018
Arbeitszeitbedarf (m)	X.01.05.019
Arbeitszimmer (n)	XII.08.05.015
Archäologie (f)	II.01.02.012
Archetyp (m)	V.01.03.008
Architektenkammer (f)	I.05.03.007
Architekturbüro (n)	X.01.04.008
Architrav (m)	II.02.05.014
Archiv (n)	XII.04.030
Archivolte (f)	II.02.05.037
arglistige Täuschung (f)	I.04.01.024
arithmetische Proportion (f)	V.02.05.001
Arkade (f)	II.02.05.021
Armenhaus(n)	XII.08.03.032
Armenheim(n)	XII.08.03.032
Armenviertel (n)	XI.03.03.007
Armut (f)	I.03.073
Artefakt (n)	I.01.005
Ärztehaus (n)	XII.12.02.024
Ärztezimmer (n)	XII.12.02.004
Arztpraxis (f)	XII.12.02.022
Asbest (n)	VI.01.02.003
Asphalt (m)	VI.08.01.002
Asphaltanstrich (m)	VI.08.02.001
Assoziationswert (m)	II.06.01.027
Ästhetik (f)	I.01.
ästhetische Begriffe (m)(pl)	II.06.04.
Asymmetrie (f)	XI.04.02.077
Atelier (n)	XII.10.01.019
Atelier (n)	XII.11.03.014
atmosphärische Niederschläge (m)(pl)	IX.03.044
Atrium (n)	II.04.01.028
Atriumhaus (n)	XII.08.03.007
Attribution (f)(soziale Urteilsbildung)	I.02.03.010
Aufbau (m)	II.06.03.014
Aufbau der Wand (f)	II.02.
Aufbeton (m)	VIII.02.06.031
Aufbruch (m)	V.02.07.008
Aufenthaltsraum (m)	X.03.01.014
Aufenthaltsraum (m)	XII.02.01.018
Auffahrt (f)	XI.05.01.070
Auffahrt (f)	XII.07.01.005
Auffangbecken (n)	III.03.03.001
Auffangraum (m)	III.03.03.001
Aufforstungsgebiet (n)	XI.01.01.047
Auflagerkraft (f)	VII.03.040
Auflistung (f)	IV.03.02.005
Aufmaß (n)	III.01.06.
Aufmaßblatt (n)	III.01.06.013
Aufmerksamkeit (f)	I.02.02.014
Aufnahmestation (f)	XII.12.02.001
Aufnahmestudio (n)	XII.11.05.005
Aufriß (m)	IV.02.01.007
aufsteigende Boden-feuchtigkeit (f)	IX.03.043
Auftragnehmer (m)	I.04.03.004
Auftrieb (m)	VIII.01.08.001
Aufzieher (m)	X.02.01.046
Aufzug (m)	VIII.06.02.006
Aufzug (m)	X.02.03.004
Aufzug (m)	XII.07.01.016
Augenblick (m)	I.01.087
Augit (m)	VI.01.01.001
Aula (f)	XII.09.02.020
Aula Maxima (f)	XII.10.01.017
Ausbau (m)	X.05.001
Ausbau (m)	XI.04.03.017
Ausbildung (f)	XII.10.
Ausbildungsraum (m)	XII.02.01.023
Ausblühung (f)	VI.06.01.006
Ausbreitung (f)	III.03.01.006
Ausdehnung (f)	IX.02.01.002
Ausdehnungs-koeffizient (m)	VII.04.007
Ausdruck (m)	I.01.048
Ausfachung (f)	VIII.02.03.023
Ausfachung (f)	VIII.02.07.008
Ausfahrt (f)	XI.05.01.071
Ausführungsplanung (f)	XI.04.03.024
Ausgabe (f)	XII.02.01.021
Ausgrabung (f)	III.02.01.004
Ausgußbeton (m)	VI.05.01.018
Aushub (m)	VIII.01.04.005
Auskühlzeit (f)	IX.02.02.023
Auslagen (f)(pl)	I.05.04.015
Auslegung (f)	II.01.02.028
Ausleihe (f)	XII.11.02.014
Ausleuchtung (f)	V.04.01.006
Auslieferung (f)	X.01.04.013
Aussage (f)	I.01.082
Ausschachtung (f)	VIII.01.04.004
Ausschreibung (f)	I.05.01.017
Ausschreibung (f)	X.01.01.005
Aussegnungshalle (f)	XII.11.01.016
Aussehen (n)	III.01.07.002
außen	II.02.06.017
Außen-Lärmschutz (m)	IX.01.01.033
Außenleibung (f)	VIII.03.02.002
Außenlufttemperatur (f)	IX.02.01.027
Aussenraum (m)	V.03.01.018
Außenrüttler (m)	X.02.02.033
Außenschale (f)	VIII.02.03.022
Außentreppe (f)	VIII.06.01.017
Außenwand (f)	VIII.02.03.013
äußere Erschließung (f)	XII.07.01.
Aussichtsplattform (f)	XII.06.04.028
Aussichtspunkt (m)	II.04.04.012
Aussortierung (f)	III.03.03.011
Ausstattungen (f)(pl)	XII.06.01.014
aussteifendes Fachwerk (n)	VII.02.05.017
Aussteifung (f)	VIII.02.07.009
Aussteifungen (f)(pl)	VII.02.11.
Ausstellung (f)	I.01.047
Ausstellungsbereich (m)	XII.02.03.015
Ausstellungsgebäude (n)	XII.11.03.004
Ausstellungsraum (m)	XII.02.01.025
Ausstellungsraum (m)	XII.11.03.007
Austauschverfahren (n)	XI.04.03.028
Austrocknung (f)	IX.03.008
Auszahlung (f)	I.05.05.021
Autobahn (f)	XI.05.01.067
Autobus (m)	XI.05.01.038
Autorennbahn (f)	XII.13.05.008
autoritärer Führungsstil (m)	X.01.04.029
Autos (n)(pl)	XI.05.01.033
Autostraße (f)	XII.06.01.006
Axonometrie (f)	IV.02.02.
axonometrischer Schnitt (m)	IV.02.01.022
Axt (f)	X.02.01.007
B	
Babybecken (n)	XII.13.03.008
Bach (m)	XI.01.01.040
Bäcker (m)	XII.02.01.002
Bäckerei (f)	XII.02.01.002
Bademeisterraum (m)	XII.13.03.013
Badezimmer (n)	XII.08.05.028
Bagger (m)	X.02.03.021
Bahnanlagen (f)(pl)	XI.05.02.023
Bahndamm (m)	XI.05.02.024
Bahnhof (m)	XII.06.02.002
Bahnhofshalle (f)	XII.06.02.014
Bahnhofsrestaurant (n)	XII.06.02.017
Bahnschranke (f)	XII.06.02.009
Bahnsteig (m)	XII.06.02.016
Bahnübergang (m)	XII.06.02.008
Bahnwärterhaus (n)	XII.06.02.013
Balken (m)	II.02.04.003
Balken (m)	VIII.02.01.007
Balken (m)(pl)	VII.02.02.
Balkendecke (f)	II.03.01.001
Balkendecke (f)	VIII.04.001
Balkendiagramm (n)	X.01.03.012
Balkenkopf (m)	II.02.04.004
Balkon (m)	II.02.05.024
Balkon (m)	XII.08.05.019
Balustrade (f)	II.02.05.028
Band (n)	II.02.04.035
Bandbreite der Matrix (f)	VII.06.003
Bandmaß (n)	X.02.01.090
Bandseil (n)	VII.02.10.001
Bandstadt (f)	II.05.02.020
Bandstahl (m)	VI.07.01.005
Bank (f)	I.05.05.001
Bank (f)	XII.04.005
Bank (f)	XII.06.01.039
Bankett (n)	II.04.03.024
Baptisterium (m)	II.04.01.034
Bar (f)	XII.14.01.004
Baracke (f)	X.03.01.009
Barfußgang (m)	XII.13.03.014
Basalt (m)	VI.01.02.004
Basaltwolle (f)	VI.08.03.003
Basilika (f)	II.04.01.012
Basis (f)	II.02.05.006
Basis (f)	IV.02.03.006
Basislinie (f)	III.01.02.009
Basisstrecke (f)	III.01.02.008
Batterie (f)	X.02.02.005
Batterieform (f)	X.04.016
Bauablauf (m)	X.01.03.
Bauablaufplanung (f)	X.01.03.020
Bauablaufplanung (f)	X.01.05.021
Bauabnahme (f)	I.04.05.007
Bauabnahme (f)	X.01.06.003
Bauakten (f)	I.04.05.008
Bauantrag (m)	I.04.05.003
Bauaufnahme (f)	III.01.
Bauaufsicht (f)	I.04.05.010
Baubefund (m)	III.01.01.002
Bauberufe (m)(pl)	X.01.04.037
Baubeschreibung (f)	III.01.07.
Baubestand (m)	III.01.01.001
Baucontainer (m)	X.03.01.010

Begriff	Nummer
Baucontrolling (n)	X.01.06.002
Baudenkmal (n)	II.06.01.010
bäuerliche Landwirtschaft (f)	XI.02.01.006
Bauerndorf (n)	XI.02.03.001
Bauernhaus (n)	II.04.05.003
Bauernhof (m)	XII.02.02.002
Bauernhof (Viehwirtschaft (f))	XII.02.02.003
Baufacharbeiter (m)	X.01.04.042
Baufinanzierung (f)	X.01.02.
Bauforschung (f)	II.01.02.011
Bauforschung (f)	III.02.01.
Baufreiheit (f)	I.04.05.001
Baufreiheit (f)	II.06.02.006
Baugebot (n)	XI.04.03.029
Baugenehmigung (f)	I.04.05.004
Baugeräte (n)(pl)	X.02.
Baugesetz (n)	XI.06.001
Baugrenze (f)	XI.06.011
Baugrube (f)	VIII.01.04.
Baugrund (m)	VIII.01.04.002
Baugrundstücksfläche (f)	XI.06.013
Bauherr (m)	I.04.03.010
Bauherr (m)	X.01.01.023
Bauhilfsarbeiter (m)	X.01.04.043
Baukalk (m)	VI.04.02.001
Baukosten (f)	X.01.02.014
Bauland (n)	XI.02.01.009
Bauleiter (m)	I.05.03.010
Bauleiter (m)	X.01.04.038
Bauleitplanung (f)	XI.06.002
Bauliche Veränderungen (f)(pl)	X.05.
Baulinie (f)	XI.06.009
Baumaschinen (f)(pl)	X.02.02.
Baumschule (f)	XII.02.02.008
Baunebenkosten (f)	X.01.02.015
Bauordnungsrecht (n)	I.04.05.005
Bauphasenplanung (f)	X.01.03.021
Bauplatte (f)	VI.08.05..008
Bauplatz (m)	X.03.01.
Baupolizei (f)	I.04.05.006
Baurecht (n)	I.04.05.
Baurundholz (n)	VIII.02.01.009
Bauschnittholz (n)	VIII.02.01.010
Bauschutt (m)	III.03.02.004
Bauschutt (m)	X.05.005
Bausparguthaben (n)	I.05.05.008
Bausparkasse (f)	I.05.05.004
Bausparsumme (f)	I.05.05.007
Bausparvertrag (m)	I.05.05.006
Baustahl (m)	VIII.02.02.001
Baustelle (f)	X.03.01.
Baustellenbeton (m)	VI.05.01.040
Baustellenbüro (n)	X.03.01.011
Baustoffeigenschaften (f)(pl)	VI.09.
Bautafel (f)	VI.08.05..008
Bautagebuch (n)	X.01.06.004
Bauten (m)(pl) für Sport und Freizeit	XII.13.
Bauträger (m)	X.01.04.014
Bauüberwachung (f)	X.01.06.001
Bauvoranfrage (f)	I.04.05.002
Bauvorbereitung (f)	X.03.
Bauwagen (m)	X.03.01.008
Bauweisen (f)(pl)	VIII.02.
Bauwirtschaft (f)	I.05.01.015
Bauzaun (m)	X.03.01.001
Bauzeit (f)	X.01.05.020
Beamtensiedlung (f)	XI.03.02.004
Beanspruchung (f) durch drückendes Wasser (n)	IX.03.052
Beanspruchung (f) durch Niederschläge (f) und nichtdrückendes Wasser (n)	IX.03.051
Beanspruchung (f) durch Wasser (n) und Feuchtigkeit (f)	IX.03.050
Beanspruchungen (f)(pl)	IX.03.034
bebautes Gebiet (n)	XI.02.01.010
bebautes Gebiet (n)	XI.06.012
Bebauungsplan (m) (BBP)	XI.06.004
Bebauungsvorschriften (f)(pl)	XI.06.005
Becherwerk (n)	X.02.03.007
Bedarfskategorie (f)	III.02.02.018
Bedarfsplan (m)	III.02.02.017
Bedenken (n)(pl)	I.04.02.009
Bedeutsamkeit (f)	I.01.119
Bedeutung (f)	I.01.066
Bedeutung (f)	I.01.081
Bedeutungsmerkmale (f)	II.06.01.022
Bedürfnis (n)	I.02.02.005
Bedürfnisstruktur (f)	III.02.02.024
Beeinträchtigung (f)	II.06.04.009
Befahrung (f)	III.02.02.009
Befestigung (f)	II.04.03.007
Befreiung (f)	II.06.02.022
Begehung (f)	III.01.01.004
Beginn (m)	X.01.05.009
Begriffe (m)(pl)	III.03.01.
Behaglichkeit (f)	IX.02.01.014
Behandlungsraum (m)	XII.12.02.006
behindern (v)	XII.01.01.008
Behindertenaufzug (m)	VIII.06.02.009
Beize (f)	VI.08.02.026
Belastungsvektor (m)	VII.06.019
Belegschaft (f)	X.01.04.023
Belegungsziffer (f)	XI.06.034
Beleuchtungsbrücke (f)	XII.11.04.016
Bemessung (f)	IX.02.01.022
benachbarte Räume (m)(pl)	V.03.03.001
Benutzergruppe (f)	III.02.02.022
Beobachtung (f)	I.02.04.007
Beobachtung (f)	II.01.02.026
Berechnungsmodell (n)	VII.06.021
Berechnungsverfahren (n)(pl)	VII.06.
Bereich (m)	V.02.07.011
Bereichszuordnung (f)	XII.01.02.001
Berg (m)	XI.01.01.016
Bergbahn (f)	XI.05.02.009
Bergdorf (n)	XI.02.03.002
Bergwerk (n)	XII.02.03.003
Berufsgenossenschaft (f)	X.01.04.027
Berufsschule (f)	XII.09.02.006
Berufung (f)	I.04.01.020
Berührungspunkt (m)	IV.01.01.003
Beschaffenheit (f) (etwa des Putzes)	III.01.07.004
Beschichtung (f)	VII.02.10.002
Beschichtungen (f)(pl)	VI.08.02.
Beschleuniger (m)	VI.05.03.001
Beschleunigung (f)	VII.07.001
beschränkte Ausschreibung (f)	X.01.01.006
Beschreibung (f)	II.01.02.027
Beschriftung (f)	IV.03.02.002
Beseitigung (f)	II.06.03.008
Besetzung (f)	IX.01.02.014
Besichtigung (f)	III.01.01.004
Besiedlungsdichte (f)	XI.06.031
Besitzer (m)	I.05.02.002
Besonderheit (f)	I.01.098
Besprechungsraum (m)	XII.02.01.022
Besprechungsraum (m)	XII.04.012
Bestandsdarstellung (f)	III.02.01.007
Beteiligung (f)	XI.04.03.006
Beteiligungsgesellschaft (f)	X.01.04.016
Beton (m)	VI.05.
Beton (m)	VI.05.01.031
Betonalter (n)	VI.05.01.002
Betonelement (n)	X.04.020
Betonfertigteil (f)	VI.05.01.034
Betonfestigkeit (f)	VI.05.01.004
Betonglaswand (f)	VIII.02.05.007
betonieren (V)	VI.05.01.014
Betonkübel (m)	X.02.01.032
Betonmischer (m)	X.02.02.026
Betonmischer (m)	X.03.01.024
Betonpumpe (f)	X.02.02.028
Betonschneider (m)	X.05.011
Betonspritzmaschine (f)	X.02.02.027
Betonstahl-Biegeplatz (m)	X.03.01.021
Betonstahlmatte (f)	VIII.02.04.002
Betonstahl-Schere (f)	X.02.01.062
Betonstein (m)	VI.02.04002
Betonverflüssiger (BV) (m)	VI.05.03.003
Betrieb (m)	X.01.04.022
Betriebskosten (f)	X.01.02.017
Betriebsleiter (m)	X.01.04.025
Betriebsleitung (f)	X.01.04.024
Betriebsorganisation (f)	X.01.04.
Betriebsplanung (f)	X.01.
Betriebsrat (m)	X.01.04.026
Betsaal (m)	XII.11.01.005
Bettungszahl (f)	VIII.01.01.003
Beulen (f)	VII.05.004
Bevölkerung (f)	I.03.060
Bevölkerungsbefragung (f)	III.02.02.013
Bevölkerungsdichte (f)	I.03.062
Bevölkerungsstruktur (f)	III.02.02.004
bewegliche Sache (f)	II.06.01.012
beweglicher Mechanismus (m)	VII.01.020
bewegt (Adj)	XI.01.01.052
bewehrtes Mauerwerk (n)	VIII.02.03.026
Bewehrung (f)	VIII.02.04.001
Bewehrungsdraht (m)	VIII.02.04.003
Bewehrungseisen (n)	VIII.02.04.005
Bewehrungsführung (f)	VIII.02.04.006
Bewehrungsmatte (f)	VIII.02.04.018
Bewehrungsplan (m)	VIII.02.04.007
Bewehrungsstoß (m)	VIII.02.04.012
Beweis (m)	I.04.01.014
Bewertungszahl (f)	I.05.05.019
bewußt (Adj)	I.02.03.036
Bezirksstadt (f)	XI.04.01.003
Bezug (m)	II.01.01.014
Bezugsgröße (f)	V.02.06.004
Bezugslinie (f)	III.01.02.007
Bezugslinie (f)	IV.03.01.009
Bezugsraster (n)	III.01.02.018
Bezugssysteme (n)	III.01.02.017
Biberschwanz (m)	VI.02.03.003
Bibliothek (f)	XII.08.05.017
Bibliotheken (f)(pl)	XII.11.02.
Biegebewehrung (f)	VIII.02.04.008
Biegedrillknicken (n)	VII.05.016
Biegefestigkeit (f)	VII.04.004
Biegemaschine (f)	X.02.02.032
Biegemoment (n)	VII.03.004
Biegeplatte (f)	X.02.01.061
Biegespannung (f)	VII.04.005
Biegestab (m)	VII.02.01.003
biegesteife Ecke (f)	VII.02.06.001
biegesteifer Träger (m)	VII.02.02.014
Biegeträger (m)	VIII.02.02.034
Biegung (f)	VII.04.002
Bienenwabenstein (m)	VI.02.02.008
Biergarten (m)	XII.14.01.006
Bieter (m)	X.01.01.013
Bild der Stadt (n)	XI.04.02.046
Bildebene (f)	IV.02.03.004
bildsam (Adj)	VIII.01.02.038
Bildschirm (m)	IV.04.03.010
Bima (f)	II.04.01.006
Bims (m)	VI.01.02.019
Bims (m)	VI.04.04.009
Bindeblech (n)	VIII.02.02.012
Bindemittel (n)(pl)	VI.04.
Binder (m)	II.02.03.002
Binderverband (m)	II.02.03.014
bindiger Boden (m)	VIII.01.02.021
Binnenhafen (m)	XII.06.03.003

Binnenseeverkehr (m) XI.05.03.009
Biographie (f) II.01.02.006
Bischofsstadt (f) II.05.02.010
Bistro (n) XII.14.01.010
Bitumen (m) VI.08.01.001
Blähton (m) VI.04.04.004
Blechschere (f) X.02.01.016
Blei (Pb) (n) VI.07.02.003
Bleistift (m) IV.04.02.009
Bleistiftzeichnung (f) IV.03.03. 005
Blendfenster (n) II.02.06.032
Blendrahmen (m) VIII.03.02.008
Blickbeziehungen (f)(pl) V.01.01.004
Blitzableiter (m) VIII.05.04.007
Blockbauweise (f) VIII.02.07.018
Blockbauweise (f) X.04.002
Blockbebauung (f) XII.08.03.014
Blockhaus (n) II.02.04.016
Blockverband (m) II.02.03.017
Bobbahn (f) XII.13.02.004
Bockwindmühle (f) II.04.06.007
Boden (m) VIII.01.
Boden (m) XI.01.01.007
Boden (m) XII.08.05.039
Bodenarten (f)(pl) VIII.01.02.001
Bodenaustausch (m) VIII.01.05.001
Bodendenkmal (n) II.06.01.011
Bodenfeuchtigkeit (f) VIII.01.04.011
Bodenklinker (f) VI.02.02.013
Bodenordnung (f) I.05.02.011
Bodenplatte (f) VIII.01.06.008
Bodenpressung (f) VIII.01.06.001
Bodenunter-
suchungen (f)(pl) VIII.01.03.
Bodenverbesserung (f) VIII.01.05.
Bodenverdichtung (f) VIII.01.05.004
Bodenverfestigung (f) III.03.04.008
Bodenvermörtelung (f) VIII.01.05.002
böenerregte
Schwingung (f) VII.07.034
Bogen (m) II.02.05.020
Bogen (m) IV.01.01.009
Bogen (m) mit
Zugband (n) VII.02.03.002
Bögen (m)(pl) VII.02.03.
Bogenbinder (m) VII.02.03.005
Bogenschnitt (m) III.01.05.011
Bogenträger (m) VII.02.02.001
Bogenträger (m) VII.02.03.003
Bogentreppe (f) VIII.06.01.014
Bohle (f) VIII.02.01.004
Bohle (f) X.03.02.003
Bohle (f) II.02.04.002
Bohlenbau (m) II.02.04.017
Bohlenbinder (m) VIII.02.01.019
böhmisches Gewölbe (n) VII.02.08.007
Bohrer (m) X.02.02.044
Bohrfutter-Schlüssel (m) X.02.01.057
Bohrhammer (m) X.02.02.016
Bohrmaschine (f) X.02.01.056
Bohrpfahl (m) VIII.01.07.007
Bohrpfahlwand (f) VIII.01.09.004
Bohrung (f) VIII.01.03.002
Bollwerk (n) II.04.03.027
Bolzen (m) VIII.02.01.027
Bolzengelenk (n) VIII.02.02.060
Bolzenschneider (m) X.02.01.017
Bolzenverbindung (f) VIII.02.02.054
Bombe (f) X.02.01.032
Bootshaus (n) XII.13.03.018
Bootsliegeplatz (m) XII.13.03.016
Bootssteg (m) XII.13.03.017
Bordstein (m) XI.05.01.098
Börse (f) XII.03.01.004
Böschung (f) VIII.01.04.009
Böschungsbruch (m) VIII.01.08.007
Botschaft (f) XII.05.004
Boutique (f) XII.03.01.008
Bowling (n) XII.13.05.003
Box (f) XII.02.02.020
Boxring (m) XII.13.05.004
Brachen (f)(pl) III.03.02.003
Brandschutzglas (n) VI.03.02.013
Brauch (m) I.03.037
Brauerei (f) XII.02.03.008
Brechen (n) VI.03.01.014
Brecher (m) X.02.02.018
Brechstange (f) X.02.01.042
Brechung (f) XI.04.02.061
Brechzahl (f) VI.03.01.015
Breitflachstahl (m) VI.07.01.006
Bremsportal (n) VII.02.11.004
brennbar (Adj) VI.09.036
Brett (n) II.02.04.001
Brett (n) VIII.02.01.003
Brettbinder (m) VIII.05.01.019
Brettschichtholz (n) VIII.02.01.013
Briefklappe (f) VIII.03.01.010
Bruch (m) VII.04.044
Bruchfestigkeit (f) VI.03.01.017
Bruchlinie (f) IV.03.01.004
Bruchsicherheit (f) VIII.02.03.003
Bruchspannung (f) VII.04.043
Bruchstein (m) II.02.01.004
Bruchstein (m) VI.02.02.001
Bruchsteinmauerwerk (n) II.02.03.009
Bruchverhalten (n) VI.03.01.016
Brücke (f) XI.05.01.008
Brunnen (m) XII.06.01.043
Brunnengreifer (m) X.02.02.045
Brunnengründung (f) VIII.01.07.011
Brüstung (f) VIII.03.02.004
Brustwehr (f) II.04.03.012
Bruttodichte (f) XI.06.032
Buchführung (f) I.05.01.005
Buchhaltung (f) XII.04.026
Bucht (f) XI.01.01.032
Bügelbewehrung (f) VIII.02.04.009
Bügelsäge (f) X.02.01.034
Bühne (f) XII.08.05.039
Bühne (f) XII.11.04.011
Bühnenhaus (n) XII.11.04.018
Bundesstraße (f) XI.05.01.066
Bundpfosten (m) II.02.04.028
Bungalow (m) XII.08.03.004
Bunker (m) XII.05.014
bunt (Adj) V.04.02.009
Buntstift (m) IV.04.02.012
Burgen (f) II.04.03.004
Bürger (m) I.03.055
Bürgerbrief (m) III.02.02.025
Bürgerhaus (n) II.04.05.001
Bürgerinitiative (f) XI.04.03.005
Bürgersteig (m) XI.05.01.003
Bürgschaft (f) I.05.05.024
Burgtor (n) II.04.03.015
Büro (n) X.01.04.007
Büro (n) XII.02.03.020
Büro (n) XII.04.018
Büroarbeitsplatz (m) XII.04.019
Büroausrüstung (f) IV.04.
Büromaschinen (f)(pl) IV.04.03.
Bus (m) XI.05.01.038
Busbahnhof (m) XII.06.01.011
Bußgeld (n) I.04.01.019
Bussole (f) III.01.03.053
Butze (f) II.04.05.007

C

Cafe (n) XII.14.01.002
Cafeteria (f) XII.09.02.018
Caissongründung (f) VIII.01.07.012
Calcit (n) VI.01.01.002
Calefactorium (n) II.04.02.010
Campanile (f) II.04.01.033
Campus (m) XII.10.01.008
Carbamidkleber (m) VI.08.02.003
Carbidkalk (m) VI.04.02.002
Cash-Flow (m) I.05.04.020
Chaos (n) V.02.04.009
Charakter (m) I.01.015
Charakter (m) XI.04.02.048
Chemiebetrieb (m) XII.02.03.007
Chor (m) II.04.01.021
Chorumgang (m) II.04.01.022
christliche Kirche (f) II.04.01.011
Chronologie (f) II.01.02.001
Chronologie (f) III.02.01.002
Classement (n) II.06.01.029
Colcretebeton (m) VI.05.01.018
collagieren (V) V.01.02.007
Computerarbeitsplatz (m) XII.02.01.024
Computerlabor (n) XII.10.02.003
Containerhafen (m) XII.06.03.005
Containerwagen (m) XI.05.02.022
Cremona-Plan (m) VII.02.05.005

D

Dachaufbauten (f)(pl) VIII.05.04.
Dachdecker (m) X.01.04.047
Dachdeckung (f) VIII.05.01.033
Dächer (n)(pl) VIII.05.
Dachformen (f)(pl) VIII.05.02.
Dachhaut (f) VIII.05.01.033
Dachkon-
struktionen (f)(pl) VIII.05.01.
Dachplan (m) IV.02.01.016
Dachteile (n)(pl) VIII.05.03.
Dachwohnung (f) XII.08.04.002
Dachziegel (m) VI.02.03.
Dachziegel (m) VIII.05.01.041
Dämmputz (m) VIII.02.03.011
Dämmstoffe (m)(pl) VI.08.03.
Dämmung (f) IX.02.02.
Dampf (m) IX.03.020
Dampf (m) X.02.02.006
Dampfbremse (f) IX.03.022
Dampfer (m) XI.05.03.002
Dampferzeuger (m) X.02.02.008
dampfförmige
Feuchte (f) IX.03.019
Dampfkammer (f) X.02.02.011
Dampfkessel (m) X.02.02.007
Dampfleitung (f) X.02.02.009
Dampframme (f) X.02.02.010
Dampfsperre (f) VIII.05.01.037
Dampfsperre (f) IX.03.023
Dampfstrahlreiniger (m) X.02.02.012
Dämpfung (f) VII.07.006
Dämpfungsdekrement (n) VII.07.007
Darlehen (n) I.05.05.020
darstellende
Geometrie (f) IV.02.
Darstellung (f) I.01.112
Darstellung (f) III.02.01.006
Darstellungs-
techniken (f)(pl) IV.03.
Datierung (f) III.02.01.001
Dauer (f) II.01.01.003
Dauer (f) X.01.05.005
Dauerausstellung (f) XII.11.03.021
Dauerfeuchtigkeit (f) IX.03.003
Dauerzustand (m) IX.02.02.005
Decken (f)(pl) VIII.04.
Deckenbalken (m) VIII.05.01.014
Deckenbürste (f) X.02.01.047
Deckenputz (m) VI.06.05.021
Deckenträger (m) VIII.04.007
Deckenziegel (m) VI.02.02.005
Deckleiste (f) VIII.03.02.011
Deele (f) II.04.05.004
Deformation (f) VII.04.014
Deformationsmethode (f) VII.06.031
Deformations-
parameter (m) VII.04.017
Dehnsteifigkeit (f) VII.04.001

Dehnung (f) VI.09.013
Dehnung (f) VII.04.055
Dehnung (f) IX.02.01.003
Dehnungsfuge (f) VIII.02.03.009
Deich (m) XII.06.03.008
Dekadenz (f) I.01.030
Dekanat (n) XII.10.01.011
Dekonstruktion (f) I.01.031
Dekoration (f) I.01.032
Dekoration (f) V.01.03.001
Delegierung (f) von einzelnen Aufgabenfeldern (f)(pl) X.01.04.031
Demokratisierung (f) XI.04.03.008
Dendrochronologie (f) III.02.01.003
Denken (n) I.02.02.010
Denkmal (n) XII.06.01.045
Denkmal (n) II.06.01.002
Denkmal (n) II.06.01.001
Denkmalbehörde (f) II.06.01.008
Denkmalbereich (m) II.06.01.014
Denkmalfachbehörde (f) II.06.01.009
Denkmalliste (f) II.06.01.032
Denkmalpflege (f) II.06.
Denkmalpflege (f) II.06.01.004
Denkmalpfleger (m) II.06.01.006
Denkmalqualität (f) II.06.01.015
Denkmalschutz (m) II.06.01.005
Denkmalschützer (m) II.06.01.007
Denkmalschutzgesetz (n) II.06.02.001
denkmalspezifische Belange (m)(pl) II.06.02.007
Deponie (f) III.03.03.006
Deponie (f) X.03.01.027
Depot (n) XII.05.015
Depot (n) XII.11.03.012
Design (n) I.01.037
Detektor (m) III.01.03.019
Deutlichkeit (f) IX.01.01.026
Deutung (f) I.01.073
Deutung (f) II.01.02.028
Deviationsmoment (n) VII.04.069
Dezentralisierung (f) XI.04.05.004
Dezibel (n) IX.01.01.035
diagonal (Adj) IV.01.01.029
Diagonalmaß (n) III.01.06.003
Diagonalstab (m) VII.02.05.006
Diathek (f) XII.11.02.005
dicht (Adj) VIII.01.02.034
Dichte (f) XI.06.030
Dichtekarte (f) III.02.01.011
Dichtigkeit (f) VI.09.023
Dichtungsmittel (n) VI.05.03.009
Diele (f) XII.08.05.012
Dienst (m) II.02.06.002
Dienstleistung (f) I.05.03.009
Dienstzimmer (n) XII.10.01.014
Differenzmethode (f) VII.06.005
differentielles Element (n) VII.06.006
diffuses Licht (n) IV.02.04.010
Diffusion (f) IX.03.024
Diffusionsprozeß (m) IX.03.025
Diffusionsrichtung (f) IX.03.026
Digitalnivellier (m) III.01.03.017
Dilettantismus (m) V.01.02.020
Dimetrie (f) IV.02.02.002
Diorit (m) VI.01.02.007
direkte Beleuchtung (f) V.04.01.004
direkte Integration (f) VII.07.008
Direktion (f) XII.04.025
Direktion (f) XII.14.02.009
Disco (f) XII.14.03.005
Discothek (f) XII.14.03.005
Diskriminierung (f) I.03.048
Dispens (m) I.04.02.007
Dispersionsfarbe (f) VI.08.02.012
Distanz (f) I.03.049
Distanz (f) V.03.01.011
Distanz (f) (ästhetische) I.01.040
Distanziertheit (f) I.02.03.003
Dock (n) XII.06.03.010
Dokumentarwert (m) II.06.01.021
Dokumentation (f) II.06.01.030
Dokumentation (f) III.01.04.
Dokumentation (f) III.01.06.011
Dolomit (m) VI.01.02.008
Dolomitkalk (m) VI.04.03.001
Dominante (f) V.02.07.014
Dominante (f) XI.04.02.082
Doppelfenster (n) VIII.03.02.022
Doppelhaus (n) XII.08.03.005
doppelhäutige Schalung (f) X.03.02.012
Doppelkodierung (f) V.01.02.016
Doppelkrümmung (f) VII.02.10.005
Doppelpentagon (n) III.01.03.010
Doppeltreppe (f) XII.07.01.011
Doppel-T-Träger (m) VIII.02.02.003
Doppelturm (m) II.04.01.036
Doppelverglasung (f) VIII.03.02.020
Doppelzimmer (n) XII.14.02.012
Dorf (n) XI.02.02.
Dorfarten (f)(pl) XI.02.03.
Dorfentwicklung (f) XI.02.04.002
Dorfentwicklungsförderung (f) XI.02.04.006
Dorfentwicklungsplanung (f) XI.02.04.004
Dorfentwicklungsprogramm (n) XI.02.04.005
Dorferneuerung (f) XI.02.04.003
Dorfplanung (f) XI.02.04.
Dorfsanierung (f) XI.02.04.001
Dorfstruktur (f) XI.02.02.003
DorfumgebungV XI.02.02.004
dorisch (Adj) II.02.05.038
Dormitorium (n) II.04.02.008
Dosenlibelle (f) III.01.03.026
Draht (m) VIII.02.04.003
Drahtbürste (f) X.02.01.049
Drahtgewebe (n) VI.06.02.006
Drahtglas (n) VI.03.02.010
Drahtseil (n) VIII.02.02.011
Drainage (f) VIII.01.04.020
Dränmatte (f) VIII.01.04.021
Dränrohr (n) VIII.01.04.022
Draufsicht (f) IV.02.01.017
Drehbühne (f) XII.11.04.015
Drehfeder (f) VII.01.036
Drehflügel (m) VIII.03.02.030
Drehsteifigkeit (f) VII.04.042
Drehtür (f) VIII.03.01.016
Drehwinkelverfahren (n) VII.06.029
Dreibock (m) mit Seilwinde X.02.01.081
Dreibund (m) VII.06.033
Dreieck (n) IV.01.01.025
dreieckförmiges Fachwerk (n) VII.02.05.022
dreieckiges finites Element (n) VII.06.036
Dreieckslast (f) VII.03.059
Dreifeldträger (m) VII.02.02.018
Dreifuß (m) III.01.03.032
Dreigelenkbogen (m) VII.02.03.012
Dreigelenkbogen (m) mit Zugband (n) VII.02.03.013
Dreigelenkrahmen (m) VII.02.06.009
Dreikantfeile (f) X.02.01.025
dreiläufige Treppe (f) VIII.06.01.013
Dreimomentengleichung (n) VII.06.034
Dreipaß (m) II.02.06.005
Drempel (m) II.02.04.047
Drempel (m) VIII.05.01.006
Drucker (m) IV.04.03.009
Druckfestigkeit (f) VI.05.01.003
Druckgurt (m) VII.02.05.004
Druckkraft (f) VII.03.006
Druckluft (f) X.02.02.013
Drucklufthammer (m) X.02.02.015
Druckspannung (f) VII.04.009
Druckstab (m) VII.02.01.001
Dübel (m) II.02.04.007
Dübel (m) VIII.02.01.024
Dübel (m) VIII.02.06.016
Dübelabstand (m) VIII.02.06.017
Dübelschlupf (m) VIII.02.06.020
Dübelsteifigkeit (f) VIII.02.06.022
Dübeltragfähigkeit (f) VIII.02.06.021
Dübelumrißfläche (f) VIII.02.06.019
Dübelverteilung (f) VIII.02.06.018
Dunkelheit (f) IV.02.04.007
Dünnbettmörtel (m) VI.06.04.003
maximaler Raum XI.06.036
Durchbiegung (f) VII.04.013
Durchbruch (m) X.05.003
(1.; 2.; 3.) Durchgang (m) X.01.01.017
Durchgangszimmer (n) XII.08.05.005
Durchlässigkeit (f) VIII.01.02.044
Durchlauffertigung (f) X.04.009
Durchlaufträger (m) VII.02.02.005
Durchlaufträger (m) VIII.02.02.033
Durchlüftung (f) VIII.05.01.039
Durchmesser (m) IV.01.01.021
Durchschlagfestigkeit (f) VI.03.01.012
Dusche (f) XII.08.05.030
Düsenflugzeug (n) XI.05.04.003
Dynamik (f) VII.07.
dynamisch (Adj) V.03.02.005

E

Ebene (f) XI.01.01.011
ebener Spannungszustand (m) VII.04.034
ebenes Fachwerk (n) VII.02.05.013
ebenes Knicken (n) VII.05.015
Echo (n) IX.01.02.008
Ecke (f) V.02.02.010
Eckpfosten (m) II.02.04.025
Eckpressung (f) VII.04.010
Eckständer (m) II.02.04.025
Eckturm (m) II.04.04.008
Edelstahl (m) VI.07.01.002
Ehrenhof (m) XII.07.01.002
Eigenart (f) I.01.098
Eigenart (f) II.06.01.024
Eigenbedarf (m) II.06.02.017
Eigenfarbe (f) V.04.02.015
Eigenfinanzierung (f) X.01.02.001
Eigenform (f) VII.07.009
Eigenfrequenz (f) VII.07.025
Eigenheim (n) XII.08.02.001
Eigenlast (f) VII.03.008
Eigenschaften (f) XI.01.01.048
Eigenschatten (m) IV.02.04.012
Eigenschwingung (f) VII.07.017
Eigenspannung (f) VII.04.041
Eigentümer (m) I.05.02.004
Eigentumsarten (f)(pl) XII.08.02.
Eigentumsfragen (f)(pl) I.05.02.
Eigentumswohnung (f) XII.08.02.002
eigenverantwortliche Aufgabenbearbeitung (f) X.01.04.032
Eigenwert (m) VII.07.010
Eimerketten-Bagger (m) X.02.03.024
einachsig gespannte Platte (f) VII.02.07.001
Einbahnstraße (f) XI.05.01.076
Einbandstelle (f) XII.11.02.016
Einbindeverfahren (n) III.01.05.002
Einbund (m) XII.07.02.010
Eindruck (m) I.01.067
einfach unterspannter Träger (m) VII.02.02.015
einfache Lagemessung (f) III.01.03.001
einfache Reihe (f) V.02.03.006
Einfachrahmen (m) VII.02.06.007
Einfachverglasung (f) VIII.03.02.019
Einfahrt (f) XI.05.01.079

Einfallslosigkeit (f) V.01.02.021
Einfamilienhaus (n) XII.08.03.001
einfarbig (Adj) IV.03.03. 011
einfarbig (Adj) V.04.02.007
Einfeldträger (m) VII.02.02.016
Einflußlinie (f) VII.03.018
Einfriedung (f) XI.04.02.050
Einfügen (n) II.06.04.007
Einfühlung (f) I.01.043
Einfühlung (f) II.01.02.025
Eingang (m) V.02.07.006
Eingangsbereich (m) XII.08.05.007
Eingangshalle (f) II.04.04.004
eingeladener Wettbewerb (m) X.01.01.010
eingespannte Stütze (f) VII.02.01.002
eingespannte Stütze (f) VIII.02.07.004
eingespannter Bogen (m) VII.02.03.007
eingespannter Träger (m) VII.02.02.008
einhäutige Schalung (f) X.03.02.013
Einheit (f) I.01.136
Einheitlichkeit (f) XI.04.02.073
Einheitspreis (m) I.05.04.002
Einheitswert (m) X.01.02.010
Einkaufsstraße (f) XI.05.01.011
Einkaufswagen (m) XI.05.01.015
einlagig (Adj) VIII.02.04.010
einlagiger Putz (m) VI.06.05.001
Einlaßdübel (m) VIII.02.01.025
einläufige Treppe (f) VIII.06.01.009
Einliegerwohnung (f) XII.08.04.005
Einmaligkeit (f) I.01.134
Einmassenschwinger (m) VII.07.032
Einmessungsskizze (f) III.01.04.001
Einmündung (f) XI.05.01.082
einnehmen (v) XII.01.01.007
Einpreßdübel (m) VIII.02.01.026
Einpreßhilfe (EH) (f) VI.05.03.004
einschaliges Mauerwerk (n) VIII.02.03.019
Einscheibensicherheitsglas (n) VIII.02.05.004
Einspannmoment (n) VII.03.013
Einspannung (f) VII.01.026
Einstellung (f) I.02.03.001
Einstellung (f) I.01.009
Einstöckiger Rahmen (m) VII.02.06.006
Einstraßenanlage (f) II.05.02.018
Eintafelprojektion (f) IV.02.01.001
einteilige Stütze (f) VIII.02.02.016
Einwohnermeldedaten (f)(pl) III.02.02.003
Einwohnerzahl (f) I.03.061
Einzelfundament (n) VIII.01.06.004
Einzelhaus (n) XII.08.03.002
Einzellast (f) VII.03.007
Einzelzimmer (n) XII.14.02.011
Einzigartigkeit (f) I.01.135
Einzigartigkeit (f) II.06.01.026
Ein-Zimmer-Wohnung (f) XII.08.04.004
Einzugsbereich (m) III.02.02.029
Einzugstermin (m) X.01.05.016
Eisen (n) und Stahl (m) VI.07.01.
Eisenbahn (f) XI.05.02.001
Eisenportlandzement (m) VI.04.03.007
Eissporthalle (f) XII.13.02.002
elastische Bettung (f) VII.01.006
elastische Länge (f) VII.01.009
elastische Verbindung (f) VII.01.007
elastische Verformung (f) VI.09.028
elastischer Halbraum (m) VII.01.008
elastischer Verbund (m) VIII.02.06.004
elastischer Verformungsbereich (m) VII.04.020
Elastizität (f) VI.09.005
Elastizität (f) VII.04.
Elastizitätsgleichung (f) VII.06.008
Elastizitätsgrenze (f) VI.09.029
Elastizitätsmodul (n) VII.04.029
Elastizitätstheorie (f) VII.04.059
Elastomer (n) VI.08.04..003
Elektriker (m) X.01.04.049
Elektriker (m) XII.02.01.010
Elektrikerbetrieb (m) XII.02.01.010
Elektrodenhalter (m) X.02.01.073
Elektromotor (m) X.02.02.003
elektronisches Tachymeter (n) III.01.03.049
elektrooptisches Tachymeter (n) III.01.03.048
Elektro-Seilwinde (f) X.02.01.080
Elementanalyse (f) VII.06.009
Elemente (n)(pl) VIII.02.01.001
Elemente (n)(pl) VIII.02.06.001
Elemente (n)(pl) der Erschließung (f) XII.07.01.007
Elemente (n)(pl) der Wegführung(f) V.02.07.
Elementmatrix (f) VII.06.010
Elendsviertel (n) XI.03.03.007
Elite (f) I.03.059
Ellipse (f) IV.01.01.019
Ellipsoid (m) IV.01.02.006
Elternsprechzimmer (n) XII.09.02.015
Elternzimmer (n) XII.08.05.025
Emanzipation (f) I.03.012
Emission (f) III.03.01.002
Emotion (f) I.02.02.012
Empfänger (m) III.01.03.019
Empfangsgebäude (n) XII.06.04.010
Empfangshalle (f) XII.06.04.010
Empfindung (f) I.01.115
Empore (f) II.02.05.027
Empore (f) XII.11.04.028
Ende (n) X.01.05.013
Endlager (n) III.03.03.010
Endoskopie (f) III.01.06.018
Endstufe (f) X.01.05.012
Endtermin (m) X.01.05.014
Energiedurchlaßwert (m) IX.02.02.020
Energiehaushalt (m) IX.02.
Engagement (n) I.02.03.002
enger Raum (m) XI.04.02.011
Engländer (m) X.02.01.013
Ensemble (n) II.06.01.013
Entbindungsstation (f) XII.12.02.014
Enteignung (f) I.05.02.014
Enteignung (f) XI.04.03.013
Entfremdung (f) I.03.046
Entschädigung (f) I.05.02.013
Entschädigung (f) XI.04.03.014
Entscheidung (f) I.04.01.015
Entseuchung (f) III.03.03.012
Entsorgung (f) III.03.03.
Entsorgung (f) X.05.007
Entsorgungsbetrieb (m) XII.02.03.009
Entwässerung (f) VIII.01.04.018
Entwässerungsleitung (f) VIII.01.04.019
entwerfen (V) V.01.02.001
entwickeln (V) V.01.02.003
Entwicklung (f) II.01.01.007
Entwicklung (f) I.02.01.
Entwicklung (f) I.03.042
Entwurfsplanung (f) XI.04.03.022
Entzerrung (f) III.01.05.016
Epoche (f) I.01.044
Epoche (f) II.01.01.006
Epoxidkitt (m) VI.08.02.008
Erbbaurecht (n) I.05.02.015
Erdbohrer (m) X.02.01.063
Erddruck (m) VIII.01.08.002
Erddruckverteilung (f) VIII.01.08.003
Erde (f) XI.01.01.002
Erde (f) XI.01.01.007
Erdfeuchte (f) IX.03.040
Erdoberfläche (f) VIII.01.04.001
Erdruhedruck (m) VIII.01.08.004
Erdwiderstand (m) VIII.01.08.005
Erdzone (f) (dauerfeucht) IX.03.054
Ereignis (n) II.01.01.002
Ereignis (n) X.01.05.007
Ereignisknotennetzplan (m) X.01.03.011
Erfahrung (f) I.02.02.008
erfinden (V) V.01.02.002
Ergebnisse (n)(pl) V.01.03.
Erhabene (n) I.01.124
Erhaltung (f) II.06.01.003
Erhaltungsgebot (n) II.06.02.013
Erhaltungszustand (m) III.01.07.003
Erhärtung (f) VI.09.007
Erhebung (f) XI.01.01.019
Erhebung (f) III.02.02.008
Erhöhung der Rangfolge XI.06.043
Erholungsheim (n) XII.12.01.007
Erinnern (n) I.02.02.011
Erkenntnis (f) II.01.02.022
Erker (m) II.02.05.022
Erkerfenster (n) VIII.03.02.027
Erklärung (f) II.01.02.024
Erkundung (f) III.01.01.006
Erlaubnis (f) I.04.02.005
Erläuterung (f) IV.03.02.004
Erleben (n) I.02.02.002
erlebter Raum (m) V.03.01.002
Ermessen (n) II.06.02.020
Erneuerung (f) XI.04.03.016
Erneuerung (f) XI.04.04.002
Ersatzstabverfahren (n) VII.06.011
Ersatzteillager (n) XII.02.04.002
Erscheinungsfarbe (f) V.04.02.017
Erschließung (f) XII.07.
Erschließungselemente (n)(pl) VIII.06.
Erstarrung (f) VI.09.010
Ertrag (m) I.05.04.014
Ertragswert (m) X.01.02.008
Erwachsensein (n) I.02.01.004
Erwartung (f) I.02.03.004
Erwerbungsstelle (f) XII.11.02.017
Erziehung (f) I.02.01.008
Erziehungseinrichtungen (f)(pl) XII.09.
erzwungene Schwingung (f) VII.07.012
Esplanade (f) II.04.03.022
Eßbereich (m) XII.08.05.037
Eßzimmer (n) XII.08.05.036
Estrich (m) auf Trennschicht (m) VI.06.06.009
Estriche (m)(pl) VI.06.
Estriche (m)(pl) VI.06.06.
euklidischer Raum (m) V.03.01.001
Euler'sche Knicklast (f) VII.05.009
Euler-Fall (m) VII.05.010
Euler-Hyperbel (f) VII.05.011
Evolution (f) I.03.043
Exerzierplatz (m) XII.05.012
Existenzminimum (n) I.03.074
expandierter Perlit (m) VI.08.03.005
Experiment (n) I.02.04.002
Expertenbefragung (f) III.02.02.015
Explosion (f) IX.01.01.032
Exzentrizität (f) VII.04.018

F

Fabrik (f) X.01.04.012
Fabrik (f) XII.02.03.002
Fach (n) II.02.04.041
Fachhochschule (f) XII.10.01.002
Fachwerk (n) II.02.04.018
Fachwerkbogen (m) VII.02.03.014
Fachwerke (n)(pl) VII.02.05.
Fachwerkrost (m) VIII.02.02.031
Fachwerkrost (n) VII.02.12.006
Fachwerkträger (m) VII.02.02.019
Fachwerkträger (m) VIII.02.02.037
Fadenkreuz (n) III.01.03.031
Fahrbahn (f) XI.05.01.088
Fahrbahnbegrenzung (f) XI.05.01.091

Fahrbahnmarkierung (f) XI.05.01.090
fahrbarer Trennschleifer (m) X.02.01.065
Fähre (f) XI.05.03.004
Fahrkartenautomat (m) XII.06.01.034
Fahrkartenschalter (m) XII.06.01.033
Fahrmischer (m) X.02.03.018
Fahrrad (n) XI.05.01.023
Fahrradständer (m) XII.06.01.019
Fahrradweg (m) XI.05.01.024
Fahrradweg (m) XII.06.01.005
'Fahrsteig' (m) VIII.06.02.005
Fahrstuhl (m) X.02.03.003
Fahrstuhl (m) XII.07.01.016
Fakultät (f) XII.10.01.010
Fallgatter (n) II.04.03.017
Fallrohr (n)9 VIII.05.01.042
Falttür (f) VIII.03.01.014
Faltwerk (n) VII.02.12.002
Falzpfanne (f) VI.02.03.004
Falzziegel (m) VI.02.03.005
Familie (f) I.03.067
Farbe (f) V.04.02.
Farbe (f) VI.08.02.018
Farbe (f) IV.02.04.001
Farbgebung (f) IV.03.01.013
farbig (Adj) IV.03.03. 012
Farbinteraktion (f) V.04.02.014
Farbkreis (m) V.04.02.005
Farbmischung (f) V.04.02.011
Farbstift (m) IV.04.02.012
Farbsymbolik (f) V.04.02.023
Farbton (m) IV.02.04.003
Farbton (m) V.04.02.026
Farbwert (m) V.04.02.027
Faserbeton (m) VI.05.01.022
Faserdämmstoff (m) VI.08.03.008
Fassade (f) II.02.05.031
Fassade (f) IV.02.01.018
Fassadenaufnahme (f) III.01.05.018
Faszination (f) I.01.049
Fäustel (m) X.02.01.004
Feder (f) II.02.04.010
Feder (f) IV.04.02.014
Feder (f) VII.01.031
Federsteifigkeit (f) VII.01.032
Fehler (f) X.01.06.006
Feier (f) I.01.013
Feinblech (n) VI.07.01.017
Feinplan (m) X.01.03.007
Feinstkorn (n) VIII.01.02.020
Feld (n) XI.01.03.005
Feldmoment (n) VII.03.046
Feldriß (m) III.01.04.003
Feldspat (m) VI.01.01.003
Feldstein (m) VI.01.02.022
Felduntersuchung (f) I.02.04.003
Fels (m) VIII.01.02.023
Felsen (m) XI.01.01.021
Fenster (n)(pl) VIII.03.02.
Fensterband (n) VIII.03.02.025
Fensterbank (f) VIII.03.02.005
Fenstergiebel (m) II.02.05.033
Fenstergitter (n) VIII.03.02.039
Fensterkämpfer (m) II.02.04.039
Fensterkuppeln (f) VIII.03.02.026
Fensterladen (m) VIII.03.02.037
Fensterpfosten (m) II.02.04.038
Fensterrose (f) II.02.06.031
Fenstersprosse (f) II.02.04.040
Ferienort (m) XI.02.03.006
Feriensiedlung (f) XI.02.03.006
Fernleihstelle (f) XII.11.02.013
Fernrohr (n) III.01.03.030
Fernsehsender (m) XII.11.05.004
Fertigmörtel (m) VI.06.03.
Fertigteil (n) X.04.019
Fertigteilbauweise (f) VIII.02.07.017
Fertigung (f) X.04.
Fertigung (f) XII.02.01.029
Fertigungstoleranz (f) VI.09.017
fest (Adj) VIII.01.02.039
Fest (n) I.01.013
Festbeton (m) VI.05.01.027
Festigkeit (f) VI.09.014
Festland (n) XI.01.01.004
Festpreis (m) I.05.04.003
Festsaal (m) XII.10.01.021
Festung (f) II.04.03.021
Festungsbauten (m)(pl) II.04.03.
Festungsstadt (f) II.05.02.008
fetter Mörtel (m) VI.06.01.002
Feuchte (f) IX.03.
Feuchtebilanz (f) IX.03.029
Feuchteschutz (m) IX.03.009
Feuchteverteilung (f) IX.03.002
Feuchtigkeit (f) VI.09.031
Feuchtigkeit (f) IX.03.001
Feuchtigkeitsgefälle (n) IX.03.005
Feuchtigkeitsgehalt (m) IX.03.004
feuerbeständig (Adj) VI.09.041
feuerfest (Adj) VI.09.040
Feuerwehr (f) XII.05.020
Fiale (f) II.02.06.025
Fialturm (m) II.02.06.024
Figur (f) V.02.02.002
Fiktion (f) I.01.051
Filtermatte (f) VIII.01.04.021
Finanzierung (f) I.05.05.
Finanzierungsplan (m) X.01.02.003
Finanzierungsplan (m) XI.04.03.012
finden (V) V.01.02.010
Findling (m) II.02.01.003
Finite Elementmethode (f) VII.06.012
Firma (f) X.01.04.009
Firmensitz (m) XII.04.003
Firnis (n) VI.08.02.032
First (m) VIII.05.03.001
Firstpfette (f) VIII.05.01.010
fischbauchförmiges Fachwerk (n) VII.02.05.007
Fischerdorf (n) XI.02.03.003
Fischerei (f) XII.02.02.009
Fischtheke (f) XII.03.02.009
Fitnessraum (m) XII.13.01.019
Fitting (m) VII.02.04.002
Fjord (m) XI.01.01.033
flach (Adj) XI.01.01.049
Flachbagger (m) X.02.03.026
Flachdach (n) VIII.05.02.001
Flachdachpfanne (f) VI.02.03.006
Flachdecke (f) VIII.04.004
Flachdecken (f)(pl) II.03.01.
Fläche (f) IV.01.01.016
Fläche (f) V.02.01.003
Flächengründung (f) VIII.01.06.013
Flächenlagerung (f) VIII.02.02.045
Flächenlast (f) VII.03.010
Flächenmoment 1. Grades (n) VII.04.022
Flächenmoment 2. Grades (n) VII.04.030
Flächennutzungsplan XI.06.041
Flächennutzungs-plan (m) XI.06.003
Flächensanierung (f) XI.04.04.009
Flächentragwerk (n) VIII.04.005
Flachfeile (f) X.02.01.024
flachgespanntes Seil (n) VII.02.04.003
Flachglas (n) VI.03.02.003
Flachgründungen (f)(pl) VIII.01.06.
Flachkuppel (f) II.03.03.005
Flachstahl (m) VIII.02.02.006
Flaschenzug (m) X.02.01.079
Flattern (n) VII.07.011
Flechterzange (f) X.02.01.009
Fledermausgaube (f) VIII.05.04.001
Fleischbearbeitung (f) XII.03.02.010
Fleischer (m) XII.02.01.003
Fleischerei (f) XII.02.01.003
Fleischtheke (f) XII.03.02.008
flexibler Grundriß (m) XII.08.05.003
Flexschalung (f) X.03.02.021
Fliese (f) VI.02.02.010
Fließbeton (m) VI.05.01.023
fließfähig (Adj) VI.05.02.001
Fließfertigung (f) X.04.008
Fließgrenze (f) VII.04.070
Fließmittel (n) VI.05.03.005
Fließvermögen (n) VI.09.006
Flinz (m) VIII.01.02.012
Floatglas (n) VIII.02.05.002
Fluchtlinie (f) XI.06.010
Fluchtpunkt (m) IV.02.03.003
Fluchtstange (f) III.01.03.008
Fluchttreppe (f) XII.07.01.018
Flugasche (f) VI.04.04.005
Flügelrahmen (m) VIII.03.02.009
Flughafen (m) XII.06.04.002
Flughafengebäude (n) XII.06.04.022
Flugplatz (m) XII.06.04.006
Flugverkehr (m) XI.05.04.
Flugzeug (n) XI.05.04.001
Flugzeughalle (f) XII.06.04.009
Flur (m) XII.08.05.010
Flurbereinigung (f) XI.02.04.007
Fluß (m) XI.01.01.041
Fluß (m) XI.05.03.005
Flußdiagramm (n) X.01.03.009
flüssig (Adj) VIII.01.02.036
Flußlandschaft (f) XI.01.01.030
Folgekosten (f) X.01.02.019
Folie (f) IV.04.01.011
Förderband (n) X.02.03.005
Fördermittel (n)(pl) II.06.02.025
Förderschnecke (f) X.02.02.024
Form (f) I.01.053
Form (f) I.01.118
Form (f) V.02.02.
Form (f) X.04.010
Formanalyse (f) II.01.02.014
Formänderung (f) VII.04.015
Formenboden (m) X.04.011
Formenwage (m) X.04.018
Formstahl (m) VI.07.01.003
Formular (n) III.01.04.005
Forschung (f) II.01.02.010
Forschung (f) XII.02.03.021
Forschung (f) XII.10.
Forschungslabor (n) XII.10.02.002
Forschungszentren (n)(pl) XII.10.02.
Forstwirtschaft (f) XI.02.01.005
Fort (n) II.04.03.028
Fortschritt (m) I.01.104
Fotodokumentation (f) III.02.01.012
Fotomontage (f) IV.03.03. 013
Foyer (n) XII.11.04.029
Frachtabfertigung (f) XII.06.04.024
Fragebogen (m) I.02.04.005
Fragebogen (m) III.02.02.011
Fragment (n) I.01.054
Franzose (m) X.02.01.013
Frauensynagoge (f) II.04.01.004
Freibad (n) XII.13.03.003
freie Schwingung (f) VII.07.013
Freihandbereich (m) XII.11.02.009
freihändige Vergabe (f) X.01.01.004
Freiheit (f) I.03.013
Freiheitsgrad (m) VII.06.004
Freiraum (m) XI.04.02.006
freistehendes Einfamilienhaus (n) XII.08.03.002
Freitreppe (f) XII.07.01.001
Freizeit (f) I.03.075
Fremdenverkehr (m) XII.14.
Fremdenverkehrs-gebiet (n) XI.03.01.008
Fremdfinanzierung (f) X.01.02.002
Fremdstoff (m) III.03.01.008
Frequenz (f) VII.07.014
Frequenz (f) IX.01.01.012
Frequenzganganalyse (f) VII.07.015
Friedhof (m) XII.11.01.014

Friedhofskapelle (f) XII.11.01.015
Fries (m) II.02.05.015
Frischbeton (m) VI.05.01.024
Frischemarkt (m) XII.03.02.014
Frischmörtel (m) VI.06.03.002
Friseur (m) XII.02.01.006
Friseursalon (m) XII.02.01.006
Frist (f) I.04.01.021
Frontaldimetrie (f) IV.02.02.003
Frontispiz (n) II.02.05.036
Froschperspektive (f) IV.02.03.012
Frostempfindlichkeit (f) VIII.01.02.046
Frühstücksraum (m) XII.14.02.017
Fuchsschwanz (m) X.02.01.035
Fuge (f) II.02.03.004
Fuge (f) VIII.02.03.007
Fugengips (m) VI.04.01.005
Führungsstil (m) X.01.04.028
Füllholz (n) VIII.05.01.030
Füllmauerwerk (n) II.02.03.007
Fundament (n) VIII.01.06.002
Fundamentplatte (f) VIII.01.06.006
Fundstückzeichnung (f) III.01.06.015
Fundus (m) XII.11.04.023
Funktion (f) I.01.055
funktionsbetonte Zuordnung (f) XII.01.02.002
funktionsneutrale Zuordnung (f) XII.01.02.003
für Jugendliche XII.09.02.
für Kinder (n)(pl) XII.09.01.
Furnier (n) VIII.02.01.012
Fußballstadion (n) XII.13.01.004
Fußgänger (m) XI.05.01.001
Fußgängerbrücke (f) XII.06.01.018
Fußgängertunnel (m) XI.05.01.013
Fußgängerüberweg (m) XI.05.01.012
Fußgängerzone (f) XI.05.01.010
Fußgängerzone (f) XII.06.01.016
Fußpfette (f) VIII.05.01.011
Fußplatte (f) VIII.02.02.026
Fußwärmeableitung (f) IX.02.02.008
Futterholz (n) VIII.02.01.011
Futterkammer (f) XII.02.02.015

G

Gabbro (m) VI.01.02.009
Gabelschlüssel (m) X.02.01.018
Gabelung (f) XI.05.01.078
Galerie (f) II.02.06.006
Galerie (f) XII.11.03.003
Gang (m) XII.08.05.010
Gangway (f) XII.06.04.013
Ganzheit (f) I.01.137
Garage (f) XII.06.01.023
Garagentor (n) VIII.03.01.017
Garantie (f) I.04.03.005
Garderobe (f) XII.08.05.011
Garnissionsstadt (f) XI.04.01.012
Gartenlandschaft (f) XI.01.02.002
Gartensaal (m) II.04.04.005
Gartensiedlung (f) XI.03.02.006
Gartenstadt (f) XI.03.02.006
Gärtnerei (f) XII.02.02.007
Gasbeton - Bauplatte (f) VI.02.04005
Gasbeton - Blockstein (m) VI.02.04003
Gasbeton - Planstein (m) VI.02.04004
Gästehaus (n) II.04.02.006
Gästezimmer (n) XII.08.05.026
Gaststätten (f)(pl) XII.14.01.
Gaswerk(n) XII.02.03.005
Gattung (f) I.01.131
Gaube (f) VIII.03.02.028
Gaupe (f) VIII.03.02.028
Gebälk (n) II.02.05.013
Gebäude (n) XII.06.01.007
Gebäude (n) für audio-visuelle Medien (n)(pl) XII.11.05.
Gebäude (n)(pl) für darstellende Künste (f)(pl) XII.11.04.
Gebäudealterskartei (f) III.02.01.010
Gebäudeaufnahme (f) III.01.05.019
Gebetskapelle (f) XII.11.01.009
Gebiet XI.06.018
Gebiete (n)(pl) XI.03.01.
Gebiete (n)(pl) und Siedlungen (f)(pl) XI.03.
Gebinde (n) II.02.04.005
Gebirge (n) XI.01.01.015
Gebirgskette (f) XI.01.01.012
gebrauchen (v) XII.01.01.004
Gebühr (f) I.05.01.010
gebundene Perspektive (f) IV.02.03.008
Geburt (f) I.02.01.001
Gedächtnis (n) I.02.02.007
gedämpfte Schwingung (f) VII.07.005
Gefache (n) II.02.04.041
Gefängnis (n) XII.05.008
'Gefangenes Zimmer' (n) XII.08.05.006
gefilzter Putz (m) VI.06.05.012
Gefühl (n) I.01.042
Gegenreihe (f) V.02.03.008
Gegenstandsfarbe (f) V.04.02.015
Gegenstrebe (f) II.02.04.030
geglätteter Putz (m) VI.06.05.016
Gehalt (m) I.01.022
Gehalt (n) I.04.04.003
Gehöft (n) XII.02.02.005
Gehörschutz (m) IX.01.02.025
Gehrung (f) II.02.04.014
Gehweg (m) XII.06.01.002
geknickter Träger (m) VII.02.02.009
gekrümmter Träger (m) VII.02.02.001
Geländebruch (m) VIII.01.08.008
Geländer (n) VIII.06.01.008
Gelenk (n) VII.01.012
Gelenk (n) XI.04.02.040
gelenkiger Anschluß (m) VII.01.013
gelenkiges Lager (n) VII.01.014
Gelenkträger (m) VIII.02.02.032
Gemeindebezirk (m) XI.03.01.004
Gemeindehaus (n) XII.05.019
Gemeindesaal (m) XII.11.01.013
Gemeindezentrum (n) XII.11.01.012
Gemeinschaft (f) I.03.002
Gemeinschafts-bereich (m) XII.01.02.006
Gemeinschaftspraxis (f) XII.12.02.023
gemischter Boden (m) VIII.01.02.026
Gemüseanbaugebiet (n) XI.02.01.002
Genauigkeit (f) III.01.06.006
Genehmigung (f) I.04.02.006
Genehmigungs-planung (f) XI.04.03.023
Generalunternehmer (m) X.01.04.003
Generalverkehrsplan (m) XI.05.01.042
Generation (f) I.03.069
Generator (m) X.02.02.001
Genie (n) I.01.056
genießen (v) XII.01.01.005
'genius loci' (m) XI.04.02.044
Genossenschaft (f) I.05.03.002
Genossenschafts-wohnung (f) XII.08.02.009
Genossenschafts-wohnungsbau (m) XII.08.02.006
Gentrifikation (f) XI.04.05.002
Genuß (m) I.01.035
geodätische Kuppel (f) VII.02.08.003
Geometer - Zollstock (m) III.01.03.004
Geometrie (f) IV.01.
geometrische Imperfektion (f) VII.05.012
geometrische Proportion (f) V.02.05.002
Gepäckannahme (f) XII.06.04.014
Gepäckaufbewahrung (f) XII.06.02.019
Gepäckausgabe (f) XII.06.04.015
Gepäckband (n) XII.06.04.017
Gepäckwagen (m) XI.05.02.020
Gerade (f) IV.01.01.006
gerade Straße (f) XI.04.02.030
gerade Treppe (f) VIII.06.01.011
Geräte (n)(pl) III.01.03.
Gerberträger (m) VII.02.02.011
Gericht (n) I.04.01.010
gerichtet (Adj) V.03.02.003
gerichteter Raum (m) XI.04.02.012
Gerichtsgebäude (n) XII.05.007
Gerichtsstand (m) I.04.01.011
Gerüst (n) II.02.04.019
Gesamteindruck (m) II.06.04.003
Gesamtkunstwerk (n) I.01.071
Geschäft (n) XII.03.01.007
Geschäftsführung (f) I.05.03.008
Geschichte (f) I.01.060
geschichtliche Gründe (m)(pl) II.06.01.018
Geschichtlichkeit (f) II.01.01.001
Geschlechterturm (m) II.04.03.001
geschlossen (Adj) XI.04.02.018
geschlossene Bauweise (f) XI.06.024
geschlossener Raum (m) XI.04.02.009
geschlossenes System (n) III.03.05.009
Geschmack (m) I.01.128
Geschoß (n) II.02.04.045
Geschoßbau (m) II.02.04.043
Geschoßfläche (f) XI.06.028
Geschoßflächen-zahl (f) XI.06.026
Geschoßplan (m) IV.02.01.015
Geschoßwohnungs-bau (m) XII.08.03.012
Geschwindigkeit (f) XI.05.01.052
Geschwindigkeits-begrenzung(f) XI.05.01.053
Geselle (m) X.01.04.040
Gesellschaft (f) I.01.120
Gesellschaft (f) I.03.001
Gesellschaft bürgerlichen Rechts (f) I.05.03.004
Gesellschaft mit beschränkter Haftung (f) I.05.03.003
Gesetz (n) I.04.01.004
Gesims (n) II.02.05.017
Gesims (n) II.02.06.009
Gestalt (f) I.01.053
Gestalt (f) (ganzheitlich) V.02.02.004
Gestaltlosigkeit (f) XI.04.02.074
Gestaltungssatzung (f) II.06.02.002
Gestaltungssatzung (f) XI.04.03.003
Gestaltungs-zusammenhang (m) II.06.04.001
Gesteine (n)(pl) VI.01.02.
gestrichelte Linie (f) IV.03.01.003
Getränkemarkt (m) XII.03.02.017
Getto (n) XI.03.02.011
gewachsene Ablagerung (f) VIII.01.02.004
'Gewachsene' Stadt (f) II.05.02.001
gewachsener Boden (m) VIII.01.02.003
gewachsener Ortskern (m) XI.02.02.002
Gewächshaus (n) II.04.04.010
Gewächshaus (n) XII.02.02.017
Gewände (n) II.02.06.020
gewaschener Putz (m) VI.06.05.019
Gewässer (n) XI.01.01.026
Gewebe (n) VII.02.10.006
Gewerbegebiet (n) XI.06.019
Gewerkschaft (f) I.04.04.005
Gewicht (n) VI.09.019
gewinkelte Treppe (f) VIII.06.01.012
Gewohnheit (f) I.02.03.005
Gewölbe (n) (pl) II.03.02.
Gewölbefeld (n) II.02.06.014
Ghetto (n) XI.03.02.011

Giebel (m) II.02.05.032
Giebel (m) VIII.05.01.007
Giebel (m) VIII.05.03.006
Giebelanker (m) VIII.05.01.026
Giebelbalken (m) VIII.05.01.028
Gießkanne (f) X.02.01.031
Gipfel (m) XI.01.01.017
Gips (m) VI.04.01.
Gipsbaustein (m) VI.08.05..005
Gipsdiele (f) VI.08.05..004
Gipsfaserplatte (f) VI.08.05..002
Gipsfertigteil (n) VI.08.05..007
Gipsformstück (n) VI.08.05..006
Gipskartonplatte (f) VI.08.05..001
Gipsmörtel (m) VI.06.05.007
Gipsspat (m) VI.01.01.004
Gipsstein (m) VI.01.02.013
Girlandform (f) VII.02.10.007
Gitter (n) V.02.04.008
Gitternetz (n) II.05.02.014
Glacis (n) II.04.03.022
Glas (n) VI.03
Glasbau (m) VIII.02.05.
Glasfaser (f) VI.03.02.007
Glasfaserbeton (m) VI.05.01.025
Glasfasergewebe (n) VI.03.02.008
Glasfasermatte (f) VI.03.02.009
Glasscheibe (f) VI.03.02.001
Glasscheibe (f) VIII.02.05.001
Glasschneider (m) X.02.01.051
Glassteine (m)(pl) VI.03.02.015
Glasträger (m) VIII.02.05.006
Glaswolle (f) VI.08.03.007
Gleichgewicht (n) VII.01.010
Gleichgewichtsbedingung (f) VII.01.011
Gleichgewichtsbedingung (f) VII.03.012
Gleichlast (f) VII.03.060
gleichmäßige Form (f) V.02.02.005
Gleis (n) X.02.03.010
Gleis (n) XI.05.02.026
Gleisanlage (f) X.03.01.003
Gleisanschluß (m) X.03.01.002
Gleise (n)(pl) XII.06.02.010
Gleisfahrzeuge (n)(pl) X.02.03.009
Gleiten (n) VIII.01.01.006
Gleitschalung (f) X.03.02.018
Gleitsicherheit (f) VIII.01.01.007
Gliedermaßstab (m) X.02.01.091
Gliederung (f) XI.04.02.055
Glimmer (m) VI.01.01.005
globale Steifigkeitsmatrix (f) VII.06.014
Glockenturm (m) II.04.01.031
Gneis (m) VI.01.02.010
Goldener Schnitt (m) I.01.057
Goldener Schnitt (m) V.02.05.005
Golf (m) XI.01.01.029
Golfplatz (m) XII.13.01.011
gotische Ordnung (f) II.02.06.
Gotischer Verband (m) II.02.03.020
Graben (m) II.04.03.009
Grabkapelle (f) XII.11.01.008
Grabmal (n) XII.11.01.020
Grader (m) X.02.03.028
Granit (m) VI.01.02.011
Graphik (f) IV.03.03.
Graphik (f) IV.03.03. 008
graphische Methode (f) VII.02.05.009
graphische Methode (f) VII.06.015
Grat (m) VIII.05.03.003
Grenze (f) V.02.07.012
Grenzfrequenz (f) IX.01.01.013
Grenzgebiet (n) XI.03.01.001
Grenzlast (f) VIII.01.01.008
Grenzpunkt (m) III.01.02.003
Grenzregelung (f) XI.04.03.026
Grenzstadt (f) II.05.02.007
Grenzstadt (f) XI.04.01.011
Grenztragfähigkeit (f) VIII.01.01.009
Grill (m) XII.14.01.008
Grip-Zange (f) X.02.01.012
Grobblech (n) VI.07.01.016
Grobplan (m) X.01.03.006
Großraumbüro (n) XII.04.022
Großtafelbauweise (f) VIII.02.07.021
Großtafelbauweise (f) X.04.004
Gruft (f) XII.11.01.018
Grundbau (m) VIII.01.01.
Grundbegriffe (m)(pl) III.01.02.
Grundbegriffe (m)(pl) VII.01.
Grundbegriffe (m)(pl) IX.02.01.001
Grundbegriffe (m)(pl) XII.01.
Grundbesitzer (m) I.03.058
Grundbesitzer (m) I.05.02.003
Grundbruch (m) VIII.01.08.006
Grundbuch (n) I.04.05.009
Grundelemente (n)(pl) V.02.01.
Grundfläche (f) IV.02.03.005
Grundfläche (f) XI.06.015
Grundflächenzahl (f) I.06.025
Grundlagenermittlung (f) XI.04.03.020
Grundlinie (f) IV.02.03.006
Grundrißdimetrie (f) IV.02.02.004
Grundrißorganisation (f) XII.01.02.004
Grundschule (f) XII.09.02.001
Grundstahl (m) VI.07.01.008
Grundsteinlegung (f) X.01.05.011
Grundsteuer (f) I.05.01.012
Grundstück (n) XI.02.01.011
Gründungen (f)(pl) VIII.01.02.
Gründungsstadt (f) II.05.02.002
Grundwasser (n) VIII.01.04.010
Grundwasser (n) IX.03.035
Grundwassersenkung (f) VIII.01.04.017
grüner Beton (m) VI.05.01.033
Grünzone (f) XI.03.01.011
Gruppe (f) I.03.066
Gruppenbüro (n) XII.04.021
gruppiert (Adj) V.03.02.007
Gruppierung (f) V.02.03.009
Gully (m) XI.05.01.099
Gummi (m) VI.08.01.006
Gurt (m) VII.02.05.003
Gurtbogen (m) II.02.06.010
Gurtgewölbe (n) II.03.02.003
Gußasphaltestrich (m) VI.06.06.002
Gußeisen (n) VI.07.01.001
Gußglas (n) VI.03.02.002
Gutachten (n) X.01.01.022
Gutachter (m) X.01.01.021
Güterbahnhof (m) XII.06.02.005
Güterwagen (m) XI.05.02.021
Güterzug (m) XI.05.02.014
Gymnasium (n) XII.09.02.003
Gymnastikraum (m) XII.13.01.018

H

Häfen (m)(pl) XII.06.03.001
Hafenstadt (f) II.05.02.006
Hafenstadt (f) XI.04.01.009
Haftputzgips (m) VI.04.01.002
Haftung (f) I.04.03.006
Haftung (f) X.01.06.012
Haftverbund (m) VIII.02.06.005
Hahnenbalken (m) VIII.05.01.013
halbfest (Adj) VIII.01.02.037
Halbgerade (f) IV.01.01.004
Halbinsel (f) XI.01.01.005
halböffentlicher Raum (m) V.03.01.015
Halbschatten (m) IV.02.04.014
Halle (f) II.04.01.014
Halle (f) XII.08.05.012
Hallenbad (n) XII.13.03.002
Hallenbasilika (f) II.04.01.014
Hallradius (m) IX.01.02.009
Haltestelle (f) XII.06.01.032
Handbeil (n) X.02.01.006
Handel (m) XII.03.
handeln (v) XII.01.01.001
Handelskammer (f) XII.03.01.005
Handelsstadt (f) II.05.02.004
Handelszentrum (n) XI.04.01.006
Handlauf (m) VIII.06.01.007
Handlung (f) I.02.02.003
Handlungsachse (f) V.01.01.006
Handlungsraum (m) V.03.01.008
Handwagen (m) XI.05.01.014
Hängegerüst (n) X.03.02.001
Hängekuppel (f) II.03.03.001
Hängekuppel (f) VII.02.08.007
Hängestange (f) VII.02.01.008
Hangwasser (n) IX.03.037
Harmonie (f) I.01.058
harmonische Belastung (f) VII.07.018
harmonische
Proportion (f) V.02.05.003
hart (Adj) IV.04.02.011
Härte (f) VI.03.01.003
Hartstoffestrich (m) VI.06.06.006
Harzkleber (m) VI.08.02.022
Haß (m) I.02.01.010
Häßliche (n) I.01.133
Haufendorf (n) II.05.01.002
Haupstadt (f) XI.04.01.001
Hauptachse (f) IV.01.01.011
Hauptbahnhof (m) XII.06.02.003
Hauptbau (m) II.04.04.001
Hauptkrümmungsrichtung (f) VII.04.037
Hauptlast (f) VII.03.039
Hauptraum (m) II.04.01.003
Hauptsammelstraße (f) XI.05.01.072
Hauptschule (f) XII.09.02.002
Hauptspannung (f) VII.04.038
Hauptstraße (f) XI.05.01.062
Hauptsystem (n) VII.01.018
Haupttreppe (f) XII.07.01.013
Hauptunternehmer (m) X.01.04.004
Hauptverkehrsstraßen (f)(pl) XI.05.01.059
Haus (n) II.02.02.003
Haus (n) mit freiem Grundriss (m) XII.08.03.003
Hausboot (n) XII.08.03.037
Haushalt (m) I.03.068
Haushalt (m) I.05.01.004
Haustein (m) II.02.01.005
Hebebühne (f) XII.11.04.014
Hebelschneider (m) X.02.01.015
Heide (f) XI.01.03.006
Heimat (f) I.03.030
Heimat (f) XI.04.02.053
Heime (n)(pl) XII.08.03.022
Heizraum (m) XII.02.01.033
Hellhörigkeit (f) IX.01.02.019
Helligkeit (f) IV.02.04.006
Herrschaft (f) I.03.015
Herstellungskosten (f) I.05.04.010
Herstellungskosten (f) X.01.02.013
Heulager (n) XII.02.02.014
Hierarchie (f) I.03.053
Hierarchie (f) V.02.06.003
Hilfsprojektion (f) IV.02.01.004
Hinterbühne (f) XII.11.04.013
Hinterfront (f) IV.02.01.019
Hintergrund (m) V.02.02.003
historische Decken (f)(pl) II.03.
historische Dorfformen (f)(pl) II.05.01.
historische Gebäudeteile (n)(pl) II.04.
historische Gebäudetypen (m)(pl) II.04.
historische Siedlungsformen (f)(pl) II.05.

historische
Stadttypen (m)(pl) II.05.02.
Hobel (m) X.02.01.055
Hochbahn (f) XI.05.02.005
Hochgebirge (n) XI.01.01.013
Hochofenschlacke (f) VI.04.04.001
Hochofenzement (m) VI.04.03.008
Hochregallager (n) XII.02.04.003
Hochschule (f) XII.10.01.003
Hochschulen (f)(pl) XII.10.01.
Hochseehafen (m) XII.06.03.002
Höchstfestigkeit (f) VI.03.01.007
Hochstraße (f) XI.05.01.060
Höchstsätze (m)(pl) I.05.04.016
Hof (m) II.04.04.006
Hof (m) XII.02.02.016
Höhenburg (f) II.04.03.005
Höhenlinie (f) IV.03.01.008
Höhenlinie (f) III.01.02.010
Höhenmessung (f) III.01.03.013
Höhenmessung (f) III.01.05.005
Höhenpunkt (m) III.01.02.004
Hohlblockstein (m) VI.02.04001
Höhle (f) II.02.02.001
Hohlkasten (m) VII.02.11.003
Hohlpfanne (f) VI.02.03.001
Hohlprofil (n) VIII.02.02.007
Hohlraumgehalt (m) VI.09.027
Hohlziegel (m) VI.02.02.006
Holländischer
Verband (m) II.02.03.019
Holz (n) II.02.01.007
Holzbohrer (m) X.02.01.060
Holzfaserplatte (f) VIII.02.01.016
Holznagel (m) II.02.04.008
Holzschraube (f)
mit Dübel (n) X.02.01.084
Holzskelett (n) VIII.02.07.011
Holzverbindungs-
mittel (n)(pl) VIII.02.01.020
Honorar (n) I.04.04.001
Hörbereich (m) IX.01.02.022
Hören (n) IX.01.02.021
Hörfeld (n) IX.01.02.026
Hörfläche (f)) IX.01.02.026
Horizantalkraft (f) VII.03.017
Horizont (m) IV.02.03.007
Horizontalachse (f) VII.01.015
Horizontaldichtung (f) VIII.01.04.024
Horizontale
Auflagerreaktion (f) VII.03.016
Horizontal-
erschließung (f) XII.07.02.002
Horizontalkreis (m) III.01.03.039
Horizontallast (f) VII.03.017
Horizontalschnitt (m) IV.02.01.006
Hornblende (f) VI.01.01.001
Hörsaal (m) XII.10.01.016
Hörsamkeit (f) IX.01.02.018
Hort (m) XII.09.01.003
Hörverlust (m) IX.01.02.023
Hotel (n) XII.14.02.002
Hotelzimmer (n) XII.14.02.010
Hubschrauber (n) XI.05.04.009
Hügel (m) XI.01.01.018
hügelig (Adj) XI.01.01.053
Hühnerstall (m) XII.02.02.024
Hütte (f) II.02.02.002
Hütte (f) II.04.05.011
Hüttenbims (m) VI.04.04.006
Hüttensand (m) VI.04.04.002
Hüttensteine (m)(pl) VI.02.04
Hydraul. Tragschicht-
binder (m) VI.04.03.002
Hydraulikbagger (m) X.02.03.022
hydraulischer Kalk (m) VI.04.03.004
hydraulischer
Kalkmörtel (m) VI.06.05.008
hydrostatischer
Druck (m) IX.03.027
hygroskopische
Feuchte (f) IX.03.006
hygroskopische
Feuchte (f) IX.03.028
Hygroskopizität (f) VI.09.035
hyperbolischer
Paraboloid (m) VII.02.08.004
Hypothek (f) I.05.02.001
Hypothekenbank (f) I.05.05.003

I

Ideal (n) I.01.061
idealisierter Knoten (m) VII.06.016
Identifikation (f) I.03.052
Identität (f) I.02.03.018
Identität (f) I.03.051
Identität (f) XI.04.02.037
Ideologie (f) I.03.009
Ikonographie (f) II.01.02.016
Ikonologie (f) II.01.02.017
Illusion (f) I.01.062
illusionistisch (Adj) V.03.02.009
Imagination (f) I.01.063
Imbiß (m) XII.14.01.009
Imbißstube (f) XII.14.01.009
imitieren (V) V.01.02.012
Immission (f) III.03.01.001
Imperfektion (f) VII.05.013
Impuls (m) VII.07.019
indirekte Beleuchtung (f) V.04.01.005
Individualbereich (m) XII.01.02.005
Individualverkehr (m) XI.05.01.047
Individuum (n) I.03.050
Industrie (f) XII.02.
Industrie (f) XII.02.03.
Industriegebiet (n) XI.03.01.010
Industriegebiet (n) XI.06.020
Industriehafen (m) XII.06.03.004
Industrielandschaft (f) XI.01.02.004
industrielle
Bauweisen (f)(pl) VIII.02.07.
Industriestadt (f) II.05.02.011
Industriestadt (f) XI.04.01.008
Industriezone (f) XI.03.01.010
Information (f) I.01.068
Information (f) XII.04.008
Informations-
überflutung (f) I.02.03.027
Informations-
verarbeitung (f) I.02.02.019
Infrastruktur (f) XI.05.
Inhalt (m) I.01.021
Injektion (f) VIII.01.07.013
Injektionsanker (m) VIII.01.07.014
Injektionspfahl (m) VIII.01.07.015
Injektionswand (f) VIII.01.07.016
innen II.02.06.001
Innenfeld (n) VII.02.02.012
Innenleibung (f) VIII.03.02.003
Innenraum (m) V.03.01.019
Innenrüttler (m) X.02.02.034
Innenstadt (f) XI.03.03.008
Innentreppe (f) VIII.06.01.018
Innenwand (f) VIII.02.03.014
innerbetriebliche
Organisation (f) X.01.04.021
innere Erschließung (f) XII.07.02.
innere Reibung (f) VIII.01.02.042
innere Schale (f) VIII.05.01.038
Innovation (f) I.01.069
Insel (f) XI.01.01.006
Inspiration (f) I.01.070
Inspiration (f) V.01.02.018
Installateur (m) X.01.04.048
Installateur (m) XII.02.01.009
Installateurbetrieb (m) XII.02.01.009
Instandhaltung (f) XI.04.04.001
Instandhaltungskosten (f) X.01.02.018
Instandsetzung (f) XI.04.04.003
Institut (n) XII.10.01.005
Institution (f) I.03.008
Instrumente (n)(pl) III.01.03.
Inszenierung (f) V.01.03.006
Intensivstation (f) XII.12.02.008
Interaktion (f) I.03.010
Interesse (n) I.01.072
Interessen (n)(pl) III.02.02.020
Interferenz (f) IX.01.02.003
Interkolumnium (n) II.02.05.018
Intermezzo (n) XI.04.02.060
Interpretation (f) I.01.074
Interpretation (f) II.01.02.021
Interview (n) I.02.04.006
Intimität (f) I.02.03.026
Intimität (f) V.03.01.007
Intuition (f) I.01.075
Invarlatte (f) III.01.03.021
Inventar (n) II.06.01.031
Investitionsplan (m) XI.04.03.011
ionisch (Adj) II.02.05.039
Ironie (f) I.01.076
Isohypse (f) III.01.02.010
Isolation (f) I.02.03.021
Isolator (m) IX.01.01.023
Isoliergips (m) VI.04.01.004
Isolierstoffe (m)(pl) VI.08.03.
isoliert (Adj) V.03.02.006
Isometrie (f) IV.02.02.001
Iteration (f) V.02.03.001
Iterationsverfahren (n) VII.06.017

J

Jachthafen (m) XII.13.03.015
Joch (n) II.02.06.015
jüd. Bad (n) II.04.01.007
Jugend (f) I.02.01.003
Jugendheim (n) XII.08.03.026
Jugendherberge (f) XII.14.02.006
Jugendzentrum (n) XII.14.03.006
junger Beton (m) VI.05.01.019
juristische
Begriffe (m)(pl) II.06.02.

K

Kabinenbahn (f) XI.05.02.008
Kabinett (n) XII.11.03.008
Kachel (f) VI.02.02.009
Kaffgesims (n) II.02.06.030
Kai (m) XII.06.03.006
Kalk (m) VI.04.02.
Kalk (m) VI.08.02.013
Kalkgipsmörtel (m) VI.06.05.010
Kalkmörtel (m) VI.06.05.009
Kalksandstein (m) VI.02.04006
Kalkspat (m) VI.01.01.002
Kalkstein (m) VI.01.02.015
Kalkulation (f) I.05.04.
Kalkzementmörtel (m) VI.06.05.006
Kalottenlager (n) VIII.02.02.043
Kaltdach (n) VIII.05.01.032
kalte Farbe (f) V.04.02.022
Kältebrücke (f) IX.02.02.027
Kälte-Isolierungen (f) IX.02.02.026
Kälteschutz (m) IX.02.02.025
Kaltleimung (f) VIII.02.01.036
Kammer (f) II.04.05.006
Kämpfer (m) II.02.05.012
Kämpfer (m) VII.02.03.008
Kämpfer (m) VIII.03.02.014
Kanal (m) XI.01.01.043
Kanal (m) XI.05.03.006
Kannelur (f) II.02.05.009
Kante (f) V.02.02.009
Kantenpressung (f) VII.04.019
Kantholz (n) VIII.02.01.006

Kantine (f) X.03.01.015
Kantine (f) XII.02.01.014
Kapazität (f) X.01.03.003
Kapelle (f) II.04.01.025
Kapelle (f) XII.11.01.006
Kapillare (f) IX.03.031
kapillarer Wassertransport (m) IX.03.032
Kapillarität (f) VIII.01.02.045
Kapitalkosten (f) X.01.02.012
Kapitell (n) II.02.05.010
Kapitelsaal (m) II.04.02.009
Kappe (f) II.03.01.002
Kappendecke (f) II.03.01.003
Karbonatisierung (f) VI.05.04.001
Karikatur (f) I.01.011
Karren (m) XI.05.01.014
Karren (m) XI.05.01.020
Karte (f) III.01.04.007
Kartei (f) III.02.01.009
Kartell (n) X.01.04.020
kartesische Koordinaten (f)(pl) VII.01.002
kartesisches Koordinatensystem (n) III.01.02.020
Kartierung (f) III.01.04.004
Kartierung (f) III.02.01.008
Kaseinleim (m) VI.08.02.004
Kasematte (f) II.04.03.025
Kaserne (f) XII.05.011
Käsetheke (f) XII.03.02.012
Kasse (f) XII.04.016
Kassenzone (f) XII.03.02.016
Kassettenplatte (f) VII.02.07.005
Kastenfenster (n) VIII.03.02.022
Kastenform (f) X.04.017
Katalogisierung (f) XII.11.02.019
Katalogsaal (m) XII.11.02.020
Kate (f) II.04.05.012
Kategorie (f) I.01.012
Kauf (m) I.05.02.005
Kaufhaus (n) XII.03.01.010
Kausalität (f) II.01.01.009
Kautschuk (m) VI.08.01.005
Kautschukkleber (m) VI.08.02.023
Kavaliersperspektive (f) IV.02.02.003
Kegel (m) IV.01.02.008
Kegelbahn (f) XII.13.05.002
Kegelgewölbe (n) II.03.02.013
Kehlbalken (m) VIII.05.01.013
Kehlbalkendach (n) VIII.05.01.003
Kehle (f) VIII.05.03.004
Keilverbindung (f) VIII.02.02.062
Kellenputz (m) VI.06.05.018
Keller (m) XII.08.05.038
Kellertreppe (f) XII.07.01.012
Kemenate (f) II.04.03.020
Kemnade (f) II.04.03.020
keramische und mineralisch gebundene Baustoffe (m)(pl) VI.02.
Kerbspannung (f) VI.03.01.009
Kerbspannung (f) VII.04.033
Kern (m) VII.02.11.002
Kerndämmung (f) VIII.02.03.028
Kernfläche (f) VII.04.024
Kernkondensat (n) IX.03.016
Kernschatten (m) IV.02.04.015
Kernweite (f) VII.04.025
Kettenlinie (f) VII.02.04.001
Kettensäge (f) X.02.01.066
Kies (m) VI.04.04.007
Kies (m) VIII.01.02.017
Kiesaufbereitung (f) X.03.01.023
Kiessand (m) VI.01.02.012
Kindergarten (m) XII.09.01.004
Kinderheim (n) XII.08.03.025
Kinderspielgerät (n) XII.06.01.037
Kinderspielplatz (m) XII.06.01.038
Kindertagesstätte (f) XII.09.01.003
Kinderwagen (m) XI.05.01.016
Kinderzimmer (n) XII.08.05.024
Kindheit (f) I.02.01.002
Kino (n) XII.11.05.001
Kiosk (m) XII.03.01.014
Kippachse (f) III.01.03.043
Kippe (f) X.03.01.028
Kippen (n) VII.05.017
Kipper (m) X.02.03.020
Kippflügel (m) VIII.03.02.033
Kippform (f) X.04.015
Kirche (f) XII.11.01.004
Kitsch (m) I.01.078
Kittmesser (n) X.02.01.050
Klage (f) I.04.01.012
Klammer (f) VIII.02.01.033
Klappflügel (m) VIII.03.02.034
Klapptür (f) VIII.03.01.012
Kläranlage (f) III.03.03.007
Klärschlamm (m) III.03.02.009
Klasse (f) I.03.023
Klassenzimmer (n) XII.09.02.007
Klassifikation (f) I.01.016
klassische Architektursprache (f) II.02.05.
kleben (V) VIII.02.02.052
Kleber (m) VI.08.02.002
Klebeverbund (m) VIII.02.06.006
Klei (m) VIII.01.02.014
Kleiderkammer (f) II.04.02.011
kleines Haus (n) XII.08.03.008
Kleinsiedlungsgebiet (n) XI.06.022
Kleinstadt (f) XI.04.01.005
Kleintafelbauweise (f) VIII.02.07.020
Kletterschalung (f) X.03.02.017
Klinik (f) XII.12.01.001
Klinker (m) VI.02.02.
Kloster (n) II.04.02.
Kloster (n) XII.11.01.010
Klosterdorf (n) XI.02.03.004
Klostergewölbe (n) II.03.02.010
Klothoide (f) III.01.02.014
Knagge (f) II.02.04.036
Knaggenauflagerung (f) VIII.02.02.048
Knall (m) IX.01.01.031
Knarre (f) mit Nuß (m) X.02.01.021
Kneifzange (f) X.02.01.008
Kneipe (f) XII.14.01.003
Knickbiegelinie (f) VII.05.002
Knicken (n) VII.05.005
Knickfigur (f) VII.05.006
Knicklast (f) VII.05.007
Kniestock (m) II.02.04.047
Knoten (m) V.02.04.003
Knoten (m) V.02.07.009
Knoten (m) VII.02.09.003
Knoten (m) XI.04.02.038
Knotenpunktmethode (f) VII.02.05.010
Knotenlast (f) VII.03.022
Köcherfundament (n) VIII.01.06.005
Kochnische (f) XII.08.05.034
kodieren (V) V.01.02.015
Kognition (f) I.02.02.006
kognitive Dissonanz (f) I.02.03.012
kognitive Kontrolle (f) I.02.03.013
Kohäsion (f) VIII.01.02.041
Kohlezeichnung (f) IV.03.03. 006
Kolonialstadt (f) XI.04.01.015
Kolonnade (f) II.02.05.019
Kombi - Zange (f) X.02.01.010
Kombi (m) XI.05.01.035
kombinieren (V) V.01.02.005
kombiniert (Adj) XI.04.02.025
komisch (Adj) I.01.017
Kommandit-gesellschaft(f) I.05.03.005
Kommune (f) XII.05.
Kommune (f) XII.08.03.018
Kommunikation (f) I.02.03.007
Kompensation (f) VII.02.10.003
Kompensatornivellier (m) III.01.03.016
Komplementär-farben (f)(pl) V.04.02.003
Komplexität (f) XI.04.02.057
komplizierte Reihe (f) V.02.03.007
komponieren (V) V.01.02.004
Komposition (f) I.01.018
Kompressor (m) X.02.02.014
Kondensation (f) IX.03.015
Kondenswasser (n) IX.03.017
Konferenzraum (m) XII.04.013
Konferenzzentrum (n) XII.10.01.006
Konferenzzimmer (n) XII.09.02.014
Konfiguration (f) I.03.005
Konflikt (m) I.03.045
Konglomerat (m) VI.01.02.006
Kongreßsaal (m) XII.14.03.003
Konkurs (m) I.05.03.012
Konoid (m) VII.02.08.002
Konsistenz (f) VI.05.01.005
Konsistenz (f) VI.05.02.
Konsole (f) II.02.04.037
Konsole (f) VII.02.02.002
Konsortium (n) X.01.04.018
konstruktive Sockellinie (f) IX.03.057
Konsum (m) I.01.019
Kontemplation (f) I.01.020
Konterlattung (f) VIII.05.01.034
Kontext (m) I.02.03.006
Kontinent (m) XI.01.01.003
Kontinuität (f) II.01.01.011
Kontinuumeinteilung (f) VII.06.007
Kontrast (m) XI.04.02.071
Kontrastbau (m) II.06.04.008
Kontrasteffekt (m) V.04.02.020
Kontrolle (f) I.05.01.006
Kontrolle (f) III.03.05.002
Kontrolle (f) X.01.06.
Kontrollmaß (n) III.01.06.002
Kontrollmessung (f) III.01.06.001
Kontrollturm (m) XII.06.04.008
Konvention (f) I.01.023
Konvention (f) I.03.039
Konzentration (f) XI.04.05.001
Konzern (m) X.01.04.017
Konzerthalle (f) XII.11.04.004
Konzerthaus (n) XII.11.04.004
kooperativer Führungsstil (m) X.01.04.030
Kopfanker (m) VIII.05.01.025
Kopfband (m) VIII.05.01.015
Kopfverband (m) II.02.03.014
kopieren (V) V.01.02.014
Kopierer (m) IV.04.03.006
Koppel (f) XII.02.02.018
Korbbogen (m) VII.02.03.004
korinthisch (Adj) II.02.05.040
Kork (m) VI.08.03.004
Körner (m) X.02.01.028
Korngröße (f) VI.09.025
Körnigkeit (f) VI.09.024
Kornspeicher (m) II.04.06.003
Kornverteilung (f) VI.09.026
Körper (m) IV.01.02.001
Körperfarbe (f) V.04.02.015
Körperschall (m) IX.01.01.019
Körperschalldämmung (f) IX.01.01.021
Körperschalldämpfung (f) IX.01.01.022
Körperschallisolierung (f) IX.01.01.020
Korrosion (f) VI.05.04.
Korrosionsschutz-anstrich (m) VI.08.02.007
Kosmetik (f) I.01.024
Kosten (f) I.05.04.009
Kosten (f) X.01.02.011
Kostenanschlag (m) I.05.04.012
Kosten-Nutzen-Rechnung (f) X.01.02.021
Kostenrechnung (f) X.01.02.020
Kostenschätzung (f) I.05.04.013
Kotten (m) II.04.05.012
Krabbelraum (m) XII.09.01.002

Begriff	Nr.
Kraft (f)	VII.03.014
Kräfte (f)(pl)	VII.03.
Kräfte-Plan (m)	VII.02.05.008
Kraftgrößenverfahren (n)	VII.06.013
Kraftraum (m)	XII.13.01.020
Kraftumlagerung (f)	VII.03.015
Kraftwerk (n)	XII.02.03.016
Kragbalken (m)	VII.02.02.013
Kragsteingewölbe (n)	II.03.02.001
Kragträger (m)	VII.02.02.003
Kran (m)	X.02.03.008
Krankenhaus (n)	XII.12.01.001
Krankenhausbau (m)	XII.12.
Krankenzimmer (n)	XII.12.02.003
Kratzband (n)	X.02.03.006
Kratzsputz (m)	VI.06.05.015
Kreativität (f)	I.01.026
Kreativität (f)	V.01.02.017
krebserregend (Adj)	III.03.01.009
Kreis (m)	IV.01.01.017
Kreisbogen (m)	III.01.02.012
Kreisbogen (m)	VII.02.03.006
Kreisfrequenz (f)	VII.07.004
Kreisquerschnitt (m)	VII.01.004
Kreißsaal (m)	XII.12.02.012
Kreisstadt (f)	XI.04.01.004
Kreisverkehr (m)	XI.05.01.084
Krematorium (n)	XII.11.01.019
Kreuzblume (f)	II.02.06.028
Kreuzgang (m)	II.04.02.002
Kreuzgewölbe (n)	II.03.02.004
Kreuzgrat (m)	II.02.06.011
Kreuzgratgewölbe (n)	II.03.02.005
Kreuzhacke (f)	X.02.01.041
Kreuzrippe (f)	II.02.06.012
Kreuzrippengewölbe (n)	II.03.02.006
Kreuzschlüssel (m)	X.02.01.022
Kreuzung (f)	V.02.07.010
Kreuzung (f)	XI.05.01.083
Kreuzverband (m)	II.02.03.018
Kriechen (n)	VI.05.01.006
Kriechen (n)	VI.09.004
Kriechzahl (f)	VI.05.01.007
Krippe (f)	XII.09.01.001
Kritik (f)	I.01.027
Kritik (f)	II.01.02.020
kritische Last (f)	VII.05.008
kritischer Weg (m)	X.01.05.030
Krümelschicht (f)	VIII.01.02.030
krumme Straße (f)	XI.04.02.031
Krümmung (f)	VII.02.10.004
Krypta (f)	II.04.01.024
Kubus (m) (Hexaeder)	IV.01.02.003
Küche (f)	XII.08.05.031
Küchenbereich (m)	XII.14.02.018
Kugel (f)	IV.01.02.005
Kühlhaus (n)	XII.02.03.014
Kühllager (n)	XII.02.04.003
Kühlraum (m)	XII.02.01.032
Kühlregal (n)	XII.03.02.013
Kühlturm (m)	XII.02.03.018
Kuhstall (m)	XII.02.02.023
Kult (m)	I.01.028
Kultur (f)	I.01.029
Kultur (f)	I.03.036
Kulturbauten (m)(pl)	XII.11.
Kulturgeschichte (f)	II.01.02.002
Kulturlandschaften (f)(pl)	XI.01.02.
Kulturzentrum (n)	XII.11.04.006
Kundentresor (m)	XII.04.017
Kündigung (f)	I.04.03.008
Kunst (f)	I.01.003
Kunst (f) im öffentlichen Raum (m)	XII.06.01.046
Kunsteisbahn (f)	XII.13.02.003
Kunstgeschichte (f)	I.01.004
Kunstgewerbe (n)	I.01.007
Kunsthalle (f)	XII.11.03.005
Kunstharzleim (m)	VI.08.02.029
Künstler (m)	I.01.006
Künstlergarderobe (f)	XII.11.04.021
künstlerische Bedeutung (f)	II.06.01.016
künstlerischer Wert (m)	II.06.01.017
künstliche Schüttung (f)	VIII.01.02.005
Kunstlicht (n)	V.04.01.003
Kunststoffe (m)(pl)	VI.08.04..
Kunststoffestrich (m)	VI.06.06.008
Kunsttopographie (f)	II.06.01.033
Kunstwerk (n)	I.01.139
Kunstwollen (n)	I.01.138
Kupfer (n)	VI.07.02.002
Kuppeln (f) (pl)	II.03.03.
Kurhaus (n)	XII.12.01.006
Kurort (m)	XI.04.01.019
Kurve (f)	IV.01.01.008
Kurvenlineal (n)	IV.04.02.008
Küste (f)	XI.01.01.036
Kutsche (f)	XI.05.01.021

L

Begriff	Nr.
Labilitätszahl (f)	VII.02.11.001
Labor (n)	XII.02.03.022
Labor (n)	XII.09.02.011
Labor (n)	XII.12.02.018
Laboratorium (n)	XII.10.02.001
Laboruntersuchung (f)	I.02.04.004
Lack (m)	VI.08.02.033
Laden (m)	XII.03.01.007
Lader (m)	X.02.03.029
Laderampe (f)	VIII.06.02.003
Lage (f)	V.02.04.002
Lagemessung (f)	III.01.05.001
Lageplan (m)	IV.02.01.014
Lager (n)	X.03.01.025
Lager (n)	XII.02.04.001
Lager (n)	XII.11.03.010
Lager (n)(pl)	VIII.02.02.039
Lager (n)(pl.)	XII.02.04.
Lagerfuge (f)	VIII.02.03.008
Lagerraum (m)	XII.03.02.002
Lagerungsdichte (f)	VIII.01.02.031
Lamellenverglasung (f)	VIII.03.02.021
Land (n)	XI.01.01.001
Landebahn (f)	XI.05.04.010
Landebahn (f)	XII.06.04.007
Landesplanung (f)	XI.06.007
Landhaus (n)	XII.08.03.010
ländliche Siedlung	XI.02.03.007
ländlicher Raum (m)	XI.02.
Landnutzung (f)	XI.02.01.
Landschaftsschutzgebiet (n)	XI.01.01.046
Landstraßen (f)(pl)	XI.05.01.058
Landwirtschaft (f)	XI.02.01.005
Landwirtschaft (f)	XII.02.
Landwirtschaft (f)	XII.02.02.
landwirtschaftliche Nutzungen (f)(pl)	XI.01.03.
landwirtschaftlicher Betrieb (m)	XII.02.02.004
Längenmessung (f)	III.01.03.001
Langhaus (n)	II.04.01.018
Längsachse(f) des Systems (n)	VII.01.017
Längseisen (n)	VIII.02.04.017
Längsschnitt (m)	IV.02.01.012
Längsverband (m)	VIII.05.01.020
Langzeitfestigkeit (f)	VI.03.01.006
Langzeitlager (n)	III.03.03.009
Lärm (m)	IX.01.01.028
Lärmschutz (m)	IX.01.01.027
Lärmschutz (m)	XI.05.01.056
Lärmschutzwall (m)	III.03.04.003
Lärmstufe (f)	IX.01.01.029
Lasche (f)	VIII.02.01.038
Lasche (f)	VIII.02.02.009
Lasernivellier (m)	III.01.03.018
Last (f)	VII.03.026
Lastangriffspunkt (m)	VII.03.036
Lastenaufzug (m)	VIII.06.02.008
Lastfall (m)	VII.03.028
Lastfallkombination (f)	VII.03.005
Lastfallüberlagerung (f)	VII.03.048
Lastkraftwagen (m)	XI.05.01.037
Lastkraftwagen (m)	X.02.03.017
Lastrichtung (f)	VII.03.027
Laststellung (f)	VII.03.038
Laterne (f)	II.02.06.029
Laterne (f)	II.03.03.008
Laterne (f)	XII.06.01.030
Latexanstrich (m)	VI.08.02.011
Latexleim (m)	VI.08.02.010
Latte (f)	VIII.02.01.002
Lattung (f)	VIII.05.01.034
Laubenganghaus (n)	XII.07.02.007
Laufbahn (f)	XII.13.01.014
Läufer (m)	II.02.03.001
Läuferverband (m)	II.02.03.013
Laufkatze (f)	X.02.03.002
Lautheit (f)	IX.01.01.037
Lautstärke (f)	IX.01.01.036
lavieren (V)	IV.03.03. 009
Leasing (n)	I.05.02.012
Leben (n)	I.02.01.006
Lebenshaltung (f)	I.03.071
Lebensmittelgeschäft (n)	XII.03.01.011
Lebensraum (m)	I.03.026
Lebensweise (f)	I.03.027
Leer-Zeit (f)	X.01.05.028
Legende (f)	IV.03.02.001
legierter Stahl (m)	VI.07.01.011
Lehm (m)	II.02.01.008
Lehm (m)	VI.01.02.016
Lehm (m)	VIII.01.02.006
Lehmbauweise (f)	VI.02.01.
Lehrbuchsammlung (f)	XII.11.02.012
Lehrerzimmer (n)	XII.09.02.013
Lehrstuhl (m)	XII.10.01.012
Leichathletik (f)	XII.13.01.
Leichenhalle (f)	XII.11.01.021
leicht brennbar (Adj)	VI.09.039
Leichtathletikstadion (n)	XII.13.01.003
Leichtbauplatte (f)	VI.08.03.009
Leichtbaustoffe (m)(pl)	VI.08.05..
Leichtbeton (m)	VI.05.01.029
Leichtflugzeug (n)	XI.05.04.005
Leichtlehm (m)	VI.02.01.003
Leichtmörtel (m)	VI.06.04.002
Leichtprofil (n)	VIII.02.02.008
Leichtziegel (m)	VI.02.02.003
Leim (m)	VI.08.02.002
Leim (m)	VIII.02.01.034
Leimbinder (m)	VIII.02.01.018
Leimfarbe (f)	VI.08.02.009
Leimverbindung (f)	VIII.02.01.035
Leistung (f)	I.02.03.034
Leistungsverzeichnis (n)	X.01.01.001
Leiter (f)	VIII.06.01.020
Leiter (f)	X.03.02.005
Leitplanke (f)	XI.05.01.096
Leitung (f)	X.02.02.004
Lernen (n)	I.02.02.009
Lesebereich (m)	XII.11.02.008
Leseraum (m)	XII.09.02.012
Lesesaal (m)	XII.11.02.010
Lettner (m)	II.02.06.016
Libelle (f)	III.01.03.025
Libellenachse (f)	III.01.03.028
Libellennivellier (m)	III.01.03.015
Licht (n)	IV.02.04.
Licht (n)	V.04.01.
Licht (n) und Farbe (f)	V.04.
Lichtbrechung (f)	V.04.01.010
Lichtdecke (f)	XII.11.03.016
Lichteinfall (m)	V.04.01.011
Lichtführung (f)	V.04.01.012
Lichtinszenierung (f)	V.04.01.013
Lichtpausmaschine (f)	IV.04.03.005
Lichtpauspapier (n)	IV.04.01.005

Lichtquelle (f) V.04.01.001
Lichtrichtung (f) IV.02.04.008
Lichttemperatur (f) IV.02.04.002
Liebe (f) I.02.01.009
Lieferant (m) X.01.01.026
liegender Stuhl (m) VIII.05.01.005
liegendes Fenster (n) VIII.03.02.023
Lignit (m) VI.01.02.014
Lineal (n) IV.04.02.001
linear (Adj) V.03.02.004
Linearerschließung (f) XII.07.02.003
lineares Gleichungssystem (n) VII.06.018
Linie (f) IV.03.01.001
Linie (f) V.02.01.002
Linien (f)(pl) III.01.02.006
Linienbus (m) XI.05.01.041
Linienkipplagerung (f) VIII.02.02.041
Linienlast (f) VII.03.023
Liparit (m) VI.01.02.021
Lisene (f) II.02.05.005
Litfaßsäule (f) XII.06.01.041
locker (Adj) VIII.01.02.032
Löffelbagger (m) X.02.03.023
Loft (n) XII.08.04.003
Loge (f) XII.11.04.027
Loggia (f) II.02.05.026
Loggia (f) XII.08.05.021
Lohn (m) I.04.04.003
Lohnbuchhaltung (f) XII.04.027
Lok (f) XI.05.02.016
lokale Steifigkeitsmatrix (f) VII.06.020
Lokalfarbe (f) V.04.02.015
Lokomotive (f) X.02.03.012
Lore (f) X.02.03.014
Lösemittel (n) VI.08.02.024
Löß (m) VIII.01.02.009
Lößlehm (m) VIII.01.02.010
Lösungsvektor (m) VII.06.030
Lot (n) III.01.03.012
lotrechte Sperrschicht (f) IX.03.059
Luftfeuchte (f) IX.03.010
Luftkalk (m) VI.04.03.006
Luftkalkmörtel (m) VI.06.05.011
Luftporenbildner (m) VI.05.03.002
Luftschall (m) IX.01.01.015
Luftschalldämmung (f) IX.01.01.016
Luftschicht (f) VIII.02.03.027
Lüftungsflügel (m) VIII.03.02.035
Luftverkehr (m) XII.06.04.
Luftzone (f) IX.03.053
Lust (f) I.01.038

M

Macht (f) I.03.014
Magazin (n) X.03.01.026
Magazin (n) XII.11.02.015
magerer Mörtel (m) VI.06.01.001
Magnesiaestrich (m) VI.06.06.007
Magnesium (n) VI.07.02.004
Magnetbahn (f) XI.05.02.007
Maisonette (f) XII.08.04.001
Malerei (f) I.01.096
Malerische (n) I.01.101
Mangel (m) X.01.06.007
Mängelrüge (f) X.01.06.008
Manier (f) I.01.079
Mannigfaltigkeit (f) XI.04.02.070
Mannzeit (f) X.01.05.024
Mansarddach (n) VIII.05.02.007
Mansarde (f) XII.08.04.002
Mantelreibung (f) VIII.01.07.001
Markt (m) I.05.01.001
Markt (m) XII.03.01.001
Marktbude (f) XII.03.01.003
Markthalle (f) XII.03.01.002
Marktstadt (f) II.05.02.005
Marmor (m) VI.01.02.017
Maschinenraum (m) XII.02.01.031
Maschinenschraube (f) mit Sechskantmutter X.02.01.085
Maskenbildnerei (f) XII.11.04.020
Maß (n) I.01.113
Masse (f) I.03.020
Masse (f) VII.07.022
Massenbeton (m) VI.05.01.030
Massenwohnungsbau (m) XII.08.02.004
Massivlehm (m) VI.02.01.001
Maßkette (f) IV.03.01.006
Maßlinie (f) IV.03.01.006
Maßstab (m) III.01.03.003
Maßstab (m) IV.03.01.010
Maßstab (m) IV.04.02.002
maßstäbliche Verkleinerung (f) III.01.05.017
Maßtoleranz (f) III.01.06.004
Maßwerk (n) II.02.06.004
Material (n) I.01.080
Materialien (n)(pl) IV.04.01.
Materialien (n)(pl) VI.03.02.
Materialien (n)(pl) VI.08.01.
Matrix (f) VII.06.022
Matrixelement (n) VII.06.023
Matrizentransformation (f) VII.06.024
Matte (f) VIII.02.04.002
Mauer (f) II.02.03.005
Mauermörtel (m) VI.06.04.
Mauerziegel (m) VI.02.02.
Maulschlüssel (m) X.02.01.018
Maurer (m) X.01.04.046
Maurerhammer (m) X.02.01.003
Maurerkelle (f) X.02.01.044
Mausoleum (n) XII.11.01.017
Mautstation (f) XII.06.01.012
Maximalfeuchtigkeit (f) VI.09.033
Maximalspannung (f) VII.04.027
Mediathek (f) XII.10.01.023
Medium (n) I.01.083
Meer (n) XI.01.01.028
Meerenge (f) XI.01.01.034
Mehrdeutigkeit (f) I.01.059
Mehrfamilienhaus (n) XII.08.03.012
Mehrheit (f) I.03.019
Mehrkomponentenanstrich (m) VI.08.02.014
mehrlagig (Adj) VIII.02.04.011
Mehrmassenschwinger (m) VII.07.024
Mehrscheibenisolierglas (n) VIII.02.05.005
Mehrtafelprojektion (f) IV.02.01.003
mehrteilige Stütze (f) VIII.02.02.017
Mehrwertsteuer (f) I.05.01.013
mehrzelliger Hohlkasten (m) VII.02.11.005
Mehrzweckhalle (f) XII.11.04.007
Meißel (m) X.02.01.027
Meister (m) X.01.04.039
Meisterraum (m) XII.02.01.027
Membranspannungszustand (m) VII.02.08.005
Membrantragwerke (n)(pl) VII.02.10.
Mensa (f) XII.10.01.024
menschlicher Maßstab (m) V.02.05.008
Mergel (m) VIII.01.02.011
Messestadt (f) XI.04.01.007
Meßkammer (f) III.01.03.045
Meßnetz (n) III.01.02.019
Meßraster (n) III.01.02.019
Meßverfahren (n) III.01.05.
Metalle (n)(pl) VI.07.
Metallsäge (f) X.02.01.037
Metapher (f) V.01.03.003
Methode (f) I.01.084
Methoden (f)(pl) I.02.04.
Methoden (f)(pl) II.01.02.
Methoden (f)(pl) V.01.
Metropole (f) XI.04.01.002
Metzger (m) XII.02.01.003
Metzgerei (f) XII.02.01.003
Miete (f) I.05.02.007
Miete (f) X.01.02.023
Mieter (m) I.05.02.008
Mieterbefragung (f) III.02.02.014
Mietwohnung (f) XII.08.02.003
Mikroeindruckhärte (f) VI.03.01.004
Mikrometer-Schraube (f) X.02.01.089
Mikwe (f) II.04.01.007
Milchglas (n) VI.03.02.005
Milieu (n) I.03.028
Milieuschutz (m) II.06.02.014
Militärgebiet (n) XI.03.01.005
Militärprojektion (f) IV.02.02.004
Militärverwaltung (f) XII.05.010
Minarett (n) II.04.01.009
Minderheit (f) I.03.021
Minderung (f) I.05.04.004
Mindestsatz (m) I.05.04.017
Mineralien (n)(pl) VI.01.01.
Mineralischer Schaumstoff (m) VI.08.03.010
Mineralwolle (f) VI.08.03.011
Minimalspannung (f) VII.04.028
Ministerium (n) XII.05.003
Mischbinder (MB) (m) VI.04.03.003
Mischfahrzeug (n) X.02.03.018
Mischmauerwerk (n) VIII.02.03.024
Mischturm (m) X.02.02.022
Mischung (f) V.04.02.011
mitteldicht (Adj) VIII.01.02.033
Mittelgebirge (n) XI.01.01.014
Mittelschiff (n) II.04.01.016
Mittelstreifen (m) XI.05.01.092
Mitwelt (f) V.03.01.004
Mobilität (f) XI.05.01.046
Modale Analyse (f) VII.07.023
Mode (f) I.01.050
Modell (n) IV.03.03. 014
Modellgips (m) VI.04.01.006
Modellierung (f) V.01.01.007
Moderne (f) I.01.085
Modernisierung (f) I.03.044
Modernisierung (f) XI.04.03.015
Modifikation (f) I.01.086
Modul (n) V.02.05.007
Moduliteration (f) V.02.03.002
Modulreihe (f) V.02.03.002
Mofa (n) XI.05.01.029
Mole (f) XII.06.03.007
Moment (n) VII.03.030
Moment 2. Ordnung (n) VII.04.045
Momentenbelastung (f) VII.03.032
Momentengelenk (n) VII.01.019
Momentenlinie (f) VII.03.031
Momenten-Nullpunkt (m) VII.03.037
Momentenverlauf (m) VII.03.041
Mönch (m) und Nonne (f) VI.02.03.002
monolithische Bauweise (f) VIII.02.07.016
Monomer (n) VI.08.04..001
Monotonie (f) XI.04.02.072
Montage (f) X.04.006
Montagegrube (f) XII.02.01.030
Montageraum (m) XII.02.01.034
Moor (n) XI.01.01.010
Moped (n) XI.05.01.030
Moral (f) I.01.045
Morphologische Typen (m)(pl) II.05.02.013
Mörtel (m)(pl) VI.06.
Mörtelgruppe (f) VIII.02.03.004
Moschee (f) II.04.01.008
Moschee (f) XII.11.01.002
Motel (n) XII.06.01.009
Motel (n) XII.14.02.005
Motiv (n) XI.04.02.049
Motivation (f) I.02.02.004

Motivierung (f)	X.01.04.033
Motorisierter Verkehr (m)	XI.05.01.027
Motorrad (n)	XI.05.01.032
Motorradrennbahn (f)	XII.13.05.007
Motorroller (m)	XI.05.01.031
Motorsäge (f)	X.02.01.066
Mühle (f)	II.04.06.004
Mühle (f)	X.02.02.019
Mulde (f)	XI.01.01.024
Mulde (f)	XI.01.01.025
Muldengewölbe (n)	II.03.02.011
Müll (m)	III.03.01.004
Müllabfuhr (f)	XII.05.021
Müllkompostierung (f)	III.03.03.005
Müllraum (m)	XII.03.02.004
Müllverbrennung (f)	III.03.03.004
Müllverbrennungsanlage (f)	XII.02.03.011
Multiplex-Platte (f)	VIII.02.01.017
Mündliche Überlieferung (f)	II.01.02.008
Musealisierung (f)	II.06.04.010
Museen (n)(pl)	XII.11.03.
Museum (n)	I.01.088
Museum (n)	XII.11.03.002
Musikbiliothek (f)	XII.11.02.004
Musikraum (m)	XII.09.02.009
Musikzimmer (n)	XII.08.05.016
Muster (n)	V.01.03.009
Mutterboden (m)	VIII.01.02.002

N

Nachahmung (f)	I.01.065
Nachbar (m)	I.03.070
Nachbild (n)	V.04.02.019
Nachfrage (f)	III.02.02.021
nachgiebiger Verbund (m)	VIII.02.06.003
Nachhall (m)	IX.01.02.001
Nachhallzeit (f)	IX.01.02.002
Nagel (m)	VIII.02.01.028
Nagelbinder (m)	VIII.02.01.029
Nageleisen (n)	X.02.01.043
Nagelplatte (f)	VIII.02.01.030
Nagelpreßleimung (f)	VIII.02.01.037
Nähe (f)	V.03.01.012
Nähe (f)	II.06.02.015
Naht (f)	VII.02.10.009
Naht (f)	VIII.02.02.056
Nahtdicke (f)	VIII.02.02.058
Nahtfestigkeit (f)	VII.02.10.010
Nahtfläche (f)	VIII.02.02.059
Nahtlänge (f)	VIII.02.02.057
Nahtstelle (f)	XI.04.02.039
Natur (f)	I.01.089
Naturlandschaften (f)(pl)	XI.01.01.
natürliche Feuchtigkeit (f)	VI.09.032
Naturmaterialien (n)(pl)	VI.01.
Naturstein (m)	II.02.01.002
Nebenkosten (f)	I.05.04.011
Nebenstraße (f)	XI.05.01.063
Nebentreppe (f)	XII.07.01.014
Nebenunternehmer (m)	X.01.04.005
Neigungsmesser (m)	III.01.03.035
Nenndicke (f)	VI.03.01.001
Nervenheilanstalt (f)	XII.12.01.003
Nettowohndichte (f)	XI.06.033
Netz (n)	V.02.04.005
Netz (n)	XI.04.02.028
Netzgewölbe (n)	II.03.02.008
Netzhautperspektive (f)	IV.02.03.014
Netzplan (m)	X.01.03.008
Netztragwerke (n)(pl)	VII.02.09.
Neugestaltung (f)	XI.04.03.018
Neustadt (f)	XI.03.02.012
neutrale Achse (f)	VII.04.032
neutrale Faser (f)	VII.04.032
neuzeitlicher Holzbau (m)	VIII.02.01.
neuzeitlicher Mauerwerksbau (m)	VIII.02.03.
nichtbindiger Boden (m)	VIII.01.02.022
Nichteisenmetalle (n)(pl)	VI.07.02.
Nicht-familiäres Wohnen (n)	XII.08.03.017
nichtlineare Methode (f)	VII.06.025
nichtrostender Stahl (m)	VI.07.01.013
Nichtschwimmerbecken (n)	XII.13.03.006
nichttragende Wand (f)	VIII.02.03.016
nichtverbaute Baugrube (f)	VIII.01.04.007
Nickel (Ni) (n)	VI.07.02.005
Niederlassung (f)	X.01.04.010
niedrig legierter Stahl (m)	VI.07.01.012
Niete (m)	VIII.02.02.050
nieten (V)	VIII.02.02.050
Nische (f)	II.02.05.029
Nitrozellulosekitt (m)	VI.08.02.015
Nivellement (n)	III.01.05.006
Nivellier (m)	III.01.03.014
Nivellierlatte (f)	III.01.03.020
Nivelliertachymetrie (f)	III.01.05.004
Nordlicht (n)	XII.11.03.019
Norm (f)	I.01.122
Normalbeton	VI.05.01.031
Normalkraft (f)	VII.03.034
Normalkraftgelenk (n)	VII.01.022
Normalkraftlinie (f)	VII.03.009
Normalkraftverlauf (m)	VII.03.042
Normalmörtel (m)	VI.06.04.001
Normalmörtel (m)	VIII.02.03.005
Notar (m)	I.04.01.005
Notaufnahme (f)	XII.12.02.002
Notrufsäule (f)	XII.06.01.015
Notstandsgebiet (n)	XI.03.01.007
Nottreppe (f)	XII.07.01.017
Novizenwohnung (f)	II.04.02.005
Nuklearmedizin (f)	XII.12.02.009
Nut (f)	II.02.04.009
Nutzfläche (f)	XI.06.017
Nutzlast (f)	VII.03.024
Nutzung (f)	III.02.02.

O

O - Bus (m)	XI.05.01.039
Obdachlosenheim (n)	XII.08.03.031
Oberfläche (f)	V.02.02.011
Oberflächenfarbe (f)	V.04.02.016
Oberflächenrüttler (m)	VIII.01.05.005
Oberflächenrüttler (m)	X.02.02.035
Oberflächentemperatur (f)	IX.02.01.016
Oberflächenwasser (n)	IX.03.041
Obergaden (m)	II.02.06.008
Obergurt (m)	VII.02.05.020
Oberlicht (n)	VIII.03.02.018
Oberlicht (n)	XII.11.03.017
Oberputz (m)	VI.06.05.004
Oberstufenzentrum (n)	XII.09.02.004
Objektplanung (f)	XI.04.03.019
Objektsanierung (f)	XI.04.04.010
Obstanbaugebiet (n)	XI.02.01.003
offen (Adj)	V.03.02.008
offen (Adj)	XI.01.01.051
offen (Adj)	XI.04.02.019
offene Bauweise (f)	XI.06.023
offene Wasserhaltung (f)	VIII.01.04.014
offener Grundriß (m)	XII.08.05.002
offener Raum (m)	XI.04.02.008
offener Wettbewerb (m)	X.01.01.009
offenes Interview (n)	III.02.02.012
offenes System (n)	III.03.05.007
Offenheit (f)	I.01.090
öffentliche Ausschreibung (f)	X.01.01.007
öffentliche Belange (m)(pl)	II.06.02.003
öffentlicher Personennahverkehr (m)	XI.05.01.048
öffentlicher Raum (m)	V.03.01.014
öffentliches Erhaltungsinteresse (n)	II.06.02.005
öffentliches Interesse (n)	II.06.02.004
öffentliches Recht (n)	I.04.01.002
Öffentlichkeit (f)	I.03.016
Öffentlichkeitsarbeit (f)	III.02.02.027
Öffnungen (f)(pl)	VIII.03.
Ökobilanz (f)	III.03.05.006
Ökologie (f)	III.03.01.011
ökologisch (Adj)	XI.01.01.045
ökologische Belastungen (f)(pl)	III.03.
Ökosysteme (n)	XI.01.01.044
Oktaeder (m)	IV.01.02.004
Ölfarbe (f)	VI.08.02.016
Ölkanne (f)	X.02.01.082
Ölkitt (m)	VI.08.02.017
Omnibus (m)	XI.05.01.038
Oper (f)	XII.11.04.002
Operationssaal (m)	XII.12.02.011
optisches Lot (n)	III.01.03.051
Orchestergraben (m)	XII.11.04.019
Ordnung (f)	I.01.091
Ordnungslinien (f)(pl)	V.02.05.006
Ordnungsprinzipien (n)(pl)	V.02.06.
Organisation von Raumeinheiten (f)(pl)	V.03.02.
organisch (Adj)	I.01.092
organisieren (V)	V.01.02.006
Orientierung (f)	XI.04.02.043
Orientierungspunkt (m)	V.02.07.013
Originalität (f)	I.01.094
Ornament (n)	I.01.095
Ornamentglas (n)	VI.03.02.006
Ort (m)	XI.04.02.035
Ort (m)	XI.04.02.047
Ortbalken (m)	VIII.05.01.027
Ortgang (m)	VIII.05.03.007
orthodoxe Kirche (f)	II.04.01.010
orthogonal (Adj)	XI.04.02.022
orthogonale Tafelprojektion (f)	IV.02.01.
Orthopädie (f)	XII.12.02.015
örtliche Anpassung (f)	II.06.04.006
Ortsbezogenheit (f)	XI.04.02.045
ortsgeschichtliche Gründe (m)(pl)	II.06.01.019
Ortsidentität (f)	I.02.03.019
Ortstermin (m)	III.01.01.003
Oval (n)	IV.01.01.018
Ozean (m)	XI.01.01.027

P

Pacht (f)	I.05.02.006
Pacht (f)	X.01.02.024
Packtisch (m)	XII.03.02.011
Palas (n)	II.04.03.019
Paläste (m)(pl)	II.04.04.
Palisade (f)	II.04.03.008
Paneel (n)	VI.08.05..008
Paneelschalung (f)	X.03.02.020
Panorama (n)	XI.04.02.081
Papier (n)	IV.04.01.002
Pappe (f)	IV.04.01.008
Parabelbogen (m)	VII.02.03.009
parabelförmiges Fachwerk (n)	VII.02.05.012
Parallelen (f)(pl)	IV.01.01.007
parallelgurtiges Fachwerk (n)	VII.02.05.023
Parallelprojektion (f)	IV.02.02.

Parcours (m) XII.13.04.004
Parken (n) XII.06.01.020
Parkett (n) XII.11.04.025
Parkhaus (n) XII.06.01.024
Parklandschaft (f) XI.01.02.001
Parkplatz (m) X.03.01.005
Parkplatz (m) XI.05.01.086
Parkplatz (m) XII.06.01.022
Parlament (n) XII.05.001
Partizipation (f) I.03.011
Partizipation (f) X.01.04.035
Partizipation (f) XI.04.03.007
Parzelle (f) XI.02.01.012
Parzellierung (f) XI.02.01.013
Passage (f) XI.05.01.004
Passage (f) XII.03.01.009
Passivisolierung (f) IX.01.01.025
Passkontrolle (f) XII.06.04.018
Pater Noster (m) VIII.06.02.010
Pathologie (f) XII.12.02.017
Pathos (n) I.01.097
Patrizier (m) I.03.057
Pauschalhonorar (n) I.04.04.002
Pausenhof (m) XII.09.02.017
Pavillon (m) II.04.04.003
Pech (m) VI.08.01.004
Pendelstab (m) VII.02.01.007
Pendelstütze (f) VII.02.01.006
Pendelstütze (f) VIII.02.07.003
Pendeltür (f) VIII.03.01.015
Pendentif (n) II.03.03.004
Pendlerdorf (n) XI.02.03.005
Pension (f) XII.14.02.003
Periode (f) II.01.01.005
periodische Reihe (f) V.02.03.003
periodische
Schwingung (f) VII.07.028
Peripherie (f) XI.03.03.002
Person (f) I.02.03.016
Personal -WC (n) XII.02.01.016
Personalcomputer (m) IV.04.03.008
Personalraum (m) XII.09.01.007
Personenaufzug (m) VIII.06.02.007
Personenkraftwagen (m) X.02.03.016
Personenkraftwagen (m) XI.05.01.034
Personenzug (m) XI.05.02.013
persönlicher Raum (m) V.03.01.005
Persönlichkeit (f) I.02.03.017
Perspektive (f) IV.02.03.
Perspektivschnitt (m) IV.02.01.021
Pfahlgründung (f) VIII.01.07.003
Pfahlgruppe (f) VIII.01.07.009
Pfahlrost (n) VIII.01.07.010
Pfahlzieher (m) X.02.02.046
Pfalz (f) II.04.03.002
Pfarrhaus (n) XII.11.01.011
Pfeiler (m) II.02.05.003
Pfeiler (m) VII.02.01.004
Pfeilhöhe (f) VII.02.03.010
Pferdestall (m) XII.02.02.022
Pfette (f) VIII.05.01.009
Pfettendach (n) VIII.05.01.002
Pfettengelenk (n) VIII.02.02.061
Pflegeheim (n) XII.08.03.029
Pforte (f) II.04.02.001
Pförtner (m) XII.04.007
Pfosten (m) VII.02.05.015
Pfosten (m) VIII.03.02.013
Pfosten (m) II.02.04.021
Pfusch (m) X.01.06.009
Phänomen (n) I.01.100
phänomenologischer
Raum (m) V.03.01.002
Phantasie (f) I.01.064
Phantasie (f) V.01.02.019
Phase (f) II.01.01.004
Phon (n) IX.01.01.034
Photodokumentation (f) III.01.06.012
Photogrammetrisches
Verfahren (n) III.01.05.015
Phototheodolit (m) III.01.03.044
Physiklabor (n) XII.10.02.005
Physiotherapie (f) XII.12.02.010
Pier (m) XII.06.03.007
Pigmentanstrich (m) VI.08.02.020
Pilaster (m) II.02.05.004
Pilgerhaus (n) II.04.02.004
Pilgerstadt (f) XI.04.01.014
Pilzdecke (f) VIII.04.003
Pinsel (m) IV.04.02.015
Pinsel (m) X.02.01.048
Plan (m) III.01.04.006
Plan (m) X.01.03.005
Wasserversorgung XI.06.039
Planer (m) X.01.01.024
Planierraupe (f) X.02.03.027
Planierung (f) X.05.008
Planimetrie (f) IV.01.01.
Planschbecken (n) XII.13.03.007
Planstadt (f) II.05.02.002
Planung (f) X.01.03.004
Planungsbegriffe (m)(pl) XI.06.
Plastik (f) I.01.114
Plastik (f) XII.06.01.044
plastisch (Adj) VIII.01.02.038
plastisch (Adj) VI.05.02.003
plastische Verformung (f) VI.09.030
plastischer
Verformungsbereich (m) VII.04.035
Plastizität (f) VII.04.
Plastizitätstheorie (f) VII.04.060
Plastomer (n) VI.08.04..004
'Platte'(f) machen (V) XII.08.03.021
Platten (f)(pl) VII.02.07.
Plattendecke (f) VIII.04.002
Plattenstreifen-
gründung (f) VIII.01.06.007
Plattentheorie (f) VII.02.07.002
Platz (m) XI.04.02.017
Platz (m) XI.05.01.006
Platzzeit (f) X.01.05.025
Plexiglas (n) IV.04.01.010
Pneukonstruktion (f) VII.02.12.001
Podest (n) VIII.06.01.002
Polares
Flächenmoment (n) VII.04.036
Polarverfahren (n) III.01.05.010
Polier (m) X.01.04.041
Politur (f) VI.08.02.021
Polizei (f) XII.05.005
Polizeigebäude (n) XII.05.005
Poller (m) XII.06.01.040
polychrom (Adj) V.04.02.008
polygonförmiges
Fachwerk (n) VII.02.05.014
Polygonierung (f) III.01.05.008
Polygonpunkt (m) III.01.02.002
Polygonzug (m) III.01.02.011
Polymer (n) VI.08.04..002
Pömpel (m) XII.06.01.040
Porosität (f) VI.09.022
Porphyr (m) VI.01.02.018
Portal (n) II.02.06.018
Portaltisch (m) X.03.02.023
Portlandzement (m) VI.04.03.009
Post (f) XII.04.004
Poststelle (f) XII.04.028
Postzug (m) XI.05.02.015
Prämie (f) I.05.05.011
Präsentationsmodell (n) IV.03.03. 016
Präsenzbereich (m) XII.11.02.007
Präsenzbibliothek (f) XII.11.02.003
Praxis (f) I.03.018
Präzisionslatte (f) III.01.03.021
Preis (m) I.05.04.001
(1.; 2.; 3.) Preis (m) X.01.01.019
Preisrichter (m) X.01.01.020
Prepaktbeton (m) VI.05.01.018
Primärfarbe (f) V.04.02.001
primitiv (Adj) I.01.103
Prinzip der virtuellen
Kräfte (f) VII.06.027
Prinzip der virtuellen
Verrückung (f) VII.06.026
privat (Adj) I.03.017
privater Raum (m) V.03.01.017
privates Recht (n) I.04.01.003
Privatheit (f) I.03.017
Privatheit (f) V.03.01.006
Probebühne (f) XII.11.04.012
Proberaum (m) XII.11.04.022
Proctordichte (f) VIII.01.02.043
Produktionsrück-
stände (m)(pl) III.03.02.005
Produktionsstätte (f) XII.02.03.012
Profil (n) IV.02.01.020
Profilaufnahme (f) III.01.05.013
Profilbauglas (n) VI.03.02.014
Prognose (f) X.01.03.002
Programm (n) XII.01.02.
projektieren (V) V.01.02.001
Projektionsebene (f) III.01.06.009
Propellerflugzeug (n) XI.05.04.002
Proportion (f) IX.01.02.017
Proportionen (f)(pl) V.02.05.
prosoziales Verhalten (n) I.02.03.033
provisorisches
Wohnen (n) XII.08.03.033
Provokation (f) I.01.105
Prozeß (m) I.04.01.013
Prozeß (m) X.01.03.001
Prozeß (m) X.01.05.006
Prüfliste (f) X.01.06.005
Prüfstand (m) XII.02.01.036
Prüfung (f) X.01.01.015
psychische Störung (f) I.02.03.035
Psychologie (f) I.02.
psychologische
Farbwirkung (f) V.04.02.018
Publikum (n) I.01.106
Pufferzeit (f) X.01.05.031
Puk - Säge (f) X.02.01.038
Pultdach (n) VIII.05.02.004
Pumpbeton (m) VI.05.01.036
Pumpe (f) X.02.02.017
Pumpwerk (n) XII.02.03.019
Punkt (m) IV.01.01.001
Punkt (m) V.02.01.001
Punkte (m)(pl) III.01.02.001
punktgestützte Platte (f) VII.02.07.003
punktierte Linie (f) IV.03.01.002
Punktkipplagerung (f) VIII.02.02.040
Putz (m) II.02.03.003
Putz- und
Mauerbinder (m) VI.04.03.005
Putzbewehrung (f) VI.06.02.002
Putzdicke (f) VI.06.01.003
Putzgips (m) VI.04.01.001
Putzgrund (m) VI.06.01.004
Putzmörtel (m) VI.06.05.
Putzschäden (m)(pl) VI.06.01.005
Putzträger (m)(pl) VI.06.02.
Puzzolan (m) VI.04.04.008
Pylon (m) VIII.02.02.019
Pylon (n) VII.02.04.010
Pyramide (f) II.02.06.027
Pyrit (m) VI.01.01.006

Q

Quadermauerwerk (n) II.02.03.010
Quadrat (n) IV.01.01.027
quadratischer
Querschnitt (m) VII.01.033
Qualitätsstahl (m) VI.07.01.009
Quarantänestation (f) XII.12.02.020
Quarz (m) VI.01.02.020
Quarz (m) VI.01.01.007
Quelle (f) II.01.02.018
Quelle (f) XI.01.02.039
Quellen (n) VI.09.008
Quellenforschung (f) III.02.01.005

Quellenkritik (f) II.01.02.019
Querachse des Systems (n) VII.01.037
Querbewehrung (f) VIII.02.06.025
Querbiegung (f) VIII.02.06.030
Querdehnung (f) VII.04.026
Querhaus (n) II.04.01.019
Querkontraktion (f) VII.04.067
Querkraft (f) VII.03.057
Querkraftgelenk (n) VII.01.038
Querkraftlinie (f) VII.03.043
Querkraftverlauf (m) VII.03.044
Querlüftung (f) XII.08.01.005
Querschnitt (m) IV.02.01.013
Querschnitt (m) VII.01.005
Querschnittsebene (f) VII.01.023
Querschnittsfläche (f) VII.04.012
Querschnitts-Schwerpunkt (m) VII.01.003
Querschwingung (f) VII.07.033
Querstellung (f) XI.04.02.063
Querverband (m) VIII.02.02.014

R

Rabitz (m) VI.06.02.006
Radialerschließung (f) XII.07.02.004
radial-zentrale Anlage (f) II.05.02.017
Radiergummi (m) IV.04.02.013
Radius (m) IV.01.01.020
Radrennbahn (f) XII.13.05.006
Raffinerie (f) XII.02.03.006
Rähm (n) II.02.04.032
Rahmen (m) VIII.02.07.007
Rahmen (m)(pl) VII.02.06.
Rahmenecke (f) VII.02.06.004
Rahmenform (f) X.04.012
Rahmenform (f) mit abklappbarer Randschalung X.04.014
Rahmenform (f) mit zerlegbarer Randschalung X.04.013
Rahmenriegel (m) VII.02.06.002
Rahmenschalung (f) X.03.02.014
Rahmenstiel (m) VII.02.06.003
Rahmentisch (m) X.03.02.022
Raketenstartgelände (n) XII.06.04.004
Ramme (f) X.02.02.041
Rammpfahl (m) VIII.01.07.004
Rampe (f) VIII.06.02.001
Rampe (f) X.03.01.007
Randbedingungen (f)(pl) VII.01.001
Randfeld (n) VII.02.02.007
Rang (m) XII.11.04.026
Rangierbahnhof (m) XII.06.02.006
Rapidograph (m) IV.04.02.017
Rapputz (m) VI.06.05.013
Raster (n) II.05.02.014
Raster (n) V.02.04.007
Raster (n) XI.04.02.029
Rasthof (m) XII.06.01.009
Rasthof (m) XII.14.02.004
Raststätte (f) XII.06.01.008
Rathaus (n) II.04.06.001
Rathaus (n) XII.05.017
Rationalisierung (f) X.01.03.019
Rauhputz (m) VI.06.05.014
Raum (m) I.01.121
Raum (m) V.03.
Raum im Raum (m) V.03.03.004
Raumakustik (f) IX.01.02.
Raumarten (f)(pl) V.03.01.
Raumaspekte (m)(pl) V.03.01.
Raumbedarf (m) XI.05.01.044
Raumbereich (m) XI.04.02.004
Raumebene (f) XI.04.02.005
Raumeffekt (m) IX.01.02.020
Raumfolge (f) XI.04.02.016
Raumfolge (f) XII.07.02.008
Raumgefüge (n) V.01.01.001
Raumgrenze (f) XI.04.02.002
Raumgröße (f) IX.01.02.012
Raumgruppen (f)(pl) V.03.03.
Raumkette (f) XII.07.02.009
Raumklima (n) IX.02.01.013
Raumkontinuität (f) XI.04.02.014
räumliche Enge (f) I.02.03.025
räumlicher Spannungszustand (m) VII.04.061
räumliches Rahmentragwerk (n) VII.02.06.008
Raumlufttemperatur (f) IX.02.01.026
Raumordnung (f) XI.06.008
Raumorientierung (f) XII.08.01.006
Raumübergang (m) XI.04.02.015
Raumvolumen (n) IX.01.02.013
Raumwirkung (f) IX.01.02.011
Raumzellenbauweise (f) VIII.02.07.015
Raumzellenbauweise (f) X.04.005
Raumzentrum (n) XI.04.02.003
Raupe (f) X.02.03.030
Rechtwinkelverfahren (n) III.01.05.009
Rechenzentrum (n) XII.04.032
Rechnung (f) I.05.01.007
Recht (n) I.04.01.001
Rechteck (n) IV.01.01.026
rechteckiges Element (n) VII.01.025
Rechteckquerschnitt (m) VII.01.024
rechter Winkel (m) IV.01.01.013
rechtliche Grundlagen (f)(pl) I.04.
Rechtsanwalt (m) I.04.01.007
Rechtsschutz (m) I.04.01.025
rechtwinkliges Fachwerk (n) VII.02.05.016
Recycling (n) III.03.05.
Recycling (n) XII.02.03.010
Reduktionssatz (m) VII.06.028
Reduktionstachymeter (n) III.01.03.046
Reflektion (f) IV.02.04.009
Reflektionsgrad (m) IX.01.02.007
Reflektor (m) III.01.03.052
Reflektor (m) IX.01.02.015
reflektorloses Tachymeter (n) III.01.03.050
Reflexion (f) IX.01.01.014
Reflexionsfläche (f) V.04.01.008
Regal (n) XII.02.04.002
Regalsystem (n) XII.02.04.001
Regattabahn (f) XII.13.03.020
regelmäßig (Adj) XI.04.02.020
Regen (n) IX.03.045
Regenrinne (f) VIII.05.01.040
Regieraum (m) XII.11.05.006
Regierungsgebäude (n) XII.05.002
Region (f) XI.03.01.002
Registratur (f) XII.04.029
Rehabilitations-zentrum (n) XII.12.01.004
Reibebrett (n) X.02.01.046
Reibungsverbund (m) VIII.02.06.007
Reichtum (m) I.03.072
Reihen (f)(pl) V.02.03.
Reihendorf (n) II.05.01.007
Reihenhaus (n) XII.08.03.006
Reihung (f) XI.04.02.075
reines Wohngebiet (n) XI.06.021
Reinzeichnung (f) IV.03.03. 003
Reithalle (f) XII.13.04.002
Reitpferd (n) XI.05.01.022
Reitplatz (m) XII.13.04.003
Reitsportanlage (f) XII.13.04.
Reitweg (m) XII.06.01.004
Reiz (m) I.02.02.015
Reizdeprivation (f) I.02.03.028
Reklame (f) XII.06.01.031
Rekonstruktion (f) II.06.03.012
Rektorat (n) XII.09.02.016
Rektorat (n) XII.10.01.009
relative Luftfeuchte (f) IX.03.012
Relaxation (f) VI.09.009
Rennbahn (f) XII.13.04.001
Rennbahn (f) XII.13.05.005
Renovierung (f) II.06.03.011
renovierungs-bedürftig (Adj) II.06.03.004
Reparaturwerkstatt (f) XII.02.01.011
repräsentativ (Adj) III.02.02.016
Residenzstadt (f) II.05.02.009
Resonanz (f) VII.07.029
Restaurant (n) XII.14.01.007
Restaurierung (f) II.06.03.010
Reststoffe (m)(pl) III.03.03.002
Revier (n) V.03.01.010
Revitalisierung (f) XI.04.04.005
Rezeption (f) I.01.107
Rezeption (f) XII.14.02.008
Rezeptionsgeschichte (f) II.01.02.007
Rezeptmauerwerk (n) VIII.02.03.025
Rezeptmörtel (m) VIII.02.03.006
Rhyolit (m) VI.01.02.021
rhythmische Reihe (f) V.02.03.005
Rhythmus (m) V.02.06.005
Rhythmus (m) X.01.05.004
Rhythmus (m) XI.04.02.067
Richter (m) I.04.01.006
Richtfest (n) X.01.05.017
Richtlinien (f)(pl) I.04.02.001
Richtung (f) V.02.07.003
Richtungswechsel (m) XI.04.02.058
Richtzeit (f) X.01.05.023
Riegel (m) II.02.04.033
Riegel (m) X.03.02.010
Riemchen (n) VI.02.02.012
Rikscha (f) XI.05.01.026
Ringerschließung (f) XII.07.02.006
Ringmauer (f) II.04.03.010
Ringschlüssel (m) X.02.01.019
Ringstadt (f) II.05.02.016
Rinnstein (m) XI.05.01.097
Rippe (f) VIII.02.06.026
Rippenhöhe (f) VIII.02.06.028
Rippenkuppel (f) II.03.03.006
Rippenlochmetall (n) VI.06.02.004
Rippenschlankheit (f) VIII.02.06.027
Risalit (m) II.04.04.002
Riß (m) VI.03.01.018
Rißsicherheit (f) VIII.02.03.002
Rittersches Schnittverfahren (n) VII.02.05.011
Ritzhärte (f) VI.03.01.005
Rodelbahn (f) XII.13.02.005
Rohdichte (f) VI.03.01.002
Rohr (n) VIII.02.02.010
Röhrenlibelle (f) III.01.03.027
Rohrgewebe (n) VI.06.02.003
Rohrlegehaken (m) X.02.01.076
Rohrpfahl (m) VIII.01.07.005
Rohrschraubstock (m) X.02.01.053
Rohrzange (f) X.02.01.014
Rohstahl (m) VI.07.01.007
Rolladen (m) VIII.03.02.038
Rollband (n) XII.06.04.021
Rolle (f) I.03.032
Rollfeld (n) XI.05.04.012
rolliger Boden (m) VIII.01.02.028
rolliges Material (n) VIII.01.02.027
Rollschicht (f) II.02.03.015
Rollschuhbahn (f) XII.13.01.006
Rollstuhl (m) XI.05.01.017
Rolltor (n) VIII.03.01.019
Rolltreppe (f) VIII.06.02.004
Rolltreppe (f) XII.07.01.015
Römer Pfanne (f) VI.02.03.007
Rostkonstruktion (f) VII.02.12.003
Rotationslaser (m) III.01.03.018
Rotationsträgheit (f) VII.07.031
Rückgabe (f) XI.04.03.027
Rücksprung (m) XI.04.02.033
Rückzahlung (f) I.05.05.022
ruhend (Adj) V.03.02.001
ruhender Verkehr (m) XII.06.01.020
Ruhepunkt (m) XI.04.02.041

Ruheraum (m) XII.09.01.005
Rührfahrzeug (n) X.02.03.018
Ruine (f) II.06.03.003
rund (Adj) XI.04.02.023
Rundfeile (f) X.02.01.026
Rundfunksender (m) XII.11.05.003
Rundgang (m) XII.11.03.015
Rundholz (n) VIII.02.01.008
Rundling (m) II.05.01.004
Rundschalung (f) X.03.02.016
Rush-hour (f) XI.05.01.050
Rüstung (f) X.03.02.
Rüttelflasche (f) X.02.02.038
Rütteltisch (m) X.02.02.036
Rüttelverdichter (m) X.02.02.042

S

Saal (m) II.04.01.013
sachbezogene
Aufgabenbearbeitung (f) X.01.04.034
Sachwert (m) X.01.02.007
Sackgasse (f) XI.05.01.077
Sägeverband (m) II.02.03.016
Sakralbauten (m)(pl) II.04.01.
sakrale Bauten (m)(pl) XII.11.01.
Sakristei (f) II.04.01.026
Sammelstraße (f) XI.05.01.073
Sammlung (f) XII.11.03.022
Sanatorium (n) XII.12.01.005
Sand (m) VI.01.02.023
Sand (m) VI.04.04.010
Sand (m) VIII.01.02.018
sandiger Lehm (m) VIII.01.02.007
Sandstein (m) VI.01.02.024
Sanierung (f) III.03.04.
Sanierung (f) XI.04.04.008
Sanierungsgebiet (n) XI.04.04.012
Sanierungsplan (m) III.03.04.001
Sanierungs-
techniken (f)(pl) III.03.04.002
Sanierungsträger (m) XI.04.04.011
Sanitärraum (m) X.03.01.016
Sanitätsraum (m) XII.13.03.012
Satelittenschüssel (f) VIII.05.04.006
Satellitenstadt (f) XI.03.02.007
Satteldach (n) VIII.05.02.003
Sattelschale (f) VII.02.08.006
Sättigung (f) IV.02.04.004
Sättigung (f) V.04.02.025
Sättigungstemperatur (f) IX.03.014
Satzung (f) XI.04.03.002
Sauerstoff-Flasche (f) X.02.01.067
Säule (f) II.02.05.002
Säule (f) [freistehend] II.02.04.023
Säulenschalung (f) X.03.02.019
Sauna (f) XII.13.03.004
S-Bahn (f) XI.05.02.003
Schablone (f) IV.04.02.007
Schaden (m) I.05.01.018
Schaden (m) III.03.01.012
Schaden (m) X.01.06.010
Schadensersatz (m) X.01.06.011
Schadstoffablagerung (f) III.03.02.
Schaft (m) II.02.05.008
Schalen (f)(pl) VII.02.08.
Schalenbogen (m) VII.02.03.011
Schalhaut (f) X.03.02.007
Schalhautunter-
stützung (f) X.03.02.008
Schall (m) IX.01.01.001
Schallabsorption (f) IX.01.01.006
Schallausbreitung (f) IX.01.01.004
Schalldämmung (f) IX.01.01.005
Schalldruck (m) IX.01.01.009
Schallempfindung (f) IX.01.01.003
Schallereignis (n) IX.01.01.011
schallschluckende
Platte (f) VI.08.03.001
Schallschluckgrad (m) IX.01.02.005
Schallschutz (m) IX.01.01.
Schallschutzwand (f) XII.06.01.017
Schallwelle (f) IX.01.01.010
Schallwirkung (f) IX.01.01.002
Schalter (m) XII.04.010
Schalterraum (m) XII.04.015
Schalung (f) X.03.02.
Schalungsanker (m) X.03.02.009
Schalungsrüttler (m) X.02.02.037
Schalungsträger (m) X.03.02.011
Schanze (f) II.04.03.026
Schatten (m) IV.02.04.011
Schattierung (f) IV.03.01.012
Schaufel (f) X.02.01.040
Schaufelradbagger (m) X.02.03.025
Schaumkunststoff (m) VI.08.03.012
Schauspielhaus (n) XII.11.04.003
Scheibe (f) VII.02.11.006
Schein (m) I.01.001
Scheitel (m) VII.02.03.016
Scherkraft (f) VII.03.057
Scheune (f) II.04.05.010
Scheune (f) XII.02.02.012
Schicht (f) I.03.025
Schicht (f) V.02.04.006
Schichtenwasser (n) IX.03.036
Schichtmauerwerk (n) II.02.03.011
Schichtung (f) V.01.01.003
Schiebeflügel (m) VIII.03.02.036
Schiebetür (f) VIII.03.01.013
Schieblehre (f) X.02.01.087
Schiedsrichterraum (m) XII.13.01.021
schiefe Biegung (f) VII.04.053
Schiefer (m) VI.01.02.026
schienengebundener
Verkehr (m) XI.05.02.
Schienenverkehr (m) XII.06.02.
Schießplatz (m) XII.13.05.001
Schießscharte (f) II.04.03.013
Schiff (n) XI.05.03.001
Schiffahrt (f) XI.05.03.
Schiffahrtsstaße (f) XI.05.03.007
Schiffshebewerk (n) XII.06.03.015
schillernd (Adj) V.04.02.010
Schirmgewölbe (n) II.03.02.009
Schlafraum (m) II.04.02.008
Schlafsaal (m) XII.14.02.014
Schlafstadt (f) XI.03.02.008
Schlafzimmer (n) XII.08.05.023
Schlagfestigkeit (f) VI.03.01.011
Schlagleiste (f) VIII.03.02.012
Schlagregen (n) IX.03.046
Schlagschatten (m) IV.02.04.013
Schlämmkorn (n) VIII.01.02.016
Schlankheit (f) VII.05.019
Schlauchwaage (f) III.01.03.034
Schlepper (m) XI.05.03.003
Schleppgaube (f) VIII.05.04.002
Schleuse (f) XII.06.03.014
Schlick (m) VIII.01.02.013
Schließfach (n) XII.06.02.018
Schlitzwand (f) VIII.01.09.005
Schlösser (n)(pl) II.04.04.
Schlosserhammer (m) X.02.01.001
Schlucht (f) XI.01.01.023
Schluff (m) VIII.01.02.019
Schlußstein (m) II.02.06.013
Schmied (m) XII.02.01.008
Schmiede (f) XII.02.01.008
Schmuck (m) I.01.033
Schneelast (f) VII.03.045
Schneidbrenner (m) X.02.01.068
Schneidemaschine (f) X.02.02.031
Schneider (m) XII.02.01.005
Schneiderei (f) XII.02.01.005
Schnitt (m) IV.02.01.011
Schnittkraft (f) VII.03.019
Schnittkräfte (f)(pl) VII.03.
Schnittkraftlinie (f) VII.03.020
Schnittlinie (f) IV.03.01.007
Schnittmoment (n) VII.03.021
Schnittpunkt (m) IV.01.01.002
Schnur (f) III.01.02.015
Schnürboden (m) XII.11.04.017
schnurgeführte
Zeichenschiene (f) IV.04.03.004
Schnurgerüst (n) III.01.02.016
Schönheit (f) I.01.010
Schöpfung (f) I.01.025
Schornstein (m) VIII.05.04.004
Schottenbau (m) VIII.02.07.014
Schotter (m) XI.05.01.095
Schotterlage (f) VIII.01.02.029
Schraffur (f) IV.03.01.011
Schrägrampe (f) VIII.06.02.002
Schrägseil (n) VII.02.04.008
Schrägstiel (m) VIII.05.01.018
Schranke (f) XI.05.02.029
Schrapper (m) X.02.02.023
Schraube (f) VIII.02.01.031
Schraube (f) X.02.01.083
Schraubendreher (m) X.02.01.023
Schraubenpfahl (m) VIII.01.07.006
Schraubenverbindung (f) VIII.02.02.053
Schraubenzieher (m) X.02.01.023
Schraubnagel (m) VIII.02.01.032
Schraubstock (m) X.02.01.052
Schraubzwinge (f) X.02.01.054
Schreibmaschine (f) IV.04.03.007
Schreibpapier (n) IV.04.01.006
Schreibzimmer (n) XII.04.023
Schreiner (m) X.01.04.045
Schreiner (m) XII.02.01.007
Schreinerei (f) XII.02.01.007
Schrotsäge (f) X.02.01.033
Schrumpfen (n) VI.09.011
Schrumpfen (n) IX.02.01.004
Schub (m) VII.04.047
Schubbereich (m) VIII.02.04.021
Schubbewehrung (f) VIII.02.04.019
Schubfluß (m) VII.04.049
Schubkarre (f) X.02.01.030
Schubmittelpunkt (m) VII.04.048
Schubmodul (n) VII.04.050
Schubspannung (f) VII.04.051
Schuhmacher (m) XII.02.01.004
Schulhof (m) XII.09.02.017
Schulungsraum (m) XII.04.031
Schumacherwerkstatt (f) XII.02.01.004
Schuppen (n) XII.02.02.013
Schürfung (f) VIII.01.03.001
Schürfwagen (m) X.02.03.031
Schuster (m) XII.02.01.004
Schusterwerkstatt (f) XII.02.01.004
Schutzbrille (f) X.02.01.070
Schutzgeländer (n) X.03.02.004
Schutzhandschuhe (m)(pl) X.02.01.074
Schutzschild (n) X.02.01.075
Schutzzone (f) XI.03.01.012
Schwalbenschwanz (m) II.02.04.015
Schwarzarbeit (f) I.04.04.007
'schwarze Wanne' (f) VIII.01.06.012
schwarz-weiß (Adj) IV.03.03. 010
Schwebebahn (f) XI.05.02.006
Schwefelkies (m) VI.01.01.006
Schweinestall (m) XII.02.02.021
Schweißbrenner (m) X.02.01.069
schweißen (V) VIII.02.02.051
Schweißerei (m) XII.02.01.035
Schweißgenerator (m) X.02.01.072
Schweißtrafo (m) X.02.01.071
Schweißverbindung (f) VIII.02.02.055
Schwelle (f) II.02.04.031
Schwelle (f) V.02.07.005
Schwelle (f) VIII.03.01.004
schwer brennbar (Adj) VI.09.038
Schwerachse (f) VII.04.006
Schwerbeton (m) VI.05.01.020
Schwerhörigkeit (f) IX.01.02.024
Schwerlinie (f) VII.04.006
Schwerpunkt (m) XI.04.02.083
Schwesternzimmer (n) XII.12.02.005

Schwimmbecken (n) XII.13.03.005
Schwimmender
Estrich (m) VI.06.06.005
Schwimmhalle (f) XII.13.03.002
Schwinden (n) VI.05.01.011
Schwinden (n) VI.09.011
Schwindmaß (n) VI.05.01.012
Schwingflügel (m) VIII.03.02.032
Schwinggeschwindig-
keit (f) VII.07.016
Schwingtor (n) VIII.03.01.018
Schwingung (f) VII.07.037
Schwingung (f) IX.01.01.007
Schwingungsdämpfer (m) VII.07.036
Schwingungsdauer (f) VII.07.027
Schwingungsform (f) VII.07.026
Schwingungs-
isolierung (f) IX.01.01.008
Schwingungstilger (m) VII.07.035
Sedimentgestein (n) VIII.01.02.025
See (f) XI.01.01.028
See (m) XI.01.01.037
Seebad (n) XI.04.01.018
Seenplatte (f) XI.01.01.031
Seeweg (m) XI.05.03.008
Segelflugplatz (m) XII.06.04.003
Segment (n) IV.01.01.024
Segmentgiebel (m) II.02.05.034
Segregation (f) I.03.033
Sehne (f) IV.01.01.022
Seil (n) VII.02.04.011
Seil (n) VII.02.09.001
Seilbahn (f) XI.05.02.011
Seilgleichung (f) VII.02.04.005
Seilklemme (f) VII.02.09.002
Seillinie (f) VII.02.04.004
Seiltragwerke (n)(pl) VII.02.04.
Seitenansicht (f) IV.02.01.010
Seitenflügel (m) VIII.03.02.017
Seitenlicht (n) XII.11.03.018
Seitenschiff (n) II.04.01.017
Seitenstreifen (m) XI.05.01.093
seitliche
Bodenfeuchtigkeit (f) IX.03.042
Sekretariat (n) XII.04.024
Sekundärfarbe (f) V.04.02.002
Selbständiger (m) I.05.03.001
Selbstbedienungs-
laden (m) XII.03.01.012
Selbstwert (m) I.02.03.014
Selektion (f) I.03.034
Seltenheitswert (m) II.06.01.025
Seminarraum (m) XII.10.01.018
Semiotik (f) II.01.02.009
semi-privater Raum (m) V.03.01.016
Seniorenheim (n) XII.08.03.028
Senke (f) XI.01.01.024
Senkkastengründung (f) VIII.01.07.012
Senklot (n) X.02.01.088
Senkrechtstarter (m) XI.05.04.008
sentimental (Adj) I.01.117

Serpentinit (m) VI.01.02.025
Setzstufe (f) VIII.06.01.005
Setzung (f) VIII.01.01.005
Sheddach (n) VIII.05.02.005
Shedfenster (n) VIII.03.02.029
sich überschneidende
Räume (m)(pl) V.03.03.002
Sicherheit (f) I.05.05.025
Sicherheitsfaktor (m) VII.01.029
Sicherheitskontrolle (f) XII.06.04.020
Sicherheitskonzept (n) VII.01.028
Sicherung (f) II.06.03.009
Sichtachse (f) V.01.01.005
Sichtbeton (m) VI.05.01.021
Sichtmauerwerk (n) VIII.02.03.017
Sickerwasser (n) IX.03.039
Siebkorn (n) VIII.01.02.015
Siedlungen (f)(pl) XI.03.02.
Signierstelle (f) XII.11.02.018
Silhouette (f) XI.04.02.080
Silo (n) X.02.02.021
Silo (n) XII.02.02.019
Silo (n) XII.02.04.005
Simulation (f) I.02.04.008
simulieren (V) V.01.02.013
Sinn (m) XI.04.02.051
Sinneswahrnehmung (f) I.02.02.016
Sinnlichkeit (f) I.01.116
Sitte (f) I.03.038
Situation (f) XI.04.02.036
Situationsgebunden-
heit (f) II.06.04.002
Sitzplatz (m) XII.13.01.015
Sitzungssaal (m) XII.10.01.015
Skelettbau (m) VIII.02.07.001
Skisprungschanze (f) XII.13.02.006
Skizze (f) IV.03.03. 001
Skizzenpapier (n) IV.04.01.007
Skonto (n) I.05.04.006
Skulptur (f) I.01.114
Skulpturengarten (m) XII.11.03.009
Skulpturenhof (m) XII.11.03.009
Slipanlage (f) XII.13.03.019
Slum (m) XI.03.02.010
Sockel (m) II.02.05.007
sofortiger Verbund (m) VIII.02.04.024
Sohlbank (f) VIII.03.02.005
Sohldruckverteilung (f) VIII.01.01.010
Sohle (f) VIII.01.04.003
Sohlfläche (f) VIII.01.01.011
Soldatenfriedhof (m) XII.05.016
sommerlicher
Wärmeschutz (m) IX.02.01.017
Sonderabfall (m) III.03.03.003
Sonderlabor (n) XII.10.02.004
Sonderlast (f) VII.03.047
Sonderschule (f) XII.09.02.005
Sondierung (f) VIII.01.03.003
Sortieranlage (f) X.02.02.020
Sozialbindung (f) I.05.01.014
soziale Dichte (f) I.02.03.025

soziale Interaktion (f) I.02.03.008
soziale Mobilität (f) I.03.035
soziale Umwelt (f) V.03.01.004
sozialer Vergleich (m) I.02.03.011
sozialer
Wohnungsbau (m) XII.08.02.005
Sozialgeschichte (f) II.01.02.004
Sozialisation (f) I.03.004
Sozialkartei (f) III.02.02.002
Sozialplan (m) III.02.02.019
Sozialplan (m) XI.04.04.013
Sozialpsychologie (f) I.02.03.
Sozialraum (m) V.03.01.013
Sozialraum (m) XII.02.01.013
Sozialstruktur (f) III.02.02.
Sozialstruktur (f) I.03.064
Sozialstruktur (f) III.02.02.006
Soziologie (f) I.03.
Spachtel (m) X.02.01.045
Spachtelgips (m) VI.04.01.003
Spaltung (f) X.05.013
Spannbeton (m) VI.05.01.035
Spannbeton (m) VIII.02.04.
Spannbett (n) VIII.02.04.030
Spannbohle (f) VIII.05.01.029
Spanngliedverbund (m) VIII.02.04.029
Spannschloß (n) VII.02.04.013
Spannschloß (n) VIII.02.02.063
Spannseil (n) VII.02.04.009
Spannstahl (m) VIII.02.04.004
Spannung (f) VII.04.056
Spannungsproblem (n) VII.05.022
Spannweg (m) VIII.02.04.032
Spannweite (f) VII.01.030
Spanplatte (f) VI.08.03.006
Spanplatte (f) VIII.02.01.014
sparen (V) I.05.05.005
Sparkasse (f) I.05.05.002
Sparren (m) VIII.05.01.012
Sparrendach (n) VIII.05.01.001
Sparverblender (m) VI.02.02.012
Spaten (m) X.02.01.039
Spedition (f) XII.06.01.013
Speicher (m) II.04.06.002
Speicher (m) XII.08.05.039
Speicherhaus (n) XII.06.03.013
Speisekammer (f) XII.08.05.035
Speisesaal (m) II.04.02.007
Speisesaal (m) XII.09.02.019
Speisesaal (m) XII.14.02.015
Speisezimmer (n) XII.08.05.036
Spektralfarbe (f) V.04.02.004
Spektrum (n) IV.02.04.005
Sperrgebiet (n) XI.03.01.006
Sperrholz (n) VIII.02.01.015
spezifische Wärme (f) IX.02.01.029
spezifisches Gewicht (n) VI.09.021
Spiegelgewölbe (n) II.03.02.012
Spiegelglas (n) VI.03.02.004
Spielcasino (n) XII.14.03.001
spielen (V) V.01.02.011

Spielfeld (n) XII.13.01.012
Spielhalle (f) XII.14.03.002
Spielplatz (m) XII.09.01.008
Spielzimmer (n) XII.09.01.002
Spindel (f) VIII.06.01.016
Spindelspreize (f) X.02.01.077
Spindeltreppe (f) XII.07.01.010
Spiralbohrer (m) X.02.01.058
Spiritusanstrich (m) VI.08.02.025
Spitzendruck (m) VIII.01.07.002
spitzer Winkel (m) IV.01.01.014
Spitzhacke (f) X.02.01.041
Spitzkuppel (f) II.03.02.013
Splitt (m) VI.04.04.003
Sportgeräteraum (m) XII.13.01.017
Sporthalle (f) XII.13.01.005
Sportplatz (m) XII.13.01.001
Sprechzimmer (n) XII.04.011
Sprechzimmer (n) XII.12.02.007
Sprenggiebel (m) II.02.05.035
Sprengung (f) X.05.012
Sprengwerk (n) VII.02.12.005
Springbrunnen (m) XII.06.01.043
Spritzbeton (m) VI.05.01.026
Spritzputz (m) VI.06.05.017
Spritzwasser (n) VIII.01.04.012
Spritzwasser (n) IX.03.047
Spritzwasserzone (f) IX.03.055
Sprosse (f) VIII.03.02.015
Sprungbecken (n) XII.13.03.011
Sprungturm (m) XII.13.03.010
Spundwand (f) VIII.01.09.002
Spur (f) XI.05.01.089
Squashcourt (m) XII.13.01.008
Squashzentrum (n) XII.13.01.007
Staat (m) XII.05.
Staatliche Prämie (f) I.05.05.012
Staatsanwalt (m) I.04.01.008
Stab (m) VIII.02.04.014
Stabbau (m) II.02.04.017
Stabbündel (n) VIII.02.04.015
Stabdurchmesser (m) VIII.02.04.016
Stäbe (m) (pl) VII.02.01.
Stabendmoment (n) VII.03.029
Stabilisierer (m) VI.05.03.008
Stabilität (f) VII.05.
Stabilität (f) VII.05.020
Stabilitätsproblem (n) VII.05.021
Stabstahl (m) VI.07.01.004
Stabwerk (n) II.02.06.003
Stadion (n) XII.13.01.002
Stadt (f) XI.04.
Stadtautobahn (f) XI.05.01.068
Stadtbibliothek (f) XII.11.02.002
Stadtbild (n) XI.04.02.079
Städtebau (m)(pl) XI.04.02.
Städtebauförderungs-
gesetz (n) XI.04.03.001
städtebauliche
Belange (m)(pl) II.06.02.008
städtebauliche Gestaltungs-

prinzipien (n)(pl) XI.04.02.054
städtebauliche Gründe (m)(pl) II.06.01.020
Stadtentwicklung (f) XI.04.05.
Stadterneuerung (f) XI.04.04.
Stadtflucht (f) XI.04.05.003
Stadtgebiete (n)(pl) XI.03.03.
Stadthalle (f) XII.05.018
Stadthalle (f) XII.11.04.005
Stadthaus (n) XII.08.03.009
städtische Siedlung (f) XI.03.02.001
Stadtkrone (f) V.02.07.014
Stadtlandschaft (f) XI.01.02.003
Stadtplanung (f) XI.04.03.
Stadtplanung (f) XI.06.006
Stadtrand (m) XI.03.03.003
Stadtraum (m) XI.04.02.001
Stadtschnellbahn (f) XI.05.02.003
Stadtteil (n) XI.03.03.004
Stadtteilzentrum (n) XII.11.04.008
Stadttypen (m)(pl) XI.04.01.
Stahl- Meßband (n) III.01.03.006
Stahlbau (m) VIII.02.02.
Stahlbeton (m) VI.05.01.042
Stahlbeton (m) VIII.02.04.
Stahlbetonskelett (n) VIII.02.07.013
Stahlblech (n) VI.07.01.014
Stahlfaserbeton (m) VI.05.01.041
Stahlskelett (n) VIII.02.07.012
Stahlzugspannung (f) VIII.02.04.031
Stall (m) II.04.05.009
Stampfbetonfundament (n) VIII.01.06.009
Stampfer (m) X.02.02.040
Stampfverdichtung (f) VIII.01.05.007
Stand (m) I.03.024
Stand der Arbeiten X.01.05.008
Ständer (m) VII.02.01.005
Ständer (m) II.02.04.022
Standfestigkeit (f) VI.09.012
ständige Last (f) VII.03.035
Standort (m) III.02.02.030
Standortfertigung (f) X.04.007
Standortqualität (f) III.02.02.031
Standpunkt (m) IV.02.03.002
Standsicherheit (f) VIII.01.01.012
Standsicherheit (f) VIII.01.08.
starre Verbindung (f) VII.01.027
starrer Verbund (m) VIII.02.06.002
Start (m) X.01.05.009
Startbahn (f) XI.05.04.011
Starttermin (m) X.01.05.010
statisch bestimmt (Adj) VII.01.034
statisch unbestimmt (Adj) VII.01.035
statisches Moment (n) VII.04.054
Statistische Grundlagen (f)(pl) III.02.02.007
Statistisches Amt (n) III.02.02.001
Stativ (n) III.01.03.024
Stätte (f) XI.04.02.047
Status (m) I.03.024
Stau (m) XI.05.01.051
Stauchung (f) VII.04.008
Staußziegelgewebe (n) VI.06.02.005
Stauwasser (n) IX.03.038
Steckschlüssel (m) X.02.01.020
Steg (m) XI.05.01.007
Steg (m) XII.06.03.009
Stehachse (f) III.01.03.041
stehender Stuhl (m) VIII.05.01.004
stehendes Fenster (n) VIII.03.02.024
Stehplatz (m) XII.13.01.016
steif (Adj) VI.05.02.004
Steifemodul (n) VIII.01.01.004
Steifigkeit (f) VIII.01.01.013
Steifigkeitsmatrix (f) VII.06.032
Steigerung (f) XI.04.02.068
Steildach (n) VIII.05.02.002
Stein (m) II.02.01.001
Steinbohrer (m) X.02.01.059
Steinfestigkeit (f) VIII.02.03.001
steingerechtes Aufmaß (n) III.01.06.014
Stellplatz (m) X.03.01.006
Stellplatz (m) XII.06.01.021
Stellwerk (n) XII.06.02.012
Steppe (f) XI.01.01.008
Stereometrie (f) IV.01.02.
Sterngewölbe (n) II.03.02.007
Steuer (f) I.05.01.011
Stich (m) VII.02.03.010
Stichbalken (m) VIII.05.01.022
Stichsäge (f) X.02.01.036
Stichtag (m) I.05.05.018
Stiel (m) VII.02.01.005
Stiel (m) VIII.05.01.017
Stiel (m) II.02.04.024
Stilgeschichte (f) II.01.02.003
Stimmung (f) I.01.008
Stirnbogen (m) II.02.05.037
Stirnplatte (f) VIII.02.02.024
Stock (m) II.02.04.046
Stockwerkrahmen (m) VII.02.06.005
Stockwerksbau (m) II.02.04.044
Stoff (m) II.02.01.009
Stoffeigenschaften (f)(pl) IX.02.02.028
Störfall (m) III.03.01.005
Störungen (f)(pl) X.01.06.013
Strafe (f) I.04.01.018
Strahl (m) IV.01.01.004
Strahlenschutzbeton (m) VI.05.01.039
Strahlung (f) IX.02.01.018
Strahlungsbelastung (f) IX.02.01.019
Strahlungsdurchlässigkeit (f) IX.02.01.021
Strahlungsundurchlässigkeit (f) IX.02.01.020
Straße (f) XI.05.01.057
Straßenbahn (f) XI.05.02.002
Straßenbau (m) XI.05.01.087
Straßenbelag (m) XI.05.01.094
Straßenbeleuchtung (f) XII.06.01.029
Straßendorf (n) II.05.01.005
Straßenfahrzeuge (n)(pl) X.02.03.015
Straßenmöbel (f) XII.06.01.026
Straßenraum (m) XI.04.02.026
Straßenrelief (n) XI.04.02.034
Straßenschild (n) XII.06.01.028
Straßenschuhgang (m) XII.13.01.025
Straßenunterführung (f) XI.05.01.085
Straßenverkehr (m) XI.05.01.
Straßenverkehr (m) XII.06.01.
Straßenverlauf (m) XI.04.02.027
Strebe (f) II.02.04.029
Strebe (f) VII.02.05.018
Strebe (f) VIII.05.01.016
Strebebogen (m) II.02.06.023
Strebepfeiler (m) II.02.06.022
Strebewerk (n) II.02.06.021
Strecke (f) IV.01.01.005
Streckenlast (f) VII.03.011
Streckmetall (n) VI.06.02.001
Streichbalken (m) VIII.05.01.021
Streifenfundament (n) VIII.01.06.003
Streik (m) I.04.04.006
Streusiedlung (f) II.05.01.001
Strichcodelatte (f) III.01.03.022
Strichkreuz (n) III.01.03.031
Strohlager (n) XII.02.02.014
Strohlehm (m) VI.02.01.002
Strom (m) XI.01.01.042
Struktur (f) I.03.007
Struktur (f) XI.04.02.052
Strukturanalyse (f) II.01.02.015
Strukturen (f)(pl) V.02.04.
Strukturplan (m) X.01.03.010
Stube (f) II.04.05.005
Stuckgips (m) VI.04.01.007
Stückvermessung (f) III.01.01.005
Studentenwohnheim (n) XII.08.03.027
Studie (f) I.02.04.001
Studio (n) XII.10.01.019
Stufe (f) VIII.06.01.001
Stufenportal (n) II.02.06.019
Stuhlsäule (f) II.02.04.028
Stümperei (f) V.01.02.023
stumpfer Winkel (m) IV.01.01.015
Sturz (m) VIII.03.01.003
Sturz (m) VIII.03.02.001
Stütze (f) II.02.04.020
Stütze (f) VIII.02.07.002
Stützen (f)(pl) II.02.05.001
Stützen (f)(pl) VIII.02.02.015
Stützenfuß (m) VIII.02.02.021
Stützenkopf (m) VIII.02.02.022
Stützensenkung (f) VII.03.051
Stützenstoß (m) VIII.02.02.023
Stützenverankerung (f) VIII.02.02.027
Stützenverdrehung (f) VII.03.050
Stutzkuppel (f) II.03.03.002
Stützmoment (n) VII.03.049
Stützwand (f) VIII.01.09.001
Stützwände (f)(pl) VIII.01.09.
Styroporbeton (m) VI.05.01.032
Subjekt (n) I.02.03.015
Subkultur (f) I.01.123
subtraktive Farbmischung (f) V.04.02.013
subtraktive Form (f) V.02.02.008
Subunternehmer (m) X.01.04.006
Suburbanisation (f) XI.04.05.003
suchen (V) V.01.02.009
Suite (f) XII.14.02.013
Supermarkt (m) XII.03.01.013
Syenit (m) VI.01.02.027
Symbol (n) I.01.125
Symbol (n) V.01.03.004
Symmetrie (f) V.02.06.002
Symmetrie (f) XI.04.02.076
Synagoge (f) II.04.01.002
Synagoge (f) XII.11.01.003
Synthesekitt (m) VI.08.02.028
synthetischer Anstrich (m) VI.08.02.027
System (n) I.01.126
System (n) I.03.006
systemgesteuerte Aufgabenbearbeitung (f) X.01.04.036

T

T - Schiene(f) IV.04.02.003
Tabelle (f) IV.03.02.003
Tachymetertheodolit (m) III.01.03.047
Tachymetrie (f) III.01.05.003
Tafelbauweise (f) VIII.02.07.019
Tafelbauweise (f) X.04.003
Tafelstahl (m) VI.07.01.015
Tageslicht (n) V.04.01.002
Tagungsraum (m) XII.14.02.016
Tal (n) XI.01.01.022
Talent (n) I.01.127
Tambour (m) II.03.03.007
Tandem (n) XI.05.01.025
Tangente (f) IV.01.01.023
Tangentialkraft (f) VII.03.052
Tankstelle (f) XII.06.01.010
Tanzsaal (m) XII.14.03.004
Tarif (m) I.05.05.009
Tasche (f) VII.02.10.008
Tätigkeiten (f)(pl) V.01.02.
Tätigkeiten (f)(pl) XII.01.01.
Täuschung (f) I.04.01.023
Tauwasser (n) IX.03.018
Taxi (n) XI.05.01.040
Teer (m) VI.08.01.003
Teich (m) XI.01.01.038
Teilgebiet (n) XI.03.01.013
Teilkreis (m) III.01.03.038
Teilverbund (m) VIII.02.06.008
teilweise Vorspannung (f) VIII.02.04.027
Teilzeit (f) X.01.05.027

Teleologie (f) II.01.01.010
Teleskopmaßstab (m) III.01.03.005
Tempel (m) II.04.01.001
Tempel (m) XII.11.01.001
Tempelstadt (f) XI.04.01.013
Temperatur (f) IX.02.01.023
Temperaturänderung (f) VII.03.053
Temperatureinfluß (m) VII.03.054
Temperaturleitfähigkeit (f) IX.02.02.031
temporäres Wohnen (n) XII.08.03.033
Tenne (f) II.04.05.008
Tenne (f) XII.02.02.011
Tennisanlage (f) XII.13.01.010
Termin (m) X.01.05.001
Terrasse (f) II.04.04.011
Terrasse (f) XII.08.05.018
Terrassenhaus (n) XII.08.03.016
Territorialität (f) I.02.03.020
Territorium (n) V.03.01.010
Tertiärisierung (f) XI.04.05.005
Tetraeder (m) IV.01.02.002
Text (m) IV.03.02.
Theater (n) XII.11.04.003
Theke (f) XII.03.02.006
Theodolit (m) III.01.03.037
Theorie II. Ordnung (f) VII.05.018
Thermogramm (n) III.01.06.017
Thermographie (f) III.01.06.016
thixotrop (Adj) VIII.01.02.040
Tiefenrüttler (m) VIII.01.05.006
Tiefgarage (f) XII.06.01.025
Tiefgründungen (f)(pl) VIII.01.07.
Tiefkühlraum (m) XII.03.02.003
Tiefstraße (f) XI.05.01.061
Tischler (m) XII.02.01.007
Tischlerei (f) XII.02.01.007
Tod (m) I.02.01.007
Toilette (f) XII.08.05.029
Ton (m) VI.01.02.005
Tonhohlplatte (f) VI.02.02.007
toniger Lehm (m) VIII.01.02.008
Tonnengewölbe (n) II.03.02.002
Tonnenschale (f) VII.02.08.001
Topflager (n) VIII.02.02.042
Topographie (f) XI.01.
Tor (n) XII.07.01.003
Tor (n) VIII.03.01.
Tora-Schrein (m) II.04.01.005
Toreinfahrt (f) XII.07.01.004
Torsion (f) VII.04.062
Torsionsmoment (n) VII.03.056
Torsionsschubspannung (f) VII.04.065
Torsionsträgheitsmoment (n) VII.04.063
Torsionswiderstandsmoment (n) VII.04.064
Trabantenstadt (f) XI.03.02.007
Traclyt (m) VI.01.02.019
Tradition (f) I.03.040
Tradition (f) II.01.01.013
traditionelle Baumaterialien (n)(pl) II.02.01.
traditionelle Bautypen (m)(pl) II.02.02.
traditionelle Kunst (f) I.01.111
traditionelle Verkehrsmittel (n) XI.05.01.018
traditioneller Holzbau (m) II.02.04.
traditioneller Mauerwerksbau (m) II.02.03.
Tragbalken (m) VIII.06.01.003
tragende Wand (f) VIII.02.03.015
Träger (m) VIII.02.07.005
Träger (m) (pl) VII.02.02.
Träger (m) öffentlicher Belange (m) XI.04.03.009
Träger (m)(pl) VIII.02.02.029
Träger mit Öffnungen (f)(pl) VIII.02.02.030
Trägeranschluß (m) VIII.02.02.038
Trägerbohlwand (f) VIII.01.09.003
Trägerlagerung (f) VIII.02.02.044
Trägerrost (m) VII.02.12.004
Trägerrost (m) VIII.02.02.031
Trägerschalung (f) X.03.02.015
Trägerverankerung (f) VIII.02.02.047
Tragfähigkeit (f) VII.01.016
Trägheitskraft (f) VII.07.020
Trägheitsmoment (n) VII.04.031
Trägheitsradius (m) VII.04.039
Tragkraft (f) VIII.01.01.014
Traglast (f) VIII.01.01.015
Tragseil (n) VII.02.04.012
Tragsysteme (n)(pl) VII.02.
Transaktion (f) I.02.03.009
Transformator (m) X.02.02.002
Translationsfläche (f) VII.02.08.008
Translationsträgheit (f) VII.07.021
Translozierung (f) II.06.03.016
Transparentpapier (n) IV.04.01.001
Transparenz (f) V.02.02.012
Transportbeton (m) VI.05.01.037
Transportmittel (n) X.02.03.
trapetzförmiges Fachwerk (n) VII.02.05.021
Trapezlast (f) VII.03.058
Traß (m) VI.04.04.011
Trasse (f) XI.05.02.025
Traßkalk (m) VI.04.03.011
Traßzement (m) VI.04.03.010
Traufe (f) VIII.05.01.008
Traufe (f) VIII.05.03.005
Travée (n) II.02.06.014
Travertin (m) VI.01.02.028
Trennschleifer (m) X.02.01.064
Treppe (f) XII.07.01.008
Treppen (f)(pl) VIII.06.01.
Treppenhaus (n) VIII.06.01.019
Treppenhaus (n) XII.07.01.009
Treppenturm (m) II.04.04.009
Tresor (m) XII.04.014
Tresor (m) XII.11.03.011
Treuhand (f) I.05.02.010
Tribüne (f) XII.13.01.013
Triebwagen (m) XI.05.02.017
Triforium (n) II.02.06.007
Trigonometrischer Punkt (m) III.01.02.005
Trittschall (m) IX.01.01.017
Trittschallpegel (m) IX.01.01.018
Trittstufe (f) VIII.06.01.004
Trockenbeton (m) VI.05.01.038
Trockendock (n) XII.06.03.011
trockene Zone (f) IX.03.056
Trockenlager (n) XII.02.04.004
Trockenlegung (f) VIII.01.04.015
Trockenmauerwerk (n) II.02.03.006
Trockenmörtel (m) VI.06.03.001
Trompe (f) II.03.03.003
Trümmer (f) X.05.006
Truppenübungsgelände (n) XII.05.013
Trust (m) X.01.04.019
T-Stahl (m) VIII.02.02.002
tube - Konstruktion (f) VII.02.11.008
Tuff (m) VI.04.04.012
Tunnel (m) XI.05.01.009
Türbeschlag (m) VIII.03.01.005
Türblatt (n) VIII.03.01.001
Turboprop-Flugzeug (n) XI.05.04.004
Türen (f)(pl) VIII.03.01.
Türklingel (f) VIII.03.01.008
Türklinke (f) VIII.03.01.006
Turm (m) II.04.01.032
Turm (m) II.04.04.007
Turnhalle (f) XII.09.02.021
Turnhalle (f) XII.13.01.009
Turnschuhgang (m) XII.13.01.024
Türpfosten (m) II.02.04.026
Türschloß (n) VIII.03.01.007
Türspion (m) VIII.03.01.009
Tuschezeichnung (f) IV.03.03. 007
Typ (m) I.01.130
Typ (m) V.01.03.007
Typen (m)(pl) XII.02.01.001
Typen (m)(pl) XII.02.02.001
Typen (m)(pl) XII.02.03.001
Typen (m)(pl) XII.03.01.
Typen (m)(pl) XII.04.001
Typen (m)(pl) XII.06.01.001
Typen (m)(pl) XII.06.02.001
Typen (m)(pl) XII.06.04.001
Typen (m)(pl) XII.08.03.
Typen (m)(pl) XII.11.02.001
Typen (m)(pl) XII.11.03.001
Typen (m)(pl) XII.11.04.001
Typen (m)(pl) XII.12.01.
Typen (m)(pl) XII.14.01.001
Typen (m)(pl) XII.14.02.001
Typologie (f) I.01.132

U

U - Bahn (f) XI.05.02.004
UB (f) XII.10.01.022
U-Bahnhof (m) XII.06.02.004
Überbau (m) III.03.04.006
überbaubare Grundstücksfläche (f) XI.06.014
Überbevölkerung (f) XI.04.05.009
Übereckperspektive (f) IV.02.03.010
Übergabetermin (m) X.01.05.015
Übergang (m) XI.04.02.066
Übergang (m) XI.05.02.028
Übergangsbogen (m) III.01.02.013
überhygroskopische Feuchte (f) IX.03.007
überlagert (Adj) XI.04.02.024
Übernahme (f) II.06.02.018
Übernahmeanspruch (m) II.06.02.019
Überschüttung (f) III.03.04.005
Übertragungsverfahren (n) VII.06.035
Überwachung (f) III.03.05.001
Überzug (m) VIII.04.009
Ufer (n) XI.01.01.035
Ultraleichtflugzeug (n) XI.05.04.006
Ultraschall-Distanzmesser (m) III.01.03.007
Umbau (m) X.05.002
Umfrage (f) III.02.02.010
Umgebungsschutz (m) II.06.02.010
Umgehungsstraße (f) XI.05.01.065
Umkleidekabine (f) XII.13.01.023
Umkleideraum (m) XII.02.01.015
Umkleideraum (m) XII.13.01.022
Umlagerung (f) VIII.02.06.029
Umlegung (f) XI.04.03.025
Umriß (m) I.01.118
Umriß (m) V.02.02.001
Umstrukturierung (f) XI.04.05.007
Umwelt (f) III.03.01.010
Umwelt (f) V.03.01.003
Umweltpsychologie (f) I.02.03.
Umweltstreß (m) I.02.03.030
unbewußt (Adj) I.02.03.037
unbrennbar (Adj) VI.09.037
Unfallkrankenhaus (n) XII.12.01.002
ungebundene Perspektive (f) IV.02.03.013
Ungenauigkeit (f) III.01.06.007
ungerichteter Raum (m) XI.04.02.013
ungewollte Ausmitte (f) VII.05.023
Ungleichheit (f) I.03.022
ungleichmäßige Form (f) V.02.02.006
Universität (f) XII.10.01.001
Universitätsbibliothek XII.10.01.022
Universitätstadt (f) XI.04.01.016
unlegierter Stahl (m) VI.07.01.010
unregelmäßig (Adj) XI.04.02.021
Unterbau (m) III.03.04.004

unterbrochener
Verbund (m) VIII.02.06.009
Unterflügel (m) VIII.03.02.016
Untergrund-
verbesserung (f) III.03.04.007
Untergurt (m) VII.02.05.001
Unterkunft (f) X.03.01.013
Unterkünfte (f)(pl) XII.14.02.
Unterlagsplatte (f) III.01.03.023
Unternehmen (n) X.01.04.001
Unternehmens-
formen (f)(pl) I.05.03.
Unternehmer (m) I.05.03.011
Unternehmer (m) X.01.01.025
Unterputz (m) VI.06.05.003
Unterschied (m) I.03.047
Unterschutzstellung (f) II.06.02.009
Unterspannbahn (f) VIII.05.01.035
Unterstand (m) XII.06.01.035
Untersuchung (f) I.02.04.001
Untersuchungsgebiet (n) III.02.02.028
Untervermietung (f) XII.08.03.020
Unterwasserbeton (m) VI.05.01.043
Unterzug (m) VIII.02.07.006
Unterzug (m) VIII.04.008
unvollständiger
Verbund (m) VIII.02.06.010
Urgestein (n) VIII.01.02.024
Ursprung (m) I.01.093
Urteil (n) I.01.077
Urteil (n) I.04.01.016
U-Stahl (m) VIII.02.02.004
U-Treppe (f) VIII.06.01.013

V

Vakuumbeton (m) VI.05.01.044
variabler Grundriß (m) XII.08.05.004
Vektor (m) VII.06.037
Veranda (f) II.02.05.025
Veranda (f) XII.08.05.020
veränderliche
Querschnittshöhe (f) VII.02.02.020
verändern (V) V.01.02.008
Veränderung (f) XI.04.02.064
Veränderungssperre (f) I.04.02.008
Veränderungsverbot (n) II.06.02.012
Verarbeitbarkeit (f) VI.09.015
Verband (m) VII.02.05.002
Verbau (m) VIII.01.04.006
verbaute Baugrube (f) VIII.01.04.008
Verbesserung (f) XI.04.05.006
Verbiegung (f) VII.04.003
Verbindung (f) V.02.04.004
Verbindungen (f)(pl) VIII.02.02.049
Verbindungskorridor (m) XII.06.02.015
Verbindungslinie (f) III.01.06.010
Verbindungsmittel (n)(pl) II.02.04.006
Verbindungsraum (m) V.03.03.003
Verblattung (f) II.02.04.013
Verblattung (f) VIII.02.01.022
Verblender (m) VI.02.02.011
Verblendmauerwerk (n) VIII.02.03.018
Verbot (n) I.04.02.011
Verbund (m) VIII.02.07.010
Verbundanker (m) VIII.02.06.024
Verbundbau (m) VIII.02.06.
Verbunddecke (f) VIII.02.06.014
Verbundestrich (m) VI.06.06.004
Verbundglas (n) VI.03.02.012
Verbundkonstruktion (f) VIII.02.06.011
Verbundlänge (f) VIII.02.04.022
Verbundmittel (n) VIII.02.06.015
Verbundstütze (f) VIII.02.02.018
Verbundstütze (f) VIII.02.06.013
Verbundträger (m) VIII.02.06.012
Verdichtung (f) VI.09.003
Verdichtung (f) VIII.01.05.003
Verdingung (f) I.04.03.009
Verdingungsordnung (f) X.01.01.003
Verdingungs-
unterlagen (f)(pl) X.01.01.002
Verdrehung (f) VII.04.068
Verdübelungsgrad (m) VIII.02.06.023
Verdünnungsmittel (n) VI.08.02.030
Verengung (f) XI.04.02.062
Verfall (m) II.01.01.008
Verfall (m) II.06.03.001
Verfestigungsbereich (m) VII.04.040
Verformung (f) III.01.06.005
Verformung (f) VII.04.014
Verformung (f) VII.04.016
Verfremdung (f) I.01.109
Verfügung (f) I.04.02.002
Vergabe (f) X.01.01.
Vergrößerung (f) V.02.06.008
Vergütung (f) I.05.01.009
Verhalten (n) I.02.02.001
verhalten (v) XII.01.01.002
Verhaltensraum (m) V.03.01.009
Verjährung (f) I.04.01.022
Verkaufsbereich (m) XII.03.02.005
Verkaufsstand (m) XII.03.01.006
Verkaufswert (m) X.01.02.022
Verkehr (m) XII.06.
Verkehrsaufkommen (n) XI.05.01.054
verkehrsberuhigte
Straße (f) XI.05.01.005
Verkehrsberuhigung (f) XI.05.01.055
Verkehrslast (f) VII.03.025
Verkehrslinienplan (m) XI.05.01.043
Verkehrsraum (m) XI.05.01.045
Verkehrsschild (n) XII.06.01.027
Verkehrswert (m) X.01.02.009
Verklauung (f) II.02.04.012
Verkleinerung (f) V.02.06.009
Verknüpfung (f) XI.04.02.056
Verkürzung (f) VII.04.052
Verlängerung (f) VII.04.021
verlorene Schalung (f) X.03.02.024
Vermeidung (f) III.03.05.011
Vermieter (m) I.05.02.009
Vermietungsrate (f) XI.06.035
Verminderung (f) III.03.05.010
Verordnung (f) I.04.02.004
Verpreßgerät (n) X.02.02.029
Verputzgerät (n) X.02.02.030
Verringerung der
Rangfolge XI.06.042
Versagung (f) I.04.02.010
Versatz (m) VIII.02.01.021
Verschattung (f) V.04.01.007
verschiebliches Lager (n) VII.01.021
Verschiebung (f) VII.04.066
Verschiedenartigkeit (f) XI.04.02.069
verschiedene Begriffe(f) III.01.01.
Verschwenkung (f) XI.04.02.059
Versorgungsstraße (f) XI.05.01.064
Versorgungsstruktur (f) III.02.02.023
Verstädterung (f) XI.04.05.008
Verstehen (n) II.01.02.023
verstellbarer
Zeichenkopf (m) IV.04.03.003
Versuchsraum (m) XII.10.02.008
Vertikalachse (f) VII.01.039
Vertikaldichtung (f) VIII.01.04.023
Vertikale (f) VII.02.05.024
vertikale
Auflagereaktion (f) VII.03.063
Vertikalerschließung (f) XII.07.02.001
Vertikalkraft (f) VII.03.061
Vertikalkreis (m) III.01.03.040
Vertikallast (f) VII.03.062
Vertrag (m) I.04.03.001
Vertragsrecht (n) I.04.03.
Vertrauensschutz (m) I.04.03.007
Verunreinigung (f) III.03.01.013
Verunstaltung (f) II.06.04.011
Verursacherprinzip (n) III.03.01.007
Verurteilung (f) I.04.01.017
Verwahrlosung (f) II.06.03.002
Verwaltung (f) X.01.04.011
Verwaltung (f) XII.02.01.019
Verwaltung (f) XII.04.
Verwaltung (f) XII.10.01.013
Verwaltungsbezirk (m) XI.03.01.003
Verwaltungsgebäude (n) XII.04.002
Verwaltungsrecht (n) I.04.02.
Verwaltungsstadt (f) II.05.02.012
Verwaltungsstadt (f) XI.04.01.010
Verwertungskaskade (f) III.03.05.008
Verwölbung (f) VII.04.011
Verzapfung (f) II.02.04.011
Verzeichnis (n) IV.03.02.006
Verzerrung (f) IV.02.01.005
Verzinsung (f) I.05.05.014
Verzögerer (VZ) (m) VI.05.03.006
Verzug (m) X.01.05.029
Verzugszinsen (m)(pl) I.05.05.023
Verzweigungspunkt (m) VII.05.003
Vestiarium (n) II.04.02.011
Vibrations-Stampfer (m) X.02.02.039
Vieleck (n) IV.01.01.028
Vielfalt (f) XI.04.02.057
Vierendeelträger (m) VII.02.02.021
Viertel (n) XI.03.03.005
Vierung (f) II.04.01.020
Vierungsturm (m) II.04.01.037
Villa (f) XII.08.03.011
Villensiedlung (f) XI.03.02.005
Vitrine (f) XII.06.01.042
Vogelperspektive (f) IV.02.03.011
Volk (n) I.03.065
Volkshochschule (f) XII.10.01.007
Volkskunst (f) I.01.052
volle Vorspannung (f) VIII.02.04.026
vollfugig (Adj) VIII.02.03.010
Vollholz (n) VIII.02.01.005
Vollkommenheit (f) I.01.099
Vollmacht (f) I.04.01.009
Vollstoß (m) VIII.02.02.025
Vollwandträger (m) VII.02.02.017
Vollwandträger (m) VIII.02.02.035
Vollzeit (f) X.01.05.026
Vollziegel (m) VI.02.02.002
Volumen (n) V.02.01.004
Volumenabnahme (f) IX.02.01.006
Volumengewicht (n) VI.09.020
Volumen-
Zeitdiagramm (n) X.01.03.013
Volute (f) II.02.05.011
Vorderfront (f) IV.02.01.009
Vorfahrt (f) XII.07.01.006
Vorfeld (n) II.04.03.022
Vorfertigung (f) X.04.
Vorführraum (m) XII.11.05.002
Vorgabe bestimmter
Bebauungsmuster XI.06.040
Vorgabezeit (f) X.01.05.022
Vorgang (m) X.01.05.006
vorgespanntes Glas (n) VI.03.02.011
vorgespanntes Glas (n) VIII.02.05.003
Vorhalle (f) II.04.01.027
Vorkirche (f) II.04.01.029
vorläufiger Plan (m) IV.03.03. 002
Vorort (m) XI.03.03.001
Vorplanung (f) XI.04.03.021
Vorprüfung (f) X.01.01.014
Vorsatzschale (f) VIII.02.03.021
Vorschlaghammer (m) X.02.01.005
Vorschuß (m) I.04.04.004
Vorspannseile (n)(pl) VIII.02.04.028
Vorspannung (f) VI.03.01.008
Vorspannung (f) VIII.02.04.025
Vorsprung (m) XI.04.02.032
Vorstadt (f) XI.03.03.001
vortäuschen (V) V.01.02.013
Vorwärtsschnitt (m)
Vorwärtseinschnitt (m) III.01.05.012
Voutenträger (m) VII.02.02.010

W

Waage (f) X.02.02.025
waagerechte Sperrschicht (f) IX.03.058
Wabenträger (m) VII.02.02.004
Wabenträger (m) VIII.02.02.036
Wache (f) XII.05.006
Wagen (m) X.02.03.013
Wagen (m) XI.05.01.019
Wagen (m) XI.05.02.018
Waggon (m) XI.05.02.019
Wahrheit (f) I.01.129
Wahrnehmung (f) I.02.02.017
Wahrnehmungstäuschung (f) I.02.02.018
Waisenhaus (n) XII.08.03.024
Wald (m) XI.01.03.001
Wall (m) II.04.03.023
Wallfahrtskapelle (f) XII.11.01.007
Walmdach (n) VIII.05.02.006
Walmfläche (f) VIII.05.03.002
Walze (f) X.02.02.043
Wand (f) VIII.02.03.012
Wand zur Aussteifung VII.02.11.007
Wandbalken (m) VIII.05.01.023
Wandbauplatte (f) VI.08.05..003
Wandbild (n) XII.06.01.047
Wandel (m) I.03.041
Wanderlast (f) VII.03.033
Wanderweg (m) XII.06.01.003
Wandlung (f) V.02.06.007
Wandlung (f) XI.04.02.065
Wandpfosten (m) II.02.04.027
Wandputz (m) VI.06.05.020
Wange (f) VIII.06.01.006
Wanne (f) VIII.01.06.010
Ware (f) I.05.01.002
Warenhaus (n) XII.03.01.010
Warmdach (n) VIII.05.01.031
Wärme (f) IX.02.01.
warme Farbe (f) V.04.02.021
Wärmebeharrungsvermögen (n) IX.02.02.029
Wärmebrücke (f) IX.02.02.003
Wärmedämmgebiet (n) IX.02.01.025
Wärmedämmschicht (f) VIII.05.01.036
Wärmedämmung (f) IX.02.02.002
Wärmedämmwert (m) IX.02.02.019
Wärmedämmzahl (f) IX.02.01.024
Wärmedurchgang (m) IX.02.02.006
Wärmedurchgang (m) IX.02.02.015
Wärmedurchgangszahl (f) IX.02.02.016
Wärmedurchlaßwiderstand (m) IX.02.02.013
Wärmedurchlaßzahl (f) IX.02.02.014
Wärmeeindringwiderstand (m) IX.02.02.017
Wärmeeindringzahl (f) IX.02.02.018
Wärmeeinstrahlung (f) IX.02.01.011
Wärmeempfindung (f) IX.02.01.015
Wärmehaushalt (m) IX.02.01.028
Wärmekapazität (f) IX.02.01.035
Wärmeleitung (f) IX.02.01.009
Wärmeleitvermögen (n) IX.02.02.030
Wärmeleitzahl (f) IX.02.02.010
Wärmemenge (f) IX.02.01.032
Wärmemitführung (f) IX.02.02.007
Wärmequellen (f)(pl) IX.02.01.033
Wärmeschutz (m) IX.02.02.001
Wärmeschutzklasse (f) IX.02.02.024
Wärmespeicherfähigkeit (f) IX.02.02.032
Wärmespeicherwert (m) IX.02.02.022
Wärmestrahlung (f) IX.02.01.008
Wärmestrom (m) IX.03.033
Wärmestromdichte (f) IX.02.02.021
Wärmeströmung (f) IX.02.01.010
Wärmestube (f) II.04.02.010
wärmetechnische Berechnungen (f)(pl) IX.02.02.009
Wärmetransport (m) IX.02.01.007
Wärmeübergangswiderstand (m) IX.02.02.011
Wärmeübergangszahl (f) IX.02.02.012
Wärmeübertragung (m) IX.02.02.004
Wärmeverbrauch (m) IX.02.01.031
Wärmewirkung (f) IX.02.01.030
Wartehalle (f) XII.06.01.036
Wartehalle (f) XII.06.04.025
Wartezeit (f) I.05.05.017
Wartezimmer (n) XII.12.02.025
Wartezone (f) XII.04.009
Wäscherei (f) XII.12.02.021
Waschraum (m) XII.02.01.017
Wasser (n) XI.01.01.026
Wasseraufnahmefähigkeit (f) VI.09.034
Wasserburg (f) II.04.03.006
Wasserdampf (m) IX.03.021
Wasserdampfdiffusion (f) IX.03.030
Wasserdampfdruck (m) IX.03.013
wasserdurchlässiger Boden (m) IX.03.048
Wasseremulsion (f) VI.08.02.034
Wasserflugzeug (n) XI.05.04.007
wasserführende Schicht (f) IX.03.049
Wasserglas (n) VI.08.02.035
Wasserhaltung (f) VIII.01.04.013
Wasserkalk (m) VI.04.03.004
Wassermühle (f) II.04.06.006
Wassernase (f) VIII.03.02.006
Wasserpumpenzange (f) X.02.01.011
Wasserski (n) XII.13.03.022
Wassersport (m) XII.13.03.
Wassersportanlage (f) XII.13.03.001
Wasserturm (m) XII.02.03.017
Wasserverkehr (m) XII.06.03.
Wasserwaage (f) III.01.03.033
Wasserwaage (f) X.02.01.086
Wasserwerk (n) XII.02.03.004
Wasser-Zement-Wert (m) VI.05.01.017
WC (n) XII.08.05.029
Wechsel (m) VIII.05.01.024
Wechselausstellung (f) XII.11.03.020
Wechsellast (f) VII.03.002
Weg (m) V.02.07.001
Weg (m) XI.05.01.002
Wegführung (f) V.02.07.002
Wehrgang (m) II.04.03.011
Wehrturm (m) II.04.03.018
weich (Adj) IV.04.02.010
weich (Adj) VI.05.02.002
Weiche (f) XI.05.02.027
Weiche (f) XII.06.02.011
Weichmacher (m) VI.05.03.007
Weide (f) XI.01.03.004
Weiler (m) II.05.01.003
Weinanbaugebiet (n) XI.02.01.004
Weingut (n) XII.02.02.006
Weinkeller (m) XII.14.01.005
'weiße Wanne' (f) VIII.01.06.011
Weißkalk (m) VI.04.03.012
weiter Raum (m) XI.04.02.010
Weiterverwendung (f) III.03.05.005
Weiterverwertung (f) III.03.05.004
weiträumig (Adj) XI.01.01.050
Wellenbad/-becken (n) XII.13.03.009
Wellpappe (f) IV.04.01.009
Wellziegel (m) VI.02.03.008
Wendeflügel (m) VIII.03.02.031
Wendelatte (f) III.01.03.022
Wendeltreppe (f) VIII.06.01.015
Wendeltreppe (f) XII.07.01.010
Werft (f) XII.06.03.012
Werkmörtel (m) VI.06.03.
Werkraum (m) XII.09.02.008
Werksfertigung (f) X.04.001
Werkstatt (f) X.03.01.018
Werkstatt (f) XII.10.02.007
Werkstatt (f) XII.11.03.013
Werkstätten (f)(pl) XII.02.01.
Werksteinmauerwerk (n) II.02.03.012
Werkzeuge (n)(pl) X.02.01.
Werkzeugkasten (m) X.02.01.029
Wert (m) I.05.01.003
Wertermittlung (f) X.01.02.006
Wertminderung (f) II.06.02.024
Westturm (m) II.04.01.035
Westwerk (n) II.04.01.030
Wettbewerb (m) I.05.01.016
Wettbewerb (m) X.01.01.008
Wetterschutzleiste (f) VIII.03.02.007
Wichtigkeit (f) I.01.066
Wickelraum (m) XII.09.01.006
Widerlager (n) II.02.04.037
Widerlager (n) VII.02.03.001
Widerspiegelung (f) I.01.110
Widerstandsmoment (n) VII.04.046
Wiederaufbau (m) II.06.03.013
Wiederaufbau (m) XI.04.04.004
Wiederbelebung (f) XI.04.04.005
Wiederholung (f) V.02.06.006
Wiederverwertung (f) III.03.05.003
Wiese (f) XI.01.03.002
Wilde Müllkippe (f) III.03.03.013
Wildwasserstrecke (f) XII.13.03.021
Wimperg (m) II.02.06.026
Winddruck (m) VII.03.066
Winde (f) X.02.03.001
Windfang (m) VIII.03.01.011
Windfang (m) XII.08.05.009
Windlast (f) VII.03.065
Windmühle (f) II.04.06.005
Windsog (m) VII.03.067
Windverband (m) VII.02.11.009
Winkel (m) IV.01.01.012
Winkelmesser (m) IV.04.02.006
Winkelmessung (f) III.01.03.036
Winkelmessung (f) III.01.05.007
Winkelprisma (n) III.01.03.011
Winkelspiegel (m) III.01.03.009
Winkelstahl (m) VIII.02.02.005
Wintergarten (m) XII.08.05.022
winterlicher Wärmeschutz (m) IX.02.01.012
Wintersport (m) XII.13.02.
Wintersportanlage (f) XII.13.02.001
Wintersportort (m) XI.04.01.017
Wirkung (f) I.01.041
Wirkung (f) II.01.01.015
Wirkungsgrad (m) IX.01.02.006
wirtschaftliche Grundlagen (f)(pl) I.05.
Wirtschaftlichkeit (f) X.01.02.004
Wirtschaftlichkeitsberechnung (f) X.01.02.005
Wissenschaft (f) XII.10.
Wöchnerinnenstation (f) XII.12.02.013
Wohnbedürfnisse (f) XII.08.01.008
Wohnbereiche (m)(pl) XII.08.05.013
Wohncontainer (m) XII.08.03.034
Wohneinheit (f) XI.06.027
Wohneinheiten (f)(pl) XII.08.04.
Wohnerleben (n) I.02.03.023
Wohnfläche (f) XI.06.029
Wohnfläche (f) XII.08.01.003
Wohnform (f) XII.08.01.009
Wohnfunktionen (f)(pl) XII.08.01.011
Wohngemeinschaft (f) XII.08.03.019
Wohnhandeln (n) I.02.03.022
Wohnhaus (n) XII.08.01.001
Wohnhäuser (n)(pl) II.04.05.
Wohnheim (n) XII.08.03.023
Wohnküche (f) XII.08.05.033
Wohnlager (n) X.03.01.012
Wohnquartier(n) XI.03.03.006
Wohnraum (m) XII.08.01.002
Wohnscheibe (f) XII.08.03.015
Wohnsiedlung (f) XI.03.02.009
Wohntätigkeiten (f)(pl) XII.08.01.010
Wohnturm (m) II.04.03.001

Wohnung (f) XII.08.01.004
Wohnungsbau (m) XII.08.
Wohnungseingang (m) XII.08.05.008
Wohnungsstruktur (f) III.02.02.005
Wohnverhalten (n) XII.08.01.007
Wohnviertel (n) XI.03.03.006
Wohnwagen (m) XI.05.01.036
Wohnwagen (m) XII.08.03.035
Wohnwünsche (f) XI.04.03.010
Wohnzimmer (n) XII.08.05.014
Wölbkrafttorsion (f) VII.04.023
Wölbmoment (n) VII.03.064
Würde (f) I.01.039
Wursttheke (f) XII.03.02.007
Wüste (f) XI.01.01.009

Z

zähfließender
Verkehr (m) XI.05.01.049
Zahlung (f) I.05.04.018
Zahlungsfluß (m) I.05.04.020
Zahlungsplan (m) I.05.04.019
Zahnradbahn (f) XI.05.02.010
Zahnschnitt (m) II.02.05.016
Zahnstangenwinde (f) X.02.01.078
Zange (f) VIII.02.01.039
Zapfen (m) VIII.02.01.023
Zarge (f) VIII.03.01.002
Zeichen (n) IV.03.01.
Zeichenbrett (n) IV.04.03.002
Zeichendreieck (n) IV.04.02.005
Zeichengeräte (n)(pl) IV.04.02.
Zeichenmaschine (f) IV.04.03.001
Zeichenpapier (n) IV.04.01.003
Zeichensaal (m) XII.09.02.010
Zeichensaal (m) XII.10.01.020
Zeichenschiene (f) IV.04.02.004
Zeichnung (f) IV.03.03. 004
Zeilenbebauung (f) XII.08.03.013
Zeitablauf (m) X.01.05.
Zeitschriftenauslege-
stelle (f) XII.11.02.011
Zeitschriftenverkauf (m) XII.03.02.018
Zelle (f) II.04.02.012
Zellenbüro (n) XII.04.020
Zelluloseanstrich (m) VI.08.02.005
Zelt (n) II.02.02.004
Zelt (n) XII.08.03.036
Zement (m) VI.04.03.
Zementestrich (ZE) (m) VI.06.06.003
Zementfarbe (f) VI.08.02.006
Zementleim (m) VI.05.01.015
Zementmörtel (m) VI.06.05.005
Zementsilo (n) X.03.01.022
Zensur (f) I.01.014
Zentralanlage (f) II.05.02.015
Zentralbau (m) II.04.01.015
Zentralerschließung (f) XII.07.02.005
Zentralperspektive (f) IV.02.03.009
zentriert (Adj) V.03.02.002
zentrische Lagerung (f) VIII.02.02.046
Zentrum (n) XI.03.03.009
Zerreißfestigkeit (f) VI.03.01.010
Zertrümmerung (f) X.05.014
Ziegel (m) II.02.01.006
Ziegelplatte (f) VI.02.03.009
Zielachse (f) III.01.03.042
Zielgruppe (f) III.02.02.026
Ziellinie (f) III.01.03.029
Zimmererplatz (m) X.03.01.020
Zimmermann (m) X.01.04.044
Zimmermanns-
hammer (m) X.02.01.002
Zink (Zn) (n) VI.07.02.007
Zinn (Sn) (n) VI.07.02.006
Zinnen (f) II.04.03.014
Zinsen (m)(pl) I.05.05.013
Zinssatz (m) I.05.05.013
Zirkel (m) IV.04.02.016
Zirkuszelt (n) XII.11.04.009
Zitadelle (f) II.04.03.029
Zitat (n) V.01.03.005
Zivilisation (f) I.03.003
Zoll (m) XII.05.009
Zollgebäude (n) XII.05.009
Zollkontrolle (f) XII.06.04.019
Zollstock (m) III.01.03.002
Zollstock (m) X.02.01.091
Zone (f) XI.03.01.009
Zonierung (f) V.01.01.002
Zubringer (m) XI.05.01.069
Zufahrt (f) X.03.01.004
Zug (m) X.02.03.011
Zug (m) XI.05.02.012
Zugabewasser (n) VI.05.01.016
Zuganker (m) VIII.02.02.028
Zugbrücke (f) II.04.03.016
Zugfestigkeit (f) VI.05.01.013
Zuggurt (m) VII.02.05.019
Zugkraft (f) VII.03.055
Zugmaschine (f) X.02.03.019
Zugspannung (f) VII.04.058
Zugstab (m) II.02.04.035
Zugstab (m) VII.02.01.009
Zugstange (f) VII.02.01.010
zulässige Toleranz (f) VI.09.018
zumutbare Auflage (f) II.06.02.023
zusammengesetzte
Reihe (f) V.02.03.004
Zusammenhalte-
vermögen (n) VI.09.002
Zusammenhang (m) II.01.01.012
Zusatzlast (f) VII.03.001
Zusatzmittel (n)(pl) VI.05.03.
Zuschauerraum (m) XII.11.04.024
Zuschlag (m) X.01.01.016
Zuschläge (m)(pl) VI.04.04.
Zuschuß (m) II.06.02.025
Zustand (m) III.01.07.001
Zustandsform (f) VIII.01.02.035
Zuteilung (f) I.05.05.016
Zuverlässigkeit (f) III.01.06.008
Zuwanderung (f) XI.04.05.011
Zweckentfremdung (f) II.06.02.016
zweiachsig gespannte
Platte (f) VII.02.07.004
Zweibund (m) XII.07.02.011
zweifach unterspannter
Träger (m) VII.02.02.006
Zweigelenkbogen (m) VII.02.03.015
Zweigelenkrahmen (m) VII.02.06.010
Zweikomponenten-
anstrich (m) VI.08.02.031
zweilagiger Putz (m) VI.06.05.002
zweiläufige Treppe (f) VIII.06.01.010
Zweiräder (n)(pl) XI.05.01.028
zweischaliges
Mauerwerk (n) VIII.02.03.020
Zweistöckiger
Rahmen (m) VII.02.06.011
Zweistraßenanlage (f) II.05.02.019
Zweitafelprojektion (f) IV.02.01.002
Zwerchhaus (n) VIII.05.04.003
Zwinger (m) II.04.03.003
Zwischenfinanzierung (f) I.05.05.015
Zwischenlager (n) III.03.03.008
Zwischenraum (m) V.03.02.010
Zwischenraum (m) XI.04.02.007
Zyklopenmauerwerk (n) II.02.03.008
Zyklus (m) X.01.05.003
Zylinder (m) IV.01.02.007

Hungarian
Ungarisch
magyar
Węgierski
венгерский язык
maďarsky

ω-számok VII.05.001

A

a beépítés pontos szerkezetének megadása v. előírása XI.06.040
a belső erők ábrája VII.03.020
a belső levegő hőmérséklete IX.02.01.026
a beton kora VI.05.01.002
a bérlőkkel való ankét III.02.02.014
a bérlőkkel való tudakozódás III.02.02.014
a borda karcsúsága VIII.02.06.027
a borda magassága VIII.02.06.028
a cég székhelye XII.04.003
a csap merevsége VIII.02.06.022
a döntőbíró helyisége XII.13.01.021
a fal szerkezete II.02.
a falu környéke XI.02.02.004
a falu struktúrája XI.02.02.003
a falu történelmi formái II.05.01.
a falufejlesztési program támogatása XI.02.04.006
a feladat objektív feldolgozása X.01.04.034
a feladatfeldolgozás szisztematikus irányítása X.01.04.036
a felépítés ütemterve X.01.03.020
a fény beesése V.04.01.011
a fény irányítása V.04.01.012
a forgalom nagysága XI.05.01.054
a formák áthelyezéséhez szükséges alátét X.04.018
a gerenda homlokkiképzése II.02.04.004
a (meg)változtatás zárlata I.04.02.008
a hellyel való kapcsolat XI.04.02.045
a hely szelleme XI.04.02.044
a helyszín minősége III.02.02.031
a héjalás vízszintes horgonya X.03.02.009
a homlokzat felmévése III.01.05.018
a hozzáépítés korlátozása II.06.02.011
a hőmérséklet hatása VII.03.054
a hőszigetelő minősége IX.02.02.024
a jelenlegi állapot ábrázolás III.02.01.007
a keresztmetszet síkja VII.01.023
a keresztmetszet súlypontja VII.01.003
a konyhák övezete XII.14.02.018
a környezetből fakadó sztressz I.02.03.030
a közérdek megszemélyesítője XI.04.03.009
a lakás élménye I.02.03.023
a lakás funkciója XII.08.01.011
a lakás használati módja I.02.03.022
a lakás rendeltetése XII.08.01.011
a lakással kapcsolatos követelmények XI.04.03.010
a lakosság összetétele III.02.02.004
a lakók részvétele a lakástervezésben egy képviselő által XI.04.03.004
a legnagyobb kilengés VII.07.003
a lépészaj szintje IX.01.01.018
a mátrix sávszélessége VII.06.003
a mindennapi élet története II.01.02.005
a munka kiosztása X.01.01.
a munka megadása X.01.01.
a munkafolyamat időszerű aktuális helyzete X.01.05.008
a munkafolyamat időszerű állapota X.01.05.008
a műemlék értéke II.06.01.015
a műemlék minősége II.06.01.015
a műemlékek jegyzéke II.06.01.032
a műemlékek listája II.06.01.032
a népesség kor szerinti tagozódása I.03.063
a nyomaték eloszlása VII.03.041
a padló hőelnyelési képessége IX.02.02.008
a polgárhoz írt levél III.02.02.025
a rajzolóberendezés szabályozható feje IV.04.03.003
a rendező helyisége XII.11.05.006
a rendszer hossztengelye VII.01.017
a renovális szükségessége II.06.03.004
a repülőtér területe XII.06.04.006
a sugár beesése V.04.01.011
a szemét megsemmisítése X.05.007
a szignálás helye XII.11.02.018
a színek kölcsönhatása V.04.02.014
a színek pszichológiai hatása V.04.02.018
a szülők szobája XII.08.05.025
a talaj tömörítése VIII.01.05.004
a tartózkodás élménye I.02.03.023
a tárgy színe V.04.02.015
a teher iránya VII.03.027
a teher támadáspontja VII.03.036
a telekrész bemérése III.01.01.005
a települések történelmi formái II.05.
a templom nyugati része II.04.01.030
a terem nagysága IX.01.02.012
a teremlevegő hőmérséklete IX.02.01.026
a terhelési esetek szuperpoziciója VII.03.048
a tér centruma XI.04.02.003
a tér jellegzetességei és típusai V.03.01.
a tóra olvasásához való állvány II.04.01.006
a tulajdonosnak a telek fölötti légtérhez való joga XI.06.044
a vakolóréteg vastagsága VI.06.01.003
a varrat felülete VIII.02.02.059
a varrat gyökmérete VIII.02.02.058
a válogatás helye XII.11.02.017
a város pereme XI.03.03.003
a város széle XI.03.03.003
a városfejlődést támogató törvény XI.04.03.001
a várostervezés konstrukciós alapelvei XI.04.02.054
a víz és nedvesség hatása IX.03.050
a zsaluzat alátámasztása X.03.02.008
a zsaluzás vízszintes horgonya X.03.02.009
ablakbélés VIII.03.02.008
ablakborda II.02.04.040
ablakdeszka VIII.03.02.005
ablakfedő VIII.03.02.037
ablakfej VIII.03.02.001
ablakfél II.02.06.020
ablak(os tornyocska) II.02.06.029
ablak(os torrnyocska) II.03.03.008
ablakkeresztfa II.02.04.039
ablakkeret VIII.03.02.009
ablakkönyöklő VIII.03.02.005
ablakkupola VIII.03.02.026
ablakmellvéd VIII.03.02.004
ablakok VIII.03.02.
ablakoszlop II.02.04.038
ablakosztás II.02.04.038
ablakosztó léc VIII.03.02.015
ablakpánt VIII.03.02.025
ablakrács VIII.03.02.039
ablakrózsa II.02.06.031
ablakszárnykeret VIII.03.02.009
ablaktalp VIII.03.02.005
ablaktábla VIII.03.02.037
ablaktok VIII.03.02.008
abroncsacél VI.07.01.005
abszolút légnedvességtartalom IX.03.011
abszorpció V.04.01.009
abszorpció IX.01.02.004
absztrakt kompozíció V.02.
acelszálasbeton VI.05.01.041
acél húzófeszültség VIII.02.04.031
acélbeton VIII.02.04.
acélépítmény VIII.02.02.
acéllap VI.07.01.015
acélszerkezet VIII.02.02.
acélszerkezet VIII.02.07.012
adalék(anyag) VI.04.04.

adalékszer VI.05.03.
additív alak V.02.02.007
additív forma V.02.02.007
addíciós színkeverés V.04.02.012
adminisztrácios épület XII.04.002
adminisztráció X.01.04.011
adminisztráció XII.04.
adminisztráció XII.10.01.013
adó I.05.01.011
aerodinamikai gerjesztés VII.07.002
agglomeráció I.03.031
agrárpolitika XI.02.01.008
agresszió I.02.03.031
agyag II.02.01.008
agyag VI.01.02.005
agyag VIII.01.02.006
ahol az ország a tervező és kivitelező XI.06.007
ajánlat X.01.01.011
ajánlat I.04.03.002
ajánlat I.05.04.007
ajánlattevő X.01.01.013
ajtófél II.02.06.020
ajtófélfa II.02.04.026
ajtók és kapuk VIII.03.01.
ajtókilincs VIII.03.01.006
ajtólap VIII.03.01.001
ajtószárny VIII.03.01.001
ajtóvasalat VIII.03.01.005
ajtóvaslás VIII.03.01.005
ajtózár VIII.03.01.007
akadályoz XII.01.01.008
akadémia XII.10.01.004
akaratlan külpontosság VII.05.023
akromatikus szín V.04.02.006
akroszilárdság VI.03.01.007
aktív szigetelő IX.01.01.024
akusztika IX.01.
akusztikai burkolat VI.08.03.002
akusztikai hangnyomás IX.01.01.009
akvarellpapír IV.04.01.004
alacsonyan ötvözött acél VI.07.01.012
alagcső VIII.01.04.022
alagcsővezeték VIII.01.04.019
alagút XI.05.01.009
alak I.01.053
alak V.02.02.
alak V.02.02.004
alak(zat) V.02.02.002
alakítási összefüggések II.06.04.001
alakítható VIII.01.02.038
alakító szabályzat II.06.02.002
alaktalanság XI.04.02.074
alakváltozás III.01.06.005
alakváltozás IV.02.01.005
alakváltozás VII.04.014
alakváltozás VII.04.015
alakváltozás VII.04.016
alakváltozási paraméter VII.04.017
alakzat I.03.005
alap V.02.02.003
alap VIII.01.01.
alap VIII.01.06.002
alapacél VI.07.01.008
alapárok VIII.01.04.
alapegység V.02.06.004
alapelemek V.02.01.
alapfalszélesítési alapzat VIII.01.06.007
alapfelület VIII.01.01.011
alapfogalmak VII.01.
alapfogalmak IX.02.01.001
alapfogalmak III.01.02.
alapfogalmak XII.01.
alap(vonal) IV.02.03.006
alapkőletétel X.01.05.011
alaplemez VIII.01.06.006
alaplemez VIII.01.06.008
alaplemez VIII.02.02.026
alapmérték V.02.06.004
alapnagyság V.02.06.004
alapozás VIII.01.01.
alapozás VIII.01.02.
alapozási munkálatok VIII.01.02.
alaprajzi szerveződés XII.01.02.004
alapsík IV.02.03.005
alapszín V.04.02.001
alapterület XI.06.015
alaptest VIII.01.06.002
alaptörés VIII.01.08.006
alapvakolat VI.06.05.003
alapvakolás VI.06.01.004
alapvakolás VI.06.05.014
alapvonal III.01.02.009
alapvonal IV.03.01.009
alapzat II.02.05.006
aládúcolás X.03.02.006
alátámasztás X.03.02.006
alátét VIII.02.01.011
albérlet XII.08.03.020
albérlő I.05.02.008
alépítmény alapozás III.03.04.004
alépítményföld VIII.01.
alföld XI.01.01.011
alja VIII.01.04.003
aljlemez VIII.02.02.026
alkalmaz XII.01.01.006
alkalmazás I.02.03.002
alkalmazkodási szint I.02.03.029
alkalmazott I.03.056
alkalmazottak X.01.04.023
alkalmazottak települése XI.03.02.003
alkat I.03.007
alkoholos alapmáz VI.08.02.025
alkot V.01.02.004
alkotás I.01.025
alkotóképesség I.01.026
alkotóképesség V.01.02.017
alkóv II.04.05.007
alluviális lerakódás VIII.01.02.004
alop vonal III.01.02.008
alsó feszítőöv VIII.05.01.035
alsó (ablak)szárny VIII.03.02.016
alsó öv VII.02.05.001
altalaj VIII.01.02.003
altalaj III.03.04.004
altalajtörés VIII.01.08.008
altató helyiség XII.12.02.016
aluljáró XI.05.01.085
alumínium VI.07.02.001
alvállalkozó X.01.04.006
alvófalu XI.02.03.005
alvóhelyiség XII.09.01.005
alvóváros XI.03.02.008
ambulancia XII.12.02.019
amfibol VI.01.01.001
amfibol VI.01.02.001
amplitudó VII.07.003
analízis II.01.02.013
analízis III.02.
anasztilózis II.06.03.017
andezit VI.01.02.002
andráskereszt II.02.04.042
anesztézia XII.12.02.016
anhidritesztrich VI.06.06.001
antenna VIII.05.04.005
antropomorf arány V.02.05.004
anyag I.01.080
anyag II.02.01.009
anyagi érték X.01.02.007
anyagi hozzájárulás II.06.02.025
anyagi támogatás II.06.02.025
anyagjellemzők IX.02.02.028
anyagok VI.03.02.
anyagok VI.08.01.
anyagok IV.04.01.
apartman XII.14.02.013
approximáció VII.06.002
aprószemcse VIII.01.02.020
apszis(z) II.04.01.023
aranymetszés I.01.057
aranymetszés V.02.05.005
arány IX.01.02.017
arányok V.02.05.
archeológia II.01.02.012
archeológiai műemlék II.06.01.011
architráv II.02.05.014
archívum XII.04.030
arkád II.02.05.021
artefakt I.01.005
asszociációs érték II.06.01.027
aszalódás VI.09.011
aszfalt VI.08.01.002
aszfaltbevonat VI.08.02.001
aszfaltkenés VI.08.02.001
aszimmetria XI.04.02.077
asztalos X.01.04.045
asztalos XII.02.01.007
asztalosműhely XII.02.01.007
atmoszférikus csapadék IX.03.044
attikakiképzés II.02.05.013
attribútum I.02.03.010
audiovizuális médiák épülete XII.11.05.
augit VI.01.01.001
aula XII.09.02.020
aula maxima XII.10.01.017
autoriter igazgatási mód X.01.04.029
autóbusz XI.05.01.038
autóbuszállomás XII.06.01.011
autók XI.05.01.033
autópálya XI.05.01.067
autóút XII.06.01.006
autóversenypálya XII.13.05.008
axonometria IV.02.02.
axonometrikus metszet IV.02.01.022
az acélbetét hajlítására való hely X.03.01.021
az aláírás helye XII.11.02.018
az aprószemcsés kavics előkészítése X.03.01.023
az egyes munkafeladatok kiosztása X.01.04.031
az elfoglalt v. kiadott helyiségek aránya XI.06.035
az előidéző elve III.03.01.007
az energiaáteresztés értéke IX.02.02.020
az erők átrendezése VII.03.015
az épitőanyagok tulajdonságai VI.09.
az építés területébe tartozó foglalkozások X.01.04.037
az építkezés előkészítése X.03.
az építkezés finanszírozása X.01.02.
az építkezés helye X.03.01.
az építkezést megelőző kérdés I.04.05.002
az épület átvétele I.04.05.007
az épület (fel)mérése III.01.
az épület (technikai) állapota III.01.01.002
az épület karbantartási állapota III.01.07.003
az értéksorrendben való előrelépés XI.06.043
az értéksorrendben való visszalépés XI.06.042
az ingerültség deprivációja I.02.03.028
az kikeresés helye XII.11.02.017
az ország által készített terv XI.06.007
az oszlop lehorgonyzása VIII.02.02.027
az új terület fejlesztésének komplex terve XI.06.038
az út keresztszelvénye XI.04.02.034
az útburkolat szélét jelölő útburkolati jel XI.05.01.093
az üzemen X.01.04.021
azbeszt VI.01.02.003
azonnali (össze)kötés VIII.02.04.024
azonosítás I.03.052
azonosság I.02.03.018

azonosság I.03.051
azonosság XI.04.02.037

Á

ábránd I.01.062
ábrázolás I.01.036
ábrázolás I.01.112
ábrázolás III.02.01.006
ábrázolástechnika IV.03.
ábrázoló geometria IV.02.
ács X.01.04.044
ácskalapács X.02.01.002
ácskapocs VIII.02.01.033
ácsműhely X.03.01.020
ágyazati talaj VIII.01.02.003
ágyazási tényező VIII.01.01.003
állam és város XII.05.
állami prémium I.05.05.012
államigazgatási terület XI.03.01.003
államigazgatási város II.05.02.012
államügyész I.04.01.008
állandó expozício XII.11.03.021
állandó kiállítas XII.11.03.021
állandó nedvesség IX.03.003
állandó tárlat XII.11.03.021
állandó terhelés VII.03.035
állandósult állapot IX.02.02.005
állapot I.03.024
állapot III.01.07.001
állapot III.01.07.004
állás I.03.024
álláspont I.01.009
álláspont IV.02.03.002
állékonyság VI.09.012
állékonyság VIII.01.01.012
állékonyság VIII.01.08.
állítás I.01.082
állítható csavarkulcs X.02.01.013
álló ablak VIII.03.02.024
állóhely XII.13.01.016
állószék VIII.05.01.004
állótengely III.01.03.041
állvany II.02.04.022
állvány III.01.03.024
állvány XII.02.04.002
(állvány)palló X.03.02.003
állvány(zat) II.02.04.019
állványrendszer XII.02.04.001
álnok félrevezetés I.04.01.024
általános benyomás II.06.04.003
általános fogalmak I.04.01.
általános fogalmak I.05.01.
általános fogalmak II.01.01.
általános fogalmak II.06.01.
általános fogalmak IV.02.03.001
általános fogalmak XII.08.01.
általános fogalmak XII.08.05.001
általános formatervezési elvek V.01.01.
általános iskola XII.09.02.001
általános közlekedési terv XI.05.01.042
általános pszichológia I.02.02.
általános rendezési terv IV.02.01.014
általános rendezési terv XI.06.004
általános terv X.01.03.006
altatás I.01.062
(ápoló)otthon XII.08.03.029
ár I.05.04.001
árajánlat I.05.04.007
áramfejlesztő X.02.02.001
árengedmény I.05.04.006
árkolás VIII.01.03.001
árnyék IV.02.04.011
árnyék IV.02.04.012
árnyékolás IV.03.01.012
árnyékolás V.04.01.007
árok VIII.01.04.004
árok VIII.01.04.005
árok II.04.03.009
árok alja VIII.01.04.003
áru I.05.01.002
árueligazítás XII.06.04.024
áruelküldés XII.06.04.024
áruház XII.03.01.010
árusítóstand XII.03.01.006
árvaház XII.08.03.024
ásatás III.02.01.004
ásó X.02.01.039
ásványi habosított anyag VI.08.03.010
ásványok VI.01.01.
átadási határidő X.01.05.015
átalakulás I.03.041
átalakulás V.02.06.007
átalánydíj I.04.04.002
átalányilleték I.04.04.002
átbillenő forma X.04.015
átbocsátóképesség VIII.01.02.044
áteresztőképesség VIII.01.02.044
átélés I.01.043
átépítés X.05.002
átérzés I.01.043
átérzés II.01.02.025
átfedő XI.04.02.024
átfogó terv X.01.03.006
áthelyezés XI.04.03.025
áthelyezés II.06.03.016
áthelyezés VIII.02.06.029
áthelyeződés VIII.02.06.029
áthidalás VIII.03.01.003
áthidaló VIII.03.02.001
átirányítás XI.04.03.025
átjárás XI.04.02.066
átjáró XI.05.01.004
átjáró XII.03.01.009
átjáró XII.06.04.013
átjárószoba XII.08.05.005
átjárótér XI.04.02.015
átköltöztetés II.06.03.016
átlátszóság V.02.02.012
átlós IV.01.01.029
átlós méret III.01.06.003
átlós rúd VII.02.05.006
átlóskötés VIII.02.02.014
átmenet XI.04.02.066
átmeneti hitel I.05.05.015
átmeneti ív III.01.02.013
átmérő IV.01.01.021
átmosott vakolat VI.06.05.019
átrium II.04.01.028
átriumház XII.08.03.007
átszervezés XI.04.05.007
áttetsző papír IV.04.01.001
áttetszőség V.02.02.012
áttörés X.05.003
áttört oromdísz II.02.06.026
áttört oromzat II.02.05.035
áttört tartó VII.02.02.004
áttört tartó VIII.02.02.036
(át)transzformálás III.01.05.016
ütési szilárdság VI.03.01.012
átváltoztatás XI.04.02.065
átvetítés III.01.05.016
átvétel I.04.03.003
átvétel II.06.02.018
átvétel XII.02.01.020
átvételi igény II.06.02.019
átvételi jog II.06.02.019
átviteli módszer VII.06.035

B

bagger X.02.03.021
bak VIII.02.06.016
bakmalom II.04.06.007
balkon II.02.05.024
balkon XII.08.05.019
balta X.02.01.007
balusztrád II.02.05.028
bank I.05.05.001
bank XII.04.005
barakk X.03.01.009
barlang II.02.02.001
barnaszén VI.01.02.014
bazalt VI.01.02.004
bazaltgyapot VI.08.03.003
bazilika II.04.01.012
bazilika főhajója II.04.01.027
báj I.01.034
bánya(mű) XII.02.03.003
bányászfúró X.02.01.059
bár XII.14.01.004
bástya II.04.03.027
bástya boltozat II.04.03.025
bázis IV.02.03.006
bázis út III.01.02.008
bázisvonal III.01.02.009
beadás X.01.01.012
beállítottság I.01.009
beállító mérőléc III.01.03.008
beállító rúd III.01.03.008
beárnyékolás V.04.01.007
becses érték II.06.01.025
becslés II.06.02.020
becslés X.01.02.006
beeresztett csap VIII.02.01.025
beeresztés VIII.02.01.021
beépített övezet XI.06.012
beépített terület XI.02.01.010
beépített terület XI.06.012
beépítettségi mutató XI.06.025
beépítési előírások XI.06.005
beépítési határ XI.06.011
beépítési rendelet XI.04.03.029
beépítési vonal XI.06.009
beépítési vonal XI.06.010
beépítésre alkalmas terület XI.06.014
befecskendezés VIII.01.07.013
befejezés X.01.05.013
befejezés XI.04.02.042
befejezési határidő X.01.05.014
befogadás I.01.107
befogás VII.01.026
befogási nyomaték VII.03.013
befogási út VIII.02.04.032
befogott ív VII.02.03.007
befogott oszlop VIII.02.07.004
befogott rész VIII.02.04.032
befogott tartó VII.02.02.008
befogott támasz VII.02.01.002
befogott támasz VIII.02.07.004
befröcsköltő víz VIII.01.04.012
befröcskölő víz IX.03.047
behelyezés II.06.04.007
beiktatás II.06.04.006
beillesztés II.06.04.007
bejárat V.02.07.006
bejárat XI.05.01.079
bejárat XII.08.05.007
bejárás III.02.02.009
bejárás (felmérésnél) III.01.01.004
bejegyzés IV.03.02.006
bejelentési kötelezettség I.04.02.012
bejelentkezési adatok III.02.02.003
bekerítés XI.04.02.050
beköltözési határidő X.01.05.016
beköltözködés XI.04.05.011
bekötési módszer III.01.05.002
bekötött ív VII.02.03.007
bekötő (út) X.03.01.004
bekötőcölöp VIII.01.07.008
bekötőút XI.05.01.069
bekötőút XI.05.01.070
beleérzés I.01.043
beleérzés II.01.02.025
belső héj VIII.05.01.038
belső ablaktok VIII.03.02.002
belső erők VII.03.019
belső fal VIII.02.03.014
belső hozzáférhetőség XII.07.02.
belső kéreg VIII.05.01.038
belső lépcső VIII.06.01.018
belső mag VII.04.024
belső mező VII.02.02.012

belső réteg VIII.05.01.038
belső súrolódás VIII.01.02.042
belső szerkezet VIII.05.01.038
belső tér V.03.01.019
belül II.02.06.001
belváros XI.03.03.008
belvárosi üzleti negyed XI.06.018
belveder II.04.04.012
belvízi közlekedés XI.05.03.009
bemetszés II.02.04.009
bemetszési feszültség VI.03.01.009
bemérési vázlat(rajz) III.01.04.001
bemutatóterem XII.11.05.002
bennmaradó zsaluzat X.03.02.024
bent II.02.06.001
benyomás I.01.067
benyomódási keménység VI.03.01.004
benzinkút XII.06.01.010
beosztás XI.04.02.055
beosztás III.03.03.011
berendezések télisportok részére XII.13.02.001
berezgési idő IX.01.02.010
beruházási terv XI.04.03.011
besajtolt csap VIII.02.01.026
besugárzási terhelés IX.02.01.019
beszivárgott víz IX.03.039
betájolt tér XI.04.02.012
betájolt térség XI.04.02.012
betegfelvevő helyiség XII.12.02.001
betegszoba XII.12.02.003
betelepülés XI.04.05.012
betéti társaság I.05.03.005
beton VI.05.
beton VI.05.01.031
betonacél-olló X.02.01.062
betonadagoló teknő X.02.01.032
betonadagoló tölcsér X.02.01.032
betonelem X.04.020
betonkeverő X.02.02.026
betonkeverő(gép) X.03.01.024
betonkő VI.02.04002
betonlövellőgép X.02.02.027
betonoz VI.05.01.014
betonplasztifikáló szer VI.05.03.003
betonszilárdság VI.05.01.004
betonszivattyú X.02.02.028
betonvas VIII.02.04.005
betonvasalás VIII.02.04.001
betonvágó gép X.05.011
betöltés IX.01.02.014
bevágás alja VIII.01.04.003
bevándorlás XI.04.05.011
bevásárlókocsi XI.05.01.015
bevásárlóutca XI.05.01.011
bevétel I.05.04.014
bevételi érték X.01.02.008
bevonat VII.02.10.002
bevonatok VI.08.02.
bezárás XI.04.02.042
békaperspektíva IV.02.03.012
bélésfa VIII.02.01.011
béléshéj VIII.02.03.021
bér I.04.04.003
bér I.05.02.006
bérbeadó I.05.02.009
bérelt lakás XII.08.02.003
bérkönyvelőség XII.04.027
bérlet X.01.02.024
bérlet I.05.02.007
bérlet X.01.02.023
bérleti díj I.05.02.007
bérlő I.05.02.008
bérösszeg X.01.02.023
bicikli XI.05.01.023
billenő ablakszárny VIII.03.02.032
billenőkocsi X.02.03.020
billenőlemez VIII.03.01.010
billenőszárny VIII.03.02.031
billenőszárny VIII.03.02.032
billentő X.02.03.020
birtokba resz XII.01.01.007
birtoklási típusok XII.08.02.
birtokos I.05.02.002
bisztró XII.14.01.010
bitumen VI.08.01.001
bitumenes szigetelés VIII.01.06.012
bizalmaskodik V.01.02.022
bizalomvédelem I.04.03.007
bizonyíték I.04.01.014
bizonyos tudományterület vizsgálata I.02.04.003
biztonság I.05.05.025
biztonsági ellenőrzés XII.06.04.020
biztonsági koncepció VII.01.028
biztonsági tényező VII.01.029
biztonsági üveg VI.03.02.012
biztonsági üveg VIII.02.05.004
biztosíték I.05.05.025
bírálat I.01.027
bírálat II.01.02.020
bíró I.04.01.006
bírói illetékesség I.04.01.011
bíróság I.04.01.010
bíróság XII.05.007
bírság I.04.01.019
blokképít(kez)és VIII.02.07.018
blokkos szerkezetek VIII.02.07.018
blokkos szerkezetek X.04.002
bobpálya XII.13.02.004
bokrétaünnep X.01.05.017
boksz XII.02.02.020
bolt XII.03.01.007
boltheveder II.02.06.010
boltív II.02.05.020
boltívborda II.03.02.005
boltívgerinc II.03.02.005
boltmező II.02.06.015
boltozat II.02.05.020
boltozati megvilágítás XII.11.03.016
boltozatmező II.02.06.014
boltozatok II.03.02.
boltöv II.02.06.010
boltszakasz II.02.06.015
boltváll VII.02.03.001
bolygóváros XI.03.02.007
boncterem XII.12.02.017
bontás X.05.004
bontás XI.04.04.007
bontás II.06.03.005
bontási engedély II.06.03.006
bontási rendelet II.06.03.007
bontókalapács X.05.009
bontókörte X.05.010
bontórúd X.02.01.042
bontórúd X.05.010
borda VIII.02.07.006
borda VIII.05.03.003
bordás boltozat II.03.02.003
bordás födém VIII.04.001
bordás kupola II.03.03.006
bordás-lyukacsos lemez VI.06.02.004
bordázat VIII.02.06.026
bordázott keresztboltozat II.03.02.006
bor(os)pince XII.14.01.005
borítóléc VIII.03.02.011
bortermő vidék XI.02.01.004
bowling XII.13.05.003
bódé X.03.01.009
bódé XII.03.01.014
bölcsőde XII.09.01.001
börtön XII.05.008
börze XII.03.01.004
bőség I.03.072
bruttó lakósűrűség XI.06.032
bucka XI.01.01.020
bukó ablakszárny VIII.03.02.033
bukószárny VIII.03.02.031
bukószárny VIII.03.02.033
bulldózer X.02.03.027
bungaló XII.08.03.004
bunker XII.05.014
burkolati beton VI.05.01.021
burkolólap VI.02.02.010
burkolótégla VI.02.02.005
burkolt téglafalazat VIII.02.03.018
busszola III.01.03.053
butik XII.03.01.008
búcsújáró kápolna XII.11.01.007
büntetés X.01.06.008
büntetés I.04.01.018
cella II.04.02.012
cellás szekrénytartók VII.02.11.005
cellulóz - nitrát alapú tapasz VI.08.02.015

C

cellulózfesték VI.08.02.005
cement VI.04.03.
cementenyv VI.05.01.015
cementesztrich VI.06.06.003
cementfesték VI.08.02.006
cementhabarcs VI.06.05.005
cementsiló X.03.01.022
centrális elrendezésű város II.05.02.015
centrifugális nyomaték VII.04.045
centrifugális nyomaték VII.04.069
centrikus megtámasztás VIII.02.02.046
centrum XI.03.03.009
cenzúra I.01.014
ceruza IV.04.02.009
ceruzarajz IV.03.03. 005
cég X.01.04.009
céhlegény X.01.04.040
célcsoport III.02.02.026
célösszeg I.05.05.007
célvonal III.01.03.029
célzás V.01.03.002
ciklopfalazat II.02.03.008
ciklus X.01.05.003
cimborakötő VIII.02.01.039
cink VI.07.02.007
cinn VI.07.02.006
cipész XII.02.01.004
cipészet XII.02.01.004
cirkuszsátor XII.11.04.009
citadella II.04.03.029
civilizáció I.03.003
Clapeyron-egyenlet VII.06.034
Cornu-spirális III.01.02.014
cölöpalapozás VIII.01.07.003
cölöpcsoport VIII.01.07.009
cölöpkihúzó berendezés X.02.02.046
cölöpös alapozás VIII.01.07.003
cölöprács VIII.01.07.010
cölöprostély VIII.01.07.010
cölöpsor II.04.03.008
cölöpverő gép X.02.02.041
cölöpzet II.04.03.008
Cremona-erőterv VII.02.05.005

Cs

család I.03.067
családi ház XII.08.03.001
családiház XII.08.02.001
csalódás I.02.02.018
csap II.02.04.007
csap VIII.02.01.023
csap VIII.02.01.024
csap VIII.02.06.016
csapadékvíz IX.03.017
csapadékvíz és nyomás nélküli víz hatása IX.03.051
csapfelület VIII.02.06.019
csapkiosztás VIII.02.06.018
csapolás II.02.04.011
csapos csukló VIII.02.02.060
csapos kapcsolat VIII.02.02.054
csapos kötés VIII.02.02.054
csaposkötés csatolása VIII.02.06.023
csapozás VIII.02.01.021
csapóajtó VIII.03.01.012

csapólemez VIII.03.01.010
csapórács II.04.03.017
csapszeg VIII.02.01.027
csapszék XII.14.01.003
csaptávolság VIII.02.06.017
csapteherbírás VIII.02.06.021
csarnok II.04.01.013
csarnok XII.03.01.002
csatlakozás II.02.04.012
csatlakozási hely XI.05.01.080
csatlakozási hely XI.05.01.082
csatlakozólemez VIII.02.02.013
csatorna VIII.05.03.004
csatorna XI.01.01.034
csatorna XI.01.01.043
csatorna XI.05.03.006
csatornázási tisztítóállomás III.03.03.007
csattanás IX.01.01.031
csavar VIII.02.01.031
csavar X.02.01.083
csavarás VII.04.062
csavarási kersztmetszeti tényező VII.04.064
csavarási nyírófeszültség VII.04.065
csavarási nyomaték VII.04.063
csavarbak X.02.01.052
csavarfejű szeg VIII.02.01.032
csavarhúzó X.02.01.023
csavarkötés VIII.02.02.053
csavaros cölöp VIII.01.07.006
csavaros kötés VIII.02.02.053
csavaros szorító X.02.01.054
csavarómerevség VII.04.042
csavarónyomaték VII.03.056
csavarszeg VIII.02.01.032
csavarszorító X.02.01.054
csákánykapa X.02.01.041
csecsemők helyisége XII.09.01.002
csegely II.03.03.004
csehboltozat VII.02.08.007
cselekedet I.02.02.003
cselekszik XII.01.01.001
cselekvési terület V.03.01.008
csempe VI.02.02.009
csengő VIII.03.01.008
csepegő VIII.05.01.008
cserép VI.02.03.
csermely XI.01.01.040
csigafúró X.02.01.058
csigalépcső XII.07.01.010
csigalépcső VIII.06.01.015
csigavonal II.02.05.011
csillagboltozat II.03.02.007
csillagkulcs X.02.01.019
csillagkulcs X.02.01.022
csillapítás VII.07.006
csillapítási dekrementum VII.07.007
csillapított rezgés VII.07.005
csillapító VI.05.03.008
csillám VI.01.01.005
csille X.02.03.014
csípőfogó X.02.01.008
csomagátvétel XII.06.04.014
csomagkiadó XII.06.04.015
csomagmegőrző XII.06.02.019
csomagolóasztal XII.03.02.011
csomó XI.04.02.038
csomó VII.02.09.003
csomó V.02.07.009
csomópont V.02.04.003
csomópont V.02.07.009
csomópont VII.02.09.003
csomóponti átmetszés VII.02.05.010
csomóponti módszer VII.02.05.010
csomóponti teher VII.03.022
csoport I.03.066
csoportos irodahelyiség XII.04.021
csoportosítás V.02.03.009
csoportosított V.03.02.007
csoportzsalu X.04.016
csorbázat II.04.03.014
csónakház XII.13.03.018
csónakkikötő XII.13.03.016
csökkenés VIII.01.01.005
csökkentett forgalomú utca XI.05.01.005
csökkentés I.05.04.004
csökkentés III.03.05.010
csömöszölés VIII.01.05.007
csömöszölt betonalap VIII.01.06.009
csörlő X.02.03.001
csöves szintező III.01.03.034
cső VIII.02.02.010
csőcölöp VIII.01.07.005
csőd I.05.03.012
csőfogó X.02.01.011
csőfogó X.02.01.014
csősatu X.02.01.053
csőszerkezet VII.02.11.008
csőtartó horog X.02.01.076
csukló XI.04.02.040
csukló VII.01.012
csukló VII.01.019
csuklós kapcsolat VII.01.013
csuklós megtámasztás VII.01.014
csuklós tartó VIII.02.02.032
csúcs VII.02.03.016
csúcsérték VII.07.003
csúcsforgalom XI.05.01.050
csúcsnyomás VIII.01.07.002
csúcspont VII.02.03.016
csúnyaság I.01.133
csúszás VIII.01.01.006
csúszási tartomány VIII.02.04.021
csúszási zóna VIII.02.04.021
csúszkás kapcsolat VII.01.022
csúszó zsaluzat X.03.02.018
csűr XII.02.02.012
csűr II.04.05.010

D

dagadás VI.09.008
daraboló fűrész X.02.01.033
daráló X.02.02.019
darázskő VI.04.04.012
daru X.02.03.008
darukocsi X.02.03.002
datálás III.02.01.001
decentralizáció XI.04.05.004
decibel IX.01.01.035
deformáció VII.04.014
deformáció VII.04.015
deformáció VII.04.016
deformáció III.01.06.005
deformáció IV.02.01.005
dekadencia I.01.030
dekanátus XII.10.01.011
dekonstrukció I.01.031
dekoráció I.01.032
dekoráció V.01.03.001
demokratizálódás XI.04.03.008
dendrokronológia III.02.01.003
depónia X.03.01.027
derék II.02.05.008
derékfa II.02.04.033
derékszög IV.01.01.013
derékszögő koordináták VII.01.002
derékszögű elem VII.01.025
derékszögű keresztmetszet VII.01.024
derékszögű koordinátamérés III.01.05.009
derékszögű rácsostartó VII.02.05.016
design I.01.037
deszka II.02.04.001
deszka VIII.02.01.003
deszkaház X.03.01.009
deszkaív kötőgerenda VIII.05.01.019
detektor III.01.03.019
deviációs nyomaték VII.04.045
deviációs nyomaték VII.04.069
dezaktiválás III.03.03.012
dékáni hivatal XII.10.01.011
diagonális IV.01.01.029
diagonális kötés II.02.03.016
diagonális méret III.01.06.003
diapozitívokból álló művészeti gyűjtemény XII.11.02.005
diákmenza XII.10.01.024
diákotthon XII.08.03.027
diákszálló XII.08.03.023
diákszálló XII.08.03.027
diákszállóbeli szoba XII.14.02.014
differencia módszer VII.06.005
differenciális elem VII.06.006
diffundálás IX.03.024
diffúz fény IV.02.04.010
diffúzió IX.03.024
diffúzióirány IX.03.026
diffúziós folyamat IX.03.025
digitális szintező műszer III.01.03.017
(1.; 2.; 3.) díj X.01.01.019
dilatációs hézag VIII.02.03.009
dilatációs tényező VII.04.007
dilettántizmus V.01.02.020
dimbes-dombos XI.01.01.053
dimetria IV.02.02.002
dinamika VII.07.
dinamikus V.03.02.005
dinamikus lengéscsökkentő VII.07.035
diorit VI.01.02.007
direkt világítás V.04.01.004
diszkó XII.14.03.005
diszkrimináció I.03.048
disznóól XII.02.02.021
diszpenz I.04.02.007
diszperzió-festék VI.08.02.012
disztevem XII.10.01.017
divat I.01.050
díjazás I.04.04.003
díjszabás I.05.05.009
dísz I.01.033
dísz I.01.095
díszítés I.01.095
díszítés V.01.03.001
díszítőléc II.02.05.015
díszlet I.01.032
díszterem XII.09.02.020
díszterem XII.10.01.021
díszudvar XII.07.01.002
dobozos saru VIII.02.02.042
dokk XII.06.03.010
dokumentáció II.06.01.030
dokumentáció III.01.04.
dokumentáció III.01.06.011
dokumentációs érték II.06.01.021
dokumentumgyűjtemény és szociális szerkezet III.02.02.
dolgozó I.03.054
dolgozószoba XII.08.05.015
dolomit VI.01.02.008
dolomitmész VI.04.03.001
domb XI.01.01.018
domb XI.01.01.020
dombocska XI.01.01.020
dombos XI.01.01.052
domináns XI.04.02.082
domináns V.02.07.014
dongaboltozat II.03.02.002
donzson II.04.03.001
dormitorium II.04.02.008
dór II.02.05.038
dózer X.02.03.027
döngöléses tömörítés VIII.01.05.007
döngölő(szerszám) X.02.02.040
döntés I.04.01.015
dörej IX.01.01.031
dörzs(ölés)állóság VI.05.01.001
dőlésmérő III.01.03.035
döltszék VIII.05.01.005
drenázs VIII.01.04.020

drén- és filter ágyazat VIII.01.04.021
drénvezeték VIII.01.04.019
drótkefe X.02.01.049
drótkötél VIII.02.02.011
drótkötélpálya XI.05.02.008
drótkötélvasút XI.05.02.008
dugókulcs X.02.01.020
durranás IX.01.01.031
durvalemez VI.07.01.016
durvavakolat VI.06.05.013
durvavakolás VI.06.01.004
duzzadás VI.09.008
duzzadóagyag VI.04.04.004
duzzasztott víz IX.03.038
dúc VIII.05.01.016
dúc II.02.04.020
dúcolás VIII.01.04.006
dúcolás nélküli munkagödör VIII.01.04.007
dúcolt munkagödör VIII.01.04.008
dvótvágó olló X.02.01.017

E

ebédlő XII.08.05.036
ebédlő (kolostorban) II.04.02.007
ebédlőterem XII.09.02.019
ecset X.02.01.048
ecset IV.04.02.015
edikula II.02.05.030
edzőterem XII.13.01.020
egész gerenda VIII.02.01.005
egészség(ügy)i helyiség X.03.01.016
egy irányban teherviselő lemez VII.02.07.001
egy lakásra tervezett lakószám XI.06.034
egy személyre eső idő X.01.05.024
egyágyas (szállodai) szoba XII.14.02.011
egybekötés VI.05.01.009
egyebek VII.02.12.
egyediség I.01.134
egyedülálló II.06.01.026
egyedülálló tanya II.05.01.008
egyedüli I.01.135
egyenes (vonal) IV.01.01.006
egyenes út XI.04.02.030
egyeneskarú lépcső VIII.06.01.011
egyengetés X.05.008
egyenjogúsítás I.03.012
egyenletesen megoszló terhelés VII.03.060
egyenlőtlenség I.03.022
egyensúly VII.01.010
egyensúlyi feltétel VII.01.011
egyensúlyi feltétel VII.03.012
egyesség I.01.023
egyetem XII.10.01.001
egyetem XII.10.01.008
egyetem területe XII.10.01.008
egyetemi könyvtár XII.10.01.022
egyetemi város XI.04.01.016
egyetértés I.04.02.005
egyezmény I.01.023
egyéb anyagok VI.08.
egyéb intézmények XII.14.03.
egyéb rendszerek VIII.06.02.
egyéb sportok XII.13.05.
egyéb típusok II.04.06.
egyén(iség) I.03.050
egyéni közlekedés XI.05.01.047
egyéniség I.02.03.017
egyhangúság XI.04.02.072
egyházi építészet II.04.01.
egyirányú utca XI.05.01.076
egykarú lépcső VIII.06.01.009
egymásba illesztés VIII.02.01.022
egymást metsző terek V.03.03.002
egynyílású tartó VII.02.02.016
egyoldali zsaluzat X.03.02.013
egyöntetűség XI.04.02.073
egyrétegű VIII.02.04.010
egyrétegű fal VIII.02.03.019
egyrétegű üvegezés VIII.03.02.019
egyrétegű vakolat VI.06.05.001
egység I.01.136
egység XI.04.02.073
egységár I.05.04.002
egységár X.01.02.010
egysíkú vetítés IV.02.01.001
egysoros téglakötés II.02.03.017
egysoros téglakötés II.02.03.019
egyszemélyes iroda XII.04.020
egyszeres átkötés II.02.03.017
egyszeres feszítőműves tartó VII.02.02.015
egyszeriség I.01.134
egyszerű keret VII.02.06.007
egyszerű lapolás II.02.04.013
egyszerű sor V.02.03.006
egyszintes keret VII.02.06.006
egyszínű V.04.02.007
egyszínű IV.03.03. 011
egyszobás lakás XII.08.04.004
egytömegű rezgőrendszer VII.07.032
egytraktus XII.07.02.010
egytraktusos XII.07.02.010
együttes II.06.01.013
együttműködő igazgatási mód X.01.04.030
ejtőrács II.04.03.017
eladási ár X.01.02.022
eladási terület XII.03.02.005
elasztikus kötés VIII.02.06.004
elasztomer VI.08.04..003
elágazás XI.05.01.078
elágazási pont VII.05.003
elágazásos keresztezés XI.05.01.081
elárusítóbódé XII.03.01.006
elcsavarodás VII.04.068
elcsúfítás II.06.04.011
elcsúszás VIII.02.06.020
elektromos kötélcsörlő X.02.01.080
elektromos kötélmotolla X.02.01.080
elektromotor X.02.02.003
elektronikus tahiméter III.01.03.049
elektrooptikai tahiméter III.01.03.048
elektródfogó X.02.01.073
elektródtartó X.02.01.073
elem X.02.02.005
elemek VIII.02.01.001
elemek VIII.02.06.001
elemi analízis VII.06.009
elemi mátrix VII.06.010
elemi merevségi mátrix VII.06.020
elemzés II.01.02.013
elévülés I.04.01.022
elfogadás I.04.03.003
elfoglal XII.01.01.007
elfoglalás IX.01.02.014
elhanyagolt II.06.03.002
elhasznált berendezés III.03.02.006
elhurcolkodás XI.04.05.010
elidegenedés I.01.109
elidegenítés I.03.046
elidegenülés I.03.046
eliminálás II.06.03.008
elindulás V.02.07.008
elit I.03.059
elítélés I.04.01.017
eljár XII.01.01.001
elkerülés III.03.05.011
elkészítés X.04.
elköltözködés XI.04.05.010
elkülönítő ellenőrző osztály XII.12.02.020
elkülönítő esztrichréteg VI.06.06.009
elkülönülés I.02.03.003
ellátási rendszer III.02.02.023
ellátási zóna XII.02.01.028
ellenfal VIII.01.09.003
ellenőrzés I.05.01.006
ellenőrzés III.03.05.002
ellenőrzés X.01.06.
ellenőrző injektálás VIII.01.05.002
ellenőrző méret III.01.06.002
ellenőrző mérés III.01.06.001
ellenőrzőhelyiség XII.02.01.036
ellenőrzőlista X.01.06.005
ellensor V.02.03.008
ellentét XI.04.02.071
ellentétben lévő épület(ek) II.06.04.008
ellentétes építés II.06.04.008
ellentétes építkezés II.06.04.008
ellipszis IV.01.01.019
ellipszoid IV.01.02.006
ellőállítás X.04.
elmegyógyintézet XII.12.01.003
elméleti fogalmak II.01.
elmélyedés I.01.020
elmozdulás VII.04.066
elmozdulás VIII.02.06.020
elmúlás II.01.01.008
elnyelés V.04.01.009
elnyelés IX.01.02.004
elosztó vasalás VIII.02.06.025
elölnézet IV.02.01.008
előadás I.01.112
előadás III.02.01.006
előadóművészeti épületek XII.11.04.
előadóterem XII.10.01.016
előcsarnok XII.11.04.029
előcsarnok II.04.04.004
előfeszített beton VI.05.01.035
előfeszített üveg VI.03.02.011
előfeszített üveg VIII.02.05.003
előfeszítettség VI.03.01.008
előfeszítés VI.03.01.008
előfeszítő eszközök VIII.02.06.015
előfeszítő huzal VIII.02.04.028
előfeszítő kötél VIII.02.04.028
előfeszültség VIII.02.04.025
elő(re)gyártott betonelem VI.05.01.034
elő(re)gyártott gipszelem VI.08.05..007
előírás I.04.02.004
előírás XI.04.03.002
előkalkuláció I.05.04.013
előleg I.04.04.004
előlépcső XII.07.01.001
előmenetel I.01.104
előmetszés III.01.05.012
előregyártás X.04.
előregyártott épületelem X.04.019
előrejelzés X.01.03.002
előszoba II.04.05.004
előterv XI.04.03.021
előtér XII.08.05.009
előtér (templomi) II.04.01.029
előtéthéj VIII.02.03.021
előudvar II.04.01.028
előugró csegelyszerű boltozat II.03.03.003
előváros XI.03.03.001
elővizsgálat X.01.01.014
előzetes munkaterv IV.03.03. 002
előzetes műszaki rajz IV.03.03. 002
előzetes vizsgálat X.01.01.014
elragadtatás I.01.049
elrendezés V.02.04.001
elrendezés XI.04.02.055
elrendezési elvek V.02.06.
elsajátít XII.01.01.003
elsajátítás I.01.002
elsősegély XII.12.02.002
elszállásolás X.03.01.013
elszállítás X.01.04.013
elszállítási zóna XII.02.01.028
elszámolás I.05.01.008
elszegődés I.04.03.009
elszigetelés I.02.03.021
elszigetelt V.03.02.006

eltávolítás II.06.03.008
eltérés VI.09.016
eltolódás VII.04.066
eltorzítás II.06.04.011
eltulajdonítás I.01.002
elvárás I.02.03.004
emancipáció I.03.012
emberi lépték V.02.05.008
emberi mérték V.02.05.008
emberszabású arány V.02.05.004
emelet II.02.04.045
emelet II.02.04.046
emelet IV.02.01.015
emelet (színház) XII.11.04.026
emeletes keret VII.02.06.005
emeleti területarány XI.06.026
emelés XI.04.02.068
emelhető színpad XII.11.04.014
emelkedő talajnedvesség IX.03.043
emelkedőszárny VIII.03.02.034
emelő X.02.03.004
emelőerő VIII.01.08.001
emelőrúd X.02.01.042
emelvény VIII.06.02.001
emisszió III.03.01.002
emlékezet I.02.02.007
emlékezet I.02.02.011
emlékezés I.02.02.011
emlékmű II.06.01.001
emlékmű XII.06.01.045
emóció I.02.02.012
empóra II.02.05.027
empóra XII.11.04.028
endoszkópia III.01.06.018
energiagazdaság IX.02.
engedély I.04.02.005
engedély I.04.02.006
engedélyezési terv XI.04.03.023
enhanyagolás II.06.03.002
enyv VIII.02.01.034
enyves festék VI.08.02.009
enyvezett fa VIII.02.01.013
enyvezett kötés VIII.02.01.035
enyvezettlemez tartó VIII.02.01.018
enyvfesték VI.08.02.009
epoxidgyanta VI.08.02.008
erdő XI.01.03.001
erdőgazdaság XI.02.01.005
erdőgazdaság XII.02.02.008
erdősített terület XI.01.01.047
eredet I.01.093
eredeti alak V.01.03.008
eredeti kontaminált anyag III.03.02.002
eredetiség I.01.094
eredmény I.01.041
eredmény V.01.03.
ereszcsatorna VIII.05.01.040
eresz(vonal) VIII.05.01.008
eresz(vonal) VIII.05.03.005
erkély II.02.05.024
erkély XII.11.04.028
erkélyablak VIII.03.02.027
erkölcs I.01.045
ernyedés VI.09.009
erő VII.03.014
erőábra VII.02.05.008
erőd II.04.03.007
erőd II.04.03.021
erőd II.04.03.028
erődbolt II.04.03.025
erődítmény II.04.03.007
erődítmény II.04.03.021
erődítmények II.04.03.
erődmodszer VII.06.013
erők VII.03.
erőmű XII.02.03.016
erőterv VII.02.05.008
esemény II.01.01.002
esemény X.01.05.007
eseménytelen nap I.01.046
eseménytelen nap I.03.029
esernyő alakú boltozat II.03.02.009
eset X.01.05.007
esés VIII.01.01.005
eső IX.03.045
esőcsatorna VIII.05.01.042
eső(víz)csatorna VIII.05.01.040
esti egyetem dolgozók részére XII.10.01.007
eszménykép I.01.061
eszplanád II.04.03.022
esztétika I.01.
esztétikai fogalmak II.06.04.
esztrich VI.06.06.
esztrichek VI.06.
euklideszi tér V.03.01.001
Euler-féle eset VII.05.010
Euler-féle hiperbola VII.05.011
Euler-féle kritikus erő VII.05.009
evezős-versenypálya XII.13.03.020
evolúció I.03.043
excentricitás VII.04.018
experimentum I.02.04.002
explózió IX.01.01.032

É

éghetetlen VI.09.037
éghető VI.09.036
ékesség I.01.033
ékkötés VIII.02.02.062
ékszer I.01.033
él VIII.05.03.003
élelmiszerraktár XII.08.05.035
élelmiszerüzlet XII.03.01.011
élet I.02.01.006
életmód I.03.027
életrajz II.01.02.006
életrekeltés XI.04.04.005
életszínvonal I.03.071
élettér I.03.026
életút I.03.027
élfa VIII.02.01.006
élfeszültség VII.04.019
élmény I.02.02.002
élnyomás VII.04.019
éltéglasor II.02.03.015
éltéglás fogas fríz II.02.05.016
élvez XII.01.01.005
élvezet I.01.035
építési takarékossági szerződés I.05.05.006
építési ellenőrzés X.01.06.002
építési engedély kérelmezése I.04.05.003
építési felszerelések X.02.
építési felügyelet X.01.06.001
építési felügyelet I.04.05.010
építési folyamat X.01.03.
építési fűrészelt faanyag VIII.02.01.010
építési gömbfaárú VIII.02.01.009
építési (ügy)iratok I.04.05.008
építési határidő X.01.05.020
építési hely XI.02.01.009
építési jóváhagyás I.04.05.004
építési költségek X.01.02.014
építési mellékköltségek X.01.02.015
építési mész(kő) VI.04.02.001
építési mód előregyártott (épület)elemekkel VIII.02.07.017
építési mód készregyártott (épület)elemekkel VIII.02.07.017
építési módok VIII.02.
építési napló X.01.06.004
építési rendelet XI.04.03.029
építési sorrend terve X.01.03.021
építési takarékpénztár I.05.05.004
építési telek VIII.01.04.002
építési törvény I.04.05.005
építési ütemterv X.01.03.021
építési ütemzavar X.01.06.013
építési változások X.05.
építésmódok VIII.02.
építésrendészet I.04.05.006
építésszerelési munkanapló X.01.06.004
építéstörmelék III.03.02.004
építésügyi jogszabályok XI.06.001
építésügyi jogszabályok I.04.05.
építésügyi rendőrség I.04.05.006
építésügyi szabályzat I.04.05.005
építésvezető I.05.03.010
építésvezető X.01.04.038
építészeti fogalmak II.06.03.
építészeti kutatás II.01.02.011
építészeti műemlék II.06.01.010
építészmérnöki kamara I.05.03.007
épít(kez)ési szabadság I.04.05.001
építkezés X.05.001
építkezési állomány III.01.01.001
építkezési átvétel X.01.06.003
építkezési hely XI.06.013
építkezési szabadság II.06.02.006
építkező X.01.01.023
építmény XII.06.01.007
építőgépek X.02.02.
építőipar I.05.01.015
építőipari segédmunkás X.01.04.043
építőipari szakmunkás X.01.04.042
építőkocsi X.03.01.008
építőmész VI.04.02.001
építőszerszámok X.02.
építtető X.01.01.023
építtető I.04.03.010
épület XII.06.01.007
épület felmévés III.01.05.019
épület korbizonylati katalógusa III.02.01.010
épületakusztika IX.01.02.
épületátvétel X.01.06.003
épületszanálás XI.04.04.010
épülettörmelék III.03.02.004
érdek I.01.072
érdekeltség I.01.072
érdekeltség XI.04.03.006
érdekeltségek III.02.02.020
érdes vakolat VI.06.05.014
érintési pont IV.01.01.003
érintkezés XI.04.02.039
érintkezési pont IV.01.01.003
érintő IV.01.01.023
érintőirányú erő VII.03.052
érkezés V.02.07.007
érkezés XII.06.04.012
érkezés XII.06.04.027
érkezési zóna XII.06.04.012
értekezleti központ XII.10.01.006
értelem XI.04.02.051
értelem I.01.081
értelmezés I.01.073
értelmezés II.01.02.021
értelmezés II.01.02.028
érték I.05.01.003
értékmegőrző XII.11.03.012
értékszám I.05.05.019
értéktelenítés II.06.02.024
értéktöbblet adó I.05.01.013
érthetőség IX.01.01.026
érzelem I.01.042
érzelem I.01.115
érzékelés I.02.02.016
érzékelhetőség I.01.116
érzékiség I.01.116
érzés I.01.042
érzés I.01.115
ésszerű követelés II.06.02.023
ésszerűsítés X.01.03.019
északi fény XII.11.03.019
észlelés I.02.02.016
észleléstörténet II.01.02.007
észrevétel I.02.02.017
észrevétel II.01.02.026
étkezde X.03.01.015
étkezősarok XII.08.05.037
étterem XII.02.01.014

étterem XII.14.01.007
étterem XII.14.02.015

F

fa II.02.01.007
facsavar facsappal X.02.01.084
facsavar faékkel X.02.01.084
faék VIII.02.01.024
faforgácslap VIII.02.01.014
faforgácslemez VI.08.03.006
faforgácslemez VIII.02.01.014
fafúró X.02.01.060
fagyasztó(ház) XII.03.02.003
fagyérzékenység VIII.01.02.046
faiskola XII.02.02.008
fajlagos hőáramlás IX.02.02.021
fajlagos talajellenállás VIII.01.08.005
fajsúly VI.09.021
fajta I.01.131
fakonzol II.02.04.036
fakötés VIII.02.01.021
fakötési eszközök VIII.02.01.020
fakultás XII.10.01.010
fal VIII.02.03.012
fal II.02.03.005
falatozó XII.14.01.009
falazati lánckötés II.02.03.017
falazati lánckötés II.02.03.019
falazóhabarcs VI.06.04.
falazókalapács X.02.01.003
falba épített palló II.02.04.027
falburkoló tégla VI.02.02.011
falemez VIII.02.01.012
falépítőlemez VI.08.05..003
fali kép XII.06.01.047
falimű felépítésének módja VIII.02.03.025
falitéglák VI.02.02.
falív II.02.06.010
falkiugrás II.04.04.002
fallábazat VIII.01.06.007
falmélyedés II.02.05.029
falpillér II.02.04.027
falsúrlódás VIII.01.07.001
falu XI.02.02.
faluátépítés XI.02.04.003
falufejlesztés XI.02.04.002
falufejlesztési program XI.02.04.005
falufejlesztési terv XI.02.04.004
falumegújítás XI.02.04.003
falusi település XI.02.03.007
faluszanálás XI.02.04.001
falutervezés XI.02.04.
falutípusok XI.02.03.
falvakolat VI.06.05.020
fantázia I.01.064
fantázia V.01.02.019
faragott kő II.02.01.005
faragottkőfal II.02.03.010
faragottkőfal II.02.03.012
farm XII.02.02.002
farm XII.02.02.003
farostlemez VIII.02.01.016
faszcináció I.01.049
faszeg II.02.04.008
favázas építés II.02.04.017
favázas fal II.02.06.003
favázas szerkezetek VIII.02.07.011
fáradtolaj III.03.02.008
fázis II.01.01.004
fecskefarkú padlásablak VIII.05.04.001
fecskefarok II.02.04.015
fecskendezett beton VI.05.01.026
fedett körfolyosó II.04.01.022
fedett lovaglópálya XII.13.04.002
fedett megállóhely XII.06.01.035
fedett uszoda XII.13.03.002
fedett váróhely XII.06.01.035
fedélhéj(azat) VIII.05.01.033
fedélszerkezet IV.02.01.016
fedélszerkezetek VIII.05.
fedélszerkezetek VIII.05.01.
fedélszék IV.02.01.016
fedélszékes tető VIII.05.01.001
fedőlemez VIII.02.01.038
fedőlemez VIII.02.02.009
fedőlemezes elhelyezés VIII.02.02.048
fedőléc VIII.03.02.011
fedővakolat VI.06.05.004
fehér mész VI.04.03.012
fejelőtégla VI.02.02.012
fejesvonalzó IV.04.02.003
fejkő VIII.03.01.003
fejkő VIII.03.02.001
fejleszt V.01.02.003
fejlődés I.01.104
fejlődés I.02.01.
fejlődés I.03.042
fejlődés II.01.01.007
fejlődő helységközpont XI.02.02.002
fejsze X.02.01.007
fejtett kő II.02.01.004
fejtettkő VI.02.02.001
fekete szigetelés VIII.01.06.012
fekete-fehér IV.03.03. 010
feketemunka I.04.04.007
fekvés V.02.04.002
fekvő ablak VIII.03.02.023
fekvő forgástengely III.01.03.043
fekvőszék VIII.05.01.005
feladat I.03.032
felbecsülés I.05.04.013
felbecsülés X.01.02.006
felbeton VIII.02.06.031
feldolgozhatóság VI.09.015
felemelés XI.04.02.068
felélesztés XI.04.04.005
felépítmény III.03.04.006
felértékelés X.01.02.006
felfekvési hézag VIII.02.03.008
felfogás II.01.02.023
felfűzés XI.04.02.075
felhajtható csapószárny VIII.03.02.034
felhajtóerő VIII.01.08.001
felhasznál XII.01.01.004
felhasznál XII.01.01.006
felhatalmazás I.04.01.009
felirat IV.03.02.002
feljáró XII.07.01.005
feljáró XII.07.01.006
feljegyzés IV.03.02.005
feljelentési kötelezettség I.04.02.012
feljogosítás I.04.01.009
felkeményedési tartomány VII.04.040
fellebbezés I.04.01.020
fellegvár II.04.03.029
fellépő VIII.06.01.005
fellépő VIII.06.01.004
felmentés I.04.02.007
felmentés II.06.02.022
felmérés II.06.02.021
felmérés III.01.06.
felmérés III.02.02.008
felmondás I.04.03.008
felnőtt kor I.02.01.004
felső mestergerenda VIII.04.009
felső öv VII.02.05.020
felső világítás XII.11.03.017
felsőemelet II.02.06.008
felsőoktatási központ XII.09.02.004
felsővilágítás VIII.03.02.018
felszabadítás II.06.02.022
felszállás XII.06.04.026
felszállópálya XI.05.04.011
felszerelések XII.06.01.014
felszerelések III.01.03.
felszín V.02.02.011
felszíni víz IX.03.041
felszívóképesség VI.09.034
feltalál V.01.02.002
feltárás kutatóaknával VIII.01.03.001
feltevés I.01.051
feltöltés III.03.04.005
felújítás I.01.069
felújítás II.06.03.011
felújítás XI.04.03.016
felújítás XI.04.04.002
felújítás XI.04.04.003
felügyelet X.01.06.
felügyelet III.03.05.001
felület IV.01.01.016
felület V.02.01.003
felület V.02.02.011
felületen megoszló erő VII.03.010
felületen megoszló terhelés VII.03.010
felületi alátámasztás VIII.02.02.045
felületi ágyazás VIII.02.02.045
felületi hőmérséklet IX.02.01.016
felületi szín V.04.02.016
felületi vibrátor VIII.01.05.005
felületi vibrátor X.02.02.035
felületkezelt beton VI.05.01.021
felületszerkezet VIII.04.005
felülépítés II.06.03.014
felülépítményi jog I.05.02.015
felülvizsgálás III.01.01.004
felünézet IV.02.01.017
felvevőstúdió XII.11.05.005
felvezető út XI.05.01.070
felvezető út XII.07.01.005
felvezető út XII.07.01.006
felvételi épület XII.06.04.023
felvilágosítás I.01.068
felvonó VIII.06.02.006
felvonó X.02.03.003
felvonó X.02.03.004
felvonó XII.07.01.016
felvonó mozgásérültek részére VIII.06.02.009
felvonóhíd II.04.03.016
fenéklemez VIII.01.06.008
fenntartás II.06.01.003
fenntartási költségek X.01.02.018
fenntartási követelmények II.06.02.013
fenomenologikus tér V.03.01.002
fenomén I.01.100
fenségesség I.01.124
fenyítés I.04.01.018
ferde hajlítás VII.04.053
ferde kötél VII.02.04.008
ferde merevítés VIII.05.01.018
ferde rácsrúd VII.02.05.018
ferde támasz II.02.04.029
ferde támasz fejpánt VIII.05.01.015
fertőtlenítés III.03.03.012
festék VI.08.02.018
festék hígító VI.08.02.030
festészet I.01.096
festések VI.08.02.
festőanyag VI.08.02.019
festői I.01.101
feszített betét kötése VIII.02.04.029
feszített kötél VII.02.04.003
feszített vasbetét VIII.02.04.004
feszített(betétű) beton VIII.02.04.
feszítő oszlop VIII.02.02.020
feszítőcsavar VIII.02.02.063
feszítőgerenda II.02.04.030
feszítőkötél VII.02.04.009
feszítőléc VIII.05.01.029
feszítőmű VII.02.12.005
feszítőpad VIII.02.04.030
feszítőrúd X.02.01.042
feszítőszerkezet VII.02.04.013
fesztáv VII.01.030
fesztávolság VII.01.030
feszültség VII.04.056
feszültségkoncentráció VII.04.033
félárnyék IV.02.04.014
félegyenes IV.01.01.004
félelem I.02.03.032
félig nyilvános térség V.03.01.015
félig nyilvános térség V.03.01.016
félkemény VIII.01.02.037

félnyeregtető VIII.05.02.004
féloszlop II.02.05.004
féloszlop [gótikában] II.02.06.002
félrevezetés I.04.01.023
félsziget XI.01.01.005
fémcsavar hatlapú anyacsavarral X.02.01.085
fémek VI.07.
fémfűrész X.02.01.037
fény IV.02.04.
fény V.04.01.
fény és szín V.04.
fényesség IV.02.04.006
fényezés VI.08.02.021
fényforrás V.04.01.001
fényhőmérséklet IV.02.04.002
fényképmérés III.01.05.015
fénymásoló (gép) IV.04.03.005
fénymásoló papír IV.04.01.005
fényszóró IX.01.02.015
fénytörés V.04.01.010
fészer XII.02.02.013
fiatalkorúaknak XII.09.02.
fiálé II.02.06.025
figyelem I.02.02.014
fikció I.01.051
filccel simított vakolat VI.06.05.012
filiálé X.01.04.010
finanszírozás I.05.05.
finanszírozási terv X.01.02.003
finanszírozási terv XI.04.03.012
finomító üzem XII.02.03.006
finomszemcse VIII.01.02.020
fiókgerenda VIII.05.01.022
fióktorony II.02.06.024
fióktorony II.02.06.025
firnisz VI.08.02.032
fitness-centrum XII.13.01.019
fizetés I.05.04.018
fizetési folyamat I.05.04.020
fizetési terv I.05.04.019
fizettség I.04.04.003
fizikai laboratórium XII.10.02.005
fizioterápia XII.12.02.010
fjord XI.01.01.033
flexibilis alapajz XII.08.05.003
flexibilis zsaluzat X.03.02.021
fodrász XII.02.01.006
fodrászat XII.02.01.006
fogadóépület XII.06.04.010
fogadószoba XII.04.011
fogalmak III.03.01.
foganat I.01.041
fogaskerekű vasút XI.05.02.010
fogasléces emelő X.02.01.078
fogasrúdemelő X.02.01.078
fogazat II.02.05.016
fogház XII.05.008
fogófa II.02.04.032
fogógerendapár VIII.02.01.039
fogrovat II.02.05.016
fok VIII.06.01.001
fokbélés VIII.06.01.005
fokozatos közelítések módszere VII.06.017
fokozás XI.04.02.068
folyadékcsap VIII.02.01.023
folyam XI.01.01.042
folyam XI.05.03.005
folyamat X.01.03.001
folyamat X.01.05.006
folyamat I.04.01.013
folyamati diagram X.01.03.009
folyamatos felhasználás III.03.05.008
folyamatos gyártás X.04.008
folyamatosság II.01.01.011
folyami kikötő XII.06.03.003
folyamrendszerű gyártás X.04.009
folyamvidék XI.01.01.030
folyáshatár VII.04.070
folyási határ VII.04.070
folyásképesség VI.09.006
folyékony VIII.01.02.036
folyékony adalék VI.05.03.005
folyosó XII.08.05.010
folyosó a nézők részére XII.13.01.025
folyosó a versenyzők részére XII.13.01.024
folyó XI.01.01.041
folyó XI.01.01.042
folyó XI.05.03.005
folyóirat állvány XII.11.02.011
folyós VI.05.02.001
folyósó mezítlábasok részére XII.13.03.014
folyóvidék XI.01.01.030
folytonos alap VIII.01.06.013
folytonos közeg osztása VII.06.007
folytonosság II.01.01.011
fon IX.01.01.034
fonalkereszt III.01.03.031
fonatoló-harapófogó X.02.01.009
fontosság I.01.066
fontosság I.01.119
forgalmi dugó XI.05.01.051
forgalomcsökkenés XI.05.01.055
forgásszög módszer VII.06.029
forgó szélmalom II.04.06.007
forgóajtó VIII.03.01.016
forgószárny VIII.03.02.030
forgószínpad XII.11.04.015
forgótárcsás kotró X.02.03.025
forma X.04.010
forma I.01.053
forma I.01.118
forma V.02.02.
forma V.02.02.004
forma alapja X.04.011
formai analízis II.01.02.014
formai elemzés II.01.02.014
formatervezés I.01.037
formázógipsz VI.04.01.006
forrás II.01.02.018
forrás XI.01.01.039
forráskritika II.01.02.019
forráskutatás III.02.01.005
fotodokumentáció III.01.06.012
fotodokumentáció III.02.01.012
fotogrammetria III.01.05.015
fotomontázs IV.03.03. 013
fototeodolit III.01.03.044
foyer XII.11.04.029
fólia IV.04.01.011
födémek VIII.04.
födémgerenda VIII.04.007
födémgerenda VIII.05.01.014
födémpalló VIII.04.001
födémtartó VIII.04.007
födémtégla VI.02.02.005
födémvakolat VI.06.05.021
föggőleges erő VII.03.061
föld XI.01.01.001
föld XI.01.01.002
föld XI.01.01.007
föld alatti garázs XII.06.01.025
föld alatti gépkocsi-közlekedési útvonal XI.05.01.061
földadó I.05.01.012
földalatti vasút XI.05.02.004
földalatti vasút XII.06.02.004
földbástya II.04.03.023
földbérlet X.01.02.024
földbirtokos I.03.058
földbirtokrendezés XI.02.04.007
földfelszín VIII.01.04.001
földfelület VIII.01.04.001
földfúró X.02.01.063
földgyalu X.02.02.023
földhasználat XI.02.01.
földhányás II.04.03.023
földkiemelés III.02.01.004
földmérő - összehajtható mérőeszköz III.01.03.004
földmérő - összehajtható mérővessző III.01.03.004
földművesek házai II.04.05.002
földnedvesség IX.03.040
földnyomás VIII.01.08.002
földnyomáseloszlás VIII.01.08.003
földpát VI.01.01.003
földrajzi tájolás XI.04.02.043
földrendezés XI.02.04.007
földszint (színház) XII.11.04.025
földtörvény I.05.02.011
földtulajdonos I.03.058
földtulajdonos I.05.02.003
fölfröcssenő v. föcssenő víz zónája IX.03.055
fő gyűjtőútvonal XI.05.01.072
fő közlekedési útvonal XI.05.01.059
fő közlekedési útvonal XI.05.01.066
fő teher VII.03.039
főépület II.04.04.001
főfeszültség VII.04.038
főhomlok IV.02.01.009
főiskola XII.09.02.002
főiskola XII.10.01.002
főiskola XII.10.01.003
főiskola XII.10.01.008
főiskolák XII.10.01.
főlépcső XII.07.01.013
főpályaudvar XII.06.02.003
főtengely IV.01.01.011
főtér II.04.01.003
főút XI.05.01.062
főútvonal XI.05.01.059
főútvonal XI.05.01.066
fővállalkozó X.01.04.003
fővállalkozó X.01.04.004
főváros XI.04.01.001
főzőfülke XII.08.05.034
főzőkonyha XII.08.05.032
fragment I.01.054
franciakulcs X.02.01.013
franciatető VIII.05.02.007
frekvencia VII.07.014
frekvencia IX.01.01.012
frekvenciagörbe analízis VII.07.015
friss élelmiszerek eladása XII.03.02.014
frissbeton VI.05.01.019
frissbeton VI.05.01.024
frissen bedolgozott beton VI.05.01.033
frissességek XII.03.02.014
fríz II.02.05.015
frontális dimetrikus ábrázolás IV.02.02.003
frontális perspektíva IV.02.03.009
fröccsvíz VIII.01.04.012
fröccsvíz IX.03.047
fröcskölt vakolat VI.06.05.017
funkcionális csoportosítás XII.01.02.002
funkcionális típusok II.05.02.003
funkció I.01.055
furat VIII.01.03.002
furcsa I.01.017
furdancs X.02.01.021
furnér VIII.02.01.012
furnér VIII.02.01.015
furnir VIII.02.01.012
fuser munka X.01.06.009
futókő II.02.03.001
futómacska X.02.03.002
futópálya XII.13.01.014
futósoros kötés II.02.03.013
futótégla II.02.03.001
fuvarozás XII.06.01.013
fúga II.02.03.004
fúrás VIII.01.03.002
fúrófej
fúrótokmánykulcs X.02.01.057
fúrógép X.02.01.056
fúró(gép) X.02.02.044
fúrókalapács X.02.02.016
fúrt cölöp VIII.01.07.007
fúrt cölöpfal VIII.01.07.015
fúrt cölöpfal VIII.01.09.004
függesztett mennyezet VIII.04.006

függesztőrúd VII.02.01.008
függetlenség I.03.013
függő kupola II.03.03.001
függő kupola VII.02.08.007
függőállvány X.03.02.001
függőfolyosóház XII.07.02.007
függőleges VII.02.05.024
függőleges (tok)osztó VIII.03.02.013
függőleges megközelíthetőség XII.07.02.001
függőleges szigetelés VIII.01.04.023
függőleges támaszreakció VII.03.063
függőleges teher VII.03.062
függőleges tengely VII.01.039
függőleges tengely III.01.03.041
függőleges tömítőréteg IX.03.059
függőleges vetület IV.02.01.007
függőleges záróreteg IX.03.059
függőlegesen felszállni képes repülőgép XI.05.04.008
függőleges-szögosztásos kör III.01.03.040
függőön III.01.03.012
függőön X.02.01.088
függővasút XI.05.02.006
függővasút XI.05.02.011
függővonal III.01.03.012
fülke II.02.05.029
fürdőszoba XII.08.05.028
füstöltárupult XII.03.02.007
füzér forma VII.02.10.007
fűrészelt áru VIII.02.01.006
fűrészelt kő II.02.01.005
fűrésztető VIII.05.02.005

G

gabbró VI.01.02.009
galéria II.02.06.006
galéria XII.11.03.003
galéria XII.08.04.003
garancia I.04.03.005
garázs XII.06.01.023
garázskapu VIII.03.01.017
gardrób XII.08.05.011
garzon XII.08.04.004
gazdagság I.03.072
gazdasági udvar XII.02.02.002
gazdaságosság X.01.02.004
gazdaságossági számítás X.01.02.005
gát XII.06.03.008
gát II.04.03.023
gátol XII.01.01.008
gátolt csavarás VII.04.023
gázbeton VI.02.04003
gázbeton falazóelem VI.02.04004
gázbeton-építőlap VI.02.04005
gázmű XII.02.03.005
generáció I.03.069
generátor X.02.02.001
'genius loci' XI.04.02.044
gentrifikáció XI.04.05.002
geodéziai kupola VII.02.08.003
geometria IV.01.
geometriai imperfekció VII.05.012
geosztatikus nyomás VIII.01.08.004
Gerber-tartó VII.02.02.011
gerenda VIII.02.01.007
gerenda VIII.02.02.029
gerenda VIII.02.07.005
gerenda II.02.04.003
gerenda X.03.02.010
gerendafej II.02.04.004
gerendaház II.02.04.016
gerendahorgony VIII.05.01.025
gerendakereszt II.02.04.042
gerendatartó II.02.04.003
gerendatartó VII.02.02.014
gerendák VII.02.02.
gerendás födém VIII.04.001
gerezdes kupola II.03.03.006
gerébtokos ablak VIII.03.02.022
gerinc VIII.05.03.001
gerinc VIII.05.03.003
gerinclemezes tartó VII.02.02.017
gerinclemezes tartó VIII.02.02.035
gerincszelem VIII.05.01.010
gerjesztett regés VII.07.012
gettó XI.03.02.011
gépesített forgalom XI.05.01.027
gépíróiroda XII.04.023
gépterem XII.02.01.031
géptér XII.02.01.031
giccs I.01.078
gimnázium XII.09.02.003
(iparos)segéd X.01.04.040
gipsz VI.04.01.
gipszes habarcs VI.06.05.007
gipszforma VI.08.05..006
gipszhabarcs VI.06.05.007
gipszkarton lap VI.08.05..001
gipszkarton tábla VI.08.05..001
gipszkő VI.01.02.013
gipszkő VI.08.05..005
gipszmennyezet VI.08.05..004
gipszpalló VI.08.05..004
gipszsablon VI.08.05..006
gipszvakolat VI.04.01.002
(kép)kiállítási csarnok XII.11.03.004
(ki)horgony(zó)cölöp VIII.01.07.008
globális merevségi mátrix VII.06.014
globális rendszer VII.01.018
gnejsz VI.01.02.010
golfpálya XII.13.01.011
golyó IV.01.02.005
golyóscsapágy VIII.02.02.043
gombafödém VII.02.07.003
gombafödém VIII.04.003
gondolkodás I.02.02.010
gondozóintézet XII.08.03.029
gót kötés II.02.03.020
gót stílusú kőfaragás II.02.06.004
gótikus díszoromzat II.02.06.026
gótikus stílus II.02.06.
gödör VIII.01.04.004
gödör VIII.01.04.005
gömb IV.01.02.005
gömbboltozat II.03.03.002
gömbcsuklós saru VIII.02.02.040
gömbfa VIII.02.01.008
görbe (vonal) IV.01.01.008
görbe út XI.04.02.031
görbevonalzó IV.04.02.008
görbület VII.02.10.004
görbület VII.04.002
görbületi főirány VII.04.037
gör(dülő)redőny VIII.03.02.038
görgeteges anyag VIII.01.02.027
görgetegkő II.02.01.003
görgős kapu VIII.03.01.019
görgős megtámasztás VII.01.021
görgős saru VIII.02.02.041
görkorcsolyapálya XII.13.01.006
gőz X.02.02.006
gőz IX.03.020
gőz IX.03.021
gőzfék IX.03.022
gőzgenerátor X.02.02.008
gőzhajó XI.05.03.002
gőzkalapács X.02.02.010
gőzkamra X.02.02.011
gőzkatlan X.02.02.007
gőzkazán X.02.02.007
gőznedvesség IX.03.019
gőzös XI.05.03.002
gőzszigetelés VIII.05.01.037
gőzszigetelés IX.03.023
gőzszűrő X.02.02.012
gőztisztító X.02.02.012
gőzvezeték X.02.02.009
grafika IV.03.03.
grafika IV.03.03. 008
grafikus módszer VII.02.05.009
grafikus módszer VII.06.015
gránit VI.01.02.011
gréder X.02.03.028
grill XII.14.01.008
gumi VI.08.01.006
gurulópálya XI.05.04.012
gurulópálya XII.06.04.007
gúla torony II.02.06.027

Gy

gyakorlat I.03.018
gyakorlótér XII.05.012
gyakorlótér (katonai) XII.05.013
gyaloghíd XII.06.01.018
gyaloghíd XII.06.03.009
gyalogjáró XI.05.01.003
gyalogos XI.05.01.001
gyalogos aluljáró XI.05.01.013
gyalogosforgalmi övezet XI.05.01.010
gyalogosforgalmi övezet XII.06.01.016
gyalogos-átkelőhely XI.05.01.012
gyalogút XII.06.01.002
gyalu X.02.01.055
gyanta VI.08.01.004
gyanta alapanyagú ragasztó VI.08.02.022
gyarmatváros XI.04.01.015
gyám VII.02.03.001
gyám II.02.04.037
gyámfa II.02.04.021
gyámfa VIII.05.01.016
gyámgerenda VIII.06.01.003
gyámív II.02.06.023
gyámköves boltozat II.03.02.001
gyámoszlop II.02.06.022
gyár X.01.04.012
gyár XII.02.03.002
gyáripar X.04.001
gyártás XII.02.01.029
gyártáselőkészítés X.01.03.018
gyártási hulladék III.03.02.005
gyártási költségek I.05.04.010
gyártási költségek X.01.02.013
gyártási tűrés VI.09.017
gyártóbázis XII.02.03.012
gyártótelep XII.02.03.012
gyerekeknek XII.09.01.
gyermekágyas osztály XII.12.02.013
gyermekjáték XII.06.01.037
gyermekjátszótér XII.06.01.038
gyermekjátszótér-felszerelések XII.06.01.037
gyermekkocsi XI.05.01.016
gyermekkor I.02.01.002
gyermekmedence XII.13.03.007
gyermekotthon XII.08.03.025
gyermekszoba XII.08.05.024
gyorsfelmérés III.01.05.003
gyorsfelvétel III.01.05.003
gyorsítás VII.07.001
gyorsító(szer) VI.05.03.001
gyorsmérő-teodolit III.01.03.047
gyorsulás VII.07.001
gyógyhely XI.04.01.019
gyógyintézet XII.12.01.005
gyógyszálló XII.12.01.006
gyógyszertár XII.12.02.026
gyúlékony VI.09.036
gyümölcstermesztési terület XI.02.01.003
gyűjtemény XII.11.03.022
gyűjtőhely III.03.03.001
gyűjtőútvonal XI.05.01.073
gyűlésterem II.04.02.009
gyűlölet I.02.01.010
gyűrűs falusi beépítés II.05.01.006
gyűrűs város II.05.02.016

H

ha az építtető a saját pénzén a közösség számára valamilyen létesítményt épít (pl. XI.06.037
habanyag VI.08.03.010
habarcs VI.06.04.001
habarcscsoportok VIII.02.03.004
habarcskeverő gépkocsi betonkeverő gépkocsi X.02.03.018
habarcsok VI.06.
habköves tufa VI.04.04.011
habkő VI.01.02.019
habkő VI.04.04.009
habosított műanyag VI.08.03.012
hagyomány I.03.040
hagyomány II.01.01.013
hagyományos építménytípusok II.02.02.
hagyományos építőanyagok II.02.01.
hagyományos faépítés II.02.04.
hagyományos falazat II.02.03.
hagyományos közlekedési eszközök XI.05.01.018
hajlat VII.04.002
hajlás VII.02.10.004
hajlékony alapajz XII.08.05.003
hajléktalanok otthona XII.08.03.031
hajlításra merev sarok VII.02.06.001
hajlításra merev tartó VII.02.02.014
hajlított rúd VII.02.01.003
hajlított tartó VIII.02.02.034
hajlítófeszültség VII.04.005
hajlítógép X.02.01.061
hajlítógép X.02.02.032
hajlítómerevség VII.04.004
hajlítónyomaték VII.03.004
hajó XI.05.03.001
hajóemelő XII.06.03.015
hajófelvonó XII.13.03.019
hajógyár XII.06.03.012
hajókeresztezés II.04.01.020
hajózás XI.05.03.
hajózási útvonal XI.05.03.007
hajszálcsövesség VIII.01.02.045
hajszálcső IX.03.031
hajszálkereszt III.01.03.031
haladás I.01.104
haladék X.01.05.029
haladó tehetetlenség VII.07.021
halaspult XII.03.02.009
halasztás X.01.05.029
halál I.02.01.007
halászat XII.02.02.009
halászfalu XI.02.03.003
halhas alakú rácsostartó VII.02.05.007
hall XII.08.05.012
hallás (emberi) IX.01.02.021
hallásromlás IX.01.02.023
hallástartomány IX.01.02.026
hallásterület IX.01.02.026
hallásvesztés IX.01.02.023
hallásvédelem IX.01.02.025
hallhatóság IX.01.02.018
hallhatósági tartomány IX.01.02.022
halmos XI.01.01.053
halom XI.01.01.018
halom XI.01.01.019
halom XI.01.01.020
hamisárnyék IV.02.04.013
hamvasztó XII.11.01.019
hang IX.01.01.001
hangár XII.06.04.009
hangáteresztés IX.01.02.019
hangelnyelés IX.01.01.006
hangelnyelési fok IX.01.02.005
hangelnyelő lemez VI.08.03.001
hangelőadásra való alkalmasság (helyiségé) IX.01.02.018
hangerő(sség) IX.01.01.036
hangérzet IX.01.01.003
hangérzet IX.01.01.037
hangérzékelés IX.01.01.003
hangfrekvencia tartomány IX.01.02.022
hanggátlás IX.01.01.016
hanghatás IX.01.01.002
hanghatás IX.01.01.011
hanghullám IX.01.01.010
hangosság IX.01.01.037
hangszigetelés IX.01.01.005
hangszigetelés IX.01.01.020
hangszigetelés IX.01.01.021
hangszigetelő burkolat VI.08.03.002
hangszigetelő burkolat IX.01.02.016
hangszigetelő lemez IX.01.02.016
hangszigetelő tégla VI.02.02.004
hangterjedés IX.01.01.004
hangtompítás IX.01.01.005
hangtompítás IX.01.01.022
hangulat I.01.008
hangversenyépület XII.11.04.004
hangversenyterem XII.11.04.004
hangvédelem IX.01.01.027
hangzás IX.01.01.001
hanyatlás I.01.030
hanyatlás II.06.03.001
harangláb II.04.01.033
harangtorony II.04.01.031
harangtorony II.04.01.033
harapófogó X.02.01.008
harapófogó X.02.01.012
harántkontrakció VII.04.067
haránttengely VII.01.037
harmonikaajtó VIII.03.01.014
harmonikus arány V.02.05.003
harmonikus terhelés VII.07.018
harmónia I.01.058
hasadás VI.03.01.018
hasadás X.05.013
hasadék XI.01.01.023
hasító fűrész X.02.01.033
használó csoport III.02.02.022
használtanyag telep III.03.03.006
hasznos alapterület XI.06.017
hasznos teher VII.03.024
hasznos terhelés VII.03.024
hasznosít XII.01.01.004
haszonbér I.05.02.006
haszonbérleti díj X.01.02.024
haszonélvező csoport III.02.02.022
hatalom I.03.014
hatalom I.03.015
határ V.02.07.012
határerő VIII.01.01.008
határérték V.02.07.005
határfrekvencia IX.01.01.013
határidő I.04.01.021
határidő X.01.05.001
határnap I.04.01.021
határnap I.05.05.018
határozat I.04.01.015
határpont III.01.02.003
határrendezés XI.04.03.026
határtehelés VIII.01.01.008
határteher VIII.01.01.008
határteher VIII.01.01.015
határteherbírás VIII.01.01.009
határterület XI.03.01.001
határváros XI.04.01.011
határváros II.05.02.007
határvidék XI.03.01.001
hatás I.01.041
hatás II.01.01.015
hatásábra VII.03.018
hatásfok IX.01.02.006
hatásos szigetelő IX.01.01.024
hatásörezet III.02.02.029
haza I.03.030
haza XI.04.02.053
háló XI.04.02.028
háló V.02.04.005
háló V.02.04.007
hálóboltozat II.03.02.008
hálófülke (szobában) II.04.05.007
hálószoba XII.08.05.023
hálóterem II.04.02.008
hálózat V.02.04.005
hálózat XI.04.02.028
hálózati terv X.01.03.008
hányó X.03.01.028
hárító v. ütköző VIII.05.01.021
háromcsuklós ívtartó VII.02.03.012
háromcsuklós ívtartó vonórúddal VII.02.03.013
háromcsuklós keret VII.02.06.009
háromdimenziós elem VII.06.033
háromélű reszelő X.02.01.025
háromkarú lépcső (U-alakú) VIII.06.01.013
háromláb III.01.03.032
háromlábas kötélcsörlő X.02.01.081
háromlábas kötélmotolla X.02.01.081
háromlábú állvány III.01.03.024
háromleveles ablakosztás II.02.06.005
háromnyílású árkádsor II.02.06.007
háromnyílású tartó VII.02.02.018
háromnyomaték-egyenlet VII.06.034
háromrétegű fal VIII.02.03.028
háromszög IV.01.01.025
háromszög alakú rácsostartó VII.02.05.022
háromszög alakú terhelés VII.03.059
háromszög alakú véges elem VII.06.036
háromszögvonalzó IV.04.02.005
hátasló XI.05.01.022
hátsószínpad XII.11.04.013
hátter V.02.02.003
hátulnézet IV.02.01.019
ház II.02.02.003
házhely XI.02.01.009
házhely XI.06.013
házikó XII.08.03.008
háztartás I.03.068
háztartás I.05.01.004
háztáji bekerített legelő XII.02.02.018
háztelek XI.06.013
hegesztett kötés VIII.02.02.055
hegeszt(és) VIII.02.02.051
hegesztőgenerátor X.02.01.072
hegesztőhelyiség XII.02.01.035
hegesztőpisztoly X.02.01.069
hegesztőtranszformátor X.02.01.071
hegy XI.01.01.016
hegycsúcs XI.01.01.017
hegyes kapa X.02.01.041
hegyesszög IV.01.01.014
hegy(vidék)i falu XI.02.03.002
hegyi pálya XI.05.02.009
hegyi vasút XI.05.02.009
hegylánc XI.01.01.012
hegyláncolat XI.01.01.012
hegyoldal VIII.01.04.009
hegység XI.01.01.015
hegytető XI.01.01.017
helikopter XI.05.04.009
hely XI.04.02.017
hely XI.04.02.035
hely XI.04.02.047
helyettesítő módszer VII.06.011
helyi hozzáigazodás II.06.04.006
helyi identitás I.02.03.019
helyi kötődés II.06.04.002
helyiség az uszómester részére XII.13.03.013
helyiség kúszó-mászó gyerekek részére XII.09.01.002
helyiség mikroklímája IX.02.01.013
helyiségek láncolata XII.07.02.009
helyiségek sorrendje XII.07.02.008
helyminőség III.02.02.031
helyőrségi város XI.04.01.012
helyreállítás XI.04.03.027
helyreállítás XI.04.04.003
helyreállítás II.06.03.012

helyszín III.02.02.030
helyszínen előállított beton VI.05.01.028
helyszíni beton VI.05.01.040
helyszíni előállítás X.04.007
helyszíni gyártás X.04.007
helyszínrajz III.01.05.001
helyszínrajz IV.02.01.014
helyszükséglet XI.05.01.044
helytörténeti okok II.06.01.019
helyzet III.01.07.001
helyzet V.02.04.002
helyzet XI.04.02.036
helyzetvizsgálat XI.04.03.020
henger X.02.02.043
henger IV.01.02.007
henger alakú héj VII.02.08.001
hengeres libella III.01.03.027
hentes XII.02.01.003
hentes(üzlet) XII.02.01.003
hernyótalp X.02.03.030
heveder II.02.04.035
heveder II.02.04.036
heveder VIII.02.02.009
hevederes elhelyezés VIII.02.02.048
hevederfa II.02.04.036
hexaéder IV.01.02.003
héj V.02.04.006
héjak VII.02.08.
héjazás VIII.05.01.033
héjív VII.02.03.011
héjszerkezet VIII.04.005
hétköznapi művészet I.01.102
hév I.01.097
hézag II.02.03.004
hézag VIII.02.03.007
hézagbiztosító betét VIII.02.04.020
hézagbiztosító lemez VIII.02.04.020
hézagfegő léc VIII.03.02.012
hézagosság VI.09.022
hézagtakaró léc VIII.03.02.011
hézagtakarógipsz VI.04.01.005
hézagtartalom VI.09.027
hézagtérfogat VI.09.027
hiány X.01.06.007
hiányos (össze)kötés VIII.02.06.010
hiányosság X.01.06.007
hiba X.01.06.006
hideg szín V.04.02.022
hidegenyv VIII.02.01.036
hidegfűrész X.02.01.036
hidraulikus kotró(gép) X.02.03.022
hidraulikus mész VI.04.03.004
hidraulikus mészhabarcs VI.06.05.008
hidraulikus teherviselő VI.04.03.002
hidroplán XI.05.04.007
hidrosztatikai nyomás IX.03.027
hierarchia I.03.053
hierarchia V.02.06.003
higroszkopikus nedvesség IX.03.006
higroszkopikus nedvesség IX.03.028
hintó XI.05.01.021
hiperbolikus paraboloid VII.02.08.004
hiperhigroszkopikus nedvesség IX.03.007
hipszometria III.01.03.013
hipszometria III.01.05.005
hirdetőoszlop XII.06.01.041
hitelbank I.05.05.003
hivatal X.01.04.007
hivatal XII.02.03.020
hivatali felszerelés IV.04.
hivatallal történő egyeztetés I.04.05.002
híd XI.05.01.008
hígító(szer) VI.08.02.030
hízeleg V.01.02.022
holding X.01.04.016
holtidő X.01.05.028
homály IV.02.04.007
homály IV.02.04.012
hombár II.04.06.002
homloklap VIII.02.02.024
homloklap VIII.06.01.005
homloklemez VIII.02.02.024
homlokvonal XI.06.010
homlokzat II.02.05.031
homlokzat IV.02.01.018
homlokzati boltív II.02.05.037
homogén fal VIII.02.03.019
homok VI.01.02.023
homok VI.04.04.010
homok VIII.01.02.018
homokkő VI.01.02.024
homokos agyag VI.01.02.016
homokos agyag VI.02.01.001
homokos agyag VIII.01.02.007
honorárium I.04.04.001
hordalékiszap VIII.01.02.014
hordozható vágókorong X.02.01.065
horgony VIII.01.01.001
horgonycsavar VIII.02.02.064
horgonyrúd VII.02.01.010
horgonyzógerenda II.02.04.034
horizont IV.02.03.007
hornyolt cserép VI.02.03.001
hornyolt tetőcserép VI.02.03.005
hornyos cserép VI.02.03.004
horony II.02.04.009
horonyék VIII.02.01.024
horpadás VII.05.004
horzsakő VI.01.02.019
horzsakő VI.04.04.009
hosszanti hajó II.04.01.018
hosszanti merevítés VIII.05.01.020
hossz-szelvény IV.02.01.012
hossz(úság)mérés III.01.03.001
hosszhajó II.04.01.018
hosszirányú vasalás VIII.02.04.017
hosszmerevítő VIII.05.01.009
hosszmetszet IV.02.01.012
hosszúfalu II.05.01.005
hotel XII.14.02.002
hozzáépítés XI.04.04.006
hozzáépítés II.06.03.014
hozzáépítés II.06.03.015
hozzáférhetőségi elemek VIII.06.
hozzáidomítás II.06.04.004
hozzáigazodás II.06.04.004
hódfarkú cserép VI.02.03.003
hódfarkú cserép VI.02.03.006
hóteher VII.03.045
hóterhelés VII.03.045
hömpölykő II.02.01.003
hő IX.02.01.
hő IX.02.01.023
hőálló VI.09.040
hőálló VI.09.041
hőáramlás IX.02.01.010
hőáramlás IX.03.033
hőáramsűrűség IX.02.02.021
hőátadás IX.02.02.004
hőátadási együttható IX.02.02.012
hőátadási ellenállás IX.02.02.011
hőátadási ellenállás IX.02.02.017
hőátadási tényező IX.02.02.012
hőátbocsátás IX.02.02.006
hőátbocsátás IX.02.02.015
hőátbocsátási ellenállás IX.02.02.013
hőátbocsátási tényező IX.02.02.014
hőátbocsátási tényező IX.02.02.016
hőátmenet IX.02.02.015
hőátmeneti ellenálás IX.02.02.013
hőátment IX.02.02.006
hőbehatási koefficiens IX.02.02.018
hőbesugárzás IX.02.01.011
hőérzékelés IX.02.01.015
hőfogyasztás IX.02.01.031
hőforrás IX.02.01.033
hőhatás IX.02.01.030
hőháztartás IX.02.01.028
hőhíd IX.02.02.003
hőhíd IX.02.02.027
hőinercia IX.02.02.029
hőkapacitás IX.02.01.035
hőkényelem IX.02.01.014
hőmennyiség IX.02.01.032
hőmérleg IX.02.01.028
hőmérséklet IX.02.01.023
hőmérsékletváltozás VII.03.053
hőmérsékletvezetési képesség IX.02.02.031
hősugárzás IX.02.01.008
hőszállítás IX.02.01.007
hőszigetelés IX.02.02.001
hőszigetelés IX.02.02.002
hőszigetelés IX.02.02.025
hőszigetelés nélküli hidegtető lefedés VIII.05.01.032
hőszigetelés területe IX.02.01.025
hőszigetelési érték IX.02.02.019
hőszigetelési koefficiens IX.02.01.024
hőszigetelési tényező IX.02.01.024
hőszigetelési tényező IX.02.02.019
hőszigetelő anyag IX.02.02.026
hőszigetelő réteg VIII.02.03.028
hőszigetelő réteg VIII.05.01.036
hőszigetelt lefedés VIII.05.01.031
hőszigetelt tető VIII.05.01.031
hőtágulási együttható VII.04.007
hőtárolási érték IX.02.02.022
hőtároló képesség IX.02.01.035
hőtároló képesség IX.02.02.032
hőtechnikai számítás IX.02.02.009
hőtehetetlenség IX.02.02.029
hővezetés IX.02.01.009
hővezetés IX.02.02.030
hővezetési együttható IX.02.02.010
hővezetési tényező IX.02.02.010
hővédelem IX.02.02.001
hulladék III.03.01.003
hulladékanyag III.03.03.002
hulladékégetés III.03.03.004
hulladékgazdálkodás III.03.05.012
hulladékhelyiség XII.02.01.037
hulladékhő IX.02.01.034
hulladékmeleg IX.02.01.034
hullaház XII.11.01.021
hullámcserép VI.02.03.008
hullámfürdő XII.13.03.009
hullámkarton IV.04.01.009
hullámsebesség VII.07.016
humusz VIII.01.02.002
huzal VIII.02.04.003
huzalbetétes üveg VI.03.02.010
huzalfonat VI.06.02.006
huzalhálós üveg VI.03.02.010
huzalszövet VI.06.02.006
húr IV.01.01.022
húsfeldolgozás XII.03.02.010
húsospult XII.03.02.008
húzott fém VI.06.02.001
húzott öv VII.02.05.019
húzott rúd VII.02.01.009
húzóerő VII.03.055
húzófeszültség VII.04.058
húzómerevség VII.04.001
hűtés IX.02.01.005
hűtőház XII.02.03.014
hűtőház XII.02.04.003
hűtőhelyiség XII.02.01.032
hűtőpult XII.03.02.013
hűtőregál XII.03.02.013
hűtőszilárdság VI.03.01.013
hűtőtér XII.02.01.032
hűtőtorony XII.02.03.018
hűzószilárdság VI.05.01.013

I

I szelvény VIII.02.02.003
idealizált szerkezeti csomópont VII.06.016
ideál I.01.061
idegen anyag III.03.01.008

idegenforgalmi terület XI.03.01.008
idegenforgalom XII.14.
ideiglenes lakások XII.08.03.033
ideiglenes tárolási hely III.03.03.008
ideológia I.03.009
idézet V.01.03.005
idom V.02.02.002
idomacél VI.07.01.003
idomcserép VI.02.03.005
idomüveg VI.03.02.014
időléptékes hálóterv X.01.03.011
időrend II.01.02.001
időrend III.02.01.002
időszak II.01.01.005
időszaki kiállítás XII.11.03.020
időtartalék X.01.05.031
időtartam X.01.05.005
időtartam II.01.01.003
időterv X.01.05.
ifjúkor I.02.01.003
ifjúság I.02.01.003
ifjúsági centrum XII.14.03.006
ifjúsági központ XII.14.03.006
ifjúsági otthon XII.08.03.026
ifjúsági szálláshely XII.14.02.006
igazgatási mód X.01.04.028
igazgatási terület XI.03.01.003
igazgatóság XII.02.01.019
igazgatóság XII.04.025
igazgatóság XII.14.02.009
igazgatóság vállalati X.01.04.011
igazolás I.04.01.014
igazság I.01.129
igény I.02.02.005
igénystruktúra III.02.02.024
ihlet I.01.070
ihlet V.01.02.018
II.-odrendű elmélet VII.05.018
ikerház XII.08.03.005
ikonográfia II.01.02.016
ikonológia II.01.02.017
iktatás II.06.04.007
iktató XII.04.029
illegális hulladéktelep III.03.03.013
illemhely XII.08.05.029
illendőség I.03.038
illesztes kötés VIII.02.06.006
illesztés VII.02.05.002
illeték I.05.01.010
illuzórikus V.03.02.009
illúzió I.01.062
imakápolna XII.11.01.009
imaterem XII.11.01.005
imaterem XII.11.01.009
imisszió III.03.01.001
imitál V.01.02.012
imperfekció VII.05.013
impulzus VII.07.019
individuum I.03.050
indíték XI.04.02.049
indulat I.02.02.013
indulás V.02.07.008
indulás XII.06.04.011
indulási időpont X.01.05.010
indulási zóna XII.06.04.011
inerciaerő VII.07.020
inercianyomaték VII.04.030
inercianyomaték VII.04.031
inerciasugár VII.04.039
információ I.01.068
információ XII.04.008
információfeldolgozás I.02.02.019
információs túlterhelés I.02.03.027
infrastruktúra XI.05.
ingaoszlop VII.02.01.006
ingaoszlop VIII.02.07.003
ingás IX.01.01.007
inger I.02.02.015
ingerlés I.01.105
ingóság II.06.01.012
injektálás VIII.01.07.013
injektálhatóságot elősegítő adalék VI.05.03.004
injektáló berendezés X.02.02.029
injektált lehorgonyzás VIII.01.07.014
innováció I.01.069
inspiráció I.01.070
inspiráció V.01.02.018
instabilitási tényező VII.02.11.001
intenzív osztály XII.12.02.008
interferencia IX.01.02.003
interjú I.02.04.006
intermezzo XI.04.02.060
interperszonális távolság I.02.03.024
interpretáció I.01.074
intézet XII.10.01.005
intézkedés I.04.02.002
intézkedés I.04.02.003
intézmény I.03.008
intimitás I.02.03.026
intimitás V.03.01.007
intuíció I.01.075
invarbetétes léc III.01.03.021
ipar XII.02.
ipar XII.02.03.
ipari építési módok VIII.02.07.
ipari kikötő XII.06.03.004
ipari körzet XI.06.020
ipari övezet XI.06.019
ipari táj XI.01.02.004
ipari terület XI.06.019
ipari város XI.04.01.008
ipari város II.05.02.011
ipari vidék XI.01.02.004
iparművészet I.01.007
iparváros XI.04.01.008
iparvidék XI.03.01.010
irány V.02.07.003
irányelv I.01.122
iránypont IV.02.03.003
irányváltozás XI.04.02.058
irányváltoztatás XI.04.02.058
irányvonal XI.05.02.025
irányvonal I.04.02.001
irányvonal III.01.03.042
irányzóvonal III.01.03.029
irizáló V.04.02.010
iroda X.01.04.007
iroda XII.02.03.020
iroda XII.04.018
iroda az építkezés helyszínén X.03.01.011
irodagépek IV.04.03.
irodahelyiség XII.10.01.014
irodai munkahely XII.04.019
irónia I.01.076
iskolaudvar XII.09.02.017
iskolák) kiépítésére XI.06.039
ismertetés I.01.112
ismételt felhasználás III.03.05.003
ismételt felhasználás III.03.05.004
ismételt felhasználás III.03.05.005
ismétlés V.02.06.006
istálló II.04.05.009
istenítés I.01.028
iszap VIII.01.02.013
iszapolható szemcse VIII.01.02.016
iszapülepedés VIII.01.02.014
italeladás XII.03.02.017
iteráció V.02.03.001
iterációs módszer VII.06.017
izoláció I.02.03.021
izolált V.03.02.006
izolátor IX.01.01.023
izometria IV.02.02.001
izometrikus ábrázolás IV.02.02.004
írógép IV.04.03.007
írópapír IV.04.01.006
ítélet I.01.077
ítélet I.04.01.016
ív IV.01.01.009
ívek VII.02.03.
íves folyosó II.02.05.021
íves lépcsőkar VIII.06.01.014
ívfűrész X.02.01.034
ívgerenda VII.02.02.001
ívmagasság VII.02.03.010
ívmetszéses koordináta III.01.05.011
ívtartó VII.02.02.001
ívtartó VII.02.03.003
ívtartó VII.02.03.005
ízlés I.01.128
ízléstelenség I.01.078

J

jachtkikötő XII.13.03.015
japáner X.02.03.014
javítás XI.04.04.003
javítás XI.04.05.006
javított mészhabarcs VI.06.05.006
javítóműhely XII.02.01.011
járandóság I.05.01.010
járási székhely XI.04.01.004
járda XI.05.01.003
járda XII.06.01.002
járdaszegély XI.05.01.098
jármű XI.05.01.019
járműteher VII.03.025
járóbeteg-rendelő XII.12.02.019
járólap VIII.06.01.004
járulékos teher VII.03.001
járulékos terhelés VII.03.001
játékkaszinó XII.14.03.001
játékterem XII.14.03.002
játéktér XII.13.01.012
játszik V.01.02.011
játszótér XII.09.01.008
jegyautomata XII.06.01.034
jegykezelés és poggyászkezelés XII.06.04.016
jegypénztár XII.06.01.033
jegyzék IV.03.02.005
jegyzék IV.03.02.006
jegyző I.04.01.005
jel IV.03.01.
jelenség I.01.100
jelentés I.01.081
jelentés XI.04.02.051
jelentkezési adatok III.02.02.003
jelentőség I.01.066
jelentőség I.01.119
jelkép I.01.125
jelkép V.01.03.004
jelleg I.01.015
jellegzetesség II.06.01.024
jellegzetességek II.06.01.022
jellem I.01.015
jellem XI.04.02.048
jellemző tulajdonságok XI.01.01.048
jelmagyarázat IV.03.02.001
jelölés IV.03.01.
jelzálog I.05.02.001
jelzés IV.03.01.
jelzőkorlát XII.06.01.040
jelzőoszlop XII.06.01.040
jog I.04.01.001
jogi alapfogalmak I.04.
jogi fogalmak II.06.02.
jogvédelem I.04.01.025
jóminőségű acél VI.07.01.009
jón II.02.05.039
jótállás I.05.05.024
jóváhagyás I.04.02.006
jövedelem I.05.04.014
jövedelmi érték X.01.02.008
jövevénykő VI.01.02.022
jövevénykő II.02.01.003
jutalom I.05.05.011
(1.;2.; 3.) jutalom X.01.01.019

K

kabinet XII.11.03.008
kalcit VI.01.01.002
kalkuláció I.05.04.
kalyiba II.02.02.002

kamat I.05.05.013
kamatozás I.05.05.014
kamra II.04.05.006
kamra XII.08.05.035
kanalas kotró X.02.03.023
kanálhátvakolat VI.06.05.018
kannelúra II.02.05.009
kantfa VIII.02.01.006
kantin X.03.01.015
kantin XII.02.01.014
kanyargós út XI.04.02.031
kapacitás X.01.03.003
kaparólánc X.02.03.006
kaparószalag X.02.03.006
kapart díszvakolat VI.06.05.015
kapcsolat II.01.01.012
kapcsolat XI.04.02.039
kapcsolatok VIII.02.02.049
kapcsolás VIII.02.07.010
kapcsológerenda II.02.04.034
kapcsolóhorgony VIII.02.06.024
kapcsolólemez VIII.02.02.012
kapcsolt ablak VIII.03.02.022
kapillaritás VIII.01.02.045
kapilláris IX.03.031
kapilláris víz IX.03.039
kapilláris vízszállítás IX.03.032
kapitél II.02.05.010
kapocsfa VIII.02.01.039
kapu II.04.02.001
kapu XII.07.01.003
kapualj XII.07.01.004
kapubejárat XII.07.01.004
kapu(zat) II.02.06.018
kar XII.10.01.010
karakter XI.04.02.048
karbamidragasztó VI.08.02.003
karbantartás XI.04.04.001
karbantartási követelmények II.06.02.013
karbidmész VI.04.02.002
karbonizálás VI.05.04.001
karckeménység VI.03.01.005
karcsúság VII.05.019
karfa VIII.06.01.007
karfa VIII.06.01.008
karikatúra I.01.011
kartell X.01.04.020
kartogramösszeállítás III.01.04.004
kartonpapír IV.04.01.008
kartoték III.02.01.009
karzat II.02.05.027
karzat II.02.06.006
karzat II.04.01.021
karzat (templomban) II.02.06.008
kastélyok II.04.04.
kaszárnya XII.05.011
katalogizálás XII.11.02.019
katalógusterem XII.11.02.020
katasztrófaterület XI.03.01.007
kategória I.01.012
katonai közigazgatás XII.05.010
katonai övezet XI.03.01.005
katonai temető XII.05.016
katonai terület XI.03.01.005
kaucsuk VI.08.01.005
kaucsukragasztó VI.08.02.023
kauzalitás II.01.01.009
Kavalier-perspektíva IV.02.02.003
kavics VI.04.04.007
kavics XI.05.01.095
kavicskő VI.01.02.006
kavicsos homok VI.01.02.012
kavicsos homok VIII.01.02.017
kavicsréteg VIII.01.02.029
kazánház XII.02.01.033
kazeinenyv VI.08.02.004
kazettás lemez VII.02.07.005
kád VIII.01.06.010
kályhacserép VI.02.02.009
káosz V.02.04.009
kápolna II.04.01.025
kápolna XII.11.01.006
kár X.01.06.010
kár I.05.01.018
káros anyagok tárolása III.03.02.
károsítás II.06.04.009
károsodás III.03.01.012
kárpótlás I.05.02.013
kárpótlás X.01.06.011
kártalanítás XI.04.03.014
kártérítés X.01.06.011
kártérítés XI.04.03.014
kártérítés I.05.02.013
kátrány VI.08.01.003
kátrány VI.08.01.004
kávéház XII.09.02.018
kávéház XII.14.01.002
kávézó XII.09.02.018
kedv I.01.038
kehelyalap VIII.01.06.005
kellem I.01.034
kellemes közérzet IX.02.01.014
keltezés III.02.01.001
kemény IV.04.02.011
kemény VI.05.02.004
kemény VIII.01.02.039
kemény esztrichanyag VI.06.06.006
keménység VI.03.01.003
keménység VIII.01.01.013
kempfer VIII.03.02.014
kempfer II.02.05.012
kenések VI.08.02.
kengyelbetét VIII.02.04.009
kengyeles fűrész X.02.01.034
kengyelezés VIII.02.06.025
kerámia(burkoló)lap VI.02.02.007
kerámiai és ásványi kötésű építőanyagok VI.02.
kerek XI.04.02.023
kerek ráspoly X.02.01.026
kerek reszelő X.02.01.026
kerekes földnyeső X.02.03.031
kerengő II.04.01.022
keres V.01.02.009
kereskedelmi kamara XII.03.01.005
kereskedelmi központ XI.04.01.006
kereskedelmi negyed XI.06.018
kereskedőház XII.04.003
kereskedőváros II.05.02.004
keresztalaprajzú épület VIII.05.04.003
keresztállás XI.04.02.063
keresztboltozat II.03.02.004
keresztboltozat éle II.02.06.011
keresztborda II.02.06.012
keresztbordás lemez VII.02.07.005
keresztelőkápolna II.04.01.034
kereszteződés V.02.07.010
kereszteződő térségek V.03.03.002
keresztény templom II.04.01.011
keresztfa II.02.04.033
keresztfolyosó II.04.02.002
kereszthajó II.04.01.019
keresztirányú hajlítás VIII.02.06.030
keresztirányú nyúlás VII.04.026
keresztirányú rezgés VII.07.033
keresztirányú vasalás VIII.02.06.025
keresztkötés VIII.02.02.014
keresztkötés II.02.03.018
keresztkulcs X.02.01.022
keresztmetszet IV.02.01.013
keresztmetszet VII.01.005
keresztmetszeti modulus VII.04.046
keresztmetszeti terület VII.04.012
keresztszellőzés XII.08.01.005
keret VIII.02.07.007
keret VIII.03.01.002
keret összekötő rúdja X.03.02.010
keret vízszintes tagja X.03.02.010
keretasztal X.03.02.022
keretek VII.02.06.
keretforma X.04.012
keretforma áthelyezhető táblás zsaluzattal X.04.013
keretforma lehajtható táblás zsaluzattal X.04.014
keretgerenda VII.02.06.002
keretláb VII.02.06.003
keretoszlop VII.02.06.003
keretsarok VII.02.06.004
keretszerkezetű féktartó VII.02.11.004
keretzsaluzás X.03.02.014
kerékpár XI.05.01.023
kerékpárállvány XII.06.01.019
kerékpártároló XII.06.01.019
kerékpárút XI.05.01.024
kerékpárút XII.06.01.005
kerékpárverseny-pálya XII.13.05.006
kerékvágás XI.05.01.089
kertes övezet XI.01.02.002
kertes település XI.03.02.006
kertészet XII.02.02.007
kerti csarnok II.04.04.005
kerti szoborkiállítás XII.11.03.009
kertváros XI.03.02.006
kerület XI.03.03.006
kerületi feltételek VII.01.001
kerülőút XI.05.01.065
keserűpát VI.01.02.008
keszonalapozás VIII.01.07.012
kettős görbületű rendszer VII.02.10.005
kettős ház XII.08.03.005
kettős kódolás V.01.02.016
kettős prizma III.01.03.010
kettős torony II.04.01.036
kettős üvegezés VIII.03.02.020
kettősosztású léc III.01.03.022
keverőtank X.02.02.022
keverőtartály X.02.02.022
kezdet X.01.05.009
kezdet I.01.093
kezdeti imperfekció VII.05.014
kezdeti költségek X.01.02.016
kezdés X.01.05.009
kezdőszilárdság VI.05.01.008
kezelési költségek X.01.02.018
kezelőszoba XII.12.02.006
kezeskedés X.01.06.012
kezeskedés I.04.03.006
kezesség I.04.03.006
kezesség I.05.05.024
kezesség X.01.06.012
kémény VIII.05.04.004
kémlelőlyuk (ajtón) VIII.03.01.009
kénkovand VI.01.01.006
kényszerrezgés VII.07.012
képernyő IV.04.03.010
képfelület IV.02.03.004
képfelület IV.02.03.005
képleírás II.01.02.016
képlékeny VI.05.02.002
képlékenység VII.04.
képlékenységtan VII.04.060
képmás I.01.036
képsík IV.02.03.004
képsík IV.02.03.005
képszék II.02.05.015
képzelet I.01.063
képzelet I.01.064
képzelet V.01.02.019
képzelőtehetség I.01.063
kérdőív I.02.04.005
kérdőív III.02.02.011
késedelem X.01.05.029
késedelmi kamatok I.05.05.023
késleltető(szer) VI.05.03.006
későbbi költségek X.01.02.019
készítési víz VI.05.01.016
készpénzáramlás I.05.04.020
készregyártott épületrész X.04.019
készülékek III.01.03.
két irányban teherviselő lemez VII.02.07.004
kétágyas (szállodai) szoba XII.14.02.012
kétcsuklós ív VII.02.03.015
kétcsuklós ívtartó VII.02.03.015
kétcsuklós keret VII.02.06.010
kétely I.04.02.009

kétkarú lépcső VIII.06.01.010
kétkarú lépcső XII.07.01.011
kétkarú lépcső VIII.06.01.012
kétkerekű gyaloghintó XI.05.01.026
kétkerekű járművek XI.05.01.028
kétképsík-vetítés IV.02.01.002
kétképsíkú vetítés IV.02.01.002
kétkomponensű bevonóanyag VI.08.02.031
kétméretűség IV.02.02.002
kétoldali zsaluzat X.03.02.012
kétrétegű fal VIII.02.03.020
kétrétegű üvegezés VIII.03.02.020
kétrétegű vakolat VI.06.05.002
kétség I.04.02.009
kétszeres feszítőműves tartó VII.02.02.006
kétszintes keret VII.02.06.011
kéttámaszú tartó VII.02.02.016
kéttraktus XII.07.02.011
kéttraktusos XII.07.02.011
kétüléses kerékpár XI.05.01.025
kézbesítés X.01.04.013
kézbesítési zóna XII.02.01.028
kézi balta X.02.01.006
kézi fejsze X.02.01.006
kézifűrész X.02.01.036
kézikalapács X.02.01.004
kiadás X.01.04.013
kiadás (árukiadás) XII.02.01.021
kiadások I.05.04.015
kiadóablak XII.04.010
kiállítás I.01.047
kiállítási modell IV.03.03. 016
kiállítási terület XII.02.03.015
kiállítóterem XII.02.01.025
kiállítóterem XII.11.03.007
kiásás X.05.015
kicsinyítés V.02.06.009
kiegészítő költségek X.01.02.019
kiegészítő szín V.04.02.003
kiegyenlítés VII.02.10.003
kiegyenlítő áramlás IX.02.01.010
kiemelt föld VIII.01.04.005
kiékelt tartó VII.02.02.010
kiépítés X.05.001
kiépítés XI.04.03.017
kiépülés X.05.001
kiépülés XI.04.03.017
kifejezési mód I.01.048
kifejleszt V.01.02.003
kifejlődés II.01.01.007
kifizetés I.05.04.018
kifizetés I.05.05.021
kifordulás VII.05.016
kifordulás VII.05.017
kifutópálya XI.05.04.012
kihajlás VII.05.005
kihajlási alak VII.05.006
kihajlási vonal VII.05.002
kihívás I.01.105
kihorgonyzás VII.02.04.009
kihorgonyzóerő VIII.01.01.002
kihűtés IX.02.01.005
kihűtési időtartam IX.02.02.023
kiírás X.01.01.005
kiírás I.05.01.017
kijárat XI.05.01.071
kijáró XI.05.01.071
kijejölt gyalogátkelőhely XI.05.01.012
kijelentés I.01.082
kikötés VII.02.04.006
kikötött oszlop VII.02.04.007
kikötött tovony VIII.02.02.020
kikötőgát XII.06.03.007
kikötőhíd XI.05.01.007
kikötőhíd XII.06.03.009
kikötői közraktár XII.06.03.013
kikötők XII.06.03.001
kikötőtutaj XII.13.03.017
kikötőváros XI.04.01.009
kikötőváros II.05.02.006
kilátóterasz XII.06.04.028
kilhasznál XII.01.01.004
kilincsmű X.02.01.021
kincstár XII.11.03.011
kinyúlás XI.04.02.032
kinyúlás IX.02.01.002
kioszk XII.03.01.014
kiosztás I.05.05.016
királyi udvar II.04.04.006
kis falu II.05.01.003
kis lakónegyed XI.06.022
kis lakótelep XI.06.022
kis tó XI.01.01.038
kisajátítás XI.04.03.013
kisajátítás I.05.02.014
kisajátítás ellentételezéssel XI.04.03.028
kisbirtok XII.02.02.002
kisebbítés I.05.04.004
kisebbítés V.02.06.009
kisebbség I.03.021
kisérlet I.02.04.002
kisméretű lakás XII.08.04.005
kistáblás építés(mód) VIII.02.07.020
kistáblás építési mód VIII.02.07.020
kisváros XI.04.01.005
kiszáradás IX.03.008
kiszárítás VIII.01.04.015
kiszárítás IX.03.008
kiszögellés II.04.04.002
kiszögellés XI.04.02.032
kiszögellő párkány II.02.06.030
kiterjesztés III.03.01.006
kitérés XI.04.02.059
kitérő XI.05.02.027
kitérőút XI.05.01.065
kitöltött falazat II.02.03.007
kitöltött hézagúság VIII.02.03.010
kitöltő falazat II.02.03.007
kitöltőfa VIII.02.01.011
kittelőkés X.02.01.050
kitűzés X.01.01.005
kitűzési vázlatrajz III.01.04.002
kiugró falisáv II.02.05.005
kiugró párkány II.02.06.030
kiutalás I.05.05.016
kiválasztás I.03.033
kiváltó VIII.02.07.006
kivezető út XI.05.01.071
kivilágítás V.04.01.006
kivirágzás VI.06.01.006
kivitelezési határidő X.01.05.020
kiviteli terv XI.04.03.024
kivonandó alak V.02.02.008
kizárólag célforgalom számára megnyitott utca XI.05.01.074
kizárólag célforgalom számára megnyitott utca XI.05.01.075
kínálat I.04.03.002
kínálat I.05.04.007
kínálat X.01.01.011
kísérleti helyiség XII.10.02.008
kívül II.02.06.017
kívülről jövő finanszírozás X.01.02.002
klasszifikáció I.01.016
klasszikus építészeti terminológia II.02.05.
klinika XII.12.01.001
klinkertéglák VI.02.02.
klotoid III.01.02.014
kocka IV.01.02.003
kocsi X.02.03.013
kocsi XI.05.01.019
kocsi XI.05.01.021
kocsi XI.05.02.018
kocsi feljáró XII.07.01.005
kocsi feljáró XII.07.01.006
kocsinyom XI.05.01.089
kocsma XII.14.01.003
kognitív disszonancia I.02.03.012
kognitív ellenőrzés I.02.03.013
kohézió VI.09.002
kohézió VIII.01.02.041
kohézió VIII.02.06.005
kohócement VI.04.03.008
kohóhabkő VI.04.04.006
kohóhomok VI.04.04.002
kohósalak VI.04.04.001
kohósalak falazóelemek VI.02.04
kollázst alkotni V.01.02.007
kollektíva X.01.04.023
kollégium XII.08.03.023
kollégium XII.08.03.027
kollimációtengely III.01.03.042
kolostor II.04.02.
kolostor XII.11.01.010
kolostor mellett kialakult falu XI.02.03.004
kolostorboltozat II.03.02.010
kombi (gépkocsi) XI.05.01.035
kombinál V.01.02.005
kombinált XI.04.02.025
kombinált rajzasztal IV.04.03.001
kombinált-harapófogó X.02.01.010
komikus I.01.017
kommuna XII.08.03.018
kommunikáció I.02.03.007
komp XI.05.03.004
kompasz III.01.03.053
kompenzáció VII.02.10.003
kompenzációs szintező műszer III.01.03.016
komplikált sor V.02.03.007
komposztkészítés hulladékból III.03.03.005
kompozíció I.01.018
kompresszor X.02.02.014
koncentráció XI.04.05.001
koncentrált terhelés VII.03.007
kondenzáció IX.03.015
kondenzálás IX.03.015
kondenzált víz IX.03.017
kondenzvíz IX.03.017
kondicioálóterem XII.13.01.020
kondomínium XII.08.02.007
konfiguráció I.03.005
konfliktus I.03.045
konglomerátum VI.01.02.006
kongresszusi-terem XII.14.03.003
konoid VII.02.08.002
konszern X.01.04.017
kontaminált anyagok eredeti telephelye III.03.02.001
kontármunka V.01.02.023
kontármunka X.01.06.009
kontempláció I.01.020
kontextus I.02.03.006
konténerkikötő XII.06.03.005
konténerkocsi XI.05.02.022
kontinens XI.01.01.003
kontinuum osztása VII.06.007
kontraszt XI.04.02.071
kontraszt hatás V.04.02.020
kontroll I.05.01.006
kontúr I.01.118
kontúr V.02.02.001
kontyolt tető VIII.05.02.006
kontytető VIII.05.02.006
kontytető sík VIII.05.03.002
konvekció IX.02.02.007
konvekciós áramlás IX.02.01.010
konvenció I.01.023
konvenció I.03.039
konyha XII.08.05.031
konzisztencia VI.05.01.005
konzisztencia VI.05.02.
konzisztencia formák VIII.01.02.035
konzisztencia modul VIII.01.01.004
konzol VII.02.02.002
konzol VII.02.02.003
konzol VII.02.02.013
konzol II.02.04.037
konzolgyám II.02.04.036
konzoltartó VII.02.02.013
konzorcium X.01.04.018

konzum I.01.019
koordinációs vonal IV.03.01.009
koordinátarendszer III.01.02.020
kopíroz V.01.02.014
koptatószilárdság VI.05.01.001
kordé XI.05.01.014
kordé XI.05.01.020
korinthoszi II.02.05.040
korlát VIII.06.01.007
korlát VIII.06.01.008
korlát XI.05.02.029
korlátolt felelősségű társaság (k.f.t.) I.05.03.003
korlátoz XII.01.01.008
korlátozott forgalomú utca XI.05.01.005
korlátozott kiírás X.01.01.006
kormányépület XII.05.002
koronapárkanyzat II.02.05.013
korrodálás VI.05.04.002
korrózió VI.05.04.
korróziógátló bevonóanyag VI.08.02.007
korszak I.01.044
korszak II.01.01.006
korszerűsítés I.03.044
korszerűsítés XI.04.03.015
kortörténeti érték II.06.01.023
kosárgörbe VII.02.03.004
kosárív VII.02.03.004
kosztümhelyiség XII.11.04.023
kotró(gép) X.02.03.021
kovács XII.02.01.008
kovácsműhely XII.02.01.008
kozmetika I.01.024
kódol V.01.02.015
kónusz IV.01.02.008
kórház XII.12.01.001
kórházi és egészségügyi intézmények épületei XII.12.
kórházi (ügyeletes) orvos szobája XII.12.02.004
kórterem XII.12.02.003
kórus II.04.01.021
kölcsön I.05.05.020
kölcsönhatás I.03.010
kölcsönző XII.11.02.014
köldökcsapos üvegezés VIII.03.02.021
köldökcsapozás csatolása VIII.02.06.023
költség I.05.04.009
költségek I.05.04.015
költség(ek) X.01.02.011
költség-nyereség-analízis X.01.02.021
költségszámla X.01.02.020
költségvetés I.05.01.004
költségvetés I.05.04.012
költségvetési és időterv az infrastruktúrák
vízvezeték-hálózatok XI.06.039
könnyen gyúlékony VI.09.039
könnyített szelvény VIII.02.02.008
könnyű építőanyagok VI.08.05..
könnyű építőlemez VI.08.03.009
könnyű repülőgép XI.05.04.005
könnyűagyag VI.02.01.003
könnyűatlétika XII.13.01.
könnyűatlétikai stadion XII.13.01.003
könnyűbeton VI.05.01.029
könnyűhabarcs VI.06.04.002
könyökfa VIII.05.01.015
könyöklő VIII.03.02.005
könyvelés I.05.01.005
könyvelőség XII.04.026
könyvkölcsönző XII.11.02.014
könyvkötészet XII.11.02.016
könyvraktár XII.11.02.015
könyvtár XII.08.05.017
könyvtárak XII.11.02.
könyvtárközi kölcsönzés XII.11.02.013
könyvvitel I.05.01.005
köpenysúrlódás VIII.01.07.001
kör IV.01.01.017
kör alakú folyosó XII.07.02.006
köralakú város II.05.02.016
körbejárás III.02.02.009
körfal II.04.03.010
körfalu II.05.01.004
körforgalmú csomópont XI.05.01.084
körforgó felvonó VIII.06.02.010
körfrekvencia VII.07.004
körgyűrűs beépítésű falu II.05.01.006
körív III.01.02.012
körív VII.02.03.006
körjáratok II.04.03.003
körkeresztmetszet VII.01.004
körkérdés III.02.02.010
körlet V.03.01.010
körlépcső XII.07.01.010
környezet I.01.083
környezet I.03.028
környezet III.03.01.010
környezet V.03.01.003
környezeti pszichológia I.02.03.
környezeti stressz I.02.03.030
környezetvédelem II.06.02.010
környezetvédelem II.06.02.014
környező világ III.03.01.010
környékvédelem II.06.02.014
körséta III.01.01.004
körséta XII.11.03.015
körsugár IV.01.01.020
körülhatárolás XI.04.02.050
körülkerítés X.03.01.001
körvonal V.02.02.001
körzet V.03.01.010
körzet XI.03.01.002
körző IV.04.02.016
körzsaluzás X.03.02.016
kötetlen perspektíva IV.02.03.013
kötél VII.02.04.011
kötél VII.02.09.001
kötélegyenlet VII.02.04.005
kötélgörbe VII.02.04.004
kötélhálók VII.02.09.
kötélpálya XI.05.02.008
kötélszorító VII.02.09.002
kötéltartók VII.02.04.
kötélvonal VII.02.04.004
kötés VII.02.05.002
kötés VIII.02.07.010
kötés II.02.04.005
kötések VIII.02.02.049
kötési idő VI.05.01.010
kötött ablak VIII.03.02.022
kötött falubeépítés II.05.01.002
kötött perspektíva IV.02.03.008
kötött talaj VIII.01.02.021
kötőanyag-keverék VI.04.03.003
kötőanyagok VI.04.
kötőelemek II.02.04.006
kötőlemez VIII.02.01.038
kötőoszlop II.02.04.028
kötőpánt II.02.04.035
kötőtégla II.02.03.002
kötőtéglás falazat II.02.03.014
kötőtéglás kötés II.02.03.014
kötővas VIII.02.02.028
kövér agyag VIII.01.02.008
kövér habarcs VI.06.01.002
kövérmész VI.04.03.012
közbenső hitel I.05.05.015
közeg I.01.083
közeledés V.02.07.004
közelítés VII.06.002
közelítő érték VII.06.001
közellét V.03.01.012
közelség V.03.01.012
középhajó II.04.01.016
középhegység XI.01.01.014
középkori palota II.04.03.004
középkori várak II.04.03.004
középső elválasztó sáv XI.05.01.092
középső hajó II.04.01.016
középtömör VIII.01.02.033
középvonal IV.01.01.010
közérdek II.06.02.004
közérdekű fenntartás II.06.02.005
közfalas szerkezet VIII.02.07.014
közgazdasági alapfogalmak I.05.
közhasználatú terület XII.01.02.006
közhirdetés X.01.01.007
közigazgatási jog I.04.02.
közigazgatási város II.05.02.012
közigazgatási város XI.04.01.010
közjegyző I.04.01.005
közjog I.04.01.002
közlekedés XII.06.
közlekedési terület XI.05.01.045
közlekedésitábla XII.06.01.027
közlés I.01.082
közművelődési egyetem XII.10.01.007
köznyilvános
munkálatok III.02.02.027
közönség I.01.106
közönséges csigasor X.02.01.079
közöny V.03.01.011
közösség I.03.002
közösség XII.08.03.018
központi épület II.04.01.015
központi megközelíthetőség XII.07.02.005
központosítás XI.04.05.001
központosított V.03.02.002
közreműködés XI.04.03.007
községháza XII.05.019
községháza a hívők részére XII.11.01.012
községi terület XI.03.01.004
községterem a hívők részére XII.11.01.013
közszükségleti terv III.02.02.017
köztisztviselők települése XI.03.02.004
közút XI.05.01.057
közút XII.06.01.006
közúti forgalom XI.05.01.
közúti forgalom XII.06.01.
közúti járművek X.02.03.015
közúti jelzés XII.06.01.027
közvetett világítás V.04.01.005
közvetlen integráció VII.07.008
közvetlen világítás V.04.01.004
közvéleménykutatás III.02.02.013
közvilágítás XII.06.01.029
kő II.02.01.001
kő VIII.01.02.023
kőgát XII.06.03.007
kőgerenda II.02.05.014
kőgyapot VI.08.03.011
kő(zet)fúró X.02.01.059
kőműves X.01.04.046
kőműveskalapács X.02.01.003
kőműveskanál X.02.01.044
kőpart XII.06.03.006
kőszikla XI.01.01.021
kőszilárdság VIII.02.03.001
kőzet VI.01.02.
kreativitás V.01.02.017
krematórium XII.11.01.019
kripta XII.11.01.018
kripta II.04.01.024
kritika I.01.027
kritika II.01.02.020
kritikus kihajlási teher VII.05.007
kritikus teher VII.05.008
kritikus terhelés VII.05.008
kritikus út X.01.05.030
kronológia II.01.02.001
kronológia III.02.01.002
kudarc I.04.02.010
kuglipálya XII.13.05.002
kulminációs pont III.01.02.004
kultikus és egyházi épületek XII.11.01.
kulturális érték II.06.01.027

kulturális központ XII.11.04.006
kultusz I.01.028
kultúra I.01.029
kultúra I.03.036
kultúrház XII.05.018
kultúrház XII.11.04.005
kultúrtáj XI.01.02.
kumulatív területelosztás XI.06.041
kunyhó XII.08.03.008
kunyhó II.02.02.002
kunyhó II.04.05.011
kunyhó II.04.05.012
kupolaboltfészek I.03.03.004
kupolaboltozat II.03.02.013
kupolák II.03.03.
kutat V.01.02.009
kutatás I.02.04.001
kutatás II.01.02.010
kutatás XII.10.
kutatóközpont XII.02.03.021
kutatóközpontok XII.10.02.
kutatólaboratórium XII.10.02.002
kutatóvas X.02.01.063
kúp IV.01.02.008
kúpboltozat II.03.02.013
kúpcserép és homorú cserép VI.02.03.002
kúszás VI.05.01.006
kúszás VI.09.004
kúszási együttható VI.05.01.007
kúszózsaluzás X.03.02.017
kút XII.06.01.043
kútalapozás VIII.01.07.011
kútkotró X.02.02.045
kútmarkoló (gép) X.02.02.045
külalak III.01.07.002
különálló alap VIII.01.06.004
különálló ház XII.08.03.002
különbejáratú szoba XII.08.05.006
különbejáratú szomszédos szobák sor(ozat)a XII.14.02.013
különböző fogalmak III.01.01.
különbözőség XI.04.02.069
különbség XI.04.02.069
különbség I.03.047
különleges habarcs VIII.02.03.006
különleges hulladék III.03.03.003
különleges terhelés VII.03.047
különösség I.01.098
különválasztás I.03.033
külpontosság VII.04.018
külső ablakkeret VIII.03.02.008
külső ablaktok VIII.03.02.003
külső fal VIII.02.03.013
külső finanszírozás X.01.02.002
külső határolófal VIII.02.03.013
külső héj VIII.02.03.022
külső hozzáférhetőség XII.07.01.
külső levegő hőmérséklete IX.02.01.027
külső lépcső VIII.06.01.017
külső lépcső XII.07.01.001
külső megjelenés III.01.07.002
külső tér V.03.01.018
külső vibrátor X.02.02.033
külső zajvédelem IX.01.01.033
külváros XI.03.03.001
külváros XI.03.03.002
küszöb VIII.03.01.004
küszöb II.02.04.031
küszöb V.02.07.005
kvarc VI.01.01.007
kvarc VI.01.02.020

L

labdarúgó-stadion XII.13.01.004
labor XII.09.02.011
laboratórium XII.02.03.022
laboratórium XII.09.02.011
laboratórium XII.10.02.001
laboratóriumi viszgálat I.02.04.004
labor(atórium) XII.12.02.018
lakatoskalapács X.02.01.001
lakás XII.08.01.004
lakás v. tartózkodás formái (minősége) XII.08.01.009
lakásbejárat XII.08.05.008
lakásépítés XII.08.
lakásigények XII.08.01.008
lakásstruktúra III.02.02.005
lakásszükségletek XII.08.01.008
lakk VI.08.02.033
lakosok száma I.03.061
lakosság I.03.060
lakócsónak XII.08.03.037
lakóegység XI.06.027
lakóegységek XII.08.04.
lakófelület XII.08.01.003
lakóház XII.08.01.001
lakóházak II.04.05.
lakókocsi XI.05.01.036
lakókocsi XII.08.03.035
lakókonténer XII.08.03.034
lakókonyha XII.08.05.033
lakóközösség XII.08.03.019
lakónegyed XI.03.03.006
lakószoba XII.08.05.014
lakótábor X.03.01.012
lakótársak XII.08.03.019
lakótelep XI.03.02.009
lakóterület XII.08.01.003
lakóterület (lakásban) XI.06.029
lakóterületek XII.08.05.013
lakótér XII.08.01.002
lakótorony II.04.03.001
lakótömb XII.08.03.014
laktanya XII.05.011
lapályos XI.01.01.049
lapát X.02.01.040
lapátka X.02.01.045
lapburkolat VIII.04.002
lapos XI.01.01.049
lapos kötél VII.02.10.001
lapos mennyezet VIII.04.004
lapos mennyezetek II.03.01.
laposacél VIII.02.02.006
laposalap VIII.01.06.013
laposkupola II.03.03.005
laposreszelő X.02.01.024
lapostető VIII.05.02.001
lapvibrátor X.02.02.033
lassan mozgó forgalom XI.05.01.049
lassító(szer) VI.05.03.006
lassú alakváltozás VI.05.01.006
latex alapú bevonóanyag VI.08.02.011
latex (alapú) ragasztó VI.08.02.010
laza VIII.01.02.032
laza mészkő VI.01.02.028
laza talaj VIII.01.02.022
lábazat IX.03.057
lábazat II.02.05.006
lábazat II.02.05.007
lágyító VI.05.03.007
lágyvas betét VIII.02.04.008
láncgörbe VII.02.04.001
lánctalp X.02.03.030
lángész I.01.056
lángvágó X.02.01.068
láp XI.01.01.010
lárma IX.01.01.028
látástengely V.01.01.005
látóhatár IV.02.03.007
látszat I.01.001
látszóbeton VI.05.01.021
látvány XI.04.02.081
leadás X.01.01.012
leányvállalat X.01.04.010
lebontás X.05.004
lebontás X.05.015
lebontás XI.04.04.007
lebontás II.06.03.005
lebontáshoz való engedély II.06.03.006
lebontási rendelet II.06.03.007
lecsapolás VIII.01.04.018
lefizetés I.05.05.022
lefolyás X.01.03.001
lefolyás X.01.05.002
lefolyócső VIII.05.01.042
legelő XI.01.03.004
legmagasabb ár I.05.04.016
legnagyobb teherbírás VIII.01.01.009
lehajlás VII.04.013
lehorgonyzás VIII.02.02.047
lehorgonyzóvas VIII.05.01.026
lehúzó csavar VIII.02.02.063
lehűlés IX.02.01.005
leírás I.05.04.008
leírás II.01.02.027
leírás III.02.01.006
leíróiroda XII.04.023
lejárat I.04.01.022
lejtő VIII.01.04.009
lejtő X.03.01.007
lejtős VIII.06.02.002
lejtővíz IX.03.037
lekötés VI.05.01.009
lektórium II.02.06.016
lelátó XII.13.01.013
leletminta rajz III.01.06.015
leletminta vázlat III.01.06.015
lelki zavarok I.02.03.035
leltár II.06.01.031
lemezek VII.02.07.
lemezelmélet VII.02.07.002
lemezfödém VIII.04.002
lemez(vágó)olló X.02.01.016
lemezmű VII.02.12.002
lemezvágó gép X.02.01.015
lemérési vázlat(rajz) III.01.04.001
lemosás IV.03.03. 009
lengés VII.07.037
lengéscsillapító VII.07.036
lengési alak VII.07.026
lengésidő VII.07.027
lengésszigetelés IX.01.01.008
lengéstartam VII.07.027
lengőajtó VIII.03.01.015
lengőkapu VIII.03.01.018
lengőtámasz VIII.02.07.003
lengyel (tégla)kötés II.02.03.020
lerombolás II.06.03.005
lerombolás X.05.004
lerombolás X.05.014
leszállópálya XI.05.04.010
leszámítás I.05.04.008
levegőn kötő mész VI.04.03.006
levegőn kötő mészhabarcs VI.06.05.011
levegőréteg VIII.02.03.027
leveles gipsz VI.01.01.004
levéltár XII.04.030
lezárás XI.04.02.042
lezárt terület XI.03.01.006
léc VIII.02.01.002
léc VIII.02.06.026
lécborítás és ellenlécezés VIII.05.01.034
légbuborékképző VI.05.03.002
légcsavaros repülőgép XI.05.04.002
léghang IX.01.01.015
légi forgalom XII.06.04.
légi övezet IX.03.053
légiforgalom XI.05.04.
légkalapács X.02.02.015
légnedvesség IX.03.010
légréteg VIII.02.03.027
lélekszám I.03.061
lépcső VIII.06.01.
lépcső XII.07.01.008
lépcsőfok VIII.06.01.001
lépcsőfok VIII.06.01.004
lépcsőház VIII.06.01.019
lépcsőház XII.07.01.009
lépcsőorsó VIII.06.01.016
lépcsőpofa VIII.06.01.006
lépcsős portál II.02.06.019

lépészaj IX.01.01.017
lépték III.01.03.003
lépték IV.03.01.010
lépték IV.04.02.002
létminimum I.03.074
létra VIII.06.01.020
létra X.03.02.005
lézeres szintező műszer III.01.03.018
libella III.01.03.025
libella III.01.03.033
libellatengely III.01.03.028
libellás szintező X.02.01.086
libellás szintező műszer III.01.03.015
lift X.02.03.004
lift(kabin) XII.07.01.016
lignit VI.01.02.014
limbusz III.01.03.038
limbusz III.01.03.039
lineáris V.03.02.004
lineáris egyenletrendszer VII.06.018
lineáris megközelíthetőség XII.07.02.003
lista IV.03.02.005
lista IV.03.02.006
lizéna II.02.05.005
lízing I.05.02.012
loggia II.02.05.026
loggia XII.08.05.021
lokalitás III.02.02.030
lovaglópálya XII.06.01.004
lovaglóút XII.06.01.004
lovagvár II.04.03.005
lovarda XII.13.04.003
lóhere II.02.06.005
lóistálló XII.02.02.022
lóversenypálya XII.13.04.
lóversenypálya XII.13.04.001
lóversenytér XII.13.04.
lösz VIII.01.02.009
löszös agyag VIII.01.02.010
lövelt beton VI.05.01.026
lőállás II.04.03.024
lőrés II.04.03.013
lőtér XII.13.05.001

Ly

lyukacsos könnyűbeton falazóblokk VI.02.04003
lyukacsos tégla VI.02.02.003
lyukfűrész X.02.01.036
lyukjelző X.02.01.028

M

madárperspektíva IV.02.03.011
madártávlat IV.02.03.011
mag VII.02.11.002
magas raktár XII.02.04.003
magashegység XI.01.01.013
magaslat XI.01.01.019
magaslat XI.01.01.020
magassági vonal IV.03.01.008
magasságmérés III.01.03.013
magasságmérés III.01.05.005
magastetők szerkezeti elemei VIII.05.03.
magasút XI.05.01.060
magasvasút XI.05.02.005
magasztosság I.01.124
magatartás I.02.02.001
magatartás I.02.03.001
magáévá tesz meghonosít XII.01.01.003
magán I.03.017
magánjog I.04.01.003
magánjogi társaság I.05.03.004
magánterület XII.01.02.005
magánvállalkozó X.01.04.002
magkondenzátum IX.03.016
magnéziaesztrich VI.06.06.007
magnézium VI.07.02.004
magtár II.04.06.003
magtávolság VII.04.025
magyarázat I.01.073
magyarázat II.01.02.024
magyarázat II.01.02.028
magyarázat IV.03.02.004
maisonette típusú lakás XII.08.04.001
major XII.02.02.002
major XII.02.02.005
majoritás I.03.019
malom II.04.06.004
malom X.02.02.019
manzárd XII.08.04.002
manzárdtető VIII.05.02.007
maradékanyag III.03.03.002
massza I.03.020
maszek I.05.03.001
mauzóleum XII.11.01.017
mauzóleummá való átalakítás II.06.04.010
maximális ár I.05.04.016
maximális feszültség VII.04.027
maximális nedvesség VI.09.033
maximálisan beépíthető terület XI.06.036
mágnesesvasút XI.05.02.007
márga VIII.01.02.011
márvány VI.01.02.017
Másfajta lakástípusok XII.08.03.017
másodlagos szín V.04.02.002
másol V.01.02.014
másolat I.01.036
másolat I.01.065
másológép (xerox) IV.04.03.006
másolóléc IV.04.02.007
mátrix VII.06.022
mátrixelem VII.06.023
mátrixtranszformálás VII.06.024
mázolóanyag VI.08.02.019
mázolt aljzat VI.06.06.004
mázolt padló VI.06.06.004
mecset II.04.01.008
mecset XII.11.01.002
medence a nem úszók részére XII.13.03.006
medence kisgyerekek részére XII.13.03.008
meg nem kötött habarcs VI.06.03.002
megálló(hely) XII.06.01.032
megállóhely X.03.01.006
megbízatás I.03.032
megbízatások X.01.04.031
megbízhatóság III.01.06.008
megbízott I.05.02.010
megbízó I.04.03.010
megbízó X.01.04.014
megdermedés VI.09.010
megengedett eltérés VI.09.018
megengedett teher VIII.01.01.015
megengedett tolerancia VI.09.018
megerősített város II.05.02.008
megerősítés II.06.03.009
megerősítés VIII.01.04.006
megélhetési minimum I.03.074
megérkezés V.02.07.007
megérkezés XII.06.04.027
megértés II.01.02.023
megfigyelés I.02.04.007
megfigyelés II.01.02.026
megfontolás II.06.02.020
megfordítható szintező műszer III.01.03.016
megformál V.01.02.004
meggörbítés VII.04.003
meggyülemlett állóvíz IX.03.038
meghajlítás VII.04.003
meghirdetés X.01.01.005
meghirdetés I.05.01.017
meghívásos versenypályázat X.01.01.010
megismerés I.02.02.006
megismerés II.01.02.022
megjelenési szín V.04.02.017
megkeres V.01.02.009
megközelíthetőség XII.07.
megközelíthetőségi elemek XII.07.01.007
megmerevedés VI.09.010
megmérés lépésekkel III.01.05.014
megnyilvánulás I.01.048
megnyúlás VI.09.013
megnyúlás VII.04.021
megnyúlás VII.04.055
megnyúlás IX.02.01.003
megoldásvektor VII.06.030
megoszló teher VII.03.011
megóvás II.06.01.003
megőrzés II.06.01.003
megrendezés V.01.03.006
megszemlélés III.01.01.004
megszervez V.01.02.006
megszilárdulás VI.09.007
megszilárdult beton VI.05.01.027
megszűnés II.01.01.008
megtakarít I.05.05.005
megtakarított összeg I.05.05.008
megtalál V.01.02.010
megtámasztási vonal VIII.02.02.044
megtámasztások VIII.02.02.039
megtérítés I.05.01.009
megtéveszt V.01.02.013
megtévesztés I.04.01.023
megtévesztő V.03.02.009
megtorlás X.01.06.008
megújítás XI.04.03.015
megújítás XI.04.03.016
megújítás XI.04.04.002
megújítás I.03.044
megújítás II.06.03.010
megváltoztat V.01.02.008
megvétel X.01.01.018
megvilágítás V.04.01.006
megyei székhely XI.04.01.003
meleg IX.02.01.
meleg szín V.04.02.021
melegedőszoba II.04.02.010
melegház II.04.04.010
melegház XII.02.02.017
melegség IX.02.01.
melegszállítás IX.02.01.007
mellékcselekmény XI.04.02.060
mellékhajó II.04.01.017
mellékköltségek I.05.04.011
melléklépcső XII.07.01.014
melléktorony II.02.06.024
mellékút XI.05.01.063
mellékvállalkozó X.01.04.005
mellfa II.02.04.031
mellfa VIII.03.01.004
mellső homlok IV.02.01.009
mellvéd II.04.03.012
mellvéd VIII.03.02.004
mely az oldaltávolság és az építési magasság által szabályozott XI.06.036
membránállapot VII.02.08.005
membránszerkezetek VII.02.10.
menekülőlépcső XII.07.01.018
menet X.01.05.002
menhely XII.08.03.029
mennyezetgerenda VIII.05.01.014
mennyezeti megvilágítás XII.11.03.016
mennyezetvakolat VI.06.05.021
mentőállomás XII.13.03.012
mentőkórház XII.12.01.002
menza XII.10.01.024
meredek (hajlású) tető VIII.05.02.002
merev VI.05.02.004

merev kapcsolat VII.01.027
merev kötés VIII.02.06.002
merevítés VII.02.05.002
merevítés VIII.02.07.009
merevítések VII.02.11.
merevítő rácsostartó VII.02.05.017
merevítőfal VII.02.11.007
merevítőgerenda II.02.04.034
merevség VIII.01.01.013
merevségi mátrix VII.06.032
merőleges XI.04.02.022
merőleges erő VII.03.034
merőleges mődszer III.01.05.009
merőleges vetítés IV.02.01.
merőleges vetület IV.02.01.
merülővibrátor VIII.01.05.006
merülővibrátor X.02.02.034
mester X.01.04.039
mestergerenda VIII.04.008
mestergerenda VIII.05.01.014
mesterséges fény V.04.01.003
mesterséges töltés VIII.01.02.005
meszelő X.02.01.047
meszelő ecset X.02.01.047
metafóra V.01.03.003
metódus I.01.084
metódusok I.02.04.
metódusok V.01.
metrikus sor(ozat) V.02.03.001
metro XI.05.02.004
metropolisz XI.04.01.002
metró XII.06.02.004
metszet IV.02.01.011
metszet IV.02.01.020
metszeterők VII.03.
metszeterők VII.03.019
metszeti nyomaték VII.03.021
metszéspont IV.01.01.002
metszésvonal IV.03.01.007
metszővonal IV.03.01.007
mező XI.01.03.002
mező XI.01.03.005
mezőgazdaság XI.02.01.005
mezőgazdaság XII.02.
mezőgazdaság XII.02.02.
mezőgazdasági övezet XI.02.01.001
mezőgazdasági termelés XI.02.01.007
mezőgazdasági terület XI.02.01.001
mezőgazdasági területek XI.01.03.
mezőgazdasági üzem XII.02.02.004
mezőnyomaték VII.03.046
médium I.01.083
méltóság I.01.039
mélyalap VIII.01.07.
mélyalapozás VIII.01.07.
mélyedés XI.01.01.024
mélyhűtő helyiség XII.03.02.003
mélységmérő X.02.01.088
mélyút XI.05.01.061
méret I.01.113
mérettolerancia III.01.06.004
mérettűrés III.01.06.004
méretvonal IV.03.01.006
mérés IX.02.01.022
mérleg X.02.02.025
mérlegelés II.06.02.020
mérlegelés II.06.02.021
mérőháló III.01.02.019
mérőkamra III.01.03.045
mérőléc III.01.03.003
mérőmódszerek III.01.05.
mérőón III.01.03.012
mérőpálca X.02.01.091
mérőraszter III.01.02.019
mérőrúd III.01.03.003
mérőszalag III.01.03.006
mérőszalag X.02.01.090
mérővessző X.02.01.091
mérővessző III.01.03.002
mérővonalzó IV.04.02.002
mértan IV.01.
mértani arányosság V.02.05.002
mérték I.01.113
mérték IV.03.01.010
mértékarányos nagyitás III.01.05.017
mértékarányos kisebbítés III.01.05.017
mész VI.04.02.
mész VI.08.02.013
mészáros XII.02.01.003
mészárszék XII.02.01.003
mész-gipsz habarcs VI.06.05.010
mészhabarcs VI.06.05.009
mészhomoktégla VI.02.04006
mészkő VI.01.02.015
mészpát VI.01.01.002
mészpuccolán VI.04.03.011
mézga VI.08.01.006
mikrométer-csavar X.02.01.089
mikva II.04.01.007
milió I.03.028
minaret II.04.01.009
mindennapi művészet I.01.102
mindkét végén csuklós rúd VII.02.01.007
minimális díjszabás I.05.04.017
minimális feszültség VII.04.028
minimálisan szükséges idő X.01.05.023
minisztérium XII.05.003
minőség III.01.07.004
minta IV.03.03. 014
minta V.01.03.008
minta V.01.03.009
mintás üveg VI.03.02.006
mintázás V.01.01.007
mintázógipsz VI.04.01.006
mobilitás XI.05.01.046
mocsár XI.01.01.010
modális analízis VII.07.023
modell IV.03.03. 014
modellezés V.01.01.007
modern faépítkezés VIII.02.01.
modern faépület VIII.02.01.
modern falazat VIII.02.03.
modern falimű VIII.02.03.
modern (irány) I.01.085
modernizálás I.03.044
modor I.01.079
modul(us) V.02.05.007
modulsor(ozat) V.02.03.002
monokromatikus IV.03.03. 011
monolitikus építésmód VIII.02.07.016
monomer VI.08.04..001
monotonitás XI.04.02.072
montírozás X.04.006
moped XI.05.01.030
morfológiai típusok II.05.02.013
mosás IV.03.03. 009
mosdó XII.02.01.017
mosoda XII.12.02.021
motel XII.06.01.009
motel XII.14.02.005
motiváció X.01.04.033
motiváció I.02.02.004
motívum XI.04.02.049
motolla X.02.03.001
motorkerékpár XI.05.01.032
motorkerékpár-versenypálya XII.13.05.007
motoros fűrész X.02.01.066
mozdony X.02.03.012
mozdony XI.05.02.016
mozgásmódszer VII.06.031
mozgástengely V.01.01.006
mozgékonyság XI.05.01.046
mozgó csomagszállító szalag XII.06.04.017
mozgó mechanizmus VII.01.020
mozgó szerkezet VII.01.020
mozgó teher VII.03.033
mozgó zsaluzat X.03.02.018
mozgójárda XII.06.04.021
mozgójárda VIII.06.02.005
mozgólépcső VIII.06.02.004
mozgólépcső XII.07.01.015
mozi XII.11.05.001
mód I.01.079
módosítás I.01.086
módosítás II.06.04.005
módszer I.01.084
módszerek I.02.04.
módszerek II.01.02.
módszerek V.01.
móló XII.06.03.007
mulató XII.14.01.004
multimediális eszközökkel ellátott tanulószoba XII.10.01.023
munkaállvány X.03.02.002
munkabér I.04.04.003
munkadiagram VII.04.057
munkaegyenlet VII.06.038
munkaelőkészítés X.01.03.018
munkafelmérési terv III.01.06.013
munka-és irányításszervezés X.01.03.015
munkagödör VIII.01.04.
munkagödör VIII.01.04.004
munkagörbe VII.04.057
munkagrafikon X.01.03.015
munkahely X.03.01.017
munkahely XII.02.01.026
munkahely XII.02.03.013
munkahely XII.11.02.021
munkahely-berendezés tervezése X.01.03.016
munkahelyiség X.03.01.017
munkaidő X.01.05.018
munkaidő X.01.05.025
munkaidőigény X.01.05.019
munkairányító helyiség XII.02.01.027
munkajog I.04.04.
munkakimutatás X.01.01.001
munkaközösség X.01.04.015
munkamegosztás X.01.03.017
munkamodell IV.03.03. 015
munkanap I.03.029
munkaterv X.01.
munkaterv X.01.03.014
munkavállaló I.04.03.004
munkavezető X.01.04.041
munkás I.03.054
munkásszálló XII.08.03.030
munkásszállóbeli szoba XII.14.02.014
munkástelep XI.03.02.002
munkástelepülés XI.03.02.002
murva XI.05.01.095
murva VI.04.04.007
múzeum I.01.088
múzeum XII.11.03.
múzeum XII.11.03.002
mű I.01.025
műalkotás I.01.139
műanyag-esztrich VI.06.06.008
műanyaghab VI.08.03.012
műanyagok VI.08.04..
műcsarnok XII.11.03.005
műemlék II.06.01.002
műemlékgondozás II.06.01.004
műemléki környezet II.06.02.015
műemléki terület II.06.01.014
műemlékvédelem II.06.
műemlékvédelem II.06.01.005
műemlékvédelmi érdek II.06.02.007
műemlékvédelmi hivatal II.06.01.008
műemlékvédelmi követelmény II.06.02.007
műemlékvédelmi szakhivatal II.06.01.009
műemlékvédelmi törvény II.06.02.001
műemlékvédő II.06.01.006
műemlékvédő II.06.01.007
műfény V.04.01.003
műgyanta alapú ragasztó VI.08.02.029
műhely X.03.01.018
műhely XII.09.02.008
műhely XII.10.02.007

műhely XII.11.03.013
műhelyek XII.02.01.
műhelyterv XI.04.03.024
műjégpálya XII.13.02.003
működési terület XII.08.05.
működési terület V.03.01.009
működési területek XII.02.02.010
működési területek XII.03.02.
műkő VI.02.04002
műleírás (épületről) III.01.07.
műszaki fogalmak VI.03.01.
műszaki fogalmak VI.05.01.
műszaki fogalmak VI.06.01.
műszaki hiba III.03.01.005
műszaki rajz kihúzása IV.03.03. 003
műszerállvány III.01.03.024
műterem XII.10.01.019
műterem XII.11.03.014
műtermék I.01.005
műtő(helyiség) XII.12.02.011
műugrómedence XII.13.03.011
műugrótorony XII.13.03.010
műút XI.05.01.058
művelődési épületek XII.11.
művelődésiház XII.11.04.005
művelődéstörténet II.01.02.002
műveltség I.01.029
műveltség XII.10.
művész I.01.006
művészet I.01.003
művészeti topográfia II.06.01.033
művészettörténet I.01.004
művészi érték II.06.01.017
művészi igyekvés I.01.138
művészi jelentés II.06.01.016

N

nagy hajlásszögű tető VIII.05.02.002
nagy kiterjedésű terület XI.04.02.010
nagy tömegben készített beton VI.05.01.030
nagykövetség XII.05.004
nagyobbítás V.02.06.008
nagyothallás IX.01.02.024
nagypaneles építés X.04.004
nagytáblás építési mód VIII.02.07.021
nagyterem XII.10.01.017
nagyteres iroda XII.04.022
nagyüzemi termelés X.04.001
napfény V.04.01.002
napi ár X.01.02.009
napközi otthon XII.09.01.003
nappali fény V.04.01.002
nappali szoba XII.08.05.014
nappali szoba XII.14.02.016
narthex II.04.01.027
nádfonat VI.06.02.003
nádszövet VI.06.02.003
nedvesség VI.09.031
nedvesség IX.03.
nedvesség IX.03.001
nedvesség elleni védelem IX.03.009
nedvességbilanció IX.03.029
nedvességcsökkenés IX.03.005
nedvességelosztás IX.03.002
nedvességesés IX.03.005
nedvességtartalom IX.03.004
nedvszívóképesség VI.09.035
negyed XI.03.03.005
nehezen gyúlékony VI.09.038
nehéz VIII.01.02.034
nehézbeton VI.05.01.020
nem éghető VI.09.037
nem teherhordó fal VIII.02.03.016
nemes I.03.057
nemes érték II.06.01.025
nemesacél VI.07.01.002
nemfunkcionális csorportosítás XII.01.02.003
nemlineáris módszer VII.06.025
nemvasfémek VI.07.02.
nemzedék I.03.069
nettó lakósűrűség XI.06.033
nevelés I.02.01.008
nevelési intézmények XII.09.
nevelőintézetek XII.09.
négyezeti torony II.04.01.037
négytámaszú tartó VII.02.02.018
négyzet IV.01.01.027
négyzetes keresztmetszet VII.01.033
négyzethálós II.05.02.014
nép I.03.065
népesség I.03.060
népi művészet I.01.111
népművészet I.01.052
népsűrűség I.03.062
népsűrűség XI.06.031
névleges vastagság VI.03.01.001
nézet I.01.108
nézet IV.02.01.008
nézőke VIII.03.01.009
nézőpont IV.02.03.002
nézőtér XII.11.04.024
nikkel VI.07.02.005
nivellálás III.01.05.006
norma I.01.122
normálerő ábra VII.03.009
normálerő ábra lefutása VII.03.042
normálhabarcs VIII.02.03.005
növekedő város II.05.02.001
növelés V.02.06.008
női lakosztály II.04.03.020
női szoba II.04.03.020
női zsinagóga II.04.01.004
nővérek szobája XII.12.02.005

Ny

nyaralóhely XI.02.03.006
nyaralószerű ház XII.08.03.004
nyaralótelep XII.12.01.007
nyári hőszigetelés IX.02.01.017
nyári hővédelem IX.02.01.017
nyereg alakú héj VII.02.08.006
nyeregfedél VIII.05.02.003
nyeregtető VIII.05.02.003
nyers vakolat VI.06.05.014
nyersacél VI.07.01.007
nyersiszap III.03.02.009
nyilvános pályázat X.01.01.009
nyilvános térség V.03.01.014
nyilvános verseny X.01.01.009
nyilvánosság I.03.016
nyilvántartólap III.02.01.009
nyirkosság IX.03.
nyirkosság IX.03.001
nyitott V.03.02.008
nyitott XI.01.01.051
nyitott XI.04.02.019
nyitott alaprajz XII.08.05.002
nyitott rendszer III.03.05.007
nyitott strand XII.13.03.003
nyitott tér XI.04.02.008
nyitott uszoda XII.13.03.003
nyitott vízelvezetés VIII.01.04.014
nyílások VIII.03.
nyílt XI.01.01.051
nyílt beépítésű ház XII.08.03.003
nyílt építési formák XI.06.023
nyílt interjú III.02.02.012
nyílt tengeri kikötő XII.06.03.002
nyíltság I.01.090
nyíltvízkiemelés VIII.01.04.014
nyírás VII.04.047
nyírási középpont VII.04.048
nyírási rugalmassági modulus VII.04.050
nyírási vasalás VIII.02.04.019
nyíróerő VII.03.057
nyíróerőábra VII.03.043
nyíróerőábra lefutása VII.03.044
nyíróerőt át nem adó kapcsolat VII.01.038
nyírófeszültség VII.04.051
nyírófolyam VII.04.049
nyolclap IV.01.02.004
nyomaték VII.03.030
nyomatékábra lefutása VII.03.041
nyomatéki ábra VII.03.031
nyomatéki terhelés VII.03.032
nyomatéki zéruspont VII.03.037
nyomatékmentes feszültségállapot VII.02.08.005
nyomornegyed XI.03.02.010
nyomornegyed XI.03.03.007
nyomott kupola boltozat II.03.03.005
nyomott öv VII.02.05.004
nyomott rácsrúd II.02.04.029
nyomott rúd VII.02.01.001
nyomóerő VII.03.006
nyomófeszültség VII.04.009
nyomószilárdság VI.05.01.003
nyomtató IV.04.03.009
nyomtatvány III.01.04.005
nyomvonal XI.05.02.025
nyugati torony II.04.01.035
nyugdíjasok háza XII.08.03.028
nyugvópont XI.04.02.041
nyújthatóság IX.02.01.003
nyúlás VI.09.013
nyúlás IX.02.01.002

O

objektumtervezés XI.04.03.019
odaítélés X.01.01.016
okmánytár XII.04.030
okság II.01.01.009
oktaéder IV.01.02.004
oktatási helyiség XII.04.031
olajfesték VI.08.02.016
olaj(os)kanna X.02.01.082
olajkitt VI.08.02.017
olajos tapasz VI.08.02.017
olajozókanna X.02.01.082
oldalgerenda VIII.05.01.023
oldalhajó II.04.01.017
oldalhajós bazilika II.04.01.014
oldalhajóval rendelkező bazilika II.04.01.014
oldallengés VII.07.011
oldalnézet IV.02.01.010
oldalsó talajnedvesség IX.03.042
oldalsó világítás XII.11.03.018
oldalszárny VIII.03.02.017
oldaltávolság XI.06.016
oldaltnyíló szárny VIII.03.02.030
oldalvilágítás XII.11.03.018
oldószer VI.08.02.024
oltárfülke II.04.01.023
olvadásból származó lefolyás IX.03.018
olvasó könyvtár XII.11.02.003
olvasóterem XII.09.02.012
olvasóterem XII.11.02.008
olvasóterem XII.11.02.010
olvasóterem könyvtárban XII.11.02.007
omladék X.05.005
omlós-duzzasztott perlit VI.08.03.005
opera XII.11.04.002
optikai vetítő III.01.03.051
organikus I.01.092
organizációs technológiai terv X.01.05.021
ornamens I.01.095
ornamentüveg VI.03.02.006

orom VIII.05.03.001
orom VIII.05.03.006
orom II.02.05.032
oromcsipke II.04.03.014
oromfog II.04.03.014
orom(horgonyzó)vas VIII.05.01.026
orom(zat) VIII.05.01.007
oromszegélyezés VIII.05.03.007
oromvirág II.02.06.028
orsó X.02.01.077
országút XI.05.01.058
ortodox templom II.04.01.010
ortopédia XII.12.02.015
orvosi rendelő XII.12.02.022
oszlop II.02.04.022
oszlop II.02.05.002
oszlop VIII.03.02.013
oszlop [szabadonálló] II.02.04.023
oszlopalap VIII.02.02.021
oszlopdiagramm X.01.03.012
oszlopfej VIII.02.02.022
oszlopfolyosó II.02.05.019
oszlopfő II.02.05.010
oszlopíllesztés VIII.02.02.023
oszlopköz II.02.05.018
oszlopláb VIII.01.06.004
oszlopláb VIII.02.02.021
oszlopok VIII.02.02.015
oszlopsor II.02.05.019
oszloptalp VIII.02.02.021
oszlopzsaluzás X.03.02.019
osztály I.01.012
osztály I.03.023
osztály terem XII.09.02.007
osztályozás I.01.016
osztályozás III.03.03.011
osztályozási rendszer II.06.01.029
osztályozóberendezés X.02.02.020
osztott szelvényű rúd VIII.02.02.017
osztottkör III.01.03.038
osztódás X.05.013
osztókörsugár III.01.03.038
otthoni tevékenységek XII.08.01.010
otthonok XII.08.03.022
otthontalanok fekhelye XII.08.03.021
ovális IV.01.01.018
oxigénpalack X.02.01.067

Ó

óceán XI.01.01.027
ófalu XI.02.02.001
ólom VI.07.02.003
ólomnehezék X.02.01.088
ón VI.07.02.006
óváros XI.03.03.010
óvoda XII.09.01.004
óvóhely XII.05.014

Ö

öblösödés VII.04.011
öböl XI.01.01.029
öböl XI.01.01.032
ökologikusterhelés III.03.
ökológia III.03.01.011
ökológiai XI.01.01.045
ökomérleg III.03.05.006
ökorendszer XI.01.01.044
ökoszisztéma XI.01.01.044
öltöző XII.02.01.015
öltöző XII.13.01.022
öltözőfülke XII.13.01.023
öltözőkabin XII.13.01.023
öltözőszoba XII.08.05.027
önálló v. független
iparos I.05.03.001
önértékelés I.02.03.014
önfinanszírozás X.01.02.001
önkiszolgáló bolt XII.03.01.012
önlengés VII.07.017
önrezgés VII.07.017
önrezgésszám VII.07.025
önsúly VII.03.008
öntött aszfaltbol való
esztrich VI.06.06.002
öntött betonkeverék VI.05.01.023
öntött üveg VI.03.02.002
öntöttvas VI.07.01.001
öntőüst X.02.01.031
öntudatlan I.02.03.037
öntvény VI.07.01.001
önürítős targonca X.02.03.020
öregek otthona XII.08.03.028
öregség I.02.01.005
örökbérleti jog I.05.02.015
öröklakás XII.08.02.002
öröklakás XII.08.02.008
öröm I.01.038
összbenyomás II.06.04.003
összefoglaló alkotás I.01.071
összefüggés I.02.03.006
összefüggés II.01.01.012
összegyűjtött művei I.01.071
összehúzódás IX.02.01.004
összekapcsolás XI.04.02.056
összekötés hossza VIII.02.04.022
összekötö tér V.03.03.003
összekötő elemek II.02.04.006
összekötő (út) X.03.01.004
összekötő horgony VIII.02.06.024
összekötő vasbetét VIII.02.04.013
összekötő vonal III.01.06.010
összekötőfolyosó XII.06.02.015
összeköttetés V.02.04.004
összenyomás VII.04.008
összenyomódás VI.09.003
összenyomódás VII.04.008
összenyomódás VIII.01.05.003
összerombolás X.05.014
összes művei I.01.071
összesség I.01.137
összeszerelés X.04.006
összetartóerő VI.09.002
összetett sor V.02.03.004
összhang I.01.058
öszekötőelem VIII.02.06.015
ösztönös megérzés I.01.075
ösztönzés I.02.02.004
öszvér oszlop VIII.02.02.018
öszvérfödém VIII.02.06.014
öszvéroszlop VIII.02.06.013
öszvérszerkezetek VIII.02.06.
öszvértartó VIII.02.06.012
ötlettelenség V.01.02.021
ötvözötlen acél VI.07.01.010
ötvözött acél VI.07.01.002
ötvözött acél VI.07.01.011
öv VII.02.05.003
övezet XI.03.01.009

Ő

őrhely XII.05.006
őrlőmalom X.02.02.019
őrszoba XII.05.006
ősi I.01.103
őskőzet VIII.01.02.024
őszinteség I.01.090

P

pad XII.06.01.039
padlás XII.08.05.039
padláslakás XII.08.04.002
padlóburkoló lap VI.02.02.013
pajta II.04.05.010
pajta XII.02.02.012
pajta XII.02.02.013
pala VI.01.02.026
paliszád II.04.03.008
pallér X.01.04.038
pallér X.01.04.041
palló XII.06.03.009
palló II.02.04.002
pallófal VIII.01.09.003
pallófőszaruzat VIII.02.01.019
palló(deszka) VIII.02.01.004
pallókötőgerenda VIII.02.01.019
pallótokos ablak VIII.03.02.022
palota II.04.03.002
palota II.04.03.019
palotáka II.04.04.
panasz I.04.01.012
panel VI.08.05..008
paneles építés mód VIII.02.07.021
panoráma XI.04.02.081
panoráma távlati kép IV.02.03.014
panzió XII.14.02.003
papír IV.04.01.002
papírlemez IV.04.01.008
parabola alakú
rácsostartó VII.02.05.012
parabolaív VII.02.03.009
parafa VI.08.03.004
parasztfalu XI.02.03.001
parasztgazdaság XI.02.01.006
parasztház XII.02.02.005
parasztház II.04.05.003
parcella XI.02.01.012
parcellázás XI.02.01.013
parkolás XII.06.01.020
parkoló(hely) X.03.01.005
parkoló(hely) XII.06.01.022
parkolóház XII.06.01.024
parkolóhely XI.05.01.086
parkolóhely XII.06.01.021
parkosított terület XI.01.02.001
parkosított vidék XI.01.02.001
parkúr XII.13.04.004
parlag III.03.02.003
parlament XII.05.001
parókia XII.11.01.011
part XI.01.01.035
participáció X.01.04.035
passzázs XII.03.01.009
passzív földnyomás VIII.01.08.005
passzív szigetelő IX.01.01.025
patak XI.01.01.040
patika XII.12.02.026
patológia XII.12.02.017
patrícius I.03.057
pauszpapír IV.04.01.001
pauszpapír IV.04.01.007
pavilon II.04.04.003
pác(anyag) VI.08.02.026
páholy XII.11.04.027
pályalétesítmények XI.05.02.023
pályaőrház XII.06.02.013
pályatöltés XI.05.02.024
pályaudvar XII.06.02.002
pályaudvarcsarnok XII.06.02.014
pályázat X.01.01.008
pályázat I.05.01.016
páncélszekrény XII.04.014
páncélszekrény XII.11.03.011
páncélszekrény az
ügyfelek részére XII.04.017
pánt II.02.04.035
pára IX.03.020
pára X.02.02.006
páranedvesség IX.03.019
páranyomás IX.03.013
páraszigetelés VIII.05.01.037
páraszigetelés IX.03.023
páratartalom IX.03.004
páratartalom IX.03.010
páratlan I.01.135
páratlan II.06.01.026
párhuzamos egyenesek IV.01.01.007
párhuzamosövű
rácsostartó VII.02.05.023
párhuzamvonalzó IV.04.02.004

párhuzamvonalzó IV.04.03.004
párkány II.02.05.017
párkány II.02.06.009
párkánycsurgó VIII.03.02.006
párkányzat II.02.05.017
párkányzat II.02.06.009
párlat IX.03.018
páternoszter VIII.06.02.010
pátosz I.01.097
pátvaskő VIII.01.02.012
pengeépület XII.08.03.015
pengeház XII.08.03.015
per I.04.01.013
perc I.01.087
peremváros XI.03.02.007
peremváros XI.03.03.001
periféria XI.03.03.002
periodikus rezgés VII.07.028
periodikus sor V.02.03.003
periódus II.01.01.005
pernye VI.04.04.005
peron XII.06.02.016
perspektivikus metszet IV.02.01.021
perspektíva IV.02.03.
pék XII.02.01.002
pékség XII.02.01.002
pénzbírság I.04.01.019
pénztár XII.04.016
pénztárablak XII.04.010
pénztári zóna XII.03.02.016
piac XII.03.01.001
piac I.05.01.001
piaci ár X.01.02.009
piaci ár X.01.02.022
piaci elárusítóbódé XII.03.01.003
pihenő VIII.06.01.002
pihenőhely XII.06.01.008
pihenőhely XII.09.01.005
pihenőhelyiség XII.02.01.018
pihenőidő I.03.075
pihenőudvar XII.09.02.017
pilaszter II.02.05.004
pillanat I.01.087
pillér II.02.05.003
pillér VII.02.01.004
pilon VII.02.04.010
pince XII.08.05.038
pincelépcső XII.07.01.012
piramis II.02.06.027
piramis alakú kumulatív területrendezés XI.06.041
pirit VI.01.01.006
planimetria IV.01.01.
planírozás X.05.008
plasztika XII.06.01.044
plasztika I.01.114
plasztikus VI.05.02.003
plasztikus alakváltozás VI.09.030
plasztikus alakváltozási tartomány VII.04.035
plasztikus deformáció VI.09.030
plasztomer VI.08.04..004
plexiüveg IV.04.01.010
plébánia II.04.02.003
pléh VI.07.01.014
pneumatikus szerkezet VII.02.12.001
poggyászkocsi XI.05.02.020
poggyászmegőrző XII.06.02.019
poggyászmegőrző automata XII.06.02.018
poggyászmegőrző rekesz XII.06.02.018
poláris inercianyomaték VII.04.036
poláris koordináta mérése III.01.05.010
polc XII.02.04.002
polcrendszer XII.02.04.001
polgár I.03.055
polgári ház II.04.05.001
polgári kezdeményezés XI.04.03.005
polgári társaság I.05.03.004
poligon pont III.01.02.002
poligonálisövű rácsostartó VII.02.05.014
poligoncsúcs III.01.02.002
poligonmenet III.01.02.011
polimer VI.08.04..002
polisztirol beton VI.05.01.032
politura VI.08.02.021
pont IV.01.01.001
pont V.02.01.001
pontatlanság III.01.06.007
pontok III.01.02.001
pontokban alátámasztott lemez VII.02.07.003
pontosság III.01.06.006
pontozott vonal IV.03.01.002
porfír VI.01.02.018
porhanyós VIII.01.02.032
porlot (porszerű) talaj VIII.01.02.019
porozitás VI.09.022
porszénhamu VI.04.04.005
portál II.02.06.018
portálasztal X.03.02.023
portás XII.04.007
portland cement VI.04.03.009
posta XII.04.004
postavonat XI.05.02.015
postázó XII.04.028
póiyázó helyiség XII.09.01.006
pótalkatrészraktár XII.02.04.002
praxis I.03.018
precíziós léc III.01.03.021
prepaktbeton VI.05.01.018
prémium I.05.05.011
présgép X.02.02.029
primitív I.01.103
privát I.03.017
privát V.03.01.006
privát térség V.03.01.017
processzus I.04.01.013
processzus X.01.05.006
Proctor-térfogatsúly VIII.01.02.043
profil IV.02.01.020
profil felvélel III.01.05.013
profilüveg VI.03.02.014
prognózis X.01.03.002
program XII.01.02.
proporcionalitás IX.01.02.017
proporciók V.02.05.
proszociális viselkedés I.02.03.033
provizórikus lakások XII.08.03.033
provokáció I.01.105
próba X.01.01.015
próbafülke XII.03.02.015
próbaszínpad XII.11.04.012
próbaterem XII.02.01.036
próbaterem XII.11.04.022
pszichológia I.02.
publikum I.01.106
puccolán VI.04.04.008
puha IV.04.02.010
pult XII.03.02.006
pusztaság XI.01.03.006
pusztulás II.06.03.001
puzzolán VI.04.04.008
pülon VIII.02.02.019
püspöki székhely II.05.02.010
püspöki város II.05.02.010
pylon VIII.02.02.019

R

rabitz fonal VI.06.02.006
racsni X.02.01.021
radiális megközelíthetőség XII.07.02.004
radiológia XII.12.02.009
radír(gumi) IV.04.02.013
ragaszt VIII.02.02.052
ragasztott illesztés kötés VIII.02.06.006
ragasztott fa VIII.02.01.013
ragasztott üveg VI.03.02.012
ragasztó VI.08.02.002
rajz IV.03.03. 004
rajzasztal IV.04.03.002
rajzeszközök IV.04.02.
rajzfelirat IV.03.02.001
rajzgép IV.04.03.001
rajzolóállvány III.01.02.016
rajzpapír IV.04.01.003
rajztábla IV.04.03.002
rajzterem XII.09.02.010
rajzterem XII.10.01.020
rakétakilövő hely XII.06.04.004
rak(odó)part XII.06.03.006
rakodó X.03.01.007
rakodó (nyílt) VIII.06.02.003
rakodógép X.02.03.029
rakodóhíd VIII.06.02.003
rakodórámpa VIII.06.02.003
raktár X.03.01.025
raktár X.03.01.026
raktár XII.02.04.001
raktár XII.03.02.002
raktár XII.05.015
raktár XII.11.02.015
raktár XII.11.03.010
raktár hosszú időszakú tároláshoz III.03.03.009
raktárak XII.02.04.
rangsor I.03.053
rapidograf IV.04.02.017
raszter II.05.02.014
raszter V.02.04.007
raszter XI.04.02.029
ravatalozó XII.11.01.016
rács VIII.02.02.031
rács(ozat) V.02.04.008
rácsos gerenda VIII.02.02.037
rácsos szerkezet II.02.04.018
rácsos tartókból képzett tartórács VIII.02.02.031
rácsosív VII.02.03.014
rácsostartó VII.02.02.019
rácsostartó VIII.02.02.037
rácsostartó II.02.04.018
rácsostartó összekötő rúdja VII.02.05.015
rácsostartók VII.02.05.
rácsostartókból kialakított tartórács VII.02.12.006
rácsozat VIII.02.03.023
rácsozat VIII.02.07.008
rácsrúd VIII.02.04.014
rádióadó XII.11.05.003
rádiusz IV.01.01.020
ráépítés II.06.03.014
ráépítés III.03.04.006
ráigérő X.01.01.013
rákokozó III.03.01.009
rákövetkező költségek X.01.02.019
rálapolás VIII.02.01.022
ráma VIII.03.01.002
rámpa VIII.06.02.001
rámpa VIII.06.02.002
rámpa X.03.01.007
rárétegződött XI.04.02.024
rátelepült XI.04.02.024
rátét VIII.02.01.038
ráverőkalapács X.02.01.005
rázóasztal X.02.02.036
rázófej X.02.02.038
rázóhüvely X.02.02.038
rázótok X.02.02.038
reakcióerő VII.03.040
recepció I.01.107
recepció XII.14.02.008
redőny VIII.03.02.038
redukáló tahiméter III.01.03.046
redukciós tétel VII.06.028
reflektor IX.01.02.015
reflektor III.01.03.052
reflektor nélküli tahiméter III.01.03.050
reflexió IX.01.01.014
regatta pálya XII.13.03.020
reggeliző XII.14.02.017

regionális tervezés XI.06.002
rehabilitácios központ XII.12.01.004
rejtett finom gúny I.01.076
rekeszes helyiség XII.04.015
rekeszfal II.02.04.041
rekeszszerkezet VIII.02.07.014
reklám XII.06.01.031
rekonstrució II.06.03.012
rektorátus XII.09.02.016
rektorátus XII.10.01.009
rektori hivatal XII.10.01.009
relatív légnedvességtartalom IX.03.012
relaxáció VI.09.009
remekmű I.01.139
rend I.01.091
rendelet I.04.02.003
rendelet I.04.02.004
rendelkezés I.04.02.002
rendelkezés I.04.02.003
rendelkezés I.04.02.004
rendelkezés XI.04.03.002
rendelkezésre álló idő X.01.05.022
rendelő (orvosi) XII.12.02.007
rendelőintézet XII.12.02.024
rendelőintézet (orvosi) XII.12.02.023
rendez V.01.02.006
rendezett V.03.02.003
rendezés V.01.03.006
rendezési összefüggések II.06.04.001
rendezési terv XI.04.03.003
rendezőpályaudvar XII.06.02.006
rendezővonalak V.02.05.006
rendőrhatóság XII.05.005
rendőrség XII.05.005
rendszer I.01.091
rendszer I.01.126
rendszer I.03.006
renoválás II.06.03.011
repedés VI.03.01.018
repedésbiztonság VIII.02.03.002
repedések a vakolatban VI.06.01.005
reprezentatív III.02.02.016
repülő XI.05.04.001
repülőgép XI.05.04.001
repülő(gép)csarnok XII.06.04.009
repülőtér XII.06.04.002
repülőtér vitorlázórepülőgépek részére XII.06.04.003
repülőtéri épület XII.06.04.022
(repülőtéri) irányítótorony XII.06.04.008
repülőtéri váróterem XII.06.04.023
restaurálás II.06.03.010
reverziós léc III.01.03.022
rezgés VII.07.037
rezgés IX.01.01.007
rezgéscsillapító VII.07.036
rezgési alak VII.07.026
rezgésidő VII.07.027
rezgésszám VII.07.014
rezgésszám IX.01.01.012
rezgéstartam VII.07.027
rezonancia VII.07.029
régészet II.01.02.012
régi hulladék III.03.02.002
régió XI.03.01.002
rés II.02.03.004
réscölöp VIII.01.07.015
résfal VIII.01.07.016
résfal VIII.01.09.005
részesedés I.03.011
részesedés XI.04.03.006
részesülés I.03.011
részidő X.01.05.027
részleges előfeszítés VIII.02.04.027
részleges (össze)kötés VIII.02.06.008
részletbemérés III.01.01.005
részletbemérés III.01.06.014
részletes terv X.01.03.007
részletfelmérés III.01.06.014
részletfizetés I.05.04.005
résztörksztés I.05.04.005
részvénytársaság I.05.03.006
részvénytársaság X.01.04.016
részvétel X.01.04.035
részvétel XI.04.03.007
rét XI.01.03.002
réteg I.03.025
réteg V.02.04.006
rétegelt falemez VIII.02.01.015
rétegelt lemezből készült tartó VIII.02.01.017
rétegezés V.01.01.003
rétegvíz IX.03.036
rétegvonal IV.03.01.008
rétegvonal III.01.02.010
rézsütörés VIII.01.08.007
rézsütörés v. csúszás VIII.01.01.007
riksa XI.05.01.026
ring XII.13.05.004
riolit VI.01.02.021
ritkasági érték II.06.01.025
ritmikus sor V.02.03.005
ritmus V.02.06.005
ritmus X.01.05.004
ritmus XI.04.02.067
Ritter-féle átmetszés VII.02.05.011
rituális fürdő II.04.01.007
rizalit II.04.04.002
robbanás IX.01.01.032
robbantás X.05.012
robbantott terméskő II.02.01.004
robogó XI.05.01.030
robogó XI.05.01.031
rom II.06.03.003
romlás I.01.030
romlás II.06.03.001
roncs X.05.006
rossz célra felhasználás II.06.02.016
rostos beton VI.05.01.022
rotációs lézer III.01.03.018
rotációs tehetetlenség VII.07.031
rotoros kotró X.02.03.025
rozsdamentes acél VI.07.01.013
rozsdásodás VI.05.04.002
ródlipálya XII.13.02.005
rókafarkufűrész X.02.01.035
római hullámcserép VI.02.03.007
róna XI.01.01.011
róna XI.01.03.006
rózsaablak II.02.06.031
rózsavirág II.02.06.028
rögzített ár I.05.04.003
rögzítő II.02.04.007
rönk VIII.02.01.008
rövidülés VII.04.052
rudak VII.02.01.
rugalmas alakváltozási taromány VII.04.020
rugalmas ágyazat VII.01.006
rugalmas deformáció VI.09.028
rugalmas féltér VII.01.008
rugalmas hossz VII.01.009
rugalmas kapcsolat VII.01.007
rugalmas kötés VIII.02.06.003
rugalmas terítőréteg melegpadlók alá VI.06.06.005
rugalmasság VI.09.005
rugalmasság VII.04.
rugalmassági egyenlet VII.06.008
rugalmassági határ VI.09.029
rugalmassági modulusz VII.04.029
rugalmasságtan VII.04.059
rugó VII.01.031
rugó II.02.04.010
rugómerevség VII.01.032
ruhakamra (ruhatár) II.04.02.011
ruhatár XII.08.05.011
rúd VIII.02.04.014
rúdacél VI.07.01.004
rúdátmérő VIII.02.04.016
rúdépület II.02.04.017
rúdköteg VIII.02.04.015
rúdszerkezet II.02.06.003
rúdvégi nyomaték VII.03.029
rútság I.01.133

S

sablon IV.04.02.007
saját felelősségű munkavégzés X.01.04.032
saját tulajdonban lévő ház XII.08.02.001
sajátalak VII.07.009
sajátérték VII.07.010
sajátfeszültség VII.04.041
sajátfrekvencia VII.07.025
sajátlengés VII.07.017
sajátosság I.01.094
sajátosság I.01.098
sajátosság II.06.01.024
sajtospult XII.03.02.012
sarkalat II.02.04.014
sarok V.02.02.010
sarokállvány II.02.04.025
sarokillesztés II.02.04.014
saroknyomás VII.04.010
sarokoszlop II.02.04.025
saroktorony II.04.04.008
satírozás IV.03.01.012
satu X.02.01.052
sánc II.04.03.026
sárgerenda VIII.05.01.021
sátor II.02.02.004
sátor XII.08.03.036
sátortető II.02.06.027
sáv XI.05.01.089
sávalap VIII.01.06.003
sávos beépítés XII.08.03.013
sebesség XI.05.01.052
sebességkorlátozás XI.05.01.053
segédmotoros kerékpár XI.05.01.029
segédvonalak V.02.05.006
segélyhely XII.13.03.012
segélyhívó telefon XII.06.01.015
segítővetület IV.02.01.004
segítővetítés IV.02.01.004
sejttartó VIII.02.02.036
sejttégla VI.02.02.003
sekrestye II.04.01.026
semleges szál VII.04.032
semleges tengely VII.04.032
serleges elevátor X.02.03.007
serleges kotró X.02.03.024
serleges kotrómű X.02.03.007
sérelem II.06.04.009
sétálóutca XI.05.01.010
sétány XII.06.01.002
shed-ablak VIII.03.02.029
shedtető VIII.05.02.005
siló X.02.02.021
siló XII.02.02.019
siló XII.02.04.005
simított vakolat VI.06.05.016
simító berendezés X.02.02.030
simítódeszka X.02.01.046
simítógipsz VI.04.01.003
simítólap X.02.01.046
sivatag XI.01.01.009
sík XI.01.01.011
sík XI.01.01.049
sík alapok VIII.01.06.
sík alapozás VIII.01.06.
sík rácsostartó VII.02.05.013
sík terület XI.04.02.005
síkbeli feszültségi állapot VII.04.034
síkbeli kihajlás VII.05.015
síkmértan IV.01.01.
síkság XI.01.01.011
síkság sok tóval XI.01.01.031
síküveg VI.03.02.003
sínautó XI.05.02.017
sínhez kötött járművek X.02.03.009
sínpályás közlekedés XI.05.02.

sínpályás közlekedés XII.06.02.
sírbolt XII.11.01.018
síremlék XII.11.01.020
sírkápolna XII.11.01.008
síugrósánc XII.13.02.006
skicc IV.03.03. 001
skiccpausz IV.04.01.007
skontó I.05.04.006
sminkhelyiség XII.11.04.020
sodronykötélpálya XI.05.02.011
sokféleség XI.04.02.057
sokféleség XI.04.02.070
soklyukú tégla VI.02.02.008
sokrétegű VIII.02.04.011
sokszög IV.01.01.028
sokszögelés III.01.05.008
sokszögmenet III.01.02.011
sorház XII.08.03.006
sorkötéses kőfalazat II.02.03.011
sorkötéses kőfalazat VIII.02.03.017
sorok V.02.03.
sorolás XI.04.02.075
sorompó XI.05.02.029
sorompó XII.06.02.009
soros kőfalazat II.02.03.011
soroskőfalazat VIII.02.03.017
sorozatok V.02.03.
sovány agyag VI.01.02.016
sovány habarcs VI.06.01.001
sóder VI.01.02.012
sóder VIII.01.02.017
sörfőzde XII.02.03.008
sörgyár XII.02.03.008
söröző XII.14.01.006
sötétség IV.02.04.007
spachtli X.02.01.045
spaletta VIII.03.02.037
spalettaajtó VIII.03.01.014
spatulya X.02.01.045
speciális fényhatások V.04.01.013
speciális hulladék III.03.03.003
speciális iskola XII.09.02.005
speciális laboratórium XII.10.02.004
specifikus hő IX.02.01.029
spedíció XII.06.01.013
spektrum V.04.02.004
spektrum IV.02.04.005
sportcsarnok XII.13.01.005
sportcsarnok télisportok részére XII.13.02.002
sportpálya XII.13.01.001
squash-centrum XII.13.01.007
squash-pálya XII.13.01.008
sraff(ír)ozás IV.03.01.011
stabilitás VII.05.
stabilitás VII.05.020
stabilitás VIII.01.01.012
stabilitás VIII.01.08.
stabilitási probléma VII.05.021
stabilizáció II.06.03.009
stabilizátor VI.05.03.008
stacionárius állapot IX.02.02.005
stadion XII.13.01.002
statikai nyomaték VII.04.022
statikai nyomaték VII.04.054
statikailag határozatlan VII.01.035
statikailag határozott VII.01.034
statikus V.03.02.001
statisztikai alapok III.02.02.007
statisztikai hivatal III.02.02.001
stativa III.01.03.024
Stauss-háló VI.06.02.005
státus I.03.024
stég XI.05.01.007
stég XII.06.03.009
stílus I.01.079
stílustörténet II.01.02.003
struktúra I.03.007
struktúra XI.04.02.052
struktúrák V.02.04.
stukatúrgipsz VI.04.01.007
sugallat I.01.070
sugár IV.01.01.020
sugárhajtású repülőgép XI.05.04.003
sugárirány IV.02.04.008
sugárirányú-centrális elrendezés II.05.02.017
sugárzás IX.02.01.018
sugárzásáteresztő képesség IX.02.01.021
sugárzáselnyelő képesség IX.02.01.020
sugárzási terhelés IX.02.01.019
sugárzásvédő beton VI.05.01.039
sulyok X.02.02.040
súly VI.09.019
súlypont XI.04.02.083
súlyvonal VII.04.006
súrlódási tapadás VIII.02.06.007
süllyedés VIII.01.01.005
süllyesztőszekrényes alapozás VIII.01.07.012
süvegboltozat II.03.01.002
süveges mennyezet II.03.01.003
sűrített levegő X.02.02.013
sűrűség XI.06.030
sűrűségi térkép III.02.01.011

Sz

szabad XI.01.01.051
szabad beépítésű ház XII.08.03.003
szabad hozzáférésű állomány XII.11.02.009
szabad idő I.03.075
szabad lengés VII.07.013
szabad terület XI.04.02.006
szabad térség XI.04.02.006
szabad választású feladat X.01.01.004
szabadidő és sportlétesítmények XII.13.
szabadon tartandó felület XI.06.016
szabadságfok VII.06.004
szabadság I.03.013
szabadtéri művészet XII.06.01.046
szabatosság III.01.06.006
szabály I.01.122
szabályos XI.04.02.020
szabályos alak V.02.02.005
szabályozás III.03.05.010
szabálytalan XI.04.02.021
szabálytalan alak V.02.02.006
szabott ár I.05.04.003
szabó XII.02.01.005
szabóság XII.02.01.005
szaggatott vonal IV.03.01.003
szakadás VII.04.044
szakadási szilardság VI.09.001
szakadék XI.01.01.023
szakasz II.01.01.004
szakasz IV.01.01.005
szakaszos (össze)kötés VIII.02.06.009
szakértő X.01.01.021
szakítófeszültség VII.04.043
szakítószilárdság VI.03.01.010
szakítószilárdság VI.03.01.017
szakközépiskola XII.09.02.006
szakmai közösség X.01.04.027
szakmánymunkához szükséges adatok X.01.01.002
szakmánymunkához szükséges rendeletek X.01.01.003
szakmunkásképző XII.09.02.006
szakszerűtlen munka X.01.06.009
szakszervezet I.04.04.005
szakvélemény X.01.01.022
szalag VII.02.10.001
szalag II.02.04.035
szalagacél VI.07.01.005
szalagalap VIII.01.06.003
szalaghajlásmérő III.01.03.035
szalagmérték III.01.03.006
szalagmérték X.02.01.090
szalagváros II.05.02.020
szalmatároló XII.02.02.014
szanatórium XII.12.01.005
szanálás XI.04.04.008
szanálás III.03.04.
szanálási képviselő XI.04.04.011
szanálási megbízott XI.04.04.011
szanálási terület XI.04.04.012
szanálási terv III.03.04.001
szanálástechnika III.03.04.002
szankció X.01.06.008
szaru VIII.05.01.012
szaruállásos tetőszék VIII.05.01.001
szarufa VIII.05.01.012
szaruzat II.02.04.005
szatellit VIII.05.04.006
szauna XII.13.03.004
szádfal VIII.01.09.002
szájhagyomány II.01.02.008
szálas szigetelőanyag VI.08.03.008
szálerősítésű gipszlap VI.08.05..002
szálerősítésű gipszlemez VI.08.05..002
szálkás beton VI.05.01.022
szállások XII.14.02.
szállítás XII.03.02.001
szállítás XII.06.01.013
szállító X.01.01.026
szállító pálya X.02.03.005
szállítócsiga X.02.02.024
szállítóeszközök X.02.03.
szállítófél X.01.01.026
szállítószalag X.02.03.005
szálloda XII.14.02.002
szállodai szoba XII.14.02.010
szállóhamu VI.04.04.005
számítási modell VII.06.021
számítási módszerek VII.06.
számítástechnikai laboratórium XII.10.02.003
számítástechnikai munkahely XII.02.01.024
számítóközpont XII.04.032
számla I.05.01.007
számtani arányosság V.02.05.001
szánkópálya XII.13.02.005
szántóföld XI.01.03.003
szántóföld XI.01.03.005
száraz betonkeverék VI.05.01.038
száraz zóna IX.03.056
szárazdokk XII.06.03.011
szárazfalazat II.02.03.006
szárazföld XI.01.01.004
szárazhabarcs VI.06.03.001
szárazon való tárolás XII.02.04.004
szárfa VIII.05.01.017
szárfa II.02.04.024
szárítás VIII.01.04.015
származás I.01.093
szeg VIII.02.01.027
szeg VIII.02.01.028
szegalátét VIII.02.01.030
szegecs VIII.02.02.050
szegecselés VIII.02.02.050
szegelt és ragasztott kapcsolat VIII.02.01.037
szegelt és ragasztott kötés VIII.02.01.037
szegelt kötés VIII.02.01.029
szeges kötés VIII.02.01.029
szegély VIII.03.01.002
szegély V.02.02.009
szegélyárok XI.05.01.097
szegélygerenda VIII.05.01.023
szegélykő XI.05.01.098
szegényház XII.08.03.032
szegénynegyed XI.03.02.010
szegénynegyed XI.03.03.007
szegénység I.03.073
szegfejező X.02.01.043
szegkötés VIII.02.01.029
szeglemez VIII.02.01.030
szegletes faáru VIII.02.01.006
szegmens IV.01.01.024

szegmentes oromzat II.02.05.034
szegregáció I.03.033
szekrényes forma X.04.017
szekrénytartó VII.02.11.003
szelekció I.03.034
szelelit VI.01.01.004
szelemen VIII.05.01.009
szelemencsukló VIII.02.02.061
szelemenes fedélszék VIII.05.01.002
szelemenes tető VIII.05.01.002
szelencés libella III.01.03.026
szellőzés VIII.05.01.039
szellőzőszárny VIII.03.02.035
szellőztető ablakszárny VIII.03.02.035
szelő(vonal) IV.03.01.007
szelvény IV.02.01.020
szelvényacél VI.07.01.003
szemcsés talaj VIII.01.02.028
szemcsézet VI.09.024
szemcsézett kohósalak VI.04.04.002
szemeloszlás VI.09.026
szemező X.02.01.028
személy I.02.03.016
személyenkénti idő X.01.05.024
személyes felhasználás II.06.02.017
személyes tér I.02.03.024
személyes tér V.03.01.005
személyfelvonó VIII.06.02.007
személygépkocsi X.02.03.016
személygépkocsi XI.05.01.034
személyi számítógép IV.04.03.008
személyiség I.02.03.017
személyvonat XI.05.02.013
személyzet X.01.04.023
személyzeti helyiség XII.09.01.007
személyzeti WC XII.02.01.016
szemét III.03.01.004
szemételtávolítás III.03.03.
szemételtávolítás XII.05.021
szemételtávolításért felelős üzem XII.02.03.009
szemétégetés III.03.03.004
szemétégető berendezés XII.02.03.011
szemétgyűjtő (kamra) XII.03.02.004
szeméttartály III.03.03.001
szeméttelep X.03.01.028
szemiotika II.01.02.009
szemléleti érték II.06.01.028
szemnagyság VI.09.025
szemnagyság szerint osztályozott szemcse VIII.01.02.015
szemöldök VIII.03.01.003
szemöldökpárkány II.02.05.033
szemösszetétel VI.09.026
szempont I.01.108
szempont IV.02.03.002
szemrevételezés III.01.01.006
szennyező anyag III.03.01.013
szennyeződés III.03.01.008
szennyeződés III.03.01.013
szennyvíz III.03.02.007
szentély XII.11.01.004
szentimentális I.01.117
szenvedély I.02.02.013
szerelem I.02.01.009
szerelő X.01.04.048
szerelő XII.02.01.009
szerelőcsarnok XII.09.02.008
szerelőgödör XII.02.01.030
szerelőműhely XII.02.01.009
szerelőműhely XII.02.01.034
szerelvények VII.02.04.002
szerep I.03.032
szerkesztő módszer VII.02.05.009
szerkezetek V.02.04.
szerkezeti acél VIII.02.02.001
szerkezeti analízis II.01.02.015
szerkezeti terv X.01.03.010
szerkezeti változások X.05.
szerpentinit VI.01.02.025
szerszámláda X.02.01.029
szerszámok X.02.01.
szerszámszerkrény X.02.01.029
szertartásos fürdő II.04.01.007
szerves I.01.092
szervez V.01.02.006
szervizút XI.05.01.064
szerzetesjelöltek intézete II.04.02.005
szerződés I.04.03.001
szerződés I.04.03.009
szerződési illeték I.05.05.010
szerződési jog I.04.03.
szerződtetés I.02.03.002
székhely II.05.02.009
székoszlop II.02.04.028
székváros II.05.02.009
szél V.02.02.009
széles XI.01.01.050
szélesacél VI.07.01.006
szélfogó VIII.03.01.011
szélfogó XII.08.05.009
szélmalom II.04.06.005
szélnyomás VII.03.066
szélrács VII.02.11.009
szélroham keltette rezgés VII.07.034
szélső kötőgerenda VIII.05.01.027
szélső kötőgerenda VIII.05.01.028
szélső mező VII.02.02.007
szélső nyílás VII.02.02.007
szélszívás VII.03.067
szélteher VII.03.065
szélvédő(lista) VIII.03.02.007
szélvédőléc VIII.03.02.007
szénatároló XII.02.02.014
szénrajz IV.03.03. 006
szép kilátású épület II.04.04.012
szépség I.01.010
szérű XII.02.02.011
szérű(skert) II.04.05.008
szétágazás XI.05.01.078
szétosztás III.03.03.011
szétroncsolás X.05.014
szétszórt falu II.05.01.001
szétszórt település II.05.01.001
szienit VI.01.02.027
sziget XI.01.01.006
szigetelés VIII.01.04.016
szigetelés IX.02.02.
szigetelés I.02.03.021
szigetelés vízzáró betonnal VIII.01.06.011
szigetelő IX.01.01.023
szigetelő esztrichréteg VI.06.06.009
szigetelőanyagok VI.08.03.
szigetelőgipsz VI.04.01.004
szigetelővakolat VIII.02.03.011
szikla VIII.01.02.023
szikla XI.01.01.021
szilárd VIII.01.02.039
szilárdság VI.09.014
szilárdsági probléma VII.05.022
sziliciumoxid VI.01.01.007
sziluett XI.04.02.080
szimbólum I.01.125
szimbólum V.01.03.004
szimmetria V.02.06.002
szimmetria XI.04.02.076
szimuláció I.02.04.008
szimulálás I.02.04.008
szindikátus X.01.04.018
szingularitás II.06.01.026
szint II.02.04.046
szint IV.02.01.015
szint alapterülete XI.06.028
szintelőlábazat IX.03.057
szintetikus festék VI.08.02.027
szintetikus ragasztó VI.08.02.029
szintetikus tapasz VI.08.02.028
szintezés III.01.05.006
szintező léc III.01.03.020
szintező műszer III.01.03.014
szintező tahimetria III.01.05.004
szintezősaru III.01.03.023
szintvonal III.01.02.010
szintvonal IV.03.01.008
szirt XI.01.01.021
szisztéma I.01.126
szisztéma I.03.006
szituáció XI.04.02.036
szivattyú X.02.02.017
szivattyú XII.02.03.019
szivattyúberendezés XII.02.03.019
szivattyúzás VIII.01.04.013
szivattyúzott beton VI.05.01.036
szivárgó víz IX.03.039
szín V.04.02.
szín IV.02.04.001
szín XII.02.02.013
színárnyalat IV.02.04.003
színes IV.03.01.013
színes IV.03.03. 012
színes V.04.02.009
színes ceruza IV.04.02.012
színes film VI.08.02.020
színesfémek VI.07.02.
színezet IV.02.04.003
színértékszám V.04.02.027
színészöltöző XII.11.04.021
színfokozat V.04.02.026
szín(árnyalat) V.04.02.026
színház XII.11.04.003
színházi öltöző XII.11.04.020
színhely XI.04.02.035
színhely XI.04.02.047
színjátszó V.04.02.010
színkeverés V.04.02.011
színkép V.04.02.004
színkép IV.02.04.005
színkorong V.04.02.005
színlel V.01.02.013
színösszeállítás IV.03.01.013
színpad XII.11.04.011
színpadtér XII.11.04.018
színszimbolika V.04.02.023
színtelítettség V.04.02.025
szkréper X.02.02.023
szoba II.04.05.005
szobácska II.04.02.012
szobor XII.06.01.044
szobrászat I.01.114
szocializáció I.03.004
szociális kartoték III.02.02.002
szociális kölcsönhatás I.02.03.008
szociális környezet V.03.01.004
szociális lakásépítés XII.08.02.005
szociális mobilitás I.03.035
szociális összehasonlítás I.02.03.011
szociális szerkezet III.02.02.006
szociális terv III.02.02.019
szociális terv XI.04.04.013
szociális térség V.03.01.013
szociális viszony I.05.01.014
szociális zsúfoltság I.02.03.025
szociálpszichológia I.02.03.
szociológia I.03.
szokás I.02.03.005
szokás I.03.037
szokás I.03.038
szokás II.01.01.013
szolgálati helyiség XII.10.01.014
szolgálattétel I.05.03.009
szolgáltatás I.05.03.009
szolgáltatási szféra XI.04.05.005
szomszéd I.03.070
szomszédos térségek V.03.03.001
szondázás VIII.01.03.003
szorító XII.13.05.004
szorító léc VIII.03.02.015
szorongás I.02.03.032
szókép V.01.03.003
szórófej IV.04.02.018
szórópisztoly IV.04.02.018
szórt fény IV.02.04.010
szög IV.01.01.012
szögacél VIII.02.02.005
szög(tűző)hasáb III.01.03.011
szögkitűző tükör III.01.03.009
szöglet IV.01.01.012

szöglet V.02.02.010
szögletperspektíva IV.02.03.010
szögmérés III.01.03.036
szögmérés III.01.05.007
szögmérő III.01.03.037
szögmérő IV.04.02.006
szögprizma III.01.03.011
szögtükör III.01.03.009
szögvas VIII.02.02.005
szökőkút XII.06.01.043
szöveg IV.03.02.
szövet VII.02.10.006
szövetkezet I.05.03.002
szövetkezeti lakás XII.08.02.009
szövetkezeti lakásépítés XII.08.02.006
szövetség I.05.03.002
szőlőművelési terület XI.02.01.004
szőlőskert XII.02.02.006
sztereometria IV.01.02.
sztrájk I.04.04.006
sztyepp XI.01.01.008
szubjektum I.02.03.015
szubkultúra I.01.123
szubtraktív színkeverés V.04.02.013
szuburbanizáció XI.04.05.003
szupermarket XII.03.01.013
szurok VI.08.01.004
szükséglet I.02.02.005
szükségletkategória III.02.02.018
szükségletstruktúra III.02.02.024
születés I.02.01.001
szülészet XII.12.02.014
szülészeti klinika XII.12.02.014
szülőföld XI.04.02.053
szülőföld I.03.030
szülői társalgó XII.09.02.015
szülőszoba XII.12.02.012
szülőterem XII.12.02.012
szürke hétköznap I.01.046
szürke hétköznap I.03.029
szürke szín V.04.02.006
szűk terület XI.04.02.011
szűkület XI.04.02.062

T

tagolás XI.04.02.055
tahimetria III.01.05.003
takarékosság X.01.02.004
takarékpénztár I.05.05.002
takarmánytároló XII.02.02.015
takaróléc VIII.03.02.012
talaj VIII.01.
talaj VIII.01.04.001
talaj XI.01.01.007
talajcsere VIII.01.05.001
talajcsövezés VIII.01.04.020
talajegyengető gép X.02.03.026
talajfajta VIII.01.02.001
talajfeszültség VIII.01.06.001
talajfúró X.02.01.063
talajgyalu X.02.03.028
talajjavítás VIII.01.05.
talajjavítás III.03.04.007
talajmenti hőmérséklet IX.02.01.016
talajnedvesség VIII.01.04.011
talajnedvesség IX.03.040
talajnyomás VIII.01.06.001
talajréteg IX.03.054
talajszilárdítás III.03.04.008
talajtípus VIII.01.02.001
talajtörés VIII.01.08.006
talajtörés VIII.01.08.008
talajvizsgálatok VIII.01.03.
talajvíz VIII.01.04.010
talajvíz IX.03.035
talajvízapasztás VIII.01.04.017
talajvízsüllyesztés VIII.01.04.017
talál V.01.02.010
talicska X.02.01.030
taliga X.02.01.030
taliga XI.05.01.014
taliga XI.05.01.020
talp II.02.05.006
talpazat II.02.05.007
talpazati felület VIII.01.01.011
talpfeszültség VIII.01.06.001
talpfeszültség-eloszlás VIII.01.01.010
talplemez VIII.01.06.006
talplemez VIII.02.02.026
talpszelemen VIII.05.01.011
talpvibrátor VIII.01.05.005
tambur II.03.03.007
tanács X.01.04.026
tanácsháza XII.05.017
tanácskozás a szakértővel III.02.02.015
tanácskozószoba II.04.02.009
tanácsterem XII.04.013
tanácsterem XII.09.02.014
tanári szoba XII.09.02.013
tandem XI.05.01.025
tangenciális erő VII.03.052
tangens IV.01.01.023
tankönyv részleg XII.11.02.012
tankönyv szakasz XII.11.02.012
tanszék XII.10.01.012
tanterem XII.02.01.023
tanterem XII.09.02.007
tanterem XII.10.01.018
tanulás I.02.02.009
tanulmány I.02.04.001
tanulmányi könyvtár XII.11.02.003
tanya XII.02.02.002
tanya XII.02.02.003
tanya XII.02.02.005
tanya II.05.01.003
tapadó szilárdság VIII.02.06.005
tapaszt VIII.02.02.052
tapasztalat I.02.02.002
tapasztalat I.02.02.008
taréj VIII.05.03.001
taréjszelemen VIII.05.01.010
targonca X.02.01.030
targonca XI.05.01.014
targonca XI.05.01.020
targonca XI.05.02.018
tarifa I.05.05.009
tarka V.04.02.009
tartalom I.01.021
tartalom I.01.022
tartam II.01.01.003
tartam X.01.05.005
tartó II.02.04.003
tartó VIII.02.02.029
tartó VIII.02.07.005
tartó VIII.06.01.003
tartó homlokkiképzése II.02.04.004
tartó nyílásokkal VIII.02.02.030
tartógerenda VIII.06.01.003
tartógerendás fedélszék II.03.01.001
tartóillesztés VIII.02.02.038
tartók VII.02.02.
tartóöv VII.02.05.003
tartórács VII.02.12.003
tartórács VII.02.12.004
tartórendszerek VII.02.
tartós nedvesség IX.03.003
tartós szilárdság VI.03.01.006
tartósfolyás. VI.09.004
tartózkodó magatartás V.03.01.011
tartózsaluzás X.03.02.015
taxi XI.05.01.040
tábla VIII.02.01.003
táblaüveg VI.03.02.003
táblás építés X.04.003
táblás építési mód X.04.003
táblás építési mód VIII.02.07.019
táblás zsaluzat X.03.02.020
táblásépítés VIII.02.07.019
táblázat IV.03.02.003
tág XI.01.01.050
tágas XI.01.01.050
tágulás IX.02.01.002
tágulási hézag VIII.02.03.009
tájékozódási pont V.02.07.013
tájkép XI.04.02.081
tájolatlan tér XI.04.02.013
tájolatlan térség XI.04.02.013
tájoló III.01.03.053
tám VII.02.01.005
támasz VII.02.01.005
támasz VIII.02.07.002
támasz VIII.05.01.016
támasz II.02.04.021
támasz VII.02.03.008
támaszelfordulás VII.03.050
támaszerő VII.03.040
támasz(ték) II.02.04.020
támaszok II.02.05.001
támaszsüllyedés VII.03.051
támaszték VIII.02.07.002
támasztékok VIII.02.02.015
támasztékok II.02.05.001
támasztó pillér II.02.06.022
támasztódúc II.02.04.024
támasztódúc VIII.05.01.017
támasztófal VIII.01.09.001
támasztófalak VIII.01.09.
támasztóív II.02.06.023
támasztómű II.02.06.021
támfal VIII.01.09.001
támfalak VIII.01.09.
tám(aszték) II.02.04.037
támpillér II.02.06.022
támpillér tornyocskája II.02.06.024
táncterem XII.14.03.004
tárcsa VII.02.11.006
tárgyalószoba XII.04.012
tárgyalóterem XII.02.01.022
tárgyi illetékessé I.04.01.011
tármaszponti nyomaték VII.03.049
tárolóhely XII.03.02.002
társadalmi érdekeltség II.06.02.003
társadalmi felépítés I.03.064
társadalmi terv III.02.02.019
társadalmi viszony I.05.01.014
társadalom I.01.120
társadalom I.03.001
társadalomtörténet II.01.02.004
társadalomtudomány I.03.
társalgó X.03.01.014
társalgó XII.02.01.013
társalgó XII.02.01.018
társas vállalat X.01.04.018
társaság I.03.001
távcső III.01.03.030
távköz I.03.049
távolság I.03.049
távolság (esztétikai) I.01.040
teakonyha XII.08.05.034
tehentetlenségi erő VII.07.020
teher VII.03.026
teherállás VII.03.038
teherbírás VII.01.016
teherbírás VIII.01.01.014
teherbíró képesség VII.01.016
teherfelvonó VIII.06.02.008
tehergépkocsi X.02.03.017
tehergépkocsi XI.05.01.037
teherhelyzet VII.03.038
teherhordó fal VIII.02.03.015
teherhordó kötél VII.02.04.012
teherhordó kötőanyag VI.04.03.002
teherkikötő XII.06.03.004
teherkocsi XI.05.02.021
teherkombináció VII.03.005
teherlés VII.03.026
teherlift VIII.06.02.008
teherpályaudvar XII.06.02.005
tehervagon XI.05.02.021
tehervonat XI.05.02.014
tehetség I.01.127
tehénistálló XII.02.02.023
tejüveg VI.03.02.005
tekepálya XII.13.05.002
tekercselő X.02.03.001
teknő XI.01.01.024
teknő XI.01.01.025

teknőboltozat II.03.02.011
tele téglu VI.02.02.002
telek XI.02.01.011
telekdarabolás XI.02.01.013
telekkönyv I.04.05.009
telekrész XI.02.01.012
teleológia II.01.01.010
telep X.03.01.025
telep X.03.01.027
telep XII.05.015
telep XII.02.02.003
település XI.04.05.012
települések XI.03.02.
teleszkopikus mérőléc III.01.03.005
teleszkópos kapcsolat VII.01.022
telített IV.02.04.004
telítettség IV.02.04.004
telítési hőmérséklet IX.03.014
teljes előfeszítés VIII.02.04.026
teljes időben való fogalalkoztatás X.01.05.026
teljes illesztés VIII.02.02.025
teljes terv X.01.03.006
teljesárnyék IV.02.04.015
teljesítmény I.02.03.034
teljesség I.01.137
telthézagúság VIII.02.03.010
temető XII.11.01.014
temetői kápolna XII.11.01.015
templom XII.11.01.004
templom II.04.01.001
templom XII.11.01.001
templomkarzat II.02.05.027
templomváros XI.04.01.013
tengely XI.04.02.078
tengely IV.01.01.010
tengely V.02.06.001
tengelycsap VIII.02.01.023
tengelyerő VII.03.003
tengelyirányú erő VII.03.003
tengelyrendszer III.01.02.020
tengelyvonal IV.03.01.005
tenger XI.01.01.028
tengeri fürdőhely XI.04.01.018
tengeri útvonal XI.05.03.008
tengerpart XI.01.01.036
tengerszoros XI.01.01.034
teniszpálya XII.13.01.010
teodolit III.01.03.037
terasz II.04.04.011
terasz XII.08.05.018
teraszház XII.08.03.016
tercier ágazat XI.04.05.005
terelőoszlop XII.06.01.040
terelőút XI.05.01.065
terem II.04.01.013
terem II.04.05.004
teremakusztika IX.01.02.
terepszemle terminus III.01.01.003
terepvázlat III.01.04.003
terhelés nyomás alatti vízzel IX.03.052
terhelések IX.03.034
terhelési eset VII.03.028
terhelési vektor VII.06.019
terjedelem V.02.01.004
termelés XII.02.01.029
termelési hulladék III.03.02.005
terméskő II.02.01.002
terméskő falazat II.02.03.009
természet I.01.089
természetes anyagok VI.01.
természetes nedvesség VI.09.032
természeti tájtípusok XI.01.01.
természetvédelmi terület XI.01.01.046
terminus X.01.05.001
termodinamika IX.02.02.030
termogram III.01.06.017
termográfia III.01.06.016
termőtalaj VIII.01.02.030
terpeszháló VI.06.02.001
terpeszrács VI.06.02.001
territorialitás I.02.03.020
terület I.01.121
terület V.02.01.003
terület V.02.07.011
terület V.03.01.010
terület rész XI.03.01.013
területcsoportosítás XII.01.02.001
területek XI.03.01.
területek és települések XI.03.
területek szanálása XI.04.04.009
területiség I.02.03.020
területrendezés XII.01.02.001
területrendezési szervezés XII.01.02.004
területrendezési terv XI.06.003
területszervezés XI.06.008
terv X.01.03.005
terv III.01.04.006
tervet készít V.01.02.001
tervez V.01.02.001
tervezett város II.05.02.002
tervezés X.01.03.004
tervezési fogalmak XI.06.
tervezést megelőző kutatótevékenység III.02.01.
tervező X.01.01.024
tervezőiroda X.01.04.008
tervfelelős X.01.01.024
tervkoncepció XI.04.03.022
tervrajz X.01.03.005
tervrajz III.01.04.006
test IV.01.02.001
testalak V.02.02.004
testhang IX.01.01.019
testhangszigetelés IX.01.01.020
testhangszigetelés IX.01.01.021
tető hajlat VIII.05.03.004
tetőablak VIII.03.02.028
tetőablak VIII.05.04.002
tetőcserép VI.02.03.
tetőcserép VIII.05.01.041
tetőeresz VIII.05.03.005
tetőfedés VIII.05.01.033
tetőfedő X.01.04.047
tetőformák VIII.05.02.
tetőpont III.01.02.004
tetős padlás-ablak VIII.03.02.028
tetőszerelvények VIII.05.04.
tetőszerkezetek VIII.05.01.
tetraéder IV.01.02.002
tett I.02.02.003
tettet V.01.02.013
tetők VIII.05.
tevékenységek V.01.02.
tevékenységek XII.01.01.
tégla II.02.01.006
téglalap IV.01.01.026
téglalap VI.02.03.009
téglalap keresztmetszet VII.01.024
téli hőszigetelés IX.02.01.012
téli hővédelem IX.02.01.012
téli sportok városa XI.04.01.017
télikert XII.08.05.022
télisportok XII.13.02.
tér XI.04.02.017
tér XI.05.01.006
tér I.01.121
tér V.03.
tér a térben V.03.03.004
térbeli egységek elrendezése V.03.02.
térbeli elrendezés XII.08.01.006
térbeli feszültségi állapot VII.04.061
térbeli hatás IX.01.02.011
térbeli keretszerkezet VII.02.06.008
térbeli sorrend XI.04.02.016
térblokkos házépítés VIII.02.07.015
tércentrum XI.04.02.003
tércsoportok V.03.03.
térdfal II.02.04.047
térdfal VIII.05.01.006
térelemes építési mód X.04.005
térelemes házépítés VIII.02.07.015
térelrendezés V.01.01.001
térfogat V.02.01.004
térfogat IX.01.02.013
térfogat és ütemterv X.01.03.013
térfogati zsugorodás IX.02.01.006
térfogatsúly VI.03.01.002
térfogatsúly VI.09.020
térfolytonosság XI.04.02.014
térhangzás IX.01.02.001
térhatár XI.04.02.002
térhatás IX.01.02.011
térhatás IX.01.02.020
térkép III.01.04.007
térképezés III.01.04.004
térképezés III.02.01.008
térképrajzolás III.02.01.008
térköz V.03.02.010
térköz XI.04.02.007
térövezet XI.04.02.004
térség I.01.121
térség V.03.
térszükséglet XI.05.01.044
T-szelvény VIII.02.02.002
tilalom I.04.02.011
tiltott terület XI.03.01.006
tipológia I.01.132
tisztaság IX.01.01.026
tisztán lakóövezet XI.06.021
tiszteletdíj I.04.04.001
tisztességtelen félrevezetés I.04.01.024
titkárság XII.04.024
tixotróp VIII.01.02.040
típus I.01.130
típus I.01.131
típus V.01.03.007
tokos szintező III.01.03.026
toldaléképület építése XI.04.04.006
toldás XI.04.04.006
toldásfa VIII.05.01.030
toll IV.04.02.014
tolmácsolás I.01.074
tolmácsolás II.01.02.021
tolóablak VIII.03.02.036
tolóablak XII.04.010
tolóajtó VIII.03.01.013
tológép X.02.03.027
tolómérce X.02.01.087
tolómérő X.02.01.087
tolós ablakszárny VIII.03.02.036
tompaszög IV.01.01.015
topográfia XI.01.
torkolat XI.05.01.082
torkrétbeton VI.05.01.026
torlasztott víz IX.03.038
tornacsarnok XII.13.01.009
tornaszertár XII.13.01.017
tornaterem XII.09.02.021
tornaterem XII.13.01.018
tornác II.02.05.025
torokgerenda VIII.05.01.013
torokgerendás fedélszerkezet VIII.05.01.003
torokgerendás fedélszék VIII.05.01.003
torony II.04.01.032
torony II.04.04.007
torony lépcső II.04.04.009
torziós rugó VII.01.036
torzulás IV.02.01.005
torzulási nyomaték VII.03.064
tó XI.01.01.037
tólókapu VIII.03.01.019
tólószék XI.05.01.017
tóratartó II.04.01.005
tóvidék XI.01.01.031
többcélú terem XII.11.04.007
többemeletes építés II.02.04.043
többemeletes építés II.02.04.044
többemeletes lakóépület XII.08.03.012
többértelmű I.01.059
többjelentésű I.01.059
többkomponensű bevonóanyag VI.08.02.014

többréteges lemezből
készült tartó VIII.02.01.017
többrétegű VIII.02.04.011
többrétegű
szigetelőüveg VIII.02.05.005
többség I.03.019
többsíkú vetítés IV.02.01.003
többszemélyes
irodahelyiség XII.04.021
többszintes garázs XII.06.01.024
többszínű V.04.02.008
többtámaszú tartó VII.02.02.005
többtámaszú tartó VIII.02.02.033
többtömegű
rezgőrendszer VII.07.024
többtraktus XII.07.02.012
többtraktusos XII.07.02.012
tökéletesség I.01.099
tökély I.01.099
töltelékes falazat II.02.03.007
töltés XII.06.03.008
töltőállomás XII.06.01.010
tömbbeton VI.05.01.030
tömbház XII.08.03.014
tömeg VI.09.019
tömeg VII.07.022
tömeg I.03.020
tömeges lakásépítés XII.08.02.004
tömegközlekedési
eszközök útvonalterve XI.05.01.043
tömítés VIII.01.04.016
tömítő anyag VI.05.03.009
tömítőbetét VIII.01.04.016
tömítőkés X.02.01.050
tömlős szintező III.01.03.034
tömör VIII.01.02.034
tömör agyag VI.02.01.001
tömör alap VIII.01.06.013
tömör égetett tégla VI.02.02.002
tömör gerincű tartó.
tömör tartó VIII.02.02.035
tömör szelvényű rúd VIII.02.02.016
tömörség VI.09.023
tömörség VIII.01.02.031
töredék I.01.054
töredék X.05.006
törés XI.04.02.061
törés VI.03.01.014
törés VII.04.044
törés elleni biztonság VIII.02.03.003
törési elleni biztonság VIII.02.03.003
törési viselkedés VI.03.01.016
törésmutató VI.03.01.015
törlés I.05.04.008
törmelék III.03.01.004
törmelék X.05.005
törmelék X.05.006
törő kalapács X.05.009
törőfeszültség VII.04.043
törő(gép) X.02.02.018
törőszilárdság VI.03.01.017
történelem I.01.060
történelmi épületrészek II.04.
történelmi
épülettípusok II.04.
történelmi
mennyezetek II.03.
történelmi valóság II.01.01.001
történelmi várostípusok II.05.02.
történeti okok II.06.01.018
történeti valóság II.01.01.001
törttengelyű tartó VII.02.02.009
törtvonal IV.03.01.004
törvény I.04.01.001
törvény I.04.01.004
törvényes védelem II.06.02.009
törvényszék I.04.01.010
törvényszék XII.05.007
törzs (oszlopnál) II.02.05.008
tőkeköltségek X.01.02.012
tőzsde XII.03.01.004
tradíció I.03.040
transzformátor X.02.02.002
transzlációs felület VII.02.08.008
transzlációs
tehetetlenség VII.07.021
transzportbeton VI.05.01.037
transzporthabarcs VI.06.03.
transzportőr X.02.03.005
transzverzális rezgés VII.07.033
tranzakció I.02.03.009
trapéz alakú rácsostartó VII.02.05.021
trapéz alakú terhelés VII.03.058
trassz VI.04.04.011
traszcement VI.04.03.010
travertin(ó) VI.01.02.028
tribün XII.13.01.013
trifórium II.02.06.007
trigonometrikus pont III.01.02.005
trolibusz XI.05.01.039
tröszt X.01.04.019
tudakozódás III.02.02.021
tudatos I.02.03.036
tudattalan I.02.03.037
tudás II.01.02.022
tudomány XII.10.
tufa VI.04.04.012
tulajdonjogi kérdések I.05.02.
tulajdonos I.05.02.002
tulajdonos I.05.02.004
turbolégcsavaros
repülőgép XI.05.04.004
turistaút XII.06.01.003
tusrajz IV.03.03. 007
túlnépesedés XI.04.05.009
tükörboltozat II.03.02.012
tükörüveg VI.03.02.004
tümpanon II.02.05.036
tünemény I.01.100
tűzálló VI.09.040
tűzálló VI.09.041
tűzálló üveg VI.03.02.013
tűzoltók XII.05.020
tűzőkulcs X.02.01.020
TV-adóállomás XII.11.05.004

Ty

tyúkketrec XII.02.02.024

U

udvar XII.02.02.016
udvar II.04.04.006
udvari szoborkiállítás XII.11.03.009
U-acél VIII.02.02.004
ugar III.03.02.003
ugrósánc XII.13.02.006
ultrahangos
tárolságmérő III.01.03.007
ultrakönnyű repülőgép XI.05.04.006
uralkodás I.03.015
uralom I.03.015
urbanizáció XI.04.05.008
urbanizált táj XI.01.02.003
utalás V.01.03.002
utasítás I.04.02.001
utánoz V.01.02.012
utánzat I.01.065
utca XI.05.01.057
utcai forgalom XII.06.01.
utcai homlokzat IV.02.01.009
utcai lámpa XII.06.01.030
utcai terület XI.04.02.026
utcai tér XI.04.02.026
utcai világítás XII.06.01.029
utcai vízlevezető
csatorna XI.05.01.097
utcanévtábla XII.06.01.028
utcák XI.06.039
utókép V.04.02.019
utólagos (össze)kötés VIII.02.04.023
utózengés IX.01.02.001
utózengési idő IX.01.02.002
utózengési rádiusz IX.01.02.009
utózengési sugár IX.01.02.009

Ú

újítás XI.04.05.006
újjáalakítás XI.04.03.018
újjáélesztés XI.04.04.005
újjáépítés XI.04.03.018
újjáépítés XI.04.04.004
újjáépítés II.06.03.013
újraépítés XI.04.04.004
újrafeldolgozás XII.02.03.010
újrafelhasználás XII.02.03.010
újrahasznosítás III.03.05.
újságárusítás XII.03.02.018
újváros XI.03.02.012
úszómedence XII.13.03.005
úsztatott ("float" eljárásal
gyártott) síküveg VIII.02.05.002
út V.02.07.001
út XI.05.01.002
út XI.05.01.057
útburkolat XI.05.01.094
útburkolati jelek XI.05.01.090
útcai berendezés XII.06.01.026
útcai felszerelés XII.06.01.026
útépítés XI.05.01.087
útfeltöltés III.03.04.005
útirány XI.04.02.027
útjelzés XII.06.01.027
útkereszteződés XI.05.01.083
útlevélvizsgálat XII.06.04.018
útmenti település II.05.01.007
útpálya XI.05.01.088
útpálya szélső határa XI.05.01.091
úttest XI.05.01.088
útvonal XI.04.02.027
útvonal V.02.07.002

Ü

üdülő XII.12.01.006
üdülőhely XI.02.03.006
üdülőtelep XII.12.01.007
ügyész I.04.01.007
ügyintézés XII.02.01.019
ügylet I.02.03.009
ügyvezetés I.05.03.008
ügyvéd I.04.01.007
ügyvédi tervezés XI.04.03.004
ügyvitel I.05.03.008
üledékes (szediment)
kőzet VIII.01.02.025
ülésterem XII.04.012
ülésterem XII.04.013
ülésterem XII.09.02.014
ülésterem XII.10.01.015
ülőhely XII.06.01.039
ülőhely XII.13.01.015
ünnep I.01.013
ünnepély I.01.013
üreges falazóelem VI.02.04001
üreges tégla VI.02.02.006
üres telek XI.02.01.009
ütem V.02.06.005
ütemezés X.01.05.
ütközőléc VIII.03.02.012
ütközőrész
ablakszárnyon VIII.03.02.010
ütközőtag
ablakszárnyon VIII.03.02.010
ütőléc VIII.03.02.012
ütőszilárdság VI.03.01.011
ütvefúró X.02.02.016
üveg VI.03
üveg az építésben VIII.02.05.
üvegbeton fal VIII.02.05.007
üvegfonal VI.03.02.008
üveggyapot VI.08.03.007

üvegház II.04.04.010
üvegház XII.02.02.017
üvegmetsző X.02.01.051
üvegosztóléc II.02.04.040
üvegszál VI.03.02.007
üvegszál paplan VI.03.02.009
üvegszálasbeton VI.05.01.025
üvegszorító léc VIII.03.02.015
üvegszövet VI.03.02.008
üvegtartó VIII.02.05.006
üvegtábla VI.03.02.001
üvegtábla VIII.02.05.001
üvegtégla VI.03.02.015
üvegvatta VI.08.03.007
üvegvágó X.02.01.051
üzem X.01.04.022
üzem XII.02.03.002
üzemeltetési költségek X.01.02.017
üzemi bizottság X.01.04.026
üzemszervezés X.01.04.
üzemterv X.01.
üzemvezetés X.01.04.024
üzemvezető X.01.04.025
üzemvezetőség X.01.04.024
üzlet XII.03.
üzlet XII.03.01.007

Ű

űrlap III.01.04.005

V

vadvíz pálya XII.13.03.021
vagon X.02.03.013
vagon XI.05.02.019
vakablak II.02.06.032
vakolat II.02.03.003
vakolatháló VI.06.02.002
vakolattartók VI.06.02.
vakoló berendezés X.02.02.030
vakoló- és falkötő anyag VI.04.03.005
vakológipsz VI.04.01.001
vakolóhabarcs VI.06.05.
vakolókanál X.02.01.044
valóság I.01.129
varázs I.01.034
variábilis alapajz XII.08.05.004
varrat VII.02.10.009
varrat VIII.02.02.056
varrat hossza VIII.02.02.057
varratszilárdság VII.02.10.010
vas és acél VI.07.01.
vasalás VIII.02.04.001
vasalási terv VIII.02.04.007
vasalt (falkötővasakkal ellátott) falazat VIII.02.03.026
vasbetét VIII.02.04.001
vasbetét vezetése VIII.02.04.006
vasbetétháló VIII.02.04.002
vasbetétháló VIII.02.04.018
vasbetéttoldás VIII.02.04.012
vasbeton VI.05.01.042
vasbeton VIII.02.04.
vasbeton pillér VIII.02.06.013
vasbeton szerkezet VIII.02.06.011
vasbeton vázszerkezet VIII.02.07.013
vasportlandcement VI.04.03.007
vasrúdköteg VIII.02.04.015
vasút XI.05.02.001
vasútállomás XII.06.02.002
vasúti átjáró XII.06.02.008
vasúti (pályaszinti) átjáró XI.05.02.028
vasúti kocsi XI.05.02.019
vasúti létesítmények XI.05.02.023
vasúti motorkocsi XI.05.02.017
vasúti őrház XII.06.02.013
vasúti szállítás XII.06.02.
vasúti töltés XI.05.02.024
vasúti vendéglő XII.06.02.017
vád I.04.01.012
vágány X.02.03.010
vágány XI.05.02.026
vágány XII.06.02.010
vágánycsatlakozás X.03.01.002
vágányzat X.03.01.003
vágottszálú üvegszövet VI.03.02.008
vágógép X.02.02.031
vágókorong X.02.01.064
vágy (esztétikai) I.01.038
vájat II.02.04.009
vájókocsi X.02.03.031
vákuumbeton VI.05.01.044
válaszfalas szerkezet VIII.02.07.014
válaszjel spektrum VII.07.030
választó(fal) II.02.04.041
választó(lap) II.02.04.041
váll VII.02.03.001
vállalat X.01.04.001
vállalat X.01.04.022
vállalati igazgató X.01.04.025
vállalaton belüli szervezet X.01.04.021
vállalatvezetés X.01.04.024
vállalatvezető X.01.04.025
vállalkozási formák I.05.03.
vállalkozó I.05.03.011
vállalkozó X.01.01.025
váll(kő) II.02.05.012
vállpárkány II.02.05.012
vállpárkány VIII.03.02.014
válogatás I.03.034
váltás VIII.05.01.024
változatos XI.01.01.052
változatosság XI.04.02.070
változás I.03.041
változás V.02.06.007
változ(tat)ás II.06.04.005
változó előjelű terhelés VII.03.002
változó magasságú keresztmetszet VII.02.02.020
változtat V.01.02.008
változtatás I.01.086
változtatás XI.04.02.064
változtatás XI.04.02.065
változtatási tilalom II.06.02.012
változtatható XII.08.05.004
váltó XI.05.02.027
váltó XII.06.02.011
váltóállítótorony XII.06.02.012
váltó(gerenda) VIII.05.01.024
váltóirányítóház XII.06.02.012
vályog VI.01.02.016
vályog VI.02.01.002
vályogépítkezések VI.02.01.
vám XII.05.009
vámellenőrzés XII.06.04.019
vámház XII.06.01.012
vámhivatal XII.05.009
vámvizsgálat XII.06.04.019
vándorkő VI.01.02.022
vápa VIII.05.03.004
várakozási idő I.05.05.017
várakozási zóna XII.04.009
várbástya II.04.03.018
várfolyosó II.04.03.011
várkapu II.04.03.015
várkastély II.04.03.002
várkörjáratok II.04.03.003
várorom II.04.03.014
város XI.04.
város egy közlekedési tengellyel II.05.02.018
város két parallel utcával II.05.02.019
városcentrum XII.11.04.008
városfejlesztés XI.04.05.
városfelújítás XI.04.04.
városháza XII.05.017
városháza II.04.06.001
városi gyorsforgalmi út XI.05.01.068
városi gyorsvasút XI.05.02.003
városi ház XII.08.03.009
városi könyvtár XII.11.02.002
városi település XI.03.02.001
városi térség XI.04.02.001
városi tömegközlekedés XI.05.01.048
városi tömegközlekedési autóbusz XI.05.01.041
városiasodott táj XI.01.02.003
városkép XI.04.02.046
városkép XI.04.02.079
városközpont XI.03.03.009
városrendezés XI.04.02.
városrendezés XI.04.03.
városrendezési érdekek II.06.02.008
városrész XI.03.03.004
városrészek XI.03.03.
várostervezés XI.04.03.
várostervezés XI.06.006
várostervezési okok II.06.01.020
várostípusok XI.04.01.
váróhelyiség XII.06.01.036
váróhelyiség XII.06.04.025
várószoba XII.12.02.025
váróterem XII.06.01.036
váróütem X.01.05.012
vártér II.04.03.022
vártorony II.04.03.001
vártorony II.04.03.018
vásár I.05.01.001
vásár I.05.02.005
vásár XII.03.01.001
vásárcsarnok XII.03.01.002
vásárlás X.01.01.018
vásárváros II.05.02.005
vásárváros XI.04.01.007
váz II.02.04.019
váz V.02.04.008
váz VIII.02.07.007
vázlat IV.02.01.007
vázlat IV.03.03. 001
vázszerkezet VIII.02.07.001
vegyes falazat VIII.02.03.024
vegyes rendeltetésű terem XII.11.04.007
vegyes talaj VIII.01.02.026
vegyes tartó VIII.02.06.012
vegyi üzem XII.02.03.007
vektor VII.06.037
vendégház II.04.02.006
vendéglátóüzemek XII.14.01.
vendéglő XII.06.01.008
vendéglő XII.14.01.007
vendéglő XII.14.02.004
vendégszoba XII.08.05.026
ventilláció VIII.05.01.039
veranda II.02.05.025
veranda XII.08.05.020
verőkészülék III.01.03.019
versenpálya XII.13.04.001
verseny I.05.01.016
verseny X.01.01.008
versenypálya XII.13.01.002
versenypálya XII.13.05.005
vert cölöp VIII.01.07.004
veszélyzóna XI.03.01.007
veszteség X.01.06.010
veszteség I.05.01.018
veszteség III.03.01.012
vetettárnyék IV.02.04.013
vetítősík III.01.06.009
(vetületi sík) IV.02.03.004
vetületsík III.01.06.009
vevő X.01.01.013
vezeték (vonal) X.02.02.004
vezetési mód X.01.04.028
vezetőség XII.02.01.019
védett terület XI.03.01.012
védett zóna XI.03.01.012
védőbástya II.04.03.027
védőernyő X.02.01.075
védőfal VIII.01.09.002
védőkesztyű hegesztőmunkás

részére X.02.01.074
védőkorlát X.03.01.001
(védő)korlát X.03.02.004
védőkorlát XI.05.01.096
védőpajzs X.02.01.075
védőszemüveg X.02.01.070
véges elemek módszere VII.06.012
végső határidő X.01.05.014
vékony acéllemez VI.07.01.017
vékonyrétegű habarcs VI.06.04.003
vélemény I.01.077
véső X.02.01.027
vészlépcső XII.07.01.017
vétel I.05.02.005
vétel X.01.01.018
véyleges tárolási hely III.03.03.010
vibrációs döngölő X.02.02.039
vibrációs tömörítő X.02.02.039
vibrációs tömörítőgép X.02.02.042
vidék XI.02.
vidék XI.03.01.002
vidéki ház XII.08.03.010
Vierendeel-tartó VII.02.02.021
világ XI.01.01.002
világítóakna XII.11.03.016
világítóhíd XII.11.04.016
világítóudvar XII.11.03.016
világosság IV.02.04.006
világváros XI.04.01.002
villa XII.08.03.011
villamos XI.05.02.002
villanegyed XI.03.02.005
villanymotor X.02.02.003
villanyszerelő X.01.04.049
villanyszerelő XII.02.01.010
villanyszerelő műhely XII.02.01.010
villámhárító VIII.05.04.007
villás csavarkulcs X.02.01.018
villáskulcs X.02.01.018
virtuális elmozdulás tétele VII.06.026
virtuális erők elve VII.06.027
viselkedés I.02.02.001
viselkedés a lakásban XII.08.01.007
viselkedési terület V.03.01.009
viselkedik XII.01.01.002
viskó II.02.02.002
viskó II.04.05.011
visszaadás XI.04.03.027
visszaélés II.06.02.016
visszafizetés I.05.01.009
visszafizetés I.05.05.022
visszatükrözés IV.02.04.009
visszatükröződés I.01.110
visszaugrás XI.04.02.033
visszaver(őd)és szintje IX.01.02.007
visszaver(őd)ési felület V.04.01.008
visszaverődés IX.01.01.014
visszaverődés IV.02.04.009
visszhang IX.01.02.008
vitrin XII.06.01.042
vizek XI.01.01.026
vizes emulzió VI.08.02.034
vizsga X.01.01.015
vizsgálat X.01.01.015
vizsgálat II.01.02.013
vizsgálati terület III.02.02.028
vizsgálás I.02.04.001
vizuális kapcsolatok V.01.01.004
vizuális vonatkozások V.01.01.004
víz XI.01.01.026
vízalatti beton VI.05.01.043
vízáteresztő réteg IX.03.048
vízcement-tényező VI.05.01.017
vízelvezetés VIII.01.04.018
vízelvezető VIII.01.04.022
vízemelés VIII.01.04.013
vízgőz IX.03.020
vízgőznyomás IX.03.013
vízhordó réteg IX.03.049
vízi forgalom XII.06.03.
vízi közlekedés XII.06.03.
vízimalom II.04.06.006
vízisízés XII.13.03.022
vízisportok XII.13.03.
vízisporttelep XII.13.03.001
vízivár II.04.03.006
vízlevezető csatorna XI.05.01.099
vízmentesítés VIII.01.04.015
vízmerítés VIII.01.04.013
vízmérték III.01.03.033
vízmérték X.02.01.086
vízmű XII.02.03.004
víznyerés VIII.01.04.013
vízpára IX.03.021
vízpára diffúzió IX.03.030
vízszintes erő VII.03.017
vízszintes kör III.01.03.039
vízszintes megközelíthetőség XII.07.02.002
vízszintes metszet IV.02.01.006
vízszintes metszés IV.02.01.006
vízszintes szigetelés VIII.01.04.024
vízszintes támaszreakció VII.03.016
vízszintes teher VII.03.017
vízszintes teherlés VII.03.017
vízszintes tengely VII.01.015
vízszintes tengely III.01.03.043
vízszintes tokosztó VIII.03.02.014
vízszintes tömítőréteg IX.03.058
vízszintes záróréteg IX.03.058
vízszintmérő III.01.03.033
víztelenítés VIII.01.04.015
víztelenítés VIII.01.04.018
víztorony XII.02.03.017
vízüveg VI.08.02.035
vízvezető réteg IX.03.049
voluta II.02.05.011
vonal IV.03.01.001
vonal V.02.01.002
vonalak III.01.02.006
vonalmenti terhelés VII.03.023
vonalvezetési elemek V.02.07.
vonalzó III.01.03.003
vonalzó IV.04.02.001
vonat X.02.03.011
vonat XI.05.02.012
vonatkoz(tat)ás II.01.01.014
vonatkoztatási vonal III.01.02.007
vonatkoztató rendszer III.01.02.017
vonatkoztató vonal IV.03.01.009
vonatkoztó raszter III.01.02.018
vonás IV.03.01.001
vonóerő VII.03.055
vonórudas boltozat VII.02.03.002
vonóvasas ív VII.02.03.002
vontató X.02.03.019
vontatóhajó XI.05.03.003
vonzáskörzet III.02.02.029
völgy XI.01.01.022
völgyteknő XI.01.01.024
völgyteknő XI.01.01.025
vörösréz VI.07.02.002

Z

zaj IX.01.01.001
zaj IX.01.01.028
zaj elleni védelem IX.01.01.
zaj elleni védőfal XII.06.01.017
zajszint IX.01.01.029
zajvédelem IX.01.01.
zajvédelem IX.01.01.027
zajvédelem XI.05.01.056
zajvédelmi fal III.03.04.003
zajvédelmi töltés III.03.04.003
zarándokház II.04.02.004
zarándokváros XI.04.01.014
zápor eső IX.03.046
zárkő (boltívben) II.02.06.013
zárókő II.02.06.013
zárt XI.04.02.018
zárt erkély II.02.05.022
zárt építési formák XI.06.024
zárt falubeépítés II.05.01.002
zárt rendszer III.03.05.009
zárt szelvény VIII.02.02.007
zárt terület XI.04.02.009
zárt tér XI.04.02.009
zenei könyvtár XII.11.02.004
zenekari árok XII.11.04.019
zeneszoba XII.08.05.016
zeneterem XII.09.02.009
zóna XI.03.01.009
zónálás V.01.01.002
zöldövezet XI.03.01.011
zöldségtermesztési övezet XI.02.01.002
zöldségtermesztési terület XI.02.01.002
zöldterület XI.03.01.011
zörej IX.01.01.028

Zs

zsalufelület X.03.02.007
zsaluvibrátor X.02.02.037
zsaluzattartó X.03.02.011
zsákutca XI.05.01.077
zseb VII.02.10.008
zsebfűrész X.02.01.038
zsellérház II.04.05.012
zseni I.01.056
zsilip XII.06.03.014
zsinagóga XII.11.01.003
zsinagóga II.04.01.002
zsinór III.01.02.015
zsinórállvány III.01.02.016
zsinórpadlás XII.11.04.017
zsugormérték VI.05.01.012
zsugorodás VI.05.01.011
zsugorodás VI.09.011
zsugorodás IX.02.01.004
zsugorodási mérték VI.05.01.012
zsűritag X.01.01.020
zugmunka I.04.04.007
zuhany(zó) XII.08.05.030
zúzalék VI.04.04.003
zúzottkő VI.04.04.003
zúzó kalapács X.05.009
zúzó(gép) X.02.02.018
zűrzavar V.02.04.009

Polish
Polnisch
lengyel
Polski
польский язык
polšky

ω	VII.05.001

A

absolutna wilgotność powietrza	IX.03.011
absorbcja	IX.01.02.004
absorpcja	V.04.01.009
adaptacja	II.06.04.004
administracja	X.01.04.011
administracja	XII.02.01.019
administracja	XII.04.
administracja	XII.10.01.013
administracja wojskowa	XII.05.010
adwokat	I.04.01.007
aerograf	IV.04.02.018
agencja	X.01.04.010
aglomeracja	I.03.031
agresja	I.02.03.031
akademia	XII.10.01.004
akademik	XII.08.03.027
akceptacja	I.04.03.003
aksonometria	IV.02.02.
aksonometria wojskowa	IV.02.02.004
aktualna wartość sprzedażna	X.01.02.009
aktywności	V.03.01.008
aktywności mieszkaniowe	XII.08.01.010
akustyka	IX.01.
akustyka materiału	IX.01.01.019
akustyka pomieszczeń	IX.01.02.
akwizycja	XII.11.02.017
alienacja	I.03.046
alkowy	II.04.05.007
aluminium	VI.07.02.001
aluzja	V.01.03.002
ambasada	XII.05.004
ambulatorium	XII.12.02.019
amfibolit	VI.01.02.001
amplituda	VII.07.003
analiza	II.01.02.013
analiza	III.02.
analiza elementarna	VII.06.009
analiza form	II.01.02.014
analiza modalna	VII.07.023
analiza opłacalności	X.01.02.005
analiza przebiegu drgań własnych	VII.07.015
analiza strukturalna	II.01.02.015
anastyloza	II.06.03.017
andezyt	VI.01.02.002
anesteziologia	XII.12.02.016
ankieta	I.02.04.005
ankieta	III.02.02.011
antena	VIII.05.04.005
antresola	XII.08.04.003
apsyda	II.04.01.023
apteka	XII.12.02.026
archeologia	II.01.02.012
archetyp	V.01.03.008
architraw	II.02.05.014
archiwolta	II.02.05.037
archiwum	XII.04.030
arkada	II.02.05.021
arsenał	XII.05.014
artefakt	I.01.005
artysta	I.01.006
asfalt	VI.08.01.002
asymetria	XI.04.02.077
atelier	XII.10.01.019
atelier	XII.11.03.014
atrium	II.04.01.028
atrybuowanie	I.02.03.010
audytorium maximum	XII.10.01.017
augit-rogowiec	VI.01.01.001
aula	XII.09.02.020
aula	XII.10.01.021
auta	XI.05.01.033
autobus	XI.05.01.038
autobus liniowy	XI.05.01.041
automat biletowy	XII.06.01.034
autorytarny styl kierowania	X.01.04.029
autostrada	XI.05.01.067
awaria	III.03.01.005
azbest	VI.01.02.003

B

baba	X.02.02.041
badania gruntu	VIII.01.03.
badania laboratoryjne	I.02.04.004
badania podłoża	VIII.01.03.
badania terenowe	I.02.04.003
badanie	I.02.04.001
badanie	II.01.02.010
badanie budowlane	II.01.02.011
badanie budowli	III.02.01.
badanie główne	X.01.01.015
badanie nauka	XII.10.
badanie opini	III.02.02.010
badanie opini ekspertów	III.02.02.015
badanie opini podnajemców	III.02.02.014
badanie opinii ludności	III.02.02.013
badanie wstępne	X.01.01.014
badanie źródłowe	III.02.01.005
bagażownia	XII.06.02.019
bagno	XI.01.01.010
bagrownica	X.02.03.021
bal	X.03.02.003
bal	VIII.02.01.004
balkon	II.02.05.024
balkon	XII.08.05.019
balkon	XII.11.04.026
balustrada	II.02.05.028
balustrada	VIII.06.01.008
bank	I.05.05.001
bank	XII.04.005
bank hipoteczny	I.05.05.003
bankructwo	I.05.03.012
baptysterium	II.04.01.034
bar	XII.14.01.004
bar przekąskowy	XII.14.01.009
barak	X.03.01.009
bariera drogowa	XI.05.01.096
bariera ochronna	X.03.02.004
barwa	V.04.02.
barwa ciepła	V.04.02.021
barwa własna	V.04.02.015
barwa wrażeniowa	V.04.02.017
barwa zimna	V.04.02.022
barwienie	IV.03.01.013
barwnie	IV.03.03. 012
basen do skoków	XII.13.03.011
basen pływacki	XII.13.03.005
basen ze sztucznymi falami	XII.13.03.009
bastion	II.04.03.027
bateria	X.02.02.005
bateryjna	X.04.016
baza	II.02.05.006
bazalt	VI.01.02.004
bazylika	II.04.01.012
bejca	VI.08.02.026
belka	VIII.02.01.007
belka	II.02.04.003
belka ciągła przegubowa	VII.02.02.011
belka kotwiąca	II.02.04.034
belka nadścienna	VIII.05.01.023
belka nośna	VIII.06.01.003
belka nośna podwieszenia	VIII.04.009
belka policzkowa	VIII.06.01.006
belka stropowa	VIII.05.01.014
belka stropowa przy ścianie szczytowej	VIII.05.01.028
belka stropowa przyścienna	VIII.05.01.021
belka wspornikowa	VII.02.02.013
belka z desek	VIII.02.01.013
belki	VII.02.02.
belkowanie	II.02.05.013
belkowanie	II.02.05.014
beton	VI.05.
beton ciężki	VI.05.01.020
beton lekki	VI.05.01.029
beton miejscowy	VI.05.01.028
beton natryskiwany	VI.05.01.026
beton płynny)	VI.05.01.023
beton podwodny	VI.05.01.043
beton pompowany	VI.05.01.036
beton próżniowy	VI.05.01.044
beton przeciwpromiennej	VI.05.01.039
beton sprężony	VI.05.01.035
beton sprężony	VIII.02.04.
beton suchy	VI.05.01.038
beton transportowany	VI.05.01.037
beton w dużej masie	VI.05.01.030

beton widoczny VI.05.01.021
beton włóknisty VI.05.01.022
beton wykonany na miejscu VI.05.01.040
beton wylewany VI.05.01.018
beton z włóknami szklanymi VI.05.01.025
beton zakrzepły VI.05.01.027
beton zbrojony wkładkami stalowymi VI.05.01.041
beton zwykły VI.05.01.031
betoniarka X.03.01.024
betoniarka samochodowa X.02.03.018
betonowanie VI.05.01.014
bez przetargu X.01.01.004
bezkształtność XI.04.02.074
bezpieczeństwo I.05.05.025
bezpieczeństwo od poślizgu VIII.01.01.007
bezpośrednia integracja VII.07.008
bezwładność obrotowa VII.07.031
bezwładność przesunięcia VII.07.021
bęben II.03.03.007
biała wanna VIII.01.06.011
biblioteka XII.08.05.017
biblioteka bez możliwości wypożyczania XII.11.02.003
biblioteka dia-obrazów XII.11.02.005
biblioteka miejska XII.11.02.002
biblioteka muzyczna XII.11.02.004
biblioteka uniwersytecka XII.10.01.022
biblioteki XII.11.02.
bieda I.03.073
bierna IX.01.01.025
bieżnia XII.13.01.014
bilans cieplny IX.02.01.028
bilans ekologiczny III.03.05.006
bilans wilgotnościowy IX.03.029
biografia II.01.02.006
bistro XII.14.01.010
bitumy VI.08.01.001
biuro X.01.04.007
biuro XII.02.03.020
biuro XII.04.018
biuro architektoniczne X.01.04.008
biuro jednoosobowe XII.04.020
biuro placu budowy X.03.01.011
biuro wieloosobowe grupowe XII.04.021
biżuteria I.01.033
blacha VI.07.01.014
blacha cieńka VI.07.01.017
blacha gruba VI.07.01.016
blacha łącząca VIII.02.02.013
blacha rozprężająca VI.06.02.001
blacha uniwersalna stalowa VI.07.01.006
blacha węzłowa VIII.02.02.012
blacha żebrowo-otworowa VI.06.02.004
blenda II.02.06.032
bliskość V.03.01.012
bliskość zabytków architektonicznych II.06.02.015
bloczek betonowy VI.02.04002
bloczki gazobetonowe VI.02.04003
bloczki gipsowe VI.08.05..005
błąd X.01.06.006
boczna wilgoć gruntowa IX.03.042
bocznica kolejowa X.03.01.002
bogactwo I.03.072
boisko sportowe XII.13.01.001
boks XII.02.02.020
bowling XII.13.05.003
brak X.01.06.007
brak ograniczeń budowlanych I.04.05.001
brama XII.07.01.003
brama garażu VIII.03.01.017
brama uchylna poziomo VIII.03.01.018
brama zamku II.04.03.015
brama żaluzjowa VIII.03.01.019
brodziki XII.13.03.007
brodziki dla dzieci XII.13.03.008
browar XII.02.03.008
brygadzista X.01.04.041
bryła IV.01.02.001
brzeg XI.01.01.035
brzydkie I.01.133
buchalteria I.05.01.005
budka dróżnika XII.06.02.013
budowa ściany II.02.
budowla centralna II.04.01.015
budowla główna II.04.04.001
budowla kontrastująca II.06.04.008
budowla o odrębnej konstrukcji każdego piętra II.02.04.044
budowla słupowa II.02.04.017
budowla wielopiętrowa II.02.04.043
budowlana kasa oszczędności I.05.05.004
budowle mediów audiowizualnych XII.11.05.
budowle sakralne XII.11.01.
budowle Sakralne II.04.01.
budowle służby zdrowia XII.12.
budowle widowiskowe XII.11.04.
budowlę sportowe rekreacyjne XII.13.
budownictwo blokowe X.04.002
budownictwo blokowe VIII.02.07.018
budownictwo gliniane VI.02.01.
budownictwo mieszkalne XII.08.
budownictwo monolityczne VIII.02.07.016
budownictwo płytowe VIII.02.07.019
budownictwo płytowe X.04.003
budownictwo stalowe VIII.02.02.
budownictwo uprzemysłowione VIII.02.07.
budownictwo użyteczności publicznej XII.11.
budownictwo wielkopłytowe X.04.004
budownictwo wielkopłytowe VIII.02.07.021
budownictwo z elementów przestrzennych VIII.02.07.015
budownictwo z płyt małomiarowych VIII.02.07.020
budownictwo z prefabrykatów VIII.02.07.017
budynek administracyjny XII.04.002
budynek lotniska XII.06.04.022
budynek wystawienniczy XII.11.03.004
budynki XII.06.01.007
budynki rządowe XII.05.002
budynki szeregowe o froncie dłuższym od 50 m XI.06.024
budżet domowy I.05.01.004
buiro wielkoprzestrzenne XII.04.022
buława wibratora X.02.02.038
bungalow XII.08.03.004
busola III.01.03.053
butik XII.03.01.008
butla z tlenem X.02.01.067
całościowa macierz sztywności VII.06.014

C

całość I.01.137
całość komunikacji XI.05.01.054
cechy charakterystyczne XI.01.01.048
cechy charakterystyczne II.06.01.022
cegly murowei VI.02.02.
cegła II.02.01.006
cegła akustyczna VI.02.02.004
cegła lekka VI.02.02.003
cegła okładzinowa VI.02.02.012
cegła pełna VI.02.02.002
cegła piaskowo wapienna VI.02.04006
cegła stropowa VI.02.02.005
cegły VIII.02.03.001
cegły szklane VI.03.02.015
cela II.04.02.012
cement VI.04.03.
cement portlandzki VI.04.03.009
cement portlandzki żelazowy VI.04.03.007
cement trasowy VI.04.03.010
cement wielkopiecowy VI.04.03.008
cena I.05.04.001
cena jednostkowa I.05.04.002
cena stała I.05.04.003
cena ujednolicona X.01.02.010
centra badawcze XII.10.02.
centrum XI.03.03.009
centrum badawcze XII.02.03.021
centrum dzielnicowe XII.11.04.008
centrum gminne XII.05.019
centrum handlowe XI.04.01.006
centrum konferencyjne XII.10.01.006
centrum kultury XII.11.04.006
centrum miasta XI.03.03.008
centrum młodzieżowe XII.14.03.006
centrum obliczeniowe XII.04.032
centrum parafialne XII.11.01.012
centrum przestrzeni XI.04.02.003
centrum rehabilicyjne XII.12.01.004
centrum tenisowe XII.13.01.010
cenzura I.01.014
chałupka II.04.05.012
chaos V.02.04.009
charakter I.01.015
charakter XI.04.02.048
charakteryzatornia XII.11.04.020
chata II.04.05.011
chlewnia XII.02.02.021
chłodnia XII.02.01.032
chłodnia XII.02.03.014
chłodnia wieżowa XII.02.03.018
chłopska zagroda hodowlana XII.02.02.003
chodnik XI.05.01.003
chodnik ruchomy XII.06.04.021
chór II.04.01.021
chronologia II.01.02.001
chronologia III.02.01.002
chuda zaprawa VI.06.01.001
chwiejność VII.02.11.001
chwytacz głębinowy X.02.02.045
ciało obce III.03.01.008
ciasność przestrzenna I.02.03.025
ciąg cykliczny V.02.03.003
ciąg metryczny V.02.03.001
ciąg modularny V.02.03.002
ciąg okresowy V.02.03.003
ciąg poligonowy III.01.02.011
ciąg pomiarowy IV.03.01.006
ciąg prosty V.02.03.006
ciąg przeciwny V.02.03.008
ciąg rytmiczny V.02.03.005
ciąg składany V.02.03.004
ciąg skomplikowany V.02.03.007
ciąg uliczny XI.04.02.027
ciąg wsteczny V.02.03.008
ciągi V.02.03.
ciągłość II.01.01.011
ciągnik X.02.03.019
ciągnik gąsienicowy X.02.03.030
ciemność IV.02.04.007
cień IV.02.04.011
cień IV.03.01.012
cień nałożony IV.02.04.015
cień rzucony IV.02.04.013
cień własny IV.02.04.012
cieńkie łoże z zaprawy VI.06.04.003
ciepło IX.02.01.
ciepło IX.02.01.029

cieśla X.01.04.044
cieśnina XI.01.01.034
cięcia IV.03.01.007
cięciwa IV.01.01.022
cięgno VIII.02.04.031
ciężar VI.09.019
ciężar objętościowy VI.09.020
ciężar specyficzny VI.09.021
ciężar użytkowy VII.03.024
ciężar własny VII.03.008
ciśnienie akustyczne IX.01.01.009
ciśnienie geostatyczne VIII.01.08.004
ciśnienie hydrostatyczne IX.03.027
ciśnienie maksymalne VIII.01.07.002
ciśnienie pary wodnej IX.03.013
cło XII.05.009
cmentarz XII.11.01.014
cmentarz wojskowy XII.05.016
codzienność I.01.046
cofnięcie zabudowy XI.04.02.033
cokół II.02.05.007
cykl X.01.05.003
cylinder IV.01.02.007
cyna VI.07.02.006
cynk VI.07.02.007
cyrkiel IV.04.02.016
cytadela II.04.03.029
cytat V.01.03.005
cywilizacja I.03.003
czarna wanna VIII.01.06.012
czarno-biała IV.03.03. 010
czas budowy X.01.05.020
czas narastania dźwięku IX.01.02.010
czas ochładzania IX.02.02.023
czas oczekiwania I.05.05.017
czas pogłosu IX.01.02.002
czas pracy X.01.05.018
czas pracy na stanowisku X.01.05.025
czas wiązania VI.05.01.010
czas wolny I.03.075
czeladnik X.01.04.040
czeskie sklepienie VII.02.08.007
cześć obszaru XI.03.01.013
częstokół II.04.03.008
częstotliwość VII.07.014
częstotliwość IX.01.01.012
częstotliwość graniczna IX.01.01.013
częstotliwość własna VII.07.025
częściowe sprężenie wstępne VIII.02.04.027
częściowy czas pracy X.01.05.026
część zachodnia II.04.01.030
czoło belki II.02.04.004
czop II.02.04.011
czop VIII.02.01.023
czucie I.01.115
czworościan IV.01.02.002
czynna IX.01.01.024
czynności V.01.02.
czynności XII.01.01.
czynności w mieszkaniu I.02.03.022
czynsz I.05.02.007
czynsz X.01.02.023
czytelnia XII.09.02.012
czytelnia XII.11.02.010
czytelnia wolnego dostępu do półek XII.11.02.009

D

dach brogowy VIII.05.02.006
dach dwuspadkowy VIII.05.02.003
dach jętkowy VIII.05.01.003
dach mansardowy VIII.05.02.007
dach o ustroju krokwiowym VIII.05.01.001
dach ocieplony VIII.05.01.031
dach ocieplony z warstwą wentylowaną VIII.05.01.032
dach pilasty VIII.05.02.005
dach płaski VIII.05.02.001
dach płatwiowy VIII.05.01.002
dach pulpitowy VIII.05.02.004
dach siodłowy VIII.05.02.003
dach stromy VIII.05.02.002
dachówka VI.02.03.
dachówka VIII.05.01.041
dachówka esówka VI.02.03.004
dachówka falista VI.02.03.008
dachówka holenderka VI.02.03.001
dachówka karpiówka VI.02.03.006
dachówka płaska VI.02.03.003
dachówka przylgowa VI.02.03.005
dachówka rzymska VI.02.03.007
dachy VIII.05.
dane meldunkowe mieszkańców III.02.02.003
datowanie III.02.01.001
dawne III.03.02.002
decentralizacja XI.04.05.004
decybel IX.01.01.035
defilad XII.05.012
deformacja VII.04.014
deformacja VII.04.016
deformacja III.01.06.005
deformacja IV.02.01.005
deformacja plastyczna VI.09.030
deformacja sprężysta VI.09.028
deformacji VII.04.017
dekadencja I.01.030
dekarz X.01.04.047
dekonstrukcja I.01.031
dekoracja I.01.032
dekoracja V.01.03.001
dekrement tłumienia VII.07.007
demokratyzacja XI.04.03.008
dendrochronologia III.02.01.003
deska II.02.04.001
deska VIII.02.01.003
deska rysunkowa IV.04.03.002
deskowanie dwupowłokowe X.03.02.012
deskowanie je dnopowłokowe X.03.02.013
deskowanie korytkowe X.03.02.020
deskowanie międzybelkowe VIII.05.01.030
deskowanie ramowe X.03.02.014
deskowanie ślizgowe X.03.02.017
deskowanie ślizgowe X.03.02.018
deskowanie tracone X.03.02.024
destrukcja X.05.014
deszcz IX.03.045
detektor III.01.03.019
dezynfekcja III.03.03.012
diagram belkowy X.01.03.012
diagram czasowo-objętościowy X.01.03.013
diagram pracy VII.04.057
diagram przebiegu X.01.03.009
diagram przepływów X.01.03.009
dimetria IV.02.02.002
dioryt VI.01.02.007
disko XII.14.03.005
dla dzieci XII.09.01.
dla młodzieży XII.09.02.
długość przyczepności VIII.02.04.022
długość rdzenia VII.04.025
długość spawu VIII.02.02.057
długość sprężysta VII.01.009
dobudowa II.06.03.015
dobudowa XI.04.04.006
dochód I.05.04.014
dodatki VI.04.04.
dodatki VI.05.03.
dodatkowe koszty budowlane X.01.02.015
dojazd X.03.01.004
dojrzałość I.02.01.004
dok XII.06.03.010
dokładność III.01.06.006
dokumentacja II.06.01.030
dokumentacja III.01.04.
dokumentacja III.01.06.011
dokumentacja fotograficzna III.01.06.012
dokumentacja fotograficzna III.02.01.012
dokumenty budowlane I.04.05.008
dolina XI.01.01.022
dolne skrzydło VIII.03.02.016
dolomit VI.01.02.008
dom II.02.02.003
dom atrialny XII.08.03.007
dom bliźniak XII.08.03.005
dom chłopa II.04.05.003
dom dla bezdomnych XII.08.03.031
dom dziecka XII.08.03.025
dom gościnny II.04.02.006
dom handlowy XII.03.01.010
dom jednorodzinny XII.08.03.001
dom miejski XII.08.03.009
dom mieszczański II.04.05.001
dom mieszkalny II.04.03.019
dom mieszkalny XII.08.01.001
dom mieszkalny XII.08.03.023
dom młodzieżowy XII.08.03.026
dom o wolnym rzucie XII.08.03.003
dom opieki zdrowotnej XII.08.03.029
dom pielgrzymów II.04.02.004
dom pogrzebowy XII.11.01.016
dom prywatnej praktyki lekarskiej XII.12.02.024
dom robotniczy XII.08.03.030
dom starców XII.08.03.028
dom studencki - internat XII.08.03.027
dom szeregowy XII.08.03.006
dom tarasowy XII.08.03.016
dom towarowy XII.03.01.010
dom ubogich XII.08.03.032
dom wiejski XII.08.03.010
dom wielorodzinny XII.08.03.012
dom własny XII.08.02.001
dom wolnostojący XII.08.03.002
dom wypoczynkowy XII.12.01.007
dom zdrojowy XII.12.01.006
dom ziemianina II.04.05.002
dom zrębowy II.02.04.016
domieszki VI.05.03.
dominanta V.02.07.014
dominanta XI.04.02.082
domy XII.08.03.022
domy mieszkalne II.04.05.
donżon II.04.03.001
dopasowanie II.06.04.004
dopasowanie do warunków miejscowych II.06.04.006
dopuszczalna powierzchnia zabudowy XI.06.013
dopuszczalna tolerancja VI.09.018
dopuszczalne zwiększenie powierzchni zabudowy XI.06.014
dopuszczalność III.01.06.008
dormitorium XII.14.02.014
dorosłość I.02.01.004
dorycki II.02.05.038
doskonałość I.01.099
dostawa XII.03.02.001
dostawca X.01.01.026
dostojny I.01.124
doświadczenie I.02.02.008
doświdczenie I.02.04.002
dotacje II.06.02.025
dowód I.04.01.014
drabina VIII.06.01.020
drabina X.03.02.005
drapaczka X.02.02.023
dren VIII.01.04.022
drenaż VIII.01.04.020
drewno II.02.01.007
drewno lite VIII.02.01.005
drgania okresowe VII.07.028

drgania poprzeczne VII.07.033
drgania swobodne VII.07.013
drgania własne VII.07.017
drgania wymuszone VII.07.012
drgania wywołane porywami wiatru VII.07.034
drganie VII.07.037
drganie IX.01.01.007
drganie tłumione VII.07.005
drobny piasek VIII.01.02.020
droga V.02.07.001
droga XI.05.01.002
droga dla rowerów XI.05.01.024
droga dojazdowa XI.05.01.075
droga dojazdowa do autostrady XI.05.01.069
droga główna XI.05.01.059
droga jednokierunkowa XI.05.01.076
droga kołowa XII.06.01.006
droga krajowa XI.05.01.066
droga krytyczna X.01.05.030
droga lokalna XI.05.01.058
droga morska XI.05.03.008
droga na estakadzie XI.05.01.060
droga naciągu VIII.02.04.032
droga objazdowa XI.05.01.065
droga piesza XII.06.01.002
droga w głębokim wykopie XI.05.01.061
drukarka IV.04.03.009
drut VIII.02.04.003
drut zbrojeniowy VIII.02.04.003
drzwi i bramy VIII.03.01.
drzwi obrotowe VIII.03.01.016
drzwi przesuwane VIII.03.01.013
drzwi składane VIII.03.01.014
drzwi wahadłowe VIII.03.01.015
drzwi zatrzaskowe VIII.03.01.012
dworzec XII.06.02.002
dworzec autobusowy XII.06.01.011
dworzec główny XII.06.02.003
dworzec lotniczy XII.06.04.010
dworzec metra XII.06.02.004
dworzec towarowy XII.06.02.005
dwutrakt XII.07.02.011
dwuwarstwowe VIII.02.04.011
dybel VIII.02.01.024
dybel VIII.02.06.016
dybel II.02.04.007
dyfuzja IX.03.024
dyfuzja pary wodnej IX.03.030
dyl VIII.02.01.004
dyl II.02.04.002
dyl X.03.02.003
dyl ściągający VIII.05.01.029
dyle gipsowe VI.08.05..004
dyletantyzm V.01.02.020
dymnik VIII.03.02.028
dynamiczna V.03.02.005
dynamika VII.07.
dyrekcja XII.04.025
dyrekcja XII.14.02.009
dyrektywa I.04.02.001
dyskoteka XII.14.03.005
dyskryminacja I.03.048
dysonans poznawczy I.02.03.012
dyspensa I.04.02.007
dyspozycja I.04.02.002
dystans I.01.040
dystans I.03.049
dystans V.03.01.011
dyżurka lekarska XII.12.02.004
dyżurka pielęgniarek XII.12.02.005
dział opisania zbiorów XII.11.02.018
dział pocztowy XII.04.028
dział szkolenia XII.04.031
działać XII.01.01.001
działania V.01.02.
działanie I.02.02.003
działanie II.01.01.015
działanie ciepła IX.02.01.030
działka XI.02.01.011
dzieciństwo I.02.01.002
dziedziniec II.04.04.006
dziedziniec XII.02.02.016
dziedziniec reprezentacyjny XII.07.01.002
dziedziniec szkolny XII.09.02.017
dzieje I.01.060
dziekanat XII.10.01.011
dzielnica nędzy XI.03.03.007
dzieło jako synteza rozma-itych dyscyplin artystycznych I.01.071
dzieło sztuki I.01.139
dzieło "przekonserwowane" II.06.04.010
dziennik budowy X.01.06.004
dzień likwidacyjny I.05.05.018
dzień powszedni I.03.029
dzierżawa I.05.02.006
dzierżawa X.01.02.024
dzikie wysypisko III.03.03.013
dzwięk materiałowy IX.01.01.019
dzwonek przy drzwiach VIII.03.01.008
dzwonnica II.04.01.031
dzwonnica wolnostojąca II.04.01.033
dźwięk IX.01.01.001
dźwięk powietrzny IX.01.01.015
dźwiękochłonność materiału IX.01.01.021
dźwig VIII.06.02.007
dźwig X.02.03.008
dźwig XII.07.01.016
dźwig towarowy VIII.06.02.008
dźwigar VIII.02.02.029
dźwigar VIII.02.07.005
dźwigar ażurowy VII.02.02.004
dźwigar ażurowy VIII.02.02.036
dźwigar ciągły VII.02.02.005
dźwigar ciągły VIII.02.02.033
dźwigar fałdowy VII.02.12.002
dźwigar Vierendela VII.02.02.021
dźwigar Gerbera VII.02.02.011
dźwigar jednoprzęsłowy VII.02.02.016
dźwigar kratownicowy VIII.02.02.037
dźwigar kratowy VII.02.02.019
dźwigar łukowy VII.02.02.001
dźwigar łukowy VII.02.03.003
dźwigar oszalowania X.03.02.011
dźwigar pełnościenny VIII.02.02.035
dźwigar podwójnie stężony dołem VII.02.02.006
dźwigar podwójnie teowy VIII.02.02.003
dźwigar pojedyńczo stężony dołem VII.02.02.008
dźwigar przegubowy VIII.02.02.032
dźwigar skośny VII.02.02.010
dźwigar stropowy VIII.04.007
dźwigar szklany VIII.02.05.006
dźwigar tarczownicowy VII.02.02.017
dźwigar trójprzęsłowy VII.02.02.018
dźwigar wspornikowy VII.02.02.003
dźwigar z otworami VIII.02.02.030
dźwigar zakrzywiony VII.02.02.001
dźwigar załamany VII.02.02.009
dźwigar ze wzmocnionym pasem dolnym VII.02.02.015
dźwigar zginany VIII.02.02.034
dźwigary VII.02.02.
dźwignik zębatkowy X.02.01.078
dżwigar łączący VIII.02.06.012
dżwigar powierzchniowy VIII.04.005
dźwigar przenoszący zginanie VII.02.02.014
dźwignik X.02.03.001

E

echo IX.01.02.008
edicula II.02.05.030
efekt kontrastu V.04.02.020
efekt oddziaływania przestrzeni IX.01.02.011
efekt przestrzenny IX.01.02.020
ekierka IV.04.02.005
ekologia III.03.01.011
ekologiczny XI.01.01.045
ekonomiczność X.01.02.004
ekosystemy XI.01.01.044
ekran IV.04.03.010
ekspansja IX.02.01.003
ekspedycja towarowa XII.06.04.024
ekspertyza X.01.01.022
eksperyment I.02.04.002
eksplozja IX.01.01.032
elastomer VI.08.04..003
elastyczność VI.09.005
elektrownia XII.02.03.016
elektryk X.01.04.049
elektryk XII.02.01.010
element betonowy X.04.020
element gotowy X.04.019
element łączący VIII.02.06.015
element macierzy VII.06.023
element prostokątny VII.01.025
element różnicujący VII.06.006
element trójwymiarowy VII.06.033
elementy VIII.02.01.001
elementy VIII.02.06.001
elementy dachu VIII.05.03.
elementy gotowe VI.05.01.034
elementy komunikacji XII.07.01.007
elementy kształtowania komunikacji V.02.07.
elementy podstawowe V.02.01.
elementy wyposażenia ulicy XII.06.01.026
elewacja II.02.05.031
elipsa IV.01.01.019
elipsoida IV.01.02.006
elita I.03.059
emancypacja I.03.012
emigracja XI.04.05.010
emisja III.03.01.002
emocja I.02.02.012
empora II.02.05.027
empora XII.11.04.028
emulsja wodna VI.08.02.034
emulsyjna VI.08.02.012
endoskopia III.01.06.018
ensemble II.06.01.013
epoka I.01.044
epoka II.01.01.006
esówka VI.02.03.001
estetyka I.01.
etap końcowy X.01.05.012
ewolucja I.03.043

F

fabryka X.01.04.012
fabryka XII.02.03.002
fala dźwiękowa IX.01.01.010
fantazja I.01.064
fantazja V.01.02.019
farba VI.08.02.018
farba cementowa VI.08.02.006
farba dyspersyjna VI.08.02.012
farba klejowa VI.08.02.009
farba olejna VI.08.02.016
fasada II.02.05.031
fasada IV.02.01.018
fasada przednia IV.02.01.009
fasada tylna IV.02.01.019
fascynacja I.01.049
faza II.01.01.004
faza końcowa X.01.05.012
fenomen I.01.100
fenomen dźwięku IX.01.01.011

fenomenologiczna V.03.01.002
ferma XII.02.02.005
fiala II.02.06.025
figura V.02.02.002
fikcja I.01.051
filar II.02.05.003
filar VII.02.01.004
filar VII.02.01.005
filar VII.02.04.010
filar oporowy II.02.06.022
filcowany VI.06.05.012
filharmonia XII.11.04.004
filia X.01.04.010
finansowanie I.05.05.
finansowanie budowy X.01.02.
finansowanie obce X.01.02.002
finansowanie własne X.01.02.001
fiord XI.01.01.033
firma X.01.04.001
firma X.01.04.009
fitnes XII.13.01.019
fizyczna II.06.02.010
fizykoterapia XII.12.02.010
(ofiarujący) X.01.01.013
folia IV.04.01.011
fon IX.01.01.034
fontanna XII.06.01.043
forma X.04.010
forma I.01.053
forma V.02.02.
forma addytywna V.02.02.007
forma całościowa V.02.02.004
forma drgań VII.07.026
forma girlandowa VII.02.10.007
forma nieregularna V.02.02.006
forma nierównomierna V.02.02.006
forma przewracana X.04.015
forma ramowa X.04.012
forma ramowa z obrzeżem uchylnym X.04.014
forma ramowa z rozbieranym obrzeżem X.04.013
forma regularna V.02.02.005
forma rownomierna V.02.02.005
forma skrzyniowa X.04.017
forma substrakcyjna V.02.02.008
forma własna VII.07.009
forma wyboczenia VII.05.006
forma zamieszkania XII.08.01.009
forma zwielokrotniona X.04.016
formularz III.01.04.005
formy dachów VIII.05.02.
formy gipsowe VI.08.05..006
formy konsystencji VIII.01.02.035
formy podnajmu I.05.03.
formy własności I.05.02.
fornir VIII.02.01.012
fort II.04.03.028
fortyfikacja II.04.03.007
fortyfikacje II.04.03.
fosa II.04.03.009
fosa orkiestrowa XII.11.04.019
fotogrametria III.01.05.015
fotomontaż IV.03.03. 013
fototeodolit III.01.03.044
foyer XII.11.04.029
fragment I.01.054
framuga VIII.03.01.002
fryz II.02.05.015
fryzjer XII.02.01.006
fundament III.03.04.004
fundament VIII.01.06.002
fundament ciągły VIII.01.06.003
fundament kielichowy VIII.01.06.005
fundament na palach VIII.01.07.003
fundament palowy VIII.01.07.003
fundament pasowy VIII.01.06.003
fundament płytki VIII.01.06.
fundament płytowo-pasowy VIII.01.06.007
fundament punktowy VIII.01.06.004
fundament z betonu ubitego VIII.01.06.009
fundamentowanie głębokie VIII.01.07.
fundamentowanie na studniach VIII.01.07.011
fundamentowanie płytkie VIII.01.06.
fundamentowanie z pogrążoną skrzynią VIII.01.07.012
fundowanie powierzchniowe VIII.01.06.013
funkcja I.01.055
funkcje mieszkaniowe XII.08.01.011
furta II.04.02.001
fuszerka V.01.02.023
fuszerka X.01.06.009

G

gabinet XII.12.02.007
gabinet zabiegowy XII.12.02.006
gabro VI.01.02.009
galeria II.02.06.006
galeria XII.11.03.003
galeria sztuki XII.11.03.005
galeriowiec XII.07.02.007
ganek XII.08.05.010
ganek obronny II.04.03.011
garaż XII.06.01.023
garaż podziemny XII.06.01.025
garaż wielopiętrowy XII.06.01.024
garderoba XII.08.05.011
garderoba XII.08.05.027
garderoba artystów XII.11.04.021
gatunek I.01.131
gazownia XII.02.03.005
generalny plan komunikacji XI.05.01.042
generalny przedsiębiorca X.01.04.003
generator X.02.02.001
geneza I.01.093
'genius loci' XI.04.02.044
geniusz I.01.056
geometria wykreślna IV.02.
gestość zaludnienia XI.06.031
getto XI.03.02.011
gęsta VI.05.02.004
gęsta VIII.01.02.034
gęstość XI.06.030
gęstość brutto XI.06.032
gęstość budowy gruntu VIII.01.02.031
gęstość mieszkań netto XI.06.033
gęstość objętościowa VI.03.01.002
gęstość socjalna I.02.03.025
gęstość społeczna I.03.062
gęstość wg. Proktora VIII.01.02.043
giełda XII.03.01.004
giętarka X.02.02.032
giętarka ręczna do stali zbrojeniowej X.02.01.061
gimnazjum XII.09.02.003
gips VI.04.01.
gips izolacyjny VI.04.01.004
gips modelarski VI.04.01.006
gips spoinowy VI.04.01.005
gips szpachlowy VI.04.01.003
glina VI.01.02.005
glina VI.01.02.016
glina VIII.01.02.006
glina II.02.01.008
glina iłowata VIII.01.02.008
glina lekka VI.02.01.003
glina lessowa VIII.01.02.010
glina pełna VI.02.01.001
glina piaszczysta VIII.01.02.007
glina szlamowa VI.04.04.004
glina ze słomą VI.02.01.002
glina zmieszana z wodą VIII.01.02.040
glino-cement VI.05.01.015
głośność IX.01.01.037
głowica II.02.05.010
głownica podpory VIII.02.02.022
główna ulica zbiorcza XI.05.01.072
główny przedsiębiorca X.01.04.004
gmach sądu XII.05.007
gnejs VI.01.02.010
godność I.01.039
gospoda przy drodze XII.14.02.004
gospodarka budowlana I.05.01.015
gospodarka chłopska XI.02.01.006
gospodarka energetyczna IX.02.
gospodarka leśna XI.02.01.005
gospodarka odpadami III.03.05.012
gospodarka rolna XI.02.01.005
gospodarka rolna XII.02.02.
gospodarność X.01.02.004
gospodarstwo domowe I.03.068
gotyk II.02.06.
góra XI.01.01.016
góry XI.01.01.015
góry średniej wielkości XI.01.01.014
góry wysokie XI.01.01.013
grać V.01.02.011
gradient wilgotności IX.03.005
grafika IV.03.03.
grafika IV.03.03. 008
granica V.02.07.012
granica pasa ruchu XI.05.01.091
granica płynności VII.04.070
granica przestrzeni XI.04.02.002
granica sprężystości VI.09.029
granica zabudowy XI.06.011
granit VI.01.02.011
gril XII.14.01.008
grobowiec XII.11.01.018
grody II.04.03.004
grota II.02.02.001
gruba deska II.02.04.002
gruba deska VIII.02.01.004
gruba deska X.03.02.003
grubość nominalna VI.03.01.001
grubość spawu VIII.02.02.058
grubość tynku VI.06.01.003
grunt VIII.01.
grunt XI.01.01.007
grunt mieszany VIII.01.02.026
grunt nienaruszony VIII.01.02.003
grunt spoisty VIII.01.02.021
grunt sypki VIII.01.02.022
grunt sypki VIII.01.02.028
grunt uprawny XI.01.03.003
grunt wydobyty VIII.01.04.005
grunty budowlane VIII.01.02.001
grupa I.03.066
grupa celowa III.02.02.026
grupa pali VIII.01.07.009
grupa użytkowników III.02.02.022
grupy przestrzeni V.03.03.
gruszka X.05.010
gruz X.05.006
gruz III.03.02.004
gruz budowlany X.05.005
grys VI.04.04.003
grzywna I.04.01.019
guma VI.08.01.006
guma do mazania IV.04.02.013
gurt II.02.06.010
gust I.01.128
gwarancja I.04.03.005
gwarancja I.05.05.025
gwarancja zaufania I.04.03.007
gwóźdź VIII.02.01.028
gwóźdź nacięty samogwintujący VIII.02.01.032
gzyms II.02.05.017
gzyms II.02.06.009
gzyms z kapinosem II.02.06.030

H

hak do układania rur X.02.01.076
hala dworcowa XII.06.02.014
hala kasowa XII.04.016
hala lodowiska XII.13.02.002
hala maszyn XII.04.023
hala odlotów XII.06.04.011
hala odpraw XII.06.04.023
hala ogólna (operacyjna) XII.06.04.010
hala przylotów XII.06.04.012
hala sportowa XII.13.01.005
hala targowa XII.03.01.002
hala ujeżdżalni XII.13.04.002
hala wielofunkcyjna XII.11.04.007
hall XII.08.05.012
hałas IX.01.01.028
handel XII.03.
handlu i administracji XI.06.019
hangar XII.06.04.009
harmonia I.01.058
hebel X.02.01.055
helikopter XI.05.04.009
hierarchia I.03.053
hierarchia V.02.06.003
higroskopijność VI.09.035
hiperbola Eulera VII.05.011
hipoteka I.05.02.001
historia I.01.060
historia kultury II.01.02.002
historia recepcji II.01.02.007
historia społeczna II.01.02.004
historia sztuki I.01.004
historia życia codziennego II.01.02.005
historyczne elementy budowli II.04.
historyczne formy osiedleńcze II.05.
historyczne formy wsi II.05.01.
historyczne typy budowli II.04.
historyczne typy miast II.05.02.
historyczność II.01.01.001
holownik XI.05.03.003
honorarium I.04.04.001
honorowy XII.07.01.002
horyzont IV.02.03.007
horyzontalna reakcja podporowa VII.03.016
horyzontalnej osi obrotu VIII.03.02.032
hotel XII.14.02.002
huk IX.01.01.031
hydrauliczne VI.04.03.004
hyperboliczna paraboloida VII.02.08.004

I

ideał I.01.061
identyczność I.03.051
identyfikacja I.02.03.018
identyfikacja I.03.052
identyfikacja XI.04.02.037
identyfikacja z miejscem I.02.03.019
ideologia I.03.009
ikonografia II.01.02.016
ikonologia II.01.02.017
ilość ciepła IX.02.01.032
iluzja I.01.062
ił VIII.01.02.013
imadło X.02.01.052
imadło do rur X.02.01.053
imaginacja I.01.063
imigracja XI.04.05.011
imisja III.03.01.001
imitować V.01.02.012
imperfekcja VII.05.013
imperfekcja początkowa VII.05.014
imperfekcja geometryczna VII.05.012
imposta VII.02.03.008
impuls VII.07.019
indywiduum I.02.03.015
indywiduum I.03.050
inercja cieplna IX.02.02.029
informacja I.01.068
informacja XII.04.008
infrastruktura XI.05.
inicjatywa obywatelska XI.04.03.005
inne VII.02.12.
inne systemy VIII.06.02.
inne typy II.04.06.
innowacja I.01.069
inscenizacja V.01.03.006
inscenizacja świetlna V.04.01.013
inspekcja III.01.01.004
inspiracja I.01.070
inspiracja V.01.02.018
instalator X.01.04.048
instalator XII.02.01.009
instrumenty III.01.03.
instytucja I.03.008
instytut XII.10.01.005
integracja II.06.04.002
interakcja I.03.010
interakcja V.04.02.014
interes publiczny II.06.02.004
interesy III.02.02.020
interferencja IX.01.02.003
interkolumnium II.02.05.018
intermezzo XI.04.02.060
interpersonalny dystans I.02.03.024
interpretacja I.01.074
interpretacja II.01.02.021
introligatornia XII.11.02.016
intuicja I.01.075
intymność I.02.03.026
intymność V.03.01.007
inwentaryzacja II.06.01.031
inwestor I.04.03.010
inwestor X.01.01.023
inwestor modernizacji XI.04.04.011
ironia I.01.076
istniejącego III.02.01.007
istotność I.01.119
izba II.04.05.005
izba II.04.05.006
izba architektów I.05.03.007
izba handlowa XII.03.01.005
izba przyjęć XII.04.011
izba przyjęć XII.12.02.001
izolacja I.02.03.021
izolacja aktywna IX.01.01.024
izolacja akustyczna fali powietrznej IX.01.01.016
izolacja akustyczna materiału IX.01.01.020
izolacja cieplna IX.02.02.002
izolacja drgań IX.01.01.008
izolacja pasywna IX.01.01.025
izolacja w rdzeniu muru VIII.02.03.028
izolacje IX.02.02.
izolacje chłodnicze IX.02.02.026
izolatka XII.12.02.020
izolator IX.01.01.023
izolowana V.03.02.006
izometria IV.02.02.001

J

jadalnia XII.08.05.036
jadalnia XII.09.02.019
jadalnia XII.14.02.015
jakość lokalizacji III.02.02.031
jakość miejsca III.02.02.031
jaskinia II.02.02.001
jaskółczy ogon II.02.04.015
jasność IV.02.04.006
jawność I.03.016
jednobarwność IV.03.03. 011
jednobarwny V.04.02.007
jednolitość XI.04.02.073
jednostka mieszkalna XII.08.04.
jednostka mieszkaniowa XI.06.027
jednostkowy przepływ ciepła IX.02.02.021
jedność I.01.136
jednotrakt XII.07.02.010
jednowarstwowe VIII.02.04.010
jedyność II.06.01.026
jezdnia XI.05.01.088
jezioro XI.01.01.037
jętka VIII.05.01.013
joński II.02.05.039
judasz VIII.03.01.009
juror X.01.01.020

K

kabel VII.02.04.011
kabel sprężający VII.02.04.009
kabina do przebierania XII.13.01.023
kabina projekcyjna XII.11.05.002
kadry X.01.04.023
kafar X.02.02.041
kafar parowy X.02.02.010
kafel VI.02.02.009
kalcyt VI.01.01.002
kalenica VIII.05.03.001
kalka IV.04.01.001
kalkulacja I.05.04.
kamera fotogrametryczna III.01.03.045
kamien gipsowy VI.01.02.013
kamienie hutnicze VI.02.04
kamień II.02.01.001
kamień ciosowy II.02.01.005
kamień ciosowy VI.02.02.001
kamień łamany II.02.01.004
kamień narzutowy II.02.01.003
kamień naturalny II.02.01.002
kamień polny VI.01.02.022
kanał XI.01.01.043
kanał XI.05.03.006
kanał montażowy XII.02.01.030
kanelura II.02.05.009
kantówka VIII.02.01.006
kantyna X.03.01.015
kapilara IX.03.031
kapilarność VIII.01.02.045
kapilarny transport wody IX.03.032
kapinos VIII.03.02.006
kapitel II.02.05.010
kapitularz II.04.02.009
kaplica II.04.01.025
kaplica XII.11.01.006
kaplica cmentarna XII.11.01.015
kaplica modlitewna XII.11.01.009
kaplica pielgrzymek XII.11.01.007
kaplica pogrzebowa XII.11.01.008
kara I.04.01.018
karne I.04.01.002
karpiówka VI.02.03.003
karta obmiaru III.01.06.013
kartel X.01.04.020
karton IV.04.01.008
kartoteka III.02.01.009
kartoteka danych społecznych III.02.02.002
kartoteka wieku budowli III.02.01.010
karykatura I.01.011
kasa biletowa XII.06.01.033
kasa oszczędności I.05.05.002
kaskada przetwarzania III.03.05.008
kasyno XII.14.03.001

katalog III.02.01.009
katalogowanie XII.11.02.019
katedra XII.10.01.012
kategoria I.01.012
kategorie potrzeb III.02.02.018
kauczuk VI.08.01.005
kawiarnia XII.09.02.018
kawiarnia XII.14.01.002
kazamaty II.04.03.025
kącik jadalny XII.08.05.037
kąpielisko morskie XI.04.01.018
kąt IV.01.01.012
kąt ostry IV.01.01.014
kąt prosty IV.01.01.013
kąt rozwarty IV.01.01.015
kątomierz IV.04.02.006
kątownik stalowy VIII.02.02.005
keramzyt VI.04.04.004
kicz I.01.078
kielnia murarska X.02.01.044
kierowanie procesami planowania XI.06.002
kierowanie światłem V.04.01.012
kierownictwo przedsiębiorstwa I.05.03.008
kierownictwo zakładu X.01.04.024
kierownik budowy X.01.04.038
kierownik budowy I.05.03.010
kierownik zakładu X.01.04.025
kierunek V.02.07.003
kierunek dyfuzji IX.03.026
kierunek głównej krzywizny VII.04.037
kierunek obciążenia VII.03.027
kierunek światła IV.02.04.008
kierunek zwiedzania XII.11.03.015
kieszeń VII.02.10.008
kilof dziobowy X.02.01.041
kino XII.11.05.001
kiosk XII.03.01.014
kit epoksydowy VI.08.02.008
kit nitrocelulozowy VI.08.02.015
kit olejny VI.08.02.017
kit syntetyczny VI.08.02.028
klamka drzwiowa VIII.03.01.006
klamra VIII.02.01.033
klapa z otworem do wrzucania listów VIII.03.01.010
klasa I.03.023
klasa XII.09.02.007
klasa izolacji cieplnej IX.02.02.024
klasyczne formy architektoniczne II.02.05.
klasyfikacja I.01.016
klasztor II.04.02.
klasztor XII.11.01.010
klatka schodowa XII.07.01.009
klatka schodowa VIII.06.01.019
klej VI.08.02.002
klej VIII.02.01.034
klej karbamidowy VI.08.02.003
klej kauczukowy VI.08.02.023
klej kazeinowy VI.08.02.004
klej lateksowy VI.08.02.010
klej z żywicy syntetycznej VI.08.02.029
klej żywiczny VI.08.02.022
klejenie VIII.02.02.052
klejenie na zimno VIII.02.01.036
klejenie ze zbijaniem VIII.02.01.037
klepisko XII.02.02.011
kleszcze stężające VIII.02.01.039
klimat wnętrza IX.02.01.013
klinika XII.12.01.001
klinkier VI.02.02.
klinkier posadzkowy VI.02.02.013
klotoida III.01.02.014
klozet XII.08.05.029
klucz krzyżowy X.02.01.022
klucz nasadowy X.02.01.020
klucz nastawny X.02.01.013
klucz nastawny do rur X.02.01.014
klucz oczkowy X.02.01.019
klucz płaski X.02.01.018
kładka ruchu pieszego XII.06.01.018
knaga II.02.04.036
knaga VIII.02.02.048
knajpa XII.14.01.003
kocioł parowy X.02.02.007
kodować V.01.02.015
kodowanie podwójne V.01.02.016
kognicja I.02.02.006
kohezja VIII.01.02.041
kolarski tor wyścigowy XII.13.05.006
kolej gondolowa XI.05.02.008
kolej górska XI.05.02.009
kolej linowa XI.05.02.006
kolej magnetyczna XI.05.02.007
kolej na estakadzie XI.05.02.005
kolej podziemna XI.05.02.004
kolej zębata XI.05.02.010
kolej żelazna XI.05.02.001
kolejka linowa XI.05.02.011
kolejność przestrzenna XII.07.02.008
kolejnych przybliżeń VII.06.017
kolor V.04.02.
kolor achromatyczny V.04.02.006
kolor (barwa światła) IV.02.04.001
kolor lokalny V.04.02.015
kolor podstawowy V.04.02.001
kolor powierzchniowy V.04.02.016
kolor przedmiotowy V.04.02.015
kolor widma V.04.02.004
kolor wtórny V.04.02.002
kolorowo IV.03.03. 012
kolorowy V.04.02.009
kolory komplementarne V.04.02.003
kolumna II.02.05.002
kolumnada II.02.05.019
kołek VIII.02.01.024
kołek VIII.02.06.016
kołek drewniany II.02.04.007
kołek drewniany II.02.04.008
kołek wpuszczany VIII.02.01.025
kołek wtłaczany VIII.02.01.026
koło IV.01.01.017
koło barw V.04.02.005
koło pomiaru kąta pionowego III.01.03.040
koło poziome III.01.03.039
koło stopniowe III.01.03.038
kombi XI.05.01.035
kombinacja rozkładu obciążeń VII.03.005
kombinować V.01.02.005
kombinowany XI.04.02.025
komentarz II.01.02.028
komfort cieplny IX.02.01.014
komiczny I.01.017
komin VIII.05.04.004
kominowa XII.02.03.018
komnata II.04.03.020
komora II.04.05.006
komora celna XII.05.009
komora parowa do przyśpieszania wiązania elementów betonowych X.02.02.011
komorne I.05.02.007
kompas III.01.03.053
kompleksowość XI.04.02.057
kompleksowy plan rozwoju określonego terenu XI.06.038
komponować V.01.02.004
kompostowanie śmieci III.03.03.005
kompozycja I.01.018
kompozycja abstrakcyjna V.02.
kompresor X.02.02.014
komputer osobisty (PC) IV.04.03.008
komputerowe miejsce pracy XII.02.01.024
komunikacja XII.06.
komunikacja I.02.03.007
komunikacja drogowa XII.06.01.
komunikacja indywidualna XI.05.01.047
komunikacja lotnicza XI.05.04.
komunikacja lotnicza XII.06.04.
komunikacja szynowa XI.05.02.
komunikacja szynowa XII.06.02.
komunikacja wodna XII.06.03.
koncentracja XI.04.05.001
koncern X.01.04.017
kondominium XII.08.02.007
kondygnacja II.02.04.045
kondygnacja II.02.04.046
kondygnacji XI.06.028
konewka X.02.01.031
konfiguracja I.03.005
konflikt I.03.045
konglomerat VI.01.02.006
koniec X.01.05.013
konieczność renowacji II.06.03.004
konkurs I.05.01.016
konkurs X.01.01.008
konkurs otwarty X.01.01.009
konkurs za zaproszeniem X.01.01.010
konny tor wyścigowy XII.13.04.001
konoida VII.02.08.002
konserwator II.06.01.006
konserwator II.06.01.007
konsola VII.02.02.002
konsorcjum X.01.04.018
konstrukcja blokowa X.04.002
konstrukcja drogi XI.05.01.087
konstrukcja płytowa X.04.003
konstrukcja pneumatyczna VII.02.12.001
konstrukcja połączenia VIII.02.06.011
konstrukcja powłoki zewnętrznej VII.02.11.008
konstrukcja przeponowa VIII.02.07.014
konstrukcja przyporowa II.02.06.021
konstrukcja rusztowa VII.02.12.003
konstrukcja ryglowo-szachulcowa II.02.04.018
konstrukcja szkieletowa VIII.02.07.001
konstrukcja tubowa VII.02.11.008
konstrukcja wielkopłytowa X.04.004
konstrukcje dachowe VIII.05.01.
konstrukcje linowe VII.02.04.
konstrukcje membranowe VII.02.10.
konstrukcje siatkowe VII.02.09.
konstrukcje zespolone VIII.02.06.
konstrukcyjna linia cokołu IX.03.057
konsumpcja I.01.019
konsystencja VI.05.01.005
konsystencja VI.05.02.
kontekst I.02.03.006
kontemplacja I.01.020
kontener budowlany X.03.01.010
kontener mieszkalny XII.08.03.034
kontrast XI.04.02.071
kontrola X.01.06.
kontrola I.05.01.006
kontrola III.03.05.001
kontrola III.03.05.002
kontrola bezpieczeństwa XII.06.04.020
kontrola celna XII.06.04.019
kontrola paszportowa XII.06.04.018
kontrola rozumowa I.02.03.013
kontur I.01.118
kontynent XI.01.01.003
kontynuacja II.01.01.011
kontynuacja przestrzeni XI.04.02.014
konwekcja IX.02.01.010
konwekcja termiczna IX.02.02.007
konwencja I.01.023
konwencja I.03.039
kooperacyjny styl kierowania X.01.04.030
kopalnia XII.02.03.003
koparka hydrauliczna X.02.03.022

koparka kołowa	X.02.03.025
koparka łyżkowa	X.02.03.023
koparka wielonaczyniowa	X.02.03.024
kopiarka	IV.04.03.006
kopiować	V.01.02.014
kopuła geodezyjna	VII.02.08.003
kopuła okienna	VIII.03.02.026
kopuła płaska	II.03.03.005
kopuła zaostrzona	II.03.02.013
kopuła żebrowana	II.03.03.006
kopuły	II.03.03.
korek	VI.08.03.004
korozja	VI.05.04.
korpus	II.04.01.018
kort do squash´a	XII.13.01.008
koryncki	II.02.05.040
korytarz	XII.08.05.010
korytarz łączący	XII.06.02.015
kosmetyka	I.01.024
kostiumownia	XII.11.04.023
kosz	VIII.05.03.004
koszary	XII.05.011
kosztorys	I.05.04.012
kosztorys szacunkowy	I.05.04.013
koszty	I.05.04.009
koszty	X.01.02.011
koszty budowlane	X.01.02.014
koszty dodatkowe	I.05.04.011
koszty eksploatacji	X.01.02.017
koszty kapitałowe	X.01.02.012
koszty następstw	X.01.02.019
koszty produkcji	I.05.04.010
koszty utrzymania	X.01.02.018
koszty wytworzenia	X.01.02.013
kościół	XII.11.01.004
kościół chrześcijański	II.04.01.011
kościół halowy	II.04.01.014
kościół ortodoksyjny	II.04.01.010
kotew w ścianie szczytowej	VIII.05.01.026
kotłownia	XII.02.01.033
kotwa	VIII.01.01.001
kotwa czołowa	VIII.05.01.025
kotwa łącząca	VIII.02.06.024
kotwa ściągająca	VIII.02.02.028
kotwa śrubowa	VIII.02.02.064
kotwa wstrzykiwana	VIII.01.07.014
kowal	XII.02.01.008
krajak	X.02.01.051
krajobraz miejski	XI.01.02.003
krajobraz morski	XI.01.01.031
krajobraz naturalny	XI.01.01.
krajobraz ogrodowy	XI.01.02.002
krajobraz parkowy	XI.01.02.001
krajobraz przemysłowy	XI.01.02.004
krajobraz rzeczny	XI.01.01.030
krajobrazy kulturowe	XI.01.02.
kram targowy	XII.03.01.003
kraniec miasta	XI.03.03.003
krata	V.02.04.008
krata okienna	VIII.03.02.039
kratowica stężająca	VII.02.05.017
kratownica łukowa	VII.02.03.014
kratownica o pasach równoległych	VII.02.05.023
kratownica paraboliczna	VII.02.05.012
kratownica poligonalna	VII.02.05.014
kratownica prostokątna	VII.02.05.016
kratownica trapezowa	VII.02.05.021
kratownica trójkątna	VII.02.05.022
kratownice	VII.02.05.
kratownika płaska	VII.02.05.013
kratownika rybiego brzucha	VII.02.05.007
krawędziak	VIII.02.01.006
krawędź	VIII.05.03.003
krawędź	V.02.02.009
krawędź koszowa	VIII.05.03.004
krawędź sklepienia krzyżowego	II.02.06.011
krawędź wału	II.04.03.024
krawężnik	XI.05.01.098
krawiec	XII.02.01.005
kreatywność	I.01.026
kreatywność	V.01.02.017
krematorium	XII.11.01.019
krenelaż	II.04.03.014
kreskowanie	IV.03.01.011
kręgielnia	XII.13.05.002
krokiew	VIII.05.01.012
krosno	VIII.03.02.008
kruchta	II.04.01.027
kruszarka	X.02.02.018
kruszenie	VI.03.01.014
krużganek	II.04.02.002
krypta	II.04.01.024
kryta pływalnia	XII.13.03.002
krytyka	I.01.027
krytyka	II.01.02.020
krytyka źródeł	II.01.02.019
krzywa	IV.01.01.008
krzywik	IV.04.02.008
krzywizna	VII.02.10.004
krzyż nitek w okularze	III.01.03.031
krzyż ukośny	II.02.04.042
krzyżulec	II.02.04.030
krzyżulec	VII.02.05.018
krzyżulec	VIII.05.01.016
księga wieczysta	I.04.05.009
księgowość	I.05.01.005
księgowość	XII.04.026
księgowość płac	XII.04.027
kształcenie	XII.10.
kształt	V.02.02.002
kształt	V.02.02.004
kształtki gazobetonowe	VI.02.04004
kształtowanie miejsca pracy	X.01.03.016
kształtowanie pracy	X.01.03.014
kształtowanie przebiegu pracy	X.01.03.015
kuchnia	XII.08.05.031
kuchnia laboratorium	XII.08.05.032
kuchnia mieszkalna	XII.08.05.033
kuchnia wnękowa	XII.08.05.034
kula	IV.01.02.005
kula wyburzeniowa	X.05.010
kuliste sklepienie odcinkowe	II.03.03.002
kulman-przyrząd do kreślenia	IV.04.03.001
kult	I.01.028
kultura	I.01.029
kultura	I.03.036
kurczenie się	IX.02.01.004
kurnik	XII.02.02.024
kurort	XI.04.01.019
kustosz	II.06.01.005
kwadrat	IV.01.01.027
kwadratowy przekrój poprzeczny	VII.01.033
kwarc	VI.01.01.007
kwarc	VI.01.02.020
kwartał	XI.03.03.005
kwartał mieszkalny	XI.03.03.006
kwatera	X.03.01.013
kwiaton	II.02.06.028
kwota rozrachunkowa	I.05.05.019

L

laboratorium	XII.02.03.022
laboratorium	XII.09.02.011
laboratorium	XII.10.02.001
laboratorium	XII.12.02.018
laboratorium badawcze	XII.10.02.002
laboratorium eksperymentalne	XII.10.02.008
laboratorium fizyki	XII.10.02.005
laboratorium komputerowe	XII.10.02.003
laboratorium specjalistyczne	XII.10.02.004
lada	XII.03.02.006
lak	VI.08.02.033
lakier	VI.08.02.033
las	XI.01.03.001
laskowanie	II.02.06.003
latarnia	II.02.06.029
latarnia	II.03.03.008
latarnia	XII.06.01.030
lawowanie	IV.03.03. 009
ląd	XI.01.01.001
ląd stały	XI.01.01.004
leasing	I.05.02.012
legenda	IV.03.02.001
legowisko bezdomnego	XII.08.03.021
lekka płyta budowlana	VI.08.03.009
lekkie materiały budowlane	VI.08.05..
lekkoatletyka	XII.13.01.
lektorium	II.02.06.016
lepik	VI.08.01.004
less	VIII.01.02.009
letnia izolacja cieplna	IX.02.01.017
leżakownia	XII.09.01.005
libela	III.01.03.025
libella puszkowa	III.01.03.026
libella rurkowa	III.01.03.027
lico	VI.02.02.011
licówka	VI.02.02.012
licytant	X.01.01.013
liczba lokatorów na mieszkanie	XI.06.034
liczba mieszkańców	I.03.061
lignit	VI.01.02.014
limbus	III.01.03.038
lina	VII.02.04.011
lina druciana	VIII.02.02.011
lina nośna	VII.02.04.012
lina płaska	VII.02.10.001
lina płasko napięta	VII.02.04.003
lina promienista	VII.02.09.001
lina skośna	VII.02.04.008
lina sprężająca	VIII.02.04.028
lina stalowa	VIII.02.02.011
linearna	V.03.02.004
linia	IV.03.01.001
linia	V.02.01.002
linia wygięcia przy wyboczeniu	VII.05.002
linia bazowa	III.01.02.009
linia celowa	III.01.03.029
linia kreskowana	IV.03.01.003
linia kropkowana	IV.03.01.002
linia łańcuchowa	VII.02.04.001
linia łącząca	III.01.06.010
linia miarowa	IV.03.01.006
linia odniesienia	III.01.02.007
linia odnoszenia	IV.03.01.009
linia osiowa	IV.03.01.005
linia pionowa	VII.02.05.024
linia podstawy	IV.02.03.006
linia porządkująca	V.02.05.006
linia przerywana	IV.03.01.004
linia regulacyjna	XI.06.010
linia wpływu	VII.03.018
linia wysokościowa	IV.03.01.008
linia zabudowy	XI.06.009
linie	III.01.02.006
linie przekroju	IV.03.01.007
linijka	IV.04.02.001
liparyt	VI.01.02.021
lisica	X.02.01.036
lista	IV.03.02.006
lista pozycji do sprawdzenia	X.01.06.005
listewka	VIII.02.01.002
listwa	VIII.02.01.002
listwa kryjąca	VIII.03.02.011
listwa przymykowa	VIII.03.02.012

listwa zabezpieczająca przed wpływami atmosferycznymi VIII.03.02.007
lizena II.02.05.005
loggia II.02.05.026
loggia XII.08.05.021
lokalizacja III.02.02.030
lokomotywa X.02.03.012
lora X.02.03.014
lotnisko XII.06.04.002
lotnisko XII.06.04.006
lotnisko szybowcowe XII.06.04.003
loża XII.11.04.027
ludność I.03.060
ludzka skala V.02.05.008
lufcik VIII.03.02.035
lukarna VIII.03.02.028
lukarna łukowka VIII.05.04.001
lukarna w przedłużeniu ściany budynku o dwuspadowym daszku VIII.05.04.003
lukarna z daszkiem jednospadowym VIII.05.04.002
luksfery VI.03.02.015
luneta III.01.03.030

Ł

łacenie i kontrłacenie VIII.05.01.034
ładowarka X.02.03.029
łańcuch górski XI.01.01.012
łapa do gwoździ X.02.01.043
łapacz wiatru XII.08.05.009
łata VIII.02.01.002
łata dwustronna III.01.03.022
łata miernicza III.01.03.008
łata niwelacyjna III.01.03.020
łata precyzyjna III.01.03.021
łatwopalność VI.09.039
ława drutowa III.01.02.016
ławka XII.06.01.039
łazienka XII.08.05.028
łaźnia rytualna II.04.01.007
łącznik VIII.02.01.038
łącznik VIII.02.02.009
łączniki II.02.04.006
łąka XI.01.03.002
łęk odporny II.02.06.023
łodź mieszkalna XII.08.03.037
łom X.02.01.042
łopata X.02.01.040
łopata sztychówka X.02.01.039
łopotanie VII.07.011
łożyska podpór II.02.04.037
łożysko kuliste VIII.02.02.043
łożysko tarczowe VIII.02.02.042
łubek VIII.02.01.038
łubek VIII.02.02.009
łudzić V.01.02.013
łuk II.02.05.020
łuk IV.01.01.009
łuk dwuprzegubowy VII.02.03.015
łuk jarzmowy II.02.06.010
łuk kołowy VII.02.03.006
łuk koszowy VII.02.03.004
łuk paraboliczny VII.02.03.009
łuk pełny III.01.02.012
łuk powłokowy VII.02.03.011
łuk przejściowy III.01.02.013
łuk przyporowy II.02.06.023
łuk sztywno-zamocowany VII.02.03.007
łuk trójprzegubowy VII.02.03.012
łuk trójprzegubowy ze ściągiem VII.02.03.013
łuk ze ściągiem VII.02.03.002
łuki VII.02.03.
łupek VI.01.02.026
łupina siodłowa VII.02.08.006
łupina walcowa VII.02.08.001
łuszczyk VI.01.01.005

M

macierz VII.06.022
macierz elementów VII.06.010
macierz lokalnej sztywności VII.06.020
macierz sztywności VII.06.032
magazyn X.03.01.025
magazyn X.03.01.026
magazyn XII.02.04.001
magazyn XII.05.015
magazyn XII.06.03.013
magazyn XII.11.02.015
magazyn XII.11.03.010
magazyn części zapasowych XII.02.04.002
magazyn o spiętrzonych regałach XII.02.04.003
magazyn obrazów XII.11.03.012
magazyn produktów suchych XII.02.04.004
magazyn siana XII.02.02.014
magazyn sprzętu sportowego XII.13.01.017
magazyn-chłodnia XII.02.04.003
magazyny XII.02.04.
magnez VI.07.02.004
maisonett XII.08.04.001
majster X.01.04.039
maksymalna przestrzeń do zabudowy XI.06.036
malarstwo I.01.096
malowniczy I.01.101
mała sala wystawowa XII.11.03.008
małe miasto XI.04.01.005
mały dom XII.08.03.008
maneż XII.13.04.003
maniera I.01.079
mapa III.01.04.007
mapa III.02.01.011
margiel VIII.01.02.011
marmur VI.01.02.017
martwy czas X.01.05.028
masa VII.07.022
masa I.03.020
masarnia XII.02.01.003
masarz XII.02.01.003
maswerk II.02.06.004
masywna VI.02.01.001
maszt napinający VII.02.04.007
maszt napinający VIII.02.02.020
maszt odciągowy VIII.02.02.020
maszyna do gięcia X.02.02.032
maszyna do niwelacji gruntu X.02.03.026
maszyna do pisania IV.04.03.007
maszynownia XII.02.01.031
maszyny biurowe IV.04.03.
maszyny budowlane X.02.02.
mata drenarska i mata filtracyjna VIII.01.04.021
mata trzcinowa VI.06.02.003
mata z włókna szklanego VI.03.02.009
materiał II.02.01.009
materiał III.03.01.008
materiał powłok malarskich VI.08.02.019
materiał sypki VIII.01.02.027
materiały VI.03.02.
materiały VI.08.01.
materiały IV.04.01.
materiały budowlane ceramiczne i pochodzenia mineralnego VI.02.
materiały budowlane naturalne VI.01.
materiały odpadowe III.03.03.002
materiały pozostałe VI.08.
materiały tłumiące VI.08.03.
matowanie III.02.01.008
mauzoleum XII.11.01.017
mechanizm ruchomy VII.01.020
meczet II.04.01.008
meczet XII.11.01.002
medium I.01.083
medycyna nuklearna XII.12.02.009
metafora V.01.03.003
metale VI.07.
metale nieżelazne VI.07.02.
metoda I.01.084
metoda Cremony VII.02.05.005
metoda elementów skończonych VII.06.012
metoda graficzna VII.02.05.009
metoda graficzna VII.06.015
metoda iteracji VII.06.017
metoda nielinearna VII.06.025
metoda odkształceń VII.06.031
metoda ortogonalna III.01.05.009
metoda podziału kontinuum VII.06.007
metoda poligonowa III.01.05.008
metoda powiązań III.01.05.002
metoda prętów zastępczych VII.06.011
metoda przeniesienia VII.06.035
metoda przestrzennych elementów prefabrykowanych X.04.005
metoda rotacyjna VII.06.029
metoda równoważenia węzłow VII.02.05.010
metoda różnic skończonych VII.06.005
metoda wielkości sił VII.06.013
metody I.02.04.
metody II.01.02.
metody V.01.
metody biegunowe III.01.05.010
metody obliczeń VII.06.
metropolia XI.04.01.002
műhely XII.09.02.008
miara I.01.113
miarka geodezyjna III.01.03.004
miarka składana III.01.03.002
miarka składana X.02.01.091
miarka teleskopowa III.01.03.005
miasteczko uniwersyteckie XII.10.01.008
miasto XI.04.
miasto o jednej osi komunikacyjnej II.05.02.018
miasto administracyjne XI.04.01.010
miasto biskupie II.05.02.010
miasto centralno- promieniste II.05.02.017
miasto - twierdza II.05.02.008
miasto garnizonowe XI.04.01.012
miasto graniczne XI.04.01.011
miasto graniczne II.05.02.007
miasto handlowe II.05.02.004
miasto kolonialne XI.04.01.015
miasto o dwóch II.05.02.019
miasto ogród XI.03.02.006
miasto pasmowe II.05.02.020
miasto pielgrzymkowe XI.04.01.014
miasto pierścieniowe II.05.02.016
miasto planowe II.05.02.002
miasto portowe II.05.02.006
miasto portowe XI.04.01.009
miasto powiatowe XI.04.01.004
miasto przemysłowe XI.04.01.008
miasto przemysłowe II.05.02.011
miasto regularne II.05.02.002
miasto rezydencjalne II.05.02.009
miasto rynkowe II.05.02.005
miasto sportów zimowych XI.04.01.017
miasto świątyń XI.04.01.013

miasto uniwersyteckie XI.04.01.016
miasto władzy zwierzchniej II.05.02.012
miasto wojewódzkie XI.04.01.003
miasto wystawowe XI.04.01.007
miasto-satelita XI.03.02.007
miasto-sypialnia XI.03.02.008
miecz VIII.05.01.015
miedż VI.07.02.002
miejasce III.02.02.030
miejsce XI.04.02.035
miejsce XI.04.02.047
miejsce budowy X.03.01.
miejsce gięcia zbrojenia do żelbetu X.03.01.021
miejsce kwater X.03.01.012
miejsce na odpadki X.03.01.028
miejsce pobytu dziennego dla dzieci XII.09.01.003
miejsce pracy XII.02.03.013
miejsce pracy XII.11.02.021
miejsce pracy biurowej XII.04.019
miejsce produkcji XII.02.03.012
miejsce przygotowania zbrojenia X.03.01.021
miejsce rodzinne XI.04.02.053
miejsce siedzące XII.13.01.015
miejsce stojące XII.13.01.016
miejsce styku XI.04.02.039
miejsce włączenia XI.05.01.080
miejska droga ekspresowa XI.05.01.068
miejska hala widowiskowa XII.05.018
miejska hala zgromadzeń i widowisk XII.11.04.005
mieniąc się V.04.02.010
miernota I.01.078
mierzenie profilu III.01.05.013
mieszalnik betonu X.02.02.026
mieszalnik wieżowy X.02.02.022
mieszanie przez dodawanie V.04.02.012
mieszanie przez ujmowanie V.04.02.013
mieszanina V.04.02.011
mieszanina piaskowo-ilasta VIII.01.02.012
mieszkalne budownictwo masowe XII.08.02.004
mieszkalne budownictwo socjalne XII.08.02.005
mieszkalne budownictwo spółdzielcze XII.08.02.006
mieszkalne budynki piętrowe XII.08.03.012
mieszkanie XI.06.027
mieszkanie XII.08.01.004
mieszkanie XII.08.04.001
mieszkanie czynszowe XII.08.02.003
mieszkanie jednopokojowe XII.08.04.004
mieszkanie na poddaszu XII.08.04.002
mieszkanie nowicjantów II.04.02.005
mieszkanie okresowe XII.08.03.033
mieszkanie opata II.04.02.003
mieszkanie spółdzielcze XII.08.02.009
mieszkanie sublokatorskie XII.08.04.005
mieszkanie własnościowe XII.08.02.002
mieszkanie własnościowe XII.08.02.008
międzyfinansowanie I.05.05.015
międzymurze II.04.03.003
międzyprzestrzeń XI.04.02.007
miękka VI.05.02.002
miękki IV.04.02.010
mika VI.01.01.005
mikrotwardość wciskowa VI.03.01.004
miłość I.02.01.009
mimośrodowość VII.04.018
minaret II.04.01.009
minerały VI.01.01.
minimum egzystencji I.03.074
ministerstwo XII.05.003
miska satelitarna VIII.05.04.006
mistrz X.01.04.039
mistrz X.01.04.041
młodość I.02.01.003
młody beton VI.05.01.019
młot pneumatyczny X.02.02.015
młot wyburzeniowy X.05.009
młotek ciesielski X.02.01.002
młotek dwuobuchowy X.02.01.004
młotek dwuręczny X.02.01.005
młotek murarski X.02.01.003
młotek ślusarski X.02.01.001
młyn X.02.02.019
młyn II.04.06.004
młyn kozłowy II.04.06.007
młyn wodny II.04.06.006
mnich i mniszka VI.02.03.002
mniejszość I.03.021
mobilność XI.05.01.046
mobilność XI.05.01.048
moc I.03.014
moda I.01.050
model IV.03.03. 014
model obliczeniowy VII.06.021
model pokazowy IV.03.03. 016
model roboczy IV.03.03. 015
modernizacja I.03.044
modernizacja XI.04.03.015
modernizm I.01.085
moduł V.02.05.007
moduł sztywności VIII.01.01.004
moduł podłoża VIII.01.01.003
modyfikacja I.01.086
molo XII.06.03.007
moment I.01.087
moment VII.03.030
moment bezwładności VII.04.031
moment biegunowo-powierzchniowy VII.04.036
moment drugiego VII.04.045
moment końca pręta VII.03.029
moment oporu przy skręcaniu VII.04.064
moment podporowy VII.03.049
moment powierzchniowy 2. stopnia VII.04.030
moment powierzchniowy 1. stopnia VII.04.022
moment przęsłowy VII.03.046
moment skręcający VII.03.056
moment statyczny VII.04.054
moment tnący VII.03.021
moment utwierdzenia VII.03.013
moment wyboczenia VII.04.069
moment wybrzuszenia VII.03.064
moment zginający VII.03.004
monomer VI.08.04..001
monotonia XI.04.02.072
monotonia informacyjna I.02.03.028
monotonia podniet I.02.03.028
montaż X.04.006
montownia XII.02.01.034
moralność I.01.045
moralność I.03.038
morze XI.01.01.028
most XI.05.01.008
most dla pieszych XII.06.01.018
most zwodzony II.04.03.016
mostek cieplny IX.02.02.003
mostki cieplne IX.02.02.027
moszeje II.04.01.008
motel XII.06.01.009
motel XII.14.02.005
motocykl XI.05.01.032
motocyklowy tor wyścigowy XII.13.05.007
motor X.02.02.003
motorower XI.05.01.030
motyw XI.04.02.049
motywacja X.01.04.033
motywacja I.02.02.004
możliwości obróbki VI.09.015
muł osadnikowy III.03.02.009
mumifikacja II.06.04.010
mur II.02.03.005
mur bez użycia zaprawy II.02.03.006
mur cyklopowy II.02.03.008
mur licowy VIII.02.03.018
mur mieszany VIII.02.03.024
mur obronny II.04.03.010
mur okładzinowy VIII.02.03.018
mur pruski II.02.04.018
mur recepturowy VIII.02.03.025
mur warstwowy II.02.03.011
mur z kamieni ociosanych II.02.03.012
mur z kamienia łamanego II.02.03.009
mur z regularnych ciosów II.02.03.010
mur zbrojony VIII.02.03.026
mural XII.06.01.047
murarz X.01.04.046
murłata VIII.05.01.011
muzea XII.11.03.
muzeum XII.11.03.002
muzeum I.01.088
myślenie I.02.02.010
myto XII.06.01.012

N

nabrzeże XII.06.03.006
naczynie włoskowate IX.03.031
nadanie bagażu XII.06.04.014
nadbudowa II.06.03.014
nadbudowa III.03.04.006
nadbudówki dachowe VIII.05.04.
nadproże drzwiowe VIII.03.01.003
nadproże okienne VIII.03.02.001
nadscenie XII.11.04.018
nadwytrzymałość VI.03.01.007
nadzór III.03.05.001
nadzór budowlany I.04.05.010
nadzór budowlany X.01.06.001
nadzór finansowy X.01.06.002
naganny brak X.01.06.008
nagrobek XII.11.01.020
(1.; 2.; 3.) nagroda X.01.01.019
nagrodzenie najkorzystniejszej oferty X.01.01.016
najem I.04.03.009
najem I.05.02.007
najemca I.05.02.008
nakaz I.04.02.004
nakaz budowy XI.04.03.029
nakaz zachowania II.06.02.013
nakładanie powłok VII.02.10.002
nakładanie się obciążeń VII.03.048
nakładka VIII.02.01.038
nakładka VIII.02.02.009
naleznośċ I.05.01.010
należność końcowa za umową I.05.05.010
namiot II.02.02.004
namiot XII.08.03.036
namiot cyrkowy XII.11.04.009
namuł ilasty VIII.01.02.013
nanoszenie powłok VII.02.10.002
napięcie VII.04.056
napięcie niszczące VII.04.043
napięcie zginające VII.04.005
napływ XI.04.05.011
naprawa XI.04.04.003
naprężenia główne VII.04.038
naprężenia maksymalne VII.04.027
naprężenia minimalne VII.04.028
naprężenia niszczące VI.03.01.017
naprężenia rozciągające VII.04.058

naprężenia ściskające VII.04.009
naprężenia w karbie VI.03.01.009
naprężenia we wcięciu VII.04.033
naprężenia własne VII.04.041
naprężenie ścinające VII.04.051
naprężenie ścinające przy skręcaniu VII.04.065
napromieniowanie cieplne IX.02.01.011
narosłe centrum wsi XI.02.02.002
narosłe miasto II.05.02.001
narosłe nawarstwienia VIII.01.02.004
naroże VIII.05.03.003
naroże V.02.02.010
naroże ramy VII.02.06.004
naroże sztywne VII.02.06.001
naród I.03.065
narteks II.04.01.027
narty wodne XII.13.03.022
narzędzia X.02.01.
nastawienie I.01.009
nastawienie I.02.03.001
nastawna głowica rysunkowa IV.04.03.003
nastawnia XII.06.02.012
nasycenie IV.02.04.004
nasycenie V.04.02.025
nasyp kolejowy XI.05.02.024
naśladowanie I.01.065
natężenie dźwięku IX.01.01.036
natrysk XII.08.05.030
natura I.01.089
naturalne ciśnienie gruntu VIII.01.06.001
nauka I.02.02.009
nawa boczna II.04.01.017
nawa główna II.04.01.016
nawęglanie VI.05.04.001
nawierzchnia drogi XI.05.01.094
nawyk I.02.03.005
niecka dla niepływajacych XII.13.03.006
niedokładność III.01.06.007
niedosłyszalność IX.01.02.024
nielegalne zatrudnienie I.04.04.007
nielogiczność V.01.02.021
nienawiść I.02.01.010
nieobudowany wykop fundamentowy VIII.01.04.007
nieograniczona XI.04.02.010
niepalność VI.09.037
niepowtarzalna wartość II.06.01.025
niepożądany mimośród VII.05.023
niepracujący obiekt przemysłowy III.03.02.006
nieprzepuszczalność promieniowania IX.02.01.020
nieregularny XI.04.02.021
nierodzinne typy zamieszkania XII.08.03.017
nierówność I.03.022
nieświadomie I.02.03.037
niezgodność z przeznaczeniem II.06.02.016
nikiel VI.07.02.005
niskostopowe stale VI.07.01.012
nisza II.02.05.029
niszczenie VI.03.01.014
nity VIII.02.02.050
niwelacja III.01.05.006
niwelator III.01.03.014
niwelator cyfrowy III.01.03.017
niwelator hydrostatyczny III.01.03.034
niwelator kompensacyjny (samoregulujacy) III.01.03.016
niwelator laserowy III.01.03.018
niwelator z libellarurowa III.01.03.015
norma I.01.122
normatywny czas pracy X.01.05.023
nośna ściana z pali wierconych VIII.01.09.003
nośna zaprawa hydrauliczna VI.04.03.002
nośność VIII.01.01.014
nośność VIII.02.06.021
nośność konstrukcji VII.01.016
notariusz I.04.01.005
nowe kształtowanie XI.04.03.018
nowe miasto XI.03.02.012
nowoczesne budownictwo drewniane VIII.02.01.
nożyce ręczne do blach X.02.01.016
nożyce ręczne do stali zbrojeniowej (przenośne) X.02.01.017
nożyce ręczne do stali zbrojeniowej (stałe) X.02.01.062
nóż do kitu X.02.01.050

O

obcęgi do gwoździ X.02.01.008
obcęgi hydrauliczne X.02.01.011
obcęgi wieloczynnościowe X.02.01.010
obcęgi zbrojeniowe X.02.01.009
obciażenia III.03.02.002
obciążenia krytyczne przy wyboczeniu VII.05.007
obciążenie VII.03.026
obciążenie dodatkowe VII.03.001
obciążenie główne VII.03.039
obciążenie graniczne VIII.01.01.008
obciążenie graniczne VIII.01.01.015
obciążenie harmoniczne VII.07.018
obciążenie krytyczne VII.05.008
obciążenie liniowe VII.03.023
obciążenie momentami VII.03.032
obciążenie odcinkowe VII.03.011
obciążenie pionowe VII.03.062
obciążenie powierzchniowe VII.03.010
obciążenie powodujące wyboczenie wg. Eulera VII.05.009
obciążenie poziome VII.03.017
obciążenie promieniowaniem IX.02.01.019
obciążenie przemienne VII.03.002
obciążenie równomierne VII.03.060
obciążenie ruchome VII.03.033
obciążenie skupione VII.03.007
obciążenie stałe VII.03.035
obciążenie śniegiem VII.03.045
obciążenie trapezowe VII.03.058
obciążenie węzłowe VII.03.022
obciążenie wiatrem VII.03.065
obciążenie zmienne VII.03.025
obejście chóru II.04.01.022
obiekt kulturowy I.01.005
objaśnienie IV.03.02.001
objaśnienie IV.03.02.004
objazd III.02.02.009
objęcie ochroną II.06.02.009
objętość V.02.01.004
objętość przestrzeni IX.01.02.013
obliczenia termotechniczne IX.02.02.009
obmiar robót III.01.06.
obnizenie XI.01.01.024
obniżenie określonego poziomu funkcji XI.06.042
obniżenie poziomu wody gruntowej VIII.01.04.017
obniżenie wartości II.06.02.024
obora XII.02.02.023
obowiązek zgłoszenia I.04.02.012
obozowisko mieszkalne X.03.01.012
obramienie II.02.06.020
obraz I.01.036
obraz miasta XI.04.02.079
obraz miejsca XI.04.02.046
obraz ścienny XII.06.01.047
obróbka mięsa XII.03.02.010
obrót VII.04.068
obrys V.02.02.001
obrzeże miasta XI.03.03.003
obrzutka VI.06.05.003
obsada X.01.04.023
obserwacja I.02.04.007
obserwacja II.01.02.026
obsunięcie fundamentów VIII.01.08.006
obsunięcie stoku VIII.01.08.007
obsunięcie terenu VIII.01.08.008
obszar V.02.07.011
obszar V.03.01.010
obszar administracyjny XI.03.01.003
obszar badań III.02.02.028
obszar ekspozycji XII.11.02.007
obszar gminny XI.03.01.004
obszar graniczny XI.03.01.001
obszar klęski żywiołowej XI.03.01.007
obszar koncentracji aktywności komercyjnych XI.06.018
obszar młodnika XI.01.01.047
obszar nakładania się placów XI.04.02.024
obszar ochrony krajobrazowej XI.01.01.046
obszar odkształceń plastycznych VII.04.035
obszar odkształceń sprężystych VII.04.020
obszar osiedli domów jednorodzinnych XI.06.022
obszar pod zabudowę XI.02.01.009
obszar produkcji nieuciążliwej XI.06.019
obszar prywatny XII.01.02.005
obszar przemysłowy XI.06.020
obszar publiczny XII.01.02.006
obszar rolniczy XI.02.01.001
obszar sprzedaży XII.03.02.005
obszar ścinania VIII.02.04.021
obszar turystyczny XI.03.01.008
obszar uprawy owoców XI.02.01.003
obszar uprawy warzyw XI.02.01.002
obszar uprawy winorośli XI.02.01.004
obszar wojskowy XI.03.01.005
obszar wyłącznie mieszkaniowy XI.06.021
obszar wzmocnienia VII.04.040
obszar zabudowany XI.02.01.010
obszar zabudowany XI.06.012
obszar zabytkowy II.06.01.014
obszar zamknięty XI.03.01.006
obszary XI.03.01.
obszary i osiedla XI.03.
obszary miejskie XI.03.03.
obszary przestrzenne XI.04.02.004
obudowany wykop fundamentowy VIII.01.04.008
obywatel I.03.055
obywatel ziemski I.03.058
obywatel ziemski I.05.02.003
ocean XI.01.01.027
ocena wartości X.01.02.006
ochłodzenie IX.02.01.005
ochota I.01.038
ochrona cieplna IX.02.02.001
ochrona otoczenia II.06.02.010
ochrona prawna I.04.01.025
ochrona przeciwdźwiękowa IX.01.01.027
ochrona przed hałasem IX.01.01.
ochrona przed hałasem XI.05.01.056
ochrona przed wilgocią IX.03.009
ochrona słuchu IX.01.02.025
ochrona środowiska kulturowego II.06.02.014
ochrona zabytków II.06.
ochrona zabytków II.06.01.004
ochrona zimna IX.02.02.025

oczekiwanie I.02.03.004
oczep II.02.04.032
oczyszczacz strugą pary X.02.02.012
oczyszczalnia III.03.03.007
odbicie IV.02.04.009
odbicie IX.01.01.014
odbiornik III.01.03.019
odbiór I.04.05.007
odbiór budowlany X.01.06.003
odblask IV.02.04.009
odbudowa II.06.03.013
odchylenie VI.09.016
odchylenie XI.04.02.059
odciąg VII.02.04.006
odcień farby V.04.02.026
odcień koloru IV.02.04.003
odcinek IV.01.01.005
odcinek bazy III.01.02.008
odczuwalność cieplna IX.02.01.015
oddanie X.01.01.012
oddział intensywnej terapii XII.12.02.008
oddział położniczy XII.12.02.014
oddziaływanie akustyczne IX.01.01.002
oddziaływanie psychologiczne koloru V.04.02.018
odgałęzienie XI.05.01.081
odgłos kroków IX.01.01.017
odgromnik VIII.05.04.007
odjazd V.02.07.008
odkrywka VIII.01.03.001
odkształcenie VII.04.014
odkształcenie VII.04.015
odkształcenie III.01.06.005
odkształcenie IV.02.01.005
odlot XII.06.04.026
odłogi III.03.02.003
odmowa I.04.02.010
odnowa II.06.03.011
odnowa miasta XI.04.04.
odnowienie XI.04.03.016
odnowienie XI.04.04.002
odnowienie i modernizacja objektów XI.04.04.010
odnowienie i modernizacja terenów XI.04.04.009
odpad III.03.01.003
odpady III.03.02.002
odpady obciążające środowisko III.03.
odpady produkcyjne III.03.02.005
odpady szczególne III.03.03.003
odpis I.05.04.008
odpływ XI.04.05.010
odpora II.02.04.030
odporność na rozerwanie VIII.02.03.003
odporność na zarysowanie VIII.02.03.002
odporność ogniowa VI.09.040
odpowiedzialność I.04.03.006
odpowiedzialność X.01.06.012
odpór gruntu VIII.01.08.005
odpór ziemi VIII.01.08.005
odprowadzenie ciepła podłogowego IX.02.02.008
odpuszczenie I.04.02.007
odrębność II.06.01.024
odsetki za zwłokę I.05.05.023
odstęp między budynkami XI.06.016
odszkodowanie XI.04.03.014
odszkodowanie I.05.02.013
odształceń VII.04.057
odwadnianie VIII.01.04.018
odwodnienie VIII.01.04.013
odwodnienie VIII.01.04.018
odwodnienie III.03.02.007
odwołanie I.04.01.020
odzwierciedlenie I.01.110
oferta I.04.03.002
oferta I.05.04.007
oferta X.01.01.011
ogłoszenie przetargu X.01.01.005
ogniwo X.02.02.005
ogólne wrażenie II.06.04.003
ogólne zasady projektowania V.01.01.
ogólnospołeczna potrzeba zachowania II.06.02.005
ograniczenia dobudowy II.06.02.011
ograniczenie XI.04.02.050
ograniczenie prędkości XI.05.01.053
ogrodnictwo XII.02.02.007
ogrodzenie X.03.01.001
ogród dziedziniec rzeźby XII.11.03.009
ogród zimowy XII.08.05.022
ogródek piwny XII.14.01.006
ojczyzna I.03.030
okap VIII.05.01.008
okap VIII.05.03.005
okienko XII.04.010
okienko odpraw XII.06.04.016
okiennica VIII.03.02.037
okładzina VI.02.02.011
okładzina wewnętrzna VIII.05.01.038
okna VIII.03.02.
okno dachowe VIII.03.02.028
okno kopułowe VIII.03.02.026
okno leżące VIII.03.02.023
okno skrzynkowe VIII.03.02.022
okno stojące VIII.03.02.024
okno szedowe VIII.03.02.029
okno w wykuszu VIII.03.02.027
okolnica II.05.01.004
okrąg III.01.02.012
okrąglak VIII.02.01.008
okrąglak budowlany VIII.02.01.009
okrągły przekrój poprzeczny VII.01.004
okres II.01.01.005
okres budowy X.01.05.020
okres drgań VII.07.027
określenie wartości X.01.02.006
okręgły XI.04.02.023
okręt XI.05.03.001
okucie drzwiowe VIII.03.01.005
okulary ochronne X.02.01.070
oliwiarka X.02.01.082
ołów VI.07.02.003
ołówek IV.04.02.009
ołówek kolorowy IV.04.02.012
ołytowy pustak stropowy VI.02.02.007
omnibus XI.05.01.038
opady atmosferyczne IX.03.044
opaska ościeżnicy drzwiowej VIII.03.01.002
opera XII.11.04.002
opiniodawca X.01.01.021
opis II.01.02.027
opis IV.03.02.002
opis budowli III.01.07.
opłaty I.05.05.009
opora VII.02.03.001
oporność przenikalności cieplnej IX.02.02.017
opór przejmowania ciepła IX.02.02.011
opór przewodności cieplnej IX.02.02.013
opóźnienie X.01.05.029
oprocentowanie I.05.05.014
opuszczana krata II.04.03.017
oranżeria II.04.04.010
organiczny I.01.092
organizacja przestrzenna V.03.02.
organizacja rzutu poziomego XII.01.02.004
organizacja wewnętrzna zakładu X.01.04.021
organizacja zakładu X.01.04.
organizować V.01.02.006
orientacja przestrzenna XII.08.01.006
orientacja w stosunku do stron świata XI.04.02.043
ornament I.01.095
ortogonalny XI.04.02.022
ortopedia XII.12.02.015
oryginalność I.01.094
orzeczenie I.04.01.015
os libelli III.01.03.028
osadzanie VIII.01.01.005
oscylacja IX.01.01.007
oscylacja masy jednostkowej VII.07.032
osiadanie podpór VII.03.051
osiągnięcie I.02.03.034
osie podłużne układu VII.01.017
osiedla XI.03.02.
osiedle domów wakacyjnych XI.02.03.006
osiedle miejskie XI.03.02.001
osiedle mieszkaniowe XI.03.02.009
osiedle pracownicze XI.03.02.003
osiedle robotnicze XI.03.02.002
osiedle urzędnicze XI.03.02.004
osiedle wiejskie XI.02.03.007
osiedle willowe XI.03.02.005
osiedlenie XI.04.05.012
oskarżyciel publiczny I.04.01.008
osłonowa warstwa muru VIII.02.03.021
osoba I.02.03.016
osobliwość I.01.098
osobliwość I.01.135
osobliwość II.06.01.026
osobowość I.02.03.017
osprzęt VII.02.04.002
ostateczny termin płatności I.05.05.018
ostudzenie IX.02.01.005
osuszenie VIII.01.04.015
oszalowanie dźwigarowe X.03.02.015
oszalowanie kolumnowe X.03.02.019
oszalowanie kroczące X.03.02.017
oszalowanie okrężne X.03.02.016
oszalowanie panelowe X.03.02.020
oszalowanie pojedyńcze X.03.02.013
oszalowanie ramowe X.03.02.014
oszalowanie ślizgowe X.03.02.018
oszalowanie zmienne X.03.02.021
oszczędzać I.05.05.005
oszklenie podwójne VIII.03.02.020
oszklenie pojedyńcze VIII.03.02.019
oszklenie warstwowe VIII.03.02.021
oś IV.01.01.010
oś V.02.06.001
oś XI.04.02.078
oś celowa III.01.03.042
oś ciężkości VII.04.006
oś funkcjonalna V.01.01.006
oś główna IV.01.01.011
oś neutralna VII.04.032
oś pionowa VII.01.039
oś pochylenia III.01.03.043
oś poprzeczna układu VII.01.037
oś pozioma VII.01.015
oś środkowa VII.04.006
oś widokowa V.01.01.005
ościeże wewnętrzne VIII.03.02.003
ościeże zewnętrzne VIII.03.02.002
ośmiościan foremny IV.01.02.004
oświetlenie bezpośrednie V.04.01.004
oświetlenie boczne XII.11.03.018
oświetlenie górne XII.11.03.017
oświetlenie pośrednie V.04.01.005
oświetlenie ulic XII.06.01.029
otoczenie V.03.01.003
otoczenie wsi XI.02.02.004
otwarta V.03.02.008
otwarta przestrzeń XI.04.02.008
otwarte odwodnienie VIII.01.04.014
otwartość I.01.090
otwarty XI.01.01.051
otwarty XI.04.02.019
otwory VIII.03.

owal IV.01.01.018
ozdoba I.01.033

P

pachołek XII.06.01.040
packa drewniana X.02.01.046
padanie światła V.04.01.011
pagórkowaty XI.01.01.053
pal kotwiący VIII.01.07.008
pal rurowy VIII.01.07.005
pal śrubowy VIII.01.07.006
pal wbijany VIII.01.07.004
pal wiercony VIII.01.07.007
pal wstrzykiwany VIII.01.07.015
palatium II.04.03.002
palatium II.04.03.019
palisada II.04.03.008
palnik do cięcia X.02.01.068
palnik spawalniczy X.02.01.069
palność VI.09.036
pałace II.04.04.
pamięć I.02.02.007
panele VI.08.05..008
panorama XI.04.02.081
panowanie I.03.015
państwo i miasto XII.05.
papier IV.04.01.002
papier akwarelowy IV.04.01.004
papier do pisania IV.04.01.006
papier rysunkowy IV.04.01.003
papier światłoczuły IV.04.01.005
para IX.03.020
para X.02.02.006
para wodna IX.03.021
parapet VIII.03.02.005
parawanowiec XII.08.03.015
parcela XI.02.01.012
parcelacja XI.02.01.013
parcie wiatru VII.03.066
parcie ziemi VIII.01.08.002
parkiet XII.11.04.025
parking X.03.01.005
parking XI.05.01.086
parking XII.06.01.022
parkowanie XII.06.01.020
parkur XII.13.04.004
parlament XII.05.001
paroizolacja VIII.05.01.037
paroizolacja IX.03.022
parostatek XI.05.03.002
parowiec XI.05.03.002
parowóz X.02.03.012
parowóz XI.05.02.016
partacka robota X.01.06.009
partycypacja X.01.04.035
partycypacja XI.04.03.007
partycypacja I.03.011
pas VII.02.05.003
pas boczny XI.05.01.093
pas do lądowania XI.05.04.010
pas dolny VII.02.05.001
pas górny VII.02.05.020
pas poprzeczny VIII.02.02.014
pas rozciągany VII.02.05.019
pas ruchu XI.05.01.089
pas startowy XI.05.04.011
pas startowy XII.06.04.007
pas ściskany VII.02.05.004
pasaż XI.05.01.004
pasaż XII.03.01.009
pasiadacz gruntu I.05.02.003
pastel IV.04.02.012
pastwisko XI.01.03.004
paszarnia XII.02.02.015
paternoster VIII.06.02.010
patologia XII.12.02.017
patos I.01.097
patrycjusz I.03.057
pawilon II.04.04.003
pełne sprężenie wstępne VIII.02.04.026
pełnomocnictwo I.04.01.009
pełnościenny VII.02.02.017
pełny VII.02.03.006
pełny czas pracy X.01.05.027
pełzanie VI.05.01.006
pełzanie VI.09.004
pendentyw II.03.03.004
percepcja I.02.02.017
peron XII.06.02.016
personel X.01.04.023
perspektywa IV.02.03.
perspektywa czołowa IV.02.03.009
perspektywa frontalna IV.02.03.009
perspektywa kawalerska IV.02.02.003
perspektywa narożnikowa IV.02.03.010
perspektywa nieodwracalna IV.02.03.013
perspektywa odwracalna IV.02.03.008
perspektywa panoramiczna IV.02.03.014
perspektywa środkowa IV.02.03.009
perspektywa z lotu ptaka IV.02.03.011
peryferia XI.03.03.002
petycja obywatelska III.02.02.025
pewność I.05.05.025
pęcznienie VI.09.008
pędzel IV.04.02.015
pędzel ławkowiec X.02.01.047
pędzel pierścieniowy X.02.01.048
pęknięcie VI.03.01.018
piasek VI.01.02.012
piasek VI.01.02.023
piasek VI.04.04.010
piasek VIII.01.02.018
piasek hutniczy VI.04.04.002
piasek przesiany VIII.01.02.015
piasek szlamowany VIII.01.02.016
piaskowiec VI.01.02.024
pieczara II.02.02.001
piekarnia XII.02.01.002
piekarz XII.02.01.002
pieszy XI.05.01.001
piękno I.01.010
pięterko (mezzanino) XII.08.04.003
piętro II.02.04.045
piętro II.02.04.046
piętro ze ścianami kolankowymi II.02.04.047
pilaster II.02.05.004
pilnik okrągły X.02.01.026
pilnik płaski X.02.01.024
pilnik trójkątny X.02.01.025
piła dwuchwytowa poprzeczna X.02.01.033
piła łańcuchowa X.02.01.066
piła mechaniczna X.02.01.066
piła otwornica X.02.01.036
piła ręczna kabłąkowa X.02.01.034
piła rozpłatnica X.02.01.035
piłka ręczna do metalu X.02.01.037
piłka ręczna kabłąkowa mała X.02.01.038
pinakiel II.02.06.025
pion III.01.03.012
pion X.02.01.088
pion optyczny III.01.03.051
pionowa oś III.01.03.041
pionowa warstwa izolacyjna IX.03.059
pionowy słup pośredni II.02.04.024
piorunochron VIII.05.04.007
pióro II.02.04.010
pióro IV.04.02.014
piramida II.02.06.027
piwnica XII.08.05.038
plac XI.04.02.017
plac XI.05.01.006
plac budowy X.03.01.
plac ciesielski X.03.01.020
plac do gry XII.13.01.012
plac golfowy XII.13.01.011
plac parad XII.05.012
plac postojowy X.03.01.006
plac ujeżdżania XII.13.04.003
plac zabaw XII.09.01.008
plac zabaw dla dzieci XII.06.01.038
plan III.01.04.006
plan IV.02.01.006
plan VIII.02.04.007
plan X.01.03.005
plan dachu IV.02.01.016
plan finansowania X.01.02.003
plan finansowania XI.04.03.012
plan gęstości III.02.01.011
plan inwestycyjny XI.04.03.011
plan kondygnacji IV.02.01.015
plan potrzeb III.02.02.017
plan projektu XI.04.03.022
plan przybliżony X.01.03.006
plan realizacyjny XI.04.03.024
plan sanacji III.03.04.001
plan sieciowy X.01.03.008
plan sił VII.02.05.008
plan socjalny XI.04.04.013
plan społeczny III.02.02.019
plan strukturalny X.01.03.010
plan sytuacyjny IV.02.01.014
plan szczegółowy X.01.03.007
plan uzyskania pozwoleń XI.04.03.023
plan użytkowania terenu XI.06.003
plan węzłowy wydarzeń węzłowa sieć okazji X.01.03.011
plan wolny XII.08.05.002
plan wypłat I.05.04.019
plan zabudowy XI.06.004
plan zągospodarowania przestrzennego XI.06.003
planimetria IV.01.01.
planista X.01.01.024
planowanie X.01.03.004
planowanie budowy X.01.
planowanie faz budowy X.01.03.021
planowanie krajowe XI.06.007
planowanie miast XI.04.03.
planowanie miejscowe XI.06.006
planowanie przebiegu budowy X.01.03.020
planowanie przebiegu budowy X.01.05.021
planowanie przedmiotowe XI.04.03.019
planowanie regionalne XI.06.008
planowanie rozwoju wsi XI.02.04.004
plastomer VI.08.04..004
plastyczna VI.05.02.003
plastyczna VIII.01.02.038
plastyczność VII.04.
plastyka I.01.114
platforma X.02.03.014
platforma robocza X.03.02.002
platforma widokowa XII.06.04.028
plebania XII.11.01.011
plexiglas IV.04.01.010
płaca I.04.04.003
płaski XI.01.01.049
płaszczyzna odwzorowania III.01.06.009
płaszczyzna podstawy IV.02.03.005
płaszczyzna przekroju poprzecznego VII.01.023
płaszczyzna rysunku IV.02.03.004
płaszczyzna ścinania VII.04.049
płatew VIII.05.01.009
płatew kalenicowa VIII.05.01.010
płot budowlany X.03.01.001
płynna VI.05.02.001
płynna VIII.01.02.036
płynność spłat I.05.04.020
płyta VI.07.01.015
płyta akustyczna VI.08.03.002
płyta ceglana VI.02.03.009

płyta czołowa VIII.02.02.024
płyta dzwiękochłonna VI.08.03.001
płyta fundamentowa VIII.01.06.006
płyta fundamentowa VIII.01.06.008
płyta fundamentowa podpory VIII.02.02.026
płyta kasetonowa VII.02.07.005
płyta multiplex VIII.02.01.017
płyta pilśniowa VIII.02.01.016
płyta podparta punktowo VII.02.07.003
płyta szklana VIII.02.05.001
płyta utwierdzona dwuosiowo VII.02.07.004
płyta utwierdzona jednostronnie VII.02.07.001
płyta wiórowa VI.08.03.006
płyta wiórowa VIII.02.01.014
płyta zbijana VIII.02.01.030
płytka ceramiczna VI.02.02.010
płytka sześcioboczna VI.02.02.008
płyty VII.02.07.
płyty akustyczne IX.01.02.016
płyty budowlane VI.08.05..008
płyty gazobetonowe VI.02.04005
płyty gipsowo-kartonowe VI.08.05..001
płyty gipsowo-włókniste VI.08.05..002
płyty ścienne VI.08.05..003
pływalnia otwarta XII.13.03.003
pochłaniacz drgań VII.07.035
pochłanianie V.04.01.009
pochłanianie dźwięku IX.01.01.006
pochwyt VIII.06.01.007
pochylnia X.03.01.007
pochylnik III.01.03.035
pochyłościomierz III.01.03.035
pociąg X.02.03.011
pociąg XI.05.02.012
pociąg osobowy XI.05.02.013
pociąg pocztowy XI.05.02.015
pociąg towarowy XI.05.02.014
początek X.01.05.009
początkowe koszty budowy X.01.02.016
poczekalnia XII.06.01.036
poczekalnia XII.06.04.025
poczekalnia XII.12.02.025
poczta XII.04.004
podatek I.05.01.011
podatek gruntowy I.05.01.012
podatek wartości dodatkowej I.05.01.013
podatna VIII.01.02.038
podatność na odkształcenia plastyczne VI.09.006
podciąg VIII.02.07.006
podciąg VIII.04.008
podcięta VIII.02.03.010
podest VIII.06.01.002
podjazd XII.07.01.006
podkład pod tynk VI.06.02.
podkładka pod legar
podłogowy VIII.02.01.011
podłoże VIII.01.
podłoże tynku VI.06.01.004
podmiot I.02.03.015
podniesienie standardu dzielnicy poprez zmiany socjalnej struktury mieszkańców XI.04.05.002
podnośnia statków XII.06.03.015
podnośnik X.02.03.001
podokiennik VIII.03.02.004
podparcie X.03.02.006
podpora VII.02.01.004
podpora VII.02.03.001
podpora VII.02.05.018
podpora VIII.02.02.015
podpora VIII.02.07.002
podpora II.02.04.020
podpora centralna VIII.02.02.046
podpora dźwigara VIII.02.02.044
podpora jednorodna VIII.02.02.016
podpora łącząca VIII.02.06.013
podpora płaska VIII.02.02.045
podpora przegubowa VII.01.014
podpora przegubowo-nieprzesuwna VIII.02.02.040
podpora przegubowo-przesuwna VIII.02.02.041
podpora przesuwna VII.01.021
podpora składana VIII.02.02.018
podpora sprężysta VII.01.006
podpora sztywna VII.02.01.002
podpora utwierdzona VIII.02.07.004
podpora wahadłowa VIII.02.07.003
podpora wieloelementowa VIII.02.02.017
podpora zamocowana VIII.02.07.004
podpory VIII.02.02.039
podpory II.02.05.001
podpory powłoki oszalowania X.03.02.008
podpórka kątowa VIII.02.02.048
podstawa V.02.02.003
podstawa budowy VIII.01.04.002
podstawa formy X.04.011
podstawka do łat III.01.03.023
podstawy naukowo-ekonomiczne I.05.
podstawy prawne I.04.
podstawy statystyczne III.02.02.007
podstawy umowy X.01.01.002
podstawy wynajmu X.01.01.002
podstępne wprowadzenie w błąd (zwodzenie) I.04.01.024
podstopka VIII.05.01.022
podstopnica VIII.06.01.005
podwalina VIII.01.04.003
podwalina II.02.04.031
podwójna krzywizna VII.02.10.005
podwójne VIII.03.02.022
podwójne oszalowanie X.03.02.012
podwójny pentagon III.01.03.010
podwójny pokój XII.14.02.012
podwórzec XII.02.02.016
podwykonawca X.01.04.006
podwynajęcie XII.08.03.020
podwyższenie XI.04.02.068
podwyższenie do czytania Tory II.04.01.006
podwyższenie określonego poziomu funkcji XI.06.043
podział XI.04.02.055
podział okienny II.02.04.040
podział pracy X.01.03.017
pogląd I.01.108
pogłębiarka X.02.03.021
pogłos IX.01.02.001
pogłos IX.01.02.010
pogotowie ratunkowe XII.12.01.002
pogotowie ratunkowe XII.12.02.002
pojazd ciężarowy X.02.03.017
pojazd do transportu form bądź prefabrykatów X.04.018
pojazd osobowy X.02.03.016
pojazdy drogowe X.02.03.015
pojazdy dwukołowe XI.05.01.028
pojazdy szynowe X.02.03.009
pojecia III.03.01.
pojedyńczy pokój XII.14.02.011
pojemnik na beton X.02.01.032
pojemność cieplna IX.02.01.035
pojęcia budowlane II.06.03.
pojęcia estetyczne II.06.04.
pojęcia ogólne II.01.01.
pojęcia ogólne II.06.01.
pojęcia ogólne IV.02.03.001
pojęcia ogólne XII.08.01.
pojęcia ogólne XII.08.05.001
pojęcia podstawowe XII.01.
pojęcia podstawowe III.01.02.
pojęcia podstawowe VII.01.
pojęcia podstawowe IX.02.01.001
pojęcia podstawowe geometrii IV.01.
pojęcia prawne II.06.02.
pojęcia techniczne VI.03.01.
pojęcia techniczne VI.05.01.
pojęcia techniczne VI.06.01.
pojęcia teoretyczne II.01.
pojęcie ogólne I.04.01.
pojęcie ogólne I.05.01.
pokolenie I.03.069
pokój II.04.05.006
pokój chorego XII.12.02.003
pokój dziecinny XII.08.05.024
pokój gościnny XII.08.05.026
pokój hotelowy XII.14.02.010
pokój konferencyjny XII.02.01.022
pokój konferencyjny XII.04.012
pokój mieszkalny XII.08.05.014
pokój muzyczny XII.08.05.016
pokój nauczycielski XII.09.02.013
pokój ogrzewany II.04.05.005
pokój personelu XII.09.01.007
pokój pierwszej pomocy XII.13.03.012
pokój położniczy XII.12.02.013
pokój pracy XII.08.05.015
pokój przejściowy XII.08.05.005
pokój ratownika XII.13.03.013
pokój rodziców XII.08.05.025
pokój rozmów z rodzicami XII.09.02.015
pokój służbowy XII.10.01.014
pokój wypoczynku XII.09.01.005
pokój z wejściem pośrednim XII.08.05.006
pokój zabaw XII.09.01.002
pokrętło zapadkowe (grzechotka) z orzechem X.02.01.021
pokrycie dachu VIII.05.01.033
pole XI.01.03.005
pole sklepienne II.02.06.014
pole słyszalności IX.01.02.026
polerowane VIII.02.05.002
polewaczka X.02.01.031
policja XII.05.005
policja budowlana I.04.05.006
policzek VIII.06.01.006
poligon XII.05.013
poligon rakietowy XII.06.04.004
polimer VI.08.04..002
politura VI.08.02.021
polityka rolna XI.02.01.008
połać (boczna trójkątna) VIII.05.03.002
połączenia VIII.02.02.049
połączenie VIII.02.07.010
połączenie V.02.04.004
połączenie częściowe VIII.02.06.008
połączenie dylatacyjne VIII.02.03.009
połączenie dźwigarów VIII.02.02.038
połączenie elastyczne VIII.02.06.004
połączenie klejone VIII.02.01.035
połączenie klejone VIII.02.06.006
połączenie na kliny VIII.02.02.062
połączenie na kołki VIII.02.02.054
połączenie na śruby VIII.02.02.053
połączenie niepełne VIII.02.06.010
połączenie podatne VIII.02.06.003
połączenie przegubowe VII.01.013
połączenie przez przyczepność VIII.02.06.005
połączenie spawane VIII.02.02.055
połączenie sprężyste VIII.02.06.004
połączenie sztywne VII.01.027
połączenie sztywne VIII.02.06.002
połączenie trzecim V.03.03.003
położenie V.02.04.002
położenie kamienia węgielnego X.01.05.011
położenie poprzeczne XI.04.02.063
połyskując V.04.02.010
pomaturalne studium zawodowe XII.09.02.004

pomiar detalu III.01.06.014
pomiar długości III.01.03.001
pomiar dziaxki budowlanej III.01.01.005
pomiar kąta III.01.03.036
pomiar kątów III.01.05.007
pomiar kontrolny III.01.06.001
pomiar krokowy III.01.05.014
pomiar prostopadły do linii pomocniczej III.01.05.009
pomiar stanu istniejącego III.01.06.015
pomiar wysokości III.01.03.013
pomiary IX.02.01.022
pomiary budowlane III.01.
pomiary budowli III.01.05.019
pomiary elewacji III.01.05.018
pomiary pionowe III.01.05.005
pomiary poziome dwuwymiarowe III.01.05.001
pomieszczenia sąsiadujące V.03.03.001
pomieszczenia się przenikające V.03.03.002
pomieszczenie do przewijania niemowląt XII.09.01.006
pomieszczenie główne II.04.01.003
pomieszczenie magazynowe XII.03.02.002
pomieszczenie majstra XII.02.01.027
pomieszczenie multimedialne XII.10.01.023
pomieszczenie na odpadki XII.02.01.037
pomieszczenie na śmieci XII.03.02.004
pomieszczenie operacyjne XII.04.015
pomieszczenie rekreacyjne XII.02.01.018
pomieszczenie sanitarne X.03.01.016
pomieszczenie sędziowskie XII.13.01.021
pomieszczenie socjalne X.03.01.014
pomieszczenie socjalne XII.02.01.013
pomieszczenie szkoleniowe XII.02.01.023
pomieszczenie wystawowe XII.02.01.025
pomniejszenie w skali III.01.05.017
pomnik II.06.01.001
pomnik XII.06.01.045
pomocniczy pracownik budowlany X.01.04.043
pomost oświetleniowy XII.11.04.016
pomost roboczy X.03.02.002
pompa X.02.02.017
pompa do betonu X.02.02.028
pompownia XII.02.03.019
ponowne odbudowanie XI.04.04.004
popiół powietrzny VI.04.04.005
popyt III.02.02.021
poręcz VIII.06.01.007

poręka I.05.05.024
poręka X.01.06.012
porfir VI.01.02.018
porowatość VI.09.022
porowatość VI.09.027
port jachtowy XII.13.03.015
port kontenerowy XII.06.03.005
port morski XII.06.03.002
port przemysłowy XII.06.03.004
port śródlądowy XII.06.03.003
portal II.02.06.018
portal II.04.02.001
portal schodkowy II.02.06.019
portier XII.04.007
porty XII.06.03.001
pory nasilonego ruchu XI.05.01.050
porządek I.01.091
posadowanie VIII.01.02.
posadowienie obiektów VIII.01.01.
posadzka anhydrytowa VI.06.06.001
posadzka cementowa VI.06.06.003
posadzka kompozytowa VI.06.06.004
posadzka magnezytowa VI.06.06.007
posadzka na warstwie dzielącej VI.06.06.009
posadzka wylewana z asfaltu VI.06.06.002
posadzka z materiałów twardych VI.06.06.006
posadzka z tworzywa sztucznego VI.06.06.008
posadzki VI.06.06.
posadzki pływające VI.06.06.005
posiadacz I.05.02.002
posiadacz gruntu I.03.058
postać I.01.053
postanowienie I.04.02.003
posterunek XII.05.006
postęp I.01.104
postojowy XI.05.01.093
postój XII.06.01.020
postrzeganie zmysłowe I.02.02.016
poślizg VIII.01.01.006
poślizg kołka VIII.02.06.020
potok XI.01.01.040
potrzeba I.02.02.005
potrzebny czas pracy X.01.05.019
potrzeby mieszkaniowe XII.08.01.008
potrzeby własne II.06.02.017
powiązania przestrzenne V.01.01.001
powiązania wewnętrzne XII.07.02.
powiązania zewnętrzne XII.07.01.
powiązanie XI.04.02.056
powiązanie centralne XII.07.02.005
powiązanie linearne XII.07.02.003
powiązanie pierścieniowe XII.07.02.006
powiązanie pionowe XII.07.02.001
powiązanie poziome XII.07.02.002
powiązanie promieniste XII.07.02.004
powiązanie z miejscem XI.04.02.045
powiązanie z miejscem II.06.04.002

powidok V.04.02.019
powiernictwo I.05.02.010
powiernik I.05.02.010
powierzchnia IV.01.01.016
powierzchnia V.02.01.003
powierzchnia cylindryczna IV.01.02.007
powierzchnia mieszkalna XI.06.029
powierzchnia mieszkalna XII.08.01.003
powierzchnia obrysu kołka VIII.02.06.019
powierzchnia odbicia V.04.01.008
powierzchnia ogólna XI.06.028
powierzchnia podstawy VIII.01.01.011
powierzchnia przekroju poprzecznego VII.04.012
powierzchnia przekształcona VII.02.08.008
powierzchnia rdzenia VII.04.024
powierzchnia spawu VIII.02.02.059
powierzchnia użytkowa XI.06.017
powierzchnia zabudowy XI.06.015
powierzchnia zewnętrzna V.02.02.011
powierzchnia ziemi VIII.01.04.001
powiększenie V.02.06.008
powiększenie w skali III.01.05.017
powłoka asfaltowa VI.08.02.001
powłoka celulozowa VI.08.02.005
powłoka deskowana X.03.02.007
powłoka lateksowa VI.08.02.011
powłoka oszalowana X.03.02.007
powłoka pigmentowa VI.08.02.020
powłoka spirytusowa VI.08.02.025
powłoka syntetyczna VI.08.02.027
powłoka zewnętrzna VIII.02.03.022
powłoki VII.02.08.
powłoki antykorozyjne VI.08.02.007
powłoki dwuskładnikowe VI.08.02.031
powłoki malarskie VI.08.02.
powłoki wieloskładnikowe VI.08.02.014
powóz XI.05.01.021
powtórne wykorzystanie III.03.05.
powtórne wykorzystanie III.03.05.003
powtórne wykorzystanie III.03.05.005
powtórne wykorzystanie III.03.05.004
powtórzenie V.02.06.006
poziom adaptacji I.02.03.029
poziom głośności kroku IX.01.01.018
poziom hałasu IX.01.01.029
poziom życia I.03.071
pozioma warstwa izolacyjna IX.03.058
poziomica III.01.02.010
poziomnica III.01.03.025
poziomnica III.01.03.033
poziomnica X.02.01.086
poziomnica wężowa III.01.03.034
poziomy przestrzenne XI.04.02.005
poznanie II.01.02.022
poznawanie I.02.02.006

pozostałe urządzena XII.14.03.
pozostałe założenia sportowe XII.13.05.
pozór I.01.001
pozwolenie I.04.02.005
pozwolenie na budowę I.04.05.004
pozycja obciążenia VII.03.038
pożyczka I.05.05.020
pożyczka premiowa I.05.05.011
półcień IV.02.04.014
półka XII.02.04.002
półprosta IV.01.01.004
półprzestrzeń sprężysta VII.01.008
półstała VIII.01.02.037
półwysep XI.01.01.005
praca nielegalna I.04.04.007
prace publiczne III.02.02.027
pracownia X.03.01.017
pracownia XII.08.05.015
pracownik I.03.054
praktyka I.03.018
praktyka lekarska XII.12.02.022
pralnia XII.12.02.021
prawda I.01.129
prawo I.04.01.001
prawo administracyjne I.04.02.
prawo budowlane I.04.05.
prawo budowlane I.04.05.005
prawo budowlane XI.06.001
prawo cywilne I.04.01.003
prawo do przejęcia II.06.02.019
prawo o ochronie zabytków II.06.02.001
prawo pracy I.04.04.
prawo umów I.04.03.
prawo wspierające rozwój miast XI.04.03.001
prawo wykorzystania przestrzeni ponad działką XI.06.044
prądnica X.02.02.001
prądnica spawalnicza X.02.01.072
prefabrykacja X.04.
prefabrykacja X.04.001
prefabrykacja ciągła X.04.009
prefabrykacja metodą taśmową X.04.008
prefabrykacja na miejscu budowy X.04.007
prefabrykaty VI.08.05..006
prefabrykaty gipsowe VI.08.05..007
preferencje mieszkaniowe XI.04.03.010
premia I.05.05.011
premia państwowa odliczana od podatku I.05.05.012
prędkość XI.05.01.052
prędkość kątowa VII.07.004
pręt VIII.02.04.014
pręt pionowy II.02.04.022
pręt przekątniowy VII.02.05.006
pręt rozciągany VII.02.01.009
pręt sprężający VIII.02.04.031

pręt ściskany VII.02.01.001
pręt zginany VII.02.01.003
pręty VII.02.01.
problem naprężeń VII.05.022
problem stateczności VII.05.021
procent wynajętych lokali w obiekcie XI.06.035
procenty I.05.05.013
proces I.04.01.013
proces X.01.03.001
proces X.01.05.006
proces dyfuzji IX.03.025
produkcja rolna XI.02.01.007
profil IV.02.01.020
profil ceowy VIII.02.02.004
profil lekki VIII.02.02.008
profil pusty VIII.02.02.007
profil teowy VIII.02.02.002
profilowane szkło budowlane VI.03.02.014
prognoza X.01.03.002
program XII.01.02.
program rozwoju wsi XI.02.04.005
projekcja dwurzutniowa IV.02.01.002
projekcja jednorzutniowa IV.02.01.001
projekcja równoległa IV.02.02.
projekcja wielorzutniowa IV.02.01.003
projekt I.01.037
projekt roboczy IV.03.03. 002
projektować V.01.02.001
projektowanie wstępne XI.04.03.021
prokurator I.04.01.008
prom XI.05.03.004
promieniowanie IX.02.01.018
promieniowanie cieplne IX.02.01.008
promień IV.01.01.004
promień IV.01.01.020
promień bezwładności VII.04.039
promień pogłosu IX.01.02.009
proporcja IX.01.02.017
proporcja ntropomorficzna V.02.05.004
proporcja geometryczna V.02.05.002
proporcja harmoniczna V.02.05.003
proporcja liczbowa V.02.05.001
proporcje V.02.05.
prosta IV.01.01.006
prostokąt IV.01.01.026
prostokątny przekrój poprzeczny VII.01.024
prostowanie III.01.05.016
prowadzenie drogi V.02.07.002
prowadzenie zbrojenia VIII.02.04.006
prowizoryczne XII.08.03.033
prowo publiczne I.04.01.002
prowokacja I.01.105
próg V.02.07.005
próg VIII.03.01.004
prymityw I.01.103
prymitywny I.01.103
prywatność I.03.017
prywatność V.03.01.006
pryzmat kątowy III.01.03.011
przebicie X.05.003
przebieg X.01.05.002
przebieg X.01.03.001
przebieg budowy X.01.03.
przebieg budowy w czasie X.01.05.
przebieg momentów VII.03.041
przebieg sił osiowych VII.03.042
przebieg sił poprzecznych VII.03.044
przebieg zniszczenia VI.03.01.016
przebieralnia XII.02.01.015
przebieralnia XII.13.01.022
przebudowa X.05.002
przechowalnia bagażu XII.06.02.019
przeciążenie informacyjne I.02.03.027
przecinak X.02.01.027
przecinarka mechaniczna X.02.02.031
przedawnienie I.04.01.022
przedłużacz VI.05.03.006
przedmieście XI.03.03.001
przedpiersie II.04.03.012
przedpole II.04.03.022
przedsiębiorca I.05.03.011
przedsiębiorstwo X.01.04.022
przedsię-biorstwo X.01.04.001
przedsięwzięcie X.01.04.001
przedsionek XII.08.05.009
przedsionek VIII.03.01.011
przedstawiciel życzeń publicznych XI.04.03.009
przedstawienie III.02.01.006
przedstawienie stanu III.02.01.007
przedszkole XII.09.01.004
przegięcie VII.04.003
przegięcie VII.04.013
przegub VII.01.012
przegub XI.04.02.040
przegub momentów VII.01.019
przegub płatwiowy VIII.02.02.061
przegub sworzniowy VIII.02.02.060
przejazd dołem XI.05.01.085
przejazd kolejowo-drogowy XII.06.02.008
przejęcie II.06.02.018
przejrzystość V.02.02.012
przejście XI.04.02.066
przejście XI.05.02.028
(1.; 2.; 3.) przejście X.01.01.017
przejście dla pieszych XI.05.01.012
przejście gołą stopą XII.13.03.014
przejście przestrzeni XI.04.02.015
przejście tylko w obuwiu sportowym XII.13.01.024
przejście w obuwiu zwykłym XII.13.01.025
przekaz ustny II.01.02.008
przekątna IV.01.01.029
przekładka VIII.02.04.020
przekrój IV.02.01.011
przekrój IV.02.01.020
przekrój XI.04.02.034
przekrój aksonometryczny IV.02.01.022
przekrój perspektywiczny IV.02.01.021
przekrój podłużny IV.02.01.012
przekrój poprzeczny IV.02.01.013
przekrój poprzeczny VII.01.005
przekrój Rittera VII.02.05.011
przekształcenie macierzy VII.06.024
przeludnienie XI.04.05.009
przełamanie XI.04.02.061
przełożenie działek XI.04.03.025
przemianybudowlane X.05.
przemieszczenie VIII.02.06.029
przemysł XII.02.
przemysł XII.02.03.
przeniesienie na inne miejsce II.06.03.016
przenikalność dźwięku IX.01.02.019
przenikanie ciepła IX.02.02.006
przenikanie ciepła IX.02.02.015
przenoszenie ciepła IX.02.01.010
przenoszenie ciepła IX.02.02.004
przenośnik kubełkowy X.02.03.007
przenośnik ślimakowy X.02.02.024
przenośnik zgrzebłowy X.02.03.006
przepisy XI.06.001
przepuszczalność VIII.01.02.044
przepuszczalność promieniowania IX.02.01.021
przerwane połączenie VIII.02.06.009
przestrzenie przenikające się (łańcuch przestrzeni) XII.07.02.009
przestrzenny dźwigar ramowy VII.02.06.008
przestrzenny stan naprężeń VII.04.061
przestrzeń I.01.121
przestrzeń V.03.
przestrzeń częściowo publiczna V.03.01.015
przestrzeń działań V.03.01.008
przestrzeń euklidesowa V.03.01.001
przestrzeń iluzyjna V.03.02.009
przestrzeń komunikacyjna XI.05.01.045
przestrzeń kształtowana V.01.01.007
przestrzeń miejska XI.04.02.001
przestrzeń mieszkalna XII.08.01.002
przestrzeń nieukierunkowana XI.04.02.013
przestrzeń osobista V.03.01.005
przestrzeń osobowa I.02.03.024
przestrzeń pośrednia V.03.02.010
przestrzeń półprywatna V.03.01.016
przestrzeń przeżywana V.03.01.002
przestrzeń publiczna V.03.01.014
przestrzeń robocza sieni II.04.05.008
przestrzeń społeczna V.03.01.013
przestrzeń ukierunkowana XI.04.02.012
przestrzeń ulicy XI.04.02.026
przestrzeń w przestrzeni V.03.03.004
przestrzeń wewnętrzna V.03.01.019
przestrzeń wiejska XI.02.
przestrzeń wolna V.03.02.008
przestrzeń wystawiennicza XII.11.03.007
przestrzeń zachowań V.03.01.009
przestrzeń zewnętrzna V.03.01.018
przestrzeń życiowa I.03.026
przesunięcie VII.04.066
przeszkadzać XII.01.01.008
przetarg ograniczony X.01.01.006
przetarg otwarty X.01.01.007
przetwarzanie III.01.05.016
przetworzenie XI.04.02.065
przetworzenie informacji I.02.02.019
przewężenie XI.04.02.062
przewiązka VIII.02.02.014
przewietrzanie VIII.05.01.039
przewietrzenie na przestrzał XII.08.01.005
przewodność cieplna IX.02.02.030
przewodzenie ciepła IX.02.01.009
przewód X.02.02.004
przewód parowy X.02.02.009
przeżycia w mieszkaniu I.02.03.023
przeżycie I.02.02.002
przęsło II.02.06.015
przęsło skrajne VII.02.02.007
przęsło wewnętrzne VII.02.02.012
przybliżenie VII.06.002
przybliżenie V.02.07.004
przybory kreślarskie IV.04.02.
przybudowa II.06.03.015
przybycie V.02.07.007
przyczepa mieszkalna XI.05.01.036
przyczepność VIII.02.07.010
przyczepność dodatkowa VIII.02.04.023
przyczepność elementu sprężającego VIII.02.04.029
przyczepność początkowa VIII.02.04.024
przyczepność połączenia wywołana przez tarcie VIII.02.06.007
przyczepny tynk gipsowy VI.04.01.002
przyczynowość II.01.01.009
przyczyny historyczne II.06.01.018
przydrożna restauracja XII.06.01.008
przydzielenie I.05.05.016
przygotowanie budowy X.03.
przygotowanie pracy X.01.03.018
przygotowanie żwiru X.03.01.023
przyjemość I.01.035
przyjęcie I.04.03.003
przyjęcie XII.02.01.020
przyjęcie XII.06.04.014
przyjęcie budowy X.01.06.003
przyjęcie budowy I.04.05.007

przykładnica IV.04.02.003
przykładnica IV.04.02.004
przykładnica sznurkowa IV.04.03.004
przylot XII.06.04.027
przymiarka XII.03.02.015
przypadek Eulera VII.05.010
przyrząd do cięcia szkła X.02.01.051
przyrząd do pomiaru ultradźwiękami III.01.03.007
przyrządy III.01.03.
przysiołek II.05.01.003
przysionek VIII.03.01.011
przystanek XII.06.01.032
przystań jachtowa XII.13.03.016
przyswajać XII.01.01.003
przysypanie ziemią III.03.04.005
przyścienna belka stropowa VIII.05.01.027
przyśpieszacz VI.05.03.001
przyśpieszenie VII.07.001
przywłaszczenie I.01.002
przyznanie I.05.05.016
pstry V.04.02.009
psychologia I.02.
psychologia ogólna I.02.02.
psychologia społeczna I.02.03.
psychologia środowiskowa I.02.03.
publiczność I.01.106
publiczność I.03.016
pumeks VI.01.02.019
pumeks VI.04.04.009
pumeks hutniczy VI.04.04.006
punkt IV.01.01.001
punkt V.02.01.001
punkt ciężkości XI.04.02.083
punkt graniczny III.01.02.003
punkt orientacyjny V.02.07.013
punkt poligonowy III.01.02.002
punkt przyłożenia siły VII.03.036
punkt rosy IX.03.016
punkt rozwidlenia VII.05.003
punkt skrzyżowania IV.01.01.002
punkt spoczynku XI.04.02.041
punkt styczny IV.01.01.003
punkt trygonometryczny III.01.02.005
punkt widokowy II.04.04.012
punkt widzenia IV.02.03.002
punkt wysokościowy III.01.02.004
punkt zbiegu IV.02.03.003
punkt zerowy momentów VII.03.037
punktak X.02.01.028
punkty III.01.02.001
pusta skrzynia VII.02.11.003
pustak stropowy VI.02.02.006
pustaki VI.02.04001
pustynia XI.01.01.009
pylon VII.02.04.010
pylon VIII.02.02.019
pył piaskowy VIII.01.02.019

R

rachunek I.05.01.007
rachunek kosztów X.01.02.020
rachunek kosztów i korzyści (i zysków) analiza opłacalności inwestycji X.01.02.021
rachunek oszczędnościowy na cele indywidualnego budownictwa mieszkaniowego I.05.05.006
racjonalizacja X.01.03.019
rada zakładowa X.01.04.026
rafineria XII.02.03.006
rakotwórczy III.03.01.009
rama VIII.02.07.007
rama dwukondygnacyjna VII.02.06.011
rama dwuprzegubowa VII.02.06.010
rama jednokondygnacyjna VII.02.06.006
rama okienna VIII.03.02.008
rama piętrowa VII.02.06.005
rama prosta VII.02.06.007
rama trójprzegubowa VII.02.06.009
rampa VIII.06.02.001
rampa X.03.01.007
rampa dostawcza VIII.06.02.003
rampa skośna VIII.06.02.002
ramy VII.02.06.
rapidograf IV.04.02.017
raster V.02.04.007
raster XI.04.02.029
raster odniesienia III.01.02.018
raster pomiarowy III.01.02.019
ratusz II.04.06.001
ratusz XII.05.017
rdzewienie (zbrojenia) VI.05.04.002
reakcja pionowa na podporze VII.03.063
reaktywowanie XI.04.04.005
realna wartość X.01.02.007
recepcja I.01.107
recepcja XII.14.02.008
recycling III.03.05.
redukcja I.05.04.004
redystrybucja siły VII.03.015
refektarz II.04.02.007
reflektor III.01.03.052
reflektor IX.01.02.015
refrakcja V.04.01.010
refundacja I.05.01.009
regał XII.02.04.002
regał chłodniczy XII.03.02.013
region XI.03.01.002
registratura XII.04.029
regulacja granic XI.04.03.026
regulacyjna V.02.05.006
regularny XI.04.02.020
rehabilitacyjne XII.12.01.004
rejon XI.03.03.005
rejon miasta XI.03.03.004
rejon modernizowany XI.04.04.012
reklama XII.06.01.031
rekonstrukcja II.06.03.012
rektor XII.10.01.009
rektorat XII.09.02.016
relacja wielkości V.02.06.004
relacje widokowe V.01.01.004
relaksacja VI.09.009
relatywizm społeczny I.02.03.011
relief ulicy XI.04.02.034
renowacja II.06.03.011
renowacja wsi XI.02.04.003
reprezentatywny III.02.02.016
resortowe związki zawodowe X.01.04.027
restauracja XII.14.01.007
restauracja II.06.03.010
restauracja dworcowa XII.06.02.017
restauracje XII.14.01.
restrukturalizacja XI.04.05.007
rewir V.03.01.010
rewitalizacja XI.04.04.005
rezerwa czasowa X.01.05.031
rezonans VII.07.029
rezultaty V.01.03.
reżyserka XII.11.05.006
ręczna X.02.01.082
rękawice ochronne spawacza X.02.01.074
rękojmia X.01.06.012
ring bokserski XII.13.05.004
robić collage V.01.02.007
roboczogodzina X.01.05.024
rodzaj I.01.131
rodzaj zaprawy VIII.02.03.004
rodzaje budownictwa VIII.02.
rodzaje udostępnienia VIII.06.
rodzaje własności XII.08.02.
rodzina I.03.067
rogatka XI.05.02.029
rogatka XII.06.01.012
rola I.03.032
rolnictwo XII.02.
roszerzający się perlit VI.08.03.005
rotacyjny niwelator laserowy III.01.03.018
rowek II.02.04.009
rowek odwadniający XI.05.01.097
rower XI.05.01.023
rower z motorkiem XI.05.01.029
rowina XI.01.01.011
rozbiórka X.05.015
rozbiórka II.06.03.005
rozbudowa X.05.001
rozbudowa XI.04.03.017
rozchodzenie się dźwięku IX.01.01.004
rozcieńczalnik VI.08.02.030
rozcięcie X.05.013
rozcinacz betonu X.05.011
rozczłonkowanie XI.04.02.055
rozdzielnia III.03.03.011
rozeta II.02.06.031
rozgłośnia radiowa XII.11.05.003
rozjaśnienie V.04.01.006
rozjazd XI.05.02.027
rozjazd XII.06.02.011
rozkład VIII.02.06.018
rozkład jazdy XI.05.01.043
rozkład nacisku podstawy VIII.01.01.010
rozkład parcia ziemi VIII.01.08.003
rozkład uziarnienia VI.09.026
rozkład wilgotności IX.03.002
rozkoszować XII.01.01.005
rozległa przestrzeń XI.04.02.010
rozległy XI.01.01.050
rozłupanie X.05.013
rozmaitość XI.04.02.070
rozpad II.06.03.001
rozparcie i odeskowanie wykopu VIII.01.04.006
rozpatrzenie II.06.02.021
rozpiętość VII.01.030
rozpisanie X.01.01.005
rozpisanie I.05.01.017
rozpora VIII.02.01.027
rozpora śrubowa X.02.01.077
rozporządzenie I.04.02.004
rozpoznanie III.01.01.006
rozpórka VIII.02.04.020
rozproszone IV.02.04.010
rozprzestrzenianie się III.03.01.006
rozpuszczalnik VI.08.02.024
rozrachunek I.05.01.008
rozstaw kołków VIII.02.06.017
rozszerzanie IX.02.01.003
rozumienie II.01.02.023
rozważenie II.06.02.021
rozwidlenie XI.05.01.078
rozwijać V.01.02.003
rozwój I.02.01.
rozwój I.03.042
rozwój II.01.01.007
rozwój miasta XI.04.05.
rozwój wsi XI.02.04.002
równanie naciągu lin VII.02.04.005
równanie pracy VII.06.038
równanie trzech momenów VII.06.034
równiarka X.02.03.028
równoległe IV.01.01.007
równoległych osiach komunikacyjnych II.05.02.019
równowaga VII.01.010
równowaga sprężysta VII.06.008
różne pojęcia III.01.01.
różnica I.03.047
różnorodność XI.04.02.069
ruch drogowy XI.05.01.
ruch okrężny XI.05.01.084

ruch zmotoryzowany XI.05.01.027
ruchliwość społeczna I.03.035
ruchome schody VIII.06.02.004
ruchomości II.06.01.012
ruchomy chodnik VIII.06.02.005
ruina II.06.03.003
ruiny X.05.006
rumowisko III.03.02.004
rura VIII.02.02.010
rura spustowa VIII.05.01.042
ruralistyka XI.02.04.
rurociąg odwadniający VIII.01.04.019
ruszt dźwigarowy VII.02.12.004
ruszt kratownicowy VII.02.12.006
ruszt palowy VIII.01.07.010
rusztowanie II.02.04.019
rusztowanie sznurkowe III.01.02.016
rusztowanie wiszące X.03.02.001
ruszty dźwigarowo-kratownicowe VIII.02.02.031
rybołówstwo XII.02.02.009
rygiel X.03.02.010
rygiel II.02.04.033
rygiel ramy VII.02.06.002
ryksza XI.05.01.026
rynek I.05.01.001
rynna VIII.05.01.040
rynsztok XI.05.01.097
ryolit VI.01.02.021
rysa VI.03.01.018
rysowania IV.04.03.001
rysunek IV.03.03. 004
rysunek na czysto IV.03.03. 003
rysunek ołówkiem IV.03.03. 005
rysunek polowy III.01.04.003
rysunek tuszem IV.03.03. 007
rysunek węglem IV.03.03. 006
rytm V.02.06.005
rytm X.01.05.004
rytm XI.04.02.067
ryzalit II.04.04.002
rzeczowe opracowanie zadania X.01.04.034
rzeka XI.01.01.041
rzeka XI.01.01.042
rzeka XI.05.03.005
rzemiosło artystyczne I.01.007
rzezba I.01.114
rzeźba XII.06.01.044
rzeźnia XII.02.01.003
rzeźnik XII.02.01.003
rzędy V.02.03.
rzut boczny IV.02.01.010
rzut elastyczny XII.08.05.003
rzut pionowy IV.02.01.002
rzut pionowy IV.02.01.007
rzut pomocniczy IV.02.01.004
rzut poziomy IV.02.01.001
rzut poziomy IV.02.01.006
rzut zmienny XII.08.05.004
rzuty ortogonalne IV.02.01.
rzuty prostokątne IV.02.01.

S

sad I.01.077
sala II.04.01.013
sala gier XII.14.03.002
sala gimnastyczna XII.09.02.021
sala gimnastyczna XII.13.01.009
sala gimnastyczna XII.13.01.018
sala kapituły II.04.02.009
sala koncertowa XII.11.04.004
sala konferencyjna XII.04.013
sala konferencyjna XII.09.02.014
sala konferencyjna XII.14.02.016
sala kongresowa XII.14.03.003
sala modłów XII.11.01.005
sala muzyczna XII.09.02.009
sala ogrodowa II.04.04.005
sala ogrzewana II.04.02.010
sala operacyjna XII.12.02.011
sala porodowa XII.12.02.012
sala posiedzeń XII.10.01.015
sala prób XII.11.04.022
sala rysunkowa XII.09.02.010
sala rysunkowa XII.10.01.020
sala seminaryjna XII.10.01.018
sala śniadaniowa XII.14.02.017
sala taneczna XII.14.03.004
sala w centrum parafialnym XII.11.01.013
sala wykładowa XII.10.01.016
sala z katalogami XII.11.02.020
sala zwłok XII.11.01.021
salon fryzjerski XII.02.01.006
samochodowy tor wyścigowy XII.13.05.008
samochód ciężarowy XI.05.01.037
samochód osobowy XI.05.01.034
samodzielny I.05.03.001
samodzielny przedsiębiorca X.01.04.002
samolot XI.05.04.001
samolot lekki XI.05.04.005
samolot odrzutowy XI.05.04.003
samolot pionowego startu i lądowania XI.05.04.008
samolot tłokowy XI.05.04.002
samolot turbo-śmigłowy XI.05.04.004
samolot ultralekki XI.05.04.006
sanacja XI.04.04.008
sanacja III.03.04.
sanacja wsi XI.02.04.001
sanatorium XII.12.01.005
sarkofag II.04.01.024
sauna XII.13.03.004
sącząca się woda IX.03.039
sączek VIII.01.04.022
sąd I.04.01.010
sąd właściwy I.04.01.011
sąsiad I.03.070
scalanie gruntów XI.02.04.007
scena XII.11.04.011
scena dla prób XII.11.04.012
scena obrotowa XII.11.04.015
scena podnoszona XII.11.04.014
scentralizowana V.03.02.002
schodki pasażerskie XII.06.04.013
schody XII.07.01.008
schody VIII.06.01.
schody boczne XII.07.01.014
schody dwubiegowe VIII.06.01.010
schody ewakuacyjne XII.07.01.018
schody główne XII.07.01.013
schody jednobiegowe VIII.06.01.009
schody kątowe VIII.06.01.012
schody kręcone VIII.06.01.015
schody łukowe VIII.06.01.014
schody narożne VIII.06.01.012
schody obrotowe VIII.06.01.015
schody piwniczne XII.07.01.012
schody podwójne XII.07.01.011
schody proste VIII.06.01.011
schody ratunkowe XII.07.01.017
schody ruchome XII.07.01.015
schody spiralne XII.07.01.010
schody trójbiegowe VIII.06.01.013
schody wewnętrzne VIII.06.01.018
schody zabiegowe XII.07.01.010
schody zewnętrzne XII.07.01.001
schody zewnętrzne VIII.06.01.017
schowek bagażowy XII.06.02.018
schron XII.06.01.035
schronisko II.02.02.002
schronisko młodzieżowe XII.14.02.006
schronisko przydrożne XII.06.01.009
segment IV.01.01.024
segregacja I.03.033
sejm XII.05.001
sekretariat XII.04.024
semiotyka II.01.02.009
sens I.01.081
sens XI.04.02.051
sentymentalny I.01.117
serpentynit VI.01.02.025
sędzia X.01.01.020
sędzia I.04.01.006
sferyczne VII.02.08.007
siarczan żelaza-piryt VI.01.01.006
siatka II.05.02.014
siatka V.02.04.005
siatka V.02.04.007
siatka XI.04.02.028
siatka druciana (Rabitza) VI.06.02.006
siatka pomiarowa III.01.02.019
siatka zbrojeniowa VIII.02.04.002
siatka zbrojeniowa VIII.02.04.018
sieć V.02.04.005
sieć V.02.04.007
siedziba firmy XII.04.003
siedziba książęca z kaplicą pałacową II.04.03.002
siedzisko XII.06.01.039
siekiera jednoręczna X.02.01.006
sień II.04.05.004
sierociniec XII.08.03.024
silnik elektryczny X.02.02.003
silos X.02.02.021
silos XII.02.02.019
silos XII.02.04.005
silos cementu X.03.01.022
siła I.03.014
siła VII.03.014
siła bezwładności VII.07.020
siła kotwiąca VIII.01.01.002
siła na podporze VII.03.040
siła normalna VII.03.034
siła osiowa VII.03.003
siła osiowa przegubu VII.01.022
siła pionowa VII.03.061
siła poprzeczna VII.03.057
siła poprzeczna w przegubie VII.01.038
siła pozioma VII.03.017
siła rozciągająca VII.03.055
siła styczna VII.03.052
siła ściskająca VII.03.006
siła ukierunkowana VII.06.037
siła wyporu VIII.01.08.001
siłownia XII.13.01.020
siły VII.03.
siły tnące VII.03.
siły tnące VII.03.019
siodełko II.02.04.036
sjenit VI.01.02.027
skala IV.03.01.010
skalówka III.01.03.003
skalówka IV.04.02.002
skała VIII.01.02.023
skała XI.01.01.021
skała osadowa VIII.01.02.025
skała rodzima VIII.01.02.024
skały VI.01.02.
skarbiec XII.04.014
skarbiec XII.11.03.011
skarbiec dla klientów XII.04.017
skarga I.04.01.012
skarpa VIII.01.04.009
skartowanie III.01.04.004
skazać I.04.01.017
sklamrowanie II.02.04.012
sklejka VIII.02.01.015
sklep XII.03.01.007
sklep samoobsługowy XII.03.01.012
sklep spożywczy XII.03.01.011
sklepienia II.03.02.
sklepienie II.03.01.002
sklepienie gwiaździste II.03.02.007
sklepienie klasztorne II.03.02.010
sklepienie kolebowe II.03.02.002
sklepienie krzyżowe II.03.02.004

sklepienie krzyżowe z zaakcentowanymi krawędziami II.03.02.005
sklepienie krzyżowo-żebrowe II.03.02.006
sklepienie na łukach jarzmowych II.03.02.003
sklepienie nieckowe II.03.02.011
sklepienie siatkowe II.03.02.008
sklepienie stożkowe II.03.02.013
sklepienie wspornikowe II.03.02.001
sklepienie zwierciadlane II.03.02.012
sklepienie żaglaste II.03.03.001
sklepienie żaglaste VII.02.08.007
sklepienie żaglowe na wieloboku II.03.02.009
skład X.03.01.025
skład XII.02.04.001
skład XII.11.02.015
składowa trójchromatyczna V.04.02.027
składowiska materiałów szkodliwych III.03.02.
składowisko III.03.03.006
składowisko X.03.01.027
składowisko długotrwałe III.03.03.009
składowisko końcowe III.03.03.010
składowisko pośrednie III.03.03.008
skocznia narciarska XII.13.02.006
skonto I.05.04.006
skotwienie deskowania X.03.02.009
skotwienie dźwigara VIII.02.02.047
skotwienie oszalowania X.03.02.009
skowa VIII.02.01.033
skraplanie IX.03.015
skręcanie VII.04.062
skręcanie podłużne VII.04.068
skręcanie podpór VII.03.050
skręcenie ograniczone VII.04.023
skrętny moment bezwładności VII.04.063
skrobaczka X.02.02.023
skrócenie VII.04.052
skrócenie względne VII.04.008
skrzydło boczne VIII.03.02.017
skrzydło drzwiowe VIII.03.01.001
skrzydło okienne VIII.03.02.009
skrzydło okienne o pionowej osi obrotu VIII.03.02.031
skrzydło okienne o środkowej VIII.03.02.032
skrzydło okienne obrotowe VIII.03.02.030
skrzydło okienne odchylne VIII.03.02.034
skrzydło okienne przesuwne VIII.03.02.036
skrzydło okienne uchylne VIII.03.02.033
skrzynia Tory II.04.01.005
skrzynka listowa VIII.03.01.010
skrzynka narzędziowa X.02.01.029
skrzyżowanie XI.05.01.083
skrzyżowanie V.02.07.010
skrzyżowanie korpusu z transeptem II.04.01.020
skrzyżowanie osi III.01.02.020
skurcz VI.05.01.011
skurcz VI.09.011
skurcz jednostkowy VI.05.01.012
skutek I.01.041
skutek II.01.01.015
skuter XI.05.01.031
slumsy XI.03.02.010
słomy XII.02.02.014
słuch (człowieka) IX.01.02.021
słup VII.02.01.004
słup VII.02.01.005
słup VII.02.01.006
słup VIII.02.02.015
słup VIII.05.01.017
słup II.02.04.021
słup II.02.04.023
słup drzwiowy II.02.04.026
słup narożny II.02.04.025
słup ogłoszeniowy XII.06.01.041
słup ramy VII.02.06.003
słup schodów kręconych VIII.06.01.016
słup stolcowy II.02.04.028
słup ścienny II.02.04.027
słup ukośny VIII.05.01.018
słupek XII.06.01.040
słupek okienny VIII.03.02.013
słupek okienny II.02.04.038
słupki VII.02.05.015
służka II.02.06.002
słyszalność IX.01.02.018
smak I.01.128
smoła VI.08.01.003
smukłość VII.05.019
smukłość żebra VIII.02.06.027
snackbar XII.14.01.009
socjalizacja I.03.004
socjologia I.03.
sondowanie VIII.01.03.003
sortownia III.03.03.011
spadkowe prawo budowlane I.05.02.015
spalanie śmieci III.03.03.004
spalarnia śmieci XII.02.03.011
spaw VIII.02.02.056
spawalnia XII.02.01.035
spawanie VIII.02.02.051
specjalne obciążenie VII.03.047
specyficzna wartość zabytku II.06.02.007
spedycja XII.06.01.013
spektrum IV.02.04.005
spektrum drgań wzbudzonych VII.07.030
spichlerz II.04.06.002
spichlerz zboża II.04.06.003
spienione tworzywo mineralne VI.08.03.010
spienione tworzywo sztuczne VI.08.03.012
spirala Cornu III.01.02.014
spis IV.03.02.006
spis zabytków II.06.01.032
spis zadań X.01.01.001
spłata I.05.05.022
spocznik VIII.06.01.002
spoina VIII.02.03.007
spoina II.02.03.004
spoina podcinana VIII.02.03.010
spoina pozioma VIII.02.03.008
spokojna V.03.02.001
społeczeństwo I.01.120
społeczna odpowiedzialność I.05.01.014
społeczne oddziaływanie-interakcja I.02.03.008
społeczność I.03.001
sporty wodne XII.13.03.
sporty zimowe XII.13.02.
sporządźenie mapy III.02.01.008
sposoby pomiaru III.01.05.
sposób oceny VII.01.028
sposób wymiany XI.04.03.028
sposób życia I.03.027
spoufalanie V.01.02.022
spowolniony strumień ruchu XI.05.01.049
spójność VIII.01.02.041
spółdzielnia I.05.03.002
spółdzielnia lekarska XII.12.02.023
spółka akcyjna I.05.03.006
spółka kodeksu cywilnego I.05.03.004
spółka komandytowa I.05.03.005
spółka pracownicza X.01.04.015
spółka udziałowa X.01.04.016
spółka z ograniczoną odpowiedzialnością I.05.03.003
spółoddziaływanie kolorystyczne V.04.02.014
sprawdzenie wymiaru III.01.06.002
sprawdzian X.01.06.
sprawność IX.01.02.006
sprężystość VII.04.
sprężenie VI.03.01.008
sprężenie wstępne VIII.02.04.025
sprężone powietrze X.02.02.013
sprężyna VII.01.031
sprężyste połączenie lub węzeł VII.01.007
sprężystych VII.04.035
sprzedaż czasopism XII.03.02.018
sprzedaż napojów XII.03.02.017
sprzedaż produktów świeżych XII.03.02.014
sprzęt budowlany X.02.
spychacz X.02.03.027
spychacz X.02.03.031
spycharka X.02.03.027
squashcentrum XII.13.01.007
ssanie wiatru VII.03.067
stabilizacja gruntu III.03.04.008
stabilizator VI.05.03.008
stabilność VII.05.
stacja benzynowa XII.06.01.010
stacja rozrządowa XII.06.02.006
stadion XII.13.01.002
stadion lekkoatletyczny XII.13.01.003
stadion piłkarski XII.13.01.004
stajnia II.04.05.009
stajnia dla koni XII.02.02.022
stal budowlana VIII.02.02.001
stal kształtowana VI.07.01.003
stal niestopowa VI.07.01.010
stal płaska VIII.02.02.006
stal podstawowa VI.07.01.008
stal prętowa VI.07.01.004
stal sprężona VIII.02.04.004
stal surowa VI.07.01.007
stal szlachetna VI.07.01.002
stal uszlachetniona VI.07.01.009
stal wstęgowa VI.07.01.005
stal zbrojeniowa VIII.02.04.005
stale nierdzewne VI.07.01.013
stale stopowe VI.07.01.011
stała VIII.01.02.039
stałość równowagi VIII.01.01.012
stałość równowagi VIII.01.08.
stały IX.02.02.005
stan I.03.024
stan III.01.07.004
stan istniejący III.01.01.001
stan istniejący III.01.07.001
stan napięcia powierzchniowego VII.04.034
stan naprężeń błonowych VII.02.08.005
stan prac X.01.05.008
stan robót X.01.05.008
stan techniczny III.01.01.002
stan trwały IX.02.02.005
stan zachowania III.01.07.003
stanica wodna XII.13.03.018
stanowisko XII.02.02.020
stanowisko kontrolne XII.02.01.036
stanowisko parkingowe XII.06.01.021
stanowisko pracy XII.02.01.026
stanowisko sprzedażne XII.03.01.006
stanowisko z podręcznikami XII.11.02.011
stare III.03.02.002
stare centrum wsi XI.02.02.001
stare miasto XI.03.03.010
stare wysypisko III.03.02.001
start X.01.05.009
stateczność VII.05.
stateczność VII.05.020
stateczność VIII.01.01.012
stateczność VIII.01.08.
statek XI.05.03.001

pracujących XII.10.01.007
szkoła podstawowa XII.09.02.001
szkoła specjalna XII.09.02.005
szkoła wyższa XII.10.01.
szkoła wyższa o profilu zawodowym XII.10.01.002
szkoła zawodowa XII.09.02.002
szkoła zawodowa XII.09.02.006
szkoły) XI.06.039
szkółka leśna XII.02.02.008
szlaban kolejowy XII.06.02.009
szlak turystyczny XII.06.01.003
szlam VIII.01.02.013
szlifierka przecinarka mechaniczna ręczna X.02.01.064
szlifierka przecinarka mechaniczna ręczna prze woźna X.02.01.065
sznur III.01.02.015
sznurownia XII.11.04.017
szopa XII.02.02.013
szpachla X.02.01.045
szpat gipsowy VI.01.01.004
szpat kalcytowy VI.01.01.002
szpat polny VI.01.01.003
szpetne I.01.133
szpital XII.12.01.001
szpital psychiatryczny XII.12.01.003
szrafura IV.03.01.011
sztuczny nasyp VIII.01.02.005
sztuka I.01.003
sztuka ludowa I.01.052
sztuka na wolnym powietrzu XII.06.01.046
sztuka pod gołym niebem XII.06.01.046
sztuka popularna I.01.102
sztuka rodzima I.01.111
sztuka tradycyjna I.01.111
sztychbelka VIII.05.01.022
sztywna VI.05.02.004
sztywność VIII.01.01.013
sztywność kołka VIII.02.06.022
sztywność obrotowa VII.04.042
sztywność osiowa VII.04.001
sztywność sprężysta VII.01.032
sztywność wydłużenia VII.04.001
szufla X.02.01.040
szukać V.01.02.009
szyba VIII.02.05.001
szybka kolej XI.05.02.003
szybkość drgań VII.07.016

Ś

ściana VIII.02.03.012
ściana z pali wierconych VIII.01.09.004
ściana betonowo-szklana VIII.02.05.007
ściana dwuwarstwowa VIII.02.03.020
ściana jednowarstwowa VIII.02.03.019
ściana licowa VIII.02.03.017
ściana nienośna VIII.02.03.016
ściana nośna VIII.02.03.015
ściana o licu odkrytym VIII.02.03.017
ściana ochrony akustycznej XII.06.01.017
ściana oporowo-szczelna VIII.01.09.001
ściana szczelna VIII.01.09.002
ściana szczytowa VIII.05.01.007
ściana szczytowa (szczyt) VIII.05.03.006
ściana usztywniająca VII.02.11.007
ściana wewnętrzna VIII.02.03.014
ściana wstrzykiwana VIII.01.07.016
ściana zewnętrzna VIII.02.03.013
ścianka kolankowa VIII.05.01.006
ścianka osłonowa VIII.01.09.005
ściany nawy głównej II.02.06.008
ściany oporowe VIII.01.09.
ściąg VII.02.01.010
ściąg VIII.01.01.001
ściąg VIII.02.06.024
ściąg II.02.04.035
ścienny VI.06.05.020
ścieżka XI.05.01.007
ścieżka do jazdy konnej XII.06.01.004
ścieżka rowerowa XII.06.01.005
ścinająca VII.03.057
ścinanie VII.04.047
ścisk stolarski śrubowy X.02.01.054
ściskanie poprzeczne VII.04.067
ściśliwość VI.09.002
ślemię VIII.03.02.014
ślemię okienne II.02.04.039
ślepa uliczka XI.05.01.077
ślepe okno II.02.06.032
śluza XII.06.03.014
śmieci III.03.01.004
śmierć I.02.01.007
śmieszny I.01.017
śpiżarnia XII.08.05.035
średnica IV.01.01.021
średnica pręta VIII.02.04.016
średnio gęsta VIII.01.02.033
średniowieczne miasto II.05.02.001
środek ciężkości przekroju poprzecznego VII.01.003
środek spieniający VI.05.03.002
środek ścinania VII.04.048
środek upłynniający VI.05.03.005
środek uszczelniający VI.05.03.009
środki łączące konstrukcje drewniane VIII.02.01.020
środki transportu X.02.03.
środki wiążące VI.04.
środkowa II.04.01.016
środkowa linia XI.05.01.092
środowisko I.03.028
środowisko III.03.01.010
środowisko V.03.01.003
środowisko społeczne V.03.01.004
śródlądowa komunikacja wodna XI.05.03.009
śruba X.02.01.083
śruba VIII.02.01.031
śruba maszynowa z nakrętką sześciokątną X.02.01.085
śruba mikrometryczna X.02.01.089
śrubokręt X.02.01.023
świadomie I.02.03.036
światło IV.02.04.
światło dyfuzyjne IV.02.04.010
światło dzienne V.04.01.002
światło północne XII.11.03.019
światło sztuczne V.04.01.003
światłokopiarka IV.04.03.005
świątynia II.04.01.001
świder do wierceń w gruncie X.02.01.063
świetlica XII.08.05.012
świetlik XII.11.03.016
świetlik VIII.03.02.018
święto I.01.013
święto wiechy X.01.05.017
świniarnia XII.02.02.021

T

tabela IV.03.02.003
tablica z nazwą ulicy XII.06.01.028
tachymeter bez reflektora III.01.03.050
tachymetr elektroniczny III.01.03.049
tachymetr elektrooptyczny III.01.03.048
tachymetr redukcyjny III.01.03.046
tachymetria III.01.05.003
tachymetria niwelacyjna III.01.05.004
taczka XI.05.01.020
taczki ręczne X.02.01.030
taxi XI.05.01.040
tafla szklana VI.03.02.001
talent I.01.127
tama XII.06.03.008
tandem XI.05.01.025
tani hotel ze śniadaniem XII.14.02.003
taras XII.08.05.018
taras II.04.04.011
tarcica budowlana VIII.02.01.010
tarcie powierzchniowe VIII.01.07.001
tarcie wewnętrzne VIII.01.02.042
tarcza VII.02.11.006
tarcza ochronna X.02.01.075
targ XII.03.01.001
targowisko XII.03.01.001
taryfa I.05.05.009
taryfa minimalna I.05.04.017
taryfy maksymalne I.05.04.016
taśma bagażowa XII.06.04.017
taśma miernicza X.02.01.090
taśma miernicza III.01.03.006
taśma przenośnikowa X.02.03.005
teatr XII.11.04.003
techniki odwzorowania IV.03.
techniki sanacji III.03.04.002
tekst IV.03.02.
tektura IV.04.01.008
tektura falista IV.04.01.009
telefon pomocy ratunkowej XII.06.01.015
teleologia II.01.01.010
telewizyjna stacja nadawcza XII.11.05.004
temperatura IX.02.01.023
temperatura nasycenia IX.03.014
temperatura powierzchniowa IX.02.01.016
temperatura światła IV.02.04.002
temperatura wewnętrzna IX.02.01.026
temperatura zewnętrzna IX.02.01.027
teodolit III.01.03.037
teodolit tachymetryczny III.01.03.047
teoria II rzędu VII.05.018
teoria płyt VII.02.07.002
teoria sprężystości VII.04.059
teoria sprężystości VII.04.060
tereny i urządzenia sportów zimowych XII.13.02.001
termin X.01.05.001
termin I.04.01.021
termin końca X.01.05.014
termin początku X.01.05.010
termin przekazania X.01.05.015
termin spotkania w określonym miejcu III.01.01.003
termin startu X.01.05.010
termin wprowadzenia X.01.05.016
terminal odlotów XII.06.04.011
terminal przylotów XII.06.04.012
terminologia w planowaniu XI.06.
terminy III.03.01.
termografia III.01.06.016
termogram III.01.06.017
terytorialność I.02.03.020
tęcza barw IV.02.04.005
tkanina VII.02.10.006
tkanina ceramiczna (Staussa) VI.06.02.005
tkanina ze szklanych włókien VI.03.02.008
tło IV.02.03.004
tło V.02.02.003
tłuczeń XI.05.01.095
tłumienie VII.07.006
tłumienie dźwięku IX.01.01.005
tłumienie fal akustycznych w materiałach IX.01.01.022
tłumik drgań VII.07.036
tłusta zaprawa VI.06.01.002
tłusty grunt ilasty VIII.01.02.014

toaleta XII.08.05.029
tolerancja wykonawcza VI.09.017
tolerancja wymiarowa III.01.06.004
topografia XI.01.
topografia dzieł sztuki II.06.01.033
topór X.02.01.007
tor X.02.03.010
tor bobslejowy XII.13.02.004
tor do jazdy na wrotkach XII.13.01.006
tor naciągowy VIII.02.04.030
tor regatowy XII.13.03.020
tor regatowy kajaków górskich XII.13.03.021
tor saneczkowy XII.13.02.005
tor sztucznego lodowiska XII.13.02.003
tor wodny XI.05.03.007
tor wyścigowy XII.13.05.005
tor z przeszkodami XII.13.04.004
torkretnica X.02.02.027
torowisko szynowe X.03.01.003
tory kolejowe XI.05.02.026
tory kolejowe XII.06.02.010
towar I.05.01.002
towarzystwo I.01.120
tradycja I.03.040
tradycja II.01.01.013
tradycyjne budownictwo drewniane II.02.04.
tradycyjne konstrukcje murowe II.02.03.
tradycyjne materiały budowlane II.02.01.
tradycyjne środki komunikacji XI.05.01.018
tradycyjne typy budowli II.02.02.
tramwaj XI.05.02.002
transakcja I.02.03.009
transept II.04.01.019
transformator X.02.02.002
transformator spawalniczy X.02.01.071
transport ciepła IX.02.01.007
trap XII.06.03.009
trap XII.13.03.017
tras VI.04.04.011
trasa XI.05.02.025
trasa kabla VII.02.04.004
trawertyn VI.01.02.028
treść I.01.021
treść I.01.022
trolejbus XI.05.01.039
trompa II.03.03.003
trójdział II.02.06.005
trójkąt IV.01.01.025
trójkąt obciążeń VII.03.059
trójkąt rysunkowy IV.04.02.005
trójkątny element skończony VII.06.036
trójnóg III.01.03.032
trójnóg z wciągarką X.02.01.081
trójtrakt XII.07.02.012
trudnopalność VI.09.038
trust X.01.04.019
trwałość VI.09.012
trwanie II.01.01.003
trwanie X.01.05.005
trybuna XII.13.01.013
tryforium II.02.06.007
trzask IX.01.01.031
trzon VII.02.11.002
trzon II.02.05.008
trzpień kotwiący VIII.02.02.064
tuf VI.04.04.012
tuf trasowy VI.04.04.011
tunel XI.05.01.009
tunel dla pieszych XI.05.01.013
turystyka XII.14.
twardość VI.03.01.003
twardość ryskowa VI.03.01.005
twardy IV.04.02.011
twierdza II.04.03.021
tworzenie społecznych ocen I.02.03.010
tworzywa sztuczne VI.08.04..
twórczość I.01.025
tynk II.02.03.003
tynk drapany VI.06.05.015
tynk dwuwarstwowy VI.06.05.002
tynk gipsowy VI.04.01.001
tynk izolacyjny VIII.02.03.011
tynk jednowarstwowy VI.06.05.001
tynk nakładany kielnią VI.06.05.018
tynk natryskiwany VI.06.05.017
tynk przetarty filcem VI.06.05.012
tynk rapowany VI.06.05.013
tynk sufitowy VI.06.05.021
tynk surowy VI.06.05.014
tynk wygładzony VI.06.05.016
tynk wymywany VI.06.05.019
tynkownica mechaniczna X.02.02.030
typologia I.01.132
typy funkcjonalne II.05.02.003
typy miast XI.04.01.
typy morfologiczne II.05.02.013
typy przestrzeni V.03.01.
typy wsi XI.02.03.

U

ubijacz X.02.02.040
ubijacz wibracyjny X.02.02.039
ubikacja personelu XII.02.01.016
uchwyt elektrody X.02.01.073
uchwyt wiertarski X.02.01.057
ucieczka z miasta XI.04.05.003
uczenie się I.02.02.009
uczeń X.01.04.040
uczucie I.01.042
uczucie I.01.115
uczucie I.02.02.013
udawać V.01.02.012
udostępnienie XII.07.
udział I.03.011
udźwig VIII.01.01.014
ugory III.03.02.003
ujemne oddziaływanie II.06.04.009
ujście XI.05.01.082
ukierunkowana V.03.02.003
układ VII.01.018
układ kołków VIII.02.06.018
układ o wielu stopniach swobody VII.07.024
układ osi współrzędnych III.01.02.020
układ ułatwiający wtłaczanie VI.05.03.004
układ zbrojenia VIII.02.04.007
układy nośne VII.02.
ulepszenie XI.04.05.006
ulepszenie gruntu VIII.01.05.
ulewa IX.03.046
ulica XI.05.01.057
ulica boczna XI.05.01.063
ulica dojazdowa XI.05.01.074
ulica dostawcza XI.05.01.064
ulica główna XI.05.01.062
ulica handlowa XI.05.01.011
ulica prosta XI.04.02.030
ulica zakrzywiona XI.04.02.031
ulica zbiorcza XI.05.01.073
ulice XI.06.039
ulice z ograniczonym ruchem kołowym XI.05.01.005
ulicówka II.05.01.005
ułuda I.01.001
umiastowienie XI.04.05.008
umocnienie II.04.03.007
umowa I.04.03.001
umywalnia XII.02.01.017
unieszkodliwienie X.05.007
unieszkodliwienie III.03.03.
unikanie III.03.05.011
unikatowość I.01.134
uniwersytet XII.10.01.001
upadek II.01.01.008
upadłość I.05.03.012
upłynniacz betonu VI.05.03.003
uporządkowanie V.02.04.001
uporządkowanie funkcjonalne XII.01.02.002
uporządkowanie pozafunkcjonalne XII.01.02.003
uporządkowanie przestrzenne XII.01.02.001
urbanistyka XI.04.02.
urbanizacja XI.04.05.008
urodzenie I.02.01.001
urozmaicony XI.01.01.052
urząd konserwatora zabytków II.06.01.009
urząd ochrony zabytków II.06.01.008
urząd statystyczny III.02.02.001
urządzenia dla sportów wodnych XII.13.03.001
urządzenia kolejowe XI.05.02.023
urządzenia przechwytujące III.03.03.001
urządzenia sportów hippicznych XII.13.04.
urządzenia wychowawcze XII.09.
urządzenie do cięcia betonu X.05.011
urządzenie do slipowania łodzi XII.13.03.019
urządzenie sortujące X.02.02.020
urządzenie wtłaczające X.02.02.029
urządzenie zabawowe XII.06.01.037
urzędnik I.03.056
usługa I.05.03.009
uspołecznienie I.03.004
ustalenie podstawowych założeń XI.04.03.020
ustawa I.04.01.004
ustawa o ziemi I.05.02.011
ustrój VII.01.018
ustrój zastrzałowo - rozporowy VII.02.12.005
usunięcie II.06.03.008
usunięcie X.05.015
usuwanie odpadów X.05.007
uszczelnianie VIII.01.04.016
uszczelnienie VI.09.003
uszczelnienie pionowe VIII.01.04.023
uszczelnienie poziome VIII.01.04.024
uszczelnienie przez ubijanie VIII.01.05.007
uszeregowanie XI.04.02.075
uszeregowanie przestrzeni XI.04.02.016
uszkodzenia tynku VI.06.01.005
usztywnienie VIII.02.07.009
utożsamienie I.02.03.018
utożsamienie I.03.052
utrata słuchu IX.01.02.023
utrata stateczności VII.05.017
utrudniać XII.01.01.008
utrzymanie II.06.01.003
utrzymanie stanu zachowania XI.04.04.001
utwierdzenie sprężyste przy skręcaniu VII.01.036
utwierdzona VII.02.01.002
uwaga I.02.02.014
uwarunkowania urbanistyczne II.06.01.020
uwolnienie II.06.02.022
uzdrowienia III.03.04.001
uzdrowienie III.03.04.
uziarnienie VI.09.024
uznanie II.06.02.020
użytki rolne XI.01.03.
użytkowanie i struktura

społeczna III.02.02.
użytkowanie terenu XI.02.01.

W

wady VI.06.01.005
waga X.02.02.025
wagon X.02.03.013
wagon XI.05.02.018
wagon XI.05.02.019
wagon bagażowy XI.05.02.020
wagon kontenerowy XI.05.02.022
wagon silnikowy XI.05.02.017
wagon towarowy XI.05.02.021
wahacz VII.02.01.007
walcowe II.03.02.002
walec IV.01.02.007
walec X.02.02.043
wał II.04.03.023
wanna VIII.01.06.010
wanta VII.02.04.008
wapień VI.01.02.015
wapno VI.04.02.
wapno VI.08.02.013
wapno białe VI.04.03.012
wapno budowlane VI.04.02.001
wapno dolomitowe VI.04.03.001
wapno pokarbidowe VI.04.02.002
wapno trasowe VI.04.03.011
wapno twardniejące na powietrzu VI.04.03.006
wapno uwodnione VI.04.03.004
warstna izolacyjna VIII.05.01.035
warstwa I.03.025
warstwa V.02.04.006
warstwa główkowa II.02.03.002
warstwa izolacji termicznej VIII.05.01.036
warstwa paroizolacji IX.03.023
warstwa powietrzna VIII.02.03.027
warstwa przepuszczająca wodę IX.03.048
warstwa rębem leżącym II.02.03.015
warstwa tłucznia VIII.01.02.029
warstwa wodonośna IX.03.049
warstwa wozówkowa II.02.03.001
warstwa wyrównawcza betonu VIII.02.06.031
warstwica III.01.02.010
warstwowanie V.01.01.003
warsztat X.03.01.018
warsztat XII.10.02.007
warsztat XII.11.03.013
warsztat ciesielski X.03.01.020
warsztat elektryczny XII.02.01.010
warsztat instalatorski XII.02.01.009
warsztat kowalski XII.02.01.008
warsztat krawiecki XII.02.01.005
warsztat naprawczy XII.02.01.011
warsztat szewski XII.02.01.004
Warsztaty XII.02.01.
wartości społeczne II.06.02.003
wartości urbanistyczne II.06.02.008
wartość I.05.01.003
wartość skojarzeniowa II.06.01.027
wartość wizualna II.06.01.028
wartość artystyczna II.06.01.017
wartość dokumentalna II.06.01.021
wartość izolacji cieplnej IX.02.02.019
wartość pojemności cieplnej IX.02.02.022
wartość przewodności energetycznej IX.02.02.020
wartość przybliżona VII.06.001
wartość sprzedażna X.01.02.022
wartość starożytnicza II.06.01.023
wartość uzyskana X.01.02.008
wartość własna VII.07.010
wartość własna I.02.03.014
wartość zabytku II.06.01.015
warunek równowagi VII.03.012
warunki bezpieczeństwa VII.01.029
warunki brzegowe VII.01.001
warunki równowagi VII.01.011
warunki umowy X.01.01.003
warunki zabudowy XI.06.040
wateriał I.01.080
ważność I.01.066
ważność I.01.119
wąska przestrzeń XI.04.02.011
wątek II.02.03.016
wątpliwość I.04.02.009
wąwóz XI.01.01.023
WC XII.08.05.029
wciągnik elektryczny X.02.01.080
wcięcie łukowe III.01.05.011
wcięcie w przód III.01.05.012
wcios II.02.04.013
wczucie I.01.043
wczucie II.01.02.025
wdzięk I.01.034
wdzięk I.02.02.015
wejście V.02.07.006
wejście do mieszkania XII.08.05.008
wektor VII.06.037
wektor obciążen VII.06.019
wektor wypadkowy VII.06.030
wełna bazaltowa VI.08.03.003
wełna mineralna VI.08.03.011
wełna szklana VI.08.03.007
weranda II.02.05.025
weranda XII.08.05.020
werniks VI.08.02.032
westwerk II.04.01.030
westybul II.04.01.029
westybul II.04.04.004
węgarek VIII.03.02.010
węgielnica zwierciadlana III.01.03.009
węzeł V.02.07.009
węzeł VII.02.09.003
węzeł autostradowy XI.05.01.080
węzeł idealny VII.06.016
węzgłowie VII.02.03.008
węzły V.02.04.003
węzły XI.04.02.038
wiata XII.06.01.035
wiatrak II.04.06.005
wiatrołap VIII.03.01.011
wiatrownica VII.02.11.009
wiązanie VI.05.01.009
wiązanie II.02.03.016
wiązanie blokowe II.02.03.017
wiązanie flamandzkie II.02.03.019
wiązanie główkowe II.02.03.014
wiązanie gotyckie II.02.03.020
wiązanie krzyżowe II.02.03.018
wiązanie polskie II.02.03.020
wiązanie pospolite II.02.03.017
wiązanie wendyjskie II.02.03.018
wiązanie wozówkowe II.02.03.013
wiązka prętów VIII.02.04.015
wibracja VII.07.011
wibrator powierzchniowy VIII.01.05.005
wibrator powierzchniowy X.02.02.035
wibrator przyczepny X.02.02.033
wibrator szalunkowy X.02.02.037
wibrator zanurzany X.02.02.034
wibrator zanurzany VIII.01.05.006
widok IV.02.01.008
widok z boku IV.02.01.010
widok z góry IV.02.01.017
widownia XII.11.04.024
wiecha X.01.05.017
wiek I.02.01.005
wiek betonu VI.05.01.002
wielkość przestrzeni IX.01.02.012
wielkość ziarna VI.09.025
wielobarwny V.04.02.008
wielobok sił VII.02.05.008
wielokąt IV.01.01.028
wielokomorowa skrzynia VII.02.11.005
wielokrążek X.02.01.079
wielorakość XI.04.02.057
wielowarstwowe szkło izolujące VIII.02.05.005
wieloznaczność I.01.059
wiercenie VIII.01.03.002
wiertarka X.02.01.057
wiertarka elektryczna ręczna X.02.01.056
wiertarka pneumatyczna X.02.02.016
wiertło X.02.02.044
wiertło do betonu X.02.01.059
wiertło do drewna X.02.01.060
wiertło kręte do metalu X.02.01.058
wierzchnia warstwa tynku VI.06.05.004
wierzchołek łuku VII.02.03.016
wierzchowiec XI.05.01.022
wieszak VII.02.01.008
wieś XI.02.02.
wieś chłopska XI.02.03.001
wieś dojeżdżających stale do pracy w mieście XI.02.03.005
wieś górska XI.02.03.002
wieś klasztorna XI.02.03.004
wieś okolnicowa II.05.01.004
wieś pastwiskowa II.05.01.006
wieś rozproszona II.05.01.001
wieś rybacka XI.02.03.003
wieś ulicowa II.05.01.005
wieś wielodrożnicowa II.05.01.002
wietrznik VIII.03.02.035
wieża II.04.01.032
wieża II.04.04.007
wieża do skoków XII.13.03.010
wieża dzwonów II.04.01.031
wieża kontrolna XII.06.04.008
wieża mieszkalna II.04.03.001
wieża mieszkalna II.04.03.020
wieża narożna II.04.04.008
wieża obronna II.04.03.018
wieża podwójna II.04.01.036
wieża schodowa II.04.04.009
wieża transeptu II.04.01.037
wieża wodna XII.02.03.017
wieża zachodnia II.04.01.035
wieżyczka II.02.06.024
większość I.03.019
więzar II.02.04.005
więzar deskowy VIII.02.01.019
więzar deskowy VIII.05.01.019
więzar klejony VIII.02.01.018
więzar łukowy VII.02.03.005
więzar zbijany VIII.02.01.029
więzienie XII.05.008
wilgoć IX.03.001
wilgoć higroskopijna IX.03.028
wilgoć w formie pary IX.03.019
wilgotność VI.09.031
wilgotność IX.03.
wilgotność gleby IX.03.040
wilgotność gruntu VIII.01.04.011
wilgotność higroskopijna IX.03.006
wilgotność hyperhigroskopijna IX.03.007
wilgotność maksymalna VI.09.033
wilgotność naturalna VI.09.032
wilgotność podłoża VIII.01.04.011
wilgotność powietrza IX.03.010
wilgotność trwała IX.03.003
willa XII.08.03.011
wimperga II.02.06.026
winda VIII.06.02.006
winda XII.07.01.016
winda dla niepełnosprawnych VIII.06.02.009
winda osobowa VIII.06.02.007
winda osobowa X.02.03.003
winda towarowa X.02.03.004
windfang VIII.03.01.011
winiarnia XII.14.01.005

winnica XII.02.02.006
wioska II.05.01.003
witryna XII.06.01.042
wjazd XI.05.01.070
wjazd XI.05.01.079
wjazd XII.07.01.005
wjazd bramny XII.07.01.004
wkręt do drewna
z dyblem X.02.01.084
władza I.03.014
własność spółdzielcza XII.08.02.008
właściciel I.05.02.004
właściwości materiałów IX.02.02.028
właściwości materiałów
budowlanych VI.09.
właściwość (np tynku) III.01.07.004
właściwość przewodności
termicznej IX.02.02.031
właściwość wchłaniania
wody VI.09.034
włączenie II.06.04.007
włosowatość VIII.01.02.045
włóknisty materiał
tłumiący VI.08.03.008
włókno VII.04.032
włókno szklane VI.03.02.007
wnętrze II.02.06.001
wniosek budowlany I.04.05.003
woda XI.01.01.026
woda dodatkowa VI.05.01.016
woda gruntowa VIII.01.04.010
woda gruntowa IX.03.035
woda kondensacyjna IX.03.017
woda odpryskowa IX.03.047
woda rozpryskowa VIII.01.04.012
woda spiętrzona IX.03.038
woda spływająca IX.03.037
woda topnienia IX.03.018
woda z warstw
geologicznych IX.03.036
wodnosamolot XI.05.04.007
wody XI.01.01.026
wody powierzchniowe IX.03.041
wola twórcza I.01.138
wolna przestrzeń XI.04.02.006
wolnostojący dom
jednorodzinny XII.08.03.002
wolność I.03.013
woluta II.02.05.011
wóz XI.05.01.019
wóz XI.05.02.018
wóz budowlany X.03.01.008
wóz mieszkalny XII.08.03.035
wózek dziecięcy XI.05.01.016
wózek inwalidzki XI.05.01.017
wózek na zakupy XI.05.01.015
wózek ręczny XI.05.01.014
wózek suwnicowy X.02.03.002
wpływ temperatury VII.03.054
wpust II.02.04.009
wrażenie I.01.067
wrażenie słuchowe IX.01.01.003
wrażliwość
na przemarzanie VIII.01.02.046
wrąb VIII.02.01.021
wrzecionówka II.05.01.006
wrzosowisko XI.01.03.006
wskazanie błędu X.01.06.008
wskazówka V.01.03.002
wskaźnik wytrzymałości
na zginanie VII.04.046
wsparcie rozwoju wsi XI.02.04.006
wspominanie I.02.02.011
wsporna VIII.02.03.008
wspornik VII.02.02.002
wspornik II.02.05.012
wsporniki II.02.04.037
wspólnota I.03.002
wspólnota (komuna) XII.08.03.018
wspólnota mieszkaniowa XII.08.03.019
wspólnym
pomieszczeniem V.03.03.003
współczesne techniki
murowania VIII.02.03.
współcześni V.03.01.004
współczynik
odkształcenia VII.04.017
współczynnik cementowo-
wodny VI.05.01.017
współczynnik
nietrwałości VII.02.11.001
współczynnik
odkształceń VII.04.007
współczynnik pełzania VI.05.01.007
współczynnik
podatności podłoża VIII.01.01.003
współczynnik
przejmowania ciepła IX.02.02.012
współczynnik
przenikalności cieplnej IX.02.02.018
współczynnik
przenikania ciepła IX.02.02.016
współczynnik
przewodności cieplnej IX.02.02.014
współczynnik
przewodzenia ciepła IX.02.02.010
współczynnik s
prężystości VII.04.029
współczynnik sprężystości
poprzecznej VII.04.050
współczynnik
termoizolacji IX.02.01.024
współczynnik załamania VI.03.01.015
współrzędne
kartezjańskie VII.01.002
współudział XI.04.03.006
współudział mieszkańców
w planowaniu poprzez
przedstawiciela XI.04.03.004
współzależności
kształtowania (pl) II.06.04.001
współzawodnictwo I.05.01.016
wstrzykiwanie VIII.01.07.013
wybieg XII.02.02.018
wyboczenie VII.04.011
wyboczenie VII.05.004
wyboczenie VII.05.005
wyboczenie
giętno-skrętne VII.05.016
wyboczenie płaskie VII.05.015
wybór X.01.01.016
wybór I.03.034
wybrzeże XI.01.01.036
wybrzuszenie VII.04.011
wybuch IX.01.01.032
wyburzenie II.06.03.005
wychowanie I.02.01.008
wyciągacz pali X.02.02.046
wydajność I.02.03.034
wydarzenie II.01.01.002
wydarzenie X.01.05.007
wydatki I.05.04.015
wydawanie X.01.04.013
wydawanie XII.02.01.021
wydawanie bagażu XII.06.04.015
wydłużenie VII.04.021
wydłużenie poprzeczne VII.04.026
wydłużenie się IX.02.01.002
wydłużenie względne VI.09.013
wydłużenie względne VII.04.055
wydział XII.10.01.010
wygląd III.01.07.002
wygląd III.01.07.004
wyjaśnienie II.01.02.024
wyjaśnienie IV.03.02.004
wyjazd XI.05.01.071
wykańczalnia XII.02.01.029
wykaz IV.03.02.006
wykaz robót X.01.01.001
wykonanie X.04.
wykonanie wykopu VIII.01.04.004
wykonanie zadania na własną
odpowiedzialność X.01.04.032
wykonawca X.01.01.025
wykonawca budowlany X.01.04.014
wykonawca dodatkowy X.01.04.005
wykop fundamentowy VIII.01.04.
wykopaliska III.01.06.015
wykopaliska III.02.01.004
wykorzystać XII.01.01.004
wykres momentów VII.03.031
wykres sił normalnych VII.03.009
wykres sił poprzecznych VII.03.043
wykres sił tnących VII.03.020
wykusz II.02.05.022
wykwalifikowany
pracownik budowlany X.01.04.042
wykwity na tynku VI.06.01.006
wyłączenie XI.05.01.082
wymagane nakłady II.06.02.023
wymagania IX.03.034
wymian VIII.05.01.024
wymiana informacji I.02.03.007
wymiana podłoża VIII.01.05.001
wymiar I.01.113
wymiar kontrolny III.01.06.002
wymiar przekątniowy III.01.06.003
wymowa I.01.082
wymóg ze względu na
napór wody IX.03.052
wymóg ze względu
na opady
i bezciśnieniową wodę IX.03.051
wymóg ze względu na
wodę i wilgoć IX.03.050
wynajdywać V.01.02.002
wynajmujący I.05.02.009
wyniescenie XI.01.01.020
wyniki V.01.03.
wyniosły I.01.124
wyobcowanie I.01.109
wyobcowanie I.03.046
wyobrażenie I.01.108
wypełnenie
pól kratownicy VIII.02.07.008
wypełnienie
pól szachulca II.02.04.041
wypełnienie
szkieletu ściany VIII.02.03.023
wypełnienie
szkieletu ściany VIII.02.07.008
wypełnienie widzami IX.01.02.014
wypłata I.05.05.021
wypłata á konto I.05.04.005
wyposażenie XII.06.01.014
wyposażenie biurowe IV.04.
wypowiedzenie I.04.03.008
wypowiedź I.01.082
wypożyczalnia XII.11.02.014
wypożyczalnia
międzybiblioteczna XII.11.02.013
wypór VIII.01.08.001
wyprawa II.02.03.003
wypust II.02.04.010
wyrazistość IX.01.01.026
wyrażenie I.01.048
wyrok I.01.077
wyrok I.04.01.016
wyrównanie VII.02.10.003
wyrównanie X.05.008
wyrównanie szkód X.01.06.011
wyrzutnia rakietowa XII.06.04.004
wysadzenie X.05.012
wysokość strzałki VII.02.03.010
wysokość żebra VIII.02.06.028
wyspa XI.01.01.006
wystająca cześć dachu przed ścianę
szczytową VIII.05.03.007
wystawa I.01.047
wystawa stała XII.11.03.021
wystawa zmienna XII.11.03.020
wystawowy IV.03.03. 016
wystąpienie inwestora o
warunki realizacji

inwestycji I.04.04.002
wystąpienie o warunki zabudowy I.04.05.002
występ zabudowy XI.04.02.032
wysuszanie IX.03.008
wysychanie IX.03.008
wysyłanie III.03.01.002
wysyłka XII.06.01.013
wyszczególnienie IV.03.02.005
wytrzymałość VI.09.014
wytrzymałość betonu VI.05.01.004
wytrzymałość długotrwała VI.03.01.006
wytrzymałość graniczna VIII.01.01.009
wytrzymałość kamienia VIII.02.03.001
wytrzymałość kołka VIII.02.06.021
wytrzymałość na gwałtowny spadek temperatury VI.03.01.013
wytrzymałość na przebicie VI.03.01.012
wytrzymałość na rozciąganie VI.05.01.013
wytrzymałość na rozerwanie VI.03.01.010
wytrzymałość na rozerwanie VI.09.001
wytrzymałość na ścieranie VI.05.01.001
wytrzymałość na ściskanie VI.05.01.003
wytrzymałość na uderzenia VI.03.01.011
wytrzymałość na zginanie VII.04.004
wytrzymałość ogniowa VI.09.041
wytrzymałość początkowa VI.05.01.008
wytrzymałość szwu VII.02.10.010
wytwarzacz pary X.02.02.008
wytworzenia I.05.04.010
wytyczna I.04.02.001
wytyczne zabudowy XI.06.005
wywiad I.02.04.006
wywiad III.01.01.006
wywiad publiczny III.02.02.012
wywłaszczenie I.05.02.014
wywłaszczenie XI.04.03.013
wywóz śmieci XII.05.021
wywrotka X.02.03.020
wyższa szkoła XII.10.01.003
wzbudzenie aerodynamiczne VII.07.002
względna wilgotność powietrza IX.03.012
wzgórze XI.01.01.018
wzmocnienie podłoża III.03.04.007
wzmocnienie strefy usług XI.04.05.005
wzniescenie XI.01.01.019
wznosząca się wilgoć gruntowa IX.03.043
wzobrażenie I.01.063
wzór I.01.037
wzór V.01.03.009
xero IV.04.03.006

Z

zaangażowanie I.02.03.002
zabarwienie IV.03.01.013
zabezpieczenie I.05.05.025
zabezpieczenie II.06.03.009
zabudowa rzędowa II.05.01.007
zabudowa blokowa XII.08.03.014
zabudowa luźna XI.06.023
zabudowa rzędowa XII.08.03.013
zabytek II.06.01.002
zabytek archeologiczny II.06.01.011
zabytek architektoniczny II.06.01.010
zachować XII.01.01.002
zachowania mieszkaniowe XII.08.01.007
zachowania prospołeczne I.02.03.033
zachowanie I.02.02.001
zacienienie V.04.01.007
zacios II.02.04.014
zacios VIII.02.01.021
zacisk liny VII.02.09.002
zagęszczacz wibracyjny X.02.02.042
zagęszczenie gruntu VIII.01.05.004
zagęszenie VIII.01.05.003
zagkebienie XI.01.01.025
zagroda XII.02.02.005
zagroda chłopska XII.02.02.002
zagroda wolnostojąca II.05.01.008
zainteresowanie I.01.072
zajmować XII.01.01.007
zakaz I.04.02.011
zakaz zmian I.04.02.008
zakaz zmian II.06.02.012
zakład X.01.04.009
zakład X.01.04.022
zakład chemiczny XII.02.03.007
zakład likwidacji odpadów XII.02.03.009
zakład rolny XII.02.02.004
zakład wodociągowy XII.02.03.004
zakład wtórnego wykorzystania XII.02.03.010
zakładkowa VI.02.03.005
zakłócenia III.03.01.005
zakłócenia X.01.06.013
zakłócenie psychiczne I.02.03.035
zakotwienie podpory VIII.02.02.027
zakrystia II.04.01.026
zakup I.05.02.005
zakup X.01.01.018
zakwaterowania XII.14.02.
zalen XI.01.01.032
zaliczka I.04.04.004
zaliczka I.05.04.005
załamanie światła V.04.01.010
załoga X.01.04.023
założenie centralne II.05.02.015
założony czas pracy X.01.05.022
zamek drzwiowy VIII.03.01.007
zamek napinający VII.02.04.013
zamek napinający VIII.02.02.063
zamek nawodny II.04.03.006
zamek wysoczyznowy II.04.03.005
zamki II.04.04.
zamki średniowieczne II.04.03.004
zamknięcie XI.04.02.042
zamknięcie XI.04.02.050
zamknięta przestrzeń XI.04.02.009
zamknięty XI.04.02.018
zamocowanie VII.01.026
zamrażarnia XII.03.02.003
zanieczyszczenie III.03.01.013
zaniedbanie II.06.03.002
zapłata I.05.04.018
zapotrzebowanie przestrzeni XI.05.01.044
zaprawa VI.06.
zaprawa cementowa VI.06.05.005
zaprawa gipsowa VI.06.05.007
zaprawa lekka VI.06.04.002
zaprawa murowa i tynkarska VI.04.03.005
zaprawa powietrzno-wapienna VI.06.05.011
zaprawa recepturowa VIII.02.03.006
zaprawa wapienna VI.06.05.009
zaprawa wapienno-cementowa VI.06.05.006
zaprawa wapienno-gipsowa VI.06.05.010
zaprawa wapienno-hydrauliczna VI.06.05.008
zaprawa zwykła VI.06.04.001
zaprawa zwykła VIII.02.03.005
zaprawy VI.06.03.
zaprawy gotowe VI.06.03.
zaprawy mieszane VI.04.03.003
zaprawy murarskie VI.06.04.
zaprawy tynkarskie VI.06.05.
zarys I.01.118
zarys V.02.02.001
zarząd X.01.04.011
zarządzenie I.04.02.002
zarządzenie I.04.02.003
zarządzenie (nakaz) wyburzenia II.06.03.007
zasada I.03.039
zasada kształtowania XI.04.03.003
zasada pozornego przesunięcia VII.06.026
zasada redukcji VII.06.028
zasada sił pozornych VII.06.027
zasada sprawcy III.03.01.007
zasady kształtowania II.06.02.002
zasady kształtowania urbanistycznego XI.04.02.054
zasady uporządkowania V.02.06.
zasądzić I.04.01.017
zascenie XII.11.04.013
zasobnik X.02.01.032
zastrzał II.02.04.029
zastrzał VII.02.05.018
zastrzał VIII.05.01.016
zastygnięcie VI.09.010
zatoka XI.01.01.029
zatoka XI.01.01.032
zator XI.05.01.051
zawartość wilgoci IX.03.004
zawiasa okienna VIII.03.02.025
zawody budowlane X.01.04.037
ząbnik II.02.05.016
zbiory podręczników XII.11.02.012
zbiór XII.11.03.022
zbiór danych III.02.02.008
zbiór map III.02.01.010
zbocze VIII.01.04.009
zbrojenie VIII.02.04.001
zbrojenie łączące VIII.02.04.013
zbrojenie na ścinanie VIII.02.04.019
zbrojenie na zginanie VIII.02.04.008
zbrojenie podłużne VIII.02.04.017
zbrojenie poprzeczne VIII.02.06.025
zbrojenie strzemionami VIII.02.04.009
zbrojenie tynku VI.06.02.002
zbrojownia XII.05.014
zburzenie X.05.004
zburzenie X.05.015
zburzenie XI.04.04.007
zdolność magazynowania ciepła IX.02.02.032
zdolność produkcyna X.01.03.003
zdystansowanie I.02.03.003
zespół II.06.01.013
zestawiać V.01.02.004
zestawiać V.01.02.005
zestawienie obciążeń VII.03.028
zewnętrze II.02.06.017
zewnętrzna konstrukcja nośna VII.02.11.008
zewnętrzna ochrona przeciwdźwiękowa IX.01.01.033
zezwolenie I.04.02.006
zezwolenie na rozbiórkę II.06.03.006
zgarniarka ciągnikowa X.02.03.031
zginanie VII.04.002
zginanie poprzeczne VIII.02.06.030
zginanie ukośne VII.04.053
zgniatanie krawędziowe VII.04.019
zgniatanie narożnikowe VII.04.010
zgodność I.01.008
zgrupowana V.03.02.007
zgrupowanie V.02.03.009
zielony beton VI.05.01.033
ziemia XI.01.01.002
ziemia XI.01.01.007
ziemia orna VIII.01.02.030
ziemia puzzoli VI.04.04.008

ziemia rodzima VIII.01.02.002
ziemna przegroda akustyczna III.03.04.003
zimowa izolacja cieplna IX.02.01.012
zlecanie poszczególnych zadań X.01.04.031
zlecenie zadań X.01.01.
zleceniobiorca I.04.03.004
zlepieniec VI.01.02.006
złamanie VII.04.044
złącze na zakładkę VIII.02.01.022
złote cięcie V.02.05.005
złoty podział I.01.057
złudzenie percepcji I.02.02.018
zmiana I.03.041
zmiana II.06.04.005
zmiana V.02.06.007
zmiana XI.04.02.064
zmiana kierunku XI.04.02.058
zmiana struktury XI.04.05.007
zmiany tempratury VII.03.053
zmieniać V.01.02.008
zmienna wysokość przekroju poprzecznego VII.02.02.020
zmienność w czasie I.02.03.009
zmieszanie podłoża z zaprawą VIII.01.05.002
zmiękczacz VI.05.03.007
zmniejszenie III.03.05.010
zmniejszenie V.02.06.009
zmniejszenie intensywności ruchu XI.05.01.055
zmniejszenie objętości IX.02.01.006
zmysłowość I.01.116
znaczenie I.01.066
znaczenie I.01.073
znaczenie I.01.081
znaczenie II.01.02.028
znaczenie artystyczne II.06.01.016
znajdywać V.01.02.010
znak drogowy XII.06.01.027
znaki IV.03.01.
znakowanie poziome na jezdni XI.05.01.090
znaleść V.01.02.010
zniekształcenie II.06.04.011
zniszczenie VII.04.044
zniżka I.05.04.006
zobrazowanie I.01.112
zużycie ciepła IX.02.01.031
zużyty olej III.03.02.008
zwalisko X.05.006
związek II.01.01.012
związek II.01.01.014
związek zawodowy I.04.04.005
zwieńczenie II.02.05.036
zwłoka X.01.05.029
zwodzenie I.04.01.023
zwornik II.02.06.013
zwrot XI.04.03.027
zwrot kosztów I.05.01.009
zwyczaj I.03.037
zysk X.01.02.008

Ź

źródła ciepła IX.02.01.033
źródło II.01.02.018
źródło XI.01.01.039
źródło światła V.04.01.001

Ż

żabia perspektywa IV.02.03.012
żabka niwelacyjna III.01.03.023
żagielek II.03.03.004
żaluzja VIII.03.02.038
żebro VIII.02.06.026
żebro sklepienia krzyżowego II.02.06.012
żegluga wodna XI.05.03.
żelazo i stal VI.07.01.
żelazo lane VI.07.01.001
żelazobeton VI.05.01.042
żelazobeton VIII.02.04.
żeliwo VI.07.01.001
żłobek II.02.04.009
żłobek XII.09.01.001
żłobkowana VI.02.03.004
żużel wielkopiecowy VI.04.04.001
żwir VI.01.02.012
żwir VI.04.04.007
żwir VIII.01.02.017
żwirek VI.04.04.003
życie I.02.01.006

Russian
Russisch
orosz
Rosyjski
русский язык
rusky

ω - числа VII.05.001

А

абонемент XII.11.02.014
абрис I.01.118
абсолютная влажность IX.03.011
абсорбция V.04.01.009
абстрактная композиция V.02.
аванс I.04.04.004
аванс I.05.04.005
авария III.03.01.005
авгит VI.01.01.001
автобан XI.05.01.067
автобетоносмеситель X.02.03.018
автобус XI.05.01.038
автовокзал XII.06.01.011
автодром XII.13.05.008
автоматическая билетная касса XII.06.01.034
автоматическая камера хранения XII.06.02.018
автомобили XI.05.01.033
автомобиль XI.05.01.019
авторитарный стиль руководства X.01.04.029
автостоянка XI.05.01.086
автострада XI.05.01.067
автострада XII.06.01.006
агломерация I.03.031
аграрная область XI.02.01.001
аграрная политика XI.02.01.008
агрессия I.02.03.031
адвокат I.04.01.007
аддитивная форма V.02.02.007
аддитивное цветосмешение V.04.02.012
административное здание XII.04.002
административное право I.04.02.
административный район XI.03.01.003
административный центр II.05.02.012
административный центр (город) XI.04.01.010
администрация X.01.04.011
администрация XII.02.01.019
администрация XII.04.
администрация XII.10.01.013
администрация XII.14.02.008
академия XII.10.01.004
аксонометрический разрез IV.02.01.022
аксонометрия IV.02.02.
активирующие добавки VI.05.03.
активная изоляция IX.01.01.024
актовый зал XII.09.02.020
актовый зал XII.10.01.021
акустика IX.01.
акустика помещений IX.01.02.
акустическая плита VI.08.03.002
акустический блок VI.02.02.004
акционерное общество I.05.03.006
альков II.04.05.007
алюзия V.01.03.002
алюминий VI.07.02.001
амбар II.04.05.008
амбар II.04.06.002.
амбар XII.02.02.012
амбразура II.04.03.013
амбулаторий II.04.01.022
амбулатория XII.12.02.019
амплитуда VII.07.003
амфибол VI.01.02.001
анализ II.01.02.013
анализ III.02.
анализ затрат и результатов X.01.02.021
анализ частоты VII.07.015
анализ элементов VII.06.009
анастилоз II.06.03.017
ангажированность I.02.03.002
ангар XII.06.04.009
ангидритовый пол VI.06.06.001
английский универсальный ключ X.02.01.013
андезит VI.01.02.002
анестезия XII.12.02.016
анкер VIII.01.01.001
анкер опалубки X.03.02.009
анкер фронтона VIII.05.01.026
анкерная опора VIII.02.02.020
анкерная свая VIII.01.07.008
анкерное крепление опоры VIII.02.02.027
анкерное соединение VIII.02.06.024
анкета I.02.04.005
анкета III.02.02.011
ансамбль II.06.01.013
антаблемент II.02.05.013
антенна VIII.05.04.005
антикоррозионный краситель VI.08.02.007
антропоморфическая пропорция V.02.05.004
апелляция I.04.01.020
аппроксимация VII.06.002
апсида II.04.01.023
аптека XII.12.02.026
аренда X.01.02.024
аренда I.05.02.006
аренда I.05.02.007
арендатор I.05.02.008
арендная плата I.05.02.007
арендная плата X.01.02.023
арендуемая квартира XII.08.02.003
арифметическая пропорция V.02.05.001
арка II.02.05.020
арка со стяжкой VII.02.03.002
аркада II.02.05.021
аркбутан II.02.06.023
арки VII.02.03.
арматура VIII.02.04.001
арматура VIII.02.04.008
арматура VIII.02.04.019
арматура под штукатурку VI.06.02.002
арматурная сетка VIII.02.04.018
арматурная сталь VIII.02.04.005
арматурные клещи X.02.01.009
армированная кладка VIII.02.03.026
армированное стекло VI.03.02.010
арон II.04.01.005
арочная VII.02.03.005
арочная балка VII.02.02.001
арочная ферма VII.02.03.003
арсенал XII.05.015
артель I.05.03.002
артефакт I.01.005
артотека XII.11.02.005
архаические формы жилища II.02.02.
археологический памятник II.06.01.011
археология II.01.02.012
архетип V.01.03.008
архив XII.04.030
архив карт III.02.01.009
архивольт II.02.05.037
архитектурно-строительный надзор I.04.05.010
архитектурное бюро X.01.04.008
архитрав II.02.05.014
асбест VI.01.02.003
асимметрия XI.04.02.077
ассоциативная ценность II.06.01.027
асфальт VI.08.01.002
асфальтовый лак VI.08.02.001
ателье XII.11.03.014
атмосферные осадки IX.03.044
атрибуция I.02.03.010
атрий II.04.01.028
атриумный дом XII.08.03.007
аудио-визуальные средства-информации XII.11.05.
аудитория XII.02.01.023
аудитория XII.10.01.016
аудитория для практических занятий XII.10.01.018
афишная тумба XII.06.01.041
аффект I.02.02.013
ахроматический цвет V.04.02.006
аэрограф IV.04.02.018
аэродинамическое возмущение VII.07.002
аэродром XII.06.04.002
аэродром для планеров XII.06.04.003

аэропорт XII.06.04.002

Б

баба X.02.02.041
бабка VIII.05.01.004
багажный вагон XI.05.02.020
бадья для подачи бетонной смеси X.02.01.032
база II.02.05.006
базальт VI.01.02.004
базальтовое волокно VI.08.03.003
базилика II.04.01.012
базисная линия III.01.02.009
базисное расстояние III.01.02.008
базисный растр III.01.02.018
баланс влажности IX.03.029
балда X.02.01.004
балка VIII.02.02.034
балка VIII.02.07.006
балка VIII.05.01.027
балка VIII.05.01.028
балка II.02.04.003
балка Гербера VII.02.02.011
балка на трёх опорах VII.02.02.018
балка перекрытия VIII.04.007
балка продольного изгиба VII.02.02.009
балка с вутами VII.02.02.010
балка с двойным нижним защемлением VII.02.02.006
балка с жёстким изгибом VII.02.02.014
балка с одинарным нижним защемлением VII.02.02.015
балка с отверстиями VIII.02.02.030
балка с четырьмя опорами VII.02.02.021
балка со сплошной стенкой VII.02.02.017
балка со сплошной стенкой VIII.02.02.035
балка ячеистой структуры VIII.02.02.036
балки VIII.02.01.007
балки VIII.02.02.029
балки VII.02.02.
балкон II.02.05.024
балкон XII.08.05.019
балочное перекрытие VIII.04.001
балочное покрытие II.03.01.001
балочный вант VII.02.04.008
балочный ростверк VII.02.12.004
балюстрада II.02.05.028
банк I.05.05.001
банк XII.04.005
банкротство I.05.03.012
баптистерий II.04.01.034
бар XII.09.02.018
бар XII.14.01.004
барабан II.03.03.007
барак X.03.01.009
барбакан II.04.03.007
баржа XI.05.03.003
бассейн для детей XII.13.03.008
бассейн для очень маленьких детей XII.13.03.006
бассейн для прыжков XII.13.03.011
бассейн с искусственными волнами XII.13.03.009
бассейн с плавательными дорожками XII.13.03.005
бастион II.04.03.027
батарея X.02.02.005
башня II.04.01.032
башня II.04.04.007
башня над средокрестием II.04.01.037
башня управления XII.06.04.008
беговая дорожка XII.13.01.014
бегущая дорожка VIII.06.02.005
бедность I.03.073
безобразное I.01.133
безопасность I.05.05.025
берег XI.01.01.035
берма II.04.03.024
бескаркасная конструкция VIII.02.07.014
бесформенность XI.04.02.074
бесшарнирная балка VII.02.02.008
бесшовные полы VI.06.06.
бесшовный асфальтовый пол VI.06.06.002
бесшовный пластмассовый пол VI.06.06.008
бесшовный пол на изолированном основании VI.06.06.009
бетон VI.05.
бетон для подводонго бетонирования VI.05.01.043
бетон для раздельной укладки VI.05.01.018
бетонировать VI.05.01.014
бетонная смесь VI.05.01.036
бетонная смесь VI.05.01.040
бетонная стена с остеклением VIII.02.05.007
бетонный блок VI.02.04002
бетонный элемент X.04.020
бетономешалка X.02.02.026
бетононасос X.02.02.028
бетонорезка X.05.011
бетоносмеситель X.02.02.026
бетоносмеситель X.03.01.024
бибколлектор XII.11.02.017
библиотека XII.08.05.017
библиотека XII.11.02.
билетная касса XII.06.01.033
биография II.01.02.006
биржа XII.03.01.004
бистро XII.14.01.010
битум VI.08.01.001
бифуркационная точка VII.05.003
благоустройство XI.04.04.009
бланк III.01.04.005
близость V.03.01.012
блокированный двухквартирный дом XII.08.03.005
блочное строительство VIII.02.07.018
блочное строительство X.04.002
бобслейная дорожка XII.13.02.004
богатство I.03.072
боевой ход II.04.03.011
бойница II.04.03.013
бойцовая башня II.04.03.018
боковая лестница XII.07.01.014
боковая створка VIII.03.02.017
боковое освещение XII.11.03.018
боковой неф II.04.01.017
боксринг XII.13.05.004
болото XI.01.01.010
болт VIII.02.01.027
болтовое соединение VIII.02.02.054
болтовое соединение VIII.02.02.060
больница XII.12.01.001
больница неотложной помощи XII.12.01.002
больницы и медицинские учреждения XII.12.
больничная палата XII.12.02.003
больничный лифт VIII.06.02.009
большая аудитория XII.10.01.017
большинство I.03.019
бордюрный камень XI.05.01.098
боулинг XII.13.05.003
бригадир X.01.04.041
брус X.03.02.003
брус II.02.04.003
бруствер II.04.03.012
брусчатый остов II.02.04.017
брутто-плотность XI.06.032
будни I.03.029
булочная XII.02.01.002
булыжник VI.01.02.022
бульдозер X.02.03.027
бумага IV.04.01.002
бумага для акварели IV.04.01.004
бумага для эскизов IV.04.01.007
бунгало XII.08.03.004
бункер X.02.02.021
бункер XII.05.014
бур X.02.02.044
бурение VIII.01.03.002
бурильный молот X.02.02.016
буронабивная свая VIII.01.07.007
буссоль III.01.03.053
бутик XII.03.01.008
бутовая кладка II.02.03.009
бутовый камень II.02.01.004
бутовый камень VI.02.02.001
буфет XII.14.01.009
бухгалтерия XII.04.026
бухгалтерия I.05.01.005
бухта XI.01.01.032
бытовка X.03.01.014
бытовые потребности XII.08.01.008
бытовые процессы I.02.03.022
бюджет I.05.01.004
бюро X.01.04.007
бюро XII.02.03.020
бюро XII.04.018
бюро группы XII.04.021
бюро управления строительством X.03.01.011

В

в аренду I.05.02.009
вагон X.02.03.013
вагон XI.05.02.018
вагон XI.05.02.019
вагонетка X.02.03.014
важность I.01.066
вакуумированный бетон VI.05.01.044
вал II.04.03.023
вал II.04.03.027
вал III.03.04.003
валун II.02.01.003
вальмовая крыша VIII.05.02.006
вальмовый скат VIII.05.03.002
ванная XII.08.05.028
ванта VII.02.04.011
вантовые VII.02.04.
вариабельный план XII.08.05.004
ватерпас X.02.01.086
ватерпас III.01.03.033
ватман IV.04.01.003
вахта XII.05.006
вдохновение I.01.070
вдохновение V.01.02.018
ведомость IV.03.02.005
вектор VII.06.037
вектор нагрузки VII.06.019
вектор решения VII.06.030
величина аппроксимации VII.06.001
величина усадки VI.05.01.012
веломотоцикл XI.05.01.029
велосипед XI.05.01.023
велосипедная дорожка XI.05.01.024
велосипедная дорожка XII.06.01.005
велотрек XII.13.05.006
веранда XII.08.05.020
веранда II.02.05.025
вертикаль VII.02.05.024
вертикальная нагрузка VII.03.062

вертикальная ось III.01.03.041
вертикальная ось VII.01.039
вертикальная проекция IV.02.01.007
вертикальная реакция VII.03.063
вертикальная связь XII.07.02.001
вертикальная сила VII.03.061
вертикальная система крыши VIII.05.01.004
вертикальная стяжка VII.02.03.015
вертикальное окно VIII.03.02.024
вертикальное уплотнение VIII.01.04.023
вертикальный круг III.01.03.040
вертолёт XI.05.04.009
верфь XII.06.03.012
верхнеподвесная створка VIII.03.02.034
верхний пояс VII.02.05.020
верхний свет XII.11.03.017
верхний слой бетона VIII.02.06.031
верхний слой штукатурки VI.06.05.004
верхняк II.02.04.032
верхняя несущая балка VIII.04.009
верхняя стяжка VIII.05.01.013
верховая лошадь XI.05.01.022
вершина XI.01.01.017
вес VI.09.019
вестверк II.04.01.030
вести себя XII.01.01.002
вестибюль II.04.04.004
весы X.02.02.025
ветка X.03.01.002
ветровая нагрузка VII.03.065
ветровая стяжка VII.02.11.009
ветряная мельница II.04.06.005
веха III.01.03.008
вещество II.02.01.009
взаимодействие I.03.010
взаимодействие цветов V.04.02.014
взаимоотношение II.01.01.014
взаимосвязь II.01.01.012
взглётная полоса XI.05.04.011
вздутие VIII.01.08.001
взлётно-посадочная полоса XII.06.04.007
взрыв IX.01.01.032
взрывание X.05.012
взять под защиту II.06.02.009
вибрация IX.01.01.007
виброизоляция IX.01.01.008
вибростол X.02.02.036
вибротрамбовка X.02.02.039
виброуплотнитель X.02.02.042
вид I.01.131
вид IV.02.01.008
вид сбоку IV.02.01.010
вид сверху IV.02.01.017
вид спереди IV.02.01.009
видимость I.01.001
видимый цвет V.04.02.017
видовая обзорная площадка XII.06.04.028
виды грунтов VIII.01.02.001
виды жилой собственности XII.08.02.
виды кладок VIII.02.03.025
виды сёл XI.02.03.
визирная линия III.01.03.029
визирная ось III.01.03.042
визуальная ось V.01.01.005
визуальная связь V.01.01.004
вилла XII.08.03.011
вимперг II.02.06.026
винный ресторан XII.14.01.005
виноградник XII.02.02.006
винт VIII.02.01.031
винт с шестигранной гайкой X.02.01.085
винтовая лестница VIII.06.01.015
винтовая лестница XII.07.01.010
винтовая рейка III.01.03.022
винтовая свая VIII.01.07.006
винтовой самолёт XI.05.04.002
висячие фермы VII.02.04.
висячий купол II.03.03.001
витрина XII.06.01.042
включать II.06.04.007
вкус I.01.128
влага VI.09.031
влага IX.03.
влагоёмкость VI.09.034
владелец I.05.02.002
владелец I.05.02.004
влажность VI.09.031
влажность IX.03.001
влажность воздуха IX.03.010
влажность грунта VIII.01.04.011
влажность грунта по бокам IX.03.042
власть I.03.014
влечение I.01.038
влияние температуры VII.03.054
вмятина VII.05.004
внешняя стена VIII.02.03.013
внешнее пространство V.03.01.018
внешний вид III.01.07.002
внешняя стойка II.02.04.025
внешняя шумозащита IX.01.01.033
внимание I.02.02.014
внутренняя стена VIII.02.03.014
внутреннее напряжение VII.04.041
внутреннее поле VII.02.02.012
внутреннее пространство V.03.01.019
внутреннее трение VIII.01.02.042
внутренний вибратор X.02.02.034
внутренний водный транспорт XI.05.03.009
внутренний откос VIII.03.02.003
внутренний проезд XI.05.01.074
внутренняя дорога XI.05.01.075
внутренняя изоляция VIII.02.03.028
внутренняя лестница VIII.06.01.018
во дворе XII.11.03.009
вода XI.01.01.026
вода затворения VI.05.01.016
водная эмульсия VI.08.02.034
водные виды спорта XII.13.03.
водные лыжи XII.13.03.022
водный маршрут XI.05.03.007
водный транспорт XII.06.03.
водонапорная башня XII.02.03.017
водоносный слой IX.03.049
водоотведение VIII.01.04.018
водоотводящая система VIII.01.04.019
водоотлив VIII.01.04.013
водопонижение VIII.01.04.017
водопроницаемый грунт IX.03.048
водосток XI.05.01.099
водосточная труба VIII.05.01.042
водосточный жёлоб VIII.05.01.040
водосточный жёлоб XI.05.01.097
водоцементное отношение VI.05.01.017
водяная мельница II.04.06.006
водяной пар IX.03.021
военное управление XII.05.010
военный район XI.03.01.005
возбуждение I.02.02.015
возврат денег I.05.05.022
возвышение XI.01.01.019
возвышение для чтения торы II.04.01.006
возвышенное I.01.124
возвышенность XI.01.01.020
воздействие II.01.01.015
воздействия вызванные водой и влагой IX.03.050
воздействия вызванные осадками и безнапорной водой IX.03.051
воздушная зона IX.03.053
воздушная известь VI.04.03.006
воздушно-известковый раствор VI.06.05.011
воздушный слой VIII.02.03.027
воздушный транспорт XI.05.04.
воздушный транспорт XII.06.04.
воздушный шлюз VIII.03.01.011
возмещение I.05.02.013
возмещение убытков X.01.06.011
возмущающее колебание VII.07.034
вознаграждение I.05.01.009
возраст XI.04.03.027
возраст бетона VI.05.01.002
возрастной состав I.03.063
воинское кладбище XII.05.016
вокзал XII.06.02.002
вокзальный ресторан XII.06.02.017
волнистая черепица VI.02.03.008
волокнистый материал VI.08.03.008
волюта II.02.05.011
воображение I.01.063
ворота XII.07.01.003
ворота гаража VIII.03.01.017
ворота замка II.04.03.015
воспитание I.02.01.008
воспитательные учреждения XII.09.
воспоминание I.02.02.011
восприятие I.01.107
восприятие I.02.02.017
восприятие звука IX.01.01.003
восстановление XI.04.04.004
восстановление II.06.03.013
впечатление I.01.067
врачебная практика XII.12.02.022
вращающаяся дверь VIII.03.01.016
вращающаяся сцена XII.11.04.015
вред III.03.01.012
врезка II.02.04.009
врезка вилкой II.02.04.012
врезка прямой накладкой II.02.04.013
временное жилище XII.08.03.033
время X.01.05.019
время ожидания I.05.05.017
время окончания работ X.01.05.014
время охлаждения IX.02.02.023
время планирования на одно рабочее место X.01.05.025
время работы одного человека X.01.05.024
время реверберации IX.01.02.002
время реверберации IX.01.02.010
время сдачи объекта X.01.05.015
время строительства X.01.05.
время строительства X.01.05.020
время схватывания VI.05.01.010
врубка вполдерева VIII.02.01.022
врубка зубом VIII.02.01.021
всасывание VII.03.067
вспомогательная проекция IV.02.01.004
вспомогательные средства X.03.02.
вспомогательный строительный рабочий X.01.04.043
вспученная глина VI.04.04.004
вспучивание VI.09.008
вставная шпонка VIII.02.01.025
встреча на месте III.01.01.003
встречный ряд V.02.03.008
вторичное использование XII.02.03.010
вход V.02.07.006
вход в квартиру XII.08.05.008
входная зона XII.08.05.007
въезд XI.05.01.070

въезд	XI.05.01.079
въезд	XII.07.01.005
вывоз мусора	XII.05.021
выдача	XII.02.01.021
выдача багажа	XII.06.04.015
выдача задания	X.01.01.
выдвижные ворота	VIII.03.01.019
выезд	XI.05.01.071
выемка	VIII.01.04.005
вылет	XII.06.04.026
вынесение приговора	I.04.01.017
вынужденное колебание	VII.07.012
выпас	XI.01.03.006
выплата	I.05.05.021
выпуск	II.02.04.037
выпучивание	VIII.01.08.001
выравнивание поверхности	X.05.008
выравнивание троса	VII.02.04.005
выражение	I.01.048
высвечивание	V.04.01.006
выселки	II.05.01.001
высказывание	I.01.082
высокие горы	XI.01.01.013
высококачественная сталь	VI.07.01.002
высокопрочный бесшовный пол	VI.06.06.006
высота арки	VII.02.03.010
высота переменного сечения	VII.02.02.020
высота ребра	VIII.02.06.028
высотная точка	III.01.02.004
выставка	I.01.047
выставочная зона	XII.02.03.015
выставочное помещение	XII.02.01.025
выставочное помещение	XII.11.03.007
выставочный зал	XII.11.02.007
выстраивание в ряд	XI.04.02.075
выступ	XI.04.02.032
выступы листовой стали для соединения	VIII.02.02.013
высшее учебное заведение	XII.10.01.
высшее учебное заведение	XII.10.01.003
высыхание	IX.03.008
выцветание	VI.06.01.006
вычислительный центр	XII.04.032
вышгород	II.04.03.005
вышка для прыжков	XII.13.03.010
вяжущее для штукатурки и кладки	VI.04.03.005
вяжущие	VI.04.

Г

габбро	VI.01.02.009
гавань для яхт	XII.13.03.015
газобетонная плита	VI.02.04005
газобетонный блок с зубцами	VI.02.04003
газобетонный плоский блок	VI.02.04004
галерейная структура	XII.07.02.010
галерейный дом	XII.07.02.007
галерея	XII.11.03.003
галерея	II.02.06.006
галёрка	XII.11.04.028
галька	XI.05.01.095
гараж-стоянка	XII.06.01.023
гарантия	I.04.03.005
гардероб	XII.08.05.011
гардероб для артистов	XII.11.04.021
гардеробная	XII.08.05.027
гармоническая нагрузка	VII.07.018
гармоническая пропорция	V.02.05.003
гармония	I.01.058
гарнизонный город	XI.04.01.012
гаситель колебаний	VII.07.036
гаситель колебания	VII.07.035
гашение шума конструкции	IX.01.01.022
гвоздодёр	X.02.01.043
гвоздь	VIII.02.01.028
гвоздь с нарезкой	VIII.02.01.032
генеральный план транспорта	XI.05.01.042
генеральный подрядчик	X.01.04.003
генератор	X.02.02.001
гений	I.01.056
гений места	XI.04.02.044
геодезический купол	VII.02.08.003
геометрическая имперфекция	VII.05.012
геометрическая пропорция	V.02.05.002
геометрический масштаб	III.01.03.004
геометрия	IV.01.
гетрификация	XI.04.05.002
гетто	XI.03.02.011
гештальт	V.02.02.004
гибкая опалубка	X.03.02.021
гибкие несущие конструкции	VII.02.09.
гибкий план	XII.08.05.003
гибкое соединение	VIII.02.06.003
гибкость	VII.04.
гибкость	VII.05.019
гибкость ребра	VIII.02.06.027
гибочное устройство	X.02.01.061
гибочный станок	X.02.02.032
гигроскопическая влага	IX.03.006
гигроскопическая влажность	IX.03.028
гигроскопичность	VI.09.035
гидравлическая известь	VI.04.03.004
гидравлический известковый раствор	VI.06.05.008
гидравлический цемент	VI.04.03.002
гидравлический экскаватор	X.02.03.022
гидросамолёт	XI.05.04.007
гидростатическое давление	IX.03.027
гимназия	XII.09.02.003
гимнастический зал	XII.09.02.021
гимнастический зал	XII.13.01.009
гимнастический зал	XII.13.01.018
гипербола Эйлера	VII.05.011
гиперболический параболоид	VII.02.08.004
гипс	VI.04.01.
гипс для заделки швов	VI.04.01.005
гипс для склеивания	VI.04.01.002
гипсовая волокнистая плита	VI.08.05..002
гипсовая картонная плита	VI.08.05..001
гипсовая плита	VI.08.05..004
гипсовые фасонные детали	VI.08.05..006
гипсовые формы	VI.08.05..007
гипсовый блок	VI.08.05..005
гипсовый камень	VI.01.02.013
гипсовый раствор	VI.06.05.007
гипсовый шпат	VI.01.01.004
главная дорога	XI.05.01.062
главная лестница	XII.07.01.013
главная магистральная улица	XI.05.01.072
главное направление кривизны	VII.04.037
главное напряжение	VII.04.038
главные дороги	XI.05.01.059
главный анкер	VIII.05.01.025
главный вокзал	XII.06.02.003
главный подрядчик	X.01.04.004
главный фасад	IV.02.01.009
глазок	VIII.03.01.009
глина	VIII.01.02.006
глина	II.02.01.008
глина	VI.01.02.005
глобальная матрица жёсткости	VII.06.014
глубинный вибратор	VIII.01.05.006
глубинный вибратор	X.02.02.038
глубокая тень	IV.02.04.015
глухота	IX.01.02.024
гнейс	VI.01.02.010
голландская перевязка	II.02.03.019
голландская черепица	VI.02.03.001
головка опоры	VIII.02.02.022
гонорар	I.04.04.001
гора	XI.01.01.016
горбылёк	VIII.03.02.015
горбылёк оконного переплёта	II.02.04.040
горелка для автогенной резки	X.02.01.068
горизонт	IV.02.03.007
горизонталь	III.01.02.010
горизонтальная димметриявоенная проекциявоенная перспектива	IV.02.02.004
горизонтальная нагрузка	VII.03.017
горизонтальная ось	VII.01.015
горизонтальная связь	XII.07.02.002
горизонтальная система крыши	VIII.05.01.005
горизонтальное окно	VIII.03.02.023
горизонтальное сечение	IV.02.01.006
горизонтальное сопротивление	VII.03.016
горизонтальное уплотнение	VIII.01.04.024
горизонтальный круг	III.01.03.039
горная дорога	XI.05.02.009
горница	II.04.05.005
горное село	XI.02.03.002
горные породы	VI.01.02.
горные хребты	XI.01.01.012
город	XI.04.
город - крепость	II.05.02.008
город для сна	XI.03.02.008
город имеющий университет	XI.04.01.016
город-резиденция епископа	II.05.02.010
город-сад	XI.03.02.006
город-спутник	XI.03.02.007
городище	II.05.02.008
городская автомагистраль	XI.05.01.068
городская библиотека	XII.11.02.002
городская железная дорога	XI.05.02.003
городская планировка	XI.04.03.
городская планировка	XI.06.006
городское поселение	XI.03.02.001
городское пространство	XI.04.02.001
городское развитие	XI.04.05.
городской дом	XII.08.03.009
городской дом помещика	II.04.05.002
городской зал	XII.05.018
городской зал	XII.11.04.005
городской ландшафт	XI.01.02.003

горы XI.01.01.015
горючий VI.09.036
господство I.03.015
гостевая комната XII.08.04.005
гостиница XII.14.02.002
гостиницы XII.14.02.
гостиничный номер XII.14.02.010
гостиничный номер в мотеле XII.14.02.013
государственная премия I.05.05.012
государство и община XII.05.
готическая перевязка II.02.03.020
готический стиль II.02.06.
готовый раствор VI.06.03.
готовый элемент X.04.019
гофрированный картон IV.04.01.009
гравелистый песок VI.01.02.012
гравелистый слой VIII.01.02.029
гравий VIII.01.02.017
гравий XI.05.01.095
гравий VI.04.04.003
гравий VI.04.04.007
градиент влажности IX.03.005
градирня XII.02.03.018
градостроительная значимость II.06.02.008
градостроительное законодательство XI.04.03.001
градостроительные принципы оформления XI.04.02.054
градостроительство XI.04.02.
гражданин I.03.055
гражданская инициатива XI.04.03.005
гранит VI.01.02.011
граница V.02.07.012
граница поля VII.02.02.007
граница пространства XI.04.02.002
границы застройки XI.06.011
граничные условия VII.01.001
граничный пункт III.01.02.003
гранулированный доменный шлак VI.04.04.002
гранулометрия VI.09.026
график текущих работ X.01.03.009
графика IV.03.03.
графика IV.03.03. 008
графический метод VII.02.05.009
графический метод VII.06.015
гребень II.02.04.010
грейдер X.02.03.026
грейфер X.02.03.028
гриль-бар XII.14.01.008
гримёрная XII.11.04.020
громкость IX.01.01.037
громоотвод VIII.05.04.007
грузовая станция XII.06.02.005
грузовой автомобиль X.02.03.017
грузовой автомобиль XI.05.01.037
грузовой вагон XI.05.02.021
грузовой лифт VIII.06.02.008
грузовой поезд XI.05.02.014
грузовой порт XII.06.03.004
грузоподъёмность VII.01.016
грунт XI.01.01.007
грунтовая влага IX.03.040
грунтовая вода IX.03.035
грунтовка VI.06.01.004
грунтовое основание VIII.01.04.002
грунтовые воды VIII.01.04.010
грунты VIII.01.
группа I.03.066
группа пользователей III.02.02.022
группа продлённого дня XII.09.01.003
группировка V.02.03.009
группировка пространств XII.01.02.001
группы пространств V.03.03.
гумно XII.02.02.011
гусеница X.02.03.030

Д

давление ветра VII.03.066
давление водяного пара IX.03.013
давление грунта VIII.01.08.002
давление грунта в состоянии покоя VIII.01.08.004
давление на грунт VIII.01.06.001
давление напорной оды IX.03.052
дамба XII.06.03.008
данные учёта населения III.02.02.003
датирование III.02.01.001
дача XII.08.03.004
дачный поселок XI.02.03.006
двери и ворота VIII.03.01.
дверная защёлка VIII.03.01.006
дверная коробка VIII.03.01.002
дверное полотно VIII.03.01.001
дверной замок VIII.03.01.007
дверной косяк II.02.04.026
движение XII.07.
движение индивидуального транспорта XI.05.01.047
движимость II.06.01.012
двойная кривизна VII.02.10.005
двойное кодирование V.01.02.016
двойное окно VIII.03.02.022
двойное остекление VIII.03.02.020
двор XII.02.02.016
двор II.04.04.006
дворец II.04.03.019
дворик II.04.04.006
дворцы II.04.04.
двуколка XI.05.01.020
двутавровая балка VIII.02.02.003
двухколёсный транспорт XI.05.01.028
двухкомпонентный краситель VI.08.02.031
двухмаршевая (прямая) лестница VIII.06.01.010
двухмаршевая лестница XII.07.01.011
двухмаршевая поворотная лестница VIII.06.01.013
двухместный номер XII.14.02.012
двухосно напряжённая плита VII.02.07.004
двухскатная крыша VIII.05.02.003
двухскатная крыша с наклонными стропилами VIII.05.01.001
двухслойная штукатурка VI.06.05.002
двухшарнирная рама VII.02.06.010
двухэтажная рама VII.02.06.011
действие I.02.02.003
действия XII.01.01.
действовать XII.01.01.001
декаданс I.01.030
деканат XII.10.01.011
декартовая система координат III.01.02.020
деконструкция I.01.031
декоративный бетон VI.05.01.021
декоративный кирпич VI.02.02.012
декорация I.01.032
декорация V.01.03.001
декремент затухания VII.07.007
делать коллаж V.01.02.007
делегирование отдельных заданий X.01.04.031
деление континиума VII.06.007
демократизация XI.04.03.008
демонстрационный зал XII.11.05.002
демонтаж X.05.004
дендрохронология III.02.01.003
дентикул II.02.05.016
день выплаты I.05.05.018
дерево II.02.01.007
деревянная стропильная ферма VIII.05.01.019
деревянный каркас VIII.02.07.011
деревянный элемент сплошного сечения VIII.02.01.005
детальные обмеры III.01.06.014
детальные обмеры участка III.01.01.005
детектор III.01.03.019
детская XII.08.05.024
детская игровая площадка XII.06.01.038
детская коляска XI.05.01.016
детские ясли XII.09.01.001
детский бассейн XII.13.03.007
детский дом XII.08.03.025
детский сад XII.09.01.004
детство I.02.01.002
деформация III.01.06.005
деформация VII.04.014
деформация VII.04.016
децентрализация XI.04.05.004
децибел IX.01.01.035
деятельность V.01.02.
деятельность в жилище XII.08.01.010
дёготь VI.08.01.003
дёготь VI.08.01.004
диагональ IV.01.01.029
диагональная стяжка VII.02.05.006
диаграмма X.01.03.012
диаграмма Кремона VII.02.05.005
диаграмма сил VII.02.05.008
диаметр IV.01.01.021
диаметр стержня VIII.02.04.016
диафрагма VII.02.11.007
дизайн I.01.037
дилетантизм V.01.02.020
димметрия IV.02.02.002
динамика VII.07.
динамичное V.03.02.005
диорит VI.01.02.007
директивы I.04.02.001
дирекция XII.04.025
дирекция XII.14.02.009
дискотека XII.14.03.005
дискриминация I.03.048
диспе I.04.02.007
дисперсная вода IX.03.047
дисперсно-армированный бетон VI.05.01.022
дисперсный краситель VI.08.02.012
диспетчерская XII.06.02.012
дисплей IV.04.03.010
дистанцированность I.02.03.003
дистанция I.01.040
дистанция I.03.049
дистанция V.03.01.011
дифференциальный метод VII.06.005
дифференциальный элемент VII.06.006
диффузионный процесс IX.03.025
диффузия IX.03.024
диффузия водяного пара IX.03.030
длина волны V.04.02.026
длина сцепления VIII.02.04.022
длина шва VIII.02.02.057
длительная влажность IX.03.003
длительная прочность VI.03.01.006
длительность II.01.01.003
длительность X.01.05.005
для детей XII.09.01.

для молодёжи XII.09.02.
дневной свет V.04.01.002
днище VIII.01.04.003
дно формы X.04.011
доверенность I.05.02.010
доверитель I.05.02.010
договор I.04.03.001
договор на накопление средств на индивидуальное жилищное строительство I.05.05.006
договорное I.04.03.
договорные обязательства X.01.01.003
дождь IX.03.045
док XII.06.03.010
доказательство I.04.01.014
документация II.06.01.030
документация III.01.04.
документация III.01.06.011
документированная ценность II.06.01.021
документы контракта X.01.01.002
долина XI.01.01.022
доломит VI.01.02.008
доломитовая известь VI.04.03.001
долото X.02.01.027
дом XII.08.03.022
дом II.02.02.003
дом для одной семьи XII.08.03.001
дом для паломников II.04.02.004
дом для послушников II.04.02.005
дом настоятеля II.04.02.003
дом отдыха XII.12.01.007
дом пастора XII.11.01.011
дом престарелых XII.08.03.028
дом ребёнка XII.08.03.024
дом рядовой застройки XII.08.03.006
дом с медицинской опёкой XII.08.03.029
дом со свободной планировкой XII.08.03.003
домашнее хозяйство I.03.068
доменный шлак VI.04.04.001
доминанта V.02.07.014
доминанта XI.04.02.082
домкрат X.02.01.078
донджон II.04.03.001
дополнительная нагрузка VII.03.001
дополнительное сцепление VIII.02.04.023
дополнительные I.05.04.011
дополнительные строительные затраты X.01.02.015
дополнительные троссы VIII.02.04.028
дополнительные цвета V.04.02.002
допуск VI.09.018
допуск на размер III.01.06.004
допустимое отклонение VI.09.018
дорический II.02.05.038
дормиторий II.04.02.008
дорога XI.05.01.002
дороги местного значения XI.05.01.058
дорожка для езды на роликах XII.13.01.006
дорожка для лодок XII.13.03.017
дорожная станция XII.06.01.012
дорожно-транспортное средство X.02.03.015
дорожное покрытие XI.05.01.094
дорожное строительство XI.05.01.087
дорожные сооружения XI.05.02.023
дорожный знак XII.06.01.027
дорожный ресторан XII.06.01.008
доска VIII.02.01.003
доска II.02.04.001
доставка XII.03.02.001
достоинство I.01.039
доход I.05.04.014
дощатая стропильная ферма VIII.02.01.019
древесноволокнистая плита VIII.02.01.016
древесностружечная плита VIII.02.01.014
древесностружечная плита VI.08.03.006
дренаж VIII.01.04.020
дренажная труба VIII.01.04.022
дренажный фильтрующий слой VIII.01.04.021
дробилка X.02.02.018
дробление VI.03.01.014
другие системы VIII.06.02.
дуга IV.01.01.009
дуга окружности III.01.02.012
душ XII.08.05.030
душевые XII.02.01.017
дымовая труба VIII.05.04.004
дырчатый металл VI.06.02.004
дюбель II.02.04.007
дюбель VIII.02.01.024
дюбель VIII.02.06.016

Е

единая цена I.05.04.002
единоличная ответственность за выполнение задания X.01.04.032
единство XI.04.02.073
единство I.01.136
ендова VIII.05.03.004
естественная влажность VI.09.032

Ж

жалоба I.04.01.012
жанр I.01.131
жаростойкий VI.09.041
железистый шлакопортландцемент VI.04.03.007
железная дорога XI.05.02.001
железнодоржные устройства XI.05.02.023
железнодоржный путь XI.05.02.026
железнодоржный путь XII.06.02.010
железнодорожная насыпь XI.05.02.024
железнодорожный переезд XII.06.02.008
железнодорожный переход XII.06.02.008
железнодорожный транспорт XII.06.02.
железо и сталь VI.07.01.
железобетон VI.05.01.042
железобетон VIII.02.04.
железобетонный каркас VIII.02.07.013
желобчатая черепица VI.02.03.002
женская синагога II.04.01.004
жёсткий VI.05.02.004
жёсткий на изгиб угол VII.02.06.001
жёсткое соединение VII.01.027
жёсткое соединение VIII.02.06.002
жёсткость VIII.01.01.013
жёсткость пружины VII.01.032
живописное I.01.101
живопись I.01.096
жидкий бетон VI.05.01.023
жидкое стекло VI.08.02.035
жизненное пространство I.03.026
жизненный уровень I.03.071
жизнь I.02.01.006
жилая башня II.04.03.001
жилая зона X.03.01.012
жилая комната XII.08.05.014
жилая площадь XI.06.029
жилая площадь XII.08.01.003
жилая ячейка-контейнер XII.08.03.034
жилище XII.08.01.004
жилищная структура III.02.02.005
жилищное строительство XII.08.
жилое помещение XII.08.01.002
жилой автомобиль XI.05.01.036
жилой дом XII.08.01.001
жилой квартал XI.03.03.006
жилой район XI.03.02.009
жилые дома II.04.05.
жилые зоны XII.08.05.013
жильё XII.08.04.
жирная белая известь VI.04.03.012
жирная глина VIII.01.02.008
жирный раствор VI.06.01.002
житница II.04.06.003
журнал строительных работ X.01.06.004
жюри X.01.01.020

З

забастовка I.04.04.006
забивная свая VIII.01.07.004
забор X.03.01.001
завершение XI.04.02.042
завод X.01.04.012
заводское изготовление X.04.001
заглубление XI.04.02.033
заглублённая дорога XI.05.01.061
загородный дом XII.08.03.010
загрязнение III.03.01.013
задаток I.04.04.004
задержка X.01.05.029
задний фасад IV.02.01.019
заём I.05.05.020
зажатая опора VII.02.01.002
зажим VIII.02.01.033
заказчик X.01.01.013
заказчик X.01.01.023
заказчик X.01.04.014
заказчик I.04.03.010
закачивание раствора в грунт VIII.01.05.002
закладка фундамента X.01.05.011
закладные элементы VIII.02.04.020
заклепка VIII.02.06.016
заклёпка VIII.02.02.050
заключение о состоянии строительного объекта III.01.01.002
заключительная стадия X.01.05.012
закон I.04.01.004
закон о защите памятников II.06.02.001
закрытый способ строительства XI.06.024
закрытие XI.04.02.042
закрытый манеж для верховой езды XII.13.04.002
закупка X.01.01.018
зал II.04.01.013
зал аэровокзала XII.06.04.010
зал вылета XII.06.04.023
зал для занятий штангой XII.13.01.020
зал для зимних видов спорта XII.13.02.002
зал для прощания с покойным в крематории XII.11.01.016

зал заседаний XII.10.01.015
зал капитула II.04.02.009
зал каталогов XII.11.02.020
зал многоцелевого назначения XII.11.04.007
зал ожидания XII.06.01.036
зал ожидания XII.06.04.025
зал периодики XII.11.02.011
залив XI.01.01.029
зальная базилика II.04.01.014
замазка на масляной основе VI.08.02.017
замедлитель VI.05.03.006
замена грунта VIII.01.05.001
замки II.04.03.004
замки II.04.04.
замкнутая XI.04.02.018
замкнутая застройка XI.06.024
замкнутая система III.03.05.009
замкнутое пространство XI.04.02.009
замковый камень II.02.06.013
замок II.04.03.006
занимать XII.01.01.007
занимающееся утилизацией отходов III.03.05.012
западная башня II.04.01.035
запас прочности VIII.02.03.003
запасник картин XII.11.03.012
запланированное время X.01.05.022
заполнение каркаса VIII.02.03.023
заполнение каркаса VIII.02.07.008
заполнители VI.04.04.
заправочная станция XII.06.01.010
запрет I.04.02.011
запрет на внесение изменений I.04.02.008
запрет на изменения II.06.02.012
запретная зона XI.03.01.006
запрещённая свалка III.03.03.013
запущенность II.06.03.002
зарисовка находки III.01.06.015
зарплата I.04.04.003
застаивающаяся вода IX.03.038
застроенная территория XI.02.01.010
застроенная территория XI.06.012
застроенный котлован VIII.01.04.008
застройщик X.01.01.023
застройщик I.04.03.010
застывание VI.09.010
затвердевание VI.09.007
затвердевший бетон VI.05.01.027
затенение V.04.01.007
затёртая штукатурка VI.06.05.016
затраты X.01.02.011
затраты на заключение договора I.05.05.010
затраты на строительство X.01.02.014
затруднять XII.01.01.008
затухание колебания VII.07.006
затухающее колебание VII.07.005
затяжка VIII.05.01.014
захватка X.02.01.054
защемлённая арка VII.02.03.007
защита доверия I.04.03.007
защита окружения II.06.02.010
защита от влажности IX.03.009
защита от холода IX.02.02.025
защита слуха IX.01.02.025
защита среды II.06.02.014
защитное планирование XI.04.03.004
защитные очки X.02.01.070
защитные руковицы для сварщика X.02.01.074
защитный слой VII.02.10.002
защищающая окно от атмосферных воздействий VIII.03.02.007
заявка на строительство I.04.05.003
звёздчатый свод II.03.02.007
звонница II.04.01.031
звонок VIII.03.01.008
звук IX.01.01.001
звуковая волна IX.01.01.010
звуковое воздействие IX.01.01.002
звуковое давление IX.01.01.009
звуковое поле IX.01.02.026
звуковой поток IX.01.01.011
звукоизоляция IX.01.01.
звукоизоляция IX.01.01.005
звукоотражение IX.01.02.009
звукопоглощение IX.01.01.006
звукопоглощающая панель VI.08.03.001
звукопоглощающая плита IX.01.02.016
звукопроницаемость IX.01.02.019
здание II.02.02.003
здание аэровокзала XII.06.04.022
здание для проведения выставок XII.11.03.004
здание суда XII.05.007
здание таможни XII.05.009
здания XII.06.01.007
здания из объёмных блоков VIII.02.07.015
зелёная зона XI.03.01.011
земельный участок XI.02.01.011
землевладелец I.03.058
землевладелец I.05.02.003
землепользование XI.02.01.
землеустройство XI.02.04.007
землеустройство I.05.02.011
земля XI.01.01.001
земля XI.01.01.002
зенитное освещение XII.11.03.016
зенитный фонарь VIII.03.02.026
зеркальное стекло VI.03.02.004
зеркальный свод II.03.02.012
зернистость VI.09.024
зерно после просеивания VIII.01.02.015
зимние виды спорта XII.13.02.
зимний сад XII.08.05.022
зимняя теплозащита IX.02.01.012
знаки IV.03.01.
значащие признаки II.06.01.022
значение I.01.066
значительность I.01.119
зола уноса VI.04.04.005
золотое сечение I.01.057
золотое сечение V.02.05.005
зольная пыль VI.04.04.005
зона XI.03.01.009
зона виноградарства XI.02.01.004
зона влажного грунта IX.03.054
зона доставки XII.02.01.028
зона овощеводства XI.02.01.002
зона ожидания XII.04.009
зона окон главного нефа II.02.06.008
зона памятника II.06.01.014
зона садоводства XI.02.01.003
зона свободного доступа к книгам XII.11.02.009
зона сдвига VIII.02.04.021
зона слышимости IX.01.02.022
зона упругой деформации VII.04.020
зондирование VIII.01.03.003
зонирование V.01.01.002
зонирование "сверху вниз" XI.06.042
зонирование "снизу вверх" XI.06.043
зонтичный свод II.03.02.009
зрелость I.02.01.004
зрительный зал XII.11.04.024
зубцы II.04.03.014
зубчатая железная дорога XI.05.02.010

И

играть V.01.02.011
игровая XII.09.01.002
игровая комната XII.09.01.002
игровая площадка XII.09.01.008
игровое оборудование XII.06.01.037
игровое поле XII.13.01.012
игровой зал XII.14.03.002
идеал I.01.061
идеальный узел VII.06.016
идентификация I.03.052
идентичность I.02.03.018
идентичность I.03.051
идентичность XI.04.02.037
идеология I.03.009
иерархия I.03.053
иерархия V.02.06.003
избегание III.03.05.011
известково-гипсовый раствор VI.06.05.010
известково-цементный раствор VI.06.05.006
известковый раствор VI.06.05.009
известковый шпат VI.01.01.002
известняк VI.01.02.015
известь VI.04.02.
известь VI.08.02.013
изгиб VII.02.10.004
изгиб VII.04.002
изгиб VII.05.005
изгиб при кручении VII.05.016
изгибание VII.04.003
изгибающий момент VII.03.004
изгибно-крутильная потеря устойчивости VII.05.017
изготовление X.04.
изготовление XII.02.01.029
изготовление на месте производства работ X.04.007
изготовлениный по рецепту VIII.02.03.006
издержки I.05.04.015
излом VII.04.044
излом XI.04.02.058
изменение XI.04.02.064
изменение I.03.041
изменение II.06.04.005
изменение температуры VII.03.053
изменение формы VII.04.015
изменения в строительстве X.05.
измерение высоты III.01.03.013
измерение высоты III.01.05.005
измерение на плане III.01.05.001
измерение положения III.01.03.001
измерение углов III.01.03.036
измерение углов III.01.05.007
измерение шагами III.01.05.014
измерительная сеть III.01.02.019
износостойкость VI.05.01.001
изображение I.01.112
изображение III.02.01.006
изобретать V.01.02.002
изогипса III.01.02.010
изогнутый стержень VII.02.01.003
изолированное V.03.02.006
изолятор IX.01.01.023
изоляционная штукатурка VIII.02.03.011
изоляционные материалы VI.08.03.
изоляционный гипс VI.04.01.004
изоляция I.02.03.021

изоляция VIII.01.04.016
изоляция IX.02.02.
изоляция от шума ветра IX.01.01.016
изоляция холода IX.02.02.026
изоляция шума конструкции IX.01.01.020
изометрия IV.02.02.001
изучение I.02.04.001
изучение источников III.02.01.005
изыскания XI.04.03.020
иконография II.01.02.016
иконология II.01.02.017
ил III.03.02.009
ил VIII.01.02.014
илистая глина VIII.01.02.013
иллюзия I.01.062
иллюзорное V.03.02.009
иллюзорное восприятие I.02.02.018
имитировать V.01.02.012
иммиссия III.03.01.001
имперфекция VII.05.013
импост II.02.04.039
импост II.02.05.012
импост VII.02.03.008
импост VIII.03.02.014
импосты II.02.06.003
импульс VII.07.019
инварная рейка III.01.03.021
инвентарная опись III.02.01.007
инвентарь II.06.01.031
инвестор модернизации XI.04.04.011
индивидуум I.03.050
индустриальные методы строительства VIII.02.07.
индустриальный город II.05.02.011
индустриальный ландшафт XI.01.02.004
инновация I.01.069
инородный материал III.03.01.008
институт I.03.008
институт XII.10.01.002
институт XII.10.01.005
институт охраны памятников II.06.01.009
инструментальный ящик X.02.01.029
инструменты X.02.01.
инструменты III.01.03.
инструменты для черчения IV.04.02.
инсценирование V.01.03.006
интенсивное движение XI.05.01.049
интенсивность V.04.02.025
интенсивность цвета V.04.02.027
интервью I.02.04.006
интерес I.01.072
интересы III.02.02.020
интерколумний II.02.05.018
интермеццо XI.04.02.060
интерпретация I.01.074
интерпретация II.01.02.021
интерференция IX.01.02.003
интерьер II.02.06.001
интимность I.02.03.026
интимность V.03.01.007
интуиция I.01.075
инфекционное отделение XII.12.02.020
информация XII.04.008
информация I.01.068
инфраструктура XI.05.
инъекционная свая VIII.01.07.015
инъекционный анкер VIII.01.07.014
инъекция VIII.01.07.013
ионический II.02.05.039
ипотека I.05.02.001
ипотечный банк I.05.05.003
ипподром XII.13.04.
ирония I.01.076
иск I.04.01.012
искажение II.06.04.011
искажение IV.02.01.005
искать V.01.02.009
искусственный каток XII.13.02.003
искусственный свет V.04.01.003
искусство I.01.003
искусство под открытым небом XII.06.01.046
использование и социальная структура III.02.02.
использование не по назначению II.06.02.016
использовать XII.01.01.004
испытательный стенд XII.02.01.036
исследование XII.10.
исследование I.02.04.001
исследование II.01.02.010
исследование грунтов VIII.01.03.
исследование строительного объекта III.02.01.
исследовательские лаборатории XII.10.02.002
исследовательский центр XII.02.03.021
историческая ценность II.06.01.023
исторические основания II.06.01.018
исторические типы городов II.05.02.
исторические типы зданий II.04.
исторические формы покрытий II.03.
исторические формы поселений II.05.
исторические формы селений II.05.01.
историчность II.01.01.001
история I.01.060
история восприятия II.01.02.007
история искусства I.01.004
история культуры II.01.02.002
история стилей II.01.02.003
источник II.01.02.018
источник XI.01.01.039
источник света V.04.01.001
источники тепла IX.02.01.033
исходная линия III.01.02.007
итерационный метод VII.06.017

К

кабина для переодевания XII.13.01.023
кабинет XII.09.02.007
кабинет XII.11.03.008
кабинеты врачей XII.12.02.004
кавальерная перспектива IV.02.02.003
казарма XII.05.011
казеиновый клей VI.08.02.004
каземат II.04.03.025
казино XII.14.03.001
кайла X.02.01.041
калефакторий II.04.02.010
калька IV.04.01.001
калька IV.04.01.005
калькулирующий расходы средств и времени на развитие социальной инфраструктуры XI.06.039
калькуляция X.01.02.020
калькуляция I.05.04.
кальцит VI.01.01.002
каменщик X.01.04.046
камень II.02.01.001
камера пропаривания X.02.02.011
камера хранения XII.06.02.019
кампанила II.04.01.033
канал X.02.02.004
канал XI.01.01.043
канал XI.05.03.006
канат VII.02.09.001
канатная дорога XI.05.02.011
канифольный клей VI.08.02.022
каннелюра II.02.05.009
канцелярия XII.04.028
канцерогенный III.03.01.009
капелла II.04.01.025
капилляр IX.03.031
капиллярность VIII.01.02.045
капитальные затраты X.01.02.012
капитель II.02.05.010
капище II.05.01.006
карбамидный клей VI.08.02.003
карбидная известь VI.04.02.002
карбонатизация VI.05.04.001
карета XI.05.01.021
карикатура I.01.011
каркас опалубки X.03.02.008
каркасное строительство VIII.02.07.001
карман VII.02.10.008
карниз II.02.05.017
карниз II.02.06.009
карниз с водосливом II.02.06.030
карта III.01.04.007
карта обмера III.01.06.013
карта плотности III.02.01.011
картезианские координаты VII.01.002
картель X.01.04.020
картинная плоскость IV.02.03.004
картирование III.02.01.008
картирование зданий по возрасту III.02.01.010
картографирование III.01.04.004
картон IV.04.01.008
карточка контроля X.01.06.005
касательная IV.01.01.023
касательная сила VII.03.052
кассетная плита VII.02.07.005
кассетная установка X.04.016
кассовая зона XII.03.02.016
кассовый зал XII.04.016
категория I.01.012
категория потребностей III.02.02.018
каток X.02.02.043
каучук VI.08.01.005
каучуковый клей VI.08.02.023
кафе XII.09.02.018
кафе XII.14.01.002
кафедра XII.10.01.012
кафель VI.02.02.009
качающаяся опора VII.02.01.006
качающийся стержень VII.02.01.007
качественная сталь VI.07.01.009
качество памятника II.06.01.015
квадрат IV.01.01.027
квадратное поперечное сечение VII.01.033
квадратное сечение VII.01.033
квадровая кладка II.02.03.010
квартал XI.03.03.005
квартал бедноты XI.03.03.007
квартальная застройка XII.08.03.014
квартира XI.06.027
квартира XII.08.01.004
квартира XII.08.02.009
квартира без перегородок XII.08.04.003
квартира для постояльца XII.08.04.005
кварц VI.01.01.007
кварц VI.01.02.020
кегельбан XII.13.05.002
кельма X.02.01.044
келья II.04.02.012

кемпинг XII.14.02.004
керамзит VI.04.04.004
кернер X.02.01.028
кессонный фундамент VIII.01.07.012
кино XII.11.05.001
киоск XII.03.01.003
киоск XII.03.01.014
кирка X.02.01.041
кирпич II.02.01.006
кирпич для покрытий VI.02.02.005
кирпичи для кладки и клинкеры VI.02.02.
кирпичные элементы VI.06.02.005
кислородный баллон X.02.01.067
кисть X.02.01.048
кисть IV.04.02.015
кисть-макловица X.02.01.047
кич I.01.078
кладбище XII.11.01.014
кладка насухо II.02.03.006
кладка с двусторонней расшивкой VIII.02.03.020
кладка с односторонней расшивкой VIII.02.03.019
кладовая продуктов XII.08.05.035
класс XII.09.02.007
класс I.03.023
класс раствора VIII.02.03.004
класс теплозащиты IX.02.02.024
классификация I.01.016
классический архитектурный язык II.02.05.
клеевая краска VI.08.02.009
клееная балка VIII.02.01.018
клееное соединение VIII.02.01.035
клеить VIII.02.02.052
клей VIII.02.01.034
клей VI.08.02.002
клей на основе синтетической смолы VI.08.02.029
клепать VIII.02.02.050
клинкер для полов VI.02.02.013
клотоид III.01.02.014
ключ сверлильного патрона X.02.01.057
княжеский град II.05.02.009
кобылки II.02.04.036
ковшовый элеватор X.02.03.007
когезия VIII.01.02.041
когнитивный диссонанс I.02.03.012
когнитивный контроль I.02.03.013
кодировать V.01.02.015
козловая II.04.06.007
колбасный отдел XII.03.02.007
колебание VII.07.037
колея XI.05.01.089
колея XI.05.02.026
колея XII.06.02.010
количество заклёпок на поверхности VIII.02.06.023
количество тепла IX.02.01.032
количество этажей XI.06.026
колледж XII.10.01.002
коллектив рабочих и служащих X.01.04.023
коллективный стиль руководства X.01.04.030
коллекция XII.11.03.022
коллоидные растворы VI.05.03.004
колодки II.02.04.036
колокольня II.04.01.031
колониальный город XI.04.01.015
колонна VIII.02.07.002
колонна II.02.04.023
колонна II.02.05.002
колоннада II.02.05.019
колонны VIII.02.02.015
колосниковая коробка XII.11.04.018
колосниковые тросы XII.11.04.017
колпак II.03.01.002
кольцевая связь XII.07.02.006
кольцевое движение XI.05.01.084
кольцевой город II.05.02.016
коляска XI.05.01.021
командное товарищество I.05.03.005
комбайн IV.04.03.001
комби XI.05.01.035
комбинация распределения нагрузки VII.03.005
комбинированная XI.04.02.025
комбинированные конструкции VIII.02.06.
комбинировать V.01.02.005
комическое I.01.017
комковатый слой VIII.01.02.030
коммуна XII.08.03.018
коммунальная квартира XII.08.03.019
коммунальная территория XI.03.01.004
коммуникация I.02.03.007
комната без отдельного входа XII.08.05.006
комната врача XII.13.03.012
комната гигиены X.03.01.016
комната для гостей XII.08.05.026
комната для завтраков в мотеле XII.14.02.017
комната для занятий музыкой XII.08.05.016
комната для инструктора XII.13.03.013
комната для приёма родителей XII.09.02.015
комната для ухода за грудными детьми XII.09.01.006
комната ожидания XII.12.02.025
комната отдыха XII.02.01.018
комната отдыха XII.09.01.005
комната персонала XII.09.01.007
коморка II.04.05.006
компас III.01.03.053
компенсация I.05.02.013
компенсация VII.02.10.003
компенсация XI.04.03.014
комплекс двух проекций IV.02.01.002
композиция I.01.018
компоновать V.01.02.004
компостирование мусора III.03.03.005
компрессор X.02.02.014
компьюторный зал XII.10.02.003
комфорт IX.02.01.014
конвекция IX.02.02.007
конвенция I.01.023
конвенция I.03.039
конгломерат VI.01.02.006
конгресс-зал XII.14.03.003
конденсация IX.03.015
конденсирующаяся вода IX.03.017
кондоминиум XII.08.02.007
конец X.01.05.013
конец балки II.02.04.004
конёк VIII.05.03.001
конический свод II.03.02.013
конкурс XII.06.02.015
конкурс X.01.01.008
конкурс I.05.01.016
конкурс по приглашению X.01.01.010
конная беговая дорожка XII.13.04.001
конный маршрут XII.06.01.004
коноид VII.02.08.002
консистенция VI.05.01.005
консистенция VI.05.02.
консоль II.02.04.037
консоль VII.02.02.002
консоль VII.02.02.003
консольная балка VII.02.02.013
консорциум X.01.04.018
конструктивная линия цоколя IX.03.057
конструктивная опалубка X.03.02.024
конструкции крыши VIII.05.01.
конструкция ростверка VII.02.12.003
конструкция стены II.02.
контейнерный порт XII.06.03.005
контейнеровоз XI.05.02.022
контекст I.02.03.006
континент XI.01.01.003
контора XII.02.03.020
контрактное право I.04.03.
контраст XI.04.02.071
контроль X.01.01.015
контроль X.01.06.
контроль I.05.01.006
контроль III.03.05.002
контрольный обмер III.01.06.001
контрольный размер III.01.06.002
контрфорс II.02.06.022
контрфорс VII.02.01.004
контур I.01.118
конус IV.01.02.008
конференц-зал XII.04.013
конференц-зал XII.14.02.016
конференц-зал XII.09.02.014
конфигурация I.03.005
конфигурация потери устойчивости VII.05.006
конфликт I.03.045
концентратор напряжения VII.04.033
концентрация XI.04.05.001
концепция надёжности VII.01.028
концерн X.01.04.017
концертный зал XII.11.04.004
коньковый прогон VIII.05.01.010
конюшня XII.02.02.022
кооператив I.05.03.002
кооперативное жилищное строительство XII.08.02.006
копировальная машина IV.04.03.005
копировать V.01.02.014
копить I.05.05.005
корабль XI.05.03.001
коренная порода VIII.01.02.024
коридор XII.08.05.010
коридорная структура XII.07.02.011
коринфский II.02.05.040
кормоцех XII.02.02.015
коробление VII.04.011
коробчатая арка VII.02.03.004
коробчатая форма X.04.017
коробчатый уровень III.01.03.026
коровник XII.02.02.023
короткомерная древесина VIII.02.01.013
коротыши II.02.04.036
коррекция III.01.05.016
коррозия VI.05.04.
коррозия (арматуры) VI.05.04.002
косметика I.01.024
косой изгиб VII.04.053
косоур VIII.06.01.003
костюмерная XII.11.04.023
косынка VII.02.11.004
котельная XII.02.01.033
которую оговорено накопить на строительство I.05.05.007
коттедж XII.08.03.008
коэффицент постели VIII.01.01.003
коэффициент звукопоглощения IX.01.02.005
коэффициент неустойчивости VII.02.11.001
коэффициент

отражения IX.01.02.007
коэффициент ползучести VI.05.01.007
коэффициент растяжения VII.04.007
коэффициент теплоизоляции IX.02.01.024
коэффициент теплоизоляции IX.02.02.019
коэффициент теплопередачи IX.02.02.012
коэффициент теплопередачи IX.02.02.016
коэффициент теплопроводности IX.02.02.010
коэффициент теплопроводности IX.02.02.014
коэффициент теплопроникания IX.02.02.018
коэффициент теплоусвоения IX.02.02.022
коэффициент термического сопротивления IX.02.02.013
коэффициент энергопроводности IX.02.02.020
кран X.02.03.008
крановая тележка X.02.03.002
краска VI.08.02.018
краски VI.08.02.
красная линия XI.06.010
красота I.01.010
крематорий XII.11.01.019
крепёж X.02.01.083
крепление несущего контура VIII.02.02.047
крепления VII.02.11.
крепости II.04.03.004
крепостная башня II.04.03.003
крепость II.04.03.021
кресло-коляска XI.05.01.017
крестовая перевязка II.02.03.018
крестовина II.02.04.042
крестово-ребристый свод II.03.02.006
крестовый свод II.02.06.011
крестовый свод II.03.02.004
крестообразный ключ X.02.01.022
крестоцвет II.02.06.028
крестьянский двор XII.02.02.002
крестьянский дом II.04.05.003
крестьянское хозяйство XII.02.02.003
крестьянское село XI.02.03.001
кривая IV.01.01.008
кривая улица XI.04.02.031
кривизна VII.02.10.004
криволинейная лестница VIII.06.01.014
крипта II.04.01.024
критика I.01.027
критика II.01.02.020
критика источника II.01.02.019
критическая нагрузка VII.05.008
критический путь X.01.05.030
кровельное оборудование VIII.05.04.
кровельщик X.01.04.047
кровля VIII.05.01.033
круг IV.01.01.017
круглая XI.04.02.023
круглая опалубка X.03.02.016
круглый лесоматериал VIII.02.01.008
круглый напильник X.02.01.026
круглый необработанный лесоматериал VIII.02.01.009
круговая арка VII.02.03.006
круговая частота VII.07.004
крупнопанельное строительство VIII.02.07.021
крупнопанельное строительство X.04.004
крутая крыша VIII.05.02.002
крутящий момент VII.03.056
кручение VII.04.062
кручение VII.04.068
кручение опор VII.03.050
крыльцо XII.07.01.001
крытая галерея II.04.02.002
крытый плавательный бассейн XII.13.03.002
крытый рынок XII.03.01.002
крытый сад II.04.04.005
крышы VIII.05.
куб (гексаэдр) IV.01.02.003
кувалда X.02.01.005
кузнец XII.02.01.008
кузница XII.02.01.008
кулисы XII.11.04.013
культ I.01.028
культура I.01.029
культура I.03.036
культурные ландшафты XI.01.02.
культурный центр XII.11.04.006
культурный центр жилого района XII.11.04.008
купеческий город II.05.02.005
купля I.05.02.005
купола II.03.03.
курдонёр XII.07.01.002
курорт XI.04.01.019
курсы по обучению различным специальностям XII.10.01.007
курятник XII.02.02.024
кусачки X.02.01.008
куст свай VIII.01.07.009
кухня XII.08.05.031
кухня XII.14.02.018
кухня-ниша XII.08.05.034
кухня-столовая XII.08.05.033

Л

лаборатория XII.02.03.022
лаборатория XII.09.02.011
лаборатория XII.10.02.001
лаборатория XII.12.02.018
лаборатория по физике XII.10.02.005
лабораторное исследование I.02.04.004
лазерный нивелир III.01.03.018
лак VI.08.02.033
лакокрасочный материал VI.08.02.019
ландшафтное бюро XII.04.022
ландшафтный заповедник XI.01.01.046
латексный клей VI.08.02.010
латексовый краситель VI.08.02.011
латерна II.02.06.029
латерна II.03.03.008
лачуга II.04.05.011
лебёдка X.02.03.001
легированная сталь VI.07.01.011
легко сгорающий VI.09.039
легковой автомобиль X.02.03.016
легковой автомобиль XI.05.01.034
лежень VIII.05.01.006
лежень II.02.04.031
лекало IV.04.02.008
лекторий II.02.06.016
ленточная сталь VI.07.01.005
ленточная фальцевая черепица VI.02.03.005
ленточный транспортёр X.02.03.005
ленточный фундамент VIII.01.06.003
лес XI.01.03.001
лесной питомник XI.01.01.047
лесной питомник XII.02.02.008
лесоводство XI.02.01.005
лестница XII.07.01.008
лестница в подвал XII.07.01.012
лестницы VIII.06.01.
лестничная башня II.04.04.009
лестничная клетка VIII.06.01.019
лестничная клетка XII.07.01.009
лестничная площадка VIII.06.01.002
летняя теплозащита IX.02.01.017
лечебница XII.12.01.006
лечебный кабинет XII.12.02.006
лёгкая атлетика XII.13.01.
лёгкая глина VI.02.01.003
лёгкие строительные материалы VI.08.05..
лёгкий бетон VI.05.01.029
лёгкий раствор VI.06.04.002
лёгкий самолёт XI.05.04.005
лёсс VIII.01.02.009
лёссовая глина VIII.01.02.010
лётное поле XII.06.04.006
ливень IX.03.046
лигнит VI.01.02.014
лизинг I.05.02.012
лимб III.01.03.038
линейка IV.04.02.001
линейная нагрузка VII.03.023
линейная связь XII.07.02.003
линейная система уравнений VII.06.018
линейная структура II.05.02.018
линейное V.03.02.004
линейный город II.05.02.020
линейный тип крепления VIII.02.02.041
линии III.01.02.006
линия IV.03.01.001
линия V.02.01.002
линия X.02.02.004
линия застройки XI.06.009
линия разреза IV.03.01.007
линия разрыва IV.03.01.004
линия створа IV.03.01.009
линия уровня IV.03.01.008
липарит VI.01.02.021
лист стали VI.07.01.015
листовая сталь VI.07.01.014
листовая сталь VIII.02.02.006
листовая сталь, используемая при соединении VIII.02.02.012
листовое стекло VI.03.02.001
листовые ножницы X.02.01.016
литое стекло VI.03.02.002
литой бетон VI.05.01.018
лифт X.02.03.003
лифт XII.07.01.016
лицевая кладка VIII.02.03.017
лицо I.02.03.016
личность I.02.03.017
лобзик X.02.01.038
лобовая доска VIII.05.03.007
лоджия XII.08.05.021
лоджия II.02.05.026
лодка личного пользования XII.08.03.037
ложа XII.11.04.027
ложе VIII.01.04.003
ложковая перевязка II.02.03.013
ложный свод II.03.02.001
ложок II.02.03.001
локальная идентичность I.02.03.019
локальная матрица жёсткости VII.06.020
локомотив X.02.03.012
локомотив XI.05.02.016
лом X.02.01.042
ломка XI.04.02.061
лопата X.02.01.039
лопатка II.02.05.005
лот III.01.03.012

лощина XI.01.01.025
луг XI.01.03.002
луч IV.01.01.004
лучковый фронтон II.02.05.034
любовь I.02.01.009

М

мавзолей XII.11.01.017
магазин XII.03.01.007
магазин самообслуживания XII.03.01.012
магистральная улица XI.05.01.073
магнезиальный бесшовный пол VI.06.06.007
магний VI.07.02.004
магнитная железная дорога XI.05.02.007
макет IV.03.03. 016
максимальная влажность VI.09.033
максимальное давление VIII.01.07.002
максимальное напряжение VII.04.027
максимальные тарифы ставки I.05.04.016
максимальный пространственный габарит для строения /на участке/ XI.06.036
малый город XI.04.01.005
манера I.01.079
мансарда XII.08.04.002
мансардная крыша VIII.05.02.007
маркировка обочины XI.05.01.093
маршрутный автобус XI.05.01.041
маслёнка X.02.01.082
масляная краска VI.08.02.016
масса I.03.020
масса VII.07.022
массверк II.02.06.004
массовое жилищное строительство XII.08.02.004
массовый бетон VI.05.01.030
мастер X.01.04.039
мастерская X.03.01.018
мастерская XII.02.01.009
мастерская XII.10.02.007
мастерская XII.11.03.013
мастерская XII.11.03.014
масштаб III.01.03.003
масштаб IV.03.01.010
масштабная линейка IV.04.02.002
масштабное увеличение III.01.05.017
масштабное уменьшение III.01.05.017
материал I.01.080
материал II.02.01.009
материалы IV.04.01.
материалы VI.03.02.
материалы VI.08.01.
матовое стекло VI.03.02.005
матрица VII.06.022
матрица жёсткости VII.06.032
матричная трансформация VII.06.024
матричный элемент VII.06.010
машбюро XII.04.023
машинное отделение XII.02.01.031
мгновение I.01.087
мгновенное сцепление VIII.02.04.024
медиатека XII.10.01.023
медиум I.01.083
медленно сгорающий VI.09.038
медь VI.07.02.002
межбиблиотечный обмен литературой XII.11.02.013
межпластовая вода IX.03.036
межпролётный момент VII.03.046
мезонет XII.08.04.001
мезонин VIII.05.04.003
мелкий щебень VI.04.04.003
мелкозернистый песок VIII.01.02.020
мельница X.02.02.019
мельница II.04.06.004
мельница "на кострах" II.04.06.007
мембранные несущие конструкции VII.02.10.
менеджмент I.05.03.008
меньшинство I.03.021
меняющаяся экспозиция XII.11.03.020
мера I.01.113
мера консистенции VIII.01.01.004
мергель VIII.01.02.011
местно-исторические основания II.06.01.019
место XI.04.02.035
место XI.04.02.047
место XI.05.01.006
место долговременного складирования III.03.03.009
место замораживания XII.02.03.014
место захоронения III.03.03.010
место на стоянке XII.06.01.021
место ночлега бездомного XII.08.03.021
место нулевого момента VII.03.037
место остановки X.03.01.006
место паломничества XI.04.01.014
место паломничества XII.11.01.007
место подъезда X.03.01.004
место примыкания XI.05.01.080
местонахождение III.02.02.030
местонахождение отходов III.03.02.001
металлическая пила X.02.01.037
металлы VI.07.
метафора V.01.03.003
метод I.01.084
метод V.01.
метод величин силы VII.06.013
метод деформации VII.06.031
метод засечек III.01.05.011
метод конечных элементов VII.06.012
метод опережающего пересечения III.01.05.012
метод передачи VII.06.035
метод разрезания узлов VII.02.05.010
метод Риттера VII.02.05.011
метод сечения VII.02.05.011
метод угла поворота VII.06.029
метод эквивалентных балок VII.06.011
методы I.02.04.
методы II.01.02.
методы измерения III.01.05.
методы расчёта VII.06.
метрический ряд V.02.03.001
метро XI.05.02.004
метрополия XI.04.01.002
мечеть XII.11.01.002
мечеть II.04.01.008
мещанский дом II.04.05.001
микроклимат помещения IX.02.01.013
микрометр X.02.01.089
минарет II.04.01.009
минералы VI.01.01.
минеральная пыль VIII.01.02.019
минеральное волокно VI.08.03.011
минимальное напряжение VII.04.028
минимальные тарифы ставки I.05.04.017
министерство XII.05.003
многозначность I.01.059
многоковшовый экскаватор X.02.03.024
многокомпонентный краситель VI.08.02.014
многомассовая система VII.07.024
многообразие XI.04.02.057
многопроекционный комплекс IV.02.01.003
многорядный VIII.02.04.011
многослойное безопасное стекло VI.03.02.012
многослойное иколяционное стекло VIII.02.05.005
многослойное остекление VIII.03.02.021
многослойные плиты VIII.02.01.017
многоугольник IV.01.01.028
многоэтажная рама VII.02.06.005
многоэтажный гараж-стоянка XII.06.01.024
многоэтажный дом XII.08.03.012
мобильное жилище XII.08.03.033
мобильность XI.05.01.046
могила XII.11.01.018
мода I.01.050
модальный анализ VII.07.023
модель IV.03.03. 014
модернизация I.03.044
модернизация XI.04.03.015
модернизм I.01.085
модификация I.01.086
модуль V.02.05.007
модуль сдвига VII.04.050
модуль упругости VII.04.029
модульная опора VIII.02.02.045
модульный ряд V.02.03.002
мол XII.06.03.007
молебный зал XII.11.01.005
молельня XII.11.01.009
молодёжная туристическая база XII.14.02.006
молодёжное общежитие XII.08.03.026
молодёжный центр XII.14.03.006
молодой бетон VI.05.01.019
молодость I.02.01.003
молоток кирочка X.02.01.003
момент I.01.087
момент VII.03.030
момент второй степени VII.04.045
момент защемления VII.03.013
момент инерции VII.04.031
момент инерции при кручении VII.04.063
момент на конце стержня VII.03.029
момент на опоре VII.03.049
момент сопротивления VII.04.046
момент сопротивления при кручении VII.04.064
момент среза VII.03.021
монастырская гостиница II.04.02.006
монастырский свод II.03.02.010
монастырское село XI.02.03.004
монастырь XII.11.01.010
монастырь II.04.02.
монолитное строительство VIII.02.07.016
монолитный бетон VI.05.01.028
мономер VI.08.04..001
монотонность XI.04.02.072
монохроматический V.04.02.007
монохромный IV.03.03. 011
монтаж X.04.006
монтажная арматура VIII.02.04.013
монтажная яма XII.02.01.030
монтажник XII.02.01.009
мопед XI.05.01.030
мораль I.01.045
морг XII.11.01.021
море XI.01.01.028

морозильная камера XII.03.02.003
морозостойкость VIII.01.02.046
морской порт XII.06.03.002
морской путь XI.05.03.008
морфологические типы II.05.02.013
мост XI.05.01.008
мост холода IX.02.02.027
мостик XI.05.01.008
мотель XII.06.01.009
мотель XII.14.02.005
мотив XI.04.02.049
мотивация X.01.04.033
мотивация I.02.02.004
мотодром XII.13.05.007
моторизированный транспорт XI.05.01.027
моторный вагон XI.05.02.017
мотороллер XI.05.01.031
мотоцикл XI.05.01.032
мошенничество I.04.01.024
мрамор VI.01.02.017
музеефикация II.06.04.010
музеи XII.11.03.
музей XII.11.03.002
музей I.01.088
музыкальная библиотека XII.11.02.004
музыкальная комната XII.09.02.009
мусор III.03.01.004
мусоросжигательная установка XII.02.03.011
мышление I.02.02.010
мягкий IV.04.02.010
мягкий VI.05.02.002
мясная лавка XII.02.01.003
мясник XII.02.01.003
мясной отдел XII.03.02.008

Н

на строиельном объекте III.01.01.003
набережная XII.06.03.006
наблюдение I.02.04.007
наблюдение II.01.02.026
набросок IV.03.03. 001
навес XII.06.01.035
нагель II.02.04.008
нагрузка VII.03.026
нагрузка в треугольнике VII.03.059
нагрузка моментов VII.03.032
нагрузка на изгиб VII.05.007
нагрузка на рёбра VII.04.019
нагрузка при продольном изгибе Эйлера VII.05.009
нагрузки IX.03.034
надгробный памятник XII.11.01.020
надёжность III.01.06.008
надземная железная дорога XI.05.02.005
надзор III.03.05.001
надписывание IV.03.02.002
надстройка II.06.03.014
надстройка III.03.04.006
наём I.04.03.003
наём I.04.03.009
наказание I.04.01.018
накат II.02.04.005
накатник II.02.04.005
накладка VIII.02.01.038
накладка VIII.02.02.009
накладной (гаечный) ключ X.02.01.019
накладываемый тонким слоем VI.06.04.003
наклонная стойка VIII.05.01.018
наклонный въезд X.03.01.007
накрывка VI.06.05.004
налог на добавленную стоимость I.05.01.013
налог на землю I.05.01.012
налоги I.05.01.011
наложенная XI.04.02.024
намек V.01.03.002
нанесение ущерба II.06.04.009
нанесение ущерба II.06.04.011
наносной грунт VIII.01.02.012
наплыв транспорта XI.05.01.054
наполняемость IX.01.02.014
напор воды IX.03.052
направление V.02.07.003
направление диффузии IX.03.026
направление нагрузки VII.03.027
направление напряжения VIII.02.04.032
направление световых лучей IV.02.04.008
направленное V.03.02.003
направленный свет V.04.01.012
направляющая планка XI.05.01.096
напрягаемая арматурная сталь VIII.02.04.004
напряжение VII.04.056
напряжение высокой концентрации VI.03.01.009
напряжение кручения и сдвига VII.04.065
напряжение на изгиб VII.04.005
напряжение на излом VII.04.043
напряжение на сгиб VII.04.051
напряжение растяжения VII.04.058
напряжение сжатия VII.04.009
напряжение стали на растяжение VIII.02.04.031
напряжённая стяжка VII.02.04.013
напряжённое соединение VIII.02.04.029
напряжённое состояние VII.04.034
напряжённый бетон VIII.02.04.
напряжённый трос VII.02.04.009
народ I.03.065
народное искусство I.01.052
народное искусство I.01.111
нартекс II.04.01.027
наружная лестница VIII.06.01.017
наружная оболочка VIII.02.03.022
наружный вибратор X.02.02.033
наружный откос VIII.03.02.002
население I.03.060
наслаждаться XII.01.01.005
наслаждение I.01.035
наследное право на застройку I.05.02.015
наслоение V.01.01.003
насосная станция XII.02.03.019
насосы X.02.02.017
настенная роспись XII.06.01.047
настил X.03.02.002
настроение I.01.008
настрой I.01.009
насыпной слой VIII.01.02.005
насыпь III.03.04.005
насыщенность IV.02.04.004
натура I.01.089
натяжка VII.01.026
натяжная балка VIII.05.01.029
наука XII.10.
научные центры XII.10.02.
находить V.01.02.010
начало X.01.05.009
начальная прочность VI.05.01.008
начальная школа XII.09.02.001
начальное состояние VII.05.014
начертательная геометрия IV.02.
начисление процентов I.05.05.014
нащельник VIII.03.02.011
не застроенный котлован VIII.01.04.007
не прямое освещение V.04.01.005
негорючий VI.09.037
недобросовестная работа X.01.06.009
недостаток X.01.06.007
недостаток раздражителей I.02.03.028
нежелательная эксцентричность VII.05.023
независимое от функции XII.01.02.003
незадымляемая лестница XII.07.01.018
незамкнутая система III.03.05.007
неиспользуемая территория III.03.02.003
нейтральная ось / волокно VII.04.032
некрасивое I.01.133
нелегальная работа I.04.04.007
нелегальная свалка III.03.03.013
нелегированная сталь VI.07.01.010
нелинейный метод VII.06.025
ненависть I.02.01.010
ненесущая стена VIII.02.03.016
необходимое для выполнения работ X.01.05.019
необходимость реновации II.06.03.004
необходомость сохранения II.06.02.013
неоригинальность V.01.02.021
неосознанно I.02.03.037
неповторимость I.01.135
неподвижная точка XI.04.02.041
неполадки X.01.06.013
непрерывное X.04.009
непрерывность II.01.01.011
непрерывный VIII.02.03.010
неравенство I.03.022
неразрезная балка VII.02.02.011
неразрезная балка VIII.02.02.033
неразъёмная VIII.02.02.016
неразьёмный VIII.02.02.025
нервюрная арка II.02.06.010
нерегулярная XI.04.02.021
нерегулярная форма V.02.02.006
нерегулярное пространство XI.04.02.013
нержавеющая сталь VI.07.01.013
несвязный грунт VIII.01.02.022
несгораемый VI.09.037
несовершенная связь VIII.02.06.010
неспокойный XI.01.01.052
несущая балка VIII.02.07.005
несущая деревянная стена VIII.01.09.003
несущая конструкция из перекрёстных балок и ферм VIII.02.02.031
несущая опалубка X.03.02.015
несущая опора VIII.02.02.044
несущая способность VIII.01.01.014
несущая способность заклёпки (дюбеля) VIII.02.06.021
несущая стена VIII.02.03.015
несущие системы VII.02.
несущий трос VII.02.04.012
неточность III.01.06.007
нетто-плотность населения XI.06.033
неухоженность II.06.03.002
неф II.04.01.014
нефтеперерабатывающий завод XII.02.03.006
нивелир III.01.03.014
нивелир с вращающимся лазером III.01.03.018
нивелир с

компенсатором III.01.03.016
нивелир с уровнем III.01.03.015
нивелирная рейка III.01.03.020
нивелирная тахиометрия III.01.05.004
нивелирование III.01.05.006
нижнеподвесная створка VIII.03.02.033
нижний пояс VII.02.03.001
нижний пояс VII.02.05.001
нижний прогон VIII.05.01.011
нижний слой штукатурки VI.06.05.003
нижняя несущая балка VIII.04.008
нижняя створка VIII.03.02.016
низколегированная сталь VI.07.01.012
низменность XI.01.01.024
никель VI.07.02.005
нитроцеллюлозная шпаклевка VI.08.02.015
ниша II.02.05.029
ниша II.04.05.007
нищета I.03.073
нововведение I.01.069
новый город XI.03.02.012
ножницы X.02.01.017
ножницы для резки арматурной стали X.02.01.062
ножовка X.02.01.034
номинальная толщина VI.03.01.001
норма I.01.122
нормальная кладка II.02.03.012
нормальная сила VII.03.034
нормальный раствор VIII.02.03.005
нормы и правила строительства XI.06.001
нотариус I.04.01.005
ночлег X.03.01.013
ночлежка XII.08.03.031
ночлежный дом XII.08.03.031
нравы I.03.038
нужды владельца II.06.02.017

О

обаяние I.01.034
обвязка II.02.04.032
обвязка II.02.04.034
обеденное место XII.08.05.037
обеззараживание III.03.03.012
обжалование I.04.01.020
обжитое V.03.01.002
обзорная галерея II.04.04.012
обклад II.02.04.031
области XI.03.01.
области и поселения XI.03.
областной центр XI.04.01.003
область исследования III.02.02.028
область текучей деформации VII.04.035
область упрочнения VII.04.040
облегчённая плита VI.08.03.009
облегчённый кирпич VI.02.02.003
облицовка двери VIII.03.01.005
облицовочная древесина VIII.02.01.011
облицовочная кладка VIII.02.03.018
облицовочный кирпич VI.02.02.011
обломки X.05.006
обман I.04.01.023
обмеры III.01.06.
обновление XI.04.03.016
обновление XI.04.04.002
обновление города XI.04.04.
обновление села XI.02.04.003
обноска III.01.02.016
обогащение гравием X.03.01.023
оболочки VII.02.08.
оборонная башня II.04.03.018
оборудование XII.06.01.014
оборудование бюро IV.04.
оборудование входа VIII.06.
оборудование улицы XII.06.01.026
обработка задания по видам работ X.01.04.034
образ города XI.04.02.046
образ города XI.04.02.079
образ жизни I.03.027
образец V.01.03.009
образование XII.10.
обрамление входа II.02.06.020
обратный раскос II.02.04.030
обрезной пиломатериал VIII.02.01.006
обрешетина VIII.05.01.009
обрушение грунта VIII.01.08.006
обследование II.06.02.021
обследование III.02.02.009
обследование объекта III.01.01.006
обслуживание I.05.03.009
обход III.01.01.004
обшивка опалубки X.03.02.007
общая психология I.02.02.
общее впечатление II.06.04.003
общежитие X.03.01.013
общежитие XII.08.03.023
общественная заинтересо-ванность в сохранении II.06.02.005
общественная значимость II.06.02.003
общественная работа III.02.02.027
общественная территория XII.01.02.006
общественное пространство V.03.01.014
общественное жильё XII.08.03.017
общественное помещение XII.02.01.013
общественное право I.04.01.002
общественный интерес (ед.) II.06.02.004
общественный транспорт XI.05.01.048
общественный центр XII.05.019
общество I.01.120
общество I.03.001
общие понятия I.04.01.
общие понятия I.05.01.
общие понятия II.01.01.
общие понятия II.06.01.
общие понятия IV.02.03.001
общие понятия XII.08.01.
общие понятия XII.08.05.001
общие принципы проектирования V.01.01.
объезд для сбора данных III.02.02.009
объездная дорога XI.05.01.065
объектная планировка XI.04.03.019
объекты культуры XII.11.
объём V.02.01.004
объём помещения IX.01.02.013
объёмная масса VI.03.01.002
объёмная плотность VI.03.01.002
объёмный вес VI.09.020
объёмный эффект IX.01.02.020
объявление конкурса X.01.01.005
объявление конкурса I.05.01.017
объяснение II.01.02.024
обыкновенный бетон VI.05.01.031
обычай I.03.037
обычный раствор VI.06.04.001
обязанность заявления I.04.02.012
овал IV.01.01.018
огнестойкий VI.09.040
огнеупорное стекло VI.03.02.013
огнеупорный VI.09.040
огороженный выгон XII.02.02.018
ограда X.03.01.001
ограждающая стена VIII.02.03.021
ограждение VIII.06.01.008
ограждение X.03.02.004
ограждённость XI.04.02.050
ограничение на проезжей части XI.05.01.091
ограничение пристроек II.06.02.011
ограничение скорости XI.05.01.053
ограниченное объявление конкурса X.01.01.006
одинарное остекление VIII.03.02.019
одноковшовый экскаватор X.02.03.023
однокомнатная квартира XII.08.04.004
одномаршевая лестница VIII.06.01.009
одномассовая система VII.07.032
одноместный номер XII.14.02.011
одноосно напряжённая плита VII.02.07.001
однорядный слой арматуры VIII.02.04.010
односкатная крыша VIII.05.02.004
односкатное слуховое окно VIII.05.04.002
однослойная штукатурка VI.06.05.001
однослойное безопасное стекло VIII.02.05.004
одношарнирная опора VIII.02.07.004
одноэтажная рама VII.02.06.006
ожива II.02.06.010
ожидание I.02.03.004
оздоровление местности III.03.04.
оздоровление села XI.02.04.001
озеро XI.01.01.037
океан XI.01.01.027
окна VIII.03.02.
окно эркера VIII.03.02.027
окно-роза II.02.06.031
окольное село II.05.01.004
оконная решётка VIII.03.02.039
оконное стекло VIII.02.05.001
оконное стекло VI.03.02.003
оконные навесные петли VIII.03.02.025
оконный косяк II.02.04.038
окошко XII.04.010
окраина города XI.03.03.003
окружающая среда III.03.01.010
окружающая среда V.03.01.003
окружённый рвом с водой II.04.03.006
окружная стена II.04.03.010
октаэдр IV.01.02.004
олифа VI.08.02.032
олово VI.07.02.006
омнибус XI.05.01.038
опалубка и обрешётка VIII.05.01.034
опалубка из древесных плит X.03.02.020
опалубка колонн X.03.02.019
опалубка с двойной обшивкой X.03.02.012
опалубка с одинарной обшивкой X.03.02.013
опалубочный вибратор X.02.02.037
операционный зал XII.04.015
операционный зал XII.12.02.011
оперный театр XII.11.04.002
описание II.01.02.027
описание строительного объекта III.01.07.
оплата I.05.01.009
оплот II.04.03.027
опора II.02.04.020
опора VIII.02.07.002
опора VIII.05.01.017
опора в стакане VIII.02.02.042

опора на шарнирах VII.01.014
опора опалубки X.03.02.011
опорная плита VIII.02.02.026
опорная плита III.01.03.023
опорная поверхность VIII.01.01.011
опорный вкладыш VIII.02.02.048
опорный купол II.03.03.002
опорный узел VIII.02.02.039
опорный шов VIII.02.03.008
опоры VIII.02.02.015
опоры II.02.05.001
опоры VII.02.02.
определение цены X.01.02.006
определяемая методом царапания VI.03.01.005
опрокидывающаяся форма X.04.015
опрос III.02.02.010
опрос квартиросъёмщиков III.02.02.014
опрос населения III.02.02.013
опрос экспертов III.02.02.015
опросный лист I.02.04.005
опросный лист I.04.05.002
оптический лот III.01.03.051
опускающаяся решётка ворот II.04.03.017
опускной колодец VIII.01.07.012
опыт I.02.02.008
оранжерея II.04.04.010
организация внутри предприятия X.01.04.021
организация движения V.02.07.002
организация плана XII.01.02.004
организация предрприятия X.01.04.
организация пространственных единиц V.03.02.
организация работ X.01.03.014
организация рабочего места X.01.03.016
организация текущих работ X.01.03.015
организовывать V.01.02.006
органические отложения VIII.01.02.004
органический I.01.092
оргстекло IV.04.01.010
оригинальность I.01.094
ориентация по сторонам света XI.04.02.043
ориентация помещений XII.08.01.006
ориентир V.02.07.013
ориентировочное время X.01.05.023
оркестровая яма XII.11.04.019
орнамент I.01.095
ортогональная проекция IV.02.01.
ортогональный метод III.01.05.009
ортопедия XII.12.02.015
осадка VIII.01.01.005
осадок III.03.02.009
осадочная порода VIII.01.02.025
осветительный мостик XII.11.04.016
освещение V.04.01.006
освобождение II.06.02.022
освоение I.01.002
осевая линия IV.03.01.005
осевая сила VII.03.003
оседлость XI.04.05.012
осмотр III.01.01.004
основание III.03.04.004
основание IV.02.03.006
основание опоры VIII.02.02.021
основание под штукатурку VI.06.02.
основание пропорции V.02.06.004
основания VIII.01.02.
основания городской застройки II.06.01.020
основная нагрузка VII.03.039
основная ось IV.01.01.011
основная система VII.01.018
основная сталь VI.07.01.008
основное пространство II.04.01.003
основной корпус II.04.04.001
основной цвет V.04.02.001
основные понятия III.01.02.
основные понятия VII.01.
основные понятия IX.02.01.001
основные понятия XII.01.
основные элементы V.02.01.
особая нагрузка VII.03.047
особенность I.01.098
особые отходы III.03.03.003
остановка XII.06.01.032
остаточное изображение V.04.02.019
остаточное предварительное напряжение VIII.02.04.027
остаточные материалы III.03.03.002
остров XI.01.01.006
острог II.04.03.028
острый угол IV.01.01.014
осушение VIII.01.04.015
осыпание откоса VIII.01.08.007
ось XI.04.02.078
ось IV.01.01.010
ось V.02.06.001
ось вращения трубы III.01.03.043
ось движения V.01.01.006
ось уровня III.01.03.028
отбойный молоток X.05.009
отбор I.03.034
отбытие V.02.07.008
отвал X.03.01.028
отверстие в двери для писем VIII.03.01.010
отверстия VIII.03.
отвес X.02.01.088
отвес III.01.03.012
ответвление XI.05.01.081
ответственность X.01.06.012
ответственность I.04.03.006
отвёртка X.02.01.023
отвод (выбор) участка XI.04.03.025
отвод тепла через пол IX.02.02.008
отводимое тепло IX.02.01.034
отдел обработки новой литературы XII.11.02.018
отделение интенсивной терапии XII.12.02.008
отделы библиотеки XII.11.02.006
отдельная проекция IV.02.01.001
отдельно стоящий одноквартирный дом XII.08.03.002
отдельный фундамент VIII.01.06.004
отель XII.14.02.002
отзыв X.01.01.022
отказ I.04.02.010
отклонение VI.09.016
отклонение XI.04.02.059
откос VIII.01.04.009
открытая XI.04.02.019
открытое V.03.02.008
открытое пространство XI.04.02.008
открытость I.01.090
открытый XI.01.01.051
открытый бассейн XII.13.03.003
открытый вагон X.02.03.014
открытый водоотлив VIII.01.04.014
открытый конкурс X.01.01.009
открытый манеж для верховой езды XII.13.04.003
открытый план XII.08.05.002
открытый способ строительства XI.06.023
отмывка IV.03.03. 009
относительная влажность IX.03.012
отношение I.02.03.001
отображение I.01.036
отождествление I.03.052
отправка грузов XII.06.04.024
отработанное масло III.03.02.008
отражатель III.01.03.052
отражающая поверхность V.04.01.008
отражающий экран IX.01.02.015
отражение IX.01.01.014
отражение I.01.110
отрезной станок X.02.02.031
отрезок IV.01.01.005
отсек II.02.04.041
отстранение I.01.109
отсутствие ограничений на строительство I.04.05.001
отток XI.04.05.010
оттяжка VIII.05.01.016
оттяжка ванта VII.02.04.006
отходы III.03.01.003
отходы III.03.02.002
отходы производства III.03.02.005
отчуждение I.03.046
отчуждение I.05.02.014
офис XII.04.018
охлаждение IX.02.01.005
охрана памятников II.06.
охрана памятников II.06.01.005
охранная зона XI.03.01.012
оценка X.01.02.006
оценка II.06.02.020
оценка II.06.02.021
оценка стоимости I.05.04.013
очарование I.01.049
очевидная ценность II.06.01.028
очертание V.02.02.001
очистные сооружения III.03.03.007
ошибка X.01.06.006
ощущение I.01.115
ощущение быта I.02.03.023

П

павильон II.04.04.003
падающие тени IV.02.04.013
падение света V.04.01.011
паз II.02.04.009
палас II.04.03.019
палата рожениц XII.12.02.013
палатка XII.08.03.036
палатка II.02.02.004
памятник XII.06.01.045
памятник архитектуры II.06.01.010
памятник-мемориал II.06.01.001
памятник-монумент II.06.01.002
память I.02.02.007
пандус VIII.06.02.002
панели VII.02.07.
панель II.02.04.041
панельная VIII.02.07.014
панельное строительство VIII.02.07.019
панельное строительство X.04.003
панорама XI.04.02.081
пансион XII.14.02.003
пар IX.03.020
пар X.02.02.006
параболическая арка VII.02.03.009
параллельное проецирование IV.02.02.
параллельные прямые IV.01.01.007
параметр деформации VII.04.017
парапет VIII.03.02.004
парапетная доска VIII.03.02.005
парикмахер XII.02.01.006
парикмахерская XII.02.01.006
паркинг XII.06.01.022

парковка XII.06.01.020
парковый ландшафт XI.01.02.001
паркур XII.13.04.004
парламент XII.05.001
парная башня II.04.01.036
паровое поле III.03.02.003
паровой копёр X.02.02.010
паровой котёл X.02.02.007
парогенератор X.02.02.008
парозащита IX.03.022
пароизоляционный слой VIII.05.01.035
паром XI.05.03.004
паронепроницаемый слой VIII.05.01.037
паронепроницаемый слой IX.03.023
паропровод X.02.02.009
пароструйный очиститель X.02.02.012
пароход XI.05.03.002
партер XII.11.04.025
партисипация X.01.04.035
партисипация XI.04.03.007
партисипация I.03.011
парус II.03.03.004
парусный свод VII.02.08.007
парцелла XI.02.01.012
парцеллирование XI.02.01.013
паспортный контроль XII.06.04.018
пассаж XI.05.01.004
пассаж XII.03.01.009
пассажирский лифт VIII.06.02.007
пассажирский поезд XI.05.02.013
пассатижи X.02.01.010
пассивная изоляция IX.01.01.025
пастбище XI.01.03.004
патерностер VIII.06.02.010
патология XII.12.02.017
патриций I.03.057
паушальный гонорар I.04.04.002
пафос I.01.097
пашня XI.01.03.003
пекарня XII.02.01.002
пекарь XII.02.01.002
пемза VI.01.02.019
пемза VI.04.04.009
пенопласт VI.08.03.012
пенопласт на минеральной основе VI.08.03.010
пеня I.04.01.019
первый штукатурный намёт VI.06.05.014
перевод VIII.05.01.024
перевязка II.02.03.016
перегрев IX.02.01.019
передача капиллярной воды IX.03.032
передача нагрузки VII.03.048
передвижной абразивно-отрезной станок X.02.01.065
передвижной цирк XII.11.04.009
переживание I.02.02.002
перекрёсток XI.05.01.083
перекрёсток V.02.07.010
перекрытие в форме гриба VIII.04.003
перекрытие из плит VIII.04.002
перекрытия VIII.04.
переливчатый V.04.02.010
переменная нагрузка VII.03.002
перемещающаяся нагрузка VII.03.033
перемещение VIII.02.06.029
перемычка VIII.03.01.003
перемычка VIII.03.02.001
перенаселение XI.04.05.009
перенос II.06.03.016
переплётная XII.11.02.016
переработка III.03.05.005
переработка III.03.05.004
переработка информации I.02.02.019
переработка мяса XII.03.02.010
перераспределение сил VII.03.015
пересекающиеся пространства V.03.03.002
пересечение штрихов III.01.03.031
перестройка X.05.002
переход XI.04.02.066
переход XI.05.02.028
переходная кривая III.01.02.013
перечень IV.03.02.005
перечень памятников II.06.01.032
перечень условных обозначений IV.03.02.001
перила VIII.06.01.008
перила X.03.02.004
перила XI.05.02.029
перила XII.06.02.009
период II.01.01.005
периодический ряд V.02.03.003
периодическое колебание VII.07.028
периферия XI.03.03.002
перлит VI.08.03.005
перо IV.04.02.014
перрон XII.06.02.016
персонал X.01.04.023
персональное (личное) пространство V.03.01.005
персональное пространство I.02.03.024
перспектива IV.02.03.
перспектива высокого горизонта IV.02.03.011
перспектива низкого горизонта IV.02.03.012
перспективный портал II.02.06.019
перспективный разрез IV.02.01.021
песок VI.01.02.023
песок VI.04.04.010
песок VIII.01.02.018
песчаник VI.01.02.024
пешеход XI.05.01.001
пешеходная дорожка XI.05.01.012
пешеходная зона XI.05.01.010
пешеходная зона XII.06.01.016
пешеходный мостик XII.06.01.018
пешеходный туннель XI.05.01.013
пещера II.02.02.001
пёстрый V.04.02.009
пивная XII.14.01.003
пивная на открытом воздухе XII.14.01.006
пивоваренный завод XII.02.03.008
пивоварня XII.02.03.008
пигмент VI.08.02.024
пигментная окраска VI.08.02.020
пилон II.02.05.003
пилон VII.02.04.010
пилон VIII.02.02.019
пилястра II.02.05.004
пинакль II.02.06.025
пирит VI.01.01.006
писчая бумага IV.04.01.006
письмо граждан III.02.02.025
пишущая машина IV.04.03.007
плавающий бесшовный пол VI.06.06.005
план III.01.04.006
план IV.02.01.006
план VIII.02.04.007
план X.01.03.005
план XI.06.002
план XI.06.039
план застройки XI.06.004
план инвестиций XI.04.03.011
план использования территорий XI.06.003
план комплексного развития новой территории XI.06.038
план кровли IV.02.01.016
план местности III.01.04.003
план платежей I.05.04.019
план проекта XI.04.03.022
план производства работ XI.04.03.024
план расположения IV.02.01.014
план санирования III.03.04.001
план согласования XI.04.03.023
план транспортных линий XI.05.01.043
план финансирования X.01.02.003
план финансирования XI.04.03.012
планиметрия IV.01.01.
планирование X.01.03.004
планирование предприятия X.01.
планирование производства работ X.01.03.020
планирование производства работ X.01.05.021
планирование развития села XI.02.04.004
планирование этапов строительства X.01.03.021
планировка XI.06.002
планировка II.05.02.014
планировка села XI.02.04.
планка VIII.03.02.007
плановик X.01.01.024
пластика I.01.114
пластина II.02.04.002
пластина VII.02.11.006
пластина VIII.02.01.038
пластина (дом) XII.08.03.015
пластификатор VI.05.03.007
пластификатор бетона VI.05.03.003
пластифицирующая добавка VI.05.03.005
пластическая деформация VI.09.030
пластичный VI.05.02.003
пластичный VIII.01.02.038
пластомер VI.08.04..004
плата I.05.01.010
платёж I.05.04.018
платформа X.02.03.014
платформа XII.06.02.016
плац XII.05.012
плёнка IV.04.01.011
плита VIII.02.01.030
плитка керамическая VI.02.02.010
плиты VII.02.07.
плодородный слой грунта VIII.01.02.002
плоская крыша VIII.05.02.001
плоская черепица VI.02.03.003
плоская несущая конструкция VIII.04.005
плоский XI.01.01.049
плоский купол II.03.03.005
плоский напильник X.02.01.024
плоский фахверк VII.02.05.013
плоское перекрытие VIII.04.004
плоскостные покрытия II.03.01.
плоскость IV.01.01.016
плоскость V.02.01.003
плоскость поперечного сечения VII.01.023
плоскость проекции IV.02.01.
плотина XII.06.03.008
плотная массивная глина VI.02.01.001
плотник X.01.04.044
плотничный молоток X.02.01.002
плотность XI.06.030
плотность VI.09.023
плотность Проктора VIII.01.02.043
плотность залегания VIII.01.02.031
плотность использования

площади XI.06.034
плотность населения I.03.062
плотность расселения XI.06.031
плотность теплопотока IX.02.02.021
плотный VIII.01.02.034
площадка для игры в гольф XII.13.01.011
площадка для подготовки арматуры X.03.01.021
площадочные балки VIII.06.01.003
площадь XI.04.02.017
площадь XI.05.01.006
площадь застройки /здания/ XI.06.014
площадь поперечного сечения VII.04.012
площадь шва VIII.02.02.059
площадь этажа XI.06.028
плунжерная сцена XII.11.04.014
пневматическая конструкция VII.02.12.001
пневматический молот X.02.02.015
побережье XI.01.01.036
побочные издержки I.05.04.011
поведение I.02.02.001
поведение при разрушении VI.03.01.016
поверхностная вода IX.03.041
поверхностная нагрузка VII.03.010
поверхностная трещина VIII.01.08.008
поверхностное сцепление VIII.02.06.005
поверхностное трение VIII.01.07.001
поверхностный вибратор VIII.01.05.005
поверхностный вибратор X.02.02.035
поверхность V.02.02.011
поверхность земли VIII.01.04.001
поворотная головка чертёжного прибора IV.04.03.003
поворотная створка VIII.03.02.031
поворотные ворота VIII.03.01.018
повреждения штукатурки VI.06.01.005
повседневная история II.01.02.005
повседневное искусство I.01.102
повседневность I.01.046
повторение V.02.06.006
повторное использование III.03.05.003
повторное применение III.03.05.
поглощение V.04.01.009
поглощение IX.01.02.004
погост II.05.01.006
пограничная зона XI.03.01.001
пограничный город II.05.02.007
погрузочная
платформа VIII.06.02.003
погрузчик X.02.03.029
подаваемая насосом VI.05.01.036
подвал XII.08.05.038
подвесная железная дорога XI.05.02.006
подвесная штанга VII.02.01.008
подвесное перекрытие VIII.04.006
подвесной свод VII.02.08.007
подвесные подмости X.03.02.001
подвижная опора VII.01.021
подвижная опора VII.02.03.008
подвижной механизм VII.01.020
подготовка к проведению работ X.01.03.018
подготовка строительства X.03.
поддержание XI.04.04.001
поддержка развития села XI.02.04.006
подземный гараж XII.06.01.025
подзорная труба III.01.03.030
подкладка III.01.03.023
подкос VII.02.03.016
подмастерье X.01.04.040
поднаём XII.08.03.020
подошва VIII.01.04.003
подпёртая плита VII.02.07.003
подпёртый настил X.03.02.006
подпора VII.02.05.018
подпорная стена VIII.01.09.001
подпорные стены VIII.01.09.
подпространство XI.04.02.004
подражание I.01.065
подрайон XI.03.01.013
подробный план X.01.03.007
подрядчик X.01.04.005
подрядчик I.04.03.004
подступёнек VIII.06.01.005
подсудность I.04.01.011
подтапливание грунта IX.03.043
подход V.02.07.004
подшивка VIII.05.01.038
подъезд XI.05.01.069
подъезд XII.07.01.006
подъездной путь X.03.01.003
подъездной путь XI.05.01.075
подъезды и подходы XII.07.01.
подъём XI.05.01.070
подъёмник VIII.06.02.006
подъёмник VIII.06.02.008
подъёмник X.02.03.004
подъёмно - поворотная дверь VIII.03.01.012
подъёмно-переставная опалубка X.03.02.017
подъёмный мост II.04.03.016
поезд X.02.03.011
поезд XI.05.02.012
пожарная команда XII.05.020
поземельный катастер I.04.05.009
позиция V.02.04.002
позиция нагрузки VII.03.038
познание I.02.02.006
познание II.01.02.022
показатель плотности застройки XI.06.025
показатель преломления VI.03.01.015
поколение I.03.069
покраска IV.03.01.013
покрытие с жёстким основанием VIII.02.06.014
покрытия VI.08.02.
покупка I.05.02.005
покупка X.01.01.018
пол с заделанными швами VI.06.06.004
полая коробка VII.02.11.003
поле XI.01.03.005
поле слышимости IX.01.02.026
полеводство XI.02.01.005
полевое исследование I.02.04.003
полевой шпат VI.01.01.003
полезная нагрузка VII.03.024
полезная площадь XI.06.017
ползучесть VI.05.01.006
ползучесть VI.09.004
поливалка X.02.01.031
полигон XII.05.013
полигональная линия III.01.02.011
полигонометрия III.01.05.008
поликлиника XII.12.02.024
полимер VI.08.04..002
полиспаст X.02.01.079
политура VI.08.02.021
полихромия V.04.02.008
полицейский участок XII.05.004
полиция XII.05.005
полка XII.02.04.002
полка с охлаждением XII.03.02.013
полное время X.01.05.026
полное предварительное напряжение VIII.02.04.026
полномочие I.04.01.009
полнотелый кирпич VI.02.02.002
полноценный VIII.02.03.010
пологое слуховое окно VIII.05.04.001
положение I.03.024
положение V.02.04.002
полубалка VIII.05.01.022
полубутовая кладка II.02.03.007
полуостров XI.01.01.005
полупубличное пространство V.03.01.015
полутвёрдый VIII.01.02.037
полутени IV.02.04.014
получастное пространство V.03.01.016
полый профиль VIII.02.02.007
полярный метод III.01.05.010
полярный момент
площади сечения VII.04.036
померованное листовое стекло VIII.02.05.002
помещение вокзала XII.06.02.014
помещение для занятий XII.04.031
помещение для мусора XII.03.02.004
помещение для отходов XII.02.01.037
помещение для переговоров XII.04.012
помещение для совещаний XII.02.01.022
помещение для составления каталогов XII.11.02.019
помещение для спортивного инвентаря XII.13.01.017
помещение для хранения лодок XII.13.03.018
помещение мастера XII.02.01.027
помещение читального зала XII.11.02.008
помещения в жилой башне II.04.03.020
понимание II.01.02.023
понятия III.03.01.
поперечина VIII.03.02.015
поперечная арматура VIII.02.06.025
поперечная ось системы VII.01.037
поперечная пила X.02.01.033
поперечная связь VIII.02.02.014
поперечная сила VII.03.057
поперечное колебание VII.07.033
поперечное положение XI.04.02.063
поперечное расширение VII.04.026
поперечное сечение VII.01.005
поперечное сечение круга VII.01.004
поперечное сжатие VII.04.067
поперечный изгиб VIII.02.06.030
поперечный неф II.04.01.019
поперечный разрез IV.02.01.013
порганичный город XI.04.01.011
пористость VI.09.022
пористость VI.09.027
порог V.02.07.005
порог VIII.03.01.004
порог воздействия IX.01.02.006
порообразующая добавка VI.05.03.002
порт XII.06.03.001
портал II.02.06.018
портальный стол X.03.02.023
портландцемент VI.04.03.009
портной XII.02.01.005
портовый город XI.04.01.009
портовый город II.05.02.006
поручень VIII.06.01.007
поручительство I.05.05.024

порфир VI.01.02.018
порядок I.01.091
посадочная полоса XI.05.04.010
поселения XI.03.02.
посёлок для госслужащих XI.03.02.004
посёлок для служащих XI.03.02.003
последовательные пространства XII.07.02.008
последующие затраты X.01.02.019
пост XII.05.006
поставка X.01.04.013
поставка XII.03.02.001
поставщик X.01.01.026
постановление I.04.02.002
постоянная выставка XII.11.03.021
постоянная нагрузка VII.03.025
постоянная нагрузка VII.03.035
постоянное изготовление X.04.009
потеря слуха IX.01.02.023
поточное изготовление X.04.008
потребление I.01.019
потребность I.02.02.005
потребность в жилье XI.04.03.010
потребность в пространстве XI.05.01.044
почва XI.01.01.007
почва с растительностью VIII.01.02.003
починок II.05.01.008
почта XII.04.004
почтамт XII.04.004
почтовый поезд XI.05.02.015
поэтажное строительство II.02.04.044
поэтажный план IV.02.01.015
поэтапный сетевой график X.01.03.011
пояс II.02.04.035
пояс VII.02.05.003
пояс зубчиков II.02.05.016
пояс растяжения VII.02.05.019
поясная структура II.05.02.019
права на использование воздушного пространства в пределах участка XI.06.044
правда I.01.129
правила застройки XI.06.005
правительственное здание XII.05.002
право I.04.01.001
правовая защита I.04.01.025
православная церковь II.04.01.010
праздник I.01.013
праздник по случаю завершения основных строительных работ X.01.05.017
практика I.03.018
прачечная XII.12.02.021
превращение XI.04.02.065
предварительная проверка X.01.01.014
предварительно напряжённое стекло VIII.02.05.003
предварительно напряжённое стекло VI.03.02.011
предварительно напряжённый железобетон VI.05.01.035
предварительное изготовление X.04.
предварительное напряжение VIII.02.04.025
предварительное напряжение VI.03.01.008
предварительное планирование XI.04.03.021
предел текучести VII.04.070
предел упругости VI.09.029
предельная нагрузка VIII.01.01.008
предельная нагрузка VIII.01.01.015
предельная несущая способность VIII.01.01.009
предельная частота IX.01.01.013
предложение X.01.01.011
предложение I.04.03.002
предложение I.05.04.007
предместье XI.03.03.001
предметная плоскость IV.02.03.005
предохранение II.06.03.009
предписание I.04.02.004
предписание определённых типов застройки XI.06.040
предприниматель X.01.01.025
предприниматель I.05.03.011
предприниматель-подрядчик X.01.04.002
предприятие X.01.04.001
предприятие X.01.04.022
предприятие водоснабжения XII.02.03.004
предприятие газоснабжения XII.02.03.005
предприятие по удалению отходов XII.02.03.009
представитель общественных интересов XI.04.03.009
представление III.02.01.006
премия I.05.05.011
преобразование V.02.06.007
преобразование XI.04.03.018
преподавательская XII.09.02.013
препятствовать XII.01.01.008
прерванное соединение VIII.02.06.009
прерывистая линия IV.03.01.003
пресональный компьютер IV.04.03.008
престольный II.05.02.009
претензия на приёмку II.06.02.019
прецизионная рейка III.01.03.021
приблизительный план X.01.03.006
приборы III.01.03.
прибыль I.05.04.014
прибытие V.02.07.007
прибытие XII.06.04.027
привратницкая II.04.02.001
привычка I.02.03.005
привязка к местности II.06.04.006
приговор I.04.01.016
пригород XI.03.03.001
пригородное поселение XI.02.03.005
приготавливаемая на строительной площадке VI.05.01.040
приемлемые условия II.06.02.023
приём I.04.03.003
приём XII.02.01.020
приём багажа XII.06.04.014
приёмка II.06.02.018
приёмка строительных работ I.04.05.007
приёмка строительных работ X.01.06.003
приёмная XII.04.011
приёмная XII.12.02.002
приёмная врача XII.12.02.007
приёмник III.01.03.019
призматический эккер III.01.03.011
прилавок XII.03.02.006
прилегающая к щипцовой стене VIII.05.01.027
прилегающая к щипцовой стене VIII.05.01.028
применять XII.01.01.006
примерочная XII.03.02.015
примечание IV.03.02.006
примитивный I.01.103
приморский край XI.01.01.031
приморский курорт XI.04.01.018
примыкание XI.05.01.082
примыкание пути X.03.01.002
примыкающая дорога XI.05.01.074
принтер IV.04.03.009
принцип виртуального смещения VII.06.026
принцип виртуальных сил VII.06.027
принцип установления источника или причин III.03.01.007
принцип формирования XI.04.03.003
принцип Эйлера VII.05.010
принципы упорядочения V.02.06.
природа I.01.089
природные ландшафты XI.01.01.
природные материалы VI.01.
природный камень II.02.01.002
присваивать XII.01.01.003
присоединение арматуры VIII.02.04.012
приспособление II.06.04.004
приспособление для спуска яхты на воду XII.13.03.019
приставная колонна VII.02.05.015
приставная лестница VIII.06.01.020
приставная лестница X.03.02.005
пристенная балка VIII.05.01.021
пристройка XI.04.04.006
пристройка II.06.03.015
присуждение премий X.01.01.016
притвор VIII.03.02.012
притворный брус VIII.03.02.014
приток XI.04.05.011
приход V.02.07.007
приходской зал XII.11.01.013
приходской центр XII.11.01.012
прихожая XII.08.05.012
причал для лодок XII.13.03.016
причинность II.01.01.009
приют для бедных XII.08.03.032
пробка VI.08.03.004
пробка (в движении) транспорта XI.05.01.051
проблема напряжения VII.05.022
проблема устойчивости VII.05.021
проведение строительных работ X.01.03.
проветривание VIII.05.01.039
провисающий канат VII.02.04.003
проводка X.02.02.004
провокация I.01.105
проволока VIII.02.04.003
проволочная сетка VI.06.02.006
проволочная щетка X.02.01.049
прогиб VII.04.013
прогноз X.01.03.002
прогон VIII.02.07.006
прогон VIII.05.01.009
прогон крыши VIII.05.01.002
программа XII.01.02.
программа потребностей III.02.02.017
программа развития села XI.02.04.005
прогресс I.01.104
продажа газет и журналов XII.03.02.018
продажа напитков XII.03.02.017
продажа свежих продуктов XII.03.02.014
продажная стоимость X.01.02.022
продолжительность колебаний VII.07.027
продольная арматура VIII.02.04.017
продольная деформация VI.09.013
продольная деформация VII.04.055
продольная ось системы VII.01.017

продольная прочность	VII.04.001
продольная связка	VIII.05.01.020
продольный неф	II.04.01.018
продольный разрез	IV.02.01.012
продуктовый магазин	XII.03.01.011
проезд	XII.07.01.004
проезжая часть дороги	XI.05.01.088
проектирование	I.01.037
проектировать	V.01.02.001
проекционная плоскость	III.01.06.009
проёмы	VIII.03.
прожиточный минимум	I.03.074
прозрачность	V.02.02.012
произведение искусства	I.01.139
производства	XII.02.01.
производственная мощность	X.01.03.003
производственные издержки	I.05.04.010
производственный допуск	VI.09.017
производственный участок	XII.02.03.012
производство	X.01.04.022
произвольная перспектива	IV.02.03.013
происхождение	I.01.093
прокладка	VIII.05.01.030
прокурор	I.04.01.008
пролёт	VII.01.030
пролётное строение	II.02.06.015
пролив	XI.01.01.034
промежуточная стойка	II.02.04.024
промежуточное	V.03.02.010
промежуточное место хранения	III.03.03.008
промежуточное пространство	XI.04.02.007
промежуточное финансирование	I.05.05.015
промежуточный чертёж	IV.03.03. 002
промытое зерно	VIII.01.02.016
промышленная территория	XI.06.020
промышленность	XII.02.
промышленность	XII.02.03.
промышленный город	XI.04.01.008
промышленная зона	XI.03.01.010
промышленный район	XI.03.01.010
проницаемость	VIII.01.02.044
пропорции	IX.01.02.017
пропорции	V.02.05.
пропорциональная сетка	V.02.05.006
прораб	X.01.04.038
просачивающаяся вода	IX.03.039
просечной металл	VI.06.02.001
просоциальное поведение	I.02.03.033
простая рама	VII.02.06.007
простое линейное измерение	III.01.03.001
простое товарищество	I.05.03.004
простой	X.01.05.028
простой карандаш	IV.04.02.009
простой ряд	V.02.03.006
пространственная непрерывность	XI.04.02.014
пространственная несущая рамная конструкция	VII.02.06.008
пространственная последовательность	XI.04.02.016
пространственная структура	V.01.01.001
пространственная теснота	I.02.03.025
пространственное моделирование	V.01.01.007
пространственное напряжённое состояние	VII.04.061
пространственные уровни	XI.04.02.005
пространственный переход	XI.04.02.015
пространственный центр	XI.04.02.003
пространство	I.01.121
пространство	V.03.
пространство в пространстве	V.03.03.004
пространство действия	V.03.01.008
пространство поведения	V.03.01.009
пространство улицы	XI.04.02.026
проступь	VIII.06.01.004
протекание	X.01.05.002
протяжённое село	II.05.01.007
профессиональное объединение	X.01.04.027
профессиональное училище	XII.09.02.006
профилированное строительное стекло	VI.03.02.014
профиль	IV.02.01.020
профсоюз	I.04.04.005
проход без обуви	XII.13.03.014
проход в обычной обуви	XII.13.01.025
проход в спортивной обуви	XII.13.01.024
проходная комната	XII.08.05.005
процентная ставка	I.05.05.013
проценты за просрочку	I.05.05.023
процесс	I.04.01.013
процесс	X.01.03.001
процесс	X.01.05.006
прочее	VII.02.12.
прочие виды спорта	XII.13.05.
прочие материалы	VI.08.
прочие сооружения	XII.14.03.
прочие типы	II.04.06.
прочность	VI.09.014
прочность бетона	VI.05.01.004
прочность заклёпки	VIII.02.06.022
прочность камня	VIII.02.03.001
прочность на изгиб	VII.04.004
прочность на излом	VI.03.01.017
прочность на истирание	VI.05.01.001
прочность на кручение	VII.04.042
прочность на отрыв	VI.09.001
прочность на пробой	VI.03.01.012
прочность на разрыв	VI.03.01.010
прочность на растяжение	VI.05.01.013
прочность на сжатие	VI.05.01.003
прочность при малом вдавливании	VI.03.01.004
прочность шва	VII.02.10.010
пруд	XI.01.01.038
пружина	VII.01.031
пружинные кусачки	X.02.01.015
прямая	IV.01.01.006
прямая интеграция	VII.07.008
прямая лестница	VIII.06.01.011
прямая улица	XI.04.02.030
прямое освещение	V.04.01.004
прямой изгиб	VII.05.015
прямой угол	IV.01.01.013
прямоугольная	XI.04.02.022
прямоугольная кладка	II.02.03.011
прямоугольник	IV.01.01.026
прямоугольное сечение	VII.01.024
прямоугольный метод	III.01.05.009
прямоугольный фахверк	VII.02.05.016
прямоугольный элемент	VII.01.025
психиатрическая больница	XII.12.01.003
психические нарушения	I.02.03.035
психология	I.02.
психология среды	I.02.03.
психофизиологическое воздействие цвета	V.04.02.018
публика	I.01.106
публичное интервью	III.02.02.012
публичное объявление конкурса	X.01.01.007
публичность	I.03.016
пунктирная линия	IV.03.01.002
пустотелая керамическая плита	VI.02.02.007
пустотелый блок	VI.02.04001
пустотелый кирпич	VI.02.02.006
пустыня	XI.01.01.009
путь	XI.05.01.002
путь	XII.06.02.010
путь	V.02.07.001
пуццолан	VI.04.04.008
пучок стержней	VIII.02.04.015
пфальц	II.04.03.002
пята арки	VII.02.03.001
пятиугольная призма	III.01.03.010
пятно застройки	XI.06.015

Р

работающая на изгиб	VIII.02.02.034
работающая на изгиб	VIII.02.04.008
работающая на сдвиг	VIII.02.04.019
работающий не по найму	I.05.03.001
рабочая диаграмма	VII.04.057
рабочая комната	X.03.01.017
рабочая комната	XII.10.01.014
рабочая кухня	XII.08.05.032
рабочая столовая	X.03.01.015
рабочая столовая	XII.02.01.014
рабочая эстакада	X.03.02.002
рабочее время	X.01.05.018
рабочее место	XII.02.01.026
рабочее место	XII.02.03.013
рабочее место	XII.11.02.021
рабочее место в бюро	XII.04.019
рабочее место с компьютером	XII.02.01.024
рабочее общежитие	XII.08.03.030
рабочее уравнение	VII.06.038
рабочий	I.03.054
рабочий кабинет	XII.08.05.015
рабочий макет	IV.03.03. 015
рабочий помост	X.03.02.002
рабочий посёлок	XI.03.02.002
рабочий строительной специальности	X.01.04.042
равнина	XI.01.01.011
равновесие	VII.01.010
равномерно распределённая нагрузка	VII.03.060
радиальная связь	XII.07.02.004
радиально-кольцевая структура	II.05.02.017
радиация	IX.02.01.018
радиология	XII.12.02.009
радиостанция	XII.11.05.003
радиус	IV.01.01.020
радиус инерции	VII.04.039
разбавитель	VI.08.02.030
разбросанное селение	II.05.01.001
разбрызгиваемая вода	VIII.01.04.012
развалина	II.06.03.003
развалины	X.05.006
развивать	V.01.02.003
развилка дороги	XI.05.01.078
развитие	I.02.01.

развитие	I.03.042
развитие	II.01.01.007
развитие села	XI.02.04.002
развитие сферы услуг	XI.04.05.005
развязка в двух уровнях	XI.05.01.085
раздвигающаяся дверь	VIII.03.01.015
раздвижная дверь	VIII.03.01.013
раздвижные створки	VIII.03.02.036
раздевалка	XII.02.01.015
раздевалка	XII.08.05.027
раздевалка	XII.13.01.022
разделение	I.05.05.016
разделение труда	X.01.03.017
разделительная полоса автострады	XI.05.01.092
раздельная рама	VIII.03.02.008
раздражение	I.02.02.015
раздробление	X.05.014
разжелобок	VIII.05.03.004
различие	I.03.047
размер зёрен	VI.09.025
размер по диагонали	III.01.06.003
размер помещения	IX.01.02.012
разнообразие	XI.04.02.070
разнородность	XI.04.02.069
разорванный фронтон	II.02.05.035
разработка грунта	VIII.01.04.006
разрез	IV.02.01.011
разрешение	I.04.02.005
разрешение	I.04.02.006
разрешение на снос	II.06.03.006
разрешение на строительство	I.04.05.004
разросшийся город	II.05.02.001
разрушение	II.06.03.001
разъезд	XII.06.02.011
разъёмная	VIII.02.02.017
район	V.02.07.011
район бедствия	XI.03.01.007
район вилл	XI.03.02.005
район города	XI.03.03.004
район обновления	XI.04.04.012
район обслуживания	III.02.02.029
районный центр	XI.04.01.004
ракетная стартовая площадка	XII.06.04.004
рама	VIII.02.07.007
рама формы	X.04.012
рамная опалубка	X.03.02.014
рамный стол	X.03.02.022
рампа	VIII.06.02.001
рамы	VII.02.06.
рапидограф	IV.04.02.017
расжижитель	VI.08.02.030
раскалывание	X.05.013
раскопки	III.02.01.004
раскос	II.02.04.029
расположение	V.02.04.001
расположение аклёпок по площади	VIII.02.06.019
расположение памятников	II.06.01.033
расположение улицы	XI.04.02.027
расположениие арматуры	VIII.02.04.006
распорка	VIII.05.01.016
распорка	VII.02.03.016
распорка	VII.02.05.018
распоряжение	I.04.02.002
распоряжение	I.04.02.003
распоряжение о сносе	II.06.03.007
распределение	I.05.05.016
распределение влаги	IX.03.002
распределение давления грунта	VIII.01.08.003
распределение давления по основанию	VIII.01.01.010
распределение заклёпок	VIII.02.06.018
распределение финансирования	I.05.04.020
распределённая нагрузка	VII.03.011
распространение	III.03.01.006
распространение звука	IX.01.01.004
рассеянный свет	IV.02.04.010
рассмотрение	II.06.02.020
расстояние	I.03.049
расстояние между заклёпками	VIII.02.06.017
раствор	VIII.02.03.006
раствор	VI.06.04.003
раствор для кладки	VI.06.04.
растворы	VI.06.
растр	V.02.04.007
растр	XI.04.02.029
растянутый стержень	VII.02.01.009
растянутый элемент	VII.02.01.010
расход тепла	IX.02.01.031
расходы	X.01.02.011
расходы	I.05.04.009
расходы	I.05.04.015
расходы на техническое обслуживание и ремонт	X.01.02.018
расценка	I.05.04.002
расчетная квота	I.05.05.019
расчёт	I.05.01.007
расчёт	I.05.01.008
расчёт	IX.02.01.022
расчёт эффективности	X.01.02.005
расчёта	I.05.05.018
расчётная модель	VII.06.021
расчётный отдел	XII.04.027
расчётный случай нагрузки	VII.03.028
расширение	IX.02.01.002
расширение	X.05.001
расширение	XI.04.03.017
расширение центра	XI.02.02.002
расщепление	X.05.013
ратуша	XII.05.017
ратуша	XII.08.03.009
ратуша	XII.11.04.005
ратуша	II.04.06.001
рационализация	X.01.03.019
реабилитационный центр	XII.12.01.004
реактивный самолёт	XI.05.04.003
реальная стоимость	X.01.02.007
ребристый	VI.06.02.004
ребристый купол	II.03.03.006
ребристый свод	II.03.02.003
ребро	V.02.02.009
ребро	VIII.02.06.026
ребро	VIII.05.03.003
ребро свода	II.02.06.012
реверберация	IX.01.02.001
ревир	V.03.01.010
ревитализация	XI.04.04.005
регатта	XII.13.03.020
региональное планирование	XI.06.007
регистратура	XII.04.029
регистрация	XII.06.04.016
регулирование границ	XI.04.03.026
регулярная	XI.04.02.020
регулярная форма	V.02.02.005
регулярное пространство	XI.04.02.012
регулярный город	II.05.02.002
редкость	II.06.01.025
редукционный тахеометр	III.01.03.046
режиссёрская	XII.11.05.006
резерв времени	X.01.05.031
резиденция	II.05.02.009
резина	VI.08.01.006
резинка	IV.04.02.013
резонанс	VII.07.029
результативность	I.02.03.034
результаты	V.01.03.
рейка	VIII.02.01.002
рейсшина	IV.04.02.003
рейсшина	IV.04.02.004
рейсшина	IV.04.03.004
река	XI.01.01.041
река	XI.01.01.042
река	XI.05.03.005
реклама	XII.06.01.031
рекламация по качеству	X.01.06.008
реконструкция	II.06.03.012
рекреация	XII.02.01.018
ректорат	XII.09.02.016
ректорат	XII.10.01.009
релаксация	VI.09.009
рельеф улицы	XI.04.02.034
рельсовые транспортные средства	X.02.03.009
рельсовый транспорт	XI.05.02.
рельсы	X.02.03.010
ремонт	XI.04.04.003
ремонт	XI.04.04.008
ремонт объекта	XI.04.04.010
ремонта	XI.04.04.011
ремонтная мастерская	XII.02.01.011
ремонтник	XII.02.01.011
реновация	II.06.03.011
рентабельность	X.01.02.004
репетиционная сцена	XII.11.04.012
репетиционный зал	XII.11.04.022
репрезентативный	III.02.02.016
реставрация	II.06.03.010
ресторан	XII.14.01.007
рестораны	XII.14.01.
реструктуризация	XI.04.05.007
рефлекс	IV.02.04.009
рецензия	X.01.01.022
речной ландшафт	XI.01.01.030
речной порт	XII.06.03.003
решение	I.04.01.015
решётка	II.02.04.019
решётка	V.02.04.008
решётчатая ферма	VII.02.02.019
решётчатая ферма	VIII.02.02.037
решётчатый ростверк	VII.02.12.006
ригель	II.02.04.033
ригель	X.03.02.010
ригель рамы	VII.02.06.002
ризалит	II.04.04.002
ризница	II.04.01.026
рикша	XI.05.01.026
римская черепица	VI.02.03.007
риолит	VI.01.02.021
рисунок	IV.03.03. 004
рисунок карандашом	IV.03.03. 005
рисунок пером и тушью	IV.03.03. 007
рисунок углём	IV.03.03. 006
ритм	V.02.06.005
ритм	X.01.05.004
ритм	XI.04.02.067
ритмический ряд	V.02.03.005
ритуальная купальная	II.04.01.007
ров с водой	II.04.03.009
роговая обманка	VI.01.01.001
родильное отделение	XII.12.02.014
родильный зал	XII.12.02.012
Родина	XI.04.02.053
родина	I.03.030
родник	XI.01.01.039
родовая башня	II.04.03.001
рождение	I.02.01.001
рожковой (гаечный) ключ	X.02.01.018
розетка трилистник	II.02.06.005
розничная цена	X.01.02.010
роль	I.03.032
ротационная инерция	VII.07.031
роторный экскаватор	X.02.03.025
рубанок	X.02.01.055
рудник	XII.02.03.003

руина II.06.03.003
руководитель предприятия X.01.04.025
руководитель строительства X.01.04.038
руководитель строительства I.05.03.010
руководство предприятия X.01.04.024
рулетка X.02.01.090
рулёжное поле XI.05.04.012
ручей XI.01.01.040
ручная таль X.02.01.081
рыбацкая деревня XI.02.03.003
рыбный отдел XII.03.02.009
рыбоводство XII.02.02.009
рынок XII.03.01.001
рынок I.05.01.001
рыночная цена объекта X.01.02.009
рытьё (котлована) VIII.01.04.004
рыхлый (грунт) VIII.01.02.032
ряд кирпичей на ребро II.02.03.015
ряды V.02.03.

С

садоводство XII.02.02.007
садовый ландшафт XI.01.02.002
сакральные помещения XII.11.01.
сакральные постройки II.04.01.
сакристия II.04.01.026
саман VI.02.01.002
самобытность I.01.098
самолёт XI.05.04.001
самолёт с вертикальным взлётом XI.05.04.008
самооценка I.02.03.014
самосвал X.02.03.020
самофинансирование X.01.02.001
самоходный скрепер X.02.03.031
санаторий XII.12.01.005
сандрик II.02.05.033
сапожная мастерская XII.02.01.004
сапожник XII.02.01.004
сарай XII.02.02.013
сарай II.04.05.010
сауна XII.13.03.004
сберегать I.05.05.005
сберкасса I.05.05.002
сбор данных III.02.02.008
сборка X.04.006
сборная опора VIII.02.02.017
сборное строительство VIII.02.07.017
сборный ленточный фундамент VIII.01.06.007
сборный элемент X.04.019
сборный элемент из бетона VI.05.01.034
сваевыдёргиватель X.02.02.046
свайный ростверк VIII.01.07.010
свайный фундамент VIII.01.07.003
свалка X.03.01.027
свалка III.03.02.001
свалка III.03.03.006
сваривать VIII.02.02.051
сварное соединение VIII.02.02.055
сварочная XII.02.01.035
сварочная горелка X.02.01.069
сварочный генератор X.02.01.072
сварочный трансформатор X.02.01.071
свежеприготовленная бетонная смесь VI.05.01.024
свежеуложенный бетон VI.05.01.033
свежий раствор VI.06.03.002
сверло X.02.02.044
сверло по дереву X.02.01.060
сверло по камню X.02.01.059
сверхгигроскопическая влага IX.03.007
сверхпрочность VI.03.01.007
свес крыши VIII.05.01.008
свес крыши VIII.05.03.005
свет IV.02.04.
свет V.04.01.
свет и цвет V.04.
свет с северной стороны XII.11.03.019
светонепроницаемость IX.02.01.020
светопреломление V.04.01.010
светопроницаемость IX.02.01.021
свинец VI.07.02.003
свобода I.03.013
свобода в принятии решения при строительстве II.06.02.006
свободное время I.03.075
свободное колебание VII.07.013
свободное пространство XI.04.02.006
свободный заказ X.01.01.004
сводный календарный график X.01.03.013
своды II.03.02.
своды VII.02.03.
своеобразие II.06.01.024
свойства материалов IX.02.02.028
свойства пара IX.03.019
свойства строительных материалов VI.09.
свойство III.01.07.004
связевая стойка II.02.04.028
связевые балки II.02.04.034
связи в здании XII.07.02.
связный грунт VIII.01.02.021
связь VIII.02.07.010
связь II.02.04.035
связь V.02.04.004
связь VII.02.05.002
связь с местом XI.04.02.045
связь с ситуацией II.06.04.002
сгораемый VI.09.036
сгруппированное V.03.02.007
сдача X.01.01.012
сдающий в наём I.05.02.009
сдвиг VII.04.047
сдвиг заклёпки VIII.02.06.020
сегмент IV.01.01.024
сегментная арка VII.02.03.005
сегрегация I.03.033
седлообразная оболочка VII.02.08.006
сейф XII.04.017
сейф XII.11.03.011
секретариат XII.04.024
селекция I.03.034
село XI.02.02.
село с одной улицей II.05.01.005
сельская среда XI.02.02.004
сельское поселение XI.02.03.007
сельское хозяйство XII.02.
сельское хозяйство XII.02.02.
сельскохозяйственное использование XI.01.03.
сельскохозяйственное предприятие XII.02.02.004
сельскохозяйственное производство XI.02.01.007
сельскохозяйственные территории XI.02.
семиотика II.01.02.009
семья I.03.067
сени II.04.05.004
сеновал XII.02.02.014
сентиментальный I.01.117
сердечник VII.02.11.002
серный колчедан VI.01.01.006
серпентинит VI.01.02.025
сестринская XII.12.02.005
сетевое планирование X.01.03.008
сетка V.02.04.007
сетка (сетка в бетоне) VIII.02.04.002
сетчатый свод II.03.02.008
сеть V.02.04.005
сеть XI.04.02.028
сечение IV.02.01.011
сжатие VI.09.011
сжатый воздух X.02.02.013
сжатый пояс VII.02.05.004
сжатый стержень VII.02.01.001
сжигание мусора III.03.03.004
сидение XII.06.01.039
сидячее место XII.13.01.015
сиенит VI.01.02.027
сила VII.03.014
сила звука IX.01.01.036
сила инерции VII.07.020
сила кручения при искривлении VII.04.023
сила подпирания VII.03.040
сила растяжения VII.03.055
сила резания VII.03.019
сила сжатия VII.03.006
силикатный кирпич VI.02.04006
силос XII.02.04.005
силосная башня XII.02.02.019
силосное сооружение X.02.02.021
силуэт XI.04.02.080
силы,поперечные силы VII.03.
символ I.01.125
символ V.01.03.004
символика цвета V.04.02.023
симметрия V.02.06.002
симметрия XI.04.02.076
симулировать V.01.02.013
симуляция I.02.04.008
синагога II.04.01.002
синагога XII.11.01.003
синтез искусств I.01.071
синтетическая шпаклевка VI.08.02.028
синтетические материалы VI.08.04..
синтетический краситель VI.08.02.027
система I.01.126
система I.03.006
система аркбутанов и контрфорсов II.02.06.021
система классификации II.06.01.029
система стеллажей XII.02.04.001
системная обработка задач X.01.04.036
системная перспектива IV.02.03.008
системы координат III.01.02.017
ситуация XI.04.02.036
скала XI.01.01.021
скальная порода VIII.01.02.023
скамья XII.06.01.039
сквозное проветривание XII.08.01.005
скидка I.05.04.006
склад II.04.06.002
склад X.03.01.025
склад XII.02.04.001
склад XII.11.02.015
склад XII.11.03.010
склад для хранения цемента X.03.01.022
склад запасных частей XII.02.04.002
склад с многоярусными стеллажами XII.02.04.003
склад-холодильник XII.02.04.003
складной масштаб III.01.03.002
складной метр X.02.01.091
складское помещение XII.03.02.002
складчатая конструкция VII.02.12.002
склады XII.02.04.
склады XII.06.03.013
складывающаяся дверь VIII.03.01.014

скольжение VIII.01.01.006
скользящая опалубка X.03.02.018
сконто I.05.04.006
скорость XI.05.01.052
скорость колебания VII.07.016
скос XI.04.02.059
скоч-корт XII.13.01.008
скоч-центр XII.13.01.007
скребковый транспортёр X.02.03.006
скрепер X.02.02.023
скручивающиеся жалюзи VIII.03.02.038
скручивающий момент VII.03.064
скульптура XII.06.01.044
скульптуры в парке XII.11.03.009
скученное село II.05.01.002
сланец VI.01.02.026
след XI.05.01.089
слезник VIII.03.02.006
слепое окно II.02.06.032
слесарный молоток X.02.01.001
слесарь-сантехник X.01.04.048
сложный ряд V.02.03.007
слой I.03.025
слой V.02.04.006
слой вертикальной изоляции IX.03.059
слой горизонтальной изоляции IX.03.058
слой теплоизоляции IX.02.01.025
служащий I.03.056
слух (человеческий) IX.01.02.021
слуховое окно VIII.03.02.028
слышимость IX.01.02.018
слюда VI.01.01.005
смежные пространства V.03.03.001
смена II.06.04.005
смерть I.02.01.007
смесительная башня X.02.02.022
смета I.05.04.012
смета расходов X.01.02.020
смешанная кладка VIII.02.03.024
смешанное вяжущее VI.04.03.003
смешанный грунт VIII.01.02.026
смешение V.04.02.011
смещение VII.04.066
смола VI.08.01.003
смола VI.08.01.004
смысл I.01.081
смысл XI.04.02.051
смытая штукатурка VI.06.05.019
снеговая нагрузка VII.03.045
снижение III.03.05.010
снижение опор VII.03.051
снижение ценности II.06.02.024
снижение цены I.05.04.004
снимаемая в кооператвном доме XII.08.02.009
снос X.05.004
снос XI.04.04.007
снос II.06.03.005
снятая войлочной тёркой VI.06.05.012
собрание XII.11.03.022
собственная квартира в кооперативном доме XII.08.02.008
собственная форма VII.07.009
собственная частота VII.07.025
собственник I.05.02.004
собственное значение VII.07.010
собственное колебание VII.07.017
собственность I.03.017
собственность I.05.02.
собственные тени IV.02.04.012
собственный вес VII.03.008
событие II.01.01.002
событие X.01.05.007
совершенство I.01.099
совет предприятия X.01.04.026
совковая лопата X.02.01.040
совместное предприятие X.01.04.015
современные деревянные конструкции VIII.02.01.
современные методы кладки VIII.02.03.
соглашение I.01.023
содержание I.01.021
соединение VIII.02.02.023
соединение VIII.02.02.061
соединение "ласточкин хвост" II.02.04.015
соединение в ус II.02.04.014
соединение гвоздями и клеем VIII.02.01.037
соединение зацеплением VIII.02.06.008
соединение клеем холодного твердения VIII.02.01.036
соединение клиньями VIII.02.02.062
соединение на болтах VIII.02.02.053
соединение на клею VIII.02.06.006
соединение на шипах II.02.04.011
соединение несущих элементов VIII.02.02.038
соединение с использованием гвоздей VIII.02.01.029
соединение элементов VII.02.04.002
соединения VIII.02.02.049
соединительная линия III.01.06.010
соединительное пространство V.03.03.003
соединительный анкер VIII.02.02.028
созерцание I.01.108
созерцательность I.01.020
сознательно I.02.03.036
сокращение VII.04.052
сомкнутый свод II.03.02.011
сомнения I.04.02.009
сообщество I.03.002
сооружение для водных видов спорта XII.13.03.001
сооружение для зимних видов спорта XII.13.02.001
сооружение для санного спорта XII.13.02.005
сооружение оснований и фундаментов VIII.01.01.
сооружения для спорта и досуга XII.13.
сооружённая с использованием гвоздей VIII.02.01.030
сооружённый фундамент VIII.01.06.010
сооружённый фундамент без гидроизоляции VIII.01.06.011
сооружённый фундамент с гидроизоляцией VIII.01.06.012
сопротивление грунта VIII.01.08.005
сопротивление теплоотдачи IX.02.02.011
сопротивление теплопроницанию IX.02.02.017
сопряжение XI.04.02.056
сортировка III.03.03.011
сортировочная станция XII.06.02.006
сортировочная установка X.02.02.020
сортовая сталь VI.07.01.004
сортовой профиль VI.07.01.003
сосед I.03.070
соседняя улица XI.05.01.063
соседство архитектурных памятников II.06.02.015
сосредоточенная нагрузка VII.03.007
составная балка VIII.02.06.012
составная конструкция VIII.02.06.011
составная опора VIII.02.02.018
составная опора VIII.02.06.013
составной ряд V.02.03.004
составные цвета V.04.02.003
состояние III.01.07.001
состояние мембранного напряжения VII.02.08.005
состояние постройки III.01.01.001
состояние работ X.01.05.008
сотовая балка VII.02.02.004
соучастие XI.04.03.006
сохранение XI.04.04.001
сохранение II.06.01.003
сохранение энергии IX.02.
сохранность III.01.07.003
социализация I.03.004
социальная история II.01.02.004
социальная картотека III.02.02.002
социальная мобильность I.03.035
социальная ответственность I.05.01.014
социальная плотность I.02.03.025
социальная психология I.02.03.
социальная среда V.03.01.004
социальная структура I.03.064
социальная структура III.02.02.006
социальное взаимодействие I.02.03.008
социальное жилищное строительство XII.08.02.005
социальное пространство V.03.01.013
социальное сравнение I.02.03.011
социальный план III.02.02.019
социальный план XI.04.04.013
социология I.03.
сочетать V.01.02.005
сочленение VII.01.012
сочленение XI.04.02.056
сочленение моментов VII.01.019
сочленение нормальных сил VII.01.022
сочленение поперечных сил VII.01.038
союз архитекторов I.05.03.007
спад транспортной интенсивности XI.05.01.055
спальный зал XII.14.02.014
спальня XII.08.05.023
спальня родителей XII.08.05.025
спектр IV.02.04.005
спектр ответов VII.07.030
спектральный цвет V.04.02.004
специалист по охране памятников II.06.01.007
специалист по уходу и реставрации памятников II.06.01.006
специальная лаборатория XII.10.02.004
специальная школа XII.09.02.005
специальный нож X.02.01.050
специфическая значимость памятника II.06.02.007
спецконтроль безопасности XII.06.04.020
спиральная арматура VIII.02.04.009
спиральное сверло X.02.01.058
спиртовый краситель VI.08.02.025
списание I.05.04.008
список проводимых работ X.01.01.001
сплошная балка VII.02.02.005
сплошной стык VIII.02.02.025
спортивная площадка XII.13.01.001
спортивный зал XII.13.01.005
способ обмена XI.04.03.028
способ привязки III.01.05.002
способность к обработке VI.09.015
способность сохранять приданную форму VI.09.002
способы санирования III.03.04.002
способы строительства VIII.02.

справка III.02.02.021
спрессованная шпонка VIII.02.01.026
спрос III.02.02.021
спутниковая антенна VIII.05.04.006
среда I.03.028
средней плотности VIII.01.02.033
среднеповоротная створка VIII.03.02.032
средние горы XI.01.01.014
средний неф II.04.01.016
средняя школа XII.09.02.002
средокрестие II.04.01.020
средства на поддержание II.06.02.025
средства организации движения V.02.07.
средства соединения VIII.02.06.015
средства соединения деревянных элементов VIII.02.01.020
средство для протравливания VI.08.02.026
срок I.04.01.021
срок X.01.05.001
срок введения в эксплуатацию X.01.05.016
срок давности I.04.01.022
срок начала работ X.01.05.010
сруб II.02.04.016
ссуда I.05.05.020
ссылка IV.03.02.006
стабилизатор VI.05.03.008
ставни VIII.03.02.037
стадион XII.13.01.002
стадион для занятий лёгкой атлетикой XII.13.01.003
сталефибробетон VI.05.01.041
сталь используемая в строительстве VIII.02.02.001
стальная конструкция VIII.02.02.
стальная рулетка III.01.03.006
стальной канат VII.02.10.001
стальной канат VIII.02.02.011
стальной каркас VIII.02.07.012
станок X.02.02.016
станция метро XII.06.02.004
старость I.02.01.005
старый город XI.03.03.010
старый промышленный объект III.03.02.006
старый центр XI.02.02.001
статистические основы III.02.02.007
статистическое управление III.02.02.001
статически неопределимое VII.01.035
статически определимое VII.01.034
статический момент VII.04.054
статический момент второй степени VII.04.030
статический момент первой степени VII.04.022
статичное V.03.02.001
статус I.03.024
стационарный режим IX.02.02.005
ствол II.02.05.008
створка VIII.03.02.030
створный оконный переплёт VIII.03.02.009
стекающая с откосов вода IX.03.037
стекло VI.03
стекло в стоительстве VIII.02.05.
стеклоблоки VI.03.02.015
стекловата VI.08.03.007
стекловолокнистые маты VI.03.02.009
стекловолокно VI.03.02.007
стеклорез X.02.01.051
стеклоткань VI.03.02.008
стеклофибробетон VI.05.01.025
стеклянная балка VIII.02.05.006
стеклянные блоки VI.03.02.015
стеллаж XII.02.04.002
стена VIII.02.03.012
стена II.02.03.005
стена бетонируемая в траншее VIII.01.09.005
стена буронабивных свай VIII.01.09.004
стена из инъекционных свай VIII.01.07.016
стенд для натяжения арматуры VIII.02.04.030
стеновая балка VIII.05.01.023
стеновая стойка II.02.04.027
стеновые панели VI.08.05..003
степень влажности IX.03.004
степень свободы VII.06.004
степень сдачи в наём помещений XI.06.035
степень сжатия VII.04.008
степь XI.01.01.008
стереометрия IV.01.02.
стержень VIII.02.04.014
стержень для устойчивости портала VII.02.11.004
стержни VII.02.01.
стиль руководства X.01.04.028
стиропорбетон VI.05.01.032
стоимость I.05.01.003
стоимость X.01.02.011
стоимость изготовления X.01.02.013
стойка VIII.03.02.013
стойка VIII.05.01.017
стойка XII.03.01.006
стойка XII.03.02.006
стойка II.02.04.022
стойка VII.02.01.005
стойка VII.02.04.007
стойка винтовой лестницы VIII.06.01.016
стойка для велосипедов XII.06.01.019
стойка рамы VII.02.06.003
стойка фахверка VII.02.03.011
стойка фахверка VII.02.05.015
стойло XII.02.02.020
стол для упаковки XII.03.02.011
столб II.02.04.021
столица XI.04.01.001
столовая XII.08.05.036
столовая XII.09.02.019
столовая XII.14.02.015
столяр X.01.04.045
столяр XII.02.01.007
столярная XII.02.01.007
столярная мастерская X.03.01.020
столярная ножовка X.02.01.035
сторожка XII.06.02.013
сточные воды III.03.02.007
стоянка X.03.01.005
стоячее место XII.13.01.016
страх I.02.03.032
стрелка XI.05.02.027
стрелка XII.06.02.011
стремянка VIII.06.01.020
стремянка X.03.02.005
стресс от окружающей среды I.02.03.030
строителство из глины VI.02.01.
строительная известь VI.04.02.001
строительная панель VI.08.05..008
строительная площадка X.03.01.
строительная полиция I.04.05.006
строительная съёмка III.01.
строительное право I.04.05.
строительное предписание XI.04.03.029
строительные акты I.04.05.008
строительные зыскания II.01.02.011
строительные инструменты X.02.
строительные материалы на базе керамики и минералов VI.02.
строительные машины X.02.02.
строительные нормы и правила I.04.05.005
строительные отходы III.03.02.004
строительные понятия II.06.03.
строительные профессии X.01.04.037
строительный вагончик X.03.01.008
строительный гипс VI.04.01.007
строительный контейнер X.03.01.010
строительный контроль X.01.06.002
строительный котлован VIII.01.04.
строительный мусор X.05.005
строительный надзор X.01.06.001
строительный пиломатериал VIII.02.01.010
строительство из блок-комнат X.04.005
строительство из мелкоразмерных панелей VIII.02.07.020
строительство по принципу контраста II.06.04.008
строительство с последующим устройством этажей II.02.04.043
стропило VIII.05.01.012
стропильная нога VIII.05.01.012
стропильная ферма со стяжкой VIII.05.01.003
строчная застройка XII.08.03.013
струбцина VIII.02.01.033
струбцина X.02.01.054
структура XI.04.02.052
структура I.03.007
структура населения III.02.02.004
структура потребностей III.02.02.024
структура села XI.02.02.003
структура снабжения III.02.02.023
структура со сдвоенным коридором XII.07.02.012
структурный анализ II.01.02.015
структурный план X.01.03.010
структуры V.02.04.
студенческая столовая XII.10.01.024
студенческое общежитие XII.08.03.027
студия XII.08.04.004
студия XII.09.02.008
студия XII.10.01.019
студия записи XII.11.05.005
ступени XII.07.01.001
стык XI.04.02.039
стык дорог XI.05.01.080
стык опор VIII.02.02.023
стяжки VI.06.
стяжка VIII.02.02.028
стяжная муфта VIII.02.02.063
субкультура I.01.123
субподрядчик X.01.04.006
субтрактивная форма V.02.02.008
субтрактивное цветосмешение V.04.02.013
субурбанизация XI.04.05.003
субъект I.02.03.015
суглинок VI.01.02.016
суглинок VIII.01.02.006
суд I.04.01.010
судебное решение I.04.01.016
судейская XII.13.01.021
судно XI.05.03.001
судоподъёмник XII.06.03.015
судоходство XI.05.03.
судья I.04.01.006

суждение I.01.077
сужение XI.04.02.062
сумма I.05.05.007
сумма на счёте I.05.05.008
супермаркет XII.03.01.013
суть I.01.022
сухая бетонная смесь VI.05.01.038
сухая зона IX.03.056
сухой док XII.06.03.011
сухой раствор VI.06.03.001
сухой склад XII.02.04.004
суша XI.01.01.004
сферическая опора VIII.02.02.043
сформулированные по принципу иерархии XI.06.041
схватывание VI.05.01.009
схватывание VI.09.010
схема разбивки III.01.04.002
схема расположения арматуры VIII.02.04.007
сцена XII.11.04.011
сценарий пребывания XII.08.01.007
сценирование освещения V.04.01.013
счёт I.05.01.007
съёмка здания III.01.05.019
съёмка подробностей III.01.01.
съёмка профиля местности III.01.05.013
съёмка фасада III.01.05.018
съёмщик I.05.02.008
сыпучий грунт VIII.01.02.028
сыпучий материал VIII.01.02.027
сырая сталь VI.07.01.007
сырный отдел XII.03.02.012

Т

таблица с названием улицы XII.06.01.028
таблицы IV.03.02.003
тавровая сталь VIII.02.02.002
такси XI.05.01.040
талант I.01.127
талая вода IX.03.018
тамбур XII.08.05.009
таможенный контроль XII.06.04.019
тандем XI.05.01.025
танцевальный зал XII.14.03.004
тариф I.05.05.009
тахеометр без отражателя III.01.03.050
тахиометрия III.01.05.003
тачка X.02.01.030
тачка XI.05.01.014
твердение VI.05.01.009
твердение VI.09.007
твёрдая цена I.05.04.003
твёрдость VI.03.01.003
твёрдость VI.03.01.005
твёрдый IV.04.02.011
твёрдый VIII.01.02.039
творение I.01.025
творчество I.01.026
творчество V.01.02.017
театр XII.11.04.003
театральные здания XII.11.04.
текст IV.03.02.
текучесть VI.09.006
текучий VI.05.01.023
текучий VI.05.02.001
текучий VIII.01.02.036
текущие расходы X.01.02.016
телевидение XII.11.05.004
тележка XI.05.01.014
тележка XI.05.01.020
тележка для покупок XI.05.01.015
телеология II.01.01.010
телескопический масштаб III.01.03.005
телефон экстренной связи XII.06.01.015
тело IV.01.02.001
темнота IV.02.04.007
температура IX.02.01.023
температура воздуха в помещении IX.02.01.026
температура наружного воздуха IX.02.01.027
температура насыщения IX.03.014
температура поверхности IX.02.01.016
температура света IV.02.04.002
температурная проводимость IX.02.02.031
температурный шов VIII.02.03.009
тени IV.02.04.011
теннисный корт XII.13.01.010
теодолит III.01.03.037
теодолит-тахеометр III.01.03.047
теорема восстановления VII.06.028
теоретические понятия II.01.
теория второго порядка VII.05.018
теория плит VII.02.07.002
теория упругости VII.04.059
теория упругости VII.04.060
теплица XII.02.02.017
тепло IX.02.01.
тепловая инерция IX.02.02.029
тепловое воздействие IX.02.01.030
тепловое излучение IX.02.01.008
тепловой баланс IX.02.01.028
тепловой мост IX.02.02.003
тепловой поток IX.03.033
теплувосприятие IX.02.01.015
теплоёмкость IX.02.01.035
теплоёмкость IX.02.02.032
теплозащита IX.02.02.001
теплоизоляционный слой VIII.05.01.036
теплоизоляция IX.02.02.002
теплообмен IX.02.01.007
теплоотдача IX.02.01.011
теплопередача IX.02.01.010
теплопередача IX.02.02.004
теплопередача IX.02.02.006
теплопередача IX.02.02.015
теплопроводность IX.02.01.009
теплопроводность IX.02.02.006
теплопроводность IX.02.02.030
теплотехнические расчёты IX.02.02.009
терминал вылета XII.06.04.011
терминал прилёта XII.06.04.012
терминология планировки XI.06.
термическая стойкость VI.03.01.013
термическое сопротивление IX.02.01.024
термограмма III.01.06.017
термография III.01.06.016
термозит VI.04.04.006
термопласт VI.08.04..004
терраса II.04.04.011
терраса XII.08.05.018
террасное здание XII.08.03.016
территориальная структура XI.03.01.002
территориальное планирование XI.06.008
территориальность I.02.03.020
территории города XI.03.03.
территория застройки XI.02.01.009
территория концентрирования коммерческой активности XI.06.018
территория малых посёлков XI.06.022
территория между строениями XI.06.016
территория производственных и коммунальных предприятий XI.06.019
тетива VIII.06.01.006
тетраэдр IV.01.02.002
техники изображения IV.03.
технические понятия VI.03.01.
технические понятия VI.05.01.
технические понятия VI.06.01.
техническое оборудование бюро IV.04.03.
течение моментов VII.03.041
течение нормальной силы VII.03.042
течение сдвига VII.04.049
тёплый цвет V.04.02.021
тёрка X.02.01.046
тёс II.02.04.001
тёсанный камень II.02.01.005
тиксотропный VIII.01.02.040
тип I.01.130
тип V.01.03.007
тип жилища XII.08.01.009
типология I.01.132
типы городов XI.04.01.
типы и характеристики пространств V.03.01.
тир XII.13.05.001
тиски X.02.01.052
ткань VII.02.10.006
товар I.05.01.002
товариществос ограниченной ответственностью I.05.03.003
товарный бетон VI.05.01.037
ток II.04.05.008
ток XII.02.02.011
толкование I.01.073
толкование II.01.02.028
толстая доска VIII.02.01.004
толстолистовая сталь VI.07.01.016
толщина шва VIII.02.02.058
толщина штукатурки VI.06.01.003
тонирование IV.03.01.012
тонкая колонна II.02.06.002
тонколистовой металл VI.07.01.017
тонкостенный профиль VIII.02.02.008
топография XI.01.
топор X.02.01.007
топорик X.02.01.006
торги I.05.01.017
торговая зона XII.03.02.005
торговая палата XII.03.01.005
торговая улица XI.05.01.011
торговля XII.03.
торговое место XII.03.01.006
торговый город II.05.02.004
торговый центр XI.04.01.006
торец бревна II.02.04.004
торкрет-бетон VI.05.01.026
торкретная штукатурка VI.06.05.017
торсионная пружина VII.01.036
торцевая плита VIII.02.02.024
торцевой ключ X.02.01.020
точка IV.01.01.001
точка V.02.01.001
точка касания IV.01.01.003
точка пересечения IV.01.01.002
точка приложения нагрузки VII.03.036
точка стояния IV.02.03.002
точка схода IV.02.03.003
точка теодолитного хода III.01.02.002
точки III.01.02.001
точность III.01.06.006
тощая глина VIII.01.02.007
тощий раствор VI.06.01.001
травертин VI.01.02.028
травея II.02.06.014

традиционная агрокультура XI.02.01.006
традиционная кладка II.02.03.
традиционное строительство из дерева II.02.04.
традиционные строительные материалы II.02.01.
традиционные транспортные средства XI.05.01.018
традиция I.03.040
традиция II.01.01.013
трактовка II.01.02.021
трактовка II.01.02.028
трамбование VIII.01.05.007
трамбовка X.02.02.040
трамвай XI.05.02.002
трамплин XII.13.02.006
трансакция I.02.03.009
трансепт II.04.01.019
трансляционная инерция VII.07.021
трансляционная поверхность VII.02.08.008
транспорт XII.06.
транспортир IV.04.02.006
транспортное агентство XII.06.01.013
транспортное пространство XI.05.01.045
транспортные средства X.02.03.
транспортный контроль XII.06.04.017
трансформатор X.02.02.002
трансформируемая перегородка VIII.03.01.014
трап XII.06.03.009
трап XII.06.04.013
трапезная II.04.02.007
трапециальная нагрузка VII.03.058
трасс VI.04.04.011
трасса II.04.03.011
трасса XI.05.02.025
трасса горной реки XII.13.03.021
трассовая известь VI.04.03.011
трассовый цемент VI.04.03.010
траст X.01.04.019
требования к застройке XI.06.041
трейлер XII.08.03.035
трек XII.13.05.005
тренажёрный зал XII.13.01.019
тренога III.01.03.032
треск IX.01.01.031
треугольник IV.01.01.025
треугольник IV.04.02.005
треугольный конечный элемент VII.06.036
трещина VI.03.01.018
трещиностойкость VIII.02.03.002
трёхгранный напильник X.02.01.025
трёхразмерные элементы VII.06.033
трёхшарнирная арка VII.02.03.012
трёхшарнирная арка с затяжкой VII.02.03.013
трёхшарнирная рама VII.02.06.009
трибуна XII.13.01.013
тригонометрический пункт III.01.02.005
трифорий II.02.06.007
троллейбус XI.05.01.039
тромп II.03.03.003
тропинка XI.05.01.007
трос VII.02.04.011
тросовая линия VII.02.04.004
тротуар XI.05.01.003
тротуар XII.06.01.002
труба VIII.02.02.010
трубные клещи X.02.01.011
трубные тиски X.02.01.053
трубный ключ X.02.01.014
трубопровод X.02.02.004
трубоукладывающий крюк X.02.01.076
трубчатая свая VIII.01.07.005
трубчатая сетка VI.06.02.003
трубчатый уровень III.01.03.027
трудовое право I.04.04.
трущобы XI.03.02.010
туалет XII.02.01.016
туалет XII.08.05.029
туб-конструкция VII.02.11.008
туннель XI.05.01.009
тупик XI.05.01.077
тупой угол IV.01.01.015
турбовинтовой самолёт XI.05.04.004
туризм XII.14.
туристическая область XI.03.01.008
туристический маршрут XII.06.01.003
туф VI.04.04.012
тушёвка IV.03.01.012
тын II.04.03.008
тычковая перевязка II.02.03.014
тычок II.02.03.002
тюрьма II.04.03.003
тюрьма XII.05.008
тягач X.02.03.019
тяжёлый бетон VI.05.01.020

У

уборка отходов X.05.007
уборная II.04.02.011
убыток I.05.01.018
уведомление о расторжении I.04.03.008
увеличение V.02.06.008
увеличение XI.04.02.068
увлажняемая зона IX.03.055
угловая башня II.04.04.008
угловая лестница VIII.06.01.012
угловая перспектива IV.02.03.010
угловое зеркало III.01.03.009
угловое сжатие VII.04.010
угловой раскос VIII.05.01.015
угловой столб II.02.04.025
угломер IV.04.02.006
угол IV.01.01.012
угол V.02.02.010
угол рамы VII.02.06.004
уголковая сталь VIII.02.02.005
удаление X.05.015
ударная прочность VI.03.01.011
ударный шум IX.01.01.017
удельная теплоёмкость IX.02.01.029
удельный вес VI.09.021
удлинение VII.04.021
удлинение IX.02.01.003
удобство местоположения III.02.02.031
узел V.02.04.003
узел V.02.07.009
узел VII.02.09.003
узел XI.04.02.038
узел соединения анатов VII.02.09.002
узкая ножовка X.02.01.036
узкое пространство XI.04.02.011
узловая нагрузка VII.03.022
узорчатое стекло VI.03.02.006
указания о сохранении II.06.02.002
указатель проезжей части дороги XI.05.01.090
укладывать бетон VI.05.01.014
уклонометр III.01.03.035
украшение I.01.033
укрепление II.04.03.007
укрепление основания III.03.04.007
улавливатель отходов III.03.03.001
улица XI.05.01.057
улица местного значения XI.05.01.064
улица с односторонним движением XI.05.01.076
улица с организованным ижением транспорта XI.05.01.005
уличная тумба XII.06.01.040
уличное движение XI.05.01.
уличное движение XII.06.01.
уличное освещение XII.06.01.029
уличный фонарь XII.06.01.030
улучшение XI.04.05.006
улучшение свойств грунта VIII.01.05.
ультразвуковой дистанционный прибор III.01.03.007
ультралёгкий самолёт XI.05.04.006
уменьшение V.02.06.009
уменьшение III.03.05.010
умывальня XII.02.01.017
универмаг XII.03.01.010
университет XII.10.01.001
университетская библиотека XII.10.01.022
университетский городок XII.10.01.008
уникальность I.01.134
уникальность II.06.01.026
упадок II.01.01.008
упадок II.06.03.001
уплотнение VI.09.003
уплотнение VIII.01.04.016
уплотнение VIII.01.05.003
уплотнение (объёма) IX.02.01.006
уплотнение грунта VIII.01.05.004
уплотнение основания III.03.04.008
уплотняющая прокладка VIII.03.02.010
уплотняющее средство VI.05.03.009
упорядочение XII.01.02.003
управление X.01.04.011
управление XII.10.01.013
управление I.05.03.008
управление охраны памятников II.06.01.008
упругая деформация VI.09.028
упругая длина VII.01.009
упругая полусфера VII.01.008
упругая связь VII.01.007
упругое основание VII.01.006
упругое соединение VIII.02.06.004
упругость VI.09.005
упругость VII.04.
уравнение трёх моментов VII.06.034
уравнение упругости VII.06.008
урбанизация XI.04.05.008
уровень III.01.03.025
уровень адаптации I.02.03.029
уровень ударного шума IX.01.01.018
уровень шума IX.01.01.029
усадка IX.02.01.004
усадка VI.05.01.011
усадка VI.09.011
усадка VIII.01.01.005
усадьба XII.02.02.005
усиление VIII.02.07.009
усиление XI.04.02.068
усилие в анкере VIII.01.01.002
ускорение VII.07.001
ускоритель VI.05.03.001
условие равновесия VII.01.011
условия равновесия VII.03.012
устав XI.04.03.002
установка I.02.03.001
установка для шприцбетона X.02.02.027
устное предание II.01.02.008
устойчивость VI.09.012
устойчивость VII.05.
устойчивость VII.05.020

устойчивость VIII.01.01.012
устойчивость VIII.01.08.
устойчивость при скольжении VIII.01.01.007
устранение II.06.03.008
устранение искажений III.01.05.016
устройство проёма X.05.003
утеплённая кровля VIII.05.01.031
утилизация отходов III.03.03.
уход V.02.07.008
уход за памятниками II.06.01.004
участие I.03.011
участие XI.04.03.006
участок V.03.01.010
участок застройки XI.06.013
участок сборки XII.02.01.034
учебное помещение XII.02.01.023
учебный отдел XII.11.02.012
учительская XII.09.02.013
ущелье XI.01.01.023
ущерб X.01.06.010
ущерб I.05.01.018
ущерб III.03.01.012

Ф

фабрика X.01.04.012
фабрика XII.02.03.002
фаза II.01.01.004
фактор надёжности VII.01.029
факультет XII.10.01.010
фальцевая черепица VI.02.03.004
фамильярность V.01.02.022
фанера VIII.02.01.015
фантазия I.01.064
фантазия V.01.02.019
фасад II.02.05.031
фасад IV.02.01.007
фасад IV.02.01.018
фахверк II.02.04.018
фахверк VII.02.05.
фахверк повышенной жёсткости VII.02.05.017
фахверк полигональной формы VII.02.05.014
фахверк с верхней параболой VII.02.05.012
фахверк с нижней параболой VII.02.05.007
фахверк с параллельными поясами VII.02.05.023
фахверк трапециевидной формы VII.02.05.021
фахверк трёхугольной формы VII.02.05.022
фахверковая арка VII.02.03.014
феатовое стекло VIII.02.05.002
федеральная магистральная дорога XI.05.01.066
феномен I.01.100
феноменологическое пространство V.03.01.002
ферма VII.02.02.004
ферма VIII.02.07.005
ферма консольная VII.02.02.003
ферма равного сопротивления VII.02.02.016
фермы VII.02.02.
фермы VIII.02.02.029
фиал II.02.06.024
фибробетон VI.05.01.022
фигура V.02.02.002
физиотерапия XII.12.02.010
фикция I.01.051
филиал X.01.04.010
финансирование I.05.05.
финансирование за счёт привлечённых средств X.01.02.002
финансирование строительства X.01.02.
фиорд XI.01.01.033
фирма X.01.04.001
фирма X.01.04.009
фирнис VI.08.02.032
фитинг VII.02.04.002
фитнесс XII.13.01.019
флаттер VII.07.011
флешь II.04.03.026
фойе XII.11.04.029
фольга IV.04.01.011
фон V.02.02.003
фон IX.01.01.034
фонарь VIII.03.02.018
фонд документов III.02.01.007
фонтан XII.06.01.043
форма X.04.010
форма I.01.053
форма I.01.118
форма V.02.02.
форма в виде гирлянды VII.02.10.007
форма колебания VII.07.026
форма с откидывающейся опалубкой X.04.014
форма с разъёмной опалубкой X.04.013
форма-вагонетка X.04.018
формальный анализ II.01.02.014
формовочная установка X.02.02.029
формовочный гипс VI.04.01.006
формуляр III.01.04.005
формы крыш VIII.05.02.
формы предприятий I.05.03.
формы состояния VIII.01.02.035
форплан XI.04.03.021
форт II.04.03.028
фортификация II.04.03.
фортификация II.04.03.007
форточка VIII.03.02.035
фотограмметрическая камера III.01.03.045
фотограмметрия III.01.05.015
фотодокументация III.01.06.012
фотодокументация III.02.01.012
фотомонтаж IV.03.03. 013
фототеодолит III.01.03.044
фрагмент I.01.054
фриз II.02.05.015
фрикционное соединение VIII.02.06.007
фронтон VIII.05.01.007
фронтон VIII.05.03.006
фронтон II.02.05.032
фундамент VIII.01.06.002
фундамент в виде опускных колодцев VIII.01.07.011
фундамент из трамбованного бетона VIII.01.06.009
фундамент стаканного типа VIII.01.06.005
фундаментная плита VIII.01.06.006
фундаментная плита VIII.01.06.008
фундаментный болт VIII.02.02.064
фундаменты глубокого заложения VIII.01.07.
фундаменты неглубокого фундамент неглубокого заложения заложения VIII.01.06.
фуникулёр XI.05.02.008
функции жилища XII.08.01.011
функциональное упорядочение XII.01.02.002
функциональные зоны XII.02.01.012
функциональные зоны XII.02.02.010
функциональные зоны XII.03.02.
функциональные зоны XII.04.006
функциональные зоны XII.06.02.007
функциональные зоны XII.06.04.005
функциональные зоны XII.08.05.
функциональные зоны XII.12.02.
функциональные области XII.14.02.007
функциональные отделы XII.11.03.006
функциональные сферы XII.11.04.010
функциональные типы II.05.02.003
функция I.01.055
VIII.01.06.013
футбольное поле XII.13.01.004

Х

халтура V.01.02.023
хаос V.02.04.009
характер I.01.015
характер XI.04.02.048
характерные черты XI.01.01.048
характерные черты II.06.01.022
хата II.04.05.012
хибара II.04.05.012
хижина II.02.02.002
хижина II.04.05.011
хижина II.04.05.012
химическое предприятие XII.02.03.007
хлебный амбар II.04.06.003
хлев II.04.05.009
хлев XII.02.02.021
хлопок IX.01.01.031
ход X.01.05.002
ход поперечной силы VII.03.044
хозяйство III.03.05.012
холдинговая компания X.01.04.016
холл XII.08.05.012
холм XI.01.01.018
холмистый XI.01.01.053
холодильная камера XII.02.01.032
холодная кровля VIII.05.01.032
холодный цвет V.04.02.022
хор II.04.01.021
хорда IV.01.01.022
храм II.04.01.001
храм XII.11.01.001
храмовый центр XI.04.01.013
хранение вредных веществ III.03.02.
хранилище II.04.06.002
хранилище X.03.01.026
хранилище XII.11.02.015
хранилище ценностей XII.04.014
храповый механизм X.02.01.021
христианская церковь II.04.01.011
хронология II.01.02.001
хронология III.02.01.002
художественная воля I.01.138
художественная ценность II.06.01.017
художественное значение II.06.01.016
художественное ремесло I.01.007
художественный зал XII.11.03.005
художник I.01.006
хутор II.05.01.003
хутор II.05.01.008

Ц

цанговая конструкция VIII.02.01.039
цанговый ключ X.02.01.012
цвет IV.02.04.001
цвет V.04.02.
цвет VI.08.02.018
цвет объекта V.04.02.015
цвет поверхности V.04.02.016

цветной IV.03.03. 012
цветной карандаш IV.04.02.012
цветные металлы VI.07.02.
цветовой контраст V.04.02.020
цветовой круг V.04.02.005
цветовой тон IV.02.04.003
целевая группа III.02.02.026
целлюлозный лак VI.08.02.005
целостность I.01.137
целостность формы II.06.04.001
цельная опора VIII.02.02.016
цемент VI.04.03.
цементная краска VI.08.02.006
цементное вяжущее VI.05.01.015
цементный бесшовный пол VI.06.06.003
цементный раствор VI.06.05.005
цена I.05.04.001
цензура I.01.014
ценность I.05.01.003
центр XI.03.03.009
центр города XI.03.03.008
центр для проведения конференций XII.10.01.006
центр зимних видов спорта XI.04.01.017
центр образования XII.09.02.004
центр сдвига VII.04.048
центр сечения VII.01.003
центр тяжести XI.04.02.083
центральная ось VII.04.006
центральная перспектива IV.02.03.009
центральная связь XII.07.02.005
центральное приёмное отделение XII.12.02.001
центрическая опора VIII.02.02.045
центрическая опора VIII.02.02.046
центрическое V.03.02.002
центрическое здание II.04.01.015
центричная структура II.05.02.015
центробежный момент инерции сечения VII.04.069
цепная линия VII.02.04.001
цепная перевязка II.02.03.017
цепная пила X.02.01.066
цепочка размеров IV.03.01.006
цепь пространств XII.07.02.009
церковь XII.11.01.004
цивилизация I.03.003
цикл X.01.05.003
циклопическая кладка II.02.03.008
циклы повторного использования III.03.05.008
цилиндр IV.01.02.007
цилиндрическая оболочка VII.02.08.001
цилиндрический свод II.03.02.002
цинк VI.07.02.007
циркуль IV.04.02.016
цитадель II.04.03.029
цитата V.01.03.005
цифровой нивелир III.01.03.017
цоколь II.02.05.007

Ч

час пик XI.05.01.050
часовня XII.11.01.006
часовня II.04.01.025
часовня на кладбище XII.11.01.015
часовня на могиле XII.11.01.008
частичное время X.01.05.027
частная квартира XII.08.02.002
частная поликлиника XII.12.02.023
частная собственность V.03.01.006
частная территория XII.01.02.005
частное право I.04.01.003
частное пространство V.03.01.017
частный I.03.017
частный односемейный дом XII.08.02.001
частокол II.04.03.008
частота VII.07.014
частота IX.01.01.012
часть XII.05.020
человеческий масштаб V.02.05.008
чердак XII.08.05.039
чердак (полуэтаж) VIII.05.01.006
чердачный полуэтаж II.02.04.047
черепица VI.02.03.
черепица VIII.05.01.041
черепица плоская кровельная VI.02.03.006
черепичный лист VI.02.03.009
чертёж (чистовой) IV.03.03. 003
чертёжная бумага IV.04.01.003
чертёжная доска IV.04.03.002
чертёжный зал XII.10.01.020
чертёжный класс XII.09.02.010
чёткость звучания IX.01.01.026
чёрно - белый IV.03.03. 010
число жителей I.03.061
чистая прибыль X.01.02.008
чистый доход X.01.02.008
читальный зал XII.09.02.012
читальный зал XII.11.02.010
читальный зал библиотеки XII.11.02.003
членение XI.04.02.055
чувственное осприятие I.02.02.016
чувственность I.01.116
чувство I.01.042
чувствование I.01.043
чувствование II.01.02.025
чугун VI.07.01.001
чулан II.04.05.006

Ш

шаблон IV.04.02.007
шанец II.04.03.026
шар IV.01.02.005
шар-молот X.05.010
шарнир XI.04.02.040
шарнир VII.01.012
шарнирная опора VIII.02.02.040
шарнирная опора VIII.02.07.003
шарнирная ферма VIII.02.02.032
шарнирное соединение VII.01.013
шатровое покрытие II.03.01.003
шахта XII.02.03.003
шахтный грейфер X.02.02.045
швейная мастерская XII.02.01.005
швейцар XII.04.007
швеллер VIII.02.02.004
шедовая крыша VIII.05.02.005
шедовое окно VIII.03.02.029
шестиугольный кирпич VI.02.02.008
шея II.03.03.007
шип VIII.02.01.023
ширина ленты матрицы VII.06.003
ширина ядра сечения VII.04.025
широкий XI.01.01.050
широкое пространство XI.04.02.010
широкополосная универсальная сталь VI.07.01.006
широкоугольная перспектива IV.02.03.014
школьный двор XII.09.02.017
шлагбаум XI.05.02.029
шлагбаум XII.06.02.009
шлакоблоки VI.02.04
шлакопортландцемент VI.04.03.008
шлам III.03.02.009
шланговый уровень III.01.03.034
шлифовальный круг X.02.01.064
шлюз XII.06.03.014
шнековый (винтовой) подъёмник X.02.02.024
шнур III.01.02.015
шов II.02.03.004
шов VII.02.10.009
шов VIII.02.02.056
шов VIII.02.03.007
шпаклёвочный гипс VI.04.01.003
шпала II.02.04.031
шпатель X.02.01.045
шпиль II.02.06.027
шпиндельная распорка X.02.01.077
шпиц II.03.02.013
шпон VIII.02.01.012
шпонка VIII.02.01.024
шпренгельная балка VII.02.12.005
шпунт II.02.04.010
шпунтовая стена VIII.01.09.002
штаб-квартира XII.04.003
штангенциркуль X.02.01.087
штатив III.01.03.024
штраф I.04.01.019
штрих-рейка III.01.03.022
штриховка IV.03.01.011
штукатур X.01.04.046
штукатурка II.02.03.003
штукатурка VI.06.05.012
штукатурка крупным намётом VI.06.05.018
штукатурка набрызгом VI.06.05.017
штукатурка потолка VI.06.05.021
штукатурка с начёсом VI.06.05.015
штукатурка стены VI.06.05.020
штукатурная станция X.02.02.030
штукатурный гипс VI.04.01.001
штукатурный намёт с мелким гравием VI.06.05.013
штукатурный раствор VI.06.05.
шум IX.01.01.028
шум ветра IX.01.01.015
шум конструкций IX.01.01.019
шумозащита IX.01.01.027
шумозащита XI.05.01.056
шумозащитная дамба III.03.04.003
шумозащитная стена XII.06.01.017
шуруп с дюбелем X.02.01.084
шурфование VIII.01.03.001
щебень XI.05.01.095
щека VIII.06.01.006
щипец VIII.05.03.006
щипец II.02.05.036
щиток X.02.01.075

Э

эвакуационная лестница XII.07.01.017
эвклидово пространство V.03.01.001
эволюция I.03.043
эдикула II.02.05.030
экзамен X.01.01.015
экзонартекс II.04.01.029
экологические нагрузки III.03.
экологический XI.01.01.045
экологический баланс III.03.05.006
экология III.03.01.011
экономика строительства I.05.01.015
экономические основы I.05.
экономичность X.01.02.004
экосистемы XI.01.01.044
экранирование шума конструкции IX.01.01.021
экранирующий бетон VI.05.01.039
экскаватор X.02.03.021

экскурсия XII.11.03.015
эксперимент I.02.04.002
экспериментальная лаборатория XII.10.02.008
эксперт X.01.01.021
экспертиза X.01.01.022
экспликация IV.03.02.004
эксплуатационные расходы X.01.02.017
экспроприация XI.04.03.013
экстерьер II.02.06.017
эксцентриситет VII.04.018
эластичность VI.09.005
эластомер VI.08.04..003
элеватор II.04.06.003
электрик X.01.04.049
электрик XII.02.01.010
электрододержатель X.02.01.073
электродрель X.02.01.056
электрокопировальная машина (ксерокс) IV.04.03.006
электромотор X.02.02.003
электронный тахеометр III.01.03.049
электрооптический тахеометр III.01.03.048
электростанция XII.02.03.016
электроталь X.02.01.080
электротехническая мастерская XII.02.01.010
элемент жёсткости VIII.02.07.009
элемент матрицы VII.06.023
элементы VIII.02.01.001
элементы VIII.02.06.001
элементы крыши VIII.05.03.
элементы соединения II.02.04.006
элементы сообщения XII.07.01.007
элита I.03.059
эллипс IV.01.01.019
эллипсоид IV.01.02.006
эмансипация I.03.012
эммиссия III.03.01.002
эмоция I.01.042
эмоция I.02.02.012
эмпора II.02.05.027
эндоскопия III.01.06.018
эпоксидная шпаклевка VI.08.02.008
эпоха I.01.044
эпоха II.01.01.006
эпюра изгиба VII.05.002
эпюра моментов VII.03.031
эпюра нормальной силы VII.03.009
эпюра поперечной силы VII.03.043
эпюра поперечных сил VII.03.018
эпюра режущих сил VII.03.020
эркер II.02.05.022
эскалатор VIII.06.02.004
эскалатор XII.06.04.021
эскалатор XII.07.01.015
эскиз IV.03.03. 001
эскиз с размерами III.01.04.001
эскизный IV.03.03. 002
эспланада II.04.03.022
эстакада X.03.01.007
эстакадная дорога XI.05.01.060
эстетика I.01.
эстетические понятия II.06.04.
этаж II.02.04.045
этаж-уровень II.02.04.046
этажность XI.06.026
эффект I.01.041
эффект объёмного звучания IX.01.02.011
эхо IX.01.02.008

Ю

юридические основы I.04.
юридические понятия II.06.02.

Я

явление I.01.100
ядро VII.02.11.002
ядро конденсата IX.03.016
ядро сечения VII.04.024
ямобур X.02.01.063
яркость освещения IV.02.04.006
ярмарочный город XI.04.01.007
ярмарочный центр II.05.02.005
ярус XII.11.04.026
ячеистая полая коробка VII.02.11.005
ячейковое бюро XII.04.020

Slovakian
Slowakisch
szlovák
Słowacki
словацкий язык
slovensky

A

absolútna vlhkosť vzduchu IX.03.011
absorbcia IX.01.02.004
absorbcia V.04.01.009
abstraktná kompozícia V.02.
achromatická farba V.04.02.006
adaptačná úroveň I.02.03.029
aditívne miešanie farieb V.04.02.012
administratíva X.01.04.011
administratíva XII.02.01.019
administratíva XII.04.
administratíva XII.10.01.013
administratívna budova XII.04.002
administratívna oblasť XI.03.01.003
administratívne mesto XI.04.01.010
administratívne právo I.04.02.
advokát I.04.01.007
advokátske plánovanie XI.04.03.004
aerodynamické budenie VII.07.002
aerograf IV.04.02.018
afekt I.02.02.013
aglomerácia I.03.031
agrárna politika XI.02.01.008
agresia I.02.03.031
akadémia XII.10.01.004
akciová spoločnosť I.05.03.006
akostná oceľ VI.07.01.009
akosť (napr. III.01.07.004
akropevnosť VI.03.01.007
aktívna izolácia IX.01.01.024
aktuálna trhová hodnota X.01.02.009
akumulátor X.02.02.005
akustická doska VI.08.03.002
akustická doska IX.01.02.016
akustický tlak IX.01.01.009
akustika IX.01.
akvarelový papier IV.04.01.004
alkovňa II.04.05.007
alúzia V.01.03.002
ambulancia XII.12.02.019
amfibol VI.01.01.001
amfibol VI.01.02.001
amplitúda VII.07.003
analýza II.01.02.013
analýza III.02.
analýza prvku VII.06.009
anastylóza II.06.03.017
andezit VI.01.02.002
anestézia XII.12.02.016
anhydritový poter VI.06.06.001
anketa III.02.02.010
anketa pre expertov III.02.02.015
anketa pre nájomníkov III.02.02.014
anketa pre obyvateľov III.02.02.013
anténa VIII.05.04.005
antikorózna oceľ VI.07.01.013
antikorózny náter VI.08.02.007
antropomorfná úmera V.02.05.004
apartmán XII.14.02.013
aplikovať XII.01.01.006
aproximácia VII.06.002
aproximovaná hodnota VII.06.001
apsida II.04.01.023
archeologická pamiatka II.06.01.011
archeológia II.01.02.012
archetyp V.01.03.008
architekt pre ochranu pamiatok II.06.01.007
architektonická terminológia klasiky II.02.05.
architektonický ateliér X.01.04.008
architráv II.02.05.014
archivolta II.02.05.037
archív XII.04.030
archív XII.11.03.012
aritmetická úmera V.02.05.001
arkáda II.02.05.021
arkier II.02.05.022
arkierové okno VIII.03.02.027
artefakt I.01.005
asfalt VI.08.01.002
asfaltový náter VI.08.02.001
asociačná hodnota II.06.01.027
asymetria XI.04.02.077
ateliér XII.10.01.019
ateliér XII.11.03.014
atmosferické zrážky IX.03.044
atribút I.02.03.010
augit VI.01.01.001
aula XII.09.02.020
aula XII.10.01.021
aula maxima XII.10.01.017
autá XI.05.01.033
autobus XI.05.01.038
autobusová stanica XII.06.01.011
automat cestovných lístkov XII.06.01.034
automiešač X.02.03.018
automobil XI.05.01.019
automobilová pretekárska dráha XII.13.05.008
autoritatívny štýl vedenia X.01.04.029
autostráda XI.05.01.067
autostráda XII.06.01.006
axonometria IV.02.02.
axonometrický rez IV.02.01.022
azbest VI.01.02.003

Á

árenda X.01.02.024
átriový dom XII.08.03.007
átrium II.04.01.028

B

bager X.02.03.021
balkón XII.08.05.019
balkón XII.11.04.026
balkón II.02.05.024
balustráda II.02.05.028
banka I.05.05.001
banka XII.04.005
banket II.04.03.024
banský závod XII.02.03.003
baňa XII.02.03.003
baptistérium II.04.01.034
bar XII.14.01.004
barak X.03.01.009
baranená pilóta VIII.01.07.004
baranidlo X.02.02.041
bašta II.04.03.027
batéria X.02.02.005
batériová forma X.04.016
batožinový dopravný pás XII.06.04.017
batožinový vozeň XI.05.02.020
bazalt VI.01.02.004
bazén pre malé deti XII.13.03.008
bazén pre neplavcov XII.13.03.006
bazén pre plavcov XII.13.03.005
bazén s vlnami XII.13.03.009
bazilika II.04.01.012
báza II.02.05.006
behúň II.02.03.001
behúňová väzba II.02.03.013
betón VI.05.
betón chrániaci pred žiarením VI.05.01.039
betón s oceľovými vláknami VI.05.01.041
betón so sklenými vláknami VI.05.01.025
betón vyrobený na mieste VI.05.01.028
betón vyrobený na stavenisku VI.05.01.040
betónovať VI.05.01.014
betónová tvarovka VI.02.04002
betónová zmes VI.05.01.024
betónové delo X.02.02.027
betónové krytie VIII.02.06.031
betónový dielec X.04.020
betónový prefabrikovaný dielec VI.05.01.034
bezpečnostná koncepcia VII.01.028
bezpečnostná kontrola XII.06.04.020
bezpečnostné opatrenie II.06.03.009
bezpečnosť I.05.05.025
bezpečnosť proti lomu VIII.02.03.003
bezpečnosť proti posunutiu VIII.01.01.007
bezpečnosť proti preklopeniu VIII.01.01.012
beztvárnosť XI.04.02.074
bežecká dráha XII.13.01.014

bicykel XI.05.01.023
biela vaňa VIII.01.06.011
biele vápno VI.04.03.012
bifurkačný bod VII.05.003
biografia II.01.02.006
biskupské mesto II.05.02.010
bistro XII.14.01.010
bitumén VI.08.01.001
bleskozvod VIII.05.04.007
blízkosť V.03.01.012
blízkosť stavebných pamiatok II.06.02.015
bloková stavba VIII.02.07.018
bloková výstavba X.04.002
bloková zástavba XII.08.03.014
bobová dráha XII.13.02.004
bobrovka VI.02.03.003
bočná loď II.04.01.017
bočná ulica XI.05.01.063
bočná zemná vlhkosť IX.03.042
bočné krídlo VIII.03.02.017
bočné schodisko XII.07.01.014
bočné svetlo XII.11.03.018
bočný pohľad IV.02.01.010
bod IV.01.01.001
bod V.02.01.001
bod dotyku IV.01.01.003
bod nulového momentu VII.03.037
bod vetvenia VII.05.003
bodkovaná čiara IV.03.01.002
bodové ložiskové uloženie VIII.02.02.040
bodovo podopretá doska VII.02.07.003
body III.01.02.001
bohatstvo I.03.072
bojová ochodza II.04.03.011
bowling XII.13.05.003
box XII.02.02.020
bralo XI.01.01.021
brána XII.07.01.003
brána II.04.02.001
brániť XII.01.01.008
bránový vjazd XII.07.01.004
breh XI.01.01.035
bremeno VII.03.026
bridlica VI.01.02.026
brzdný portál VII.02.11.004
buchot IX.01.01.031
budova colnice XII.05.009
budova s priebežnými nosnými stĺpmi a vloženými podlažiami II.02.04.043
budova so samostatnými nosnými sústavami podlaží II.02.04.044
budovy XII.06.01.007
budovy pre predstavované umenia XII.11.04.
bufet X.03.01.015
bufet XII.02.01.014
bufet XII.14.01.009
buldozér X.02.03.027
bungalov XII.08.03.004
bunker XII.05.014
burza XII.03.01.004
butik XII.03.01.008
buzola III.01.03.053
búda II.02.02.002
búda II.04.05.011
búda X.03.01.009
búracie kladivo X.05.009
búranie X.05.015
byt XI.06.027
byt XII.08.01.004
byt novicov II.04.02.005
byt v osobnom vlastníctve XII.08.02.008
bytová výstavba XII.08.
bytové činnosti XII.08.01.010
bytové potreby XII.08.01.008
bývanie I.02.03.022

C

campus XII.10.01.008
cela II.04.02.012
celistvosť I.01.137
celkový dojem II.06.04.003
celosť I.01.137
celulózový náter VI.08.02.005
cement VI.04.03.
cementová farba VI.08.02.006
cementová malta VI.06.05.005
cementová mazanina VI.06.06.003
cementový poter VI.06.06.003
cementový tmel VI.05.01.015
cena I.05.01.003
cena I.05.04.001
(1.; 2.; 3.) cena X.01.01.019
centrálna budova II.04.01.015
centrálna dispozícia II.05.02.015
centrálna perspektíva IV.02.03.009
centrálne sprístupnenie XII.07.02.005
centrické uloženie VIII.02.02.046
centrovaný V.03.02.002
centrum XI.03.03.009
centrum mesta XI.03.03.008
centrum priestoru XI.04.02.003
cenzúra I.01.014
ceruzka IV.04.02.009
cesta V.02.07.001
cesta XI.05.01.002
cesta pre chodcov XII.06.01.002
cesta pre cyklistov XI.05.01.024
cesta pre cyklistov XII.06.01.005
cesta pre jazdcov XII.06.01.004
cestička XI.05.01.007
cestná doprava XI.05.01.
cestná doprava XII.06.01.
cestné staviteľstvo XI.05.01.087
cestné vozidlá X.02.03.015
cestný podjazd XI.05.01.085
cestovný ruch XII.14.
cieľová skupina III.02.02.026
cieľová suma I.05.05.007
cimburie II.04.03.014
cintorín XII.11.01.014
cirkusový stan XII.11.04.009
cit I.01.042
citadela II.04.03.029
citát V.01.03.005
citlivosť na mráz VIII.01.02.046
civilizácia I.03.003
cín VI.07.02.006
colná kontrola XII.06.04.019
colnica XII.05.009
Cremonov obrazec VII.02.05.005
cudzia látka III.03.01.008
cudzie financovanie X.01.02.002
cvičisko XII.05.012
cyklistická dráha XII.13.05.006
cyklus X.01.05.003

Č

čadič VI.01.02.004
čadičová vata VI.08.03.003
čakacia hala XII.06.01.036
čakacia zóna XII.04.009
čakan X.02.01.041
čakáreň XII.06.01.036
čakáreň XII.06.04.025
čakáreň XII.12.02.025
čakáreň na zastávke XII.06.01.035
čap VIII.02.01.023
čap VIII.02.01.027
čap VIII.02.02.060
čapový kĺb VIII.02.02.060
čapový spoj II.02.04.011
čas na pracovné miesto X.01.05.025
čas tuhnutia VI.05.01.010
časopisecká študovňa XII.11.02.011
časové plánovanie X.01.05.
časť mesta XI.03.03.004
časť priestoru XI.04.02.004
časť územia XI.03.01.013
čelná doska VIII.02.02.024
čelný oblúk II.02.05.037
čelný pohľad IV.02.01.009
čerpacia stanica XII.06.01.010
čerpacie zariadenie XII.02.03.019
čerpadlo X.02.02.017
čerpadlo na betónovú zmes X.02.02.028
čerpaný betón VI.05.01.036
čerstvá malta VI.06.03.002
čerstvý betón VI.05.01.024
česká klenba VII.02.08.007
česká klenba II.03.03.002
čestný dvor XII.07.01.002
čiara IV.03.01.001
čiara V.02.01.002
čiara lomu IV.03.01.004
čiara rezu IV.03.01.007
čiara vybočenia pri vzpere VII.05.002
čiarkovaná čiara IV.03.01.003
čiary III.01.02.006
čiastočne prekrývajúce sa priestory V.03.03.002
čiastočné predpätie VIII.02.04.027
čiastočné spriahnutie VIII.02.06.008
čiastočný úväzok X.01.05.027
čierna vaňa VIII.01.06.012
čierno-biely IV.03.03. 010
čin I.02.02.003
činnosti V.01.02.
činnosti XII.01.01.
čistiace zariadenie III.03.03.007
čistič prúdom pary X.02.02.012
čistička III.03.03.007
čisto obytné územie XI.06.021
čistopis výkresu IV.03.03. 003
čistota IX.01.01.026
čitateľský priestor XII.11.02.008
čitáreň XII.09.02.012
čitáreň XII.11.02.010
čísla ω VII.05.001
člen poroty X.01.01.020
členenie XI.04.02.055
členenie okna II.02.04.040
človekohodina X.01.05.024

D

daň I.05.01.011
daň z pridanej hodnoty I.05.01.013
datovanie III.02.01.001
dažďový vpust XI.05.01.099
dávka žiarenia IX.02.01.019
dážď IX.03.045
debnenie a lešenie X.03.02.
decentralizácia XI.04.05.004
decht VI.08.01.003
decibel IX.01.01.035
dedičné právo užívania pozemku I.05.02.015
dedina XI.02.02.
dedina okrúhleho tvaru II.05.01.004
dedina s radovou zástavbou II.05.01.007
dedina vretenovitého tvaru so zeleňou v strede II.05.01.006
dedinský dom XII.08.03.010
deformačná metóda VII.06.031

deformačný parameter VII.04.017
deformácia VII.04.014
deformácia VII.04.016
deformácia III.01.06.005
deformácia IV.02.01.005
deformovanie VII.04.011
dejiny I.01.060
dejiny každodenného života II.01.02.005
dejiny kultúry II.01.02.002
dejiny sociálnych štruktúr II.01.02.004
dejiny štýlov II.01.02.003
dejiny umenia I.01.004
dejiny ústneho podania II.01.02.008
dejiny vnímania II.01.02.007
dekadencia I.01.030
dekanát XII.10.01.011
dekonštrukcia I.01.031
dekoračné sklo VI.03.02.006
dekorácia I.01.032
dekorácia V.01.03.001
dekrement útlmu VII.07.007
delegovanie jednotlivých pracovných oblastí X.01.04.031
delený kruh III.01.03.038
deľba práce X.01.03.017
demokratizácia XI.04.03.008
demolačná hlavica X.05.010
demolačná hruška X.05.010
demolácia II.06.03.005
dendrochronológia III.02.01.003
denná miestnosť XII.14.02.016
denné svetlo V.04.01.002
denník stavebno-montážnych prác X.01.06.004
depozitár XII.11.03.012
depónia X.03.01.027
deprivácia podráždenia I.02.03.028
deskriptívna geometria IV.02.
detailné zameranie III.01.06.014
detektor III.01.03.019
detská izba XII.08.05.024
detské ihrisko XII.06.01.038
detské ihrisko XII.09.01.008
detské jasle XII.09.01.001
detský bazén XII.13.03.007
detský domov XII.08.03.025
detský kočík XI.05.01.016
detstvo I.02.01.002
deviačný moment VII.04.069
diagonálny IV.01.01.029
diagonálny prút VII.02.05.006
diaľnica XI.05.01.067
diaľničná prípojka XI.05.01.080
diaľničný privádzač XI.05.01.069
dielčie kusové vymeriavanie vzťahov III.01.01.005
dielenská výroba X.04.001
dielne XII.02.01.
dielňa X.03.01.018
dielňa XII.09.02.008
dielňa XII.10.02.007
dielňa XII.11.03.013
dierovacia píla X.02.01.036
diferenciálny prvok VII.06.006
diferenčná metóda VII.06.005
difúzia IX.03.024
difúzia vodnej pary IX.03.030
difúzne svetlo IV.02.04.010
difúzny proces IX.03.025
digitálny nivelačný prístroj III.01.03.017
dilatačná škára VIII.02.03.009
diletantizmus V.01.02.020
dimetria IV.02.02.002
diorit VI.01.02.007
diskotéka XII.14.03.005
diskriminácia I.03.048
disperzná farba VI.08.02.012
distorzia IV.02.01.005
dišpenz I.04.02.007
dištancovanie I.02.03.003
dištančná vložka VIII.02.04.020
divadlo XII.11.04.003
divoká skládka III.03.03.013
dizajn I.01.037
dlaždica VI.02.02.013
dlh I.05.02.001
dlhodobá pevnosť VI.03.01.006
dlhodobý sklad III.03.03.009
doba čakania I.05.05.017
doba dozvuku IX.01.02.002
doba kmitania VII.07.027
doba názvuku IX.01.02.010
doba ochladenia IX.02.02.023
doba trvania X.01.05.005
doba výstavby X.01.05.020
dočasná skládka X.03.01.027
dočasné bývanie XII.08.03.033
dodanie X.01.04.013
dodatočné spojenie VIII.02.04.023
dodávateľ X.01.01.026
dodávka X.01.01.012
dodávka XII.03.02.001
dohoda I.04.03.001
dojem I.01.001
dojem I.01.067
dok XII.06.03.010
dokonalosť I.01.099
dokončenie XI.04.02.042
dokumentácia II.06.01.030
dokumentácia III.01.04.
dokumentácia III.01.06.011
dokumentárna hodnota II.06.01.021
dolina XI.01.01.022
dolina XI.01.01.024
dolomit VI.01.02.008
dolomitické vápno VI.04.03.001
dom II.02.02.003
dom pre viac rodín XII.08.03.012
dom s voľným pôdorysom XII.08.03.003
dom umenia XII.11.03.005
dom v meste XII.08.03.009
domácnosť I.03.068
dominanta V.02.07.014
dominanta XI.04.02.082
domov XI.04.02.053
domov XII.08.03.023
domov mládeže XII.08.03.026
domov pre bezprístrešných XII.08.03.031
domov pre prestarlých XII.08.03.028
domov s opatrovateľskou službou XII.08.03.029
domovina XI.04.02.053
domovina I.03.030
domovy XII.08.03.022
donžon II.04.03.001
dopad svetla V.04.01.011
doplnkové farby V.04.02.003
doprava XII.06.
dopravná špička XI.05.01.050
dopravná zápcha XI.05.01.051
dopravné oddelenie XII.06.01.013
dopravné prostriedky X.02.03.
dopravný pás X.02.03.005
dopravný priestor XI.05.01.045
dopyt III.02.02.010
dopyt III.02.02.021
dopyt pre expertov III.02.02.015
dopyt pre nájomníkov III.02.02.014
dopyt pre obyvateľov III.02.02.013
dormitórium II.04.02.008
doska II.02.04.001
doska VII.02.11.006
doska VIII.02.01.003
doska upnutá v dvoch smeroch VII.02.07.004
doska upnutá v jednom smere VII.02.07.001
doskopásový základ VIII.01.06.007
doskový dom XII.08.03.015
doskový strop VIII.04.002
doskový väzník VIII.05.01.019
dosky VII.02.07.
dospelosť I.02.01.004
dotazník I.02.04.005
dotazník III.02.02.011
dotvarovanie VI.05.01.006
dotvarovanie VI.09.004
dotyčnica IV.01.01.023
dovolená tolerancia VI.09.018
doznievanie IX.01.02.001
dozvuk IX.01.02.001
dórsky II.02.05.038
dôkaz I.04.01.014
dôležitosť I.01.066
dôstojnosť I.01.039
dôverníctvo I.05.02.010
drapáková lyžica X.02.02.045
dráha pre jazdu na kolieskových korčuliach XII.13.01.006
dráždivosť I.02.02.015
drážka II.02.04.009
drážková škridla VI.02.03.004
drážková škridla VI.02.03.005
drenáž VIII.01.04.020
drenážna rohož VIII.01.04.021
drenážna rúra VIII.01.04.022
drevená vložka VIII.05.01.030
drevený klinec II.02.04.008
drevený kolík II.02.04.008
drevený skelet VIII.02.07.011
drevo II.02.01.007
drevotriesková doska VIII.02.01.014
drevovláknitá doska VIII.02.01.016
driek II.02.05.008
drobný štrk VI.04.04.007
drôt VIII.02.04.003
drôtená kefa X.02.01.049
drôtené lano VIII.02.02.011
drôtené pletivo VI.06.02.006
druh I.01.131
druhy a charakteristiky priestoru V.03.01.
druhy vlastníctva XII.08.02.
druhy zemín VIII.01.02.001
druhý byt v rodinnom dome XII.08.04.005
druhý stupeň základnej školy XII.09.02.002
družstevná bytová výstavba XII.08.02.006
družstevný byt XII.08.02.009
družstvo I.05.03.002
drvenie VI.03.01.014
drvený štrk XI.05.01.095
drvič X.02.02.018
držiak elektródy X.02.01.073
dutá komora VII.02.11.003
dutá skriňa VII.02.11.003
dutá tehla VI.02.02.006
dutinová tvarovka VI.02.04001
dutý profil VIII.02.02.007
dvere a brány VIII.03.01.
dverná stojka II.02.04.026
dverné krídlo VIII.03.01.001
dverová zámka VIII.03.01.007
dverové kovanie VIII.03.01.005
dverové pozorovacie okienko VIII.03.01.009
dvojdom XII.08.03.005
dvojitá krivosť VII.02.10.005
dvojité debnenie X.03.02.012
dvojité schodisko XII.07.01.011
dvojité kódovanie V.01.02.016
dvojité okno VIII.03.02.022
dvojité vzperadlo VII.02.02.006
dvojité zasklenie VIII.03.02.020
dvojitý pentagón III.01.03.010
dvojkĺbový oblúk VII.02.03.015
dvojkĺbový rám VII.02.06.010
dvojkolesové vozidlá XI.05.01.028

dvojposchodový rám VII.02.06.011
dvojposteľová izba XII.14.02.012
dvojramenné schodisko VIII.06.01.010
dvojramenné schodisko VIII.06.01.012
dvojručná píla X.02.01.033
dvojtrakt (dvojtraktový) XII.07.02.010
dvojvežie II.04.01.036
dvojvrstvová omietka VI.06.05.002
dvojvrstvové murivo VIII.02.03.020
dvojzložkový náter VI.08.02.031
dvor II.04.04.006
dvor XII.02.02.016
dvor sochárskych diel XII.11.03.009
dyha VIII.02.01.012
dynamický V.03.02.005
dynamika VII.07.

Ď

dĺžka spojenia VIII.02.04.022
dĺžka v pružnej oblasti VII.01.009
dĺžka zvaru VIII.02.02.057
dĺžkové meranie III.01.03.001
dĺžkové pretínanie III.01.05.011
ďalekohľad III.01.03.030
ďalšie použitie III.03.05.005
ďalšie využitie III.03.05.004
ďalšie zhodnotenie III.03.05.004

E

echo IX.01.02.008
edikula II.02.05.030
ekologická bilancia III.03.05.006
ekologické zaťaženia III.03.
ekologický XI.01.01.045
ekológia III.03.01.011
ekosystémy XI.01.01.044
elasticita VI.09.005
elastomér VI.08.04..003
elektráreň XII.02.03.016
elektrická kladka X.02.01.080
električka XI.05.02.002
elektrikár X.01.04.049
elektrikár XII.02.01.010
elektrikárska dielňa XII.02.01.010
elektromotor X.02.02.003
elektronický tachymeter III.01.03.049
elektrooptický tachymeter III.01.03.048
elipsa IV.01.01.019
elipsoid IV.01.02.006
elita I.03.059
emancipácia I.03.012
emisia III.03.01.002
emócia I.01.042
emócia I.02.02.012
empora II.02.05.027
empora XII.11.04.028
endoskopia III.01.06.018
energetické hospodárstvo IX.02.
ensemble II.06.01.013
epistyl II.02.05.014
epocha I.01.044
epocha II.01.01.006
epoxidový tmel VI.08.02.008
esovka VI.02.03.001
esplanáda II.04.03.022
estakáda XI.05.01.060
estetické pojmy II.06.04.
estetika I.01.
euklidovský priestor V.03.01.001
Eulerov prípad VII.05.010
Eulerova hyperbola VII.05.011
Eulerove vzperné zaťaženie VII.05.009
evolúcia I.03.043
excentricita VII.04.018
existenčné minimum I.03.074
exkurzia XII.11.03.015
expandovanie VI.09.008
expandovaný perlit VI.08.03.005
expanzia IX.02.01.002
expedícia X.01.04.013
expedícia tovaru XII.06.04.024
experiment I.02.04.002
explózia IX.01.01.032

F

fabrika X.01.04.012
fabrika XII.02.03.002
fakulta XII.10.01.010
falošná klenba II.03.02.001
falošný tieň IV.02.04.013
fantázia I.01.064
fantázia V.01.02.019
fara XII.11.01.011
farba IV.02.04.001
farba V.04.02.
farba VI.08.02.018
farba objektu V.04.02.015
farba povrchu V.04.02.016
farebná ceruzka IV.04.02.012
farebná interakcia V.04.02.014
farebnosť IV.03.01.013
farebný IV.03.03. 012
farebný kontrast V.04.02.020
farebný kruh V.04.02.005
farebný odtieň IV.02.04.003
farebný odtieň (tón) V.04.02.026
farebný tón IV.02.04.003
farnosť XII.11.01.011
fasáda II.02.05.031
fasáda IV.02.01.018
fasádny betón VI.05.01.021
fascinácia I.01.049
fáza II.01.01.004
fenomenologický priestor V.03.01.002
fenomén I.01.100
fermež VI.08.02.032
fiála II.02.06.025
figúra V.02.02.002
fikcia I.01.051
filiálka X.01.04.010
filtračná rohož VIII.01.04.021
financovanie I.05.05.
financovanie stavby X.01.02.
finančný príspevok II.06.02.025
firma X.01.04.009
fiting VII.02.04.002
fitness-priestor XII.13.01.019
fjord XI.01.01.033
flámska väzba II.02.03.019
flexibilný pôdorys XII.08.05.003
fonotéka XII.11.02.004
fontána XII.06.01.043
forma I.01.053
forma I.01.118
forma V.02.02.
forma bývania XII.08.01.009
forma konzistencie VIII.01.02.035
formulár III.01.04.005
formy X.04.010
formy podnikania I.05.03.
formy vlastníctva I.05.02.
fort II.04.03.028
fošňa II.02.04.002
fošňa VIII.02.01.004
fošňa X.03.02.003
fotodokumentácia III.01.06.012
fotodokumentácia III.02.01.012
fotogrametria III.01.05.015
fotomontáž IV.03.03. 013
fototeodolit III.01.03.044
foyer XII.11.04.029
fólia IV.04.01.011
fón IX.01.01.034
fragment I.01.054
frekvencia VII.07.014
frekvencia IX.01.01.012
frekvenčná analýza VII.07.015
frontálna dimetria IV.02.02.003
frontón II.02.05.036
frontón VIII.05.01.007
fundus XII.11.04.023
funkcia I.01.055
funkcie bytu XII.08.01.011
funkčne nezávislé usporiadanie XII.01.02.003
funkčné oblasti XII.02.01.012
funkčné oblasti XII.02.02.010
funkčné oblasti XII.03.02.
funkčné oblasti XII.04.006
funkčné oblasti XII.06.02.007
funkčné oblasti XII.06.04.005
funkčné oblasti XII.08.05.
funkčné oblasti XII.11.03.006
funkčné oblasti XII.11.04.010
funkčné oblasti XII.12.02.
funkčné oblasti XII.14.02.007
funkčné plochy XII.11.02.006
funkčné typy II.05.02.003
funkčné usporiadanie XII.01.02.002
fušerská práca X.01.06.009
fušérstvo V.01.02.023
futbalový štadión XII.13.01.004
fúrik X.02.01.030
fyzikálne laboratórium XII.10.02.005
fyzioterapia XII.12.02.010

G

gabro VI.01.02.009
galéria II.02.05.027
galéria II.02.06.006
galéria XII.11.03.003
galéria XII.11.04.028
galéria v obytnom priestore XII.08.04.003
garancia I.04.03.005
garancia I.05.05.024
garáž XII.06.01.023
garážová brána VIII.03.01.017
gazdovský dom II.04.05.003
generácia I.03.069
generálny plán dopravy XI.05.01.042
generálny podnikateľ X.01.04.003
generálny vykonávateľ X.01.04.003
generátor X.02.02.001
geniálnosť I.01.056
genius loci XI.04.02.044
gentrifikácia XI.04.05.002
geodetická kupola VII.02.08.003
geodetické meradlo III.01.03.004
geometria IV.01.
geometrická imperfekcia VII.05.012
geometrická úmera V.02.05.002
geostatický tlak VIII.01.08.004
Gerberov nosník VII.02.02.011
geto XI.03.02.011
génius I.01.056
girlandový tvar VII.02.10.007
glajcha X.01.05.017
glej VI.08.02.002
glej VIII.02.01.034
glejová farba VI.08.02.009
globálna pásová matica VII.06.014
golfové ihrisko XII.13.01.011
gotická väzba II.02.03.020
gotický štýl II.02.06.
grader X.02.03.028

grafická metóda VII.02.05.009
grafická metóda VII.06.015
grafika IV.03.03.
grafika IV.03.03. 008
granit VI.01.02.011
granulometrické zloženie VI.09.026
granulovaná vysokopecná troska VI.04.04.002
gril XII.14.01.008
guľa IV.01.02.005
guľatina VIII.02.01.008
guľové ložisko VIII.02.02.043
guma VI.08.01.006
guma na vymazávanie IV.04.02.013
gymnastický priestor XII.13.01.018
gymnázium XII.09.02.003
gýč I.01.078

H

hadec VI.01.02.025
hadicová vodováha III.01.03.034
hala II.04.01.014
hala XII.08.05.012
halová bazilika II.04.01.014
hambálková strecha VIII.05.01.003
hambálok VIII.05.01.013
hangár XII.06.04.009
harmonická úmera V.02.05.003
harmonické zaťaženie VII.07.018
harmónia I.01.058
hasák X.02.01.014
havária III.03.01.005
hák VIII.02.01.033
hák na ukladanie potrubia X.02.01.076
helikoptéra XI.05.04.009
herňa XII.09.01.002
hierarchia I.03.053
hierarchia V.02.06.003
historické časti budov II.04.
historické dôvody II.06.01.018
historické formy dediny II.05.01.
historické formy osídlení II.05.
historické stropy II.03.
historické typy budov II.04.
historické typy miest II.05.02.
historickosť II.01.01.001
hladená omietka VI.06.05.016
hladina hlasitosti IX.01.01.036
hladina hluku IX.01.01.029
hladina kročajového hluku IX.01.01.018
hlasitosť IX.01.01.036
hlasitosť IX.01.01.037
hlavica II.02.05.010
hlavica ponorného vibrátora X.02.02.038
hlavica stĺpa VIII.02.02.022
hlavná budova II.04.04.001
hlavná dopravná komunikácia XI.05.01.059
hlavná os IV.01.01.011
hlavná stanica XII.06.02.003
hlavná ulica XI.05.01.062
hlavná zberná komunikácia XI.05.01.072
hlavné mesto XI.04.01.001
hlavné napätie VII.04.038
hlavné schodisko XII.07.01.013
hlavné zaťaženie VII.03.039
hlavný podnikateľ X.01.04.004
hlavný priestor II.04.01.003
hlavný vykonávateľ X.01.04.004
hlbinné zakladania VIII.01.07.
hlbinné základy VIII.01.07.
hlbinný vibrátor VIII.01.05.006
hlina VIII.01.02.006
hlina II.02.01.008
hlina VI.01.02.016
hlinené stavby VI.02.01.
hliník VI.07.02.001
hlinou spevnená slama VI.02.01.002
hlučnosť IX.01.01.037
hluk IX.01.01.028
hľadať V.01.02.009
hľadisko XII.11.04.024
hĺbenie (jamy) VIII.01.04.004
hmota VII.07.022
hmota II.02.01.009
hmotnosť VI.09.019
hmoždinka VIII.02.01.024
hnaný dážď IX.03.046
hnuteľnosť II.06.01.012
hoblík X.02.01.055
hodnota I.01.022
hodnota I.05.01.003
hodnota akumulácie tepla IX.02.02.022
hodnota energetickej priepustnosti IX.02.02.020
hodnota výnosu X.01.02.008
hodnotiace číslo I.05.05.019
holandská väzba II.02.03.019
holdingová spoločnosť X.01.04.016
holič XII.02.01.006
holohumnica II.04.05.008
honorár I.04.04.001
hora XI.01.01.016
horák na rezanie X.02.01.068
horčík VI.07.02.004
horizont IV.02.03.007
horizontálna os VII.01.015
horizontálna podperová reakcia VII.03.016
horizontálna sila VII.03.017
horizontálne okno VIII.03.02.023
horizontálne sprístupnenie XII.07.02.002
horizontálne tesnenie VIII.01.04.024
horizontálne zaťaženie VII.03.017
horľavý VI.09.036
horné osvetlenie XII.11.03.017
hornina VIII.01.02.023
horniny VI.01.02.
horný pás VII.02.05.020
horská dráha XI.05.02.009
horská obec XI.02.03.002
horská železnica XI.05.02.009
horské pásmo XI.01.01.012
horstvo XI.01.01.015
hospodárnosť X.01.02.004
hospodárskotechnická úprava pozemkov XI.06.008
hostinec XII.14.02.004
hosťovská izba XII.08.05.026
hosťovský dom II.04.02.006
hotel XII.14.02.002
hotelová izba XII.14.02.010
hovorňa XII.02.01.022
hovorňa XII.04.011
hovorňa XII.12.02.007
hovorňa pre rodičov XII.09.02.015
hracie kasíno XII.14.03.001
hracie pole XII.13.01.012
hrada VIII.02.01.007
hradba II.04.03.010
hradba II.04.03.026
hradná brána II.04.03.015
hradný palác II.04.03.002
hradská XI.05.01.058
hrady II.04.03.004
hrana V.02.02.009
hranené rezivo VIII.02.01.006
hranica V.02.07.012
hranica priestoru XI.04.02.002
hranica stavby XI.06.011
hranica staveniska XI.06.011
hraničná uličná čiara XI.06.010
hraničný bod III.01.02.003
hranol VIII.02.01.006
hranové stlačenie VII.04.019
hrany (klenby) v tvare kríža II.02.06.011
hrať V.01.02.011
hrazdená konštrukcia II.02.04.018
hrádza XII.06.03.008
hrdzavenie (výstuže) VI.05.04.002
hrebeňová väznica VIII.05.01.010
hríbový strop VIII.04.003
hrncové ložisko VIII.02.02.042
hrobka XII.11.01.018
hrobka XII.11.01.020
hromadná bytová výstavba XII.08.02.004
hromadná dedina II.05.01.002
hrubá hustota XI.06.032
hrubá omietka VI.06.05.014
hrubý plán X.01.03.006
hrubý plech VI.07.01.016
hrudkovitá vrstva VIII.01.02.030
hrúbka omietky VI.06.01.003
hrúbka zvaru VIII.02.02.058
hudobná izba XII.08.05.016
hudobná miestnosť XII.09.02.009
hudobná sieň XII.09.02.009
humus VIII.01.02.002
hustá premávka XI.05.01.049
hustota XI.06.030
hustota obyvateľstva I.03.062
hustota osídlenia XI.06.031
hustota podlažnej plochy XI.06.026
hustota tepelného toku IX.02.02.021
hutný VIII.01.02.034
húževnatosť VI.03.01.011
hviezdicová klenba II.03.02.007
hydraulická vápenná malta VI.06.05.008
hydraulické nosné spojivo VI.04.03.002
hydraulické rýpadlo X.02.03.022
hydraulické vápno VI.04.03.004
hydroplán XI.05.04.007
hydrostatický tlak IX.03.027
hygienický priestor X.03.01.016
hygroskopicita VI.09.035
hygroskopická vlhkosť IX.03.006
hygroskopická vlhkosť IX.03.028
hyperbolický paraboloid VII.02.08.004
hyperhygroskopická vlhkosť IX.03.007
hypotečná banka I.05.05.003
hypotéka I.05.02.001

Ch

chalúpka II.04.05.012
chaos V.02.04.009
charakter I.01.015
charakter XI.04.02.048
charakteristické črty XI.01.01.048
charakteristický znak I.02.03.010
chata II.04.05.011
chatrč II.04.05.012
chemický závod XII.02.03.007
chladiaca veža XII.02.03.018
chladiaci priestor XII.02.01.032
chladiaci regál XII.03.02.013
chladiarenský sklad XII.02.04.003
chladiareň XII.02.01.032
chladiareň XII.02.03.014
chladové premostenie IX.02.02.027
chod X.01.05.002
chodba XII.08.05.010
chodba pre chôdzu naboso XII.13.03.014
chodba pre vstup v športovej obuvi XII.13.01.024
chodba pre vstup vo vychádzkovej obuvi XII.13.01.025

chodci XI.05.01.001
chodník XI.05.01.003
chodník XII.06.01.002
chovanie I.02.02.001
chór II.04.01.021
chórová chodba II.04.01.022
chrám II.04.01.001
chrám XII.11.01.001
chrámová predsieň II.04.01.027
chránená krajinná oblasť XI.01.01.046
chronológia II.01.02.001
chronológia III.02.01.002
chudá malta VI.06.01.001
chudoba I.03.073
chudobinec XII.08.03.032
chvenie IX.01.01.007
chyba X.01.06.006

I

idealizovaný uzol VII.06.016
ideál I.01.061
identifikácia I.03.052
identita I.02.03.018
identita I.03.051
identita XI.04.02.037
ideológia I.03.009
ikonografia II.01.02.016
ikonológia II.01.02.017
iluzionistický V.03.02.009
ilúzia I.01.062
imaginácja I.01.063
imisia III.03.01.001
imitovať V.01.02.012
imperfekcia VII.05.013
impulz VII.07.019
index lomu VI.03.01.015
individuálna doprava XI.05.01.047
individuálna oblasť XII.01.02.005
indivíduum I.03.050
iné VII.02.12.
iné formy bývania XII.08.03.017
iné materiály VI.08.
iné systémy VIII.06.02.
iné typy II.04.06.
informácia I.01.068
informácie XII.04.008
infraštruktúra XI.05.
injektačná prísada VI.05.03.004
injektáž VIII.01.07.013
injektovaná kotva VIII.01.07.014
injektovaná pilóta VIII.01.07.015
injektovaná stena VIII.01.07.016
injektovanie VIII.01.07.013
inovácia I.01.069
inscenácia V.01.03.006
inšpirácia I.01.070
inšpirácia V.01.02.018
inštalatér X.01.04.048
inštalatér XII.02.01.009
inštalatérska dielňa XII.02.01.009
inštitúcia I.03.008
inštitút XII.10.01.005
intenzita prevádzky XI.05.01.054
interakcia I.03.010
interferencia IX.01.02.003
intermezzo XI.04.02.060
internát XII.08.03.027
interpretácia I.01.074
interpretácia II.01.02.021
interpretácia II.01.02.028
interview I.02.04.006
intimita I.02.03.026
intimita V.03.01.007
intravilán XI.03.01.004
intuícia I.01.075
invalidný vozík XI.05.01.017
invarová lata III.01.03.021
inventár II.06.01.031
investičný plán XI.04.03.011
investor I.04.03.010
investor X.01.04.014
investor sanácie XI.04.04.011
irónia I.01.076
iteračná metóda VII.06.017
izba II.04.05.005
izba bez samostatného vstupu XII.08.05.006
izba lekárov XII.12.02.004
izba rodičov XII.08.05.025
izba zdravotných sestier XII.12.02.005
izočiara III.01.02.010
izolačná omietka VIII.02.03.011
izolačná sadra VI.04.01.004
izolačné materiály VI.08.03.
izolačné oddelenie XII.12.02.020
izolácia VIII.01.04.016
izolácia IX.02.02.
izolácia I.02.03.021
izolácia chladu IX.02.02.026
izolácia proti kmitaniu IX.01.01.008
izolácia proti zvuku šíriacom sa v materiáli IX.01.01.020
izolácia proti zvuku v tuhom materiáli IX.01.01.021
izolátor IX.01.01.023
izolovaný V.03.02.006
izometria IV.02.02.001

Í

íl VI.01.02.005
íl VIII.01.02.014
ílovitá hlina VIII.01.02.008
ílovitá zemina VIII.01.02.014

J

jachtársky prístav XII.13.03.015
jadro VII.02.11.002
jadro prierezu VII.04.024
jadrová izolácia VIII.02.03.028
jadrová omietka VI.06.05.003
jadrová plocha VII.04.024
jadrová úsečka VII.04.025
jadrový kondenzát IX.03.016
jamkovač X.02.01.028
jaskyňa II.02.02.001
jasnosť IV.02.04.006
javisko XII.11.04.011
jazdecká hala XII.13.04.002
jazdecké športové zariadenia XII.13.04.
jazdecký kôň XI.05.01.022
jazdecký priestor XII.13.04.003
jazdiareň XII.13.04.003
jazdný pás XI.05.01.088
jazdný pruh XI.05.01.089
jazernatý kraj XI.01.01.031
jazero XI.01.01.037
jazierko XI.01.01.038
jedálenský kút XII.08.05.037
jedáleň XII.08.05.036
jedáleň XII.09.02.019
jedáleň XII.14.02.015
jedáleň v kláštoroch II.04.02.007
jedinečnosť I.01.135
jedinečnosť II.06.01.026
jediný podnikateľ X.01.04.002
jediný výkonávateľ X.01.04.002
jednací priestor V.03.01.008
jednodielny (celistvý) stĺp VIII.02.02.016
jednoduché debnenie X.03.02.013
jednoduché vzperadlo VII.02.02.015
jednoduché zasklenie VIII.03.02.019
jednoduchý rad V.02.03.006
jednoduchý rám VII.02.06.007
jednofarebný IV.03.03. 011
jednofarebný V.04.02.007
jednohmotový oscilátor VII.07.032
jednoizbový byt XII.08.04.004
jednoposchodový rám VII.02.06.006
jednoposteľová izba XII.14.02.011
jednoramenné schodisko VIII.06.01.009
jednosmerná komunikácia XI.05.01.076
jednosmerná ulica XI.05.01.076
jednota I.01.136
jednotka intenzívnej starostlivosti XII.12.02.008
jednotná cena I.05.04.002
jednotná cena X.01.02.010
jednotnosť XI.04.02.073
jednotvárnosť XI.04.02.072
jednotvárnosť I.01.046
jednovrstvová omietka VI.06.05.001
jednovrstvové bezpečnostné sklo VIII.02.05.004
jednovrstvové murivo VIII.02.03.019
jednovrstvový VIII.02.04.010
jónsky II.02.05.039

K

kabinet XII.11.03.008
kabína na prezliekanie XII.13.01.023
kabínová dráha XI.05.02.008
kachľovka VI.02.02.009
kadernícky salón XII.02.01.006
kaderník XII.02.01.006
kal III.03.02.009
kalcit VI.01.01.002
kalichový základ VIII.01.06.005
kalkulačný plán XI.06.039
kalkulácia I.05.04.
kalkulácia nákladov a výnosov X.01.02.021
kamenná drvina VI.04.04.003
kameň II.02.01.001
kanál XI.01.01.043
kanál XI.05.03.006
kancelária XII.02.03.020
kancelária XII.04.018
kancelária X.01.04.007
kancelária pre skupinu pracovníkov XII.04.021
kancelária s jedným pracovníkom XII.04.020
kancelária staveniska X.03.01.011
kancelárske pracovisko XII.04.019
kancelárske stroje IV.04.03.
kanelúra II.02.05.009
kantína X.03.01.015
kantína XII.02.01.014
kapacita X.01.03.003
kapilarita VIII.01.02.045
kapilára IX.03.031
kapilárna doprava vody IX.03.032
kapitálové náklady X.01.02.012
kaplnka II.04.01.025
kaplnka XII.11.01.006
kaplnka na cintoríne XII.11.01.015
karanténne oddelenie XII.12.02.020
karbamidové lepidlo VI.08.02.003
karbidové vápno VI.04.02.002
karbonatizácia VI.05.04.001
karikatúra I.01.011
kartel X.01.04.020
kartézska súradnicová sústava III.01.02.020
kartézske súradnice VII.01.002
kartotéka III.02.01.009
kartotéka veku budov III.02.01.010

kasáreň XII.05.011
kaskáda využitia III.03.05.008
katalogizácia XII.11.02.019
katalógy XII.11.02.020
katedra XII.10.01.012
kategória I.01.012
kategória potrieb III.02.02.018
kaučuk VI.08.01.005
kaučukové lepidlo VI.08.02.023
kauzalita II.01.01.009
kavalierna perspektíva IV.02.02.003
kaviareň XII.09.02.018
kaviareň XII.14.01.002
kazeínové lepidlo VI.08.02.004
kazematy II.04.03.025
kazetová doska VII.02.07.005
každodenné umenie I.01.102
každodennosť I.03.029
kára XI.05.01.020
keramické a minerálne viazané stavebné látky VI.02.
keramzit VI.04.04.004
kino XII.11.05.001
kiosk XII.03.01.014
kladie II.02.05.013
kladivko X.02.01.004
kladkostroj X.02.01.079
klamanie I.04.01.023
klasifikačný systém II.06.01.029
klasifikácia I.01.016
kláštor II.04.02.
kláštor XII.11.01.010
kláštorná klenba II.03.02.010
kláštorná obec XI.02.03.004
klátik VIII.02.01.024
klenák II.02.06.013
klenba s pásmi II.03.02.003
klenbové pole II.02.06.014
klenby II.03.02.
klenutie do rebier II.03.01.002
klesanie podzemnej vody VIII.01.04.017
klieština VIII.02.01.039
klieština II.02.04.032
klincami stláčané lepenie VIII.02.01.037
klincovaný väzník VIII.02.01.029
klinec VIII.02.01.028
klinec so závitom VIII.02.01.032
klinika XII.12.01.001
klinový spoj VIII.02.02.062
klíma v priestore IX.02.01.013
klopenie VII.05.017
klotoida III.01.02.014
kľučka na dverách VIII.03.01.006
kľudný V.03.02.001
kľudový bod XI.04.02.041
kľúč na uťahovanie upínadla X.02.01.057
kĺb XI.04.02.040
kĺb VII.01.012
kĺb prenášajúci normálovú silu VII.01.022
kĺb prenášajúci priečnu silu VII.01.038
kĺb väznice VIII.02.02.061
kĺbové spojenie VII.01.013
kĺbové uloženie VII.01.014
kĺbový nosník VIII.02.02.032
kmitanie VII.07.037
kmitanie IX.01.01.007
kmitanie vyvolané poryvom vetra VII.07.034
kmitočet IX.01.01.012
kmitočtová analýza VII.07.015
knižnica XII.08.05.017
knižnica muzikálnych diel XII.11.02.004
knižnice XII.11.02.
kníhviazačstvo XII.11.02.016
kocka IV.01.02.003
koč XI.05.01.021
kočiar XI.05.01.021
koeficient instability VII.02.11.001
koeficient prechodu tepla IX.02.02.016
koeficient tepelného odporu IX.02.01.024
kognitívna disonancia I.02.03.012
kognitívna kontrola I.02.03.013
kohézia VI.09.002
kolesové rýpadlo X.02.03.025
kolimačná os III.01.03.042
kolík II.02.04.007
kolík VIII.02.01.024
kolková dráha XII.13.05.002
kolmičkovanie III.01.05.009
(1.; 2.; 3.) kolo X.01.01.017
kolonáda II.02.05.019
koloniálne mesto XI.04.01.015
koľaj X.02.03.010
koľaj XI.05.02.026
koľaje XII.06.02.010
koľajisko X.03.01.003
koľajová doprava XI.05.02.
koľajová doprava XII.06.02.
koľajové napojenie X.03.01.002
koľajové vozidlá X.02.03.009
koľajový pás X.03.01.003
komanditná spoločnosť I.05.03.005
kombi XI.05.01.035
kombinácia zaťažovacích stavov VII.03.005
kombinované kliešte X.02.01.010
kombinované kresliace zariadenie IV.04.03.001
kombinovaný XI.04.02.025
kombinovať V.01.02.005
komické I.01.017
komín VIII.05.04.004
komora II.04.05.006
komora XII.08.05.035
komora architektov I.05.03.007
komora na šaty II.04.02.011
kompa XI.05.03.004
kompenzácia VII.02.10.003
kompenzátorový nivelačný prístroj III.01.03.016
komplexnosť XI.04.02.057
komplexný plán rozvoja nového územia XI.06.038
komponovať V.01.02.004
kompostovanie odpadkov III.03.03.005
kompozícia I.01.018
kompresor X.02.02.014
komunikácia I.02.03.007
komunikácia pod úrovňou terénu XI.05.01.061
komúna XII.08.03.018
koncentrácia XI.04.05.001
koncern X.01.04.017
koncertná budova XII.11.04.004
koncertná hala XII.11.04.004
koncový moment VII.03.029
končistá motyka X.02.01.041
kondenzácia IX.03.015
kondenzát IX.03.017
kondomínium XII.08.02.007
konečný sklad III.03.03.010
konečný stupeň X.01.05.012
konferenčná miestnosť XII.04.013
konferenčná miestnosť XII.09.02.014
konferenčné centrum XII.10.01.006
konferenčný priestor XII.02.01.022
konfigurácia I.03.005
konflikt I.03.045
kongresová hala XII.14.03.003
koniareň XII.02.02.022
koniec X.01.05.013
konkurz I.05.01.016
konkurz I.05.03.012
konoid VII.02.08.002
konštrukcia z nosných priečok VIII.02.07.014
konštrukcia z priestorových buniek VIII.02.07.015
konštrukčná soklová línia IX.03.057
kontakt I.02.03.007
kontaktná injektáž zeminy VIII.01.05.002
kontejnerový prístav XII.06.03.005
kontejnerový vozeň XI.05.02.022
kontemplácia I.01.020
kontext I.02.03.006
kontinent XI.01.01.003
kontinuita II.01.01.011
kontinuita priestoru XI.04.02.014
kontrast XI.04.02.071
kontrastná budova II.06.04.008
kontrola I.05.01.006
kontrola III.03.05.002
kontrola X.01.06.
kontrolná miera III.01.06.002
kontrolná veža XII.06.04.008
kontrolné meranie III.01.06.001
konvekcia tepla IX.02.02.007
konvencia I.01.023
konvencia I.03.039
konzistencia VI.05.01.005
konzistencia VI.05.02.
konzola VII.02.02.002
konzolový nosník VII.02.02.003
konzolový trám VII.02.02.013
konzorcium X.01.04.018
konzum I.01.019
kooperačný štýl vedenia X.01.04.030
kopák II.02.01.005
kopcovitý XI.01.01.053
kopírovací stroj IV.04.03.006
kopírovať V.01.02.014
korčekové rýpadlo X.02.03.024
korčekový elevátor X.02.03.007
korintský II.02.05.040
korok VI.08.03.004
korózia VI.05.04.
korýtková klenba II.03.02.011
kostol XII.11.01.004
kostyméŕňa XII.11.04.023
kotevná pilóta VIII.01.07.008
kotevná sila VIII.01.01.002
kotevná skrutka VIII.02.02.064
kotevný čap VIII.02.02.064
kotevný (kotvený) stožiar VIII.02.02.020
kotevný trám II.02.04.034
kotlina XI.01.01.024
kotlina XI.01.01.025
kotolňa XII.02.01.033
kotvenie VIII.01.01.001
kotvenie čela trámu VIII.05.01.025
kotvenie debnenia X.03.02.009
kotvený stožiar VII.02.04.007
kováč XII.02.01.008
kováčska dielňa XII.02.01.008
kovy VI.07.
kozlík VIII.02.06.016
kozmetika I.01.024
kódovaná lata III.01.03.022
kódovať V.01.02.015
kópia V.04.02.019
kótovacia čiara IV.03.01.006
kótovací reťazec IV.03.01.006
kótované premietanie IV.02.01.001
kôrková krytina VI.02.03.002
krabicová libela III.01.03.026
krajčír XII.02.01.005
krajčírska dielňa XII.02.01.005
krajná stropnica VIII.05.01.021
krajná stropnica VIII.05.01.027
krajné pole VII.02.02.007
krajnica II.04.03.024
krajnica XI.05.01.093
krajný trám VIII.05.01.027
krajské mesto XI.04.01.003
krása I.01.010
krčma XII.14.01.003
kreativita I.01.026
kreativita V.01.02.017

krematórium XII.11.01.019
kremeň VI.01.01.007
kremeň VI.01.02.020
kresba IV.03.03. 004
kresba ceruzou IV.03.03. 005
kresba tušom IV.03.03. 007
kresba uhlíkom IV.03.03. 006
kresliaci papier IV.04.01.003
kresliareň XII.09.02.010
kresliareň XII.10.01.020
kresťanský kostol II.04.01.011
krhla X.02.01.031
kritická cesta X.01.05.030
kritické bremeno VII.05.008
kritika I.01.027
kritika II.01.02.020
krivenie VII.04.011
krividlo IV.04.02.008
krivka IV.01.01.008
krivosť VII.02.10.004
križovanie II.04.01.020
križovatka V.02.07.010
križovatka XI.05.01.083
krídlový rám VIII.03.02.009
krížová chodba II.04.02.002
krížová klenba II.03.02.004
krížová klenba so zvýraznenými hranami II.03.02.005
krížová rebrová klenba II.03.02.006
krížová väzba II.02.03.018
krížové rebro II.02.06.012
krížový kľúč X.02.01.022
krížový kvet II.02.06.028
kročajový hluk IX.01.01.017
krokva VIII.05.01.012
krokvová strecha VIII.05.01.001
kruh IV.01.01.017
kruhová doprava XI.05.01.084
kruhová frekvencia VII.07.004
kruhové debnenie X.03.02.016
kruhové mesto II.05.02.016
kruhový XI.04.02.023
kruhový objazd XI.05.01.084
kruhový oblúk III.01.02.012
kruhový oblúk VII.02.03.006
kruhový prierez VII.01.004
kružba II.02.06.004
kružidlo IV.04.02.016
kružnicový oblúk III.01.02.012
krútenie VII.04.062
krútenie VII.04.068
krútiaci moment VII.03.056
krútiaci moment VII.03.064
krycia lišta VIII.03.02.011
krypta II.04.01.024
kryt vozovky XI.05.01.094
krytá plaváreň XII.13.03.002
krytá zastávka XII.06.01.035
kuchynská zóna XII.14.02.018
kuchynský kútik XII.08.05.034
kuchyňa XII.08.05.031
kukátko VIII.03.01.009
kult I.01.028
kultúra I.01.029
kultúra I.03.036
kultúrne centrum XII.11.04.006
kultúrne stredisko XII.11.04.006
kultúrny ráz krajiny XI.01.02.
kumulatívne zónovanie v tvare pyramídy XI.06.041
kupola na cípoch II.03.03.001
kupoly II.03.03.
kurín XII.02.02.024
kurt XII.13.01.010
kurt pre squash XII.13.01.008
kužeľ IV.01.02.008
kužeľová klenba II.03.02.013
kužeľové klenutie II.03.03.003
kúpa I.05.02.005
kúpa X.01.01.018
kúpele XI.04.01.019
kúpeľňa XII.08.05.028
kvalita lokality III.02.02.031
kvalita miesta III.02.02.031
kvalita pamiatky II.06.01.015
kvádrové murivo II.02.03.010
kyklopské murivo II.02.03.008
kyprý VIII.01.02.032
kyslíková fľaša X.02.01.067
kývavé dvere VIII.03.01.015
kývna brána VIII.03.01.018
kývna podpera VII.02.01.006
kývna podpera VIII.02.07.003
kývna stojka VIII.02.07.003
kývne krídlo VIII.03.02.032
kývny prút VII.02.01.007

L

laboratórium XII.02.03.022
laboratórium XII.09.02.011
laboratórium XII.10.02.001
laboratórium XII.12.02.018
laboratórny výskum I.02.04.004
lak VI.08.02.033
lamela VIII.02.01.038
lano VII.02.04.011
lano VII.02.09.001
lano s plochou previsovou krivkou VII.02.04.003
lanová čiara VII.02.04.004
lanová dráha XI.05.02.011
lanová svorka VII.02.09.002
lanové nosné konštrukcie VII.02.04.
lanové siete VII.02.09.
lanovka X.02.03.004
lanovka XI.05.02.011
laserový nivelačný prístroj III.01.03.018
lata VIII.02.01.002
laterna II.02.06.029
laterna II.03.03.008
latexové lepidlo VI.08.02.010
latexový náter VI.08.02.011
laťovanie a kontralaťovanie VIII.05.01.035
lavička (na sedenie) XII.06.01.039
lavička III.01.02.016
lámanie VI.03.01.014
láska I.02.01.009
látka II.02.01.009
lávka XI.05.01.007
lávka XII.06.03.009
lávka pre peších XII.06.01.018
lávka pre pristátie člnov XII.13.03.017
leasing I.05.02.012
legenda IV.03.02.001
legovaná oceľ VI.07.01.011
lehota I.04.01.021
lehota X.01.05.001
lekáreň XII.12.02.026
lekárska prax XII.12.02.022
lekársky dom XII.12.02.024
lemovací plech VIII.02.02.013
lepenka IV.04.01.008
lepený nosník VIII.02.01.018
lepený spoj VIII.02.01.035
lepený spoj za studena VIII.02.01.036
lepidlo VI.08.02.002
lepidlo VIII.02.01.034
lepiť VIII.02.02.052
les XI.01.03.001
lesná škôlka XII.02.02.008
lesné hospodárstvo XI.02.01.005
letecká doprava XI.05.04.
letecká doprava XII.06.04.
letisko XII.06.04.002
letisko pre vetrone XII.06.04.003
letisková budova XII.06.04.022
letner II.02.06.016
ležatá stolica VIII.05.01.005
ležaté okno VIII.03.02.023
ležovisko bezdomovcov XII.08.03.021
liate sklo VI.03.02.002
liatina VI.07.01.001
liaty betón VI.05.01.023
libela III.01.03.025
libelový nivelačný prístroj III.01.03.015
lichobežníkové vzperadlo VII.02.02.006
lichobežníkové zaťaženie VII.03.058
lichobežníkový priehradový nosník VII.02.05.021
liečebná miestnosť XII.12.02.006
liečebný dom XII.12.01.006
liečebný ústav pre nervove chorých XII.12.01.003
liehový náter VI.08.02.025
lietadlo XI.05.04.001
lietadlo s kolmým vzletom a pristátím XI.05.04.008
lignit VI.01.02.014
likvidácia odpadu X.05.007
lineár IV.04.02.001
lineár s mierkou IV.04.02.002
lineárne sprístupnenie XII.07.02.003
lineárny V.03.02.004
linkový autobus XI.05.01.041
lisovací stroj X.02.02.029
list občana III.02.02.025
listová klapka VIII.03.01.010
listová píla X.02.01.035
lizéna II.02.05.005
lícová tehla VI.02.02.011
lícové murivo VIII.02.03.018
lícovka VI.02.02.011
lícovka VI.02.02.012
línia IV.03.01.001
línie III.01.02.006
lodenica XII.06.03.012
lodenica XII.13.03.018
lodná doprava XI.05.03.
lodné zdvíhadlo XII.06.03.015
lodžia II.02.05.026
loď XI.05.03.001
loggia XII.08.05.021
lokálna matica tuhosti VII.06.020
lokomotíva X.02.03.012
lokomotíva XI.05.02.016
lom VII.04.044
lom svetla V.04.01.010
lomenica VII.02.12.002
lomenicová konštrukcia VII.02.12.002
lomový kameň II.02.01.004
lomový kameň VI.02.02.001
lopata X.02.01.040
lopatové rýpadlo X.02.03.023
lov rýb XII.02.02.009
ložná škára VIII.02.03.008
lóža XII.11.04.027
lúka XI.01.03.002
lyžiarsky mostík XII.13.02.006

Ĺ

ľahčená malta VI.06.04.002
ľahčená tehla VI.02.02.003
ľahčený betón VI.05.01.029
ľahká atletika XII.13.01.
ľahká hlina VI.02.01.003
ľahká stavebná doska VI.08.03.009
ľahké lietadlo XI.05.04.005
ľahké stavebné materiály VI.08.05..
ľahko horľavý VI.09.039
ľahkoatletický štadión XII.13.01.003
ľahký betón VI.05.01.029
ľstivé klamanie I.04.01.024
ľud I.03.065

ľudová univerzita XII.10.01.007
ľudové umenie I.01.052
ľudové umenie I.01.111
ľudské merítko V.02.05.008

M

mačka (žeriava) X.02.03.002
madlo VIII.06.01.007
magnetická dráha XI.05.02.007
magnezitová mazanina VI.06.06.007
magnezitový poter VI.06.06.007
majer XII.02.02.005
majiteľ I.05.02.002
majiteľ pozemku I.03.058
majiteľ pozemku I.05.02.003
majster X.01.04.039
malá osada II.05.01.003
malebný I.01.101
malé mesto XI.04.01.005
maliarska kefa X.02.01.047
maliarstvo I.01.096
malopanelová výstavba VIII.02.07.020
malta zo vzdušného vápna VI.06.05.011
malty VI.06.
malý dom XII.08.03.008
maniera I.01.079
manzarda XII.08.04.002
mapa III.01.04.007
mapa hustoty III.02.01.011
mapovanie III.01.04.004
mapovanie III.02.01.008
masa I.03.020
masívna hlina VI.02.01.001
masívny betón VI.05.01.030
maskérňa XII.11.04.020
mastná malta VI.06.01.002
maštaľ II.04.05.009
maštaľ XII.02.02.023
materiál I.01.080
materiály IV.04.01.
materiály VI.03.02.
materiály VI.08.01.
materská škola XII.09.01.004
matica VII.06.022
matica prvku VII.06.010
matica tuhosti VII.06.032
maticová transformácia VII.06.024
mauzóleum XII.11.01.017
maximálna vlhkosť VI.09.033
maximálne napätie VII.04.027
maximálny zastavateľný priestor XI.06.036
mazanina VI.06.06.004
mazanina na pružnom podklade VI.06.06.005
mazanina oddelená od podkladu VI.06.06.009
mazanina z liateho asfaltu VI.06.06.002
mazanina z plastbetónu VI.06.06.008
mazanina z plastu VI.06.06.008
mazanina z tvrdých látok VI.06.06.006
mazaninová podlaha VI.06.06.004
mazaniny VI.06.
mazaniny VI.06.06.
márnica XII.11.01.021
mäkký VI.05.02.002
mäkký IV.04.02.010
mäsiar XII.02.01.003
mäsiarstvo XII.02.01.003
medza klzu VII.04.070
medza pevnosti VI.03.01.010
medza pevnosti VI.03.01.017
medza prieťažnosti VII.04.070
medza pružnosti VI.09.029
medza únosnosti VIII.01.01.015
medzera II.02.03.004
medzerovitosť VI.09.027
medzihradie II.04.03.003
medziknižničná služba XII.11.02.013
medziosobná dištancia I.02.03.024
medzipodperový moment VII.03.046
medzipriestor V.03.02.010
medzipriestor XI.04.02.007
medzisklad III.03.03.008
medzistĺpik II.02.04.024
medzistĺpový interval II.02.05.018
medziúver I.05.05.015
medzná frekvencia IX.01.01.013
medzná únosnosť VIII.01.01.009
medzné bremeno VIII.01.01.015
medzné zaťaženie VIII.01.01.008
meď VI.07.02.002
melónová klenba II.03.02.009
membránové nosné konštrukcie VII.02.10.
membránový stav napätosti VII.02.08.005
meniť V.01.02.008
menlivý V.04.02.010
menovitá hrúbka VI.03.01.001
menšina I.03.021
menší byt v rodinnom dome XII.08.04.005
menza XII.10.01.024
meracia sieť III.01.02.019
merací raster III.01.02.019
meračská komora III.01.03.045
meračské pásmo X.02.01.090
meračský (poľný) náčrt III.01.04.001
meranie IX.02.01.022
meranie dĺžky III.01.03.001
meranie profilu III.01.05.013
meranie uhlov III.01.03.036
meranie uhlov III.01.05.007
merná hmotnosť VI.09.021
merná tepelná kapacita IX.02.02.022
merné teplo IX.02.01.029
mesto XI.04.
mesto chrámov XI.04.01.013
mesto s dvoma rovnobežnými komunikačnými osami II.05.02.019
mesto s jednou komunikačnou osou II.05.02.018
mesto-nocľaháreň XI.03.02.008
mesto-pevnosť II.05.02.008
mestská hala XII.05.018
mestská hala XII.11.04.005
mestská hromadná doprava XI.05.01.048
mestská knižnica XII.11.02.002
mestská rýchlodráha XI.05.02.003
mestská rýchlostná komunikácia XI.05.01.068
mestská štvrť XI.03.03.004
mestské sídlo XI.03.02.001
mestské územia XI.03.03.
mestský priestor XI.04.02.001
mestský ráz krajiny XI.01.02.003
mešita XII.11.01.002
mešita II.04.01.008
meštiansky dom II.04.05.001
metafora V.01.03.003
metóda I.01.084
metóda konečných prvkov VII.06.012
metóda náhradných prútov VII.06.011
metóda polárnych súradníc III.01.05.010
metóda pravouhlých súradníc III.01.05.009
metóda prenosu VII.06.035
metódy I.02.04.
metódy II.01.02.
metódy V.01.
metódy merania III.01.05.
metrický rad V.02.03.001
metro XI.05.02.004
metropola XI.04.01.002
mezonetový byt XII.08.04.001
médium I.01.083
mienka I.01.077
miera I.01.113
miera zmraštenia VI.05.01.012
mierka III.01.03.003
mierka IV.03.01.010
miestna identita I.02.03.019
miestne prispôsobenie II.06.04.006
miestno - historické dôvody II.06.01.019
miestnosť (priestor) rozhodcov XII.13.01.021
miestnosť majstra XII.02.01.027
miestnosť na odpadky XII.02.01.037
miestnosť pre školenia XII.04.031
miestnosť pre športové náradie XII.13.01.017
miestnosť pre zamestnancov XII.09.01.007
miestnosť réžie XII.11.05.006
miestnosť s priehradkami XII.04.015
miesto XI.04.02.035
miesto XI.04.02.047
miesto III.02.02.030
miesto na sedenie XII.13.01.015
miesto na státie XII.13.01.016
miesto pôvodného výskytu škodlivín III.03.02.001
miesto pre kotvenie člnov XII.13.03.016
miesto pre ohýbanie betonárskej ocele X.03.01.021
miesto pre slávnostný nástup vojakov XII.05.012
miesto pre státie X.03.01.006
miesto pre vystavenie časopisov XII.11.02.011
miesto pripojenia XI.05.01.080
miesto styku XI.04.02.039
miesto zimných športov XI.04.01.017
miešačka na betónovú zmes X.02.02.026
miešačka na betónovú zmes X.03.01.024
miešanie farieb V.04.02.011
mikrometrická skrutka X.02.01.089
mikrotvrdosť pri vtláčaní VI.03.01.004
milieu I.03.028
mimoriadne zaťaženie VII.03.047
minaret II.04.01.009
minerálna penová hmota VI.08.03.010
minerálna vlna VI.08.03.011
minerály VI.01.01.
minimálna sadzba I.05.04.017
minimálne napätie VII.04.028
ministerstvo XII.05.003
mladosť I.02.01.003
mlat II.04.05.008
mlat XII.02.02.011
mládežnícka ubytovňa XII.14.02.006
mládežnícke centrum XII.14.03.006
mliečne sklo VI.03.02.005
mlyn II.04.06.004
mlyn X.02.02.019
mnohofarebný V.04.02.008
mnohotvárnosť XI.04.02.057
mnohotvárnosť XI.04.02.070
mnohouholník IV.01.01.028
mnohoznačnosť I.01.059
množstvo tepla IX.02.01.032
mobilita XI.05.01.046
moc I.03.014
močiar XI.01.01.010
modálna analýza VII.07.023
model IV.03.03. 014
modelárska sadra VI.04.01.006
modelovanie V.01.01.007
moderna I.01.085
modernizácia I.03.044

modernizácia XI.04.03.015
modifikácia I.01.086
modlitebná kaplnka XII.11.01.009
modlitebňa XII.11.01.005
modul V.02.05.007
modul konzistencie VIII.01.01.004
modul pružnosti VII.04.029
modul pružnosti v šmyku VII.04.050
modulový rad V.02.03.002
moment I.01.087
moment VII.03.030
moment 2.rádu VII.04.045
moment odporu VII.04.046
moment votknutia VII.03.013
moment zotrvačnosti VII.04.030
moment zotrvačnosti VII.04.031
moment zotrvačnosti v krútení VII.04.063
momentová čiara VII.03.031
momentové zaťaženie VII.03.032
momentový kĺb VII.01.019
Mongeova projekcia IV.02.01.002
monolitická konštrukcia VIII.02.07.016
monomér VI.08.04..001
monotónia XI.04.02.072
montáž X.04.006
montážna jama XII.02.01.030
montážny priestor XII.02.01.034
moped XI.05.01.030
morálka I.01.045
more XI.01.01.028
morfologické typy II.05.02.013
moridlo VI.08.02.026
morská úžina XI.01.01.034
morské kúpele XI.04.01.018
most XI.05.01.008
most pre chodcov XII.06.01.018
mostík XII.06.03.009
motel XII.06.01.009
motel XII.14.02.005
motivácia X.01.04.033
motivácia I.02.02.004
motív XI.04.02.049
motocykel XI.05.01.032
motocyklová pretekárska dráha XII.13.05.007
motorest XII.06.01.008
motorizovaná doprava XI.05.01.027
motorová píla X.02.01.066
motorový bicykel XI.05.01.029
motorový vagón XI.05.02.017
móda I.01.050
mólo XII.06.03.007
mramor VI.01.02.017
mrav I.03.038
mravnosť I.01.045
mraziareň XII.03.02.003
mrazuvzdornosť VIII.01.02.046
mriežka V.02.04.008
mŕtvy čas X.01.05.028
mulda XI.01.01.025
multiplexová doska VIII.02.01.017
murár X.01.04.046
murárska lopatka X.02.01.040
murárska lyžica X.02.01.044
murárske kladivo X.02.01.003
murivo z lomového kameňa II.02.03.009
murivo z tesaného kameňa II.02.03.012
murovacia malta VI.06.04.
muzealizácia II.06.04.010
múr II.02.03.005
múr murovaný na sucho II.02.03.006
múzeá XII.11.03.
múzeum XII.11.03.002
múzeum I.01.088
myslenie I.02.02.010
mýtna stanica XII.06.01.012
mýto XII.06.01.012
mzda I.04.04.003
mzdová účtáreň XII.04.027

N

nadbetón VIII.02.06.031
nadmurovka VIII.05.01.006
nadnásyp III.03.04.005
nadokenný štít II.02.05.033
nadpražie VIII.03.02.010
nadscénie XII.11.04.018
nadstavba II.06.03.014
nadstavba III.03.04.006
nadsvetlík VIII.03.02.018
najvyššie sadzby I.05.04.016
najvyššie tarify I.05.04.016
nakladacia a vykladacia rampa VIII.06.02.003
nakladacia plošina VIII.06.02.003
nakladač X.02.03.029
namáhanie pôdy VIII.01.06.001
nanášanie VII.02.10.002
napätie VII.04.056
napätie na medzi pevnosti VII.04.043
napätie vo vrube VI.03.01.009
napínacia (predpínacia) dráha VIII.02.04.030
napínacia (upínacia) fošňa VIII.05.01.029
napínacia zámka VII.02.04.013
napínacia zámka VIII.02.02.063
napínací kov VI.06.02.001
naplavený íl VIII.01.02.013
napodobenina I.01.065
napodobenina V.04.02.019
nariadenie I.04.02.002
nariadenie I.04.02.003
nariadenie I.04.02.004
nariadenie na zbúranie II.06.03.007
narodenie I.02.01.001
narthex II.04.01.027
nasiakavosť VI.09.034
nasporená suma I.05.05.008
nasýtenie IV.02.04.004
nasýtenosť IV.02.04.004
navijak X.02.03.001
navrhnúť V.01.02.001
navrstvovaný XI.04.02.024
nábrežie XII.06.03.006
náčrtkový papier IV.04.01.007
nádoba na betón X.02.01.032
nádvorie II.04.04.006
náhla porucha III.03.01.005
náhodilé zaťaženie VII.03.025
náhrada I.05.01.009
náhrada škody X.01.06.011
náhrobná kaplnka XII.11.01.008
náhrobok XII.11.01.020
nájazd X.03.01.007
nájom I.05.02.006
nájom X.01.02.023
nájom X.01.02.024
nájomné X.01.02.023
nájomné I.05.02.007
nájomník I.05.02.008
nájomný byt XII.08.02.003
nájsť V.01.02.010
nákladná stanica XII.06.02.005
nákladné auto XI.05.01.037
nákladný automobil X.02.03.017
nákladný automobil XI.05.01.037
nákladný vlak XI.05.02.014
nákladný vozeň XI.05.02.021
nákladný výťah VIII.06.02.008
náklady X.01.02.011
náklady I.05.04.009
náklady na uvedenie do prevádzky X.01.02.016
náklady na údržbu X.01.02.018
nákup X.01.01.018
nákupná ulica XI.05.01.011
nákupný vozík XI.05.01.015
nálada I.01.008
námestie XI.04.02.017
námestie XI.05.01.006
námorná cesta XI.05.03.008
námorný prístav XII.06.03.002
nánosy VI.08.02.
náradia X.02.01.
náraďovňa XII.13.01.017
nárazníkový čas X.01.05.031
nárazová lišta (klapačka) VIII.03.02.012
národ I.03.065
nárok na prebratie II.06.02.019
nárys IV.02.01.007
následné výdavky X.01.02.019
nástenný obraz XII.06.01.047
nástrčkový kľúč X.02.01.020
nástupište XII.06.02.016
nástupnica VIII.06.01.004
násyp II.04.03.026
náterová hmota VI.08.02.019
náterová látka VI.08.02.019
nátery VI.08.02.
návrh I.01.037
návrh I.04.03.002
návršie XI.01.01.020
náznak V.01.03.002
názor I.01.108
nedoslýchavosť IX.01.02.024
nedostatok X.01.06.007
nedovolená skládka III.03.03.013
nedôvtipnosť V.01.02.021
nehorľavý VI.09.037
nehrdzavejúca oceľ VI.07.01.013
nekvalitná práca V.01.02.023
nelegálna práca I.04.04.007
nelegovaná oceľ VI.07.01.010
nelineárna metóda VII.06.025
nemocnica XII.12.01.001
nemocnice a stavby pre zdravotníctvo XII.12.
nemocničná izba XII.12.02.003
nenávisť I.02.01.010
nenosná stena VIII.02.03.016
neodborná práca X.01.06.009
neorientovaný priestor XI.04.02.013
nepažená stavebná jama VIII.01.04.007
nepoddajnosť VIII.01.01.013
nepravidelný XI.04.02.021
nepravidelný tvar V.02.02.006
nepresnosť III.01.06.007
nepriame osvetlenie V.04.01.005
nepriepustnosť VI.09.023
nepriepustnosť žiarenia IX.02.01.020
nerovnosť I.03.022
nespôsobilosť I.04.02.010
nesúdržná zemina VIII.01.02.022
netlmené kmitanie VII.07.011
neutrálna os VII.04.032
neúplné spriahnutie VIII.02.06.010
nevedomé I.02.03.037
neželezné kovy VI.07.02.
nežiadúca excentricita VII.05.023
nika II.02.05.029
nikel VI.07.02.005
nit VIII.02.02.050
nitkový kríž III.01.03.031
nitovať VIII.02.02.050
nitrocelulózový tmel VI.08.02.015
nivelačná lata III.01.03.020
nivelačná podložka III.01.03.023
nivelačný prístroj III.01.03.014
nivelácia III.01.05.006
nízkolegovaná oceľ VI.07.01.012
nízkostenný vozeň X.02.03.014
nízky kopec XI.01.01.018
nocľah X.03.01.013
nocľaháreň XI.02.03.005
nocľaháreň II.04.02.008
norma I.01.122
normálová sila VII.03.034

normočas	X.01.05.022
normovaný čas	X.01.05.022
normovaný čas	X.01.05.023
nosná stena	VIII.02.03.015
nosné lano	VII.02.04.012
nosné podklady omietky	VI.06.02.
nosné sústavy	VII.02.
nosník	VIII.02.07.005
nosník	VIII.06.01.003
nosník debnenia	X.03.02.011
nosník namáhaný ohybom	VIII.02.02.034
nosník o jednom poli	VII.02.02.016
nosník s nábehom	VII.02.02.010
nosník s otvormi	VIII.02.02.030
nosník s prierezom v tvare dvojitého T	VIII.02.02.003
nosník závesu	VIII.04.009
nosníkové debnenie	X.03.02.015
nosníkový rošt	VII.02.12.004
nosníkový rošt	VIII.02.02.031
nosníkový spoj	VIII.02.02.038
nosníky	VII.02.02.
nosníky	VIII.02.02.029
nosnosť	VII.01.016
nosný trám	VIII.06.01.003
notár	I.04.01.005
nové mesto	XI.03.02.012
novodobá drevená stavba	VIII.02.01.
novodobá murovaná stavba	VIII.02.03.
nožnice na betonársku oceľ	X.02.01.062
nožnice na plech	X.02.01.016
nôž na tmel	X.02.01.050
nukleárna medicína	XII.12.02.009
núdzové schodisko	XII.07.01.017
núdzový príjem	XII.12.02.002

O

obchádzka	III.02.02.009
obchod	XII.03.
obchod	XII.03.01.007
obchodná komora	XII.03.01.005
obchodná ulica	XI.05.01.011
obchodné centrum	XI.04.01.006
obchodné mesto	II.05.02.004
obchodný dom	XII.03.01.010
obchôdzka	III.01.01.004
občan	I.03.055
občerstvenie	XII.14.01.009
občianska iniciatíva	XI.04.03.005
obdĺžnik	IV.01.01.026
obec	XI.02.02.
obec osôb pravidelne dochádzajúcich za prácou	XI.02.03.005
obecná sieň	XII.11.01.013
obecné kultúrne a spoločenské centrum veriacich	XII.11.01.012
obecný dom	XII.05.019
obhliadka	III.01.05.014
obilná sýpka	II.04.06.003
objaviť	V.01.02.002
objazdová komunikácia	XI.05.01.065
objektové plánovanie	XI.04.03.019
objekty pre audiovizuálne médiá	XII.11.05.
objem	V.02.01.004
objem priestoru	IX.01.02.013
objemová hmotnosť	VI.03.01.002
objemová hmotnosť	VI.09.020
objemovo-časový plán	X.01.03.013
obkladačka	VI.02.02.010
obkladová páska	VI.02.02.012
obkladová výmurovka	VIII.02.03.018
oblasti	XI.03.01.
oblasti a sídla	XI.03.
oblasť	V.02.07.011
oblasť cestovného ruchu	XI.03.01.008
oblasť katastrofy	XI.03.01.007
oblasť koncentrácie komerčných aktivít	XI.06.018
oblasť pestovania ovocia	XI.02.01.003
oblasť pestovania zeleniny	XI.02.01.002
oblasť plastickej deformácie	VII.04.035
oblasť počuteľnosti	IX.01.02.022
oblasť pružnej deformácie	VII.04.020
oblasť skúmania	III.02.02.028
oblasť spevnenia	VII.04.040
oblasť tepelnej izolácie	IX.02.01.025
obliekáreň	XII.08.05.027
oblúk	II.02.05.020
oblúk	IV.01.01.009
oblúk s ťahadlom	VII.02.03.002
oblúková píla	X.02.01.034
oblúkovité schodisko	VIII.06.01.014
oblúkový nosník	VII.02.02.001
oblúkový nosník	VII.02.03.003
oblúkový pás	II.02.06.010
oblúkový väzník	VII.02.03.005
oblúky	VII.02.03.
obmedzené vypísanie	X.01.01.006
obmedzenie prístavby	II.06.02.011
obmedzenie rýchlosti	XI.05.01.053
obmedzovať	XII.01.01.008
obmedzovať	II.06.04.009
obnova	XI.04.03.016
obnova	XI.04.04.002
obnova mesta	XI.04.04.
obnova obce	XI.02.04.003
obradná sieň krematória	XII.11.01.016
obranná veža	II.04.03.018
obraz	I.01.036
obraz mesta	XI.04.02.046
obraz mesta	XI.04.02.079
obrazec	V.02.02.002
obrazová rovina	IV.02.03.004
obrazovka	IV.04.03.010
obruba	II.02.05.015
obrubník	XI.05.01.098
obrusnosť	VI.05.01.001
obrys	I.01.118
obrys	V.02.02.001
obrysová plocha kozlíka	VIII.02.06.019
obsadenosť	IX.01.02.014
obsah	I.01.021
obsah	I.01.022
obsah vlhkosti	IX.03.004
obslužná miestna cesta	XI.05.01.075
obslužná miestna komunikácia	XI.05.01.074
obuvnícka dielňa	XII.02.01.004
obuvník	XII.02.01.004
obvodné centrum	XII.11.04.008
obvodový plášť	VIII.02.03.013
obyčaj	I.03.037
obyčajná malta	VI.06.04.001
obyčajná malta	VIII.02.03.005
obyčajná škridla	VI.02.03.006
obyčajný betón	VI.05.01.031
obydlie novicov	II.04.02.005
obytná časť hradu	II.04.03.020
obytná kuchyňa	XII.08.05.033
obytná plocha	XI.06.029
obytná plocha	XII.08.01.003
obytná štvrť	XI.03.03.006
obytná veža	II.04.03.001
obytné domy	II.04.05.
obytné jednotky	XII.08.04.
obytné sídlisko	XI.03.02.009
obytný automobil	XI.05.01.036
obytný dom	XII.08.01.001
obytný kontejner	XII.08.03.034
obytný priestor	XII.08.01.002
obytný príves	XII.08.03.035
obytný trabant	XI.03.02.007
obytný útvar	XI.03.03.006
obyvateľstvo	I.03.060
obývacia izba	XII.08.05.014
obývacia loď	XII.08.03.037
obývacie priestory	XII.08.05.013
obývací čln	XII.08.03.037
obývací príves	XI.05.01.036
oceán	XI.01.01.027
oceľobetón	VIII.02.04.
oceľobetónový skelet	VIII.02.07.013
oceľová konštrukcia	VIII.02.02.
oceľová tabuľa	VI.07.01.015
oceľové meracie pásmo	III.01.03.006
oceľový profil tvaru T	VIII.02.02.002
oceľový profil tvaru U	VIII.02.02.004
oceľový skelet	VIII.02.07.012
ocenenie	X.01.02.006
ochladenie	IX.02.01.005
ochladzovanie	IX.02.01.005
ochrana chladu	IX.02.02.025
ochrana dôvery	I.04.03.007
ochrana okolia	II.06.02.010
ochrana pamiatok	II.06.01.005
ochrana pred hlukom	IX.01.01.027
ochrana prostredia	II.06.02.014
ochrana proti vlhkosti	IX.03.009
ochrana sluchu	IX.01.02.025
ochranná lišta pred vplyvom počasia	VIII.03.02.007
ochranná vrstva	VII.02.10.002
ochranná zóna	XI.03.01.012
ochranné okuliare	X.02.01.070
ochranné zábradlie	X.03.02.004
ochranné zváracie rukavice	X.02.01.074
ochranný štít	X.02.01.075
ocieľok	VIII.01.02.012
očakávanie	I.02.03.004
očarenie	I.01.049
odbavenie tovaru	XII.06.04.024
odbavovacia hala	XII.06.04.023
odbavovacia priehradka	XII.06.04.016
odbočka	XI.05.01.081
odborná škola	XII.09.02.006
odborná vysoká škola	XII.10.01.002
odborný pamiatkový úrad	II.06.01.009
odborný stavebný robotník	X.01.04.042
odborová organizácia	I.04.04.005
odchod	V.02.07.008
odchýlka	VI.09.016
odcudzenie	I.01.109
odcudzenie	I.03.046
odčítací tvar	V.02.02.008
oddelenie pôrodnice	XII.12.02.014
oddelenie šestonedieľok	XII.12.02.013
oddelenie učebníc	XII.11.02.012
odhad	X.01.02.006
odhad nákladov	I.05.04.013
odkanalizovanie	VIII.01.04.018
odklad	X.01.05.029
odkopávanie	X.05.015
odkrokovanie	III.01.05.014
odkvap	VIII.05.01.008
odkvapová stropnica	VIII.05.01.021
odkvapová väznica	VIII.05.01.011
odkvapový nos na rímse	VIII.03.02.006
odlet	XII.06.04.026
odletový terminál	XII.06.04.011
odmorenie	III.03.03.012
odolnosť proti obrúseniu	VI.05.01.001
odolnosť proti vzniku trhlín	VIII.02.03.002
odozva pri lome	VI.03.01.016
odpad	III.03.01.003
odpad	III.03.01.004
odpadová voda	III.03.02.007
odpadové hospodárstvo	III.03.05.012
odpadové teplo	IX.02.01.034
odpadový olej	III.03.02.008
odpis	I.05.04.008

odpočet I.05.01.008
odpočinkový priestor XII.09.01.005
odpočívadlo VIII.06.01.002
odpor pri prestupe tepla IX.02.02.011
odpor proti vnikaniu tepla IX.02.02.017
odraz IX.01.01.014
odraz I.01.110
odraz IV.02.04.009
odrazená voda IX.03.047
odstavné miesto X.03.01.006
odstavný pás XI.05.01.093
odstránenie II.06.03.008
odstránenie odpadu III.03.03.
odstrel X.05.012
odstup I.03.049
odstup V.03.01.011
odstup (estetický) I.01.040
odstup medzi budovami XI.06.016
odstup od uličnej čiary XI.04.02.033
odsťahovanie XI.04.05.010
odsúdenie I.04.01.017
odškodnenie I.05.02.013
odškodnenie XI.04.03.014
odškodné X.01.06.011
odval X.03.01.028
odvodňovacie potrubie VIII.01.04.019
odvodňovací žľab XI.05.01.097
odvodňovanie VIII.01.04.013
odvodňovanie VIII.01.04.018
odvolanie I.04.01.020
odvoz smetí XII.05.021
odzrkadlenie I.01.110
ohlasovacia povinnosť I.04.02.012
ohňovzdorný VI.09.041
ohradené pastvisko XII.02.02.018
ohraničenie XI.04.02.050
ohraničenie jazdného pásu XI.05.01.091
ohraničenie zónovania XI.06.036
ohrozená oblasť XI.03.01.007
ohyb VII.04.002
ohybová pevnosť VII.04.004
ohybová výstuž VIII.02.04.008
ohybové napätie VII.04.005
ohybovo tuhý roh VII.02.06.001
ohybový moment VII.03.004
ohýbacia platňa X.02.01.061
ohýbací stroj X.02.02.032
ohýbačka X.02.01.061
ohýbačka X.02.02.032
ohýbaný prút VII.02.01.003
okamih I.01.087
okamžité spojenie VIII.02.04.024
okenica VIII.03.02.037
okenná kupola VIII.03.02.026
okenná mreža VIII.03.02.039
okenná priečľa VIII.03.02.015
okenná priečľa II.02.04.040
okenná stojka II.02.04.038
okenné prúty (mn.č.) II.02.06.003
okenný pás VIII.03.02.025
okenný priečnik II.02.04.039
okenný rám VIII.03.02.008
okenný stĺpik II.02.04.038
okná VIII.03.02.
okolie III.03.01.010
okolie obce XI.02.02.004
okraj mesta XI.03.03.003
okrajové podmienky VII.01.001
okresná cesta XI.05.01.058
okresné mesto XI.04.01.004
okružné mesto II.05.02.016
okružné sprístupnenie XII.07.02.006
okružný múr II.04.03.010
okrúhly pilník X.02.01.026
olejnica X.02.01.082
olejová farba VI.08.02.016
olejový tmel VI.08.02.017
olovnica III.01.03.012
olovnica X.02.01.088
olovo VI.07.02.003
omietka II.02.03.003
omietka hladená lyžicou VI.06.05.018
omietka leštená plsteným hladidlom VI.06.05.012
omietka steny VI.06.05.020
omietka stropu VI.06.05.021
omietková sadra VI.04.01.001
omietková výstuž VI.06.02.002
omietkové a murárske spojivo VI.04.03.005
omývanie IV.03.03. 009
Ondrejov kríž II.02.04.042
opačný rad V.02.03.008
opakovanie V.02.06.006
opátsky byt II.04.02.003
opätovné použitie III.03.05.005
opätovné využitie III.03.05.003
opätovné zhodnotenie III.03.05.003
opera XII.11.04.002
operačná sála XII.12.02.011
opevnené mesto II.05.02.008
opevnené stavby II.04.03.
opevnenie II.04.03.007
opis II.01.02.027
opis budovy III.01.07.
oplotenie stavby X.03.01.001
oplotený výbeh XII.02.02.018
opora II.02.04.020
opora II.02.04.037
opora VII.02.03.001
opora VII.02.03.008
opora VIII.02.07.002
oporná stena VIII.01.09.001
oporné steny VIII.01.09.
oporný oblúk II.02.06.023
oporný pilier II.02.06.022
oporný systém II.02.06.021
opracovanie mäsa XII.03.02.010
oprava objektu XI.04.04.003
opravárenská dielňa XII.02.01.011
optická olovnica III.01.03.051
optický center III.01.03.051
optický dostreďovač III.01.03.051
oranžéria II.04.04.010
orchestrisko XII.11.04.019
ordinácia XII.12.02.007
organický I.01.092
organizácia pôdorysu XII.01.02.004
organizácia práce X.01.03.014
organizácia priebehu prác X.01.03.015
organizácia priestorových jednotiek V.03.02.
organizovať V.01.02.006
orientačný bod V.02.07.013
orientácia V.02.04.002
orientácia na svetové strany XI.04.02.043
orientácia priestorov XII.08.01.006
orientovanie svetla V.04.01.012
orientovaný priestor XI.04.02.012
originalita I.01.094
ornament I.01.095
ornamentálne sklo VI.03.02.006
ornica VIII.01.02.030
ortodoxný kostol II.04.01.010
ortogonálna metóda III.01.05.009
ortogonálny XI.04.02.022
ortopédia XII.12.02.015
os XI.04.02.078
os IV.01.01.010
os V.02.06.001
os alhidády III.01.03.041
os libely III.01.03.028
os pohľadu V.01.01.005
os pohybu V.01.01.006
osadenie VIII.02.01.021
osadenstvo X.01.04.023
osamelé bremeno VII.03.007
osamelé zaťaženie VII.03.007
osamotený gazdovský dvor II.05.01.008
oscilátor jednej hmoty VII.07.032
oscilátor sústavy hmôt VII.07.024
osedlanie II.02.04.012
osemsten IV.01.02.004
osídľovanie XI.04.05.012
oslobodenie II.06.02.022
osoba I.02.03.016
osobitná škola XII.09.02.005
osobitosť I.01.098
osobitosť II.06.01.024
osobná pokladnica XII.06.01.033
osobné auto XI.05.01.034
osobnosť I.02.03.017
osobný automobil X.02.03.016
osobný automobil XI.05.01.034
osobný počítač (PC) IV.04.03.008
osobný priestor I.02.03.024
osobný priestor V.03.01.005
osobný vlak XI.05.02.013
osobný výťah VIII.06.02.007
osová priamka IV.03.01.005
osová sila VII.03.003
osová sila VII.03.034
osová tuhosť VII.04.001
ostatné druhy športu XII.13.05.
ostatné zariadenia XII.14.03.
ostenie VIII.03.02.010
ostenie II.02.06.020
ostrov XI.01.01.006
ostrý uhol IV.01.01.014
osvetlenie z boku XII.11.03.018
osvetľovací mostík XII.11.04.016
osvojenie I.01.002
ošipáreň XII.02.02.021
otáčavé dvere VIII.03.01.016
otáčavé javisko XII.11.04.015
otáčavý veterný mlyn II.04.06.007
otočná os III.01.03.043
otočné krídlo VIII.03.02.031
otváravé krídlo VIII.03.02.030
otvorené interview III.02.02.012
otvorenosť I.01.090
otvorený V.03.02.008
otvorený XI.01.01.051
otvorený XI.04.02.019
otvorený charakter zástavby XI.06.023
otvorený kľúč X.02.01.018
otvorený pôdorys XII.08.05.002
otvorený priestor XI.04.02.008
otvorený systém III.03.05.007
otvory VIII.03.
ovál IV.01.01.018
oválny oblúk VII.02.03.004
overenie originality II.01.02.019
ovocinárska oblasť XI.02.01.003
ozdoba I.01.033
ozdravovňa XII.12.01.005
označenie významu II.06.01.022
ozubená železnica XI.05.02.010
ozvena IX.01.02.008

P

padacie mreže II.04.03.017
pahorok XI.01.01.020
palác II.04.03.019
paláce II.04.04.
palier X.01.04.041
palisáda II.04.03.008
pamätník XII.06.01.045
pamäť I.02.02.007
pamiatka II.06.01.002
pamiatkár II.06.01.006
pamiatková oblasť II.06.01.014
pamiatková starostlivosť II.06.
pamiatková starostlivosť II.06.01.004
pamiatkový úrad II.06.01.008
panel VI.08.05..008

panelová výstavba VIII.02.07.019
panelová výstavba X.04.003
panelové debnenie X.03.02.020
panoramatická perspektíva IV.02.03.014
panoráma XI.04.02.081
papier IV.04.01.002
para IX.03.020
para X.02.02.006
parabolický oblúk VII.02.03.009
parabolický priehradový nosník VII.02.05.012
parapet VIII.03.02.004
parapet II.04.03.012
parapetná doska VIII.03.02.005
parcela XI.02.01.012
parcelovanie XI.02.01.013
parkovacie miesto XII.06.01.021
parkovanie XII.06.01.020
parkovisko X.03.01.005
parkovisko XI.05.01.086
parkovisko XII.06.01.022
parkový ráz krajiny XI.01.02.001
parkúr XII.13.04.004
parlament XII.05.001
parné baranidlo X.02.02.010
parné vedenie X.02.02.009
parník XI.05.03.002
parný generátor X.02.02.008
parný kotol X.02.02.007
parotesná zábrana IX.03.023
parter XII.11.04.025
participácia X.01.04.035
participácia I.03.011
participovanie XI.04.03.007
pasáž XI.05.01.004
pasáž XII.03.01.009
pasívna izolácia IX.01.01.025
pasová kontrola XII.06.04.018
pastvina XI.01.03.004
paternoster VIII.06.02.010
patológia XII.12.02.017
patricij I.03.057
paušálny honorár I.04.04.002
pauzovací papier IV.04.01.001
pavilón II.04.04.003
pavlačový dom XII.07.02.007
pažená stavebná jama VIII.01.04.008
paženie VIII.01.04.006
pákový rezač X.02.01.015
pás VII.02.05.003
pásik VIII.05.01.015
pásmo XI.03.01.009
pásová oceľ VI.07.01.005
pásová výroba X.04.008
pásové mesto II.05.02.020
pátos I.01.097
pästiarsky ring XII.13.05.004
pätka II.02.05.006
pätka VII.02.03.008
pätka (klenby) II.02.05.012
pätka klenby VII.02.03.001
pätka stĺpa VIII.02.02.021
päťtrakt (päťtraktový) XII.07.02.012
pekár XII.02.01.002
pekáreň XII.02.01.002
pemza VI.04.04.009
pemza VI.01.02.019
pendentív II.03.03.004
penoplast VI.08.03.012
penzión XII.14.02.003
peňažná pokuta I.04.01.019
periféria XI.03.03.002
periodické kmitanie VII.07.028
periodický rad V.02.03.003
perióda II.01.01.005
pero II.02.04.010
pero IV.04.02.014
pero VII.01.031
perón XII.06.02.016
perspektíva IV.02.03.
perspektívny rez IV.02.01.021
pestrý V.04.02.009
pešia zóna XI.05.01.010
pešia zóna XII.06.01.016
pevná cena I.05.04.003
pevná hlina VI.02.01.001
pevnina XI.01.01.004
pevnostný problém VII.05.022
pevnosť VI.09.014
pevnosť II.04.03.021
pevnosť betónu VI.05.01.004
pevnosť kameňa VIII.02.03.001
pevnosť na odtrhnutie VI.09.001
pevnosť pri prudkom ochladzovaní VI.03.01.013
pevnosť v tlaku VI.05.01.003
pevnosť v ťahu VI.03.01.010
pevnosť v ťahu VI.05.01.013
pevnosť zvaru VII.02.10.010
piesčitá hlina VIII.01.02.007
pieskovec VI.01.02.024
piesok VI.01.02.023
piesok VI.04.04.010
piesok VIII.01.02.018
pigmentový náter VI.08.02.020
pilaster II.02.05.004
pilier II.02.05.003
pilier VII.02.01.004
pilótový rošt VIII.01.07.010
pisáreň XII.04.023
piváreň XII.14.01.006
pivnica XII.08.05.038
pivničné schodisko XII.07.01.012
pivovar XII.02.03.008
píla na betón X.05.011
píla na kov X.02.01.037
písací papier IV.04.01.006
písací stroj IV.04.03.007
planimetria IV.01.01.
planina XI.01.03.006
planírovanie X.05.008
planografický papier IV.04.01.005
planografický stroj IV.04.03.005
plasticita VII.04.
plastická deformácia VI.09.030
plastický VI.05.02.003
plastifikačná prísada do betónu VI.05.03.003
plastifikátor VI.05.03.003
plastika I.01.114
plastika XII.06.01.044
plastomér VI.08.04..004
plasty VI.08.04..
plat I.04.04.003
platba I.05.04.018
platenie I.05.04.018
plaváreň XII.13.03.002
plavecký bazén XII.13.03.005
plavené sklo VIII.02.05.002
plavené zrno VIII.01.02.016
plán X.01.03.005
plán III.01.04.006
plán dopravných liniek XI.05.01.043
plán financovania XI.04.03.012
plán financovania X.01.02.003
plán platby I.05.04.019
plán poschodia IV.02.01.015
plán potrieb III.02.02.017
plán projektu XI.04.03.022
plán realizácie XI.04.03.024
plán rozvoja obce XI.02.04.004
plán schvaľovania XI.04.03.023
plán strechy IV.02.01.016
plán zástavby XI.06.004
plánovač X.01.01.024
plánované mesto II.05.02.002
plánovanie X.01.03.004
plánovanie mesta XI.04.03.
plánovanie mesta XI.06.006
plánovanie priebehu stavby X.01.03.020
plánovanie priebehu výstavby X.01.05.021
plánovanie stavebných etáp X.01.03.021
plášťové trenie VIII.01.07.001
plátovanie VIII.02.01.022
plátovanie II.02.04.013
plávajúca mazanina VI.06.06.005
plech VI.07.01.014
pletacie kliešte X.02.01.009
plexisklo IV.04.01.010
plná moc I.04.01.009
plná tehla VI.02.02.002
plné (masívne) drevo VIII.02.01.005
plné predpätie VIII.02.04.026
plnostenný nosník VII.02.02.017
plnostenný nosník VIII.02.02.035
plný tieň IV.02.04.015
plný úväzok X.01.05.026
plocha IV.01.01.016
plocha V.02.01.003
plocha letiska XII.06.04.006
plocha podlažia XI.06.028
plocha stavebného pozemku XI.06.013
plocha základovej škáry VIII.01.01.011
plocha zvaru VIII.02.02.059
plochá kupola II.03.03.005
plochá oceľ VIII.02.02.006
ploché lano VII.02.10.001
ploché sklo VI.03.02.003
ploché stropy II.03.01.
ploché zastropenie VIII.04.004
plochý XI.01.01.049
plochý pilník X.02.01.024
plošinový vozeň X.02.03.014
plošná fólia VII.02.10.006
plošná nivelácia III.01.05.004
plošná nosná konštrukcia VIII.04.005
plošné uloženie VIII.02.02.045
plošné zakladania VIII.01.06.
plošné zaťaženie VII.03.010
plošné základy VIII.01.06.
plošný základ VIII.01.06.013
plynáreň XII.02.03.005
plynobetónová doska VI.02.04005
plynobetónová tvarovka VI.02.04004
plynobetónový blok VI.02.04003
plynulosť II.01.01.011
pneumatická konštrukcia VII.02.12.001
pneumatické kladivo X.02.02.015
pobočka X.01.04.010
pobrežie XI.01.01.036
pochybnosť I.04.02.009
pocit I.01.042
pocit I.01.115
počet obyvateľstva I.03.061
počiatočná imperfekcia VII.05.014
počiatočné náklady X.01.02.016
počiatok X.01.05.009
počítačové laboratórium XII.10.02.003
počuteľnosť IX.01.02.018
počuteľnosť IX.01.02.021
podanie batožiny XII.06.04.014
podateľňa XII.04.028
podcestie XI.05.01.085
podchod pre chodcov XI.05.01.013
poddajné spriahnutie VIII.02.06.003
podesta VIII.06.01.002
podklad V.02.02.003
podklad pod omietku VI.06.01.004
podkladová doska VIII.01.06.008
podkladové drevo VIII.02.01.011
podklady pre zadanie X.01.01.002
podkrovný byt XII.08.04.002
podlažie II.02.04.045
podložie III.03.04.004
podnájom XII.08.03.020
podnik X.01.04.001
podnik X.01.04.022
podnik pre likvidáciu odpadu XII.02.03.009

podnik pre recykláciu XII.02.03.010
podnikanie X.01.04.001
podnikateľ X.01.01.025
podnikateľ I.05.03.011
podniková organizácia X.01.04.
podniková rada X.01.04.026
podnikové plánovanie X.01.
podopretie X.03.02.006
podpera VIII.02.07.002
podpera II.02.04.020
podpera II.02.04.037
podpera debnenia X.03.02.008
podperová sila VII.03.040
podperový moment VII.03.049
podperový styk (spoj) VIII.02.02.023
podpery VIII.02.02.015
podpery II.02.05.001
podpora rozvoja obce XI.02.04.006
podstava IV.02.03.005
podstavec na čítanie tory II.04.01.006
podstupnica VIII.06.01.005
podvod I.04.01.023
podvodný betón VI.05.01.043
podvojná farba V.04.02.002
podzemná garáž XII.06.01.025
podzemná stena VIII.01.09.005
podzemná voda VIII.01.04.010
podzemná voda IX.03.035
podzemná zóna IX.03.054
pohlcovač kmitania VII.07.035
pohlcovanie V.04.01.009
pohľad IV.02.01.008
pohľad zhora IV.02.01.017
pohľadové murivo VIII.02.03.017
pohľadový betón VI.05.01.021
pohoda (tepelná) IX.02.01.014
pohorie XI.01.01.015
pohotovostný sklad III.03.03.008
pohraničie XI.03.01.001
pohraničná oblasť XI.03.01.001
pohraničné mesto XI.04.01.011
pohraničné mesto II.05.02.007
pohrebná kaplnka XII.11.01.008
pohyblivé bremeno VII.03.033
pohyblivé schody VIII.06.02.004
pohyblivé schody XII.07.01.015
pohyblivé zaťaženie VII.03.033
pohyblivosť XI.05.01.046
pohyblivý chodník XII.06.04.021
pohyblivý chodník VIII.06.02.005
pohyblivý mechanizmus VII.01.020
pojazdná podložka formy X.04.018
pojazdná rozbrusovačka X.02.01.065
pojazdné debnenie X.03.02.018
pojímanie bývania I.02.03.023
pojmy III.03.01.
pokladničná hala XII.04.016
pokladničná zóna XII.03.02.016
pokles VIII.01.01.005
pokles podpery VII.03.051
pokojový zemný tlak VIII.01.08.004
pokrok I.01.104
pokrývač X.01.04.047
pokusné laboratórium XII.10.02.008
pokuta I.04.01.018
polárna metóda III.01.05.010
polárny moment zotrvačnosti VII.04.036
pole XI.01.03.005
polica XII.02.04.002
policajná budova XII.05.005
policajná stanica XII.05.006
policový systém XII.02.04.001
politúra VI.08.02.021
polícia XII.05.005
poloha V.02.04.002
poloha bremena VII.03.038
polohopis III.01.05.001
polohopisné meranie III.01.05.001
polohový plán IV.02.01.014
polokrížová väzba II.02.03.017
polomer IV.01.01.020
polomer dozvuku IX.01.02.009
polomer zotrvačnosti VII.04.039
poloparabolický priehradový nosník VII.02.05.007
polostĺp (v gotike) II.02.06.002
polostrov XI.01.01.005
polosúkromný priestor V.03.01.016
polotieň IV.02.04.014
polotuhý VIII.01.02.037
poloverejný priestor V.03.01.015
položenie základného kameňa X.01.05.011
polpriamka IV.01.01.004
polygonizácia III.01.05.008
polygónový bod III.01.02.002
polygónový priehradový nosník VII.02.05.014
polygónový ťah III.01.02.011
polymér VI.08.04..002
polystyrénbetón VI.05.01.032
poľnohospodárska oblasť XI.02.01.001
poľnohospodárska plocha XI.02.01.001
poľnohospodárska výroba XI.02.01.007
poľnohospodárske využitie XI.01.03.
poľnohospodársky dom II.04.05.002
poľnohospodársky závod XII.02.02.004
poľnohospodárstvo XI.02.01.005
poľnohospodárstvo XII.02.
poľnohospodárstvo XII.02.02.
poľný výskum I.02.04.003
poľská väzba II.02.03.020
pomerné predĺženie VI.09.013
pomerné stlačenie VII.04.008
pomerné zmraštenie VI.05.01.012
pomník II.06.01.001
pomník XII.06.01.045
pomocná projekcia IV.02.01.004
pomocné čiary V.02.05.006
pomocný stavebný robotník X.01.04.043
pomúrnica VIII.05.01.011
ponorný vibrátor X.02.02.034
ponuka X.01.01.011
ponuka I.04.03.002
ponuka I.05.04.007
pootočenie VII.04.068
pootočenie podpery VII.03.050
popis II.01.02.027
popis IV.03.02.002
poplatok I.05.01.010
poplatok za uzavretie zmluvy I.05.05.010
popolček VI.04.04.005
poprsník II.04.03.012
populárne umenie I.01.102
porfýr VI.01.02.018
poriadok I.01.091
porozumenie II.01.02.023
portál II.02.06.018
portálový stôl X.03.02.023
portlandský cement VI.04.03.009
poruchy X.01.06.013
poručníctvo I.05.02.010
porušenie omietky VI.06.01.005
posádkové mesto XI.04.01.012
poschodie II.02.04.046
poschodový rám VII.02.06.005
posilovňa XII.13.01.020
posluch※reň XII.10.01.016
postavenie I.03.024
postih za nedostatky X.01.06.008
postoj I.02.03.001
postoj (estetický) I.01.009
postup X.01.03.001
postup pootočenia uhlov VII.06.029
posudok I.01.077
posun VII.04.066
posuvné debnenie X.03.02.017
posuvné dvere VIII.03.01.013
posuvné kĺbové uloženie VII.01.021
posuvné krídlo VIII.03.02.036
posuvné meradlo X.02.01.087
posuvné okienko XII.04.010
pošta XII.04.004
poštový vlak XI.05.02.015
poter z tvrdých látok VI.06.06.006
potery VI.06.06.
potešenie (estetické) I.01.038
potok XI.01.01.040
potraviny XII.03.01.011
potreba I.02.02.005
potreba pracovného času X.01.05.019
potreba priestoru XI.05.01.044
potreba renovácie II.06.03.004
pouličná lampa XII.06.01.030
pouličné osvetlenie XII.06.01.029
použiť XII.01.01.004
používať XII.01.01.004
používať XII.01.01.006
povlaky VI.08.02.
povliekanie VII.02.10.002
povolenie I.04.02.005
povolenie k demolácii II.06.03.006
povrazisko XII.11.04.017
povrch V.02.02.011
povrchová plocha V.02.02.011
povrchová teplota IX.02.01.016
povrchová voda IX.03.041
povrchové odvodňovanie VIII.01.04.014
povrchový vibrátor VIII.01.05.005
povrchový vibrátor X.02.02.035
pozdĺžna os sústavy VII.01.017
pozdĺžna výstuž VIII.02.04.017
pozdĺžne stužidlo VIII.05.01.020
pozdĺžne súlodie II.04.01.018
pozdĺžny dom II.04.01.018
pozdĺžny rez IV.02.01.012
pozemková daň I.05.01.012
pozemková kniha I.04.05.009
pozemok XI.02.01.011
poznanie II.01.02.022
poznávanie I.02.02.006
pozornosť I.02.02.014
pozorovanie I.02.04.007
pozorovanie II.01.02.026
požiadavky na bývanie XI.04.03.010
požiarny zbor XII.05.020
požičovňa XII.11.02.014
požívať XII.01.01.005
pórovitosť VI.09.022
pôda XI.01.01.007
pôdna vlhkosť VIII.01.04.011
pôdny prieskum VIII.01.03.
pôdorys XI.06.015
pôdorysná dimetria IV.02.02.004
pôdorysná plocha XI.06.015
pôdorysné formy X.04.011
pôjd XII.08.05.039
pôjd II.02.04.047
pôrodná sála XII.12.02.012
pôrodnica XII.12.02.014
pôsobenie I.01.041
pôsobenie tepla IX.02.01.030
pôsobenie zvuku IX.01.01.002
pôsobisko sily VII.03.036
pôstna malta VI.06.01.001
pôvab I.01.034
pôvod I.01.093
pôvodná časť obce XI.02.02.001
pôvodný odpad III.03.02.002
pôžička I.05.05.020
pôžitok I.01.035
prachová zemina VIII.01.02.019
pracnosť X.01.05.022
pracovisko XII.02.01.026
pracovisko XII.02.03.013
pracovisko XII.11.02.021
pracovisko vybavené počítačom XII.02.01.024
pracovná kuchyňa XII.08.05.032
pracovná plošina X.03.02.002

pracovná rovnica VII.06.038
pracovné lešenie X.03.02.002
pracovné miesto XII.02.03.013
pracovné právo I.04.04.
pracovné spoločenstvo X.01.04.015
pracovný čas X.01.05.018
pracovný diagram VII.04.057
pracovný model IV.03.03. 015
pracovný priestor X.03.01.017
pracovný výkres IV.03.03. 002
pracovňa XII.08.05.015
pracovňa XII.10.01.014
prah II.02.04.031
prah V.02.07.005
prah VIII.03.01.004
prahornina VIII.01.02.024
prameň XI.01.01.039
prasačník XII.02.02.021
prasklina VI.03.01.018
pravda I.01.129
pravdivosť I.01.129
pravidelný XI.04.02.020
pravidelný tvar V.02.02.005
pravítko IV.04.02.001
pravouhlá metóda III.01.05.009
pravouhlé premietanie IV.02.01.
pravouhlý XI.04.02.022
pravouhlý element VII.01.025
pravouhlý priehradový nosník VII.02.05.016
pravouhlý prierez VII.01.024
pravouholník IV.01.01.026
pravý uhol IV.01.01.013
prax I.03.018
práca načierno I.04.04.007
práčovňa bielizne XII.12.02.021
práva vlastníka na vzdušný priestor nad pozemkom XI.06.044
právna ochrana I.04.01.025
právne podklady I.04.
právnické pojmy II.06.02.
právny zástupca I.04.01.007
právo I.04.01.001
prázdninové sídlo XI.02.03.006
pre deti XII.09.01.
pre mládež XII.09.02.
prebaľovací priestor XII.09.01.006
preberanie II.06.02.018
prechod XI.04.02.066
prechod XI.05.02.028
prechod priestorov XI.04.02.015
prechod tepla IX.02.02.006
prechod tepla IX.02.02.015
prechodnica III.01.02.013
prechodový tepelný odpor IX.02.02.011
precítenie I.01.043
predaj časopisov XII.03.02.018
predaj čerstvých potravín XII.03.02.014
predaj nápojov XII.03.02.017
predajná hodnota X.01.02.022
predajný stánok XII.03.01.006
predajňa XII.03.01.007
predajňa potravín XII.03.01.011
predák X.01.04.041
predbežná otázka stavebníka I.04.05.002
predbežná skúška X.01.01.014
predbežný plán IV.03.03. 002
preddavok I.04.04.004
predĺženie IX.02.01.003
predloha V.01.03.009
predložené schody XII.07.01.001
predĺženie VII.04.021
predmestie XI.03.03.001
predný pohľad IV.02.01.009
predpäté sklo VI.03.02.011
predpäté sklo VIII.02.05.003
predpätie VI.03.01.008
predpätie VIII.02.04.025
predpätý betón VI.05.01.035
predpätý betón VIII.02.04.
predpis I.04.02.002
predpis I.04.02.003
predpis I.04.02.004
predpis XI.04.03.002
predpis o usporiadaní II.06.02.002
predpis presného tvaru zástavby XI.06.040
predpisy zástavby XI.06.005
predpínacia oceľ VIII.02.04.004
predpínacia trasa VIII.02.04.032
predpínacia výstuž VIII.02.04.004
predpínacie laná VIII.02.04.028
predpínacie lano VII.02.04.009
predpokladané reálne náklady II.06.02.023
predpolie II.04.03.022
predsadená stena VIII.02.03.021
predsálie II.04.01.029
predsálie XII.11.04.029
predsieň XII.08.05.010
predsieň II.04.01.029
predsieň II.04.05.004
predstaviteľ stavby X.01.04.014
predstaviteľ verejných záujmov XI.04.03.009
predstierať V.01.02.013
prefabrikácia X.04.
prefabrikát X.04.019
prefabrikovaná malta VI.06.03.
prefabrikovaná výstavba VIII.02.07.017
prefabrikovaný stavebný dielec X.04.019
preglejka VIII.02.01.015
prehliadka III.01.01.004
prehliadka XII.11.03.015
prekážať XII.01.01.008
preklad VIII.03.01.003
preklad VIII.03.02.001
preklz kozlíka VIII.02.06.020
preklz tŕňa VIII.02.06.020
prekreslenie III.01.05.016
prekrývaný XI.04.02.024
prelamovaný nosník VII.02.02.004
prelamovaný nosník VIII.02.02.036
prelievaný betón VI.05.01.018
prelomenie VI.03.01.014
prelomenie X.05.003
prelomenie základu VIII.01.08.006
prelomený segmentový štít II.02.05.035
preloženie XI.04.03.025
preľudnenie XI.04.05.009
premena XI.04.02.065
premena V.02.06.007
premenlivá výška prierezu VII.02.02.020
premenlivé zaťaženie VII.03.002
premieňať V.01.02.008
premiestnenie II.06.03.016
premiestnenie VIII.02.06.029
premiestnenie XI.04.03.025
premietacia kabína XII.11.05.002
premietanie na dve priemetne IV.02.01.002
premietanie na jednu priemetňu IV.02.01.001
premietanie na viac priemetní IV.02.01.003
premlčanie I.04.01.022
prenajímateľ I.05.02.009
prenos tepla IX.02.01.007
prenos tepla IX.02.02.004
preparovacia komora X.02.02.011
preplátovanie VIII.02.01.022
preplátovanie II.02.04.013
prerazenie (otvoru) X.05.003
prerezávacia píla X.02.01.036
prerušované spriahnutie VIII.02.06.009
presakujúca voda IX.03.039
presídlenie XI.04.05.010
presná lata III.01.03.021
presnosť III.01.06.006
presný plán X.01.03.007
prestavba X.05.002
prestavba XI.04.03.018
prestávkový dvor XII.09.02.017
prestoj X.01.05.028
prestup tepla IX.02.02.006
prestup tepla IX.02.02.015
pretekárska dráha XII.13.04.001
pretekárska dráha XII.13.05.005
pretínanie napred III.01.05.012
pretvárna rovnica VII.06.008
pretvorenie VII.04.014
pretvorenie VII.04.016
pretvorenie III.01.06.005
prevádzkové náklady X.01.02.017
prevod I.02.03.009
prevozné schody XII.06.04.013
prevzatie I.04.03.003
prevzatie II.06.02.018
prevzatie stavby I.04.05.007
prevzatie stavby X.01.06.003
prevzdušňovacia prísada VI.05.03.002
prezentačný model IV.03.03. 016
prezliekáreň XII.02.01.015
prezliekáreň XII.13.01.022
prémia I.05.05.011
priama integrácia VII.07.008
priama ulica XI.04.02.030
priame osvetlenie V.04.01.004
priamka IV.01.01.006
priamkové vahadlové uloženie VIII.02.02.041
priamkové zaťaženie VII.03.023
priamočiare schodisko VIII.06.01.011
priamopásový priehradový nosník VII.02.05.023
priblíženie VII.06.002
priblíženie V.02.07.004
pridelenie I.05.05.016
priebeh X.01.05.002
priebeh (čiara) normálovej sily VII.03.009
priebeh (čiara) priečnej sily VII.03.043
priebeh momentov VII.03.041
priebeh normálovej sily VII.03.042
priebeh priečnej sily VII.03.044
priebeh ulíc XI.04.02.027
priebeh vnútornej sily v priereze VII.03.020
priebeh výstavby X.01.03.
priebežná (kontinuálna) výroba X.04.009
priebežná škárovitosť VIII.02.03.010
priechod XI.04.02.066
priechod XI.05.02.028
priechod pre chodcov XI.05.01.012
priechodná izba XII.08.05.005
priečelie IV.02.01.018
priečľa II.02.04.033
priečľa (okna) VIII.03.02.014
priečna deformácia VII.04.026
priečna kontrakcia VII.04.067
priečna os sústavy VII.01.037
priečna rozťažnosť VII.04.026
priečna sila VII.03.057
priečna výstuž VIII.02.06.025
priečne kmitanie VII.07.033
priečne krídlo II.04.01.019
priečne orientovaný dom so štítmi na pozdĺžnej strane sedlovej strechy VIII.05.04.003
priečne postavenie XI.04.02.063
priečne stuženie VIII.02.02.014
priečne stužidlo VIII.02.02.014
priečne súlodie II.04.01.019
priečne vetranie XII.08.01.005
priečnik VIII.03.02.014
priečny IV.01.01.029
priečny ohyb VIII.02.06.030

priečny rez	IV.02.01.013
priečny trám	II.02.04.033
priehlbeň	XI.01.01.025
priehradka	XII.04.010
priehradové nosníky	VII.02.05.
priehradový nosník	VII.02.02.019
priehradový nosník	VIII.02.02.037
priehradový oblúk	VII.02.03.014
priehradový rošt	VII.02.12.006
priehradový rošt	VIII.02.02.031
priehyb	VII.04.013
priekopa	II.04.03.009
prieliv	XI.01.01.034
priemer	IV.01.01.021
priemer prúta	VIII.02.04.016
priemetňa	III.01.06.009
priemetňa	IV.02.03.004
priemysel	XII.02.
priemysel	XII.02.03.
priemyselná oblasť	XI.03.01.010
priemyselná oblasť	XI.06.020
priemyselná zóna	XI.03.01.010
priemyselné mesto	II.05.02.011
priemyselný prístav	XII.06.03.004
priemyselný ráz krajiny	XI.01.02.004
priemyslové mesto	XI.04.01.008
priemyslové spôsoby stavania	VIII.02.07.
priepasť	XI.01.01.023
priepustnosť	VIII.01.02.044
priepustnosť žiarenia	IX.02.01.021
prierazná pevnosť	VI.03.01.012
prierez	VII.01.005
prierezová plocha	VII.04.012
prierezový modul	VII.04.046
prierezový modul v krútení	VII.04.064
prierezový moment	VII.03.021
priesečnica	IV.03.01.007
priesečník	IV.01.01.002
prieskum	III.01.01.006
priestor	I.01.121
priestor	V.03.
priestor plavčíka	XII.13.03.013
priestor na odpadky	XII.03.02.004
priestor pre batoľatá	XII.09.01.002
priestor pre signovanie	XII.11.02.018
priestor predaja	XII.03.02.005
priestor s typom správania sa	V.03.01.009
priestor v priestore	V.03.03.004
priestorová akustika	IX.01.02.
priestorová forma	V.02.02.004
priestorová napätosť	VII.04.061
priestorová oblasť	XI.04.02.004
priestorová rámová konštrukcia	VII.02.06.008
priestorová rovina	XI.04.02.005
priestorová spojitosť	XI.04.02.014
priestorová tesnosť	I.02.03.025
priestorová veľkosť	IX.01.02.012
priestorové centrum	XI.04.02.003
priestorové pôsobenie	IX.01.02.011
priestorové usporiadanie	V.01.01.001
priestorový efekt	IX.01.02.020
priestorový účinok	IX.01.02.011
priestorový vzper	VII.05.016
priesvitnosť	V.02.02.012
priesvitný papier	IV.04.01.001
prieťah	X.01.05.029
prievlak	VIII.02.07.006
prievlak	VIII.04.008
prievoz	XI.05.03.004
priezvučnosť	IX.01.02.019
prihadzovač (na dražbe)	X.01.01.013
prihlasovacie údaje obyvateľstva	III.02.02.003
prijatie	I.01.107
prijatie	I.04.03.003
prijatie do práce	I.04.03.009
prijímacia budova	XII.06.04.010
prijímacia izba	XII.04.011
prijímacie oddelenie	XII.12.02.001
prijímací priestor	XII.11.02.017
prijímač	III.01.03.019
primitívny	I.01.103
princíp virtuálnych posunov	VII.06.026
princíp virtuálnych síl	VII.06.027
princíp zapríčiniteľa	III.03.01.007
princípy urbanistického stvárnenia	XI.04.02.054
princípy usporiadania	V.02.06.
pripojenie nosníka	VIII.02.02.038
pripojovacia výstuž	VIII.02.04.013
pripomenutie	I.02.02.011
prirážka	X.01.01.016
prirodzená vlhkosť	VI.09.032
prispôsobenie	II.06.04.004
pristávacia dráha	XI.05.04.010
pristávacia dráha	XII.06.04.007
prisťahovanie	XI.04.05.011
prisvojovať	XII.01.01.003
privát	I.03.017
privátne právo	I.04.01.003
privátnosť	I.03.017
privlastňovať	XII.01.01.003
príchod	XII.06.04.027
príchod	V.02.07.007
príchodový terminál	XII.06.04.012
príčinnosť	II.01.01.009
prídavná voda	VI.05.01.016
prídavné zaťaženie	VII.03.001
príjazd	X.03.01.004
príjazd	XI.05.01.070
príjazd	XII.07.01.006
príjem	XII.02.01.020
príjem batožiny	XII.06.04.014
príjem (výdaj) kníh	XII.11.02.017
príjemca zákazky	I.04.03.004
príkaz	I.04.02.003
príkaz k výstavbe	XI.04.03.029
príkaz na údržbu	II.06.02.013
príklepové kladivo	X.02.01.005
príklop kladivkom	X.01.01.016
príložka	VIII.02.01.038
príložka	VIII.02.02.009
príložník	IV.04.02.003
príložník	IV.04.02.004
príložný vibrátor	X.02.02.033
príložný vibrátor k debneniu	X.02.02.037
prímes	III.03.01.008
príprava práce	X.01.03.018
príprava stavby	X.03.
prípravovňa krmív	XII.02.02.015
prípustná tolerancia	VI.09.018
príroda	I.01.089
prírodné kúpalisko	XII.13.03.003
prírodné materiály	VI.01.
prírodný kameň	II.02.01.002
prírodný ráz krajiny	XI.01.01.
prísady	VI.04.04.
prísady	VI.05.03.
prístavba	II.06.03.015
prístavba	XI.04.04.006
prístavná hrádza	XII.06.03.007
prístavné mesto	XI.04.01.009
prístavné mesto	II.05.02.006
prístavný verejný sklad	XII.06.03.013
prístavy	XII.06.03.001
prístroj na vynulovanie kmitania	VII.07.035
prístroje	III.01.03.
prízemie v divadle	XII.11.04.025
proces	X.01.05.006
proces	I.04.01.013
proces	X.01.03.001
Proctorova objemová hmotnosť	VIII.01.02.043
profil	IV.02.01.020
profilované stavebné sklo	VI.03.02.014
prognóza	X.01.03.002
program	XII.01.02.
program rozvoja obce	XI.02.04.005
projektovať	V.01.02.001
projektová štúdia	XI.04.03.021
prokurátor	I.04.01.008
proporcia	IX.01.02.017
proporcie	V.02.05.
prostredie	I.03.028
prostredie	III.03.01.010
prostý nosník	VII.02.02.016
protihluková ochrana	IX.01.01.027
protihluková ochrana	XI.05.01.056
protihluková stena	XII.06.01.017
protihluková stena	III.03.04.003
protikorózny náter	VI.08.02.007
protipožiarne sklo	VI.03.02.013
provizórne bývanie	XII.08.03.033
provokácia	I.01.105
prstencový kľúč	X.02.01.019
pružina	VII.01.031
pružinová tuhosť	VII.01.032
pružná deformácia	VI.09.028
pružná dĺžka	VII.01.009
pružné debnenie	X.03.02.021
pružné spojenie	VIII.02.06.004
pružné spriahnutie	VIII.02.06.004
pružné uloženie	VII.01.006
pružnosť	VI.09.005
pružnosť	VII.04.
pružný polpriestor	VII.01.008
pružný spoj	VII.01.007
prúdenie tepla	IX.02.01.010
prúdenie tepla	IX.02.02.007
prúdové lietadlo	XI.05.04.003
prút	VIII.02.04.014
prúty	VII.02.01.
prvá pomoc	XII.12.02.002
prvky	VIII.02.01.001
prvky	VIII.02.06.001
prvky komunikácie	V.02.07.
prvky sprístupnenia	VIII.06.
prvky sprístupnenia	XII.07.01.007
prvok matice	VII.06.023
psychiatrický ústav	XII.12.01.003
psychická porucha	I.02.03.035
psychologický vplyv farieb	V.04.02.018
psychológia	I.02.
psychológia životného prostredia	I.02.03.
publikum	I.01.106
puklina	VI.03.01.018
pult	XII.03.02.006
pult s mäsom	XII.03.02.008
pult s rybami	XII.03.02.009
pult s údeninami	XII.03.02.007
pult so syrmi	XII.03.02.012
puzolán	VI.04.04.008
púšť	XI.01.01.009
pútnická kaplnka	XII.11.01.007
pútnické mesto	XI.04.01.014
pútnický dom	II.04.02.004
pylón	VII.02.04.010
pylón	VIII.02.02.019
pyramída	II.02.06.027
pyrit	VI.01.01.006

R

rabicové pletivo	VI.06.02.006
racionalizácia	X.01.03.019
rad izieb (v hoteli)	XII.14.02.013
rad väzákov na stojato	II.02.03.015
radenie	XI.04.02.075
radiálne sprístupnenie	XII.07.02.004
radiálne-centrálna dispozícia	II.05.02.017
radnica	II.04.06.001

radnica XII.05.017
radový dom XII.08.03.006
rady V.02.03.
rafinéria XII.02.03.006
rakovinotvorný III.03.01.009
rampa VIII.06.02.001
rampa X.03.01.007
raňajková miestnosť XII.14.02.017
rapidograf IV.04.02.017
raster II.05.02.014
raster V.02.04.007
raster XI.04.02.029
rastlá usadenina VIII.01.02.004
rastlá zemina VIII.01.02.003
rastlé mesto II.05.02.001
rašelinisko XI.01.01.010
rákosové pletivo VI.06.02.003
rám VIII.02.07.007
rámová forma X.04.012
rámová forma s demonto-vateľným debnením okrajov X.04.013
rámová forma so sklopným debnením okrajov X.04.014
rámová priečľa VII.02.06.002
rámová stojka VII.02.06.003
rámové debnenie X.03.02.014
rámový roh VII.02.06.004
rámový stĺp VII.02.06.003
rámový stôl X.03.02.022
rámy VII.02.06.
rázová pevnosť VI.03.01.011
reakcia VII.03.040
rebierkový dierovaný plech VI.06.02.004
rebrík VIII.06.01.020
rebrík X.03.02.005
rebro VIII.02.06.026
rebrová kupola II.03.03.006
recepcia I.01.107
recepcia XII.14.02.008
receptúra muriva VIII.02.03.025
receptúra na prípravu malty VIII.02.03.006
recyklácia III.03.05.
redistribúcia síl VII.03.015
redukcia I.05.04.004
redukčná veta VII.06.028
redukčný tachymeter III.01.03.046
refektár II.04.02.007
reflektor III.01.03.052
reflektor IX.01.02.015
reflexia IX.01.01.014
reflexia IV.02.04.009
reflexná plocha V.04.01.008
regatová trať XII.13.03.020
regál XII.02.04.002
regionálne plánovanie XI.06.007
región XI.03.01.002
registratúra XII.04.029
regulácia hraníc XI.04.03.026
regulovateľná hlava kresliaceho zariadenia IV.04.03.003
rehabilitačné stredisko XII.12.01.004
reklama XII.06.01.031
rekognoskácia III.01.01.006
rekonštrukcia II.06.03.012
rekordovaná rímsa II.02.06.030
rektorát XII.09.02.016
rektorát XII.10.01.009
relatívna vlhkosť vzduchu IX.03.012
relaxácia VI.09.009
remorkér XI.05.03.003
renovácia XI.04.03.016
renovácia II.06.03.011
reprezentatívny III.02.02.016
reštaurácia II.06.03.010
reštaurácia XII.14.01.007
reštaurácie XII.14.01.
reštrukturalizácia XI.04.05.007
retardér VI.05.03.006
reťaz priestorov XII.07.02.009
reťazová píla X.02.01.066
reťazová väzba II.02.03.017
reťazovka VII.02.04.001
revitalizácia XI.04.04.005
revír V.03.01.010
revízny záznam X.01.06.005
rez IV.02.01.011
rezací horák X.02.01.068
rezač skla X.02.01.051
rezačka X.02.02.031
rezačka na betón X.05.011
reziduálne napätie VII.04.041
rezonancia VII.07.029
riaditeľstvo XII.04.025
riaditeľstvo XII.14.02.009
riadková zástavba XII.08.03.013
riadkové murivo II.02.03.011
riadkový harmonogram X.01.03.012
riečna a jazerná doprava XI.05.03.009
riečna vodná cesta XI.05.03.007
riečny ráz krajiny XI.01.01.030
riedidlo VI.08.02.030
rieka XI.01.01.041
rieka XI.05.03.005
rikša XI.05.01.026
Ritterova priesečná metóda VII.02.05.011
rituálny kúpeľ II.04.01.007
rizalit II.04.04.002
rímsa II.02.05.017
rímsa II.02.06.009
rímska škridla VI.02.03.007
rímsový výstupok II.02.05.015
robenie prieskumu VIII.01.03.001
robiť XII.01.01.001
robiť koláž V.01.02.007
robotnícky domov XII.08.03.030
robotník I.03.054
rodina I.03.067
rodinný dom XII.08.03.001
roh V.02.02.010
rohová veža II.04.04.008
rohový stĺp II.02.04.025
rohový tlak VII.04.010
rohož VIII.02.04.002
rohož zo sklených vláken VI.03.02.009
roklina XI.01.01.023
rola I.03.032
roleta VIII.03.02.038
rolovacia brána VIII.03.01.019
rolovacia plocha XI.05.04.012
roľa XI.01.03.003
roľnícka obec XI.02.03.001
roľnícke gazdovstvo XI.02.01.006
roštová konštrukcia VII.02.12.003
rotačná zotrvačnosť VII.07.031
rotačný laserový prístroj III.01.03.018
rotolaser III.01.03.018
rovina XI.01.01.011
rovina prierezu VII.01.023
rovinná napätosť VII.04.034
rovinný priehradový nosník VII.02.05.013
rovinný vzper VII.05.015
rovnica lana VII.02.04.005
rovnobežky IV.01.01.007
rovnomerné zaťaženie VII.03.023
rovnomerné zaťaženie VII.03.060
rovnomerný tvar V.02.02.005
rovnováha VII.01.010
rovnovážna podmienka VII.01.011
rovnovážna podmienka VII.03.012
rovnovážny stav VII.01.010
rovný XI.01.01.049
rovný strop VIII.04.004
rozborenie X.05.014
rozbrusovačka X.02.01.064
rozčlenenie XI.04.02.055
rozdelenie kontinua VII.06.007
rozdelenie napätia (tlaku) v základovej škáre VIII.01.01.010
rozdelenie zemného tlaku VIII.01.08.003
rozdiel I.03.047
rozdvojenie XI.05.01.078
rozetové okno II.02.06.031
rozhlasový vysielač XII.11.05.003
rozhodnutie I.04.01.015
rozhodujúci deň I.05.05.018
rozhovor I.02.04.006
rozloženie vlhkosti IX.03.002
rozmanitosť XI.04.02.070
rozmanitý XI.01.01.052
rozmerová tolerancia III.01.06.004
rozmiestnenie kozlíkov VIII.02.06.018
rozmiestnenie tŕňov VIII.02.06.018
roznášanie III.03.01.006
rozpad II.01.01.008
rozpadávanie II.06.03.001
rozpätie VII.01.030
rozpera VII.02.05.018
rozpera VIII.05.01.016
rozpera II.02.04.029
rozpera X.03.02.010
rozpierka VIII.02.04.020
rozpínanie VI.09.008
rozpínanie IX.02.01.002
rozpočet I.05.01.004
rozpočet nákladov I.05.04.012
rozptýlená dedina II.05.01.001
rozptýlené svetlo IV.02.04.010
rozpúšťadlo VI.08.02.024
rozrastené jadro obce XI.02.02.002
rozsiahly XI.01.01.050
rozsiahly priestor XI.04.02.010
rozsudok I.04.01.016
rozšírenie III.03.01.006
rozšírenie stavby X.05.001
rozšírenie stavby XI.04.03.017
rozštiepenie X.05.013
roztlčenie X.05.014
rozťažnosť IX.02.01.003
rozvetvenie XI.05.01.078
rozvinúť V.01.02.003
rozvoj I.03.042
rozvoj II.01.01.007
rozvoj mesta XI.04.05.
rozvoj obce XI.02.04.002
rozvoj terciálnej sféry XI.04.05.005
rôzne pojmy III.01.01.
rôznorodosť XI.04.02.069
ručenie X.01.06.012
ručenie I.04.03.006
ručný vozík XI.05.01.014
ruina II.06.03.003
rula VI.01.02.010
rušeň X.02.03.012
rúra VIII.02.02.010
rúrka VIII.02.02.010
rúrková libela III.01.03.027
rúrová libela III.01.03.027
rúrová pilóta VIII.01.07.005
rúrové kliešte X.02.01.011
rybárska obec XI.02.03.003
rybina II.02.04.015
rybinový čap II.02.04.015
rybník XI.01.01.038
ryolit VI.01.02.021
ryskový kríž III.01.03.031
rysovacia doska IV.04.03.002
rysovacie náradia IV.04.02.
rysovací trojuholník IV.04.02.005
rysovňa XII.09.02.010
rysovňa XII.10.01.020
rytmický rad V.02.03.005
rytmus V.02.06.005
rytmus X.01.05.004
rytmus XI.04.02.067
rýchlosť XI.05.01.052
rýchlosť kmitania VII.07.016
rýľ X.02.01.039

rýpadlo X.02.03.021

S

sadanie VIII.01.01.005
sadra VI.04.01.
sadrokartónová doska VI.08.05..001
sadrová doska VI.08.05..004
sadrová malta VI.06.05.007
sadrová omietka VI.04.01.002
sadrová omietka stiahnutá lyžicou VI.06.05.013
sadrová tvarovka VI.08.05..006
sadrovec VI.01.01.004
sadrovec VI.01.02.013
sadrovláknitá doska VI.08.05..002
sadrový blok VI.08.05..005
sadrový prefabrikát VI.08.05..007
sakrálne budovy II.04.01.
sakrálne stavby XII.11.01.
sakristia II.04.01.026
samoobslužná predajňa XII.03.01.012
samostatne pracujúci I.05.03.001
samostatne stoiaca kostolná veža II.04.01.033
samota II.05.01.003
sanačná technika III.03.04.002
sanačné územie XI.04.04.012
sanačný plán III.03.04.001
sanatórium XII.12.01.005
sanácia XI.04.04.008
sanácia III.03.04.
sanácia obce XI.02.04.001
sanácia objektov XI.04.04.010
sanácia plôch XI.04.04.009
sanie vetra VII.03.067
satelit VIII.05.04.006
satelitné mesto XI.03.02.007
satelitový tanier VIII.05.04.006
sauna XII.13.03.004
sála II.04.01.013
sála kapituly II.04.02.009
sálanie IX.02.01.018
sánkárska dráha XII.13.02.005
scéna XII.11.04.011
schéma III.01.04.006
schéma usporiadania výstuže VIII.02.04.007
schod VIII.06.01.001
schodisko VIII.06.01.019
schodisko XII.07.01.008
schodisko XII.07.01.009
schodisková veža II.04.04.009
schodiskový nosník VIII.06.01.006
schodiskový stupeň VIII.06.01.004
schodište VIII.06.01.019
schodište XII.07.01.009
schodnica VIII.06.01.006
schody VIII.06.01.
schody XII.07.01.008
schránka tory II.04.01.005
schválenie I.04.02.006
sebaohodnotenie I.02.03.014
sedliacka usadlosť XII.02.02.002
sedliacka usadlosť s chovom dobytka XII.02.02.003
sedliacky dvor XII.02.02.002
sedlová škrupina VII.02.08.006
segment IV.01.01.024
segmentový štít II.02.05.034
segregácia I.03.033
sekáč X.02.01.027
sekera X.02.01.007
sekretariát XII.04.024
selekcia I.03.034
seminárna miestnosť XII.10.01.018
semiológia II.01.02.009
senník XII.02.02.014
sentimentálny I.01.117
serpentín VI.01.02.025
severné svetlo XII.11.03.019
shedové okno VIII.03.02.029
siderit VIII.01.02.012
sieň II.04.01.013
sieň II.04.05.004
sietnicová perspektíva IV.02.03.014
sieť V.02.04.005
sieť XI.04.02.028
sieť z betonárskej ocele VIII.02.04.002
sieťová klenba II.03.02.008
sieťový plán X.01.03.008
sieťový graf X.01.03.008
sieťový graf činností X.01.03.011
sieťový plán činností X.01.03.011
sila VII.03.014
sila I.03.014
silážne zariadenie XII.02.02.019
silo X.02.02.021
silo XII.02.02.019
silo XII.02.04.005
silo na cement X.03.01.022
silová metóda VII.06.013
silový obrazec VII.02.05.008
silueta XI.04.02.080
sily VII.03.
sily v priereze VII.03.
simulácia I.02.04.008
simulovať V.01.02.013
singularita II.06.01.026
sirotinec XII.08.03.024
situačná viazanosť II.06.04.002
situačný plán IV.02.01.014
situácia XI.04.02.036
sídelné mesto II.05.02.009
sídla XI.03.02.
sídlo firmy XII.04.003
sídlo pre robotníkov XI.03.02.002
sídlo pre úradníkov XI.03.02.004
sídlo pre zamestnancov XI.03.02.003
sírna železná ruda VI.01.01.006
skala VIII.01.02.023
skala XI.01.01.021
skelet II.02.04.019
skeletová konštrukcia VIII.02.07.001
skica IV.03.03. 001
sklad X.03.01.025
sklad XII.02.04.001
sklad XII.11.02.015
sklad XII.11.03.010
sklad náhradných dielcov XII.02.04.002
sklad slamy XII.02.02.014
skladacie dvere VIII.03.01.014
skladacie meradlo III.01.03.002
skladací drevený meter III.01.03.002
skladací meter X.02.01.091
skladisko X.03.01.026
skladový priestor XII.03.02.002
sklady XII.02.04.
skládka X.03.01.028
skládka III.03.03.006
sklápacia forma X.04.015
sklápacie dvere VIII.03.01.012
sklená stavba VIII.02.05.
sklená tabuľa VI.03.02.001
sklená tabuľa VIII.02.05.001
sklená vata VI.08.03.007
sklenársky tmel VI.08.02.017
sklené tvarovky VI.03.02.015
sklené vlákno VI.03.02.007
skleník II.04.04.010
skleník XII.02.02.017
sklený nosník VIII.02.05.006
sklo VI.03
sklo s drôtenou vložkou VI.03.02.010
sklobetónová stena VIII.02.05.007
sklonomer III.01.03.035
sklopné okno VIII.03.02.033
sklz VIII.01.01.006
skĺzadlo XII.13.03.019
skoba VIII.02.01.033
skokanská veža XII.13.03.010
skokanský bazén XII.13.03.011
skokanský mostík XII.13.02.006
skondenzovaná voda IX.03.017
skonto I.05.04.006
skosenie II.02.04.014
skraper X.02.02.023
skrátená stropnica VIII.05.01.022
skrátenie VII.04.052
skrátený trám VIII.05.01.022
skreslenie IV.02.01.005
skrinka na náradie X.02.01.029
skrinky na batožinu XII.06.02.018
skriňová forma X.04.017
skrutka X.02.01.083
skrutka VIII.02.01.031
skrutka do dreva s hmoždinkou X.02.01.084
skrutkovač X.02.01.023
skrutková pilóta VIII.01.07.006
skrutková rozpera X.02.01.077
skrutkové zvieradlo X.02.01.054
skrutkový spoj VIII.02.02.053
skupina I.03.066
skupina pilót VIII.01.07.009
skupina používateľov III.02.02.022
skupinová forma X.04.016
skupiny priestorov V.03.03.
skúmanie I.02.04.001
skúsenosť I.02.02.008
skúška X.01.01.015
skúšobná kabína XII.03.02.015
skúšobné javisko XII.11.04.012
skúšobné laboratórium XII.10.02.008
skúšobňa XII.02.01.036
skúšobňa XII.11.04.022
skúter XI.05.01.031
skvost I.01.033
slávnostná sála XII.10.01.021
slávnosť I.01.013
slávnosť pri dosiahnutí vrcholu stavby X.01.05.017
sled (usporiadanie) miestností XII.07.02.008
sled priestorov XI.04.02.016
sledovanie III.03.05.001
slepá ulica XI.05.01.077
slepé okno II.02.06.032
slieň VIII.01.02.011
sloboda I.03.013
slobodáreň XII.08.03.023
sluch IX.01.02.021
sluchové pole IX.01.02.026
slum XI.03.02.010
služba I.05.03.009
služobná miestnosť XII.10.01.014
sľuda VI.01.01.005
smer V.02.07.003
smer difúzie IX.03.026
smer hlavnej krivosti VII.04.037
smer svetla IV.02.04.008
smer zaťaženia VII.03.027
smernice I.04.02.001
smerný čas X.01.05.023
smerný územný plán XI.06.003
smerovaný priestor XI.04.02.012
smerové odklonenie XI.04.02.059
smeti III.03.01.004
smola VI.08.01.004
smrť I.02.01.007
socha I.01.114
socha XII.06.01.044
sochor X.02.01.042
socializácia I.03.004
sociálna bytová výstavba XII.08.02.005
sociálna hustota I.02.03.025
sociálna interakcia I.02.03.008
sociálna kartotéka III.02.02.002
sociálna mobilita I.03.035
sociálna psychológia I.02.03.
sociálna štruktúra I.03.064
sociálna štruktúra III.02.02.006

sociálna zodpovednosť I.05.01.014
sociálne porovnanie I.02.03.011
sociálne prostredie V.03.01.004
sociálne správanie I.02.03.033
sociálny plán III.02.02.019
sociálny plán XI.04.04.013
sociálny priestor XII.02.01.013
sociálny priestor V.03.01.013
sociológia I.03.
sokel II.02.05.007
sondovanie VIII.01.03.003
spací kút II.04.05.007
spaľovanie odpadkov III.03.03.004
spaľovňa odpadkov XII.02.03.011
spád III.03.01.003
spádová oblasť III.02.02.029
spádová voda IX.03.037
spájací koridor XII.06.02.015
spálňa XII.08.05.023
spálňa hradu II.04.03.020
spektrálna farba V.04.02.004
spektrum IV.02.04.005
spektrum odozvy VII.07.030
spenená troska VI.04.04.006
spevňovanie zeminy III.03.04.008
splatenie I.05.05.022
splavná vodná cesta XI.05.03.007
splátka I.05.04.005
splnomocnenie I.04.01.009
spodná stavba III.03.04.004
spodná voda VIII.01.04.010
spodná voda IX.03.035
spodné krídlo VIII.03.02.016
spodný izolačný pás VIII.05.01.036
spodný pás VII.02.05.001
spoje VIII.02.02.049
spojenia VIII.02.02.049
spojenie VIII.02.07.010
spojenie V.02.04.004
spojenie XI.04.02.056
spojenie (súdržnosť) lepením VIII.02.06.006
spojenie predpínacím prvkom VIII.02.04.029
spojenie priľnavosťou VIII.02.06.005
spojité zaťaženie VII.03.011
spojitý kĺbový nosník VII.02.02.011
spojitý nosník VII.02.02.005
spojitý nosník VIII.02.02.033
spojivá VI.04.
spojnica III.01.06.010
spojovacia čiara III.01.06.010
spojovacia kotva VIII.02.06.024
spojovacia tvarovka VII.02.04.002
spojovacie kotvenie VIII.02.06.024
spojovacie prostriedky II.02.04.006
spojovacie prostriedky drevených konštrukcií VIII.02.01.020
spojovací plech VIII.02.02.013
spojovací plech VIII.02.02.012
spojovací priestor V.03.03.003
spolková cesta XI.05.01.066
spoločenská miestnosť X.03.01.014
spoločenská miestnosť XII.02.01.018
spoločenská zodpovednosť I.05.01.014
spoločenstvo I.03.002
spoločenstvo bývajúcich XII.08.03.019
spoločenstvo ľudí XII.08.03.018
spoločná oblasť XII.01.02.006
spoločná zóna XII.01.02.006
spoločnosť I.01.120
spoločnosť I.03.001
spoločnosť podľa občianskeho práva I.05.03.004
spoločnosť pracujúcich X.01.04.027
spoločnosť s ručením obmedzeným (s.r.o.) I.05.03.003
spoľahlivosť III.01.06.008
spomaľovač VI.05.03.006
spomienka I.02.02.011
spona VIII.02.01.024
sporiteľňa I.05.05.002
sporiť I.05.05.005
spotreba I.01.019
spotreba tepla IX.02.01.031
spôsob života I.03.027
spôsob výmeny XI.04.03.028
spôsob výstavby z prefabrikovaných priestorových buniek X.04.005
spôsoby stavania VIII.02.
spracovanie informácií I.02.02.019
spracovanie úlohy na vlastnú zodpovednosť X.01.04.032
spracovateľnosť VI.09.015
spraš VIII.01.02.009
sprašová hlina VIII.01.02.010
správa X.01.04.011
správa XII.10.01.013
správanie sa I.02.02.001
správanie sa v byte XII.08.01.007
správať sa XII.01.01.002
správcovstvo I.05.02.010
správne mesto II.05.02.012
správne mesto XI.04.01.010
sprcha XII.08.05.030
spriahnutá doska VIII.02.06.014
spriahnutá konštrukcia VIII.02.06.
spriahnutá konštrukcia VIII.02.06.011
spriahnutie VIII.02.07.010
spriahnutý nosník VIII.02.06.012
spriahnutý stĺp VIII.02.02.018
spriahnutý stĺp VIII.02.06.013
spriahovací prostriedok VIII.02.06.015
sprístupnenie XII.07.
spustnutie II.06.03.002
stabilita VI.09.012
stabilita VII.05.
stabilita VII.05.020
stabilita VIII.01.01.012
stabilita VIII.01.08.
stabilitný problém VII.05.021
stabilizátor VI.05.03.008
stan II.02.02.004
stan XII.08.03.036
stanica metra XII.06.02.004
staničná hala XII.06.02.014
staničná reštaurácia XII.06.02.017
stanovisko I.02.03.001
stanovisko III.02.02.030
stanovisko IV.02.03.002
stará časť obce XI.02.02.001
stará ekologická záťaž III.03.02.002
staré mesto XI.03.03.010
staré zariadenie III.03.02.006
staroba I.02.01.005
starobinec XII.08.03.028
starý odpad III.03.02.002
staticky neurčitý VII.01.035
staticky určitý VII.01.034
statický V.03.02.001
statický moment VII.04.054
statický moment plochy VII.04.022
statív III.01.03.024
status I.03.024
Staussove pletivo VI.06.02.005
stav III.01.07.001
stav budovy III.01.01.002
stav prác X.01.05.008
stav údržby III.01.07.003
stavadlo XII.06.02.012
stavby pre kultúru XII.11.
stavby pre šport a voľný čas XII.13.
stavbyvedúci I.05.03.010
stavbyvedúci X.01.04.038
stavebná čiara XI.06.009
stavebná guľatina VIII.02.01.009
stavebná jama VIII.01.04.
stavebná kontrola X.01.06.002
stavebná oceľ VIII.02.02.001
stavebná pamiatka II.06.01.010
stavebná polícia I.04.05.006
stavebná sporiteľňa I.05.05.004
stavebné dokumenty I.04.05.008
stavebné hospodárstvo I.05.01.015
stavebné náklady X.01.02.014
stavebné pojmy II.06.03.
stavebné povolania X.01.04.037
stavebné povolenie I.04.05.004
stavebné právo I.04.05.
stavebné rezivo VIII.02.01.010
stavebné stroje X.02.02.
stavebné vápno VI.04.02.001
stavebné vybavenie X.02.
stavebné zmeny X.05.
stavebník X.01.01.023
stavebník I.04.03.010
stavebnoprávny poriadok I.04.05.005
stavebný dozor I.04.05.010
stavebný dozor X.01.06.001
stavebný fond III.01.01.001
stavebný kontejner X.03.01.010
stavebný odpad X.05.005
stavebný odpad III.03.02.004
stavebný pozemok VIII.01.04.002
stavebný uzáver I.04.02.008
stavebný vozík X.03.01.008
stavebný výskum II.01.02.011
stavebný zákon I.04.05.005
stavebný zákon XI.06.001
stavenisko X.03.01.
staveniskové výroba X.04.007
stavomietky) III.01.07.004
stála výstava XII.11.03.021
stále zaťaženie VII.03.035
stálosť VI.09.012
stánok XII.03.01.014
stena VIII.02.03.012
stena s oknami nad bočnou loďou baziliky II.02.06.008
stena z vŕtaných pilót VIII.01.09.004
stenová stojka II.02.04.027
stenový panel VI.08.05..003
step XI.01.01.008
step XI.01.03.006
stereometria IV.01.02.
stieradlo X.02.01.046
stierka X.02.01.045
stierka VI.06.04.003
stierková malta VI.06.04.003
stierková sadra VI.04.01.003
stlačenie pôdy VIII.01.06.001
stlačený vzduch X.02.02.013
stĺp VIII.02.07.002
stĺp II.02.04.023
stĺp II.02.05.002
stĺp na naliepanie plagátov XII.06.01.041
stĺpik XII.06.01.040
stĺpik II.02.04.021
stĺpik VIII.05.01.017
stĺpik (okenný) VIII.03.02.013
stĺpik stolice II.02.04.028
stĺpové debnenie X.03.02.019
stĺpy VIII.02.02.015
stodola II.04.05.010
stodola XII.02.02.012
stojan na bicykle XII.06.01.019
stojatá stolica VIII.05.01.004
stojaté okno VIII.03.02.024
stojka VII.02.01.005
stojka VII.02.05.015
stojka VIII.05.01.017
stojka II.02.04.022
stolár X.01.04.045
stolár XII.02.01.007
stolárska dielňa XII.02.01.007
stolárstvo XII.02.01.007
stopa XI.05.01.089
stôl na balenie XII.03.02.011
strach I.02.03.032
strata sluchu IX.01.02.023

stratené debnenie X.03.02.024
strážny dom XII.06.02.013
strechy VIII.05.
stred šmyku VII.04.048
stredisko mestskej časti XII.11.04.008
stredisko pre squash XII.13.01.007
stredisko pre vyšší stupeň XII.09.02.004
stredná loď II.04.01.016
stredne hutný VIII.01.02.033
stredný deliaci pás XI.05.01.092
stredohorie XI.01.01.014
stredoveké mesto II.05.02.001
strelnica XII.13.05.001
stres z prostredia I.02.03.030
strešná krytina VIII.05.01.034
strešné konštrukcie VIII.05.01.
strešný plášť VIII.05.01.033
striekacia pištoľ IV.04.02.018
striekajúca voda VIII.01.04.012
striekaná omietka VI.06.05.017
striekaný betón VI.05.01.026
strielňa II.04.03.013
strihačka X.02.02.031
strmeň VII.02.10.008
strmienková výstuž VIII.02.04.009
stroj na zemné práce s plytkým záberom X.02.03.026
strojná omietačka X.02.02.030
strojová skrutka so šesťhrannou maticou X.02.01.085
strojovňa XII.02.01.031
strop klenutý do rebier II.03.01.003
stropná dutinová keramická tvarovka VI.02.02.007
stropná tvarovka VI.02.02.005
stropnica VIII.04.007
stropnica VIII.05.01.014
stropnica uložená na vnútornej stenovej priečke VIII.05.01.023
stropný nosník VIII.04.007
stropný trám VIII.05.01.014
stropy VIII.04.
studená farba V.04.02.022
"studená strecha" dvojplášťová VIII.05.01.033
studňový drapák X.02.02.045
stupeň VIII.06.01.001
stupeň bezpečnosti VII.01.029
stupeň odrazu IX.01.02.007
stupeň spriahnutia třmi VIII.02.06.023
stupeň ukončenia X.01.05.012
stupeň účinnosti IX.01.02.006
stupeň voľnosti VII.06.004
stupeň zvukovej pohltivosti IX.01.02.005
stupňovanie XI.04.02.068
stupňovitý portál II.02.06.019
stuženie VII.02.05.002
stuženie VIII.02.07.009
stužidlo VII.02.05.002
stužujúca stena VII.02.11.007
styčník VII.02.09.003
styčníková doska s třmi VIII.02.01.030
styčníkové bremeno VII.03.022
styk výstuže VIII.02.04.012
styková križovatka XI.05.01.082
sťažnosť I.04.01.012
subjekt I.02.03.015
subkultúra I.01.123
subpodnikateľ X.01.04.006
subtraktívne miešanie farieb V.04.02.013
suburbanizácia XI.04.05.003
subvykonávateľ X.01.04.006
suchá betónová zmes VI.05.01.038
suchá malta VI.06.03.001
suchá zóna IX.03.056
suchý betón VI.05.01.038
suchý dok XII.06.03.011
suchý sklad XII.02.04.004
sudca I.04.01.006
supermarket XII.03.01.013
superpozícia zaťaženia VII.03.048
surová oceľ VI.07.01.007
sused I.03.070
susedné priestory V.03.03.001
suť X.05.005
súbor II.06.01.013
súbor III.02.02.008
súčasníci V.03.01.004
súčiniteľ bezpečnosti VII.01.029
súčiniteľ dotvarovania VI.05.01.007
súčiniteľ podložia VIII.01.01.003
súčiniteľ prestupu tepla IX.02.02.012
súčiniteľ rozťažnosti VII.04.007
súčiniteľ spolupôsobenia VIII.01.01.003
súčiniteľ tepelnej vodivosti IX.02.02.010
súčiniteľ teplotnej vodivosti IX.02.02.031
súčtový tvar V.02.02.007
súd I.04.01.010
súdna budova XII.05.007
súdna príslušnosť I.04.01.011
súdne konanie I.04.01.010
súdržná zemina VIII.01.02.021
súdržnosť VI.09.002
súdržnosť VIII.01.02.041
súdržnosť trením VIII.02.06.007
súhlas I.04.02.005
súhrnné umelecké dielo I.01.071
súkromie V.03.01.006
súkromný (privátny) priestor V.03.01.017
súmernosť V.02.06.002
súradnicová sieť II.05.02.014
sústava klenbových polí II.02.06.015
sústava lineárnych rovníc VII.06.018
súš XI.01.01.001
súťaž X.01.01.008
súťaž I.05.01.016
súvislosť II.01.01.012
súvislosť foriem II.06.04.001
súvislosť stvárnenia II.06.04.001
svah VIII.01.04.009
svätyňa XII.11.01.001
svetelný dopad V.04.01.011
svetelný efekt V.04.01.013
svetelný zdroj V.04.01.001
svetlík VIII.03.02.018
svetlík XII.11.03.016
svetlík na kupole II.02.06.029
svetlík na kupole II.03.03.008
svetlo IV.02.04.
svetlo V.04.01.
svetlo a farba V.04.
svetlosť IV.02.04.006
sviatok I.01.013
svorník VIII.02.01.027
svorníkový spoj VIII.02.02.054
syenit VI.01.02.027
symbol I.01.125
symbol V.01.03.004
symbolika farieb V.04.02.023
symetria V.02.06.002
symetria XI.04.02.076
synagóga XII.11.01.003
synagóga II.04.01.002
syntetické lepidlo VI.08.02.029
syntetický náter VI.08.02.027
syntetický tmel VI.08.02.028
sypká zemina VIII.01.02.028
sypký materiál VIII.01.02.027
systém I.01.126
systém I.03.006
systémovo riadené spracovanie úloh X.01.04.036
sýpka II.04.06.002
sýtosť V.04.02.025

Š

šablóna IV.04.02.007
šatník II.04.02.011
šatňa XII.08.05.011
šatňa XII.13.01.022
šatňa pre účinkujúcich XII.11.04.021
šev VII.02.10.009
šev VIII.02.02.056
šikmá rampa VIII.06.02.002
šikmá stojka VIII.05.01.018
šikmá výstuha VIII.05.01.018
šikmé lano VII.02.04.008
šikmý ohyb VII.04.053
široká oceľ VI.07.01.006
široký XI.01.01.050
šírenie zvuku IX.01.01.004
šírka pásu matice VII.06.003
škaredosť I.01.133
škára II.02.03.004
škára VIII.02.03.007
škárovacia sadra VI.04.01.005
škoda I.05.01.018
škoda X.01.06.010
škody III.03.01.012
školská družina XII.09.01.003
školský dvor XII.09.02.017
škrabaná omietka VI.06.05.015
škrabák X.02.02.023
škrabka X.02.01.046
škridla VI.02.03.
škridlová doska VI.02.03.009
škrupinový oblúk VII.02.03.011
škrupiny VII.02.08.
šmyk VII.04.047
šmyk VIII.01.01.006
šmyková oblasť VIII.02.04.021
šmyková sila VII.03.057
šmyková výstuž VIII.02.04.019
šmykové napätie VII.04.051
šmykové napätie v krútení VII.04.065
šmykový tok VII.04.049
šnúra III.01.02.015
šnúrový príložník IV.04.03.004
šopa XII.02.02.013
špachtľa X.02.01.045
špajza XII.08.05.035
špaletové okno VIII.03.02.022
špeciálne laboratórium XII.10.02.004
špeciálny odpad III.03.03.003
špecifická hmotnosť VI.09.021
špecifická tepelná piechodnosť IX.02.02.016
špecifické teplo IX.02.01.029
špecifický pamiatkový význam II.06.02.007
špedícia XII.06.01.013
špirálový vrták X.02.01.058
športová hala XII.13.01.005
športové ihrisko XII.13.01.001
šrafovanie IV.03.01.011
štadión XII.13.01.002
štart X.01.05.009
štartovacia dráha XI.05.04.011
štartovacia plocha pre rakety XII.06.04.004
štatistické podklady III.02.02.007
štatistický úrad III.02.02.001
štatút XI.04.03.002
štát a mesto XII.05.
štátna cesta XI.05.01.066
štátna prémia I.05.05.012
štátny zástupca I.04.01.008
štetec IV.04.02.015
štetec X.02.01.048
štetovnicová stena VIII.01.09.002
štiepanie X.05.013
štíhlosť VII.05.019
štíhlosť rebra VIII.02.06.027

štípacie kliešte X.02.01.008
štípacie kliešte X.02.01.017
štít XI.01.01.017
štít VIII.05.01.007
štít II.02.05.032
štít debnenia X.03.02.007
štítové kotvenie VIII.05.01.026
štítový trám VIII.05.01.028
štrajk I.04.04.006
štrbina II.02.03.004
štrk VI.04.04.003
štrk XI.05.01.095
štrkopiesok VI.04.04.007
štrkopiesok VIII.01.02.017
štrkopiesok VI.01.02.012
štrková vrstva VIII.01.02.029
štrukturálny plán X.01.03.010
štruktúra I.03.007
štruktúra XI.04.02.052
štruktúra bývania III.02.02.005
štruktúra obce XI.02.02.003
štruktúra obyvateľstva III.02.02.004
štruktúra potrieb III.02.02.024
štruktúra steny II.02.
štruktúra zásobovania III.02.02.023
štruktúrna analýza II.01.02.015
štruktúry V.02.04.
študentský domov XII.08.03.027
študijná knižnica XII.11.02.003
študovňa XII.11.02.007
študovňa s multimediálnym vybavením XII.10.01.023
štuka VI.06.05.004
štukatérska sadra VI.04.01.007
štuková malta VI.06.05.
štúdia I.02.04.001
štúdio XII.10.01.019
štvorcový prierez VII.01.033
štvorec IV.01.01.027
štvorsten IV.01.02.002
štvrť XI.03.03.005
štvrť chudobných XI.03.03.007
štvrť úbohých XI.03.03.007
štýl vedenia X.01.04.028

T

tabuľa dopravnej značky XII.06.01.027
tabuľa s názvom ulice XII.06.01.028
tabuľka IV.03.02.003
tachymeter III.01.03.047
tachymeter so základnicou v prístroji III.01.03.050
tachymetria III.01.05.003
talent I.01.127
tambur II.03.03.007
tandem XI.05.01.025
tanečná sála XII.14.03.004
tangenciálna sila VII.03.052
tangenta IV.01.01.023
tarifa I.05.05.009
taška VII.02.10.008
taxík XI.05.01.040
technické pojmy VI.03.01.
technické pojmy VI.05.01.
technické pojmy VI.06.01.
technický stav budovy III.01.01.002
techniky zobrazovania IV.03.
tečenie VI.09.004
tehla II.02.01.006
tehla VI.02.02.
tekutá prísada VI.05.03.005
tekutosť VI.09.006
tekutý VI.05.02.001
tekutý VIII.01.02.036
telefón núdzového volania XII.06.01.015
teleológia II.01.01.010
teleskopické meradlo III.01.03.005
teleso IV.01.02.001
televízny vysielač XII.11.05.004
telocvičňa XII.09.02.021
telocvičňa XII.13.01.009
telocvičňa XII.14.03.002
tenisové zariadenie XII.13.01.010
tenkostenný (ľahčený) profil VIII.02.02.008
tenký plech VI.07.01.017
teodolit III.01.03.037
teoretické pojmy II.01.
teória dosiek VII.02.07.002
teória II. rádu VII.05.018
teória plasticity VII.04.060
teória pružnosti VII.04.059
tepelná akumulácia IX.02.02.032
tepelná bilancia IX.02.01.028
tepelná izolácia IX.02.02.002
tepelná izolácia v lete IX.02.01.017
tepelná izolácia v zime IX.02.01.012
tepelná kapacita IX.02.01.035
tepelná ochrana IX.02.02.001
tepelná priepustnosť konštrukcie IX.02.02.014
tepelná prijímavosť IX.02.02.018
tepelná prijímavosť podlahy IX.02.02.008
tepelná vodivosť IX.02.02.030
tepelná zotrvačnosť IX.02.02.029
tepelné žiarenie (sálanie) IX.02.01.008
tepelnoizolačná hodnota IX.02.02.019
tepelný most IX.02.02.003
tepelný most IX.02.02.027
tepelný odpor IX.02.01.024
tepelný odpor IX.02.02.013
tepelný prúd IX.03.033
tepelný účinok IX.02.01.030
teplá farba V.04.02.021
teplá strecha“ jednoplášťová
nevetraná VIII.05.01.032
tepe VIII.05.01.031
teplo IX.02.01.
teplota IX.02.01.023
teplota nasýtenej pary IX.03.014
teplota svetla IV.02.04.002
teplota sýtenia IX.03.014
teplota vzduchu v miestnosti IX.02.01.026
teplotechnické výpočty IX.02.02.009
T-profil VIII.02.02.002
terasa II.04.04.011
terasa XII.08.05.018
terasový dom XII.08.03.016
terénny náčrt III.01.04.003
teritorialita I.02.03.020
terminológia plánovania XI.06.
termín X.01.05.001
termín I.04.01.021
termín miestnej obhliadky III.01.01.003
termín nasťahovania X.01.05.016
termín odovzdania X.01.05.015
termín štartu X.01.05.010
termín ukončenia X.01.05.014
termín začatia X.01.05.010
termografia III.01.06.016
termogram III.01.06.017
tesaný kameň II.02.01.005
tesár X.01.04.044
tesárska dielňa X.03.01.020
tesárska sekera X.02.01.006
tesárske kladivo X.02.01.002
tesniaca prísada VI.05.03.009
tesnosť VI.09.023
tetiva IV.01.01.022
text IV.03.02.
tiaž VI.09.019
tieň IV.02.04.011
tieňovanie IV.03.01.012
tixotropný VIII.01.02.040
tkanina VII.02.10.006
tkanina zo sklených vláken VI.03.02.008
tlačený pás VII.02.05.004
tlačený prút VII.02.01.001
tlačiareň IV.04.03.009
tlak VII.03.006
tlak na hrote (pilóty) VIII.01.07.002
tlak vetra VII.03.066
tlak vodnej pary IX.03.013
tlaková sila VII.03.006
tlaková voda IX.03.047
tlakové napätie VII.04.009
tlmené kmitanie VII.07.005
tlmenie VII.07.006
tlmenie zvuku IX.01.01.016
tlmenie zvuku v tuhom materiáli IX.01.01.022
tlmič kmitania VII.07.036
tma IV.02.04.007
tmavosť IV.02.04.007
točité schodisko VIII.06.01.015
točité schodisko XII.07.01.010
točná os III.01.03.043
tok platby I.05.04.020
topografia XI.01.
torkrétovacie zariadenie X.02.02.027
torkrétovaný betón VI.05.01.026
torzia VII.04.062
torzná pružina VII.01.036
torzná tuhosť VII.04.042
totožnosť XI.04.02.037
tovar I.05.01.002
tovariš X.01.04.040
továreň XII.02.03.002
továreň X.01.04.012
tradičná drevená stavba II.02.04.
tradičná murovaná stavba II.02.03.
tradičné dopravné prostriedky XI.05.01.018
tradičné stavebné materiály II.02.01.
tradičné typy stavieb II.02.02.
tradičné umenie I.01.111
tradícia I.03.040
tradícia II.01.01.013
transakcia I.02.03.009
transformátor X.02.02.002
translačná plocha VII.02.08.008
translačná zotrvačnosť VII.07.021
translokácia II.06.03.016
transparentnosť V.02.02.012
transportbetón VI.05.01.037
tras VI.04.04.011
trasa XI.05.02.025
trasa cesty V.02.07.002
trasové vápno VI.04.03.011
trasový cement VI.04.03.010
trať pre športy na divokej vode XII.13.03.021
travertín VI.01.02.028
travé II.02.06.014
trám II.02.04.003
trám VIII.02.01.007
trámovie II.02.05.013
trámový strop II.03.01.001
trámový strop VIII.04.001
trámy VII.02.02.
tresk IX.01.01.031
trest I.04.01.018
trezor XII.04.014
trezor XII.11.03.011
trezor pre klientov XII.04.017
trezorová miestnosť XII.04.014
trh XII.03.01.001
trh I.05.01.001
trhlina VI.03.01.018
trhliny v omietke VI.06.01.005
trhové mesto II.05.02.005
trhovisko XII.03.01.001
trhový stánok XII.03.01.003

tribúna XII.13.01.013
trichromatická hodnota V.04.02.027
trieda I.03.023
trieda XII.09.02.007
trieda malty VIII.02.03.004
trieda tepelnej izolácie IX.02.02.024
triedené zrno VIII.01.02.015
triediace zariadenie X.02.02.020
trifórium II.02.06.007
trigonometrický bod III.01.02.005
trojdimenzionálny prvok VII.06.033
trojhranný pilník X.02.01.025
trojkĺbový oblúk VII.02.03.012
trojkĺbový oblúk s ťahadlom VII.02.03.013
trojkĺbový rám VII.02.06.009
trojlístok II.02.06.005
trojmomentová rovnica VII.06.034
trojmomentová veta VII.06.034
trojnožka III.01.03.032
trojnožka s navijakom X.02.01.081
trojpoľový nosník VII.02.02.018
trojramenné schodisko VIII.06.01.013
trojtrakt (trojtraktový) XII.07.02.011
trojuholník IV.01.01.025
trojuholníkové zaťaženie VII.03.059
trojuholníkový konečný prvok VII.06.036
trojuholníkový priehradový nosník VII.02.05.022
trojuholníkový štít II.02.05.033
trolejbus XI.05.01.039
troskopemza VI.04.04.006
troskoportlandský cement VI.04.03.007
troskový piesok VI.04.04.002
trosky X.05.006
trstinové pletivo VI.06.02.003
trust X.01.04.019
trvalá vlhkosť IX.03.003
trvalý stav IX.02.02.005
trvanie II.01.01.003
trvanlivosť VI.09.012
tržnica XII.03.01.002
tŕň VIII.02.06.016
tubová konštrukcia VII.02.11.008
tuf VI.04.04.012
tuhé bahno VIII.01.02.013
tuhé spojenie VII.01.027
tuhé spriahnutie VIII.02.06.002
tuhnutie VI.05.01.009
tuhnutie VI.09.010
tuhosť VIII.01.01.013
tuhosť kozlíka VIII.02.06.022
tuhosť tŕňa VIII.02.06.022
tuhý VI.05.02.004
tuhý VIII.01.02.039
tuhý nosník VII.02.02.014
tuhý spoj VII.01.027
tunel XI.05.01.009
tunel pre chodcov XI.05.01.013
tupý uhol IV.01.01.015
turbovrtuľové lietadlo XI.05.04.004
turistická cesta XII.06.01.003
tvar I.01.053
tvar V.02.02.004
tvar kmitov VII.07.026
tvar vybočenia VII.05.006
tvarová analýza II.01.02.014
tvarová oceľ VI.07.01.003
tvarovky z vysokopecnej trosky VI.02.04
tvárny VIII.01.02.038
tvorenie I.01.025
tvorivosť I.01.026
tvrdnutie VI.09.007
tvrdosť VI.03.01.003
tvrdý IV.04.02.011
tyč VIII.02.04.014
tyčová oceľ VI.07.01.004
tyčová stavba II.02.04.017
tympanón II.02.05.036
typ I.01.130
typ V.01.03.007
typológia I.01.132
typy miest XI.04.01.
typy obcí XI.02.03.

Ť

ťahač X.02.03.019
ťahač XI.05.03.003
ťahadlo VII.02.01.010
ťahadlo VIII.02.02.028
ťahané debnenie X.03.02.017
ťahaný pás VII.02.05.019
ťahaný prút VII.02.01.009
ťahaný prút II.02.04.035
ťahaný skraper X.02.03.031
ťahokov VI.06.02.001
ťahová kotva VIII.02.02.028
ťahová pevnosť VI.05.01.013
ťahová sila VII.03.055
ťahová tuhosť VII.04.001
ťahové napätie VII.04.058
ťahové napätie v oceli VIII.02.04.031
ťažisko XI.04.02.083
ťažisko prierezu VII.01.003
ťažisková os VII.04.006
ťažko horľavý VI.09.038
ťažký betón VI.05.01.020
ťažnosť VI.09.013
ťažnosť VII.04.055

U

ubíjadlo X.02.02.040
ubytovací tábor X.03.01.012
ubytovania XII.14.02.
ubytovanie X.03.01.013
učebňa XII.02.01.023
učebňa XII.09.02.007
učenie I.02.02.009
učňovská škola XII.09.02.006
udalosť X.01.05.007
udalosť II.01.01.002
udržiavanie XI.04.04.001
U-profil VIII.02.02.004
uhlomer IV.04.02.006
uhlopriečna miera III.01.06.003
uhlová perspektíva IV.02.03.010
uhlové meranie III.01.03.036
uhlové meranie III.01.05.007
uhol IV.01.01.012
uholníková oceľ VIII.02.02.005
ujma I.05.01.018
ukazovateľ hustoty zastavania XI.06.025
ukazovateľ obsadenia objektu nájomníkmi XI.06.035
ukazovateľ využitia pozemku XI.06.025
ukotvenie nosníka VIII.02.02.044
ukotvenie stĺpa VIII.02.02.027
ulica XI.05.01.057
ulica pre zásobovanie XI.05.01.064
ulica s obmedzeným dopravným ruchom XI.05.01.005
ulicovka II.05.01.005
uličná dedina II.05.01.005
uličný nábytok XII.06.01.026
uličný priestor XI.04.02.026
uličný reliéf XI.04.02.034
uloženia VIII.02.02.039
uloženie s príložkou VIII.02.02.048
ultraľahké lietadlo XI.05.04.006
ultrazvukový merací prístroj III.01.03.007
uľahnutosť VIII.01.02.031
umelec I.01.006
umelecká hodnota II.06.01.017
umelecká topografia II.06.01.033
umelecké dielo I.01.139
umelecké remeslo I.01.007
umelecké snaženie I.01.138
umelecké stredisko XII.11.03.005
umelecký význam II.06.01.016
umelé klzisko XII.13.02.003
umelé svetlo V.04.01.003
umelý násyp VIII.01.02.005
umenie I.01.003
umenie na voľnom (verejnom) priestranstve XII.06.01.046
umyváreň XII.02.01.017
unikátnosť I.01.134
univerzálny francúzsky kľúč X.02.01.013
univerzita XII.10.01.001
univerzitná knižnica XII.10.01.022
univerzitné mestečko XII.10.01.008
univerzitné mesto XI.04.01.016
upínacia doska VI.08.03.006
urbanistické dôvody II.06.01.020
urbanistický význam II.06.02.008
urbanizácia XI.04.05.008
urbanizmus XI.04.02.
urýchľovač VI.05.03.001
usadená hornina VIII.01.02.025
usadlosť XII.02.02.005
uskladnenie škodlivých látok III.03.02.
usmernený V.03.02.003
usporiadanie I.01.091
usporiadanie V.02.04.001
usporiadanie (organizácia) pracoviska X.01.03.016
usporiadanie pozemkového vlastníctva I.05.02.011
usporiadenie priestorov XI.04.02.016
ustanovenie I.04.02.004
ušľachtilá oceľ VI.07.01.002
ušľachtilá oceľ VI.07.01.009
utesnenie VIII.01.04.016
uváženie II.06.02.020
uvedenie do pôvodného stavu XI.04.04.003
uzavretá oblasť XI.03.01.006
uzavretý XI.04.02.018
uzavretý charakter zástavby XI.06.024
uzavretý priestor XI.04.02.009
uzavretý systém III.03.05.009
uzlová metóda VII.02.05.010
uzlovo-priesečná metóda VII.02.05.010
uzol VII.02.09.003
uzol V.02.04.003
uzol V.02.07.009
uzol XI.04.02.038
užitočné zaťaženie VII.03.024
užšia súťaž X.01.01.010

Ú

úbežník IV.02.03.003
účasť I.03.011
účasť X.01.04.035
účasť XI.04.03.006
účet I.05.01.007
účinnosť IX.01.02.006
účinok I.01.041
účtáreň XII.04.026
účtovanie nákladov X.01.02.020

účtovníctvo I.05.01.005
údolie XI.01.01.022
údržba XI.04.04.001
údržba II.06.01.003
úhor III.03.02.003
úhrada I.05.01.009
úkryt XII.06.01.035
úloha I.03.032
úložná doska VIII.02.02.026
únikové schodisko XII.07.01.018
únosnosť VII.01.016
únosnosť VIII.01.01.014
únosnosť kozlíka VIII.02.06.021
únosnosť tŕňa VIII.02.06.021
úpadok I.05.03.012
úplný styk VIII.02.02.025
úprava pozemkov XI.02.04.007
úprava štrku X.03.01.023
úrazová nemocnica XII.12.01.002
úroky I.05.05.013
úroky z omeškania I.05.05.023
úschovňa batožín XII.06.02.019
úsečka IV.01.01.005
úspornosť X.01.02.004
ústie XI.05.01.082
ústupok XI.04.02.033
útek z mesta XI.04.05.003
útlm VII.07.006
útraty (mn.č.) I.05.04.015
úvaha I.04.02.009
úvodný projekt XI.04.03.021
územie obce XI.03.01.004
územie obchodu a služieb XI.06.019
územie pre osídlenie domkármi XI.06.022
územné plánovanie XI.06.007
územné plánovanie obcí XI.02.04.
územné plánovanie sídel XI.06.002
územné usporiadanie XI.06.008
územný celok XI.03.01.002
úzky priestor XI.04.02.011
úžitková plocha XI.06.017
úžitkové zaťaženie VII.03.025

V

vada X.01.06.006
vagón X.02.03.013
vagón XI.05.02.019
val II.04.03.023
val II.04.03.026
valcová škrupina VII.02.08.001
valec IV.01.02.007
valec X.02.02.043
valená klenba II.03.02.002
valún II.02.01.003
valún VI.01.02.022
vaňa VIII.01.06.010
variabilný pôdorys XII.08.05.004
váha X.02.02.025
vákuovaný betón VI.05.01.044
vápenec VI.01.01.002
vápenec VI.01.02.015
vápenná malta VI.06.05.009
vápennopiesková tehla VI.02.04006
vápno VI.04.02.
vápno VI.08.02.013
vápnocementová malta VI.06.05.006
vápnosadrová malta VI.06.05.010
väčšina I.03.019
väzák II.02.03.002
väzáková väzba II.02.03.014
väzba II.02.03.016
väzba II.02.04.005
väzba V.02.04.004
väzenie XII.05.008
väznica VIII.05.01.009
väznicová strecha VIII.05.01.002
väzník z dosák VIII.05.01.019
väzník z fošien VIII.02.01.019
vchod V.02.07.006
vchod XII.08.05.008
vcítenie II.01.02.025
vecná hodnota X.01.02.007
vecné spracovanie úloh X.01.04.034
večerná univerzita pre pracujúcich XII.10.01.007
veda XII.10.
vedenie X.02.02.004
vedenie podniku X.01.04.024
vedenie podniku I.05.03.008
vedenie prevádzky X.01.04.024
vedenie tepla IX.02.01.009
vedenie výstuže VIII.02.04.006
vedľajšie náklady I.05.04.011
vedľajšie schodisko XII.07.01.014
vedľajšie stavebné náklady X.01.02.015
vedľajší podnikateľ X.01.04.005
vedľajší vykonávateľ X.01.04.005
vedomé I.02.03.036
vedúci prevádzky X.01.04.025
vedúci stavby X.01.04.038
vek betónu VI.05.01.002
veková hodnota II.06.01.023
veková štruktúra I.03.063
vektor VII.06.037
vektor riešenia VII.06.030
velodróm XII.13.05.006
veľhory XI.01.01.013
veľká spoločná spálňa XII.14.02.014
veľké čerpadlo XII.02.03.019
veľkopanelová výstavba X.04.004
veľkopanelová výstavba VIII.02.07.021
veľkopriestorová kancelária XII.04.022
veľkosť zrna VI.09.025
veľmi jemné zrno VIII.01.02.020
veľrieka XI.01.01.042
veľtok XI.01.01.042
veľtržné mesto XI.04.01.007
veľvyslanectvo XII.05.004
veranda XII.08.05.020
veranda II.02.05.025
verejná práca III.02.02.027
verejná súťaž X.01.01.009
verejné právo I.04.01.002
verejné vypísanie X.01.01.007
verejnosť I.03.016
verejný priestor V.03.01.014
verejný význam II.06.02.003
verejný záujem II.06.02.004
verejný záujem zachovania II.06.02.005
vertikála VII.02.05.024
vertikálna os VII.01.039
vertikálna podperová reakcia VII.03.063
vertikálna sila VII.03.061
vertikálne okno VIII.03.02.024
vertikálne sprístupnenie XII.07.02.001
vertikálne tesnenie VIII.01.04.023
vertikálne zaťaženie VII.03.062
vestibul II.04.04.004
veterný mlyn II.04.06.005
vetracie krídlo VIII.03.02.035
vetrové stužidlo VII.02.11.009
veža II.04.01.032
veža II.04.04.007
veža nad krížením II.04.01.037
veža s fiálou II.02.06.024
vežová betonárka X.02.02.022
vežový vodojem XII.02.03.017
viacbunková dutá komora VII.02.11.005
viacdielny (členený) stĺp VIII.02.02.017
viachmotový oscilátor VII.07.024
viacpodlažná garáž XII.06.01.024
viacpodlažný obytný dom XII.08.03.012
viacpodlažný rám VII.02.06.005
viacúčelová hala XII.11.04.007
viacvrstvové izolačné sklo VIII.02.05.005
viacvrstvový VIII.02.04.011
viaczložkový náter VI.08.02.014
viazacia spojovacia metóda III.01.05.002
viazaná perspektíva IV.02.03.008
viazané krútenie VII.04.023
vibračné ubíjadlo X.02.02.039
vibračný stôl X.02.02.036
vibračný zhutňovač X.02.02.042
vidiecke sídlo XI.02.03.007
vidiecky dom XII.08.03.010
vidiek XI.02.
vidlicový kľúč X.02.01.018
Vierendeelov nosník VII.02.02.021
vikier VIII.03.02.028
vikier VIII.05.04.003
vikier so strieškou v smere strešného spádu VIII.05.04.002
vila XII.08.03.011
vilová štvrť XI.03.02.005
vimperk II.02.06.026
vináreň XII.14.01.005
vinohrad XII.02.02.006
vinohradnícka oblasť XI.02.01.004
vinohradnícky podnik XII.02.02.006
visutá lanová dráha XI.05.02.006
visuté lešenie X.03.02.001
vitrína XII.06.01.042
vizuálna hodnota II.06.01.028
vizuálne vzťahy V.01.01.004
vínna pivnica XII.14.01.005
vjazd XI.05.01.079
vkus I.01.128
vlaha IX.03.
vlak X.02.03.011
vlak XI.05.02.012
vlastná frekvencia VII.07.025
vlastná hodnota VII.07.010
vlastná potreba II.06.02.017
vlastná tiaž VII.03.008
vlastné financovanie X.01.02.001
vlastné kmitanie VII.07.017
vlastné pnutie VII.04.041
vlastník I.05.02.004
vlastnosti materiálov IX.02.02.028
vlastnosti stavebných látok VI.09.
vlastný byt XII.08.02.002
vlastný dom XII.08.02.001
vlastný kmitočet VII.07.025
vlastný tieň IV.02.04.012
vlastný tvar VII.07.009
vlasť I.03.030
vláda I.03.015
vládna budova XII.05.002
vláknitý izolačný materiál VI.08.03.008
vláknobetón VI.05.01.022
vlhkostná bilancia IX.03.029
vlhkostný spád IX.03.005
vlhkosť VI.09.031
vlhkosť IX.03.
vlhkosť IX.03.001
vlhkosť vo forme pary IX.03.019
vlhkosť vzduchu IX.03.010
vlnitá lepenka IV.04.01.009
vlnovka VI.02.03.008
vlys II.02.05.015
vnemový klam I.02.02.018
vnímanie I.02.02.017
vnímanie tepla IX.02.01.015
vnútorná sila VII.03.019
vnútorná stena VIII.02.03.014
vnútorné ostenie VIII.03.02.003
vnútorné pole VII.02.02.012
vnútorné schodisko VIII.06.01.018
vnútorné sprístupnenie XII.07.02.
vnútorné trenie VIII.01.02.042
vnútorný priestor V.03.01.019

vnútri II.02.06.001
vnútropodniková organizácia X.01.04.021
vnútrozemská vodná doprava XI.05.03.009
vnútrozemský prístav XII.06.03.003
voda XI.01.01.026
voda z geologických vrstiev IX.03.036
voda z roztápania IX.03.018
vodárenská veža XII.02.03.017
vodáreň XII.02.03.004
vodná doprava XII.06.03.
vodná emulzia VI.08.02.034
vodná para IX.03.021
vodné lietadlo XI.05.04.007
vodné lyžovanie XII.13.03.022
vodné sklo VI.08.02.035
vodné športy XII.13.03.
vodný hrad II.04.03.006
vodný mlyn II.04.06.006
vodný súčiniteľ VI.05.01.017
vodonosná vrstva IX.03.049
vodopriepustná zemina IX.03.048
vodorovná dopravná značka XI.05.01.090
vodorovná izolačná vrstva IX.03.058
vodorovný kruh III.01.03.039
vodorovný rez IV.02.01.006
vodováha III.01.03.033
vodováha X.02.01.086
vodstvo XI.01.01.026
vojenská oblasť XI.03.01.005
vojenská projekcia IV.02.02.004
vojenská správa XII.05.010
vojenské cvičisko XII.05.013
vojenský cintorín XII.05.016
voluta II.02.05.011
voľná perspektíva IV.02.03.013
voľne prístupný fond XII.11.02.009
voľne stojací dom XII.08.03.002
voľné kmitanie VII.07.013
voľné zadanie X.01.01.004
voľnosť spôsobu zástavby I.04.05.001
voľný čas I.03.075
voľný priestor XI.04.02.006
voľný spôsob výstavby II.06.02.006
voľný výber XII.11.02.009
vonkajšia (obvodová) stena VIII.02.03.013
vonkajšia konštrukcia VIII.02.03.022
vonkajšia protihluková ochrana IX.01.01.033
vonkajšia teplota vzduchu IX.02.01.027
vonkajšia vrstva VIII.02.03.022
vonkajšie ostenie VIII.03.02.002
vonkajšie schodisko VIII.06.01.017
vonkajšie schodisko XII.07.01.001
vonkajšie sprístupnenie XII.07.01.
vonkajší priestor V.03.01.018
voštinová tehla VI.02.02.008
votknutá podpera VII.02.01.002
votknutá podpera VIII.02.07.004
votknutie VII.01.026
votknutie nosníka VIII.02.02.047
votknutý nosník VII.02.02.008
votknutý oblúk VII.02.03.007
vozeň X.02.03.013
vozeň XI.05.02.018
vozidlo XI.05.01.019
vozidlo na pásovom podvozku X.02.03.030
vozík XI.05.01.014
vozík XI.05.01.020
vozík na formy X.04.018
vozovka XI.05.01.088
vplyv II.01.01.015
vplyv teploty VII.03.054
vplyvová čiara VII.03.018
vrátenie XI.04.03.027
vrátnik XII.04.007
vrchná omietka VI.06.05.004
vrchná stavba III.03.04.006
vrchol VII.02.03.016
vrchol XI.01.01.017
vrcholová väznica VIII.05.01.010
vrecková pílka X.02.01.038
vreteno VIII.06.01.016
vretenové schodisko XII.07.01.010
vretenový schodiskový stĺp VIII.06.01.016
vrstevnica III.01.02.010
vrstva I.03.025
vrstva V.02.04.006
vrstvené (lamelované) drevo VIII.02.01.013
vrstvené sklo VI.03.02.012
vrstvené sklo VIII.03.02.021
vrstvenie V.01.01.003
vrstvová voda IX.03.036
vrták X.02.02.044
vrták do dreva X.02.01.060
vrták do kameňa X.02.01.059
vrtuľník XI.05.04.009
vrtuľové lietadlo XI.05.04.002
vrubové napätie VI.03.01.009
vrubové napätie VII.04.033
vrypová tvrdosť VI.03.01.005
vŕšok XI.01.01.018
vŕtacie kladivo X.02.02.016
vŕtačka X.02.01.056
vŕtaná pilóta VIII.01.07.007
vŕtanie VIII.01.03.002
vstup V.02.07.006
vstup XII.08.05.008
vstupná hala II.04.04.004
vstupný priestor XII.08.05.007
vsunutie II.06.04.007
všednosť I.03.029
všedný deň I.01.046
všeobecná psychológia I.02.02.
všeobecné pojmy I.04.01.
všeobecné pojmy I.05.01.
všeobecné pojmy II.01.01.
všeobecné pojmy II.06.01.
všeobecné pojmy IV.02.03.001
všeobecné pojmy XII.08.01.
všeobecné pojmy XII.08.05.001
všeobecné princípy navrhovania V.01.01.
vtáčia perspektíva IV.02.03.011
vtierať sa do priazne niekoho V.01.02.022
vtlačiteľný kolík VIII.02.01.026
vybavenia XII.06.01.014
vybavenie detského ihriska XII.06.01.037
vybavenie kancelárie IV.04.
vybočenie VII.04.003
vychádzková cesta XII.06.01.003
vychutnávať XII.01.01.005
vydúvanie VII.05.004
vyhliadka II.04.04.012
vyhliadková plošina XII.06.04.028
vyhľadávanie VIII.01.03.001
vyhrievaná miestnosť II.04.02.010
vyjadrenie I.01.048
vyklápacie krídlo VIII.03.02.034
vykopaná zemina VIII.01.04.005
vykopávka III.02.01.004
vymeriavanie stavby III.01.
vymývaná omietka VI.06.05.019
vynútené kmitanie VII.07.012
vypísanie X.01.01.005
vypísanie I.05.01.017
vyplatenie I.05.05.021
vyrovnávanie VII.02.10.003
vyrovnávanie X.05.008
vysoká škola XII.10.01.003
vysoké školy XII.10.01.
vysokopecná troska VI.04.04.001
vysokopecný cement VI.04.03.008
vystužené murivo VIII.02.03.026
vystuženia VII.02.11.
vystuženie VII.02.04.006
vystuženie VIII.02.07.009
vysušenie IX.03.008
vysušovanie VIII.01.04.015
vysušovanie IX.03.008
vysvetlenie II.01.02.024
vysvetlivka IV.03.02.004
vysvietenie V.04.01.006
vytriedenie III.03.03.011
vytvárať V.01.02.004
vytyčovacia lavička III.01.02.016
vytyčovacie zrkadlo III.01.03.009
vytyčovací hranol III.01.03.011
vytyčovací náčrt III.01.04.002
vytyčovací plán III.01.04.002
vyťahovač klincov X.02.01.043
vyťahovač pilót X.02.02.046
využitie a sociálna štruktúra III.02.02.
využitie pôdy XI.02.01.
vyúčtovanie I.05.01.008
vyvinúť V.01.02.003
vyvlastnenie I.05.02.014
vyvlastnenie XI.04.03.013
vyvýšenina XI.01.01.019
vyžarovanie tepla IX.02.01.011
výber I.03.034
výbuch IX.01.01.032
výchova I.02.01.008
výchovné zariadenia XII.09.
výdaj XII.02.01.021
výdaj X.01.04.013
výdaj batožiny XII.06.04.015
výdajňa cestovných lístkov XII.06.01.033
výdavky X.01.02.011
výdavky I.05.04.015
výhľad II.04.04.012
výhybka XI.05.02.027
výhybka XII.06.02.011
výjazd XI.05.01.071
výjazd XII.07.01.005
výkaz prác X.01.01.001
výklad I.01.073
výklad II.01.02.028
výklenok II.02.05.029
výklopník X.02.03.020
výkon I.02.03.034
výkonnosť I.02.03.034
výkop VIII.01.04.004
výkop VIII.01.04.005
výkres IV.03.03. 004
výkres nálezu III.01.06.015
výkres výstuže VIII.02.04.007
výkvet VI.06.01.006
výmena VIII.05.01.024
výmena XI.05.02.027
výmena pôdy VIII.01.05.001
výmenná výstava XII.11.03.020
výmer III.01.06.013
výmera podľa hraničných kameňov III.01.06.014
výmurovka hrazdenej steny VIII.02.03.023
výnos I.05.04.014
výpis (prvkov) IV.03.02.005
výplata I.05.04.018
výplň II.02.04.041
výplň VIII.02.03.023
výplň VIII.02.07.008
výplň z drevených hranolov medzi čelami stropných trámov VIII.05.01.030
výplňové drevo VIII.02.01.011
výplňové murivo II.02.03.007
výpočet I.05.01.007
výpočet hospodárnosti X.01.02.005
výpočtové metódy VII.06.

výpočtové stredisko XII.04.032
výpočtový model VII.06.021
výpoveď I.04.03.008
výpoveď (umelecká) I.01.082
výraz I.01.048
výraz I.01.082
výroba X.04.
výroba XII.02.01.029
výrobná tolerancia VI.09.017
výrobná základňa XII.02.03.012
výrobné miesto XII.02.03.012
výrobné náklady X.01.02.013
výrobné náklady I.05.04.010
výrobný odpad III.03.02.005
výskum II.01.02.010
výskum XII.10.
výskum budovy III.02.01.
výskum in situ I.02.04.003
výskum zdrojov III.02.01.005
výskumné laboratórium XII.10.02.002
výskumné strediská XII.10.02.
výskumné stredisko XII.02.03.021
výsledky V.01.03.
výsledný vektor VII.06.030
výstava I.01.047
výstavba X.05.001
výstavba XI.04.03.017
výstavná budova XII.11.03.004
výstavná plocha XII.02.03.015
výstavný model IV.03.03. 016
výstavný priestor XII.02.01.025
výstavný priestor XII.02.03.015
výstavný priestor XII.11.03.007
výstuhy VII.02.11.
výstupok XI.04.02.032
výstuž VIII.02.04.001
výstužná oceľ VIII.02.04.005
výstužná priehradovina VII.02.05.017
výstužná sieť (rohož) VIII.02.04.018
výstužné pletivo VIII.02.04.018
výstužný drôt VIII.02.04.003
výstužný stožiar VIII.02.02.020
výsypka X.03.01.028
výšina XI.01.01.020
výšinný hrad II.04.03.005
výška rebra VIII.02.06.028
výškopis III.01.05.005
výškopisné meranie III.01.05.005
výšková čiara IV.03.01.008
výšková dráha XI.05.02.005
výšková komunikácia XI.05.01.060
výšková kóta IV.03.01.008
výškové meranie III.01.03.013
výškový bod III.01.02.004
výškový regálový sklad XII.02.04.003
výtyčka III.01.03.008
výťah VIII.06.02.006
výťah X.02.03.003
výťah X.02.03.004
výťah XII.07.01.016
výťah pre telesne
postihnutých VIII.06.02.009
vývoj I.02.01.
vývoj I.03.042
vývoj II.01.01.007
vývojový diagram X.01.03.009
význam I.01.066
význam (zmyslový) I.01.081
významnosť I.01.119
významové znaky II.06.01.022
vzácna hodnota II.06.01.025
vzdelanie XII.10.
vzdialenosť I.03.049
vzdialenosť kozlíkov VIII.02.06.017
vzdialenosť tŕňov VIII.02.06.017
vzduchová medzera VIII.02.03.027
vzduchová vrstva VIII.02.03.027
vzduchová zóna IX.03.053
vzdušné vápno VI.04.03.006
vzdutá voda IX.03.038
vzdúvadlo XII.06.03.014
vzhľad III.01.07.002
vzhľad (výzor) farby V.04.02.017
vzletová dráha XI.05.04.011
vznešenosť I.01.124
vzopätie VII.02.03.010
vzor V.01.03.009
vzorované sklo VI.03.02.006
vzostupná zemná vlhkosť IX.03.043
vzper VII.05.005
vzpera VII.02.05.018
vzpera VIII.05.01.016
vzpera II.02.04.021
vzpera II.02.04.029
vzperadlo VII.02.12.005
vzperadlová sústava VII.02.12.005
vzperka II.02.04.030
vzperné zaťaženie VII.05.007
vztiahnutosť k miestu XI.04.02.045
vztlak VIII.01.08.001
vzťah II.01.01.014
vzťažná čiara III.01.02.007
vzťažná čiara IV.03.01.009
vzťažná veličina V.02.06.004
vzťažné sústavy III.01.02.017
vzťažný raster III.01.02.018

W

WC XII.08.05.029
WC pre personál XII.02.01.016

Z

zaangažovanosť I.02.03.002
zaberať XII.01.01.007
zachovanie II.06.01.003
začiatočná pevnosť VI.05.01.008
začiatok X.01.05.009
zadanie X.01.01.
zadávací poriadok X.01.01.003
zadné javisko XII.11.04.013
zadné priečelie IV.02.01.019
zadný pohľad IV.02.01.019
zainteresovanosť XI.04.03.006
zakladania VIII.01.02.
zakladanie na kesónoch VIII.01.07.012
zakladanie na pilótach VIII.01.07.003
zakladanie na studniach VIII.01.07.011
zakladanie stavby VIII.01.01.
zakrivená ulica XI.04.02.031
zakrivenie VII.02.10.004
zakrivený nosník VII.02.02.001
zalesňovaná oblasť XI.01.01.047
zalomený nosník VII.02.02.009
zaľudnenie bytu XI.06.034
zameranie III.01.06.
zameranie budovy III.01.05.019
zameranie fasády III.01.05.018
zameranie priečelia III.01.05.018
zameriavanie parciel III.01.01.005
zamestnanci podniku X.01.04.023
zamestnanec I.03.056
zamestnanecké WC XII.02.01.016
zamestnanie sa I.04.03.009
zanedbanie II.06.03.002
zaoblené schodisko VIII.06.01.014
zaplatenie I.05.05.022
zapustenie VIII.02.01.021
zapustený kolík VIII.02.01.025
zaradenie pod ochranu II.06.02.009
zarážka II.02.04.036
zariadenie detského
ihriska XII.06.01.037
zariadenie na spúšťanie
lodí XII.13.03.019
zariadenie pre vodné
športy XII.13.03.001
zariadenie pre zimné
športy XII.13.02.001
zariadenie ulice XII.06.01.026
zarovnávač X.02.03.028
zasadacia miestnosť XII.02.01.022
zasadacia miestnosť XII.04.012
zasadacia miestnosť XII.09.02.014
zasadacia sála XII.10.01.015
zasielateľstvo XII.06.01.013
zastavaná oblasť (územie) XI.02.01.010
zastavaná plocha
pozemku XI.06.014
zastavané územie XI.02.01.009
zastavané územie XI.06.012
zastavenie dopravy XI.05.01.051
zastávka XII.06.01.032
zatienenie V.04.01.007
zatuhnutý betón VI.05.01.019
zatvrdnutý betón VI.05.01.027
zaťaženia IX.03.034
zaťaženie VII.03.026
zaťaženie snehom VII.03.045
zaťaženie tlakovou vodou IX.03.052
zaťaženie vetrom VII.03.065
zaťaženie vodnými zrážkami
a beztlakovou vodou IX.03.051
zaťaženie vodou
a vlhkosťou IX.03.050
zaťaženie žiarením IX.02.01.019
zaťažovací stav VII.03.028
zaťažovací vektor VII.06.019
zavádzanie I.04.01.024
zavädnutý betón VI.05.01.033
zavesené lešenie X.03.02.001
zavesenie VII.02.04.006
zavesený strop VIII.04.006
zavetrovanie VII.02.11.009
zábradlie VIII.06.01.008
zábradlie so stĺpikmi II.02.05.028
zábradlové zvodidlo XI.05.01.096
zábrana III.03.05.011
záchod XII.08.05.029
záchytná nádrž III.03.03.001
záchytný priestor III.03.03.001
zádverie VIII.03.01.011
zádverie XII.08.05.009
záhrada sochárskych diel XII.11.03.009
záhradná sála II.04.04.005
záhradné mesto XI.03.02.006
záhradné sídlo XI.03.02.006
záhradníctvo XII.02.02.007
záhradný ráz krajiny XI.01.02.002
zákaz I.04.02.011
zákaz zmien II.06.02.012
základ V.02.02.003
základ VIII.01.06.002
základná cesta III.01.02.008
základná čiara (línia) III.01.02.009
základná farba V.04.02.001
základná hustota
obyvateľstva XI.06.033
základná línia IV.02.03.006
základná oceľ VI.07.01.008
základná plocha IV.02.03.005
základná sústava VII.01.018
základná škola XII.09.02.001
základné ekonomické
pojmy I.05.
základné pojmy III.01.02.
základné pojmy VII.01.
základné pojmy IX.02.01.001
základné pojmy XII.01.
základné prvky V.02.01.
základňa IV.02.03.006
základová doska VIII.01.06.006
základová pätka VIII.01.06.004
základová škára VIII.01.04.003
základový pás VIII.01.06.003
zákon I.04.01.004
zákon na podporu

rozvoja miest XI.04.03.001
zákon o ochrane pamiatok II.06.02.001
záliv XI.01.01.029
záliv XI.01.01.032
záloha I.04.04.004
zámera III.01.03.029
zámerná os III.01.03.029
zámerná priamka III.01.03.029
zámerná priamka III.01.03.042
zámesová voda VI.05.01.016
zámky II.04.04.
zámočnícke kladivo X.02.01.001
zánik II.01.01.008
západkový kľúč X.02.01.021
západná časť kostola s dvoma vežami II.04.01.030
západná veža II.04.01.035
záplava informácií I.02.03.027
záporová stena VIII.01.09.003
záporové paženie VIII.01.09.003
zárobok I.04.04.003
zárubňa VIII.03.01.002
záruka I.05.05.024
záruka I.05.05.025
zásady I.04.02.001
zásady usporiadania XI.04.03.003
zásobáreň X.03.01.026
zásobník X.02.02.021
zásobovacia zóna XII.02.01.028
zátoka XI.01.01.029
zátoka XI.01.01.032
záujem I.01.072
záujmy III.02.02.020
závada X.01.06.006
záver XI.04.02.042
záves VII.02.01.008
závetrie VIII.03.01.011
závetrie XII.08.05.009
závitkový dopravník X.02.02.024
závod X.01.04.022
závora XI.05.02.029
záznamové štúdio XII.11.05.005
zážitkyv byte I.02.03.023
zážitok I.02.02.002
zberná komunikácia XI.05.01.073
zbieraný kameň II.02.01.003
zbieraný kameň VI.01.02.022
zbierka XII.11.03.022
zbierka diapozitívov s umeleckými dielami XII.11.02.005
zbierka učebníc XII.11.02.012
zborovňa XII.09.02.013
zbrojný sklad XII.05.015
zbrzdenie prestupu vodnej pary IX.03.022
zbúranie II.06.03.005
zbúranie X.05.004
zbúranie XI.04.04.007
zdanie I.01.001
zdanie I.01.063
zdokonalenie XI.04.05.006
zdravotnícky priestor X.03.01.016
zdravotnícky priestor XII.13.03.012
zdroj II.01.02.018
zdroje tepla IX.02.01.033
združené lekárske praxe XII.12.02.023
zdvihák X.02.01.078
zdvihák X.02.03.001
zdvižný most II.04.03.016
zdvíhacia plošina XII.11.04.014
zdvojené okno VIII.03.02.022
zelená zóna XI.03.01.011
zeleninárska oblasť XI.02.01.002
zem XI.01.01.002
zem XI.01.01.007
zem VIII.01.
zemina VIII.01.
zemná vlhkosť IX.03.040
zemný odpor VIII.01.08.005
zemný tlak VIII.01.08.002
zemný vrták X.02.01.063
zemský povrch VIII.01.04.001
zhlavie nosníka II.02.04.004
zhlavie trámu II.02.04.004
zhoršovať II.06.04.009
zhrňovací pás X.02.03.006
zhutnenie VI.09.003
zhutnený betónový základ VIII.01.06.009
zhutňovanie VI.09.003
zhutňovanie VIII.01.05.003
zhutňovanie podbíjaním VIII.01.05.007
zhutňovanie zeminy VIII.01.05.004
zhutňovanie zeminy III.03.04.008
zhyzdenie II.06.04.011
zimná športová hala XII.13.02.002
zimná záhrada XII.08.05.022
zimné športy XII.13.02.
zinok VI.07.02.007
zisk I.05.04.014
zistenie hodnoty X.01.02.006
zistenie podkladov XI.04.03.020
zlatý rez I.01.057
zlatý rez V.02.05.005
zlepenec VI.01.02.006
zlepšenie XI.04.05.006
zlepšovanie podložia III.03.04.007
zlepšovanie základovej pôdy VIII.01.05.
zlom XI.04.02.061
zlom terénu VIII.01.08.008
zložený oblúk VII.02.03.004
zložený rad V.02.03.004
zložitý rad V.02.03.007
zložkový obrazec VII.02.05.008
zlyhanie I.04.02.010
zmäkčovadlo VI.05.03.007
zmena I.03.041
zmena II.06.04.005
zmena V.02.06.007
zmena XI.04.02.064
zmena smeru XI.04.02.058
zmena štruktúry XI.04.05.007
zmena teploty VII.03.053
zmena tvaru VII.04.015
zmenšenie V.02.06.009
zmenšenie objemu IX.02.01.006
zmenšenie v mierke III.01.05.017
zmes V.04.02.011
zmesové spojivo VI.04.03.003
zmiernenie III.03.05.010
zmiešaná zemina VIII.01.02.026
zmiešané murivo VIII.02.03.024
zmluva I.04.03.001
zmluva o stavebnom sporení I.05.05.006
zmluvné právo I.04.03.
zmraštenie VI.05.01.011
zmraštenie VI.09.011
zmrašťovanie VI.05.01.011
zmrašťovanie VI.09.011
zmrašťovanie IX.02.01.004
zmysel XI.04.02.051
zmyselnosť I.01.116
zmyslové vnímanie I.02.02.016
značky IV.03.01.
znalec X.01.01.021
znalecký posudok X.01.01.022
znázornenie III.02.01.006
znázornenie jestvujúceho stavu III.02.01.007
znečistenie III.03.01.013
zneškodnenie odpadu III.03.03.
znetvorenie II.06.04.011
zneužitie účelu II.06.02.016
znížená intenzita dopravy XI.05.01.055
znížené podkrovie II.02.04.047
zníženie I.05.04.004
zníženie III.03.05.010
zníženie hodnoty II.06.02.024
zníženie stupňa v pyramíde XI.06.042
znovuoživenie XI.04.04.005
znovuvýstavba XI.04.04.004
znovuvýstavba II.06.03.013
zobrazenie I.01.036
zobrazenie I.01.112
zobrazenie III.02.01.006
zoraďovacie nádražie XII.06.02.006
zoskupený V.03.02.007
zoskupovanie V.02.03.009
zoskupovanie priestorov XII.01.02.001
zosuv svahu VIII.01.08.007
zošikmenie II.02.04.014
zotavovňa XII.12.01.007
zotrvačná sila VII.07.020
zoznam IV.03.02.006
zoznam pamiatok II.06.01.032
zóna XI.03.01.009
zóna dodávky XII.02.01.028
zóna tlakovej vody IX.03.055
zónovanie V.01.01.002
zrážka I.05.04.006
zreteľ II.01.01.014
zreteľnosť IX.01.01.026
zrkadlová klenba II.03.02.012
zrkadlové sklo VI.03.02.004
zrnitosť VI.09.024
zrub II.02.04.016
zrúcaniny X.05.006
zrýchlenie VII.07.001
zubačka XI.05.02.010
zuborez II.02.05.016
zúročenie I.05.05.014
zúženie XI.04.02.062
zvar VII.02.10.009
zvar VIII.02.02.056
zvarovňa XII.02.01.035
zvarový spoj VIII.02.02.055
zváracie kliešte X.02.01.073
zvárací generátor X.02.01.072
zvárací horák X.02.01.069
zvárací transformátor X.02.01.071
zvárať VIII.02.02.051
zváženie II.06.02.021
zväčšenie V.02.06.008
zväčšenie v mierke III.01.05.017
zväzok prútov VIII.02.04.015
zverák X.02.01.052
zverák na rúrky X.02.01.053
zvieracie kliešte X.02.01.012
zvislá izolačná vrstva IX.03.059
zvislá sila VII.03.061
zvislé zaťaženie VII.03.062
zvislica VII.02.05.015
zvislica VII.02.05.024
zvislý kruh III.01.03.040
zvláštnosť I.01.098
zvláštnosť I.01.135
zvláštnosť II.06.01.024
zvláštny odpad III.03.03.003
zvonček (na dverách) VIII.03.01.008
zvonica II.04.01.031
zvonivka VI.02.02.
zvonka II.02.06.017
zvuk IX.01.01.001
zvuk šíriaci sa tuhým materiálom IX.01.01.019
zvuk šíriaci sa vzduchom IX.01.01.015
zvuková izolácia IX.01.01.
zvuková izolácia IX.01.01.005
zvuková izolácia IX.01.01.016
zvuková pohltivosť IX.01.01.006
zvuková vlna IX.01.01.010
zvukové pole IX.01.02.026
zvukovoizolačná doska VI.08.03.001
zvukovoizolačná doska IX.01.02.016
zvukovoizolačná tehla VI.02.02.004
zvukový jav IX.01.01.011
zvukový vnem IX.01.01.003
zvyk I.02.03.005
zvyk I.03.037
zvyškové látky III.03.03.002

zvyšovanie XI.04.02.068
zvýšenie stupňa
v pyramíde XI.06.043
zvýšenie štandardu mestskej
štvrte s cieľom zmeny
sociálnej štruktúry
obyvateľov XI.04.05.002

Ž

žabia perspektíva IV.02.03.012
žaloba I.04.01.012
žalúzia VIII.03.02.038
železnica XI.05.02.001
železničná stanica XII.06.02.002
železničná závora XII.06.02.009
železničné priecestie XI.05.02.028
železničné priecestie XII.06.02.008
železničné zariadenia XI.05.02.023
železničný násyp XI.05.02.024
železo a oceľ VI.07.01.
železobetón VI.05.01.042
ženská komnata II.04.03.020
ženská synagóga II.04.01.004
žeriav X.02.03.008
žiadosť o stavebné
povolenie I.04.05.003
žiarenie IX.02.01.018
žiaruvzdorný VI.09.040
žiaruvzdorný VI.09.041
živec VI.01.01.003
živica VI.08.01.004
živičnaté lepidlo VI.08.02.022
život I.02.01.006
životná úroveň I.03.071
životné prostredie III.03.01.010
životné prostredie V.03.01.003
životný priestor I.03.026
životný priestor V.03.01.002
životný štandard I.03.071
životopis II.01.02.006
žula VI.01.02.011

Credits - Literaturverzeichnis - Irodalomjegyzék
Literatura - список литературы - Zoznam literatúry

M. L. **Apelt**; German - English Dictionary: Art History - Archaeology = Deutsch - Englisches Wörterbuch für Kunstgeschichte und Archäologie; Berlin **1982**
H. **Bankel**; Der spätarchaische Tempel der Aphaia auf Aegina; Berlin **1993**
H. **Bauer**; Baubetrieb 1. Einführung, Rahmenbedingungen, Bauverfahren; Berlin, Heidelberg, New York, London, Paris, Tokyo, Hongkong, Barcelona, Budapest **1992**
H. **Bauer**; Baubetrieb 2. Bauablauf, Kosten, Störungen; Berlin, Heidelberg, New York, London, Paris, Tokyo, Hongkong, Barcelona, Budapest **1992**
L. **Benevolo**; Die Geschichte der Stadt; Frankfurt/M **1990**
G. **Berg**, H. **Henker**; Weichen; Berlin **1978**
G. **Binding**; Architektonische Formenlehre; Darmstadt **1987**
W.**Brüssel**; Baubetrieb von A - Z; Düsseldorf **1993**
H. **Buksch**; Wörterbuch für Architektur, Hochbau und Baustoffe. Englisch - Deutsch / Deutsch - Englisch; Wiesbaden, Berlin **1980**
J. H. **Calsat**; Vocabulaire international des termes d'urbanisme et d'architecture (VITVA) = Internationales Wörterbuch für Städtebau und Architektur = International Vocabulary of Town Planning and Architecture; Paris **1970**
G. **Dehio**, G. v. **Bezold**; Die kirchliche Baukunst des Abendlandes; Stuttgart **1884 - 1901**
F. **Deumlich**; Instrumentenkunde der Vermessungstechnik; Berlin **1980**
K. **Dierks,** K.-J. **Schneider** et al; Baukonstruktion; Düsseldorf **1990**
DIN Deutsches Institut für Normung e. V. (Hg); DIN Taschenbuch 111. Vermessungswesen. Normen; Berlin, Köln **1991**
W. Z. **Duic,** F. C. **Trapp**; Baumaschinen-Handbuch für Kalkulation, Arbeitsvorbereitung und Einsatz sowie Maschinenverwaltung; Wiesbaden, Berlin **1965**
Flughafen München GmbH; Flughafen München; München **1992**
O. **Frick,** K. **Knöll,** D. **Naumann,** U. **Weinbrenner**; Baukonstruktionslehre; Stuttgart **1992**
H. **Frommhold**, E. **Gareiss**; Bauwörterbuch. Begriffsbestimmungen aus dem Bauwesen; Düsseldorf **1978**
W. **Furrer**, A. **Lauber**; Raum- und Bauakustik. Lärmabwehr; Basel, Stuttgart **1972**
U. **Gelbrich**, G. **Reinwaldt**; Fachwörterbuch Bauwesen. Wiesbaden, Berlin **1995**
K. **Gösele**, W. **Schüle**; Schall, Wärme, Feuchte. Grundlagen, Erfahrungen und praktische Hinweise für den Hochbau; Wiesbaden, Berlin **1989**
R. **Galla**; Fachkunde für Bauzeichner; Stuttgart **1990**
Ch. E. **Geisendorf**; Dichte individuelle Wohnbauformen; Niederteufen **1983**
L. **Grodecki**; Weltgeschichte der Architektur: Gotik; Stuttgart **1986**
G.-R. **Grube**, A. **Kutschmar**; Bauformen von der Antike bis zur Gegenwart; Berlin **1986**
K. **Händel**; Straßenverkehrsrecht von A - Z; München **1990**
H. **Heuer**, J. **Gubany**, G. **Hinrichsen**; Baumaschinen Taschenbuch. Ratgeber für die Baupraxis; Wiesbaden, Berlin **1984**
R. **Huber** (Redaktion); Glossarium artis. Dreisprachiges Wörterbuch der Kunst: Tübingen Bd. 1 **1977**, Bd. 5 **1985**, Bd.6 **1982**, Bd. 7 **1979**, Bd. 8 **1981**, Bd. 9 **1987**
B. W. **Jaxtheimer**; Knaurs Zeichenbuch. Künstlerisches und technisches Zeichnen; München, Zürich **1979**
U. **Krings**; Bahnhofsarchitektur. Deutsche Großstadtbahnhöfe des Historismus; München **1985**
W. **Koch**; Baustilkunde. Europäische Baukunst von der Antike bis zur Gegenwart; München **1990**
G. **Kühn**; Handbuch Baubetrieb. Organisation - Betrieb - Maschine; Düsseldorf **1991**
G. C. **Lohmeyer**; Stahlbetonbau; Stuttgart **1994**
K. **Magdlung**; Baufachwörterbuch; Düsseldorf **1992**
J. **Mantscheff**; Einführung in die Baubetriebslehre. Teil 1: Bauvertrags - und Verdingungswesen; Düsseldorf **1991**
H. **Mausbach**; Städtebaukunde der Gegenwart. Planung und städtebauliche Gestaltung der Gegenwart; Düsseldorf **1981**

W. **Meyer - Bohe**; Türen und Tore. Elemente des Bauens; Stuttgart **1977**
M. **Mittag**; Baukonstruktionslehre; Detmold **1971**
Ch. **Moore**; Die Poetik der Gärten; Basel **1991**
W. L. **Müller**; Bauentwurfstaschenbuch; Bd.2 Treppen, Rampen, Aufzüge; Berlin **1985**
W. **Müller**, G. **Vogel**; dtv - Atlas zur Baukunst; 2 Bde München 1989, **1990**
W. **Müller**; Städtebau. Technische Grundlagen; Stuttgart **1974**
E. **Neufert**; Bauentwurfslehre; Braunschweig - Wiesbaden; **1992**; 33. Aufl.
K. **Pracht**; Fenster. Planung, Gestaltung und Konstruktion; Stuttgart **1982**
D. **Prinz**; Städtebau; Stuttgart, Berlin, Köln **1991**
Rat für gegenseitige Wirtschaftshilfe. Ständige Kommission Bauwesen; Zwölfsprachiges Wörterbuch Bauwesen; Moskau **1979**, Berlin **1981**, Budapest **1983**, Warschau **1983**
J. **Schepers**; Haus und Hof westfälischer Bauern; Münster **1960**
R. **Schild**, H.-F. **Casselmann**, G. **Dahmen**, R. **Pohlenz**; Bauphysik. Planung und Anwendung; Braunschweig **1990**
O. M. Schmitt; Schaltechnik im Ortbetonbau. Schalungsverfahren und Schalungskosten; Düsseldorf **1993**
H. **Schmitt**, A. **Heene**; Hochbaukonstruktion. Die Bauteile und das Baugefüge. Grundlagen des heutigen Bauens; Braunschweig, Wiesbaden **1993**
A. **Schub**, G. **Meyran** (Hg); Praxis - Kompendium Baubetrieb (2 Bde); Wiesbaden, Berlin 1982 und **1984**
K. **Simons**, P. **Kolbe**; Verfahrenstechnik im Ortbetonbau; Stuttgart **1987**
J. **Stanková**; Prag Historischer Reiseführer-. Elf Jahrhunderte Architektur; Prag **1991**
G. **Wallnig**; Englisch für Baufachleute; Wiesbaden, Berlin **1984**
G. **Wallnig**, A. **Feruszewski**, Z. **Nowak**; How to speak on site. Dialogues and Dictionary - So spricht man am Bau; Düsseldorf **1991**
E. **Wellpott**; Technischer Ausbau von Gebäuden; Stuttgart, Berlin, Köln **1992**; 5. Aufl.
U. **Werner**, W. **Pastor**, K. **Müller**; Lexikon des Baurechts - öffentliches und privates Baurecht; München **1988**
B. **Witte**, H. **Schmidt**; Vermessungskunde und Grundlagen der Statistik für das Bauwesen; Stuttgart **1991**

Index of sources of illustrations - Abbildungsverzeichnis - A képek jegyzéke
Spis ilustracji - список рисунков - Zoznam obrázkov

II.02.03. Nr. 013, 014, 015; **II.03.02.** Nr. 002, 004, 009-012; **II.03.03.** Nr. 001, 005 aus **Mittag 1971**
II.02.04. Nr. 045, 046 vom **LS Eisenbahnbau**
II.02.05. Nr. 007, 009, 011-018 aus **Bankel 1993**
II.02.06. Nr 002-032; aus **Dehio, Bezold 1884-1901**
II.03.02. Nr 006 aus **Grodecki 1986**
II.04.02. Nr 002-008 (Klosterplan St. Gallen) aus **Binding 1987**
II.04.01. Nr. 002 aus **Stanková 1991**
II.04.03. Nr. 008-020; **II.04.04.** Nr. 001-007; **II.04.05.** Nr. 009, 010 aus **Grube, Kutschmar 1986**
II.04.05. Nr. 003-007 aus **Schepers 1960**
III.01.02. Nr 004, 005, 014, 016, 020; **III.01.03.** Nr 027, 031, 041-043; **III.01.04.** Nr 001;
III.01.05. Nr. 002, 006, 009-012 **aus Witte Schmidt 1991**
III.01.03. Nr. 008, 010, 012, 015, 026, 028, 029, 037-40, 052, 053 aus **Deumlich 1980**
III.01.03. Nr. 006, 020, 024; **III.01.04.** Nr. 003 aus **DIN 1991**
IV.02.04. Nr 008, 012, 013; **IV.04.02.** Nr. 006, 007, 010, 011, 014-017 **aus Jaxtheimer 1979**
II.03.01. Nr. 001; **VIII.01.06.** Nr. 011, 012; **VIII.01.07.** Nr 003, 007; **VIII.02.06.** Nr. 011, 012, 014, 016, 024, 026; **VIII.02.07.** Nr. 012, 013, 016, 017; **VIII.03.01.** Nr. 002-009, 014, aus **Frick, Knöll, Naumann, Weinbrenner 1992**
VIII.01.07. Nr. 011, 012; **VIII.01.09.** Nr. 003-00; **VIII.02.01.** Nr. 021- 024, 028, 030-033;
VIII.02.02. Nr. 002-011, 018, 021, 023, 026, 027, 030, 038, 050, 053, 055, 056; **VIII.02.04**. Nr. 020; **VIII.02.05.** Nr 005;
VIII.02.07. Nr. 011, 020, 021; **VIII.03.01.** Nr 005-007 aus **Dierks, Schneider et al 1990**
VIII.02.04 Nr. 001, 003, 005 aus **Lohmeyer 1994**
VIII.02.04. Nr. 009, 011, 012, 015 aus **Simons 1987**
IX.01.01. Nr. 014 aus **Furrer, Lauber 1972**
IX.01.02. Nr 004 aus **Gösele, Schüle 1989**
IX.01.01. Nr. 005, 006, 015, 016, 019; **IX.01.02.** Nr 008, 016 aus **Schild, Casselmann, Dahmen, Pohlenz 1990**
IX.02.02. Nr. 002, 003 aus **Galla 1990**
X.02.01. Nr. 001-090, **X.02.02.** Nr. 001, 010, 014, 026-040, **X.02.03.** Nr. 017-031 aus **Wallnig, Feruszewski, Nowak 1991**
X.02.02. Nr. 021, 023, 042, 046; **X.02.03.** Nr. 007, **X. 03. 01.** Nr 008, 009 aus **Duic, Trapp 1965**
X.02.03. Nr. 004, 008 aus **Bauer 1992**
X.03.01. Nr. 002-017 aus **O. M. Schmitt 1993**
XI.01.01. Nr. 015-028, 036, 037, 039-041, 043 aus **Moore 1991**
XI.04.02. Nr. 034; **XII.04**. Nr.011, 012, 013, 018, 019, 021, 029; **XII.06.04.** Nr. 002, 010, 011, 013, 015, 025; **XII.07.01.** Nr. 008, 010, 015, 016; **XII.08.03.** Nr. 005, 006; **XII.08.03.** Nr. 013-015; **XII.11.04.** Nr 003, 011-013, 019, 024; **XII.13.01.** Nr. 011, 020; **XII.13.02.** Nr. 006; **XII.13.03**. Nr. 003-007, 010, 011, 016, 017 aus **Neufert 1992**
XI.06.01. Nr. 002, 004, 005, 006, 008-010, 016, 018, aus **Händel 1990**
XI.06.01. Nr 022, 024; **XII.06.02.** Nr 017-019 vom **LS Eisenbahnbau**
XII.06.02. Nr 002 aus **Krings 1985**
XII.06.02. Nr 011 aus **Berg, Henker 1978**
XII.06.04. Nr. 008, 022 aus **Flughafen 1992**
XII.07.02. Nr. 001, 002, 005, 010, 011 aus **Geisendorf 1983**
XII.08.05. Nr. 007-036 Muthesius, Haus Freudenberg, 1907/08